Le vélo est un moyen agréable de découvrir la ville de Bordeaux.

Autoroute
Nationale 4 voies
Nationale
Départementale
Ville
LE VERDON-SUR-MER
SOULAC-SUR-MER
CHARENTE-MARITIME
CHARENTE
DORDOGNE
LOT-ET-GARONNE
GIRONDE
Gironde
Jau-Dignac-Et-Loirac
Vendays-Montalivet
LESPARRE-MÉDOC
Saint-Estèphe
PAUILLAC
HOURTIN
Saint-Laurent-Médoc
BLAYE
CARCANS
BOURG
GUÎTRES
COUTRAS
LISTRAC-MÉDOC
MARGAUX
LACANAU-OCÉAN
Saint-André-de-Cubzac
FRONSAC
LE PORGE
SAINT-EMILION
LIBOURNE
CASTILLON-LA-BATAILLE
BORDEAUX
ARÈS
Sainte-Foy-La-Grande
Rauzan
ANDERNOS-LES-BAINS
Langoiran
La Sauve
Audenge
Pellegrue
La Teste-De-Buch
ARCACHON
BIGANOS
LA BRÈDE
CADILLAC
Monségur
Sauveterre-de-Guyenne
CAP-FERRET
GUJAN-MESTRAS
Mios
Océan Atlantique
SAINT-MACAIRE
N10
LA RÉOLE
Cazaux
LANGON
Salles
Hostens
SAUTERNES
Biscarrosse Plage
Sanguinet
Belin-Béliet
Villandraut
BAZAS
BISCARROSSE
Parentis-en-Born
Eyre
Préchac
Étang de Biscarrosse

LANDES
GERS
TARN-ET-GARONNE
HAUTES-PYRÉNÉES
PYRÉNÉES-ATLANTIQUES
ESPAGNE
Sabres
Lite-et-Mixe
Uza
Morcenx
Arjuzanx
Roquefort
Saint-Justin
Labastide-D'armagnac
Arthez-D'armagnac
Vielle-Saint-Girons
Linxe
Léon
Landes
Villeneuve-De-Marsan
MOLIETS-ET-MAA
Messanges
Tartas
Midou
MONT-DE-MARSAN
VIEUX-BOUCAU-LES-BAINS
Pontonx-Sur-L'adour
Saint-Sever
Adour
GRENADE-SUR-L'ADOUR
SOUSTONS
Montaut
SEIGNOSSE
DAX
EUGÉNIE-LES-BAINS
HOSSEGOR
Hagetmau
Pouillon
Gaujacq
Geaune
Labenne
Samadet
TARNOS
Amou
Peyrehorade
BAYONNE
Sorde-L'abbaye
BIARRITZ
ANGLET
Bidache
SAINT-JEAN-DE-LUZ
Lembeye
LA BASTIDE-CLAIRENCE
CIBOURE
CAMBO-LES-BAINS
HENDAYE
SARE
AINHOA
ESPELETTE
SAINT-PÉE-SUR-NIVELLE
Gave d'Oloron
PAU
Gave de Pau
MAULÉON-LICHARRE
SAINT-ETIENNE-DE-BAÏGORRY
Saint-Jean-Le-Vieux
SAINT-JEAN-PIED-DE-PORT
Tardets-Sorholus
Pontacq
Aldudes / Aldude
Sainte-Engrace
LARRAU
10 KM

QUAND Y ALLER

JANVIER

BORDEAUX

2° / 10°

BIARRITZ / MIARRITZE

4° / 13°

BIARRITZ S'HABILLE DE LUMIÈRES
(BIARRITZ / MIARRITZE)
Illuminations de façades, projections d'images géantes, spectacles de sons et lumières et parades lumineuses dans toute la ville.

FÉVRIER

BORDEAUX

3° / 12°

BIARRITZ / MIARRITZE

5° / 14°

JUMPING INTERNATIONAL DE BORDEAUX
(BORDEAUX)
Cet événement sportif majeur réunit les meilleurs cavaliers du monde et offre un spectacle hors du commun et de haut niveau.

MARS

BORDEAUX

6° / 15°

BIARRITZ / MIARRITZE

7° / 15°

SALON DU VINTAGE
(BORDEAUX)
Le paradis des amateurs de mode vintage et de décoration design qui pourront profiter de plus de 3 500 m² réservés au shopping.

La Côte Atlantique se visite en toutes saisons. Les balades sur le littoral pour bénéficier de l'air iodé sont agréables toute l'année grâce à une météo plutôt douce. Néanmoins, pour découvrir au mieux les atouts de notre région, préférez les beaux jours de mai à septembre. Ainsi, vous pourrez profiter des plages sous le soleil. Pendant l'été, la période des ferias bat son plein. L'occasion idéale pour découvrir le folklore et la convivialité des Landes et du Pays Basque.

AVRIL

BORDEAUX

7° / 17°

BIARRITZ / MIARRITZE

9° / 17°

PRINTEMPS DES VINS DE BLAYE CÔTES DE BORDEAUX
(BLAYE)
Dans la célèbre Citadelle Vauban, ateliers, animations et balades sont au programme pour le plaisir des amateurs de vins.

MAI

BORDEAUX

11° / 21°

BIARRITZ / MIARRITZE

12° / 20°

FESTIVAL DES ARTS DE RUE
(BIARRITZ / MIARRITZE)
Une programmation culturelle, décalée et étonnante investit les rues de Biarritz pour le plaisir des 15 000 spectateurs présents.

JUIN

BORDEAUX

14° / 24°

BIARRITZ / MIARRITZE

15° / 23°

WHEELS AND WAVES
(BIARRITZ / MIARRITZE)
Pendant cinq jours, tous les surfeurs et les bikers se retrouvent pour faire la fête dans la bonne humeur et la convivialité.

PRO ANGLET - WORLD SURF LEAGUE
(ANGLET / ANGELU)
Rendez-vous incontournable pour tous les amateurs et les professionnels de surf. Une compétition qui en met plein les yeux !

BORDEAUX FÊTE LE FLEUVE
(BORDEAUX)
Tout le long des quais à Bordeaux, de nombreux stands et des animations mettent en scène un village éphémère, animé et gourmand.

FESTIVAL ARTE FLAMENCO
(MONT-DE-MARSAN)
Rendez-vous incontournable pour tous les amoureux de culture hispanique et du flamenco : danse, musique, arts visuels, chant...

QUANDY ALLER

JUILLET

BORDEAUX

15° / 27°

BIARRITZ / MIARRITZE

17° / 25°

LES FÊTES DE BAYONNE
(BAYONNE / BAIONA)
Festivités incontournables du Pays Basque où toute la ville s'habille de blanc et de rouge, avec de nombreuses animations.

COURSE DES CRÊTES
(ESPELETTE / EZPELETA)
Course sportive le long des sentiers basques avec animations, buffets et spectacles. Convivialité et esprit de fête garantis !

MUSICALARUE
(LUXEY)
Les salles, les rues, les places de la ville résonnent des concerts et des spectacles de rue qui cohabitent dans une joyeuse ambiance.

FESTIVAL DE LA PHOTOGRAPHIE
(DAX)
Rendez-vous de tous les photographes émergents, avec une dizaine d'expositions gratuites et des échanges avec les professionnels.

$ $ $

AOÛT

BORDEAUX

15° / 28°

BIARRITZ / MIARRITZE

17° / 26°

GUJAN-MESTRAS EN FÊTES
(GUJAN-MESTRAS)
Concerts, spectacles, stands de restauration et de dégustation de vins et champagnes animent cette belle fête populaire.

$ $ $

SEPTEMBRE

BORDEAUX

13° / 24°

BIARRITZ / MIARRITZE

15° / 24°

$ $

OCTOBRE

BORDEAUX

10° / 19°

BIARRITZ / MIARRITZE

12° / 21°

LA FÊTE DU PIMENT D'ESPELETTE
(ESPELETTE / EZPELETA)
Animations autour de la gastronomie, défilé dans les rues, danse basque et concerts animent tout un week-end la ville d'Espelette.

FESTIVAL INTERNATIONAL DU FILM
(SAINT-JEAN-DE-LUZ / DONIBANELOHIZUNE)
Festival de cinéma où se réunissent de nombreux acteurs et réalisateurs. Révélation de jeunes talents et rencontres avec le public.

FÊTE DU VIN NOUVEAU ET DE LA BROCANTE
(BORDEAUX)
Célébrez l'arrivée de l'automne en chinant et en dégustant du vin nouveau, le tout ponctué de spectacles de rue et d'animations.

L'ARMAGNAC EN FÊTE
(LABASTIDE-D'ARMAGNAC)
Célébration du breuvage gascon autour de repas, marchés de producteurs, ateliers, expositions, concerts et courses landaises.

$

NOVEMBRE

BORDEAUX

6° / 14°

BIARRITZ / MIARRITZE

8° / 16°

BAYONNE FÊTE SON CHOCOLAT
(BAYONNE / BAIONA)
Trois jours dans les rues et les les lieux emblématiques de la ville pour découvrir l'histoire commune du Chocolat et de Bayonne.

LURRAMA, LA FERME PAYS BASQUE
(BIARRITZ / MIARRITZE)
Les visiteurs peuvent découvrir animaux, marché fermier, animations et dégustations autour du thème de la ferme basque à Biarritz.

$

DÉCEMBRE

BORDEAUX

3° / 11°

BIARRITZ / MIARRITZE

6° / 14°

CABANES EN FÊTE ET HUÎTRES ENTRE-DEUX-MERS
(ANDERNOS-LES-BAINS)
Une superbe fête au port ostréicole pour découvrir les recettes de grands chefs du Sud-Ouest, avec de nombreuses animations.

$

LES BONNES RAISONS D'Y ALLER

LA CÔTE D'ARGENT

Entre la Gironde et les Landes, la Côte d'Argent séduit avec ses villes balnéaires typiques.

LES MEILLEURS SPOTS DE SURF

Des plages de Biscarrosse à celles d'Hendaye, le littoral atlantique est une terre de surf.

LA CUISINE DU SUD-OUEST

Avec son terroir riche et varié, la Côte Aquitaine jouit d'une gastronomie exceptionnelle.

© NELLMAC - ISTOCKPHOTO.COM

LES VIGNOBLES D'EXCEPTION

Le vignoble bordelais rayonne dans le monde grâce à ses crus rouges d'exception.

© RH2010 - STOCK.ADOBE.COM

LA CATHÉDRALE SAINT-ANDRÉ

Près de l'Hôtel de Ville, s'élève le plus beau monument religieux de Bordeaux.

© LAURENT PIERSON

LA NATURE PRÉSERVÉE

La Côte Aquitaine est un espace naturel riche et diversifié entre océan, forêt et montagnes.

© UNCLESAM - STOCK.ADOBE.COM

LE ROCHER DE LA VIERGE

À Biarritz, l'esplanade du Rocher de la Vierge offre un sublime panorama sur la Côte basque.

LES BONNES RAISONS D'Y ALLER

LA CITÉ MÉDIÉVALE DE SAINT-ÉMILION

Classée à l'Unesco, cette cité médiévale possède un remarquable patrimoine historique.

© NELLMAC - ISTOCKPHOTO.COM

© SHEN MAX - SHUTTERSTOCK.COM

LA PLUS HAUTE DUNE D'EUROPE

Du haut de ses 102 mètres, la dune du Pilat offre une vue saisissante sur le banc d'Arguin.

© BORISB17 - STOCK.ADOBE.COM

LES VILLAGES DU PAYS BASQUE

À l'image d'Aïnhoa, les villages basques séduisent avec leurs façades blanches et rouges.

LES 12 MOTS-CLÉS

#ARMAGNAC

Le vignoble du Sud-Ouest n'est pas réputé uniquement pour son vin ! C'est également le lieu de production de la plus vieille eau-de-vie de France : l'Armagnac. Déjà au Moyen Âge, on appréciait et préparait ce breuvage réputé pour ses vertus thérapeutiques. Dans les Landes, les producteurs continuent de perpétuer ce savoir-faire ancestral.

#BASTIDES DE GIRONDE

Au XIIe siècle, l'Aquitaine devient anglaise à la suite du remariage d'Aliénor avec Henri II. C'est à cette époque que naissent les "villes nouvelles" articulées non plus autour de l'église, mais autour de la place centrale. On les appelle les bastides. Éparpillées dans tout le département, celles-ci sont un remarquable témoignage du passé.

#CANNELÉ BORDELAIS

Spécialité bordelaise et incontournable, le cannelé est un petit gâteau à pâte molle et tendre, parfumé au rhum et à la vanille. Sa particularité étant la forme cylindrique d'environ cinq centimètres, il est cuit dans un moule originellement en cuivre, ce qui lui donne une fine croûte caramélisée. Il est composé de farine, lait, beurre, vanille...

© ARTIT WONGPRADU / SHUTTERSTOCK.COM

#CHÂTEAUX

En Gironde, le XIXe siècle est l'âge d'or du vin. C'est la période de construction des prestigieux châteaux autour des vignes. Ne vous y trompez pas, dans la région, le terme ne désigne pas un château traditionnel, mais bien une exploitation agricole. Dans le Bordelais, plus de 3 000 propriétés viticoles sont ainsi étendues sur 117 000 ha.

#CHISTERA OU XISTERA

La chistera est un symbole du Pays basque. Inventée par Jean Dithurbide en 1857, elle sert à propulser la balle à la pelote basque. L'inspiration à sa source ? Un panier en osier de forme ovale qui servait à cueillir les fruits. Bien sûr, la chistera a été améliorée au fil du temps. Elle est faite d'un mélange de bois, d'osier et de cuir.

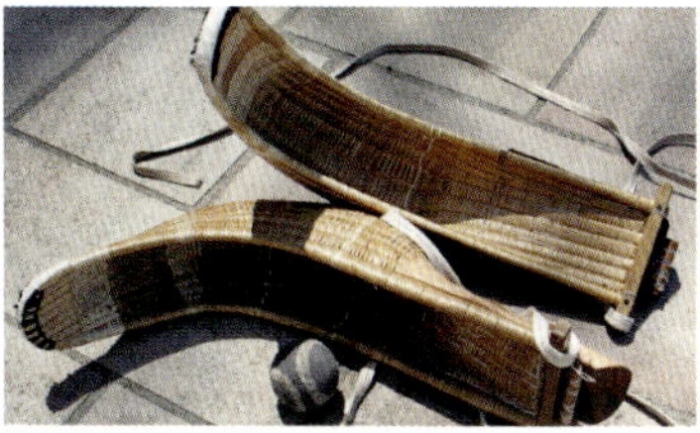

© BERNARDBRETON - STOCK.ADOBE.COM

#ESPELETTE

Espelette est un village de charme et de couleurs. Il se reconnaît à ses guirlandes de piments qui ornent les maisons. Le village vit autour du piment. Il a notamment donné son nom à un piment aujourd'hui célèbre, à la fois piquant et doux, cultivé dans les champs du Pays basque. Il est généralement accroché aux façades des maisons pour être séché.

© LAIOTZ

#GASCOGNE

La Gascogne est une province historique qui s'étend sur une partie du Sud-Ouest. Les limites ont beaucoup évolué au cours des siècles, mais l'on considère actuellement que cette région court de la Gironde jusqu'aux Hautes-Pyrénées, à l'exception du Pays basque. Les Landes de Gascogne sont une région naturelle, dominée par la forêt de pins.

#HUÎTRES D'ARCACHON

L'ostréiculture est indissociable du bassin d'Arcachon. L'exploitation des huîtres commence en 1849, à l'époque des premiers parcs. Ici, les 23 ports ostréicoles, comme celui d'Andernos, élèvent une variété dite creuse, c'est-à-dire charnue et avec un goût assez prononcé. On la déguste fraîche, nature ou encore agrémentée d'un filet de citron.

#JAMBON

Spécialité de la région, le jambon de Bayonne est un emblème du territoire. Et un produit réputé hors de nos frontières ! Ce jambon se distingue par sa texture fondante, et surtout par son côté salé. Si le jambon de Bayonne est un incontournable, c'est aussi en raison du savoir-faire traditionnel qui en est encore aujourd'hui à la source.

© STOCKNSHARES - ISTOCKPHOTO.COM

#MACARON

Spécialité de la cité médiévale de Saint-Émilion, ce biscuit est fait de sucre, d'amandes et de blanc d'œuf. La recette n'a pas changé depuis sa création en 1620 par la communauté religieuse des Ursulines. Aujourd'hui, la recette originelle n'est détenue que par quelques initiés et seule une fabrique en est dépositaire. Avis aux becs sucrés !

#SHAPER

Le shaper est l'artisan du surf. C'est lui qui crée et répare les planches dans son atelier. Ce métier exigeant demande beaucoup de rigueur : il faut avoir la maîtrise du geste parfait. Un bon shaper est également surfeur puisqu'il doit tester toutes ses créations ! Les shapers sont nombreux sur le littoral : de la Côte d'Argent à la Côte basque.

#VENTAS BASQUES

Particularités du Pays basque, les ventas sont des zones commerciales situées entre la France et l'Espagne. De nombreuses personnes se rendent à la frontière pour profiter des commerces et boutiques, à Dantxarinea, Ibardin ou encore Venta Peio. Les ventas proposent de tout : du fromage, de la charcuterie et des piments basques évidemment.

VOUS ÊTES D'ICI, SI...

- Vous avez déjà fait la route des vins à la découverte des châteaux réputés dans le monde entier.
- Vous dégustez les huîtres d'Arcachon avec une crépinette (une petite saucisse chaude aplatie qui est truffée pour les fêtes), une tartine de pain de seigle beurré et un verre d'entre-deux-mers. Parfois, vous les savourez nature ou agrémentées d'un filet de citron.
- Vous connaissez les règles de la pelote basque : chistera, frontis, chancha et trinquet n'ont aucun secret pour vous.
- Vous ressortez votre panoplie blanche et rouge tous les étés à la saison des férias. Bayonne, Dax, Mont-de-Marsan,...
- Vous comprenez l'euskara, la langue basque reconnaissable à son rythme et ses sonorités !
- Vous dites "chocolatine" et non pain au chocolat...
- Vous dégustez la "pibale", une délicieuse petite anguille !
- Vous vouez un culte au ballon ovale : ici, le rugby est un sport national. Que ce soit au stade Chaban Delmas à Bordeaux ou Jean Dauger à Bayonne, seule la passion du sport compte !

MA CÔTE AQUITAINE

avec Camille Koessler, auteure

Interview

Passionnée par les voyages et la gastronomie, Camille Koessler collabore avec le Petit Futé depuis plusieurs années. Au gré de ses flâneries, cette Bordelaise d'adoption déniche les meilleures adresses et les nouvelles tendances de la Côte Aquitaine. Amoureuse de la nature, elle aime se balader sur les plages du littoral et dans les vignobles. Son péché mignon ? Les macarons de Saint-Émilion !

TOP 10

SE RÉGALER

Une authentique ferme du Pays basque, une auberge en bord de la Garonne, une terrasse surplombant le village d'Itxassou, une demeure de charme au cœur de la forêt de pins… Autant de lieux pittoresques et inoubliables qui proposent des cuisines d'exception. À travers les différentes adresses coups de cœur sélectionnées par le Petit Futé, vous découvrirez le meilleur de notre gastronomie. La Côte Aquitaine est un territoire fier grâce à la richesse de son terroir et de son vignoble. Entourés de producteurs locaux et engagés, nos restaurateurs subliment les spécialités de la région avec brio et avec créativité.

© CAFÉ LAVINAL @JEROME MONDIERE

163

CAFÉ LAVINAL

Pauillac
Café-restaurant-bistrot chaleureux et convivial avec terrasse à Pauillac.

© CAFÉ DE LA LIBERTÉ

196

LE CAFÉ DE LA LIBERTÉ

Paillet
Restaurant dans un cadre agréable offrant des assiettes copieuses à Paillet.

LES CLEFS D'ARGENT

Mont-de-Marsan
Restaurant offrant une cuisine avec des produits du terroir et du marché à Mont-de-Marsan.

©MICHEL CAROSSIO

359

© JESSICA CALVO

105

COMPTOIR CUISINE

Bordeaux
Restaurant-bistrot-salon de thé au cœur du Triangle d'or avec terrasse et proposant une belle cuisine de brasserie.

LES DOCKS DU LAC
Biscarrosse
Restaurant avec une belle terrasse et une vue imprenable proposant une cuisine bistronomique aux accents du coin.

© LALAGÜE VALÉRIE

© OCTOPUS LANDES

GRANDMA
Hossegor
Restaurant offrant une cuisine de la maison à base de produits locaux à Hossegor.

© DAVID DUCHON-DORIS

EKAITZA
Ciboure / Ziburu
A Ciboure, l'excellence de Guillaume Roget qui met en valeur le meilleur de la mer et de la terre avec des notes végétales.

MARLOE BIARRITZ
Biarritz / Miarritze
Restaurant bistronomique où le chef propose une cuisine créative, de saison et de région avec des produits écoresponsables.

© LE FARNIENTE

LE FARNIENTE
Espelette / Ezpeleta
Adresse cosy et décontractée. Des Influences asiatiques et à la mode basque très réussies pour une dégustation surprenante.

© JOHANNA BUROSSE MARTINS

© DAVID DUCHON-DORIS

LA TABLE GASTRONOMIQUE DE LA VILLA MIRASOL
Mont-de-Marsan
Une adresse emblématique qui, depuis 1912, propose une cuisine sincère et authentique, agrémentée de saveurs issus des voyages.

TOP 10

SE LOGER

Pour que votre séjour sur la Côte Aquitaine soit mémorable, le lieu d'hébergement ne doit pas être laissé au hasard ! De la Gironde jusqu'au Pays basque, le territoire est rempli d'hôtels et de maisons de charme qui transformeront votre périple en un rêve éveillé. En voyage en solo, en amoureux, en famille ou entre amis, nos propositions d'hébergement s'adaptent à toutes vos envies et vos besoins. Éco-gîte à la campagne, cabanes perchées dans les arbres, hôtel de charme médiéval, ferme basque, hôtel spa et détente… On parie que vous trouverez votre bonheur parmi notre sélection que ce soit dans les terres ou sur le littoral.

© LES 12 DE LARROS

140

LES 12 DE LARROS

Gujan-Mestras
Appart'hôtel équipé et doté des belles terrasses privatives à Gujan-Mestras.

© AIRIAL DE CÉCILE ET LAURENT

256

AIRIAL DE CECILE ET LAURENT

Vert
En pleine nature, trois éco-gîtes, une piscine commune et un espace par gîte afin de profiter de la terrasse en toute tranquillité.

ANTZIKA

Arbonne / Arbona
Dans le grand parc vallonné et bucolique avec un espace yoga, une piscine, la maison Antzika est au milieu d'un cadre végétal.

© JABER JASSANI

© CAMPING BIMBO

227

CAMPING BIMBO****

Biscarrosse
Camping avec piscine disposant de tentes, caravanes, camping-cars, mobil-homes, cabanes sur pilotis et chalets

DOMAINE DE GARAT
Floirac
Chambres d'hôtes de charme à Floirac, avec tout le confort moderne, grand parc, Spa, espace détente, ateliers et dégustations.

© DOMAINE DE GARAT

101

© MAISON MAXANA

482

MAISON MAXANA
La Bastide-Clairence / Bastida
Maison d'hôtes avec piscine au cœur de La Bastide-Clairence disposant de magnifiques chambres et suites cosy. Déconnexion assurée.

HILTON GARDEN INN****
Bordeaux
Hôtel 4 étoiles offrant un bon rapport qualité-prix, un restaurant, un bar à vin et un corner de vêtements.

© NAOS HÔTEL GROUPE

99

VILLA LA RENAISSANCE****
Bayonne / Baiona
Hôtel 4 étoiles entièrement rénové au milieu d'une nature. Esprit « bohème-chic » et chambres à la décoration raffinée.

© PAULINA ERIKSON

266

LA VILLA SEREN****
Hossegor
Hôtel & Spa avec piscine et grande terrasse à Hossegor.

© VILLA LA RENAISSANCE

438

© F. FERRANTI - JUSTAPICS

355

HÔTEL-RESTAURANT LES PYRÉNÉES***
Mont-de-Marsan
Hôtel-restaurant, proposant des chambres confortables et un petit déjeuner copieux, à proximité de la gare et du centre-ville.

TOP 10

ACTIVITÉS

Outre le farniente sur la plage, les balades au cœur de la forêt de pins, à pied ou à vélo et les randonnées dans les montagnes basques, la Côte Aquitaine fourmille d'activités à découvrir entre amis ou en famille. Les amoureux d'histoire apprécieront la visite des musées et des châteaux tandis que les âmes aventurières se laisseront tenter par les loisirs sportifs : canyoning, ULM et autres sensations fortes… L'occasion de visiter notre territoire autrement ! Ceux qui veulent se la couler douce profiteront des balades en bateau et des dégustations de vin. Il y en a pour tous les goûts et tous les niveaux.

MUSÉE D'ART ORIENTAL-ASIATICA

Biarritz / Miarritze
Le Musée Asiatica est l'occasion de découvrir l'art asiatique dans une ambiance envoûtante où règne un parfum doux d'Orient.

LA GARONNAISE

Bordeaux
Depuis le quai Richelieu, évadez-vous de la terre ferme pour longer les rives les plus agréables du paysage bordelais.

MUSÉE DE L'HYDRAVIATION

Biscarrosse
Unique musée au monde dédié aux hydravions. De merveilleux paquebots volants et… flottants. Une visite avec Saint-Exupéry, Mermoz…

GROTTE DE LA VERNA

Sainte-Engrace / Urdatx-Santa-Grazi
Plus grande salle souterraine d'Europe pour une visite exceptionnelle qui ravira les débutants comme les plus aventuriers !

© ADVENTURE CÔTE BASQUE PARAMOTEUR

472 EN PHOTO

ADVENTURE CÔTE BASQUE PARAMOTEUR

Saint-Pée-sur-Nivelle / Senpere
Prenez de la hauteur depuis la base ULM de Saint-Pée en chariot biplace et admirez les paysages du Pays Basque, vus du ciel !

370

ESCAPE GAME AU CHÂTEAU GARREAU

Labastide-d'Armagnac
Rien de tel qu'un escape game pour s'imprégner de la magie du lieu. Vous avez une heure pour retrouver la pièce perdue de l'alambic.

121

LA MANUFACTURE LE BAYON

Bordeaux
Oubliez un instant la balance et la dictature du régime ! Faites-vous plaisir avec les salaisons, fromages, scones et autres douceurs.

273

OCEAN INCENTIVE

Hossegor
Aquagym en mer, marche aquatique, circuit aqua-fitness, entraînement de nage en eau libre ou en mer... Demandez le programme !

171

XLR PARACHUTISME

Soulac-sur-Mer
Une autre vision... aérienne en volant à 4 000 mètres au-dessus des vagues et le long du ruban sableux. Une expérience unique vous attend.

263

LE PAVILLON DE LA FORÊT

Hossegor
Un véritable patchwork d'activités tous azimuts ! Entreprises, commerces, restaurant,... Et avec un centre culturel dédié à la création.

TOP 10

PLAGES

La Californie de l'Europe ! C'est le surnom que l'on attribue à la côte aquitaine. Avec son littoral exceptionnel qui s'étend de la frontière espagnole à l'estuaire de la Gironde sur plus de 300 km, c'est une côte rectiligne, sablonneuse, qui est baignée par l'océan Atlantique, bordée de hautes dunes (les plus hautes d'Europe), fixées par une forêt de pins maritimes et de nombreux lacs et étangs. Certaines plages sont devenues des spots de référence pour les passionnés de surf venus du monde entier ! Hendaye, Hossegor, Mimizan, Biscarrosse, Lacanau, etc., des plages mythiques !

243

CONTIS PLAGE

Saint-Julien-en-Born
Plage d'exception où s'opère la lutte indicible entre le minéral et le végétal. Avec la forêt de pins et les dunes bordant le ruban sableux.

418

LA GRANDE PLAGE D'HENDAYE

Hendaye / Hendaia
Hendaye déroule sur 3 km, la plus grande plage de sable fin de la Côte basque. Sur le podium des plus belles plages de France.

LE COURANT D'HUCHET

Moliets-et-Maa
Un coin de paradis pour tous les amoureux de nature ! Rien ne manque : faune et flore dans cette réserve naturelle depuis 1981.

294

243

PLAGE DE LESPECIER

Mimizan
Sauvage, cette plage se mérite pour ses dunes de sable qui s'étendent jusqu'au ciel ! Une plage que les naturistes apprécient.

PLAGE DE PARLEMENTIA

Bidart / Bidarte
N'importe lequel des surfeurs confirmés vous parlera du « spot » Parlementia à Bidart. Une plage mythique pour un grand nombre.

LA PLAGE DU PORGE

Le Porge
Une longue plage de sable fin où la nature est préservée, entre océan, dunes et forêt de pins.

PLAGE DU PETIT NICE

Pyla-sur-Mer
Proche de la dune du Pyla que l'on peut rejoindre à pied, c'est une immense plage au sable blanc. Coquillages, crustacés et détente…

PLAGE DU PHARE

Lège-Cap-Ferret
Sur la presqu'île du Cap Ferret à côté du phare, c'est une longue plage de sable fin et sans vague. Un endroit magique.

PLAGE DU VIVIER

Biscarrosse
Ici, le temps s'arrête devant le spectacle d'un paysage sauvage immuable. Une plage qui se mérite après 10 minutes de marche.

PLAGES D'ANGLET

Anglet / Angelu
11 plages de caractère qui s'étendent sur 4.5 km de sable fin ! Depuis le phare de Biarritz jusqu'à l'estuaire de l'Adour.

IDÉES DE SÉJOUR

Le soleil et la douceur de vivre du littoral atlantique n'attendent plus que vous ! Votre prochain séjour sera-t-il en Gironde, dans les Landes ou au Pays basque ? Plutôt que de choisir entre ces trois territoires d'exception, partez à la découverte de toute la côte aquitaine ! D'une grande richesse, entre terre et océan, campagne et montagne, la région offre une diversité de paysages incroyable. Pour vos prochaines vacances, votre guide *Petit Futé* vous a concocté deux idées de séjours que vous pourrez adapter selon vos envies du moment. Au programme ? La visite de la région en famille ou la découverte des vignobles ! Bordeaux, Mont-de-Marsan, Arjuzanx, Irouléguy… Sur près de 300 kilomètres de long s'étendent des destinations immanquables, dans l'effervescence de la ville ou dans le calme paisible de la campagne. Activités extérieures, balades, spécialités gourmandes… Et toujours avec cette convivialité qui caractérise la région !

EN FAMILLE SUR LA CÔTE AQUITAINE

Optez pour la côte aquitaine pour vos séjours en famille ! Outre ses belles plages propices au surf ou au farniente, la région offre de nombreuses occupations et visites adaptées pour les petits et les grands. Nous vous proposons un itinéraire de douze jours divisé de manière égale dans les trois départements. Randonnée en pleine nature, activités sportives, excursion en bateau, balades culturelles… Il y en a pour tous les goûts !

› Jour 1 : Saint-Émilion

Commencez votre séjour en Gironde par les vignobles et le village pittoresque de Saint-Émilion. La journée commence en prenant de la hauteur ! Gravissez les 196 mètres du clocher de l'église monolithe et profitez de la vue panoramique sur les vignobles classés à l'UNESCO. Redescendez et flânez dans les petites ruelles pavées pleines de charme de la cité médiévale jusqu'à l'heure du déjeuner. L'après-midi, poursuivez la découverte de la ville dans les souterrains, plus précisément dans la grotte de l'Ermitage, avant de faire une pause gourmande au Cloître des Cordeliers. Dans ce lieu plein de charme, goûtez à leur fameux vin pétillant et aux délicieux macarons qui font la réputation de Saint-Émilion.

› Jour 2 : Bordeaux

Après une journée dans les vignes, direction la ville de Bordeaux ! La capitale girondine offre de nombreuses activités et mérite bien 24 heures de visite. Musées, restaurants, architecture… Vous aurez l'embarras du choix. Parmi les incontournables, la majestueuse cathédrale Saint-André place Pey-Berland, flânez sur les quais de la Garonne et arrêtez-vous sur le miroir d'eau qui offre une vue imprenable sur la place de la Bourse, faites du shopping rue Sainte-Catherine, la plus longue artère commerciale d'Europe et rue Porte-Dijeaux et faites une halte sur la place de la Comédie où vous pourrez admirer le Grand Théâtre, un cannelé à la main !

La place centrale de Saint-Émilion.

DMAX RADIO
Web Radio de proximité
charantaise en Nouvelle-Aquitaine
OrangeTV
freeboxTV
www.dmaxradio.fr

› Jour 3 : Arcachon

Depuis Bordeaux, le bassin d'Arcachon est à une heure en voiture. Vous pouvez aussi vous y rendre à vélo, grâce au parcours Vélodyssée. Prenez deux jours en famille pour profiter de la douceur de vivre de ce littoral. Consacrez une matinée à l'escalade de la Dune du Pilat qui offre une vue panoramique sur le banc d'Arguin. Pourquoi ne pas pique-niquer en haut de la dune pour faire durer ce moment magique ? De retour à Arcachon, offrez-vous une balade en bateau à la découverte de l'île aux Oiseaux. En fin de journée, faites une balade dans le quartier de la Ville d'Hiver réputé pour ses maisons à l'architecture insolite sans oublier la dégustation d'un plateau de fruits de mer dans l'un des nombreux restaurants longeant la baie.

› Jour 4 : Le Cap Ferret

Le lendemain, le séjour se poursuit au Cap Ferret. Partez à la conquête du phare du Cap Ferret. Au sommet, la vue est imprenable sur le bassin d'Arcachon et la dune du Pilat juste en face. Continuez la journée au calme par une balade dans le village de L'Herbe, situé sur la presqu'île. Dans ce village ostréicole, les maisons sont pleines de charme et hautes en couleur. Le midi, dégustation d'huîtres les pieds dans le sable au programme. Puis, reprenez la route jusqu'à la réserve ornithologique du Teich pour observer les oiseaux en famille. Un parcours de 6 kilomètres en pleine nature vous est proposé.

› Jour 5 : Parc naturel régional des Landes de Gascogne

Quittez le bassin d'Arcachon pour la nature sauvage des Landes. Direction la base de loisirs de Mexico à 80 kilomètres. Au programme ? Parcours de canoë-kayak (à partir de 6 ans) au cœur de la Réserve naturelle du courant d'Huchet, surnommée la Petite Amazonie des Landes. Sur place, vous trouverez un service de restauration avec spécialités landaises et des hébergements en gîtes et tipis. Après la balade sportive sur l'eau, partez à la découverte de l'écomusée de Marquèze. À seulement quelques kilomètres est installé ce village façon XIXe siècle. Un voyage vers le passé passionnant et instructif pour petits et grands.

› Jour 6 : Mont-de-Marsan et la Réserve nationale d'Arjuzanx

Direction 25 kilomètres au sud vers la Réserve nationale d'Arjuzanx, un site d'exception : le plus grand site d'hivernage des grues cendrées. Ici, profitez d'une belle balade en famille à la découverte d'une faune et d'une flore d'une grande richesse. En fin de matinée, direction Mont-de-Marsan à seulement 30 minutes en voiture. Après un bon déjeuner, partez à la découverte de la ville : le centre médiéval, le donjon Lacataye, le parc Jean Rameau où coule la rivière la Douze… Pour le goûter, la spécialité incontournable est la tourtière aux pommes.

› Jour 7 : Dax et alentour

À seulement une cinquantaine de kilomètres de Mont-de-Marsan, la ville de Dax est votre nouvelle destination ! Le matin, flânez dans les rues à la découverte d'un patrimoine exceptionnel : les arènes de Dax dans le style andalou, la cathédrale Notre-Dame, les remparts gallo-romains, les thermes de Jean Nouvel… Après la pause déjeuner, reprenez la route vers l'est pour rejoindre le château de Gaujacq. Passez l'après-midi dans cet endroit de charme, demeure seigneuriale insolite. Juste à côté, le jardin botanique, baptisé le plantarium, est également visitable.

› Jour 8 : Côte Landes Nature

Pour ce quatrième jour dans les Landes, retournez sur le littoral, sur la Côte Landes Nature. Étendu sur près de 30 kilomètres et jalonné de plages sauvages, cet endroit est idéal pour s'initier au surf en famille, jouer sur le sable ou se détendre. Saint-Girons est idéale pour les familles, facile d'accès et avec des zones de baignade surveillées.

› Jour 9 : Biarritz et Bayonne

En longeant le littoral atlantique, vous arriverez sur la ville de Biarritz. Commencez la journée par la visite de l'aquarium sur l'esplanade du Rocher de la Vierge. Dans un magnifique édifice Art déco vivent de nombreuses espèces marines. La grotte des requins et le bassin des phoques plairont particulièrement aux enfants. À seulement quelques kilomètres, laissez-vous charmer par les ruelles de Bayonne, ses façades à colombages et son identité basque pittoresque. Profitez de l'après-midi pour vous balader dans le centre historique et sur les quais de la Nive. Puis, partez à la découverte de la cathédrale Sainte-Marie et son magnifique cloître. Enfin, pour finir la journée, quoi de mieux qu'une petite dégustation de jambon de Bayonne accompagné d'un verre d'Irouléguy ?

› Jour 10 : Ainhoa et les villages typiques

Au départ de Bayonne, partez à la découverte des petits villages typiques du Pays basque. Premier arrêt à moins de trente minutes en voiture : Espelette. Flânez dans le village piétonnier et admirez les maisons basques ornées de guirlandes de piments. Le dernier week-end d'octobre, c'est la fête du piment d'Espelette avec au programme concerts, bandas et marchés !

Reprenez la route direction le sud, près de la frontière, à la découverte d'un autre lieu pittoresque : Ainhoa consacré parmi les Plus Beaux Villages de France avec ses façades rouge et blanc. L'après-midi, partez à la découverte des fortifications médiévales de Saint-Jean-Pied-de-Port, un autre Plus Beaux Villages de France et étape incontournable des pèlerins de Saint-Jacques-de-Compostelle.

› Jour 11 : La Rhune

Pour ce troisième jour dans le Pays Basque, rendez-vous du côté des montagnes basques qui offrent de très belles randonnées accessibles à tous. En effet, ce sont les moins hautes de la chaîne pyrénéenne avec 905 mètres d'altitude. Le sommet de la Rhune est à 2h30 de marche ou à 35 minutes en petit train. Pour cette activité qui plaira à coup sûr aux petits, direction la commune de Sare pour embarquer dans un authentique train à crémaillères qui vous permettra de découvrir un panorama à 360° et les fameux pottoks (race de poneys). Une fois au sommet, la vue est splendide du Pays Basque aux 1res plages landaises.

› Jour 12 : Hendaye

Le séjour s'achève à la frontière franco-espagnole dans la belle ville d'Hendaye, station balnéaire familiale. Le matin, partez au Château d'Abbadie, un édifice d'exception mêlant de nombreux styles architecturaux. La visite vous en mettra plein les yeux avec les crocodiles sculptés de l'entrée ou encore le magnifique observatoire. Le château, situé dans un site naturel protégé, offre une vue panoramique remarquable du haut des falaises. Tout autour, le Sentier du Littoral vous permet de profiter de la côte et d'admirer une belle variété d'oiseaux. Après cette belle balade, accordez-vous du temps pour vous détendre sur la Grande plage.

SUR LA ROUTE DES VINS

La côte aquitaine est une terre de vignobles reconnus. Le vin, et ce qui l'entoure, est donc un moyen idéal de découvrir notre belle région. Le temps d'une semaine, nous vous proposons un itinéraire dans le Sud-Ouest des plus gourmet. Entre la visite de châteaux réputés, des dégustations de qualité et des balades dans des paysages magnifiques : tout est réuni pour passer un moment haut en millésime !

› Jour 1 : Le Médoc

Pour votre première journée, faites un tour dans le Médoc. Cette terre viticole est surtout réputée pour ses vins rouges, qui sont à la fois puissants et ronds. Appartenant au vignoble bordelais, le Médoc s'étend sur 80 km du nord de l'agglomération bordelaise jusqu'à la Pointe de Grave. Il comprend plusieurs grands crus classés, et des AOC locales connues réparties sur 5 800 ha.

› Jour 2 : Le Blayais - Bourgeais

Sur la rive droite de la Gironde, se trouve le vignoble du Blayais et du Bourgeais qui s'étend sur 5 000 ha. Faites un tour du côté de Blaye, et de sa citadelle construite par Vauban. Plusieurs domaines vous y attendent comme le Château Marquis de Vauban qui propose différentes prestations œnotouristiques. Du côté de Bourg, découvrez le vin blanc de Brulesécaille avec ses notes citronnées !

› Jour 3 : Le Libournais

Le vignoble du Libournais compte parmi les plus grands vins au monde ! À l'exemple de Saint-Émilion et de sa cité médiévale. Ses vins sont connus pour leurs arômes fruités et leurs notes d'épices. Profitez de votre séjour pour visiter les châteaux Angélus ou Cheval-blanc qui produisent de grands crus célèbres et prestigieux. Ne passez pas non plus à côté de Pomerol, et ses vins d'exception.

› Jour 4 : L'Entre-deux-Mers

Pour satisfaire les amateurs de vin blanc, un séjour s'impose dans les terres de l'Entre-deux-Mers. Connu pour ses vins blancs secs, ce vignoble AOC est composé principalement de cépage sauvignon. Faites un tour du côté des propriétés qui vous accueillent pour découvrir ces vins frais. Avec quelques huîtres, des crustacés ou du foie gras, vous allez vous régaler de ces vins qui sont à boire jeune.

› Jour 5 : Les Landes

Moins connus, les vins du pays landais recèlent pourtant de nombreuses surprises. Prenez le temps de découvrir les productions viticoles de la région, dans les domaines ou les coopératives. La diversité est ici au rendez-vous, entre les différents cépages et les multiples AOC. Découvrez, par exemple, le vin de Tursan, l'IGP Landes Coteaux de Chalosse ou même le vin des Dunes. Des vins de terroir !

› Jour 6 : Le vignoble d'Irouleguy

Savez-vous que la côte aquitaine a le plus petit vignoble AOP de France ? Le vignoble d'Iroulé-guy, dans le Pays basque, occupe en effet une surface de 220 hectares. Vous pouvez même le visiter en navette, pour une balade commentée. Ce parcours, d'une heure environ, vous permet de découvrir le village et ses vignes qui baignent au soleil et produisent des vins fruités, charnus et gouleyants !

DÉCOUVRIR

La Côte Aquitaine est un pays riche de son patrimoine et de son histoire. Pendant votre séjour, découvrez des vignobles d'exception et un littoral atlantique propice aux sports de glisse. Terre de surf, elle est aussi un territoire sauvage préservé, dominé par les dunes et les forêts de pins. La Gironde, les Landes et le Pays basque offrent de magnifiques paysages et des réserves naturelles, abritant une faune et une flore uniques. Parcourir la Côte Aquitaine, c'est également aller à la rencontre de ses habitants, de leurs coutumes, de leur folklore et de leur gastronomie. En effet, le Sud-Ouest est indissociable de sa cuisine de terroir, généreuse et authentique. Pour que votre séjour soit complet, n'oubliez pas de rapporter quelques cadeaux dans la valise ! Suivez le guide.

SURF

La Côte aquitaine est une terre de surf ! Et pourtant ce sport de glisse n'est pas né ici, mais dans l'archipel hawaïen. Arrivé à Biarritz dans les années 50, il exerce une fascination immédiate auprès d'un petit groupe de locaux, les célèbres "tontons surfeurs» qui sont aux sources dur surf français. Toujours à la recherche de nouveaux spots et de la vague parfaite, les aficionados migrent de la Côte basque vers les Landes. D'autres venus du nord de l'Europe posent également leur planche sur le territoire landais pour dompter les vagues. Depuis cette époque, on surfe sur tout le littoral aquitain sans exception : en Gironde à Lacanau, dans les Landes, de Biscarrosse à Hossegor, et dans le Pays basque, à Biarritz, Saint-Jean-de-Luz… Aujourd'hui, la côte d'Argent et la côte basque attirent les surfeurs du monde entier et plusieurs compétitions internationales. Il y aurait plus de 120 spots aquitains accessibles pour tous les niveaux, débutant, intermédiaire et amateur. De quoi satisfaire le plus grand nombre.

Un peu de vocabulaire ?

L'océan Atlantique est connu pour ses belles vagues. Il n'y a alors rien de surprenant à ce que l'un des sports préférés soit le surf. C'est sans conteste l'activité de glisse la plus répandue sur la Côte aquitaine ! Avant de partir sur le littoral à la découverte du surf et des meilleurs spots de la région, si l'on faisait un point sur le vocabulaire ? Plus qu'un sport, c'est un vrai mode de vie caractérisé par des expressions qui lui sont propres. Un langage bien particulier qu'il faut s'approprier. Sachez par exemple que pour débuter, mieux vaut chercher un *beach-break*, comprendre une plage proche du bord qui permet de s'initier dans un environnement sécurisé. Une fois sur la planche, il faut aller se placer sur le *line-up*, cette zone au large où l'on attend les vagues. Quand on sent la vague, on se met debout, ou plutôt on fait le *take off* ! Enfin, savez-vous que les planches sont fabriquées par des artisans, appelés les shapers ? Sur chacune d'entre elles est accrochée une *leach*, une sorte de "laisse" pour relier le pratiquant à sa planche. C'est d'ailleurs une invention de Georges Hennebutte, un des tout premiers surfeurs biarrots. Car c'est ici, à Biarritz que tout est né…

© UNAI - STOCK.ADOBE.COM

Plage de Labenne.

Biarritz, ville du surf

Originaire des îles Hawaï, ce sport a débarqué en France par la côte basque en 1956, transformant alors Biarritz en berceau du surf. Pour l'anecdote, sachez que c'est un film qui est à l'origine de l'engouement autour de cette nouvelle activité ! À l'époque, une adaptation d'un roman d'Hemingway *Le Soleil se lève aussi* était tournée dans la ville. Le film mettait en scène deux Californiens férus de surf. Quel spectacle insolite que de voir des garçons glisser sur les vagues ! Les locaux étaient fascinés par cette prouesse et il n'a pas fallu longtemps pour que l'engouement se propage. Quelques années plus tard, le premier club français est fondé, avec un nom exotique : le Waïkiki Surf Club. Le premier championnat de France suivra rapidement mettant en avant les premiers athlètes. Très rapidement, le surf se transforme en mode de vie, et même en art de vivre : ce que l'on appelle le *aloha spirit* ! Cet esprit s'empare du littoral entraînant dans son sillage l'apparition de magasins spécialisés, d'ateliers de fabrication de planches et autres lieux annexes. Aujourd'hui encore, les plus grandes marques spécialisées, à l'instar de Quiksilver, Billabong ou encore Rip Curl, sont installées ici et ce ne sont pas moins de 18 écoles qui proposent des cours ou des stages longs sur les meilleurs spots de la ville. Pendant votre balade dans la ville, vous découvrirez que les surfeurs sont omniprésents sur toutes les plages. La Grande plage, qui s'ouvre sur le centre ville entre l'Hôtel du Palais et le Bellevue, est l'un des lieux les plus fréquentés, idéal pour débuter. La côte des Basques, spot

© GREGORY GUIVARCH - SHUTTERSTOCK.COM

Surf à Biarritz.

emblématique dans un cadre exceptionnel, est également accessible pour les novices, tandis que les sportifs expérimentés et les locaux préfèrent la plage Marbella, plus exposée à de forts courants. Dans une ambiance plus intimiste, le Miramar est un spot rêvé pour les pratiquants de niveau moyen à confirmé. La ville sera en 2017, le théâtre des championnats du monde de surf sur la Côte des Basques. Biarritz a beau être le berceau du surf, elle est loin d'être la seule ville de la Côte aquitaine à proposer de beaux spots pour amateurs et confirmés. Suivez le guide !

En Gironde

En Gironde, le surf rime avec Lacanau ! La station balnéaire accueille chaque année le Lacanau Pro et est reconnue pour la qualité de ses plages. Les spots sont nombreux et permettent à chacun de choisir le lieu idéal, selon le niveau et les envies. La Plage Centrale est très accessible et touristique, contrairement à l'Alexandre ou à La Barrière, que l'on ne peut rejoindre qu'à pied ou à vélo. La Nord est un excellent spot situé en face du Banana Surf Café, restaurant convivial et lieu de passage de tous les glisseurs depuis 1999. Si vous aimez les endroits confidentiels, préférez le Jah Point, plage cachée par les dunes, baptisée ainsi en hommage à un célèbre surfeur de la ville dans les années 1980. Non loin, d'autres lieux réputés, mais fréquentés vous attendent : Le Lion, L'Écureuil, La Sud… Si vous ne surfez pas, vous pourrez tout de même admirer ces dompteurs de vagues. Un spectacle dont on ne se lasse pas ! Toujours en Gironde, à Hourtin Plage, vous pourrez profiter de l'océan et des sports de glisse comme le surf ou le kite surf. N'hésitez pas à parcourir le littoral à la découverte des plages : le Gurp offre une vue superbe sur le phare de Cordouan ; le Grand Crohot, tout près de Bordeaux, est un des spots les plus difficiles de la région à cause de la puissance des vagues ; au Cap Ferret, les vagues sont meilleures mais très populaires. N'oubliez pas non plus les villes de Soulac-sur-Mer, de Carcans et du Porge !

Dans les Landes

Quand le surf apparaît dans les années 1950 dans le Pays basque, la quête du spot parfait mène les amateurs à explorer les Landes. Avec d'autres surfeurs, ils s'installent du côté de Contis pour profiter des vagues et de la quiétude de l'endroit. Depuis, toute une industrie s'est développée dans le département. De Biscarrosse à Hossegor, tous se retrouvent pour dompter les vagues ! À Hossegor, le spot La Sud est un *beach break* idéal pour tous les amateurs de surf. Les vagues sont particulièrement accessibles et attirent chaque été de nombreux touristes. La plage est très fréquentée, mais vaut le détour ! Dans les Landes, les débutants pourront aussi se frotter à la houle à la réserve naturelle du courant d'Huchet, qui relie le lac de Léon à l'océan, ou plus au nord à Capbreton, aux spots du Prévent et du Santocha. Pour les surfeurs plus expérimentés, le *beach break* La Piste offre de belles vagues rapides à Capbreton. Aussi, dans la jolie station balnéaire de Soustons, profitez d'un cadre paisible un peu plus intimiste avec vue sur la forêt landaise. Les sportifs aguerris iront surfer du côté d'Hossegor à La Gravière, où se tient chaque année le Quiksilver Pro France. Un peu plus bas, La Nord offre des vagues puissantes et épaisses sur une longue distance. Un spot technique et impressionnant ! Pour les adeptes de la nature, les 27 kilomètres de plages de Côte Landes Nature restent un lieu incontournable car préservé. Ici, le respect de la nature est une loi inviolable, en somme une côte sauvage idéale.

Lacanau accueille régulièrement des compétitions.

Trois petits villages offrent des conditions propices à la glisse : Contis, le Cap de l'Homy et la Vielle-Saint-Girons. Au sud, à la limite avec le Pays basque, les vagues sont costaudes et continuent d'offrir de superbes paysages naturels et sauvages, comme c'est le cas sur les plages des communes de Labenne, d'Ondres ou encore de Tarnos. Dans les Landes, sur toute la côte, le littoral s'offre à vous ! Explorez à votre tour, du côté de Moliets, Seignosse ou encore Mimizan...

La Côte basque

Le Pays basque est réputé pour ses spots qui attirent les surfeurs du monde entier. Outre l'incontournable Biarritz, de nombreuses autres villes offrent des spots pour débutants ou confirmés. C'est notamment le cas à Bidart, village typique qui a su préserver son charme et son authenticité. Tournée vers l'Atlantique avec ses six plages étendues sur cinq kilomètres, cette station balnéaire fait le bonheur des plagistes et des surfeurs. On vous conseille la plage des 100 Marches, accessible à marée basse et à mi-marée, ainsi que la plage Parlementia. Cette dernière, connue dans le monde entier, se surfe à toutes les marées. Longue, droite avec un fond rocheux, elle est très prisée par les locaux, mais elle est également exigeante, réservée aux plus aguerris. Les sportifs expérimentés apprécieront également Lafitenia dans le quartier d'Acotz à Saint-Jean-de-Luz, fonctionnant à marée basse. Avec Erromardie, elle fait partie des célèbres plages de surf de la côte. D'une grande beauté, elle est nichée dans une petite crique. La droite de ce *point break* est l'une des plus célèbres de France. Enfin, la liste ne serait pas complète sans citer les spots d'Anglet (notamment Les Cavaliers et La Madrague), d'Hendaye (la Grande plage) et d'Ilbarritz. Le mieux reste encore d'aller découvrir par vous-même ce superbe littoral !

Les événements incontournables

Tous les ans, d'avril à octobre, la Côte aquitaine vit au rythme des événements sportifs autour du surf. Le littoral accueille des manifestations reconnues dans le monde entier, qui attirent des milliers de spectateurs venus admirer les stars du milieu. Si pendant des années, le Biarritz Surf Festival a été l'un des rendez-vous incontournables de l'esprit du surf, c'est désormais en Gironde que ça se passe ! À Lacanau, à moins d'une heure de Bordeaux, la station balnéaire accueille chaque année le Lacanau Pro, une compétition professionnelle et prestigieuse. Tous les ans, au mois d'août depuis 1979 (c'est la plus vieille compétition de surf !), les meilleurs surfeurs se réunissent pendant dix jours. C'est l'occasion de les voir s'affronter sur la plage centrale. Le concours mêle différents niveaux, des juniors jusqu'aux professionnels. Mais c'est surtout l'ambiance qui vaut le détour. Pour les festivités, de nombreuses activités sont proposées : zumba, paddle, danse tahitienne, etc. Dans le centre, ce sont les boutiques et les stands de restauration qui accueillent du monde. Un événement à ne pas manquer. Parmi les nombreuses compétitions qui animent la région au cours de l'année, celle d'Hossegor est également immanquable ! En effet, la ville accueille elle aussi une compétition de surf : les Quiksilver et Roxy Pro France. De 1987 à 2019, ces épreuves faisaient partie du calendrier du championnat du monde. En 2020, la World Surf League a décidé de supprimer cette étape mais le championnat continue d'exister sous une autre forme, comme d'habitude à l'entrée de l'automne. Les dates de rendez-vous ne changent pas et les spectateurs s'annoncent encore nombreux. Sur le littoral, l'esprit du surf continue de se transmettre et de faire vibrer les foules.

VIGNOBLE

La côte aquitaine est un terroir riche et varié, situé au cœur de la première région viticole de France, à savoir la Nouvelle-Aquitaine qui, avec 273 000 ha de vignes, consolide sa place de leader pour une production de 15 millions d'hectolitres. Dans ce Sud-Ouest doux et ensoleillé, la vigne est présente depuis l'Antiquité et c'est au XIXe siècle que propriétaires et riches négociants investissent et construisent les fameux châteaux, plantant encore plus de vignes. Depuis quelques années, l'œnotourisme connaît un succès grandissant, preuve en est que l'authenticité des produits et du patrimoine viticole français séduit. Si Bordeaux est réputée dans le monde entier grâce à ses célèbres grands crus classés, le reste de la région n'a pas à pâlir de sa production. Le vignoble des Landes produit des vins corsés et épicés, tandis que le Pays basque abrite quelques pépites viticoles, trop souvent dans l'ombre de la capitale du vin. Du nord au sud de la région, nous vous offrons un petit tour d'horizon viticole.

Le vignoble bordelais

Le vignoble bordelais est subdivisé en plusieurs zones : le Médoc, le Blayais et Bourgeais, le Libournais, l'Entre-deux-Mers, le Graves et le Sauternais. Le vignoble du Médoc s'étend du nord de l'agglomération bordelaise jusqu'à la pointe de Grave. Cette région viticole bénéficie d'un climat privilégié et produit uniquement des vins rouges, sur un sol essentiellement graveleux et sableux, divisé en deux principales appellations : Haut-Médoc et Médoc. Dans ce secteur, on trouve des vins classés en Grands Crus, parmi lesquels le Château Margaux, Premier Grand Cru Classé. Le domaine date de la fin du XVIe siècle mais le château, édifice néo-classique le plus important du Bordelais, a été conçu en 1810. Aujourd'hui, cette propriété viticole au terroir unique est entre les mains de la famille Mentzelopoulos. Quelques autres grands châteaux occupent le Médoc, à l'image de celui de Maucaillou à Moulis-en-Médoc ou Fonréaud à Listrac.

En face du vignoble du Médoc, sur la rive droite de l'estuaire de la Gironde, se trouvent les vignobles du Blayais et du Bourgeais. Les premières traces du vignoble remontent à la conquête romaine. Au fil des siècles, la région s'est affirmée jusqu'à ce que le phylloxéra frappe à la fin du XIXe siècle, obligeant les vignerons à repenser le territoire. Les sols, le climat et les cépages donnent une gamme de vins aux multiples arômes : les rouges, à déguster jeunes, acquièrent fruité et rondeur grâce au merlot, et un caractère fleuri et épicé grâce au cabernet sauvignon et au cabernet franc.

Plus bas, le Libournais s'articule le long de la rive droite de la Dordogne autour de la ville de Libourne. Cinq vignobles sont concernés : Saint-Émilion, Pomerol, Fronsac, Castillon et les Côtes de Francs. Ils produisent des vins rouges puissants et veloutés à base de merlot, à l'exception de vins blancs secs et liquoreux dans l'appellation Francs Côtes de Bordeaux. Pendant votre séjour, faites un tour par Saint-Émilion, magnifique cité médiévale fondée au VIIIe siècle. Admirez l'architecture de cette cité exceptionnelle depuis la terrasse de la tour Saint-Georges qui domine la ville et le vignoble. La juridiction de Saint-Émilion et ses huit communes voisines sont inscrites au patrimoine mondial de l'Unesco. Un moment historique car c'est la première fois qu'un territoire viticole est classé !

Entre la Dordogne et la Garonne, le territoire de l'Entre-deux-Mers propose un paysage de collines couvertes de vignes. En tout, huit vignobles et dix appellations composent le territoire. Ils datent pour la plupart du XIe siècle, ce sont alors les moines qui permirent aux terroirs viticoles de se développer. L'Entre-deux-Mers est réputé pour ses vins blancs secs à base de sauvignon.

© GOODLUZ - SHUTTERSTOCK.COM

Vendanges dans le vignoble bordelais.

© SPIRITPROD33 - SHUTTERSTOCK.COM

Le vignoble d'Irouleguy.

Vous souhaitez faire de l'oenotourisme ? Partez au Château Lestrille à la rencontre d'Estelle Roumage qui élabore des vins dominés par le fruit. Le château ouvre ses portes toute l'année et propose des visites sur rendez-vous pour le moins insolites : visite des vignes à bord d'une 2CV, randonnée pique-nique dans les vignes, sans oublier l'incontournable visite du chai et de la dégustation des vins.

Enfin, finissons notre tour du Bordelais par deux appellations de la route des Graves : le Graves et le Sauternais. Le premier doit tout simplement son nom à la composition de sous-sol fait de graves. Le cépage merlot est majoritaire et permet l'élaboration de vins rouges corsés et élégants. Les vins blancs, quant à eux, sont élaborés avec les cépages sémillon et sauvignon. Treize vins rouges et neuf vins blancs sont classés en Grands Crus. Parmi les grands châteaux de la région des Graves, citons le Château La Mission Haut-Brion à Pessac, le Château Smith Haut-Lafitte à Martillac ou encore le Château Carbonnieux à Léognan. Enclavé dans les graves, le vignoble AOC Sauternes produit en partie des vins blancs liquoreux, reconnaissables à leur couleur ambrée. De nombreux vins sont également classés en Grand Crus.

Le vignoble basque

Dans une nature verdoyante, au pied des montagnes du Pays basque, s'étend le vignoble d'Irouleguy. Il date du XIIe siècle, grâce à des moines de l'abbaye de Roncevaux. Constitués de parcelles pentues à l'ombre des Pyrénées, les vignobles d'Irouleguy, AOC du Pays basque, sont des plus pittoresques. Ce petit vignoble d'altitude - un des plus modestes de France et le seul basque ! - s'étend sur douze communes autour de Saint-Etienne-de-Baïgorry et Saint-Jean-Pied-de-Port. Il est exclusivement cultivé sous forme de terrasses : en montagne, les pentes sont élevées ! Elles peuvent atteindre jusqu'à 80 %. Les vendanges sont ainsi faites uniquement à la main. On distingue différents cépages : les noirs qui prennent environ 85 % des surfaces de l'appellation et les blancs. Ce vignoble historique étendu sur 230 hectares compte une dizaine de domaines et une cave coopérative : la Cave des Vignerons du Pays basque. Depuis 60 ans, elle vinifie et commercialise la majeure partie des vins d'Irouleguy. Pendant votre séjour, faites un arrêt au domaine historique de Brana : la visite du chai, très spectaculaire, vaut le détour !

Le vignoble landais

Le long du fleuve de l'Adour, le vignoble landais dispose de conditions favorables. Le sol argileux et le climat permettent d'avoir des vins de qualité, souvent méconnus. Ce vignoble dispose d'une AOP avec le Vin de Tursan et de trois IGP avec le Vin de Pays des Landes, le Vin de Chalosse et le Vin des Sables. Le Tursan est niché dans le Pays de l'Adour landais, tandis que les vins de Chalosse sont au sud de l'Adour. Plus pittoresques, certains vignobles sont implantés au pied de dunes. Sur la plage à Capbreton, vous pourrez apercevoir les vignes à seulement quelques mètres, protégées des vents. C'est le Domaine de la Pointe, reconnu depuis 600 ans comme un terroir viticole de grande originalité et étendu sur cinq hectares. Les pieds dans le sable, il produit le bien-nommé Vin des Sables marqué d'une salinité subtile. Des visites guidées sont organisées, avec tour du vignoble et dégustation de vins. Outre le vin, les vignes landaises du Bas-Armagnac produisent le célèbre armagnac, doré et suave. C'est à partir de cette eau-de-vie qu'est créé le floc de Gascogne, un apéritif fleuri issu de deux tiers de raisins frais et d'un tiers de jeune armagnac.

GÉOGRAPHIE

Ouverte sur l'océan Atlantique et essentiellement composée de basses terres, la Côte aquitaine est la somme de trois identités marquées. Le territoire offre sur toute sa zone de magnifiques paysages dans les trois départements qu'il traverse : la Gironde, les Landes et le Pays basque, rattaché aux Pyrénées-Atlantiques. Du nord de la Pointe de Grave dans la commune du Verdon, jusqu'à l'extrémité sud de la plage d'Hendaye, la façade maritime s'étend sur près de 300 kilomètres. Entre océan et montagne, et entre ville et campagne, la région offre une diversité incroyable en termes de paysages, d'environnement et de géographie. Qui plus est, la Côte aquitaine est un pays de vignobles, sans aucun doute l'un des plus prestigieux au monde grâce à son climat pluvieux, mais ensoleillé. Avec le climat océanique aquitain relativement doux et le microclimat océanique basque plus humide, le littoral atlantique est une destination idéale pour les vacances.

Un littoral en commun

La Côte aquitaine désigne le littoral de la plus vaste région de France, la Nouvelle-Aquitaine, ouvert sur l'océan Atlantique. Elle caractérise une région qui s'étend sur une superficie de plus de 27 000 km². Comptant 2,6 millions d'habitants, dont plus de la moitié habite en Gironde (une grande partie se situe notamment dans la métropole bordelaise), sa population y représente environ 4 % de la population française. Toutefois, les contrastes démographiques y sont forts et les zones rurales occupent une partie importante du territoire, tout comme le littoral, fil rouge de la région. Si l'on excepte la parenthèse du bassin d'Arcachon, la Côte aquitaine peut se parcourir directement de haut en bas (ou de bas en haut !), de la pointe de Grave à la frontière espagnole ! Trois cents kilomètres que l'on peut notamment parcourir à vélo grâce à la véloroute Vélodyssée qui longe l'Atlantique. De nombreux paysages se parcourent et sont visibles le long de cette route : des landes aux stations balnéaires de la région, en passant évidemment par le littoral. Le bassin d'Arcachon, quant à lui, propose de nombreuses plages pour se détendre. Plusieurs activités touristiques y sont aussi possibles. Le Bassin est alimenté par la Leyre (la rivière prend sa source dans les Landes et s'y jette après un parcours de 116 km) et le jeu des marées, est un site délicieusement préservé. Il offre de multiples paysages entre mer et forêt !

Un peu plus loin, la Côte d'Argent, surnommée ainsi à cause de ses reflets argentés en surface de l'océan, s'étend sur 106 km. Le paysage est ici partagé entre terre et mer. À l'image des villes de Biarritz, de Saint-Jean-de-Luz ou d'Hendaye. Les rochers de la plage de Biarritz sont en effet sculptés par les vagues. Tout comme la baie de Loia ou la pointe de Saint-Anne. Elles témoignent de l'importance de la mer. La côte basque, quant à elle, s'ouvre de l'estuaire de l'Adour jusqu'à celui de la Bidassoa. Le spectacle est somptueux. À Hendaye, l'océan a même constitué des criques et des baies sauvages au milieu des falaises.

DÉCOUVRIR

La côte rocheuse d'Hendaye.

© FOTOADICTA - SHUTTERSTOCK.COM

Paysage du Pays Basque depuis la Rhune.

Trois identités marquées

La Gironde, département au relief doux, est le plus étendu et le plus peuplé. Il se distingue par sa diversité, entre ses plages et ses vignobles, sans oublier la ville de Bordeaux, qui rayonne dans tout le département. Si la mer est présente, il en est de même des vignobles. Ceux-ci parcourent les coteaux de tout le territoire, à l'exemple de l'Entre-deux-Mers ou du Saint-Emilionnais. Le territoire est avant tout un pays de collines, de forêts et de vignobles, entrecoupés de petites rivières qui descendent vers la Garonne. Les terroirs viticoles de la côte aquitaine sont principalement situés en Gironde. La terre de graves est la plus importante de la rive gauche de la Garonne. Elle est composée d'argile, de cailloux et de glaise. Cette terre abrite les plus grands noms de la planète viticole et fait la renommée de la région bordelaise.

Au sud de la Gironde, les Landes sont le deuxième département français en termes de superficie. Créé à la Révolution française, le territoire était à l'origine recouvert de landes et était une simple étendue de terre recouverte de quelques bruyères. Quand les pins ont été plantés au milieu du XIXe siècle, pour protéger les dunes, le département a gardé son nom. Actuellement, il est composé de plusieurs petits pays : Hautes Landes, Petites Landes, pays de Born, Marensin et Maremne. Ce que l'on appelle Landes de Gascogne est en réalité une région naturelle, et non le département ! Cette appellation correspond à une zone de 1,4 million d'hectares, comprenant les trois départements de la côte. Les Landes séduisent par ses plages océanes bordées de dunes et protégées par les forêts de pins maritimes. Outre la forêt des Landes, plus vaste forêt artificielle d'Europe, d'autres massifs forestiers couvrent la région comme la forêt d'Iraty tout au sud de la côte aquitaine.

Le Pays basque français, frontalier de l'Espagne, est composé de trois provinces : le Labourd [*lapurdi*] sur la côte atlantique, avec les villes de Bayonne et de Biarritz, la Basse Navarre [*behe nafarroa*] avec Saint-Jean-Pied-de Port et la Soule [*zuberoa*] avec Mauléon. Il est bordé par l'Adour au nord, le golf de Gascogne à l'ouest et le Béarn à l'est avec lequel est constitué le département des Pyrénées-Atlantiques. Ce territoire affirme son caractère fort avec ses collines verdoyantes, non loin des montagnes pyrénéennes. C'est justement dans les Pyrénées basques que le relief est le plus important de toute la côte aquitaine. Moins hautes que les montagnes béarnaises qui sont dans la continuité, les montagnes basques commencent à la Rhune, à 905 mètres d'altitude, au niveau de l'océan Atlantique. Plus aérées et moins compactes, elles culminent tout de même à 2 017 mètres au pic d'Orhy, seul sommet basque à dépasser les 2 000 mètres. Au pied de ce sommet s'étend la Soule, étendue de forêts sauvages, qui fait la transition avec le Béarn. Les montagnes basques sont particulièrement marquées par l'activité agricole.

La météo douce et humide

La Côte aquitaine, bordée par l'océan Atlantique et chauffée toute l'année sous l'influence du Gulf Stream, bénéficie d'un climat dit océanique, avec un ensoleillement important, d'une moyenne de 2 000 heures par an. On peut tout de même diviser le territoire en deux climats : le climat océanique aquitain de la Gironde et des Landes, caractérisé par des hivers doux et des étés chauds et tempérés, et le microclimat océanique basque plus humide. Malgré une météo plutôt douce, les habitants pourront en témoigner : d'Arcachon à Hendaye, le climat du littoral est plutôt instable. Les précipitations sont régulières et plutôt élevées, dues aux vents d'ouest et de nord-ouest. Attention, il n'est pas rare d'être surpris par les averses ! Néanmoins, les précipitations sont inégales suivant le territoire : si le côté pyrénéen du Pays basque fait partie des plus pluvieux du territoire, les Landes et la Gironde bénéficient, quant à elles, de pluies plus modérées. Soulignons tout de même que les températures sont douces et agréables toute l'année ! Grâce aux influences océaniques, c'est un climat essentiellement tempéré qui contribue à la douceur de vivre de notre agréable région.

La Gironde offre un climat plaisant,comme sur la presqu'île du Cap Ferret.

NATURE

Entre océan Atlantique et montagnes basques, forêts et vignes, prairies et dunes, la Côte Aquitaine est un gigantesque espace à ciel ouvert, d'une grande richesse. Sur le littoral, les dunes s'étendent sur plusieurs kilomètres de large et sont recouvertes de la plus vaste forêt domaniale de France. Les sites protégés et classés sont présents sur tout le territoire et font partie du patrimoine vivant de la région. Ici, la nature est brute, parfois aménagée, mais toujours préservée. Au sein de ces différents espaces naturels évoluent un grand nombre d'espèces végétales et animales. La côte d'Argent est notamment un lieu d'hibernation pour la grue cendrée et de nombreuses autres espèces d'oiseaux d'eau. De l'océan Atlantique en passant par la forêt des Landes ou encore l'estuaire de la Gironde, les trésors de la nature sont partout. Des havres de paix à découvrir à pied ou en vélo grâce à des sentiers dédiés.

Des espèces animales à préserver

Sur la côte, les différents milieux naturels possèdent une faune et une flore rares et protégées. Parmi les espèces typiques de la Côte aquitaine, citons par exemple la petite salamandre tachetée noire et jaune, le rapace balbuzard pêcheur ou encore l'oiseau aquatique grèbe huppé. Toutes ces espèces constituent le patrimoine naturel de notre région et certaines espèces sont protégées. Le vautour percnoptère, plus petit vautour d'Europe, reconnaissable à sa queue blanche, le gypaète barbu et le vison d'Europe font partie des espèces qui sont sujettes aux mesures de préservation. Ce dernier est un des mammifères carnivores les plus menacés. Si son habitat actuel couvre sept départements du Sud-Ouest, c'est deux fois moins vaste qu'il y a 20 ans ! Présent sur toute la Côte Aquitaine, le vison, espèce semi-aquatique, vit en bordures de cours d'eau. Certaines espèces de poissons font également l'objet d'un plan de préservation, à l'instar de la lamproie, du saumon, de l'anguille, de l'esturgeon, de la truite et de la grande alose. À l'inverse, des espèces invasives doivent être régulées comme le ragondin qui vit dans les milieux d'eau douce et que l'on trouve à Bordeaux et sa métropole.

La migration des grues cendrées

Le territoire est situé sur un grand axe migratoire, ce qui permet d'observer de nombreuses espèces dans le ciel. Le littoral aquitain est riche en zones humides ce qui en constitue une halte idéale pour les oiseaux. Il n'est pas rare d'observer plusieurs d'entre eux hiverner dans la région, parmi lesquels oies cendrées et milans royaux. La grue cendrée, baptisée la dame grise, passe elle aussi ses vacances entre les Landes et la Gironde. Tous les ans, cette espèce se reproduit en Europe du Nord avant de migrer dès les premiers jours de l'automne. Selon l'ethnologue et poète landais Félix Arnaudin, la migration de cette espèce protégée daterait du XVIIIe siècle. Ainsi, entre 30 000 et 60 000 espèces seraient comptabilisées dans la région, plus précisément dans les Landes de Gascogne (les chiffres fluctuent en fonction de la météo). Reconnaissables à leur silhouette élégante et imposante (plus de deux mètres d'envergure), leur plumage gris cendré, leur long bec gris pointu et leur queue noire en panache, ces oiseaux volent en groupe sous la forme d'un V ou d'un Y. Pour ne rien manquer de la migration et de l'hivernage de ces espèces, il est possible de participer à des visites guidées. Si vous souhaitez observer le spectacle, nous vous invitons à découvrir les guides ornithologues du Parc naturel régional des Landes Gascogne et de la LPO. Ils organisent des sorties encadrées qui valent le détour. Pour profiter au maximum du spectacle, offrez-vous un hébergement confortable sur place : certains gîtes et chambres d'hôtes sont installés au plus près des richesses ornithologiques et des lieux d'observation. Le collectif Grus Gascogna, qui s'occupe de la préservation de la grue cendrée, fournira notamment toutes les informations nécessaires. Si vous souhaitez passer des vacances touristiques dans une démarche écologique et responsable, faites appel à eux.

Le grèbe huppé.

En pleine forêt

Dans la région Nouvelle-Aquitaine, les massifs forestiers sont particulièrement présents en Gironde et dans les Landes. Selon le centre régional de la propriété forestière de Nouvelle-Aquitaine, sur le territoire de la côte aquitaine, le taux de boisement est de presque 50 %, avec une majorité de pins maritimes et quelques forêts de chênes pédonculés. Espèce plantée pour la production et la transformation en papier, le pin maritime laisse cependant dans son sous-bois un peu de place au chêne liège, mais aussi au chêne tauzin dans les clairières et au chêne vert à proximité du littoral. Dans ces forêts, vous pourrez observer plusieurs espèces, dont la huppe fasciée, un oiseau des plus élégant et atypique, au plumage roux et aux somptueuses ailes noires et blanches. Les forêts landaises sont également habitées par de nombreux chevreuils reconnaissables à leur roze, une zone de poils blancs ou jaunâtres sur les fesses. Difficile de les croiser car l'espèce est plutôt craintive. Tentez votre chance au petit matin ou au coucher du soleil ! Dans le massif forestier des Landes de Gascogne, sangliers, blaireaux, faisans, bécasses des bois, lièvres d'Europe, geais des chênes et autres cerfs sont autant d'animaux que vous pourrez croiser lors de votre promenade.

Sur le littoral

Sur la commune française de La Teste-de-Buch se dresse la plus grande dune d'Europe : la dune du Pilat. La faune et la flore y sont présentes, notamment de nombreuses plantes robustes, résistantes aux intempéries, mais victimes du piétinement. Sur ce monument naturel exceptionnel, d'une hauteur variant entre 107 et 117 mètres et s'étirant sur 2,7 km de longueur et 50 mètres de largeur, il n'est pas rare d'observer des immortelles des sables, plante herbacée vivace aux fleurs jaunes (la floraison se fait en juillet/août) ; l'oyat, surnommé également roseau des sables, plante adaptée à la sécheresse, que l'on trouve sur toutes les dunes du littoral ou encore la linaire à feuilles de thym, reconnaissable à ses fleurs jaunes, espèce protégée au niveau national et unique au monde. Saviez-vous que la dune du Pilat est en perpétuel mouvement ? Sensible aux caprices du vent, elle recule chaque année de quelques mètres. La pointe du Cap Ferret abrite notamment de nombreuses espèces végétales et animales. Citons notamment l'Île aux Oiseaux, petit coin préservé au cœur du bassin d'Arcachon, qui abrite une grande richesse ornithologique. Oiseaux hivernants, migrateurs et nicheurs, près de 150 espèces sont observées sur le site toute l'année non loin des fameuses cabanes tchanquées, ces maisons sur pilotis autrefois habitées par les gardiens des parcs à huîtres. De nombreuses espèces de poissons sont également présentes dans les eaux de l'Atlantique comme le bar commun, la seiche commune, mais aussi la baliste ou la dorade. Sans oublier certains mammifères marins comme le cachalot ou le rorqual.

Et si vous faisiez une balade en bateau pour découvrir les trésors de l'océan ? Au large, certaines espèces marines se laisseront observer, parmi lesquelles les phoques gris, les marsouins et les dauphins. Du côté de la flore, la végétation sous-marine est d'une grande richesse : on observe de nombreuses plantes aquatiques dont le rôle est essentiel. Appelées herbiers de zostère, elles servent d'habitat naturel aux petites espèces comme les hippocampes, les araignées de mer et autres mollusques.

L'île aux oiseaux, havre ornithologique dans le bassin d'Arcachon.

© MIMADEO

Un pottok, poney sauvage emblématique du Pays basque.

Dans les montagnes basques

Les montagnes basques, frontières naturelles avec l'Espagne, représentent seulement un cinquième des Pyrénées. Elles commencent au sommet de la Rhune qui possède un patrimoine naturel d'exception et offre un sublime panorama sur les côtes françaises. C'est notamment sur ces hauteurs du Pays basque que vit librement une race de poneys rustiques, appelée pottok (à prononcer pottiok) et signifiant « petit cheval » en basque. Caractérisés par leur robe noire et leur petite taille (1,32 m maximum), ces petits chevaux se trouvent dans les montagnes, où ils vivent pendant au moins neuf mois. À l'origine, ces animaux robustes étaient utilisés pour les travaux agricoles. Ils vivent en groupe essentiellement dans les massifs d'Ursuya, Baïgoura, Artzamendi et de la Rhune. Il existe une race, dit pottok de prairie, qui vit au contact de l'homme et destinée aux activités sportives et de loisirs.

C'est également dans les montagnes basques que l'on peut admirer la brebis manech à tête rousse (dont le lait produit notamment le fromage AOP Ossau-Iraty), le vautour fauve, le gypaète barbu ou encore les betisoak, une race bovine autochtone, appelée aussi la race betizu. Ce sont des vaches sauvages adaptées aux conditions sauvages de la vie en montagne et reconnaissables à leur couleur rouge et à leurs longues cornes. Si vous êtes chanceux, peut-être apercevrez-vous le dahu, vivant dans les hautes montagnes. Ses pattes plus courtes d'un côté de l'autre lui permettent de se déplacer facilement dans les pentes. À moins que ce soit qu'une légende… Côté plantes, il est très étonnant de voir pousser une espèce végétale des plus étonnantes, et visible surtout dans le sud-ouest de l'Australie. Le droséra est une petite plante insectivore, reconnaissable à ses touffes rougeâtres. Il est bien sûr interdit de la cueillir ou de dégrader la tourbière !

Des parcs ornithologiques

Parfois la faune reste secrète et, pour observer les espèces, l'idéal est d'aller dans les parcs ornithologiques. Sur la côte aquitaine, c'est en Gironde que deux lieux attirent notre attention et méritent le détour. Le premier, Terres d'oiseaux, est une réserve de 120 hectares en bordure de l'estuaire de la Gironde, sur un espace de marais préservé, accueillant de nombreux oiseaux migrateurs et oiseaux nicheurs. La tour panoramique située à l'entrée du site donne une idée des découvertes à venir. Balade en toute liberté ou visite guidée par un guide naturaliste : à vous de choisir. Quatre boucles sont proposées et un sentier est adapté aux familles avec enfants en bas âge ou aux personnes à mobilité réduite.

Aussi, le parc ornithologique du Teich, espace naturel protégé d'une grande richesse, est un autre lieu privilégié. Dans cette réserve ornithologique, tout est organisé pour l'observation des oiseaux sauvages, au cœur des forêts, marais, prairies et lagunes, et ce depuis 1972 ! Elle est située sur une importante voie de migration où se reposent 300 espèces. Pour l'observation, des petits postes ont été aménagés le long des parcours, dont un en hauteur qui offre une sublime vue panoramique sur le bassin d'Arcachon. Chacun de ces postes est dédié à une espèce. Aussi, à Anglet, le parc écologique Izadia est un lieu de charme, accessible à tous et qui plaira aux amoureux de la nature ! Dans cette zone humide vivent une diversité d'insectes, de mammifères, de reptiles et d'oiseaux, à observer dans leur habitat naturel. Une expérience incontournable.

TOP 10

SITE NATUREL

Sur la côte aquitaine, la nature est remarquable. Le territoire offre une dizaine de réserves naturelles d'une diversité exceptionnelle. Des dunes du littoral jusqu'aux forêts des Landes en passant par la côte basque, ces espaces protégés accueillent une faune et une flore riches à découvrir à pied.

DUNE D'HOURTIN

Dans le Médoc, les dunes et marais d'Hourtin sont un ensemble naturel entre plage et forêt de chênes.

© ARCACHONPHOTO.COM - STOCK.ADOBE.COM

ÉTANG DE COUSSEAU

À Lacanau, ce milieu préservé est un havre de paix pour les animaux : loutres, genettes et chevreuils.

© ALEXANDRE - STOCK.ADOBE.COM

ÉTANG DE CHOURROUMILLAS

Dans le Pays basque, cette réserve est un lieu d'exception entre ruisseaux, mares, prairies et chênaies.

RÉSERVE GÉOLOGIQUE DE SAUCATS

Dans cette réserve géologique, le sentier des fossiles vous emmène 20 millions d'années en arrière !

PRÉS SALÉS D'ARÈS

Situés dans le Bassin d'Arcachon, les prés salés offrent un paysage varié, entre dunes, forêt et littoral.

© ARCACHONPHOTO.COM - STOCK.ADOBE.COM

COURANT D'HUCHET

Cette réserve est composée de l'étang de Léon, du marais du Cout de Moutagne et de boisements dunaires.

© CAFAPHOTOS - STOCK.ADOBE.COM

RÉSERVE D'ARJUZANX

À l'ouest de Mont-de-Marsan, la réserve d'Arjuzanx est le plus grand site d'hivernage des grues cendrées.

© PHILIPPE.VDE - SHUTTERSTOCK.COM

BANC D'ARGUIN

Îlot face à la dune du Pilat, le banc d'Arguin est un important lieu de nidification d'oiseaux protégés.

© IMAGINE - FOTOLIA

MARAIS D'ORX

Dans les Landes, cet observatoire ornithologique se distingue par la diversité de ses oiseaux d'eau.

© LIVCOOL - ISTOCKPHOTO.COM

ERROTA HANDIA

À Arcangues, 274 espèces animales dont 140 espèces d'oiseaux habitent cet ensemble écologique remarquable.

© ONDREJ PROSICKY - ISTOCKPHOTO.COM

HISTOIRE

Au fil des siècles, les frontières de la région n'ont cessé d'évoluer, avant de s'établir telles que nous les connaissons aujourd'hui. Sous l'Empire romain, la Côte aquitaine était baptisée Novempopulanie. Puis, elle est conquise par les Francs, devenant le premier duché indépendant d'Aquitaine. Au Moyen Âge, sous le règne de la célèbre Aliénor, elle entre alors sous domination anglaise jusqu'à la fin du XVe siècle. Région de toutes les convoitises, ses terres connaissent de nombreuses guerres, de la guerre des Gaules de Jules César à la Seconde Guerre mondiale du XXe siècle. La région a connu de nombreux événements historiques au fil des siècles qui l'ont définitivement marquée, et qui nécessiteraient des milliers de pages pour être racontés. À défaut, retraçons ensemble les grandes lignes de l'histoire passionnante de ce pays, fier de son identité multiple. Un voyage à travers les siècles du Paléolithique à nos jours !

-700 000 À -10 000

Paléolithique

En Gironde, la grotte de Pair-Non-Pair, située dans la commune de Prignac-et-Marcamps, est une des plus remarquables traces du Paléolithique supérieur. Découverte en 1881 par l'archéologue François Daleau, cette grotte ornée est le seul site préhistorique visitable dans le département. La découverte de plus de 15 000 outils et de restes osseux d'animaux a montré que le site était occupé sur une période allant de - 80 000 ans à - 18 000 ans.

Des traces du Paléolithique supérieur sont également visibles dans les Landes, plus précisément dans le petit village de Brassempouy. Un fragment de statuette en ivoire représentant un visage humain a été découvert dans la grotte du Pape.

6 000 AV. J.-C. - 800 AV. J.-C.

Néolithique et l'âge du Bronze

Cette période marque l'apparition de l'agriculture en Aquitaine. Le développement de la poterie (pour la nourriture) et l'élevage sont deux autres avancées considérables.

800 AV. J.-C. – 50 AV. J.-C

Premier et deuxième âges du Fer

Le commerce, l'agriculture, l'artisanat du fer et du bronze et la poterie font partie du quotidien des populations de l'époque. De nombreux vestiges ont été retrouvés, témoignages de la vie quotidienne et notamment des rites funéraires. En 1973, un mystérieux poteau de bois est retrouvé à Soulac-sur-Mer. L'objet s'avère être un poteau funéraire anthropomorphe daté de 450 av. J.-C.

58 AV. J.-C

La guerre des Gaules

Pendant sept années, Jules César mène une série de campagnes militaires menées contre plusieurs tribus gauloises. En 56 av. J.-C., le lieutenant Crassus pénètre en Gaule avec 6 000 hommes et s'empare du territoire en quelques semaines. Burdigala (Bordeaux) devient progressivement la capitale de la province d'Aquitaine. La région se dote de routes et de diverses structures dont profitent encore partiellement les Aquitains. Jusqu'aux invasions barbares du début du Ve siècle, elle connaît une période de paix liée, notamment, au négoce des vins.

27 AV. J.-C

La Gaule aquitaine

Créée par l'empereur Auguste, la Gaule aquitaine est une des trois provinces romaines avec la Belgique et la Lyonnais.

De nombreux vestiges gallo-romains sont visibles aujourd'hui sur la Côte aquitaine. En Gironde, des ruines de l'Antiquité sont visibles à Bourg ou même à Bordeaux. Dans les Landes, Dax porte également les traces historiques avec les vestiges de l'enceinte gallo-romaine. À Sordes-l'Abbaye, les restes d'une villa gallo-romaine sont préservés. Celle-ci date du IVe siècle, et comporte des thermes et des mosaïques.

Les tribus gauloises se sédentarisent sur le territoire girondin. On trouve les Bituriges vivisques à Bordeaux, les Vasates dans le Bazadais et les Boïates dans le pays de Buch. Tous profitent des revenus du commerce de l'étain qui circule entre la Méditerranée et l'Atlantique.

IIIE SIÈCLE

L'Aquitaine seconde

Avec la réforme de l'empereur romain Dioclétien, la Gaule aquitaine est composée en trois parties : l'Aquitaine première au niveau du Massif central et du Berry, l'Aquitaine seconde sur le littoral (Bordelais, Charentes et Poitou) et la Novempopulanie entre la Garonne et les Pyrénées.

406

L'empire Wisigoth

La Gaule est ravagée par les invasions barbares. L'Aquitaine seconde et la Novempopulanie sont envahies par les Wisigoths en 406. En s'emparant de Rome, le roi des Wisigoths, Alaric Ier, fait chuter l'Empire romain d'Occident.

507

Incorporation aux États francs

C'est lors de la bataille de Vouillé (près de Poitiers) que s'affrontent l'armée des Wisigoths et celle des Francs. À leur tête, le roi Clovis qui mène depuis plusieurs années déjà des expéditions militaires vers le Sud. Les Wisigoths perdent une partie de leur territoire, étendu de la Loire jusqu'au Pyrénées.

778

Royaume d'Aquitaine

Charlemagne fait de l'Aquitaine un royaume pour son fils Louis le Débonnaire. Le territoire s'étend alors du Rhône jusqu'à l'Atlantique.

877-1058

L'Aquitaine est divisée en deux territoires : le duché d'Aquitaine (qui prendra plus tard le nom de Guyenne) et le duché de Gascogne. Le duché d'Aquitaine est l'objet de toutes les convoitises et sera notamment au centre des affrontements pendant la Guerre de Cent Ans.

Cette période, tournant d'un nouveau millénaire, est assez apaisée. Les cultures s'intensifient, les moines construisent des églises, des abbayes et des infrastructures d'accueil, notamment sur le chemin de Saint-Jacques-de-Compostelle, pour accueillir les pèlerins.

Aliénor d'Aquitaine

1122-1204

Aliénor d'Aquitaine est un des personnages les plus influents du monde occidental de l'époque. Elle est la fille du duc Guillaume X, qui meurt en faisant de la jeune fille son unique héritière. Laissée sous la protection du roi de France Louis VI, elle est mariée au fils Louis VII pour pouvoir récupérer le duché. Louis VI meurt peu après les noces et Aliénor devient reine de France. Malheureusement, la mésentente règne entre les époux et aucun héritier mâle ne naît. La reine est répudiée en 1152.

L'Aquitaine, province anglaise

1152-1453

Répudiée par le roi de France, Aliénor épouse sans attendre Henri II Plantagenêt, comte d'Anjou et héritier du roi d'Angleterre. Elle lui offre ainsi en dot la large province d'Aquitaine. Evénement phare de l'histoire de l'Aquitaine, le divorce d'Aliénor et son remariage en 1152 vont faire du Sud-Ouest une province rattachée à la Couronne d'Angleterre pendant trois siècles, jusqu'en 1453, à l'issue de la guerre de Cent Ans.

Les bastides

1222-1373

C'est durant la période anglaise que sont construites, dans la région, les bastides. Les bastides sont créées dans de nombreuses villes de la Côte Aquitaine et ailleurs. Au XIIIe siècle, leur fonction militaire laisse progressivement place à une fonction commerciale. Avec ce changement, il s'agissait de favoriser les échanges entre les populations. Au début du Moyen Âge, les villes n'avaient pas d'organisation spécifique. Au contraire, la bastide est, elle, un espace constitué autour d'une place centrale, servant au commerce. C'est là que se tiennent les foires et les marchés. La bastide forme une sorte de damier aux rues rectilignes. De nombreuses bastides sont répertoriées en France (plus de 300). Beaucoup d'entre elles sont dans les Landes (comme à Geaune, Grenade-sur-l'Adour, ou Saint-Justin), en Gironde (à Blasimon, Cadillac, Créon, Libourne, Monségur, Pellegrue ou Sainte-Foy-la-Grande), ou encore dans les Pyrénées-Atlantiques (avec celles de Sauveterre-de-Guyenne, Labastide-Clairence, ou encore d'Aïnhoa)

La guerre de Cent Ans

1337-1453

La rivalité entre les couronnes de France et d'Angleterre aboutit à la guerre de Cent Ans. C'est en Gironde à Castillon-la-Bataille que le royaume de France récupère l'Aquitaine. La victoire de Charles VII permet de réintégrer le duché à la couronne de France.

Les guerres de religion

1562-1598

La Guerre de Cent ans est à peine achevée, le commerce à peine rétabli, qu'arrivent les guerres de Religion, qui opposent les catholiques aux protestants. Après 25 ans de domination catholique, Henri de Navarre remporte une première victoire à Coutras en 1587. L'armée catholique du roi de France Henri III est battue à plates coutures. Pour sceller la paix, Henri de Navarre, futur Henri IV, organise dès le lendemain des funérailles grandioses à Libourne.

1581-1585

Parallèlement à ces conflits, Michel de Montaigne devient maire de Bordeaux et tente de maintenir la neutralité de sa ville. Homme politique et homme de lettres, Montaigne reste l'un des symboles forts du foyer d'érudition et de culture que fut Bordeaux au XVIe siècle. À ses côtés brillent d'autres personnalités comme Etienne de La Boétie.

1615

Louis XIII contre les huguenots

En novembre 1615, le roi Louis XIII épouse Anne d'Autriche, infante d'Espagne, dans la cathédrale Saint-André de Bordeaux, sur la décision de sa mère Marie de Médicis. Le couple doit repartir sous escorte pour se prévenir des huguenots (les protestants du royaume de France), qui critiquaient la politique du roi. Plus tard, Louis XIII revient dans la région et s'empare de villes comme Nérac, Coutras, Bergerac et le Bordelais.

1648-1653

La Fronde

Mazarin, qui a en tête une guerre contre les Autrichiens, proclame une nouvelle levée d'impôt. Cette fois, le parlement de Bordeaux est contre. Il mène la Fronde. Celle-ci témoigne de la lutte contre l'absolutisme royal. Bordeaux voit naître alors un gouvernement révolutionnaire, l'Ormée, mené par le prince de Condé. La ville s'autoproclame République autonome. Finalement, le vicomte de Turenne restaure l'autorité du roi à Paris et fait capituler Bordeaux en 1653. La soumission de la ville est considérée comme l'événement qui clôt les troubles.

1659

Le traité des Pyrénées met fin à la guerre franco-espagnole après 24 années de conflit. Signé dans le Pays basque, à l'île aux faisans sur la Bidassoa, à la frontière espagnole, il rattache le Roussillon à la France.

1660

Pour sceller le conflit, le traité des Pyrénées stipule l'union des deux couronnes. Louis XIV se marie alors avec l'Infante d'Espagne Marie-Thérèse. Le mariage royal se déroule à Saint-Jean-de-Luz.

1686-1689

La citadelle de Blaye est construite. Sous l'impulsion de Vauban, architecte et maréchal de Louis XIV, des forteresses militaires voient le jour. Le fort Paté et le fort Médoc sont conçus par Vauban pour garder l'estuaire. Un peu plus tôt, en 1680, il avait réalisé la fortification de Bayonne.

© SYLVIROB1 - SHUTTERSTOCK.COM

La citadelle de Blaye.

XVIIᴱ SIÈCLE

Bordeaux est à son apogée. Les grosses fortunes réunies au Parlement se lancent dans la fabrication et la commercialisation de grands crus dont plus de 50 % sont exportés vers l'Angleterre. Aussi, le commerce avec les Antilles, via les côtes africaines où les marchands d'esclaves vont s'approvisionner, enrichit la région. À cette période faste se construit le Grand-Théâtre, les hôtels particuliers des quartiers du Triangle et des Chartrons, les premiers châteaux viticoles ainsi que la place Royale de Bordeaux - actuelle place de la Bourse.

DÉCOUVRIR

1786 La fixation des dunes par l'implantation de pins dans les Landes est faite sous l'impulsion de Brémontier.

La Révolution française

1789-1799 Les effets de la révolution parisienne se font bientôt sentir sur la Côte aquitaine. Les paysans se révoltent contre les seigneurs, en brûlant notamment leurs châteaux. Durant la Révolution, la Gironde paie un lourd tribut aux idées républicaines et nombre de députés girondins périssent sur l'échafaud.

Premier Empire

© DUNCAN1890 - SHUTTERSTOCK.COM

1804-1815 Dix ans après la Révolution française, Napoléon Bonaparte prend le pouvoir par un coup d'État, puis se sacre empereur en 1804. La ville de Bayonne voit alors passer les troupes de Napoléon en 1808. L'empereur fait route pour imposer son frère sur le trône d'Espagne. Entre 1812 et 1814 se déroule la guerre de la sixième coalition qui réunit le Royaume Uni, l'Empire russe, la Suède et l'Empire d'Autriche contre la France de Napoléon. En 1814, l'armée anglaise passe les Pyrénées et prend Bordeaux. Elle est la première à proclamer la déchéance de Napoléon. Cette guerre est également marquée par le siège de Bayonne, envahie par le marquis de Wellington (à la tête de l'armée britannique). Le siège est levé à l'abdication de Napoléon Ier. Comme pour tout ce qui touche à un personnage historique aussi considérable que l'empereur Napoléon Ier (régnant de 1804 à 1814 puis quelques mois en 1815), la mémoire locale conserve et déforme de petites traces anecdotiques liées à la grande histoire. Ici Napoléon est peut être passé, ici il a (presque) mangé, là encore, il a (failli) dormir. Pas facile de s'y retrouver ! Napoléon est passé au moins trois fois en Gironde en 1808, toujours en lien avec la terrible guerre d'Espagne, l'une des principales causes de sa chute finale. Il s'installera le 4 avril 1808 au palais Rohan, alors résidence des archevêques, à Bordeaux. Le second passage se déroule quatre mois plus tard depuis Bordeaux La Bastide en direction de Saint-André-de-Cubzac puis fera halte pour une courte nuit à Étauliers après un bref passage à Saint-Vivien-de-Blaye. Jamais deux sans trois, on retrouve l'empereur pour un dernier passage le 31 octobre 1808 pour aller rejoindre ses armées en Espagne en provenance de Rambouillet.

Le Second Empire

1851-1871 Le Second Empire est une période faste pour les stations balnéaires. Dès 1852, l'impératrice Eugénie fait de Biarritz un lieu de villégiature. L'épouse de Napoléon III transforme ainsi la ville en station importante du Second Empire. En 1857, c'est au tour d'Arcachon qui est détachée de La Teste pour devenir, par décret impérial, station balnéaire.

1855 À l'occasion de l'Exposition Universelle de Paris, les vins de Bordeaux sont reconnus sur la scène internationale. Napoléon III avait demandé à chaque région viticole présentant des vins d'établir un classement. Finalement, seul le classement de la région est retenu ! Les grands crus de Bordeaux sont désormais connus dans le monde entier.

1870-1871

Guerre franco-allemande

Alors ministre de l'Intérieur, Léon Gambetta installe un gouvernement temporaire à Tours, puis à Bordeaux qui devient provisoirement capitale de la France. L'Assemblée nationale se réunit au Grand Théâtre à Bordeaux.

1914-1918

Première Guerre mondiale

Pour éviter d'être atteintes par les effets dévastateurs de la guerre, les industries chimiques, aéronautiques, d'armement et de textile sont transférées dans le Sud-Ouest.

1939-1945

Seconde Guerre mondiale

Dès les débuts de la guerre, le gouvernement se retire à Bordeaux. La ville devient, pour un temps, la nouvelle capitale de la France. Pendant la guerre, la région est quant à elle partagée par la ligne de démarcation. Elle sera finalement occupée par les troupes ennemies à partir de 1942. On compte deux camps d'internement sur la Côte Aquitaine : un à Mérignac et le second à Gurs dans le Pays basque.

1965

La fin des années 1960 sont marquées par une grande phase de transformation de la ville de Bordeaux avec notamment la construction du pont Saint-Jean (1965) et du pont d'Aquitaine (1967). Jacques Chaban-Delmas, surnommé "Chaban" sera Maire de Bordeaux de 1947 à 1995 et 1er Ministre de 1969 à 1972.

1998

Les chemins de Saint-Jacques-de-Compostelle entrent au patrimoine mondial, tout comme le centre-ville de Saint-Emilion (1999). La région développe son attrait touristique et son image du bien manger et du bien-vivre.

EN 2025

TGV et LGV en Aquitaine

À partir des années 2000, la région s'est considérablement développée. Notamment sur le plan touristique. Sur ce point, la construction de la Ligne Grande Vitesse entre Paris et Bordeaux en 2017 a considérablement modifié le territoire. Les deux villes ne sont plus qu'à deux heures l'une de l'autre. Une nouvelle étape sera franchie avec l'extension possible dans les années 2025/2030 de la ligne LGV vers Toulouse (à 1h05 de Bordeaux et 3h10 de Paris), une prolongation également vers Mont-de-Marsan, Dax, Bayonne et enfin jusqu'à la frontière espagnole.

TOP 10

PERSONNAGES HISTORIQUES

Nées en Gironde, dans les Landes ou au Pays basque, ces dix personnalités se sont illustrées et font la fierté de la côte aquitaine. Par leurs actions, leurs idées ou leur art, ces hommes et ces femmes ont marqué considérablement la région et changé le cours de l'Histoire, du Moyen Âge à nos jours.

ROLAND

Avec son épée mythique Durandal, ce chevalier, enterré à Blaye, a inspiré la fameuse chanson éponyme.

© TRAVELER1116 - ISTOCKPHOTO.COM

L'IMPÉRATRICE EUGÉNIE

Épouse de Napoléon III, elle fait de Biarritz, village de pêcheurs, son lieu de villégiature d'été.

© TRAVELER1116 - ISTOCKPHOTO.COM

MANON CORMIER

Écrivaine féministe bordelaise, elle est résistante et déportée pendant la Seconde Guerre mondiale.

CHARLES DESPIAU

Né à Mont-de-Marsan et repéré par Rodin, Despiau est l'un des grands sculpteurs de l'entre-deux-guerres.

ALIÉNOR D'AQUITAINE

Figure majeure du Moyen Âge, Aliénor devient successivement reine des Francs puis reine d'Angleterre.

© ANNALISA - STOCK.ADOBE.COM

ÉLISÉE RECLUS

Géographe et penseur girondin né à Sainte-Foy-la-Grande, Reclus est un des précurseurs de l'écologie.

© NICKU - SHUTTERSTOCK.COM

MAURICE RAVEL

Compositeur né à Ciboure, Ravel est indissociable de son *Boléro*, une des œuvres les plus populaires au monde.

© GORS4730 - STOCK.ADOBE.COM

TOURNY

Administrateur et intendant du royaume de France, le marquis de Tourny œuvre à l'embellissement de Bordeaux.

© NBNSERGE - SHUTTERSTOCK.COM

EDMOND ROSTAND

Basque de cœur, l'auteur de *Cyrano* a fait construire une exceptionnelle demeure typique à Cambo-les-Bains.

© OLEG GOLOVNEV - SHUTTERSTOCK.COM

CHABAN-DELMAS

Maire historique de Bordeaux de 1947 à 1995, il transforme la ville avec de nombreux projets d'urbanisme.

© NBNSERGE - STOCK.ADOBE.COM

ARCHITECTURE

Sur toute la côte aquitaine, le patrimoine architectural est à découvrir. Vous pourrez y voir de nombreux monuments historiques, des édifices religieux exceptionnels et même des constructions civiles qui méritent d'être visitées. Les villages landais, girondins et basques sont d'autant de preuves du savoir-faire remarquable des architectes et constructeurs de la région. La visite de ces cités pittoresques vaut le détour pendant votre séjour. Signe des qualités de la région, plusieurs villages appartiennent au classement des Plus Beaux Villages de France, comme Saint-Jean-Pied-de-Port ou Ainhoa dans le Pays basque. De la même manière, les villes de Bordeaux et de Saint-Émilion sont, quant à elles, classées au patrimoine mondial de l'Unesco. La cité girondine possède d'ailleurs un patrimoine des plus remarquable, mélange d'architecture néoclassique et d'Art déco. *Petit Futé* vous emmène sur les traces de ces villes d'exception, du nord au sud du territoire.

L'architecture bordelaise

La capitale girondine possède des trésors architecturaux. Ce n'est pas pour rien que l'UNESCO l'a classée sur la liste des ensembles urbains d'exception. Si l'on suit l'ordre chronologique, les premiers vestiges architecturaux datent de la période romaine, en témoignent l'amphithéâtre antique et le Palais Gallien. Néanmoins, la ville se caractérise par son style classique et néo-classique, qui se développe à partir du XVIIIe siècle. C'est à cette époque que de grands travaux d'embellissement sont lancés, sous l'impulsion d'une des personnalités historiques de la ville : Louis-Urbain Aubert de Tourny, qui a laissé aujourd'hui son nom aux allées qui relient la place du Grand Théâtre à la place Tourny. Sous Louis XV, il décide la création de la plupart des portes de Bordeaux et crée le Jardin Public. Sans oublier, la place de la Bourse, celle du Parlement, les boulevards... À l'époque le projet est monumental ! Notons que quelques années plus tard, le Grand Théâtre de Bordeaux, commande du maréchal Richelieu, est inauguré par une représentation de Racine. Le monument de style néo-classique est d'inspiration antique. Un chef-d'œuvre ! Le second projet architectural de Bordeaux date du début du XIXe siècle et est à l'initiative du maire de l'époque, Adrien Marquet. Il introduit des éléments de style Art déco, dont la piscine Judaïque en est le parfait exemple. Classée aux Monuments historiques, cette piscine est une des réalisations spectaculaires de cet entre-deux-guerres.

Le panorama architectural de l'agglomération bordelaise ne pourrait être complet sans parler de deux « excentricités » architecturales à visiter, l'une à Pessac et l'autre à Mérignac. Installée au cœur de Pessac, la Cité Frugès est une curiosité dans le paysage. Le célèbre architecte Le Corbusier en est à l'origine, en 1924. Il s'agit d'un lotissement ouvrier.

La Cité Frugès est même inscrite au patrimoine mondial de l'humanité par l'UNESCO depuis

© MAZIARZ - SHUTTERSTOCK.COM

Le grand Théâtre de Bordeaux.

2016. Outre leur architecture avant-gardiste, cette cité est l'une des premières à avoir accueilli des logements sociaux. Ces logements ont eux aussi été pensés et dessinés par l'architecte Le Corbusier. Le second édifice détonnant est situé à Mérignac. Il s'agit de la Maison Carrée d'Arlac, aussi appelée Château Peychotte. Véritable emblème de la ville, cette bâtisse extravagante vous donnera l'impression d'être à Washington, devant la Maison Blanche !

Les bastides de Gironde

Dans le Bordelais, on trouve également de nombreuses "villes nouvelles" datant du Moyen Âge appelées les bastides et reconnaissables à leur architecture typique. En effet, elles sont organisées autour d'une place carrée à arcades. Pour l'anecdote, sachez que les bastides girondines sont de création anglaise car à l'époque la région était rattachée à la couronne d'Angleterre, suite au mariage d'Aliénor d'Aquitaine. Seule l'une d'entre elles est de création française : il s'agit de Sainte-Foy-la-Grande, fondée en 1255 par Alphonse de Poitiers, frère de Saint-Louis. Cette dernière est particulièrement remarquable avec ses maisons anciennes à colombages et ses hôtels particuliers du XVIIIe siècle. Désormais, les places sont devenues des halles de marché ou de foire : des lieux de partage et de rencontre ! À découvrir dans les villes de Blasimon, Cadillac, Créon, Libourne, Monségur, Pellegrue et Sauveterre-de-Guyenne.

L'architecture balnéaire

Territoire bordé par le littoral, la Côte aquitaine est marquée par son architecture balnéaire. En Gironde, Arcachon est une étape incontournable pour les amateurs. La Ville d'Hiver est un quartier d'exception pittoresque et fantaisiste regroupant des villas datant du XIXe siècle et du début XXe, toutes plus originales les unes que les autres. Pavillons mauresques, balcons à l'architecture ciselée, chalets suisses, manoirs gothiques, villas d'inspiration hispaniques, toitures extravagantes, jardins exotiques… La Ville d'Hiver est une vraie mosaïque dans laquelle on prend plaisir à flâner à pied.

Avec Arcachon, Biarritz est une des perles architecturales du Sud-Ouest. À l'origine petit village de pêcheurs, c'est l'impératrice Eugénie, épouse de Napoléon, qui fait de la ville son lieu de villégiature. Puis, à partir de la fin du XIXe siècle, Biarritz se dévoile entre art nouveau et art déco. Parmi les singularités architecturales, la villa Belza de style néo-médiéval, nichée sur la côte rocheuse de Biarritz, vaut le détour. Citons également le casino municipal style Art déco, l'église orthodoxe russe et de nombreuses villas aux inspirations néo-basques.

Sur la côte landaise, l'inspiration qui a donné naissance aux villas d'Arcachon ou de Biarritz s'est aussi étendue dans l'arrière-pays, donnant lieu à des paysages pittoresques. Il n'est pas rare de croiser dans la région des maisons au fort éclectisme architectural. À Hossegor, ce style qualifié de « basco-landais », caractéristique de ces superbes et pittoresques villas, donne également le ton de la cité.

© ARCACHONPHOTO.COM - SHUTTERSTOCK.COM

Ville d'hiver à Arcachon.

Les maisons basques

Pendant votre séjour dans le Pays basque, perdez-vous dans les petits villages typiques et pittoresques de la côte. L'architecture des maisons, appelées *etxe* en basque, y est fascinante ! Pour beaucoup, les maisons basques traditionnelles sont indissociables de la couleur rouge. Pourtant, ce n'est que depuis le XIXe siècle que la peinture est utilisée ; avant, le bois restait brut. Il existe plusieurs types d'architecture de maisons basques et la plus emblématique est sans doute la maison labourdine. Elle est reconnaissable à ses murs blanchis, ses menuiseries peintes et son toit à double pente en tuiles rouges. Pourtant ce n'est pas toujours le rouge qui est utilisé : vous trouverez également des maisons vertes et bleues ! Architecturalement, ces maisons suivent la même structure. Elles possèdent toutes une immense façade avec fenêtres et pans de bois (non sans rappeler les colombages alsaciens ou normands), tournée vers l'est et percée d'un porche intérieur de deux à cinq mètres, appelé le *lorio*. À l'intérieur, l'entrée se fait par l'*eskaratz,* le cœur traditionnel. Les maisons sont réalisées avec du grès de la Rhune, du bois de chêne pour les planches et de châtaignier pour les planchers. Pour admirer ces belles maisons basques, le village de Saint-Jean-Pied-de-Port vaut le détour, particulièrement la maison Arcanzola, la plus ancienne de la ville. À Bidart, station balnéaire de la côte et dans le petit village d'Ascain, les maisons labourdines blanches et rouges sont également pleines de charme.

© LAURINE45 - ADOBE STOCK

Château Observatoire Abbadia.

L'architecture romane

Avec le gothique, le style roman est majoritaire sur la Côte aquitaine. Le territoire est un important lieu de rencontre pour les pèlerins, car ce n'est pas moins de quatre voies du chemin des Compostelle qui convergent. En Gironde, vous pouvez ainsi vous arrêter visiter l'église abbatiale de la Sauve-Majeure qui est un remarquable exemple d'architecture et de sculptures romanes. Les pèlerins y viennent nombreux dans le cadre de leur pérégrination. L'abbaye est un des plus beaux joyaux d'architecture du département, notamment grâce à la richesse des chapiteaux. L'art roman est également indissociable du patrimoine landais, que ce soit dans les monuments civils ou religieux. La ville de Mont-de-Marsan se distingue notamment par ses maisons fortes romanes datant du Moyen Âge, peu après la fondation de la ville. Le Donjon Lacaye en est un des exemples. Édifiée au XIIIe siècle, cette bâtisse est un vestige des fortifications et, contrairement aux apparences, ce sont deux maisons fortes romanes qui constituent un seul monument, utilisé alors comme poste d'observation sur la rivière du Midou. C'est également dans les Landes qu'est niché un des plus grands joyaux de l'art roman d'Aquitaine. L'église de l'abbaye bénédictine de Saint-Sever est inscrite à l'UNESCO au titre des chemins de Saint-Jacques-de-Compostelle. Les amateurs d'architecture apprécieront cette construction d'exception de plus de 150 chapiteaux, dont une cinquantaine datent du Moyen Âge.

Les châteaux

Enfin, comment évoquer l'architecture de notre territoire sans évoquer les châteaux et les forteresses ? Ces édifices spectaculaires de la côte aquitaine témoignent de la riche histoire du territoire. Parfois intacts ou en ruine, de nombreux châteaux forts témoignent du souvenir de la France médiévale, parmi lesquels le château de Roquetaillade en Gironde ou celui de Mauléon dans le Pays basque. Les châteaux sont des trésors architecturaux et des voyages dans le temps. En Gironde, le château Mongenan, planté dans les vignes à Portets, nous emmène à une autre époque, grâce à son musée du XVIIIe siècle, son temple maçonnique et ses jardins classés "Jardins Remarquables". Superbe demeure d'époque Louis XV, le château est aujourd'hui ouvert au public. Dans les Landes, c'est le château de Gaujacq qui attire l'attention. Demeure seigneuriale du XVIIe siècle, cet édifice est unique et singulier. Pour cause, sa construction à l'italienne et son jardin, pensés comme un cloître, en font un lieu d'exception.

Parmi tous ces châteaux, celui d'Abbadia est l'un des plus originaux. Situé sur les falaises d'Hendaye, il est de style néogothique remarquable et se distingue par la richesse de ses matériaux ornementaux. Ici, l'architecture est extravagante et mélange tous les styles ! S'il s'inspire des modèles des châteaux forts du Moyen Âge, le château a soigné ses détails. Des crocodiles sculptés surveillent l'entrée et les gargouilles ont été remplacées par des éléphants, singes et escargots. À l'intérieur, la visite reste une expérience architecturale à tout point de vue. Chacune des pièces est décorée avec un grand soin, notamment d'inspiration orientaliste. Le clou du spectacle est l'observatoire, qui fut un haut lieu de l'astronomie internationale. La visite ne serait pas complète sans un panorama complet du haut des falaises. Les paysages qui entourent le château d'Abbadia, construit par le célèbre architecte Eugène Viollet-le-Duc, sont tout à fait remarquables.

BEAUX-ARTS

Peinture, sculpture, dessin, gravure… Les beaux-arts sont à l'honneur sur la Côte aquitaine. De la Gironde au Pays basque, les musées mettent à l'honneur les enfants du pays : Léon Bonnat à Bayonne, Charles Despiau à Mont-de-Marsan, Pierre Lacour à Bordeaux… Par leur art et leur talent, ils font rayonner la région dans le monde entier. Le temps de votre séjour, arrêtez-vous dans ces institutions culturelles pour découvrir le patrimoine artistique de la région. En France, les musées et monuments nationaux sont gratuits pour tous, chaque premier dimanche du mois. Une offre à saisir même si parfois l'art est dans la rue… De nombreuses œuvres sont visibles à ciel ouvert, qu'il s'agisse de certaines sculptures, comme celles de Cazaux à Biarritz, ou bien sûr celles, plus contemporaines, du street-art. L'architecture urbaine devient alors le terrain de jeu de ces nouveaux artistes. Des créations modernes à découvrir en ville !

La peinture

Les beaux-arts marquent l'histoire et permettent de laisser une trace ! Sur tout le territoire, les peintres se sont inspirés de l'énergie vibrante de la région. À Bordeaux, beaucoup d'artistes natifs ont contribué au rayonnement de la ville. L'une des principales personnalités artistiques attachées à la capitale girondine est sans doute Pierre Lacour, peintre du XVIIIe siècle, qui laisse derrière lui de belles toiles représentant la ville. Une de ses œuvres remarquables est *Vue d'une partie du port et des quais de Bordeaux dits des Chartrons et de Bacalan*, datée de 1804. Elle offre un panorama assez complet des bords de la Garonne de l'époque. La peinture est présentée aujourd'hui au Musée des Beaux-Arts de Bordeaux, musée qu'il a fondé en 1801 ! Ce lieu installé dans le centre-ville dispose d'une impressionnante collection de peintures allant du XVe au XXe siècle, ainsi qu'une collection de sculptures. C'est notamment ici que l'on peut admirer les œuvres d'artistes bordelais, à l'image d'Odile Redon, peintre symboliste ; Rosa Bonheur, peintre et sculptrice spécialisée dans la représentation animalière ; Albert Marquet, peintre fauviste et ami de Matisse ; André Lhote, peintre graveur représentant du mouvement cubiste ou encore William Laparra, à l'influence espagnole.

Dans le Pays basque, à Bayonne, les musées mettent également à l'honneur les artistes locaux. Le Musée des Beaux-Arts porte d'ailleurs le nom d'un enfant du pays, figure bayonnaise de renom : Léon Bonnat. Baptisé le musée Bonnat-Helleu, il connaît depuis dix ans une période de travaux et de restructuration et devrait rouvrir à la fin de l'année 2021. Bonnat, brillant élève de l'école de dessin de Bayonne, a rapidement connu la notoriété, notamment avec le portrait d'un certain Adolphe Thiers, qui lui ouvre une carrière de portraitiste. Dans le même temps, il devient professeur et membre de l'Académie des beaux-arts, et influence ainsi l'œuvre de plusieurs artistes, dont Gustave Caillebotte, du mouvement impressionniste, ou Georges Braque, du cubisme.

La Foire du Cheval, par Rosa Bonheur, 1852 à 1855.

Dans la même ville, le musée basque et de l'histoire de Bayonne propose une exceptionnelle collection consacrée au Pays Basque. Installée au cœur du centre ancien, l'institution s'étend sur 3 000 m^2 et présente 2 000 objets et œuvres d'art qui retracent l'histoire de la ville, port maritime et fluvial, au confluent des cultures basque, gasconne et juive. Des expositions temporaires mettent en lumière les nombreux artistes inspirés par la région et son histoire, à l'instar de Pablo Tillac, grand amoureux du Pays basque, ayant croqué dans l'entre-deux-guerres, cette région traditionnelle rurale et maritime, protégée de la modernité. D'autres artistes ont bien sûr été inspirés par ce territoire et ses habitants, et notamment par la famille Gramont, grande famille liée à l'histoire de Bayonne et qui brilla en Europe dans plusieurs domaines. À Biarritz, découvrez le Musée historique installé dans l'ancienne église anglicane et qui met en avant toute la richesse artistique et culturelle de la ville balnéaire. Immergez-vous dans la culture orientale avec le musée Asiatica. Dans les Landes, la tradition est plutôt à la sculpture, comme nous le verrons un peu plus loin, mais pourtant deux peintres font la fierté du département. Le premier est Gaston Larrieu, né à Eugénie-les-Bains et décédé à Saint-Paul-lès-Dax. Très attaché à la région, il fréquente d'autres artistes de la région, comme André Lhote ou l'écrivain Pierre Benoit. Il a d'ailleurs consacré l'essentiel de son travail aux paysages des Landes, et notamment illustré un ouvrage de Maurice Genevoix, *Amour des Landes ou les Landes et leur peintre.* Le second est Louis Anselme Longa. Né à Mont-de-Marsan, il est rattaché au mouvement orientaliste. La peinture religieuse occupe une place importante dans son parcours et quelques œuvres sont d'ailleurs visibles dans des lieux de culte des Landes à l'image de l'église Saint-Jacques de Tartas. Après un séjour en Algérie, il pose définitivement ses valises dans la capitale landaise, installant son atelier au 5, rue de Saint-Sever, aujourd'hui rue Gambetta.

Portrait de Rosa Bonheur, par Anna Klumpke, 1906.

Gravure et sculpture

Graveurs et sculpteurs ont également contribué au rayonnement artistique de la région. Concernant la gravure, un des représentants bordelais fut l'artiste Léon Drouyn de l'école de Barbizon, mouvement artistique du milieu du XIXe siècle. Cet artiste est connu pour avoir magnifié le paysage et la nature. D'ailleurs, pendant 40 ans, il a constitué un fonds iconographique exceptionnel sur le patrimoine aquitain et girondin avec un œuvre de plusieurs milliers de dessins et de gravures. Sa spécialité ? Les paysages et les monuments du patrimoine roman du département de la Gironde. Il a d'ailleurs travaillé en tant que dessinateur rattaché à la commission des monuments historiques. Admiratif de l'architecture médiévale, il en fut l'un des experts de l'époque. On retient notamment de son œuvre ses gravures à l'eau-forte représentant les plus beaux édifices de la région.

Du côté de la sculpture, ce sont les Landes qui se distinguent. Le plus connu des artistes sculpteurs est sans doute Charles Despiau. Né à Mont-de-Marsan à la fin du XIXe siècle, il connaît un fort succès pendant l'entre-deux-guerres. Formé à l'école des Beaux-Arts de Paris, il devient collaborateur de Rodin et ami de Maillol. En 1927, une exposition est organisée à New York : une consécration. Le chef-d'œuvre de sa carrière restera malheureusement un inachevé. Si les sculptures de l'artiste sont aujourd'hui présentées dans plusieurs musées américains, notamment à San Francisco et Chicago, une partie de son œuvre se trouve bien sûr dans sa ville natale. C'est au musée Despiau-Wlérick, unique lieu en France consacré à la sculpture figurative du début du XXe siècle que l'artiste est à l'honneur. Au nom de Despiau est rattaché celui d'un autre sculpteur montois : Robert Wlérick. Le cadre du musée est absolument remarquable, au confluent de deux rivières, la Douze et le Midou, et offre une vue remarquable sur Mont-de-Marsan.

Outre les sculptures de Despiau, le musée montois accueille les créations d'un autre enfant du pays. Édouard Cazaux, né dans la petite commune de Cauneille, est un sculpteur et céramiste, connu pour ses œuvres Art déco. Très inspiré par l'imaginaire de la Création, Cazaux a produit des décors en céramique et des figurines en faïence reprenant le mythe d'Adam et Eve. Touche à tout, cet artiste a également travaillé le grès, la terre cuite ou encore le bronze. C'est à Biarritz que l'on peut admirer son travail, et ce, sans même le savoir !

© FLORIANE_EMERY - STOCK.ADOBE.COM

L'espace Darwin est un espace culturel où l'on peut admirer de nombreuses oeuvres de street-art.

En effet, l'artiste a réalisé plusieurs monuments, parmi lesquels le monument aux morts, reconnaissable par sa stèle en grès rose. Dans les années 1930, se développe dans la ville la tendance Art déco pour laquelle Cazaux se distingue. Ses œuvres sont présentées dans plusieurs musées de France, aux Arts décoratifs de Paris, mais également à Dax ou à Mont-de-Marsan. Dans les Landes toujours, Jean-Éloi Ducom et Vincent Batbedat s'ajoutent à la longue liste des sculpteurs de la région. Spécialisé dans les édifices religieux et administratifs des Landes, Ducom a réalisé de nombreux travaux à l'exemple de l'autel de l'église Saint-Jean-Baptiste de Benquet. Le second est inscrit dans une tradition plus contemporaine, travaillant aussi bien la pierre que l'acier inoxydable.

Street-art

Parfois, l'art s'invite dans la rue ! Au fil de vos balades, gardez l'œil bien ouvert car les fresques, parfois cachées, parfois exposées, sont nombreuses dans l'espace urbain. À Bordeaux, le street-art est visible dans tous les quartiers. Les amateurs n'hésiteront pas à fouler le sol de l'espace Darwin, cette ancienne caserne militaire réhabilitée en espace culturel, toute de graffs vêtue. À Saint-Nicolas, une grande fresque signée des street-artistes bordelais Nerone et Epis colorent le quartier. À leur image, certains de ces artistes sont devenus indissociables de la capitale bordelaise. Trois artistes sont bien connus des habitants. Le premier, David Selor, égaille ses messages poétiques et hauts en couleur dans tous les quartiers. Sur ses œuvres, toujours le même personnage touchant et mignon, reconnaissable à son grand museau de loup et aux rayures de son tee-shirt. Le Mimil connaît un grand succès et attire de nombreux chasseurs de street-art. Autre célébrité bordelaise, l'artiste touche-à-tout Jofo est connu pour son petit bonhomme rond qui arbore toujours un air étonné. Déjà trente ans que Toto s'invite sur les murs de la ville et incite les spectateurs à s'interroger sur le monde qui les entoure. Enfin, n'oublions pas Philippe Poulet, qui intègre son animal dans le paysage, tout en couleurs et en bonne humeur !

Dans les Landes, à Dax, l'heure est aussi au street-art. L'institut du thermalisme a été relooké par Koralie & Supakitch. Ce duo d'artistes réinvente complètement le street-art. Leur travail est absolument remarquable, mélangeant herbiers géants et fresques colorées géométriques style Art déco. La poésie se dégage à chaque fois. Un travail hypnotisant qui dépasse de loin l'image du graffeur et de sa bombe : le duo utilise le collage, des pochoirs, de la peinture… C'est dans le cadre du festival Muralis que cette œuvre, parmi tant d'autres, s'est intégrée au paysage urbain. Sur les murs de l'office de tourisme, sur la place de la Fontaine Chaude, sur le cours du Maréchal Foch… : la couleur envahit l'espace. Visibles aussi à Bordeaux, les graffs d'Alber fascinent par leur esthétique géométrique.

Le Pays basque n'est pas en reste ! Depuis plusieurs années, la ville de Bayonne accueille le festival Points de vue. Pendant cinq semaines, la ville basque met en avant des artistes contemporains en proposant des expériences urbaines, immersives et interactives. Dans toute la ville, de nombreuses fresques sont visibles, notamment celles de Christian Guémy, alias C215, pochoiriste reconnu dans le monde entier. C'est aussi l'occasion de découvrir les œuvres des enfants du pays. Nicolas Masterson alias Taroe est né à Bayonne et fait du graff depuis 1995. Ses portraits colorés sont visibles près du Jardin botanique. Le mieux reste encore de partir à leur découverte !

MUSIQUES ET SCÈNES

La Côte aquitaine est un territoire au patrimoine historique et culturel passionnant. Les traditions y résonnent fort, avec des identités locales très marquées, notamment dans les Landes et dans le Pays basque. Toute la région vibre au rythme de ses artistes : musiciens, chanteurs, acteurs de théâtre, danseurs, chorégraphes... Ne dit-on pas que l'art et le divertissement sont essentiels à la bonne santé de la société ? De Bordeaux à Biarritz, ces artistes enthousiastes au grand cœur partagent leur passion et apportent douceur, poésie et convivialité. Pendant votre séjour, partagez un moment romantique devant un concert de jazz sur la jetée d'Andernos, laissez-vous porter par le swing des bandas basques pendant les férias, de Dax à Bayonne en passant par Mont-de-Marsan, découvrez et apprenez les nombreuses danses traditionnelles qui font la fierté des habitants et rêvez en famille devant les acrobates de cirque. Des spectacles inoubliables !

Les festivals

Le Sud-Ouest est un territoire de festivals ! Les amateurs de jazz ne manqueront pas de faire un tour en Gironde et dans les Landes. Tous les mois de juillet, le *Andernos Jazz Festival* accueille trois jours de musique dans la jolie station balnéaire d'Andernos-les-Bains. Depuis sa création en 1968, concerts de jazz international, parades dans les rues de la ville et projections de films animent les rues au milieu de l'été. Toutes les places et la jetée sont envahies par la musique. Même ambiance dans les Landes avec *Jazz in Sanguinet*. Pendant quatre jours, cette petite campagne champêtre se transforme en village jazzy. Les concerts ont lieu à l'espace Gemme, une ferme landaise typique pleine de charme. Du côté du Pays basque, la musique classique est à l'honneur avec le *Biarritz Piano Festival*. Depuis plus de dix ans, cette manifestation culturelle s'est imposée comme l'une des plus importantes de la région. C'est aussi dans cette sublime ville balnéaire que l'on peut profiter au mois de septembre, d'un superbe festival de danse : *Le temps d'aimer la danse*. La ville, réputée grâce à son centre chorégraphique, le Malandain Ballet Biarritz, accueille chaque année des compagnies françaises et internationales pour faire de la rue des scènes ouvertes aux passants. La journée, les danseurs répètent leurs chorégraphies proposant ainsi des spectacles éclectiques gratuits et publics. Un rendez-vous incontournable ! Véritable source d'inspiration, ce festival créé par le président de Biarritz Culture avec la participation de la municipalité, mêle des expositions, des ateliers, des projections de films et bien sûr des spectacles grandioses. Du côté de Bordeaux, la musique est à l'honneur avec notamment le festival *Climax* à Darwin, le *Festival des Hauts de Garonne* au Rocher de Palmer, qui met en avant les musiques du monde, ou encore l'incontournable festival *Relâche*, qui a lieu tous les étés dans la ville. Le festival *Vie Sauvage*, au château de la Citadelle à Bourg-sur-Gironde est également un rendez-vous à ne pas manquer, entre dégustations de produits locaux et musique indépendante actuelle. Un dernier festival pluridisciplinaire est à souligner, il s'agit du *Festival International des arts de Bordeaux Métropole*. La programmation est toujours surprenante, entre théâtre, danse, performance, cirque, musique et arts visuels.

Musique et chants traditionnels

Chant, danse et instruments de musique font partie du patrimoine de la région. Les chants basques traditionnels, dont l'origine daterait du Moyen Âge, font partie des plus emblématiques de France, à l'image du *bertso*, chant d'improvisation typique. Ils sont parfois accompagnés par des instruments comme le *trikiti* (ou *trikitixa*), un accordéon diatonique. En Gascogne, la cornemuse landaise, appelée *boha*, est l'un des instruments les plus représentatifs de la zone, surtout jouée dans la forêt landaise. Cet instrument à vent est une sorte de clarinette double et permet de jouer de façon polyphonique. La *boha* était très populaire au XIXe siècle : elle était jouée par un musicien ou deux (le *bohaire*) à l'occasion des fêtes locales. Il est remis au goût du jour depuis les années 1970. À ses côtés, on trouve le violon, de tradition béarnaise, mais introduit au XIXe siècle dans les Landes, ainsi que le tambourin, également pratiqué au Pays basque sous le nom *soïna*, la flûte, la chalemine ou encore le clari. Si vous souhaitez plus de renseignements concernant le chant et les instruments de musique traditionnels de la région, sachez que la Fédération girondine des associations de danses et musiques traditionnelles recense toutes les pratiques sur son site internet. Depuis sa création en 1994, elle œuvre pour faire reconnaître et promouvoir ces arts auprès du plus grand nombre. Vous trouverez également un agenda complet des événements à venir pour préparer au mieux votre visite sur la Côte aquitaine.

La fanfare banda

Comment parler de musique sans évoquer la banda ? La banda est une sorte de fanfare déambulatoire qui serait née entre les villes de Dax et de Bayonne. C'est un terme associé à la fête ! C'est pendant les férias que vous pourrez voir déambuler les bandas qui investissent librement les rues landaises et basques. Les cuivres, les bois et les percussions jouent des musiques traditionnelles le temps de ces festivités. Une tradition dans tout le pays gascon. C'est aussi au rythme de la banda que se pratique le paquito. Entre danse et jeu sportif, cette coutume du sud-ouest vient des férias. Vous connaissez le principe ? Plusieurs personnes assises les unes derrière les autres par terre portent à bout de bras un des participants allongés sur eux. Pendant ces festivités, vous pourrez entendre la musique *Paquito el Chocolatero*, un classique joué par les bandas du Sud-Ouest. Ce paso doble composé en 1937 est devenu un son incontournable.

Les danses de Gascogne

La côte aquitaine est un territoire de traditions. L'appartenance à une même culture s'exprime notamment par la danse. Les danses traditionnelles font d'ailleurs partie du patrimoine local. Le congò est l'une de ces pratiques que l'on retrouve dans une grande partie du territoire de la Gascogne, notamment dans le département des Landes, dans la zone de la Grande-Lande et du Marsan. Inspirée des contredanses anglaises, cette danse de campagne obéit à un déplacement des danseurs très codifié, ordonné selon un cercle ou un carré. Le congò se danse par quatre : deux couples se faisant face. Les Landes de Gascogne sont également attachées à une autre danse : le rondeau. Traditionnellement, cette danse était l'occasion de socialiser entre voisins à l'occasion de fêtes, noces, carnavals... Longtemps, elle est restée une des pratiques les plus prisées des Landes, que ce soit la forme fermée (*rondo barrada*) ou la forme ouverte (*rondo aubèrta*), qui se pratiquait en courtes chaînes ou en couples formant un cercle. On en trouve de nombreuses variations, selon les villages ou l'improvisation des danseurs. Aujourd'hui, plusieurs associations font redécouvrir ces danses traditionnelles par des stages de découverte ou des animations. C'est notamment le cas de l'Association pour la Culture Populaire dans les Landes qui organise fréquemment des manifestations culturelles.

Les danses du Pays basque

Le Pays basque a également une identité très marquée en termes de danse. Elles font partie intégrante des fêtes traditionnelles et font partie de la culture basque. Il y aurait près de 200 danses différentes dans le territoire, sans compter les variantes ! À défaut de pouvoir tous les citer, nous en avons sélectionné quelques-unes. La plus emblématique est sans doute le Fandango, utilisée pour des cérémonies officielles. Originaire des provinces basques d'Espagne, il se danse sur un rythme de valse. Le mutxiko, connu également comme les sauts basques, est une danse de jambes en cercle, codifiée par des mouvements très précis.

Musiciens basques, fêtes de Bayonne.

© LAIOTZ - SHUTTERSTOCK.COM

Godalet Dantza.

Dans la province de la Soule, le plus petit des sept territoires du Pays basque, est pratiqué la mascarade. C'est une forme de théâtre joué, chanté, dansé en plein air et itinérant. Un ensemble de danses en costume très impressionnant : les « mascaradiers » sont tous déguisés, les danseurs en rouge et les agitateurs en noir, pour un résultat des plus saisissants. Les danseurs défient la gravité et les éléments, notamment pour la danse du verre (*Godalet dantza*) : on juge alors le danseur à son habileté à ne pas renverser le verre posé à ses pieds. Vous pourrez admirer ce spectacle de la fin janvier jusqu'au dimanche de Pâques. Cela vous intéresse ? Pour en profiter durant votre séjour en Côte aquitaine, rendez-vous sur le site de l'Institut culturel basque. Vous y trouverez de nombreuses informations ainsi qu'un calendrier des événements complet.

Le théâtre

Outre la mascarade, la pastorale souletine (joué en Soule donc) est une forme de théâtre populaire basque. Héritière des théâtres du Moyen Âge, la pastorale serait revenue à la mode depuis les années 1950. C'est dans un espace en plein air que l'on peut assister à ce spectacle : dans un pré ou parfois contre un fronton de pelote basque. Ces pièces de théâtre chantées oscillent souvent entre tragédie et comédie, avec toujours une fin positive et quelques épisodes comiques. Elles mettent en scène la vie d'un personnage basque, autour d'un thème historique ou religieux, inspiré des histoires médiévales et adapté à notre monde contemporain. La représentation est faite tout en langue basque et dure près de trois heures, pendant lesquels chants et danses sont à l'honneur. La particularité ? Tous les acteurs sont des amateurs ! Ce sont les habitants des villages qui sont bénévoles et qui se mobilisent pendant un an pour produire une pièce, pour deux représentations uniques. Cette pratique est d'ailleurs classée à l'inventaire du patrimoine culturel immatériel en France depuis 2018.

Dans les Landes et en Gironde, il n'existe pas de tradition théâtrale similaire. Pour autant, de nombreuses compagnies sont installées dans la région et attirent chaque année de nombreux spectateurs. À Dax, la compagnie Arguia Théâtre, en résidence au Théâtre de l'Atrium, a pour ambition de faire découvrir le théâtre contemporain français et espagnol, en passant d'une langue à l'autre. Dans la capitale girondine, plus d'une centaine de compagnies théâtres sont installées. Le cirque n'est pas oublié ! C'est dans la commune de Labenne que la compagnie Le Roux a été créée en 2014. Depuis, ces artistes hors du commun connaissent un immense succès dans le monde entier. Et pour cause, les œuvres sont éblouissantes, aussi bien cinématographiques qu'esthétiques. Des acrobaties de haute voltige réalisées par Lolita Costet, Grégory Arsenal, Philip Rosenberg et Yannick Thomas, des virtuoses du cirque. Dans les Landes toujours, la compagnie C.K.C fait la part belle aux clowns en faisant la promotion de cet art moins répandu. Un samedi tous les deux mois, la compagnie propose aux amateurs d'apprendre les techniques de l'art clownesque.

LITTÉRATURE

Terrain fertile à l'imagination des plus grands écrivains, de Pierre Loti à François Mauriac, la côte Aquitaine a été racontée, imaginée, parfois fantasmée dans quelques chefs-d'œuvre du cinquième art. De grands noms de la littérature ont fait la fierté de la région, parmi lesquels les philosophes Montesquieu et Michel de Montaigne, le dramaturge Jean Anouilh ou encore le poète Francis Jammes. Les maisons d'écrivain et les sites littéraires font également partie de la richesse du patrimoine littéraire de la côte aquitaine. Pendant votre séjour, partez à la découverte des trésors de notre territoire, sur les traces de ces célèbres ambassadeurs : le château de La Brède de Montesquieu, la forêt landaise des paysages d'enfance de Mauriac, la villa basque d'Edmond Rostand… La région fourmille de lieux d'exception alliant nature et culture. Retour sur plusieurs siècles de littérature en côte aquitaine.

Le Bordeaux de Montaigne

Commençons notre voyage littéraire par la capitale girondine. À Bordeaux, sur la place des Quinconces, deux statues se font face d'un bout à l'autre. D'un côté Montaigne et de l'autre Montesquieu. Intéressons-nous d'abord au premier. Considéré comme le fondateur des sciences humaines, le célèbre philosophe et humaniste de la Renaissance a donné son nom à la faculté installée dans le domaine universitaire de Talence Pessac Gradignan. Montaigne est né dans un château dans le Périgord, puis il est scolarisé au collège de Guyenne à Bordeaux. Il réside alors dans la maison familiale, rue de Rousselle. Il étudie le droit et devient rapidement conseiller au Parlement de Bordeaux. Il siège alors au Palais de l'Ombrière, aujourd'hui disparu, mais qui se tenait sur la place du Palais actuel. 15 ans plus tard, il prend sa retraite et parcourt l'Europe avant d'être rappelé à Bordeaux, où il vient d'être élu maire malgré lui ! En parallèle de son mandat, il rédige ses fameux *Essais*, qu'il publie dans plusieurs éditions. C'est d'ailleurs chez un imprimeur bordelais, Simon Millanges, que les deux premiers livres des *Essais* sont édités pour la première fois. Un exemplaire imprimé de 1588 est aujourd'hui conservé à la Bibliothèque municipale de Bordeaux : avis aux amateurs ! Montaigne s'éteint à l'âge de 59 ans, dans son château à Saint-Michel-de-Montaigne (la Tour historique et le domaine sont accessibles à la visite) et repose dans l'église des Feuillants à Bordeaux, à l'emplacement actuel du musée d'Aquitaine.

Le quartier des Chartrons

Poursuivons le séjour dans le quartier des Chartrons, source d'inspiration du romancier François Mauriac. Comme souvent, la réalité a inspiré la fiction : c'est un fait divers qui a donné à Mauriac l'idée de sa fameuse Thérèse Desqueyroux. En 1920, ce jeune Bordelais de 20 ans assiste au procès d'Henriette-Blanche Canaby, accusée d'avoir voulu empoisonner son mari. Le couple vit au 54, quai des Chartrons dans une belle demeure donnant sur la Garonne. L'affaire est singulière : la victime prend fait et cause pour son épouse… L'accusation vient en réalité du pharmacien qui s'étonnait de traiter des ordonnances d'un docteur landais, prescrivant à l'époux Canaby des produits toxiques. Vérification faite, l'écriture et la signature avaient été falsifiées. Le verdict tombe : Henriette est inculpée et incarcérée à la prison du Hâ, avant d'être acquittée et de fuir la Gironde. De cette étrange histoire est né *Thérèse Desqueyroux*, roman phare de Mauriac, publié en 1927. Reprenant l'intrigue principale, il la déplace des Chartrons dans la commune d'Argelouse, située dans la forêt des Landes. Le livre est un succès. C'est à cette même période qu'il hérite de la propriété familiale de Malagar…

© NASTASIC - ISTOCKPHOTO.COM

Montaigne.

DÉCOUVRIR

Le Domaine de Malagar de Mauriac

Né au 89, rue du Pas-Saint-Georges, au cœur du quartier Saint-Pierre de Bordeaux, François Mauriac est une personnalité emblématique de la ville. Il déménage rue Duffour-Dubergier, puis rue Vital-Carles, passe ses vacances à Gradignan et dans les Landes, avant de rejoindre la capitale. À ses quarante ans, il hérite du domaine de Malagar, situé dans la commune de Saint-Maixant en Gironde, petite maison bourgeoise du XIIIe siècle. Il y passera le reste de sa vie à rédiger quelques chefs-d'œuvre, dont *Le nœud de vipères* et *Le Mystère Frontenac*, et de nombreuses chroniques compilées dans son *Bloc-notes*. Aujourd'hui, le domaine a laissé place au Centre François Mauriac de Malagar ouvert au public. Dans les pas de l'écrivain, les curieux peuvent visiter ce lieu d'exception en pleine nature offrant un panorama sur les vignobles et la forêt des Landes. Des balades littéraires sont proposées : une alternative originale pour découvrir à la fois les paysages et l'œuvre romanesque de Mauriac. La balade « Entre les pages du *Nœud de vipères* » permet de découvrir les environs du Domaine jusqu'au village de Verdelais, entre vigne et coteaux ; tandis que la balade « Sur le sable de la forêt landaise » explore ce territoire très présent dans les romans, notamment le chalet d'enfance de Saint-Symphorien. Toutes les offres sont sur le site internet de Malagar.

Château de la Brède

Après la ville de Bordeaux et le domaine de Malagar, la troisième étape littéraire nous entraîne dans le petit village de la Brède, au sud de la capitale girondine. D'architecture gothique, le château de la Brède a été le domicile du penseur Montesquieu pendant une partie de sa vie. C'est ici qu'il naquit en 1689. Huit siècles plus tard, le domaine a gardé l'esprit du philosophe. Classés au titre des Monuments Historiques, le château et son domaine sont ouverts au public et retracent notamment la vie de ce célèbre hôte. Né Charles-Louis de Secondat, le jeune homme entame des études de droit à 15 ans à Bordeaux. Devenu baron de la Brède au décès de son père, Montesquieu devient président au Parlement à seulement 27 ans. Tout au long de sa vie, il se consacre aux lettres et aux sciences politiques et naturelles. Son œuvre phare reste aujourd'hui ses *Lettres persanes*. Il y met en scène des Persans découvrant Paris, lui permettant de dresser un tableau satirique de la France et de la religion. Entre plusieurs voyages en Europe, Montesquieu revient régulièrement dans la région, au château de la Brède, mais également à Bordeaux. Il habita notamment rue Margaux, rue du Mirail, sans oublier rue Porte-Dijeaux, où il finit sa vie. Aujourd'hui à cette adresse se dresse désormais la célèbre librairie Mollat, plus grande librairie indépendante de France (2 500m²). Un lieu chargé d'histoire !

La Villa Arnaga

Faisons un saut de 200 kilomètres pour rejoindre le Pays basque et la jolie cité de Cambo-les-Bains. C'est ici que le célèbre dramaturge français Edmond Rostand vécut à partir de ses trente ans. Artiste de la fin du XIXe siècle, il restera pour toujours attaché à son célèbre héros Cyrano de Bergerac, incarné par Gérard Depardieu dans l'adaptation cinématographique. À l'époque, il quitte la capitale sur les conseils de son médecin. C'est à une vingtaine de kilomètres de la Côte d'Argent, non loin des rives de la Nive, que l'artiste crée cette maison de style néobasque dont l'intérieur ressemble à un somptueux décor de théâtre. Son jardin à la Française offre une vue sur les montagnes pyrénéennes, tandis qu'à l'opposé, un jardin à l'anglaise offre un écrin de fleurs et de douceur. Aujourd'hui, cette demeure d'exception accueille le Musée d'Edmond Rostand. Plongez dans l'univers de ce poète méconnu à travers ses nombreuses œuvres, ses manuscrits et dessins.

Le château de la Brède où Montesquieu vécut une partie de sa vie.

© VILLA ARNAGA, MUSÉE EDMOND ROSTAND, CAMBO-LES-BAINS.

On peut admirer une galerie de peintures à la villa Arnaga.

La Côte Basque de Pierre Loti

Rochefortais de naissance, mais basque de cœur, Pierre Loti a vécu de nombreuses années dans le Pays Basque. Cet écrivain, membre de l'Académie française et officier de marine a laissé derrière lui une œuvre très marquée par l'exotisme. Sa longue carrière lui permet de sillonner les mers du monde et de ramener des souvenirs transformés en roman autobiographique. Si son plus grand succès, *Pêcheur d'Islande*, met en scène la passion d'une jeune Bretonne et d'un marin pêcheur des Côtes-d'Armor, Pierre Loti trouve également l'inspiration dans le territoire basque. C'est ici qu'il s'installe à ses quarante ans dans le petit village de Sare. Ce nouvel environnement lui inspire une de ses œuvres maîtresses : *Ramuntcho*. Récit d'amour et d'aventure, le roman se déroule dans le milieu des contrebandiers basques. L'écrivain décrit un Pays Basque traditionnel et folklorique, que certains pourraient juger presque caricatural. Pourtant *Ramuntcho* est un succès emblématique de la région et plusieurs fois adapté au cinéma. Malade, Loti s'éteint à 73 ans à Hendaye, avant d'être enterré sur l'île d'Oléron.

Maison de Pierre Benoît à Saint-Paul-lès-Dax

Pierre Benoit connaît aujourd'hui un succès moindre et pourtant il fut à son époque l'un des écrivains reconnus, distingué par l'Académie française, nommé au Goncourt et dont les œuvres furent plusieurs fois adaptées au cinéma. Auteur de romans d'aventures, plusieurs de ses récits se déroulent sur la côte aquitaine : *Don Carlos* au Pays basque, *L'île Verte* en Gironde… Fuyant la notoriété, Pierre Benoit passe beaucoup de temps dans la maison familiale de Saint-Paul-lès-Dax, qu'il baptisa, dans l'un de ses romans, La Pelouse. Pendant de nombreuses années, la demeure a été un musée perpétuant la mémoire de ce romancier populaire. Aujourd'hui, la maison, achetée par la Ville, a ses volets clos. Un espace culturel pourrait y voir le jour dans les années à venir…

Et aussi…

Nombreux sont les auteurs ayant trouvé l'inspiration dans le territoire. La liste ne peut être qu'exhaustive, mais citons pour l'exemple Jean-Henri Séqué et Bernard Mancict, poètes gascons, Francis Jammes, poète et romancier ayant passé la majeure partie de son existence dans le Béarn et le Pays Basque et le poète landais Jean Rameau. Encore aujourd'hui, la Côte Aquitaine continue d'inspirer les auteurs contemporains, parmi lesquels Emmanuelle Bayamack Tam, Marie Darrieussecq, Anne Marie Garat ou encore Chantal Thomas, romancière française ayant passé son enfance et son adolescence à Arcachon. Du côté des hommes, le dramaturge bordelais Jean Anouilh a séduit le public avec ses pièces, au même titre qu'Hervé Le Corre avec ses polars. Du côté du neuvième art, un auteur de bandes dessinées de Mont-de-Marsan tire son épingle du jeu : Jean Harambat dont une des œuvres, *En même temps que la jeunesse* s'inspire du sport national : le rugby.
Enfin, que serait la littérature sans les éditeurs ? En Nouvelle-Aquitaine, plusieurs dizaines de maisons d'édition proposent des romans, de la poésie et des beaux-livres ! Tous dénichent des perles d'art. Parmi elles, les girondines Finitude (au Bouscat) et Monsieur Toussaint Louverture (à Cenon) sont spécialisées dans la littérature, la bordelaise Capricci nous entraîne du côté du cinéma tandis que la landaise Gaïa (à Monfort-en-Chalosse) propose un catalogue soigné autour des littératures scandinaves. Le patrimoine du Sud-Ouest, et particulièrement celui du Pays Basque, sont à l'honneur auprès des éditions Atlantica implantées à Biarritz.

QUE RAPPORTER ?

Et si vous rapportiez un petit souvenir typique de votre séjour en Gironde, dans les Landes ou dans le Pays Basque ? On parie que votre valise sera déjà bien remplie avec les spécialités culinaires de la Côte Aquitaine : quelques piments d'Espelette, de délicieux canelés bordelais et gâteaux basques, et autres bouteilles de notre réputé vignoble… Mais qu'en est-il des objets de notre tradition artisanale ? Nichées dans les lieux touristiques ou dans les villages pittoresques, les boutiques d'artisanat d'art nous surprennent avec des objets d'exception, entre authenticité et savoir-faire ancestral… Il est d'ailleurs souvent possible de visiter les ateliers de fabrication. Pour changer de la fameuse boule à neige du bassin d'Arcachon, nous vous proposons quelques idées plus représentatives de notre territoire et de la maîtrise des artisans. Béret basque, faïence landaise, espadrilles… Les souvenirs locaux allient technique et simplicité !

Les espadrilles

Ces petites chaussures légères en toile de lin ou de coton reconnaissables à leur semelle tressée en corde de chanvre sont un des incontournables vestimentaires du Pays Basque (et de la Catalogne). L'histoire de l'espadrille remonterait au XIIIe siècle. À l'époque, les soldats d'infanterie espagnols du roi d'Aragon portaient cette petite savate de toile. Au fil des siècles, l'espadrille s'est démocratisée, si bien qu'au XVIIIe siècle on retrouve déjà des artisans basques. Les premières espadrilles d'usine datent de 1880 et viennent de Mauléon-Licharre, capitale de la Soule, une des provinces basques. À l'époque, la ville comptait près de 1 600 ouvriers sandaliers et une dizaine d'usines. À l'heure actuelle, elle est encore le haut lieu de l'espadrille. Aujourd'hui, de nombreux créateurs de mode s'approprient ce symbole de la culture basque. Parmi eux, la marque Arsène, moderne et décalée ou encore Espartine, attachée à l'authenticité. Alors ? Prêt à adopter un look chic et décontracté avec les authentiques espadrilles du Pays Basque ?

Fabrication artisanale d'espadrilles.

La faïence de Samadet

Avis aux collectionneurs et amateurs de belles pièces, le petit village de Samadet, à 30 kilomètres au sud de Mont-de-Marsan, est le berceau de la faïencerie. Pendant un siècle, de 1732 à 1830, la cité landaise était occupée par la manufacture royale de faïence, qui disposait d'un privilège royal pour fabriquer à la main des faïences aux décors variés. Camaïeux bleus, décors floraux, chinoiseries… Avant cela, les plats étaient en étain : le siècle des Lumières a apporté un nouveau modèle de société, jusque dans l'assiette ! L'heure était alors au raffinement. Aujourd'hui, si Samadet est habitée par plus d'un millier de Samadétois, elle accueille de nombreux curieux et amateurs d'art, intéressés par le musée départemental de la faïence et des arts de la table. Le lieu met en avant cet art centenaire qui continue de faire la réputation du village et abrite près de 300 œuvres d'exception. Un savoir-faire connu et reconnu jusqu'à nos jours ! Pour une expérience complète, on vous conseille chaudement l'atelier de Muriel où sont fabriquées les faïences dans la tradition de la Manufacture Royale du XVIIIe siècle. Vous y trouverez une exposition permanente et bien sûr la vente sur place de ces belles créations.

Le linge basque

Et si vous rapportiez du linge basque dans vos valises ? Ce tissu traditionnel en coton très tendance et robuste se décline sous de nombreuses formes : tabliers, rideaux, nappes, torchons, sacs de toile, housses de coussin… Reconnaissable grâce à ses sept rayures (représentant les sept provinces basques), le linge basque tient son origine de la mante à bœuf utilisée pour protéger les bêtes de la chaleur et des moustiques.

© MISTERSTOCK - SHUTTERSTOCK.COM

Linge basque.

Ce tissu était également sorti les jours de fête. Aujourd'hui, c'est un indémodable ! Pour découvrir les secrets de fabrication de ce savoir-faire textile, de nombreux ateliers de tissage de lin basque proposent des visites au public. Parmi eux, les ateliers Tissages Lartigues à Ascain et Bidos, ou l'atelier de tissage Ona Tiss à Saint-Palais. Un gage de qualité et d'authenticité.

Le makila

Emblème du Pays basque, le makila (qu'on retrouve aussi sous l'orthographe makhila) est un objet deux-en-un à manier avec prudence ! Cet objet typique du territoire aux allures de bâton de marche cache une pointe en acier forgé sous le pommeau gravé. Par sa robustesse et sa praticité, le makila était autrefois une arme de défense redoutable. Aujourd'hui, cette canne traditionnelle basque en néflier est un trésor d'artisanat de grande valeur. Il est d'ailleurs encore fabriqué à la main dans la région, notamment par la famille Ainciart Bergara à Larressore et par les frères Harispuru dans le village d'Ibarolle, sur la route du col d'Osquich. Chez eux, vous pourrez découvrir cet art ancestral lors de visites guidées de l'atelier sur rendez-vous. La fabrication, étape par étape, qui allie bois de néflier, cuir et différents métaux, est particulièrement impressionnante. Cet objet d'art demande exigence et patience, notamment sur le travail d'ornementation du pommeau qui est ciselé aux initiales du propriétaire. Aussi, savez-vous que le makila est offert pour honorer une personne de son entourage ou pour témoigner d'une grande amitié ? Un cadeau exceptionnel pour une personne d'exception.

La planche de surf sur mesure

On en convient, ramener une planche de surf dans ses valises n'est pas chose aisée… Pourtant, on parie que les amateurs de sports de glisse se laisseront tenter par une planche faite main dans la région du surf ! Certains passionnés ont installé leur atelier de fabrication artisanale sur la Côte Aquitaine. On les appelle les shaper. La fabrication d'une planche de surf se fait en trois grandes étapes : le shape, le glass et le ponçage. Citons parmi les shaper de la côte, les fils Barland qui travaillent dans leur atelier à Bayonne ou Romain Chapron, qui après 20 ans dans la construction de bateaux, a créé sa marque de planches en bois UhainaPo à Anglet. De véritables œuvres d'art !

Et aussi…

Les vignobles sont une source d'inspiration pour de nombreuses entreprises et créateurs. La marque de cosmétique Caudalie développe notamment des produits de beauté issus du raisin des vignobles, naturels et responsables. Au cœur des vignes du Château Smith Haut Lafitte, l'établissement Les Sources de Caudalie propose un Spa vinothérapie pour profiter des bienfaits de la vigne.

Côté mode, de nombreux créateurs s'inspirent de la côte atlantique et misent sur des collections de style maritime. Parmi eux, Made in Bassin d'Arcachon propose des vêtements durables créés dans des matières écologiques, notamment du coton issu de l'agriculture biologique, du lin ou encore du chanvre. D'autres se sont lancé des défis plus audacieux, comme mélanger le vin et la joaillerie. C'est le pari fou de la marque Arvin qui propose des créations haut de gamme uniques aux lignes contemporaines, élégantes et intemporelles. Les créateurs revisitent les codes de la joaillerie avec des perles en verre soufflé remplies du millésime de votre choix. Ces bijoux de vin insolites sont créés dans le Bordelais et disponibles à la vente sur leur site internet. Décidément, nos créateurs aquitains ont du talent !

SPORTS ET LOISIRS

La Côte aquitaine est une terre de sports et de loisirs. Tous les paysages de la région offrent de nombreuses activités originales à ses visiteurs. Découvrez ainsi les joies du kitesurf dans la baie d'Arcachon. Assistez à une rencontre professionnelle de football à Bordeaux, ou de rugby dans l'ambiance festive de Bayonne. Longez l'Atlantique sur les pistes cyclables à disposition. Découvrez les sports traditionnels de la région, comme la pelote basque. Faites un tour en montgolfière pour admirer le panorama. Ou alors, détendez-vous dans un centre de thalassothérapie. Dans les eaux du territoire, sur les terrains de sport, en pleine nature ou même dans les airs : la région vous invite à la découvrir à travers des activités sportives et de détente toujours plus attirantes. La région se met aussi à l'heure avec la floraison des "espace-game" où l'on joue *indoor* en famille ou en amis. Il y en a vraiment pour tous les goûts, pour tous les niveaux et pour tous les âges. Chacun y trouvera son compte pour s'amuser en Côte aquitaine !

Sports nautiques

La côte aquitaine est un endroit privilégié pour les amateurs de surf. Introduit en France dans les années 1950 à Biarritz par Peter Viertel, le surf est devenu un sport incontournable de la région. Et pour cause, celle-ci bénéficie de conditions idéales. Vous pourrez ainsi pratiquer tout le long de l'Atlantique, de Hossegor jusqu'aux côtes basques. Au cours de l'année, plusieurs compétitions animent la région. Le Biarritz Surf Festival, le Lacanau Pro ou encore le Quiksilver Pro à Hossegor attirent des milliers de spectateurs, venus admirer les stars du milieu. Le surf n'est pas le seul sport pratiqué sur la côte atlantique. En vous baladant sur la plage Pereire d'Arcachon ou sur la dune du Pilat, vous pourrez admirer un ballet de cerfs-volants dans le ciel. Eh non, ce sont des kitesurfs ! Par jour de vent, ce sport se pratique sur l'eau avec une planche aux pieds et une sorte de cerf-volant que l'on pilote. Attention, c'est un sport extrême que vous devez apprendre auprès d'un professionnel. De nombreuses écoles de kitesurf proposent des stages pour particuliers sur toute la côte, de Biscarrosse à Seignosse… N'hésitez pas à vous renseigner auprès de la Fédération Française de Vol Libre. Contrairement aux idées reçues, il ne faut pas savoir surfer !

La région de la côte aquitaine bénéficie aussi de nombreux spots de plongée sous-marine. Au large de Capbreton se trouve ainsi une fosse : le "Gouf de Capbreton". Celle-ci s'enfonce sur plus de 3 000 mètres de profondeur ! Dans la tête de ce canyon sous-marin, il est possible de voir de nombreuses espèces maritimes. La découverte de ce gouf est néanmoins réservée aux professionnels. Pour les amateurs, plusieurs sites existent dans les environs, en fonction des envies et du niveau de chacun. Au-delà des zones naturelles, la région dispose par ailleurs de fosses artificielles pour s'exercer à la plongée. La Teste-de-Buch a ainsi inauguré en 2013 une fosse de plongée de 20 mètres de profondeur. Elle propose de nombreuses activités, comme les baptêmes de plongée.

Côte aquitaine, entre football et rugby

Que serait le Sud-Ouest sans son sport emblématique, le rugby ? La région comprend de nombreuses villes qui appartiennent à l'élite française de ce sport. Fondée en 2006, l'Union Bordeaux-Bègles dispute le plus haut championnat français, le Top 14. Le club a même atteint la première place du championnat régulier lors de la saison 2019-2020. Vous pourrez assister aux matchs de l'UBB dans la célèbre enceinte bordelaise : le stade Chaban-Delmas (en cours de rénovation). Grâce à sa capacité supérieure à 30 000 places, ce stade a permis au public bordelais d'être l'une des affluences les plus importantes d'Europe. Plus au sud de la région, la ville de Bayonne a elle aussi un club dans l'élite. L'Aviron bayonnais a notamment été couronné champion de France à trois reprises depuis sa création en 1904. Les bleus et blancs assurent le spectacle au stade Jean Dauger, dans une ambiance toujours festive et chaleureuse. Mais le rugby dans la région ne se réduit pas à ces deux villes. Que ce soit au niveau professionnel, comme Biarritz ou Mont-de-Marsan, ou dans les championnats amateurs, à l'image de Dax, le ballon ovale est partout en Aquitaine !

Terre de rugby, la Côte aquitaine est aussi marquée par le football. Le fer de lance de ce sport dans la région est sans aucun doute le club des Girondins de Bordeaux. Fondé en 1910, le club est un membre éminent de la Ligue 1, le championnat français de football de plus haut niveau. Son histoire est riche, avec six championnats et quatre Coupes de France à son actif.

Les Girondins ont surtout eu des joueurs mythiques comme Marius Trésor, Alain Giresse, Jean Tigana et même un certain Zinédine Zidane. Après avoir longtemps joué au Parc Lescure, devenu le stade Chaban-Delmas, le club a désormais pris ses marques au récent stade Matmut Atlantique. Construit en 2015 pour accueillir des matchs de l'Euro 2016, il a une capacité de près de 42 000 places. Élu plus beau stade de 2015, il se distingue par son architecture unique.

En pleine nature

Pour découvrir notre belle région, quoi de mieux que de pratiquer la marche à pied ? Le territoire propose plus de 6 000 km de sentiers balisés dans des paysages variés et pittoresques, que ce soit du côté du littoral, côté forêt ou côté montagnes ! À pied, tout est plus accessible. D'Hendaye aux portes de l'Espagne à la pointe de Grave, à l'embouchure de l'estuaire, 400 km de randonnées alternent entre pistes, chemins entre forêts et plages longeant le littoral. En approchant des Pyrénées, les randonnées se feront plus sportives. Plusieurs chemins valent le détour dont le GR10 qui vous fait découvrir les Pyrénées d'est en ouest ou encore les chemins de Saint-Jacques-de-Compostelle.

Vous pouvez aussi parcourir la Côte aquitaine à vélo. La région est remplie de pistes cyclables, qui sillonnent les différents paysages. À l'exemple de Vélodyssée, une véloroute qui longe l'Atlantique jusqu'à la Côte basque. En Aquitaine, elle s'étend du Verdon-sur-Mer à Hendaye, et passe par Lacanau-Océan, Arcachon ou encore Bayonne. La grande majorité du trajet s'effectue sur des pistes sans voitures : de quoi profiter de l'océan et de la nature en toute tranquillité. Plus largement, la région est traversée par près de 2 000 km de pistes cyclables. Le long de l'océan, au milieu des forêts de pins, dans les villages ostréicoles ou les réserves naturelles, la diversité des décors du Sud-Ouest se donne à la petite reine.

Les sports et jeux traditionnels

L'un des sports traditionnels les plus emblématiques de la région est sans aucun doute la pelote basque. On reconnaît le pelotari (le joueur de pelote) à sa tenue : pantalon et chaussures blanches et polo aux couleurs du club. Ce sport complet, visuel et passionnant ne cesse de séduire. Et pour cause, il nécessite des qualités physiques et d'adresse peu communes, un bon sens tactique et une exemplaire complémentarité dans les rencontres en double.

Les origines de la pelote basque remontent à l'Antiquité. On raconte même que les Mayas pratiquaient ce sport. Appelée « pila » par les Romains, elle devient jeu de paume au Moyen Âge sous Henri IV. Ce sport se pratique alors avec des gants. Séduits, les Basques ont adapté ce jeu à leur façon avec des équipements et des installations spécifiques. C'est au milieu du XVIIIe qu'ils inventent le rebond (en intégrant le caoutchouc), qu'ils intègrent le mur et puis en 1857, Gaintchiki Harotcha créé le chistera. Avec cet objet, il révolutionne la pelote. Il serait né par hasard, inspiré par un panier d'osier de forme ovale qui servait à ramasser les fruits. Il est perfectionné au fil des siècles pour atteindre sa structure actuelle.

Toutes les formes connues de la pelote basque ont un point commun : le mur, dit le fronton. D'ailleurs, chaque village basque possède le sien. C'est un élément incontournable, souvent situé au milieu du village ! Le fronton est marqué par une ligne horizontale située à 1 mètre du sol : cette démarcation fait office de « filet ». Il ne faut pas envoyer la pelote dessous, sinon c'est faute ! Dans certains cas, le fronton peut être prolongé par un mur situé à gauche, qui se nomme le jaï alaï. Cette configuration est celle utilisée pour les matchs de cesta punta.

On retrouvera en Californie et en Amérique du sud, avec l'implantation de nombreux basques au début du XXe siècle, les frontons et murs pour ces pratiques sportives.

Le lac Gentau vu depuis le col d'Ayous, GR10.

© PHILIPPE DEVANNE - STOCK.ADOBE.COM

Parapente au-dessus de la dune du Pilat.

Dans les airs

Pourquoi ne pas prendre de la hauteur pour découvrir les charmes de la région ? Selon vos envies, la Côte aquitaine présente toutes sortes d'activités dans les cieux. Pour les amateurs de vitesse, plusieurs sites, entre Arcachon, Biscarrosse, Biarritz ou encore Anglet, proposent des baptêmes de l'air en avion, en planeur, en hélicoptère ou en ULM. Vous pourrez même effectuer du parapente et du deltaplane. Encadrées par des professionnels, ces activités sont ouvertes à tout le monde : de quoi s'émerveiller des paysages tout en prenant l'air ! Pour ceux qui préfèrent les déplacements plus calmes et contemplatifs, différentes structures offrent des vols et des baptêmes de l'air en montgolfière. Vous assisterez au gonflage du ballon, et profiterez ensuite d'un spectacle panoramique au milieu des vallons de la région. Au-delà de la joie procurée par le flottement dans les cieux, le vol en montgolfière est aussi une expérience conviviale. La plupart des structures proposent en effet des déjeuners ou des toasts avant et après le trajet.

Enfin, la région n'oublie pas les passionnés de sensations fortes. Vous pourrez ainsi faire du saut en parachute, que ce soit pour la première fois ou pour retenter l'expérience. Plusieurs structures vous attendent dans la région, que ce soit à Bordeaux, Biarritz ou Arcachon. Des professionnels du domaine sont là pour vous encadrer. De quoi sauter en toute sécurité !

Détente

La côte aquitaine offre à ses visiteurs de nombreux loisirs et activités pour se détendre. La région propose ainsi plusieurs sites d'hydrothérapie, avec notamment ses villes thermales comme Casteljaloux, Saubusse ou encore Cambo-les-Bains. Le territoire thermal du Grand Dax est, quant à lui, le plus important de la région. Il regroupe pas moins de seize établissements prêts à vous accueillir. Vous y trouverez tout pour passer un séjour entre tourisme et remise en forme. Chacun fournit en effet des prestations ciblées, dans un cadre unique et reconnu pour ses qualités. Plus près de l'océan, vous pourrez découvrir des centres de thalassothérapie. Les vertus thérapeutiques de l'air marin sont notamment accessibles à Hendaye, Biarritz, Arcachon ou encore Saint-Jean-de-Luz. Là aussi, de nombreux centres vous attendent, la plupart vous proposant un hébergement directement sur place. Vous pourrez ainsi profiter des bénéfices de l'eau de mer, tout en savourant les plaisirs du climat océanique !

Toujours dans l'ambiance marine, la région dispose de plusieurs croisières fluviales. Celles-ci sont autant de moyens pour découvrir autrement la côte aquitaine. Le temps d'une journée ou plus, toutes les formules existent pour profiter paisiblement du paysage. Vous avez le choix entre les croisières sur la Garonne, entre Bordeaux et l'estuaire de la Gironde, celles sur l'Adour et ses affluents, près de Bayonne, et même des mini-croisières au départ des stations balnéaires comme Saint-Jean-de-Luz ou Hendaye. Pour les épicuriens, nous vous conseillons les formules de croisière qui associent culture et gastronomie. Elles permettent de parcourir la région, en découvrant les spécialités culinaires qui la caractérisent.

Bien sûr, la côte aquitaine regorge aussi de spots de baignades. Le long de l'océan Atlantique, de nombreuses plages vous attendent, que ce soit pour vous jeter dans les vagues ou se reposer sur le sable. Mais la région a aussi l'un des plus grands lacs naturels de France : le lac d'Hourtin et de Carcans. Près de Lacanau, ce lac dispose de plusieurs plages et offre de nombreuses activités, comme le paddle, le ski nautique, le kayak ou même la voile.

GASTRONOMIE

La Côte aquitaine est un des fleurons du patrimoine gastronomique français. De l'entrée au digestif, les spécialités locales sont nombreuses et reconnues, parfois dans le monde entier. Après un verre de Lillet ou de Floc de Gascogne en apéritif, goûtez aux délicieuses huîtres du bassin d'Arcachon. Les amateurs de charcuterie apprécieront la chiffonnade de jambon de Bayonne. En plat de résistance, savourez un beau filet de Bazas ou une lamproie à la bordelaise, recette typique. Puis, laissez-vous tenter par un morceau de fromage de brebis et pour le dessert, une touche de sucré. Optez pour une petite part de pastis landais, de gâteau basque, d'un cannelé ou encore d'un macaron... Le choix est large et met l'eau à la bouche ! Le terroir aquitain a tellement à nous offrir. Que ce soit dans les marchés ou dans les restaurants, on parie que vous vous régalerez ! Pour que votre séjour rime avec gourmandise, Petit Futé vous emmène à la découverte des spécialités immanquables.

Les entrées

Qu'y a-t-il de plus emblématique sur la Côte atlantique que les huîtres d'Arcachon ? En Gironde, le bassin d'Arcachon est un des principaux centres ostréicoles de France. Sur ce territoire, les huîtres sont appréciées depuis l'époque gallo-romaine si l'on en croit les coquilles fossilisées. Pourtant, l'exploitation officielle ne remonte qu'à la moitié du XIXe siècle avec la création des premiers parcs. C'est dans ce territoire que sont dispersés quelques petits ports ostréicoles. Les cabanes colorées offrent un décor des plus pittoresques ! Au même titre que les vins, les huîtres sont caractérisées par leur lieu de production. Les huîtres du banc d'Arguin sont réputées pour leurs arômes sucrés et leur petit goût de noisette, très appréciés par les amateurs. Comme les légumes, les huîtres respectent une saisonnalité. Si elles sont disponibles toute l'année, on les préfère traditionnellement de septembre à décembre, notamment pour les fêtes de fin d'année. L'été, elles deviennent laiteuses avec un goût plus âpre. Savez-vous qu'en Gironde, les huîtres se dégustent accompagnées d'une petite saucisse chaude appelée crépinette ? Sur le Bassin, on les préfère fraîches avec un simple filet de citron.

Outre les huîtres, un bon repas du Sud-Ouest commence par une délicieuse chiffonnade de jambon de Bayonne. Depuis plus de vingt ans, ce produit est protégé par une IGP et respecte des critères précis, dont le premier est de provenir de porcs nés et élevés dans le Sud-Ouest. Aussi, il doit être élaboré dans le territoire du bassin de l'Adour selon le savoir-faire des salaisonniers. En effet, les jambons sont frottés et massés avec du sel des salines de l'Adour ! Une méthode traditionnelle qui implique une période de séchage des jambons suspendus dans des séchoirs. Les amateurs de charcuterie le savourent tel quel, avec un bon verre de vin. Citons également parmi les charcuteries quelques spécialités girondines à découvrir : les grillons et le grenier médocain.

Poulet basquaise.

Ossau-Iraty.

Le plat principal

Pour le plat principal, la Côte aquitaine met la viande à l'honneur. L'agneau de Pauillac est produit dans le département de la Gironde et bénéficie d'un Label Rouge et d'une IGP. Cette viande est caractérisée par la finesse et la tendresse de sa chair. Autre spécialité girondine : le bœuf de Bazas. La tradition d'engraissement de bœufs sur la région de Bazas remonte à plus de sept siècles ! Ce savoir-faire ancestral continue de se transmettre de génération en génération, toujours en respectant les animaux de race bazadaise et blonde d'Aquitaine. La viande de l'IGP Boeuf de Bazas est reconnue pour sa saveur et sa tendresse incomparable. Si vous êtes de passage en Gironde au mois de février, faites un détour par Bazas et sa traditionnelle fête des bœufs gras. Un rendez-vous incontournable depuis plus de 700 ans à ne pas manquer. Au programme, pesée, défilé et bénédiction des bœufs puis intronisation des personnalités par la Confrérie bazadaise du bœuf ! Autre plat emblématique : la lamproie à la bordelaise, poisson qui se pêche dans l'estuaire de la Gironde et qui est accompagné d'une sauce à la bordelaise sur un lit de poireaux... Du côté du Pays basque, une des spécialités est l'axoa, un ragoût de viande de veau aux piments rouges et verts (d'Espelette !), souvent servi avec des pommes de terre sautées. Comme son nom l'indique, le poulet basquaise est également une spécialité de la région, mais est dégusté dans la France entière. Cette recette paysanne séduit, car elle allie simplicité et authenticité. Pour la préparer, rien de plus simple : un poulet, des tomates et des épices, le tout mitonné dans une cocotte. Parmi toutes ces viandes, un poisson se distingue, et pas des moindres ! Un des plats typiques de la cuisine aquitaine est la lamproie à la bordelaise, ce poisson effrayant aux allures d'aiguilles. On le cuisine dans une sauce au vin rouge avec des poireaux, oignons, ails et lard fumé. Aussi, que serait un plat sans ses accompagnements et ses épices ? La Côte aquitaine offre des terroirs privilégiés pour la culture des légumes. Parmi les spécialités, on trouve les pommes de terre primeur cultivées dans les landes sableuses. Reconnaissable à sa peau fine et sa chair tendre, cette pomme de terre est appréciée des connaisseurs pour son goût unique. Citons aussi l'indétrônable asperge des sables, qui bénéficie d'une Indication Géographique Protégée. Produite dans les Landes (le premier département producteur) mais également en Gironde et notamment dans le Blayais, cette variété d'asperge se retrouve sur les étals des marchés d'avril à juin. Les gourmands les cuisinent rôties au jambon de pays, ou en gratin avec du magret séché. N'oublions pas non plus l'artichaut de Macau, gros artichaut à feuilles charnues récolté en septembre en Gironde, et le potiron « galeux » d'Eysines à savourer en gratin ou en soupe.

Le piment d'Espelette

Enfin, comment ne pas parler de LA spécialité ? Le piment d'Espelette (l'or rouge) ! Incontournable de la gastronomie basque, il relève tous les plats. Les guirlandes de piment qui sèchent sur les façades des maisons des villages basques sont une image d'Epinal indémodable. À l'origine, le piment était employé pour conserver la viande tout en lui donnant du goût. Depuis, il s'est démocratisé, gagnant toutes les cuisines pour devenir un indispensable des plats basques. La zone de production de l'AOC est étendue sur dix communes, parmi lesquelles Souraïde, Ustaritz, Jatxou, Aïnhoa, Itxassou et bien sûr Espelette ! Plusieurs critères sont à respecter pour l'AOP, dont la récolte à la main des piments mûrs, mesurant entre 7 et 14 cm.

Ils doivent avoir une forme régulière et conique et un épiderme lisse, puis être séchés naturellement durant au minimum deux semaines. Ensuite, il s'utilise quasiment dans tous les plats : dans les sauces et marinades des viandes, dans les bouillons de cuisson et même dans les desserts pour les plus audacieux ! En plus de ses vertus gustatives, le piment d'Espelette a de nombreux bienfaits, notamment grâce à ses propriétés antiseptiques et antioxydantes. C'est une épice bonne pour le cœur.

Les fromages

Le Pays basque est réputé pour ses fromages au lait de brebis. Le plus connu d'entre eux ? L'Ossau-Iraty. Cette spécialité à pâte pressée non cuite a reçu une Appellation d'origine protégée (AOP) en 1996. Son nom est un mélange du pic du Midi d'Ossau (dans le Béarn) et de la forêt d'Iraty (dans les Pyrénées basques). Les amateurs conseillent de le savourer avec un pain aux noix ou une confiture de cerises rouges ou noires d'Itxassou. Les autres appellations contrôlées sont Roncal et Idiazabal, deux autres fromages basques de brebis. Ils sont préparés au début du printemps et mis à affiner en été par les bergers. Aussi, citons l'amou, fromage de brebis originaire du village du même nom, près de Mont-de-Marsan dans les Landes.

Les douceurs sucrées

Avis à tous les becs sucrés, la gastronomie aquitaine regorge de gourmandises. Du nord au sud, les spécialités culinaires méritent le détour. À Bordeaux, le canelé est emblématique de la ville. Aujourd'hui, deux maisons sont spécialisées dans la fabrication de ce petit gâteau : Baillardran et La Toque Cuivrée. Mais saviez-vous que les premières à l'origine de la recette sont des religieuses ? L'histoire raconte que c'est au XVIIIe siècle que les nonnes du couvent des Annonciades (derrière l'église Sainte-Eulalie) ont créé la recette à partir de farine de blé et de jaunes d'œufs des chais du quai des Chartrons. Depuis, ce petit gâteau à la forme reconnaissable en forme de cylindre, à la robe caramélisée et au cœur moelleux et doré aux parfums de rhum et de vanille, est un des incontournables de la gastronomie. Une des autres spécialités de la capitale girondine n'est autre que le bouchon de Bordeaux. Moins connue que le canelé, cette gourmandise est née en 1965 dans l'atelier d'un maître artisan pâtissier-chocolatier. Petit four aux amandes, cette spécialité est déclinée avec plusieurs parfums (aux raisins, au Grand Marnier, etc.) et est vendue dans des petits ballotins en trompe-l'œil en forme de bouchons de liège. À l'est de Bordeaux, la petite cité pittoresque de Saint-Émilion attire les touristes pour ses vignes, mais aussi pour ses délicieux macarons. Une fois encore, cette spécialité est la création d'une communauté religieuse, les Ursulines. La recette est inchangée depuis 1620. Plus au sud, le Médoc donne son nom à deux desserts sucrés : les noisettines et les sarments. En Gironde, citons également les pralines de Blaye et les dunes blanches du Cap Ferret qui font le bonheur des gourmands.

Direction les Landes pour une spécialité peu connue : le pastis landais. Ne vous méprenez pas, ce dessert n'a rien à voir avec l'apéritif anisé ! En gascon, un pastis est un gâteau. Celui-ci fait penser à une brioche et peut être parfumé à la fleur d'oranger, à la vanille ou au rhum. La tourtière est une des autres pâtisseries landaises incontournables : des pommes en lamelles disposées sur un lit de pâte feuilletée et parfumée à l'Armagnac, l'alcool régional. Enfin, finissons notre tour gastronomique de la Côte aquitaine par le Pays basque. Le gâteau basque est le dessert incontournable dont la réputation dépasse de loin ce simple territoire ! Selon la tradition, il est fourré à la confiture de cerises noires d'Itxassou. Enfin saviez-vous que le chocolat est une spécialité de la ville de Bayonne ? À déguster sans modération.

Un petit digestif ?

Terre de vignoble déjà évoquée précédemment, la côte aquitaine est aussi connue pour ses apéritifs. Parmi eux, l'armagnac est l'une des plus anciennes eaux-de-vie de France. Le vignoble de l'armagnac s'étend sur près de 15 000 hectares au cœur de la Gascogne, à cheval sur trois départements dont les Landes. Cet alcool est issu d'assemblage de raisins blancs. Il se savoure avec modération en digestif à température ambiante. D'autres digestifs sont produits sur la côte aquitaine : l'Izarra est une liqueur à la couleur verte à base de plantes que l'on trouve dans le Pays basque, au même titre que le Patxaran, liqueur artisanale fabriquée à partir de prunelles macérées dans de l'alcool anisé. N'oublions pas les alcools blancs, gins et autres whiskies fabriqués dans le terroir basque !

Les fameux cannelés de Bordeaux.

LA CUISINE LANDAISE

FOIE GRAS, CONFITS, MAGRETS ET GÉSIERS… UNE CUISINE AU GRAS TYPIQUE !

Le département des Landes est un territoire de traditions gourmandes et authentiques. La cuisine landaise est une cuisine familiale emblématique du Sud-Ouest qui séduit par ses recettes d'antan. Gourmande, savoureuse et généreuse, elle plaît aux bons vivants et aux épicuriens ! Parmi les spécialités, le canard occupe une place de choix : il est le roi de la gastronomie landaise. Le canard fermier des Landes labellisé Label Rouge et IGP est élevé en plein air pendant 102 jours et nourri au maïs en grain entier. Les producteurs respectent un cahier des charges rigoureux pour être à la hauteur de leur réputation.

En confit, aiguillettes, magrets ou foie gras, le canard se savoure de nombreuses façons. Incontournable, le foie gras est un produit gastronomique emblématique du terroir. Issu des volailles grasses, il est le résultat d'un savoir-faire d'exception. Il se savoure nature sur une tranche de pain ou avec une compotée de figues. Certains le préfèrent mi-cuit ou carrément poêlé.

Le confit de canard est une des recettes typiques de la cuisine landaise qui remontent à plusieurs millénaires. Déjà dans l'Antiquité, les canard gras étaient élevés puis cuits dans la graisse. Cette pratique a perduré, notamment dans les campagnes et trouve même une place sur les tables de la cour d'Henri IV. La technique est toujours la même : la viande de canard cuit dans de la graisse chaude durant deux heures minimum, avant d'être mise en conserve et recouverte de graisse. La conservation peut ainsi durer plusieurs mois. Prêt à savourer le confit ? Faites le griller quelques minutes de chaque côté à la poêle ou au four dans un peu de graisse. La peau doit être dorée et craquante et la chair toujours tendre.

La salade landaise (appelée aussi l'assiette landaise) est un condensé des spécialités de la région. Gourmande et copieuse, ce plat complet est composé de produits du terroir landais : foie gras de canard, tranches de magret de canard fumé, gésiers de canard, jambon de Bayonne et quelques asperges blanches, maïs et pignons de pin pour la fraîcheur ! On trouve parfois des tomates et des croûtons de pain aillés et grillés. La simplicité alliée à la gourmandise. Que demander de plus ?

Pour trouver foies gras, canards et oies, magrets et confits, rendez-vous aux marchés au gras. Ici, les producteurs locaux font la part belle aux produits du Sud-Ouest. En hiver, les étals se multiplient dans tout le département : à Dax, Mont-de-Marsan, Saint-Sever, Peyrehorade, Villeneuve-de-Marsan...

La cuisine du terroir landais ne rime pas seulement avec foie gras et confit de canard. La garbure est un plat moins connu du patrimoine culinaire. Cette soupe traditionnelle, aux allures de ragoût du Sud-Ouest, est riche en féculents, légumes et viandes. La recette se décline à l'envie et tient ses origines de la campagne. Plus qu'une soupe, la garbure est un plat rustique dans lequel on trouve traditionnellement des haricots tarbais (des haricots blancs du Sud-Ouest), des fèves, du chou vert, des pommes de terre, du céleri, des navets, des carottes et des poireaux. Le choix de viande est également varié : canard des Landes, jambon de Bayonne, saucisse ou couenne de porc… Un plat complet à savourer bouillant lors d'un jour froid d'hiver !

Les gourmets apprécient également les volailles fermières des Landes IGP. Poulets, poulardes, chapons, dindes et cailles sont élevés également en plein air, au cœur du massif forestier des Landes, pendant 81 jours minimum. En 1965, le poulet jaune des Landes, aussi connu sous le nom de poulet de Saint-Sever, a reçu le premier Label Rouge alimentaire. L'élevage des volailles fermières est indissociable des marensines, ces petites cabanes mobiles intégrées au paysage, développées dans les années 1960 et permettant de respecter au mieux l'environnement naturel des bêtes.

Quelques gibiers complètent la carte des spécialités landaises que l'on retrouve en ragoût. N'oublions pas non plus le bœuf de Chalosse, élevé dans les pâturages des Landes, qui bénéficie d'une certification IGP. Il se caractérise par la tendreté de sa chair, due aux 10 jours de maturation minimum.

Évidemment, la liste des spécialités landaises ne serait pas complète sans évoquer quelques autres produits gourmands de qualité tels que l'asperge des sables, le kiwi de l'Adour, le pastis landais, la tourtière landaise et les madeleines de Dax ! La gastronomie landaise brille également par ses alcools, notamment l'apéritif local, le Floc de Gascogne et par ses vins de Tursan. Votre séjour dans les Landes promet de belles découvertes culinaires !

AGENDA

Concerts, spectacles, manifestations folkloriques… L'agenda de la Côte Aquitaine est riche en événements. Pour organiser au mieux votre séjour, Petit Futé vous propose une sélection de rendez-vous immanquables. Du côté de la capitale girondine, les festivités ne manquent pas. L'été, les bordelais vivent au rythme des concerts en plein air et des restaurants éphémères des Épicuriales. Les amateurs de musique apprécieront le festival de flamenco de Mont-de-Marsan. Pour les gourmands, la fête du gâteau basque ravira les papilles, au même titre que la fête du piment d'Espelette. N'oublions pas non plus que la région est une terre de vignobles : à Blaye, on célèbre le vin dans la citadelle Vauban, tandis qu'à Labastide, c'est l'Armagnac qui est à l'honneur. Enfin, certaines manifestations sont typiques de notre territoire et méritent le coup d'œil. C'est le cas des fêtes de Bayonne. Un événement unique, moment de partage et de convivialité.

WHEELS AND WAVES

Cité de l'Océan - **BIARRITZ / MIARRITZE**
www.wheels-and-waves.com
Été 2022 (sous réserve et à confirmer).
10e édition avec 5 jours de ride, courses, concerts, entre mer et montagne.

L'année 2022 accueillera la dixième édition (celle de 2021 ayant été annulée) du festival Wheels et Waves, en français « Roues et vagues ». Vous avez deviné ce qui se cachait derrière cet événement ? Pendant cinq jours, tous les surfers et les bikers se retrouvent pour faire la fête dans la bonne humeur et la convivialité. Depuis 2011, la culture skate, moto et surf est à l'honneur à Biarritz, Cité de l'Océan. Des concerts, des apéros et des stands de nourriture viennent s'ajouter à ce week-end festif. Un programme alléchant ! Cette manifestation attire désormais un public international.

LES FÊTES DE BAYONNE

BAYONNE / BAIONA ✆ 05 59 46 09 00
www.fetes.bayonne.fr
Du 27 au 31 juillet 2022 (sous réserve). Fêtes payantes du vendredi midi au dimanche soir (forfait de 7 à 8 €).

Pendant cinq jours, comme tous les ans en été depuis 1932, tout Bayonne s'habille de blanc et de rouge ! Tradition typique et incontournable du Sud-Ouest et du Pays Basque, il est absolument inenvisageable de passer dans la région sans assister ou participer à ces festivités hors normes. Au programme, chars du corso lumineux, courses de vaches (respectueuses des animaux), corridas, danses traditionnelles et bien sûr la journée du jeune festayre où toutes les activités des grands sont adaptées aux plus jeunes. Ultime soirée le dimanche où le roi Léon se retire.

FÊTE DU GÂTEAU BASQUE

CAMBO-LES-BAINS / KANBO ✆ 05 59 29 70 25
www.lafetedugateaubasque.com
La fête du Gâteau basque se déroule à Cambo-les-Bains les samedi 1er et dimanche 2 octobre 2022 (sous réserve). Gratuit.

Le gâteau basque : incontournable du Pays Basque ! C'est donc logiquement que tous les ans en octobre, (19e édition), 2 jours de fête sont dédiés à cet art culinaire. Le temps d'un week-end, pas moins de 20 000 visiteurs sont attendus dans la cité thermale de Cambo-les-Bains. Le programme ? Atelier cuisine pour apprendre à faire le fameux gâteau, dégustation, vente, concours du meilleur gâteau basque. Une fête sous le signe du partage et de la convivialité. Musicien, artisans, producteurs, pâtissiers... Vous y croiserez dans la rue, la confrérie du Gâteau basque !

COURSE DES CRÊTES

ESPELETTE / EZPELETA
✆ 05 59 93 90 06
www.coursedescretes.com
Course des crêtes 2022. 45e édition, vendredi 1er et samedi 2 juillet 2022. Ouverture des inscriptions le 1er janvier.

A Espelette, la course des Crêtes est le rendez-vous de tous les sportifs et des bons vivants ! Le long des sentiers basques, plusieurs épreuves sont proposées, selon les envies et les niveaux : randonnée de 15 km, course de 28 km, marche nordique de 14 km, course nocturne de 7,5 km ou encore marche miam-miam. Sur 2 jours, cet événement est porté par la convivialité et l'esprit de fête. Des animations sont organisées, ainsi que des buffets et des spectacles. Le samedi soir, un dîner basque est proposé avec musique, chants et danses. 45e édition en 2022 !

La Nouvelle-Aquitaine, une belle région cyclable de France !

Avec près de 7 000 km de voies cyclables, le vélo en Nouvelle-Aquitaine est une pratique incontournable. Envie d'évasion ? Prenez le temps d'explorer les forêts des Landes, du Limousin ou du Périgord-Limousin. À l'inverse, si vous cherchez plus de sensations fortes, partez à l'assaut des cols pyrénéens pour un voyage intense en montagne qui vaut le coup d'œil !

Le littoral offre une large variété de paysages, on y découvre une flore authentique, caractérisée par une forêt de pins maritimes ainsi que des lacs, bordés de roseaux et de joncs. Vous souhaitez goûter au patrimoine local ? Mettez le cap sur les villages ostréicoles, les réserves naturelles de prés salés ou encore les mythiques vignobles du Bordelais.

Parmi les destinations immanquables, laissez-vous séduire par les trésors de la Dordogne à vélo ! Des vignobles de Monbazillac jusqu'à la cité médiévale de Sarlat en passant par la grotte de Lascaux, vous contemplerez la richesse du patrimoine historique et architectural de la région.

Veloenfrance.fr vous invite à découvrir la région

La Fédération française de cyclotourisme a développé le site veloenfrance.fr pour vous faire découvrir la France à vélo avec des circuits spécialement conçus pour leurs attraits touristiques. Ce site gratuit et simple d'accès rassemble plus de 4 000 circuits route et VTT. Vous y trouverez un large choix d'itinéraires plus ou moins longs ainsi que des centaines de Bonnes adresses pour se restaurer et se reposer. En Nouvelle-Aquitaine, découvrez 775 circuits de tous types, VTT, vélo route… Une occasion idéale pour une pratique variée du cyclotourisme dans la région.

Circuit : la boucle de Cavalles

Route	1:15
Carcans	Très facile
17 km	189 m
Gironde	

Idéal pour découvrir le territoire, baladez-vous à vélo entre amis ou en famille dans un environnement préservé et diversifié. Depuis Maubuisson en passant par Bombannes, et Carcans-Océan, cette boucle vous permettra d'admirer toutes les richesses naturelles : le lac, la forêt landaise et l'océan ! Plongez au cœur de la forêt domaniale de Carcans pendant deux heures et explorez la faune et la flore qui font la fierté de cette magnifique région.

À vos guidons !

AGENCE DE DÉVELOPPEMENT TOURISTIQUE DE LA GIRONDE

21 cours de l'Intendance,
33000, BORDEAUX

05 56 52 61 40

contact@tourisme-gironde.fr
www.gironde-tourisme.fr

Parcourez les routes de campagne à travers les vergers de pruniers ! © CDT de Lot-et-Garonne

LA FÊTE DU PIMENT D'ESPELETTE

Place du Jeu de Paume

ESPELETTE / EZPELETA

Samedi 29 et dimanche 30 octobre 2022 (sous réserve). Il est préférable d'arriver à l'avance (3h...). Accès gratuit.

La fête à Espelette débute le samedi par des animations autour de la gastronomie. Le défilé de tambours anime les rues, au même titre que les danses basques au fronton. Le soir, la fête continue avec un apéritif-dîner typique dans tous les restaurants, suivi d'un concert avec un chœur d'hommes. Le dimanche, c'est la bénédiction des piments, puis la cérémonie d'intronisation derrière le château. Une fête incontournable qui attire chaque année toujours plus de monde !

FESTIVAL INTERNATIONAL DU FILM

SAINT-JEAN-DE-LUZ / DONIBANELOHIZUNE

www.fifsaintjeandeluz.com

Du 3 au 9 octobre 2022 (sous réserve). Inscriptions jusqu'au 31 juillet 2022.

Depuis neuf années déjà, la ville de Saint-Jean-de-Luz organise un festival de cinéma international. Pendant une semaine se tient cette compétition de courts et longs métrages, ainsi que des master class animées par des professionnels du métier. Tous les ans, de nombreux acteurs et réalisateurs se réunissent et célèbrent le septième art. Cette année, 14 longs métrages internationaux et 8 courts métrages seront sélectionnés et soumis à un jury de professionnels et à un jury de jeunes.

PRO ANGLET - WORLD SURF LEAGUE

ANGLET / ANGELU

Dernière semaine de juin 2022. Dates sous réserve car non communiquées à ce jour. Gratuit.

La Côte Aquitaine est une terre de surf. Dans le Pays basque, la ville d'Anglet est devenue un rendez-vous incontournable pour tous les amateurs et les professionnels. Chaque année, la World Surf League (la Ligue mondiale de surf) organise cet événement qui fait partie du circuit QS européen. Au programme, 6 épreuves masculines et 3 féminines, réunissant les plus grands champions du domaine. Une compétition qui promet d'en mettre plein les yeux ! Dates non communiquées à ce stade.

BORDEAUX FÊTE LE FLEUVE

BORDEAUX

✆ 05 56 00 66 00

www.bordeaux-fete-le-fleuve.com

Du 23 au 26 juin 2022.

En alternance, une année sur deux avec la fête du Vin, la Fête du Fleuve constitue un événement majeur de la vie culturelle bordelaise. Depuis 1999 la ville de Bordeaux se réunit sur les bords de la Gironde pour une grande fête. Tout le long des quais, pendant quatre jours, de nombreux stands et animations s'adressent à tout public : visite avec un guide conférencier, dégustations, visites de voiliers patrimoniaux, feux d'artifice, concerts, jeu-concours, etc. Les enfants ne sont pas oubliés avec des animations prévues pour eux.

© LAIOTZ - SHUTTERSTOCK.COM

La fête du piment d'Espelette.

CABANES EN FÊTE ET HUÎTRES ENTRE-DEUX-MERS

ANDERNOS-LES-BAINS

www.andernoslesbains.fr

Le premier samedi de décembre.

Les Cabanes en fête Huîtres et Entre-Deux Mers est une manifestation organisée par le service culturel de la mairie d'Andernos-les-Bains, les ostréiculteurs du bassin et les viticulteurs de l'Entre-deux-Mers. Dans près de 45 cabanes ostréicoles, sur le port, on découvre les recettes de grands chefs du Sud-Ouest. Orchestres, bandas, chants marins, expositions de peintres, photos, défilé nautique... Une superbe fête au port ostréicole toute la journée et jusque tard dans la soirée !

SALON DU VINTAGE

Quai des Chartrons - **BORDEAUX**

✆ 06 25 50 19 03

www.salonduvintage.com

Dernier week-end de novembre (sous réserve). 10h-19h. Entrée : 5 €.

Après dix années de succès en France et au Luxembourg, le Salon du Vintage prend place à Bordeaux. Chaque édition est sous le signe de la mode. Ce salon réunit près de 150 exposants dans le Hangar 14 le long des Quais des Chartrons et de la Garonne. Les amateurs de mode vintage et de décoration design pourront profiter de plus de 3 500 m² réservés au shopping : accessoires, fripes chic, street food, mobilier... La décoration vintage est aussi mise à l'honneur, avec notamment un grand choix de vinyles et de platines pour une ambiance rétro unique !

PRINTEMPS DES VINS DE BLAYE CÔTES DE BORDEAUX

BLAYE ✆ 05 57 42 91 19

www.printemps.vin-blaye.com

Du 2 au 3 avril 2022. Animations et atelier sur réservation sur place le jour même, dans le Couvent des Minimes.

Déjà 28 ans que Blaye régale les visiteurs avec Le Printemps des Vins. C'est dans la célèbre Citadelle Vauban que se réunissent chaque mois d'avril près de 90 vignerons. Les amateurs se pressent à cet événement remarquable, qui ne manque pas de convivialité. En effet, pendant deux jours, ateliers, animations et balades sont au programme : visite guidée de la Citadelle, démonstrations de tonnellerie, course de garçons de café, initiation à la dégustation, atelier peinture au vin…

FÊTE DU VIN NOUVEAU ET DE LA BROCANTE

Rue Notre-Dame

BORDEAUX

Octobre.

Célébrer l'arrivée de l'automne en chinant et en dégustant du vin nouveau accompagné de marrons chauds, c'est ce que vous propose chaque année le quartier des Chartrons ! À cette occasion, la superbe rue Notre-Dame est à la fête ! Réputée pour ses antiquaires et brocanteurs, ce ne sont pas moins de 80 professionnels qui exposent leurs articles. Le tout est ponctué de spectacles de rue et d'animations diverses et variées. Une bonne occasion de redécouvrir ce quartier en pleine mutation.

LES ÉPICURIALES

Allées de Tourny

BORDEAUX

www.epicuriales.com

En juin.

Les Epicuriales font la part belle à la gastronomie bordelaise. Les célèbres allées de Tourny se parent de couleurs festives et prennent des allures de guinguette et de village champêtre ! Dans ce lieu éphémère se pressent les touristes et les Bordelais. Une vingtaine de restaurants (la liste est sur le site de la manifestation) vous accueillent pendant onze jours de la fin de matinée jusqu'au milieu de la nuit pour fêter le vin, la cuisine et la convivialité. A ne pas rater, la course de garçons de café, la braderie des plantes, les soirées à thèmes...

MUSICALARUE

81, rue Abbé-Lameignère

LUXEY

✆ 05 58 08 05 14

www.musicalarue.com

Du 29 au 31 juillet 2022.

Rendez-vous à Luxey pour ce festival qui a fêté ses 30 ans d'existence en 2019. Les salles, les rues, les places de la ville résonnent des concerts et des spectacles de rue qui cohabitent dans une joyeuse ambiance tout au long de ces deux journées. En plus des nombreuses scènes improvisées, certains spectacles se déroulent dans la salle baptisée Les Cigales, d'une capacité de 450 personnes debout et 236 assises. Toute l'année, elle accueille une programmation éclectique ! En 2022, Ibrahim Maalouf, Angèle, Gérard Lanvin, Gaëtan Roussel, etc. seront au rdv !

FESTIVAL DE LA PHOTOGRAPHIE

DAX

Juin-juillet.

Dans les Landes, le festival de la photographie de Dax est le rendez-vous de tous les photographes émergents. Cette manifestation culturelle créée il y a quinze ans est l'occasion d'échanger sur cet art avec les professionnels. Chaque année, cet événement propose plus d'une dizaine d'expositions gratuites pour tous, dont notamment une dans une galerie d'art à ciel ouvert. Pendant ces quelques semaines, la ville de Dax offre différentes fenêtres sur le monde !

PÈLERINAGE DE LA COURSE LANDAISE

POMAREZ

✆ 05 58 45 45 98

www.courselandaise.org

Sport traditionnel des Gascons, la course landaise est aujourd'hui encore l'événement principal des fêtes de village. Elle débute par le défilé des écarteurs au son de la marche cazérienne jouée par l'harmonie qui accompagne les exploits. L'acteur s'installe au centre de la piste, le second, derrière lui, aura pour rôle d'attirer l'animal à lui quand l'écart sera effectué. Le pèlerinage permet d'effectuer une visite historique des arènes, des torils avec des vidéos techniques.

FESTIVAL ARTE FLAMENCO

MONT-DE-MARSAN

✆ 05 58 46 54 55

Du 27 juin au 2 juillet 2022.

Tous les étés depuis plus de trente ans, Mont-de-Marsan se pare des couleurs andalouses pour accueillir le plus grand festival de Flamenco en France. Créé en 1989, le Festival international Arte Flamenco est le rendez-vous incontournable pour tous les amoureux de culture flamenca. Chaque édition témoigne de la qualité de cet événement, auquel participent artistes de renom et jeunes talents. Mais l'esprit même d'Arte Flamenco au-delà de la tradition, c'est son incomparable programme réunissant danse, musique, arts visuels, chant et littérature.

ARÈNES EN SCÈNE

rue Alfred Boulant

BAYONNE / BAIONA

✆ 09 72 39 29 99

Du 19 au 24 juillet 2022. Billetterie visitbayonne.com, Office de tourisme de Bayonne et points habituels.

Une programmation éclectique sur 6 jours. En juillet, 6 artistes renommés investiront la magique et mythique Plaza de toros des Arènes de Bayonne.

Mercredi 20 juillet à 21h : Alban IVANOV, son spectacle d'humour « VEDETTE »

Vendredi 22 juillet à 21h : Patrick BRUEL

Samedi 23 juillet à 21h : Kendgi GIRAC

Dimanche 24 juillet à 21h : Christophe MAE

Tous à vos agendas pour ne rien manquer de ces rendez-vous artistiques !

L'ARMAGNAC EN FÊTE

Place royale

LABASTIDE-D'ARMAGNAC

✆ 05 58 44 67 56

Dernier week-end d'octobre 2022 (sous réserve).

C'est un événement culturel et festif qui se déroule dans le pays de l'Armagnac chaque dernier week-end d'octobre, juste après les vendanges. Labastide d'Armagnac, mais aussi Eauze, Montréal-du-Gers ou Montesquiou célèbrent le fameux breuvage gascon le temps de quelques jours. Au programme de ces festivités hédonistes qui se déroulent sur la place royale, la plus ancienne eau-de-vie de France est célébrée au gré de concerts, repas, marchés de producteurs, ateliers, expositions, mais aussi courses landaises. Un festival à ne pas manquer !

FOIRE AU JAMBON

BAYONNE / BAIONA

Du 14 au 17 avril 2022 (sous réserve). Vente directe des meilleures productions locales de jambon de Bayonne.

Depuis 1462, La Foire au Jambon se déroule chaque année au cœur du vieux Bayonne. C'est l'occasion de rencontrer les producteurs locaux qui déclinent le cochon sous toutes ses formes. Dans la rue, sous le chapiteau, l'ambiance est joyeuse et festive ! Voilà bien un rituel à ne pas rater et qui remporte chaque année, un vif succès auprès du public. 2022 sera la 559e édition où les membres de la Confrérie du jambon et charcutiers testent au moyen d'une fine sonde, la coupe, le temps de séchage et l'odeur. Le jambon fermier primé sera vendu en suivant aux enchères.

GIRONDE

Entre châteaux historiques, bastides ou encore propriétés viticoles, les routes de Gironde serpentent à travers les vignes, ondulent à l'ombre des pins et vous mènent jusqu'aux plages et leurs dunes. Les Grands Lacs, le bassin d'Arcachon, l'Océan, la Garonne et ses affluents, sans oublier l'Estuaire, font de la Gironde une terre d'exception, riche d'une faune et d'une flore remarquable. La Gironde est la destination idéale pour tous les amoureux de nature, d'histoire et de patrimoine. Elle se révèle aussi à celles et ceux qui aiment avoir les pieds sur terre, prendre le large, surfer sur la vague, s'envoyer en l'air… Les activités sportives et de loisirs ne manquent pas, et une véritable effervescence artistique et culturelle est au rendez-vous. La Gironde est aussi, et bien sûr, pour les épicuriens : ici, la bonne chère et le bon vin réjouissent les palais et les cœurs ! Voici un concentré de ce que la Gironde a de meilleur à offrir.

SOULAC-SUR-MER ★★
LE VERDON-SUR-MER ★★
Mortagne-sur-Gironde
Saint-Genis-de-Saintonge
SAINT-VIVIEN-DE-MÉDOC
JAU-DIGNAC-ET-LOIRAC
La Gironde
Bains
VENDAYS-MONTALIVET
LESPARRE-MÉDOC ★
SAINT-ESTÈPHE
Braud-et-Saint-Louis
Étauliers
HOURTIN ★
PAUILLAC ★
SAINT-JULIEN-BEYCHEVELLE ★
SAINT-LAURENT-MÉDOC
BLAYE ★★
CUSSAC-FORT-MÉDOC ★
Plassac
CARCANS ★
LISTRAC-MÉDOC ★
MOULIS-EN-MÉDOC ★
LACANAU ★★ OCÉAN
MARGAUX ★
Castelnau-de-Médoc
Arsac
Sainte-Hélène
LE PIAN-MÉDOC
Océan Atlantique
LE PORGE ★
Saint-Médard-en-Jalles
Mérignac
LÈGE-CAP-FERRET ★★★
Saint-Jean-d'Illac
Pessac
ARÈS ★★
Toctoucau
Claouey
ANDERNOS-LES-BAINS ★★
Le Petit Piquey
Cassy
CAZAUX
Le Canon
Marcheprime
AUDENGE
LA BRÈDE ★★
Cap-Ferret
ARCACHON
BIGANOS ★
Saucats
LA TESTE-DE-BUCH ★★★★
Pyla sur Mer
LE TEICH
Le Barp
GUJAN-MESTRAS ★
MIOS
SALLES
CAZAUX
HOSTENS
Lugos
BELIN-BÉLIET
Biscarrosse-Plage
BISCARROSSE ★★
Parentis-en-Born
Gastes
LANDES
10 KM
Mimizan-Plage
MIMIZAN ★

Gironde
CHARENTE-MARITIME
LOT-ET-GARONNE
Archiac
Barbezieux-Saint-Hilaire
Villebois-Lavalette
nt-Germain-
-Lusignan
Jonzac
Ribérac
Montguyon
Saint-Aulaye
La Roche-Chalais
Saint-Astier
aint-Savin
Cavignac
ugnac
Neuvic
Mussidan
GUÎTRES
COUTRAS
SAINT-ANDRÉ-DE-CUBZAC
Galgon
Saint-Seurin-sur-l'Isle
Montpon
POMEROL
FRONSAC
LIBOURNE
SAINT-ÉMILION
Le Fleix
Prigonrieux
Bergerac
Saint-Germain-du-Puch
CASTILLON-LA-BATAILLE
SAINTE-FOY-LA-GRANDE
Pineuilh
CRÉON
RAUZAN
dirac
LA SAUVE
PELLEGRUE
Targon
LANGOIRAN
PORTETS
PODENSAC
SAUVETERRE-DE-GUYENNE
Duras
Saint-
orillon
CADILLAC
MONSÉGUR
SAINTE-CROIX-DU-MONT
VERDELAIS
LA RÉOLE
SAINT-MACAIRE
Gironde-sur-Dropt
LANGON
TERNES
Sainte-Bazeille
Marmande
VILLANDRAUT
BAZAS
PRÉCHAC
Fauillet
Castelmoron-sur-Lot
Tonneins
Casteljaloux
Damazan
Aiguillon
.N.R. des Landes de Gascogne

© ERIC COWEZ

Restaurant typique bassin du bassin d'Arcachon.

GIRONDE

BORDEAUX

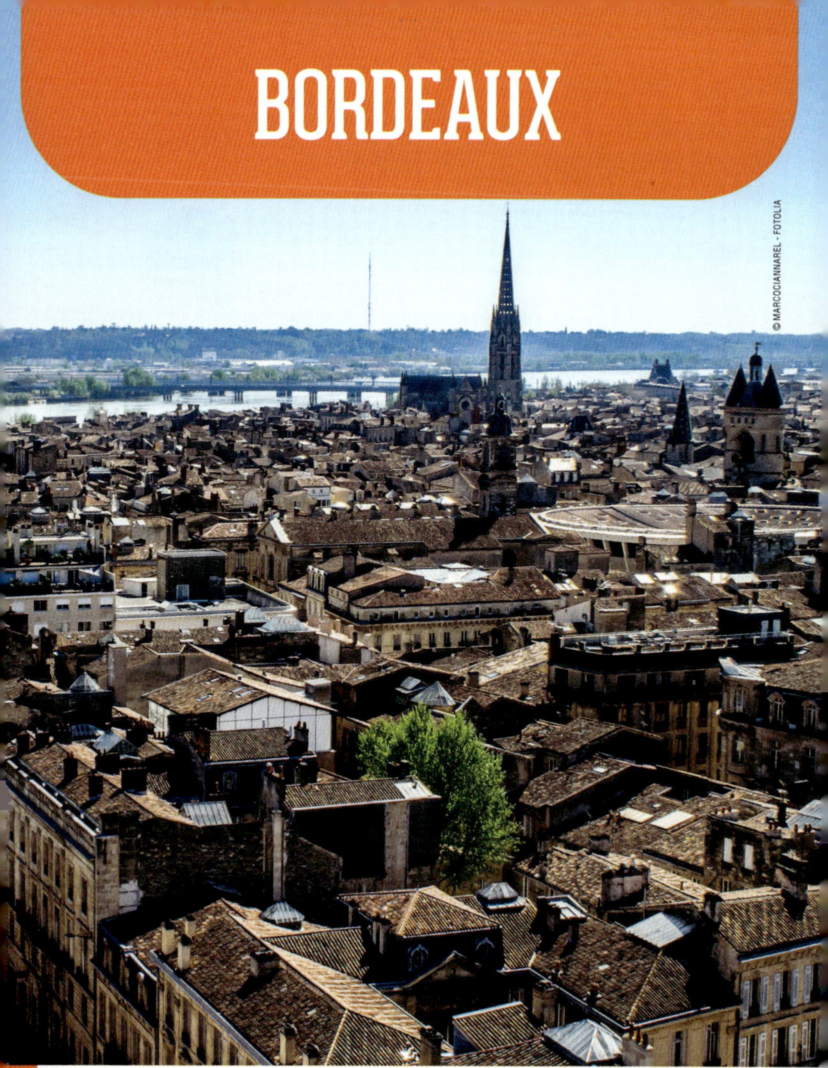

© MARCOCIANNAREL - FOTOLIA

Surnommée la Belle Endormie, Bordeaux se dresse fièrement des deux côtés de la Garonne. Ville historique de pierres et de vins, entre terre et mer, la capitale girondine est une des destinations mondiales préférées des touristes ! Et pour cause : sa situation géographique en fait un lieu de vacances idéal, à mi-chemin entre les vagues de la Côte Atlantique et les vignobles du terroir du Sud-Ouest. Sur place, vous tomberez rapidement sous le charme. Le patrimoine architectural est particulièrement mis en valeur, l'offre culturelle est riche, permettant de belles découvertes, et les propositions de restaurants, de bars et de terrasses ensoleillées sont nombreuses, dans la vieille ville ou sur les quais aménagés. D'ailleurs, toute l'année, le fleuve attire croisiéristes et promeneurs qui viennent profiter de la douceur de vivre. Très bien desservie par les transports, la ville de Bordeaux se visite en toutes saisons.

SE REPÉRER SE DÉPLACER

Avec près de 580 km² et plus de 800 000 habitants, la métropole de Bordeaux est l'une des plus dynamiques et attractives de l'hexagone. Pour se déplacer, touristes et habitants peuvent compter sur les transports de l'agglomération bordelaise : les tramways et bus, les vélos (les V3), le BatCub (le bateau qui relie une rive à l'autre de la Garonne) et le Mobibus dédié au transport des personnes à mobilité réduite. Le réseau TBM comporte 4 lignes de tramway et de 85 « lianes » de bus qui desservent les lieux touristiques ainsi que la gare et l'aéroport de Bordeaux. Au départ de la capitale girondine, vous pourrez vous envoler vers une centaine de destinations, principalement en Europe. Pour vous déplacer à Bordeaux et ses alentours, vous trouverez de nombreuses stations d'autopartage de voitures. Pour le centre-ville, préférez des services de location de trottinettes et de scooters électriques en libre-service. Pensez futé !

AÉROPORT DE BORDEAUX

MÉRIGNAC

✆ 05 56 34 50 50

www.bordeaux.aeroport.fr

Commerces et services. Parkings.

Avec près de 8 millions de passagers par an, l'aéroport de Bordeaux s'impose comme le 5e aéroport régional de France. Plus de 110 destinations directes, parmi lesquelles, Barcelone, Faro ou encore Amsterdam, sont desservies par 34 compagnies aériennes. L'aéroport comporte trois terminaux : le Hall A, le Hall B et billi pour les vols low cost. Des boutiques, un espace services (voiturier, bureau de change, distributeur de billets, etc.) et des espaces de restauration sont à la disposition des passagers. Prenez le bus 1 pour rejoindre directement le centre-ville.

TRANSPORTS CAR RÉGIONAUX NOUVELLE AQUITAINE

✆ 09 70 87 08 70

Par téléphone du lundi au samedi de 8h à 19h. Plein tarif : 2 €. Aller-retour effectué dans la journée : 3,60 €.

En Gironde, le réseau est constitué de 48 lignes de cars interurbaines desservant 270 communes, et de 5 lignes touristiques s'organisant en intermodalité avec les réseaux urbains de transport TBM (Bordeaux Métropole), Calibus (Libournais), Baïa (Bassin d'Arcachon) et le réseau TER Nouvelle-Aquitaine. Les voyageurs bénéficient de véhicules confortables et climatisés, d'un service d'information en temps réel, et d'une tarification unique quels que soient le trajet ou la distance.

GARE SAINT-JEAN

Rue Charles Domercq

✆ 3635

Du lundi au jeudi de 4h45 à 0h30 ; à 1h le vendredi ; à 0h le samedi ; le dimanche et les jours fériés de 6h à 1h.

A 2h04 de Paris-Montparnasse, la gare Saint-Jean est desservie par des TGV, TGV inOUI, Ouigo, Intercités et TER en provenance de nombreuses villes de France, parmi lesquelles Toulouse, Hendaye, Tarbes, Arcachon, Lille, Tourcoing ou encore Marseille. Sans oublier un Thalys qui effectue un aller-retour direct jusqu'à la gare de Bruxelles-Midi ! Au fil des rénovations, notamment de son emblématique et immense verrière métallique surplombant les voies, la gare a su garder son cachet d'antan, tout en se modernisant avec des commerces et des équipements publics.

SIXT

137, rue des Terres de Borde

✆ 05 56 92 08 35

Ouvert du lundi au jeudi de 8h à 21h, vendredi de 8h à 22h, samedi de 8h à 18h, dimanche de 9h à 20h. Retour 24h/24.

Situés juste à la sortie du tunnel menant au parking Belcier (de l'autre côté de la gare), les locaux de l'agence Sixt permettent aux particuliers et aux professionnels de trouver un véhicule à leur descente du train, en plein centre-ville. Une solution confortable adaptée à toutes les bourses et toutes les envies. L'expertise de Sixt est notamment due à sa large implantation mondiale, qui en fait le numéro 1 de la location, dans plusieurs pays européens. Autre avantage, l'enseigne est partenaire de nombreuses compagnies aériennes et de chaînes hôtelières.

YESCAPA

✆ 05 33 52 21 65

www.yescapa.fr

Location de camping-cars, fourgons et vans aménagés entre particuliers.

La location de camping-cars et de vans aménagés entre particuliers, c'est le crédo de cette start-up bordelaise, créée en 2012 par Adrien Pinson et Benoît Panel. Vous avez un fourgon ou un camping-car, mais vous ne l'utilisez pas toute l'année ? Mettez-le en location en toute sécurité sur le site internet ! Au contraire, vous souhaitez partir en road-trip, mais vous n'avez pas le véhicule adéquat ? Louez-le grâce à la plateforme Yescapa et partez à l'aventure. C'est une alternative moins coûteuse pour les uns et un joli moyen de rentabilisation pour les autres.

TBM

Cours du 30 Juillet

www.infotbm.com

Ouvert du lundi au vendredi de 7h à 20h ; le samedi de 9h à 20h. Avec ou sans abonnement.

Vous souhaitez des renseignements pour vous déplacer dans Bordeaux et les communes aux alentours ? Vous avez besoin d'informations sur les titres de transport ? Trajets, horaires, trafic... Bordelais ou voyageur de passage, en venant dans une agence TBM, les tramways, les bus ou les vélos n'auront plus aucun secret pour vous ! Pour éviter de vous déplacer, sachez que le site internet est particulièrement intuitif. En quelques clics, faites la simulation de votre parcours, soyez informé sur l'état de circulation et trouvez tous les tarifs et formules d'abonnement.

BORDEAUX SCOOTERS

47, rue de Tauzia

✆ 05 57 59 10 18

www.bordeauxscooters.com

Ouvert du lundi au samedi de 9h à 12h et de 14h à 18h. Locations de vélos, scooters, maxi scooters et motos. Réparation.

A deux pas de la gare Saint-Jean, vous pouvez louer très facilement un vélo, un scooter/maxi scooter ou une moto pour la journée, un week-end ou une semaine. Chez *Bordeaux Scooters*, les enfants pourront également pédaler sur des vélos adaptés. L'équipe propose même de vous livrer pour vous éviter le déplacement. La bonne initiative : *Bordeaux Scooters* propose encore la location de scooter électrique médical. Voilà une solution idéale pour tous vos déplacements ! Faites aussi appel à eux pour la réparation et la révision de votre vélo (toutes marques).

VCUB - V³

✆ 09 69 39 03 03

www.infotbm.com

Abonnements 24 heures, 7 jours, 1 mois ou 1 an.

Bordeaux est l'une des villes les plus cyclables au monde ! Cumulées, les pistes et les bandes cyclables dépassent les 160 km dans Bordeaux intra-muros, soit près d'un tiers de l'agglomération ! Avec ses 184 stations, toutes situées à proximité d'un arrêt de bus, une station de tramway, une gare ou un secteur d'activité, le réseau TBM met à disposition plus de 2 000 vélos en libre-service dont 1 000 bénéficient d'une assistance électrique. Ils sont disponibles 7j/7 et 24h/24. Voilà de quoi ouvrir les portes d'une mobilité tout en douceur.

CITIZ BORDEAUX

16, rue Ausone

✆ 05 56 31 10 66

www.bordeaux.citiz.coop

Voitures en libre-service. Avec ou sans abonnement. Tarifs à l'heure, journée ou semaine. Dès 2 €/h avec abonnement.

À Bordeaux, mieux vaut privilégier les transports en commun, la marche ou le vélo. Mais une voiture s'avère parfois nécessaire... La solution s'appelle Citiz. Implanté dans plusieurs grandes villes de France, ce service de location en libre-service 24h/24 permet de louer une voiture pour n'importe quelle durée. De la citadine au monospace, 100 voitures sont disponibles, dont une adaptée au transport de personnes à mobilité réduite. Pour en profiter, il faut s'inscrire en ligne ou en agence puis récupérer le véhicule réservé dans l'une des 40 stations de la ville.

YEGO MOBILITY

www.rideyego.com/bordeaux

Prix : 0,23 €/min pour les trottinettes et les vélos, 0,29 €/min pour les scooters. Pack prépayé à partir de 10 €.

Circuler en voiture et se garer dans Bordeaux, ce n'est pas si simple ! Grâce à *Yego Mobility*, tout change ! Leur crédo : « *un scooter quand vous en avez besoin* ». Ils ont mis en location des scooters, des trottinettes et des vélos en libre-service. Chaque scooter est à votre disposition avec deux casques. Couleur vert d'eau, ils sont faciles à repérer et vous les avez sans doute déjà aperçus à Bordeaux. Pour enfourcher un Yego, il vous suffit de télécharger l'application sur votre mobile et suivre les instructions en quelques clics. Il n'y a ni bornes ni clés !

À VOIR / À FAIRE

Le saviez-vous ? En 2007, l'Unesco a inscrit la ville de Bordeaux sur la liste du patrimoine mondial pour son ensemble urbanistique et architectural exceptionnel. En effet, le département de la Gironde est reconnu pour avoir l'un des plus grands nombres de monuments historiques classés, dont plus d'un tiers est à Bordeaux ! Visiter celle que l'on surnomme la belle endormie, c'est partir à la découverte de plus de 350 édifices classés, de quartiers historiques habillés de vieilles pierres, de musées emblématiques et uniques au monde, à l'image de la Cité du Vin ou des bassins de lumières de la Base sous-marine. Pour ne rien louper du riche patrimoine et de l'art de vivre typiquement bordelais, de nombreuses agences touristiques rivalisent d'ingéniosité pour vous faire découvrir l'agglomération autrement : à pied, en bus, à vélo, en canoë, en bateau ou encore en petit train. Suivez le guide !

4 ROUES SOUS UN PARAPLUIE

✆ 01 58 59 27 82
www.4roues-sous-1parapluie.com
Ouvert du mardi au samedi à partir de 9h ; dimanche et lundi sur demande. À partir de 30 € par personne (45 min).

Le principe de 4 roues sous un parapluie : faire découvrir Bordeaux à bord d'une mythique 2 CV pouvant accueillir trois personnes. Charme rétro et toit décapotable, l'ambiance est garantie ! Au volant un chauffeur cultivé, fort sympathique et élégant, coiffé d'une casquette et vêtu de la célèbre marinière Saint James vous narrera mille histoires... Au programme : Flânerie Bordeaux éternel avec dégustation de vin au château et visites privées de vignobles.

ATLANTIC DRIVER PRESTIGE

✆ 06 60 55 15 71
www.atlanticdriverprestige.com
Forfaits aéroport/gare à partir de 30 € ; forfaits villes à partir de 80 €.

Atlantic Driver Prestige est un service de chauffeur privé à la carte disponible 24h/24 et 7 jours/7 pour tout type de courses. Quel que soit votre trajet et aussi nombreuses que soient vos escales, *Atlantic Driver Prestige* met à votre disposition une voiture de luxe de la gamme Mercedes et un chauffeur expérimenté (minimum 1h) pour vous accompagner dans vos déplacements. Le truc en plus ? Une tarification fixe pour plus de transparence. Friandises, journaux, radio, chargeur... Les chauffeurs sont véritablement aux petits soins pour vous.

BORDEAUX BE BOAT

18, rue Edmond Michelet
✆ 05 47 74 41 25
www.bordeauxbeboat.fr
Location du bateau avec skipper 1h maxi 12 personnes : 15 €/pers. Petit déjeuner : 12 €. Restauration à partir de 25 €.

Vous avez envie de vivre un moment inédit sur la Garonne ? Be Boat Bordeaux propose des croisières sur mesure ! Inspiré du chaland ostréicole du bassin, l'*Aglaé Bordeaux* est idéal pour accoster afin de découvrir les richesses de l'estuaire, ses nombreux châteaux, les fameux carrelets et bien d'autres lieux au charme sauvage. Au programme : croisières-promenades, croisière pirate pour les enfants, apéro'boat, petit déjeuner et brunch, repas à bord, golf sur l'eau, visites de propriétés viticoles, découverte du caviar d'Aquitaine, dégustations, etc.

BORDEAUX CANOË

21, Parc d'Activités des Queyries
✆ 06 50 46 10 23
www.bordeauxcanoe.com
Ouvert du 1er avril au 30 octobre. 30 €/personne, sur réservation. À partir de 10 ans.

Et si vous visitiez la ville autrement ? Spécialisé dans les sports nautiques, Bordeaux Canoë vous propose des excursions uniques sur la Garonne, à bord d'un canoë, d'un kayak, d'une pirogue ou sur un paddle. La balade l'Etale, uniquement en fin de marée montante, offre une boucle de 1h30 au départ de Bordeaux. Ces balades guidées à la fois insolites, conviviales et ludiques sont parfaitement adaptées à toute la famille, y compris aux enfants dès l'âge de 10 ans ! Une activité de plein air familiale, surprenante et amusante, à faire à la belle saison.

BORDEAUX EN PETIT TRAIN ÉLECTRIQUE

Départ allées de Tourny, (côté Grand-Théâtre, face à la Maison du Vin). ✆ 05 56 00 66 00
www.francevoguette.com
Horaires à confirmer à l'Office de Tourisme. Gratuit jusqu'à 3 ans. Adulte : 10 €. Enfant (de 5 à 12 ans) : 5 €.

Le petit train touristique 100 % électrique traverse les plus anciens quartiers de Bordeaux. Il longe les quais et la célèbre place de la Bourse, il plonge au cœur du Vieux-Bordeaux, passe devant la Porte Cailhau, traverse la plus longue rue commerçante piétonne d'Europe, la fameuse rue Sainte-Catherine, etc. Les commentaires audio en plusieurs langues racontent l'histoire et les secrets de ce patrimoine exceptionnel avec des anecdotes qui plaisent aux petits et aux grands.

BORDEAUX RIVER CRUISE

24, quai des Chartrons
✆ 05 56 39 27 66
www.croisiere-bordeaux.com
Bateau promenade à partir de 15 € par personne, croisière restaurant à partir de 55 € et œnologique à partir de 21 €.

L'équipe du Bordeaux River Cruise, accosté en plein centre sur les quais, propose un superbe concept de croisières touristiques originales et de qualité ! Le choix des formules est vaste entre les croisières-restaurants pour partager un déjeuner ou un dîner, les croisières promenades au fil du fleuve, les croisières œnologiques pour allier découverte du patrimoine et dégustation de vin, et les croisières événements (Nouvel An, Fête du vin, etc.). Une délicieuse façon de découvrir la ville, en bateau sur la Garonne ! Enfants bienvenus.

BORDEAUX SUR L'EAU

1, port Garonne
BÈGLES
✆ 07 68 93 39 22
www.bordeauxsurleau.fr
Visite guidée. Restauration. Balade à partir de 15 €/ personne, 12 personnes maximum.

Bordeaux sur l'eau propose une activité insolite et intimiste : des balades sur mesure le long des berges de la Garonne pour découvrir la ville autrement. Pierre André a remonté un chaland (les barques dont se servent les ostréiculteurs) depuis le bassin d'Arcachon et l'a entièrement réaménagé avec un plancher en bois ainsi que de confortables fauteuils et tables pour en faire une embarcation cosy et atypique. Durant certaines balades, vous pourrez choisir de savourer un menu local : apéritif, plateaux de fruits de mer, plancha, ou même brunch…

BORDEAUX VISIOTOUR

10, cours du 30 juillet
✆ 05 56 02 11 50
www.bordeaux-citytours.com
Horaires sur le site. Départs plusieurs fois par jour de février à décembre. Adulte : 14 € (tarif réduit 12 €).

Quelle bonne idée que de découvrir Bordeaux à bord de ces grands bus rouges à impériale. À 4 mètres de haut, on profite d'une vue imprenable. Pendant un peu plus d'une heure, vous profiterez des incontournables de la ville, le tout ponctué d'histoires et d'anecdotes. La visite guidée se fait à l'aide d'écouteurs et est disponible en 10 langues. Le bus climatisé est accessible aux personnes à mobilité réduite. Les billets sont vendus en ligne ou directement au Kiosque à proximité, situé à côté du manège. Un mini canelé Baillardran est offert à la fin de la visite.

CHÂTEAU DU TAILLAN ★

56, avenue de La Croix
LE TAILLAN-MÉDOC
✆ 05 56 57 47 00
www.chateaudutaillan.com
Ouvert tous les jours de 10h à 18h. Fermeture le 25 décembre et le 1er janvier.

Belle propriété de Gironde, le château du Taillan séduit par son cachet : parc arboré, château d'un grand classicisme, caves souterraines inscrites à la liste des Monuments historiques de France… Dans le vignoble de 30 hectares sont produits un Cru Bourgeois et un vin blanc. La famille diversifie son activité en proposant des services pour les touristes et les gourmets : visite gourmande, visite découverte de la cave privée et/ou du château, pique-nique champêtre dans le parc ou encore apéritif-dégustation sous les arbres centenaires.

CROISIÈRES BURDIGALA

✆ 05 56 49 36 88
www.croisieresburdigala.fr
Horaires et jours sur site. Croisière Bordeaux au Fil de l'Eau : 15 € par adulte, 5 € par enfant de 4 à 12 ans.

Avec leurs trois bateaux (*Burdigala*, *Burdigala II* et *Aquitania*), dont un de 200 places, accessibles aux personnes à mobilité réduite, les Croisières Burdigala offrent plusieurs options. Découvrez la croisière Bordeaux au fil de l'eau – Croisière Unesco (1h30 de navigation commentée le long des façades des quais et des ponts de Bordeaux dans le port de la Lune), ainsi qu'une croisière très nature, au rythme des marées, avec une escale à l'Ile nouvelle ou à Blaye, sans oublier une croisière en amont de Bordeaux avec une escale à la jolie bastide de Cadillac.

LA GARONNAISE

1, Quai des champs
✆ 06 64 03 87 18

Ouvert tous les jours de 9h à 23h. Fermeture de novembre à mars. Croisière à partir de 15 € par personne.

Une histoire de frères : Aymeric, marin, et Amaury, dans la communication, ont eu la bonne idée de faire redécouvrir la Garonne aux locaux et d'émerveiller les touristes. À bord de leur vedette en bois prévue pour 12 personnes maximum et équipée d'une plancha et d'un frigo pour un pique-nique sur l'eau, ils nous embarquent sur les rives bordelaises ou remontent vers Cadillac pour un voyage au cœur des terres girondines. La balade s'assortit d'un moment gastronomique concocté par un chef, pour une croisière sur mesure. Une expérience riche en découvertes !

STADE MATMUT ATLANTIQUE

✆ 05 56 00 66 00
www.bordeaux-tourisme.com

Calendrier sur le site. Gratuit jusqu'à 4 ans. Adulte : 12 € (10 € pour les abonnés). Enfant (de 5 à 12 ans) : 6 €.

Le stade de Matmut Atlantique ouvre ses portes pour une visite atypique sur le thème du football ! C'est l'un des 10 plus grands stades de France. Il accueille les matchs des Girondins de Bordeaux, mais aussi ceux l'Union Bordeaux-Bègles, pour le rugby, et des concerts. Pendant 90 minutes, partez à la découverte du terrain, du tunnel, des vestiaires, des loges VIP. Les visiteurs sont attendus 10 minutes avant l'heure de début de la visite au panneau « Accueil stade » (situé entre la boutique des Girondins et la brasserie). Possibilité d'organiser des séminaires.

LE GR MÉTROPOLITAIN

12, cours du 30 Juillet
✆ 05 56 00 66 00

Topo-guide des balades de la Boucle Verte, en mairies et offices de tourisme et sur le site de Bordeaux Métropole.

Bordeaux Métropole a mis en place des itinéraires de promenades pédestres pour toute la famille, afin de découvrir les richesses naturelles et patrimoniales de la zone. Sur plus de 140 kilomètres et à travers vingt communes, douze itinéraires s'offrent à vous : vallée de l'Eau Bourde, coteaux de Garonne, parc des Jalles, forêts de l'Ouest, marais de la presqu'île, rives de Garonne et bien d'autres, à retrouver dans ce guide... Bon à savoir : il est possible de se loger de façon originale dans les refuges périurbains en réservant à l'avance !

LES VISITES D'HUBERT

✆ 06 83 50 08 67
https://hubert-visites.com

Ouverture sur le site. Adulte : 13 €, enfant + 10 ans : 8 €, - de 10 ans : gratuit. Réservation par mail ou téléphone.

Que vous soyez de passage à Bordeaux ou fraîchement installé dans la capitale girondine, Hubert vous dévoilera tous les mystères de la ville. Féru d'histoire, ce guide passionné et passionnant vous baladera à travers les rues et les siècles : l'Antiquité romaine, le Moyen Âge, la Révolution française, les différentes guerres... Autant de pans de notre histoire que l'on redécouvre sous un nouveau jour dans des lieux emblématiques ! Hubert propose également de belles immersions en Gironde : Saint-Emllion, Arcachon ou la célèbre dune du Pilat.

RUSTIC VINES TOURS

26, rue de la Devise ✆ 09 86 41 88 83
www.rusticvinestours.com

Ouvert tous les jours de 9h à 17h. Visite guidée à partir de 79 €/pers. Visite à vélo électrique à partir de 85 €/pers.

Rustic Vines propose des circuits touristiques et des visites guidées mêlant convivialité et amusement. Le circuit est entrecoupé de pauses gourmandes et d'arrêts touristiques. A Bordeaux, optez pour des circuits de 2h30 avec visite guidée de jour, mais aussi de nuit avec dégustation de produits locaux et de vins. Sinon partez à la découverte du Médoc et de ses prestigieux châteaux, ou de Saint-Emilion pour une intense journée à vélo électrique comme : visite de châteaux et dégustation, pique-nique et balade dans l'une des plus jolies villes de la région !

WINE TOUR BOOKING

65, avenue Charles de Gaulle
www.winetourbooking.com

Dès 10 €/pers pour une visite traditionnelle. Tarifs et résa en ligne pour visite personnalisée/dégustation/gourmande.

Envie de vivre une expérience d'œnotourisme ? Découvrez Wine Tour Booking ! Au cours de réceptions sur rendez-vous dans un domaine viticole, un caveau ou un château, profitez d'un cours de dégustation et savourez des produits régionaux à travers des ateliers accords mets et vins... Cette plate-forme unique de réservation pour l'ensemble du vignoble bordelais a une expertise particulière en ce qui concerne la région viticole de Bordeaux ! Son but : aider les propriétaires à accueillir les visiteurs et les aiguiller vers les propriétés.

BASE SOUS-MARINE DE BORDEAUX ★★★

Boulevard Alfred-Daney

✆ 05 56 11 11 50

www.bordeaux.fr/o271

Réouverture en avril 2022 après des travaux de rénovation. Cf horaires sur le site Internet.

La base sous-marine est l'une des cinq bases construites sur le littoral atlantique pour abriter des flottilles de sous-marins pendant la Seconde Guerre mondiale. Cette construction imposante n'a jamais pu être détruite du fait de sa robustesse. Sous ces allures de bunker, ce vestige militaire de 235 mètres de long et 23 mètres de haut est un lieu culturel incontournable. Aujourd'hui seuls 12 000 m² sont ouverts au public pour accueillir les expositions des Bassins de Lumières.

LES BASSINS DE LUMIÈRES

Base sous-marine ✆ 05 35 00 00 90

https://www.bassins-lumieres.com

Horaires variables selon la saison. Tarif plein/réduit : 13,50 €/11 € ; enfant (de 5 à 25 ans) : 9 €.

Créée en 1940, la base militaire sous-marine de Bordeaux est devenue Les Bassins de Lumières, plus grand centre d'art numérique au monde ! Les quatre bassins ont ainsi été transformés et réaménagés pour voir projeter sur leurs murs, sols et plafonds des œuvres d'artistes incontournables... L'ensemble se divise en plusieurs espaces, parmi lesquels le Cube, un espace insonorisé de 220 m² et 8 mètres de haut dédié aux artistes contemporains de l'art immersif. La Citerne, sur 155 m² et 7 mètres de haut, fait quant à elle le lien entre musées et œuvres d'origine.

BORDEAUX MÉTROPOLE

Esplanade Charles-de-Gaulle

✆ 05 56 99 84 84

www.bordeaux-metropole.fr

La métropole bordelaise est urbaine... Dans ce territoire de 57 000 ha, l'équilibre est parfait entre ville et nature. Ici, tout est fait pour le conserver : circuits courts du producteur au consommateur, préservation des écosystèmes et de la biodiversité... Mais le plus étonnant réside dans la variété des paysages. Pour s'en convaincre, il suffit de parcourir une partie des 160 km d'itinéraires balisés, de se balader dans quelques-uns des 130 parcs et jardins de l'agglomération ou de passer la nuit dans un refuge périurbain : gratuit et insolite !

CAP SCIENCES ★

Quai de Bacalan

✆ 05 56 01 07 07

www.cap-sciences.net

Ouvert du mardi au vendredi de 14h à 18h ; le week-end de 14h à 19h. Tarifs suivant exposition. Animations.

Musée ludique et familial, Cap Sciences est installé face à la Garonne, au pied du pont Chaban. C'est le rendez-vous pour tous ceux qui veulent comprendre la science, la vie, la terre, l'espace... Ici, on a les réponses à toutes nos questions ! Dans ce hangar entièrement réaménagé, les expositions sont interactives, amusantes et pédagogiques. Dès l'âge de 3 ans, des animations sont proposées (sur réservation). Des ateliers variés sont programmés toute l'année, selon l'âge et la thématique désirée (chimie, archéologie, astronomie...). Incontournable !

CAPC - MUSÉE D'ART CONTEMPORAIN DE BORDEAUX ★★

7, rue Ferrère

✆ 05 56 00 81 50

www.capc-bordeaux.fr

Ouvert le mardi et du jeudi au dimanche de 11h à 18h, le mercredi de 11h à 20h. Gratuit jusqu'à 18 ans. Adulte : 7 €.

Le CAPC musée d'Art contemporain de Bordeaux propose toute l'année un programme d'expositions temporaires. Il est installé dans l'ancien Entrepôt douanier des denrées coloniales. Dans cet espace gigantesque, les artistes s'approprient les lieux : une salle aménagée de voûtes et de colonnes en pierre, des escaliers dans lesquels on se perd... Sans oublier le centre d'architecture Arc en Rêve, dédié à l'urbanisme. Montez sur la terrasse du Café du Musée pour boire un verre.

LA CITÉ DU VIN ★

1, esplanade de Pontac

✆ 05 56 16 20 20

www.laciteduvin.com

Horaires sur le site. Adulte : 21 € (billet Parcours permanent + accès au belvédère, dégustation d'un verre de vin).

Musée nouvelle génération à l'architecture audacieuse et emblématique, la Cité du Vin propose un voyage immersif et sensoriel unique à la découverte des multiples facettes du vin. Avec une scénographie innovante, le parcours permanent constitue le cœur de la visite. Le belvédère à 35 mètres du sol propose aux visiteurs une vue panoramique exceptionnelle sur Bordeaux et la Garonne, et les invite à déguster un verre de vin du monde. Expositions temporaires, conférences, spectacles et ateliers de dégustation rythment la vie de la Cité du Vin !

LA CITÉ MONDIALE

20, quai des Chartrons

Centre d'affaires. Accueil et organisation d'événements.

Située à mi-chemin entre les quais et la place du Marché des Chartrons, la Cité Mondiale est un bâtiment conçu par Michel Pétuaud-Letang, lors de la réhabilitation du quartier. Initialement construit pour abriter la Cité du Vin, il est finalement devenu un centre d'affaires. Près de cinquante sociétés sont installées, dont la banque CIC qui a racheté la Cité Mondiale, ainsi que le Club Pernod. L'hôtel Mercure domine l'ensemble avec son hôtel tout confort et son restaurant dont une annexe ouvre l'été sur la terrasse panoramique.

DISTILLERIE MOON HARBOUR

492, boulevard Alfred Daney

✆ 05 56 29 86 60

www.moonharbour.fr

Ouvert mardi à samedi 10h-13h et 14h-18h. Horaires des visites : 11h / 14h30 / 16h30 sauf mercredi. 15 € par personne.

Produire un whisky 100 % bordelais dans la capitale du vin, il fallait oser ! C'est dans un ancien bunker que la distillerie prend forme en 2017. Yves et Jean-Philippe créent la marque Moon Harbour, clin d'œil au port de la Lune. Cette belle entreprise a d'abord donné naissance au Pier 1, Premium Blended à 45,8°distillé à partir d'un assemblage des meilleurs whiskies finis en France, puis au Pier 2, Blended Malt tourbé fini en fûts de Grands vins de Bordeaux. Aujourd'hui, la distillerie produit même du gin et du rhum, ainsi qu'un whisky 100 % made in Bordeaux !

DARWIN - CASERNE NIEL

87, quai de Queyries

✆ 05 56 77 52 06

www.darwin-ecosysteme.fr

Ouvert du lundi au dimanche, voir les horaires sur le site. Restauration, activités, animations...

Darwin, c'est l'écosystème alternatif de la rive droite : un lieu dédié à l'innovation, la création et aux initiatives éco-créatives, implanté dans l'ancienne caserne Niel. Lancé en 2008 avec la réhabilitation écologique des anciens bâtiments militaires, il accueille de nombreuses entreprises et associations mais aussi un skatepark, une ferme urbaine, une épicerie bio, un bar-restaurant, un espace bien-être... Terrain de jeu favori des street artistes, de nombreuses activités et événements y sont perpétuellement organisés (notamment le festival Climax). On adore !

GRAND THÉÂTRE - OPÉRA DE BORDEAUX ★★★

Place de la Comédie ✆ 05 56 00 85 95

www.opera-bordeaux.com

Ouverture 45 min avant le début des spectacles. Visite commentée de 50 min sur réservation, tarif : 10 € par personne.

Monument emblématique et chef-d'œuvre architectural, le Grand Théâtre occupe une place de choix. Point de départ de la rue Sainte-Catherine et des allées de Tourny, cet édifice est l'œuvre de l'architecte Victor Louis. À l'extérieur, observez la façade et ses douze colonnes corinthiennes surplombées de statues antiques. Dans la salle, levez les yeux : la coupole est l'œuvre de l'artiste Robin et le lustre est constitué de cristaux de Bohème. Splendide ! Visites guidées sur réservation.

© FRED - FOTOLIA

Grand Théâtre de Bordeaux.

CATHÉDRALE SAINT-ANDRÉ ★★

Place Pey-Berland
✆ 05 56 52 68 10
www.cathedrale-bordeaux.fr

Ouvert tous les jours du mardi au dimanche de 10h à 13h et de 15h à 19h30. Le lundi, de 15h à 19h30. Visite trésor 2 €.

L'imposante cathédrale Saint-André de Bordeaux se dresse fièrement sur la place Pey Berland. Cette cathédrale gothique du XIe siècle est l'un des plus somptueux monuments de la ville. Son histoire est riche, de son édification, à son incendie au XVIIIe siècle, jusqu'à sa restauration un siècle plus tard. Aujourd'hui inscrite au patrimoine mondial de l'Unesco, elle figure parmi les étapes du chemin de Saint-Jacques-de-Compostelle, avec deux autres lieux de culte bordelais : la basilique Saint-Michel et la basilique Saint-Seurin.

GROSSE CLOCHE ★

1, rue Saint-James
✆ 05 56 00 66 00
www.bordeaux-tourisme.com
Visites guidées de 30 min : tous les jours de juin à septembre, le samedi sur réservation d'octobre à mai. Adulte : 5 €.

Au Moyen Âge, la Grosse Cloche faisait partie des remparts de la ville, avant de subir de nombreuses modifications. Rare monument de cette époque que Bordeaux a conservé, le lieu fut transformé en prison – on peut d'ailleurs voir aujourd'hui des dessins et inscriptions des détenus qui décomptaient leurs jours d'enfermement – avant de devenir l'un des beffrois les plus touristiques de France. Si vous aimez voyager dans le temps, optez pour une visite guidée. Préférez venir à la nuit tombée, quand la Grosse Cloche est éclairée de lumières bleues !

GR® BORDEAUX MÉTROPOLE

La Boucle Verte, un itinéraire de grande randonnée de 160 km, balisé en rouge et blanc, est le premier GR métropolitain de France. Le projet a été engagé en partenariat avec la Fédération Française de Randonnée Pédestre. Il traverse 17 communes dont Bègles, Bordeaux, Gradignan, Mérignac ou encore Saint-Médard-en-Jalles, et relie les principaux espaces naturels et parcs urbains de la métropole. Il passe de plaines douces en coteaux panoramiques, de berges réhabilitées en marais préservés et offre de magnifiques points de vue uniques sur l'agglomération.

INSTITUT CULTUREL BERNARD MAGREZ ★

16, rue de Tivoli
✆ 05 56 81 72 77
www.institut-bernard-magrez.com
Ouvert le week-end de 13h à 18h. Adulte : 8 €, tarif réduit : 6 €, gratuit jusqu'à 12 ans.

Pour partager sa passion de l'art contemporain, l'homme d'affaires et œnologue Bernard Magrez s'est lancé dans le mécénat artistique en créant cet institut au sein du Château Labottière en plein Bordeaux. À l'intérieur, chaque pièce a été rénovée pour respecter l'esprit d'origine, avec ses lambris, lustres à pampilles et cheminées. C'est dans ce petit joyau que sont présentées des œuvres exceptionnelles de la collection particulière de Bernard Magrez et des expositions temporaires.

JARDIN BOTANIQUE DE BORDEAUX ★

Accès tramway ligne A arrêt Jardin-Botanique.
✆ 05 56 52 18 77
www.jardin-botanique-bordeaux.fr
Jardin ouvert de 8h à 18h l'hiver (20h l'été). L'accès aux serres et aux salles d'expositions : 4 €.

Le Jardin botanique de la Bastide est riche de 1 700 plantes et reconstitue plusieurs paysages naturels du bassin aquitain. Le chemin proposé répond à une certaine logique chronologique et ludique. Vous découvrirez notamment le jardin aquatique, les champs de culture, le jardin vertical, conçu comme une promenade parmi les plantes grimpantes, le verger, les serres, qui s'étendent sur 750 m², et également des parcelles pédagogiques pour tous ceux qui souhaitent s'initier au jardinage.

JARDIN PUBLIC ★★

Cours de Verdun
Ouvert toute l'année, tous les jours à partir de 7h. Horaires de fermeture de 18h à 21h selon la saison.

© CCOQ - FOTOLIA

Les dix hectares de verdure du Jardin Public en font un lieu de promenade et de détente incontournable. D'autant plus qu'il abrite le théâtre de Guignol, animé par la famille Guérin depuis 1853 ! Le carrousel à l'ancienne séduit aussi bien les petits que les grands enfants, et une réplique historique de la célèbre embarcation Le Petit Mousse vogue sur le plan d'eau. Le café-restaurant, l'Orangerie, offre un joli cadre pour déjeuner, goûter, ou boire un café. Le Jardin Public abrite aussi un arboretum, une bibliothèque et le Muséum d'Histoire naturelle.

MECA

quai de Paludate ✆ 05 47 30 34 67
https://www.la-meca.com
Ouvert du mardi au samedi de 13h à 18h30 et le premier dimanche du mois. Tarif libre (1 € minimum).

La Maison de l'économie créative et culturelle (MECA) se remarque par son architecture audacieuse de 14 000 m², 120 mètres de long et 37 mètres de haut. Elle réunit le FRAC, les agences culturelles OARA/ALCA et une résidence d'artistes avec 1 200 m² d'espace d'expositions et 900 m² de réserves. Cet ensemble permet de faire une pause-café ou de s'attabler au café-restaurant Le Crem, d'assister à un spectacle, d'écouter une conférence ou d'assister à une projection. Les visiteurs profitent d'un superbe point de vue depuis une immense terrasse à 25 mètres de hauteur.

MONUMENT AUX GIRONDINS

Place des Quinconces

A la fin du XIXe siècle, Bordeaux souhaitait édifier un monument en hommage aux députés girondins victimes de la Terreur. De style pompier, l'ensemble est constitué de deux fontaines en bronze qui célèbrent la Concorde, la Fraternité, la Force et la République, et bannissent les Mensonges, le Vice et l'Ignorance, mêlées à des chevaux marins crachant des jets d'eau. Quant à la colonne de 43 mètres de haut, surmontée de la Liberté brisant ses chaînes d'une main et tenant dans l'autre les palmes de la liberté, elle veille toujours sur la place, face au fleuve.

MIROIR D'EAU ★★★

Quai de la Douane
Le miroir d'eau fonctionne tous les jours de 10h à 22h (sauf de novembre à avril pour cause de maintenance).

Le Miroir d'eau est un lieu incontournable le long des quais. A sec, c'est une immense ardoise. Dès les beaux jours, le pavage est recouvert de 2 centimètres d'eau qui transforment la dalle en un immense miroir dans lequel la place de la Bourse se reflète. Il se remplit en 3 minutes et les brumisateurs se mettent en route... L'eau est traitée et recyclée. Petits et grands enfants ont vite pris l'habitude de jouer avec les volutes ou les reflets ! Le soir venu, le spectacle continue avec l'illumination de la façade de la Bourse. Tout simplement magique !

MUSÉE D'AQUITAINE ★★

20, cours Pasteur ✆ 05 56 01 51 00
www.musee-aquitaine-bordeaux.fr
Ouvert du mardi au dimanche de 11h à 18h. Gratuit jusqu'à 18 ans. Adulte : 5 €. Tarif réduit : 3 €. Audioguide : 2,50 €

Le Musée d'Aquitaine abrite des collections permanentes qui réunissent environ 700 000 pièces, d'archéologie, d'histoire et d'ethnographie régionale et extra-européenne retraçant l'histoire de Bordeaux et de sa région. Elles sont présentées selon un parcours chronologique et thématique. A découvrir particulièrement les espaces consacrés au XVIIIe siècle « Bordeaux, le commerce atlantique et l'esclavage », et au XIXe siècle et à l'entre-deux-guerres « Bordeaux, port(e) du monde 1800-1939 ». Parallèlement le musée propose aussi de grandes expositions temporaires.

BORDEAUX

© ALEXANDER DEMYANENKO - STOCK.ADOBE.COM

Miroir d'eau à Bordeaux.

MUSÉE D'ETHNOGRAPHIE DE L'UNIVERSITÉ DE BORDEAUX

3, place de la Victoire
✆ 05 57 57 18 97
https://meb.u-bordeaux.fr
Ouvert du lundi au jeudi de 14h à 18h ; le vendredi de 10h à 12h. Gratuit.

Le Musée d'ethnographie de l'Université de Bordeaux propose 250 m² d'espace d'expositions, renouvelées tous les six mois et qui permettent de faire découvrir une petite partie des collections entreposées dans les sous-sols. Elles se composent d'objets ethnographiques datant de la seconde moitié du XIXe siècle, d'iconographies et de 12 000 photographies en partie consultables en ligne. Le fonds du musée est constitué d'objets d'Asie, d'Afrique, d'Arctique, d'Amérique et d'Océanie.

MUSÉE DES ARTS DECORATIFS ET DU DESIGN ★

39, rue Bouffard ✆ 05 56 10 14 00
www.madd-bordeaux.fr
Ouvert du mercredi au lundi de 11h à 18h. Gratuit jusqu'à 18 ans. Adulte : 5 €. Visite guidée. Restauration.

Ce musée est installé dans l'hôtel de Lalande construit en 1779. Les collections mobilier, meubles portuaires, céramique, verrerie, orfèvrerie, instruments de musique et de mesure, miniatures, arts de la table ou objets de l'intime sont mis en scène dans des pièces décorées comme aux XVIIIe et XIXe siècles. C'est un témoignage sur l'histoire de Bordeaux, ville des Lumières et grand port de négoce au XVIIIe siècle. Le musée présente aussi des expositions temporaires.

MUSÉE DU VIN ET DU NÉGOCE ★

41, rue Borie
✆ 05 56 90 19 13
www.museeduvinbordeaux.com
Ouvert toute l'année. Tous les jours de 10h à 18h. Gratuit jusqu'à 18 ans. Adulte : 10 € (avec dégustation de 2 vins).

L'idée de ce musée ? Promouvoir l'histoire du négoce du vin à Bordeaux et celle toute particulière du quartier des Chartrons. Dans trois caves semi-enterrées, le musée présente au public une collection d'objets historiques uniques retraçant le commerce des vins de Bordeaux, permettant de décrire l'évolution du métier de négociant depuis le privilège des vins de Bordeaux du Moyen Âge jusqu'à nos jours, en passant par le travail dans les chais et les exportations...

MUSÉE MER MARINE

89, rue des Étrangers
✆ 05 57 19 77 73
www.mmmbordeaux.com
Ouvert du mardi au vendredi de 13h à 19h, samedi et dimanche de 10h30 à 19h. Tarif plein : 14 €.

Bienvenue à bord ! Niché au cœur des Bassins à flot, découvrez un lieu unique à la croisée des chemins entre les mondes de la Mer et de la Culture. Plongez dans une des plus grandes collections privées d'Europe dédiées à l'histoire de la navigation à travers les âges et à la préservation des Mers et de l'Océan, mais aussi à l'art contemporain. 10 000 objets de marine (maquettes et bateaux, instruments de navigation, cartes et atlas) et œuvres d'art y sont désormais accessibles au public dans une scénographie moderne et interactive.

MUSÉE NATIONAL DES DOUANES ★★

1, place de la Bourse ✆ 09 70 27 57 66
www.musee-douanes.fr
Ouvert du mardi au dimanche de 10h à 18h sauf 25 décembre et 1er janvier. Gratuit jusqu'à 18 ans. Adulte : 4 €.

Sous de magnifiques voûtes défilent les grandes étapes historiques de l'administration douanière française. Documents d'archives, uniformes et armes, maquettes, instruments de travail (dont la grande balance de l'Hôtel des Fermes datant de 1783) et œuvres d'art acquises, dont un Claude Monet, sont ainsi présentés. Depuis 1984, le musée a enrichi ses collections et rassemblé plus de 13 000 objets ainsi qu'une photothèque regroupant plus de 20 000 clichés !

MUSEUM DE BORDEAUX - SCIENCES ET NATURE

5, place Bardineau
✆ 05 24 57 65 30
https://www.museum-bordeaux.fr
Ouvert du mardi au dimanche de 10h30 à 17h30. Adulte : 7 € / 5 €. Gratuit avec la Carte Jeune.

Le Muséum de Bordeaux a rouvert ses portes en 2019, après d'importants travaux. Situé dans le Jardin public, l'Hôtel de Lisleferme, qui abrite les collections, a été agrandi pour accueillir plus d'expositions et faciliter l'accessibilité au public. Expositions temporaires et semi-permanentes côtoient le parcours muséographique très ludique avec des dispositifs interactifs, un spectacle multimédia, ainsi qu'un « Musée des Tout-petits » pour l'éveil des moins de six ans.

PALAIS ROHAN ★★

Place Pey-Berland

Visite guidée le vendredi à 10h et 11h. Adulte : 8 €. Pas de billetterie sur place. Réservation obligatoire.

Juste à côté de la Cathédrale Saint-André se trouve le Palais Rohan. Une visite commentée permet de découvrir ce monument construit en 1772 sous l'initiative de l'archevêque Mériadec de Rohan. Archevêché jusqu'à la Révolution, Hôtel du département, siège du tribunal révolutionnaire en 1791, Hôtel de la préfecture en 1802, Palais impérial de Napoléon Ier en 1808, Château royal en 1815 sous Louis XVIII, il devient enfin l'Hôtel de Ville de Bordeaux en 1837. Pendant la visite, n'oubliez pas de remarquer le monumental escalier d'honneur : il vaut le coup d'œil !

PARC BORDELAIS

Rue du Bocage

Ouvert tous les jours à partir de 7h. Fermeture entre 18h et 21h selon les saisons.

Parc historique situé dans le quartier de Caudéran, le Parc Bordelais est né à l'initiative de Camille Godard qui légua sa fortune à la ville pour créer cet espace destiné à être « la campagne de ceux qui n'en ont pas ». Le parc voit ainsi le jour en 1885. Sur une superficie de 28 hectares, les végétaux, les bosquets, un bois en étoile et une rivière d'un hectare enchanteront les promeneurs. De nombreuses attractions sont pour la famille : petit parc animalier, balades nautiques, petit train, manèges, attelages mécaniques et théâtre de Guignol.

PARC FLORAL DE BORDEAUX ★

Avenue de Pernon

www.bordeaux-tourisme.com

Ouvert toute l'année à partir de 8h30. Heures de fermeture variables en fonction des saisons.

En cumulant les superficies du parc floral, du bois de Bordeaux et du lac, ce sont plus de 150 hectares de nature et de verdure ouverts aux amoureux du grand air. De plus, des installations sportives permettent de pratiquer des activités à prix intéressants. Vous y verrez un torrent montagnard constitué de galets et rochers directement prélevés dans le Gave des Pyrénées, de superbes espèces d'iris, de pivoines, de camélias… et surtout une remarquable roseraie de 5 000 m² illustrant l'histoire de la rose de l'Antiquité à nos jours.

PLANS EN RELIEF

La ville de Bordeaux a implanté face au Grand-Théâtre, Porte Cailhau, place Pey Berland et devant la Cité du vin des « plans-relief » en bronze figurant la ville ancienne et correspondant à quatre secteurs touristiques : le quartier de l'Hôtel de Ville, le secteur place de la Comédie-îlot Louis, le quartier Saint-Pierre et Bacalan. Ils permettent aux malvoyants, mais aussi à tous les touristes, de mieux visualiser les quartiers dans lesquels ils se trouvent. Les plaques, figuratives et facilement lisibles, sont également écrites en braille.

TOUR PEY-BERLAND ★

Place Pey-Berland

✆ 05 56 81 26 25

www.pey-berland.fr

Ouvert tous les jours. Octobre à mai : 10h-12h30 et 14h-17h30. Juin à septembre : 10h-13h15 et 14h-18h. Adulte : 6 €.

La Tour Pey-Berland est le clocher de la cathédrale, érigé entre 1440 et 1466. C'est au XVe siècle que fut bâti cet édifice gothique flamboyant, qui doit son nom à l'archevêque Pey-Berland (vers 1370-1458), artisan du renouveau de l'Eglise en Aquitaine alors sous la domination anglaise. La visite est superbe, mais nécessite d'être en forme car il faut tout de même gravir les 229 marches d'un escalier à vis pour découvrir la charpente du beffroi, les quatre cloches et la vue exceptionnelle sur Bordeaux et ses monuments. A découvrir !

BORDEAUX

ÉCOMUSÉE DE LA VIGNE ET DU VIN

238, cours du Général de Gaulle - **GRADIGNAN**
✆ 05 56 89 00 79
www.ville-gradignan.fr
Ouvert le mercredi, le vendredi, le samedi de 14h à 18h et le deuxième dimanche du mois de 14h à 18h et sur réservation.

L'Ecomusée de la vigne et du vin, installé dans un cadre pittoresque, laisse découvrir le monde fascinant de la viticulture à travers les âges. Dans l'ancienne ferme du Sabatey, une exposition rassemble de plus de 400 pièces et outils traditionnels utilisés de 1850 et 1950. La vigne, sa culture, ses maladies, les secrets des chimistes du vin et le savoir-faire de génération en génération... Rien ne vous échappera, pas même une dégustation de vins des Graves !

TEPACAP

10, rue Archimède - **MÉRIGNAC**
✆ 06 09 53 33 38
www.tepacap-bordeaux.com
Ouvert d'avril à octobre. Horaires sur le site. Enfant de 3 à 6 ans : 7 €. Pass Fun : 26 € (adulte) et 23 € (enfant).

Derrière le Décathlon Mérignac, ce parc d'accrobranche fait prendre de la hauteur ! Entre tyrolienne ou pont de singe, évadez-vous entre ciel et terre ! Les enfants mesurant moins de 1,20 m ont aussi leur espace de jeux, « Le Monde des Pitchouns », composé de parcours aventure sécurisés (sans harnais) et de trampolines. Un parcours d'orientation est prévu pour les aventuriers en herbe, ainsi qu'un labyrinthe mystère. Les plus téméraires oseront peut-être tester la catapulte extrême, pour se faire projeter à 18 m de haut à 90 km/h. T'es cap ou Tepacap ?

CHÂTEAU PAPE CLEMENT ★

216, avenue du Docteur Nancel Pénard
PESSAC
✆ 05 57 26 38 38
www.chateau-pape-clement.fr
Lundi-samedi 8h-19h30, dimanche 9h-12h30. Visites de 10 € à 40 €. Ateliers dès 49 €.

La visite du Château Pape Clément permet de découvrir l'univers du Grand Cru Classé Pape Clément et de déguster au minimum 3 vins, quelle que soit la formule choisie. Avec la visite 2.0, on pénètre l'histoire de ce Grand Cru grâce à une tablette numérique. Le Calendrier du vigneron montre les rythmes de travail de la vigne en passant par le cuvier jusqu'aux chais. « L'éveil des sens » est une visite ludique et sensorielle du vignoble, du cuvier et des chais. L'Académie du vin se compose de la découverte des vins de Bordeaux et de différents ateliers.

FORÊT DU BOURGAILH

160, avenue de Beutre - **PESSAC**
www.pessac.fr
Ouvert toute l'année. Animations par la Ville de Pessac et l'Association Ecosite du Bourgailh. Espace accueil en saison.

Cet immense écrin de verdure est l'un des espaces verts naturels les plus importants de l'agglomération bordelaise. Déjà fréquenté par les amoureux de la nature, les sportifs et les promeneurs, de récents travaux ont permis de créer de nouveaux espaces très agréables. Connu pour ses trois belvédères et ses sentiers propices à l'observation de la nature, sa serre tropicale, son jardin et son potager pédagogique, le site dispose désormais d'une grande aire de jeux, d'un théâtre de nature et de nombreux aménagements sportifs. On y trouve aussi un refuge périurbain.

ROYAL KIDS PESSAC

6, rue Henri de Châtelier - **PESSAC**
✆ 05 56 08 70 18
www.royalkids.fr/parcs/pessac
Ouvert 7/7 de 10h à 19h durant les vacances scolaires. Tarifs de 7 à 10 € (selon âge). Gratuit pour les accompagnateurs.

Royal Kids, c'est le paradis des grands et des petits ! Les enfants sont les rois d'un gigantesque espace fermé, entièrement pensé pour eux : des toboggans, des jeux de construction géants, une piscine à balles, des parcours gonflables, un terrain de foot, une mini piste de karting, un tourniquet et même une discothèque ! Les parents sirotent un café, dans le brouhaha général, mais en toute quiétude, car tous les jeux sont sécurisés... Pour les anniversaires, les petits fêtards pourront danser et prendre la pose avec Léon le gentil dragon, la mascotte du parc.

ZOO DE BORDEAUX PESSAC ★★

3, chemin du Transvaal - **PESSAC**
✆ 05 57 89 28 10
www.zoo-bordeaux-pessac.com
Haute saison ouvert tous les jours de 9h30 à 19h. Adulte : 17,50 €. Enfant de 3 à 11 ans : 12 €.

Aux portes de Bordeaux, découvrez la magie de la faune sauvage et partez pour un grand voyage au cœur des 5 continents. De la brousse africaine à l'Asie en passant par l'Amérique du Sud, venez découvrir tour à tour autruches, lions, wallabies, tigres, makis, pandas roux, tapirs, girafes, servals, chats pêcheurs, loutres d'Asie ou les Lions Blancs du Kruger ! Pour Pâques, Halloween ou Noël ne manquez pas les spectacles et les animations. Grâce à deux lodges situés au cœur des enclos des tigres et des jaguars, vous vivrez l'expérience unique d'une nuit au *zoo*.

SE LOGER

Pour un week-end ou pour une semaine, le choix du logement est stratégique. Chaque année, la ville de Bordeaux accueille de plus en plus de touristes, attirés par son patrimoine et sa douceur de vivre. Le choix d'hébergement est donc vaste et dans chaque quartier vous trouverez des solutions adaptées à vos besoins et à votre budget. Passer la nuit dans le centre historique de Bordeaux est une excellente idée si l'on veut profiter au mieux de l'ambiance particulière de la vieille ville. Attention tout de même, c'est ici que les tarifs seront les plus élevés, particulièrement dans le Triangle d'Or entouré des plus beaux monuments. Pour un séjour typique et plein de charme, nous vous conseillons de dormir dans le quartier des Chartrons, réputé pour son esprit bohème et son ambiance de village. Néanmoins, dans toute la ville se nichent de séduisantes petites adresses dont nous avons fait une sélection.

FASTHÔTEL* €

Avenue de la Prairie - **ARTIGUES-PRÈS-BORDEAUX**
✆ 05 56 40 13 30
www.fasthotel.com

Chambre simple et double dès 49 €. Petit déjeuner : 6,90 €. Parking inclus. Wifi gratuit. Restauration. Tv satellite.

Cet hôtel situé en périphérie bordelaise propose des chambres doubles et triples à des tarifs particulièrement avantageux. Les chambres sont équipées comme dans les catégories supérieures : literie de qualité, lavabo, douche et toilettes, téléphone, réveil automatique, TV avec Canal+ et TV satellite et wifi. Son restaurant (ouvert le soir uniquement) dispose d'une terrasse et d'un barbecue. L'hôtel se situe à 20 mètres d'un parcours sportif dans un parc boisé. Les couche-tard ne trouveront pas porte close grâce au distributeur de clés de 23h à 7h.

GREET HOTEL BORDEAUX AEROPORT €

99, avenue JF Kennedy
MÉRIGNAC
✆ 05 56 55 93 66

86 chambres à partir de 52 €. Petit déjeuner : 8,90 €. 3 salles de réunions.

Bien pratique pour les voyageurs en provenance ou à destination de Bordeaux, car situé à seulement 800 mètres de l'aéroport et 3,6 km du centre-ville de Mérignac, cet hôtel du groupe Accor dispose de 86 chambres simples, mais confortables (dont certaines pouvant accueillir jusqu'à 5 personnes), et d'un sympathique restaurant avec terrasse, où vous pourrez prendre un petit déjeuner composé de produits frais et locaux. Rapport qualité-prix très raisonnable.

LES REFUGES PÉRIURBAINS €

✆ 05 56 99 84 84

Ouvert du 1er mars au 30 novembre 7j/7. Gratuit. Réservation obligatoire sur le site un mois avant la date souhaitée.

Vous voulez passer la nuit dans un lieu insolite et unique ? Rendez-vous dans l'un de ces 11 refuges périurbains. Tout autour de la métropole bordelaise sont nichées de drôles d'habitations : un nuage à Lormont, un hamac à Gradignan, un coquillage à Bruges... Ces œuvres architecturales sont intégrées dans la nature et promettent aux aventuriers une parenthèse magique hors des sentiers battus. Si les refuges sont gratuits, ils doivent être réservés sur le site internet, au début de chaque mois pour le mois suivant. Une expérience à vivre seul ou à plusieurs !

WHOO €

12, rue de Gironde
✆ 05 35 54 01 66

Ouvert toute l'année. Studio à partir de 690 € le mois ; dortoirs de 2 à 8 lits à partir de 20 € par personne.

Nouvelle résidence hôtelière doublée d'une auberge de jeunesse, cet établissement s'adresse aussi bien aux jeunes actifs qu'aux touristes. Le whoo dispose d'un grand lobby pour se retrouver, se détendre dans les espaces sofa, d'une grande salle ouverte sur une terrasse en bois pour prendre son repas avec Daily Day et d'un espace de coworking. Côté auberge : des dortoirs femmes ou mixtes de 3 à 8 personnes avec douche, w.c. et des rangements pratiques. Côté résidence : de beaux studios de 19 m² avec bureau, canapé convertible, kitchenette équipée, douche et w.c.

BEST WESTERN PLUS GARE SAINT-JEAN**** €€

15, rue Charles Domercq ✆ 05 56 91 72 16
www.hotel-bordeaux-saint-jean.com
Accueil vélo. Qualité Tourisme. Ouvert toute l'année 24h/24. Chambres à partir de 89 €. PDJ : 16 €. Parking : 16 €. Bar.

A 200 mètres de la gare Bordeaux Saint-Jean se trouve cet excellent hôtel tout confort. Chambres communicantes pour les familles, chambre « Secrète » pour les amoureux… Cet ancien hôtel particulier équipé d'un ascenseur pour desservir ses trois étages permet d'accueillir les voyageurs en situation de handicap. Au-dessus de votre lit, les œuvres d'Antoine Vit apportent une touche de couleur bienvenue. La bibliothèque est l'endroit parfait pour se détendre ou travailler.

LE CLOS DES QUEYRIES €€

38, rue André Degain
✆ 07 66 31 64 66
www.leclosdesqueyries.com
4 chambres. Suite à partir de 195 €. Petit déjeuner inclus. Parking inclus. Séminaires. Wifi gratuit.

Le Clos des Queyries est une maison d'hôtes de caractère située dans un parc arboré de 1 200 m², agrémenté d'un bassin d'ornement naturel. Le décor de cet ancien château du XVIIIe siècle est charmant, atypique et réalisé avec beaucoup de goût. Une salle de séminaire de 60 m² au décor design et bois ouvre sur un comptoir-bar. C'est aussi la salle utilisée pour le copieux et délicieux petit déjeuner qui peut être servi en chambre ou sur une belle terrasse de 100 m² : pain frais, confiture maison, jus d'orange pressé, mini viennoiseries…

CENTRAL HOSTEL €€

2, place Saint-Projet
✆ 05 57 59 97 28
www.centralhostel.fr
Ouvert 24h/24. Chambre double dès 125 €. Lit dans un dortoir (6 à 8 lits) à partir de 32 €. Menu à partir 4 €.

Situé en plein centre-ville, proche de la rue Sainte-Catherine, Le Central Hostel vous accueille avec sa belle terrasse ombragée. L'auberge offre un joli intérieur contemporain et des espaces confortables : lit sur mesure avec veilleuse, store individuel, prise USB, matelas de luxe... Côté restauration, le petit déjeuner est complet (boissons chaudes, jus de fruits frais, viennoiseries, pain chaud) et est ouvert à tous. Des assiettes à partager sont proposées également pour le soir, à déguster lors de leurs évènements (blindtest, soirées foot, karaoké...).

CROISIEUROPE €€

✆ 08 26 10 12 34
www.croisieurope.com
5 jours à partir de 749 € par personne. Restauration. Animations.

Partez à la découverte de Bordeaux et de sa région en naviguant sur la Garonne, la Dordogne et la Gironde. La croisière œnologique permet de découvrir les prestigieux vignobles du Médoc et du Sauternais, les beaux paysages de l'estuaire girondin et les fameuses huîtres du bassin. À bord, les cabines ont tout le confort souhaité. Le menu change tous les jours et toutes les boissons sont comprises. Le soir, quartier libre : profitez-en pour vous balader en ville ou profiter des animations à bord. L'équipe est professionnelle et accueillante.

LE CHALET LYRIQUE*** €€

169, cours du Général de Gaulle - **GRADIGNAN**
✆ 05 56 89 11 59
www.chalet-lyrique.fr
7/7J. Chambre double dès 96 €. Petit déj 9 €. Lundi-vendredi midi et soir, samedi soir. Menu 25-32 €. Formule midi 16 €.

À quelques minutes de Bordeaux, le Chalet Lyrique offre tous les atouts d'une maison de renom. Les chambres sont uniques dans leur décoration, possédant chacune leur style, un meuble spécifique, une touche de couleur... Côté confort, elles sont équipées de télévision à écran plat, porte-bagage, téléphone et salle de bains. L'hôtel dispose également d'un restaurant de cuisine traditionnelle et propose des spécialités du Sud-Ouest. Aux beaux jours, vous profiterez d'une agréable terrasse avec sa fontaine et ses oliviers centenaires.

ECOLODGE DES CHARTRONS €€

23, rue Raze
✆ 05 56 81 49 13
www.ecolodgedeschartrons.com
Chambre simple à partir de 110 €, chambre double à partir de 130 €, chambre triple 210 €. Petit déjeuner inclus.

Véronique a réalisé un rêve en achetant et en retapant une maison du XVIIIe siècle pour la transformer en maison d'hôtes. Dans cette maison, elle a privilégié les matériaux naturels comme la chaux, la fibre de bois, la laine de mouton, et a gardé le plancher d'époque qu'elle a restauré. Panneaux solaires, robinetterie avec économiseurs d'eau, ampoules basse consommation lui auront permis d'obtenir l'Ecolabel européen. Ici, les objets ont été chinés et restaurés pour certains, et ont pris place dans la lumineuse salle à manger qui s'ouvre sur la cuisine.

GATTO VERDE €€

12, rue Stéhélin - **LE TAILLAN-MÉDOC**
✆ 06 10 91 77 29
www.gattoverde.fr

Chambre double à partir de 110 €, suite à partir de 130 €. Petit déjeuner inclus. Wifi gratuit. Piscine extérieure.

Cette maison d'hôtes a pris ses quartiers dans un ancien relais de poste datant de 1770 et le charme du bâtiment ne dénote pas avec une décoration plus moderne. La suite familiale avec pierres et poutres apparentes au rez-de-chaussée s'accompagne d'une « cabane » avec deux lits simples prévue pour les enfants. La chambre d'hôtes, à l'étage, offre une vue sur le jardin et la piscine. Toutes deux disposent de leur salle d'eau privative avec douche et w.c. séparés. Le petit déjeuner maison est délicieux, et l'environnement calme vous assure détente et sérénité.

HILTON GARDEN INN•••• €€

17, allée de Rio
✆ 05 64 37 15 10
www.hiltonhotels.com

Chambre double à partir de 95 €, triple à partir de 125 € et suite à partir de 154 €. Petit déjeuner buffet : 18 €.

Installé dans l'ancienne Halle Debat-Ponsan, cet hôtel 4 étoiles très design, présente de nombreux avantages : il est à 5 minutes de la gare de Bordeaux Saint-Jean et des transports en commun. Les chambres contemporaines sont décorées avec goût et les suites disposent d'une superbe vue sur la ville. Babette concept store est à la fois un restaurant, un bar à vin, un corner de vêtements et une galerie d'art… Il est accessible directement de l'hôtel et tout au long de la journée, et propose différents services de restauration. À découvrir !

HÔTEL DE L'OPÉRA €€

35, rue Esprit des Lois
✆ 05 56 81 41 27
www.opera.hotel-bordeaux-centre.com

Accueil 24h/24. 28 chambres. Chambre simple à partir de 56 € ; chambre double à partir de 60 €. Petit déjeuner : 9 €

Coup de cœur pour ce charmant hôtel situé en plein cœur de la ville dans un bel immeuble en pierre de taille, caractéristique de tous les monuments de Bordeaux. Les chambres lumineuses sont simples, mais elles possèdent toutes un coin bureau et une salle de bain privative. Même si certaines ont une vue imprenable sur le Grand-Théâtre, demandez plutôt une chambre côté cour pour éviter les bruits de la ville malgré une bonne insonorisation. De là, vous pourrez profiter de la ville et de ses trésors culturels très facilement à pied.

HÔTEL DES 4 SŒURS••• €€

6, cours du 30 Juillet
✆ 05 57 81 19 20

Ouvert toute l'année. 34 chambres. Chambre simple à partir de 70 €. Pension complète : 138 €. Petit déjeuner : 9 €.

Comment faire plus central entre la place des Quinconces et les Allées de Tourny, à deux pas de l'Opéra et de la rue Sainte-Catherine ? L'Hôtel des 4 Sœurs offre un emplacement idéal pour visiter Bordeaux tout en alliant charme et élégance. C'est une véritable institution bordelaise datant de 1841. Les chambres, décorées avec goût, sont sobres et élégantes, confortables et lumineuses, insonorisées, équipées d'un coin bureau et de belles salles de bain. Certaines donnent sur la rue et ont une vue superbe sur la ville, d'autres sur la cour intérieure, au calme.

L'HÔTEL PARTICULIER €€€

44, rue Vital Carles ✆ 05 57 88 28 80
www.lhotel-particulier.com

Chambre double à partir de 194 € ; suite à partir de 244 € ; studio à partir de 109 €. Petit déjeuner : 15 €.

Cet établissement situé à deux pas de Pey Berland est un petit bijou ! Les studios et appartements sont décorés avec sobriété et raffinement. L'établissement étant dans une rue réservée au tramway, toutes les chambres sont calmes qu'elles soient côté cour ou côté rue. Du côté des chambres d'hôtes, l'ambiance est plus chic et feutrée avec une décoration soignée et originale mettant en valeur les atouts du bâtiment : parquets, moulures, cheminées… Coup de cœur pour la suite Pomerol avec sa salle de bain dans la chambre, cachée derrière la tête de lit.

LA MAISON BASTIDE €€

8, cours Le Rouzic
✆ 06 85 36 87 67
https://lamaisonbastide.fr/

Chambre double à partir de 70 €. Petit déjeuner inclus.

La Maison Bastide combine le charme de l'ancien à des matériaux plus modernes : beaux meubles de famille authentiques, escalier en marbre clair, parquet en bois brut. Cette élégante maison est composée de cinq chambres aux ambiances toutes différentes : romantique, plage, indienne, Art déco ou encore tricolore. Elles sont toutes équipées d'une salle de bains et l'une d'entre elles possède une kitchenette. Le petit déjeuner, servi dans le grand séjour lumineux ou sur la terrasse ensoleillée, est fait maison (yaourt, confitures, gâteau, jus d'oranges pressées…).

LA MAISON DU LIERRE*** €€

57, rue Huguerie
✆ 05 56 51 92 71
www.hotel-maisondulierre-bordeaux.com
Chambres simple et double, à partir de 120 €. Petit déjeuner buffet : 13 €.

Situé dans une maison avec un agréable patio, La Maison du Lierre est un boutique-hôtel. Tous les objets exposés dans les pièces communes sont en vente. Les clients peuvent ainsi repartir avec bougies parfumées, savons et objets de décoration. Six chambres donnent sur le patio arboré. Elles possèdent un grand lit, une douche à l'italienne et sont toutes climatisées. Les gourmands du matin seront ravis de leur petit déjeuner où jus d'orange pressé, yaourt et confitures maison sont à déguster avec croissants, pain frais, céréales et boissons chaudes à volonté.

LA PETITE ANNICK €€

5, quai Hubert Prom
✆ 06 02 14 48 13
https://peniche-petiteannick.com
Suite à partir de 140 €. Petit déjeuner inclus.

La Petite Annick est une ancienne péniche qui a transporté des graves pendant plus de 30 ans. Désormais, elle est amarrée dans le quartier du Bassin à flot, un endroit idéal pour partir à la découverte de la Cité du Vin et de la ville. Les suites, toutes climatisées, sont personnalisées. Elles ont chacune un thème évoquant une époque : 1990, Art déco, Sixties ou Voyage autour du monde. Elles disposent en bas d'une chambre, d'une salle de bain et de toilettes séparées. L'étage comporte un salon avec kitchenette ainsi qu'un balcon-terrasse sur l'eau.

MERCURE CITÉ MONDIALE**** €€

18, parvis des Chartrons
✆ 05 56 01 79 79
www.mercure.com
Chambre simple à partir de 99 € ; chambre double à partir de 131 €. Petit déjeuner : 17 €. Parking : 19 €.

Très bien situé dans le quartier historique des Chartrons, l'hôtel Mercure Cité Mondiale est idéal pour séjourner en centre-ville. Les chambres et les suites sont spacieuses, confortables et bien équipées. Vous serez séduit par l'une des plus belles vues panoramiques de Bordeaux, offertes depuis le septième étage de l'hôtel. L'hôtel se transforme en un centre de congrès pour organiser vos réunions, séminaires et conventions, avec deux vastes salons de restauration panoramiques.

QUALITY HÔTEL BORDEAUX CENTRE*** €€

27, rue du Parlement Sainte-Catherine
✆ 05 56 81 95 12
Chambre simple à partir de 81 € ; chambre double à partir de 101 €. Petit déjeuner : 15 €.

Idéalement situé au cœur du quartier Saint-Pierre, cet hôtel du XIXe siècle a été entièrement rénové et modernisé. Les chambres sont calmes, confortables et climatisées. La décoration aux nuances de rouge réchauffe le mobilier moderne en bois clair, un écran plat et de beaux cadres viennent parfaire cette ambiance sobre, chic et apaisante. Sans oublier la splendide salle de bains pour le plaisir des yeux et du corps. Le personnel est très agréable.

PATIO DE L'INTENDANCE €€€

23, cours de l'Intendance
✆ 06 61 91 74 75
www.patio-intendance.fr
Chambre double à partir de 160 € ; Suite à partir de 220 € ; Appartement à partir de 260 €. Petit déjeuner inclus.

Ces belles chambres d'hôtes sont situées dans le Triangle d'Or, à deux pas du Grand Théâtre. La maison s'articule autour d'un sublime patio, d'où son nom. Vous trouverez ici calme, détente et sérénité tout en restant en plein cœur de la ville. Les pièces à vivre sont spacieuses, chaleureuses et tapissées de tissu tendu signé Pierre Frey. Il est possible de louer la maison entière, ainsi qu'un somptueux loft haut de gamme de 80 m², décoré de boiseries en chêne et orienté plein sud, et dont les quatre balcons donnent sur le célèbre cours de l'Intendance.

LE RÉGINA €€

34, rue Charles Domercq
✆ 05 56 91 66 07
www.hotelreginabordeaux.com
Chambre double à partir de 75 € ; chambre triple à partir de 98 €. Petit déjeuner : 7,50 €.

Idéalement situé face à la gare Saint-Jean, le Régina Hôtel vous accueille 24h/24. L'ambiance de cet établissement change agréablement des hôtels que l'on trouve généralement dans le secteur des gares : le lieu est charmant, chaleureux et propose surtout des prix tout à fait raisonnables. Les chambres, modernes et fonctionnelles, sont équipées d'une baignoire ou d'une douche, certaines proposent même une balnéo avec baignoire à remous. Vous pourrez ensuite vous détendre sur la grande terrasse ombragée. Atmosphère familiale et accueil très sympathique.

LE BOUTIQUE HÔTEL BORDEAUX***** €€€

3, rue Lafaurie Monbadon
© 05 56 48 80 40
www.hotelbordeauxcentre.com
Chambre double à partir de 285 €, appartement à partir de 465 €, suite à partir de 390 €. Petit déjeuner : 25 €.

Cet hôtel luxueux, design et plein de charme est installé dans une belle maison de maître du XVIIIe siècle. Il est doté d'une jolie cour intérieure, équipée d'un mobilier chic et contemporain. Les chambres, toutes personnalisées, sont des petits endroits de douceur, de volupté, à la décoration raffinée. Chacune possède une literie haut de gamme, des équipements high-tech, une salle de bains *design* avec baignoire de balnéothérapie et douche à l'italienne.

DOMAINE DE GARAT €€€

93, Chemin des Plateaux - **FLOIRAC**
© 06 62 92 47 80 - www.domainedegarat.fr
Chambres doubles à partir de 180 €, petit déjeuner et parking inclus. Spa. Visites, dégustations, ateliers...

Découvrez ce magnifique domaine écologique à seulement 10 minutes de Bordeaux ! Ressourcez-vous dans le grand parc arboré et relaxez-vous dans le Spa à jets de massage ou sur un transat avant de regagner votre spacieuse chambre de 30 m^2, confortablement équipée et décorée avec goût autour de différents thèmes (voyage, artiste...). Au matin, régalez-vous d'un petit déjeuner bio fait maison, servi dans la salle à manger d'époque. Les hôtes, adorables, proposent d'autres prestations comme des ateliers ou dégustations. Une parenthèse loin des tracas du quotidien !

DOMAINE DE LARCHEY*** €€

28, route de Larchey - **SAINT-MÉDARD-D'EYRANS**
© 05 56 72 19 59
www.domainedelarchey.com
Ouvert toute l'année. Accueil 7j/7 de 7h à 21h. Chambre à partir de 99 €. Petit déjeuner buffet à 15 €.

Aux portes de Bordeaux, le Domaine de Larchey, ancien airial du XVIe, est une superbe adresse où séjourner et se rafraîchir grâce à sa piscine extérieure. Les 15 chambres sont uniques, toutes décorées avec soin. Quelques aménagements mettent en valeur la bâtisse, notamment la charpente bois qu'il est possible d'apercevoir à travers un plafond vitré dans certaines salles de bain. Du côté du « 1930 », le restaurant du domaine où vous prendrez votre petit-déjeuner, l'équipe propose des produits frais, de saison et faits maison. Un établissement de charme à tester.

INTERCONTINENTAL BORDEAUX LE GRAND HÔTEL***** €€€

2-5, place de la Comédie © 05 57 30 44 44
https://bordeaux.intercontinental.com/
Chambre double à partir de 225 €, suite à partir de 324 €. Petit déjeuner : 38 €. Parking : 39 € par jour.

Le palace de Bordeaux ! Dans une ambiance XVIIIe siècle, Jacques Garcia a décliné une élégante décoration pour ces 130 chambres et suites, des moquettes aux tissus en passant par les marbres des salles de bains. Dans un cadre privilégié, lors des belles et douces soirées, la terrasse panoramique de 130 m^2 au septième étage permet aux touristes et aux Bordelais de déguster un verre en profitant d'une vue imprenable à 360° sur les toits de la ville. Magique.

LE SAINT-JAMES**** €€€

3, place Camille Hostein - **BOULIAC**
© 05 57 97 06 00
www.saintjames-bouliac.com
Relais & Châteaux. 15 chambres et 3 suites. Chambre double à partir de 175 € ; offres sur le site internet.

Au faîte de la colline de Bouliac, dominant Bordeaux et son fleuve, toutes les chambres du Relais & Châteaux Saint-James offrent une vue imprenable sur le parc, les vignes et la ville depuis son lit. Côté design, les tonalités apaisantes et l'ameublement épuré amènent simplicité, douceur et luxe, signature de l'architecte Jean Nouvel qui rénova l'hôtel en 1989. De grandes baies vitrées laissent la lumière envahir l'espace, ainsi se mêlent design et nature pour une parenthèse enchantée. À compléter par la découverte gustative de l'excellent restaurant Saint-James.

YNDO HOTEL***** €€€

108, rue Abbé de l'Épée
© 05 56 23 88 88
www.yndohotelbordeaux.fr
Chambre simple à partir de 225 €, double à partir de 360 €, suite à partir de 550 €. Petit déjeuner continental : 20 €.

Cet établissement est niché dans un hôtel particulier du XIXe siècle. Le nom, inventé par la propriétaire des lieux, intrigue. Cet hôtel est à la fois contemporain, intimiste et chic. Les chambres et suites sont décorées avec un grand soin ; les pièces communes ont conservé les superbes moulures et les grandes portes anciennes qui se marient avec le mobilier design. Pleine de charme, la cour intérieure est un havre de paix. Le petit déjeuner, continental ou gourmand, et les repas sont composés d'une sélection de produits régionaux et de saison du marché.

SE RÉGALER

Bordeaux et la gastronomie, c'est une histoire d'amour ! Dans toute la ville, des restaurateurs, fiers de leur terroir entre terre et mer, proposent de savoureux plats du Sud-Ouest et subliment les spécialités culinaires avec passion. La plus emblématique de ces spécialités est sans aucun doute le cannelé, un délicieux gâteau au cœur moelleux très parfumé et à la croûte croustillante et caramélisée. Et il y a bien d'autres mets incontournables à découvrir : la lamproie à la bordelaise, le grenier médocain, l'entrecôte de bœuf de Bazas à savourer avec un bon verre de bordeaux, ou encore les fameuses huîtres du bassin d'Arcachon. Avant le repas, goûtez au Lillet, l'apéritif local ! Le centre historique et les autres quartiers fourmillent de bonnes adresses pour découvrir ce fameux patrimoine culinaire, ou au contraire, pour s'envoler vers des cuisines du monde entier. C'est là toute la richesse de Bordeaux !

Vin et gastronomie bordelaise.

L'ANNEXE DU CAFÉ JAPONAIS €€

13, rue Saint-Siméon ✆ 05 56 48 68 48
www.cafe-japonais.com

Ouvert tous les jours de 12h à 23h. Menu enfant : 12,50 €. Formule du midi : 13,60 €. À emporter : réduction de 15%.

Installée en face de son grand frère le Café Japonais, l'Annexe a su tout autant séduire la clientèle grâce à sa cuisine savoureuse. Sont ici mis à l'honneur les plats chauds en bento et donburis, les soupes de nouilles et les incontournables sushis-makis-sashimis, à déguster toute la journée ! Options véganes proposées. On apprécie aussi le côté salon de thé, pour savourer dans l'après-midi thé vert et délicieuses pâtisseries. Lieu agréable avec vue sur la place Camille Jullian.

ATELIER DES FAURES €€

48, rue des Faures
✆ 09 86 42 45 45
www.atelierdesfaures.fr

Ouvert du mardi au vendredi le midi ; du mercredi au samedi le soir. Carte : 33 € environ. Formule du midi : 19 €.

Originale, colorée et mise en scène, la magie de la cuisine du chef Romain Winicki se trouve dans les associations qu'il nous propose à partir de produits tels que le magret de canard ou les huîtres. Tous plus appétissants les uns que les autres, les plats sont présentés dans une belle vaisselle. Décloché au moment du service, « le canard qui fume » ne manqua pas de faire son petit effet pour les yeux et le nez ! Le chef excelle également dans les desserts qu'il met à la carte. Les vins font aussi l'objet d'une agréable sélection.

L'AUBERGE ESPAGNOLE €€

7, rue de la tour de Gassies
✆ 05 47 79 25 37
http://auberge-espagnole-bdx.fr

Ouvert du lundi au samedi de 19h à 23h30. Carte : 28 € environ.

Vous aimez les tapas et l'ambiance ibérique ? À deux pas de la place Saint-Pierre se trouve ce bar à vin et tapas. Ici, vous l'aurez compris, on savoure des tapas, faites maison, à choisir parmi une jolie liste qui sent bon le Sud. À la carte, vous trouverez des tortillas de patatas, du pan con tomate, des croquetas et un plat signature : les mini-burgers pulled pork. Pour accompagner les tapas, une cinquantaine de références en vin. Tous les produits dans l'assiette sont issus de fournisseurs locaux : charcuteries ibériques et fromages fermiers.

L'AVANT COMPTOIR DU PALAIS €€

2, place du Palais
✆ 05 57 14 94 85

Ouvert toute la semaine de 12h à 23h (dernier service). Vin au verre à partir de 3,50 €. Tapas.

Foie gras des Landes, charcuteries basques, épaule d'agneau confite... Dans cet « Avant-Comptoir », les tapas sont à l'honneur : pas moins de 80 propositions, affichées au plafond avec photo et prix. Chaque tapas est choisi avec soin auprès de fournisseurs et vignerons réputés pour leur savoir-faire. Ici, les repas sont partagés au grand comptoir ou sur les tables hautes, autour d'un bon verre de vin de producteur. 150 références sont proposées à prix accessible.

BACANA €

22, rue des Augustins ✆ 05 24 07 53 46
www.bacanacornfood.fr

Ouvert le mardi et le mercredi de 19h à 22h ; du jeudi au samedi de 12h à 14h30 et de 19h à 22h30. Menus de 10 € à 12 €.

De la street food colombienne, ça vous tente ? Les deux jeunes femmes à la tête de Bacana proposent deux recettes principales : *l'arepa* (une galette garnie et snackée à la plancha) et *l'empanada* (un chausson farci et frit) qui s'accompagne de citron vert et d'une sauce typique. Les préparations sont maison et sans gluten à partir de produits essentiellement locaux, à l'exception de la *panela,* des épices, de la sauce piquante et la *colombiana* qui arrivent directement de Colombie. Un sans-faute tant pour l'originalité, le service, le sourire, la déco et les goûts !

BANH MÌAM €

57, rue des Faures ✆ 05 54 51 49 28
www.banhmiam.com

Ouvert tous les jours de 11h30 à 22h. Banh Mi : 5,50 € ; Poke MiaM : 8 €. Terrasse. Vente à emporter.

Qui ne rêve pas de croquer le monde ? Et dans un Bánh mì ? D'influence française, mais d'origine vietnamienne, le Bánh mì a débarqué à Bordeaux pour rafraîchir nos pauses déjeuner ou pour les plus pressés en guise de dîner. Bœuf à la citronnelle, porc au sirop d'érable, poulet au red miso ou tofu fumé aux 5 épices, ce sandwich-baguette est aussi garni de concombre, betterave chioggia, carottes et daikons vinaigrés, coriandre et mayonnaise végane maison. Pratique, on peut rester manger sur place, emporter ou se faire livrer. Merci les garçons, c'était bon !

BIG BEAN €

135, rue Fondaudège ✆ 05 56 23 17 69
www.bigbean.fr

Ouvert la semaine de 8h à 15h, le week-end de 9h à 15h, fermé le mercredi. Spécialités anglaises. Carte : 20 € environ.

Ce n'est pas parce qu'ils ont quitté l'Europe que l'on doit bouder tout ce qui nous vient de l'autre côté de la Manche. Clément Belin, passé chez Philippe Etchebest, a pris avec son épouse Laurie une année sabbatique pour aller dénicher quelques recettes traditionnelles au pays de Sa Majesté la reine... À leur retour, ils ont ouvert cette délicieuse cantine qui propose le vrai breakfast anglais bien complet (œufs, saucisses, bacon, black pudding, champignons, haricots, galette de pomme de terre), mais aussi un afternoon tea et des lunchs *so British*. Yummy !

LE BISTRO DU MUSÉE €€

37, place Pey-Berland ✆ 05 56 52 99 69
www.lebistrodumusee.com

Ouvert du lundi au jeudi de 12h à 22h ; le vendredi de 8h à 22h30 ; le samedi de 12h à 14h30 et de 19h à 22h30.

Cette brasserie *so chic* habillée de pierres apparentes est située face à la cathédrale en plein cœur de Bordeaux. Aux beaux jours, vous apprécierez vous installer en terrasse dont la vue donne sur la place Pey Berland. A chaque saison, la carte change et vous offre à découvrir des plats qui sentent bon la cuisine du marché : œuf mollet et crème de cèpes, ris de veau braisé aux petits oignons, pavé de maigre rôti et sa purée de panais. Finissez le repas par une gourmandise : crème brûlée à la vanille Bourbon ou fondant au chocolat et son cœur caramel beurre salé.

BISTROT VANZETTI €€

6, rue des Lauriers
✆ 05 56 44 42 84

Ouvert du mardi au samedi midi et/ou soir. Carte : 25 € environ.

Chez Vanzetti, l'Italie est partout : dans la décoration, en musique, et dans l'assiette bien sûr ! Ici, la cuisine est familiale : simple et généreuse ! Et faite maison avec des produits locaux de qualité. À la carte, vous trouverez de délicieuses pizzas, ainsi que de nombreuses spécialités : la fameuse burrata, les pâtes carbonara traditionnelles et en dessert, l'incontournable tiramisu. Vous pourrez accompagner votre repas de bons vins de Bordeaux, d'Italie ou du monde, ou de boissons rafraîchissantes comme les jus de fruits bio de la maison Meneau.

LA BRASSERIE DU PASSAGE €€

14, place Canteloup
✆ 05 56 91 20 30
http://lepassagesaintmichel.fr/

Ouvert du jeudi au mardi de 6h30 à 23h ; le mercredi de 8h à 23h. Menu incontournable : 13,90 € (dim soir au ven midi).

Laissez-vous charmer par cette adresse aux allures de brocante où vous pourrez goûter à une cuisine traditionnelle marquée par les influences du Sud-Ouest. C'est le genre d'adresse atypique que l'on aime beaucoup, surtout pour des soirées entre amis dont le seul but est de refaire le monde ! L'ambiance y est souvent animée, car l'établissement est pris d'assaut, sans pour autant se transformer en cantine. C'est un endroit qui vit ! Si la salle vaut le détour, la terrasse ombragée offre une superbe vue sur la flèche de la basilique Saint-Michel. Allez-y !

BRASSERIE P'TIT QUÉBEC CAFÉ €

93, rue Eugène Jacquet
✆ 05 56 96 90 57
www.quebecafe.com

Ouvert 7 jrs/7. Service continu de 11h30 à 22h/22h30. Happy hour (17h-20h). Brunch le dimanche. À emporter. Terrasse.

Dans le quartier Saint-Augustin, le P'tit Québec Café est la brasserie québécoise de référence. Le propriétaire a ce petit accent reconnaissable entre tous. À toute heure de la journée, craquez pour la fameuse poutine (frites avec du fromage en grains et la sauce qui va bien) et l'un des alléchants burgers. On mange aussi des club-sandwichs, des bagels, des salades et même du bison. Et sucrez-vous l'bec avec une tarte sirop d'érable-noix de pécan ou un brownie bien chocolaté.

LE CAFÉ DU LEVANT €€

24-25, rue Charles Domercq
✆ 05 57 80 26 22
http://cafedulevant.fr/

Ouvert tous les jours le midi et le soir. Petit déjeuner et salon de thé dès 8h. Menus de 18,90 € à 29,90 €. Terrasse.

Réputé pour sa célèbre façade, Le Café du Levant est une véritable institution bordelaise. Dans un décor typique des plus grandes brasseries, vous goûterez à une cuisine généreuse et savoureuse. Il y a en plus à la carte les spécialités de brasserie : œufs mayonnaise, hareng pommes de terre à l'huile, croque-monsieur, tartare de bœuf, salade César, filet de saumon beurre blanc... La carte de vins est composée de très belles références du Sud-Ouest. Aux beaux jours, n'hésitez pas à investir la grande terrasse dès le petit déjeuner !

LE CAFÉ DU PORT €€

1, quai Deschamps
✆ 05 56 77 81 18
www.lecafeduport.com
Ouvert tous les jours de 12h à 14h30 et de 19h30 à 22h30. Formule du midi : 15,50 € à 19,50 €. Voiturier gratuit.

Situé sur les berges de la Garonne, la vue panoramique sur le pont de Pierre, les quais et la flèche de Saint-Michel est tout simplement époustouflante. À l'intérieur, on se croirait dans une immense cabane de pêcheurs, agrémentée de magnifiques luminaires qui apportent une belle clarté aux lieux. La carte change tous les trois mois et la cuisine est un mélange de spécialités provençales, du Sud-Ouest et de Charente. Au gré des saisons, goûtez au filet de bar portion en portefeuille, au filet mignon de veau ou encore à la déclinaison autour de l'abricot.

CÈDRE ET VOUS €

2 bis, rue de Cursol
✆ 09 88 02 72 66
https://cedre-et-vous.business.site
Ouvert du jeudi au lundi de 8h à 18h. Menu enfant : 9 €. Brunch à partir de 18 €.

Cèdre et Vous est un restaurant franco-libanais tenu par deux passionnés. Rayane est à la cuisine et Simon s'occupe des pâtisseries. Installés au cœur de Bordeaux, ils régalent les papilles du petit déjeuner au goûter. Leur spécialité ? Le brunch libanais, avec manaich traditionnel au fromage ou au zaatar, hommos maison, salade fattouche et halloumi grillé. Saveurs et dépaysement garantis ! Si vous êtes plutôt traditionnel, l'équipe propose aussi un brunch français et un brunch éphémère amené à être régulièrement renouvelé. Plats du midi excellents également !

CHIOCCHIO €€

20, place du Palais
✆ 05 57 99 21 12
Ouvert tous les jours de 12h à 15h et de 19h à 23h30. Prix moyen à la carte : 35 €. Plat du jour : 13,50 €.

Décoré avec goût et disposant d'une belle et agréable terrasse avec vue sur la porte Cailhau, le Chiocchio séduit aussi dans l'assiette grâce à une cuisine italienne ultra généreuse et gourmande. Le menu change régulièrement et le chef propose un plat différent chaque jour. Si les pâtes sont la spécialité de la maison, la carte propose également des recettes aux accents du Sud. En dessert, ne passez surtout pas à côté du délicieux tiramisu à la cuillère ! Et pour accompagner tout ça, une très belle sélection de vins d'Italie…

LE CLANDESTIN €€

56, rue du Hamel
✆ 09 70 38 01 70
www.leclandestin-restaurant.fr
Du mercredi au samedi le midi et le soir ; le dimanche midi. Menu du marché : 23 € (le midi). Menu Clandestin : 35 €.

Bien accueilli dans ce restaurant situé entre la place Saint-Michel et le marché des Capucins, le Clandestin est une jolie adresse à découvrir le temps d'un déjeuner ou d'un dîner. Le Chef, Frédéric Pérignon, concocte chaque jour deux menus avec un choix limité d'entrées, de plats et de desserts. La qualité avant tout. Pour vous servir, il arrive bien souvent que le chef en personne fasse le déplacement jusqu'à vous ! Le dressage est à saluer autant que l'harmonie des saveurs. Quantités généreuses, cuissons maîtrisées… C'est un vrai coup de cœur !

COMPTOIR CHRISTOLY €

7, place Saint-Christoly
✆ 09 81 16 73 42
www.comptoirchristoly.fr
Ouvert du lundi au samedi de 9h à 20h. Menus de 14,40 € à 18 €. Menu enfant : 9,50 €. Plat du jour : 10,90 €.

Installé sur la place Saint-Christoly, à deux pas de la cathédrale Pey Berland, ce restaurant est idéal pour les pauses déjeuner entre collègues. Ici, le service est rapide et efficace. Vous profiterez d'un cadre agréable : une salle charmante tout en bois et pierres, et une terrasse ombragée sous les arbres. Au menu, les salades et les pizzas sont à savourer à toute heure grâce à un service en continu. Bon à savoir, le Comptoir Christoly est privatisable pour les soirées d'anniversaire, réunions de travail ou tout autre événement.

COMPTOIR CUISINE €€

2, place de la Comédie
✆ 05 56 56 22 33
www.comptoircuisine.com
Tous les jours le midi et le soir. Carte : 50 € environ. Formule du midi : 20,40 €. Menu du soir : 42 €.

Au Comptoir Cuisine, installé en face du Grand Théâtre, Laurent Mougenot et sa brigade préparent sous vos yeux les plats d'une carte bistrot de qualité qui varie au fil des saisons non sans une petite touche d'exotisme. À découvrir à table ou au comptoir ! L'une des spécificités est de proposer le midi en semaine une formule maligne et rapide : le 3-en-1, un plateau composé d'une entrée, d'un plat et d'un dessert servis en une seule fois. La décoration est chic, décontractée et la terrasse avec vue est toujours prise d'assaut.

LE COMPTOIR D'ETIENNE €€

21, rue Maucoudinat
✆ 09 81 62 63 63
Lundi-vendredi 11h30-14h30 et 19h30-23h30. Carte 40 € environ. Formule midi 25 €, plat du jour 19,50 €, accueil groupes.

C'est dans un bâtiment sublime que vous accueille l'équipe du Comptoir d'Étienne. L'espace immense et tout en pierres a été aménagé avec goût. Les peintures contemporaines et les bouteilles de vin exposées au mur contrastent avec les arches et les poutres d'antan. Au fond, la cuisine ouverte, à côté de l'étal présentant les viandes et les poissons du jour, apporte de la modernité à ce lieu unique. Dans l'assiette, des produits d'exception sont sublimés par des recettes gourmandes et copieuses. Allez-y les yeux fermés : c'est un établissement d'exception !

CROMAGNON €€

48, rue du Palais Gallien ✆ 05 56 81 17 52
www.lecromagnon.fr
Ouvert du mardi et jeudi le soir, vendredi et samedi le midi et le soir. Menu Dégustation : 75 €. Business Lunch : 35 €.

On se sent tout de suite à son aise dans ce restaurant à la décoration chaleureuse et lumineuse. Et quand les assiettes arrivent, on est aux anges ! Le menu Dégustation propose un service en 8 temps : amuse-bouches, entrées, plats, dessert. Tout est superbement présenté, parsemé de fleurs et cette délicatesse se retrouve dans le service, disponible et attentionné. Enorme coup de cœur pour les coquillages, shiitakés et citron osbeck, ainsi que pour la meringue vapeur, marmelade de citron rose et glace sarrasin. La cheffe Oxana Cretu a décidément du talent !

LE COMPTOIR FROMAGER €€

27, rue du Parlement Saint-Pierre
✆ 09 81 17 17 08
www.lecomptoirfromager.com
Ouvert du jeudi au lundi le soir, dimanche midi et soir. Prix moyen à la carte : 35 €. Terrasse.

Tout est parfait au Comptoir Fromager : l'accueil, le décor, l'ambiance, la carte, la cuisine, les fromages, la jolie vaisselle, le concept… Vous l'aurez compris, on a adoré venir dîner dans cette belle adresse de la rue du Parlement Saint-Pierre. Ici, le fromage est forcément à l'honneur dans de vrais plats pleins d'originalité et de saveurs. Si les recettes des entrées et des plats mettent l'eau à la bouche, celles des desserts piquent notre curiosité et notre envie de garder une petite place pour s'en délecter. À découvrir sans tarder !

DIS LEUR €€

45, rue du Loup
✆ 05 57 14 96 91
www.bistrot-disleur.fr
Ouvert du lundi au samedi de 12h à 14h et du jeudi au samedi de 19h30 à 21h30. Formule du midi 19 €.

Mettre en avant une délicieuse cuisine 100 % végétale, c'est le pari réussi de ce joli bistrot végétalien. Le chef Nicolas, passé par Comptoir Cuisine, propose des plats originaux et savoureux, sans aucun produit d'origine animale. Tout est frais, de saison, majoritairement local et bio. Le midi, à la carte, vous aurez le choix entre deux entrées, deux plats et trois desserts (dont une assiette de fromages végétaux). Le soir, l'ambiance devient festive avec des tapas à partager, ainsi qu'une sélection de bières artisanales et locales.

LA CRÊPE D'ANGÈLE €

20, rue Georges Bonnac ✆ 05 56 51 02 33
www.creperiedangele.fr
Ouvert tous les jours de 11h à 23h. Service en continu. Formule déjeuner à 8,80 €, 10,80 € et 11,90 €.

Installée en face de l'UGC Ciné Cité, rue Georges Bonnac, cette petite crêperie est un lieu sympathique. Ici, le service est d'une grande rapidité et la qualité correcte. Le chef propose de nombreuses recettes de galettes de sarrasin des plus classiques (complète, forestière, montagnarde, quatre fromages, landaise) aux plus élaborées (comme la galette Triskel flambée à base d'andouille). L'avantage du lieu est son service non-stop qui permet de savourer une galette salée ou une crêpe sucrée à n'importe quelle heure de la journée, pourquoi pas en sortant du cinéma.

EL NACIONAL €€

23, rue Rode
✆ 05 56 79 22 76
www.elnacional.fr
Ouvert du lundi au samedi le midi et le soir. Carte : 30 € environ. Formule du midi : de 13 à 24 €.

Place des Chartrons, Hugo Naón vous accueille pour un voyage gastronomique sous le soleil de Buenos Aires ! Dans ce restaurant, les mets se savourent assis au comptoir ou à table, que ce soient les portions à partager (*para picar*) ou plats à l'assiette. Tortilla de patatas, croquetas de jambon, empanadas salteñas, calamars à la plancha, viandes argentines *a la parrilla* (au grill comme là-bas)… Le chef connaît son sujet sur le bout des doigts ! Gardez un peu de place pour les alfajores en dessert. Belle sélection de vins argentins, de rhum et de téquila.

LE GABRIEL GASTRONOMIQUE & BISTROT €€€

10, place de la Bourse ✆ 05 56 30 00 80
www.bordeaux-gabriel.fr

Ouvert tous les jours midi et soir. Réservation recommandée. Formule midi du Bistrot : 29 € ; de confiance : 55 €.

Adresse emblématique sur la place de la Bourse, le Gabriel offre un panorama exceptionnel sur la ville. Dans ce luxueux écrin du XVIIIe siècle, trois espaces vous accueillent : un bar à cocktails avec terrasse ouverte, un restaurant gastronomique à la carte inventive et raffinée nommé L'Observatoire, et le Bistrot du Gabriel où la cuisine régionale est à l'honneur. Au menu, palet de butternut rôti, mulet du bassin, canard fumé... Gardez un peu de place pour le chariot de desserts !

L'ENTRECÔTE €€

4, cours du 30-Juillet
✆ 05 56 81 76 10
www.entrecote.fr

Ouvert tous les jours et les jours fériés le midi et le soir. Sans réservation. Formule : 20 €.

Paul Gineste de Saurs a lancé ce restaurant en 1959 à Paris avant de s'installer à Bordeaux. La formule est simple : une salade de noix en entrée puis une tranche de contre-filet de 170 grammes finement coupée avec ses pommes allumettes maison et sa célèbre sauce. À l'intérieur, retrouvez le décor mural écossais et noir et le jaune citron qui égaye les nappes, les menus et les tenues des serveuses. S'il vous reste encore un peu d'appétit, goûtez aux desserts... Mais armez-vous de patience, car il y a toujours du monde qui attend bien avant l'ouverture.

LA GRANDE POSTE €€

7, rue Palais Gallien
✆ 05 56 01 53 90
www.lagrandeposte.com

Ouvert du mardi au samedi de 9h à 23h ; le dimanche de 11h à 18h. Restauration midi et soir. Brunch. Soirées spectacles.

La Grande Poste est, selon ses créateurs, « un espace improbable » : à la fois une salle de spectacle, un restaurant, un bar à tapas et sept échoppes éphémères d'artistes qui varient au fil des mois... Dans cet ancien bâtiment des années 20, l'espace est immense et très convivial. La salle de restaurant est vaste et permet de faire de grandes tablées en famille ou entre amis. On s'y installe pour le café du matin, le déjeuner, le goûter ou le dîner, pour boire un verre en soirée, bruncher en musique ou assister à un spectacle. Programmation variée.

L'HÉDONIQUE €€

12, Rue Sicard ✆ 05 54 51 13 46

Ouvert du mardi au samedi le midi et le soir (jusqu'à 1h). Formule du midi : 22 €. Carte : 30 € environ.

Installé aux Chartrons, L'Hédonique est à la fois un restaurant et un bar à cocktails intimiste et convivial, agrémenté d'une terrasse abritée idéale pour boire un verre. A la carte, des tapas gourmandes à partager et des plats raffinés, issus de diverses inspirations glanées aux quatre coins de la planète. On y retrouve notamment les produits truffés de la fameuse Maison Balme. Le bar propose une belle sélection de cocktails. Le soir l'ambiance se fait musicale et festive : les clients apprécient les DJ sets et s'adonnent volontiers à quelques pas de danse...

L'EMPIRE BORDEAUX €€

14, rue de la Devise
✆ 05 56 48 80 00
https://empirebordeaux.fr

Ouvert du mercredi au dimanche de 19h à 2h. Réservation recommandée. Vin au verre. Accueil des groupes (menu à 35 €).

En plein cœur de Bordeaux, L'Empire est installé dans un lieu d'exception niché dans les anciennes écuries napoléoniennes de la ville. Dès l'entrée, on est époustouflés par le magnifique bar en mosaïque, sur lequel on déguste une des nombreuses créations de cocktails. Côté restauration, il est possible de composer soi-même sa planche en choisissant à la carte de délicieuses bouchées. Options végétariennes proposées. Dans ce bel espace, l'ambiance est festive et le lieu est propice à la danse ! L'Empire est d'ailleurs privatisable pour tous vos événements.

MADAME PANG €€

16, rue de la Devise
✆ 05 56 38 47 13
www.madamepang.com

Ouvert du mardi au samedi de 19h à 1h. Assiettes entre 6 € et 11 €. Cocktails.

A peine passé la porte, nous voilà dans un autre monde. On se croirait dans un club privé à Hong Kong : la décoration est chic, l'ambiance intimiste, et le service impeccable. Madame Pang est un bar à *dim sum*, ces petites bouchées inspirées de la culture culinaire cantonaise, que le chef agrémente de produits locaux. Du côté des boissons, la carte est étoffée, avec une sélection de vins, spiritueux et cocktails avec ou sans alcool. A tous les niveaux, Madame Pang se distingue. Sans hésiter, l'un des meilleurs bars à cocktails et restaurants de la ville...

LES MILLE ET UNE NUITS €€

42, rue des Bahutiers
✆ 05 56 48 22 81

Ouvert du mardi au samedi à partir de 19h30. Menus de 21 € à 23 €. Menu pour deux à 49 €. Accueil des groupes.

Quel délice ! Aux Mille et une nuits, préparez-vous à vivre une expérience inoubliable. Laissez-vous tenter par le menu Extra. Vous commencerez par les mezzés traditionnels : houmous, taboulé libanais, moussaka, samboussek (beignets farcis) à la viande et au fromage, falafels... Le service est aux petits soins et ne manquera pas de vous guider pour la dégustation ! Un deuxième temps est consacré aux grillades, puis le repas se termine sur une note sucrée.. Pour un dessert tout en légèreté, on vous conseille le mouhalabieh, une crème de lait à la fleur d'oranger.

LE MIRABELLE BRASSERIE €€

31, rue Camille Godard Bordeaux
✆ 05 57 82 62 36
www.lemirabellebrasserie.fr

Ouvert 7/7jours. 7/7 de 11h à 2h. Plat du jour 12 € Carte : 35 € environ.

Le Mirabelle est une vraie brasserie moderne. Ici, les produits sont frais et les recettes simples, mais travaillées. La cuisine se veut traditionnelle, mais résolument punchy : une brasserie typique, oui, mais typique d'aujourd'hui. De l'entrée au dessert, tous les plats, copieux, donnent envie d'être dégustés. Au Mirabelle, les assiettes sont colorées et appétissantes avec un service impeccable et attentionné. Les prix sont attractifs, la carte du midi change tous les jours et la grande terrasse est l'une des plus ensoleillées de Bordeaux !

MODJO €€

74, cours d'Alsace et Lorraine
✆ 05 56 30 92 91
www.modjorestaurant.com

Ouvert tous les soirs sauf mercredi, et le dimanche midi. Menus à 68 €. Formule du midi : 21 €.

Foie gras du Périgord, grenouille glacée au café, Saint-Jacques et spaghettis aux girolles… Chez Modjo, la grande cuisine française et les produits du terroir sont à l'honneur. L'établissement tout en longueur se distingue par la qualité de ses mets sa décoration soignée. Le soir, les deux chefs proposent un menu à l'aveugle bien nommé « 6ème Sens » : faites leur confiance pour vous étonner et vous régaler ! Des accords mets & vins sont également proposés et un maître d'hôtel est à disposition pour vous conseiller sur la carte des vins, régulièrement renouvelée.

MOELLEUSES ET PERSILLEES €€

65, quai des Chartrons
✆ 05 57 87 60 82
www.moelleuses-et-persillees.fr

Ouvert du mardi au dimanche, midi et soir. Viande affinée à partir de 11 €/100 g.

Le restaurant Moelleuses & Persillées est exclusivement dédié à la viande. Inspiré des steak houses, un concept typiquement londonien, cet établissement met à l'honneur le bœuf dont chaque pièce a été soigneusement sélectionnée parmi les meilleures races à travers le monde. Les viandes sont exposées dans une cave, qui permet leur maturation afin d'obtenir un produit de meilleure qualité, en goût comme en tendreté. N'hésitez pas à demander conseil, car chaque viande a son caractère... L'équipe vous répondra avec précision et gentillesse.

NEW YORK NEW YORK €

4, cours Pasteur
✆ 05 57 99 82 07

Ouvert tous les jours de 10h à 1h. Carte : 30 € environ. Vin au verre. Happy Hour du jeudi au samedi de 22h30 à 1h.

Quel établissement de charme ! Depuis que le New York New York s'est refait une beauté à l'été 2021, on craque pour ce restaurant branché et convivial. La décoration est sublime avec notamment une belle fresque signée de l'artiste Madi. Entre l'Hôtel de Ville et le Musée d'Aquitaine, l'équipe vous accueille dès 10h pour le café du matin, le midi pour un déjeuner à petit prix, dans la journée pour une boisson chaude ou fraîche, et le soir pour dîner ou découvrir un cocktail signature. Les plus de l'établissement ? Une grande terrasse ensoleillée !

ÔZÉ €€

20, rue du Palais Gallien
✆ 05 56 52 36 34
www.oze-restaurant.fr

Ouvert du mardi au samedi le soir ; jeudi et vendredi le midi et le soir.

Eric Satger et Eric Giraud, deux épicuriens, ont voulu partager leur amour pour la cuisine du Sud-Ouest de façon originale. Le chef imagine donc une cuisine régionale revisitée façon bistronomie, relevée de notes subtiles venues d'Asie, et servie sous forme de plats à partager comme les nems de canard ou les chipirons frits au piment d'Espelette présentés dans un sabot en bois. La convivialité se retrouve aussi dans la salle avec quelques tables d'hôtes, et grâce à la cuisine ouverte où l'on voit le chef et son équipe en train de s'affairer pour nous régaler...

PEPPONE €€

31, cours Georges Clemenceau
✆ 05 56 44 91 05
https://groupe-peppone.fr
Ouvert tous les jours midi et soir. Sur place ou à emporter. Pas de réservation. Pâtes et pizzas : à partir de 12,95 €.

Véritable institution bordelaise installée près de la place Gambetta, Peppone propose une cuisine italienne copieuse et goûteuse. Attention, victime de son succès, il y a souvent un peu d'attente avant de pouvoir entrer... Les produits sont directement importés d'Italie et généreusement servis. Pasta et pizzas aussi bonnes que là-bas ! Clou du spectacle, la sublime cave dans laquelle les clients peuvent choisir leur vin : un labyrinthe éclairé à la bougie, où les bouteilles côtoient les statuettes de la Vierge tel un lieu sacré ! Incontournable.

LE SAINT-JEAN €€

69, rue Eugène le Roy
✆ 05 82 84 85 31
www.lesaintjeanbordeaux.com/fr
Ouvert du lundi au samedi. Plats de 16 € à 21 €. Formules du midi de : 19 € et 23 €. Accueil des groupes. Terrasse. Bar.

Bordeaux n'échappe pas à la règle. Le quartier de la gare n'est pas le plus attirant et les adresses où bien manger se comptent sur les doigts d'une main. Mais c'était sans compter sur l'arrivée du Saint-Jean. Et quelle arrivée ! Le Saint-Jean est un bel endroit où l'on vient comme ils aiment le dire « *pour un déjeuner d'affaires, un café/pâtisserie avant un train ou encore pour un apéro qui se prolonge en dîner* ». Façon bistro chic, le Saint-Jean est effectivement un lieu agréable où passer le temps. Autre bon point : des prises électriques un peu partout.

PETER COFFEE SHOP €€

3, rue de Guienne
✆ 07 85 91 87 27
www.petercoffeeshop.com
Ouvert tous les jours à partir de 9h. Brunch : 24 € ; servi tous les jours. Lunch : à partir de 14 €.

Hommage à Peter Pan, ce joyeux café spécialisé dans les brunchs envoie des bonnes ondes ! Déco fleurie et colorée et accueil adorable enchantent dès l'entrée, et devant la vitrine des pâtisseries on est définitivement conquis. Les cookies sont exquis et le brunch dangereux : vous ne voudrez plus vous en passer... Ça tombe bien, il est servi tous les jours ! Vous pouvez aussi piocher à la carte des lunchs ou siroter un café torréfié juste à côté. Car en plus d'être beaux, tous les plats sont 100 % faits maison et par des artisans locaux. Bravo Peter !

LA TUPINA €€€

6, rue Porte de la Monnaie
✆ 05 56 91 56 37
www.latupina.com
Ouvert le lundi soir ; du mardi au dimanche le midi et le soir. Réservation recommandée. Menu « classique » : 64 €.

Vous souhaitez découvrir les saveurs du patrimoine gastronomique du Sud-Ouest ? Depuis 1968, le chef cuisine les meilleurs produits du terroir dans des plats simples qui rappellent ceux de nos grands-mères. Dans les assiettes, on savoure les œufs cocotte au foie gras, la lamproie à la bordelaise, la macaronade aux cèpes et au foie gras, le poulet rôti avec farce et croûtons... Les frites sont bien évidemment maison, cuites à la graisse de canard. Quant aux desserts, ils nous plongent dans nos souvenirs d'enfance. Une institution !

LE RÉGALLIEN €

77, rue du Palais Gallien ✆ 05 56 44 70 93
www.regallien.com
Ouvert du mardi au samedi le midi et le soir. Carte : 38 € environ. Formules du midi de 16,50 € à 19 €.

Voilà bien un nom tout indiqué, car vous allez vous régaler ! Dans ce cadre très agréable, la magie opère avant même le début du repas... L'amuse-bouche donne ensuite le ton : les saveurs explosent en bouche et promettent une suite prometteuse... Le chef maîtrise les cuissons autant que les assaisonnements, et agrémente ses recettes d'herbes fraîches dont il a le secret, pour réveiller les saveurs d'un velouté, d'une viande ou d'un poisson. Bref, le genre de petits détails qui font toute la différence. Un sans-faute également pour l'accueil et le service.

ZEPHIRINE €€

62, rue Abbé de l'Épée
✆ 09 72 45 55 36
https://zephirine.fr
Ouvert du mardi au samedi de 10h à 22h. Menu du midi : 24 € / 29 €. Menu du soir : 49 €. A emporter.

Le nouvel établissement du chef doublement étoilé Romain Corbière a tout pour plaire. Accompagné de sa sœur et de son beau-frère en salle, il propose un nouveau concept de restaurant et comptoir gourmand où la convivialité règne en maître : les entrées se partagent avant de passer aux plats gourmets et aux desserts du chef pâtissier de la maison. Tout est tellement bon ! Vous pouvez également emporter une sélection de ces délicieux mets pour vous régaler à domicile. Il se murmure que les terrines et rillettes maison sont parmi les meilleures de la région...

LE CHIOPOT €€€

281, rue des Quatre Castéra - **BÈGLES**
✆ 05 56 85 62 41
www.lechiopot.fr
Ouvert du lundi au vendredi le midi et le soir ; le samedi le soir. Menus de 20,50 € à 24,50 € (hors week-end). Jardin.

Derrière ses portes, dans une ambiance sobre et design, se cache une histoire vieille de 94 ans. Le chef travaille les spécialités ancestrales de la Maison comme les rognons de veau poêlés, le magret de canard entier grillé ou le pigeonneau cuit à la broche. Les amateurs de viandes et grillades seront comblés avec les pièces nobles de races Aubrac, Charolaise, Limousine, Blonde d'Aquitaine ou Salers. Pour finir, les gourmands se régaleront avec la spécialité : le moelleux chocolat noir guanaja. Côté cave, ce sont plus de 500 références de vins.

CHEZ VINCENT €€

38, rue Vincent Gonzales - **BÈGLES**
✆ 05 56 49 01 45
www.restaurantchezvincent.fr
Du lundi au vendredi le midi et le soir ; le samedi le soir. Menus de 24 à 40 €. Formule du midi : 14,50 €. Traiteur.

Qu'on se le dise, « Chez Vincent », les assiettes sont aussi gourmandes que copieuses, concoctées à partir de produits frais et régionaux. Plusieurs fois primé lors de la Fête de la Morue pour la qualité et l'originalité de ses recettes, Vincent s'impose comme le pro de la morue. Les grillades faites en salle font aussi la réputation de cette adresse ! On apprécie le buffet de hors-d'œuvre à volonté, les nombreux desserts et les 200 références de la cave. L'ambiance est conviviale sans chichis. Vincent propose aussi un service traiteur.

MERCI €€

10, rue Louis Blériot - **BÈGLES**
✆ 05 56 49 29 29
www.restaurant-merci.com
Ouvert tous les jours le midi et le soir. Formule fruits de mer à volonté : 34 € le midi ; 37 € le soir. Terrasse.

Restaurant sur pilotis, tout de verre et de métal vêtu, en surplomb de la Garonne… On adore cette adresse, y compris pour la formule fruits de mer composée de six huîtres sélectionnées par Sébastien Degrave, d'un buffet de fruits de mer à volonté, d'un poisson au choix cuit (ou d'une côte de bœuf, mais avec supplément) et d'un dessert. Qu'on se le dise, nombreux sont ceux qui calent avant la douceur sucrée. Et il faut voir la beauté du banc de l'écailler ! Amateurs de fruits de mer, ne cherchez plus, c'est l'adresse qui, à coup sûr, vous régalera !

LA CANTINE Ô SAVEURS €

6, rue Gambetta - **BLANQUEFORT**
✆ 05 56 57 96 89
www.lacantineosaveurs.com
Ouvert du mardi au vendredi le midi et du mercredi au samedi le soir. Carte : 22 € environ. Le midi : 15 € à 19 €.

Virginie et David vous accueillent dans une ambiance conviviale ! Originaire de La Réunion, David a fait ses classes dans des restaurants étoilés et en restauration collective. Des expériences qui ont forgé son esprit créatif et méticuleux. Passionnée d'œnologie, Virginie officie en salle et conseille les clients afin d'accorder vins et plats. Au menu : pâtes, pizzas, salades, tartines et plats réunionnais bien relevés. L'Assiette réunionnaise (mélange de salades, tartine de bouchons gratinée, samoussas, accras et bonbon au piment) est une réussite !

NATURE ET DES COURGETTES €

2, rue Carnot - **BÈGLES**
✆ 05 56 87 94 77
Ouvert du lundi au samedi de 12h à 14h30. Brunch le dimanche. Prix au poids de l'assiette : 26 €/kg. A emporter.

Après quelques longueurs, une séance de hammam ou une baignade en famille à la piscine « Les bains » de Bègles, que diriez-vous d'aller manger un bout chez Nature et des Courgettes ? Au sein de la piscine, mais parfaitement accessible si la natation n'est pas votre truc, ce restaurant propose une cuisine faite maison et bio. Marqueur du passé oblige, la grande salle et haute de plafond a su conserver une ambiance Art déco assez caractéristique. C'est dans ce cadre quelque peu original, que tous les midis un buffet froid et chaud au poids de l'assiette est servi.

LE CAFÉ DE L'ESPÉRANCE €€

10, rue de l'Esplanade
BOULIAC
✆ 05 56 20 52 16
www.saintjames-bouliac.com
Ouvert tous les jours de 12h à 14h et de 19h30 à 22h. Formule du midi : 18 €.

Annexe du restaurant étoilé le Saint-James, le Café de l'Espérance séduit par sa cuisine gourmande et son ambiance chaleureuse. Dans ce bistrot gastronomique plein de charme, les recettes de brasserie et les produits du terroir sont à l'honneur : andouillette grillée, bavette d'aloyau, pieds de cochons caramélisés, poulet fermier rôti… Pour les entrées et les desserts, le chef mise sur la convivialité avec un buffet à volonté. On craque pour le vacherin aux fraises et la tarte au citron meringuée. Après le repas, profitez de la vue panoramique sur Bordeaux !

LE SAINT-JAMES €€€

3, place Camille Hostein - **BOULIAC**
✆ 05 57 97 06 00
www.saintjames-bouliac.com
Ouvert le mardi soir ; du mercredi au samedi le midi et le soir. Menus de 80 € à 160 €. Formule du midi : 52 €.

Sur les hauteurs de Bouliac, cette somptueuse maison dont une partie a été créée par l'architecte Jean Nouvel offre une vue panoramique sur la ville de Bordeaux. Le chef de cuisine Mathieu Martin et le chef pâtissier Sébastien Bertin s'inspirent du terroir aquitain pour proposer une cuisine inventive. La carte met à l'honneur les produits du Sud-Ouest et ses producteurs : foie gras de la Maison Biraben, pigeon de Madame Leguen, turbot de la Cotinière, caviar de la Maison Sturia... Sans hésiter une des plus grandioses tables du département.

MAKIONE €

123, avenue René Cassagne - **CENON**
✆ 05 56 40 88 65
www.makione.fr
Ouvert tous les jours de 12h à 14h et de 19h à 21h30. Plat à partir de 9,90 €. Terrasse. Vente à emporter.

MakiOne, c'est l'adresse de référence rive droite pour savourer des plateaux de sushis-makis-sashimis. Depuis la rentrée 2020, le restaurant s'est refait une beauté et surprise... il s'est agrandi ! Le petit frère s'appelle Kinori. Dans ce nouveau restaurant (installé à la même adresse), vous pourrez déguster des plats sautés au wok, comme le bo bún vietnamien ou le pad thai thaïlandais. On apprécie le « mix tapas » : un assortiment de tapas asiatiques (nems poulet, tempuras crevette, gyosas...) à savourer sur place ou à se faire livrer chez soi !

L'AMARYLLIS €

146, avenue Saint-Médard - **EYSINES**
✆ 05 56 12 33 09
www.restaurant-lamaryllis.fr
Ouvert du mardi au samedi de 12h à 14h et de 20h à 22h. Réservation. Formule du midi : 15 €. Menu du soir à 20 €.

Le restaurant est souvent complet : c'est bien un signe qui ne trompe pas ! D'où vient un tel succès ? Des produits frais sublimés dans les recettes du chef ! Midi et soir, il propose un menu changeant au fil des saisons. Une cuisine traditionnelle, simple et goûteuse : brochette de cœurs de canard, filets de cabillaud crevettes sautées tomate champignons chorizo... Chaque plat est accompagné de ses légumes en gratin et de ses frites maison. En dessert, des incontournables : petits babas au rhum, chocolat liégeois, coupe amarena...

LA TERRASSE DU VIGEAN €€

21, avenue du Médoc
EYSINES
✆ 05 56 93 23 22
https://www.la-terrasse-du-vigean.fr
Ouvert du lundi au samedi de 10h à 23h. Formule du midi : 16 € à 18,50 €. Menus de 23 € à 28 €.

La Terrasse du Vigean est sans nul doute une adresse à découvrir. Même si l'établissement est installé tout près d'une route passante, le lieu vaut le détour ne serait-ce que pour la carte aux multiples influences. Les recettes proposées sont des valeurs sûres que l'on aime savourer : tartare de bœuf à la sauce italienne, magret de canard entier... L'ambiance est vraiment chaleureuse, les gérants des lieux n'hésitant pas à faire le tour des tables pour récolter les impressions de leurs clients. Le petit plus : les brumisateurs l'été sur la terrasse !

LE CHALET LYRIQUE €€

169, cours du Général de Gaulle - **GRADIGNAN**
✆ 05 56 89 11 59
www.chalet-lyrique.fr
Ouvert toute l'année. Du lundi au vendredi midi et soir ; le samedi soir. Menus de 25 à 32 €. Formule du midi : 16 €.

Avec son agréable terrasse, sa fontaine et ses oliviers centenaires, le Chalet Lyrique ne manque pas d'arguments. La clientèle apprécie les excellentes viandes, les poissons grillés à la plancha et les produits frais de saison. En plus de la formule Brasserie servie le midi, le chef propose un menu gourmand. Selon la saison, vous pourrez savourer un ceviche de daurade, un dos de cabillaud aux épices, un palet breton Namelaka au chocolat noir. L'accueil est aimable et le personnel ne manque pas de petites attentions ! Le bar est ouvert tous les jours.

LE DOMAINE DES TENTATIONS €€

4, chemin des Moulins
GRADIGNAN
✆ 05 56 89 53 53
www.le-domaine-des-tentations.fr
Ouvert du mardi au samedi le midi et le soir. Menus de 30,90 € à 43,90 €. Formule du midi : 20,90 €. Terrasse.

L'établissement s'inscrit dans le charme à la française. Baignée de lumière, la salle de restaurant offre une bien jolie vue sur le Prieuré de Cayac. Autre point fort : sa terrasse sous laquelle coule l'Eau Bourde, un affluent de la Garonne. Cadre réellement idyllique ! La cuisine fine de Tatiana Pérot s'exprime à la perfection dans l'assiette : pétales de légumes oubliés, pot-au-feu de canard et foie gras, entremets aux épices, glace amandes et chutney du verger...

O'COMPTOIR DES FILLES €€

1, rue des Lauriers - **GRADIGNAN**
✆ 09 70 90 09 22
www.ocomptoirdesfilles.com
Ouvert du mardi au samedi le midi et le soir ; le samedi midi. Menus de 18,40 € à 19,80 €. Plat du jour : 14,70 €.

Une petite brasserie qui mérite d'être découverte ! Installez-vous et laissez-vous guider par Fabienne et ses plats concoctés selon ses envies et les produits de saison. La carte, loin d'être surchargée, donne très envie de se laisser tenter. Mathilde, quant à elle, s'occupera de vous régaler de ses meilleurs vins de France et de partout dans le monde. O'Comptoir des Filles est aussi une cave où il est possible de venir acheter une bonne bouteille de vin parmi 400 références. Les filles vous proposent aussi une sélection de bières artisanales et des tapas.

CALIX €€

64, avenue de la Libération - **LE BOUSCAT**
✆ 09 86 28 34 05
www.calix-epicerie.fr
Ouvert du mardi au samedi le midi et le soir. Carte : 35 € environ. Formule du midi : 15 €. Plat du jour : 12 €.

Chez Calix, à la fois restaurant, épicerie fine et cave à vins, la décoration façon bistrot en bois s'harmonise parfaitement avec le bar en zinc : le lieu est lumineux. Côté assiettes, le traditionnel se pimente d'influences italiennes et asiatiques. À la carte, des plats brasserie, quelques salades (dont une excellente thaïe au bœuf mariné), des planches et des tapas à partager. Côté boissons, plus de 200 références sont présentées dans des casiers : des bordeaux, des côtes du Rhône, des languedoc... Le service traiteur est lui aussi de qualité.

O P'TIT JARDIN €€

52, avenue de la Libération Charles de Gaulle
LE BOUSCAT
✆ 05 56 08 63 06
www.optit-jardin.fr
Ouvert du lundi au mercredi le midi et le jeudi et le vendredi midi et soir. Carte : 30 € environ.

Ce petit restaurant installé dans l'enceinte d'une ancienne maison bourgeoise est un vrai havre de paix et de fraîcheur. Son charmant jardin très arboré, à la décoration dans l'esprit brocante, est vraiment agréable en été : on s'y installe au milieu des énormes bambous pour un dépaysement assuré ! La cuisine, d'inspiration *street* et *pub food* raffinée, laisse la part belle aux fruits et légumes frais. Mais O P'tit Jardin, c'est aussi un « comptoir » avec toute une gamme de vins du monde, de cocktails, de bières artisanales et de spiritueux bien choisis...

QU'ON SE LE DISE €€

214 bis, avenue Pasteur
LE HAILLAN
✆ 05 56 34 01 78
Ouvert du mardi au samedi le midi et le soir. Menus de 19 € à 24 €. Carte : 30 € environ.

Il faut vraiment qu'on se le dise, car cette adresse mérite qu'on aille jusqu'au Haillan. Quelques tables en terrasse et une décoration intérieure style bistrot, revue cette année. A la tête de cet établissement deux garçons, l'un en cuisine et l'autre en salle. Deux pros qui connaissent leur métier et cela se ressent aussi bien dans l'accueil, très souriant et chaleureux, que dans les assiettes. La cuisine de qualité est faite maison, les produits sont frais, bien travaillés avec originalité, la présentation des plats est soignée et l'assiette copieuse.

WHEELS' N' CURL CAFÉ €€

31, avenue de Magudas
LE HAILLAN
✆ 05 56 93 89 69
Ouvert du lundi au mercredi le midi et du jeudi au samedi le midi et le soir. Carte : 32 € environ.

Ne vous fiez pas à la devanture, car ce restaurant est une belle surprise. On adore la déco plutôt atelier loft vintage et sa grande terrasse arborée et ombragée. Ici, on revisite les recettes de nos régions qui nous emportent souvent vers le sud et son soleil, plus particulièrement en Corse d'où Stéphane, le patron, est originaire. Le chef a su donner du relief à ses produits, frais et de saisons, qui rendent cette cuisine du monde savoureuse, généreuse et haute en couleur. Le plus : les lieux s'animent régulièrement avec des concerts et des soirées à thème.

CANOPÉE CAFÉ €€

1, chemin de Pouchon - **MÉRIGNAC**
✆ 05 56 51 70 00
https://canopeecafe.com
Ouvert du lundi au samedi midi et soir. Service tardif les vendredi et samedi jusqu'à 23h30. Carte : 40 € environ.

Le Canopée Café, perché à 10 mètres de haut, est un lieu unique à découvrir près de Bordeaux. Dans un décor contemporain de bois et d'acier, très « nature », on y savoure une cuisine bistronomique, inventive et ensoleillée par Sébastien Sevelec, ancien chef étoilé de l'île de Beauté, qui propose une carte variant au fil des saisons et en fonction du marché. Tous les plats sont réussis que ce soit dans les saveurs ou la présentation. Parmi les incontournables : la côte de bœuf pour deux. La chef pâtissière fait elle aussi des petites merveilles.

LA CRÊPERIE DU PARVIS €

17, avenue du Maréchal-Leclerc
MÉRIGNAC
✆ 05 33 51 20 25
Ouvert du mardi au samedi le midi et soir et le dimanche midi. Formule Express : 13,90 €. Menu Cinéma à 16,90 €.

Une crêperie à ne pas manquer, car c'est la seule à Mérignac et on s'y régale ! Ici, tout est fait maison : la pâte à crêpe à la main selon la tradition, le caramel au beurre salé, le chocolat, la vinaigrette... La carte se renouvelle régulièrement et toutes les galettes (une trentaine) sont servies avec une salade verte. Pour le dessert, en plus des crêpes, les glaces ou le café gourmand composé d'une boule de glace et de trois mini-crêpes sont là pour le bonheur de tous. Les enfants ont même leur petit coin à eux avec jeux.

LULU DANS LA PRAIRIE €€

53, avenue Marcel Dassault - **MÉRIGNAC**
✆ 05 56 34 86 02
www.luludanslaprairie.com
Du lundi au vendredi de 10h à 15h et de 19h à 0h ; du mercredi au vendredi de 18h à 2h. Réservation recommandée.

Dans cette petite maison style campagne aux volets rouges, la décoration est un mélange de références à des films très connus (et populaires !) mais aussi aux sports collectifs et à de grandes marques d'alcools et spiritueux... Ce qu'on adore aussi chez Lulu, c'est l'extérieur avec ses lampions, ses tables hautes, son sable, ses transats. À la carte, quatre formules en fonction des envies de chacun. Grosses salades, plateaux de charcuteries, de fromages ou de légumes, fruits de mer, tapas chaudes, froides, ou sucrées... Bref de quoi se régaler.

LE PETIT VESTIAIRE - BISTROT GIRONDIN €€

107, avenue Marcel Dassault
MÉRIGNAC
✆ 05 56 34 18 75
www.maisonlascombes.fr
Ouvert tous les jours le midi. Carte : 40 € environ. Formule du midi : 22 € à 25 €, plat du jour à 16 €.

Le Bistrot des Girondins a été repris par Nicolas Lascombes, un restaurateur bien connu à Bordeaux pour ses nombreux établissements. On mange en extérieur sur une grande terrasse toute en herbe ou à l'intérieur, dans une ambiance bistrot, sur de grandes tables ou dans des coins plus intimes. Sur la carte on reconnaît la signature bistronomique. Le menu du midi est servi en petite quantité sauf le dessert, les affamés piocheront plutôt dans la carte.

TONTON PIZZA €€

81, avenue du Truc - **MÉRIGNAC**
✆ 05 57 00 10 27
www.tonton-pizza-merignac.fr
Ouvert du lundi au vendredi le midi et le soir et le samedi midi. Menus de 20,50 € à 24,50 €. Pizza à partir de 9,60 €.

Avec sa jolie pergola fleurie en été et couverte et chauffée en hiver, Tonton Pizza est une des adresses les plus agréables de Mérignac ! Dans l'assiette, de belles spécialités françaises (terrine de ma Mémé et cœur de foie gras, escargots au beurre persillé, grillades...), mais les reines de la maison, ce sont les pizzas ! Elles se déclinent en trois tailles et en 25 recettes copieuses et croustillantes. Une jolie brasserie où le service est accueillant et convivial. Tonton Pizza c'est aussi un service de livraison disponible 7j/7 sur commande.

L'ATELIER 115 €€

115, avenue du Docteur-Nancel-Pénard - **PESSAC**
✆ 05 56 45 27 57
www.latelier115.fr
Ouvert du mardi au vendredi midi et soir ; samedi le soir. Menu midi : 22 € Menu du soir : 36 €/40 €. Terrasse.

Midi ou soir, vous êtes certains de vous régaler : Ibrahim et son équipe proposent une carte façon bistronomie qui revisite avec créativité les grands classiques. Dans les assiettes, joliment dressées, le résultat est savoureux : demi-pâté en croûte de l'Atelier, saumon gravlax, ravioles de canard confit, dos de cabillaud rôti... Surtout, goûtez les sorbets, ils sont divins ! Le menu évolue selon la saison avec une seule constante : du frais et du fait-maison. Très bonne carte des vins, mêlant des grands crus et vins de petits producteurs locaux à découvrir.

L'ET-CÆTERA €€

81, avenue du Général Leclerc - **PESSAC**
✆ 05 56 80 92 08
www.letcaetera.fr
Ouvert du lun. au vend. le midi ; le jeudi et le vendredi le soir ; le week-end sur réservation. Plat du jour : 10,50 €.

Tous les matins, Florence prépare des pâtes fraîches qu'elle sert avec des sauces de saison. Les desserts aussi sont faits maison. Le service est rapide et les assiettes bien copieuses. Autant que possible, la jeune femme privilégie les producteurs locaux, y compris pour sa carte des boissons qu'elle fait évoluer régulièrement en proposant des bières du coin. Apéro en afterwork, concert en terrasse, atelier culinaire pour tous... Vous aurez toujours une bonne raison de vous arrêter ici et d'y rester jusqu'à 2h du matin le jeudi et le vendredi.

QUÉBEC MUSIC CAFÉ €€

263, avenue Pasteur - **PESSAC**
✆ 05 57 89 24 24
www.quebecafe.com

Ouvert du mardi au samedi de 12h à 14h30 et de 17h à 23h30. Restauration sur place et à emporter. Happy Hour. Boutique.

Dans une ambiance « chalet de bois », cette véritable brasserie québécoise propose une escale gourmande chez nos cousins d'Amérique. Découvrez les saveurs de là-bas le temps d'un repas ou d'une bonne *broue*, « bière ben mousseuse ». Ici, tout est fait maison, des gros burgers au pain bio à la fameuse poutine traditionnelle. Et pour « vous sucrer l'bec », cheesecake, crumble, brownie ou tarte au sirop d'érable... Dès 17h, on s'y retrouve en Happy Hour pour boire un verre entre amis et partager des tapas en terrasse. ÔTabarnak que ça nous a plu !

LA VAGUE GOURMANDE €€

38, avenue de Martignas
SAINT-MÉDARD-EN-JALLES
✆ 05 56 14 31 18

Ouvert tous les jours le midi et du mercredi au samedi le soir. Plat du jour : 10 €.

La Vague Gourmande nous emporte l'espace d'un moment dans un océan de bons petits plats tout frais, cuisinés de façon inventive. Le menu varie en fonction du marché et de l'inspiration du chef, car tout est fait maison… Laissez-vous tenter par les suggestions : c'est toujours réussi et bien servi. Le plat du jour est d'un excellent rapport qualité-prix ! Le cadre contemporain nous laisse le choix entre la première salle, qui donne sur le bar, ou la seconde salle, aux airs de bord de mer… Le service est efficace et l'équipe souriante. Une bonne adresse.

LE VISCONTI €

9, avenue du Bourgailh - **PESSAC**
✆ 05 56 36 28 49
www.pizzeria-levisconti-pessac.fr

Ouvert du mardi au samedi le midi et le soir. Pizzas et pâtes fraîches de 9 € à 13,50 €. Terrasse. Parking. A emporter.

Sur place ou à emporter, le Visconti met les saveurs de l'Italie dans l'assiette. Installé à l'intérieur ou en terrasse, venez déguster les spécialités de Monsieur Mano. La carte offre un large choix de plats copieux : pâtes fraîches, viandes et pizzas bien sûr. Pour les pâtes fraîches maison, elles sont *al dente* s'il vous plaît ! Les *Saltimbocca* royales (escalope de veau, jambon de Parme, emmental, crème champignon) régaleront les plus gourmands, ainsi que le tiramisu. N'en déplaise, l'équipe est charmante et s'adapte à vos contraintes horaires.

HARU HARU €

93, cours Gambetta - **TALENCE** ✆ 05 33 57 62 34
www.haruharu.fr

Ouvert du mardi au dimanche de 10h à 22h30. Sur place ou à emporter. Menu midi : 9,90 € ; menu soir : 15 €.

Une immersion culinaire en Corée, c'est la promesse du restaurant Haru Haru. En plus de cuisiner toute l'année les recettes typiques du pays, le chef propose tous les mois un plat coréen inédit. A la carte, on retrouve évidemment l'incontournable et très populaire bibimbap, servi dans un bol sur une base de riz, avec légumes marinés, crudités et viande au choix (option tofu possible). Mais aussi d'autres spécialités comme le dak (poulet frit assaisonné de différentes façons) et tout un tas d'accompagnements. Délicieuse crème brûlée au sésame noir en dessert !

LE 1930 €€

28, Route de Larchey
SAINT-MÉDARD-D'EYRANS
✆ 05 56 72 19 59
www.domainedelarchey.com

Ouvert du lundi au vendredi midi et soir. Réservation recommandée. Menu enfant : 12 €.

Après de belles années au sein de prestigieuses maisons, le chef Guillaume Germanaz a investi les cuisines du Domaine de Larchey. Son leitmotiv : redonner tout leur goût aux produits et aux saveurs du terroir : risotto en croûte de brebis et champignons du Médoc, côte de veau de race bazadaise rôtie au thym, tartelette aux pommes caramélisées et beurre salé... Dans un décor inspiré des années 1930, le maître d'hôtel vous accompagnera tout le long du repas. Et faites confiance au chef pâtissier Jérémie Grondin pour finir en beauté !

TWIST'N'CRÊPES €

329, cour de la Libération - **TALENCE**
✆ 05 56 37 52 04
https://twistncrepes.com

Ouvert du mardi au samedi, midi et soir. Sur place ou à emporter. Menu enfants. Concerts un samedi par mois.

Twist'n'Crêpes est la première crêperie Beatles de France ! Dès l'entrée, la décoration donne le ton avec ses affiches du célèbre groupe sur les murs et ses partitions accrochées au plafond. La carte des plats, variée, rend hommage aux Fab Four : Yoko (galette roquefort, emmental et noix), Harrison (galette végétarienne au butternut et champignons), Abbey Road (au magret fumé), Let it Be (salade pommes de terre et gésiers confits)... Les crêpes sucrées sont particulièrement délicieuses. L'accueil est *so charming* et la musique... de circonstance !

FAIRE UNE PAUSE

Pause café, pause gourmande, pause détente, pause apéritive… Vous prendrez bien une pause bordelaise ? Le jour, Bordeaux est animée par les nombreux salons de thé, cafés et bars où l'on vient se poser avec plaisir. Une petite envie sucrée entre deux visites ? Petit Futé vous a sélectionné les meilleures adresses de boulangerie, pâtisserie et chocolaterie. Les gourmands apprécieront les dunes blanches, ces petits choux fourrés à la crème et saupoudrés de sucre glace qui font sensation ! En fin de journée, après une belle et longue balade, c'est l'heure de l'apéritif. Une soirée bordelaise typique commence forcément par un Lillet, cocktail local, ou par un verre de bordeaux dans l'un des nombreux bars à vin de la ville. Le tout accompagné d'une planche de charcuterie et de fromage ! Dans le centre, privilégiez l'animation du quartier Saint-Pierre, charmant et dynamique, ou celle du quartier Saint-Michel, plus populaire et cosmopolite.

BAILLARDRAN

✆ 05 56 79 05 89
www.baillardran.com
Ouvert du lundi au samedi de 8h30 à 19h30. Expédition. Vente en ligne.

Bordeaux rime avec canelé ! Vous connaissez sans doute ce petit gâteau à la robe caramélisée et au cœur moelleux, aux doux parfums de rhum et de vanille. Ici, vous assisterez à travers la vitrine à leur fabrication en direct, dans ces fameux petits moules en cuivre « canelé » qui leur donnent leur nom. Depuis 2019, Baillardran s'est agrandi avec un bar à canelés rue Sainte-Catherine, qui propose des desserts à l'assiette confectionnés sous vos yeux par les pâtissiers. La troisième génération de la Maison Baillardran vient de prendre la relève…

BE MY COOKIE

55, rue des Remparts ✆ 05 57 34 67 90
www.bemycookie.fr
Ouvert du mardi au samedi de 11h30 à 19h. 14 variétés de cookies, à partir de 2,60 € l'unité. Options sans gluten.

Le premier bar à cookies de Bordeaux ! Derrière le comptoir, Zoé, Alexandra et Laure confectionnent une quinzaine de recettes de cookies gourmands, croquants à l'extérieur et bien moelleux au cœur, réalisés à base de produits majoritairement bio et sélectionnés avec soin : beurre en motte, œufs et farine des producteurs, noix AOC du Périgord… Dans une démarche éco-responsable, l'enseigne privilégie l'énergie verte, les emballages compostables et les circuits courts. Une seconde adresse a ouvert quartier Nansouty, où tous les cookies artisanaux sont fabriqués.

BOOKS AND COFFEE

26, rue Saint-James
✆ 05 56 81 47 41
www.booksandcoffee.fr
Ouvert le lundi de 14h à 19h ; du mercredi au samedi de 9h à 19h ; le dimanche de 11h à 19h. Formule Tea Time à 11,90 €.

On se sent bien chez Books and Coffee ! Installé rue Saint-James, ce coffee shop dispose d'un bel espace intérieur et d'une jolie terrasse ensoleillée avec vue sur la Grosse Cloche. On vient à toute heure de la journée pour manger ou prendre un verre : petit déjeuner, encas, brunch, déjeuner, goûter, afterwork… Pour l'heure du thé, on apprécie la formule *tea time* composée d'une boisson chaude au choix accompagnée de 6 mini pâtisseries. Le midi, Books and Coffee propose des salades et des sandwichs toastés à savourer seuls ou en formule.

BOULANGERIE TALMEUNIER MONDESIR

307, avenue de la République
✆ 05 56 02 38 87
Ouvert tous les jours et les jours fériés de 6h à 20h30.

Mathilde et son équipe réalisent des pâtisseries généreuses et de qualité. Ici, tout est fait maison à l'exception du croissant. En rayon, une quinzaine de variétés de pains à la croûte craquante et à la mie bien alvéolée, fabriqués avec des farines labellisées agri-éthique. Le midi, un grand choix de sandwiches, croque-monsieur, quiches, plats chauds, salades et desserts est proposé. L'enseigne s'est également engagée dans une démarche éco-responsable et anti-gaspillage.

BOUTIQUE MAISON JOCK

190, quai de Brazza
✆ 05 57 77 02 59
www.boutique-jock.fr
Ouvert du lundi au vendredi de 9h à 17h30.

Tous les Bordelais connaissent la crème Jock, imaginée en 1938 par Raymond Boulesque. Aujourd'hui la marque décline toute une gamme de pâtes à gâteaux pur beurre (nature, citron, chocolat, caramel) et de préparations pour desserts (fondants et cookies bio, flans sans gluten, petits déjeuners instantanés), sans oublier la fameuse crème qui a fait son succès. On trouve également sur place ou sur la boutique en ligne des aides à la pâtisserie ou des paniers gourmands pour des cadeaux *made in* Bordeaux ! Animations et concours régulièrement organisés sur les réseaux.

CHOCOLATERIE SEGONZAC

303, avenue du Médoc
EYSINES
✆ 05 56 28 34 33
Ouvert du mardi au samedi de 9h à 13h et de 15h à 19h.

La chocolaterie Segonzac est une jolie boutique avec mille et un trésors au chocolat. Elle met en valeur une tradition chocolatée transmise de père en fils. On retrouve, bien sûr, la spécialité de la maison, les Guinettes au vieil armagnac, mais surtout le chocolat sous toutes ses formes et de toutes les couleurs : poissons, grenouilles, dinosaures, cœurs et même des Pères Noël, des sucettes qui raviront les petits ! Les chocolats fins en ballotins, les Bouchons du Médoc et autres gourmandises en chocolat séduiront les palais les plus délicats et les plus experts.

CAFÉ BRUN

45, rue Saint-Rémi
✆ 05 56 52 20 49
www.cafebrun.fr
Ouvert du lundi au samedi de 9h à 1h45.

En plein cœur du centre-ville se tient le célèbre Café Brun. Ce bar pub atypique vous accueille dans une ambiance authentique et conviviale qui fait le succès du lieu. La particularité du Café Brun ? Une belle carte avec un large panel de bières, de whiskys, de rhums et d'autres spiritueux. Le café est aussi connu pour ses soirées festives et animées, rythmées au son d'une musique éclectique et de qualité. Confirmant son goût pour la musique, le bar accueille chaque semaine des artistes en concert. Vous trouverez la programmation musicale détaillée sur internet.

LA DOUCE PARENTHÈSE

8, rue Maucoudinat ✆ 06 46 14 46 59
www.ladouceparenthesesalondethe.fr
Ouvert lundi et mercredi de 10h30 à 15h, mardi et du jeudi au samedi de 10h30 à 18h. Menu 11 €, brunch 21 €. Livraison.

La Douce Parenthèse est un lieu chaleureux et convivial qui porte bien son nom : on s'y sent comme à la maison, grâce à l'accueil souriant et attentionné de Virginie. Dans ce salon de thé hyper cosy, on déguste les bonnes tartes maison, les soupes bio et les douceurs sucrées cuisinées chaque matin. Au goûter, on se régale d'un thé de la Maison Bourgeon accompagné d'une part de namandier, la spécialité. Le dimanche, on vient bruncher entre amis ou en famille. Des ateliers pour enfants et adultes sont régulièrement organisés. Une de nos adresses coup de cœur !

CANOPÉE CAFÉ

1, chemin de Pouchon
MÉRIGNAC
✆ 05 56 51 70 00
https://canopeecafe.com
Ouvert du lundi au samedi de 12h à 14h30 et de 19h30 à 23h30. Rooftop, soirées avec DJ.

Le Canopée Café, c'est une bodega chic, installée à 10 mètres de hauteur ! Comme son nom l'indique, vous serez sous le signe du soleil. Ce lieu, très original, propose une bonne cuisine bistronomique signée Sébastien Sevellec, ancien chef étoilé de l'Île de Beauté. C'est dans un beau décor nature de bois et d'acier, aux ambiances chaudes de fête espagnole, que vous pouvez déjeuner, dîner, passer un bon moment entre amis en partageant de succulentes tapas ou encore profiter d'une petite partie de pétanque sur le boulodrome en hauteur.

L'ENGRENAGE

8, rue Castelnau d'Auros
www.lengrenage-bar.fr
Ouvert du lundi au samedi de 16h à 2h ; le dimanche de 16h à 0h30. Happy hours (16h à 19h30). Tapas de 4 € à 12,50 €.

À l'Engrenage, on ne compte pas moins de 20 bières pression, allant des plus légères aux plus fortes, et des cocktails travaillés à base de fruits de saison et fleurs fraîches ! Près de la place Gambetta, ce nouveau spot branché dispose d'une belle terrasse avec de superbes chaises en bois et cannage. À l'intérieur, l'ambiance est plus sombre, rehaussée par un jeu de néons. Et surprise : le sous-sol abrite un billard et un jeu d'arcade. L'Engrenage s'impose déjà comme une adresse élégante dont le secret est la convivialité !

L'EXCEPTION CABARET

24, avenue Descartes
SAINT-MÉDARD-EN-JALLES ✆ 05 56 13 13 31
www.lexceptioncabaret.com

Ouvert les vendredi et samedi dès 19h. A 23h, Dj set. Spectacle seul : 35 €, dîner-spectacle : 60 € hors boissons.

Pas besoin d'aller dans un cabaret parisien pour assister à un grand spectacle. La troupe de l'Exception Cabaret est composée de professionnels de très haut niveau du chant, de la danse et du cirque, placés sous la houlette d'Aurélien Alberge, le créateur de ce nouveau lieu chic et festif. Le spectacle *Chimères* nous transporte dans un monde onirique, glamour, sexy, hors du temps. Le dîner est concocté en partenariat avec le restaurant voisin Les Frangins. En soirée, les mercredi et jeudi, c'est piano-bar et le 3e dimanche en un *friendly tea dance*.

GANACHE

41-43, rue Saint-Rémi ✆ 05 57 83 99 02
https://www.ganache-bordeaux.fr

Ouvert tous les jours de 11 h à 2h. Horaires du restaurant : 12h-14h (14h30 le w-e) et 19h-22h (22h30 le w-e).

Nouveau lieu de référence des gourmands, Ganache est à la fois une chocolaterie et un restaurant ! Aux commandes de la chocolaterie, Marie s'est entourée des meilleurs artisans chocolatiers pour réaliser ces délicieuses tablettes, ganaches et pralinés. Originalité des créations et grande finesse à la dégustation, le chocolat (on est tout de même là pour ça !) ne déçoit pas. Mais quelques confiseries très tentantes sont aussi proposées : pâtes de fruits, guimauves et oursons trop mignons. Profitez-en pour rester déjeuner ou dîner et profiter du décor incroyable...

JOLLY

7, place du Parlement
✆ 05 57 34 75 95

Ouvert du mardi au samedi de 12h à 23h. Vegan friendly.

Les accrocs au chocolat vont être séduits par cette boutique ouverte par deux gourmandes, Ophélia et Alice. Ce glacier se distingue des autres en mettant à l'honneur le chocolat sous toutes ses formes : il se décline en noir, blanc, au lait et rubis, et se transforme en glaces, sorbets, mousses (dont une au piment d'Espelette) et tablettes grand cru. Pour compléter, on trouve de très bonnes viennoiseries, ainsi que des gaufres ou crêpes à napper de l'excellent caramel au beurre salé maison pour des goûters gourmands à souhait ! Nombreuses options véganes.

MOLLY MALONE'S

83, quai des Chartrons
✆ 05 57 87 06 72
www.molly-pub.com

Ouvert tous les jours de 10h30 à 2h. Service de restauration en continu le week-end. Happy hours. Terrasse. Concerts.

En Irlande, les pubs sont des lieux de partage et de convivialité. Une bière, de la musique... Cette âme festive et joyeuse se retrouve au cœur de Bordeaux, dans cet établissement irlandais authentique installé sur les quais des Chartrons depuis 2004. À toute heure de la journée, on y savoure une bonne bière : la Molly Malone's (une blonde tendre de caractère), la Guinness (une brune Stout) ou encore la O'Haras Irish Red, la O'Haras IPA, la Carlsberg ou encore la Grimbergen blanche. Et tous les dimanches soir, ou presque, on se réunit le temps d'un concert !

NOISETTINES DU MÉDOC

34, rue des Remparts
✆ 09 53 92 55 05
www.noisettines.fr

Ouvert du lundi au samedi de 11h à 19h. Livraison possible (vente en ligne via la boutique).

Quand Edith et Michel Noyez créèrent la Noisettine du Médoc dans les années 1970, ils étaient loin de se douter qu'on la retrouverait bientôt dans de nombreux étals de la région, à Paris et en Belgique ! Rien d'étonnant pourtant, car tout le monde craque pour cette gourmandise dont la recette daterait de 1649. Il s'agit d'une généreuse noisette cuite dans un sirop maison et enrobée d'un caramel soufflé. Pour goûter cette spécialité, rendez-vous au magasin rue des Remparts à Bordeaux ou à Blaignan, la boutique-musée qui organise des visites avec dégustation.

ROCKWOOD

4, quai Louis XVIII
www.rockwood.fr

Ouvert tous les jours de 16h à 2h. Happy hours (16h à 19h30 sauf le dimanche). Terrasse. Animations.

Face à la Garonne et installé sur les quais de Bordeaux, le Rockwood est un des pubs incontournables de la ville depuis 2015. La superbe terrasse chauffée offrant une vue imprenable sur la rive gauche. L'atmosphère festive est également un des points forts de ce spot. Ici, l'ambiance est « playground » (comprendre « ambiance cour de récréation ») grâce à son baby-foot et ses fléchettes. À la carte sont proposés de nombreux cocktails, bières pression, gin, rhum et whiskies. Laissez-vous tenter par l'Happy Hour sur les quais toutes les fins de journée !

LE SINGE VERT

14, quai de la Monnaie
www.lesingevert.fr
Ouvert du lundi au samedi de 16h30 à 2h ; le dimanche de 16h30 à 0h. Happy hours (16h à 19h30). Terrasse. Animations.

Situé non loin de la place Saint-Michel, le Singe Vert s'est imposé comme un lieu convivial, avec sa belle et grande terrasse. Ici, les spécialités ce sont les bières à la pression (il y en a 14) et les cocktails de qualité. Si les tables extérieures sont prises d'assaut, notamment pendant l'happy hour, le décor à l'intérieur mérite qu'on s'y installe même aux beaux jours. Superbe comptoir, fauteuils anglais, baby-foot, jeux de fléchettes… Pour la retransmission de match, ça se passe sur 3 écrans ou plus afin de contenter tout le monde.

LA TOQUE CUIVRÉE - CANELÉS DE BORDEAUX

5, rue Sainte-Catherine
✆ 05 57 83 17 93
https://www.la-toque-cuivree.fr
Ouvert tous les jours de 8h à 20h. Canelé de 0,40 € à 0,70 € (selon la taille).

Véritable emblème de la ville, le canelé est une petite pâtisserie du XVIe siècle à base de farine, œufs, lait, vanille et rhum. Pour déguster cette fameuse spécialité, rendez-vous dans l'une des nombreuses boutiques de l'enseigne, où l'accueil est toujours chaleureux. Vous aurez alors le choix entre trois tailles de canelés et vous pourrez découvrir d'autres douceurs comme la tourtière aux pommes ou aux pruneaux, ou encore le bordelais amande ou chocolat.

LE SWEENEY TODD'S

2, cours Alsace-et-Lorraine
✆ 05 56 48 21 13
Tous les jours 17h-2h et WE 12h-2h. Fermeture 0h dimanche. Happy hours (16h-19h).

Vous connaissez le barbier sanguinaire Sweeney Todd's ? Lance et Margot ont choisi de baptiser leur pub bordelais du même nom. Mais ici, pas de danger ! C'est dans une atmosphère conviviale qu'on savoure de bonnes bières et de bons burgers. Sans oublier les fameuses tourtes ! L'ambiance est au rendez-vous à toutes les heures de la journée : pour le *breakfast* anglais, l'*happy hour* et le soir pour les retransmissions des grands matchs… À midi, ne passez pas à côté du *fry-up*, le vrai déjeuner british avec, entre autres, saucisses, bacon, œufs.

TUTIAC LE BISTRO VIGNERONS

10, place du Palais
✆ 05 57 88 22 42
www.lebistrovignerons.com
Ouvert le mardi de 18h30 à 23h ; du mercredi au samedi de 12h à 14h30 et de 18h30 à 23h ; le dimanche de 12h30 à 15h.

Créée en 1974, la coopérative des Vignerons de Tutiac rassemble 700 vignerons de la région sur 15 appellations bordelaises. Producteurs passionnés, ils partagent les valeurs de transparence et de partage. C'est dans cette optique qu'a ouvert Tutiac, leur premier bar à vins ! À la table, le chef propose quelques plats typiques, comme la côte de bœuf charolaise maturée ou les rillettes de manchons de canard. On apprécie également la planche apéritive gasconne à partager.

THE IRISH LANE

7, rue Jacques Brel
LE HAILLAN
✆ 06 76 77 53 27
www.theirishlane.fr
Ouvert du mardi au samedi de 16h à 21h30.

The Irish Lane est un lieu unique en son genre : le seul point de vente de bière irlandaise ! Thierry, le fondateur, choisit lui-même les micro-brasseries irlandaises qu'il met en avant avec passion et propose des bières spéciales vieillies en fût de vin, des bières millésimées à la pression ainsi que des bières bouteilles. À consommer sur place autour de bonnes planches de charcuterie artisanale, ou à emporter. L'ambiance conviviale et sympathique qui règne là est la promesse de passer une bonne soirée sous le symbole du drapeau irlandais !

VINTAGE CAFE

19, quai Richelieu
www.vintage-cafe-bordeaux.fr
Ouvert tous les jours de 16h à 2h. Happy hours de 16 h à 19h30. Terrasse chauffée.

Au fil du temps, le Vintage Café a gagné en notoriété, jusqu'à devenir un bar incontournable de Bordeaux. On y vient boire des cafés l'après-midi, se poser après une balade le long des quais, et à l'heure de l'apéritif pour déguster une bière artisanale brassée non loin de la capitale girondine. Pour accompagner la carte des boissons, on opte pour une assiette de charcuterie à partager ou une tartine aussi gourmande que copieuse, concoctée à partir de produits frais et locaux. Ici, la convivialité et la bonne humeur sont de rigueur… À tester entre amis !

(SE) FAIRE PLAISIR

L'artère principale de Bordeaux est la fameuse rue Sainte-Catherine. Sur près de 1,2 km, elle rejoint le Grand Théâtre à la place de la Victoire et propose plus de 200 boutiques. Elle est la plus longue artère piétonne et commerçante d'Europe et donc le lieu idéal pour faire du shopping ! Boutiques gourmandes, grandes enseignes de prêt-à-porter et de sport, commerces indépendants... La rue est à l'image de la ville et de ses nombreuses artères : abondante et riche ! Que de choix à Bordeaux pour (se) faire plaisir. Les touristes gourmands ramèneront sans aucun doute quelques spécialités dans leur valise : canelés, macarons, confit de canard, bouteilles de vin... tandis que d'autres trouveront leur bonheur dans les nombreuses boutiques de cadeaux et de décoration. Que vous soyez fin gourmet, mélomane, lecteur, fashion victim ou passionné de high-tech, nous avons sélectionné pour vous les meilleures adresses bordelaises.

DO YOU SPEAK FRANÇAIS ?

93, rue Notre Dame
www.doyouspeakfrancais.fr
Ouvert du mardi au samedi de 11h à 19h.
Boutique en ligne.

Un concept store qui fait la part belle à la fabrication française et aux créateurs français, c'est la promesse de *Do You Speak Français ?* Dans cette boutique installée dans le joli quartier des Chartrons, vous ne trouverez que du 100 % Made in France : vêtements et accessoires de mode, bijoux, articles de papeterie et de décoration, produits cosmétiques et d'épicerie. Chaussettes Soketi, portefeuille Frandi, bracelets Give me happiness, bougies Candlebox, produits pour le corps Mimitika... Maxime et Gaëlle sélectionnent de jolies marques. L'accueil est adorable.

LES SUCCULENTES DE LA MALICE

39, rue Huguerie
✆ 05 56 38 45 58
Ouvert du mardi au samedi de 10h30 à 19h.

Dans ce concept store végétal original, vous trouverez aussi bien des plantes et fleurs séchées que des meubles anciens et de la vaisselle dépareillée. Maria, la mère, chine les brocantes et rempote, pendant qu'Amandine, la fille, tient la boutique et dispense ses bons conseils à ceux qui n'ont pas la main verte. On craque complètement pour ces petites succulentes plantées dans des vieilles tasses à thé : parfait pour décorer son intérieur ou faire un cadeau qui sort de l'ordinaire !

LOOPITA

15, rue du Palais de l'Ombriere
✆ 05 58 07 17 17
https://loopita.fr
Ouvert le mardi et du jeudi au samedi de 10h à 13h et de 14h à 19h ; le mercredi de 9h à 13h et de 14h à 19h.

De la décoration, des accessoires informatiques, des cadeaux pour les *kids*... La nouvelle boutique Loopita, installée à deux pas de la Place du Palais, regorge de pépites. En visite dans la ville et à la recherche de souvenirs à emporter dans la valise ? Ici, vous trouverez de nombreux objets à l'effigie de Bordeaux : affiches, stickers et autres magnets illustrés des plus beaux monuments de la région ! Loopita est une boutique bien pensée avec de nombreux kits déjà tout prêts : kit à partir pour les voyages, pour les enfants... À découvrir !

AG VINS

4, rue Roger-Touton
✆ 05 56 50 08 00
www.agvins.fr
Ouvert du lundi au vendredi de 9h à 12h30 et de 14h à 18h. Vente en ligne.

Ce négociant en vin fournit principalement les professionnels. Un large choix de vins français et étrangers, des exclusivités ainsi qu'une gamme bio sont proposés au meilleur rapport qualité-prix. AG vins propose 500 vins dans sa boutique en ligne et dispose de plus de 700 références en magasin. La maison propose également un grand choix de bag in box et de vins à petits prix. Au plus près de sa clientèle, AG vins propose des services très intéressants : prêt de tireuses pour vos réceptions, livraison en 24h sur toute la Gironde.

L'AMOUR DU VIN

124, route de Léognan
GRADIGNAN
✆ 09 75 59 40 51
https://www.amourduvin.com
Dégustations gratuites par les vignerons de la région. Vente sur place ou en ligne.

Chez les Dussert, tout le monde travaille dans le vin. Mélodie et Thibault perpétuent la tradition familiale avec leurs deux établissements, d'abord à Gradignan et plus récemment à Arcachon. Dans leur boutique à la décoration épurée, si ce n'est les nombreux casiers remplis de bouteilles, ils proposent des vins sélectionnés par le guide Dussert-Gerber, au prix direct de la propriété : en achetant ici, le consommateur rémunère uniquement le vigneron ! Des dégustations gratuites et conviviales sont très régulièrement organisées.

BAUD ET MILLET - LA CAVERNE AUX FROMAGES

19, rue Huguerie ✆ 05 56 79 05 77
www.baudetmillet.com
Restaurant de vins et de fromages. Service traiteur. Vente à emporter. Vente en ligne, livraison à Bordeaux et Libourne.

Xavier Brung a pris la suite de ce restaurant mythique créé par Gérard Baud. Découvrez la caverne aux merveilles : une cave d'affinage de plus de 100 fromages ! Difficile de choisir... En plus de la restauration, Baud et Millet propose un service de privatisation, de formules apéritives, d'animations et de dégustations autour des vins et des fromages, ainsi qu'un service traiteur pour accompagner chacun de vos événements. Vente à emporter et en ligne avec livraison sur rdv.

DISTILLERIE MOON HARBOUR

492, boulevard Alfred Daney
✆ 05 56 29 86 60
www.moonharbour.fr
Visites sur réservation du mardi au samedi (sauf le mercredi) à 11h, 14h30 et 16h30 : 20 € (gratuit - 18 ans).

Yves Medina et Jean-Philippe Ballanger ont créé la marque Moon Harbour Bordeaux, un whisky 100 % bordelais : les céréales sont issues de la région bordelaise, les alambics en cuivre sont confectionnés par un artisan bordelais et les barriques de vieillissement proviennent de châteaux bordelais (sauternes ou grands crus de vins rouges). On découvre la zone de stockage des matières premières, la cuverie, les alambics et un bunker réhabilité en chai de vieillissement. On termine par une dégustation de whiskies, de rhum et de gin également distillés sur place.

GASTRONOMIE DES PYRÉNÉES

12, cours Portal
✆ 05 56 52 87 59
www.gastronomie-pyrenees.fr
Ouvert du lundi au samedi de 8h30 à 13h30 et de 15h30 à 20h.

Cette jolie boutique est un temple de la gastronomie pyrénéenne. Ici, les étagères foisonnent de conserves et de bocaux gourmands : foies gras mi-cuit Raymond d'Artigues à Pomares, axoa de veau du Pays basque, miels bio des Pyrénées... Le rayon frais rassemble quelques incontournables : bœuf de race charolaise, agneau du Pays basque, volaille de la Ferme du Rivet, jambon Bellota. Vous pourrez aussi découvrir un large éventail de vins, de champagnes, d'apéritifs, d'armagnacs... À noter : des produits en promotion tous les mois.

LES HALLES DE BACALAN

10, quai de Bacalan
✆ 05 35 54 44 82
www.biltoki.com/hallesbacalan
Fermé le dimanche soir et le lundi toute la journée. Voir les horaires sur le site internet.

Avis aux épicuriens ! Les Halles de Bacalan ont su attirer un large public dans un espace exclusivement dédié à la gastronomie du Sud-Ouest. Initiées par la société Biltoki, ces Halles installées à proximité de la Cité du Vin présentent une vingtaine de stands animés par des artisans producteurs locaux sélectionnés pour la qualité de leurs produits. Des points de restauration permettent de prolonger le plaisir gourmand en grignotant sur place. Des temps forts sont régulièrement organisés dans les Halles ou sur le parvis : dégustations, ateliers, concerts...

MAISON LAFITTE FOIE GRAS

26 bis, rue Mably
✆ 05 56 48 01 05
www.lafitte.fr
Ouvert du mardi au samedi de 10h à 13h et de 14h à 19h.

Depuis plus de 100 ans, la Maison Lafitte entretient l'excellence et le savoir-faire de la gastronomie landaise. Partenaire exclusif du Club des Chefs cuisiniers des Chefs d'Etat à travers le monde, Lafitte est reconnue pour la qualité supérieure de ses produits. Les canards gras traditionnels sont élevés 102 jours minimum et engraissés au maïs grain entier, selon les cahiers des charges Label Rouge et IGP Landes. Venez découvrir l'univers gastronomique du foie gras, confit, magret des Landes, et toute une gamme de produits autour du canard...

LA MANUFACTURE LE BAYON

23, rue de Frères Bonie
✆ 06 74 47 98 90
www.lamanufacturelebayon.com
Ouvert du mardi au vendredi de 9h à 15h et de 16h30 à 20h ; le samedi de 9h à 19h. Apéro Box à emporter à 24 € pour 2.

Quel lieu de charme ! Chez Clotilde et Loïc, la gourmandise est à l'honneur. Ici, tout est de fabrication maison et peut se savourer sur place ou à emporter. Côté salé, vous trouverez du pâté en croûte, des rillettes de porc, mais également des saucissons et fromages de producteurs. Le duo propose des box apéros commandables en click&collect avec pâté en croûte, salaison, terrine, houmous, tarama, fromage et pickles. Côté Sucré, Clotilde prépare chaque jour de délicieuses pâtisseries : scones, pavlova à la pêche, charlotte aux mirabelles... A tester.

MATTHIEU ROUFFINEAU - HUÎTRES SPÉCIALES PAPIN

Marché des Capucins
✆ 06 77 06 53 44
www.huitres-matthieu-rouffineau.fr
Ouvert toute l'année du mercredi au dimanche de 8h à 13h.

Les huîtres Spéciale Papin sont des produits d'exception, de grande qualité à la saveur unique et racée, grâce à un long et patient travail d'affineur. Ces huîtres-là, maintes fois médaillées et récompensées, sont appréciées pour leur finesse, leur petit goût de noisette unique. Produites à La Tremblade, elles sont reconnaissables à leur belle couleur verte. Matthieu Rouffineau, amoureux et fier de son produit, est issu d'une famille d'ostréiculteur depuis quatre générations.

PIERRE OTEIZA

52, rue des Remparts
✆ 05 56 52 38 76
www.pierreoteiza.com
Ouvert du mardi au samedi de 10h à 14h et de 15h à 19h.. Livraison possible (via site Internet seulement).

L'odeur est inimitable et perceptible dès l'entrée de cette jolie boutique de salaisons et de plats préparés du Pays basque. Difficile de choisir entre les jambons, saucissons, chorizos, foies gras ou entre les plats cuisinés : axoa de veau, cassoulet (porc, canard ou mouton), chipirons à la basquaise, salmis de palombe, poulet à la basquaise, piperade, confits et magrets. Accompagnez le tout d'un fromage artisanal : d'un bon Irouléguy, de patxaran ou de manzana. Pour la douceur, succombez aux confitures et aux gelées ou à l'excellent beurre des Aldudes.

LA TABLE DE DON QUICHOTTE

✆ 06 60 48 49 64
www.latablededonquichotte.com
Ouvert du mercredi au dimanche de 7h à 14h.

C'est au cœur du Marché des Capucins, sur l'étal de La Table de Don Quichotte, que vous trouverez le meilleur de la gastronomie basque et espagnole grâce à des produits d'exception : superbes jambons ibériques, salaisons de multiples façons (saucissons, ventrèche roulée au poivre), généreux chorizos, *lomo embuchado* et spécialités basques (axoa, piment d'Espelette). Les plateaux de charcuteries et salaisons basques s'emportent également pour vos apéritifs festifs !

LA TOQUE CUIVREE - CANELES DE BORDEAUX

69, rue Porte Dijeaux
✆ 05 56 01 08 08
www.la-toque-cuivree.fr
Ouvert tous les jours de 8h à 19h. Chèque Restaurant.

Véritable emblème bordelais, le canelé, délice qui date du XVIe siècle, est une pâtisserie à base de farine, d'œufs, de lait, de vanille et de rhum... C'est un vrai challenge de les préparer soi-même afin d'obtenir un canelé moelleux à l'intérieur et croustillant à l'extérieur. Rendez-vous dans l'un des 20 magasins où vous aurez le choix entre trois tailles de canelés et vous laisser tenter par d'autres spécialités : tourtières aux pruneaux, Bordelais amande ou chocolat...

PERSONA

4, rue Duffour-Dubergier
✆ 05 57 99 27 97
Concept store et café design. Objets déco et art de vivre. Petite restauration et salon de thé en journée. Expositions.

Envie de vous offrir de la nouvelle déco, des bijoux originaux ou de dénicher des cadeaux uniques et des œuvres artisanales d'artistes et créateurs (majoritairement) européens ? Foncez chez Persona, tout nouveau concept store cosy et élégant. Profitez-en pour déguster boissons chaudes et délicieuses pâtisseries maison cuisinées par la patronne suédoise, Viveka, qui a déjà tenu deux restaurants auparavant. Et si vous craquez sur le mobilier ou votre jolie tasse de thé, repartez avec : tout est à la vente dans ce café design et lieu de vie hyper inspirant !

KDYAK

112, rue Fondaudège
✆ 05 47 33 01 44
www.kdyak.com
Ouvert le mardi (13h30-17h45) ; du mercredi au vendredi (10h-19h) ; samedi (11h-19h). Ateliers créatifs : 35 € (2h30).

KDYAK est une marque artisanale de bijoux, décoration et accessoires éco-conçus en France. Dans sa petite boutique de la rue Fondaudège, Noémie vend ses propres créations ; des bijoux 100 % faits main issus du recyclage et du détournement d'objets. Confrontant la force du métal à la délicatesse des dentelles par exemple, les bijoux KDYAK se déclinent en une multitude de couleurs. Réparation de bijoux, ateliers créatifs... La boutique a tout pour plaire ! On y trouve encore de jolies marques écoresponsables (jouets, cosmétiques, vêtements, etc.).

COMPTINES

5, rue Duffour Dubergier
✆ 05 56 44 55 56
librairiecomptines.hautetfort.com
Ouvert du mardi au vendredi de 10h30 à 19h ; le samedi de 10h à 19h. Animations gratuites.

Tenue par une équipe de passionnées toujours souriantes et d'excellent conseil, cette librairie dédiée à la littérature jeunesse propose un large choix d'albums, BD et romans sélectionnés pour leur qualité, ainsi qu'un joli rayon papeterie, coffrets créatifs et jeux de société. Des expositions, dédicaces et ateliers gratuits y sont régulièrement organisés les week-ends et durant les vacances scolaires, pour le plus grand bonheur de tous les petits lecteurs... Attention, il est quasiment impossible de ressortir de là les mains vides !

MARC POSTULKA

7, rue Duffour Dubergier
✆ 05 56 44 00 31
www.postulka.fr
Ouvert du lundi au samedi de 8h30 à 19h30 ; le dimanche de 8h30 à 13h. Commandes par téléphone. Livraison possible.

Le fleuriste Marc Postulka est connu à Bordeaux : il y a installé deux jardineries pépinières. On y trouve des fleurs, des plantes d'intérieur et d'extérieur et un service de livraison par coursier. L'accueil est chaleureux et lors de dates spéciales avec forte affluence, comme la fête des Mères ou la Saint-Valentin, un accordéoniste vient jouer dans la boutique pour que l'attente se fasse en musique ! Une délicate attention qui distingue l'établissement de ses concurrents... Pour les grandes occasions, la jardinerie propose également des fleurs en gros.

LA MACHINE À LIRE

8, place du Parlement
✆ 05 56 48 03 87
www.lamachinealire.com
Ouvert le lundi de 14h à 20h ; du mardi au samedi de 10h à 20h.

Cette librairie indépendante ne manque pas d'atouts : installée sur la jolie place du Parlement, elle est devenue un lieu de rencontres incontournable. Dans une grande salle voûtée, des centaines d'ouvrages sont présentées par thématiques : coups de cœur, nouveautés, meilleures ventes et classiques. Au fond du magasin, un espace est proposé pour les enfants, avec une belle sélection d'albums et de romans jeunesse. Ici, les libraires sont à l'écoute et de très bon conseil. Une passion clairement communicative, qui fait tout le charme du lieu...

BOUGER & BULLER

Sport, loisirs, détente, bien-être, activités artistiques… Chez Petit Futé, on aime autant bouger que buller ! Pour cette raison, nous vous avons sélectionné nos meilleures adresses bordelaises. Lors de votre séjour à Bordeaux, vous allez beaucoup marcher et vous serez peut-être même tenté de courir sur les quais au bord de la Garonne, ou au cœur du Parc Bordelais. Une activité très prisée par les habitants ! La ville offre également d'autres possibilités de loisirs sportifs comme le golf, le surf ou l'escalade dans des lieux aussi charmants que surprenants. Pour vous baigner sans quitter la ville, le Lac de Bordeaux avec sa plage offre une alternative agréable pour un moment en famille. Vous y trouverez centre de voile, club d'aviron, pistes cyclables et terrains de sports collectifs. Et pourquoi pas finir le séjour avec une escapade beauté dans un centre spa sauna hammam ? L'heure est à la détente !

ARKOSE BORDEAUX

170, Cours du Médoc
✆ 05 56 80 57 46
https://bordeaux.arkose.com

Ouvert tous les jours de 7h à 0h. Session bloc : 16 € adulte, 8 € enfant. Forfait 10 sessions : 135 €. Restauration.

Véritable lieu de vie locale, Arkose invite les débutants et les confirmés à venir s'amuser dans cet ancien chai, pour s'entraîner dans une ambiance conviviale. Petits et grands peuvent ainsi évoluer en toute liberté sur la surface grimpable de 850 m². En tout, ce sont 180 blocs de tous niveaux et 5 000 prises. Les plus jeunes pourront découvrir les joies de l'escalade dans la « kids friendly » zone. Arkose Bordeaux propose aussi un espace fitness et une zone étirement, un sauna, un espace *chill* et une cantine où l'on sert une cuisine saine et savoureuse.

FFRANDONNÉE NOUVELLE AQUITAINE

2, avenue de l'Université
TALENCE
✆ 05 57 88 26 43
www.ffrandonnee-nouvelle-aquitaine.com

Accueil téléphonique du lundi au vendredi de 14h à 16h30.

Le comité régional réunit les 12 comités départementaux de randonnée pédestre de son secteur. Le pays de la Météorite, la route Richard Cœur de Lion, le parc naturel régional Périgord-Limousin, les forêts des monts de Blond sont autant de richesses locales que l'on peut découvrir à pied. Comme tous ses homologues, le comité œuvre pour l'entretien des itinéraires et la promotion de la randonnée, à travers des animations et l'organisation de sorties.

GOLF BLUE GREEN DE BORDEAUX-LAC

Avenue de Pernon ✆ 05 56 50 92 72
https://bluegreen.fr/bordeaux-lac/

Ouvert toute l'année. Parcours 18 trous : à partir de 35,70 €. Stages. Abonnements. Bar et restauration.

Situé à quelques kilomètres du centre au nord de Bordeaux, le Blue Green Bordeaux-Lac propose deux parcours de 18 trous : La Jalle (6 156 m), parcours totalement plat situé dans un environnement naturel, et Les Etangs (6 162 m), parcours plus vallonné avec de nombreux obstacles d'eau qui le rendent moins accessible aux golfeurs néophytes. Un autre parcours 9 trous Pitch & Putt permet aux débutants de faire leurs premiers pas sur les greens en toute tranquillité.

MOOVENS ROLLER RINK

11, avenue de la Madeleine - **GRADIGNAN**
✆ 05 57 04 04 82
https://moovens.net/dev-new-site/

Horaires variables selon la période (ouvert tlj durant les vacances scolaires). Tarif : 8 à 13 €. Location roller : 3 €.

Le Roller Rink n'en finit plus de faire des adeptes… Cette patinoire de roller géante dispose de deux pistes pour rouler à son rythme dans une super ambiance ! Que vous pratiquiez le roller quad ou en ligne, vous pouvez louer une paire sur place ou apporter votre équipement. Toute l'année, venez rouler librement ou profitez des cours pour tous niveaux. Des stages pour les enfants sont organisés durant les vacances, avec l'assurance de s'amuser auprès de Jeremy et Vincent, deux moniteurs très pédagogues. Le week-end, c'est roller party dansante : fun assuré !

PISCINE JUDAÏQUE

164, rue Judaïque
✆ 05 56 51 48 31
Fermeture hebdomadaire : lundi et jours fériés. Plein tarif résident bordelais : 3,50 €. Autres tarifs et abonnements.

Le bâtiment qui abrite la piscine Judaïque date de 1936. Restructuré et rénové en 1996 puis en 2011, il est classé Monument historique. Son architecture mêle intelligemment modernité et décor d'entre-deux-guerres avec ses grandes baies vitrées et ses vestiaires d'origine. Le nageur accompli appréciera de faire ses longueurs dans l'une des 8 lignes d'eau du bassin olympique. La piscine dispose également d'une seconde, plus petite, de 25 mètres. Le toit s'ouvre dès l'arrivée des beaux jours, ce qui permet de nager sous les rayons du soleil.

LES BULLES À FLOTTER

113, cours Alsace Lorraine
✆ 09 53 19 44 49
www.lesbullesaflotter.fr
Ouvert du lundi au vendredi de 9h à 22h30 ; le week-end de 10h à 22h30. Tarif Découverte : 60 €.

Libérez-vous du stress avec les bulles à flotter ! Immergé(e) dans une grande bulle (baignoire) remplie d'eau salée et complètement isolée du monde extérieur grâce à une sorte de couvercle, vous allez pouvoir libérer votre esprit, améliorer votre sommeil et pourquoi pas, faire une séance de méditation. Le principe a de nombreux bienfaits : déconnexion totale, récupération physique grâce à la flottaison, récupération musculaire et articulaire grâce au sel de magnésium présent dans l'eau. L'établissement propose des séances découverte à tester !

PLAGE DU LAC

Boulevard Jacques Chaban Delmas
BRUGES
✆ 05 56 69 98 58
www.bordeaux.fr
Baignade surveillée en haute saison. Tables de pique-nique ombragées.

Sur la plage du Lac, la baignade est surveillée jusqu'en septembre. Il y a un petit et un grand bain, mais aussi une pataugeoire. Sur place : casiers, sanitaires, activités culturelles et sportives... On y passe volontiers des journées entières, car la prairie qui borde le lac est ombragée et la pinède aménagée avec des tables de pique-nique. Les personnes à mobilité réduite apprécieront le sentier adapté et les moyens pour faciliter la mise à l'eau (tiralo, fauteuil amphibie) durant les horaires de surveillance. En revanche, les animaux ne sont pas autorisés.

CALICÉO

8, rue Jean Pommiès - **BRUGES**
✆ 08 26 30 32 33
https://bordeaux.caliceo.com
Espace de remise en forme aquatique ouvert 7j/7 de 10h à 21h. Pass 2h : 18 € ; pass journée : 30 €. Autres tarifs.

Eau à 33 °C, bains bouillonnants, jets à forte pression et cols de cygne pour un massage décontractant, sauna, hammam aux essences naturelles d'eucalyptus... A Calicéo, tout a été pensé pour vous offrir un véritable moment de détente aquatique. Pour vous remettre en forme, ce centre de bien-être propose aussi des offres « vitalité » dans un bassin dédié avec des séances d'aquagym, d'aquabike et d'aquatraining sur abonnement. Toute l'année, profitez du bassin extérieur chauffé et s'il fait beau, de la terrasse et ses nombreux bains de soleil.

WAVE SURF CAFÉ

174, cours du Médoc
✆ 09 83 29 67 74
https://bordeaux.wave-surf-cafe.fr
Tous les jours de 11h à 20h pendant les vacances scolaires. Session découverte / free session : 25 €. Restauration. Bar.

Faire du surf en ville, une idée farfelue ? C'est possible au Wave Surf Café grâce à une vague artificielle qui déferle pour le plus grand plaisir des amateurs. Débutants ou confirmés pourront goûter aux joies de la glisse dans une eau à 22 °C. Pour ceux qui ne souhaiteraient pas grimper sur la planche, vous pouvez admirer le spectacle en sirotant une boisson et en grignotant un bagel, un burger ou une pizza. Sachez que le Wave Surf Café vous propose d'organiser l'anniversaire de votre enfant (de 8 à 14 ans). Au programme : une heure de surf avec un animateur !

LE GRAND HAMMAM DE BORDEAUX

45, rue des Menuts ✆ 05 56 94 09 59
www.legrandhammamdebordeaux.fr
Du lundi au samedi de 10h à 19h et le dimanche de 13h à 18h. Fermé le mercredi. Institution réservée aux femmes.

Le Grand Hammam de Bordeaux conjugue bien-être et évasion, pour un véritable moment de détente. En plus du traditionnel hammam et des rituels, de nombreux soins sont proposés parmi lesquels : gommage (sel marin, miel, argan...), massage relaxant, nourrissant ou fondant à la bougie, enveloppement au rassoul, à la cire de jojoba... On peut également profiter d'offres en duo. Le thé à la menthe est offert pour tous les rituels. Pensez à prendre maillot de bain, serviette et tongs.

SORTIR

Après une belle balade sur les quais de la Garonne et dans le vieux Bordeaux, accordez-vous une soirée festive ! Surnommée la belle endormie, la capitale girondine vit pourtant aussi la nuit. Flânez dans les rues pavées du quartier Saint-Pierre et laissez-vous emporter par l'animation des nombreuses terrasses de cafés et bars à vins. Du côté des boîtes de nuit, le quai de la Paludate et le quartier des Bassins à flot proposent les meilleurs endroits pour danser jusqu'au petit matin. Amateurs de spectacles vivants ? L'agenda culturel de la ville est particulièrement riche, éclectique et divertissant. Au programme, concerts, opéras, dîners-spectacles, improvisations théâtrales, cinéma… De quoi satisfaire le plus grand nombre ! Si vous visitez Bordeaux à la belle saison, les propositions sont encore plus nombreuses avec notamment des concerts gratuits pendant les incontournables événements : Bordeaux fête le fleuve et Bordeaux fête le vin.

CALLE OCHO

24, rue des Piliers de Tutelle
✆ 05 56 81 89 99

Ouvert tous les jours de 17h à 2h. Animations. Concerts.

Voilà plus de 20 ans que la Calle Ocho fait danser les Bordelais au rythme chaud de la musique latine. Ici, les soirées sont endiablées, sur des pas de salsa, merengue, reggaeton ou bachata… L'ambiance est toujours assurée, avec différents groupes de musique et des DJ invités régulièrement. La carte des apéros (très beau choix de rhums) et des cocktails (Cuba Libre, Mojito, Daiquiri, Piña Colada...) prend également des saveurs exotiques, en accord avec la programmation musicale du lieu. Ce bar salsa est un incontournable des folles nuits bordelaises !

CLUBS ET CONCERTS

✆ 06 77 02 18 85
www.clubsetconcerts.com

Mensuel. Pour annoncer vos concerts et autres événements : agenda.clubs@gmail.com.

Clubs et Concerts est un incontournable de la presse événementielle à Bordeaux. Voilà déjà plus de trente ans que ce petit agenda gratuit informe les habitants de l'actualité des spectacles ! La rédaction, professionnelle et indépendante, est remplie de passionnés qui ont à cœur de vous faire découvrir les meilleurs spectacles de la ville et de ses environs : concerts, théâtre, opéra... Chaque mois, plus d'une trentaine de rendez-vous y sont répertoriés, avec toutes les infos nécessaires. Cette bible des fêtards est distribuée dans plus de 400 points de vente.

IBOAT

1, quai Armand-Lalande ✆ 05 56 10 48 35
www.iboat.eu

Ouvert du lundi au samedi. Restauration : du lundi au vendredi le midi, du mercredi au samedi le soir. Concerts. Soirées.

Depuis son arrivée en 2011, l'Iboat est devenu une institution bordelaise ! Ce lieu atypique est situé sur un ferry de trois niveaux. Au bord de la Garonne, l'emplacement est idéal pour une soirée jusqu'au petit matin. Chaque soir ou presque, l'Iboat vous invite aux « aperoboat » dans une ambiance conviviale autour de différentes thématiques : scène ouverte, cours de salsa, soirée 90's vs 2000's… Dans la cale du bateau, profitez de la salle de concert et de l'espace *clubbing* : DJ pointus et musique électronique au programme. Bonne restauration en prime !

ARKÉA ARENA

48-50, avenue Jean Alfonséa
FLOIRAC

Buvette et restauration sur place. Restaurant ouvert les soirs de spectacles. Parking. Bus. Navette. Privatisation.

Pouvant accueillir jusqu'à 11 300 personnes, l'Arkéa Arena a été inaugurée en 2018 avec le groupe Dépêche Mode. Depuis, elle est devenue la première salle de province en termes de fréquentation. Toute l'année, elle accueille les grands noms de la chanson et du spectacle. Avant ou pendant le concert, huit bars sont ouverts pour vous désaltérer. L'Arkéa Arena propose également une offre restauration avec la Brasserie Le Tourne Disque, où vous pourrez savourer des spécialités de la région au bord de la Garonne ! Un lieu à découvrir.

LE PIN GALANT

34, avenue du Maréchal de Lattre de Tassigny - **MÉRIGNAC** ✆ 05 56 97 82 82
www.lepingalant.com
Billetterie du lundi au samedi de 11h à 18h. Restauration le midi du lundi au samedi et les soirs de spectacle.

Deuxième scène culturelle d'Aquitaine, Le Pin Galant a une programmation culturelle riche de 130 représentations par an : opéra et opérette, musique et danse de tous styles, théâtre, humour, cirque, spectacles pour enfants et matinées scolaires... C'est également un lieu privilégié pour vos grands événements, avec son auditorium de 1 410 places, son restaurant et son Pavillon, une salle de 1 300 m² modulable à souhait et adaptable à vos projets (réunions, concours, showroom, salons professionnels...) pour une capacité d'accueil de 100 à 1 000 personnes.

CASINO BARRIÈRE BORDEAUX

Rue Cardinal Richaud
✆ 05 56 69 49 00
Ouvert tous les jours de 10h à 4h. Jeux de table de 21h à 4h. Bar et restaurant.

Au cœur du centre d'affaires de Bordeaux-Lac, le Casino Barrière Bordeaux est un espace multi-loisirs qui combine plaisir et festivités, avec ses 340 machines à sous et ses 40 tables de jeux traditionnels et électroniques. C'est aussi un espace business avec une offre de restauration, un théâtre de 718 places et un espace de réception pouvant accueillir jusqu'à 550 personnes. Le casino dispose d'un restaurant, le Café Barrière, et de deux bars. Facilement accessible en tramway ou en voiture et à quelques minutes seulement du centre-ville de Bordeaux !

THÉÂTRE DES SALINIÈRES

4, rue Buhan ✆ 05 56 48 86 86
www.theatre-des-salinieres.com
Billetterie du mardi au vendredi de 13h30 à 20h30, le samedi de 16h30 à 20h30, le dimanche de 13h à 15h.

Depuis 1998, le Théâtre privé des Salinières divertit les Bordelais au cœur de la vieille ville. 23 ans de spectacle, 280 fauteuils rouges, 30 000 spectateurs chaque année, 18 comédies chaque saison... Le Théâtre des Salinières, c'est également une troupe de comédiens régulièrement en tournée dans toute la région, pour faire découvrir les plus grandes comédies françaises à succès. Pendant les vacances scolaires, des spectacles pour enfants de 4 à 12 ans sont proposés en journée. L'occasion de se divertir en famille et de partager ensemble la passion du théâtre.

LE PASSAGE

37, rue des Menuts ✆ 09 52 81 45 54
www.lepassage-escape.fr
À partir de 23 €/joueur (-2 € pour les étudiants). Ouvert le lundi de 16h45 à 23h ; du mardi au dimanche dès 10h45.

On raconte qu'un coup de masse mal placé aurait ouvert une brèche vers de mystérieuses galeries où Stéphane et Quentin, les deux inventeurs de cet escape game, ont découvert une étrange machine. Votre mission : réussir à la démarrer pour remonter le temps et changer le cours de l'histoire... *La lettre d'Einstein* n'est pas une salle à proprement parler puisque vous allez réellement pénétrer dans cette incroyable machine. Les amateurs reconnaissent que Le Passage a mis la barre haute pour offrir aux joueurs la meilleure des expériences de jeu possible !

BOWLING MERIADECK

Terrasse du Général Koenig
✆ 05 57 81 43 81
www.axelvega.com/bowling
Ouvert tous les jours dès 14h. Tarif à partir de 4,70 € (tarif réduit : 4,10 €). Forfait 3 parties à partir de 10,50 €.

Le bowling entre amis ou en famille est toujours la promesse d'une soirée réussie ! Cet établissement-là fait figure d'institution pour les passionnés. Seize pistes avec comptage électronique vous attendent ici, ainsi que des jeux virtuels et des tables de billard. Pour accompagner votre partie, des cocktails avec ou sans alcool, sandwichs et snacks sont proposés au bar. Si vous voulez manger et jouer en même temps, mieux vaut choisir la formule pizza, sur réservation ! Formule anniversaire le mercredi ou le week-end, accessible à partir de 7 ans.

VORTEX EXPÉRIENCE VR

170, cours du Médoc
✆ 05 33 09 71 55
www.vortex-experience.com
Jours et horaires d'ouverture variables selon période (infos sur le site internet). Tarif : 30 €/joueur. Team Building.

Entrez dans le Vortex et découvrez l'hyper réalité virtuelle ! De 2 à 6 joueurs, vous évoluerez en immersion totale et en déplacement libre sur un plateau de 500 m². L'expérience de jeu dure 30 minutes, mais comptez 1h sur place, pour la préparation, l'équipement et le débriefing. Prévoyez une tenue adaptée et confortable, car affronter des hordes de zombies risque de vous donner des sueurs froides... Vous aurez le choix entre deux scénarios : éviter la propagation d'un virus ou décoller pour un voyage temporel. On compte sur vous pour sauver l'humanité !

ANDERNOS-LES-BAINS ★★

Andernos-les-Bains était une importante bourgade à l'époque gallo-romaine et de nombreux vestiges sont exposés à la Maison Louis David comme ceux d'une villa du IVe siècle. La saison estivale est particulièrement animée, avec par exemple le célèbre festival de jazz, des feux d'artifice, des concerts et spectacles, mais la basse saison n'est pas délaissée. Tout début décembre « Cabanes en Fête » est une manifestation conviviale qui mettent les papilles en émoi. La nature est très présente et la réserve naturelle abrite une faune et une flore préservées, avec notamment des pins centenaires isolés dans une belle chênaie, des tamaris en bord de plage.

L'HUÎTRE DU BOUCHER

Cabane 48
✆ 06 99 02 64 10
www.huitres-andernos.jimdo.com
Horaire suivant les marées. Adulte : 45 €. Enfant de 8 à 12 ans : 22,50 €. Groupe 2 adultes et 2 enfants : 130 €.

Au départ du port ostréicole d'Andernos, de Gujan-Mestras, Lège-Cap-Ferret ou d'Arès, partez pendant 6 heures (1h de bateau à l'aller et 1h au retour + 4 heures sur les parcs à huîtres). Suivant les horaires des marées, vous naviguerez dans les chenaux jusqu'aux parcs à huîtres, appréhenderez les ficelles du métier et une fois la marée remontée, vous rentrerez pour décharger la pêche de la journée que vous dégusterez avec en prime une petite recette typique du bassin. Habillez-vous en conséquence et mettez-vous dans la peau de ces passionnés...

CAMPING FONTAINE VIEILLE*** €€

4, boulevard du Colonel-Wurtz ✆ 05 56 82 01 67
www.fontainevieille.fr
Emplacement à partir de 19 €. Mobil-home (4 pers.) à partir de 420 €/sem. Vélo/randonneurs : 10 €/nuit (4 pers. max).

Ce camping propose des emplacements de tentes, un espace spécial camping-cars, des mobil-homes, des bungalows toilés, des cabanes « nature » et des lodges premium dont certains avec vue sur le bassin. Le camping est calme, mais de nombreuses animations sont régulièrement proposées. Par ailleurs, vous avez accès direct à la plage et à de nombreux services. Quasiment les pieds dans l'eau, le camping permet de laisser de côté la voiture au profit du vélo ou de la marche à pied.

CAMPING LE COQ HARDI*** €€

3, avenue de la République - **LANTON**
✆ 05 56 82 01 80
www.campingcoq-hardi.com
Fermé du 1er novembre au 31 mars. Emplacement de 17 € à 32 €. Chalets à partir de 240 €, mobil-homes à partir de 300 €.

Idéalement situé en bordure du Bassin d'Arcachon, le Coq Hardi est un camping familial qui a élu domicile dans un cadre exceptionnel avec ses deux accès directs à la plage. Entre pins et chênes, vous aurez le choix de votre emplacement, vous pourrez préférer la proximité des piscines, de l'entrée et de ses animations, ou de la plage ou du calme des arbres centenaires. Vous aurez également le choix entre caravane, chalet, mobil-home ou encore camping en tente ou camping-car. De nombreuses animations, des sorties organisées et des soirées conviviales.

Cyclistes à Andernos-les-Bains.

L'OCEANA** €€

7, avenue Guy-Célerier - **LANTON**
✆ 05 56 82 06 20
www.oceana-hotel.fr

Logis. Qualité Tourisme. Ouvert toute l'année (sauf janvier). Chambres à partir de 74 € ; appartement à partir de 115 €.

L'Océana est un petit havre de paix entre eau et forêt. Les chambres sont décorées de manière épurée dans un style plutôt marin et disposent de tout le confort nécessaire pour passer un excellent séjour. Vous êtes nombreux ? Pas de souci, deux appartements en duplex, associés à une terrasse et un balcon, vous accueillent et il y a de la place pour 4 à 6 personnes ! Profitez de la véranda ou de la terrasse ombragée devant une belle assiette proposée par le chef dont la cuisine est savoureuse et locale ! L'accueil est très chaleureux.

LA CABANE DU MAURET €€

7, place de l'Etoile ✆ 09 53 30 82 84
www.lacabanedumauret.fr

Ouvert toute l'année. Du jeudi au mardi le midi et le soir en haute saison. Formule du midi : 23 € ; le soir : 25,50 €.

Une cabane blanche et bleu qui vaut le détour ! Dans un cadre bucolique, le Cabane du Mauret offre un décor contemporain dans une ambiance familiale et très conviviale. La cuisine met à l'honneur les produits régionaux, frais, de saison et toujours bien présentés : huîtres, moules, coquillages et poissons, mais pas que ! Le Mixed Grill du Sud-Ouest (côtelette d'agneau, magret de canard, pièce de bœuf, sauce au piment d'Espelette) a aussi toute sa place dans la carte. En dessert ? Du grand classique ou la tarte du jour tiède avec boule de glace et chocolat chaud.

LA CHULETA €€

127, boulevard de la République
✆ 06 65 35 00 10

Du mardi au dimanche de 11h à 14h et de 19h à 23h. Formule du midi : 14,90 € ; le soir de 19,90 à 24,50 €.

La Chuleta est un endroit festif où l'on se restaure au rythme des karaokés (le jeudi), des guitares ou en écoutant des concerts qui vont du jazz à Brassens en passant par de la pop latina, du flamenco et bien d'autres en fin de semaine. On peut même finir la soirée en dansant. Patrick Callendreau et Christian Moreno reçoivent les clients sans chichis autour de tapas, pizzas et plats espagnols : paella fruits de mer et poulet, cochon de lait à la broche, seiches à la plancha, etc. Une invitation au voyage dans une ambiance conviviale, chaleureuse et décontractée.

COQUILLAGES & CRUSTACÉS €€

9, avenue du général de Gaulle ✆ 06 62 39 46 98

Haute saison : ouvert tous les jours. Basse saison : ouvert le soir sur réservation. Plateaux à partir de 15 €.

Si vous n'aimez pas les fruits de mer ou les poissons pas la peine de vous poser dans ce restaurant, car ici on fait uniquement le plein d'iode. A la carte, des plateaux très frais composés en fonction de vos envies et de votre appétit. Si le premier plateau et le moins cher ressemble plutôt à une assiette de fruits de mer, les autres propositions plutôt sont bien garnies même si quelques huîtres de plus dans le plateau à 45 euros auraient été les bienvenues. Les moules, crevettes et bulots sont excellents sans oublier les sardines et le homard...

LE FISH HEAD €€

Promenade de la Piscine
✆ 05 56 82 32 24
www.fish-head.fr

Ouvert tous les jours et les jours fériés le midi et le soir. Carte : 35 € environ. Menu enfant : 10,50 €.

Le Fish Head a quasiment les pieds dans l'eau. On adore la terrasse que ce soit pour prendre un repas ou pour un apéro « tapas » dans une ambiance jeune et décontractée. En hiver on est bien au chaud dans les deux jolies salles avec vue imprenable sur le Bassin. La cuisine est réalisée à base de produits 100 % frais et tout est fait maison. Les spécialités sont bien sûr les produits de l'océan. On n'oublie pas les petits plus de la maison : impatience pour attendre l'entrée, la baguette mise entière sur la table, le thé Dammann Frères et le service impeccable.

CHEZ L'ONCLE PHIL €€

5, avenue du Général de Gaulle
✆ 05 57 76 07 70

Ouvert tous les jours en haute saison ; du vendredi au mardi de 9h à 20h en basse saison. Formule du midi : 12,70 €.

Chez l'Oncle Phil, le sous-titre *La cantine gourmande* porte bien son nom. Une belle terrasse vous tend les bras, mais l'intérieur est tout aussi agréable avec sa déco contemporaine. La carte se partage entre des tapas pour la convivialité et des plats classiques de brasserie. C'est une cuisine simple et efficace. L'Assiette du midi est une bonne affaire avec des crudités du moment, deux plats au choix et un dessert. Toute la journée, l'Oncle Phil prépare des jus de fruits frais maison et des douceurs : crêpes, gaufres, glaces artisanales, chocolat chaud maison...

L'OCEANA €€

7, avenue Guy-Célerier
LANTON
✆ 05 56 82 06 20
www.oceana-hotel.fr

Haute saison : ouvert du lundi au samedi le soir. Menu unique à 23 €. Carte : 45 € environ.

L'accueil à l'hôtel est aussi professionnel que la cuisine de l'Océana est bonne. Les prestations se suivent et la qualité reste au rendez-vous. Dans la véranda à la déco contemporaine ou à l'ombre de la terrasse, vous serez bien installé pour vous laisser aller à une escale culinaire de bon goût, variant au fil des saisons. Au programme des assiettes, tout en finesse et travaillées avec des produits frais et locaux. Le chef réussit à faire le lien entre une cuisine traditionnelle et une cuisine plus novatrice. Le menu s'affiche au quotidien à l'ardoise.

L'OSTRA €€

15, avenue Pasteur
✆ 05 57 17 28 43

Ouvert toute l'année. Du mardi au dimanche le midi et le soir en haute saison. Formules du midi de 12,90 à 16,90 €.

De La Gourmandine à L'Ostra, Céline et Loïc ont tout changé à commencer par la déco qu'ils ont dépoussiérée. L'endroit est beaucoup plus contemporain et c'est agréable de s'y attabler en famille comme entre amis. Au menu (selon la saison, c'est évident) : farandole asiatique à partager, huîtres du Banc d'Arguin de chez Roux (Andernos), profiterole de chèvre et chlorophylle au basilic, poke bowl au saumon, magret de canard au cidre et pommes caramélisées, fondant au chocolat... Sans être trop longue, la carte est plutôt variée avec des propositions végétariennes.

LE PASSAGE €€

21, rue Pasteur
✆ 05 56 82 59 90
www.lepassageandernos.fr

Haute saison : ouvert du vendredi au mercredi le midi et le soir. Carte : 35 € environ.

A proximité de la rue piétonne principale, dans le passage du Vieux-Marché, Le Passage de Barbara Graciano, patronne et chef, est une petite adresse qui ne fait pas de bruit et pourtant elle mérite qu'on s'y arrête. Accueil charmant, décor simple et contemporain ouvert sur la cuisine. La carte et les menus sont réalisés à partir de produits de qualité qui oscillent entre terre et mer et combinent parfois les deux. Le peu de plats, traditionnels ou plus exotiques, sont d'une fraîcheur absolue dans le respect total des produits de saison.

LE PIC GOURMAND €€

9, avenue du Général de Gaulle
✆ 06 44 13 93 45

Haute saison : tous les jours et les jours fériés le midi et le soir. Carte : 25 € environ.

Amateur de viande de qualité ? Vous allez vous régaler au Pic Gourmand. Les producteurs, souvent locaux, sont sélectionnés avec soin. Côté cuisine, tout est cuit avec justesse au gril. Parmi les spécialités : les brochettes de bœuf, d'agneau, de magrets, mais aussi de Saint-Jacques, les ribs de poitrine de porc fermier, les côtes de bœuf maturées ou fumées servies sous cloche comme dans les grands établissements. Tous ces plats sont accompagnés de frites fraîches faites maison. On peut aussi partager quelques tortillas ou des planches « cochon noir » de Bigorre.

LES TAMARIS €€

2, place Louis-David
✆ 05 56 26 74 77
www.restaurant-tamaris-andernos.fr

Ouvert toute l'année 7j/7, midi et soir. Menu à 36 €. Carte : 42 € environ. Formule du midi : 21 €.

Face à la jetée et à quelques pas à peine de la plage, le restaurant Les Tamaris offre un cadre et une vue exceptionnels sur le Bassin pour un repas en terrasse, presque les pieds dans l'eau, ou à l'intérieur dans une salle climatisée. Les amoureux de fruits de mer seront ravis c'est certain, mais laissez-vous tenter par le poisson du jour grillé à la plancha, des viandes grillées ou encore par les belles suggestions à l'ardoise. C'est une cuisine de saison, savoureuse, faite 100 % maison par un maître restaurateur avec des produits frais. Service pro et agréable.

SAVON DE BORDEAUX

✆ 06 82 39 89 47
https://savon-de-bordeaux.com/

Boutique en ligne. Autres points de vente sur le site internet. Actualités sur la page Facebook.

Jean-Yves, un ancien assureur, et Anne-Sylvie, une amie, s'associent en 2008 pour fabriquer un savon artisanal et original, car les fragrances sont inspirées de la région : vigne rouge, raisin blanc, algues du Ferret, pêche de vigne, fleur du Pyla, verveine-citron, etc. Ainsi naît le Savon de Bordeaux®. Delphine pérennise aujourd'hui la marque familiale. Savons, shampooings solides, gels douche, lait pour le corps, parfums d'ambiance... tout est réalisé à base d'huiles essentielles. Les coffrets cadeaux rappellent les caisses en bois des grands millésimes.

GIRONDE

OZENSPA

10, rue Bernard Palissy
✆ 05 56 03 33 03
www.ozenspa-andernos.fr
Ouvert du lundi au samedi de 9h à 13h et de 14h à 19h. Dimanche : sur privatisation. Tarifs complets sur le site.

Dans ce havre de paix, vous ferez du bien à votre corps grâce au spa avec sa piscine chauffée à 32 °C, son bain à remous et son hammam-sauna dans un cadre idyllique bordé par une forêt d'eucalyptus. Les soins du corps, du visage et les massages sont des instants de pure relaxation. Les sports aquatiques (aquagym, aquabike, aquatonic, aquatraining, bébés nageurs...) et les sports zen (Pilates, fitness et gymnastique holistique) sont animés par des enseignants diplômés. Le plus ? Une équipe de thérapeutes qui élabore des programmes selon vos besoins.

CŒUR TOURISME DU BASSIN D'ARCACHON

20, allées Ernest de Boissière ✆ 05 57 70 67 56
www.tourisme-coeurdubassin.com
Qualité Tourisme. Accueil vélo. Ouvert toute l'année. Jours et horaires d'ouverture variables selon la saison.

L'office de tourisme d'Audenge se situe en centre-ville. Parmi les prestations disponibles : la location de vélos, des activités nautiques telles que le canoë-kayak et un service billetterie. Notez que la commune abrite les Domaines de Certes et Graveyron qui représentent un espace naturel remarquable. La présence de ces sites permet à l'office de tourisme de proposer des animations de qualité, notamment des visites guidées et commentées par un guide naturaliste en saison estivale.

AUDENGE

Située dans le parc naturel régional des Landes de Gascogne, Audenge est une petite ville qui regorge de curiosités à dénicher au détour des chemins et des ruelles. Elle a son port ostréicole typique avec des cabanes de pêcheurs, un port de plaisance, trois piscines d'eau de mer pour se baigner quand l'eau du bassin se retire et une petite plage sauvage aux abords du Domaine de Graveyron. Audenge c'est aussi une immense forêt de pins maritimes et des domaines protégés : Certes et Graveyron. Classés espace naturel sensible, propriété du Conservatoire du Littoral, les deux sites s'étendent sur une surface de 545 ha mitoyens par le chenal de Certes.

LE SENTIER DU LITTORAL

✆ 05 56 26 95 97
Ouvert toute l'année. Gratuit. Visite guidée se renseigner auprès de l'office de tourisme.

Sur le Bassin d'Arcachon, il existe 4 sentiers du littoral, dont celui d'Audenge qui est le plus long avec ses 14 km. Ce parcours contourne le domaine de Certes par une digue qui permettait la création des marais salants au XVIIIe siècle. On découvre les secrets de l'architecture d'un marais créé d'abord pour le sel puis pour la pisciculture. On observe des oiseaux tels que des cormorans, des goélands ou des milans noirs. Les chemins sont larges et la balade ne présente pas de difficultés. Prévoir 3 heures et de quoi se désaltérer, car l'ombre y est rare.

Le Port d'Audenge.

LE BISTROT D'AUDENGE €€

4, avenue du Vieux Bourg
✆ 06 30 65 12 60
Ouvert toute l'année. Du mardi au dimanche midi et soir en haute saison. Menus de 20 à 28 €. Formule midi : 13,50 €.

Le Bistrot d'Audenge est un restaurant, mais c'est aussi un lieu de vie où l'on boit un verre en écoutant un concert. Côté salle : une ambiance bistrot de village sans chichis où l'on vient autant en famille qu'entre amis. Sur la table : des produits frais, de grande qualité, et bien travaillés aussi bien le midi que le soir. La cuisine reste traditionnelle et les portions sont idéales. Olivier, le maître des lieux, vous reçoit presque en ami avec beaucoup de chaleur, de gentillesse, de bonne humeur et de professionnalisme. Rapport qualité-prix imbattable.

GIRONDE

PISCINE D'EAU DE MER

Port d'Audenge
✆ 05 56 26 95 12

Accès gratuit. Surveillée en juillet et août par un maître nageur sauveteur. Animations pour enfants.

Fini les soucis de marées ! Le bassin de baignade d'Audenge est un lieu de trempette relativement insolite. Il s'agit d'une retenue d'eau de mer qui forme une grande piscine extérieure. On y trouve trois bassins aux niveaux différents, pour petits et grands. L'eau est chauffée par le soleil... Ici pas de chlore, c'est le sel qui pique les yeux, mais aussi pas de filtre ! Sur place une aire de jeux pour les enfants, des espaces de sable, de caillebotis et d'herbe le long des bassins ainsi que de fréquentes animations pour les plus jeunes.

ARCACHON ★★★★

Avec ses 2 000 hectares, Arcachon est l'une des communes les plus étendues de France. Ses premiers succès reviennent aussi aux bains de mer, très prisés dès le début du XIXe siècle. Les structures d'accueil se réduisent au départ à quelques cabanes de résiniers quand un navigateur normand, le capitaine François Legallais, ouvre en août 1823 le premier hôtel-établissement de bains de la région. Mais la ville doit, en partie, son envol à Napoléon III. L'Empereur fut charmé par l'endroit qui jouxte La Teste-de-Buch. L'arrivée du chemin de fer en 1857 a fait le reste. Le patrimoine architectural d'Arcachon se dote de superbes villas dans la Ville d'Hiver créée par les Frères Pereire en 1862. Ils achètent sur les hauteurs de la ville 400 hectares de dunes boisées qu'ils décident de lotir. On dénombrera jusqu'à 300 villas aux styles différents : mauresques, demeures coloniales et manoirs, néogothiques. Elles sont ornées de corniches, encorbellements, bow-windows, fenêtres en demi-lune, lucarnes, balcons aux ajours de bois, etc. Dans les années 1960, la ville se dote d'un port de plaisance, le deuxième de la façade Atlantique. Il compte 2 600 anneaux et plus de 750 corps morts. Aujourd'hui, la ville vit toute l'année. Le front de mer, sur près de 3 kilomètres, est très passant. Il est animé par de nombreux bars et restaurants et la longue jetée est l'un des endroits incontournables. La place du marché a été entièrement rénovée et toutes les rues adjacentes sont très commerçantes. Arcachon offre aussi de nombreuses balades sur le Bassin, sur les plages sud et surtout sur la Dune du Pilat.

ABATILLES

157, boulevard de la Côte-d'Argent
✆ 05 56 22 38 50
http://sourcedesabatilles.com

Ouvert toute l'année. Le mardi et le jeudi de 10h à 11h30. Gratuit jusqu'à 12 ans. Adulte : 7 €.

En 1923, Louis Lemarié cherche du pétrole et trouve... de l'eau ! L'eau des Abatilles est captée à une profondeur de 472 mètres et à une température de 25 °C, ce qui en fait la source la plus profonde de France. La visite permet de découvrir les différentes étapes de production depuis le forage jusqu'à l'embouteillage. Au Petit musée on vous racontera la fabuleuse histoire de la Source des Abatilles, de sa découverte à nos jours. A la fin, dégustation directement à la Source où l'eau sort à son émergence à 25 °C. Deux gammes : la Bordelaise et la Pétillante.

ASCENSEUR DU PARC MAURESQUE

Place du 8 mai

Ouvert toute l'année, tous les jours et les jours fériés (horaires variables en fonction des saison). Gratuit.

Afin de rejoindre le parc Mauresque dans la Ville d'hiver, vous pouvez emprunter l'ascenseur situé tout au bout de la rue du Maréchal-de-Lattre-de-Tassigny, derrière la superbe fontaine. Après un long couloir au plafond très coloré puis la montée en ascenseur, vous arriverez au cœur de l'arboretum, face à une belle vue sur le bassin et la Ville d'été d'Arcachon. Auparavant, la liaison entre la Ville d'Eté et la Ville d'Hiver se faisait à pied en empruntant un petit chemin à lacets.

LE PARC MAURESQUE ★★

Avenue Victor-Hugo
www.arcachon.com

Ouvert toute l'année. Tous les jours de 7h à 22h. Gratuit. Visite guidée de la ville d'Hiver avec le parc : 14 €/adulte.

Le parc Mauresque domine la ville et permet de se balader tout en profitant du panorama, on aperçoit même un bout de bassin. Situé dans la ville d'hiver, il est dessiné à la façon des jardins anglais, tout en sinuosité. On y flâne, on s'y promène, on admire les statues et les arbres centenaires. C'est aussi l'occasion d'y voir l'ancien site du casino aujourd'hui disparu ainsi que sa maquette. Vous trouverez aussi des aires de jeux et des animations pour les enfants, un théâtre de verdure, une roseraie ainsi que de nombreux bancs pour se détendre ou pique-niquer.

GIRONDE

ÉGLISE NOTRE-DAME-DES-PASSES

Le Moulleau

Ouvert toute l'année. Gratuit.

© SEB HOVAGUIMIAN - FOTOLIA

Surplombant la ville d'Arcachon, l'église, un ancien couvent dominicain, est remarquable par son style grec orthodoxe rappelant les églises byzantines. Construite en 1863 au sommet d'une dune, elle fut agrandie en 1928 pour devenir une église paroissiale en 1993. Le chœur et la nef sont ornés de superbes fresques représentant surtout des anges. La particularité, c'est une statue, quasi unique en France, représentant la Vierge en état de grossesse nommée : « La Vierge de l'Avent ».

LA CRIÉE

✆ 05 57 52 97 97

www.arcachon.com

Ouvert le lundi et le jeudi de 6h30 à 8h15. Sur réservation à l'Office de tourisme. Adulte : 7 €.

Il faut se lever aux aurores, mais le sacrifice vaut le coup. Jean Lannes, un guide passionné, dévoile tous les secrets de la vente de la criée deux matinées par semaine, les lundis et jeudis matin. On pénètre dans les coulisses de ce milieu très fermé et on rencontre des professionnels de la pêche. En sortant, on connaît tout ou presque sur la filière pêche, sur le circuit du poisson, depuis son débarquement jusqu'à sa vente informatisée depuis 1958… C'est un endroit unique. Seul hic : les particuliers ne peuvent pas acheter de poissons.

LE P'TIT TRAIN D'ARCACHON

Départ depuis le rond-point de la Poste.

www.lepetittraindarcachon.fr

Horaires en fonction des circuits, voir sur le site. Gratuit jusqu'à 3 ans. Adulte : à partir de 6,50 €.

Le P'tit Train d'Arcachon est le moyen de transport préféré des touristes qui aiment se relaxer et admirer les sites ! En 40 minutes, on découvre la Ville d'hiver et son riche passé. Elle dissimule, au cœur d'une végétation exotique, des villas d'influence mauresque et gothique du XIXe siècle. Autre circuit : la Panoramique. De la ville d'hiver à la plage Pereire, une balade d'environ pour découvrir le patrimoine architectural et l'une des plus belles vues sur le bassin.

UNION DES BATELIERS ARCACHONNAIS

76, boulevard de la Plage

✆ 05 57 72 28 28

www.bateliers-arcachon.com

Navettes et excursions. Tarifs variables selon la distance.

Les navettes qui relient villes et sites remarquables et les excursions menées par les fiers marins sont un moyen original de découvrir les richesses du Bassin. Et il y en a de toute durée et pour tous les goûts : grand tour de l'Ile aux oiseaux, croisière océan, tour du littoral de l'île à l'océan, cabanes tchanquées, coucher du soleil, feu d'artifice, etc. L'UBA vous emmène aussi faire des parties de pêche, une balade en pinasse, en catamaran ou en greenboat que l'on peut privatiser.

ARC HÔTEL SUR MER*** €€

89, boulevard de la Plage

✆ 05 56 83 06 85

www.arc-hotel-sur-mer.com

Ouvert toute l'année. Chambre double à partir de 98 € ; chambre triple à partir de 158 €. Petit déjeuner : 13 €.

Si vous recherchez un hôtel « les pieds dans l'eau », vous l'avez trouvé ! Dès votre arrivée, vous pourrez apercevoir devant vous la plage et le bassin d'Arcachon. Vous traverserez le hall de la réception au décor mélangeant baroque et art contemporain. Le cadre est idyllique et apaisant, les petits déjeuners sont servis au bord de la piscine, dans les salons ou en chambre. Les chambres sont spacieuses, lumineuses et décorées sobrement. Elles ont toutes une terrasse privative, certaines ont une vue panoramique sur la mer, les autres donnent sur le jardin.

HÔTEL DE LA PLAGE*** €€

10, avenue Nelly Deganne ✆ 05 56 83 06 23
www.hotelarcachon.com

Ouvert toute l'année. Chambre double à partir de 89 €. Petit déjeuner buffet : 15 €. Parking inclus. Séminaires.

A l'Hôtel de la Plage vous êtes face au casino, à deux pas du front de mer et de la plage. L'architecture est contemporaine, l'ambiance est agréable et feutrée. Les chambres sont décorées sobrement dans l'esprit des cabanes du Bassin. Elles invitent au repos et à la tranquillité. Le confort y est total et les commodités irréprochables. Pour les services, les clients ont accès gratuitement à la salle de sport très bien équipée. Autres atouts : l'excellent buffet pour un petit déjeuner sucré et/ou salé et les 3 bornes de recharge pour véhicule électrique (payant).

HÔTEL LE DAUPHIN*** €€

7, avenue Gounod
✆ 05 56 83 02 89
www.dauphin-arcachon.com

Accueil vélo. Ouvert toute l'année. Accueil 24h/24. Chambre double à partir de 86 €. Petit déjeuner : 11 €.

Le Dauphin est situé au cœur de la ville, dans une authentique et magnifique villa arcachonnaise du XIXe siècle. Cet hôtel à la façade atypique, de briques couleur rouille et blanc, est doté d'une superbe piscine extérieure. A peine à 300 mètres du centre-ville et de la plage, vous trouverez ici confort et accueil irréprochables. Les chambres sont climatisées et donnent sur le jardin fleuri de l'hôtel ou sur la cour. Leur décoration est sobre et cosy à la fois, fraîche et reposante. L'hôtel met à disposition des serviettes de plage en location.

HÔTEL ORANGE MARINE** €€

35-37, boulevard Chanzy
✆ 05 57 52 00 80
www.hotel-orange-marine.fr

Fermé vacances de Noël. Chambre double à partir de 69 €. Petit déjeuner buffet ou en chambre : 12 €.

C'est à deux pas du port de plaisance, à 1 kilomètre environ du centre-ville et à 50 mètres de la plage qu'il faut dénicher ce charmant hôtel, à l'esprit familial, dont la façade de briques rouges anciennes est joliment rehaussée d'une frise de carreaux de faïence. Derrière les murs se cache un patio luxuriant, avec une fontaine et un jardin, qui permet d'accéder aux chambres très agréables décorées sobrement mais avec goût, certaines offrent même une vue sur le Bassin. La cuisine du restaurant marie simplicité et saveurs méridionales.

HÔTEL POINT FRANCE**** €€

1, rue Grenier ✆ 05 56 83 46 74
www.hotelpointfrance.com

Fermé du 10 nov. au 15 mars. Chambre double à partir de 99 €. Petit déjeuner buffet ou en chambre : 18 €. Séminaires.

Bénéficiant d'une excellente situation, face à la plage centrale d'Arcachon, cet établissement, presque les pieds dans l'eau, est à deux pas du front de mer et du casino. Agréables et bien conçues, les chambres à la décoration cosy et contemporaine, sont équipées d'un coin bureau, de toilettes séparées de la salle de bains, d'un dressing et d'une terrasse où vous apprécierez sûrement de prendre votre petit déjeuner complet à base de fruits frais, yaourts, pain et viennoiseries. L'accueil est souriant et toujours à votre service pour passer un merveilleux séjour.

VILLA VARINKA €€

8, avenue Saint-François-Xavier
✆ 05 56 54 03 54
www.arcachonplage.fr

Ouvert toute l'année. A partir de 1 400 € la semaine. 4 chambres.

Située à 50 mètres de la plage, non loin de la jetée du Moulleau, la Villa Varinka, lumineuse et spacieuse, est un petit coin de paradis avec son espace verdoyant baigné de soleil. Elle est parfaitement équipée et dotée de tout le nécessaire pour profiter de votre séjour en parfaite autonomie (cuisine moderne avec tous les appareils ménagers, cave avec réfrigérateur, congélateur et machine à laver le linge, barbecue à l'extérieur, etc.). Au rez-de-chaussée vous apprécierez le grand salon de 30 m², ainsi qu'à l'étage, les quatre chambres joliment décorées.

LE GAVROCHE FOOD-TRUCK €€

17, avenue Peyjean ✆ 06 83 00 76 75
www.legavrochefoodtruck.com

En été ouvert tous les jours de 11h30 à 15h. Burger à partir de 8 €, plat à partir de 7,50 €, desserts à partir de 3 €.

À bord de son fourgon rouge des années 80, le chef Yoann cuisine des entrecôtes bordelaises, des magrets et de délicieux burgers. Des recettes savoureuses et authentiques préparées dans cette estafette vintage des plus atypiques. Restaurateur et traiteur ambulant, Yoann et son Gavroche food-truck se déplacent dans tout le bassin d'Arcachon pour vos événements privés et professionnels. Ambiance champêtre assurée ! En plus de la préparation des plats, le Gavroche propose la location de vaisselle, de décoration et d'autres installations (tireuse à bière...).

© JP CHRETIEN - SHUTTERSTOCK.COM

Le Bassin d'Arcachon.

LE JARDIN €

23, rue Notre Dame des Passes

✆ 05 56 54 23 61

www.restaurantlejardin.com

Ouvert toute l'année. Réservation recommandée. Plats de 16 à 22 €. Formule déjeuner de 18 à 20 €. Jardin. Terrasse.

Ce restaurant-terrasse est un nid d'amoureux avec sa végétation luxuriante et sa cabane en bois qui fait office de bar. A l'intérieur, la belle salle est décorée de façon bucolique dans l'esprit jardin. A la carte, on trouve une grande variété de salades, mais aussi des tartares et des plats chauds cuisinés avec des notes créatives à base de produits frais et locaux. Ce jardin est vraiment un petit paradis à l'extérieur de la zone très touristique. L'établissement est ouvert tous les jours le midi et le soir (du jeudi au lundi le midi et le soir en basse saison).

LE BISTROT DU PORT €€

5, rue du Port

✆ 05 56 83 20 49

http://bistrot-arcachon.fr

Ouvert de mars à octobre. Du lundi au samedi midi et soir en juillet/août. Plats de 13 à 22 €. Formule du midi : 18 €.

Les nouveaux propriétaires de ce bistrot sont fort sympathiques. De très bons conseils pour le vin, ils parlent également des plats avec passion. Terrine de foies de volaille au porto, couteaux de la mer à la plancha, magret de canard, tartare de duo de thon et bar... Pour apercevoir le bassin d'Arcachon et son port au bout de la rue, vous pourrez profiter de la terrasse sur la rue piétonne. Envie de soleil, mais la terrasse affiche complet ? Dites-vous qu'il y a un patio à l'intérieur. Pour les locaux, le Bistrot du Port, c'est un peu la bonne cantine du coin.

LA RÉSERVE €

8, rue du Professeur-Joylet

✆ 05 56 83 97 70

Haute saison : ouvert tous les jours et les jours fériés le midi et le soir. Menu unique à 18,90 €. Menu enfant : 10 €.

Ce restaurant situé à deux pas de la plage est une histoire de famille ; celle du couple Roulet et de leur fille Tracy ainsi que de Kevin, le chef en cuisine... L'établissement reçoit les gourmands sur les deux terrasses, dans un décor moderne au style lounge très soigné. La première impression, très agréable, est confirmée par l'accueil qui se révèle absolument adorable. La cuisine ne gâche rien, bien au contraire puisque chaque jour le chef propose des plats alléchants confectionnés exclusivement à partir de produits frais. De quoi régaler les papilles !

LE BORDEAUX ARCACHON €€

39-41, boulevard du Général Leclerc

✆ 05 56 83 46 41

www.lebordeauxarcachon.com

Ouvert tous les jours et les jours fériés de 8h à 23h. Formule du midi : 20 €. Menu week-end : 25 €. Terrasse. Bar.

Situé juste en face de la gare, cet établissement est une adresse plus que recommandable : une terrasse agréable, un intérieur contemporain, une équipe jeune, souriante et efficace, une cuisine aux accents bistronomiques où l'on ne trouve rien à redire. Tout est frais, fait maison à base de produits de qualité. La carte est créative et les plats sont bien présentés. La formule déjeuner est une excellente affaire. Elle présente deux entrées, deux plats et deux desserts. Certes, on n'a pas la vue le Bassin, mais on se régale... Belle carte des vins.

CAFÉ DE LA PLAGE - RESTAURANT CHEZ PIERRE €€

1, boulevard Veyrier-Montagnères
✆ 05 56 22 52 94
www.cafedelaplage.com

Ouvert tous les jours et les jours fériés le midi de 9h30 à 23h. Réservation recommandée. Carte : 35 € environ.

Le Café de la Plage est incontournable. Sa terrasse située face à la plage est un atout de taille, certes, mais la qualité de la carte et du service fait en premier lieu le succès de cet établissement. L'équipe dynamique et chaleureuse accueille avec enthousiasme. A la table de Chez Pierre, la déco est chic et moderne. Le chef réalise une cuisine gastronomique, raffinée et créative, à base de produits régionaux. Le coin brasserie est idéal pour une salade, coquillages, etc.

LA PIZZERIA €€

19, rue Jehenne
✆ 05 56 83 20 46
www.pizzeria-jehenne.com

Ouvert du mardi au dimanche le midi et le soir. Spécialités italiennes à partir de 10,90 €. Terrasse. A emporter.

Située juste à côté du quartier du marché municipal, la *Pizzeria Jehenne* est une institution fondée en 1978. L'été, la terrasse, assez grande et très agréable, est très prisée. L'hiver, on s'installe dans des salles décorées de détails italiens, à l'ambiance familiale et chaleureuse. Dans les assiettes, c'est aussi l'Italie : les pizzas à la pâte fine sont bonnes et le choix est varié ! Et aussi des salades, des antipasti, des plats de pâtes, des pâtes farcies, des gnocchis et un grand choix de veau cuisinés de différentes façons. Et un excellent tartare !

LE CHIPIRON €€

11, rue de la Pêcherie
✆ 05 57 52 06 33
www.lechipiron.com/1133/

Ouvert toute l'année (sauf janvier). Du jeudi au mardi midi et soir en haute saison. Poissons à la plancha de 15 à 32 €.

Idéalement située dans le sympathique quartier de l'Aiguillon, cette excellente adresse tenue par Christian Bonnet, et son équipe, propose un véritable voyage gustatif. Confortablement installé dans la salle au décor moderne et chaleureux ou en terrasse au soleil, on passe ici un moment délicieux, grâce à des produits frais, cuisinés avec cœur et un service souriant et impeccable. On vient déguster les huîtres du bassin, des poissons à la plancha qui varient tous les jours en fonction des arrivages, mais aussi découvrir un défilé de tapas fraîches et gourmandes.

RESTAURANT L'AIGUILLON €€

52, boulevard Mestrezat
✆ 05 56 83 03 36

Ouvert toute l'année. Tous les jours le midi et le soir. Menus de 23 € à 30 €. Plats de 14,50 à 24,50 €. Terrasse.

Repris en mars 2020, l'établissement qui profite de l'occasion pour changer de nom se trouve dans le quartier de l'Aiguillon à l'entrée d'Arcachon. A deux pas du port, la grande terrasse se prête volontiers à un déjeuner ou un dîner. Bœuf bourguignon, os à moelle, tête de veau... Ici, on travaille en famille dans la tradition de la cuisine française. Thomas, le chef, et sa femme Ludivine se sont associés à David pour vous proposer des recettes à base de produits frais et de saison. Les menus laissent le choix entre trois entrées, trois plats et trois desserts.

GRAND CAFÉ VICTORIA €€

26, boulevard Veyrier-Montagnères
✆ 05 56 83 07 75

Ouvert toute l'année. Tous les jours de 9h30 à 22h. Carte : 32 € environ. Menu enfant : 13 €.

Face à la mer, à deux pas du lit de sable, Le Grand Café Victoria est une adresse raffinée et chic : des tables recouvertes d'une nappe blanche, des lustres anciens, du mobilier en bois, etc. Le personnel est tout aussi élégant et bienveillant, ce qui ne gâche rien. Côté gastronomie le chef joue sur l'air marin : huîtres, coquillages et crustacés à gogo, plateaux de fruits de mer bien garnis, poissons, pâtes et risottos aux palourdes ou langoustines. Il varie avec quelques notes terriennes, très italiennes, dont un superbe osso buco.

LA TABLE DU BOUCHER €€

16, rue du Maréchal-de-Lattre-de-Tassigny
✆ 05 56 54 06 28
http://la-table-du-boucher.com

Ouvert toute l'année. Tous les jours le midi et le soir en haute saison. Carte : 20 € environ. Formule midi : 19,90 €.

En pleine rue piétonne du centre-ville et à deux pas de la plage, La Table du Boucher vaut vraiment le détour. Elle reprend les codes de la brasserie traditionnelle : grand bar qui court le long de la salle, petites tables, banquettes rouges et grands miroirs. Avec dans le fond « la cuisine du boucher » d'où sortent de bons plats. Le petit plus ? La terrasse. La viande est à l'honneur bien sûr, mais les huîtres, en provenance du Banc d'Arguin, sont incontournables, et ce, tout au long de l'année. Chaque jour, une suggestion de poisson et les menus à l'ardoise.

TRANSAT RESTAURANT €€

Quai Goslar ✆ 09 63 67 74 42
http://transat-arcachon.com/
Ouvert toute l'année (sauf janvier). Du mercredi au dimanche midi et soir. Menu : 22 €. Plats de 18 € à 29 €. Bar.

Au port de plaisance d'Arcachon, face aux cabanes tchanquées, le Transat offre une vue splendide. Que ce soit en terrasse ou dans la salle bordée de grandes baies vitrées, on admire le paysage sans jamais se lasser. Ici, et notamment le midi, on croise ceux qui s'accordent une pause déjeuner gourmande entre collaborateurs, mais aussi des touristes qui se félicitent d'avoir longé le port pour découvrir cet endroit sympathique. L'équipage de ce restaurant aux allures de bateau s'adapte avec aisance à votre timing. Une adresse privilégiée du bassin d'Arcachon !

WINE NOT €€

46, boulevard Mestrezat
✆ 05 57 15 37 78
www.winenot-arcachon.com
Tous les jours le midi et le soir (fermé dim. midi et le jeudi en hors saison). Menu : 29,80 €. Plat du jour : 12,90 €.

Quel plaisir de pousser les portes de cette belle bâtisse au style typiquement arcachonnais. À l'intérieur ou en terrasse, vous rencontrerez Esther, mais aussi Patrice pour vous conseiller sur le choix d'une appellation ou d'un millésime. Et en cuisine, c'est David. Derrière les fourneaux depuis plus de 20 ans pour faire partager les meilleurs produits de sa région, il vous propose de découvrir sa carte, son menu ou sa formule déjeuner (entrée, plat et dessert). Couscous maison le mercredi et paella sur commande le jeudi ! Alors, *Wine not* ?

LA TOQUE CUIVRÉE

4-6, boulevard Mestrezat
✆ 05 56 54 74 90
www.la-toque-cuivree.fr
Ouvert du lundi au samedi de 8h à 19h ; le dimanche de 8h à 13h. Livraison. Retrait en magasin.

Véritable emblème bordelais, le canelé est un délice qui date du XVIe siècle. C'est une pâtisserie à base de farine, d'œufs, de lait, de vanille et de rhum. Et c'est un vrai challenge d'obtenir un canelé moelleux à l'intérieur et croustillant à l'extérieur. La Toque Cuivrée le réalise parfaitement. Dans l'un des magasins, où vous bénéficierez d'un accueil toujours très chaleureux, vous aurez le choix entre trois tailles de canelés. Vous pourrez aussi vous laisser tenter par les tourtières aux pommes ou aux pruneaux, le Bordelais amande, les pâtes à tartiner...

L'AMOUR DU VIN

2, boulevard de la plage
✆ 09 75 59 40 51
www.amourduvin.com
Ouvert du mardi au samedi de 10h à 13h et de 16h à 19h30 ; le dimanche de 10h à 13h. Boutique en ligne.

Un peu comme Obélix avec la potion magique, Mélodie Boileau et Thibault Dussert connaissent (très) bien l'univers du vin. C'est d'ailleurs dans la famille que l'on édite chaque année le guide des Vins Dussert-Gerber depuis 1972. Frère et sœur dirigeaient déjà la boutique de Gradignan. Ils sont désormais aussi à Arcachon à la place du marchand de journaux. Et quand on s'appelle l'Amour du vin, on le rend bien. Ici, on vend au même prix qu'à la propriété. Pour accompagner les dégustations, les plateaux de fromages préparés par Merryl n'ont qu'à traverser la rue.

L'EPICERIE DE L'AIGUILLON

51, boulevard Mestrezat
✆ 06 52 96 70 53
www.poissonneriedelaiguillon.fr
Ouvert du lundi au samedi de 9h30 à 12h30 et de 15h30 à 19h ; le dimanche de 9h30 à 12h30.

En face de la Poissonnerie de l'Aiguillon, vous trouverez L'Épicerie de l'Aiguillon. Misant sur la qualité, on découvre une belle sélection de produits artisanaux du Bassin (rillettes d'huîtres, miel des dunes océanes, confiture de fraises à la vodka du Pyla...), de la région (caviar d'Aquitaine, Bouchons de Bordeaux, lamproie à la bordelaise...) ou italiens. Sur les étagères également : des vins, champagnes, bières, jus de fruits, huiles, vinaigres, sels, épices, thés, cafés...

MERRYL

5, boulevard de la plage
✆ 05 56 22 25 66
www.merryl-fromagerie.fr
Ouvert du mardi au samedi de 9h à 19h30 ; le dimanche de 9h à 13h.

Nul besoin d'en faire tout un fromage ! La fromagerie de Reynald a cédé la place à la fromagerie Merryl. Les gourmands continueront de découvrir une belle sélection de fromages affinés issus de nos terroirs français, mais aussi des petits producteurs. Brebis, chèvre au Jurançon, bleu de vache... Faites-vous conseiller, mais aussi pour épater vos convives lors d'une fondue savoyarde. Merryl vous propose également de vous régaler à la maison avec ses plateaux de fromages pour vos soirées raclette. Et aussi ? Charcuterie, vins et des produits d'épicerie fine.

POISSONNERIE DE L'AIGUILLON

51, boulevard Mestrezat
✆ 05 56 83 70 53
www.poissonneriedelaiguillon.fr
En haute saison du lundi au samedi de 8h30 à 13h et de 15h30 à 20h, le dimanche de 8h30 à 13h.

A La Poissonnerie de l'Aiguillon les maîtres-mots sont savoir-faire, passion du métier, fraîcheur, exigence dans le choix de produits achetés au quotidien sur toutes les criées de la côte et surtout pas de poissons d'élevage. En compagnie des produits phares, les huîtres du Bassin, il y a les langoustes, homards de Bretagne et surtout les plateaux de fruits de mer. A côté le chef élabore quelques plats traiteurs. La Poissonnerie expédie aussi ses produits dans toute la France.

ARCAJETMARINE

4, quai du Capitaine Allègre
✆ 05 57 15 35 04
www.arcajetmarine.fr
Ouvert tous les jours. Randonnées jet ski à partir de 60 €. Accueil des groupes et CE.

Cette base nautique incontournable située à Arcachon propose de découvrir le Bassin en randonnées jet ski de 45 minutes à 3 heures, y compris pour les 8-16 ans avec une sortie dédiée de 30 minutes. Vous avez le permis côtier ? Dans ce cas, n'hésitez pas à louer votre jet et partez à l'aventure vers les cabanes tchanquées, l'île aux oiseaux, la presqu'île du Cap Ferret, le banc d'Arguin et la dune du Pilat. Vous êtes plutôt un ou une adepte de fun et de sensations fortes entre amis ? Les bouées tractées (et volantes) sont faites pour vous.

ARÈS ★★

Arès comptait au XIXe siècle cinq moulins. Aujourd'hui, on peut voir les restes de l'un d'entre eux, face à l'esplanade Georges-Dartiguelongue. Sa tour ronde crénelée semble veiller sur la petite station balnéaire. La jetée de la commune, datant du XVIIIe siècle, est la plus ancienne du bassin. Côté port ostréicole, il est très agréable de s'installer dans des petites cabanes en bois colorées de bleu, de jaune et de vert pour déguster huîtres, crevettes bigorneaux, etc. Mais l'un des atouts les plus précieux de la ville d'Arès est sans conteste sa nature. La faune et la flore évoluent dans la réserve des prés salés ou encore sur le site des Quinconces.

LE BOÏATE*** €€

11, boulevard de l'Aérium
✆ 05 56 60 20 46
www.leboiate.fr
Chambre double de 59 à 112 €. Petit déjeuner en chambre de 5 à 10,50 €. Parking gratuit à proximité. Animaux acceptés.

Dans un quartier résidentiel d'Arès, calme, arboré, au charme indéniable, à deux pas des plages du bassin, le Boïate est un petit hôtel de charme. Avec une décoration typique du Bassin, dans les tons doux et chauds de sable, les chambres portent des noms évocateurs : Ile aux Oiseaux, Côté Bassin, l'Océan, les Dunes, le Cap Ferret, le Phare, Entre Terre et Mer et Promenade en Pinasse. Deux d'entre elles possèdent leur terrasse privative. Le restaurant de l'hôtel est fermé jusqu'à nouvel ordre. Le Boïate accepte désormais les animaux.

CAMPING LES GOÉLANDS*** €€

64, avenue de la Libération ✆ 05 56 82 55 64
www.goelands.com
Ouvert d'avril à fin octobre. Emplacement de 16,50 à 37 €. Mobil-homes (4 pers.) de 300 à 1050 €/semaine. Autres tarifs.

Le camping est en plein cœur d'une magnifique forêt de grands pins maritimes. Et aussi entre deux réserves naturelles : les prés salés et le domaine de Saint-Brice. Alors une chose est sûre, vous ferez le plein de nature, à pied ou à vélo. A quelques mètres des plages du Bassin ou quelques kilomètres des plages océanes, de la dune du Pilat, d'Arcachon et du Cap Ferret, vous êtes idéalement situé pour vivre des vacances 100 % Bassin ! Nouveautés 2022 : aire de jeux aquatique, aire de fitness en plein air, nouveaux hébergements, wifi gratuit dans tout le camping...

CHEZ PÉPÉ - ESTANQUET €

Rue du Port ostréicole
✆ 05 57 70 95 68
Haute saison : ouvert tous les jours le midi et le soir. Réservation recommandée. Carte : 25 € environ.

Un cadre de rêve sur le port ostréicole, des concerts très jazzy, une ambiance de bons copains... Voilà, la recette de ce restaurant. Côté cuisine, on se laisse tenter par des produits de qualité : assiettes d'huîtres, locales bien sûr, des poissons grillés, tartare de saumon, sole et divers fruits de mer à la dégustation... L'endroit est idéal pour boire un verre sur la terrasse avec une bonne assiette de tapas qui fleure bon l'été et la fête. Le petit truc en plus, c'est que l'on peut s'y rendre en bateau en accostant directement sur la première darse.

B COMME BISTROT €€

3, avenue de la Libération
✆ 05 24 18 65 88
www.bcommebistrot-ares.fr
Ouvert du mardi au samedi de 10h30 à 23h. Menu : 36 €. Plats de 15,80 € à 24 €. Formule du midi : 15,50 €.

Anne-Sophie et Guillaume sont à la tête de ce bistrot. Côté déco, un mélange de bois et de matériaux contemporains qui confère à la salle un style design très chaleureux. A l'extérieur, une belle et grande terrasse est aménagée sous les arbres. La cuisine est bien troussée et tout est fait maison à base de produits frais de qualité (Label Rouge, viande limousine d'une boucherie locale, etc.). La carte Mer favorise le poisson du moment de la criée d'Arcachon. La carte Terre met l'accent sur le bœuf. Les « Vég » ont aussi leurs plats. Service et accueil conviviaux.

LA CABANE DU BOUT €€

Cabane 1 et 2
✆ 05 56 60 92 29
www.lacabanedubout.com
Ouvert toute l'année. Du mercredi au lundi le midi et le soir en haute saison. Formule du midi : 19,90 €. A emporter.

Cette cabane porte bien son nom, car elle est située les pieds dans l'eau, au bout du port d'Arès. Ainsi, on y admire les couchers de soleil sur le Bassin et on respire l'air du large à plein poumon sur la terrasse. C'est à la fois un restaurant et un bar à tapas, très animé en saison lors de soirées apéros musicales. La carte est 100 % marine et tant pis pour les viandards… Les produits sont frais et les plats sont bien cuisinés. On vous recommande aussi les sushis et les plateaux de fruits de mer. L'ambiance est jeune et le personnel très à l'écoute.

LA FILLE DU BARBU €€

20, place de l'Église
✆ 05 56 26 85 33
www.restaurantlafilledubarbu-33.com
Ouvert du lundi au vendredi le midi et le soir (+ le samedi soir en haute saison). Menu : 32 €. Formule du midi : 17 €.

Le Barbu, c'est Nicolas Desvignes, patron et chef de ce petit restaurant qui a fait plus que son trou à Arès et au-delà. Sa fille existe réellement et il l'aime tendrement. Nous, ce qu'on aime, c'est sa cuisine, faite maison à partir de produits frais agrémentés de sa touche personnelle et travaillés avec passion. Au service ? La compagne du chef, souriante et professionnelle. Nicolas Desvignes organise des soirées live et des soirées à thème pour des événements comme la Saint-Valentin. Le restaurant est privatisable pour les groupes hors saison.

BIGANOS ★

Située sur le delta de la Leyre, Biganos est une commune du Parc naturel régional des Landes de Gascogne. Elle est traversée par de nombreux cours d'eau dont la Leyre, la Leyrote, le Lacanau ou le Ponteils. La richesse du patrimoine transparaît à travers différents sites remarquables tels que les deux ports : le port de Biganos, en zone protégée, et le port des Tuiles, protégé par le Conservatoire du Littoral mais aussi l'île de Malprat et le site archéologique situé entre la Leyre et l'Eyga, témoin d'un passé chargé d'histoire. Ces paysages forestiers, agrestes et aquatiques, sont à découvrir à pied, à vélo ou sur l'eau en canoë-kayak par exemple.

LES DEUX PORTS ★

On ne peut pas passer ses vacances sur le Bassin sans passer par les typiques ports des différentes communes. A Biganos vous n'échapperez pas à la règle ! Le premier port existerait depuis le temps des Romains. Les promeneurs y admirent les cabanes colorées et la rivière habillée de végétaux. Le second est le port des Tuiles. C'était le point de départ des tuiles produites à Biganos pour les ostréiculteurs du Bassin. Il abrite une trentaine de cabanes et est placé sous la protection du Conservatoire de l'espace littoral et des rivages lacustres.

LE MOULIN DE LA CASSADOTTE ★

Route de la Cassadotte ✆ 05 56 82 64 42
www.caviardefrance.com
Visite guidée sur rdv d'avril à fin septembre (en semaine uniquement). Adulte : 25 €. Boutique ouverte toute l'année.

Le Moulin de la Cassadotte est le berceau du caviar d'élevage en France. La marque Caviar de Gironde est déposée en 1993. Au cours d'une visite guidée de 1h30, on aborde d'abord l'histoire de cet ancien moulin à farine reconverti en élevage d'esturgeons. On découvre le métier minutieux qu'est l'élevage d'esturgeons ; une espèce aux allures de créature préhistorique... Au terme de la visite ? La dégustation tant attendue et le détour par la boutique pour acheter un caviar d'exception.

BCHEF €

31, rue des Fonderies
✆ 05 57 17 32 85
https://bchef.fr/
Ouvert tous les jours de 9h30 à 21h30. Burgers de 6,90 € à 14,90 €. Menu enfant : 6,90 €.

Fondée en 2015, cette enseigne de restauration rapide est arrivée à Biganos en avril 2019 avec ses délicieux burgers et ses frites ondulées emblématiques : les crinckle. Elles sont parfaites pour les sauces ! Steaks hachés d'origine France issus d'un élevage responsable, café équitable torréfié en France, pâtisseries préparées sur place, politique de réduction des emballages à usage unique... Tout au long de l'année, les burgers du moment viennent animer la carte et rendre le choix entre plus difficile. Bchef est aussi à Bouliac et Biganos !

BRAISE & CO €€

174 bis, avenue de la Côte-d'Argent
✆ 09 86 12 97 14
www.braiseandco.com
Du mardi au jeudi le midi, le vendredi et le samedi le midi et le soir et le dimanche midi. Carte : 28 € environ.

Chez Braise & Co tout est cuit au feu de bois et tout est à volonté des entrées au dessert en passant par les grillades. On peut se mettre en appétit grâce aux fruits de mer, à la truite fumée ou à la charcuterie espagnole. Ensuite les viandes ou la daurade grillées sont accompagnées de frites et de légumes. La salle vaste est décorée de manière élégante mettant à l'honneur le bois. Le mélange des couleurs donne un côté chaleureux convivial à ce lieu, on s'y sent bien et surtout ça sent la gourmandise. Le service est agréable et discret.

OWAË CAMPER

485, rue Gustave Eiffel ✆ 06 52 33 35 12
www.owae-camper.com
Formule à la journée ou à la semaine. Assurance et assistance 24h/24. Devis et réservation en ligne.

OWAË CAMPER est la toute première agence de location de camping-cars du Bassin d'Arcachon. Et quelle chance ! À compter du mois de mars 2022, il est donc possible de louer pour trois jours consécutifs minimum ou plus, un camping-car Capucine avec 7 couchages, un des deux fourgons aménagés (5 places) ou un des trois vans aménagés (4 places). Les véhicules sont récents, avec un équipement moderne, et permettent de partir l'esprit léger sur le Bassin bien sûr, mais aussi ailleurs en France et à l'étranger. Très vite, OWAË CAMPER va proposer des séjours clé en main.

LA TOQUE CUIVRÉE

Rue Louis Braille
✆ 05 57 18 30 22
www.la-toque-cuivree.fr
Ouvert du lundi au samedi de 8h à 19h ; le dimanche de 8h à 13h. Livraison. Retrait en boutique.

Véritable emblème bordelais, et au-delà, le canelé est un délice qui date du XVIe siècle. C'est une pâtisserie à base de farine, d'œufs, de lait, de vanille et de rhum. Et quel challenge d'obtenir un canelé moelleux à l'intérieur et croustillant à l'extérieur ! La Toque Cuivrée le réalise parfaitement. Dans l'un des magasins, où vous bénéficierez d'un accueil toujours très chaleureux, vous aurez le choix entre trois tailles de canelés. Vous pourrez aussi vous laisser tenter par les tourtières aux pommes, le bordelais amande, la pâte à tartiner aux canelés...

GUJAN-MESTRAS ★

Capitale de l'ostréiculture du bassin d'Arcachon, ici à Gujan-Mestras on respire, on vit et on mange huître. Plus qu'une tradition, c'est pour beaucoup une passion bien vivante. Sept ports se succèdent en enfilade, chacun avec un charme et une atmosphère différente, mais empreints d'authenticité. Les professionnels proposent de découvrir leur métier, de l'observer et évidemment de goûter le fruit de leur labeur. Il paraît que leur saveur dans les cabanes de Gujan-Mestras est unique. Que vous soyez nature, sport, divertissement, plage, tradition ou un peu de tout à la fois, vous trouverez votre bonheur dans cette commune au charme indéniable.

AQUALAND

145, route des Grands-Lacs ✆ 05 56 66 39 39
www.aqualand.fr
Ouvert du 22 juin au 4 septembre 2022. Adulte : 29 €. Tarifs réduits pour les enfants de -10 ans et les + de 65 ans.

Séjourner si près d'Aqualand et ne pas y passer une journée de folie ? Quel dommage, surtout si vous avez des enfants ! On y trouve des attractions pour tous les âges, un personnel de surveillance diplômé, des consignes claires et visibles pour préserver le bien-être et la sécurité de chacun. Les attractions : le Black Hole, une descente infernale dans le noir, le Boomerang, le Tornado, dont vous sortirez déboussolé... Les moins téméraires apprécieront les espaces solarium et les aires ombragées au milieu d'une végétation luxuriante. Un nouveau toboggan en 2022 !

GUJAN-MESTRAS BASSIN DES LOISIRS

La Hume
✆ 05 56 66 06 90
Le parc Aqualand est ouvert de juin à septembre. Certaines attractions sont ouvertes toute l'année, comme le Casino.

A Gujan-Mestras il est impossible de passer des vacances sans s'amuser, parce qu'il y a des activités pour toute la famille, tous les âges et toutes les envies ! Avec ses 3 parcs d'attractions, ses 5 activités de loisirs (Laser Lander, Bassin aventures, Max Golf, piscine, golf de 27 trous), son bowling, son casino, sa discothèque, ses deux restaurants et ses nombreux hébergements, Gujan-Mestras Bassin des Loisirs est vraiment un site unique en Aquitaine dédié à tous les plaisirs.

OFFICE DE TOURISME DE GUJAN-MESTRAS

37, avenue de Lattre-de-Tassigny - La Hume
✆ 05 56 66 12 65
www.gujanmestras.com
Ouvert toute l'année. Jours et horaires d'ouverture variables selon la saison.

Retrouvez l'office de tourisme de Gujan-Mestras à la Hume. Sur place, l'accueil y est chaleureux et on vous informera volontiers sur tout ce qu'il est possible de faire dans la région : des visites guidées proposées et commentées par l'office de tourisme si vous voulez être accompagnés ou bien équipés d'un audioguide et de plans si vous êtes plutôt d'âme solitaire. Bon à savoir : la billetterie de l'office de tourisme dispose de tarifs préférentiels pour les parcs d'attractions.

LES 12 DE LARROS €€

✆ 06 99 75 94 74
www.les12delarros.com
Cabanes (4 pers.) à partir de 126 €. Petit déjeuner : 12 €. Séjour à partir de 2 nuitées, puis 7 nuitées en été.

Au cœur du Bassin, dans un environnement authentique et sauvage, Les 12 de Larros longent le sentier du littoral. L'architecture de ces appart'hôtels rappelle celle des cabanes ostréicoles avec leur bardage en bois. Chaque logement, parfaitement équipé pour 2 ou 4 personnes, semble suspendu au-dessus de l'eau grâce à de belles terrasses privatives ouvertes sur le Bassin. La décoration, confiée à des créateurs d'art urbain, est unique et très originale. Leurs réalisations, mobiliers et œuvres d'art sont disponibles à la vente. Un bel endroit !

LES CABANES DE GUJAN €€

72, allée du Haurat
✆ 06 65 11 80 67
Ouvert toute l'année. Cabanes en bois (2 pers.) à partir de 90 € et à partir de 100 €.

Frédéric, le mari de Nathalie, a d'abord fait pousser une cabane en bois dans le jardin calme et arboré de leur maison, puis une seconde. Typiques du bassin d'Arcachon, les cabanes (pour 2 personnes) sont entièrement indépendantes avec places de parking réservées sur la propriété. La piscine est partagée, mais les cabanes offrent toutes l'intimité nécessaire, même à l'extérieur. L'une est équipée d'un lave-vaisselle, une machine à laver et un barbecue tandis que l'autre profite d'un couchage 160x200 et d'une plus grande terrasse. Le linge de maison est fourni.

Bateaux de pêche et de plaisance à Gujan-Mestras.

GIRONDE

GÎTE DE TAURÈS €€

385, route des Lacs
✆ 05 56 66 38 56

A partir de 335 € la semaine. Capacité d'accueil de 3 à 10 personnes.

Le Gîte de Taurès était autrefois une grange devenue une ferme landaise. Une partie de la grange a été rénovée pour devenir un lieu d'hébergement exceptionnel, planté dans un décor verdoyant, au cœur de la forêt. Un cadre naturel qui se retrouve jusqu'à l'intérieur même de ce gîte orné de boiseries. Spacieuse, confortable et bien équipée, cette maison qui compte trois chambres peut accueillir jusqu'à 10 personnes. Le salon et la grande salle manger seront les témoins de moments conviviaux. A l'extérieur : terrasse, jardin, salon de jardin et barbecue.

BISTRO'50 €€

50, avenue de la Plage ✆ 05 57 16 35 43
www.bistro50.fr

Tous les jours le midi et le soir. Menus de 20 € à 26 €. Carte : 30 € environ. Formule du midi : 18 € et 20 €.

Le Bistro'50, c'est une très grande terrasse ombragée en partie par des voiles, mais aussi par un store banne, une grande salle à la décoration contemporaine et une cuisine de qualité, bistronomique, réalisée par Gregory Colantuono, un chef passionné, inventif, rigoureux qui respecte les produits de saison en provenance de producteurs souvent locaux. A la carte que des petites merveilles. La carte des vins affiche une cinquantaine de références autour des vignobles français et du monde et une sélection de cocktails et de vins au verre change toutes les semaines.

LA MATELLE €€

10, rue Maréchal Juin
✆ 06 43 34 75 72

Ouvert toute l'année. Pour 2 pers (jusqu'à 4 sur demande). Séjour de 3 nuits minimum. Premier petit déjeuner offert.

La Matelle est en fait un appartement climatisé prévu pour 2 personnes, voire 4 avec le canapé-lit (sur demande auprès des propriétaires). L'entrée est indépendante et le logement profite d'une cour aménagée avec un salon de jardin et des transats. Idéalement situé, ce logement se trouve dans le centre de Gujan, à 500 mètres du Port de Larros et 200 mètres du marché de plein air. Propriétaires du Routioutiou, Géraldine et Fabrice sont très accueillants et offrent le premier petit déjeuner. C'est un chouette lieu de vacances pour trois nuits, mais surtout plus.

L'ESCALUMADE €€

8, boulevard Pierre-Dignac
✆ 05 56 66 02 30
www.escalumade.com

Mardi et du jeudi au dimanche le midi ; mardi au samedi le soir. Assiette de l'écailler : 26,50 €. Formule midi : 18 €.

Mario, Anaïs, Fanny et Vincent sont à la tête de ce restaurant à la vue imprenable sur le vivier ostréicole et plus loin le Bassin. Cet établissement au décor moderne, élégant et lumineux, offre un bon prélude à une partie de plaisir gustatif. Le lieu spacieux donne à voir la cuisine et le banc de l'écailler. Le chef allie spécialités de la mer et cuisine traditionnelle régionale avec soin. Vous aurez le choix entre le menu du midi qui change tous les jours, un menu plus gastronomique ou la carte composée des meilleurs produits de la région.

LA CABANE DU ROUTIOUTIOU €

154, esplanade des Ostréiculteurs
✆ 05 56 66 97 40
www.le-routioutiou.com

Ouvert tous les jours de 9h à 18h et jusqu'à 22h selon la météo et la saison. Formules de 11 € à 20 €. A emporter.

Le Routioutiou est une cabane de pêcheur typique qui a traversé les générations. Elle est gérée par un couple d'ostréiculteurs passionnés, ayant pris la suite des grands-parents. En terrasse ou dans un intérieur pittoresque, vous pourrez déguster leurs huîtres, accompagnées d'un petit verre de vin blanc sec ou rosé, de pain, de beurre demi-sel, de citron et de vinaigre à l'échalote, et pour certaines formules une portion de pâté traditionnel en plus. Les hôtes proposent également divers fruits de mer selon arrivage (bulots, crevettes, bigorneaux...).

LA FERIA €€

1, chemin du Loup
✆ 05 57 52 48 41
www.alaferia.fr

Maître Restaurateur. Du mardi au samedi le midi et le soir. Menus de 19,90 € à 38 €. Formule du midi : 14,90 €. Bar.

Nous ne saurions que trop vous conseiller de vous diriger vers La Feria tant pour sa bonne ambiance côté du bar à l'extérieur pour une dégustation de tapas, accoudé à un tonneau design ou en salle, assis à une table face au lac. La qualité est là et la diversité des plats affichés à la carte est à des prix abordables. Amateurs affamés ? On vous recommande la parillada de viandes Don Popeye, la parillada de poissons selon les arrivages de la criée d'Arcachon ou la paella catalane maison du chef. Plus classiques : les entrecôtes, burgers, tartares ou magrets.

LA MARINE €€

91, rue du Marechal Joffre ✆ 05 56 66 40 00
www.lamarine-gujan.com

Ouvert toute l'année, tous les jours le midi et le soir en juillet/août. Menus de 28 à 31 €. Formule du midi : 15,90 €.

Cathy et Jean-Claude ont à cœur de vous accueillir dans un cadre convivial et chaleureux de bistrot de port. Vous avez le choix entre la terrasse de devant et sa vue partielle sur le Port de Larros, la salle aux murs recouverts de bois cérusé ou encore une deuxième terrasse verdoyante avec sa vue panoramique sur le bassin ostréicole. Les serveurs, charmants et peu avares de bons conseils tant sur les plats que sur les vins. Tout est fait maison avec des produits locaux. Pianiste en haute saison. On vient aussi en terrasse pour le petit déjeuner, quelques tapas...

LE BELLIS

11, cours de la République
✆ 05 58 07 12 92
www.lebellis.com

Ouvert du lundi au samedi de 6h45 à 20h et le dimanche de 6h45 à 13h.

Il y a des talents bien agréables à suivre et à encourager. Celui de Gaëtan Cossoul est à souligner. Parmi les spécialités, les gâteaux basques, le pastis landais, les canelés, les éclairs au chocolat sans glaçage... Le Bellis vise la qualité (moins de sucre, moins de mauvaises matières grasses) ! Gaëtan fait du pain réalisé avec des farines label rouge du Sud-Ouest. Baguettes, pains, tourte 100 % seigle... sont à tester. Et tout est cuit dans un vrai fournil. Encore une bonne raison de pousser la porte du Bellis surtout que l'équipe est souriante et accueillante.

HUÎTRES FRÉDÉRIC PAILLÈRE

Port de la Barbotière
✆ 05 56 83 50 75

Banc d'huîtres tous les dimanches de 9h à 13h devant le bar la Gaîté à Lacanau ville. CB non acceptée.

Ostréiculteur passionné installé sur le petit port de la Barbotière à Gujan-Mestras et travaillant de façon traditionnelle, Frédéric Paillère, un ancien ingénieur agricole et conseiller en production, capte le naissain, élève ses huîtres, les vend au détail, en gros et expédie dans toute la France. Ses huîtres sont douces et charnues, un véritable plaisir pour les papilles des amateurs. Vous retrouvez Frédéric Paillère et ses bonnes huîtres tous les dimanches à Lacanau ville.

CHEZ MIMI

Port de Larros
✆ 06 85 31 32 15
www.chezmimi.eu

Ouvert tous les jours et les jours fériés (10h à 22h). Fermé de début janvier jusqu'aux vacances de février.

Après plusieurs années passées sur le marché de La Teste, Cyril a retapé la cabane d'un copain au Port de Larros. *Chez Mimi* est tout ce qu'il y a de plus traditionnel. Cyril propose des crevettes, des bulots, du pâté basque et bien sûr ses huîtres. Mais il se démarque, car si sur sa carte les huîtres du Bassin sont bien présentes, il fait néanmoins connaître celles de son exploitation à Cancale en Bretagne. Cerise sur le gâteau : la seconde terrasse offre une vue imprenable sur les prés salés où les couchers de soleil sont tout simplement incroyables.

GOLF BLUE GREEN GUJAN

Route de Sanguinet
✆ 05 57 52 73 73
www.bluegreen.fr/gujan

Ouvert toute l'année. Jours et horaires d'ouverture variables selon la saison. Green fee (18 trous) à partir de 43 €.

Bordé de pins, de grands lacs et de bunkers de sable blanc, ce golf se destine aux parties alliant détente, dépaysement et performances. Ici, les parcours 9 et 18 trous s'adaptent à l'environnement dans un décor à couper le souffle. A vous de choisir selon votre niveau et vos objectifs. Cours individuels ou collectifs, évaluations, cours à thème, initiation gratuite de 2 heures en septembre et octobre... tout est réuni pour votre apprentissage ou votre perfectionnement. Le cosy Club House vous recevra pour vous informer et répondre à vos attentes.

LA TESTE-DE-BUCH

Avec ses 26 000 hectares de superficie, La Teste-de-Buch est l'une des plus grandes communes de France. Elle possède le patrimoine emblématique du bassin d'Arcachon : la dune du Pilat – la plus haute dune d'Europe –, l'île aux Oiseaux et ses célèbres cabanes tchanquées, le banc d'Arguin, le lac de Cazaux – second plus grand lac d'eau douce français – et une immense forêt de pins maritimes, chênes, acacias et arbousiers. Il y en a pour tous les goûts, des eaux rassurantes du lac de Cazaux aux longues plages océanes du Pyla-sur-Mer pour la pratique du surf, en passant par la découverte à pied ou à vélo de l'environnement maritime et forestier.

BANC D'ARGUIN ★★★

C'est un des joyaux naturels du bassin d'Arcachon ! Avez-vous déjà vu ce vaste banc de sable blond qui se trouve à l'entrée du bassin d'Arcachon face à la Pointe du Cap Ferret et au pied de la majestueuse dune du Pilat ; la plus haute d'Europe qui culmine de 100 à 115 mètres de haut ? Bordé d'eaux claires, voire cristallines, comme on les imagine dans les Caraïbes, le banc d'Arguin n'a jamais deux fois le même aspect et change de visage constamment. Il se forme et se déforme au gré des vents, des vagues et des courants marins. À marée basse, il s'étend sur 4 km de long et 2 km de large. C'est le plus vaste du littoral girondin. Véritable lieu d'exception à la frontière entre les eaux calmes du Bassin d'Arcachon et l'océan sauvage, cet îlot sableux océanique a été classé réserve naturelle depuis 1972 et est reconnu d'importance internationale dans le cadre de la préservation du patrimoine naturel. Ses archipels sont émergés et colonisés par une faune et une flore typiques des milieux côtiers du Sud-Ouest avec la présence d'espèces protégées. C'est le cas des oiseaux qui y font leur nid et passent l'hiver. Les sternes caugek, oiseaux rares (petites mouettes à la tête de couleur noire) raffolent de ce lieu et y pondent leurs œufs, tout comme plusieurs espèces d'oiseaux migrateurs (l'huîtrier-pie, le gravelot à collier interrompu, etc.) qui se nourrissent dans les eaux poissonneuses. On peut même observer les oiseaux avec une longue-vue à la cabane d'exposition. Mais les oiseaux migratoires qui trouvent refuge ne sont pas les seuls, les plaisanciers et autres amoureux de la nature investissent les lieux en été, tout comme les ostréiculteurs qui y trouvent un abri pour leurs parcs à huîtres. Jouxtant le golfe de Gascogne, le banc d'Arguin est un site privilégié pour l'observation du grand dauphin, du phoque gris ou encore de la tortue luth. La découverte de la réserve naturelle du banc d'Arguin peut se faire tout au long de l'année avec des visites et des animations adaptées aux quatre saisons. On y accède évidemment à bord d'une pinasse, d'un chaland, d'une navette maritime ou d'un bateau-taxi à l'issue d'une courte navigation à l'intérieur du Bassin. Et en dehors d'un périmètre de protection balisé, le Banc d'Arguin est accessible librement toute l'année. Les chiens, la chasse, la destruction et la cueillette des végétaux, le bivouac, le dépôt d'ordures et le stationnement des bateaux du coucher au lever du soleil sont interdits. L'endroit est exceptionnel, grandiose autant qu'il est magique. Un conseil : allez-y !

LA DUNE DU PILAT ★★★★

✆ 05 56 22 12 85
www.ladunedupilat.com
Accessible toute l'année. Stationnement de 1 à 12 € selon le type de véhicule et la saison (30 minutes gratuites).

Faut-il encore présenter la plus haute dune d'Europe située à l'entrée du bassin d'Arcachon ? Et saviez-vous que « Pilat » signifie tas ou monticule en gascon ? À pied, à vélo, en bus et même en bateau, les possibilités sont multiples pour accéder à la Dune du Pilat. Mais surtout, il faut oser grimper sur cette montagne de sable pour profiter de la vue sur l'océan, la forêt, le bassin d'Arcachon, la presqu'île du Cap-Ferret, mais aussi le banc d'Arguin. Devant vous s'entassent 60 millions de m^3 de sable, témoins de 4 000 ans d'histoire. Ce chef-d'œuvre de la nature à la fois fragile et mobile se déplace sur la forêt de façon irrégulière de 1 à 5 mètres par an. Grain de sable après grain de sable, la dune du Pilat avance, ensevelissant tout sur son passage... Lorsque la marée est basse, on y voit de superbes bancs de sable aux couleurs paradisiaques. D'avril à octobre, un escalier est installé pour faciliter et protéger la montée de la dune. Quelques commerces prennent place à ses pieds pour vous restaurer ou profiter d'activités. L'été, préférez une visite tôt le matin (au lever du soleil) ou plus tard le soir (balade au coucher du soleil). Une visite guidée ludique, ponctuée de jeux, est organisée dès le début du mois d'avril pour les enfants sur le thème « Raconte-moi la dune » (30 minutes). Autre immanquable : la balade au coucher du soleil accompagné d'un guide qui a lieu le vendredi en juin et en septembre ainsi que le lundi et le jeudi en juillet août. Comptez encore 1 heure. Le petit plus ? C'est encore l'exposition permanente à ciel ouvert intitulé « La face cachée de la dune ». Mais aussi : des randonnées, des balades contées, un jeu de piste... Les recettes du stationnement sont intégralement reversées dans la gestion du site : ramassage des déchets sur les espaces naturels, suivis naturalistes, outils gratuits d'éducation à l'environnement... Pour gravir la dune, pensez à prendre de l'eau, un chapeau, des lunettes de soleil et de la crème solaire. La dune du Pilat est membre du Réseau des Grands Sites de France comme les falaises d'Etretat, le Puy de Dôme, le Marais Poitevin... Durant les travaux de réhabilitation de l'espace accueil, l'accessibilité pour les fauteuils roulants et poussettes est possible jusqu'au village éphémère où vous trouverez un point accueil et informations et des sanitaires. En revanche, le chemin menant jusqu'à la dune est impraticable pour les personnes à mobilité réduite. Des accès secondaires permettent d'accéder au pied de la dune via les escaliers de l'établissement la Corniche.

L'ÎLE AUX OISEAUX ★★

https://tourisme-latestedebuch.com/

© JEANPHILIPPE - STOCK.ADOBE.COM

L'île aux Oiseaux, est un des sites incontournables de la région. Cette bande de terre au nom enchanteur se dresse au centre du Bassin. Elle est soumise au rythme des marées et peut, par moment, faire 16 km de circonférence ou seulement 5 km. Elle doit son nom aux 300 espèces d'oiseaux qui y vivent ou y passent lors de leur migration. Toutes aussi célèbres que les oiseaux, les cabanes tchanquées se dressent sur leurs pilotis, défiant les éléments. Elles regorgent d'histoire et d'anecdotes, peut-être trouverez-vous des locaux bavards qui vous les conteront.

PLAGES

Deux plages à Pyla-sur-Mer : au centre, la plage Daniel-Meller, idéale pour la famille et les amateurs de voile. Au pied de la dune, la plage de la Corniche et sa sublime vue face au Banc d'Arguin. Le Petit Nice : label Handicap, stationnements réservés, pente douce jusqu'à la plage et Tiralo. La Lagune est une plage espace naturiste. La Salie nord est plutôt réservée aux sports de glisse. La Salie sud accueille les animaux bienvenus. Les plages de Cazaux, au nombre de deux, sont tranquilles sur le lac et surveillées en saison 7j/7 de 11h à 13h et de 14h à 19h.

AIRE D'ACCUEIL DE LA DUNE

Route de Biscarrosse
✆ 05 56 22 12 85
www.tourisme-latestedebuch.fr

D'avril à mi-septembre et pendant les vacances de la Toussaint.

La plus grande dune d'Europe, avec 104 mètres de haut, 2,7 kilomètres de long et 500 mètres de large, la Dune du Pilat, joyau du patrimoine testerin, mérite amplement sont titre de site classé, accessible toute l'année. C'est le plus visité d'Aquitaine. En profitant des visites accompagnées vous découvrirez les merveilles de ce coin de nature hors norme. Le point d'information donne tous les renseignements nécessaires à votre visite et même une astuce pour éviter le retour difficile…

OFFICE DE TOURISME DE LA TESTE-DE-BUCH

13 bis, rue Victor-Hugo ✆ 05 56 54 63 14
https://tourisme-latestedebuch.com/

Accueil vélo. Qualité Tourisme. Ouvert toute l'année (jours/horaires d'ouverture variables). Label Tourisme & Handicap.

Le patrimoine naturel de La Teste-de-Buch est exceptionnel et pour ne pas en rater une miette, mieux vaut se renseigner auprès des professionnels de l'office ! Vous y trouverez des dépliants, cartes, idées balades, renseignements pratiques et bons conseils. Partez ainsi à la découverte de l'île aux Oiseaux, de la dune du Pilat, du banc d'Arguin, des prés salés… Vous trouverez également des idées d'activités. Par exemple ? De la voile à l'ULM, en passant par la randonnée ou le vélo.

BEST WESTERN PLUS**** €€

960, avenue de l'Europe
✆ 05 57 15 22 22
www.hotels.com

Chambre double à partir de 70 €, suite à partir de 150 €. Petit déjeuner buffet : 13 € et 16 € en chambre.

Cet hôtel est situé à 4 km de la gare de La Teste et à 5 kilomètres d'Arcachon dans le parc d'affaires de La Teste-de-Buch. Il possède une piscine extérieure, une salle de sport et un spa de 1 000 m², l'un des plus grands d'Aquitaine. Les chambres, vastes et futuristes, où le miroir coloré de la tête de lit reflète le mur thermoformé. La décoration contemporaine est aux couleurs vives et la plupart ont un balcon. Le restaurant propose un menu différent chaque jour pour le dîner et un petit déjeuner buffet à prendre dans la salle très claire ou sur la terrasse.

LE PETIT NICE**** €€

Route de Biscarrosse
✆ 05 56 22 74 03
www.petitnice.com
Ouvert du d'avril à fin septembre. Emplacement : 406 €/semaine en haute saison ; bungalows à partir de 1 027 €/semaine.

Le Petit Nice, c'est avant tout une ambiance... L'impression d'être au bout du monde, dans un lieu privilégié. Ensuite, c'est un coup de cœur : comment résister au point de vue sur l'océan et le banc d'Arguin ? Enfin, c'est aussi l'assurance d'un séjour de qualité avec des services de qualité. Emplacements pour votre tente, locations dans des tentes sahariennes, des cottages et mobil-homes qui se marient dans le paysage... Vous avez le choix. Au cœur de la forêt et au bord de l'océan, vous vous prendrez vite pour Robinson, alors autant avoir tout sur place.

LA KANTINE DES COPINES €

171, rue Marcel Dassault
✆ 06 31 39 62 30
www.lakantinedescopines.com
Ouvert du mardi au samedi de 18h à 2h. Carte : 20 € environ. Formule du midi : 14,90 € à 16,90 €, plat à 12,90 €.

La Kantine des Copines semble être faite de bric et de broc, mais il n'en est rien. Tout est calculé pour vous accueillir dans un lieu champêtre animé d'une ambiance conviviale. L'été, du côté de la terrasse, vous apprécierez de boire un verre et de déguster quelques planches, tartines, burgers avant ou après, pourquoi pas, une partie de pétanque sur le boulodrome. La Kantine des Copines organise des soirées à thèmes, des concerts et des brunches le dimanche. L'adresse se décline aussi dans deux autres lieux : L'Annexe des Copines et Chez Maman.

BIG BARBECUE €

2, avenue de Binghamton ✆ 05 56 66 07 09
www.big-barbecue.fr
Tous les jours midi et soir. Carte : 38 € environ. Menu enfant : 9,90 €. Formule du midi : 14,90 € et 17,90 €.

Ne vous fiez pas à son emplacement, ce restaurant a tout d'une bonne adresse. Amoureux de la viande, vous serez rapidement conquis, les viandards n'ont qu'à bien se tenir avec les « grosses pièces ». Ici, on propose de la viande grillée au charbon de bois (filet sur os de Galice, magret de canard, *Beef cut* de black Angus, andouillette...) sans oublier les burgers. Le Big Barbecue c'est aussi du poisson grillé, des tartares de saumon ou thon servis avec frites - ou moins classique avec un assortiment de légumes (choux persillés ou courgettes rôties un délice !).

LA KANTINE DES COPINES €

171, rue Marcel Dassault
✆ 06 31 39 62 30
www.lakantinedescopines.com
Ouvert du mardi au samedi de 18h à 2h. Carte : 20 € environ. Formule du midi : 14,90 € à 16,90 €, plat à 12,90 €.

La Kantine des Copines semble être faite de bric et de broc, mais il n'en est rien. Tout est calculé pour vous accueillir dans un lieu champêtre animé d'une ambiance conviviale. L'été, du côté de la terrasse, vous apprécierez de boire un verre et de déguster quelques planches, tartines, burgers avant ou après, pourquoi pas, une partie de pétanque sur le boulodrome. La Kantine des Copines organise des soirées à thèmes, des concerts et des brunches le dimanche. L'adresse se décline aussi dans deux autres lieux : L'Annexe des Copines et Chez Maman.

BRASSERIE OH' MARCHÉ €€

2, rue François Legallais
✆ 05 56 22 97 56
www.ohmarche.fr
Ouvert toute l'année, du jeudi au dimanche (horaires variables selon la saison). Formule du midi : 19 €. Animations.

Jean-Marc Hetzel et Philippe Alonso assurent la direction de la Brasserie Oh'Marché, un lieu convivial où on se régale de bons petits plats préparés à base de produits frais et locaux. En terrasse, face à la place du marché ou dans la salle dans un environnement boisé, vous goûterez à une cuisine savoureuse et raffinée avec des pointes d'exotisme. Autour d'un verre, la carte propose tapas et planches à partager. Et parce que cette brasserie se veut être un lieu de gourmandise, mais également de fête, des soirées à thème y sont régulièrement organisées.

LE CABANON €€

136, avenue du Général-de-Gaulle
✆ 05 56 66 93 05
www.lecabanon-arcachon.fr
Ouvert toute l'année, du mardi soir au dimanche soir en haute saison. Menu : 29,50 € le midi et le soir. Terrasse. Bar.

La réputation du Cabanon n'est plus à faire. D'abord, le cadre... Ici, le bois a repris ses droits et donne au lieu une ambiance chaleureuse très appréciable en période hivernale. La terrasse ombragée et fleurie accueille des groupes musicaux. Un verre de vin, une assiette de bonnes tapas, quelques amis, un peu de musique, en faudrait-il plus pour être heureux ? La décontraction est de rigueur et elle est d'ailleurs revendiquée par l'équipe du Cabanon. Côté assiettes, vous goûterez à une cuisine au bon goût régional tant du côté mer que du côté terre.

CAÑAS Y TAPAS €€

1060, avenue de l'Europe ✆ 05 56 54 87 06
https://canasytapas.net
Du lundi au samedi (9h-22h). Formule midi : 14,95 €. Paëlla : 19,50 €. Tapas à partir de 4,95 €. A emporter. Happy hour.

Cañas Y Tapas suggère la culture culinaire et festive de l'Espagne ! Dans un cadre élégant ou en terrasse, on partage d'excellentes tapas authentiques. Pas loin d'une vingtaine au choix, mais aussi des planches de charcuteries (le jambon est fabuleux) et de fromages ibériques, des tartines délicatement toastées, des salades, des plats copieux et des paëllas bien sûr. Les ingrédients sont frais et de grande qualité. Une carte de bières et de vins bien fournie permet d'accompagner les plats. Ambiance décontractée, musique agréable et personnel accueillant.

AU HANGAR

340, avenue Denis Papin
✆ 09 88 09 04 04
www.au-hangar.fr
Ouvert toute l'année. Le mardi, le mercredi et le dimanche de 17h à 0h et du jeudi au samedi de 17h à 2h.

Au Hangar est le food-court/bar d'ambiance du Bassin. On vient ici pour manger, boire, s'amuser ou se retrouver entre amis autour d'une grande table dans une ambiance à la fois conviviale et industrielle. De l'entrée au dessert, le Hangar offre une diversité de produits : sushis personnalisés, pizzas et charcuteries/fromages sont proposés par les commerçants locaux. Si vous avez peur de vous ennuyer, l'animation est prévue : diffusion de matchs sur écrans géants et surtout place à la fiesta lors de concerts, soirées à thèmes et DJ en seconde partie de soirée.

LA GUITOUNE €€

95, boulevard de l'Océan ✆ 05 56 83 00 00
www.laguitoune-pyla.com
Tous les jours et les jours fériés le midi et le soir. Carte : 30 € environ. Chambre double à partir de 130 €.

La Guitoune est un endroit agréable. Du fait de sa situation géographique, vous mangerez (en terrasse si le temps le permet) en face de la mer. D'ailleurs, de grandes baies vitrées vous permettront de profiter de la beauté du Bassin d'Arcachon. La décoration, très inspirée des années 50 à 70 et très colorée, ne manque pas d'originalité : le bar est orné de mosaïques, les fauteuils en cordage jaune vif sont bien d'époque, les rideaux sont imprimés. La carte du midi est plus simple que celle du soir. L'une des spécialités ce sont les poissons grillés à la braise.

PLAGE DU PETIT NICE

Route de Biscarrosse - D218
PYLA-SUR-MER

La plage surveillée du Petit Nice offre une très belle vue sur la réserve naturelle du Banc d'Arguin et les Passes du Bassin d'Arcachon. Grand parking gratuit, sanitaires publics, tables de pique-nique, restaurant, buvettes, terrains de beach soccer... C'est une belle plage avec peu de vagues qui ravira toute la famille. De plus, elle est labellisée Tourisme et Handicap et Handiplage grâce à ses équipements (stationnements réservés, rampe de descente, tiralos, fauteuils adaptés au sable et à la mise à l'eau...). Animaux non acceptés.

LE PLAY-OFF €€

35, boulevard d'Arcachon
✆ 05 57 52 68 00
http://le-playoff.com/
Ouvert tous les jours et les jours fériés de 9h à 18h. Carte : 40 € environ. Formule du midi : 14 € et 17,50 €.

Le Play-Off est situé au cœur du golf d'Arcachon et de ses greens entourés de pins, sur les hauteurs de La Teste avec vue sur le Bassin d'Arcachon. C'est l'endroit idéal pour boire un verre ou pour une pause déjeuner en terrasse. A l'intérieur, quelques fauteuils club et une salle de restaurant style bistrot chic vous accueillent même en hiver. À la carte des suggestions, des ardoises quotidiennes qui garantissent la fraîcheur des produits de saison cuisinés maison, des tapas, des pizzas, des omelettes, etc. Le service est à la hauteur de la qualité des plats.

LA CABANE DU PALIQUEY

115, avenue Ovide Rousset ✆ 05 56 66 73 91
http://lacabanedupaliquey.fr
Basse saison : du jeudi au mardi de 9h30 à 19h. Haute saison : tous les jours de 9h30 à 21h30. A emporter. Dégustation.

Située à deux pas du port de La Teste-de-Buch, la Cabane du Paliquey est devenue en quelques années le lieu incontournable des amateurs d'huîtres du bassin d'Arcachon. Charnues et goûteuses, elles se dégustent toute l'année sur place. Et pourquoi pas dans la pinasse installée en terrasse aux beaux jours ou à la maison ? Outre les huîtres, l'équipe sympathique de la Cabane du Paliquey propose des bulots, des bigorneaux, des crevettes ou encore du pâté. Pour accompagner le tout le très célèbre Blanc des Cabanes, un vin immergé six mois dans le Bassin d'Arcachon.

L'ESCAPADE FROMAGÈRE

Place du Marché ✆ 07 81 10 51 91
www.lescapadefromagere.fr

Ouvert tous les jours. Ardoises de dégustation de 10 € à 21 € (+ 3 € avec un verre de vin). Boutique en ligne.

Envie d'une escapade aux mille saveurs fromagères et viticoles ? Mère et fille vous attendent (justement) à L'escapade Fromagère. A la fois fromagerie, avec un large choix de fromages fermiers, artisanaux, locaux et bio et cave à vin/bières avec pas moins d'une trentaine de références, L'Escapade Fromagère est aussi un lieu de dégustation. Sur place, à partager ou non, on peut se faire plaisir avec l'une des ardoises de fromages que l'on peut agrémenter de charcuterie ibérique. Et pour vos soirées à la maison ? Pensez à commander un délicieux plateau de fromages.

MAZETTE BORDEAUX

340, avenue Denis Papin
✆ 07 86 30 92 57

Mazette Bordeaux, c'est quoi ? C'est un traiteur ! Aussi beau que bon, *Mazette Bordeaux* livre (pour le moment) entre Bordeaux Métropole et le bassin d'Arcachon. Au menu : plateaux de pintxos, de fromages et/ou de charcuterie. Envie d'une mise en bouche ? Il suffirait presque de jeter un bref coup d'œil à leur page Instagram. Généralement, les plateaux de Mazette font sensation ! On les imagine très bien pour un mariage, un anniversaire ou encore un événement professionnel. Le secret ? Des fleurs comestibles, de la couleur, des découpes graphiques et du goût.

GOLF INTERNATIONAL D'ARCACHON

35, boulevard d'Arcachon ✆ 05 56 54 44 00
www.golfarcachon.org

Ouvert toute l'année. Jours et horaires d'ouverture variables selon la saison. Restauration. Boutique. Ecole de golf.

Le cadre exceptionnel contribue à l'intérêt du parcours. Dans un premier temps, il est vallonné. Plus plat sur la deuxième moitié, vous serez confronté à des obstacles d'eau. Débutants ou chevronnés, vous apprécierez forcément les senteurs qui se dégagent des pins, mimosas et arbousiers. Il s'agit d'un parcours de 18 trous sur plus de 5 700 m avec un par de 72. Le *Numéro 19*, non non pas le trou, mais le Club House vous accueillera dans un cadre convivial pour un moment de détente.

YAK'OCEAN

✆ 06 11 92 05 83
www.yakocean.com

Balades environnementales à thématique en kayak ou en stand-up paddle à partir de 35 €. Randonnée en pirogue : 50 €.

Yak'Ocean vous propose de multiples activités pour découvrir le Bassin d'Arcachon en toute intimité, notamment l'Ile aux Oiseaux, les cabanes tchanquées, la dune du Pilat, le banc d'Arguin et le lac de Cazaux-Sanguinet. Les plus initiés pourront simplement louer le matériel, mais les amateurs pourront s'initier à la randonnée en pirogue ou choisir une des balades environnementales accompagnées par un professionnel. Yak'Ocean met un point d'honneur à aborder le sujet de la préservation de notre environnement et de son équilibre fragile. Uniquement sur réservation.

CLUB PARADISO

1-3, avenue des Hortensias
✆ 05 56 22 92 99
www.clubparadiso.fr

Ouvert tous les jours et les jours fériés de 18h à 2h.

Au Club Paradiso on s'éclate toute la nuit. A l'intérieur, les barmen s'agitent derrière un grand bar en bois pour préparer de sérieux cocktails, servir quelques bons vins ou bonnes bières accompagnés de tapas, de planches à partager, de tartines, etc. On déguste en terrasse sur la rue ou dans le grand salon qui ouvre ensuite ses rideaux pour se transformer en dancing. Entrent alors en scène DJ et concert pour chauffer l'ambiance... A l'arrière une autre terrasse est idéale pour farnienter, partager un verre, pétanquer et souvent festoyer.

LÈGE-CAP-FERRET ★★★

Le Cap Ferret (dit le Férè pour les intimes) est situé à l'extrémité sud de la presqu'île de Lège Cap-Ferret. Ce cordon littoral d'une vingtaine de kilomètres sépare le bassin d'Arcachon de l'océan Atlantique. Cette situation est unique, car on peut profiter d'un côté des paysages du Bassin, de l'autre des vagues et de l'immensité de la Côte d'Argent sans oublier la forêt des Landes de Gascogne. A la pointe du Cap Ferret on observe, au milieu des passes, le banc d'Arguin et, au-delà, la fameuse dune du Pilat. Cette partie du bassin, devenue emblématique, a longtemps été occupée uniquement par des pêcheurs et des chasseurs saisonniers.

Tourisme

A partir des années 1860, l'essor de la culture ostréicole entraîne la création de nombreuses cabanes ostréicoles pour répondre à la demande d'huîtres grandissante. En 1908, le quartier des 44-Hectares est vendu aux enchères et voit l'arrivée des premiers habitants du Cap Ferret. Depuis le tourisme n'a pas cessé de se développer. Les cabanes de pêcheurs ont vu leur prix flamber et le Ferret est devenu en quelques années une destination très prisée par de nombreuses personnalités de tous horizons : cinéma, politique, showbiz... Vous profiterez des nombreuses plages de sable fin : une quinzaine côté Bassin, idéales pour la baignade, ou six côté océan.

OFFICE DE TOURISME DE LÈGE-CAP FERRET

1, avenue du Général-de-Gaulle
✆ 05 56 03 94 49
www.lege-capferret.com
Qualité Tourisme. Ouvert toute l'année. Jours et horaires d'ouverture variables selon la saison.

Un séjour dans l'une des plus belles presqu'îles de France, ça peut s'improviser, mais vous risquez de passer à côté de petites merveilles. L'Office de tourisme est donc là pour vous renseigner et vous donner toutes les informations nécessaires au bon déroulement de votre séjour sur les 10 communes de la presqu'île : hébergement, activités, sorties, lieux à ne pas manquer, etc. Et en haute saison, de nombreuses visites guidées : nature, culture, ostréiculture, avec des enfants...

RÉSERVE NATURELLE DES PRÉS SALÉS

RD106
www.reserve-naturelle-pres-sales.org
Ouvert toute l'année. Gratuit. visites thématiques.

Elle se partage entre l'eau douce des petits ruisseaux et l'eau de mer amenée par le large, les prés salés d'Arès et de Lège sont des marais salants sauvages. Renommée non seulement en France, mais aussi dans toute l'Europe, pour la richesse de son patrimoine, s'étendant aujourd'hui sur une superficie de 496 hectares. Elle se compose de dunes, de vasières, d'anciens réservoirs à poissons, de prairies et de boisement humide, ainsi que plus de 200 espèces de plantes, du chêne-liège au tamaris, en passant par la gracieuse orchidée. Contemplez de majestueux hérons cendrés ainsi que les rapaces, depuis le point d'observation. Soyez attentif, car selon la sagesse populaire, si leur migration a lieu avant le 15 août, l'hiver sera particulièrement précoce et rigoureux. Pour y accéder, vous avez le choix entre deux options, soit en passant par le port ostréicole d'Arès ou alors opter pour le chemin partant de la cabane du Résinier à Lège-Cap-Ferret. Attention, la passerelle des étangs est fermée. Quel que soit le chemin choisi, vous pourrez sillonner à pied ce magnifique domaine naturel préservé. Ne vous éloignez pas des sentiers balisés afin d'éviter le piétinement et de créer des dégradations irréversibles. Les passionnés apprécieront la visite guidée accompagnée par un guide nature sachant répondre à toutes vos questions et vous communiquer sa passion. Observez bien, il vous montrera les tortues cistudes se fondant parmi le bois flotté, ou les lézards verts se cachant en lisière.

LE BOUCHON DU FERRET €€

2, rue des Palmiers
✆ 05 56 60 67 51
www.bouchonduferret.fr
Ouvert toute l'année. Tous les jours et les jours fériés de 12h à 15h et de 19h à 22h30. Carte : 40 € environ.

Le Bouchon du Ferret accueille gourmands et gourmets dans l'ancienne poissonnerie du Ferret revisitée aujourd'hui en restaurant. La carte est composée principalement de poissons et de fruits de mer pêchés du jour. Jonathan Gomez, le propriétaire, dirige cet endroit magnifique et authentique, au cœur du village traditionnel ostréicole, avec vue sur la dune du Pilat. Le Bouchon est aussi un lieu d'échange et de partage autour non seulement des bons produits de la mer ou de la terre, mais aussi de belles bouteilles qui garnissent les étagères en bois.

L'ESCALE €€

2, avenue de l'Océan ✆ 05 56 60 68 17
www.lescale-restaurant.com
Ouvert tous les jours (8h30-22h). Service en continu. Sans réservation. Menu : 36 €. Formule du midi jusqu'à 15h : 21 €.

Voici un petit coin de paradis, les pieds dans l'eau ! Au bord du bassin d'Arcachon, L'Escale offre une des plus belles vues. On peut commencer par prendre l'apéritif en dégustant quelques tapas à la Bodega de Marcel (du 1er juin au 30 septembre) avant de rejoindre le décor chaleureux et authentique du restaurant. Sous la pergola ou en terrasse, on se laisse bercer par le rythme des marées et l'on profite d'une cuisine aux petits oignons. La carte fait honneur aux produits de la mer, sans oublier pour autant les viandes, avec notamment la cuisse de canard confite.

PINASSE CAFÉ €€

2 bis, avenue de l'Océan
✆ 05 56 03 77 87
www.pinasse-cafe.com
Ouvert toute l'année. Tous les jours de 9h30 à 23h. Menus de 36 € à 43,50 €. Carte : 45 € environ.

Incontournable, le Pinasse Café, bénéficie d'une des plus belles vues du Cap Ferret, face à la dune du Pilat, avec sa terrasse qui domine la plage. L'endroit est tout simplement magique. Jean-François Tastet, le patron, est un pro, car il est déjà à la tête de bien d'autres établissements sur le Bassin et du côté de Bordeaux. Le chef, Juberti Maroni, excelle dans une cuisine bistronomique où les produits du Sud-Ouest sont sublimés sans oublier les fruits de mer et poissons. La cave affiche pas mal de vins de bordeaux et de bonnes bouteilles venues d'ailleurs.

PLAGE DU PHARE

Une plage ? Non, un décor de carte postale ! Au pied du phare, cette plage offre un superbe panorama sur la Dune du Pilat et la conche du Mimbeau, une petite langue de sable seulement accessible à pied quand l'eau se retire. La plage du Phare est vraiment un bel endroit où passer une journée en famille. En saison estivale, une cabane propose de la location de stand-up paddles pour partir à l'aventure sur le Bassin, mais aussi des glaces et des sodas. C'est l'une des plus belles plages du Cap Ferret. Le quartier ostréicole se trouve juste au sud de la plage.

RED STORE €€

Domaine du Four
✆ 05 57 17 68 80
www.leredstore.com
Ouvert tous les jours le midi et le soir. Formules déjeuner de 16,90 € à 18,90 €. Carte : 39 € environ. Concerts. Bar.

Le Red Store, c'est avant tout la rencontre avec un lieu atypique de 1925 et le restaurant bistronomique du golf qui est ouvert à tous. Les tables sont abritées du soleil par des voilures colorées. On s'installe et on attend tranquillement la carte avec la possibilité de choisir la formule déjeuner. Les plats varient en fonction des saisons, les produits du Bassin sont bien présents et le chef a toujours des idées créatives. La carte des vins privilégie aussi de petits vignerons. L'été, les grillades et tartares ont un énorme succès. Service efficace et avenant.

LA BARAQUE À HUÎTRES

98, avenue de l'Herbe
✆ 06 13 12 09 86
www.labaraqueahuitres.com
Haute saison : ouvert tous les jours de 11h à 22h. De 10 à 13 € les 6 huîtres, de 13 à 17 € les 12.

Peut-on trouver des huîtres plus fraîches que dans cette Baraque ? Non, c'est impossible, me direz-vous et vous avez raison, alors dégustez et admirez les couleurs changeantes du paysage, l'île aux Oiseaux et la Pointe aux Chevaux... Laurent et Ingrid vous conseillent et vous guident pour la dégustation des huîtres charnues ou les plus fines ou encore sur les quatre saisons. Des bulots, crevettes, pâté du Ferret enrichiront votre assiette et le must, un petit verre d'un vin blanc ou rosé gris complétera cette sensation d'être dans le plus bel endroit du monde.

CHEZ HORTENSE €€€

26, avenue du Sémaphore ✆ 05 56 60 62 56
www.chez-hortense.fr
Ouvert tous les jours le midi et le soir en haute saison. Réservation recommandée. Carte : 50 € environ. Terrasse.

Chez Hortense est une institution incontournable au Ferret. Le cadre bucolique, les pieds dans l'eau... c'est l'endroit idéal pour se restaurer ou pour boire un verre, face à la Dune du Pilat, sans oublier la jolie terrasse couverte. Les assiettes sont simples, mais savoureuses. La cuisson des poissons frais de la pêche du jour est toujours parfaite et l'accueil est irréprochable. Découvrez la recette spéciale des moules au jambon qui fait la renommée de l'établissement, relevées à point, à base de pain de mie et d'un petit secret de famille. On en redemande !

LA BOUTIQUE DU PHARE

4, promenade du Tour-du-Phare
✆ 05 57 70 33 30
https://phareducapferret.com/
Jours et horaires d'ouverture variables selon la saison. Fermeture annuelle de mi-novembre à mi-décembre.

Adossée au Phare, la boutique peut à elle seule faire l'objet d'une visite. Dans un cadre design et lumineux, vous trouverez des idées déco pour vos intérieurs, de jolis tissus *made in* France, une sélection de bougies, parfums d'ambiance, savons, mais aussi une belle gamme de papeterie, des gourmandises du bassin d'Arcachon, un espace enfant avec des articles sur le thème marin et une librairie avec des livres de référence et originaux sur les phares. Pour les amoureux des phares et du bassin d'Arcachon, la boutique du Phare est devenue un incontournable !

GIRONDE

CAP GOLF

Domaine du Four
✆ 05 57 70 49 92
www.capgolf.fr

Ouvert toute l'année. Jours/horaires d'ouverture variables selon la saison. Green fee : 20 € ; practice 1 seau : 3,50 €.

Au milieu des pins, Cap Golf est unique. C'est un endroit à la fois sportif, convivial, familial et festif. Il comprend un parcours de 9 trous Pitch & Putt, un practice, un putting green, du discgolf et du footgolf, du foot joué avec élégance sur un terrain de golf et selon les règles du golf... Cap Golf, c'est aussi un club house, trois bars, une restauration le soir, un laser game, mais aussi un boulodrome, des soirées DJ et des concerts, des retransmissions sportives et de beaux espaces pour vos événements. Sans oublier : piscine, massages et concept store.

LA MISE EN BOUCHE €€

Route de Cazaux
✆ 05 56 66 35 14
www.la-mise-en-bouche.fr

Ouvert du jeudi au lundi le soir ; du jeudi au mardi le midi. Menus de 28 € à 39 €. Formule du midi : 17 €. Traiteur.

En lieu et place d'une ancienne station-service, La Mise en Bouche raconte l'histoire de deux garçons : Jimmy derrière les fourneaux et Alex en salle. Le cadre est contemporain et clair grâce à de grandes baies vitrées. La terrasse, à l'ombre des parasols, est agréable. La carte, qui varie en fonction des saisons, sait satisfaire aussi bien les amateurs de produits de la mer que ceux qui aiment la bonne viande. Le chef sublime les produits régionaux achetés au marché ou à la criée d'Arcachon par l'élégance de ses plats et la finesse des mélanges de saveurs.

CAZAUX

Le village de Cazaux est rattaché à la commune de La Teste-de-Buch. Le lac de Cazaux-Sanguinet est le deuxième plus grand lac d'eau douce de France. Le village est aussi doté d'un superbe port de plaisance et d'un patrimoine naturel particulièrement riche. La forêt invite à la balade. Un charmant canal relie le lac au bassin d'Arcachon. Dans le paysage, deux sites importants : une base aérienne militaire présente depuis 1914 et des puits de pétrole découverts en 1959. Autre curiosité : l'église. Implantée au bord du lac entre le XIe et le XIIe siècle, elle a été démolie, transportée puis reconstruite par la population à son emplacement actuel.

LE TEICH

Les premiers habitants du bassin d'Arcachon, les Bituriges Vivisques, quelques siècles avant notre ère, s'installèrent au Teich et à Biganos. La commune est avant tout remarquable par son capital nature : près de 80 % des 8 700 hectares sont recouverts par la forêt. Les Techois sont gâtés. Le delta de la Leyre, véritable Camargue miniature, offre des paysages uniques depuis les prairies du delta jusqu'à la sombre forêt-galerie, ainsi qu'une faune ornithologique unique. A découvrir sur les sentiers de randonnées et lors de la visite du fameux parc ornithologique qui accueille plus de 260 espèces d'oiseaux sauvages sédentaires et migrateurs.

GIRONDE

LAC DE CAZAUX

✆ 05 57 52 99 60

Restauration. Aires de pique-nique, parkings.

Deuxième lac d'eau douce de France, lac de Cazaux se niche au cœur d'une magnifique forêt luxuriante et sauvage et s'étend sur 55 km^2. C'est un lieu privilégié pour des vacances en famille : amateur de farniente, de nage, de voile, de canoë, de kitesurf, de pêche, de balade, de randonnée, de nature... Les plages sont sûres, loin de l'agitation de la côte Atlantique, avec la beauté et le confort d'un beau sable fin et blond. Les aires de jeux sont nombreuses tout comme les aires de pique-nique. Le lac est accessible par la piste cyclable depuis La Teste-de-Buch.

RÉSERVE ORNITHOLOGIQUE DU TEICH ★★★

Rue du Port
✆ 05 56 22 80 93

Haute saison ouvert tous les jours et jours fériés de 10h à 20h. Adulte : 9,60 €. Enfant de 5 à 14 ans : 7,40 €.

La superbe Réserve Ornithologique est un lieu de prédilection pour l'accueil des oiseaux migrateurs ou sédentaires. Le parcours découverte de 6 km est ponctué d'une vingtaine de postes d'observation couverts, dont un aménagé en hauteur avec une vue sur le bassin et le parc. Chacun est dédié à une espèce. Il est également possible de se restaurer à la Brasserie du Delta ou de rapporter quelques souvenirs à la boutique de l'oiseau, toutes deux situées à l'entrée du site.

OFFICE DE TOURISME LE TEICH

1, place Pierre-Dubernet
✆ 05 56 22 80 46
https://leteich-ecotourisme.fr
Ouvert toute l'année. Jours et horaires d'ouverture variables selon la saison.

Ici, profitez notamment des balades gourmandes, qui vous permettent d'initier vos papilles aux produits régionaux : huîtres, esturgeons, caviar d'Aquitaine… Les visites sont commentées et agrémentées de dégustations bien sûr ! Et avec plus de 12 km de pistes cyclables, l'office de tourisme vous fournira le détail des pistes du Bassin ainsi que des idées d'itinéraires. On peut même vous louer des vélos ! Renseignez-vous aussi sur les diverses manifestations de la ville et des alentours.

CAMPING KER HELEN**** €€

Avenue de la Côte d'Argent
✆ 05 56 66 03 79
www.kerhelen.com
Ouvert d'avril à mi-octobre. Emplacement de 18,60 à 32,50 €. Mobil-homes (2 à 4 pers.) de 309 à 580 €. Prêt de vélos.

Ici, l'ambiance est 100 % famille, sports et loisirs. Situé à 5 minutes du parc ornithologique et du village ostréicole, à 15 minutes des plages et bordé par la L'Eyre dans un environnement fleuri, le camping Ker Helen offre dépaysement, repos et détente pour petits et grands. Louez un emplacement tout confort pour camper ou préférez chalets, cottages, mobil-homes et bungalows toilés. En journée, il est possible de profiter de l'aire de jeux, de l'espace fitness et de la piscine chauffée. On y organise des tournois de volley, de pétanque, des sorties VTT, etc.

AMAZONE CANOË

17, allée de la Fontaine Saint-Jean
✆ 06 72 76 34 58
www.amazonecanoe.com
Parcours à partir de 15 €/adulte et 26 €/adulte en randonnée encadrée. Demi-tarif pour les enfants de -10 ans.

Quoi de plus agréable qu'une balade sur les flots ? La Leyre qu'on appelle parfois la « petite Amazone » se prête merveilleusement bien à ce type d'activité. Amazone Canoë vous propose des circuits à la journée ou à la demi-journée. Nathaniel vous fera remonter la rivière jusqu'à son delta. Découvrez la flore et la faune sauvages du lieu et laissez-vous glisser au fil de l'eau. Autre balade : le canal des Landes jusqu'au lac de Cazaux et le Bassin. Possibilité de balade sur plusieurs jours, de deux à cinq jours, depuis Sabre jusqu'au Teich, soit 90 kilomètres.

MIOS

La commune de Mios est implantée en plein cœur de la forêt des Landes de Gascogne. Elle est donc située dans le Parc naturel régional des Landes de Gascogne et également sur la Leyre. Très étendue, la commune compte près de 6 900 Miossais. A noter : la cloche de la chapelle Saint-Brice, datée du XVIIIe siècle et classée monument historique. L'église Saint-Martin a quant à elle été agrandie au XIXe siècle, mais semble dater du XVIe. Mios est une commune au patrimoine naturel exceptionnel, propice à la randonnée et à la balade. Une guinguette est ouverte l'été sur les bords de la Leyre. C'est un espace de détente privilégié au cœur du parc Birabeille.

L'EYRA €€

70, avenue de la République
✆ 05 40 12 18 44
http://restaurant-leyra.com
Ouvert du mercredi au dimanche le midi et le soir. Plats de 14 € à 20 €. Formule du midi : 15 €. Animations.

Le patron des lieux, Vincent Bianchi, a toujours cette volonté féroce de régaler ses convives et de leur faire plaisir. Et ils sont nombreux à s'être passé le mot, car ce restaurant affiche régulièrement complet. Il faut dire que la carte alléchante met à l'honneur des produits frais et travaillés avec pas mal d'originalité et d'audace dans les goûts et les mélanges. Pour accompagner votre repas, L'Eyra affiche une carte des vins raisonnable. L'accueil est chaleureux, attentionné et le service dynamique et très professionnel. Et aussi ? Des concerts et soirées.

CHEZ PO'POTES !

Parc Birabeille
✆ 09 83 81 66 46
Ouvert tous les jours midi/soir en juillet/août ; mercredi pour le goûter et week-end midi/soir en mai/juin/septembre.

De la Guinguette de Mios à Chez PO'potes ! Ce sont les propriétaires de lOberge qui ont repris les lieux en avril 2021. Les Miossais et les touristes profitent alors toujours d'un espace de détente privilégié, au cœur du parc Birabeille pour déguster des glaces, des gaufres, des crêpes et des boissons fraîches. Mais, ils peuvent aussi se restaurer le midi et le soir, tous les jours en juillet/août et le week-end en mai, juin et septembre. On opte souvent pour les grillades de viandes et poissons. Scènes ouvertes le vendredi soir et concerts le samedi soir !

GIRONDE

CARCANS ★

Carcans est indissociable de Maubuisson. L'ensemble est composé de Carcans Océan, Maubuisson (Carcans Lac) et Carcans bourg. Tout a été aménagé pour accueillir un tourisme nature et familial, avec une profusion d'activités de loisirs, d'animations l'été et de nombreuses régates à suivre tout au long de l'année notamment à Maubuisson et sur le site de Bombannes où la voile est reine. L'océan a aussi sa place avec les grandes plages sauvages, prisées des surfeurs, tout comme la vaste forêt de pins maritimes, de chênes verts, de chênes-lièges, etc. Quelque 120 km de pistes cyclables sont à la disposition des amateurs de belles balades à vélo.

DOMAINE DE BOMBANNES

✆ 05 57 70 12 13

https://bombannes.ucpa.com

Ouvert toute l'année. Haute saison : tous les jours à partir de 9h. Hors saison : informations sur le site.

Le domaine de Bombannes, au sein de 250 ha de forêt, offre une large palette d'activités pour toute la famille, encadrées par des professionnels : parcours aventure, aquapark, activités nautiques et terrestres, surf, bodyboard, locations de pédalos, canoës, kayaks, vélos, école de voile à Hourtin. L'Origin'all café est idéal avec sa vue panoramique sur le lac et ses animations nocturnes en été. Côté hébergement, un centre de vacances et un camping 3 étoiles la Dune Bleue ombragé avec emplacements, cottages, lodges, de nombreux services et une piscine.

CAMPING LES MIMOSAS*** €€

173, route de la Barrade

✆ 05 56 03 39 05

www.les-mimosas-camping.fr

Fermé du 15 septembre au 15 juin. Emplacements nus, location de mobil-homes, tentes Trigano et caravanes.

Le camping Les Mimosas, familial et tranquille, est le lieu idéal pour se détendre et profiter de vacances nature avec les enfants. Entre lac et océan pour la plage, le surf et la voile, la forêt pour les balades à vélo, la proximité des plus prestigieux châteaux du Médoc et à 30 minutes de Bordeaux, votre séjour promet d'être riche en découvertes. Le camping dispose d'une piscine extérieure chauffée, d'un billard, d'un baby-foot, d'un boulodrome et de jeux pour les enfants. Il y a aussi des barbecues pour les soirées sympas avec vos voisins !

HUTTOPIA** €€

Domaine de Bombannes

✆ 05 56 03 95 02

www.europe.huttopia.com

Fermé d´octobre à avril. Locations : emplacements pour tentes, camping-cars, caravanes, tentes toile et bois.

Huttopia est situé au cœur de la forêt du domaine de Bombannes, dans 250 hectares de pinède, avec des pistes cyclables et des sentiers de promenade, juste à côté du plus grand lac de France, de l'océan et bien sûr de la base de loisirs pour les sportifs. A la location, pour des vacances nature, de jolies tentes Toile & Bois, couleur sable, 100 % confortables et pratiques. Elles sont équipées d'une terrasse, d'un coin cuisine, d'une salle de bains privative, d'un espace nuit avec de vrais lits et même de toilettes pour les plus luxueuses.

Plage de Carcans.

GIRONDE

AU FIN GLACIER

113, boulevard du Lac

✆ 06 80 30 09 78

Ouvert tous les jours et les jours fériés de 10h à 1h en haute saison. Ouvert à partir des vacances de février.

Au Fin Glacier de la famille Teyssier réjouit tous les gourmands depuis 1905... Que ce soit les chichis, les gaufres, les churros, les crêpes, les mascottes, tout est fait maison. Les vedettes ce sont glaces bio sans colorant ni conservateur. Elles sont fabriquées par un maître-artisan glacier à partir de lait et de fruits biologiques que se soit pour la glace à la boule ou à l'italienne. Plus de 50 parfums, dont bien sûr les incontournables (vanille, chocolat, fraise), mais aussi des recettes plus originales : Toblerone, cookies et spéculoos, yùzu, etc.

PHILIPPE RIVERA

1, route du Lac

✆ 05 56 03 30 11

Ouvert du samedi au mardi et le jeudi de 8h à 13h ; le vendredi de 8h à 13h et de 16h à 19h. Traiteur et livraison.

Philippe Rivera ne vend que de la viande de qualité, de la charcuterie traditionnelle faite maison et assure un service traiteur sur place ou à domicile. L'été, il réalise des plats cuisinés, des salades composées et de belles brochettes de bœuf. De mi-juin à mi-septembre, son camion est stationné sur le marché de Maubuisson le mercredi matin, au 117 boulevard du lac à Maubuisson le lundi matin et le samedi après midi. Tout le long de l'année il est aussi présent sur les marchés de Saumos, Lacanau Ville, Sainte-Hélène et Castelnau-de-Médoc.

CUSSAC-FORT-MÉDOC ★

Entre vignes et estuaire, la ville de Cussac Fort Médoc a eu un port très actif sur la Gironde jusqu'au XVIIe siècle. Ce fort bâti par Vauban – comme la citadelle de Blaye – pour fermer le verrou de l'estuaire est inscrit au patrimoine mondial de l'UNESCO. Un livre *Fort Médoc* écrit par Michel Faure est en vente au Fort Médoc et à la mairie de Cussac Fort Médoc. Il raconte l'histoire tourmentée du fort qui participe aujourd'hui à la beauté du territoire. Le fort mérite la visite tout comme les châteaux du vignoble de Cussac, classé Haut Médoc. Il représente plus de la moitié de la surface agricole de la commune. Ici, on produit le saint-julien...

HOURTIN ★

Hourtin se distingue par ses grands espaces, sa nature généreuse et partage avec Carcans le plus grand lac naturel d'eau douce de France où l'on pratique de multiples activités : stand up paddle, voile, bateau à pédalier, kite-surf, balades en bateau. A Hourtin Plage, vous pourrez profiter de l'océan Atlantique et des sports de glisse comme le surf ou le kite surf. Les amoureux de la flore et de la faune autant que des randonnées. Pour les enfants, faites un tour à l'île aux enfants à Hourtin Port où ils pourront jouer aux aventuriers dans un château en bois grandeur nature. Hourtin est le lieu idéal pour les vacances famille et nature.

L'ÎLE AUX ENFANTS

Le Port

✆ 05 56 09 19 00

Ouvert toute l'année. Accès libre et gratuit. Animations pour enfants en juillet et en août.

C'est une île entourée d'un canal d'eau peu profond, une plaine de jeux dédiée aux jeunes visiteurs. A Hourtin Port, les enfants trouveront leur bonheur et satisferont leur soif d'aventure, avec comme attractions vedettes un fort en bois que les jeunes chevaliers se font un plaisir d'attaquer, ou la pyramide de cordes, gigantesque toile d'araignée pour les petits grimpeurs. Dans les locaux de la Grange aux Jeux, les animateurs attendent les petits pour des ateliers d'arts plastiques, de bricolage et des initiations à la découverte de la nature.

LAGUNE DE CONTAUT ★

Route de Contaut ✆ 05 56 03 21 01

www.medoc-atlantique.com

Accès libre toute l'année. Visite guidée gratuite du 15 juin au 15 septembre sur rendez-vous à l'office de tourisme.

Au cœur de la réserve naturelle d'Hourtin, la lagune de Contaut est une zone humide prospère à l'abri du cordon des dunes du littoral. Une passerelle en bois serpente au milieu de ce mystérieux marais et offre au visiteur une plongée dans l'écosystème particulier des milieux humides. Ce réservoir biologique permet de découvrir différentes espèces de bouleau, de fougères géantes (l'osmonde royale), des animaux en tout genre (chevreuil, écureuils, hérons cendrés, tortues ou libellules). Prévoir des jumelles pour profiter au mieux de cette biodiversité unique.

PHARE D'HOURTIN

Route des Phares

Ne se visite pas sauf dans le cadre des Journées du Patrimoine avec l'association Demain Hourtin Mon Village.

Les phares d'Hourtin, Monuments historiques, sont constitués de deux tours, construites en brique avec des pierres de taille aux angles, de 27 mètres de hauteur. Ils ont été construits en 1863 pour signaler l'intervalle d'ombre entre Cordouan et Arcachon, dépourvu de feu à l'époque. Les phares étaient habités par cinq gardiens ainsi que leurs familles. Le phare, qui est toujours en activité, est équipé d'une lampe halogène de 650 W et a une portée d'une quarantaine de kilomètres. On y accède, entre autres, par un réseau de pistes cyclables.

LES DOUCEURS DE VALERIE €

41, rue des Écoles

✆ 05 56 73 09 92

Haute saison : ouvert tous les jours de 8h à 19h. Formule : 8 € à 10 €. Formule brunch tous les samedis de 10h à 15h.

Pour cette pause gourmande vous avez le choix entre le coin salon, l'îlot central, la grande table familiale et pourquoi pas le jardin, si le temps le permet, afin de déguster des préparations, biscuits et boissons élaborés chaque jour sur place à partir de produits frais et souvent locaux. Le samedi un brunch alléchant et copieux est idéal pour démarrer le week-end. Dans la boutique des biscuits, des thés, des arts de la table, de la vaisselle, du linge de maison et des jouets originaux. Le plus : des ateliers gourmands pour petits et grands.

LA CÔTE D ARGENT***** €€

Route de Contaut ✆ 05 56 09 10 25

www.camping-cote-dargent.com

Fermé du 17 septembre au 5 mai. Forfait emplacement à partir de 24 €. Mobil-homes à partir de 224 € la semaine.

A 300 mètres de l'océan, au cœur d'une forêt de pins, ce camping 5 étoiles vous accueille pour des vacances idylliques : 20 hectares de nature, de calme et de loisirs. Plusieurs hébergements vous sont proposés parmi une large gamme de locations : mobil-home façon cottage, emplacement de camping pour tente, caravane ou camping-car. Sur place, un complexe aquatique de 5 000 m² (Aqua'Pirates de 1 000 m², pataugeoire, 4 bassins, 9 toboggans, bain bouillonnant et île aux enfants), un bar-restaurant, des plats à emporter et même un magasin d'alimentation.

KITE ZONE SCHOOL

38, rue de la Plage

✆ 06 37 58 48 07

https://kitezone-school.com/fr/

Ouvert tous les jours et les jours fériés de 9h à 20h. Cours à partir de 100 € les 3 heures.

Kite Zone School (KZS pour les intimes) a les pieds dans l'eau, à 30 mètres du plus grand lac de France, à 2 kilomètres du village, des commerces et des campings. Le kitesurf est un sport de glisse ouvert à tous et pas besoin d'être un bon surfeur pour pratiquer ce sport. Le premier jour on s'initie à la traction avec l'air sans la planche. Le deuxième jour elle entre en jeu, on apprend alors à synchroniser glisse et voile et là les montées d'adrénaline sont au rendez-vous. Les eaux sont peu profondes sur une large zone et sur un fond de sable.

HÔTEL BAR RESTAURANT D'HOURTIN €€

17, place de l'Eglise ✆ 05 56 09 11 15

http://hbr-hourtin.fr

Ouvert toute l'année sauf 3 semaines en fin d'année. Chambre double à partir de 57 €. Petit déjeuner buffet : 8 €.

L'établissement est à 2 kilomètres du lac d'Hourtin et à 12 kilomètres de l'océan. Il s'est niché dans une ancienne maison construite dans les années 1800. Les propriétaires ont façonné et modelé cette vieille bâtisse. La plupart des chambres ont été refaites entièrement, notamment celles qui ont des lits jumeaux. Actuellement, ils sont 4 à la tête et le font vivre en le modernisant et en offrant une cuisine traditionnelle. Possibilité de louer des salles pour organiser des réunions.

SPA OCEAN

14, avenue du Lac

✆ 05 56 09 23 85

www.spa-ocean.fr

Du lundi au vendredi 10h-13h/15h-18h30 ; le samedi 9h-13h/14h-17h. Spa : 17 € (30 min).

Cet espace bien-être à la décoration épurée est un 3-en-1 : un spa (spa de nage avec des canons à eau, un hammam, un sauna, un seau à bascule), une salle de fitness (Pilates, aquagym, aquabike) encadré par des éducateurs sportifs, et un institut de beauté avec des formules détente (zen, cocooning avec massage, bien-être) et des soins esthétiques (visage et corps) aussi bien pour les femmes que pour les hommes et qui peuvent être effectués en duo. A l'extérieur un bain à remous avec terrasse, un espace de détente tisanerie et un jardin l'été.

JAU-DIGNAC-ET-LOIRAC

La commune se compose de trois paroisses distinctes, réunies vers 1840 : Saint-Pierre-de-Jau, Saint-Pierre-de-Dignac et Saint-Romain-de-Loirac. Elles forment les extrémités d'un triangle dont le centre de gravité se nomme : Jau-Dignac et Loirac ou Le Centre. La commune conserve une âme d'antan basée sur le respect de la nature et des traditions et allie le modernisme et l'esprit de la France rurale. Son territoire est caractérisé par des digues et des polders de Hollande construits au XVIIe siècle sur la rive gauche, le Phare de Richard, site La Chapelle, port de Richard, bâtiment du XIXe siècle, calvaires, lavoir, puits, entre autres.

CHÂTEAU LE BOURDIEU

1, route de Troussas - **VALEYRAC**
✆ 05 56 41 58 52
www.lebourdieu.fr

Visite des chais gratuite et sur rendez-vous tout au long de l'année. Deux gîtes ruraux à partir de 400 € la semaine.

Le château Le Bourdieu a été construit vers 1830 par Philippe Delacourt, reconnu seigneur de Bourdieu, dans un style architectural typique des maisons de maître du XIXe siècle. 39 hectares de vignoble sont situés au bord de l'estuaire de la Gironde. La production de ce vin est élaborée dans la pure tradition. Si les vendanges sont réalisées à la machine, le tri est manuel. Le vin est ensuite élevé 12 mois en barriques de chêne. A côté, les propriétaires ont ouvert des gîtes ruraux entièrement équipés pour deux à quatre personnes.

LACANAU-OCÉAN ★★

Son nom est issu de « -canau » qui vient de « -canal », et ce n'est pas du tout un passage du singulier au pluriel. La-canau signifie bien le-canal, en l'occurrence celui qui reliait autrefois, naturellement l'étang de Lacanau à l'océan atlantique. Vers 1810, l'ingénieur Nicolas Brémontier pense fixer les dunes avec des pins, mais ce n'est qu'après l'assèchement des marais que les sols deviennent propices à la végétation forestière vers 1855. En 1884, Pierre Ortal, propriétaire à Lacanau-ville et chef de service aux Chemins de fer des Landes, fait connaître son intention de créer une station balnéaire sur les dunes littorales de la commune.

LAC DE LACANAU ★

LACANAU
✆ 05 56 03 21 22
www.lacdelacanau.com

Le lac de Lacanau avec une superficie de 19,85 km^2 et une profondeur maximum de 8 mètres est classé parmi les grands lacs landais. Son cadre est unique et quelques endroits restent préservés. Le canal relie le lac au nord vers le lac de Carcans (via la réserve naturelle du Cousseau), et au sud vers le bassin d'Arcachon. De jolies petites baies sont propices au mouillage et jalonnent les bords d'une succession de petits villages. Campings, animations l'été, clubs de voile, surf, paddle, piste cyclable et de randonnée, restaurants, etc.

LES BALADES DE ROBINSON

72, avenue de la Plage - **LACANAU**
✆ 05 56 03 03 56
https://robinsonlacanau.com

Adulte : 30 €. Enfant de 5 à 12 ans : 15 €. Privatisation d'une pinasse : 300 € balade de 3h maximum.

A bord d'une pinasse, un bateau traditionnel en bois, typique de la région, on découvre une nouvelle façon de voir le lac. Au cours de la balade, vous pourrez découvrir les petits villages, les conches, le canal, les petits ports. Vous aurez l'occasion d'observer des martins-pêcheurs, hérons, cygnes, etc., et de pique-niquer un midi sur la magnifique île aux oiseaux aux plages sauvages préservées. Le soir, le coucher du soleil est toujours un moment inoubliable. Les Balades de Robinson vous accueillent en duo, en groupe, en famille, etc.

SLOW VILLAGE LACANAU★★★ €

Route de Longarisse - **LACANAU**
✆ 05 56 03 00 15
www.slow-village.fr

Ouvert du 10 mai au 31 octobre. Emplacements à partir de 22 €. Mobil-homes à partir de 360 € la semaine.

Entouré par la forêt, le lac de Lacanau et ses dunes boisées, ce camping très nature est un petit coin de rêve. Son isolement est un véritable enchantement si vous recherchez la tranquillité et la vie à un rythme plus doux que le quotidien. Véritable paradis pour les amateurs de voile, de vélo ou encore de pêche, la situation exceptionnelle plaira aux petits et aux grands ! Les emplacements, avec ou sans électricité, sont vastes. Les hébergements répondent à toutes les attentes : cottages, *tiny house*, tente lodge, lodges premium.

GIRONDE

Lac de Lacanau.

LODGING LE LAC €€

30, avenue de la Plage - **LACANAU**
✆ 05 56 03 00 26
www.lodginglelac.com
Fermé du 31 octobre au 1er avril. Emplacement de 25 € à 29 €. Bungalodge de 2 à 6 personnes à partir de 90 € la nuit.

Le Lodging Le Lac à Lacanau côté lac, au Moutchic plus précisément, a tout pour plaire en matière de nature. Ce camping brille par ses grands espaces, entre lac, forêt et océan. Son autre point fort : ses hébergements. Le choix est vaste : emplacement libre, tipi, cabane perchée, sur pilotis, dans une bulle, dans un mobile suspendu encore dans un superbe lodge de toile et de bois de style colonial. L'équipe peut aussi vous concocter un séjour VIP avec des prestations haut de gamme à la carte (linge fourni, champagne, douceurs sucrées, accès au sauna, massage…).

Ô LAC €€

20, allée Pierre-Jean Rozié - **LACANAU**
✆ 06 10 20 36 31
www.olaclacanau.fr
Ouvert toute l'année. Chambre double à partir de 100 €. Petit déjeuner inclus. Enfant de moins de 2 ans : gratuit.

Cinq chambres d'hôtes dans une ambiance « total bois », au cœur de la forêt, face au lac du Moutchic. La décoration varie d'une Cabane au Canada au Lodge Thaï en passant par le Wind Surf ou le Sweet Coco. Elle est soignée, avec bois flotté, rondins, couleurs douces et chaudes, beaux linges, vasques en pierre et autres petits détails de décoration typiquement bord de mer dont Alexandra, la maîtresse de maison, est très fière. Possibilité de privatiser les lieux. Le petit déjeuner est personnalisé : produits frais, jus de fruits pressés et yaourts maison.

LA VARANGUE €€

Chemin de Ceinture de Talaris
LACANAU
✆ 06 68 34 36 96
www.lavarangue.com
Chambre double à partir de 100 €. Petit déjeuner inclus. Piscine extérieure.

Après 15 ans passés en région parisienne, Christine – une Médocaine d'origine –, Bernard et leur fils Txabi sont tombés sous le charme de La Varangue, située au milieu de la pinède, à proximité du lac, des golfs, de l'Océan et des pistes cyclables. D'inspiration réunionnaise, style paillote, cette maison est agrémentée d'un jardin tropical. Elle accueille 5 chambres d'hôtes à la décoration personnalisée, réalisée dans des bois exotiques. Le petit déjeuner, composé de produits faits maison, est servi près de la piscine. Sur place : salle de fitness, sauna et spa.

YELLOH ! VILLAGE LES GRANDS PINS••••• €€

Avenue des Grands-Pins ✆ 05 56 03 20 77
www.lesgrandspins.com
Ouvert de mi-avril à mi-septembre. Emplacement de 24 € à 69 €. Cottages à partir de 357 € la semaine.

Le Village propose 2 secteurs d'emplacements, un secteur sans circulation automobile pour plus de calme et un secteur avec circulation automobile. Tous les emplacements ont une superficie de 80 m² et plus. Pour les locations, les amoureux de l'hébergement nature pourront opter pour la tente lodge meublée de 27 m² prévue pour 4 personnes, au style élégant et dépaysant ; vous pouvez aussi opter pour les cottages contemporains et de standing, de styles et de catégories différents.

LA CANTINE DU COIN €

3, rue Jules-Ferry
✆ 05 56 82 30 90
www.lacanausurfinfo.com

Ouvert en haute saison du jeudi au mardi le midi et le soir. Formule du midi de 10 € à 16 €.

Tout près de la plage, cette Cantine du coin est en fait un vrai restaurant. A sa tête Quentin et sa femme Loan, un couple de restaurateurs canaulais. Quentin, alias chef Rafiky, met tout son cœur pour concocter de bons petits plats qui ne manquent ni d'originalité ni d'exotisme. Tout est fait maison, même les desserts, avec des produits bien frais et on se régale vraiment d'une cuisine autour du monde, inspirée de ses voyages, alliant saveurs et couleurs. Si on souhaite pique-niquer, on peut commander des pizzas, des salades ou quelques plats copieux pas chers.

LE BISTROT DES COCHONS €€

1, rue Docteur Darrigan
✆ 05 56 03 15 61
www.lebistrotdescochons.fr

Fermeture du 11 novembre au 12 février. Ouvert le midi et le soir. Menu unique à 25 €. Carte : 35 € environ.

Niché au centre de Lacanau Océan, dans une rue tranquille à l'abri du vent et de l'agitation, c'est un endroit vraiment idéal pour une soirée entre amis ou un repas en amoureux. Dès les beaux jours, on investit la grande terrasse, sinon on se pose dans la salle où prédominent le bois et tout un tas d'objets totalement hétéroclites. L'accueil est vraiment chaleureux et la cuisine est concoctée à base de produits frais que le chef sublime par des notes exotiques et inventives dans de savoureuses recettes. Une belle adresse très discrète.

PAYOTTE €€

7, boulevard de la plage
✆ 06 72 44 08 18

Haute saison : ouvert tous les jours de 18h à 2h. Carte : 20 € environ. Terrasse. Vente à emporter.

Savourer un cocktail très demandé, le Bam-Bam, sur une grande terrasse aménagée, face à l'océan, avec une vue imprenable sur les magnifiques couchers de soleil, ça vous tente ? Oui ? Alors direction la Payotte. Cet authentique bar musical est l'endroit idéal pour un after beach. Ici tout est réuni pour passer un excellent moment : ambiance décontractée, bonne musique, déco colorée, sourire du personnel sans oublier un large choix de tapas, des burgers maison, de nombreux cocktails et une balle carte de bières, le tout à consommer sur place ou à emporter.

LA CASEMATE €€

23, rue du Maréchal Leclerc
LACANAU
✆ 05 56 60 63 15

Ouvert toute l'année. Du mardi au samedi le midi ; le vendredi et le samedi le soir. Carte : 32 € environ.

Au cœur de Lacanau ville, juste derrière l'église, la Casemate est un bar à vin et à tapas très chaleureux. On apprécie l'été la grande terrasse en bois, la déco « vintage » et la cuisine. Le midi le menu est d'un bon rapport qualité-prix avec par exemple salade landaise, grillade de porc marinée et assiette gourmande. A la carte, salade composée, cuisses de grenouilles, huîtres, côte de bœuf ou encore friture de chipirons. Le week-end, l'établissement ouvre en soirée et l'on peut se retrouver entre amis autour d'un apéro ou d'une soirée à thème.

LA BICYCLETTE JAUNE €€

98, avenue du lac - **LACANAU** ✆ 05 56 26 77 89
www.labicyclettejaune.fr

Fermé du 15 octobre au 5 avril. Haute saison : tous les jours et jours fériés midi et soir. Carte : 35 € environ.

Le restaurant La Bicyclette Jaune est situé aux abords du lac de Lacanau (ville). Le cadre épuré est agréable et une bicyclette est suspendue au-dessous de nos têtes comme un trophée... La carte, très courte, fait la part belle aux produits de l'océan (poissons, huîtres, fruits de mer) mais le chef se plaît à mêler cuisine française et cuisine du monde, tout en travaillant des produits frais, de saison et du terroir que l'on retrouve dans les suggestions du moment. Bicyclette propose un service traiteur pour vos événements. Mention spéciale pour le service au top.

LA CONCHE €€

24, allée du Club de Voile
✆ 06 67 34 61 23
https://la-conche-lacanau.eatbu.com/

Fermé d´octobre à mai. Haute saison : ouvert tous les jours le midi et le soir. Carte : 40 € environ.

Ce restaurant posé au bord du lac, dans un quartier résidentiel, est loin du tumulte de Lacanau Océan. L'endroit est reposant et idyllique. Le patron, Stéphen Escola, et tout son personnel sont très accueillants, le service est professionnel et efficace. La carte se partage entre mer, avec des spécialités à base de poissons, et terre où les produits du terroir sont frais, de grande qualité et travaillés à merveille par le chef. Les plats réservent toujours de belles surprises… Et ne ratez pas à la saison estivale les Apéros canaulais, tout en musique.

LE KAYOC €€

2, allée Pierre-Ortal
✆ 05 56 03 20 75
www.restaurant-lacanau.com

Ouvert toute l'année. 7j/7. Service en continu. Menu unique à 36 €. Carte : 40 € environ. Formule du midi : 21 €.

Le Kayoc trône face à la mer et contre la dune… Tout en hauteur, on apprécie sa splendide terrasse panoramique. Confortablement assis, on se prend à rêvasser, sous un parasol de paille de bruyère en dominant les caprices de l'océan. Le soir l'endroit est idyllique pour prendre un verre en tête-à-tête ou entre amis, devant le coucher du soleil, ou pour déguster de bons petits plats. Le Kayoc c'est aussi la Bodega de Marcel où l'on boit un verre accompagné de tapas, de salades, de frites maison et toute une panoplie de desserts classiques.

LA CABANE NUMERO 1

Promenade Pech Lèbre
LACANAU
✆ 06 14 62 05 90

Fermé du 31 octobre au 1er avril. Ouvert en été tous les jours et les jours fériés de 11h à 0h. Carte 22 € environ.

La Cabane Numéro 1 ce sont de bons produits du terroir à déguster, des huîtres du bassin d'Arcachon, de la charcuterie, des fromages, des vins et des bières sans oublier les animations et les concerts, le sourire de Frédérique et Babeth et surtout le partage. Seul, à deux, en famille, entre amis, sur la terrasse ou dans un transat les pieds dans le sable face au petit port de plaisance, il n'y a rien de plus agréable que de déguster un vin de producteur accompagné de quelques huîtres et de s'émerveiller devant le coucher de soleil sur le lac.

AQUALIDAY

24, rue du Repos
✆ 05 56 03 24 45
www.aqualiday.com

Horaires sur le site. Entrée : 11,50 € et 8,50 € pour les 3 à 10 ans. Accès au spa : 20 €.

L'Aqualiday, au sein du camping Airotel l'Océan, est réparti en 2 espaces plus un spa. L'espace couvert et chauffé à l'ambiance tropicale : lagon à vagues, rivière à contre-courant, cascades, jets massants et banquette anatomique pour les moments de détente, aire de jeux, toboggans et pataugeoire pour les plus jeunes. À l'extérieur : rivière sauvage et cascades pour les aventuriers, bains à bulles et bassin à nage pour la détente, aire de jeux et pataugeoire pour les tout-petits, pentaglisses et toboggans pour les plus grands.

LESPARRE-MÉDOC ★

Sous-préfecture de la Gironde peuplée de 5 699 habitants, Lesparre est au milieu des terres, à égale distance des façades fluviales et océaniques, à 60 kilomètres au nord-ouest de Bordeaux, 20 kilomètres au nord-ouest de Pauillac et à une trentaine de kilomètres au sud-est du Verdon-sur-Mer. Cependant, grâce à sa position centrale, la ville constitue une bonne base arrière pour partir à la découverte de l'arrière-pays du Médoc, de ses vignobles ou de ses monuments. Si vous souhaitez approfondir la découverte de la cité, ne manquez pas les marchés mensuels en plein air ni la célèbre foire aux vins durant la première semaine du mois d'août.

PALAIS DU COSTUME - MAZARIN

20, rue du Palais de Justice ✆ 06 86 02 59 99
www.palaisducostume.com

Fermé d´octobre à mars. Ouvert du mercredi au samedi de 14h à 18h. Gratuit jusqu'à 15 ans. Adulte : 5 €.

Dans ce Palais, situé au-dessus du cinéma Jean Dujardin, c'est toute l'histoire avec grand H qui est racontée à travers les costumes depuis la préhistoire jusqu'à nos jours. Mazarin, un célèbre couturier parisien aujourd'hui lesparrain, a habillé de nombreuses célébrités du cinéma, du théâtre et de la télévision. L'un de ses derniers clients était Dany Boon pour sa première à l'Olympia en 2000… Plus de 130 mannequins, grandeur nature, nous font voyager à travers les siècles.

TOUR DE L'HONNEUR

17 bis, rue Pierre-Curie
✆ 06 25 77 60 14
www.tour-de-lhonneur.jimdo.com

Horaires sur le site de la mairie. Gratuit jusqu'à 8 ans. Adulte : 3,50 €. Enfant de 8 à 12 ans : 2 €.

Dès le Ve siècle, les Francs, les Arabes et les Normands pénètrent en Médoc. Pour contenir les assauts de ces envahissants visiteurs, le château fort de Sparra est construit, probablement à partir du IXe siècle, entouré du ruisseau l'Hervaut. Aujourd'hui, seul le donjon de l'angle sud-ouest est encore debout. Remaniée au cours des siècles suivants, la tour de l'Honneur est un vestige grandiose : 30 mètres de hauteur et 12 mètres de côté, témoignant de l'importance de la cité au Moyen Âge. La tour abrite un petit musée d'histoire locale.

MÉDOC VIGNOBLE TOURISME

7 bis, place du Maréchal Foch
✆ 05 56 41 21 96
www.medocvignoble.com
Horaires variables en fonction des saisons, informations sur le site.

Ce bureau d'information touristique permet de trouver tous les éléments nécessaires afin d'agrémenter votre séjour dans le Médoc. Il vous conseille sur toutes les possibilités d'hébergement et de restauration sur le territoire, mais également sur les animations et les sites touristiques culturels et patrimoniaux incontournables. Vous trouverez les possibilités de visite des nombreux châteaux de l'appellation Médoc ainsi que des sentiers de randonnée. Sur le site, des châteaux viticoles sont regroupés dans une boutique en ligne, bien pratique pour commander du vin.

CHÂTEAU GADET-TERREFORT

7, route de Vendays - **GAILLAN-EN-MÉDOC**
✆ 06 08 17 97 51
www.gadet-terrefort.com
Ouvert toute l'année. Juillet et août, 7j/7 de 10h à 15h et de 17h à 19h. Hors saison, du lundi au vendredi de 9h à 18h.

Guillaume Bernard achète l'exploitation viticole de 4 hectares en 1921, elle est ensuite reprise par son fils et aujourd'hui par sa petite-fille Anaïs. Ce sont 36 hectares de vigne qui composent le domaine du château Gadet-Terrefort. Désireuse de partager sa passion du vin, Anaïs ouvre le château Calmeyrac (propriété de son oncle qu'elle gère désormais) aux touristes en créant une salle de dégustation, une épicerie fine, un gîte ou chambres d'hôtes à 800 mètres de la propriété, au cœur du vignoble et d'une partie du troupeau de vaches.

LA MAISON DU DOUANIER €€

2, route de By - **SAINT-CHRISTOLY-MÉDOC**
✆ 05 56 41 35 25
www.maisondudouanier.com
Ouvert toute l'année. 3 chambres. Chambre double à partir de 110 € ; suite à partir de 210 €. Petit déjeuner inclus.

Historiquement, il s'agit réellement de la maison des douaniers qui contrôlaient la marchandise et comptaient les droits prélevés quand le vin était acheminé en gabare vers Blaye et Bordeaux. Aujourd'hui, ses trois chambres et une suite parentale sont à votre disposition dans un cadre élégant et raffiné. La vue sur l'estuaire, le calme de l'endroit, comme la gentillesse de vos hôtes, permettent de goûter à la quiétude totale. Le restaurant met en avant une cuisine bistronomique mais il existe aussi la Cabane du Douanier ouverte uniquement l'été.

RESTAURANT BEAU JARDIN**** €€

50, route de Soulac
GAILLAN-EN-MÉDOC
✆ 05 56 41 26 83
www.chateaubeaujardin.com
Ouvert d'avril à septembre. Chambre double à partir de 120 €. Petit déjeuner : 10 €.

Michèle et Jean reçoivent dans leur élégant manoir du XIXe siècle transformé en petit hôtel, au cœur d'un ravissant parc. Le charme de la propriété associé à la chaleur des lieux et à l'accueil des propriétaires rendent le séjour inoubliable. Les sept chambres climatisées sont très élégantes. La décoration est classique et personnalisée. Côté restaurant, Jean réalise une cuisine gastronomique française, raffinée et délicieuse à base de produits de la région.

LA TABLE DU MÉDOC €€

53, route de Lesparre
GAILLAN-EN-MÉDOC
✆ 05 56 73 46 46
Ouvert toute l'année. Carte : 32 € environ. Formule du midi : 15 €.

La Table du Médoc est située sur la route qui relie Bordeaux au Verdon. Valentin Rouillé et Tancrède Dell'Oste sont à la tête de cet établissement décoré avec soin. La carte conserve quelques plats brasserie, mais les grands classiques sont souvent revisités par le chef Tancrède Dell'Oste qui aime innover. Tous les plats sont faits maison, en fonction des saisons et des arrivages, et la qualité est au rendez-vous. Les fromages, par exemple, viennent de chez Marie Quatrehomme, Meilleur Ouvrier de France. Une Table qui mérite le détour sur la route des vacances.

LES NOISETTINES DU MÉDOC

1, route de la Landette
BLAIGNAN
✆ 05 56 09 03 09
www.noisettines.fr
Horaires variables en fonction des saisons, informations sur le site. Visite gratuite.

Amateurs de douceurs, ne ratez pas cette visite et surtout la dégustation. L'histoire de sa création est passionnante. Edith, couturière, et Michel Noyez, cuisinier, ont créé dans les années 70, la Noisettine du Médoc dans un vieux chai de 200 ans, à l'époque en ruines, dont ils sont tombés amoureux. Tout le monde craque pour cette gourmandise dont la recette daterait de 1649. La noisette est cuite dans un sirop maison puis enrobée d'un caramel soufflé. Aujourd'hui, cette fabrique familiale est devenue un petit musée qui accueille près de 40 000 visiteurs par an.

CHÂTEAU LABADIE

1, route de Chassereau
BÉGADAN
✆ 05 56 41 55 58
www.chateau-labadie.com
Ouvert du lundi au vendredi de 9h à 11h45 et de 14h à 17h30. Visites gratuites sur rendez-vous.

Le Château Labadie mérite bien le qualificatif d'exploitation familiale et de tradition. Une fois les bâtiments restaurés et des chais modernes aménagés, la marque Château Labadie voit le jour en 1970. Le vignoble de 72 hectares orientés est-ouest, est coplanté de merlot à 75 %, de cabernet franc à 10 % et de cabernet sauvignon à 15 %. Il produit 210 000 bouteilles chaque année. Les vins sont élevés en fûts neufs une année. Cette propriété familiale, aujourd'hui gérée par Jérôme Bibey, est certifiée Haute Valeur Environnementale.

CHÂTEAU SAINT-CHRISTOLY

1 bis, impasse de la Mairie
SAINT-CHRISTOLY-MÉDOC
✆ 05 56 41 82 01
www.chateausaintchristoly.com
Ouvert tous les jours de 9h à 12h et de 14h à 17h. Visite gratuite sur rendez-vous.

Cathy prend la relève de 7 générations de viticulteurs sur ce domaine créé en 1850 par un forgeron du village. Elle s'évertue à donner à son vin une note féminine et très personnelle et c'est le seul cuvier de la région peint en rose. Le travail passionné, à la vigne et au chai, permet millésime après millésime d'exprimer magnifiquement les saveurs et les valeurs de ce terroir d'exception. Le château a ouvert au cœur de la propriété ses propres chambres d'hôtes pour 2 à 4 personnes et un loft « Chai Paulette » pour 6 à 10 personnes.

LISTRAC-MÉDOC ★

Le nom de Listrac vient du latin « lista » ou « listra » qui signifie « lisière, limite ». La commune est à cheval sur la ligne de partage des eaux de la Gironde et des lacs du bord de l'Atlantique. Son histoire a toujours été liée à celle du vin comme en témoignent les liens privilégiés qu'elle entretenait dès l'Antiquité avec les ports de Lamarque et de Cussac, situés sur l'estuaire. L'église aux influences romanes et gothiques a su conserver un cachet intact, l'importance de l'art ne s'arrête pas là. Le peintre Odilon Redon a maintes fois puisé l'inspiration pour ses toiles dans les abords de Listrac, immortalisant même sa maison à Peyrelebade.

VIGNERONS ASSOCIÉS

21, avenue de Soulac
✆ 05 56 58 03 19
www.cave-listrac-medoc.com
Horaires sur le site. Boutique en ligne.

Les Vignerons Associés sont répartis entre les appellations Listrac-Médoc, Moulis en Médoc et Haut-Médoc et Bordeaux. Ils sont très sensibilisés à l'environnement, certains pratiquent la jachère pour lutter contre le court-noué ou utilisent des moutons pour le désherbage 100 % nature. Les producteurs récoltants proposent des vins rouges, rosés, et blancs en bouteille ou en bib. Les Vignerons Associés participent à de nombreuses manifestations gourmandes, organisent des soirées découvertes avec des concerts et des journées portes ouvertes.

MARGAUX ★

Le nom même de ce petit village médocain de 2932 habitants est presque connu sur toute la terre pour ses vignobles et ses châteaux. Ils composent la Route des vins et se distinguent parmi les meilleurs grands crus classés du monde. Un tiers réunis sur cette langue de terre ne représentent qu'un dixième du vignoble médocain. Fleuron des vins de cette appellation : le Château Margaux, premier grand cru classé en 1855. Il ne faut pas oublier l'autre richesse naturelle : l'estuaire où les carrelets esquissent leurs silhouettes élégantes. Margaux est aussi un cadre de rêve pour les sportifs : boucles cyclistes, greens de golf, attelage équestres, etc.

LE PAVILLON DE MARGAUX €€

3, rue Georges-Mandel ✆ 05 57 88 77 54
www.le-pavillon-de-margaux.fr
Ouvert toute l'année. Chambre double à partir de 75 €, suite à partir de 109 €. Petit déjeuner : 12 €.

En plein cœur de Margaux, l'hôtel-restaurant Le Pavillon de Margaux est installé dans un bâtiment du XIXe siècle. C'est un havre de paix qui offre une vue panoramique sur les vignes. Il dispose de 14 chambres décorées en partenariat avec certains châteaux. Le service réceptif organise des animations sur demande : visites et dégustations dans les châteaux du Médoc, balades en VTT, en quads, promenades en calèches, etc. Dans le restaurant, vous découvrirez une cuisine soignée, préparée avec des produits régionaux tout en respectant les saisons.

LE CHAPON FIN €€

2, place Aristide Briand
CASTELNAU-DE-MÉDOC
✆ 05 56 58 44 43

Le bar est ouvert dès 7h du matin. Carte : 32 € environ. Formule du midi : 13,80 €.

Ce bar-restaurant ne fait pas de bruit et pourtant les gens du coin comme les touristes qui s'y sont attablés n'en font que des éloges pour l'accueil et la bonne humeur de Diego et pour les talents du chef. Il prépare une cuisine de bistrot, qu'il revisite à sa façon, avec des produits de qualité à des prix très très abordables. Par exemple, les canelés façon profiteroles sont à tomber. La salle style bistrot moderne est claire et rehaussée de rouge. On s'installe en terrasse pour profiter du soleil et du spectacle de la place.

RATATOUILLE €€

1, place du Général Leclerc
CASTELNAU-DE-MÉDOC
✆ 05 56 90 10 47

Ouvert du mardi au jeudi le midi, le vendredi et le samedi le midi et le soir. Carte : 40 € environ.

Ratatouille... tout le monde connaît le fameux personnage du dessin animé. Ici Ratatouille c'est aussi Rémy... sauf que celui-là a fait ses premières armes au restaurant de l'Institut Culinaire Américain de Paul Bocuse à New York et qu'il a beaucoup appris en voyageant. Sa cuisine, inspirée en grande partie des produits du terroir, varie régulièrement. Tout est fait maison à base de produits locaux et bio. Le menu du midi est d'un excellent rapport qualité-prix. La salle, lumineuse et vaste, est prolongée par une véranda qui ouvre en été sur la terrasse.

RELAIS DE MARGAUX-BRASSERIE DU GOLF €€

5, route de l'Ile Vincent - **MARGAUX-CANTENAC**
✆ 05 57 88 87 60

Ouvert du mercredi au samedi le midi et le soir ; le dimanche midi. Carte : 42 € environ. Formule du midi : 22,50 €.

Le golf de Margaux est situé en plein cœur du célèbre vignoble, sur un domaine de 55 hectares. Les larges baies ensoleillées de la Brasserie du golf ouvrent sur les greens, c'est une pause à la fois reposante et gourmande. Le cadre est contemporain et le service impeccable. La cuisine du chef est inspirée des produits du terroir avec quelques spécialités typiquement médocaines composées presque sous nos yeux, au fond de la salle. Les saveurs sont sublimées et la présentation raffinée.

MADEMOISELLE DE MARGAUX

37, rue de la Tremoille ✆ 05 57 88 55 26
www.mademoiselledemargaux.com

Ouvert du lundi au vendredi de 10h à 13h et de 14h à 18h30. Le samedi pour les fêtes de Pâques et de Noël.

La Guinette à l'Armagnac et la griotte au kirsch sont les plus anciennes productions de Mademoiselle de Margaux. Elles combinent fruit frais et liqueur sélectionnée dans un enrobage de chocolat noir. Clin d'œil bien sûr au vin avec les Sarments du Médoc, brindilles de chocolat fin rehaussées de sept différentes notes craquantes et fondantes à la fois ou les Perles du Médoc composées d'un grain de raisin macéré dans un sirop de pêche et d'abricots et enrobées de chocolat noir intense. Les tablettes de chocolat pur ou fourrées conjuguent plaisir et raffinement.

CHATEAU CITRAN

Chemin de Citran - **AVENSAN**
✆ 05 56 58 21 01
www.citran.com

Entrée : 10 €. Gratuit pour les moins de 3 ans. Réservation : https://aliceaupaysdespaons.fr ou 07 60 26 17 52.

Le Château de Citran est un domaine chargé d'histoire. Son cadre est un écrin de verdure, au bord de l'eau, propice aux humains, plantes et animaux. Les paons sont les emblèmes des lieux. Ils incarnent la noblesse de la famille ayant vécu sur ces terres. Les vignes font également partie de ce paysage exceptionnel. Les parcours sont axés sur l'histoire de la propriété mais d'autres circuits sont construits sur des thèmes inédits. C'est une expérience ludique et familiale de 1h30 qui se termine par une dégustation gratuite de vin ou de jus de raisin.

CHÂTEAU LA GALIANE

14, rue Alfred de Luze à Soussans
✆ 05 57 88 35 27
www.scea-rene-renon.com

Visite sur rendez-vous.

Situé sur les terres de Margaux, entre mer et estuaire, le château La Galiane est une propriété familiale depuis cinq générations. Le vignoble de 5 ha est morcelé parmi les grands crus de l'appellation. La famille Renon, qui gère également Château Charmant, fait découvrir avec passion tous les aspects du vignoble, travaillé dans les traditions et le savoir-faire familial. Il est labouré et le désherbage n'est pas chimique, les vendanges se font manuellement, l'élevage est effectué en barrique de chêne, les vins sont collés au blanc d'œuf.

CHÂTEAU MARQUIS DE TERME

3, route de Rauzan
✆ 05 57 88 30 01
www.chateau-marquis-de-terme.com
Sur réservation. Dégustation (2 vins) à 10 €, visite dégustation à 15 €.

Propriété de la famille Sénéclauze depuis 1935, ce 4e grand cru classé de Margaux allie à la fois tradition et modernité. Avec 40 hectares le Château Marquis de Terme élabore des vins envoûtants, charnus et avec des tanins de velours. Découvrez le Château le temps d'une visite guidée suivie d'une dégustation, mais aussi au cours de balades ou d'ateliers très originaux. Le château et le chef Grégory Coutanceau ont ouvert, au cœur du vignoble, un restaurant Au marquis de Terme. Privatisation possible pour des événements professionnels ou des réceptions.

CHÂTEAU SIRAN

13, avenue du Comte De-Lynch - **LABARDE**
✆ 05 57 88 34 04
www.chateausiran.com
Horaires sur le site hors saison, 7j/7 de mai à septembre. Visite à partir de 12 €.

Le Château Siran est l'un des rares domaines médocains à appartenir à la même famille depuis plus de 150 ans, cinq générations se sont succédé. Aujourd'hui Edouard Miailhe assure la direction du domaine de 88 hectares qui peut s'enorgueillir de produire des vins rares. En vedette, le Château Siran de Margaux, le S de Siran issu des vignes jeunes de Siran, le Bel Air de Siran Haut-Médoc, ou encore le Saint-Jacques. Les visites sur rendez-vous se terminent sur le toit du château avec une vue à 360° sur le vignoble, autour de la dégustation de 3 vins des 3 terroirs.

CHÂTEAU BISTON-BRILLETTE

91, route de Tiquetorte
✆ 05 56 58 22 86
www.chateaubistonbrillette.fr
Ouvert du lundi au vendredi de 9h à 12h et de 14h à 18h, le samedi de 10h à 12h. Visites sur rendez-vous.

Serge et Jean-Paul Barbarin produisent sur les 26 hectares de vigne une appellation Moulis qui se partagent entre des terroirs de graves qui apportent finesse et élégance et des terroirs argilo-calcaires plus forts et plus colorés. Lors des visites, on découvre l'élevage traditionnel du vin en se promenant parmi les installations, le chai et le cuvier. La visite s'achève par une dégustation où vous pourrez apprécier le château Biston-Brillette ou le château Biston, second vin du domaine, qui sont tous deux à des prix très abordables.

CHÂTEAU MAUVESIN-BARTON

✆ 05 56 58 41 81
www.mauvesin-barton.com
Visites sur rendez-vous, du lundi au vendredi sauf pendant les vendanges. Visite à partir de 7 € par personne.

Le château Mauvesin date du XVe siècle. Il appartient aujourd'hui à la famille Barton-Sartorius, également propriétaire des châteaux Léoville Barton et Langoa Barton, deuxième et troisième grands crus classés à Saint-Julien. L'endroit est absolument magique avec son étang et son magnifique grand parc. Au cours des trois visites différentes, vous foulerez le sol du moderne et des chais à barriques. Vous serez surpris par la salle de dégustation qui le surplombe. Quant au vin, juste excellent, et ne demande qu'à être dégusté...

MOULIS-EN-MÉDOC ★

Contrairement à ce que l'on pourrait penser, Moulis ne vient pas du latin « molinis » qui signifie « moulin » mais de « moles », signifiant « ouvrage de terrassement ou de maçonnerie ». Peut-être parce que Moulis est un site habité depuis fort longtemps, comme l'atteste la découverte des vestiges d'une villa du Ier siècle et d'une chapelle paléochrétienne. Si son église romane fortifiée mérite le coup d'œil, rares bénitiers et pierre tumulaire de la mère de Pey Berland, c'est aussi pour les vins qu'on s'arrêtera ici. Moulis est la plus petite appellation Médoc par sa surface - 610ha sur un bandeau de 8km- soit 4% de la totalité du vignoble médocain.

PAUILLAC ★

A mi-chemin entre Bordeaux et la pointe de Grave cette petite ville se partage entre le vignoble et le fleuve. Posée sur l'estuaire de la Gironde, la commune abrite 100 propriétés viticoles, dont 18 grands crus classés, incluant les trois premiers mondialement connus : château Lafite-Rothschild, Latour et Mouton-Rothschild. Pauillac. Une longue tradition de navigation se perpétue dans son port de pêche et de plaisance. Depuis la superbe façade des XVIIIe et XIXe siècles des quais de la ville, on aperçoit les carrelets – les typiques cabanes de pêcheurs –, les bateaux « libellules » partant à la pêche et les îles disséminées au milieu de l'estuaire.

ÎLE DE PATIRAS

Face au n° 2 quai des Chartrons
✆ 05 56 39 27 66
https://croisiere-bordeaux.com
Horaires sur le site. Départ à partir de 20 personnes. 28 € pour l'escale à Patiras et visite guidée du phare.

On embarque à Blaye ou Cussac-Fort-Médoc. Après une navigation commentée sur l'estuaire, un passage entre les îles de la Gironde, les châteaux des grands crus classés du Médoc et une escale sur l'île Margaux avec pique-nique et dégustation de vins, la balade se termine sur l'île de Patiras. Après avoir gravi les nombreuses marches du phare, vous accéderez à un belvédère et à une vue magnifique par beau temps. Autre version : déjeuner de mai à octobre sur la terrasse du Refuge. Vous reprendrez ensuite la navigation jusqu'au port de départ.

LE CŒUR DES VIGNES €€

19, chemin des Marronniers
✆ 06 26 90 36 40
www.coeurdesvignes.com
Chambre double à partir de 122 €, chambre triple à partir de 165 €. Petit déjeuner inclus.

N'avez vous jamais songé à prendre quelques jours de repos au cœur des vignes ? C'est faute de connaître Le Cœur des Vignes, situé entre Pauillac et Saint-Julien Beychevelle, avec ses cinq chambres d'hôte de charme aménagées dans une belle demeure de maître, cossue, donnant sur un sublime jardin. Toutes ont une décoration différente, mais la chambre Cépages Noir et Blanc est vraiment très originale et très chic. Les maîtres des lieux, Pascale et Alex, vous feront partager leur amour du terroir et des produits de région en vous invitant à leur table d'hôte...

LA TOQUE FERMIÈRE €

Chemin de Beauchêne
CISSAC-MÉDOC
✆ 05 57 75 38 81
Ouvert du mardi au samedi le midi. Formule du midi : 17 €.

La Toque Fermière est jumelée avec le Magasin de Producteurs, du coup le chef n'a pas à aller très loin pour faire son marché et il est sûr que les produits des exploitations fermières du coin sont ultra frais. Un gage de qualité pour celles et ceux qui choisissent de s'attabler ici, car tout est fait maison. Le menu du jour dépend bien sûr des arrivages. L'espace de restauration est clair, agréable et décoré de façon soignée dans un esprit de bistrot contemporain avec quelques tables et chaises hautes. Rapport qualité prix il n'y a rien à dire.

CAFÉ LAVINAL €€

Place Desquet
✆ 05 57 75 00 09
Fermé du 20 décembre jusqu'à mi-février environ. Ouvert tous les jours le midi et le soir. Carte : 44 € environ.

Le Café Lavinal tient son nom de Berthe Lavinal, la grand-mère de Jean-Michel Cazes, le propriétaire du Château Lynch-Bages, situé juste à côté, et grande figure du vignoble bordelais. Gabriel Gette, a pris en main ce bistrot chaleureux et convivial. La cuisine bistronomique est élaborée avec des produits frais de la région. La carte des vins comporte plus de 120 références de vins de Bordeaux et d'ailleurs. Le service de vins au verre permet de découvrir jusqu'à 8 vins rouges... La terrasse ensoleillée est appréciée pour sa vue.

CHÂTEAU LAFITE-ROTHSCHILD ★

17, rue Rolland
✆ 05 56 59 26 83
www.lafite.com
Ouvert du lundi au vendredi de 14h à 15h30. Visites sur rendez-vous. 15 personnes maximum.

Les vins de la noble maison Lafite ont certainement pris leur essor lorsqu'un médecin bordelais prescrit au roi Louis XV ce vin comme étant le meilleur et le plus agréable des toniques. Cette bâtisse du XVIIIe siècle est ornée d'un riche mobilier Napoléon III mais la principale curiosité c'est le chai circulaire réalisé par l'architecte Ricardo Bofill. Alliant esthétique et fonctionnalité, les bâtiments de travail font la renommée mondiale de ce premier grand cru classé.

CHÂTEAU PICHON LONGUEVILLE COMTESSE DE LALANDE

Route des châteaux
✆ 05 56 59 19 40
www.pichon-lalande.com
Ouvert tous les jours de 9h à 12h30 et de 14h à 18h30. Visite et dégustation sur rendez-vous.

Créé dans les années 1690, ce domaine familial est un Grand Cru classé de 1855. La demeure, construite en 1840 par l'architecte Duphot à la demande de la Comtesse de Lalande, est d'un style restauration de grande pureté. Son parc à bosquet de lauriers et sa roseraie sont représentatifs de la période romantique. Ne pas manquer de visiter ses cuviers, ses chais et sa magnifique collection de verres anciens et contemporains. Les vins sont faits d'élégance, de complexité et de charme.

CHÂTEAU PONTET-CANET

Château Pontet-Canet
✆ 05 56 59 04 04
www.pontet-canet.com
Ouvert du lundi au vendredi. Visite sur rendez-vous uniquement.

Les vignobles du château Pontet Canet se situent au cœur de l'appellation Pauillac, au sud des terres de Moutons Rothschild. En visitant le château, vous pourrez peut être apercevoir les chevaux arrivés pour cultiver la vigne. La méthode ancestrale homme-animal permet le respect des ceps de vigne et du terroir. Les vendanges manuelles sont réalisées avec des cagettes et non des paniers, ainsi, le transfert du raisin se fait directement du pied de vigne à la table de tri. Ce grand cru classé en 1855 a le label agriculture bio et biodynamie.

GOLF DU MEDOC

Chemin de Courmateau ✆ 05 56 70 11 90
www.golfdumedocresort.com
Ouvert toute l'année. Tous les jours de 8h à 19h. Tarifs 18 trous à partir de 64 €. 2 seaux à 7 €. Restauration. Hôtel.

Niché au cœur de 200 hectares de nature, le Golf du Médoc Resort comporte 2 parcours de 18 trous. Le parcours des Châteaux dans un paysage de bruyères, d'ajoncs et de genêts, oblige les joueurs à se surpasser. Le parcours des Vignes, en terrain plat typique des Landes avec ses pins maritimes, reste accessible aux joueurs de tout niveau. Classé parmi les 100 meilleurs golfs d'Europe, ses 2 parcours accueillent régulièrement des Championnats internationaux. Le complexe hôtelier dispose d'un hôtel 4 étoiles, d'un restaurant gastronomique et d'un espace spa.

LE PIAN-MÉDOC

La commune de Pian Médoc, au centre de l'appellation Haut Médoc, est mitoyenne de l'appellation Margaux. Sur ses terres viticoles les châteaux Sénéjac, Malleret et Bellegrave du Poujeau, fleurons du patrimoine. Entre vignes et forêts, tout aussi prestigieux, son golf classé parmi les 15 premiers parcours d'Europe. Son patrimoine religieux n'est pas en reste avec une belle église du XIIe siècle restaurée aux XIXe et XXe siècles. A voir également, l'ermitage Lamouroux fondé en 1774 par la famille du même nom. Durant la Révolution, elle offre un abri aux des prêtres réfractaire. La congrégation religieuse de la miséricorde en est propriétaire aujourd'hui.

LE PORGE ★

Si le village du Porge en lui-même n'a pas la vie trépidante de ses voisins (Lacanau pour n'en citer qu'un), il constitue un havre de paix agréable et reposant, même au cours de la saison estivale. Le littoral, préservé des constructions sauvages, s'ouvre sur les emblématiques plages océanes dont l'immense plage naturiste La Jenny. Il existe deux pistes cyclables, des sentiers de randonnée pour tous les niveaux. Au rayon des curiosités, on peut aussi séjourner dans la forêt. Et puis il y a la petite allée commerçante (l'avenue du Gressier) qui mène jusqu'à la plage centrale. C'est une sorte de grand-rue sortie digne des villages de westerns...

CHÂTEAU MALLERET

470, chemin de Malleret
✆ 05 56 35 05 36
www.chateau-malleret.fr
Ouvert du lundi au vendredi de 9h à 12h et de 14h à 17h. Visites sur rendez-vous.

Le Château Mailleret, classé Cru Bourgeois Exceptionnel, est aux mains de la même famille depuis plus de 160 ans. Sa construction remonte au XVIe siècle, mais il devient une propriété viticole au XVIIIe siècle. Il est entouré du plus bel arboretum de la région. D'autre part, il fut longtemps un haras de renommée européenne. Le chai a été rénové et on admire la magnifique charpente en chêne en forme de coque de bateau renversée, mettant en évidence l'alignement des barriques. Le Château a planté des oliviers et se lance dans la production d'huile d'olive...

LA PLAGE DU PORGE

Accès libre tous les jours de l'année. Baignade surveillée de juin à septembre.

Les plages océanes du Porge, entre le Cap Ferret et Lacanau, s'étendent sur plus de 13 kilomètres. En passant d'abord par la forêt de pins maritimes, vous devrez gravir le fameux cordon dunaire (des chemins de caillebotis facilitent l'accès à la plage) pour arriver sur le sable fin. En été la surveillance est assurée par les maîtres-nageurs-sauveteurs. N'hésitez pas à vous éloigner de l'entrée de la plage pour trouver des endroits moins bondés. Malgré l'affluence touristique en saison, il est possible de trouver des spots plutôt tranquilles.

LE CAILLAVET €€

900, route de Lacanau - **SAINT-AUBIN-DE-MÉDOC**
✆ 05 56 47 85 27
https://caillavet.fr/
Ouvert toute l'année. Du mardi au jeudi le midi, le vendredi et le samedi le soir. Carte : 45 € environ.

Laurent et Emmanuel, des jumeaux formés à l'hôtellerie-restauration et demi-finalistes à Master Chef 2015, ont repris le Domaine de Caillavet qui a appartenu à leurs grands-parents. Ils créent d'abord une grande salle de réception pour des événements privés et professionnels. En 2021, ils ouvrent le restaurant Le Caillavet dans une salle ornée d'une belle cheminée, avec une magnifique terrasse de 400 m², entouré d'un parc verdoyant. La carte, très courte, fait la part belle aux produits du terroir, toujours très frais, et varie régulièrement selon les saisons.

LE VERDON-SUR-MER ★★

Le Verdon symbolise la fin des terres et le début de l'Aquitaine. La Pointe de Grave est un lieu unique où les eaux de la Gironde et de l'Océan se mêlent, face aux côtes charentaises. Dominée par le clocher de 38 mètres de Notre-Dame-de-Bon-Secours, la commune vaut la visite ses longues plages de sable fin dont une naturiste, ses 4 ports : Port Bloc d'où partent les bacs Le Verdon-Royan; Port Médoc, un port de plaisance moderne et écologique; le Vieux Port aux Huîtres au cœur du village, ancien port ostréicole pittoresque qui revit chaque été avec ses guinguettes et expositions diverses et le grand Port Maritime de Bordeaux, port de commerce et d'escale de paquebots. Le Verdon possède aussi trois phares : Cordouan en pleine mer, le phare de Grave et son musée à l'embouchure de la Gironde et le phare Saint-Nicolas qui marque l'entrée de la plage St Nicolas. L'été un train touristique relie La Pointe de Grave et Soulac-sur-Mer. La grande nouveauté pour cet été c'est l'ouverture d'une passerelle en bois pédestre et cyclable de 900 mètres qui part de port Médoc pour relier Le Verdon par la plage de la Chambrette. Cet aménagement touristique a aussi pour but essentiel de protéger la dune qui est grignotée par l'eau à chaque gros coefficient. Des palplanches ont été installées perpendiculairement à la dune de manière à la stabiliser. Un circuit découverte de 6,7 km, appelé La Verdonnaise, emprunte des rues en centre-ville, une piste cyclable, une route forestière et un chemin forestier en calcaire.

PHARE DE CORDOUAN ★★★

✆ 05 56 09 00 25
www.phare-de-cordouan.fr
Horaires sur le site. Adulte : 15 € en juillet/août et 7 € basse saison. Enfant : 2,50 €. Tarifs hors trajet en bateau.

© DEBEVE2001 - FOTOLIA

Ce joyau de l'Atlantique classé Monument historique a été construit à la fin du XVIe siècle. Pour s'y rendre, un seul moyen : le bateau. La visite du phare et la traversée en bateau se réservent en même temps auprès d'une des compagnies agréées. Après 45 min de traversée, vous aurez la joie de grimper les 301 marches qui mènent à la lanterne. Le panorama sur l'estuaire de la Gironde est exceptionnel. Cordouan, plus vieux phare en activité du monde et seul phare en mer ouvert à la visite, est candidat pour une inscription au Patrimoine mondial de l'UNESCO.

VEDETTE LA BOHEME II ET LA BOHEME III

7, anse de la Chambrette ✆ 05 56 09 62 93
vedette-laboheme.com
D'avril à octobre. Réservation conseillée et obligatoire pour certains trajets. Phare de Cordouan : 47 €/adulte.

La Bohème II et *La Bohème III* vous conduiront jusqu'au phare de Cordouan et ce sont les seules à assurer cette liaison depuis le port du Verdon. Jean-François Teillac et son équipe, des passionnés de mer, proposent également des mini-croisières avec escales, des promenades de 1h30 à 4h en mer ou sur l'estuaire (tour de l'estuaire, tour du phare, tour de la Côte de Beauté). Ils vous feront même découvrir les plaisirs de la pêche en mer. Sur demande : bateaux taxi ou sorties privatisées.

GIRONDE

LE ROYANNAIS*** €€

88, route de Soulac ✆ 05 56 09 61 12
www.royannais.com

Fermé du 1er octobre au 31 mars. Emplacement à partir de 26 €. Mobil-home à partir de 240 € la semaine.

Le Royannais est un camping 3 étoiles qui a une démarche écolo humaniste. Il se distingue par son engagement environnemental sincère et son ambiance zen. Il est situé à 400 m de l'Océan, à 2 km du bourg du Verdon et à 200 m de la piste cyclable. Tous types d'hébergements sont proposés : des locatifs bon marché et sans sanitaires (Coco Sweet, tipi sur pilotis) ou des locatifs grand confort (chalets, mobil-homes) ainsi que des emplacements nus pour tentes, caravanes et camping-cars. L'été, des stages de yoga sont organisés sur la plage ou dans une yourte.

LA CABANE €€

1, avenue du Phare de Cordouan
✆ 05 56 41 72 99

Haute saison ouvert tous les jours le midi et le soir. Carte : 22 € environ.

Cette Cabane aux airs de fausse guinguette est idéale pour passer un bon moment. Ce n'est pas de la grande cuisine, mais ce n'est pas non plus le resto à touristes et les prix sont plus qu'honnêtes. Tous les mercredis d'été, c'est apéro-concert dans une ambiance bon enfant. On se partage des planches de charcuterie ou des tapas : friture de petits anchois ou d'éperlans, grenier médocain et grattons, calamars à la persillade ou au chorizo, etc. Les plus affamés trouveront dans la carte des plats copieux de viande, de poisson, selon arrivage, et des burgers maison.

LA PÊCHERIE €€

2, allée Louis-de-Foix
✆ 05 56 09 60 32
www.lapecherie-leverdon.fr

Ouvert toute l'année. Menus de 19 € à 33 €. Carte : 35 € environ.

La maison a été créée par un couple d'anciens poissonniers, autant dire que les produits de la mer sont à l'honneur. A la carte c'est une valse de lotte, sole, crabe, homard bleu, soupe de poisson, persillade d'anguilles... Ne cherchez pas la haute gastronomie, c'est de la bonne cuisine réalisée à base de produits frais et l'on n'est jamais déçu. Le service est de très bonne qualité et toujours avec le sourire ! Vous trouverez également un bar, pour les gens de passage, qui n'ont que le temps de prendre un verre avant d'embarquer vers Royan.

SAINT-ESTÈPHE

Cette commune est mondialement connue pour ses monuments de délectation que sont les vins de l'appellation saint-estèphe. On considère que les premières vignes ont été plantées à l'époque romaine, mais c'est à partir du XVIIe siècle que le domaine s'est agrandi grâce au drainage des terres marécageuses. Le vignoble stéphanois occupe environ 1 230 ha. Les cépages principaux qui rentrent dans la composition du vin Saint-Estèphe sont le merlot, le cot, le petit verdot, le cabernet-franc, le cabernet-sauvignon, le carmenère. Au milieu des vignes le bourg est dominé par son église du XVIIe siècle. De l'ancien port on admire le vaste panorama sur la Gironde.

ÉGLISE DE SAINT-ESTÈPHE

33, rue de la mairie
✆ 05 56 59 35 93

Ouvert tous les jours.

Cette église fut construite en 1764 par l'abbé Marc-Antoine Lalanne sur le site d'une ancienne église romane du IXe siècle. Soucieux d'en faire un édifice le plus noble possible, l'abbé la fit somptueusement orner, au point d'en faire une des plus belles églises de Gironde. Le tableau central est classé. Il est l'œuvre du peintre bordelais Laporte. L'orgue fut ajouté en 1892. Vers 1855 l'architecte Duphot édifia le clocher actuel. L'installation des stalles et des orgues vint compléter le décor intérieur. Des concerts de musique classique ont lieu chaque année.

CHÂTEAU LA HAYE

1, route de Saint-Afrique-Leyssac
✆ 05 56 59 32 18
www.chateaulahaye.com

Ouvert d'avril à septembre de 10h à 17h sauf le dimanche. Adulte : 15 €.

C'est une propriété pleine de romance : les initiales de Diane de Poitiers et de Henri II sont gravées dans la pierre du château ce qui laisse supposer que la demeure était le lieu privilégié de leurs rendez-vous... La visite guidée est très enrichissante. Pour finir, vous irez dans une salle élégante dédiée à la dégustation, où certains produits sont proposés à la vente, estampillés Château La Haye, comme des sets de table, des tabliers, des cartes postales. Le château est aussi un lieu d'animations : il participe aussi tous les ans au Marathon du Médoc.

GIRONDE

LA RAFFINERIE €€

ZI DE, Trompeloup
✆ 05 56 41 34 30
Haute saison : du lundi au samedi le midi et le soir et le dimanche midi. Carte : 45 € environ.

La Raffinerie est située dans une espèce de grand hangar et on s'attend plutôt à une cantine. Certes, si vous aimez les salles de restaurant intimes ce n'est pas la peine de venir vous attabler ici. Dommage, car l'ambiance est agréable et la cuisine brasserie est une bonne surprise. On y trouve tous les grands classiques, réalisés avec soin, que ce soit la terrine de foie gras mi-cuit au Pineau avec sa confiture d'oignons rouges et sa focaccia grillée ou le tartare de bœuf avec ses frites nature ou à l'ail. L'été on profite de la grande terrasse.

CAVE LA PAROISSE

2, rue Clément-Lemaignan
SAINT-SEURIN-DE-CADOURNE
✆ 05 56 59 31 28
Horaires variables en fonction de saisons.

Créée en 1935, la cave coopérative de vinification La Paroisse produit du Haut-Médoc sur 55 hectares et 200 000 bouteilles par an. Les vignobles bordent au sud la grande appellation de Saint-Estèphe et s'étendent à l'est sur les croupes graveleuses. Vous trouverez dans cette cave les vins La Paroisse, Le Grand Paroissien, le Petit Paroissien, la Petite Paroisse, l'Elite de la Paroisse et le rosé de la Paroisse. Ce sont des vins rouges amples aux tanins bien fondus avec une bonne persistance en final. Ils sont conditionnés en bouteille et en outre de 5 litres.

CHÂTEAU COS D'ESTOURNEL

✆ 05 56 73 15 50
www.estournel.com
Ouvert du lundi au vendredi de 9h à 12h et de 14h à 17h. A partir de 20 € par personne la visite et dégustation.

Grand cru classé de Saint-Estèphe en 1855, le château Cos d'Estournel, qui s'étend sur 100 ha est remarquable par son architecture originale. Elle fut inspirée par Louis-Gaspard d'Estournel qui ayant hérité de vignes près du village de Cos, décida de les vinifier. Le vin s'exporta jusqu'aux Indes ce qui fit de Louis « le Maharadjah de Saint-Estèphe ». Il fit même surmonter ses chais de pagodes exotiques et de symboles. On peut même dormir dans la chambre Pagode... Les vieilles vignes signent l'identité des vins de Cos d'Estournel.

CHÂTEAU HAUT-MARBUZET

✆ 05 56 59 30 54
Ouvert du lundi au samedi de 9h à 12h et de 14h à 18h.

Château Haut-Marbuzet, implanté sur les terres de Saint-Estèphe, est situé entre le château Cos d'Estournel et le château Montrose. Il bénéficie d'une superficie de 65 hectares. Il appartient à la famille Duboscq de père en fils depuis 1952. Le terroir est composé de graves avec 50 % de merlot, 40 % de cabernet-sauvignon et 10 % de cabernet-franc. Château Haut-Marbuzet est un vin velours, profond, au fruit généreux. Son caractère séducteur fait la grande fierté de son propriétaire, Henri Duboscq un poète vigneron. Il parle de son vin comme d'une femme sublime.

GIRONDE

Le château Cos d'Estournel.

CHÂTEAU SOCIANDO-MALLET

Route de Mapon - **SAINT-SEURIN-DE-CADOURNE**
✆ 05 56 73 38 80
www.sociandomallet.com
Horaires variables en fonction des saisons, informations sur le site. Visites uniquement sur rendez-vous.

Derrière le château Sociando-Mallet se cache un homme et le projet d'une vie. Jean Gautreau, ancien professionnel du tennis, totalement étranger au monde du vin, a consacré plus de 50 ans à réunir amoureusement 85 hectares de vignes leur offrant pour sol des graves profondes. Suite à sa disparition, sa fille Sylvie a pris la relève. Sur place une boutique, des visites gratuites avec dégustation et un parcours de 4 km à la découverte de 5 cabanes de vignerons rénovées. Enfin un gîte de charme, au port de la Maréchale à 3 km du domaine, peut loger quatre personnes.

LE SAINT-JULIEN €€

11, rue du Saint-Julien
✆ 05 56 59 63 87
http://restaurant-le-saint-julien.com
Ouvert toute l'année. Tous les jours et les jours fériés le midi et le soir. Menus de 35 € à 45 €.

Après avoir été une boulangerie dans les années 1860, puis une habitation, cette bâtisse de fin du XIXe siècle est devenue un restaurant d'une élégance rare. Le décor, le service de table, la belle terrasse abritée, la carte des vins et les plats y apportent le raffinement qui donne à ce lieu tout son caractère d'exception. En n'utilisant que des produits frais, nobles et uniquement de saison, dont une partie vient du potager, le chef, Claude Broussard, compose des plats à la hauteur de la maison. C'est un enchantement du début à la fin du repas.

SAINT-JULIEN-BEYCHEVELLE ★

Saint-Julien et de Beychevelle se situe dans le canton de Pauillac, au bord de l'estuaire de la Gironde, sur la route des châteaux, à 42 km au nord de Bordeaux. C'est le village qui donne son nom à l'appellation saint-julien, qui n'est peut-être pas la plus connue du Médoc, mais dont les vignes couvrent néanmoins 920 hectares. Les ports de Saint-Julien et de Beychevelle sont charmants. A noter que cette petite commune de moins de 1 000 habitants, compte parmi les enfants du pays Jean-Louis Triaud, qui dirige le château Gloria et fut président des Girondins de Bordeaux. Depuis 1979, elle est jumelée avec Gaiole, une commune italienne de Toscane.

SAINT-VIVIEN-DE-MÉDOC

Saint-Vivien est à égale distance de l'Estuaire et de l'Océan, à mi-chemin de Lesparre et de la fin des terres et à la limite de la vigne et des céréales. De nombreuses découvertes archéologiques attestent un très ancien peuplement et, au VIe siècle, une chapelle chrétienne y est érigée en hommage à Saint Vivien. Il n'en reste aujourd'hui plus rien, mais le très récent clocher de l'église – 1957 – ne doit pas faire oublier sa très belle abside du XIIe siècle de style saintongeais. Après une visite au marché, renommé dans tout le Médoc, le petit port intérieur de Saint-Vivien est à ne pas manquer avec ses embarcations multicolores et ses guinguettes.

CHÂTEAU BEYCHEVELLE ★

✆ 05 56 73 20 70
www.beychevelle.com
Horaires et jours d'ouverture sur le site. Visites à partir de 18 € par personnes sur rendez-vous au 05 56 73 38 01.

Si le Château Beychevelle est surnommé le « Petit Versailles du Médoc », ce n'est pas pour rien. L'élégance de l'architecture classique du bâtiment et son jardin à la française sont l'un des joyaux du Médoc. Les chais anciens ont été conservés, mais un chai très contemporain a été construit juste à côté de la propriété historique. Et, fait assez exceptionnel en Médoc, le château possède une cave de vieillissement souterraine... Ce vignoble exceptionnel de 90 ha est un prestigieux Grand Cru Classé, à l'âme forgée par trois siècles d'histoire et connu mondialement.

LA FLEUR AU FUSIL €€

8, cours Georges Mandel
✆ 05 56 09 98 11
Fermé de décembre à mars. Ouvert du mardi au samedi le midi et le soir et le dimanche midi. Carte : 40 € environ.

Marion Méténier et Théo Barazer forment un jeune couple. Ils ont déjà fait leur classe à Fish la Boissonerie à Paris, avant de débarquer en plein Médoc, dans un ancien bistrot Le rendez-vous des chasseurs, tenu par Bernard, le papa de Marion, pendant plus de 20 ans. Ils sont venus la fleur au fusil à la conquête de ce rade vintage, meublé à la chine. Et c'est parti pour une cuisine réalisée avec passion afin de séduire les gens du coin et pas seulement. La carte est courte, tout comme les circuits empruntés pour s'approvisionner de beaux produits très frais.

SOULAC-SUR-MER ★★

Soulac est une ville qui mérite le détour, car elle détonne dans la succession des stations balnéaires de la côte médocaine. Une particularité qui tient d'abord à son histoire. La commune est une des premières à avoir bénéficié du boom de la mode des bains de mer au XIXᵉ et son architecture s'en ressent. C'est d'ailleurs une des premières villes où l'on commence à se baigner en mer. En quelques décennies a surgi de terre la nouvelle agglomération avec sa gare, le casino, le marché couvert, les hôtels, les établissements de bains et les villas. Le circuit organisé par l'Office de Tourisme vous emmènera à la découverte de ces maisons.

La plage de Soulac-sur-Mer.

BALADES INSOLITES EN PRESQU'ÎLE

GRAYAN-ET-L'HÔPITAL ✆ 06 28 30 12 97
www.caruso33.net/balades-insolites.php
Les horaires varient en fonction des balades. Réservation indispensable. A partir de 29,50 € par personne.

Découvrir la pointe du Médoc autrement, c'est ce que vous propose Caroline à l'occasion de différentes balades adaptées à toute la famille. Chaque jour, une nouvelle destination, une nouvelle histoire. Pour la pause déjeuner, soit vous amenez votre pique-nique soit Caroline vous prépare une assiette de produits régionaux (à réserver en même temps que la balade). Quoi qu'il en soit, la pause se fait dans un endroit magique, chez l'habitant, au bord de mer ou dans un jardin ombragé.

BASILIQUE NOTRE-DAME-DE-LA-FIN-DES-TERRES ★

Route de Bordeaux
✆ 05 56 09 86 61
Ouvert toute l'année. Tous les jours de 9h à 19h. Visite guidée (réservation à l'office de tourisme).

C'est en 1859 que la basilique est littéralement relevée de plusieurs mètres pour l'extraire des dunes dévoreuses. On peut encore apercevoir au sommet du clocher gothique du XIVᵉ siècle des anneaux qui servaient à attacher des chevaux. L'édifice est toujours à demi enfoui dans le sol afin de ne pas fragiliser ses murs, il faut descendre plusieurs marches pour pénétrer dans la nef à trois travées du XIᵉ siècle. La basilique est inscrite au Patrimoine mondial de l'humanité par l'Unesco.

CAMPING LES GENETS*** €€

43 bis, boulevard Guy-Albospeyre
✆ 05 56 41 82 14
www.campinglesgenets-soulac.com
Fermé d'octobre à mars. Emplacement à partir de 23 €. Mobil-homes à partir de 240 € et bungalows à partir de 160 €.

Situé à la pointe du Médoc, entouré de forêts et à moins de deux kilomètres d'immenses plages, ce camping de 4 hectares et demi propose différents services afin de vous faire passer un agréable séjour. Plusieurs hébergements sont possibles : mobil-homes, bungalow bois et pagotel. Entièrement équipés, ils disposent de terrasse ou jardin. De nombreux emplacements libres d'une superficie de 80 à 100 m² sont également disponibles pour les campeurs (cycliste, tente, caravane, camping-car). Diverses animations aussi bien pour les enfants que pour les adultes.

CENTRE NATURISTE EURONAT**** €€

GRAYAN-ET-L'HÔPITAL ✆ 05 56 09 33 33
www.euronat.fr
Ouvert 1ᵉʳ avril au 29 novembre. Emplacement avec électricité à partir de 19 €. Mobil-homes à partir de 378 €.

Vivre à son rythme, respirer un air, lézarder sur la plage, se retrouver en famille ou entre amis adeptes du naturisme… ce sont les vacances qu'Euronat propose sur 335 ha de pinède avec accès direct à la plage. La formule d'hébergement est large : tente, tente prête à vivre, cabane, lodge, mobil-home). Vous profiterez des piscines intérieures et extérieures mais également du centre de thalassothérapie. Le soir, le restaurant et le programme d'animation termineront vos journées.

FLOWER CAMPING DES PINS**** €€

213, passage de Formose
✆ 05 56 09 82 52
www.flowercampings.com

Fermé d´octobre à avril. Emplacement à partir de 18 €. Mobil-homes à partir de 202 € la semaine.

Ce beau camping familial propose, au cœur d'une forêt de pins, des emplacements bien espacés. L'endroit est très calme, très reposant et convivial. La nature a été bien préservée, le relief apporte du caractère, aucune allée n'est goudronnée et aucune voiture ne peut circuler. On peut loger en louant un emplacement de tente mais aussi en écolodges, cabanes et mobil-homes tout confort. Ce camping offre aussi une piscine chauffée, animations, jeux pour les enfants, bar, restaurant, etc.

LES CHIENS FOUS €€

Esplanade des Girondins
✆ 05 56 09 73 01

Fermé d´octobre à mars. Carte : 32 € environ.

Le restaurant Les Chiens Fous à l'avantage d'être situé en front de mer avec vue sur la belle plage de Soulac et l'océan. L'équipe est accueillante, joyeuse et toujours avec votre écoute. Dans l'assiette c'est quantité et qualité. Les produits sont frais et bien sûr très marins : huîtres de Marennes, assiettes de crevettes roses ou de bulots, moules marinières, espagnoles ou au roquefort, poêlée de chipirons à l'andalouse ou parmentier de Saint-Jacques aux deux purées. La plupart des desserts sont faits maison comme le Chocomousse à la Noisettine du Médoc.

BISTROT TARTINES & COMPAGNIE €

3, place Georges-Mandel
✆ 06 32 56 89 63

Haute saison ouvert tous les jours le midi et le soir. Carte : 20 € environ.

Eric et Aurélie, deux Strasbourgeois, ont apporté dans leurs bagages quelques idées gourmandes de leur région : des tartines toastées. C'est du pain croustillant garni de saumon, fromage frais ou miel, chèvre et amandes grillées, le tout accompagné d'une belle salade verte bien assaisonnée (c'est tellement rare !). En terrasse, à l'abri du vent, ou à l'intérieur on apprécie aussi l'une des spécialités, la flammekueche, puis hors saison c'est la choucroute ou le baeckeoffe.

LE COMPTOIR DU VIN €€

5, rue Holagray
✆ 05 56 59 73 34

Haute saison : ouvert tous les jours. Service continu. Carte : 25 € environ.

Caché dans une petite ruelle qui mène à la plage, le Comptoir du Vin est idéal pour un apéro ou une soirée entre amis. On accompagne de bons petits vins de toute la France à un prix très correct, de plateaux de charcuterie et de fromages, de croques originaux (magret fumé, foie gras, pommes et oignons) et de tapas améliorées : tartare à l'italienne avec caviar d'aubergine et speck, bo bun, tomates à l'ancienne, vinaigrette balsamique, burrata et pesto, etc. Les soirées se déroulent en musique dans une ambiance conviviale et chaleureuse.

LES 6 MAGRETS €€

Port de Talais - **TALAIS**
✆ 07 81 75 87 00

Fermé du 1er octobre au 15 avril. Menus de 16,50 € à 19,90 €.

Dans un port on s'attend à manger des fruits de mer ou du poisson. Ce restaurant, pourtant installé dans une cabane ostréicole garnie de grandes tables et de bancs en bois, prouve le contraire, car il ne propose quasiment que des magrets de canard qui bénéficient d'une IGP Sud-Ouest. La carte est très restreinte. Suivant la formule choisie, c'est demi-magret ou magret entier, toujours servis avec des frites et une sauce maison. L'autre viande c'est l'entrecôte de 300 grammes, sauce marchand de vin ou échalotes. L'été des animations musicales rythment les dîners.

LES FRÈRES NICOLL'S €€

3, chemin Ampère
✆ 05 56 41 85 94
https://lesfreresnicolls.com/

Haute saison : ouvert tous les jours de 11h à 0h. Carte : 30 € environ. Pizza à partir de 10 €, plat à partir de 11 €.

Nicolas et Ollivier Maridat ont pris la suite de leurs parents. Nicolas, un passionné de vins, est un créatif, son frère est un sportif qui aime les nouveaux challenges. Ils ont misé sur le camping en écolodge, familial et à taille humaine en pleine nature. Et ils ont créé Les Frères Nicoll's. C'est à la fois un restaurant, un bar, un espace de co-working, un lieu d'exposition, un concept store, une salle privatisable. Les Frères Nicoll's privilégient les circuits courts, les produits sont pour la plupart régionaux et le bœuf vient de Galice.

L'INSTANT M €€

8, rue Fernand Lafargue
✆ 05 57 75 47 81

Fermé de mi-novembre à fin janvier. Carte : 35 € environ.

A l'Instant M on adore la grande terrasse, la déco contemporaine style bistrot avec quelques notes industrielles et la cuisine entre terre et mer. Ici tout est frais et fait maison. Les huîtres du Médoc sont toujours une belle découverte, mais comment ne pas résister aux crevettes ou aux encornets à la plancha et au foie gras au jurançon et chutney de fraise ? Les poissons frétillent sur la carte, les « viandards » pourront toujours jeter leur dévolu, entre autres, sur le classique tartare de bœuf ou le magret au miel et vinaigre de framboise.

CHEZ JACKOUIL

12, rue André Leroux
✆ 06 27 84 88 85

Ouvert du 1er avril au 15 novembre. Restauration. Soirées à thème.

Quel drôle de nom pour un bar… Rassurez-vous, « Les Visiteurs » ne vont pas débarquer ! Jackouil, c'est tout simplement le surnom du patron ! C'est un bar où il fait bon passer une soirée entre amis et s'installer, quand le temps le permet, autour d'une table sur la terrasse pour boire un verre autour de quelques tapas ou assiettes bien garnies. Tout l'été des concerts et des soirées à thème sont organisés : basque, vintage, mexicaine, etc. L'ambiance est agréable, le service sympathique et la déco est conviviale. C'est l'adresse préférée des amateurs de mojito.

TERRA AVENTURA

68, rue de la Plage
✆ 05 56 09 86 61
www.terra-aventura.fr

Ouvert tous les jours et les jours fériés.

Tèrra Aventura c'est une chasse aux trésors qui permet de découvrir le territoire, le patrimoine local et des anecdotes, tout en jouant. Il suffit de télécharger l'application gratuite « Terra Aventura » sur un smartphone. Avec des indices à relever, des énigmes à résoudre et un trésor à chercher, les petits et les grands choisissent d'explorer le terrain de jeu qu'ils veulent. A Soulac-sur-Mer, on se lance à l'aventure « Jusqu'à la Fin-des-Terres », grâce à un parcours de 3 kilomètres (accessible aux poussettes) et la station lèvera bientôt tous ses secrets !

XLR PARACHUTISME

1, passe des Arcouins ✆ 07 67 27 95 16
www.xlrparachutisme.com

Fermé du 15 novembre au 15 avril. Haute saison : ouvert tous les jours et les jours fériés. A partir de 270 € en tandem.

Si vous avez plus de 15 ans et que vous avez envie de voler à 4 000 mètres au-dessus des vagues de l'Atlantique, une équipe de parachutistes confirmés et hautement qualifiés vous attend pour vivre une expérience unique, en tandem, avec atterrissage les pieds dans le sable. Entre paysage de dunes, estuaire et océan au coucher du soleil le mélange des couleurs est magnifique ! Pour immortaliser votre saut, une option vidéo avec caméra embarquée est possible moyennant un supplément. Le centre est ouvert aux pratiquants parachutistes titulaires du brevet BPA.

CASINO DE LA PLAGE

1, avenue El Burgo de Osma
✆ 05 56 09 51 00
www.casinodesoulac.com

Ouvert toute l'année. Tous les jours. De 10h à 4h30 suivant les jours.

Face à l'océan, Le Casino de la Plage vous accueille pour déjeuner, dîner, danser, assister à des soirées à thème (fluo, célibataire, cocktail dînatoire…), jouer, car tout est réuni pour passer un moment convivial. L'établissement a plus d'un atout dans sa manche puisqu'il intègre un casino avec 50 machines à sous rouleaux, des jeux traditionnels tels que le black jack et la dernière nouveauté une roulette électronique. Le Cosy, un bar lounge doté d'une magnifique cheminée Louis XV avec un grand espace, peut être loué à des professionnels ou à des particuliers.

LE ZINC

1, avenue El Burgo de Osma
✆ 05 56 09 51 00

Ouvert toute l'année.

Ce night-club, situé dans le Casino de la Plage, est le seul endroit dans cette partie du Médoc ouvert toute l'année pour faire la fête et cela depuis des lustres. Il a toujours attiré une clientèle éclectique car la musique est plutôt généraliste. Le service d'accueil et de sécurité sont très efficaces pour le plus grand confort de la clientèle. En pleine saison le Snack du Chalet propose midi et soir (et surtout tard dans la nuit pour les fringales post night-club) des sandwiches américains, hamburgers et kebabs à manger sur place ou à emporter.

BALADE NORD MÉDOC

Les marais du Nord Médoc présentent une vaste étendue de zones humides où plus de 250 espèces sauvages colonisent les lieux : différents insectes, amphibiens, mammifères et oiseaux. Les nombreux marais et le chenal du Gua permettent l'écoulement de l'eau du Nord Médoc.

A Vensac on parcourt à pied le sentier du marais du Gua, jalonné de bornes explicatives.

Le chenal du Gua et son écosystème complexe très riche se découvrent en canoë ou kayak depuis le port de Saint-Vivien dans une ambiance calme et sereine. Sur place il est possible de se restaurer au Kayak Café.

Sur les bords de l'estuaire, les carrelets tirent leur nom du filet de pêche de forme carrée du XVIIIe siècle. Ils servent aujourd'hui de lieu de détente et d'observation. Depuis le port du Verdon, on aperçoit le phare de Cordouan qui se dresse majestueusement à l'entrée de l'estuaire. C'est le plus ancien phare d'Europe (1611). Pour le visiter, on prend un bateau sur réservation. En repartant vers Vendays-Montalivet, il faut s'arrêter à Soulac-sur-Mer pour admirer les villas classées qui constituent le « village ancien » avec son style colonial du début du XXe siècle et la basilique Notre-Dame-de-la-fin-des-Terres. Engloutie presque intégralement par le sable au XVIIIe siècle, elle fut sauvée au milieu du XIXe siècle.

VENDAYS-MONTALIVET

Vendays-Montalivet est réputé pour son camping naturiste CHM Montalivet, l'un des plus anciens et des plus grands d'Europe. La commune a aussi une activité commerçante et artisanale de tout premier plan avec son marché couvert et son marché extérieur, en période estivale, qui offre un déballage de plus de 200 stands. Côté patrimoine, les curiosités ne manquent pas notamment la pittoresque gendarmerie installée dans une maison typique avec son toit symétrique en pente, son balcon et ses jolies découpes en bois. Son bleu tirant sur le vert émeraude ne fait pas très réglementaire... Montalivet est enfin un paradis avec ses très grandes plages surveillées.

PLAGE DE VENDAYS-MONTALIVET

✆ 05 56 73 32 02

3 plages : plage sud, plage centrale et plage nord.

Les grandes plages de sable blond de Montalivet, station balnéaire tranquille et familiale, s'étendent sur douze kilomètres. Elles bénéficient du label Pavillon Bleu. Les plages sud et centre sont les plus populaires et proposent un grand nombre d'activités comme le char à voile, le bodyboard, le kayak, le flysurf et le surf, bien sûr ! Certains espaces sont plutôt réservés aux naturistes, notamment la plage qui jouxte le camping naturiste CHM Montalivet.

ARROMA €€

31, avenue Chambrelent

✆ 05 56 09 98 53

Fermé de novembre à mars. Carte : 40 € environ.

L'Arroma ? C'est un cadre de bistrot contemporain, une belle et grande terrasse et une carte qui fait saliver au premier coup d'œil. Le chef d'orchestre qui harmonise tout cela c'est Arnaud Galis, un amoureux du produit de qualité, élaboré par des petits producteurs locaux et régionaux comme la charcuterie de Louis Ospital. La cuisine du marché varie au gré des inspirations du chef qui soigne sa présentation du début à la fin. La carte des vins privilégie de bons crus du Médoc issus de petits propriétaires. Le service est professionnel et souriant.

LES CINQ SENS €€

31, avenue de l'Océan

✆ 09 67 46 02 60

www.les-cinq-sens.eatbu.com

Fermé de novembre à janvier. Ouvert tous les jours et les jours fériés le midi et le soir. Carte : 42 € environ.

Les Cinq Sens est une jolie table en plein cœur de la station balnéaire de Montalivet. A l'extérieur une grande terrasse et à l'intérieur une ambiance bistrot-brasserie. David, chef et propriétaire, est médocain, Natasha, son associée est québécoise. A eux deux, ils vous font vivre une belle expérience. La cuisine est recherchée et originale avec des inspirations exotiques ou du Sud bien maîtrisées, mais aussi des produits fumés, spécialités de la maison. Le restaurant porte bien son nom, car tous nos sens sont en éveil, même notre ouïe à l'énoncé des plats.

LE MARIN €€

18, avenue de l'Océan

✆ 05 56 41 46 33

www.restaurantlemarin.fr

Fermé de novembre à janvier. Carte : 28 € environ. Plateau de fruits de mer à partir de 28 €.

Dans cet établissement les hôtes sont d'une gentillesse et d'une attention rares. Ils vous conseillent sur les suggestions du jour et vous expliquent que si le producteur n'a pu livrer les produits ou s'ils n'ont pas trouvé ce qu'ils voulaient exactement sur le marché local, et bien il faudra s'en passer, car ici, tout est frais et fait maison, à la minute ou presque. La carte est axée sur les produits marins, mais la viande n'est pas absente de la carte. Un patio et une terrasse permettent de s'installer à l'heure du repas ou pour déguster des glaces.

BAR L'OCÉAN 2

27, boulevard du Front-de-Mer

✆ 05 56 09 90 98

Fermé fin décembre à mars. Ouvert du jeudi au dimanche. Animations. Concerts.

Il est de rigueur de mettre l'accent sur ce bar très atypique. L'Océan 2 est un lieu d'échanges où l'on peut discuter, lire, jouer, se détendre, écouter de la musique, découvrir des œuvres d'art accrochées aux murs, dans un cadre de bout du monde, à une trentaine de mètres de l'océan. L'endroit est convivial, chaleureux, dans une ambiance de brocante. Ici, la télévision est rangée derrière des barreaux... A la carte, une cuisine simple sous forme de tapas, de tartines, de bruschettas ou de plats plus originaux réalisés à base de produits frais et locaux.

BLAYE ★★

Les origines de Blaye remontent à la période romaine, mais c'est au Moyen Age que la ville est reconnue grâce aux Mérovingiens qui s'y installent par intermittence. C'est d'ailleurs au cœur de la basilique Saint-Romain de Blaye que le neveu de Charlemagne sera enterré, le fameux Roland de la chanson ! Les vestiges sont toujours visibles et de nombreux trésors d'histoire sont exposés au musée archéologique de la ville. Pendant la guerre de Cent Ans, Blaye est une ville stratégique, perdue puis finalement récupérée par les Français en 1451. C'est au XVIIe siècle que la citadelle, renommée de la cité, est construite par Vauban, sous le règne de Louis XIV.

MUSÉE ARCHÉOLOGIQUE ET VILLA GALLO-ROMAINE

5, allée de la Mairie - **PLASSAC**
✆ 05 57 42 84 80
www.villagalloromaine-plassac.fr

Ouvert tous les jours d'avril à octobre, horaires selon saison. Adulte : 5 €. Enfant (8-16 ans) et groupes : 3 €.

Classé Monument historique, le site de Plassac détient les vestiges d'une villa gallo-romaine construite dans les premiers siècles apr. J.-C. Le musée archéologique est géré par l'association des amis du vieux Plassac et met en valeur le patrimoine historique de la région. Sur deux étages sont présentés le mobilier archéologique issu des fouilles : décors muraux, éléments architecturaux, mobilier, outillage... ainsi qu'une reconstitution virtuelle en 3D de la villa.

CITADELLE DE BLAYE ★★

Rue des Minimes
✆ 05 57 42 12 09
www.bbte.fr

Parking gratuit. Visite guidée de la citadelle et ses souterrains : adulte 7,50 € ; enfants de 5 à 12 ans 5,50 €.

Située sur l'estuaire de la Gironde, cette citadelle surnommée le bijou de Vauban a été édifiée au XVIIe siècle sous le règne de Louis XIV. L'édifice fait partie du « Verrou Vauban » avec le Fort Pâté et le Fort Médoc et témoigne de l'art militaire de Vauban, ingénieur militaire de l'époque. Depuis 2008, elle est classée au Patrimoine de l'Unesco. La citadelle se visite à pieds par les souterrains, ou moins classique, en calèche ou en bike board. Et pour les plus aventureux, des escape games sont organisés dans les cachots !

PHARE DE PATIRAS

Ile de Patiras
SAINT-ANDRONY
✆ 05 56 39 27 66

Croisières déjeuners. Horaires selon la saison.

Connaissez-vous le phare de Patiras ? Aussi nommé Phare Saint-Paul, il se situe sur la pointe nord de l'île de Patiras, au milieu de l'estuaire de la Gironde, en face de Pauillac. Affecté au Conservatoire du Littoral, il se visite au départ de Blaye en croisières organisées par le Refuge de Patiras. On peut également le louer pour des réceptions : l'ancienne maison du gardien a été rénovée et transformée dans ce but par le propriétaire. Au pied du phare, le refuge sur pilotis accueille aussi les visiteurs pour une halte de restauration gourmande !

GIRONDE

La citadelle de Blaye.

TERRES D'OISEAUX

2, les Nouvelles Possessions
BRAUD-ET-SAINT-LOUIS ✆ 05 57 32 88 80
www.terresdoiseaux.fr
Haute saison ouvert tous les jours de 10h à 20h. Adulte : 6 €. Enfant de 6 à 14 ans : 5 €.

La tour panoramique située à l'entrée du site donne une idée de ce qui vous attend. Balade en toute liberté ou visite commentée par un guide naturaliste, à vous de choisir. Quatre boucles vous sont proposées, et un sentier est spécialement aménagé pour les familles avec enfants en bas âge et pour les personnes à mobilité réduite. De novembre à mars, vous croiserez plutôt des limicoles ou hérons cendrés, tandis que dès avril les petits oisillons seront visibles. La Métairie, maison d'accueil, comprend un espace de détente, des expositions temporaires, une boutique.

OFFICE DE TOURISME DE BLAYE

1, place de La Citadelle
✆ 05 57 42 12 09
www.bbte.fr
Qualité Tourisme. Ouvert tous les jours de 10h à 12h30 et de 14h à 17h ou 17h30 ou 18h (selon la saison).

Installée dans la citadelle, l'Office de Tourisme de Blaye est le lieu incontournable pour préparer votre séjour. L'équipe vous conseille dans vos choix d'hébergement (aires de camping, chambres d'hôtes, hôtels…), de restauration et bien sûr d'activités touristiques (randonnées pédestres, balades équestres, découverte du verrou Vauban, croisières sur la Dordogne, visites de châteaux…). Des guides PDF sont d'ailleurs disponibles en ligne sur leur site internet.

BACS GIRONDE (FERRIES)

6, cours du Général de Gaulle
✆ 05 57 42 04 49
Tarifs aller-simple haute saison : adulte : 3,10 € ; enfant : 1,50 €. Gratuit jusqu'à 4 ans. Vélo : gratuit.

Pratiques et rapides, les bacs girondins traversent l'estuaire de la Gironde et vous conduisent d'une rive à l'autre. Tous les jours de l'année, plusieurs départs de 7h15 le matin à 20h30 le soir. Les horaires et tarifs des traversées, qui varient selon les saisons et les jours de la semaine, sont affichés sur le site. Vous pouvez prendre le bac quel que soit votre moyen de transport et la traversée dure 30 minutes. Il est recommandé d'arriver 30 minutes avant le départ. À bord, service bar et snacking ou distributeur de boissons et friandises.

LA BASILIQUE SAINT-ROMAIN DE BLAYE

✆ 0682347266
www.tourisme-blaye.com

La basilique Saint-Romain de Blaye, érigée au IVe siècle, est une ancienne nécropole qui a abrité les rois mérovingiens. Le plus célèbre personnage enterré ici est le seigneur de Blaye Roland, bien connu pour sa fameuse chanson ! Mise à mal durant les guerres de Religion, la basilique fut finalement détruite entre le XVIIe et le XVIIIe siècle lors de la construction de la citadelle. Elle ne laisse aujourd'hui que quelques ruines, découvertes lors de fouilles archéologiques vers 1969.

LE CLOS DE L'ECHAUGUETTE

✆ 05 57 42 94 20
Visites, événements.

La Citadelle de Blaye offre aux visiteurs un superbe panorama sur le plus vaste estuaire d'Europe. Niché en son cœur, un petit vignoble mérite qu'on s'y intéresse. Accessible par un tunnel creusé sous le rempart de terre, le Clos de l'Echauguette est un lieu chargé d'histoire. Conduit en agriculture biologique, le vignoble est un modèle en matière de biodiversité : labour à cheval, vendanges manuelles, jachère fleurie... Pour ce millésime en appellation Blaye Côtes de Bordeaux et élevé en fût de chêne, 737 bouteilles sont produites, soit une par pied de vigne.

CLOS RÉAUD DE LA CITADELLE €€€

8, rue des Maçons ✆ 06 99 44 43 34
www.closreaud-citadelle.com
5 chambres à partir de 120 €/nuit. Gîte (4 personnes) à partir de 150 €/nuit. Parking. Espace bien-être.

A 500 mètres de la Citadelle, Helena et Fernando ont transformé cette bâtisse du XVIIe en accueillante maison d'hôtes de 5 chambres spacieuses, dont un ancien pigeonnier. Le lieu possède assurément du caractère ! Le matin, vous profiterez du petit déjeuner devant le feu de cheminée de la salle à manger, ou dans le grand parc de la propriété. Piscine chauffée et espace bien-être sont à disposition pour un séjour tout à fait relaxant. Un gîte pour 4 personnes est également proposé.

LE GAVROCHE €€

10-12, rue Neuve
✆ 05 57 58 21 03
Ouvert du mardi au dimanche. Menu : à partir de 14,80 €. Menu gourmand : 26,50 €. Terrasse.

Le Gavroche est un restaurant traditionnel niché dans une rue piétonne du centre-ville de Blaye. Depuis la reprise en 2019, il est géré par David et Thomas, en cuisine. Le midi, un menu de deux ou trois plats est proposé à prix correct : le choix est au rendez-vous et fait la part belle aux produits régionaux. A la carte, les propositions sont gourmandes : œuf cocotte crème munster, cheesecake revisité au magret fumé, entrecôte poêlée sauce vin rouge, et fameuse « babelaine » du Gavroche au rhum ambré... Le lieu est tout à fait élégant et l'accueil très agréable.

LILY À LA VANILLE

7, avenue du 144eme Regime d'Infanterie
✆ 09 81 33 14 51
Fermeture hivernale.

Boules en pot ou en cornet, gaufres, coupes glacées, milk-shake... Chez Lily à la vanille, c'est le lieu idéal pour faire une pause dans la citadelle de Blaye. Les glaces artisanales fermières sont délicieuses (encore plus avec de la bonne chantilly maison !) et les parfums et saveurs classiques ou plus originaux. Le cadre, un petit jardin privatif, ne manque pas de charme. Une carte des boissons vient compléter l'offre : boissons fraîches, thés et cafés. Bon à savoir : les glaces sont disponibles à emporter en barquette d'un litre ou un demi-litre.

CHÂTEAU DES MATARDS - VIGNOBLES TERRIGEOL

27, avenue du Pont de la Grâce
SAINT-CIERS-SUR-GIRONDE
✆ 05 57 32 61 96
www.vignobles-terrigeol.com
Ouvert du lundi au vendredi de 8h à 12h30 et de 14h à 18h. Samedi et dimanche sur rendez-vous.

Les vignobles Terrigeol, c'est une histoire de famille ! Ayant su renouveler l'exploitation au fil de temps, trois générations travaillent aujourd'hui ensemble pour cultiver les vignes à Saint-Ciers-sur-Gironde et produire des vins Blaye Côtes de Bordeaux, plusieurs fois médaillés. Les 88 hectares de vignobles sont répartis sur 3 appellations. D'un côté, le vin « Château des Matards », et de l'autre, le Cognac et le Pineau des Charentes « Domaine de la Margotterie ».

CHÂTEAU MARQUIS DE VAUBAN

Route des Cônes
✆ 05 57 42 80 37
www.vignobles-le-cone-de-vauban.fr
Ouvert tous les jours de 9h à 19h. Visites et dégustation d'avril à octobre. Visite et dégustation : 12 €.

Ancien lieu de vie du duc de Saint-Simon, le château est une magnifique bâtisse du XVIIe siècle bordant l'estuaire. Le vignoble de 25 hectares détient à lui seul la moitié de l'AOC Blaye ! Jouxtant la citadelle de Blaye, le château propose de nombreuses animations pour toute la famille : visite des chais avec dégustation, visite des vignes et des souterrains, balade en petit train ou en calèche, déjeuner vigneron... Une immersion réussie au cœur d'un patrimoine chargé d'histoire.

CHÂTEAU MONCONSEIL - GAZIN

15, route de Compostelle
PLASSAC
✆ 05 57 42 16 63
www.monconseilgazin.com
Ouvert du lundi au vendredi. Dégustation, vente directe, visite commentée, ateliers.

Situé sur le chemin de Compostelle, le château Monconseil est l'un des plus anciens domaines viticoles de la région. La propriété est exploitée depuis 5 générations par la famille Baudet qui produit des vins élevés en barriques de chêne français durant 12 à 18 mois. Plusieurs activités sont proposées, comme la visite des chais et du domaine, l'atelier assemblage ou l'atelier vins et fromages, l'escape game œnologique ou les œnopiades en équipe, et bien sûr... la dégustation !

LES VIGNERONS DE TUTIAC

La Cafourche - **MARCILLAC**
✆ 05 57 32 48 33
www.tutiac.com
Ouvert du lundi au samedi de 9h à 12h30 et de 14h à 18h30. Boutique en ligne.

A proximité de la citadelle de Blaye et des thermes de Jonzac, les Vignerons de Tutiac sont une coopérative de 500 vignerons installés sur les deux rives de la Gironde, qui allient savoir-faire ancestral et techniques modernes et sont une référence de confiance pour la découverte des appellations Blaye Côtes-de-Bordeaux, Côtes-de-Bourg et Bordeaux. Vitrines de leur production, six boutiques sont positionnées sur le territoire et présentent leurs vins. Ici, des visites du chai à barriques et des dégustations commentées sont proposées, en français ou en anglais.

BOURG ★★

Située au niveau de l'estuaire de la Gironde, la ville de Bourg a connu de multiples péripéties ! Son histoire mouvementée nous ramène au IVe siècle, lorsqu'elle était une ville fortifiée. Cela n'a pas empêché les Wisigoths de s'installer lors de leur invasion de l'Aquitaine. Au fil des décennies, batailles et sièges furent quotidiens, jusqu'en 1653 : Bourg est livré aux Espagnols ! C'est fort de ce patrimoine historique et culturel que la ville accueille aujourd'hui des touristes du monde entier, charmés par son château, ses remparts, ses ruelles pittoresques et ses nombreuses marches : près de 500 marches séparent la ville haute et la ville basse.

CHÂTEAU DE THAU

46, route de la Gabare
GAURIAC
✆ 05 57 64 80 79
www.schweitzer-albert.com
Ouvert du lundi au vendredi, de 9h à 17h.

Le château de Thau, sur les Côtes de Bourg, est un édifice ancien datant du Moyen Age largement remanié au fil des siècles. Autrefois forteresse médiévale dominant les rives de l'estuaire, il est désormais la propriété de la famille Schweitzer qui en a fait une propriété viticole. Attachés au savoir-faire français et familial, les propriétaires exploitent, toujours dans le respect de la terre, ces 41 hectares de vignes. Le domaine produit des vins de l'appellation AOC Côtes-de-bourg : Château de Thau, Château Poyanne, Château les Violettes et Puy de Lignac.

GROTTE DE PAIR-NON-PAIR ★★★

2, chemin de Pair-non-Pair
PRIGNAC-ET-MARCAMPS ✆ 05 57 68 33 40
www.pair-non-pair.fr
Ouvert du mardi au dimanche. Horaires selon la saison. Adulte : 8 €. Tarif réduit : 6,50 €. Visite à partir de 7 ans.

Au nord de Bordeaux, près de la Dordogne et de l'estuaire de la Gironde, la grotte de Pair-non-Pair est un lieu absolument unique au monde puisqu'elle est l'une des rares grottes ornées de la période du Paléolithique supérieur ancien, présentant un bestiaire gravé daté de plus de 30 000 ans ! Sur les parois, on découvre donc, non sans émerveillement et avec une certaine émotion, plusieurs de ces toutes premières gravures rupestres (46 au total), figurant des chevaux, des mammouths, des bouquetins et autres bovinés, et même la représentation d'un cerf mégacéros ! Impressionnant…

Découverte par hasard en 1881 par le Bourquais François Daleau, préhistorien et paléontologue autodidacte, plusieurs années de fouilles et d'études de la grotte permirent ensuite d'établir, notamment grâce à la découverte de 15 000 objets et 6 000 ossements d'animaux, que c'est l'homme de Néandertal qui en fut le premier occupant. La grotte de Pair-non-Pair fut également la première à être classée au titre des Monuments historiques, dès 1900. Un voyage au cœur de l'Histoire, qui vaut clairement la visite : mais attention, afin de préserver au mieux ce trésor historique et la qualité de ses peintures murales, la grotte ne se visite que sur réservation. Pensez-y pour éviter toute déception, car il serait vraiment dommage de passer à côté… En prime, cette visite s'adresse à tous et intéressera tout autant petits et grands : voilà donc une excellente idée de sortie, riche en découvertes, pour un mémorable moment en famille !

Village de Bourg.

FENÊTRES SUR L'ESTUAIRE

Place de la Libération
✆ 05 57 68 31 76
www.bourg-cubzaguais-tourisme.fr

Les fenêtres sur l'Estuaire sont des fenêtres paysagères situées sur la route de la Corniche, entre Bourg et Roque-de-Thau. Ces installations architecturales présentent des contenus ludiques et instructifs, pour découvrir en détails le territoire à travers son histoire, sa géographie, son environnement, son patrimoine et sa culture. Elles sont placées dans plusieurs sites : Bourg, terrasse d'Eyquem, Vitescale, Furt, Roque-de-Thau, La Grave, Puybarbe ou encore le site naturel du Moron, et prennent différentes formes. A découvrir lors de vos explorations !

ROUTE DE LA CORNICHE

✆ 05 57 42 12 09
www.tourisme-blaye.com

La route de la Corniche est une petite route étroite et pittoresque qui longe la Dordogne jusqu'à la formation de l'estuaire de la Gironde. Sur le chemin, vous découvrirez de magnifiques jardins fleuris, des habitations troglodytiques du XIXe (dont certaines sont encore habitées !) nichées au cœur des falaises calcaires, et bien sûr, les surprenants carrelets, ces curieuses installations de pêcheurs perchées au-dessus des eaux. Cette promenade est ponctuée par les Fenêtres sur l'estuaire, des aménagements paysagers ludiques pour en apprendre davantage.

WINE ODYSSEY BORDEAUX

26, route des Astéries
GAURIAC
✆ 05 57 64 88 65

Formules découverte à partir de 100 € par personne

Wine Odyssey est une agence œnotouristique créée en 2015 par Sophie et Éric, deux passionnés à la tête du Domaine des Deux Cèdres. Leur expérience tant en hébergement touristique (chambres et table d'hôtes) qu'en organisation événementielle ainsi que leur implantation en plein vignoble des Côtes de Bourg leur ont permis de tisser des liens avec de nombreux châteaux du vignoble bordelais. En plus d'une série de formules déjà établies, Sophie et Éric sont également à votre disposition pour vous tailler des séjours « sur mesure » dans notre belle région.

DOMAINE DES DEUX CÈDRES €€€

26, route des Astéries - **GAURIAC** ✆ 05 57 64 88 65
www.domainedesdeuxcedres.com

Chambre à partir de 112 € (double). Petit déjeuner inclus. Table d'hôtes sur réservation.

Niché au milieu des vignobles de Gauriac, le Domaine des Deux Cèdres est un lieu charmant. À l'intérieur, les chambres doubles ou la suite sont tout confort. À l'extérieur, la jolie terrasse vous attend pour de longues soirées d'été ou les petits déjeuners gourmands. La grande piscine sécurisée et le spa vous offriront un moment de détente apprécié. Quant à la table d'hôtes, elle est à l'image de Sophie et Eric : accueillante et généreuse ! Les amateurs d'œnotourisme seront ravis de découvrir les propriétés viticoles voisines pour des visites et des dégustations.

LES 4 BAIGNEURS €

7, cours du Port
✆ 05 57 32 30 54
www.les4baigneurs.fr

Ouvert du mardi au dimanche midi et/ou soir. Menus (le midi en semaine) : 21 € à 26 €.

Situé sur le port du joli village médiéval de Bourg, ce restaurant vous accueille pour vous régaler de sa délicieuse cuisine maison. Derrière ce drôle de nom se cachent en réalité deux chefs qui ont à cœur de proposer une carte gourmande et authentique. Tout est élaboré à base de produits frais régionaux : œuf mystère bio à la crème de lard, porc noir confit au cognac et ses légumes de saison, magret de canard entier à la sauce du chef… A déguster avec un bon verre de vin parmi la sélection de productions vinicoles locales !

MAISON DES VINS DES CÔTES DE BOURG

1, place de l'Eperon
✆ 05 57 94 80 20
www.cotes-de-bourg.com

Ouvert du mardi au dimanche de 10h à 12h30 et de 14h à 18h ; le lundi de 14h à 18h. Livraison (boutique en ligne).

La Maison du Vin des Côtes de Bourg est une belle demeure du XIXe qui abrite plus de 150 vins référencés dans sa cave voûtée. Venez pour une séance de dégustation et repartez avec les bouteilles si ça vous a plu : tout est vendu au prix de la propriété. Beaucoup de découvertes œnologiques en perspective ! Les soirs d'été, un bar à vin moderne avec une terrasse surplombant la Dordogne permet de profiter d'un verre devant une vue imprenable sur le coucher de soleil.

SAINT-ANDRÉ-DE-CUBZAC

La ville de Saint-André-de-Cubzac se distingue par sa sublime église romane, plus ancien édifice de la commune, construite par les bénédictins de la Grande-Sauve au XIIe siècle. Dans la commune, au hasard de la promenade, vous tomberez devant la maison natale du commandant Cousteau ou encore devant l'ancien cloître des Cordeliers construit en 1626 sur les ordres de François de Sourdis, archevêque de Bordeaux, qui abrite aujourd'hui la bibliothèque dans un cadre architectural exceptionnel. L'ancien port de pêche de Plagne a fait place à un petit port de Plaisance où l'on peut encore croiser des pêcheurs cubzenais d'aloses et de lamproies.

DOMAINE DE LA VERNERIE

725, chemin du Plantier
✆ 06 10 81 86 41
www.lavernerie.com

Ouvert au public sur rendez-vous les week-end de mai à fin juin. Visite guidée.

Avec ses châteaux, ses ports, ses églises et son platane Robillard tricentenaire, la commune de Saint-André-de-Cubzac possède de nombreux atouts. C'est ici que le domaine de la Vernerie déploie son jardin à l'anglaise, arboré d'une grande variété d'essences européennes et américaines, très bien mises en valeur. Près d'un bois de feuillus et de pins, deux bassins sont le théâtre de scènes changeant au fil des saisons. Ce parc a reçu « une feuille » dans la catégorie « Beaux jardins », distinction décernée par la Société d'horticulture de la Gironde. À découvrir !

LE PONT EIFFEL

CUBZAC-LES-PONTS

L'année 2018 a marqué l'inauguration du pont Eiffel : il aura fallu 20 mois de travaux et près de 25 millions d'euros pour renforcer les deux viaducs reliant les rives de la Dordogne à celles de la Garonne. Il est désormais possible de relier Cubzac-les-Ponts (à ne pas confondre avec Saint-André-de-Cubzac !) à Saint-Vincent-de-Paul. Et si vous vous questionnez sur l'origine de ce pont, sachez qu'il fut construit en 1839 puis emporté par une tempête en 1869. L'ingénieur Gustave Eiffel fut appelé pour le reconstruire, donnant ainsi son célèbre nom à l'édifice !

CHÂTEAU DES ARRAS €€

1, Les Arrats - **SAINT-GERVAIS**
✆ 05 57 43 00 35
www.chateaudesarras.fr

Chambre double de 65 € à 80 €. Petit déjeuner inclus. Formule visite et dégustation à partir de 8 €.

Une histoire de famille… et de filles ! Ce sont deux sœurs qui tiennent d'une main de maître(sse) le domaine. Dans leur belle propriété familiale du XVe, elles proposent trois chambres d'hôtes authentiques. Poutres apparentes, boiseries, meubles anciens… Le lieu a du cachet et tout le confort attendu. Les amateurs en profiteront pour déguster les vins de la propriété d'appellation Bordeaux Supérieur, à travers 4 formules différentes de visites. Des occupations pour les enfants sont même prévues ! Les camping-cars peuvent aussi faire étape au château.

CAFÉ DE LA GARE 1900 €€

25, avenue de la Gare
✆ 05 57 43 37 70
www.cafedelagare1900.fr

Ouvert 7j/7 midi et soir. Menus de 16,50 € à 22,50 €. Menu enfant : 8,90 €. Formule du midi : à partir de 11,90 €.

Installé à Saint-André de Cubzac, cet authentique bistrot centenaire y est une institution ! La cuisine est raffinée et gourmande, en témoigne la jolie carte des plats, changeant selon les saisons et les inspirations du chef qui propose un menu différent chaque mois, mais garde tout toujours ses incontournables : saumon gravlax, salade landaise, cheeseburger au morbier, andouillette de Troyes sauce moutarde ou tartare thaï. Une belle sélection de vins accompagne ces bons plats, avec notamment des crus AOC du territoire Blaye et Bourg.

LA TABLE D'INOMOTO €€

85, rue Nationale
✆ 05 57 43 45 24
www.latabledinomoto.fr

Ouvert du mardi au samedi le midi, du jeudi au samedi le soir. Déjeuner : 18 €. Menu Découverte ou Dégustation le soir.

Un restaurant franco-japonais à Saint-André de Cubzac ? Il fallait oser… Et quelle réussite ! De l'amuse-bouche au dessert, tout est réglé à la perfection. En cuisine, le chef japonais Seiji Inomoto mélange habilement les saveurs exotiques à celles de nos terroirs : tempura de crevettes et girolles marinées ; queue de lotte au miso cacahuète ; poitrine de porc laqué et joue braisée ; clémentine caramélisée, mousseline et sorbet yuzu… Qui plus est, le service est chaleureux et professionnel, et le cadre très agréable. À découvrir !

CASTILLON-LA-BATAILLE ★

Pendant longtemps, le village permettait de voir l'unique point de passage pour traverser la Dordogne : le gué du Pas de Rauzan. La bataille du 17 juillet 1453 qui a fait rage aux pieds de la cité marqua la fin de la guerre de Cent Ans entre les Français et les Anglais. Malgré les siècles qui se sont écoulés, cette bataille reste dans les mémoires grâce à la très célèbre reconstitution historique costumée, près du château de Castegens. Castillon-la-Bataille possède également un patrimoine exceptionnel : église et mairie du XVIIIe, porte du Midi, chapelle Sainte-Marguerite du XIIe siècle... La Dordogne ajoute à la commune un charme fou.

COUTRAS

Coutras n'est pas dépourvue d'histoire. Un camp fortifié romain était installé sur le point culminant de la Motte-de-Mont. La ville garde également le souvenir d'une importante bataille de l'Histoire de France, le 20 octobre 1587, dans le contexte des guerres de Religion. Au confluent de l'Isle et de la Dronne, la ville profite d'un riche patrimoine historique et naturel ainsi que de nombreux sites qui méritent le détour : le puits Henri IV datant de 1551 ou encore l'église qui abrite des sarcophages mérovingiens. Sans oublier le site panoramique des Jourdennes pour admirer la vue sur la vallée, l'hôtel de ville et la passe à poissons près du barrage.

LES CUISINÉS DE MAÏTÉ

261, avenue du Général de Gaulle - **SAINTE-TERRE**
✆ 05 57 40 48 34
www.lescuisinesdemaite.com

Ouvert du lundi au vendredi de 8h à 20h. Plats cuisinés de 6,50 € à 12 €. Snacking, traiteur et conserverie.

En 2001, Maïté décide de mettre à profit ses talents de cuisinière pour raconter le Sud-Ouest afin de proposer un service traiteur. Les cuisinés de Maïté et les conserves du grand-père sont au menu. Xavier, le fils, rejoint les fourneaux en 2007, puis le petit-fils avec une nouvelle idée en tête ! Voilà comment le Snacking par *Les Cuisinés de Maïté* a vu le jour et vous propose ses généreuses portions à emporter, des sandwichs et autres parts de quiche. Sans oublier, les conserves de lamproies à la bordelaise, les cèpes du Médoc à l'huile, les pâtés et terrines...

LA FORÊT DE LA DOUBLE

Gigantesque massif forestier qui s'enfonce dans le Périgord, la forêt de la Double est parsemée de nombreux étangs construits de main d'homme, il y a fort longtemps. Le brouillard aime à s'y maintenir longtemps rendant l'atmosphère lourde et mystérieuse. Ses étangs lui permettent de disposer d'une richesse importante de flore et de faune. La forêt est délimitée par la rivière Isle au sud et par la Dronne au nord. Au programme : promenades à pied, à vélo ou encore à cheval sur les nombreux chemins balisés et baignade au Grand Etang de la Jemaye.

MARCHÉ DE CASTILLON-LA-BATAILLE

Le lundi matin de 7h30 à 12h30.

Dès l'aube, les commerçants investissent les rues et les places de la ville. Parmi les 80 exposants, jusqu'à 100 en été, de nombreux producteurs sont au rendez-vous. Très animé, le marché de Castillon-la-Bataille fait la part belle aux produits de bouche de qualité : des légumes de saison bien sûr, de la viande et de la charcuterie, du poisson, des fromages… Au rendez-vous également, un traiteur qui propose, selon l'humeur, de quoi vous régaler avec des spécialités de la région.

LE MOULIN DE PORCHÈRES

Le Barrage - **PORCHÈRES**
✆ 05 57 40 86 60
https://moulindeporcheres.jimdo.com/

Ouvert de fin mars à début novembre, du mardi au dim. (10h-19h) ; toute l'année sur rdv pour les groupes. Animations.

Bâtiment d'exception en Nouvelle-Aquitaine inscrit Monument historique, le moulin de Porchères a été transformé en minoterie à cylindres dans les années 30. Plutôt rares, les machines demeurent intactes. Au fil de la visite, on vous présentera les savoirs, les traditions et les machines de meunerie pour la transformation du blé en farine. Possibilité de faire un atelier de fabrication du pain. Au cœur de la Réserve Mondiale de Biosphère du bassin de la Dordogne, le Moulin est un excellent point de départ pour une promenade en bord de rivière ou sur la rivière.

PUITS HENRI IV

2, place du Château

Emblème de la ville, le puits Henri IV est directement associé au souvenir de la bataille de Coutras de 1587. Ce puits est aujourd'hui le seul vestige du château détruit en 1731. Construit pendant la Renaissance, librement inspiré de l'architecture antique, cet édifice est l'un des ornements du parc réalisés pour le maréchal de Saint-André pour agrémenter le château. Le puits est une sorte de petit temple orné de colonnes doriques qui soutiennent un entablement dont la frise porte des roses et un glaive tranchant. Un dôme à écailles de pierre surmonte le tout.

CHÂTEAU DE LA DAUPHINE

Rue Poitevine

✆ 05 57 74 06 61

www.chateau-dauphine.com

Ouvert du lundi au samedi. Visites et dégustations de 7 à 23 €. Visite patrimoine en 2CV : 50 €/pers. Boutique en ligne.

Chartreuse du XVIIIe dont le charme est accentué par les allées méridionales de cyprès et pins parasols, ainsi qu'un beau jardin à la française, le château de la Dauphine a été récompensé par quatre Best Of d'Or dans les catégories Architecture & Paysage, Restauration, Valorisation Œnotouristique des Pratiques Environnementales et Découverte & Innovation. Certifié Agriculture Biologique depuis 2015 et HVE (Haute Valeur Environnementale) depuis 2018, le vignoble, production en Fronsac et en Canon-Fronsac, se trouve sur les meilleurs terroirs du Fronsadais.

FRONSAC ★

La ville de Fronsac a été occupée par plusieurs personnages hauts en couleur. Charlemagne édifia sur le tertre, en 769, une forteresse pour lutter contre les ducs d'Aquitaine (détruite par Louis XIII en 1623). Quelques années plus tard, en 1634, le duché devint propriété de la famille Richelieu. Le duc de Richelieu et de Fronsac fit construire à ce même emplacement une magnifique demeure à l'architecture italienne. On raconte que les nombreuses fêtes galantes auraient servi à faire connaître les vins de Fronsac jusqu'à la cour de Versailles. Il paraît même que c'est ici qu'est apparue pour la première fois en Libournais, la notion de « cru ».

ÉGLISE SAINT-MARTIN DE FRONSAC ✞

Rue du Général d'Amade

Selon la légende, l'église Saint-Martin aurait été fondée par Charlemagne en 781. Inspirée de la structure basilicale, elle avait probablement à l'origine, une destination monastique. Cette église classée au rand des Monuments historiques est certainement l'une des plus anciennes fondations de Gironde. L'église conserve une chaire à prêcher en bois richement ornée, datant du XVIIe ; seul mobilier à avoir échappé aux destructions causées par l'effondrement de la voûte.

© BP LAMARQUE

Le vignoble de Fronsac.

LE BASSIN DU TERTRE** €€

19, chemin de Richelieu ✆ 06 99 72 65 48
https://lebassindutertre.fr/

Chalets (2 à 4 pers.) à partir de 149 €. Petit déjeuner inclus. Table d'hôtes. TV satellite. Bain bouillonnant, sauna.

L'endroit à lui seul est un véritable enchantement. Au cœur des vignes, dans un jardin extraordinairement fleuri où se prélassent des carpes Koï dans un joli bassin, trois chambres d'hôtes insolites, lovées dans des chalets 100 % bois, vous invitent à vous évader le temps d'un week-end. Bain à remous privé, terrasse très agréable pour les petits déjeuners, plateaux (chaud ou froid) préparés par la maîtresse de maison et servis avec une bouteille de vin, ambiance cocooning... Vous vous sentirez très bien. Le soir, on admire le coucher de soleil sur la Dordogne.

LA MAISON DE RICHELIEU €€

4, chemin de Richelieu ✆ 05 57 51 13 94
www.chateau-richelieu.com

Ouvert d'avril à fin octobre. 5 chambres. Chambre double 110 €. Petit déjeuner inclus. Plateau-repas sur réservation.

La vie de château, vous en rêvez ? Le château Richelieu, dans sa belle bâtisse XVIIe et XVIIIe, met à votre disposition 5 chambres d'hôtes, toutes aussi luxueuses les unes que les autres. D'un grand confort, les chambres Athos, Porthos, Aramis, D'Artagnan, Richelieu sont équipées d'une salle de bains indépendante. La chambre, répondant au nom évocateur *Porthos*, conviendra parfaitement à une famille, puisqu'elle ouvre sur une seconde chambre avec un canapé convertible et une kitchenette. Moment précieux de la journée, le petit déjeuner est servi dans les salons.

CHEZ CARLES €€

1, avenue Charles de Gaulle
SAINT-GERMAIN-DE-LA-RIVIÈRE
✆ 05 57 84 44 50

Du mardi au dimanche le midi ; du mercredi au samedi le soir. Menus de 21 à 28 €. Formule du midi : 15 €. Traiteur.

Plus qu'un restaurant, une institution ! Chez ce Maître Restaurateur, on peut déguster des produits de la chasse. Tout à fait ! Sauté de sanglier, faisan en cocotte et palombe ont la part belle. Côté rôtisserie et grillades, le restaurant est dominé par une immense cheminée dans laquelle cuisent de délicieux poissons et viandes saisis aux ceps de vigne ou aux sarments. Les plats sont agrémentés de très bonnes préparations de légumes de saison. Terrasse, jardin, air de jeux... Le cadre est charmant en bordure d'eau, au milieu des collines vallonnées de vignes.

LA GUINGUETTE DE LA VIEILLE TOUR €€

Port d'Anguieux
✆ 05 57 25 13 70
www.guinguettedelavieilletour.fr

Ouvert de mai à fin septembre (service tardif). Tapas, plats et pizzas. Jardin. Animations.

Lieu de vie et de convivialité, la Guinguette de la Vieille Tour vous transporte à la belle saison, dans cet endroit magique où le temps ralentit au rythme de l'eau. Située sur les bords de berge de l'Isle à Fronsac, cette guinguette a tout ce qu'il faut : des tables de jardin dispersées dans l'herbe, et d'autres sous la terrasse couverte, des guirlandes lumineuses accrochées dans les arbres, des tapas à partager et des plats à savourer, des concerts et des animations...

OSTERIA BAZ'ART €€

11, route de Loiseau
✆ 09 88 35 31 13

Du mardi au dimanche le midi et le soir. Pizza de 10 € à 20 €. Formule du midi : 20 €. Plat du jour : 10 €. A emporter.

L'Osteria Baz'Art, c'est pour manger et boire un verre, car l'endroit reste accessible en journée et jusqu'à 23h. Et ça parle italien, en salle, en cuisine… Ce n'est pas pour rien qu'on y déguste d'excellentes pizzas à base de tomate ou de crème. Les plats de pâtes mettent également l'eau à la bouche tant les assiettes sont bien dressées et copieuses. Il faut avouer que nous n'en attendions pas autant. Les desserts aussi ont bon goût. Autres atouts : une équipe fort sympathique, la terrasse surélevée et le jardin. Deux services les soirs de spectacle.

CHÂTEAU BARRABAQUE

✆ 05 57 55 09 09
www.chateaubarrabaque.com

Visites et dégustations gratuites sur rendez-vous. Boutique en ligne.

De 1747, cette propriété de 10 hectares appartient à la même famille depuis 1936. A dominante merlot, les vins rouges et rosé du Château Barrabaque comptent parmi les plus réputés des appellations Fronsac et Canon-Fronsac. Soucieuse du respect de l'environnement, Caroline Noël-Barraux, la propriétaire depuis 2004, pratique une culture raisonnée de la vigne. Les méthodes de culture et de vinification allient à la fois la tradition et les techniques modernes. Les vignes sont notamment travaillées en fonction du terroir. Une belle adresse sur votre route des vins.

CHÂTEAU CASSAGNE HAUT-CANON

SAINT-MICHEL-DE-FRONSAC ✆ 05 57 25 05 55
www.chateau-cassagne.com
Initiation à la dégustation : 25 €. Atelier assemblage : 55 €. Autres tarifs et prestations œnotouristiques.

Situé sur un des plus hauts points culminants de Fronsac, le Château bénéficie d'une des meilleures expositions dans l'appellation et d'une vue imprenable sur le fleuve. Le Cru (La Truffière) doit son nom à la présence de chênes truffiers. Ce vin est un subtil assemblage de cabernet-sauvignon, merlot et cabernet franc. Zita et Jean-Jacques Dubois, assurent un accueil chaleureux pour développer leur offre œnotouristique (visites, initiation à la dégustation, atelier d'assemblage...).

CHÂTEAU DE RICHELIEU

4, chemin de Richelieu
✆ 05 57 51 13 94
www.chateau-richelieu.com
Ouvert du lundi au samedi. Visite et dégustation sur rendez-vous.

Au confluent de l'Isle et la Dordogne, Fronsac est un terroir viticole de qualité. Le vignoble serait même le premier vignoble historique du Bordelais. Le cardinal de Richelieu y jeta son dévolu en 1632. À peine un siècle plus tard, son arrière-petit-neveu et filleul de Louis XIV vécut au château. Emprisonné à la Bastille pour ses galanteries libertines, il fit découvrir le vin de Fronsac à la cour de Versailles. On lui attribuait des vertus médicinales qui lui valurent le nom de « tisane de Richelieu ». L'histoire vous sera contée au château lors d'une visite.

DOMAINE JEAN-YVES MILLAIRE

La Marché ✆ 05 57 24 94 99
www.vins-millaire.fr
Du lundi au samedi (9h à 12h et 14h à 18h). Dégustation gratuite sans rdv. Visites sur rdv : 10 €. Boutique en ligne.

L'histoire commence en 1950 avec 6 hectares de vignes achetés sur les communes de Saint-Michel-de-Fronsac et Fronsac... Aujourd'hui certifié Agriculture Biologique (biodynamie), le Domaine Jean-Yves Millaire s'étend sur 45 hectares de vignes en appellations Fronsac, Canon Fronsac et Bordeaux. Depuis 1998, le vignoble a connu différentes évolutions, notamment la plantation de nouveaux cépages atypiques comme le jurançon noir, le petit manseng, le colombard ou le riesling.

LE BAZ'ART

11, route de Loiseau
✆ 05 57 74 70 69
www.le-bazart.com
Billetterie sur place. Restauration. Bar. Location de salles.

A l'initiative de Gilles Troulet, un Parisien venu s'installer en Aquitaine avec sa compagne Constance Malaquin, le Baz'Art a élu domicile dans un hangar à bateaux de l'ancienne base nautique d'aviron. Ils imaginent alors un lieu multiculturel, attractif pour petits et grands, et adapté à toutes les bourses. Le Baz'Art regroupe ainsi un théâtre de 100 places, un lieu d'exposition, un salon, un bar et un restaurant italien. On trouve encore des ateliers de théâtre organisés pour les adultes, les ados et les enfants. Les spectacles sont plutôt pour tous les publics.

GUÎTRES ★

Terre d'accueil entre pays d'oc et pays d'oïl, on trouve à Guîtres, des coteaux boisés, des vignes et de nombreux cours d'eau et « au milieu coule une rivière » : l'Isle. Cette rivière et ses affluents, la Dronne et le Lary, foisonnent de poissons blancs, migrateurs et carnassiers. Située à moins d'un quart d'heure en voiture des prestigieux vignobles de Saint-Émilion, Pomerol ou Fronsac, la ville se prête volontiers à une escapade culturelle et touristique. Profitez-en pour visiter son église abbatiale, bénéficier de sa programmation musicale pendant l'été et embarquer à bord d'une des voitures 1900 du train touristique pour un voyage dans le temps.

ABBATIALE NOTRE-DAME DE GUÎTRES ★

Place des Tilleuils
www.abbatialedeguitres.fr
Ouvert toute l'année. Visite libre de 14h à 18h de fin juin à début septembre. Concerts. Exposition.

De style roman, cette église abbatiale a accueilli les pèlerins de Saint-Jacques-de-Compostelle. Elle abrite un orgue majestueux. Assistez à l'un des concerts donnés en période estivale pour l'entendre. Les billets sont disponibles sur place ou auprès des offices de tourisme de Libournais (Libourne ou Coutras). Classée Monument historique en 1901, l'abbatiale de Guîtres est l'une des plus grandes églises romanes de la Gironde. Sa charpente est particulièrement remarquable.

VÉLORAIL DU PAYS GABAY

13, avenue de la Gare
✆ 05 57 69 10 69
https://trainguitres.fr/

Ouvert en saison (voir le calendrier de circulation en ligne). Location vélorail 5 places : 30 €.

Réservez un vélorail et partez à l'aventure en famille ou entre amis ! Au départ de la gare de Guîtres, à 9h30 ou 14h30 selon les jours, le trajet vous mènera sans trop de difficulté jusqu'à la gare de Lapouyade. Comptez 3h pour parcourir les 16 kilomètres aller-retour ! Bien que l'effort soit minimum, il est nécessaire d'être au moins deux adultes (+ de 16 ans) pour pédaler l'engin. Tout au long de cette balade atypique, vous découvrirez la campagne, les forêts et les ruisseaux du pays Gabay. Les vélorails sont conçus pour 5 personnes. Pensez à réserver !

TRAIN TOURISTIQUE GUÎTRES-MARCENAIS

13, avenue de la Gare ✆ 05 57 51 15 04
www.trainguitres.fr

Ouvert en saison. Adulte de 12 € à 14 € ; enfant (de 4 à 12 ans) : 7,50 € à 8 €. Billetterie sur place. Musée.

Embarquez jusqu'à Marcenais pour une escapade inoubliable ! Avant la montée ou à votre retour, pensez aussi à faire le tour de la gare pour admirer les magnifiques locomotives, car certaines de leurs voitures, entièrement restaurées, sont classées Monuments historiques. Le musée finira de satisfaire les passionnés d'histoires et les curieux. En plus d'y découvrir les origines du train de chemin de fer de Guîtres et des wagons d'époque, vous pourrez admirer de nombreux objets anciens.

LES VIGNERONS DE GUITRES

1159, route des Chapelles
LES ARTIGUES-DE-LUSSAC
✆ 05 57 56 40 90
www.vigneronsdeguitres.com

Ouvert du lundi au vendredi de 8h30 à 12h et de 14h à 17h30. Boutique en ligne.

Depuis plus de 60 ans qu'existent les chais et la boutique, un nombre incalculable de dégustations ont eu lieu ici, chez Les Vignerons de Guîtres. Aujourd'hui, ne sont plus proposés à la dégustation que les vins en vrac. On trouve essentiellement des Bordeaux proposés à petit prix ainsi que quelques champagnes. Implanté stratégiquement, au cœur des vignobles bordelais, sur la commune des Artigues de Lussac, l'établissement exporte dans une quinzaine de pays, mais n'en conçoit nulle forfanterie. Un accueil très agréable vous sera réservé.

LIBOURNE ★★

Confluence de rivières, de terres et d'hommes, Libourne est une bastide royale née en 1270 sous l'impulsion du roi d'Angleterre Henri III. Située au confluent de l'Isle et la Dordogne, la cité a longtemps occupé une place stratégique. Tantôt alliée, tantôt rivale, la filleule de Bordeaux a connu de belles périodes de développement. Fondée en 1268 par Edouard Ier, la ville est dotée d'un port, débouché naturel des vins de la vallée de la Dordogne. Leyburn est l'une des bastides les plus prospères d'Aquitaine. À moins d'une demi-heure de Bordeaux, une heure des plages océanes et desservie par le TGV, Libourne est une destination touristique de choix.

CHÂTEAU DE VAYRES

63, avenue de Libourne - **VAYRES**
✆ 05 57 84 96 58
www.chateaudevayres.com

Ouvert tous les après-midi de juillet à mi-septembre. Visite guidée + énigmes : 10 € et 15 €. Gratuit jusqu'à 5 ans.

Cet ancien château fort du XIIIe siècle, ex-propriété d'Henri IV, a été remanié à plusieurs occasions, d'où sa partie Renaissance bâtie vers 1600, sa façade à l'italienne et son escalier monumental. Ses superbes jardins à la française mènent directement aux rives de la Dordogne et méritent presque à eux seuls le détour. Meublé d'époque, le château a toujours été habité. Classé Monument historique et Jardin remarquable, Vayres a reçu le Prix de l'animation du Patrimoine et la médaille 2013 du Tourisme. De nombreux événements s'y déroulent.

LA CALI

62, avenue Gallieni
✆ 05 57 51 00 24
www.calibus.fr

Gratuit pour tous les usagers.

Grâce au réseau de transport en commun de La Cali, la totalité du territoire de la Communauté d'Agglomération du Libournais est reliée. En ville comme à la campagne, les 45 communes de l'agglomération sont toutes desservies. Les habitants et tous les autres usagers peuvent ainsi se déplacer plus facilement et surtout gratuitement. La Bastidette – la navette électrique du cœur de Libourne – circule tous les jours sauf le dimanche. Pour l'utiliser, il suffit de se poster aux arrêts définis ou de l'arrêter à la demande sur son trajet dessiné par une ligne violette.

HÔTEL DE FRANCE*** €€

7, rue Chanzy
✆ 05 57 51 01 66
www.hoteldefrancelibourne.fr
Ouvert toute l'année. Chambre simple à partir de 75 € ; chambre triple à partir de 83 € ; chambre familiale : 140 €.

L'Hôtel de France est un établissement de charme niché au cœur de Libourne. Il se trouve en effet dans un ancien relais de poste. Authenticité et modernité s'y côtoient. La salle du petit déjeuner, le salon de détente avec ses couleurs ocre et ses fauteuils en osier, le salon de lecture autant que les chambres déclinées dans les camaïeux terre de Sienne orange et ocre, jouent la carte de l'élégance sobre. Les chambres sont spacieuses et climatisées. Deux sont aménagées pour les personnes à mobilité réduite. Il y a aussi une grande salle de séminaire.

LE BISTROT MARITIME €€

12, quai Souchet
✆ 05 57 51 66 77
Ouvert tous les jours le midi et le soir. Formule du midi : 15 €. Plat du jour : 10 €. A emporter (sur réservation).

Grâce à d'immenses baies vitrées, la grande salle de cette brasserie contemporaine ouvre sur la rivière. Tous les jours, le chef nous fait ses suggestions. Par exemple : filet mignon de porc basse température aux saveurs d'ailleurs, croustillant de lieu noir au chorizo et aneth, gratins de fruits et sabayon au Lillet. Dans les assiettes, c'est généreux et gourmand. Concernant les plats de la carte, ils sont renouvelés deux fois par an. Nous aimons particulièrement, les dressages et les couleurs dans les assiettes. Par ailleurs, le service est agréable.

RIPIANO LIBOURNE €

45, cours Tourny
✆ 05 57 25 07 05
https://ripianolibourne.wixsite.com/
Le lundi, le mardi et du jeudi au samedi le soir ; du lundi au vendredi le midi. Pizza de 9,90 à 16,50 €. A emporter.

Restaurant italien avec un grand choix de pizzas à la pâte fine et croustillante, risotto et plats traditionnels (spaghetti à l'arrabiata, lasagnes à la bolognaise, escalope à la Milanaise, etc.), le Ripiano est un incontournable. Toutes les viandes proviennent du marché couvert de Libourne. Les vins italiens et même une bière italienne sont à la carte. Et ici, tous les desserts sont faits maison. Le café gourmand est d'ailleurs très gourmand avec ses 5 mignardises. La grande terrasse est chauffée l'hiver. Envie d'y aller en groupe ? Pensez donc à réserver !

LE CARRÉ D'AS €€

168, avenue du Général De Gaulle
✆ 05 57 51 71 06
Ouvert du lundi au vendredi de 6h30 à 20h. Restauration le midi uniquement. Menus de 12 € à 14 €. Terrasse. Bar.

Le Carré d'As est une brasserie 100 % authentique, véritable lieu de rendez-vous des travailleurs libournais. Qu'on y vienne boire son café, tenter sa chance à un jeu ou tout simplement faire une pause du midi bien méritée, tout le monde passe forcément par ce bar-brasserie. La carte est simple, mais efficace avec des suggestions et un menu du midi fort attractif ! Les assiettes sont copieuses, on se régale. Les plus pressés pourront se ravir des croque-monsieur. Pour qui veut se plonger dans le cœur de la vie libournaise, le Carré d'As est l'adresse à souhait.

AL'AUTHENTIQUE €€

8, route de Bordeaux - **ARVEYRES**
✆ 05 57 84 95 98
www.restaurant-al-authentique.fr/
Du lundi au samedi le midi ; du mercredi au samedi le soir. Menu carte le week-end : 25,90 €. Formule du midi : 14 €.

Viande, poissons, salades et pizzas composent la carte de ce restaurant de cuisine traditionnelle. Le menu du jour, servi uniquement le midi en semaine, est à un très bon rapport qualité-prix. En plus, le service est rapide ! L'accueil est toujours chaleureux et attentif. A l'ombre de ses tonnelles, une jolie terrasse se cache à l'arrière de l'établissement sur la route entre Bordeaux et Libourne. Une fois par mois, des soirées à thème y sont organisées : karaoké, barbecue, paella, mojito... Les jours de match, le chef propose son « Menu Match » à 18,90 euros.

HANGAR 4 €€

51, rue du Chaperon grangère ✆ 05 57 51 50 73
https://hangar-4.eatbu.com
Du mardi au dimanche le midi ; du mardi au samedi le soir. Plats de 13 € à 26 € ; Terrasse. Bar. Accueil des groupes.

Restaurant, salon de thé et bar ! Le Hangar 4 a pris ses quartiers dans l'ancienne gare marchande, devenant ainsi un endroit très à la mode dans un décor industriel, mais chic aux couleurs de feu et sous l'œil d'une belle girafe au centre de la salle. L'endroit est très lumineux. Dans les assiettes, une cuisine des quatre coins du monde : saumon gravlax, gambas snackées à la Jamaïcaine, poke bowl, mignon de porc basse température au curry... La carte change trois fois par an. Le tout est fait maison. Chouette ambiance dès l'afterwork avec cocktails et soirées.

GIRONDE

HÔTEL DE LA TOUR €€

23, quai Souchet
05 57 25 75 56
www.latourduvieuxport.com
Ouvert du lundi au vendredi le midi ; du lundi au samedi le soir. Menus de 18,90 € à 25 €. Terrasse.

L'hôtel-restaurant La Tour du Vieux Port porte bien son nom. Sans aucun doute, vous serez séduit par le cadre et cette terrasse au bord de la rivière. A l'intérieur, les salles sont lumineuses et joliment décorées. De même, le patio est très agréable. Elégance et raffinement sont au rendez-vous. Dans les assiettes, les produits frais et de saison font honneur aux spécialités locales. La viande est grillée sous vos yeux dans la cheminée chargée de ceps de vigne. Un poisson frais est proposé chaque jour. Les petits prix du menu et de la carte sont un plus.

LUNE €€

56, avenue de Libourne - **VAYRES**
05 47 84 90 98
Du mardi au vendredi le midi ; du mercredi au samedi le soir. Menu du déjeuner : 19 € ; Menus du dîner : 55 € et 70 €.

A Vayres, Pierre Rigothier et son épouse sont tombés amoureux d'une ancienne auberge qu'ils ont entièrement rénovée avec goût ! Du goût, mais aussi du style, il y en a aussi dans les assiettes. De la cuisine de sa maman à celles du Ritz, du Laurent, du Vernet ou encore de La Scène Thélème, le chef aux étoiles signe un retour aux sources. Le soir, il concocte un menu surprise en 4 ou 6 services. Une belle cave à vins sépare la salle de restaurant. L'été, on apprécie tout autant le patio à l'intérieur. Une belle adresse au creux des vignes et en bord de Dordogne.

LE RIAD €€

11/13, rue des Treilles
05 57 51 54 91
Le mardi et du jeudi au samedi le midi et le soir ; le mercredi et le dimanche le midi. Menus de 22 à 28 €. Animations.

Le Riad vous invite à découvrir les spécialités du Maroc : méchouia, zaalouk, briouates... Djilali Batouz n'en est pas à son coup d'essai. Il a fait ses preuves dans l'un des restaurants gastronomiques les plus réputés de Saint-Emilion. Libourne, sa ville de naissance, signe un retour aux sources et Le Riad, un retour à ses origines. Avec sa femme Jihane, en salle, le chef réinvente aussi les spécialités du sud-ouest qu'il agrémente à la sauce marocaine. Aux beaux jours, le patio ensoleillé est très agréable. Danseuses orientales les vendredis et samedis.

LE ZINC AUTHENTIQUE €€

42, rue Fonneuve 05 57 25 34 84
www.lezinc-bar.com
Mardi et mercredi de 17h30 à 0h ; vendredi de 17h30 à 1h ; samedi de 18h à 1h. Plats de 10 à 25 €. Formule midi : 20 €.

Le Zinc Authentique est une adresse où il est permis de boire un verre dans la joie et la bonne humeur. Avec des amis et quelques petites choses à grignoter, c'est encore mieux ! A se mettre sous la dent (en plus des suggestions) : de délicieuses grillades (mais pas que !). La carte présente, un large choix de vins de France, d'ailleurs et des champagnes. Dès les beaux jours, on s'installe sur l'une des deux terrasses ; à l'arrière dans un charmant jardin intérieur. Très sympa et bonne ambiance, des soirées à thème et des concerts sont régulièrement programmés.

LA FABRIQUE À DESSERTS

8, rue Jean Jaurès
05 57 55 11 23
Ouvert le mardi et du jeudi au samedi de 8h30 à 19h.

La Fabrique à desserts vous régale avec une vingtaine de pâtisseries. Aux côtés de David Julien, Susie Smal laisse libre cours à son imagination. Avec beaucoup de fraîcheur et un dosage en sucre parfaitement maîtrisé, les pâtisseries de Susie valent le détour. L'Oscar, ce macaron emblématique de la Maison Darnajou, est toujours là, mais revisité par la nouvelle équipe, bien sûr. Piou-Piou, Madeleine, Chou'Quai... le plus difficile est de choisir ! Vous trouverez encore des confiseries, plateaux de mignardises et des gâteaux à partager. Sur place ou à emporter !

LA GALERIE DES QUAIS

2, quai du Général d'Amade
05 57 79 36 77
Mardi et mercredi de 10h30 à 14h ; jeudi au samedi de 10h30 à 14h et de 18h30 à 21h30 ; dimanche de 10h à 15h (brunch).

D'un ancien garage privé, Sandra Moreau a donné vie à un lieu convivial à la fois restaurant, salon de thé, bar à vins... La Galerie des Quais s'impose dans le paysage. Profitant de l'aménagement des quais en espace de promenade, la jeune femme a su tirer profit d'une belle opportunité. En plus de sa grande salle lumineuse, dont la décoration murale varie au gré des expositions, et sa magnifique cave à vins taillée dans la pierre, l'établissement profite d'une terrasse bien exposée. Le dimanche, les Libournais s'y retrouvent bien volontiers pour le brunch.

CHÂTEAU PENIN

39, impasse de Couponne
GÉNISSAC
✆ 05 57 24 46 98
www.chateaupenin.com
Ouvert du lundi au vendredi de 9h à 12h et de 14h à 17h30, le samedi sur rdv. Boutique en ligne.

Domaine familial depuis 1854, le Château Penin est issu d'un terroir de graves très localisé, obligeant la vigne à aller chercher profondément ses ressources. Le résultat ? Un raisin très concentré d'une grande maturité. Parmi les références : la cuvée « Natur », vinifiée et conservée sans ajout de soufre. Les vins de la propriété sont récompensés par de nombreuses médailles. Au sujet du Château La Fleur Penin 2015, Saint-Emilion Grand Cru, l'Union de la Sommellerie Internationale parle de « grand art » et de « haute couture ». Visite-dégustation gratuite sur rdv.

MARCHÉ DE LIBOURNE

Le mardi, le vendredi et le dimanche de 8h à 12h30.

Le mardi, le vendredi ainsi que le dimanche, la bastide de Libourne s'anime au rythme du marché de plein air. De 8h à 12h30, les commerçants s'emparent de la jolie place Abel Surchamp et des rues adjacentes. Prisé notamment par les Bordelais, le marché du dimanche reste le plus important et le plus vivant. De son côté, le marché couvert situé rue Montesquieu est ouvert toute l'année, le mardi et du jeudi au dimanche de 6h à 13h. Il réunit 16 commerçants de bouche. Au fil des saisons, d'autres marchés et événements se déroulent au cœur de Libourne.

MEUBLES RUSTICAM

33, route du Stade - **SAINT-GERMAIN-DU-PUCH**
✆ 05 57 24 54 98
www.rusticam.com
Ouvert du lundi au samedi de 9h à 12h et de 14h à 19h.

Artisan ébéniste depuis 1983, Gérard Gajac reproduit le savoir-faire ancestral. Avec son fils Olivier, ils proposent le relooking de vos meubles. Un vrai savoir-faire qui lui permet de créer ou restaurer la cuisine de vos rêves sur mesure avec des agencements personnalisés. Envie d'un dressing, d'une bibliothèque, d'une salle de bain sur mesure… Faites appel à eux ! Si vous leur rendez visite, vous découvrirez un espace où vous pourrez admirer de très beaux meubles, lampes, tableaux et miroirs... Vous plongerez dans un univers entre brocante et collection.

LA CALINÉSIE

11, rue de Logroño
✆ 05 24 24 02 80
https://www.la-calinesie.fr/
Ouvert tous les jours. Entrée à partir de 3,50 €/enfant et à partir de 4,90 €/adulte. Lagon détente à partir de 10 €.

Si les premiers ploufs furent pour les scolaires, La Calinésie a ouvert ses portes au grand public une quinzaine de jours plus tard pour le plaisir de tous les habitants du Libournais et au-delà, y compris des touristes ! Il faut dire qu'avec ses toboggans vertigineux, ce nouvel espace aquatique a de quoi satisfaire les plus exigeants. Lagon détente, lagon sportif, lagon ludique, lagon d'été... En plus, il y en a pour tous les goûts. On y fait aussi de nombreuses activités comme de l'aquabike ou de l'aquaboxing. Autre bonne nouvelle, c'est ouvert toute l'année.

LIBOURNE WAKEPARK

Rue de Schandorf
✆ 07 66 19 31 50
http://libournewakepark.fr/
Ouvert de mai à septembre. Session (15 min) de 15 € à 20 €. Cartes de 10 à 50 sessions. Bouée tractée. Privatisation.

A 10 minutes du centre-ville de Libourne, Jérémie Gibon vous accueille pour vous faire découvrir le wakeboard, mais aussi le wakeskate et le wakeski. Sans oublier les bouées tractées qui amusent les plus grands comme les plus petits. Toutes les sessions sont encadrées et coachées par des moniteurs diplômés. Il y en aura donc pour tous les goûts et tous les niveaux. De fin juin à fin août, vous pourrez profiter de la plage surveillée, des terrains de beach-volley, du terrain de pétanque et d'un parc pour enfants en libre accès. Le spot est très sympa.

VERTI'GO PARK

51, Rue de Chaperon Grangère
✆ 05 57 84 01 97
www.vertigo-park.com
Ouvert toute l'année. Jours et horaires d'ouverture variables. Tarifs des activités en ligne. Restauration.

Verti'Go est un centre d'activités pour les petits dès 6 ans comme pour les plus grands, sans limite d'âge. Non loin de la gare de Libourne, Verti'Go s'est installé au cœur des anciennes halles Sernam. Profitant d'un parking de 180 places et d'un vaste espace de 3 800 m², c'est le lieu de rendez-vous idéal pour les familles et les amis qui souhaitent se retrouver pour une bonne dose de fun. Au programme : bowling, billards, trampoline park, laser quest, escape quest et jeux d'arcades. Sans oublier La Cervoiserie pour découvrir l'une des 350 bières.

POMEROL ★

L'appellation Pomerol connaît aujourd'hui une renommée mondiale. Et c'est ici, sur les terres de Pomerol (« pépins de raison » en latin) que l'on produit le Château Pétrus, le vin le plus cher au monde ! Ancienne commanderie de Saint-Jean-de-Jérusalem, le village était une étape importante sur les chemins de Saint-Jacques-de-Compostelle. La donation de la terre de Barbanne par le seigneur Guillaume de Ségur et ses frères constitue l'acte fondateur de la commanderie. A voir : son église romane partiellement démolie au XIXe siècle, reconstruite en 1899 par l'architecte Hosteing, l'ancien presbytère, quelques belles demeures... Et bonne dégustation.

CHÂTEAU LA TOUR DU PIN FIGEAC

41, rue de Catusseau
✆ 05 57 51 06 10
www.giraud-belivier.fr

Visite-dégustation sur rendez-vous (de 10h à 16h en juillet et août). Adulte : 8 €.

Les générations de Giraud-Belivier se succèdent depuis 1923. Le château La Tour du Pin Figeac appartient à la famille Giraud avec le château Le Caillou (AOC Pomerol) et le Domaine du Vieux Manoir (AOC Lalande de Pomerol). Le terroir d'exception de ce château est situé sur la Haute-Terrasse de Figeac-Pomerol, sur 11 hectares, contigu au prestigieux premier cru Cheval Blanc. Le vignoble produit un vin classé Saint-Emilion Grand Cru. L'accueil que l'on vous réserve ici est chaleureux.

LA TABLE DE CATUSSEAU €€

86, route de Catusseau ✆ 05 57 84 40 40
www.latabledecatusseau.fr

Le mardi et du jeudi au samedi le midi et le soir ; le mercredi midi. Menus de 38 € à 62 €. Formule du midi : 25 €.

A la Table de Catusseau, le chef Kendji Wongsodikromo imagine des recettes raffinées teintées de soleil et de produits du Sud-Ouest dans un esprit bistronomique. De grands moments pour nos papilles, c'est certain ! Le menu « Catusseau » est une jolie façon de découvrir la cuisine de ce chef néo-calédonien. Vous pourriez également avoir envie de vous laisser surprendre par le menu « inspiration du chef » en 4 services et pour l'ensemble des convives. Expérience gustative garantie, y compris si vous choisissez la formule du midi en semaine. Réservation recommandée.

CHATEAU PETIT-VILLAGE

126, route de Catusseau
✆ 05 57 51 21 08
www.petit-village.com

Visite et dégustation du lundi au vendredi sur réservation. Tarif individuel : 18 €. Boutique en ligne.

Situé au plus haut du plateau de Graves, au cœur de l'appellation Pomerol, le château Petit-Village forme une sorte de village, dont on raconte qu'il aurait donné son nom à la propriété. L'architecture actuelle présente un ensemble très sobre et lumineux alliant tradition et modernité. L'encépagement compte 80 % de Merlot, 15 % de Cabernet-franc et 5 % de Cabernet-sauvignon. Chaque année, la production est d'environ 3 500 caisses de Château Petit-Village et 1 300 caisses pour Le Jardin de Petit-Village, composé essentiellement de Merlot.

SAINT-EMILION ★★★

Cette cité médiévale a été fondée au VIIIe siècle par un moine breton, Emilian. A la fin du XIe siècle, les bénédictins entreprirent de creuser l'église monolithe, une œuvre monumentale qui demanda une dizaine d'années de travail. Au cours des siècles suivants, des religieux d'autres congrégations élevèrent des couvents et des églises dans la ville puis la ceinturèrent de remparts. Jean sans Terre fonda véritablement la ville en 1199 et lui donna une organisation politique sous forme de jurade. Entouré de coteaux calcaires, Saint-Emilion se consacre au vin et commerce avec l'Angleterre pendant la guerre de Cent Ans. La ville se couvrit de maisons bourgeoises et d'hôtels particuliers, tandis que les riches propriétaires entreposèrent leur vin dans 70 hectares de galeries souterraines. De tous les villages de France, Saint-Emilion est certainement l'un des plus riches en nombre de monuments historiques. Il y a notamment l'église troglodytique Saint-Pierre réalisée du IXe au XIIe siècle, les carrières, les catacombes, la chapelle de la Madeleine, la commanderie, le couvent des Cordeliers et celui des Dominicains. Etape rituelle des pèlerins de Saint-Jacques-de-Compostelle, ceux-ci honoraient les reliques de saint Emilion dans l'église souterraine. A voir aussi : l'église collégiale et son cloître. Le portail du couvent des Jacobins est orné d'une sculpture du XVe siècle. Saint-Emilion est aussi le premier vignoble inscrit au patrimoine mondial par l'Unesco. Ses paysages autant que son patrimoine, ses saveurs et le charme de cette cité de caractère vous séduiront à coup sûr.

CLOÎTRE DES CORDELIERS

2, rue de la Porte Brunet
✆ 05 57 24 42 13
www.lescordeliers.com
Ouvert toute l'année. Jours et horaires d'ouverture variables selon la saison. Bar. Restaurant & snacking. Boutique.

Classé Monument historique et inscrit au Patrimoine mondial de l'Unesco, le cloître des Cordeliers date du XIVe siècle. A cette époque, Les Cordeliers, qui cultivaient déjà la vigne, ont occupé les lieux jusqu'à la Révolution française. A la fin du XIXe siècle, les sous-sols furent transformés en chais et en caves. Après une visite commentée du cloître, des jardins et des caves à 20 mètres sous terre, vous découvrirez et appréhenderez la méthode traditionnelle de production des vins effervescents. Le tuk-tuk tour inclut une visite du village de Saint-Emilion.

ECOMUSÉE DU LIBOURNAIS

✆ 06 37 64 81 36
www.ecomusee-libournais.com
Visite guidée (toute l'année, sur réservation uniquement). Adulte : 7 € (tarif réduit : 5 €).

L'Ecomusée du Libournais se trouve dans un bel écrin architectural du Grand Saint-Emilionnais : le Château Petit Faurie de Soutard. Attendez-vous à un voyage en terres de vins avec découverte du patrimoine et dégustation. Les visites guidées organisées sur réservation devraient vous permettre de vous approprier l'histoire de ce territoire et ses habitants, mais aussi des savoir-faire, de l'environnement naturel… La période de référence se situe principalement entre la seconde moitié du XIXe siècle et la période contemporaine. Comptez 1h15 sur place.

LA TOUR DU ROY

Rue des Jurats ✆ 05 57 55 28 28
www.saint-emilion-tourisme.com
Ouvert de février à décembre (horaires variables selon la saison). Gratuit jusqu'à 6 ans. Adulte : 2 €.

Le « castel daou rey », autrement dit « la tour du Roy », est le seul donjon encore intact en Gironde. Ce superbe édifice de 32 mètres de haut est donc un incontournable à Saint-Emilion. Envie de partir à l'assaut de ce témoin du passé ? Pour cela, il vous faudra gravir 118 marches, mais l'effort sera très rapidement suivi du réconfort, car la vue panoramique sur la ville est superbe. Construit au cours du XIIIe siècle, le donjon fut utilisé comme citadelle défensive jusqu'à la fin du XVIe siècle. On y proclame le Jugement du Vin Nouveau et le Ban des Vendanges.

SAINT-EMILION SOUTERRAIN

Place des Créneaux
✆ 05 57 55 28 28
www.saint-emilion-tourisme.com
Tous les jours sur réservation. Gratuit jusqu'à 10 ans. Adulte : 12 € (tarif réduit : 9 €).

Une visite incontournable et unique en son genre ! En compagnie d'un guide, vous plongerez dans les profondeurs de la cité, au cœur de la roche et ces galeries si secrètes. Durant la visite, vous comprendrez ainsi mieux l'organisation du patrimoine souterrain de Saint-Emilion. Entre légende et réalité, de l'histoire du moine Emilion – fondateur du village –, au creusement de la surprenante église monolithe, vous traverserez des siècles entiers chargés d'histoire à travers l'ermitage d'Emilion, la chapelle de la Trinité, les catacombes et l'église monolithe.

GIRONDE

© ESPERANZA33 - ISTOCKPHOTO

Le village de Saint-Emilion.

LE TRAIN DES GRANDS VIGNOBLES

© 05 57 51 30 71
www.train-des-grands-vignobles.com
D'avril à novembre. Adulte : 7 €. Enfant (3 à 12 ans) : 6 €. Train, visite et dégustation : 12 €. Billetterie en ligne.

Attention au départ ! Ce petit train touristique vous guidera à travers le magnifique terroir de Saint-Emilion. Cette excursion de 35 minutes vous invite à découvrir les châteaux les plus prestigieux de l'appellation. Si vous avez plus de temps, nous vous conseillons d'opter pour la balade commentée, qui, à mi-parcours, vous permet de faire une halte au château Rochebelle pour une visite de cave monolithe et une dégustation. Consultez les horaires de départ sur le site internet.

AU LOGIS DES REMPARTS*** €€

18, rue Guadet © 05 57 24 70 43
http://logisdesremparts.com
Chambre double à partir de 165 € ; suite à partir de 295 €. Petit déjeuner : 14 €. Parking fermé (selon la chambre).

Bien situé, l'hôtel Au Logis des Remparts vous reçoit dans un cadre absolument magnifique. Avec ses beaux extérieurs, ses terrasses arborées, sa piscine et ses vues imprenables sur les vignes, l'hôtel a les atouts pour vous plaire. Soigneusement décorées dans un style contemporain, les chambres sont parfaitement équipées. Peut-être aurez-vous la chance de séjourner dans l'une des suites de La Maison Gothique, le seul monument historique privé de Saint-Emilion du XVe siècle. L'établissement ne répond pas aux normes d'accessibilités aux personnes handicapées.

CHATEAU FLEUR DE ROQUES*** €€

Lieu-dit Roques - **PUISSEGUIN** © 07 86 85 20 65
www.fleurderoques.com
Fermé en janvier. Chambre double dès 95 € ; triple dès 105 € ; chambre/duplex familiale dès 125 €. Petit déjeuner 11 €.

Le château Fleur de Roques vous accueille dans un cadre magnifique et de caractère, au cœur des plus prestigieux vignobles du Bordelais. Installées au rez-de-chaussée et au 1er étage de cette belle demeure du XVIe siècle, les chambres sont spacieuses et décorées avec du mobilier ancien, ouvertes sur le parc ou la piscine. Profitez de votre venue pour déguster les vins d'appellation Puisseguin Saint-Emilion Contrôlée, dans une cave exceptionnelle située à six mètres sous le château.

PAVILLON DES MILLÉSIMES €€

3, rue de Lincent - **LUSSAC** © 07 60 56 77 34
https://pavillon-des-millesimes.fr/
Chambre double à partir de 165 €. Petit déjeuner inclus. Séminaires. Réceptions. Table d'hôtes privée.

C'est à Nathalie et David que l'on doit la restauration de ce lieu chargé d'histoire. Ils vous accueillent, vous conseillent et vous feront partager, à coup sûr, leur coup de cœur pour ce bel hôtel particulier du XIXe siècle situé en plein cœur d'une des plus prestigieuses régions viticoles, et aussi pour les trésors qu'offrent le Saint-Emilionnais et la Gironde. Dans cet environnement hors du temps, les chambres répondent au nom de Magnum, Impériale, Marie Jeanne (2 adultes + 1 enfant), Balthazar. Notez que la Table du Pavillon est une table d'hôtes privée.

LOGIS DES CORDELIERS €€

7, rue Porte Brunet © 07 82 78 01 55
www.logis-des-cordeliers.com
Fermé de novembre à Pâques. 4 chambres de 125 € à 175 € selon la saison. Petit déjeuner inclus. Wifi gratuit.

Le Logis des Cordeliers est une maison datant du XVIIIe siècle. En pierre, elle est située en plein centre de la ville, avec des vues privilégiées sur les plus beaux monuments. Les deux grandes fenêtres de la chambre du Roy offrent un superbe panorama sur la tour du Roy, le clocher et l'église monolithe. La chambre de Bacchus donne quant à elle, face au Cloître des Cordeliers. Spacieuses et de caractère, les chambres sont décorées avec goût (meubles de style, murs en pierre, parquet au sol, etc.). Un parking gratuit se trouve à moins de 50 mètres de la maison.

TINY HOUSE PARCEL. €€

© 01 76 40 29 90
www.parceltinyhouse.com
Ouvert toute l'année. A partir de 129 €/nuit avec petit déjeuner pour deux personnes.

Parcel. a installé sa première Tiny House dans les vignes du Château Champion, chez Véronique et Pascal. L'idée ? Proposer des séjours hors du temps, une initiation au *slow life* et au tourisme écoresponsable. Ici, pas de voisin, pas de wifi, ni de TV, mais l'essentiel pour se retrouver et (re) découvrir la beauté de la région. Fabriquée en France et construite en bois douglas issu de forêts éco-sourcées des Landes, la Tiny House est parfaitement équipée avec un lit double, une cuisine, une douche écologique et des toilettes sèches. C'est une parenthèse agréable.

LE RELAIS DE FRANC MAYNE €€€

14, la Gomerie ✆ 07 50 55 06 99
www.chateaufrancmayne.com

Ouvert du 2 avril au 15 novembre. 5 chambres de 175 € à 295 €. Petit déjeuner inclus. Visite et dégustation inclus.

Sous le toit de cette maison girondine du XVIIIe siècle, le Relais de Franc Mayne fait figure de halte idéale pour un séjour au cœur du célèbre vignoble. Dans cette charmante maison d'hôtes, les chambres profitent des jolies vues sur le jardin ou sur les vignes. Climatisées et bien équipées, elles sont conçues pour accueillir 2 à 3 hôtes. Les familles avec enfant sont les bienvenues. Pour une expérience insolite, optez pour le « Perchoir de Franc Mayne » avec son accès direct à la piscine naturelle. Adossé aux cèdres centenaires, la vue y est exceptionnelle.

LA CÔTE BRAISÉE €€

3, rue du Tertre de la Tente
✆ 05 57 24 79 65
www.cotebraisee.fr

Ouvert du jeudi au mardi le midi ; le lundi et du jeudi au samedi le soir. Menu : 19,50 €. Formule du midi : 15,90 €.

La Côte Braisée est un restaurant incontournable. On vous promet notamment de découvrir les nombreuses spécialités gastronomiques du Sud-Ouest cuisinées par Mika Pineau, et de déguster les fleurons de la viticulture française. Le plat signature de la maison est le fameux foie gras de canard mi-cuit. L'accueil est charmant et l'intérieur très agréable. Deux salles climatisées permettent de vous accueillir ; la première dans une cave voûtée creusée en pierre de taille et la seconde, plus traditionnelle, dans la partie haute du restaurant donnant sur une terrasse.

L'ENVERS DU DECOR €€

9, rue du Clocher
✆ 05 57 74 48 31
www.envers-dudecor.com

Ouvert tous les jours le midi et le soir. Réservation recommandée. Plats de 24 à 36 €. Formule du midi : 32 €. Terrasse.

Premier bar à vin historique de Saint-Emilion, L'Envers du Décor a ouvert en 1987 et transmis aux propriétaires du château Pavie en 2017. Lauréat de la meilleure carte des vins en France au Grand Prix de la Presse du Vin, L'Envers du Décor ne nous déçoit jamais. Si la carte des vins est à se damner, la cuisine du marché n'a pas à rougir. Les pâtisseries et le pain sont faits maison. Le tout est signé par le chef Bertrand Bordenave ! La cave creusée dans le rocher ainsi que la cheminée rend l'endroit très agréable et chaleureux en hiver. Réservation conseillée.

LE RELAIS DE GASCOGNE €€

3, Lieu-dit Peyrouquet
✆ 05 57 47 15 02

Ouvert du lundi au vendredi de 7h à 17h. Menus de 14 € (le midi) à 25 €. Terrasse.

Non loin de Saint-Emilion, le Relais de Gascogne est entre les mains de Ludovic et Elisabeth. Et les habitués de ce routier vous le diront, tout est comme avant, mais en mieux ! Seuls l'équipe au service et les prix – imbattables – n'ont pas changé. Ici, on vous propose désormais une cuisine maison et généreuse dans une formule entrée/plat/fromage ou dessert et boisson ou café à 14 euros ! Ont-ils réussi leur pari ? Oui, et haut la main avec de belles suggestions ! Profitez des belles terrasses aux beaux jours et pensez à cette adresse pour vos événements.

LA RÉSERVE DU PRESBYTÈRE €€

22, Grand Rue - **MONTAGNE**
✆ 05 57 79 03 43
www.lareservedupresbytere.fr

Du mardi au samedi midi et soir ; le dimanche midi. Menus de 19 à 46 € ; le dimanche de 29 à 35 €. A emporter. Traiteur.

Au milieu des vignes, La Réserve du Presbytère est un lieu d'exception. Sur la place de l'église, le restaurant profite d'une jolie terrasse. A la carte, une proposition bistronomique s'ajoute au menu gastronomique. Le chef Jean-François Robert vous régale avec ses assiettes maîtrisées, colorées et gourmandes à base de produits frais du terroir : feuille à feuille de haddock aux coings, Saint-Florent à la noix de coco, ananas rôti au beurre demi-sel flambé au rhum et sorbet mangue passion... L'endroit accueille vos réceptions, séminaires, repas d'affaires.

LA TABLE DE MARGOT €€

Lieu-dit Roques - **PUISSEGUIN**
✆ 05 57 74 55 69
https://fleurderoques.com/

Ouvert du mardi au samedi le soir ; du mercredi au dimanche le midi. Sur réservation uniquement. Menu unique à 35 €.

Issue de la tradition vigneronne, le restaurant La Table de Margot est ouvert à tous les visiteurs du Château Fleur de Roques ainsi qu'aux clients de l'hôtel. Le midi et le soir, sur réservation uniquement, La Table de Margot vous propose une cuisine de qualité et raffinée, servie dans l'une des grandes salles voûtées ou en mezzanine. Vous pourrez ainsi profiter d'une belle carte des vins. Le lieu est idéal et les possibilités sont grandes pour organiser toutes sortes d'événements. Comme l'hôtel, le restaurant est fermé pour les fêtes de fin d'année et en janvier.

LA TABLE DE PAVIE €€€

5, place du Clocher
✆ 05 57 55 07 55
https://hoteldepavie.com/

Collège Culinaire de France. Relais & Châteaux. Fermé le jeudi au déjeuner et le dimanche et le lundi toute la journée.

Plusieurs fois récompensé de 3 étoiles, le chef Yannick Alléno s'exprime et sublime les produits locaux. Sa cuisine raffinée et moderne s'accorde avec les cépages Saint-Emilionnais et Bordelais. Huîtres Belon pimentées au chorizo, consommé pris et melba de lard, sole au plat à la farce fine et embeurrée de chou à la truffe blanche, civet blanc de homard bleu à la bordelaise et arroche pourpre, pailles feuilletées au chocolat cuites sur un pavé du village, délicate gelée au cognac et glace à l'orge… Tenue correcte exigée et réservation recommandée.

CHÂTEAU FONRAZADE

8, lieu-dit Fonrazade ✆ 05 57 24 71 58
www.chateau-fonrazade.com

Visites et dégustations, du lundi au vendredi (8h à 18h) ; le week-end et les jours fériés sur rdv. Boutique en ligne.

Le château Fonrazade se trouve à deux pas du village médiéval de Saint-Emilion, au cœur d'un terroir millénaire prestigieux classé au Patrimoine mondial de l'Humanité par l'Unesco. Ouverte aux visites et à la dégustation, cette belle propriété contiguë au Premier Grand Cru Classé Château Angélus produit notamment un Saint-Emilion grand cru 2015. Nos œnologues l'ont dégusté. « *Le nez est éclatant de fruits rouges frais et d'épices orientales qui amènent de la chaleur. En bouche, l'attaque est soutenue avec des tanins croquants et fruités. Beaucoup de fraîcheur* ».

ATELIER PAYTRA FOUQUET

42, rue Guadet
✆ 07 86 56 11 81
www.latelierpaytrafouquet.fr

Ouvert du mardi au samedi de 12h à 17h30 ; le dimanche de 13h à 17h30. Boutique en ligne.

En collaboration avec Patrick Fouquet, maître confiturier, champion du monde 2018, Janick Paytra se lance à son tour dans la confection de confitures artisanales. Il participe pour la première fois en 2019 aux Confituriades ; après quelques mois d'exercice et fut médaillé d'or de l'Ordre des Maîtres confituriers. Janick confectionne ses confitures dans son atelier/boutique et s'approvisionne au maximum en circuit court : mirabelles de son village, fraises de Dordogne, abricots du Roussillon, kiwis du Lot-et-Garonne… Un joli souvenir à rapporter de Saint-Emilion.

LA BOUTIQUE & LA CAVE À VIN DES CORDELIERS

2 bis, rue de la Porte Brunet ✆ 05 57 24 42 13
www.lescordeliers.com

Ouvert toute l'année. Jours et horaires d'ouverture variables. Boutique en ligne. Bar. Restauration. Visites guidées.

Cette incroyable boutique se trouve dans une ancienne église du XVe siècle. Si ce n'est pour une virée shopping, les lieux méritent vraiment le coup d'œil. Vous y trouverez aussi de très nombreux produits et souvenirs à rapporter : produits d'épicerie fine, cosmétiques, pièces déclinées autour des arts de la table, du plaisir de cuisiner et décorer… Sans oublier l'art de servir le vin ! Et toute la gamme de vins effervescents millésimés, des vins rouges, rosés et blancs de la maison.

CHÂTEAU CORBIN

✆ 05 57 25 20 30

Ouvert du lundi au vendredi. Visite et dégustation sur réservation. Boutique.

Après avoir serpenté les routes de Pomerol et aperçu les premières vignes de Saint-Emilion, deux majestueux piliers font leur apparition. Empruntez l'allée bordée de charmes et de marronniers… Petit à petit, le Château Corbin se découvre à vous. Fabuleux héritage des siècles passés, son architecture est mise en valeur par une rénovation moderne, respectueuse de l'histoire du domaine. La légende raconte que les terres auraient appartenu au Prince noir. Et puis il y a le cuvier, de style résolument moderne. Ici, technologie et élégance cohabitent avec harmonie.

CHÂTEAU CORBIN MICHOTTE

1, Croque-Michotte
✆ 05 57 25 20 30

Visite et dégustation sur rendez-vous.

Ancienne possession du Prince Noir, le domaine a fait peau neuve en 2010, lorsque les chais furent reconstruits. Ce Grand Cru est la propriété de la famille Boidron qui a commencé l'élaboration du vin en 1760, au rythme de la nature. Ici, pas d'herbicides, on vendange à la main. Seuls les lots de parfaite qualité sont mis en bouteille au Château. Le vin est conservé en cave souterraine. De cette qualité de travail résultent les prix et les médailles obtenus. La famille Boidron est à la pointe des nouvelles technologies. Une visite s'impose !

GIRONDE

CHÂTEAU HAUT-PIQUAT

LUSSAC ✆ 06 59 62 01 70

www.chateau-haut-piquat.com

Visite découverte : 8 €. Accords Mets & Vins : 40 €. Déjeuner sur l'herbe : 22 € ; déjeuner vigneron : 35 €. Boutique.

Le Château Haut-Piquat offre une superbe vue sur les collines peignées de vignes et de bois, notamment sur le tertre de Picampeau où se trouve un étonnant mégalithe. La première propriété a été acquise en 1972 dans le cadre de la stratégie de développement des frères Rivière. Un superbe chai de 460 barriques a été construit en 1997. Le vin y vieillit 18 mois dans des fûts de chêne dont un tiers est renouvelé chaque année. Le Château Haut-Piquat offre des vins de belle robe soutenue, au bouquet délicat, alliant finesse et rondeur en bouche. De grands vins de garde.

CHÂTEAU PIPEAU

12, Barbeyron

✆ 05 57 24 72 95

www.chateaupipeau.com

Ouvert du lundi au vendredi de 9h à 12h et de 14h à 18h. Visite et dégustation (de préférence sur rdv) à partir de 8 €.

Château Pipeau est un vin rouge d'Appellation Saint-Emilion Grand Cru. Le domaine viticole de 25 hectares est exploité depuis 1929 par la même famille. Les quatre générations qui se sont succédé ont transmis un savoir-faire qui permet de rendre ce vin unique. Aujourd'hui, c'est Richard, Brigitte et Jean – des amoureux du terroir –, qui dirigent la propriété viticole. La famille est également propriétaire du Château Joinin. Un coup de cœur pour nos œnologues lors de la dégustation à l'aveugle ! Un drôle de nom d'accord, mais un grand vin, c'est sûr.

CHÂTEAU TOUR GRAND FAURIE

7, Grand Faurie

✆ 05 57 74 49 03

www.tourgrandfaurie.com

Visites et dégustations gratuites du lundi au samedi sur réservation. Boutique à Saint-Emilion et boutique en ligne.

Isabelle et Franck Feytit (4e génération) produisent un excellent vin récompensé par une médaille d'or au Concours Général Agricole de Paris en 2014 (Château Tour Grand Faurie 2012), une médaille d'argent et une médaille d'or pour le Feytit Divon en Saint-Georges Saint-Emilion en 2010. La même année, le Château Tour Grand Faurie en Saint-Emilion Grand Cru 2011 est classé 87/100 dans le guide Gilbert et Gaillard. Rendez-vous à la boutique au 16 rue Guadet à Saint-Emilion.

CLOS DES MENUTS

2, place du Chapitre ✆ 05 57 74 45 77

www.clos-des-menuts.com

Ouvert toute l'année. Jours et horaires d'ouverture variables selon la saison. Visite libre, gratuite et sans rdv.

Le Clos des Menuts, AOC Saint-Emilion Grand Cru, est une propriété viticole incontournable qui possède de superbes caves médiévales monolithes. Un souterrain dans son jus avec ses bouteilles poussiéreuses, ses recoins et murs en pierre sculptés ! En remontant dans la boutique, vous profiterez d'une dégustation et repartirez sans doute avec quelques bouteilles, coffrets ou accessoires. Les promotions et les bons plans d'un excellent rapport qualité-prix sont de belles occasions à saisir. L'hiver et sur réservation, offrez-vous un vrai cours de dégustation (90 min).

COUTELLERIE LAGUIOLE SAINT-ÉMILION

4, rue de la Cadène

✆ 05 57 24 75 42

www.laguiole-saint-emilion.com

Ouvert tous les jours de 10h à 19h. Fermé en décembre, janvier et février.

Dans son atelier, Didier confectionne des couteaux certifiés Laguiole en Aubrac dont les ateliers sont situés en « Zone d'origine Laguiole » ; la garantie de l'authenticité et de la fabrication artisanale de toutes ses collections de couteaux. Très connus et très prisés par les amateurs de beaux objets et de bons vins, pourquoi ne rapporteriez-vous pas aussi, un couteau sommelier Laguiole en Cep de Vigne, en Olivier, en Genévrier ou encore en Ebène ? Les premiers prix sont abordables.

LA MAISON DU VIN DE SAINT-ÉMILION

Place Pierre Meyrat ✆ 05 57 55 50 55

www.maisonduvinsaintemilion.com

Ouvert toute l'année. Jours/horaires d'ouverture variables. Stages/initiations à la dégustation de 20 à 50 €. Boutique.

Vous êtes à la découverte du vignoble bordelais ? La Maison du vin de Saint-Emilion est une bonne entrée en matière ! A la fois lieu d'expositions et de dégustations, le Maison du vin de Saint-Emilion a aussi une boutique avec plus de 450 références. Dans le salon de dégustation, vous découvrirez les appellations Saint-Emilion, Saint-Emilion Grand Cru, Lussac Saint-Emilion et Puisseguin Saint-Emilion. En compagnie d'un sommelier formateur, on vous délivrera les clés de la dégustation.

VIGNERONS DE PUISSEGUIN LUSSAC SAINT-EMILION

PUISSEGUIN ✆ 05 57 55 50 45
https://boutique.puisseguin-lussac.com
Ouvert du lundi au vendredi de 9h à 18h ; le samedi de 9h à 12h. Visite guidée gratuite. Boutique et boutique en ligne.

Fondée en 1937, cette cave coopérative de 203 adhérents couvre plus de 1 100 hectares de vignes AOC dans le Saint-Emilionnais. Les cuvées Renaissance sont produites à partir de vieilles vignes âgées d'une trentaine d'années. Pour en savoir plus, nous vous conseillons de visiter les chais, mais au-delà de 7 personnes, il est vivement conseillé de réserver. Présents sur 6 appellations, les Vignerons de Puisseguin Lussac Saint-Emilion vous feront partager leur métier et leur passion.

SAINTE-FOY-LA-GRANDE

Le frère de Saint Louis (Alphonse de Poitiers) ordonne l'édification de la nouvelle ville en 1255. Les rues sont tracées en damier et une halle entourée de couverts est érigée Place Centrale. Quelques décennies plus tard, la ville est entourée de murailles flanquées de tours et cinq portes. Au Moyen Âge, la fin de la guerre de Cent Ans amène la prospérité, donnant lieu à la construction de belles demeures. La ville a toujours occupé une position particulière entre le Périgord et l'Agenais, tant sur le plan historique, religieux que géographique et administratif. La cité est aussi, et paradoxalement, l'une des plus petites communes de France.

Office de tourisme de Sainte-Foy-la-Grande.

LE VICTOR HUGO €€

101, rue Victor Hugo
✆ 05 57 41 35 43
Ouvert toute l'année. 10 chambres à partir de 59 €. Petit déjeuner : 7,90 €. Formule étape de 79 € à 86 €. Restauration.

L'hôtel Le Victor Hugo est situé près de la place Paul Broca, dans une petite rue semi-piétonne portant le même nom. L'établissement offre une prestation d'un bon rapport qualité-prix. Les chambres – 4 standards, 3 twins et 3 supérieures – sont simples, mais confortables avec une bonne literie. Par ailleurs, elles sont équipées d'une télévision et d'un bureau. Chacune possède sa propre salle de bains. Le Victor Hugo, c'est aussi un restaurant de cuisine traditionnelle, maison et goûteuse à prix abordables. L'accueil est chaleureux, l'équipe très serviable.

CÔTÉ BASTIDE €€

4, rue de l'abattoir
✆ 05 57 46 14 02
www.cote-bastide.org
Du mardi au samedi le midi et le soir (fermé le mardi soir en basse saison). Réservation conseillée. Menus de 24 à 30 €.

Côté Bastide (BIB Gourmand 2021 Guide Michelin) est sûrement l'une des meilleures tables de Sainte-Foy-la-Grande. En été, on profite de la terrasse installée dans un joli jardin et l'hiver, de la chaleur du poêle dans la cheminée. Ouverte sur l'entrée du restaurant, la cuisine en ébullition se laisse apprécier ! Laurence concocte une cuisine créative et gastronomique très bien maîtrisée, avec une cuisson toujours parfaite des produits frais et de qualité. De son côté, Cédric saura parfaitement vous conseiller sur le vin à choisir pour sublimer les mets.

MARCHÉ DE SAINTE-FOY-LA-GRANDE

Le samedi matin.

Faisant la notoriété de la bastide, le marché hebdomadaire du samedi matin a été élu « Marché préféré des Français » en 2014. Très dynamique et animé, convivial, accueillant et authentique, il compte parmi les 100 Marchés d'Exception de France ! Notez qu'un petit marché de producteurs locaux se tient tous les matins sur la place de la Mairie. En juillet et août, le jeudi, la terrasse François Mitterrand s'anime aux couleurs d'un Marché de Producteur de Pays®.

CADILLAC ★

Bastide du XIIIe siècle fortifiée au XIVe siècle, Cadillac borde la rive droite de la Garonne à une trentaine de kilomètres au sud de Bordeaux. La ville fut fondée en 1280 par Jean de Grailly, sénéchal d'Aquitaine, pour le roi d'Angleterre Henri III. De ses fortifications du XIVe siècle, elle conserve de beaux vestiges, ainsi que son plan intra-muros découpé en îlots rectangulaires. Le mieux est encore de laisser sa voiture le long des remparts pour faire le tour de la cité à pied, sans manquer une visite au très beau château des ducs d'Epernon. Par ailleurs, le vignoble de Cadillac produit un vin réputé que vous auriez tort de ne pas découvrir.

Cadillac.

LE TOUR DES REMPARTS DE LA BASTIDE

Fondée en 1280 pour le roi d'Angleterre, la Bastide de Cadillac mérite une promenade. Commencez par sa place centrale à arcades avec sa halle et ses maisons anciennes, puis par la tour de l'Oeuille avant d'emprunter le Ruet, un passage insolite aménagé entre les maisons et le rempart qui faisait jadis le tour de la cité. Plus loin, vous pourrez admirer la porte de la Mer avec sa haute tour carrée et son échelle de crue et la porte de l'Horloge du XIVe (transformée au XVIIIe).

CHÂTEAU DE CADILLAC ★

4, place de la Libération

✆ 05 56 62 69 58

www.chateau-cadillac.fr

Ouvert toute l'année. Jours et horaires d'ouvertures variables selon la saison. Adulte : 6 €. Visite guidée.

L'histoire du château de Cadillac est liée à celle de Jean-Louis de Nogaret de la Valette, premier duc d'Epernon et personnage ambitieux qui fut d'abord mignon à la cour d'Henri III, puis haut personnage sous Henri IV et Louis XIII. Henri III l'avait fait duc et avait arrangé son mariage avec Marguerite de Foix-Candale, fille du seigneur de Cadillac et unique héritière d'une riche famille. Sous l'impulsion d'Henri IV, il fit alors raser l'ancien château médiéval des Foix pour le remplacer par une somptueuse demeure dont le luxe devait rivaliser avec celui des résidences royales. La première pierre fut posée en 1599 et les travaux se poursuivirent durant 30 ans. Endommagé à la Révolution, le château, acquisition de l'Etat, fut transformé en prison pour femmes durant 130 ans, jusqu'à la fin du XIXe siècle, puis en centre d'éducation surveillée pour jeunes filles jusqu'au milieu du XXe siècle. L'intérieur du château a été restauré pour renouer avec son décor original, témoignant ainsi pleinement de son double héritage. La visite permet de découvrir ses plafonds lambrissés, plusieurs tapisseries et surtout, de magnifiques cheminées monumentales en marbre, richement décorées. C'est l'un des premiers exemples d'architecture à la française. La visite libre dure 1h, mais la visite guidée a tout son intérêt. De nombreux rendez-vous culturels (expositions, visites-découverte, animations en famille, spectacles vivants, événements...) sont organisés toute l'année. Le château est situé à 35 km au sud-est de Bordeaux.

DOMAINE PASCAUD €€

Lieu-dit Pascaud RD 10

RIONS

✆ 09 81 11 12 26

www.domainepascaud.com

Pour 6 personnes (3 chambres) à partir de 250 €. Piscine extérieure. Parc. Réceptions et mariages.

Jouxtant les anciens chais, le gîte du Domaine Pascaud n'est pas souvent libre le week-end en raison de la privatisation des lieux par les amoureux qui se disent oui. Avec un peu de chance, ou la semaine, le gîte est une belle adresse où se détendre et profiter d'un environnement apaisant. Très lumineuses, les trois belles chambres (dont une suite nuptiale) avec mur en pierres et poutres apparentes ont été redécorées avec goût et sobriété. Dans la maison de maître deux fois centenaire, la cuisine équipée vous permet de préparer et prendre vos repas sur place.

LE CAFÉ DE LA LIBERTÉ €€

11, place Gambetta - **PAILLET**
✆ 05 57 95 46 98
www.lecafedelaliberte.fr
Ouvert tous les jours le midi ; le vendredi et le samedi le soir. Menus de 24 € à 31 €. Formule du midi : 13,90 €.

Le Café de la Liberté est un de ces endroits que l'on fréquente par habitude, parce que c'est bon, mais aussi pour le cadre est agréable et l'équipe, vraiment accueillante. N'oubliez pas d'avoir grand-faim en venant ici, car les assiettes sont plutôt copieuses. Brasserie de campagne à la fois chic et tendance, Le Café de la Liberté a l'exigence du fait maison et inscrit sa cuisine dans une démarche qualité en privilégiant les producteurs locaux. On vient aussi pour un café ou un verre. Mathieu cartonne également partout où il va avec son tournebroche ambulant.

LE PETIT NAPLES €€

7, rue Porte de la Mer
✆ 05 56 27 47 63
www.lepetitnaples-cadillac.fr
Ouvert du mardi au samedi le midi et le soir. Réservation conseillée. Pizzas de 10,80 € à 15,20 €. Terrasse. A emporter.

A l'abri d'une petite ruelle, cette trattoria raconte l'histoire de la vie d'un artisan pizzaïolo depuis plus de 40 ans ; Francesco un vrai Napolitain. Il a voyagé et travaillé en Calabre, à Venise et jusqu'à Paris où il devient l'un des *pizzaïoli* les plus demandés. Ses pizzas à la farine bio semi-complète, étalées à la main et cuites sur la pierre, ont le bon goût de l'Italie. La pâte est croustillante et légère, les garnitures sont savoureuses. Tous les plats étant réalisés sur place à la minute, il faudra parfois s'armer d'un peu de patience.

LA CABANE DE L'ENTRÉE DU JARDIN

27, avenue du Pont
✆ 05 56 76 96 96
www.restaurant-entree-jardin.com
Ouvert en haute saison, du mardi au samedi à partir de 18h. Bar à tapas.

Vin, tapas, grillades... Serait-ce la recette du bonheur ? Annexe de L'entrée du jardin, la Cabane vous accueille en toute simplicité. Signées par le Chef Didier Berguey, les tapas sont faites maison. La saison est animée par des concerts et autres rendez-vous à ne pas manquer. Les animations varient au gré des envies et des opportunités. Ce sympathique repère estival étant soumis aux caprices de la météo, nous vous conseillons tout de même de garder un œil sur leur page Facebook.

CHÂTEAU DU PAYRE

13, Le Vic - **CARDAN** ✆ 05 56 62 60 91
www.chateau-du-payre.fr
Tous les jours sur rdv. Visites et dégustations de 5 à 8 €. Vendanges en famille : 7 €. E-boutique. Chambres d'hôtes.

Au château du Payre, on fait la rencontre de Valérie Labrousse-Marcuzzi, viticultrice de la 5e génération à reprendre le domaine qui se transmet de mère en fille depuis 1881. Deux formules vous permettront de découvrir les merveilles de ce château : la visite *Bacchus* avec explication du mode de culture, passage dans les chais et dégustation de 3 vins et la visite *Verticale* suivie d'une dégustation accompagnée d'un plateau de fromages. Plus insolite : une séance de sophrologie guidée olfactivement par la gamme des vins, récompensée par un Best of Wine Tourism 2019

MAISON DES VINS

D10, Route de Langon
✆ 05 57 98 19 20
www.maisondesvinsdecadillac.com
Ouvert toute l'année. Jours et horaires d'ouverture variables selon la saison. Visite du musée et dégustation : gratuit.

Aux portes de la bastide de Cadillac, la Maison des Vins est installée au sein d'une chartreuse du XVIIIe siècle. Elle abrite un musée récompensé par un « International Best of Wine Tourism ». Vous découvrirez l'histoire de la vigne, les origines des AOC – Cadillac, Cadillac Côtes de Bordeaux et Premières Côtes de Bordeaux –, les sols, les étapes de fabrication... Un piano olfactif permettra en plus de vous initier aux différents arômes. La Maison des Vins vous propose encore des dégustations et un parcours pédagogique dans les vignes autour des cépages.

MARCHÉ DE CADILLAC

Le samedi de 8h à 13h.

Une visite au marché de Cadillac s'impose ! Perpétuant une tradition de plus de huit siècles, ce marché très animé est le plus important du Sud-Ouest. Tous les samedis matin, près d'une centaine de commerçants investissent la bastide et les remparts de la ville pour vendre leurs produits de qualité. Les fruits, les légumes, les produits locaux, mais également les objets artisanaux font le bonheur des locaux et des touristes. Vous trouverez également de nombreux produits bio dans une allée dédiée. Plaisir des sens et convivialité seront au rendez-vous.

CRÉON

Fondée en 1315 par Amaury de Craon, sénéchal du roi d'Angleterre, Créon qui voit ses foires et marchés fleurir devient une véritable ville-campagne et un pôle économique majeur aux portes de Bordeaux. Avec ses arcades, la place centrale de la Prévôté est typique des bastides. Datées de différentes époques (XVIIIe ou XIXe siècle), les façades dont certaines sont ornées d'éléments sculpturaux valent le coup d'œil. Parmi les richesses patrimoniales : son église qui abrite une Vierge à l'Enfant du XIIIe siècle ou encore son clocher massif. Première ville à devenir Point Relais Vélo de France, Créon profite d'un gigantesque réseau de pistes cyclables.

ARBOR ET SENS

Route départementale 121
SAINT-GENÈS-DE-LOMBAUD
✆ 06 99 74 45 67 - www.arbor-et-sens.fr

Ouvert d'avril à octobre (jours et horaires variables). Tarifs de 12 à 20 €. Chèque Vacances. Aire de pique-nique.

Ce parc d'aventure propose des circuits pour enfants, débutants ou amateurs de sensations fortes, au cœur d'une forêt naturelle bien respectée (Zone Naturelle d'Intérêt Ecologique Faunistique et Floristique). Sauts de Tarzan, tyroliennes, ponts de singe... A travers ses chênes multicentenaires, évoluez à votre rythme avec une équipe de pro' qui vous encadre en toute sécurité et bonne humeur ! Pour les plus courageux, le parcours extrême vous entraînera à des hauteurs vertigineuses et vous pourrez même effectuer le saut le plus haut de Gironde à 15 mètres du sol.

ÉGLISE NOTRE-DAME

Rue Amaury de Craon

Modifiée de nombreuses fois au fil des ans, sa construction a commencé au début du XIVe siècle. A ce jour, elle est dotée d'une nef gothique voûtée d'ogives, à cinq travées. Le chœur est de style Renaissance. De l'extérieur, vous admirerez surtout le massif clocher à tour carrée, surmonté d'un clocheton. Inscrite au titre des Monuments historiques, l'église abrite quelques objets intéressants, telle la statue de la Vierge à l'Enfant, présentée debout et couronnée. L'orgue, réalisé par Georges Wenner, est également intéressant et rare.

HÔTEL ATENA** €

55, avenue de l'Entre-Deux-Mers
✆ 05 40 25 15 61
www.hotelatena.fr

Ouvert toute l'année (accueil 24h/24). 46 chambres à partir de 55 €. Petit déjeuner buffet : 9 €. Parking et local vélo.

Confortable et calme, l'hôtel est situé à une vingtaine de minutes de Saint-Emilion, mais aussi de Bordeaux, et à 5 minutes de l'Abbaye de la Sauve-Majeure. Avec une bonne literie, les chambres sont réparties en quatre catégories : double, triple, twin et familiale. Deux chambres doubles du rez-de-chaussée ont été entièrement équipées pour les personnes à mobilité réduite. Une attention particulière est portée sur la qualité du petit déjeuner. Enfourchez un vélo pour découvrir l'une des plus belles voies vertes de France : la piste cyclable Roger Labépie.

CAMPING BEL AIR €€

150, Route Départementale 671 - **SADIRAC**
✆ 05 56 23 01 90
www.camping-bel-air.com

Ouvert toute l'année. Emplacement de 21 à 29 €. Mobil-homes (2/6 pers.) de 420 € à 707 €/semaine. Bar-snack. Animations.

Entouré de châteaux, de vignes et de monuments historiques, le Camping Bel Air*** est le lieu idéal pour vos vacances. Et l'atmosphère familiale vous permettra vraiment de décrocher. On apprécie le parc aquatique et son toboggan géant de 3 pistes. Pétanque, mini-golf, terrain multisports, trampoline et espace bien-être raviront les enfants autant que les parents. Vous trouverez tous les renseignements sur place pour vos balades sportives, culturelles et gourmandes. Pour venir en caravane ou toile de tente, le camping est ouvert du 14 février au 30 novembre 2022.

LA CLOSERIE €€

15, chemin de Menusey - **SADIRAC**
✆ 06 85 54 81 10
www.lacloserie33.com

Chambre double de 95 € à 125 €/nuit, de 650 € à 800 €/semaine. Petit déjeuner inclus. Wifi. Bain bouillonnant. Piscine.

C'est au cœur d'un grand parc arboré sans vis-à-vis, que Gilles et Stéphan vous accueillent (adultes uniquement) dans cette maison de style californien. Avec sa belle piscine et son spa sur réservation, vous apprécierez les moments de farniente et de calme. La Closerie propose deux chambres décorées avec art et finesse, modernité et raffinement. Le petit déjeuner, copieux et fait maison, peut être servi dans la salle commune, dans votre chambre ou sur la terrasse au bord de la piscine. Pour une balade à vélo, il se peut bien que vos hôtes puissent vous en prêter.

SAVEURS NOMADES €

28, rue Jean Baspeyras ✆ 05 56 52 85 01
www.auxsaveursnomades.fr

Ouvert du mardi au samedi le midi et le soir ; le dimanche midi. Fermé le jeudi soir. Menus de 15,90 à 28 €. A emporter.

Empruntant des saveurs métissées, Saveurs Nomades vous invite à un savoureux et sympathique voyage. Les produits sont frais, le vin est du coin et il y a même une petite terrasse pour manger en toute tranquillité. Ici, c'est comme à la maison, mais en mieux grâce aux fantaisies du chef. Autre particularité : le bento (concept japonais) ! Pensez à commander le vôtre pour une pause déjeuner rafraîchissante et bien méritée ou pour vous régaler le soir. Vous y trouverez tout ce dont vous avez besoin : une entrée, un plat et un dessert. Malin et toujours aussi bon !

LA GRANGE À POULET €€

40, place de la Prévôté
✆ 06 67 48 23 78

Ouvert du mercredi au dimanche le midi et le soir. Livraison le soir. Terrasse. Vente à emporter.

Nuggets, aiguillettes, brochettes, manchons tex-mex, lasagnes, boulettes à l'indienne... Au poulet ! Ici, on décline le poulet fermier Label Rouge IGP sous toutes ses formes. Et si le choix est trop difficile, on opte pour l'assiette de tapas où l'on retrouve quelques-unes des recettes de la maison ainsi que les délicieuses pommes de terre grenailles ; les mêmes qui accompagnent le traditionnel poulet rôti du dimanche. A La Grange à Poulet, c'est tous les jours dimanche ! Pour varier les plaisirs : les délicieux burgers à base de poulet !

CHÂTEAU DE CAMARSAC

30, route de Bergerac - **CAMARSAC**
✆ 06 35 46 47 03
http://camarsac.com/

Ouvert du mardi au samedi de 10h à 13h et de 14h à 18h ; tous les jours de 10h à 19h en été. Visite guidée : 12 €.

Venez admirer un site historique d'exception au cœur de l'Entre-deux-Mers, découvrir un terroir et agrémenter ces plaisirs par un voyage gustatif à travers les vins de Thierry Lurton. Ancienne forteresse des XIe et XIIIe remaniée en 1857, le château de Camarsac domine des vallons à l'allure toscane. Les cépages (merlot, cabernet-sauvignon et cabernet-franc) sont cultivés sur 67 hectares d'un terroir argilo-graveleux. Le domaine compte 5 cuvées régulières : l'Entre-deux-Mers, le Rosé, le Prince Noir, le Sélection Vieilles Vignes et le Prestige Rouge.

PISTE CYCLABLE ROGER LAPÉBIE

Piste cyclable ouverte toute l'année.

Au départ de Bordeaux, cette superbe piste cyclable aménagée de 54 km vous amènera jusqu'à Créon tout en traversant les beaux paysages de l'Entre-deux-Mers. Les amoureux de nature verront défiler sous leurs yeux, les vignes, les vallons, les petites bastides et des monuments romans. Le relief étant très peu prononcé, cette jolie voie verte conviendra à toute la famille, même les sportifs du dimanche. Presque entièrement goudronnée, elle plaira également aux rollers et aux piétons.

LA SAUVE

Réputée pour son ancienne abbaye dont le nom signifie « la grande forêt », La Sauve mérite aussi qu'on s'intéresse à l'église paroissiale Saint-Pierre, inscrite par l'UNESCO au Patrimoine mondial, au titre des chemins de Saint-Jacques-de-Compostelle. Cette église gothique du XIIIe siècle est entourée d'un cimetière qui offre une belle vue sur l'abbaye. A l'intérieur, le bénitier fait de deux chapiteaux superposés (XIIe - XIIIe siècles) et le gisant d'un archevêque placé au-dessus d'une frise de pierre sculptée, sont surmontés d'une chasse qui contiendrait des reliques, considéré comme étant le tombeau de saint Gérard, fondateur de l'Abbaye.

ABBAYE DE LA SAUVE-MAJEURE

14, rue de l'abbaye ✆ 05 56 23 01 55
www.abbaye-la-sauve-majeure.fr

Ouvert toute l'année. Jours et horaires d'ouverture variables selon la saison. Gratuit jusqu'à 18 ans. Adulte : 6 €.

Cette abbaye fondée en 1079 ainsi que l'église Saint-Pierre sont inscrites sur la liste du patrimoine mondial par l'UNESCO, au titre des Chemins de Saint-Jacques-de-Compostelle. Sculptures remarquables, chapiteaux cachant des créatures exceptionnelles... Ce joyau de l'architecture romane est une visite incontournable de l'Entre-deux-Mers. Vous voyagerez dans le temps en écoutant les palabres de votre guide. Pour monter au clocher, il vous faudra gravir 157 marches !

LA RÉOLE ★

Fondée en 977, La Réole est un bourg fortifié autour d'un prieuré, avec la Garonne à ses pieds. Le patrimoine historique de la commune est très riche, comme en témoignent le château des Quat'Sos, l'église Saint-Pierre, l'ancien hôtel de ville, l'hôtel de Briet, les ruines des remparts... Cette superbe citée fluviale mérite vraiment une visite commentée. Au hasard des rues, on découvre notamment, des maisons médiévales à colombages, la double porte du Sault, la fontaine et le lavoir de la Marmory du XIIIe siècle, la chapelle du centre hospitalier (XVIIIe siècle), le logis du Parlement ou un hôtel particulier du XVe siècle appelé manoir du Prince Noir.

ANCIEN HÔTEL DE VILLE

4, place Richard Cœur de Lion

C'est le plus ancien Hôtel de Ville de France, donc l'un des plus anciens bâtiments civils. Appelé aussi Vieille halle aux grains, il aurait été construit à la demande de Richard Cœur-de-Lion, duc d'Aquitaine avant d'être roi d'Angleterre, entre le XIIe et le XIIIe. Au cours des siècles, le bâtiment a subi de nombreux remaniements comme le percement d'ouvertures de style Renaissance ou l'ajout d'un balcon de style flamboyant à l'étage, là où se tenaient les réunions de la Jurade jusqu'à la Révolution. Aujourd'hui, la salle permet d'accueillir des expositions.

PRIEURÉ DES BÉNÉDICTINS

Esplanade Charles de Gaulle

Cet ensemble sobre et massif date pour l'essentiel de la première moitié du XVIIIe siècle. Des ornements de style Louis XV tempèrent son austérité. Réalisées par le Réolais Blaise Charlut en 1748, les ferronneries embellissent également cet édifice monumental. La façade sud rappelle que La Réole fut l'un des quatre points de passage à gué sur la Garonne, sur la route des pèlerins de Saint-Jacques de Compostelle. Occupé par des administrations, il est toutefois possible de vous glisser dans les couloirs du monastère aux heures de bureau.

LES PERLES À PIMPIN €€

31, rue André Bénac

✆ 05 56 71 29 73

Ouvert toute l'année. Jours et horaires d'ouverture variables selon la saison. Plats de 13,50 € à 17 €. Terrasse.

Les amants de bonne cuisine vont aimer se donner rendez-vous ici où la cuisine est délicieuse, généreuse et vraiment gourmande. Pour ne rien gâcher à cette justesse, l'accueil fait aussi partie des points forts de l'établissement. Compte encore la décoration et la très agréable terrasse depuis laquelle on contemple la vieille ville. La contemplation sera aussi dans les assiettes où les produits frais et de saison sont merveilleusement cuisinés à la sauce bistronomique. Les plats varient selon les arrivages et au gré des envies du chef.

La Réole.

LA PETITE POPULAIRE

33, rue Armand Caduc
✆ 09 63 53 81 23
www.lapetitepopulaire.fr
Bureau et café associatif. Ouverture variable selon la disponibilité des bénévoles.

Véritable lieu de vie, ce charmant petit endroit a vu le jour grâce à la volonté des bénévoles de l'association. Baby-foot et table d'activités pour les enfants, espace de travail pour les parents, espace de ressources pour les associations... La Petite Populaire est bien plus qu'un café ! De nombreux ateliers sont programmés pour les enfants et des concerts sont organisés pour faire vivre cet endroit pas comme les autres. Vide-dressing, théâtre, cafés littéraires sont aussi de la partie ! Et des soirées after-work le vendredi soir.

PALMAGRI

8, rue Partarrieu - **AUROS**
✆ 05 56 65 40 81
www.palmagri-foiegras.fr
Ouvert le lundi de 9h à 12h30 ; du mardi au samedi de 9h à 12h30 et de 15h à 18h. Vente en ligne sur Internet.

Coopérative agricole spécialisée dans le canard gras, Palmagri regroupe 10 producteurs passionnés, tous éleveurs et gaveurs. Les canards sont élevés en plein air sur les terres girondines, entre les vignobles sud-girondins et les Landes de la Gironde. Privilégiant un savoir-faire artisanal, les recettes, sans conservateurs ni colorants, sont concoctées à Auros, dans l'atelier de fabrication. Le canard est dans tous ses états : confit, tournedos, magret, fricassée de guit, garbure, foie gras de canard entier, pâté, rillettes, cou farcis, saucisse fine, boudin...

LANGOIRAN

De la guerre de Cent Ans aux artisans du fleuve, Langoiran a conservé les vestiges d'une histoire haute en couleur. Dans la ville basse, il faut longer les quais de la Garonne puis remonter la rue Berquin, le long de l'Estey où s'aligne toute une série d'anciennes maisons de pêcheurs. Au bout de cette rue, un pont métallique permet de traverser cette petite rivière pour atteindre Le Tourne. C'est de ce côté de la rive que la vue sur les superbes façades du port est la plus saisissante. Dans la ville haute, le château médiéval de Langoiran (fin XIIIe - début XIVe) et l'église romane Saint-Pierre-ès-Liens sont les deux sites incontournables.

LE CELLIER DE GRAMAN

25, route de Créon
✆ 05 56 67 09 06
www.berticot.com
Ouvert du lundi au samedi de 9h30 à 12h30 et de 14h à 18h30.

Aux portes de Bordeaux, dans cette adresse incontournable depuis plus de 55 ans, les vignerons de Graman vous proposent dans leur magasin « Le cellier de Graman » une vaste gamme de leurs appellations en Blanc, Rosé, Clairet, Rouge et Crémants (AOP Bordeaux et AOP Duras.) Vous y trouverez aussi de nombreuses idées cadeaux et des paniers gourmands issus de produits du terroir. Une dégustation vous sera proposée afin de vous faire découvrir la passion de nos viticulteurs. Pour les groupes de plus de 10 personnes, il faudra prendre rendez-vous.

MONSÉGUR

Fondé par Eléonore de Provence en 1265, Monségur a conservé sa place couverte et son plan en damier. L'origine de son nom « mons securus » signifie le mont sûr. La cité est en effet perchée sur une colline et un très joli chemin de ronde fait le tour des remparts, offrant une vue sur la vallée. L'ensemble du bourg est resté pittoresque avec ses anciennes rues, ses maisons à colombages et sa tour du Gouverneur du XVe siècle. Son église Notre-Dame, typique des églises de bastides, date de la fin du XIIIe et présente une harmonie parfaite entre les chapelles gothiques et la nef néogothique du XIXe siècle. A voir aussi la halle de verre et de fonte.

OFFICE DU TOURISME DE L'ENTRE-DEUX-MERS

3, rue Porte de La Réole
✆ 05 56 61 82 73
www.entredeuxmers.com
Ouvert toute l'année. Jours et horaires d'ouverture variables selon la saison.

Aux portes de Bordeaux, l'Entre-Deux-Mers est un océan de vignes dans lequel vous pouvez vous adonner à de multiples expériences : échappée cyclo touristique au cœur des vignobles, balade le long du canal et de la Garonne, séjour en chambres d'hôtes, rencontre avec des vignerons désireux de transmettre leur savoir-faire et de faire goûter leurs breuvages... L'office du tourisme se charge de mettre à votre disposition les infos nécessaires pour vous concocter une escapade mémorable.

PELLEGRUE

Fondée en 1274 par Henri III, roi d'Angleterre, Pellegrue est une bastide juchée sur un éperon rocheux à 112 m d'altitude. Sa situation frontalière avec le Lot-et-Garonne et la Dordogne en fait un site remarquable entre châteaux, églises et paysages variés. Au centre de cette place se trouve actuellement une halle métallique du XIXe siècle qui à l'origine était en bois. On remarquera aussi la mairie avec son beffroi muni d'une cloche qui daterait du XIIe siècle. Pellegrue a la particularité de posséder pas moins de cinq églises. La plus visitée est celle de Saint-André, en forme de croix latine avec une coupole d'inspiration byzantine du XIIIe siècle.

OFFICE DE TOURISME DE PELLEGRUE

21, rue de la République
✆ 05 56 61 37 80
www.tourisme-dordogne-paysfoyen.com

Fermé en janvier. Jours et horaires variables selon la saison.

Antenne de l'Office de Tourisme du Pays Foyen situé à Sainte-Foy-la-Grande, on vous renseignera ici sur les choses à voir et à faire dans la région. Activités de loisirs terrestres, aériennes, aquatiques ou de détente, visites commentées, randonnées, sorties à vélos... Dédié à la promotion du territoire et à l'œnotourisme, n'hésitez pas à aller à l'espace « Tourisme & Vin » au centre commercial Grand Pineuilh, à Pineuilh. Des expositions y sont régulièrement programmées.

RAUZAN

Longtemps vouée aux Anglais, Rauzan fut reprise par Du Guesclin et redevint définitivement française à la fin de la guerre de Cent Ans. Témoin du passé et de ces guerres médiévales, la forteresse de Rauzan a été bâtie aux XIIIe et XIVe siècles, puis restaurée dans le style gothique après la guerre de Cent Ans. Le château mérite la visite pour son enceinte polygonale, son logis gothique et son haut donjon cylindrique. À voir également : l'église romane bâtie sur un plan templier, ainsi que plusieurs maisons anciennes situées dans le bourg, notamment les maisons fortes de la Salle et de Roquenègre qui datent des XIIIe, XVIe, XIXe siècles.

CHÂTEAU MÉDIÉVAL DE RAUZAN

12, rue de la Chapelle ✆ 05 57 84 03 88
www.chateau-fort-rauzan.fr

Ouvert toute l'année. Jours et horaires d'ouverture variables selon la saison. Adulte : 4 €. Enfant (6 à 14 ans) : 3 €.

Témoin de la guerre de Cent Ans, le Château de Rauzan a été pris par deux fois par les Français, dont Bertrand du Guesclin en 1377. Classé en 1862 par les Monuments historiques, il ne renaît dans les esprits qu'à partir des années 1970 lorsque la commune, propriétaire depuis 1900, et quelques passionnés entreprennent des travaux de débroussaillage et de restauration. Après avoir gravi les 31 mètres du donjon, vous pourrez admirer la magnifique voûte en palmier de sa tour d'honneur.

GROTTE CÉLESTINE

8, rue Lansade ✆ 05 57 84 08 69
www.grotte-celestine.fr

Ouvert toute l'année. Adulte : 8 €. Enfant : 5 €. Visite guidée (uniquement sur réservation par téléphone).

Datant de l'ère quaternaire, la Grotte Célestine a été creusée dans la roche calcaire par une rivière souterraine. Découverte en 1845, elle n'a longtemps été accessible que depuis la chambre d'une honorable rauzanaise qui lui a donné son nom. Désormais ouverte au grand public, cette incroyable grotte sous la ville permet d'observer les splendeurs d'un monde minéral et une foisonnante activité hydrologique souterraine. Equipé d'un casque avec lampe frontale, de bottes et d'une blouse, il ne tient qu'à vous de jouer les aventuriers dans les entrailles de la Terre.

L'ÎLOT-VIGNES €€

2, Caboz ✆ 07 70 07 86 93
www.ilot-vignes.com

5 chambres à partir de 90 € (pdj inclus). Gîte (6 pers.) à partir de 500 €/semaine. Table d'hôtes sur réservation.

En chambres d'hôtes ou en gîte à partir de 3 nuits pour 6 personnes, l'Îlot-Vignes est une belle adresse où séjourner. Calèche rénovée, fûts, parterres de fleurs... Les extérieurs sont particulièrement agréables, mis en valeur avec beaucoup d'élégance. Et n'oublions pas la piscine de 14 x 4 m avec ses escaliers progressifs, ses transats et ses espaces ombragés. Pour vous régaler, le matin et le soir à leur table d'hôtes (sur réservation de préférence), Laure et Pierre-Yves servent des produits du terroir issus, autant que possible, des producteurs des environs.

MARCHÉ DE RAUZAN

Le samedi matin.

Le marché de Rauzan se tient toute l'année, le samedi de 8h à 13h. Les producteurs vous attendent Grande Rue là où se concentrent la plupart des commerces de la ville. A vos emplettes ! Deux fois par an – le deuxième week-end d'avril et le deuxième week-end d'octobre –, une très grande brocante vient largement gonfler les étals. En effet, plus de 150 exposants professionnels sont habituellement au rendez-vous ! De novembre à mars, un marché d'hiver – ou plutôt des puces couvertes – se tient tous les dimanches. On y trouve de tout !

LA BELLE LURETTE €€

2, place de l'Horloge
✆ 05 56 63 02 42
www.bar-labellelurette.com

Ouvert tous les jours le midi (12,50 € à 15,50 €). Tapas le vendredi soir ; tapas et plats à la carte le samedi soir.

La Belle Lurette (ou BL) est le café du village. C'est avant tout un lieu culturel et de rencontres. A l'intérieur : expositions photo et peinture, objets chinés, vieux bouquins... Une sacrée bonne atmosphère règne dans ce petit bistro ! On s'y retrouve pour boire un verre en terrasse à toute heure, manger un bout le midi, grignoter quelques tapas et ardoises de charcuterie et/ou fromage le vendredi soir, et aussi le samedi soir (tapas et plats de 10 à 14 euros). Pour accompagner l'ensemble, une quinzaine de variétés de bières en bouteille vous attend.

SAINT-MACAIRE ★

Saint-Macaire est un splendide site médiéval entouré de remparts. Appelée Ligena durant l'Antiquité, la cité a pris le nom du saint venu l'évangéliser, elle s'est développée autour de son abbaye. Commencez par la porte de Benauge du XIVe siècle, qui synthétise admirablement l'entrée fortifiée du village, puis au centre, la place du Mercadiou, considérée comme la plus belle du département avec ses arcades de pierre blonde, ses façades du XIVe au XVIe et son ancien relais de poste de style Renaissance. Le village renferme de nombreuses maisons anciennes, dont les plus belles sont celles de Tardes, La Roque, Eyquem ou Baritault et Flous.

SAINTE-CROIX-DU-MONT

Le village doit son nom à Santa Crux, instrument de la Passion du Christ. Perché sur un coteau entre Cadillac et Saint-Macaire, Sainte-Croix-du-Mont ne manque pas de curiosités : la vue sur la vallée de la Garonne, son église ou encore le château de Tastes aux murailles crénelées du XIVe siècle et fortement remanié au cours des âges. Et le plus spectaculaire : ses falaises de calcaire coquillé avec ses huîtres fossilisées datant de l'ère tertiaire (plusieurs dizaines de millions d'années). La falaise s'étend sur une centaine de mètres et abrite des grottes où l'on a aménagé des caves et une chapelle. La fête du vin a lieu le 1er dimanche de juillet.

L'ABRICOTIER €€

2, rue Bergoeing
✆ 05 56 76 83 63
www.restaurant-labricotier.com

Maître Restaurateur. Ouvert du mercredi au dimanche le midi et le soir. Menu à 36 € ; le dimanche de 23 à 27 €. Jardin.

Michèle et Alain vous accueillent dans leur maison avec piscine comme des amis de passage à qui ils indiqueraient où se trouve la salle à manger. L'Abricotier est un lieu sans prétention où les tables sont bien dressées. Dans l'assiette, Alain Zanette, maître restaurateur, deux fourchettes au *Guide Michelin*, ne met pas les petits plats dans les grands. Il cuisine avec précision, justesse et ne part pas dans des envolées superflues. Le produit pour le produit, et juste ce qu'il faut pour l'accompagner. L'Abricotier est aussi une adresse où séjourner.

GROTTES D'HUÎTRES FOSSILES ★

✆ 05 56 62 01 39
www.sainte-croix-du-mont.fr

Gratuit.

Site géologique unique en France, les grottes d'huîtres fossiles sont datées de 22 millions d'années. Accumulées au fond des mers au cours de l'ère tertiaire, les huîtres se sont trouvées en surplomb de la vallée après les mouvements tectoniques et le retrait des eaux. L'érosion a creusé, dans l'épaisseur du banc, des grottes encore utilisées aujourd'hui pour la conservation du vin blanc liquoreux. En prime : un magnifique panorama sur le Sauternais.

CHÂTEAU CRABITAN-BELLEVUE

Crabitan

✆ 05 56 62 01 53

https://crabitanbellevue.fr/

Ouvert du lundi au samedi de 8h à 12h et de 13h30 à 18h30. Visite-dégustation gratuite. Boutique en ligne.

Dans la même famille depuis quatre générations, cette propriété est fréquemment citée en référence et ses différents millésimes ont obtenu une cinquantaine de médailles lors de concours nationaux. Le vignoble s'étend sur 20 ha dans l'appellation Sainte-Croix du Mont. Vendanges manuelles, vinification traditionnelle, vieillissement en fûts de chêne pour les cuvées spéciales... Inutile de préciser qu'une visite s'impose. Au programme : les Bordeaux rouge, rosé et blanc.

CHÂTEAU DU MONT

8, lieu-dit Cazaubon

✆ 06 89 96 54 73

https://chateau-du-mont.com/

Ouvert du lundi au vendredi de 9h à 18h ; le samedi de 14h à 18h. Visite-dégustation gratuite sur rendez-vous.

L'histoire du Château du Mont remonte à la fin de XIXe siècle avec une devise qui se résume en 3 mots : « Passion, Qualités et Plaisirs ». Aujourd'hui, la propriété de 25 hectares répartis sur les Appellations Saintes-Croix-du-Mont, Sauternes et Graves, produit 100 000 bouteilles de vins blancs et rouges récoltés exclusivement à la main. Véritables acteurs de l'œnotourisme, Claire et Hervé Chouvac produisent du vin, mais aussi, partagent avec vous leur passion. Ils vous accueillent volontiers sur le domaine pour des visites et des dégustations.

CHÂTEAU GRAND PEYRUCHET

1, Les Plainiers

LOUPIAC

✆ 05 56 62 62 71

https://peyruchet.com/

Ouvert du lundi au vendredi de 9h à 12h et de 14h à 18h ; le week-end sur rendez-vous.

Dans cette propriété de 25 hectares dominant la Garonne, le savoir-faire de la viticulture est perpétué artisanalement et durablement par la 5e génération. Le domaine a entamé une conversion biologique en 2019. Avec passion et professionnalisme, la visite de la propriété est l'occasion de vous transmettre les techniques et les savoirs de ces grands vins. Après un passage obligé dans le chai, la dégustation de quelques-uns des vins du Château Grand Peyruchet révélera les arômes et les vertus de ces grandes appellations de Bordeaux.

VIGNOBLES LABAT LAPOUGE

3, Les Arroucats

✆ 05 56 62 07 37

Visites et dégustations sur rendez-vous.

Fondés en 1938 par Christian Labat, les vignobles Labat Lapouge sont situés sur les rives droite et gauche de la Garonne. Aux mains de Virginie Barbe, 3e génération, les vignobles s'étendent sur 48 hectares. Depuis les années 90, sont produits ici des AOC Sainte-Croix-du-Mont, des AOC Bordeaux rouge (Château Daubrin) et des AOC Graves rouge (Château Dorléac). Cultivé sur 26 hectares de terre argilocalcaire, le vin blanc liquoreux du Château Les Arroucats (appellation Sainte-Croix-du-Mont) est le fruit d'un travail alliant tradition et modernité.

SAUVETERRE-DE-GUYENNE

D'abord prieuré bénédictin au IXe siècle, la cité construit sa bastide en 1281 sous domination anglaise. Changée dix fois de nationalité, elle redevient française en 1451 à l'approche de la fin de la guerre de Cent Ans. Sauveterre a été construite suivant le plan classique des bastides. La cité était ceinte de remparts, qui furent détruits au XIXe siècle, à l'exception des quatre portes d'accès. Reconstruite au XIXe siècle, l'église a conservé un très beau chœur gothique polygonal. Ne manquez pas les maisons du Moyen Âge restaurées, la cave du XVIe siècle, celle de la maison du Sauveterrois (XIIIe) et la galerie d'art de l'office de tourisme.

LES SEQUOIAS €€

9, lieu-dit Les Granges ✆ 06 65 67 48 54

www.les-sequoias.fr

Ouvert toute l'année. Chambre double de 130 à 140 € ; suite de 160 à 180 €. Jeux pour enfants. Local à vélos.

A 200 m de la piste cyclable Roger Lapébie et à 10 minutes du lac de Blasimon, *Les Séquoias* s'imposent comme une adresse de charme. Magalie et Stéphane ne manquent pas d'imagination pour rénover ce château viticole dans le respect de son histoire. Cuisine dans l'ancien chai avec valorisation des portes de cuves, salle à manger dans l'ancienne grange... Et bientôt : une piscine couverte, une salle de cinéma, un espace spa et un gîte indépendant pour 14 personnes, une salle de réception/séminaire... Les hôtes profitent déjà de la piscine extérieure chauffée.

GIRONDE

VERDELAIS

Au XIe siècle, un chevalier de la région répondant au nom de Géraud de Graves, partit pour une première croisade. Pris dans une embuscade, il fit le vœu de vouer sa vie à la Vierge s'il survivait. Il survécut et se retira à Verdelais où il mena une vie d'ermite. Il fit construire un petit oratoire avec une statue de la Vierge sur le modèle de celle qu'il aurait vue à Bethléem. À sa mort, en 1159, les seigneurs de la région, désireux que le culte survive, firent venir des religieux de Limoges : les Grandmontains. Selon la légende, c'est au XIIe siècle que la comtesse de Foix retrouva la statue qui avait été cachée par les paysans pour échapper à la profanation, sous le pas de sa mule. Datée du XIVe siècle, cette Vierge à l'Enfant en bois polychrome, surnommée la Vierge rouge, a la réputation d'être miraculeuse. Visible dans la basilique, la niche de la Vierge est insérée dans un très beau retable en marbre rouge rehaussé d'or et orné de six colonnes de marbre. Verdelais est ainsi devenu le plus important centre de pèlerinage de la Gironde. Il fut soutenu par les religieux, Grandmontains d'abord, Célestins ensuite, puis Maristes et aujourd'hui Passionistes. Le bourg de la commune a conservé un remarquable alignement de façades du XIXe siècle, notamment les vestiges des établissements hôteliers qui accueillaient les nombreux pèlerins. Le cloître Célestin est aujourd'hui occupé par des administrations. Le peintre Henri de Toulouse-Lautrec, mort à 37 ans dans son château voisin (le château de Malromé à Saint-André-des-bois) repose dans le cimetière de Verdelais.

HOSTELLERIE GÉRAUD DE GRAVES ★

1, place des Allées
✆ 05 57 98 34 90
sanctuairedeverdelais.fr

Ouvert tous les jours de 8h30 à 19h30. Hôtel. Séminaires et réunions.

Voisine de la Basilique, l'Hostellerie Géraud de Graves a été aménagée en 2010-2012 dans l'ancien couvent des moines. Si ses fondations datent du XIIe siècle, d'importants travaux ont été effectués au XVIIe siècle sous François de Sourdis, puis au XIXe siècle avec le cardinal Donnet, qui relança le pèlerinage. L'intérieur est richement décoré. Le retable baroque dans lequel est incorporée la statue de Notre-Dame, entreprise au XIVe siècle, a pris son aspect actuel en 1666. La nef et le chœur sont enrichis de peintures naïves du XVIIe et du XVIIIe siècle, ainsi que de nombreux ex-voto (bateaux, cœurs, décorations militaires...). La basilique est le théâtre de pèlerinages réguliers qui ont lieu le 1er dimanche de mars à novembre. Ceux du 15 août et du 8 septembre sont les plus importants. Notez que le Sanctuaire est doté d'un parc de 3 ha. Situé sur les coteaux qui surplombent la ville de Langon, proches des cités médiévales, l'Hostellerie de Graves est aussi un hôtel avec 14 chambres, dont 4 pouvant accueillir des personnes à mobilité réduite. Sans oublier les 3 chambres familiales composées de 4 à 6 lits simples. Et toujours avec vue sur le parc. Véritable établissement atypique, l'Hostellerie Géraud de Graves accueille depuis plus de 900 ans les pèlerins et retraitants du sanctuaire de Notre-Dame de Verdelais, mais aussi tout type de visiteurs désireux d'expérimenter un séjour paisible. Possibilité de restauration pour les groupes sur réservation.

MOULIN DE CUSSOL

✆ 05 56 62 02 06

Ouvert pour la journée européenne des moulins, la fête des moissons anciennes et les Journées du Patrimoine.

Construit au XVIIIe siècle par les moines de l'ordre des Célestins, ce moulin à vent tombé en décrépitude après la Révolution française, devient en 1997, propriété de la commune. On doit sa restauration à « L'association du Moulin de Cussol ». Ces passionnés ont retapé successivement la tour, le toit, les ailes et l'appareillage complet de la meunerie. Outre les grands rendez-vous, il est possible de visiter le moulin toute l'année sur rendez-vous. Depuis le site, un large panorama s'ouvre sur la vallée de la Garonne, et parfois, jusqu'à la chaîne des Pyrénées.

LES PÈLERINS €€

24, place les Allées
✆ 05 56 62 49 33
lespelerins.e-monsite.com

Ouvert du mardi au dimanche le midi ; le vendredi et le samedi le soir. Plats de 15 € à 22 €. Formule du midi : 14,90 €.

D'origine brésilienne, la cheffe Aurea Lamassonne vous propose de goûter à une cuisine raffinée, saupoudrée d'un brin d'originalité, mais toujours plus ou moins Sud-Ouest. Sans plus de prétention qu'avant, mais avec des dressages qui ont gagné en élégance, le restaurant reste l'adresse conviviale par excellence de ce petit coin de l'Entre-deux-Mers. Après tout, n'oublions pas que vous êtes aussi dans un bar-tabac et que l'on vous accueille ici du matin au soir. Et en terrasse s'il fait beau ! Ce qui n'a pas changé non plus, ce sont les prix très abordables.

BAZAS ★★

Située sur l'ancienne voie romaine Bordeaux-Toulouse, l'antique Cossium fut la ville natale du père du poète latin Ausone. Place forte dès le IVe siècle et évêché dès le Ve siècle, la ville de Bazas dispose très tôt d'un édifice religieux d'importance. Au XIe siècle, le pape Urbain II vient consacrer un nouveau lieu de culte. Au XIIIe siècle, c'est au tour du puissant évêque Arnaud de Pins de restaurer la cathédrale dans un style gothique. Centre de commerce important, la cité fut au Moyen Age une étape sur les chemins de Saint-Jacques-de-Compostelle, en même temps qu'un enjeu entre Anglais et Français durant la guerre de Cent Ans. Du XVIe au XIXe siècle, la ville était connue pour ses verreries dont de beaux exemples sont visibles dans les collections de l'apothicairerie de l'hôpital Saint-Antoine là où étaient accueillis les pèlerins de passage. Aux XVIIe et XVIIIe siècles, la faïencerie de Saint-Michel bénéficiait de la qualité de l'argile des lieux. Les tanneries ont utilisé durant les mêmes périodes les eaux des sources locales. Ville pleine de charme, riche d'un patrimoine architectural marquant les époques, Bazas est aujourd'hui une étape clé en Sud Gironde. Depuis 1998, la cathédrale St-Jean-Baptiste a été inscrite à l'UNESCO, au titre des biens classés sur les chemins de Saint-Jacques-de-Compostelle et plus précisément la voie de Vézelay. Les amateurs de viande apprécieront aussi Bazas pour son fameux bœuf gras. Une véritable institution du terroir girondin qui donne lieu à la fête traditionnelle des Bœufs Gras chaque jeudi avant Mardi gras.

APOTHICAIRERIE

✆ 05 56 25 25 84
www.tourisme-bazadais.com

Visite guidée ou accompagnée uniquement sur RDV. Visite guidée (le samedi à 14h30, uniquement sur réservation).

Au cœur de l'Hôpital Saint-Antoine, construit pour les pèlerins de Saint-Jacques-de-Compostelle, venez découvrir cette étonnante collection de vieux pots à pharmacie en verre ou en faïence. Datant du début du XVIIIe siècle, ce lieu constitue un ensemble remarquable comme il n'en existe plus que très peu en France… C'est d'ailleurs l'un des grands trésors de la cité de Bazas ! Dans de belles boiseries en chêne sculpté, la collection s'étend de la verrerie locale à divers pots en faïence stannifère, en passant par les pots de Bordeaux et du XVIIIe.

CATHÉDRALE SAINT-JEAN-BAPTISTE ✞ ★★

Place de la Cathédrale
✆ 05 56 25 25 84

Ouvert tous les jours en accès libre en dehors des offices. Visites guidées possibles sur rendez-vous pour les groupes.

Classé Monument historique en 1840 et au patrimoine mondial de l'Unesco en 1998 au titre des chemins de Saint-Jacques-de-Compostelle en France, cet imposant édifice de 83 mètres de long possède trois portails finement sculptés. Le clocher est formé à la base des plus anciennes pierres de l'église, datant du Ve siècle. A l'intérieur, la taille de la nef est impressionnante. Le chœur est composé de cinq absides ainsi que de tableaux qui ornent les chapelles. À découvrir…

DOMAINE TOUTET €€

1, lieu dit Toutet - **BIRAC**
✆ 207 52 63 38 98
https://domainetoutet.com

Tente Lodge : 69 € (Twin) ou 90 € (Family). Chambre d'hôtes à partir de 89 € (double). Gîte week-end ou semaine.

Pour un court séjour relaxant au cœur de la nature, vous êtes au bon endroit ! Élodye vous accueille chaleureusement dans son joli site écotouristique pour une nuit en lodge, en chambre d'hôte ou en gîte. Vous pourrez profiter de la quiétude du lieu, de la proximité avec les chevaux, de la piscine ou du spa, et même opter pour des formules gourmandes avec dégustation de produits locaux. Le matin, un bon petit déjeuner avec boissons chaudes, jus de fruits, viennoiseries et pain frais vous attendra pour démarrer la journée du bon pied !

CAMPING « PARADIS DE BAZAS » €€

Route de Grignols ✆ 05 56 65 13 17
www.camping-paradis-bazas.fr

Fermé de septembre à avril. Locations à partir de 154 €/semaine. Aire pour camping-cars. Club enfants. Animations.

Outre ses locations de mobil-homes, chalets, tentes aménagées et emplacements, ce camping profite d'une belle situation entre les vignobles bordelais et les forêts des Landes. Il offre surtout un des espaces aquatiques les plus attrayants de la région avec son bassin chauffé de 110 m², sa pataugeoire chauffée de 120 m², son bateau de pirate et ses trois toboggans dont le Crazy Cone (une nouveauté !) pour les plus grands, et sa piscine naturelle avec plage de sable blanc de 1 200 m².

LE BŒUF POP €€

30, place de la Cathédrale
✆ 05 56 65 77 56
Du mardi au jeudi le midi, vendredi et samedi midi et soir. Réservation conseillée. Plats à la carte à partir de 15 €.

Situé sur la plus belle place de Bazas, le Bœuf Pop promet un vrai moment de gourmandise et de convivialité. Les amateurs de viande ne seront pas déçus, d'autant que tous les plats sont préparés sur place à base de produits en circuit court : la viande arrive toute fraîche de la boucherie Charrier et le pain burger de la boulangerie Sauboua. La carte évolue sans cesse mais l'établissement propose toujours au moins un plat végétarien. Le tartare et ses frites cuites dans la graisse de canard et le pain perdu sont les spécialités de la maison.

CARO & CO €€

38, place de la Cathédrale
✆ 05 56 65 24 58
www.caroandco.fr
Ouverts tous les jours le midi et du jeudi au samedi le soir. Menus midi de 17,50 € à 19 €. Sur place ou à emporter.

Originaire d'Afrique du Sud, la chef Caroline mêle ses origines aux cuisines française et anglaise pour concocter ses bons petits plats. En plus des assiettes joliment orchestrées autour des produits de saison, vous pourrez déguster d'authentiques recettes emblématiques du Cap, comme le « bobotie ». La viande de Bazas est aussi à l'honneur avec de belles côtes de bœuf directement venues de la boucherie d'à côté ! L'emplacement central plein de charme et le jardin font de ce sympathique restaurant un endroit convoité : n'hésitez pas à réserver.

NOOSA CAFÉ €€

31, place de la Cathédrale
✆ 05 56 25 45 78
Ouvert du mardi au vendredi de 10h à 19h ; le samedi de 9h à 19h. Formule du midi : 14 €. Salon de thé. Epicerie fine.

Dans ce salon de thé qui fait aussi épicerie fine, l'accueil est souriant et l'ambiance agréable. Les tables sont entourées de produits artisanaux en tous genres : chocolats, bonbons, guimauves, thés, cafés, confitures... La carte propose une large sélection de cafés, des chocolats chauds aromatisés, et une cinquantaine de variétés de thés et d'infusions. À l'heure du déjeuner, on opte pour une formule avec tartine ou salade, avant de craquer pour une grosse glace artisanale. La carte est succincte, mais les produits sont frais ! Végétariens bienvenus.

LA TABLE DE FOMPEYRE €€

Route de Mont de Marsan
✆ 05 56 25 98 00
www.latabledefompeyre.com
Ouvert tous les jours le midi et le soir. Menus de 26 € à 39 €. Formule midi : 21 € (en semaine).

A la lisière des vignobles de Sauternes et des Graves, le Domaine de Fompeyre abrite un hôtel 3*** de charme ainsi qu'un restaurant autant apprécié pour sa cuisine que pour la vue qu'il offre sur Bazas et sa cathédrale. Le chef Laurent Vinson et ses équipes y travaillent les saveurs régionales autour d'une carte de saison, pour des plats appétissants et originaux renouvelés tous les mois. Le Menu Sequoia, avec entrée-plat-dessert et disponible tous les jours, offre un excellent rapport qualité-prix. Et pour des accords mets-vins parfaits, laissez-vous conseiller.

BALTORO

7, place de la cathédrale
✆ 06 58 17 61 67
https://baltoro.fr/
Essentiellement ouvert dans l'après-midi et en soirée, sauf le samedi à partir de 10h30. Boutique en ligne.

L'histoire de Baltoro commence par le souvenir d'enfance d'un petit garçon. Glaces, bûches, profiteroles, vacherins, marrons et yaourts glacés, granités, confiseries... Ici, le secret d'une bonne glace répond à trois principes : *une glace doit avoir du goût* ; *les ingrédients de base sont issus de l'agriculture biologique* ; *la glace est proposée à la bonne température et à la texture idéale grâce à la technique de la glace à l'italienne.* Tout est dit ! Envie de découvrir à votre tour ces délices glacés ? Les horaires en temps réel se retrouvent sur google maps.

PÂTISSERIE SAUBOUA

5, Cours du Général de Gaulle ✆ 05 56 25 00 46
https://boulangerie-sauboua.fr
Ouvert tous les jours, fermé le dimanche après-midi. Pâtisseries traditionnelles, glaces artisanales et chocolats.

Si la pâtisserie Sauboua est réputée dans la région, ce n'est pas sans raison ! Fondée en 1935 et désormais aux mains de la quatrième génération, cette boulangerie-pâtisserie artisanale familiale propose toute sorte de pains et viennoiseries, mais aussi et surtout d'excellentes pâtisseries au juste rapport qualité-prix. Parmi les spécialités de la maison, la tarte aux pommes et pruneaux à l'armagnac ou les classiques omelette norvégienne et forêt-noire. Nous, on aime particulièrement leur cake vanille-griottes et son crumble gourmand... Deux adresses à Bazas.

BELIN-BÉLIET

Le village de Beliet au nord et celui de Belin au sud ont fusionné en 1974. De son ancienne disposition, la ville conserve deux bourgs formant actuellement les zones les plus agglomérées. Belin Beliet garde encore quelques édifices du XIXe siècle et au début du XXe siècle. L'ancienne école des filles de Belin accueille la Maison du Parc Naturel Régional des Landes de Gascogne. La surface de la commune est occupée à 80 % par la forêt et est traversée par la Leyre. A voir : l'église de Mons (XIe siècle) et la fontaine miraculeuse Saint-Clair. Situé sur la « voie de Tours », Belin-Beliet est encore aujourd'hui un lieu de passage pour de nombreux pèlerins.

PARC NATUREL RÉGIONAL DES LANDES DE GASCOGNE ★★

33, route de Bayonne
✆ 05 57 71 99 99
www.parc-landes-de-gascogne.fr
Maison du parc ouverte le lundi de 13h30 à 17h ; du mardi au vendredi de 9h à 12h30 et de 13h30 à 17h. Agenda en ligne.

Les Landes de Gascogne sont classées parc naturel régional depuis 1970. Ce vaste territoire préservé livre de superbes paysages forestiers et maritimes sur 336 052 hectares de nature. Les plus curieux pourront y apprendre comment vivaient les gens de « la grande lande », comment naquit l'immense « pignada » (la forêt de pins), ce qu'il advint de l'exploitation du bois et de la résine au cours des dernières décennies et pourquoi le pin devient « l'arbre d'or »...

LE VOLCELEST €€

61, route d'Hostens
✆ 05 56 88 02 68
www.volcelest.com
Gîtes (45 lits au total). Privatisation possible. Chambre d'hôtes. Gîte équestre. Tarifs sur le site internet.

Airial implanté dans la forêt des Landes de Gascogne, le domaine du Volcelest est un lieu atypique où coexistent chevaux et hébergements de groupe pour tous vos évènements : mariages, anniversaires, séminaires… A disposition, une salle polyvalente et une cuisine de collectivité, un barnum de 120 m², 45 couchages répartis en 10 chambres et deux gîtes bien équipés, une suite nuptiale, et un grand parc de 6 hectares. Le tout au cœur d'une installation équestre… Depuis la propriété, de nombreux sentiers forestiers sont le départ de belles balades.

LE RÉSINIER €€

68, avenue des Pyrénées
LE BARP
✆ 05 56 88 60 07
www.leresinier.com
Ouvert du lundi au samedi midi et soir. Réservation conseillée.

En plein cœur de la forêt des Landes Girondines, Le Résinier sert une vraie cuisine du Sud-Ouest, généreuse et savoureuse. A la carte ou en menus, le terroir est largement mis à l'honneur ! Parmi les plats emblématiques du chef : montgolfière de ris de veau aux cèpes et à l'Armagnac, duo de foie gras mi-cuit et poêlé (avec sauce au Loupiac et fruits de saison), Tatin du Gemmeur (confit de canard cuisiné avec de l'aubergine, des champignons et du lard)… L'accueil est très chaleureux et le service, béret basque vissé sur la tête, toujours impeccable.

HOSTENS

La découverte de lignite, exploitée en surface des années 1930 à 1966, a profondément marqué le paysage hostensois. Quelques traces rappellent encore ce passé minier, notamment la ligne de chemin de fer. Aujourd'hui, c'est une piste cyclable qui relie Belin-Beliet et le bassin d'Arcachon à Saint-Symphorien, et au-delà à Villandraut et Bazas. Certains historiens font remonter l'histoire d'Hostens au XIIIe siècle avec la présence supposée d'un château au lieu-dit Le Castéra. Au cœur de la forêt des Landes, la filière bois constitue la principale activité économique de la commune avec des sylviculteurs, des charpentiers et des menuisiers.

DOMAINE DE LOISIRS D'HOSTENS

✆ 05 56 88 70 29
Ouvert toute l'année. Entrée et parking gratuits. Loisirs, hébergements, séjours gîte. Baignade surveillée (en saison).

A 45 km de Bordeaux, ce domaine de loisirs offre 600 hectares d'espace naturel et 5 lacs. L'été, on loue un canoë, un paddle, ou même un VTT pour dévaler les pistes aménagées. Les amateurs de sensations fortes s'essayent à l'accrobranche. Classé Espace Naturel Sensible et site espace Natura 2000, le domaine héberge une faune et une flore remarquables et protégées et accueille régulièrement des manifestations sportives. Le snack-buvette permet de se restaurer et se rafraîchir.

GIRONDE

LAGUNES DU GÂT-MORT

LOUCHATS

Vestiges de la lande originelle, les lagunes du Gât Mort, à Louchats, font partie des éléments forts du patrimoine naturel des Landes de Gascogne. Ces petits plans d'eau circulaires d'origine glaciaire constituent un milieu magique et secret, évoquant les paysages des siècles passés... Jalonné de quelques observatoires, un parcours de 3 km permet d'admirer l'ensemble de la végétation des lieux et de découvrir la faune (libellule bleue, etc.) et la flore (plantes carnivores utriculaires comme le droséra ou le nénuphar) de ce vaste espace naturel sensible.

LE SENTIER DES DEMOISELLES

Ancien site d'extraction de lignite, les carrières d'Hostens ont depuis retrouvé tout leur caractère sauvage et constituent désormais une zone naturelle de première importance. Envahis par la nature (arbres, fougères géantes, plantes de marécages), les anciens trous d'extraction donnent au lieu cet aspect de montagnes russes si particulier et très apprécié des vététistes. Le sentier est balisé de bornes d'interprétation aux formes inspirées de bois fossilisé.

BUREAU D'INFORMATION TOURISTIQUE D'HOSTENS

✆ 05 56 63 68 00

www.tourisme-sud-gironde.com

Ouvert de 11h à 18h de mai à septembre (jours variables selon la période).

Situé au bord des lacs d'Hostens, entre le parking de la base nautique et la plage du lac de Lamothe, le Bureau d'information touristique du Domaine départemental Gérard Lagors vous délivrera tous les renseignements nécessaires pour découvrir la ville d'Hostens et plus largement le sud de la Gironde. Les meilleures tables, les plus beaux châteaux, les activités, le patrimoine, les manifestations, les balades dans la nature… Sur place : quelques articles de plage et des souvenirs.

LES AIRIALES €€

Le Bourg - **ORIGNE** ✆ 05 56 25 33 36

https://lesairiales.com/

Ouvert toute l'année. Chambre simple 45 € ; chambre double 70 €. Petit déjeuner inclus. Lit sup : 15 €. Restauration.

A quelques minutes de Saint-Symphorien, Hostens ou Villandraut, le petit village d'Origne a conservé tout le charme d'autrefois. Entièrement restauré par la commune, l'ancien Cercle du Bourg et plus récemment La Cuillère à Pot, a été rebaptisé Les Airiales par les nouveaux gérants, fort sympathiques au demeurant. En plus du restaurant et du nouveau bistrot, l'établissement conserve ses trois chambres d'hôtes, qui permettent chacune de loger 1 à 3 personnes. Demandez à séjourner dans la chambre double *Sweet Home* et appréciez l'ambiance conviviale du lieu.

LE MERLE BLANC €€

LOUCHATS

✆ 05 56 31 44 30

https://www.lemerleblanc-louchats.fr

Ouvert du mardi au dimanche le midi et du mercredi au samedi le soir. Service traiteur.

Situé en plein cœur du village de Louchats, ce restaurant accueille les gourmands dans une vaste salle lumineuse et à la décoration agréable. Le chef propose une cuisine traditionnelle, toujours à base de produits frais et locaux. La carte change au fil des saisons mais l'escalope de foie gras aux myrtilles, l'effeuillé de cabillaud au piment d'Espelette et l'assiette d'escargots à la bordelaise font partie des incontournables, sans oublier les desserts du jour maison et les bons vins locaux pour accompagner toutes ces saveurs.

LES ÉCURIES DU LAC D'HOSTENS

11, route de Louchats

✆ 06 70 10 92 38

www.equitation-aquitaine.com

Ouvert toute l'année. Balade cheval : 35 à 50 € ; balade poney : 15 €. Stages durant les vacances. Hébergement.

Nicolas vous emmène en balade à cheval sur les sentiers équestres du Parc naturel des Landes de Gascogne. Ouvertes aux débutants, en journée ou au moment du coucher du soleil, ces balades tranquilles se font au pas et au trot et les enfants dès 3 ans ont aussi droit à leurs balades à poney. Centre de tourisme équestre et école d'équitation, les Ecuries d'Hostens proposent aussi la location de mobil-homes (4 personnes) tout confort pour des séjours courts ou longs.

LA BRÈDE ★★

Terre des Graves en bordure de la forêt girondine, La Brède est située à 18 km au sud de Bordeaux. Berceau et patrie de Charles-Louis de Secondat (dit Montesquieu), La Brède a nourri les pensées du philosophe qui a fait sa renommée et dont il est, depuis lors, le plus fidèle ambassadeur. Avec le château classé aux Monuments historiques et qui a vu naître l'écrivain, l'église Saint-Jean-d'Étampes est un des sites remarquables à voir dans la ville. Dans le cimetière de l'église du bourg, considérablement remaniée au XIXe siècle, on peut d'ailleurs voir plusieurs pierres tombales, dont celle du grand-père de Montesquieu ou Jean de Secondat.

LA BRASSERIE BRÉDOISE €€

80, avenue Charles de Gaulle
✆ 05 56 20 08 38
https://labrasseriebredoise.eatbu.com/

Ouvert du lundi au mercredi le midi, du jeudi au samedi midi et soir. Menus du jour.

Avec sa cinquantaine de couverts en salle et sa vingtaine de places en terrasse, la Brasserie Brédoise a de quoi accueillir tous les midis les travailleurs pressés. En cuisine, Laura Pedaros élabore une délicieuse cuisine maison, simple mais généreuse, avec un menu du jour complet (entrée, plat, dessert, café ou 1/4 de vin) vraiment accessible. La carte est régulièrement renouvelée et les produits sont frais et de qualité. Laura favorisant le circuit court, les viandes et les poissons proviennent directement des commerçants de la commune.

CHÂTEAU DE LA BRÈDE ★★

Avenue du Château
✆ 05 56 78 47 72
www.chateaulabrede.com

Jours et horaires d'ouverture variables selon la saison. Adulte de 4 € à 12 €. Enfant (de 7 à 15 ans) : 4 € à 7 €.

Classé Monument historique depuis 1951, le château de La Brède est un édifice exceptionnel et incontournable dans la région. Il est situé au cœur d'un parc classé de 150 hectares (en accès libre). Edifié au début du XIVe siècle, puis rénové et réaménagé à la Renaissance puis au XIXe siècle, ce curieux château étonne par sa forme polygonale. A l'origine, on accédait au château par trois ponts-levis qui ont été remplacés par des passerelles en bois. C'est dans ce château que naît, le 18 janvier 1689, Charles-Louis de Secondat, baron de La Brède et de Montesquieu, plus connu sous le nom de Montesquieu. Ce dernier passe beaucoup de temps entre sa chambre et la bibliothèque, où il a rédigé une grande partie de l'ouvrage *De l'Esprit des lois*. La dernière propriétaire, la comtesse Jacqueline de Chabannes est l'une des descendantes de Denise, la plus jeune fille de Montesquieu. Elle résida au château jusqu'à son décès en 2004. Sans descendant, elle a souhaité que le domaine reste ouvert au public. Pour cela, elle a créé la Fondation Jacqueline de Chabannes afin de préserver et faire découvrir ce patrimoine. Depuis, les vignes du château ont été remises en activité et on retrouve ainsi une ambiance vivante. Des visites guidées sont organisées pour pénétrer dans le château, mais aussi pour en apprendre davantage sur son jardin régulier. Pour obtenir des renseignements et pour réserver, les groupes doivent s'adresser à l'Office de Tourisme de Montesquieu. Notez que les chiens ne sont pas autorisés à entrer sur le domaine.

GIRONDE

La Brède.

CHEZ LES POTES €€

2, place de Ségur - **CABANAC-ET-VILLAGRAINS**
05 57 80 44 89
www.chezlespotes.fr
Ouvert du lundi au samedi le midi et du jeudi au samedi le soir. Service traiteur et privatisation de salle.

Particulièrement fréquenté à l'heure du déjeuner, l'endroit n'en reste pas moins convivial. Terrasse, parking, bon accueil et rapidité du service : Chez les Potes a tout pour plaire ! Chaque midi, le chef prépare un menu du jour avec différents choix, mais toujours avec des produits locaux de saison. Les viandes et poissons sont cuits au feu de bois dans la cheminée, juste sous vos yeux ! Le soir, plats à la carte parfaitement cuisinés et sans cesse renouvelés. Vu le succès (mérité !) de ce sympathique restaurant, on vous conseille de réserver.

LA TABLE DE MONTESQUIEU €€

9, place Saint-Jean d'Etampes 05 56 94 25 36
www.tabledemontesquieu.fr
Ouvert du mardi au jeudi le midi ; vendredi et samedi midi et soir ; et le dimanche midi.

Dans l'ancienne école communale du village, La table de Montesquieu est un restaurant élégant où modernité et classicisme se marient avec bonheur autour de la gastronomie. Ici, la carte varie en fonction des saisons et du marché, mais toujours avec des mets de qualité ; parmi les spécialités de la maison : le bar au beurre, les rognons de veau à la sauce porto ou la salade de tricandilles déglacées au vinaigre de vieux vin. Pour accompagner la dégustation, l'établissement propose une sublime carte de vins où le Sud-Ouest est, forcément, à l'honneur !

LE MOULIN DE LA MOLLE

Avenue du Château
05 56 20 20 79
www.moulin-de-la-molle.fr
Boutique en ligne.

Fondateur de la conserverie du Moulin de la Molle, Robert Chaffanjon est un orfèvre du foie gras. Depuis plus de 30 ans, il propose aux fins gourmets des foies gras des Landes en oie et en canard. Les oies et les canards sont soigneusement gavés et choisis de telle sorte que leurs foies ne perdent pas de graisse lors de la cuisson. Robert Chaffanjon vend sur place ou expédie ses foies gras à travers le monde. Son conseil de dégustation : un bon pain de mie, grillé et chaud ou tout simplement un excellent pain de campagne avec un vieux Sauternes. On salive déjà !

TRUFFE ALÉNA

06 16 01 03 74
https://truffe-alena.com/

Aléna, c'est 120 hectares de truffières melanosporum basées en Aquitaine qui produisent chaque année 3 tonnes de truffes noires du Périgord vendues aux plus grands noms de la gastronomie mondiale. Sachez qu'il est possible de vivre l'aventure d'un peu plus près. Comment ? En adoptant un chêne truffier. La souscription du contrat d'adoption génère l'envoi annuel de 50 g de truffes noires du Périgord, deux boîtes de suprêmes de truffe Aléna (une de 15 g de truffe noire et une de 30 g de truffe d'été) ainsi qu'un livret de recettes. Et ce, durant 5 ans.

LANGON ★

Langon a vu son église fondée au IVe siècle par saint Paulin, évêque de Nole, originaire de Bordeaux. S'il ne reste que peu de traces des fortifications qui entouraient la ville au XIIe siècle, on verra toutefois, au cours d'une promenade dans la vieille ville, plusieurs maisons anciennes, notamment dans la rue Maubec, au n° 24 – maison XIXe de style troubadour –, au n° 32 – maison bourgeoise – et au n° 51 – décoration sculptée d'époque Henri IV. Sous-préfecture active, Langon possède une longue rue piétonne menant aux bords de la Garonne où l'on méditera sur les caprices du fleuve devant la surprenante échelle des crues de la rue Laffargue.

DOMAINE ECOTELIA €€

5, Lieu-dit Tauzin - **LE NIZAN**
05 56 65 35 38
www.domaine-ecotelia.com
Ouvert toute l'année. Hébergements insolites (2 à 6 pers.) dès 58 €/nuit (PDJ inclus). Espace bien-être. Cuisine.

Passer une seule et même nuit sur les cinq continents, c'est possible ! Cet hôtel de plein air écologique (gestion des déchets, préservation de l'espace naturel, assainissement par filtres plantés de roseaux, baignade naturelle, etc.) vous propose des hébergements insolites. Et le choix ne manque pas ! Sur ce site de 8 hectares, planté en pleine nature, une vingtaine d'hébergements de dix styles différents ont poussé de terre : cabane palombière, roulotte tzigane, tente Caïdale, cabane de trappeur, yourte... Tous avec une vue imprenable sur la nature !

HÔTEL-RESTAURANT CLAUDE DARROZE*** €€

95, cours du Général Leclerc ✆ 05 56 63 00 48
www.darroze.com

16 chambres à partir de 80 €/nuit. Petit déjeuner : 13 €. Animal de compagnie autorisé : 10 €. Restauration.

Entièrement rénové en 2016, la Maison Darroze propose 16 chambres à la décoration cosy et à l'atmosphère emplie de poésie, qui offrent toutes un confort optimum pour un séjour de courte ou de longue durée au cœur des vignobles de Graves et de Sauternes. Outre la découverte du restaurant et de la délicieuse cuisine du chef réputé Yoann Amado, qu'il serait vraiment dommage de ne pas goûter, nous vous invitons à parcourir les environs, paysages verdoyants et lieux chargés d'histoire...

HÔTEL-RESTAURANT CLAUDE DARROZE €€€

95, cours du Général Leclerc
✆ 05 56 63 00 48
www.darroze.com

Ouvert toute l'année, du mardi au samedi. Menu du midi : 39 €. Menus du soir : 79 € à 129 €.

Depuis 1895, la famille Darroze s'est forgé une belle réputation dans le milieu de l'hôtellerie-restauration. Ouverte en 1974, la Maison Darroze est aujourd'hui aux mains de la quatrième génération avec Jean-Charles et son épouse Annelie. Il se dit que la cuisine de la Maison Darroze est traditionnelle et fièrement régionaliste... Elle est surtout dans l'air du temps grâce au remarquable savoir-faire du chef Yoann Amado, à juste titre récompensé d'une étoile Michelin.

LA BARRIQUE €€

32, rue Maulbec
✆ 05 57 36 78 13
www.labarrique-langon.fr

Ouvert du mardi au samedi de 18h à 0h. Tapas à partir de 5 €.

Comme son nom le laisse deviner, La Barrique a plutôt à voir avec le vin. Dans ce bar à vin et tapas fondé par quatre amis autour d'une passion commune, on découvre donc une très belle sélection de vins, issus de l'agriculture bio ou raisonnée : plus de 300 références sont tout de même proposées ! Laissez-vous conseiller par cette équipe qui s'y connaît. Pour accompagner sa dégustation, on se régale de tapas et autres petits plats gastronomiques salés et sucrés superbement cuisinés à base de produits frais et sourcés, à des prix très corrects.

ANTIROUILLE

43, rue Maubec
✆ 05 57 36 79 78

Ouvert du mardi au samedi de 9h30 à 18h. Tarte salée : 9,50 € (+ dessert : 11,50 €). Wifi. Terrasse. Boutique.

Dans cette petite adresse atypique, on trouve toutes sortes de thés : thé noir, thé vert, sans théine... Café, chocolat chaud, tisanes bio et jus de fruits figurent également à la carte des boissons. Confortablement installé dans la salle du fond ou sur la terrasse, on accompagne bien volontiers sa boisson chaude d'une bonne pâtisserie maison. Bien sûr, il est possible de venir acheter son thé en vrac ou différents produits locaux. Côté boutique, des accessoires liés à l'univers du thé sont proposés, ainsi que de nombreux petits objets de déco.

QUÊ TÔI €€

52, rue Maubec
✆ 06 14 46 82 37
https://quetoilangon.fr

Ouvert du mardi au samedi midi et soir. Menus à partir de 13,50 € (le midi). A emporter.

Quê Tôi, « ma ville natale » en vietnamien, est le second établissement de Thi Hai Dang et Gia Vinh Bui. Sur place ou à emporter, le couple vous propose de découvrir les meilleures spécialités de leur pays. Nourriture fraîche et saine, saveurs explosives, c'est un sans-faute ! Dans ce décor inspiré, vous vous laisserez peut-être tenter par un traditionnel Bò bún, ou encore par LA spécialité de la maison : le Bún chả, au porc grillé... Nems, soupes et salades, nouilles et riz sauté, et Chè chuối (dessert typique à base de tapioca et banane) complètent la carte.

MARCHÉ DE LANGON

Le vendredi matin, dans le centre-ville.

Le grand marché de Langon, l'un des plus beaux du Sud Gironde, est un incontournable ! Tous les vendredis matin, ses stands se déploient dans le centre-ville, sur les bords de la Garonne et sur le parking de la Glacière. Au total, ce sont près de 130 commerçants et exposants permanents qui sont présents chaque semaine et proposent aussi bien des produits alimentaires que non-alimentaires. Pour faire le plein de produits frais, un autre petit marché (uniquement alimentaire celui-là) se tient le dimanche matin, sous les platanes des allées Jean Jaurès.

LA POISSONNERIE

97, cours du Maréchal de Lattre de Tassigny
✆ 05 56 63 93 81
Ouvert du mardi au dimanche. Menu du jour : 8 € (à emporter).

Située juste à côté du Longin, La Poissonnerie propose ce que la mer a de meilleur : belle sélection de poissons, fruits de mer et crustacés de première fraîcheur, et plats cuisinés maison à emporter avec un menu complet renouvelé chaque jour. Et comment passer à côté des huîtres du bassin, ouvertes sur demande ? Avec cette équipe qui a toujours le sourire et la pêche (sans mauvais jeu de mots !), inutile de préciser que la maison compte depuis l'ouverture une clientèle de fidèles, conquis par la convivialité du lieu et la qualité des produits.

GRAND ÉCRAN

Lieu-dit Pied Mourteau
www.grandecran-langon.fr
Grille tarifaire de 5,50 € à 9,80 € (3D : + 1 €). Cartes d'abonnement & carte «UGC Illimité». Comptoir confiserie.

Porche du Laser Game et du New Jump, le Grand Ecran est facile d'accès et bien desservi par les bus. Il dispose du Label Cinémax, gage de confort et de qualité, et ses 6 salles sont équipées de projecteurs numériques Laser (seul cinéma de la Région Nouvelle-Aquitaine à proposer cela). Elles sont également accessibles aux personnes à mobilité réduite. Bornes d'achat dans le hall, comptoir confiserie, salle de jeux, espace détente et d'attente, parking gratuit... Le Grand Ecran a vraiment tout comme il faut pour découvrir les films du moment.

NEW JUMP

1 lot pied mourteau
✆ 05 57 36 78 71
www.newjumplangon.com
Ouvert toute l'année (jours et horaires d'ouverture variables). Enfants et adultes : de 12 € à 24 €. Anniversaires.

Le Trampoline Park 100 % made in France s'adresse à tous, adultes et enfants dès 6 ans. Au programme : un *main court* avec des trampolines carrés, rectangulaires et inclinés pour sauter en liberté, un bac à mousses pour réaliser des figures, un *wall run* pour les sportifs, un « dodge ball » pour s'affronter, une *slackline* pour travailler son équilibre et une zone *dunk basket*. L'espace « mini-jump », réservé aux enfants de 2 à 8 ans, a été spécialement pensé pour qu'ils puissent s'amuser en toute sécurité. Alors, prêts à jumper ?

CADAUJAC

Au début du XXe encore, il était plus simple d'aller à Bordeaux en gondole à vapeur que de prendre le train ! Cadaujac, *la ville aux 4 ports*, regorge d'une riche biodiversité grâce à son bocage humide au bord de la Garonne. Commune viticole du vignoble des Graves, entourée par les communes de Camblanes-et-Meynac, Quinsac et Villenave-d'Ornon, Cadaujac appartient à l'arrondissement de Bordeaux et au canton de La Brède. A ne pas manquer : le château de Saige et son parc de 14 ha, construit au XVIIIe par le baron de Beautiran, le port de Grima pour une agréable promenade entre rivière et belles demeures, la Ferme Exotique pour une sortie en famille...

LA FERME EXOTIQUE ★

1932, chemin du Port-de-l'Esquillot
✆ 05 40 24 61 07
www.fermeexotique.com
Haute saison ouvert tous les jours de 10h à 18h. Adulte : 12 €. Enfant de 3 à 12 ans : 10 €.

Zébus, émeus, dindons, autruches, lamas, yacks, cochons, antilopes, tortues, moutons, porcs-épics, watussis, lièvres de Patagonie... Sans oublier les dromadaires ! La ferme exotique de Cadaujac est le plus grand élevage de France. Vous verrez ici plus d'un millier d'animaux venant des cinq continents (dont une majorité d'oiseaux). Une fois l'entrée acquittée, certaines activités sont gratuites (petit train, chariot, spectacle de cirque, aire de jeux, pataugeoire...) et d'autres nécessitent le paiement d'un supplément. Des animations ponctuelles sont organisées.

CHÂTEAU BARDINS

Chemin de la Matole
✆ 05 56 30 78 01
www.chateaubardins.fr
Visite et dégustation sur rdv. Adulte : 10 € ; enfant : 5 €. Ateliers dégustation. Coffrets de dégustation.

Le château Bardins se dresse fièrement aux portes de Bordeaux. Stella Puel, la propriétaire (5e génération) s'attache à cultiver la vigne et faire vivre la propriété afin de faire découvrir les vins du domaine. Pascale Laroche, passionnée d'œnotourisme, anime les ateliers dégustation, ludiques et accessibles à tous, adulte comme enfant, ainsi que les cours d'œnologie pour les plus aguerris. Elle vous propose aussi de découvrir le vignoble à vélo ou à pied. Bonne idée cadeau : le coffret dégustation « Jeu de Goût » pour s'entraîner à reconnaître 6 vins différents !

CHÂTEAU BOUSCAUT

1477, avenue de Toulouse
✆ 05 57 83 12 20
www.chateau-bouscaut.com

Ouvert du mardi au vendredi de 9h à 12h et de 13h30 à 17h30 ; le samedi de 10h à 13h et 14h à 18h. Visite : 10 €.

Château Bouscaut est l'un des six Grands Crus Classés de Graves blancs et rouges de l'appellation Pessac-Léognan. De la découverte du vignoble et des chais à l'atelier d'assemblage, les visites à thème, récompensées par un Best Of Wine Tourism, permettent à chacun de choisir une approche différente : Accords vins et fromages, Accords mets et vins, Grands crus et chocolats... Il y en a pour tous les goûts ! On peut également s'initier à la dégustation à travers un atelier animé par un œnologue, pour apprendre à reconnaître les saveurs et arômes du vin.

CHÂTEAU LEOGNAN

88, chemin du Barp - **LÉOGNAN**
✆ 05 56 64 14 96
www.chateauleognan.fr

Ouvert toute l'année. Visites et dégustation du lundi au samedi, et le dimanche en haute saison. Sur réservation.

Le Château Léognan s'étend sur un domaine de 6 hectares où la vigne est élevée dans la tradition des Grands Crus de Pessac-Léognan et offre un vin blanc, un vin rosé, ainsi que 3 cuvées de vins rouges d'exception dont un grand Pessac-Léognan. L'établissement propose également toute l'année des formules de visites suivies de dégustation et d'ateliers variés, pour découvrir cette belle propriété en alliant oenotourisme et gastronomie. Au choix : visites Classique, Gourmande ou Insolite, et ateliers Oenoludique ou Vins et Chocolats. Délicieux programme !

MARTILLAC

Commune située dans l'aire urbaine de Bordeaux, Martillac abrite le château de Rochemorin, lieu de villégiature et propriété viticole de Montesquieu et sa famille. La forteresse qui s'élevait au Moyen Âge à cet endroit défendait Bordeaux contre les attaques des Sarrasins venus d'Espagne. À voir également : l'église romane Sainte-Quitterie construite au XIe siècle dédiée à Notre-Dame. Elle est remarquable pour son chœur roman et ses chapiteaux finement ciselés. Deuxième ville de France productrice de muguet, Martillac est le site de la technopole de Bordeaux et du centre de vinothérapie Caudalie au cœur des vignes du château Smith Haut Lafitte.

LA TABLE DU LAVOIR €€

Chemin de Smith Haut Lafitte
✆ 05 57 83 83 83
www.sources-caudalie.com

Ouvert tous les jours, midi et soir. Réservation recommandée. Menu du jour : 45 €. Terrasse.

La Table du Lavoir rend hommage au terroir à travers une cuisine bistronomique originale et raffinée, évoluant au rythme des saisons et travaillant les produits en toute simplicité pour les sublimer. En plus de la carte, une entrée, un plat et un dessert du jour sont proposés midi et soir dans un menu unique. On déjeune là sous la magnifique halle de l'hôtel, construite en bois récupéré dans les chais du Médoc. Au centre de ce superbe édifice, on aperçoit le lavoir en pierre où les femmes de vignerons venaient laver leur linge au XIXe siècle.

LA GRAND'VIGNE €€€

Chemin de Smith-Haut-Lafitte
✆ 05 57 83 83 83
www.sources-caudalie.com

Ouvert du mercredi à dimanche le soir et le week-end le midi. Réservation recommandée. Menus : 165 € à 205 €.

Laissez-vous subjuguer par la cuisine créative et gastronomique du restaurant doublement étoilé La Grand'Vigne, au sein du château Smith Haut-Lafitte. Chez le chef Nicolas Masse, l'importance du terroir et des produits se marie à la créativité et au talent, pour une incroyable expérience culinaire. L'établissement, au cœur du vignoble des Graves, figure dans le Top 100 des meilleures cartes des vins de France. Le cadre est élégant et la terrasse qui surplombe le lac offre une vue magique sur les vignes. Une parenthèse enchanteresse hors du temps !

SPA VINOTHÉRAPIE CAUDALIE

Chemin de Smith-Haut-Lafitte
✆ 05 57 83 82 82

Ouvert lundi de 10h à 19h ; du mardi au samedi de 9h à 19h ; dimanche de 9h à 13h. Tarifs des soins en ligne. Boutique.

Le Spa Vinothérapie® propose un programme de soins exclusifs au cœur d'un cadre sublime : la décoration des cabines, faites de matériaux nobles, s'harmonise avec les vignes environnantes pour une parenthèse bien-être sous les mains expertes des vinothérapeutes. Uniques au monde, les soins Caudalie allient les vertus d'une eau de source naturellement chaude et riche en minéraux et oligo-éléments avec celles du raisin, réputé pour ses vertus anti-oxydantes. Une belle expérience.

PODENSAC

Au cœur du Pays des vins de Graves, ce bourg de 3 000 âmes fut occupé dans l'Antiquité. Des vestiges gallo-romains du IIe siècle ont été mis au jour place de la Halle. De l'époque médiévale, il reste une tour et une poterne du château des seigneurs de Podensac. Outre des monuments d'intérêt architectural (le château d'eau de Le Corbusier) ou gustatif (le musée Lillet), Podensac profite d'un très beau chemin de randonnée à suivre jusqu'à Portets, le long de la Garonne. Parmi les grands événements, notez les Rendez-vous aux jardins début juin, le festival « Côté Jardin » le dernier week-end de juin ou encore la foire Saint-Catherine fin novembre.

CHÂTEAU D'EAU LE CORBUSIER

Rue Pierre-Vincent
✆ 05 56 27 17 54
www.chateaudeaulecorbusier.sitew.fr

Avec sa gloriette, une salle panoramique entièrement vitrée de huit portes-fenêtres, cet imposant édifice en béton armé est la première réalisation connue du célèbre architecte Le Corbusier en France. En 1987, le *Groupe des Cinq* (architectes œuvrant pour la préservation du patrimoine architectural du XXe) signe avec la municipalité un bail emphytéotique, lui donnant la jouissance du lieu. Emblématique de la ville de Podensac, il est classé aux Monuments historiques depuis 2006.

PARC DU DOMAINE DE CHAVAT

2, Rue Pierre Vincent

Jardin remarquable. Gratuit. Ouvert tous les jours et les jours fériés de 8h30 à 18h30. Animations.

Le château, son parc et le château d'eau belvédère sont des œuvres de Le Corbusier édifiées en 1917, sur les bords de la Garonne. Délaissé au cours du dernier quart du XIXe siècle, cet ancien domaine viticole doit sa renaissance à François Thévenot, un industriel bordelais spécialisé dans la construction de barrages hydroélectriques, qui décida d'acquérir la propriété afin de la sauver de la ruine et la transformer en jardin remarquable. Légué à la Ville de Podensac en 1999, le parc du domaine de Chavat mêle des ambiances japonaises et offre un magnifique parcours d'eau de 5.5 hectares ainsi qu'une grande variété végétale. L'ensemble est de style composite. Jugé par les Monuments historiques comme l'un des plus beaux parcs d'Aquitaine, il est inscrit à l'inventaire supplémentaire des Monuments historiques depuis 2006 et labellisé Jardin Remarquable depuis 2012. Au hasard de vos pas, vous y découvrirez de jolies fontaines surmontées de bronzes inspirés de l'Antiquité, une fausse grotte, un beau gladiateur ayant perdu son trident et déclarant *Ave Cesar, morituri te salutant* et un très étrange groupe de statues en marbre – Le mystère de la vie –, placé dans un bassin auquel on peut accéder par des dalles sur l'eau... Un lieu de promenade original, avec une jolie vue sur la Garonne et des bancs pour profiter de la belle saison et contempler le château et ses reflets. Le château est ouvert aux visites uniquement lors des Journées du Patrimoine.

MAISON LILLET

8, cours Maréchal Foch
✆ 05 56 27 41 41

Magasin ouvert du mardi au samedi (10h-12h30 et 14h-18h). Fermé le samedi en janvier et février. Visite guidée sur rdv.

En blanc et rouge et depuis 2011 en rosé, cet apéritif né en 1887 a su évoluer avec son temps, afin de proposer aux amateurs ses multiples et riches saveurs élaborées à partir de vins sélectionnés et de liqueurs de fruits, qui affichent en bouche une personnalité marquée. C'est que cet apéritif typique de la région, vieilli 8 mois en foudres de chêne, bénéficie du même suivi que les plus grands Bordeaux. Découvrez ses différentes étapes de fabrication lors d'une visite guidée suivie d'une dégustation, et poussez les portes d'une ancienne salle de distillation.

PORTETS

Aujourd'hui joliment aménagé, le petit port de Portets était fréquenté dès l'Antiquité. Enraciné dans l'Histoire, l'endroit est une halte idéale pour un pique-nique au bord du fleuve avec ses cabanes de pêcheurs. Un circuit pédestre permet de découvrir la ville dans son ensemble. L'élégante tour du Roy qui se dresse au milieu de la vigne contrôlait jadis, le trafic des gabarres sur la Garonne. Derrière, le château de Portets à l'architecture Renaissance est à ne pas louper. Il domine majestueusement la rivière du haut de sa terrasse en pierre. Faites donc escale à Portets ! La halte nautique est d'ailleurs l'une des plus modernes des bords de Garonne.

CHÂTEAU DE MONGENAN

16, rue de Mongenan
✆ 05 56 67 18 11
www.chateaudemongenan.com
Ouvert toute l'année (jours et horaires d'ouverture variables). Gratuit jusqu'à 12 ans. Adulte : 10 €. Animations.

Superbe demeure d'époque Louis XV, ce château classé aux Monuments historiques fut construit en 1736 par l'architecte Le Herissey. Jean-Jacques Rousseau y séjourna, c'est d'ailleurs à lui que l'on doit l'inspiration de l'actuel jardin botanique qui compte plus de mille variétés de plantes. Autre écrivaine à avoir marqué le lieu, Florence Mothe est la propriétaire du domaine qu'elle a choisi d'ouvrir au public. Autre rareté du lieu : le temple maçonnique de 1738 et son matériel rituel d'époque. La visite se conclut par la dégustation des vins du domaine.

HÔTEL-RESTAURANT RAPIN €€

35, route des Graves ✆ 05 56 67 51 31
www.hotelrapin.fr
10 chambres à partir de 50 €. Petit déjeuner : 7 €. Soirées étapes, demi-pension ou pension complète à partir de 69 €.

Sur la route des vins de Bordeaux en Graves et Sauternes, ce petit hôtel dans lequel règne une ambiance familiale vous propose de séjourner dans l'une de ses 10 chambres à la décoration personnalisée. Lumineuses, fonctionnelles et plutôt modernes, toutes sont équipées d'une télévision à écran plat et d'une connexion wifi. Chacune possède sa propre salle de bains avec douche, lavabo et w.c. Contrairement aux chambres de catégorie supérieure qui donnent sur la cour, les chambres standards ne sont pas climatisées. La petite terrasse permet de profiter du beau temps.

CHÂTEAU DE PORTETS

Rue de Mongenan
✆ 05 56 67 12 30
www.chateaudeportets.com
Ouvert toute l'année, jours et horaires d'ouverture variables selon la saison. Visites de 12 € à 35 €.

Portets est le plus ancien vignoble d'une commune viticole au cœur des Graves. Avec son parc en terrasse offrant un incroyable panorama sur la Garonne et les vignes et la façade Renaissance du château, le domaine est superbe et a été récompensé d'un Best Of Wine Tourism dans la catégorie « Architecture et Paysage ». Les visites commencent toujours par la projection d'un film retraçant l'histoire du château, avant de découvrir le chai où il est question de vignes, de vins et de vinifications dans le respect de l'environnement, pour finir sur une dégustation.

PRÉCHAC

Entre le Ciron et la forêt des hautes Landes girondines, Préchac est fortement marqué par le bois comme l'attestent plusieurs scieries en activité aux alentours. L'histoire a également marqué le lieu et il ne faut surtout pas manquer de visiter le château de Cazeneuve, sur la route de Pompéjac. C'est aussi le Pays de Bertrand de Got, avec l'un de ses châteaux dits clémentins : le château de La Trave. Celui-ci fut érigé en 1306 par Arnaud-Bernard de Preyssac, parent du pape Clément V. Cette vaste forteresse était protégée d'un côté par le Ciron et de l'autre par des fossés. Totalement en ruine aujourd'hui, le château est libre d'accès.

EGLISE SAINT-MARTIN D'INSOS

Visites guidées toute l'année (sur rendez-vous).

L'église Saint-Martin d'Insos, de style roman et inscrite à l'Inventaire des Monuments historiques depuis 1925, vaut bien un petit coup d'œil. Son haut clocher du XIVe renforcé par deux contreforts se prolonge d'une nef unique qui s'appuie sur un large mur où se trouve l'arc triomphal du XIIIe. L'église se visite toute l'année et l'agenda des manifestations (concerts, journées du patrimoine...) est consultable sur le site internet de l'association Ecrin d'Insos.

SALLES

Les racines du nom de la commune sont à chercher du côté des Gallo-Romains qui l'avaient baptisée Salomacum (« marché du sel »). La découverte d'un cimetière du premier âge du fer (600 av. J.-C.) a permis de mettre à jour plusieurs vases cinéraires, aujourd'hui conservés au musée d'Aquitaine à Bordeaux et au musée de Belin-Beliet. Autre particularité : la ville est recouverte à 87 % d'espaces boisés. Situé sur L'Eyre (dit aussi la Leyre) en Pays de Buch, le territoire fait partie du parc Naturel Régional des Landes de Gascogne en forêt des Landes. Empruntez un vélo ou un canoë pour partir à la découverte de ce bel espace nature du Sud Gironde.

CAMPING «LE BILOS» €

37, route de Bilos

✆ 05 56 88 36 53

Ouvert toute l'année. Emplacement (2 adultes) + véhicule à partir de 16 €. Caravanes : 300 € à 385 € la semaine.

Pas de mobil-home ni d'animations ou de piscine dans ce camping responsable qui invite les visiteurs à prendre soin des ressources environnantes, mais 85 emplacements idéalement situés au milieu des pins et des chênes, avec accès direct à la forêt... En cours de labellisation par le PNRLG pour obtenir le titre de « *Réserve Internationale de Ciel Etoilé* », le camping Le Bilos, parfaitement tenu depuis 1972 par la famille Dulaurans, vous promet de passer des vacances ressourçantes au plus près de la nature, dans une ambiance simple, mais chaleureuse.

L'EYRE 2 RIEN, LA SUITE €€

35, rue du Château

✆ 05 57 67 63 49

Ouvert du mardi au dimanche le midi, et du jeudi au samedi le soir. Ouvert tous les jours en juillet et août. Traiteur.

Après L'eyre 2 Rien (désormais le River's Club) le chef Jérôme Lonlas a ouvert L'Eyre 2 Rien, la suite ! Dans l'assiette, il est question de cuisine traditionnelle accessible mais raffinée. On retrouve le menu du midi, celui du soir et le fameux menu chasseur. Et bien sûr, les plats signatures qui ont fait le succès de la maison (foie gras marbré, gambas flambées...). Les recettes mettent toujours en valeur des produits frais, travaillés et cuisinés sur place. La salle est en outre très agréable, avec son étage pouvant accueillir les groupes et sa terrasse.

RIVER'S CLUB

2, place Saint-Pierre

✆ 05 57 67 63 49

Ouvert du mercredi au dimanche de 17h30 à 2h. Happy hour. Soirées DJ et concerts.

Le River's club, nouveau projet du chef Jérôme Lonlas, remplace son premier restaurant (le second, « L'Eyre 2 rien, la suite » ne change pas) sur la jolie place de l'église de Salles. Bien que petit, l'établissement a le mérite d'être le seul bar d'ambiance du coin. Au programme ? Concerts, DJ sets et autres animations jusque tard dans la nuit. Pour prendre des forces avant de danser, on boit des cocktails ou des bières à la pression et on grignote de nombreux tapas (planches de charcuterie, nems et samoussas, nachos sauce cheddar, mini croque-monsieur...).

H2O AVENTURE CANOË KAYAK

40, rue Haute-Lande ✆ 05 56 88 20 53

www.h2oaventure.com

Ouvert de mai à septembre. Parcours canoë : 18 € ; parcours kayak : 22 €. Sortie kayak sur le Bassin d'Arcachon : 35 €.

Bien que surnommée « La Petite Amazone », la Leyre est une rivière praticable pour les débutants et un super terrain de jeu pour les confirmés. H2O Aventure permet de la découvrir à kayak ou à canoë, pour une descente rafraîchissante. Ces randonnées sur l'eau se font à la 1/2 journée sur 9 km, ou à la journée entière sur 12 à 14 km, avec pause déjeuner sur les rives. Les aventuriers pourront même pagayer 4 jours durant ! Les parcours proposés sont parfaitement adaptés aux sorties en famille, mais pensez au pique-nique, aux chaussures fermées et à la casquette...

SAUTERNES ★

Un grand nom pour un village au cœur des vignes qui mérite le détour ! À 40 km au sud de Bordeaux, le village de Sauternes est réputé pour son vin blanc, – le meilleur liquoreux du monde. Le plus prestigieux de ces vins est produit au château d'Yquem. Inabordable pour le commun des mortels, on peut lui préférer d'autres châteaux dont le rapport qualité-prix sera plus terrestre. Le territoire est parsemé de châteaux et de demeures anciennes. A voir au cœur du village, l'église de Sauternes qui possède une jolie abside romane. La proximité avec le Ciron, affluent de la Garonne, fait de Sauternes un lieu de détente idéal pour les amoureux de la nature.

EGLISE SAINT-VINCENT

rue du Port

PREIGNAC

https://preignac.egliseetorgue.fr

Cours d'orgue, concerts, visites.

Construit au XVIIIe siècle, l'édifice surprend sa magnifique façade de style néoclassique, son clocher octogonal couvert d'un dôme de cuivre de l'architecte bordelais Pierre-Paul Coureau (inscrit au titre des Monuments historiques), et ses décors intérieurs peints. Les vitraux sont l'œuvre d'un autre bordelais, le maître verrier Joseph Villet. L'église abrite également un orgue construit par le facteur d'orgues Georges Wenner et le tuyautier-harmoniste Jean-Jacob Götty. Des cours d'orgue y sont d'ailleurs donnés, ainsi que des concerts et des visites.

LA SAUTERNAISE €€

22, rue principale
✆ 06 78 00 64 18
www.chambres-sauternes.com

Vignobles et Découvertes. 4 chambres à partir de 115 €. Petit déjeuner inclus. Boutique et cave à vins.

Au cœur du village de Sauternes, cette maison d'hôtes à l'atmosphère chaleureuse vous ouvre ses portes pour un week-end magique. Pascale et Didier Galhaud ont rénové cette pittoresque demeure du XVIIIe siècle avec beaucoup de goût, tout en conservant l'authenticité qui en fait le charme et l'élégance. Le tumulte du quotidien paraît alors bien loin… D'autant que les paysages alentour invitent à la contemplation et que les chambres tout confort offrent de superbes services bien-être (baignoire balnéo, hammam, sauna…). Terriblement reposant !

LA PETITE GUINGUETTE €

2, chemin de Pasquette
www.lapetiteguinguette.com

Ouvert en saison de fin avril/début mai à septembre (jours et horaires variables). Tapas de 6 € à 25 €. Vin au verre.

Coup de cœur ! La Petite Guinguette est un petit coin de paradis avec une vue imprenable sur les vignes. Créée en juillet 2017 par Marie et Guillaume, l'endroit, qui se donne des allures de brocante chic, a immédiatement remporté un franc succès. Petits et grands aiment s'y retrouver pour déguster quelques tapas, boire un verre ou écouter de la musique. Les assiettes de tapas accompagnent à merveille un cru du coin ou une mousse, ou inversement. La bonne idée : suivre leur page Facebook pour ne pas rater l'ouverture de la saison et le programme estival.

LE RELAIS DE BROUQUET €€

3076, route de Sansot - **LÉOGEATS**
✆ 05 56 76 67 25
www.relais-de-brouquet.fr

Ouvert 7j/7 le midi, vendredi et samedi le soir. Formule du midi. Menus de 22 € à 27 €. Terrasse.

Venez goûter la cuisine de terroir de Daniel et Elodie ! Le midi, le chef propose une formule avec entrée, plat, dessert et 1/4 de vin, mais rien n'empêche de choisir l'une des suggestions du moment ou de piocher à la carte. Le soir, les deux menus gourmands inspirés Sud-Ouest sont d'un très bon rapport qualité-prix. On déguste par exemple une salade de tricandilles persillées, un filet mignon au confit d'oignons, ou encore un délicieux foie gras au Sauternes cuit au torchon. La carte des vins est également intéressante et la terrasse est agréable aux beaux jours.

CHÂTEAU LAFAURIE PEYRAGUEY €€€

Lieu-dit Peyraguey - **BOMMES**
✆ 05 24 22 80 11
www.lafauriepeyragueylalique.com

Relais & Châteaux. Ouvert du jeudi midi au lundi soir. Menus de 95 € à 165 €. Formule du midi : 65 €.

A l'hôtel-restaurant Lalique du château Lafaurie-Peyraguey, vous découvrirez les créations de la célèbre cristallerie et ses partenaires. Récompensée par une étoile Michelin en janvier 2019 (première table étoilée de la région de Sauternes), la cuisine de Jérôme Schilling est travaillée selon les spécificités de chaque millésime, avec des produits rigoureusement sélectionnés. La carte des vins de l'établissement figure parmi les plus belles de France !

CHÂTEAU D'ARMAJAN DES ORMES

PREIGNAC
✆ 05 56 62 35 78
www.mjperromat.com

Ouvert du lundi au vendredi de 9h à 12h et de 14h à 17h. Visite et dégustation : 5 €/pers. Sur rdv le week-end.

Le château est l'un des domaines historiques les plus anciens du Sauternais. La propriété fut anoblie en 1565 par Charles IX, en remerciement d'une visite avec sa mère Catherine de Médicis, mais le vignoble existait déjà. Démantelé durant la Fronde avant d'être reconstruit et divisé en nombreux lots fonciers après la Révolution, le domaine mettra du temps à recouvrer sa splendeur et sa fonction viticole. Aujourd'hui, il propose des visites et dégustations de ses vins.

CHÂTEAU D'YQUEM

✆ 05 57 98 07 07
www.yquem.fr

Ouvert toute l'année. Visites guidées privatives avec dégustation de 84 € à 300 €/pers.

Classé en 1855, le domaine est le seul et l'unique premier cru supérieur de l'appellation. D'architecture simple, la bâtisse datée du XVe siècle se caractérise par ses tours rondes, dont l'une était à l'origine un colombier. Ainsi, une visite au Château d'Yquem est avant tout un voyage à travers 400 ans d'histoire, à la découverte d'une Maison d'exception qui donna naissance à un vin rare. Géré depuis 2004 par Pierre Lurton, le château propose différentes expériences de dégustations, à la découverte de certains de ses délicieux millésimes.

GIRONDE

CHÂTEAU DE RAYNE VIGNEAU

4, Le Vigneau - **BOMMES** ✆ 05 56 76 64 05
www.raynevigneau.fr
Ouvert tous les jours en haute saison. Visites/dégustations/ateliers : 15 à 90 € (réservation conseillée).

Le Château de Rayne Vigneau, domaine de prestige inscrit aux Monuments historiques depuis 2004, se dresse fièrement face à ses 84 hectares de vignes. Tout au long de l'année, le Château ouvre ses portes aux visiteurs pour les inviter à découvrir ses vins, lors de rendez-vous parfois insolites à l'image de « La Dégustation Perchée » : accompagné d'un moniteur diplômé, vous vous hisserez tout en haut du cèdre bicentenaire du parc. Assis autour d'une table suspendue à 12 mètres du sol, vous goûterez alors au vin de la propriété, dans un décor verdoyant et magnifique.

CHÂTEAU FILHOT

✆ 05 56 76 61 09
www.filhot.com
Visites du lundi au vendredi de 9h à 12h et de 14h à 17h ; sur rdv le week-end. Portes ouvertes : 11, 12 et 13 novembre.

Le château Filhot a été créé en 1709 par Romain de Filhot sur un domaine de 350 hectares, dont 62 sont consacrés à la vigne sur le versant sud de la colline de Sauternes. Après une fermentation de 10 jours à 1 mois en cuves inox, le vin – sémillon 60 %, sauvignon 36 % et muscadelle 4 % –, vieilli en fûts de chêne durant près de 20 mois pour lui apporter toute la maturité nécessaire. De belle constitution, le vin du château Filhot se distingue par sa fraîcheur, la finesse de sa liqueur, son caractère minéral et l'élégance de son équilibre.

CHÂTEAU DOISY-DAËNE

BARSAC
✆ 05 56 62 96 51
www.denisdubourdieu.fr
Visite et dégustation du lundi au vendredi de 9h à 12h30 et de 13h30 à 17h. Le week-end sur rendez-vous.

Second cru classé en 1855, le domaine est tenu de main de maître par la famille Dubourdieu depuis quatre générations. D'appellation Sauternes et vieilles d'une quarantaine d'années, les vignes bénéficient d'un sol unique avec un sous-sol calcaire recouvert d'une fine couche de sables argileux apportant beaucoup de finesse. La proximité de la Garonne et du Ciron donnent davantage d'acidité et moins de sucre résiduel aux raisins. Produit depuis 1949, le vin blanc sec Sauvignon à 100 % est une curiosité et l'un des plus vieux blancs secs de l'appellation.

CHÂTEAU LA TOUR BLANCHE

La Tour Blanche - **BOMMES**
✆ 05 57 98 02 73
www.tour-blanche.com
Ouvert toute l'année (jours et horaires variables selon saison). Visite dégustation : 14 € à 25 €. Autres prestations.

Appartenant à la région Nouvelle Aquitaine depuis 2010, le Château attire les visiteurs grâce à son excellent Premier Grand Cru Classé Sauternes et son cadre idyllique. Les visites guidées permettent de découvrir les vignes et les chais et de découvrir le processus de vinification avant de profiter d'une dégustation. La « Dégustation Verticale » offre le privilège de déguster trois millésimes à travers les âges, afin de mieux apprécier l'évolution d'un Grand Cru Classé. Version « Gourmande », la dégustation mise sur les accords mets et vins. A découvrir !

Marathon de Sauternes.

CHÂTEAU LAMOTHE-DESPUJOLS

19, rue Principale
✆ 05 56 76 67 89
www.lamothe-despujols.com
Visites du lundi au vendredi à 15h, week-ends et jours fériés à 10h sur rdv. Livraison possible.

Rendez-vous à la Cave des Lauréats près de l'église, lieu de départ des visites et point de vente du Château Lamothe. Vous trouverez là une minutieuse sélection de divers crus allant du Sauternes au Bordeaux Supérieur, en passant par les Graves, Pomerol, Médoc, Saint-Estèphe,... Joli choix également de Bas-Armagnac (jusqu'en 1928), de bons produits du terroir, d'idées cadeaux et d'accessoires de dégustation. Le bar à vins enchantera les palais des connaisseurs comme des néophytes.

CHÂTEAU SIGALAS-RABAUD

BOMMES
✆ 05 57 31 07 45
www.chateau-sigalas-rabaud.com
Visites de 10 € à 20 €/pers ; Dîner à Sigalas : 55 €/pers. Autres prestations.

Laure de Lambert Compeyrot (6e génération) maintient bien vivant le patrimoine végétal remarquable de Sigalas. Consécration d'un engagement responsable, la propriété a obtenu en 2016 le label le plus élevé de Haute Valeur Environnementale. Bien que le château soit le plus petit des Premiers Grands Crus Classés de Sauternes, l'offre œnotouristique y est bien développée. De la plus classique à la plus gourmande, plusieurs expériences s'offrent à vous, y compris pour les familles avec une des propositions ludiques. Le château fait aussi chambre d'hôtes.

MAISON DU SAUTERNES

14, place de la Mairie
✆ 05 56 76 69 83
www.maisondusauternes.com
Ouvert toute l'année. Jours et horaires d'ouverture variables salon la saison. Dégustation. Boutique en ligne.

Association loi 1901 regroupant des viticulteurs de Sauternes, La Maison du Sauternes est une belle vitrine de l'appellation. Elle compte un premier cru supérieur (le Château d'Yquem), 11 premiers crus et 14 seconds crus classés. L'appellation regroupe les communes de Barsac, Bommes, Fargues, Preignac et Sauternes, toutes situées sur la rive gauche de la Garonne. Parmi les 58 références, on trouvera ici des sauternes au même tarif qu'à la propriété : à petits prix (moins de 15 euros) ou à prix plus élevés pour les grands crus et les millésimes anciens.

VILLANDRAUT

Situé à 7 km de Sauternes et sur les rives du Ciron, Villandraut (un millier d'habitants), était une étape sur le chemin de Saint-Jacques-de-Compostelle. Seigneurie fondée au début du XIIIe siècle par André Lopez de Villandro, ce fut surtout la ville natale de Bertrand de Got qui deviendra, plus tard, le premier pape d'Avignon sous le nom de Clément V. Ecarté de Rome, il fit bâtir entre 1305 et 1312, le château de Villandraut qui était tout à la fois, une forteresse et un palais. Malgré le large fossé imaginé pour sa défense, l'édifice subira les assauts des Français à la fin de la guerre de Cent Ans, puis des Protestants qui en feront un siège.

CHÂTEAU DE VILLANDRAUT ★

Rue Lafon Isoré
✆ 05 56 25 87 57
www.chateaudevillandraut.fr
Ouvert tlj de mai à septembre, sur rdv le reste de l'année. Visite libre : 3 €. Visite guidée : 5 €. Animations.

Construit en 1305 sur ordre de Bertrand de Goth devenu le pape Clément V, le château de Villandraut est un palais forteresse qui se caractérise par ses six tours rondes encore sur pied, et son enceinte en très bel état. Ses courtines percées d'archères en croix pattées sur deux étages comptent parmi les plus anciennes de ce type en France. La visite guidée est à ce propos très instructive. L'été, profitez des jeux traditionnels dans la cour du château ou d'une visite à la lueur des flambeaux à la nuit tombée... Impressionnant !

AUBERGE LA CRÉMAILLÈRE €€

8, place du Général de Gaulle
✆ 05 56 25 30 67
www.aubergelacremaillere.com
Ouvert toute l'année, jours et horaires variables selon saison. Menus : 25 € à 48 €. Menu midi (en semaine) : 14,50 €.

Au fil d'une succession de salles où l'on apprécie les cheminées, cette auberge distinguée Logis de France propose une cuisine régionale de saison réveillée par des saveurs exotiques. Le chef Ronan Talbot a en effet plus d'un tour dans son sac pour agrémenter ses plats faits maison, avec des mélanges originaux à base de légumes savamment cuisinés et des assiettes joliment présentées. Sa spécialité est sans conteste les ris de veau au sauternes, plat signature de la maison. L'auberge dispose également de 10 chambres aux thématiques variées.

LANDES

Logé entre la Gironde et le Pays Basque, le département des Landes est lui aussi bercé par les flots de l'Atlantique. Ses larges plages sont de véritables paradis pour les baigneurs et les surfeurs, avec ses cités balnéaires propices aux vacances au bord de la mer : Hossegor, Biscarosse ou encore la très familiale Mimizan. Le département est également réputé pour ses vastes pinèdes et ses grands lacs d'eau comme celui d'Aureilhan. Vous apprécierez la richesse des possibles : les Landes ont tant à vous offrir. Partez à la découverte de ses villages au charme fou qui méritent le détour, de ses monuments qui font la force de son patrimoine et de ses sites naturels où il fait bon se ressourcer, à l'instar de la réserve nationale d'Arjuzanx.

Le patrimoine gastronomique n'est pas en reste avec un terroir exceptionnel — son Armagnac qu'on ne présente plus — et ses producteurs locaux qui vous attendent pour vous faire déguster leurs spécialités.

8 KM
Landes
Océan Atlantique
SANGUINET
Lugos
Biscarrosse-Plage
BISCARROSSE
PARENTIS-EN-BORN
Moustey
Gastes
Liposthey
Saint-Paul-en-Born
Lüe
Labouheyre
Mimizan-Plage
MIMIZAN
Escource
Bias
SABRES
Contis-Plage
Onesse-Laharie
LIT-ET-MIXE
UZA
Morcenx-la-Nouvelle
MORCENX
ARJUZANX
VIELLE-SAINT-GIRONS
Rion-des-Landes
LINXE
Bourg de Vielle
LÉON
Moliets-Plage
MOLIETS-ET-MAA
TARTAS
Bégaar
MESSANGES
Magescq
VIEUX-BOUCAU-LES-BAINS
PONTONX-SUR-L'ADOUR
SOUSTONS
MUGR
SAINT-PAUL-LÈS-DAX
HOSSEGOR
MONTFORT-EN-CHALOSS
Le Penon
Saint-Geours-de-Maremne
SEIGNOSSE
Tosse
Mées
DAX
Burry
Oeyreluy
ANGRESSE
Saubusse
GAUJ
CAPBRETON
Saint-Jean-de-Marsacq
Pomarez
Labenne-Océan
POUILLON
LABENNE
Saint-Martin-de-Hinx
AMOU
PORT-DE-LANNE
ORTHEVIELLE
TARNOS
PEYREHORADE
HASTINGUES
Boucau
Puyoô
SORDE-L'ABBAYE
Bérenx

HOSTENS
La Saubotte
Coimères
Auros
Couthures-sur-Garonne
Villandraut
BAZAS
Cocumont
Préchac
Grignols
GIRONDE
P.N.R. des Landes de Gascogne
Casteljaloux
Lencouacq
lon
Brocas-les-Forges
Roquefort
Cère
SAINT-JUSTIN
Geloux
Gabarret
Lucbardez-et-Bargues
Pouydesseaux
LABASTIDE-D'ARMAGNAC
Cazaubon
MONT-DE-MARSAN
ARTHEZ-D'ARMAGNAC
VILLENEUVE-DE-MARSAN
Estang
GRENADE-SUR-L'ADOUR
GERS
Péré
Cazères-sur-l'Adour
NTAUT
SAINT-SEVER
DUHORT-BACHEN
AIRE-SUR-L'ADOUR
Aignan
EUGÉNIE-LES-BAINS
Saint-Germé
HAGETMAU
GEAUNE
SAMADET
Plaisance du Gers
Castelnau-Rivière-Basse
Garlin
Beaumarchés
ult-de-vailles
Madiran
Labatut-Rivière
Arzacq
ÉNÉES-ATLANTIQUES
Lascazères

PAGES

LANDES

LANDES CÔTE NORD ET PARC NATUREL RÉGIONAL

LANDES CÔTE SUD

CHALOSSE TURSAN ET ADOUR

MONT-DE-MARSAN ET ARMAGNAC

BISCARROSSE ★★

Biscarrosse se situe entre le lac de Cazaux-Sanguinet et le lac de Parentis-Biscarrosse et se divise en trois parties : Biscarrosse-Ville, Biscarrosse-Plage et Biscarrosse-Lac. D'importantes découvertes sublacustres renseignent sur l'histoire de la région. C'est au début du XIXe siècle que les dunes ont été fixées par des pins et c'est à cette époque également que la station de Biscarrosse-Plage a commencé à se construire. Actuellement troisième ville des Landes avec quelque 15 000 habitants, elle est la plus étendue avec plus de 19 000 ha (près du double de Paris). Elle propose ses multiples facettes sur un triptyque océan, lac et forêt.

AQUAPARK

18, chemin de Maguide
✆ 06 51 50 25 65

Ouvert tous les jours de juin à septembre de 11h à 20h. AquaPark ou AquaKid de 10 € (1h) à 15 € (2h). Water jump : 5 €.

Sur le lac de Cazaux-Sanguinet, Port Maguide est un terrain de jeu exceptionnel. L'Idylle Plage vous propose une multitude d'activités aquatiques parmi lesquelles le plus grand parc aquatique de jeux gonflables au monde ! Accessible dès 8 ans, l'AquaPark est équipé de structures géantes : trampolines, murs d'escalade, toboggan, boudins de traversée, tyroliennes, centrifugeuse, balançoires, roue de hamster, slackline, terrain de volley… Sans oublier la catapulte géante. Nocturnes de 21h à minuit. Pour les petits (4-10 ans), ça se passe du côté de l'AquaKid.

MUSÉE DES TRADITIONS ★

216, rue Louis Bréguet
✆ 05 58 78 77 37
www.museetraditions.com

Ouvert d'avril à septembre (le reste de l'année sur rdv). Adulte : 5 €. Enfant (de 5 à 12 ans) : 4 €. Animations.

Grâce à ce musée, on découvre que Biscarrosse abrite une forêt vieille de plusieurs siècles et des lacs cachant dans leurs eaux des sites archéologiques. Une cabane permet de se familiariser avec l'histoire du gemmage et la vie du résinier. Outils, objets, costumes, mobiliers, livres et documents anciens sont autant de témoignages pour passer un moment teinté de nostalgie. Sur réservation, des promenades en barque sont organisées au fil des canaux entre lacs et marais. Sans oublier, la ferme pédagogique très appréciée des enfants.

MUSÉE DE L'HYDRAVIATION ★★

332, rue Louis Breguet ✆ 05 58 78 00 65
www.hydravions-biscarrosse.com

Ouvert toute l'année (tous les jours de 10h à 19h en saison). De 3 à 10 €. Forfait famille nombreuse. Visite guidée.

Préparez-vous à un voyage entre ciel et eau ! Situé sur l'ancienne base Latécoère, le musée de l'Hydraviation (de type scientifique et technique) raconte l'histoire de l'hydraviation mondiale. Unique musée au monde dédié spécifiquement aux hydravions, il propose aux visiteurs d'entrer dans la légende : celle des vols transatlantiques vers New York ou Fort-de-France à l'âge d'or des hydravions. Laissez-vous transporter à travers les époques et parcourez les différentes salles du musée qui vous entraîneront au gré des histoires fabuleuses de ces paquebots géants. Les supports et pièces de collection sont variés et vous invitent à vivre une expérience unique sur les traces de grands noms comme Latécoère, Saint-Exupéry et Mermoz. Récente acquisition du musée : le Grumman *Albatross* avec ses 25 mètres d'envergure ; un exemplaire unique en France ! Cet hydravion qui complète la collection est un passage obligé dans le circuit de visite. Depuis 2020, les visiteurs peuvent également visiter un cockpit de Canadair CL 215, restauré par les bénévoles de l'Association des Amis du Musée. D'autre part, l'application numérique « Visite Musée » vous permettra de découvrir les pièces de la collection. Demandez également le guide gratuit « Bienvenue à bord » qui permettra à vos enfants de 3 à 12 ans de visiter le musée tout en s'amusant. De son côté, la boutique vous propose toute une sélection de souvenirs, de cadeaux et d'ouvrages pour prolonger le voyage à travers l'épopée de l'hydraviation. Bonne visite !

PLAGE DU VIVIER

A l'extrême nord de Biscarosse, la plage du Vivier offre un paysage sauvage époustouflant. Pour y accéder, empruntez la piste cyclable, à moins que vous ne veniez en voiture. Dans ce cas, garez-vous au parking payant (à l'ombre des pins !) puis prenez le petit sentier. Au bout de 10 minutes de marche vous attend cette magnifique plage océane, située dans une zone protégée. Les amateurs de surf sont nombreux à venir dompter les vagues et profiter de cette nature préservée. Le poste de surveillance est occupé de juin à septembre.

OFFICE DE TOURISME DES GRANDS LACS

55, place Georges Dufau
✆ 05 58 78 20 96
www.biscagrandslacs.com

Qualité Tourisme. Ouvert toute l'année. Jours/horaires d'ouverture variables selon la saison. Label Tourisme & Handicap.

Ne cherchez plus la bonne adresse pour vous documenter et trouver, *via* les nouvelles technologies, de quoi passer un bon séjour, car c'est ici ! Vous trouverez déjà de nombreuses informations sur le site internet et sur les écrans à l'intérieur de l'Office de Tourisme des Grands Lacs. En juillet et août, vous pourrez également vous rendre au bureau d'Information Touristique de Biscarrosse Ville dans l'ancien hall d'accueil du cinéma Le Renoir (rue du 14 juillet).

LOISIRS BOULEVARD

543, boulevard d'Arcachon
✆ 05 58 78 33 63
www.location-velos-biscarrosse.com

Ouvert tous les jours d'avril à fin octobre de 10h à 13h et de 14h à 19h (hors période sur rdv). Tarifs en ligne.

Chez ce spécialiste du vélo, vous n'aurez que l'embarras du choix : VTC, VTT, e-bike, cruiser californien, tandem, vélo pour enfant, remorque et siège... *Loisirs Boulevard* assure aussi la vente et la réparation de vos deux-roues. Autres points de location : camping Campéole *Le Vivier* (Biscarosse-Plage), camping *Le Bimbo* (Biscarosse-Lac), Port Navarrosse (Biscarosse-Lac) et hôtel Saint-Hubert (Biscarrosse-Ville). A vous les pistes cyclables ! Réservation en ligne et possibilité de livraison de votre matériel sur votre lieu de séjour (voir conditions en magasin).

CAMPING NAVARROSSE**** €€

712, chemin de Navarrosse ✆ 02 53 81 70 00
www.ms-vacances.com

Ouvert d'avril à fin septembre. Emplacement de 23,70 € à 47,50 €. Cottages de 214 € à 1 827 €/semaine. Animations.

Idéal pour passer des vacances en famille, les pieds dans l'eau, le camping Campéole *Navarrosse* (MS Groupe) est situé au bord du lac de Sanguinet-Cazaux ; un des plus grands lacs d'Europe. Vous profiterez d'une eau de baignade à 28 °C dans laquelle les enfants ont pied sur une centaine de mètres. *Navarrosse* se trouve à 3 km de Biscarrosse-ville et à 7 km de Biscarrosse-plage, le tout accessible par des pistes cyclables. Le camping propose de nombreux hébergements et emplacements. Nouveautés 2022 : hébergements, club enfants et châteaux gonflables !

LA CARAVELLE*** €€

5314, route des Lacs
✆ 05 58 09 82 67
www.lacaravelle.fr

Ouvert de mars à fin octobre. Chambre double de 85 à 145 € selon la saison. Demi-pension. Restauration. Amarrage bateau.

Dans la baie d'Ispe, les rives sablonneuses du lac de Sanguinet-Cazaux ont conservé leur caractère sauvage sous les fenêtres des 11 chambres avec balcon de l'hôtel. Ouvert à tous et réputé pour la qualité de ses plats régionaux et de la mer, le restaurant dispose lui aussi d'une belle vue sur le lac, sur la plage privée et ses transats. Imaginez votre petit déjeuner les pieds dans l'eau... Amarrez votre bateau gratuitement le temps de votre séjour ou d'une escale gourmande. Au cœur d'une nature préservée, La Caravelle est un magnifique lieu de villégiature.

CÔTE & LAC** €€

15, rue des Parterres ✆ 05 58 09 83 13
www.cote-et-lac.com

Ouvert toute l'année. Chambre double à partir de 75 €. Chambre (4 pers.) à partir de 139 €. Location de vélo et canoë.

À 150 mètres du lac de Navarrosse et à 8 km de l'océan, l'hôtel Côte & Lac porte bien son nom. Au-delà, il est idéalement situé pour un agréable séjour (réservation de 3 nuits minimum en haute saison) ou une soirée étape du lundi au jeudi. En plus des chambres classiques, supérieures, cabanes et familiale (10,5 à 30 m²) avec vue sur la nature, l'établissement a de nombreux atouts : quai d'accostage privé, piscine extérieure ouverte de mai à octobre, bar à vins et tapas, jardin fleuri, grande terrasse couverte côté lac où sont servis les petits déjeuners...

DOMAINE DE LA RIVE***** €€

6523, route de Bordeaux
✆ 05 58 78 12 33
www.larive.fr

Ouvert d'avril à septembre. Emplacement de 39 € à 80 €/nuit ; mobil-home (4 à 6 pers.) de 38 € à 340 €/nuit.

Le Domaine de la Rive est impressionnant par sa taille et par la multitude de services qu'il met à la disposition d'une clientèle qui n'aura qu'un seul souci : le choix. Celui de l'hébergement d'abord : emplacements nus, mobil-homes de diverses catégories ou chalets. Le choix des activités : piscines et jeux aquatiques dans un parc de 6 500 m² (l'un des plus grands de France) avec sa rivière sauvage, son couloir de nage (30 m), spa, basket-ball, beach-volley, skate park, pétanque, planche à voile, catamaran, canoë, ski nautique sur le lac de Cazaux-Sanguinet...

LA FERME D'EN CHON*** €€

346, chemin d'En Chon ✆ 05 58 78 80 94
www.lafermedenchon.com

Ouvert d'avril à fin octobre. Chambre double à partir de 60 € ; ch. familiale dès 95 €. Appartement (4 pers.) dès 130 €.

Idéal pour l'organisation d'un mariage (wedding awards 2021), un séminaire ou un baptême ! La privatisation de l'ensemble de l'hôtel inclut les 12 chambres et les 2 appartements conçus pour 4 personnes (2 chambres), disponibles pour une nuit comme pour une semaine. La promesse ? Un séjour au calme dans un parc d'un hectare très bien entretenu avec un plan d'eau et des jeux pour enfants ! *La Ferme d'En Chon* est un havre de paix où tout est pensé pour vos événements (salle de 300 m² avec cheminée, bar, piste de danse). Vous n'avez plus qu'à choisir un traiteur.

CAMPING BIMBO**** €€

176, chemin de Bimbo
✆ 05 58 09 82 33
www.campingbimbo.fr

Ouvert d'avril à septembre. Emplacement à partir de 19 €. Mobil-home (2 ch) à partir de 169 €/semaine. Animations.

A 600 mètres du lac de Biscarrosse, le Bimbo se réinvente chaque année. Avec son superbe espace restauration, son nouveau bassin couvert, jets d'eau, pontons, pataugeoire et l'ambiance plage, vous profiterez de l'espace aquatique dès l'ouverture de la saison en avril ! A l'extérieur : piscine chauffée, toboggans, bains bouillonnants... Emplacements pour tentes, caravanes, camping-cars, locations de mobil-homes, tentes safaris, chalets, cabanes sur pilotis... Impossible de ne pas trouver le mode d'hébergement rêvé pour vos vacances ! Grandes tribus bienvenues.

© CAMPING BIMBO

© CAMPING BIMBO

LANDES

LA FORESTIÈRE*** €€

1300, avenue du Pyla
✆ 05 58 78 24 14
www.hotellaforestiere.com
Accueil vélo. Logis. Ouvert d'avril à octobre. Chambre double dès 64 € ; chambre triple dès 94 €. Petit déjeuner : 10 €.

À moins d'un kilomètre de la mer dans un quartier résidentiel en lisière de forêt, *La Forestière* fait face au tennis-club, sur la route menant au lac Nord et, plus loin, à la dune du Pilat. Sa construction en angle permet à la piscine, chauffée à 26° et ouverte d'avril à fin septembre, et à sa terrasse-solarium d'être à l'abri des regards. Toutes climatisées, claires et bien équipées, quelques-unes des chambres donnent sur la piscine et bénéficient d'un salon de jardin privatif. Vous avez la possibilité de réserver des chambres familiales, parfois communicantes.

HYPE HOTEL*** €€

40, rue du Lieutenant de Vaisseau Paris
✆ 05 58 07 36 35
www.hypehotel.fr
Ouvert toute l'année (sauf mi-décembre à mi-janvier). Chambre double à partir de 75 € ; Junior Suite à partir de 100 €.

« *Hype* » pour « branché » ! En façade, les pins en acier galvanisé donnent le ton de ce petit hôtel contemporain chic et très tendance. Les 14 chambres (dont 2 Junior Suite) ont été pensées pour le bien-être, le beau et le fonctionnel avec des matériaux choisis avec soin par David et Lisa, une literie haut de gamme, la climatisation... Avec ou sans terrasse ! Pour le copieux *breakfast*, David moud lui-même son café et cuisine les œufs brouillés et œufs bacon à la demande au son d'une douce musique jazzy. La piste cyclable est à 200 mètres (lac Sud à 5 min à vélo).

AU JARDIN €€

533, avenue de Mégnicat ✆ 05 58 78 08 85
aujardingite.com
Chambre d'hôtes de 64 à 110 €/nuit. Gîte (6 pers.) de 650 à 1 250 €/semaine ; Gîte (10 pers.) de 1 280 € à 1 850 €.

Goûtez un petit air de campagne proche de l'océan et des lacs ! Au Jardin est un endroit merveilleux où La Cabanote et La Maison sont louées soit en chambre d'hôtes soit en gîte. La Cabanote (notre coup de cœur) est ouverte toute l'année. Maison neuve à l'ambiance chaleureuse et champêtre, avec ses deux chambres et son salon-cuisine, elle peut recevoir jusqu'à 6 personnes. Vous apprécierez sa grande terrasse en bois pour lézarder au soleil et prendre vos repas. La Maison peut recevoir 10 personnes. Tout ça, à deux pas du centre-ville et 10 minutes de l'Océan.

LES JARDINS DE L'OCEAN** €€

1068, avenue de la Plage ✆ 05 58 83 98 98
www.hotel-jardins-ocean.com
Ouvert toute l'année. Chambre double de 59 à 145 € ; triple de 88 à 169 € ; familiale de 115 à 210 €. Pdj buffet : 9 €.

Récemment rénové, l'hôtel est situé à 700 mètres de l'océan et 500 mètres du centre-ville. De la single à la familiale, certaines chambres profitent d'un balcon. Les deux chambres familiales (une de 30 m² et une communicante) peuvent accueillir jusqu'à 5 personnes. Copieux, le petit déjeuner est servi sous forme de buffet sur la terrasse en été. Si vous circulez à vélo ou devez remiser votre planche de surf, notez qu'un local fermé est à votre disposition gratuitement. Isabelle et Karl se feront un plaisir de vous conseiller sur les activités touristiques du coin.

MAYOTTE-VACANCES***** €€

368, chemin des Roseaux ✆ 05 35 37 14 11
www.mayottevacances.com
Ouvert d'avril à mi septembre. Emplacement à partir de 22 €/nuit. Mobil-home à partir de 252 €/semaine (base 4 pers.).

Situé près du lac, avec plage privée pour des baignades (non surveillées) dans des eaux calmes, port de plaisance et club de voile, vous pourrez profiter des multiples aménagements pour faire du sport, vous détendre au Spa, distraire vos enfants et bien d'autres choses encore dans ce camping aux multiples services (boutiques, coiffeur, etc.). Le parc aquatique impressionne lui aussi par ses équipements : 4 bassins extérieurs, 1 piscine couverte chauffée ouverte toute la saison, 4 toboggans, geysers, pataugeoire... Hébergements avec ou sans bain bouillonnant privé.

LA PETITE MAISON D'ÉTÉ €€

148, chemin des Milouins
✆ 06 78 50 56 28
Ouvert toute l'année. Pour 4 personnes (2 chambres). De 90 € à 150 €/nuit (2/3 nuitées minimum). Wifi. Panier d'accueil.

Imaginez un grand jardin, un ru bordé d'osmondes, une construction en bois comme celles rencontrées en bordure des Grands Lacs... Traversée par la lumière, *La Petite Maison d'été* possède deux jolies chambres, une très belle salle de bains et une cuisine bien équipée. Le matin, le soleil joue avec le feuillage en créant un rideau naturel. Ici, on vit autant dehors que dedans. Stéphanie, qui vous accueille toujours avec un panier de bienvenue pour votre petit déjeuner, vous indiquera comment rejoindre les berges du lac à pied par le chemin qui longe la parcelle.

LE RIVAGE €€€

121, avenue de l'Aviation - **BISCARROSSE-PLAGE**
✆ 06 65 06 60 06
www.gites-de-france.com

Gîtes de France (4 épis). Ouvert d'avril à fin octobre. Gîte (6 pers.) à partir de 790 €/semaine. Prêt 2 vélos adultes.

Cette jolie bâtisse des années 1900 a été achetée par la famille de Carole dans les années 1950. Théâtre des vacances de son enfance, elle avait très envie de faire partager un tel trésor. L'enjeu était alors de conjuguer confort et modernité en gardant le charme un peu désuet de l'architecture. La cuisine a la particularité de s'ouvrir sur une terrasse couverte. La décoration est faite d'objets, de photographies et de tableaux de famille. Chaque chambre possède une entrée individuelle sur le patio, la terrasse en façade ou la cour. La plage est à 200 mètres.

SAINT-HUBERT** €€

588, avenue Pierre-Georges Latécoère
✆ 05 32 00 20 31
www.hotelsainthubert.net

Ouvert toute l'année. Chambres de 50 à 152 €. Appart' Hôtel de 100 à 160 €. Pdj : 8 €. Demi-pension. Pension complète.

L'Hôtel Saint-Hubert se trouve sur la route du lac de Latécoère ; un lieu de promenade avec son port, son musée de l'Hydraviation, son restaurant... Vous êtes en effet à 500 m du centre-ville et de la base nautique. Ce petit hôtel familial de 16 chambres (privatisable en format gîte) est un petit écrin de verdure où vous pourrez librement profiter du jardin, des jeux pour enfants, du bain à remous et de la piscine extérieure (ouverte en saison). Vous pourrez encore piqueniquer en utilisant les barbecues mis à disposition. Location de vélos sur place.

SLOW VILLAGE BISCARROSSE LAC*** €€

7141, route des Lacs ✆ 05 45 91 13 65
www.slow-village.fr/biscarrosse-lac/

D'avril à fin octobre. Cabane à partir de 322 €/semaine (4 pers.) ; 476 € (6 pers.) ; 602 € (8 pers.). Restauration.

Les eaux transparentes du lac pour horizon, le craquement des aiguilles de pin sous vos pas, l'absence de voitures, ce hamac qui n'attend que vous... Bienvenue au Slow Village Biscarrosse (Ecolabel Européen) pour un retour aux sources au plus proche de la nature. Le concept ? Des vacances entre camping chic et village-vacances green au bord de l'océan où il fait bon lever le pied. Cabane en bois, cottage nature... Vous trouverez l'hébergement qui vous convient ! Nombreux services.

LES VAGUES*** €€

99, rue des Iris
✆ 05 58 83 98 10
www.lesvagues.com

Ouvert de mars à novembre. Demi-pension. Chambre double à partir de 58 € ; supérieure à partir de 82 €. Restauration.

Point de départ rêvé pour des balades à vélo, l'hôtel-restaurant *Les Vagues* se trouve au calme, sous la pinède. L'établissement offre une décoration actuelle et un confort douillet, à l'image de ses chambres lumineuses et agréablement éclairées conçues pour accueillir 1 à 5 personnes. Certaines disposent d'un balcon ou d'une terrasse. Comme un clin d'œil, de superbes photos de Biscarrosse signées Yannick Le Toquin, décorent les têtes de lit. Le petit déjeuner est servi sous forme de buffet. Terrain de sport, jardin paysagé, panier pique-nique... Nombreux services.

© LES VAGUES

© LES VAGUES

LANDES

VIA BAHIA €€

15 bis, impasse Peyjehan ✆ 06 35 24 64 92
www.via-bahia.com

Gîtes de France (4 épis). Fermé en janvier. Chambre double de 83 à 168 €/nuit ; chambre familiale de 99 € à 187 €/nuit.

Si le Brésil est le pays d'origine d'Anne-Laure, Les Landes, et plus particulièrement Biscarrosse, font aussi partie des racines de la jeune femme. Sur 245 m², les 5 chambres de cette maison d'hôtes ont été imaginées sur le thème des différentes régions du Brésil : Manaus, Ouro Preto, Recife, Buzios et Rio Grande. Sur les murs, les toiles de son grand-père et, accrochés dans le couloir, des petits sacs en toile qui contiennent de vraies tongs à emprunter pour déambuler autour de la piscine. Végétation tropicale, petit déjeuner de spécialité... Que de clins d'œil !

LE COMPTOIR DES SABLES €€€

34, avenue de la Libération
✆ 06 61 47 89 89
www.lecomptoirdessables.fr

Ouvert toute l'année. Chambre double à partir de 100 €/nuit ; triple à partir de 120 € ; familiale à partir de 140 €.

Dans cet ancien petit hôtel, Sophie et François ont créé une ambiance douce et végétale avec terrasses privatives, douches extérieures et bain bouillonnant. Du côté des chambres (deux à quatre personnes), chacune est d'inspiration différente. Spacieuses, elles respectent l'intimité à laquelle les hôtes tiennent tant. La grande pièce de vie où sont pris les petits déjeuners témoigne de l'importance donnée à la notion de qualité. A disposition gratuitement : des parasols, planches de bodyboard, réfrigérateur, bouteilles d'eau, micro-ondes, bouilloire, etc.

LE GRAND HÔTEL DE LA PLAGE**** €€€

2, avenue de la Plage ✆ 05 58 82 74 00
www.legrandhoteldelaplage.fr

Ouvert d'avril à fin octobre. Chambres dès 95 €/nuit ; Standard balcon dès 135 €/nuit ; premium terrasse dès 355 €/nuit.

Le Grand Hôtel de la plage bénéficie d'une situation idéale en front de mer. Chacune des 33 chambres profite d'ailleurs d'une vue magique sur l'océan. Un privilège accordé depuis un balcon ou une terrasse dans les étages ! Depuis la baignoire hors-sol au pied du lit des chambres Premium, l'océan vous appartient. Les terrasses extérieures, le solarium, le bar et la piscine à débordement s'étirent sur la façade sud. Sauna, bain à remous, restaurant de qualité, demi-pension...

LODGE ISPE €€€

5189, route des Lacs
✆ 06 87 32 68 18
www.gites-de-france-landes.com

Gîtes de France (4 épis). Ouvert toute l'année. Pour 6 pers. (3 ch.). A partir de 1 445 €/semaine. Bain bouillonnant.

Ispe est considérée comme l'une des plus belles anses du lac de Biscarrosse. Face aux eaux calmes du lac, entre Biscarosse-Ville et Biscarosse-Plage, ce lodge en bois de plain-pied bénéficie d'une situation incroyable : piste cyclable qui passe juste devant et qui longe le lac, tous les loisirs nautiques, le golf tout proche, etc. Cuisine entièrement équipée, coin salon avec poêle à bois, salle à manger, 3 chambres, 2 salles d'eau avec douche à l'italienne... Les atouts sont aussi à l'extérieur : grande terrasse couverte, barbecue, spa privatif... Bel endroit !

LE PONTON D'HYDROLAND €€€

1355, avenue Pierre-Georges Latécoère
✆ 05 58 09 78 08
http://leponton-hydroland.com

Ouvert toute l'année. Chambre d'hôtes de 75 à 160 €/nuit. Lit supplémentaire : 15 €. Appart' Hôtel (jusqu'à 4 pers.).

Sur les berges du lac, les chambres d'hôtes de cet établissement ont la particularité d'être situées au premier étage du restaurant Le Ponton d'Hydroland. Elles s'appellent : Cessna, Catalina, Canadair et Maia Mercury. Dans un décor contemporain alliant sobriété et confort, les couleurs sont celles des eaux (gris clair, blanc, sable). A proximité du musée de l'hydraviation, des écoles de voiles et du petit port et du centre-ville, l'endroit est idéal. Vous aurez peut-être la chance d'admirer les d'hydravions qui viennent s'amarrer au pied du Ponton d'Hydroland.

RÉSIDENCE CALLIOPE €€

5314, route des Lacs
✆ 05 56 09 82 67
www.lodge-ispe.com

Ouvert d'avril à octobre. Studios (2 à 3 pers.) de 85 à 150 € /nuit ; Appartements (2 ch.) de 400 à 1 200 €/semaine.

Dans la baie d'Ispe, entre forêt et océan sur les rives du lac à 500 m du Golf et à 5 minutes de l'océan en voiture, la résidence Calliope profite d'un environnement naturel exceptionnel. Gérée par l'hôtel-restaurant La Caravelle, la résidence vous propose des studios climatisés pour 2 à 3 personnes avec kitchenettes (2 nuits minimum et 4 en haute saison) et des appartements meublés en duplex. Les petits déjeuners et la restauration sont assurés à l'hôtel-restaurant La Caravelle accessible très facilement par un chemin forestier. L'endroit est merveilleux.

LA VILLA BELLE €€€

12, rue des Biganons ✆ 05 58 08 06 41
www.lavillabelle-biscarrosse.fr

Ouvert toute l'année. 3 appartements et 3 gîtes (2 à 4 pers.) et 1 studio de 250 à 910 €/semaine. Service de ménage.

La *Villa Belle*, ce sont 7 logements capables d'accueillir de 2 à 3 voire 4 personnes en parfaite autonomie, avec piscine extérieure commune et jardin partagé. Vous aurez le choix entre 3 gîtes indépendants de plain-pied avec terrasse privative, 3 appartements et 1 studio pour 2 personnes. Un mot d'ordre : la fonctionnalité. Esprit « Euskadi » avec une décoration basco-landaise, ambiance « Surf », « Pop » ou « Campagne », la *Villa Belle* se distingue aussi côté décoration. L'accueil par les propriétaires (Sandrine, Ludovic et leurs enfants) est chaleureux.

L'ARCHIPEL €€

511, avenue de la Plage
✆ 05 58 04 34 76

Du 15 mars au 15 décembre (tlj le midi et le soir en haute saison). Plats de 15 à 22 € le midi ; de 20 à 30 € le soir.

Vous aimez le surf et/ou les plages de rêve ? Vous allez adorer ce bar et restaurant à la décoration ouvertement exotique. Pirogue, bois flotté, harpons, objets et meubles en rotin, sculptures, peintures, végétation luxuriante, terrasse en bois, cocktails fruités... Ici, les bonnes rations et les saveurs sont à l'honneur. Au menu : gravlax de saumon à l'italienne, gaspacho de légumes d'été, gambas pesto estragon, wok de Saint-Jacques, côte de bœuf grillée au feu de bois, crème brûlée à la fève de Tonka... Présentation soignée et colorée, réservation recommandée !

AVE GUILIA €€

475, avenue de la Plage
✆ 06 31 50 04 02

Ouvert tous les jours le midi et le soir. Pizza de 11 € à 17 €. Terrasse. Vente à emporter.

Ave Giulia est à Lacanau, mais aussi à Biscarrosse avec son vrai four à pizza et ses délicieuses recettes dont les odeurs chatouillent les narines jusque dans la rue. Et il n'y a qu'à voir les pizzas pour finir de nous mettre l'eau à la bouche. Belles, généreuses, gourmandes... Chez Ave Giulia, les ingrédients sont importés d'Italie, frais et tranchés du jour. Tomates San Marzano d'origine protégée, fontina, mozzarella di bufala campana, grana padano, provolone, pancetta en appellation d'origine protégée... Et bien d'autres encore ! Une valeur sûre.

CHEZ CAMETTE €

532, avenue Pierre-Georges Latécoère
✆ 05 58 78 12 78

Ouvert toute l'année. Jours/horaires d'ouverture variables selon la saison. Menu : 27,50 €. Formule du midi : 18,50 €.

© CHEZ CAMETTE

Depuis 1943, ce restaurant traditionnel avec sa façade blanche et ses volets rouges fait partie du paysage local. Chez Camette est une auberge populaire où l'on déguste une cuisine simple, mais goûteuse à base de produits frais du terroir. Vous pourrez d'ailleurs découvrir le tomahawk ; une côte de bœuf dont l'os a été gardé intact. L'os du steak tomahawk intensifie la saveur de la viande et, dans l'assiette, c'est plutôt impressionnant ! Menu du jour de bon rapport qualité-prix, deux terrasses pour profiter du soleil, du boulodrome... Réservation recommandée.

LES DOCKS DU LAC €€

400, chemin de Maguide
✆ 05 58 09 81 55
www.docksdulac.com

Ouvert d'avril à septembre. Plats de 15 à 24 €. Menu enfant : 11 €. Chèques non acceptés. Terrasse. Bar tapas.

Imaginez un restaurant les pieds dans l'eau avec une belle terrasse, une vue imprenable sur le lac Cazaux, une jolie déco' et des plats qui ne laissent personne indifférent... Vous êtes aux *Docks du Lac* ! Visualisez encore quelques chaises longues sur la petite plage... Bienvenue au paradis ! À l'ombre des pins, le Chef concocte une cuisine bistronomique aux accents du coin. Avec des produits frais et de qualité, la carte est volontairement courte, agrémentée de quelques planches et assiettes à partager. Voilà un spot parfait pour apprécier le coucher du soleil !

LANDES

RESTAURANT LA CARAVELLE €€

5314, route des Lacs
✆ 05 58 09 82 67
www.lacaravelle.fr
De mars à octobre du mercredi au dimanche le midi ; tous les jours le soir. Menus de 30 à 45 €. Terrasse panoramique.

© LA CARAVELLE

La salle, la terrasse couverte ou extérieure et le jardin de cet hôtel-restaurant sont au plus près des rives du lac de Cazaux-Sanguinet. La 4e génération de cet établissement de 1930 est à l'œuvre : Marion assure l'accueil auprès de sa maman Nicole, dont les grands-parents sont à l'origine du lieu. Si la décoration a été remise au goût du jour, l'esprit du restaurant demeure : tradition, terroir et Landes. Ici, la qualité des produits est une exigence. Une escale gourmande et hors du temps rythmée par le clapotis du lac et le reflet des lumières dans l'eau.

L'INSTANT GOURMET €€

1300, avenue du Pyla
✆ 05 58 04 28 57
Ouvert d'avril à octobre (tous les jours le midi et le soir en juillet et août). Menus de 21 à 38 €. Terrasse.

Après son apprentissage avec Bernard Lepesteur, chef reconnu à Parentis-en-Born, Sylvain Girard a pris les rênes de L'Instant Gourmet. Son objectif ? Proposer une cuisine entièrement maison. Au petit matin, Sylvain prépare la soupe de poisson, épicée comme il se doit, et les ravioles de Saint-Jacques accompagnées d'un fumet crémé. Dans son menu du terroir, il met en scène le magret de canard sauce miel avec des oignons grelots glacés et un foie gras poêlé à la mangue. La maîtrise est à saluer ! Du côté des vins, la carte est bien fournie avec 80 références.

LE PARCOURS GOURMAND €€

400, avenue du Golf
✆ 05 58 09 84 84
www.biscarrossegolf.com
Ouvert toute l'année. Menu « Retour du marché » : 19,50 €. Menus de 25,50 € à 29,50 € le soir. Réservation recommandée.

Repris par Christelle et Frédéric en 2017, *Le Parcours Gourmand* prône une cuisine où la simplicité des produits frais et de saison se mêle à l'originalité. Illustration à la carte et dans le menu « retour du marché » que concocte le chef Frédéric ! Les saveurs du « fait maison » sont également au rendez-vous. Lieu convivial, vous y passerez pour un verre, un apéritif, un déjeuner ou un dîner, que vous soyez golfeur ou non. Le cadre, naturellement calme et verdoyant, s'apprécie aussi bien depuis la grande terrasse panoramique que dans la salle de restaurant.

LA PINÈDE GOURMANDE €€

14, rue Félix-Arnaudin - **YCHOUX**
✆ 05 58 82 00 78 - www.lapinedegourmande.fr
Du samedi au mercredi le midi ; du vendredi au mer.le soir. Menus de 22,50 à 29,50 €. Formule midi : 14 €. Traiteur.

C'est avec grand plaisir que Julien vous accueille tous les jours à La Pinède Gourmande pour déguster de savoureuses spécialités des Landes aux influences antillaises. Nems de foie gras, gravlax de saumon, brochettes de lotte au chorizo doux, cuisse de confit de canard... Il y a de très bonnes propositions régionales à la carte. Elle change assez régulièrement. On y trouve aussi de nombreuses pizzas à savourer sur place ou à emporter. Laissez-vous tenter par la Landaise avec son magret séché. Le service est bien exécuté par une équipe jeune et dynamique !

YEW DRINKS & FOOD €€

475, avenue de la Plage
✆ 05 58 04 34 81
Ouvert toute l'année. Jours et horaires variables selon la saison. Plats de 12 € à 17 €. Terrasse. Animations.

Falafels, tacos de crevettes en tempura, mi goreng... Le Yew s'oriente cuisine du monde. La carte est courte, mais régulièrement renouvelée. Parmi les recettes de la maison, n'hésitez pas à goûter le savoureux Beef Rendang avec sa viande de bœuf mijoté dans du lait de coco pendant 24h. Le voyage est aussi dans l'ambiance bord de plage avec ses confortables fauteuils en rotin qui investissent la rue piétonne pour agrandir la terrasse. De quoi attirer les gourmands. Les recettes à partager et les soirées animées terminent de dresser le portrait de ce spot à la mode.

LE FOURNIL D'YCHOUX

40, rue Felix Arnaudin
YCHOUX
✆ 05 58 78 85 52
www.lebellis.com
Ouvert du mardi au samedi de 6h à 19h30 ; le dimanche de 6h à 13h.

Déjà propriétaire de la boulangerie-pâtisserie du Bellis à Gujan-Mestras, Gaëtan Cossoul a repris l'établissement où il a appris son métier. Le Fournil d'Ychoux signe un retour aux sources. Le pain (avec des farines du Sud-Ouest), la pâtisserie, la viennoiserie... Tout est fabriqué sur place comme au Bellis. Et ce sont les mêmes recettes ; celles qui font la renommée de cet artisan plusieurs fois récompensé. Parmi les incontournables, vous retrouverez le fondant au chocolat, le gâteau basque et le fameux Pastis Landais. Le mieux est encore d'y aller !

LA SIESTA

Rond point Nord
✆ 05 58 78 36 75
Ouvert en saison de 9h à minuit. Restauration. Animations.

Une adresse qui a les pieds dans le sable ! De la place, il n'y en aura pas pour tout le monde... Ici, on se presse le matin pour prendre un petit déjeuner avec une vue imprenable sur l'océan, le midi pour un déjeuner de première fraîcheur, dans la journée pour un verre bien mérité à l'ombre des voiles d'ombrage, mais surtout après une bonne journée de surf ou de visite, et pour l'heure tant attendue du coucher du soleil. Les cocktails défilent, souvent accompagnés de tapas. Les assiettes font très envie. DJ set et autres soirées sont au programme tout l'été.

LA TOURTIÈRE BIO DES LANDES

425, avenue du Maréchal Lyautey
✆ 05 58 08 01 54 - http://patisserie-bio-landes.fr
Ouvert le lundi de 14h à 19h ; du mardi au samedi de 9h à 19h ; le dimanche de 9h à 13h. Démonstration de fabrication.

Quand Michelle, une pâtissière formée à Buanes (le fief de la tourtière), s'associe à son fils Simon, sensibilisé au bio, cela donne naissance à la première tourtière bio des Landes ! Œufs de Castandet, myrtilles de Bournos, armagnac d'Ayzieu, vanille de Madagascar, huile de Lectoure, pruneaux d'Agen... Autant d'ingrédients bio qui garantissent la saveur unique de ce dessert incontournable. Pendant que Michelle confectionne ses spécialités, Simon s'active sur les marchés de la région.

LES VAGUES €€

99, rue des Iris
✆ 05 58 83 98 10
www.lesvagues.com
Logis Gourmand. Ouvert de mars à novembre tous les soirs à partir de 19h. Menus de 20 € à 36 €. Réservation recommandée.

Façon bistronomie, la cuisine de cet hôtel-restaurant où l'accueil et le service sont impeccables fait la part belle aux produits frais et de la mer. L'été, le chef ajoute ses Maxi Salades Fraîches à déguster sur la terrasse ombragée ou au milieu du jardin paysager. La formule déjeuner La salle de ce restaurant Terroir & Tradition est climatisée. La carte des vins est riche et variée. N'hésitez pas à commander un panier pique-nique pour emporter le midi ou le soir afin d'assister au coucher de soleil sur la plage à 400 mètres de là.

© LES VAGUES

© LES VAGUES

FALO SLOW CONCEPT

Boulevard des Sables
✆ 06 18 46 94 41
Ouvert du mardi au dimanche en saison et pendant les vacances scolaires (horaires variables). Vente flash en ligne.

F*alo* pour Face à l'Océan, est un « slow » concept store qui raconte une prise de conscience... Parce qu'il n'y a pas de planète B ! Voilà comment un jour de juillet 2020, cette jolie boutique a ouvert ses portes à 100 mètres de la plage centrale de Biscarosse. Friperie vintage, créateurs engagés, upcycling... Chez Falo, on privilégie l'éthique et l'écoresponsabilité. Vous trouverez des vêtements, neufs ou d'occasions, des accessoires, des produits de beauté et de décoration. Regardez les étiquettes, c'est *made in* France. Un univers à découvrir aussi sur Instagram.

AQUAZEN FISH

82, impasse de Neuville
✆ 06 45 41 75 64
www.aqua-zen-fish.com
Eco Fish Spa de 30 à 45 €. Réflexologie et sophrologie : 60 €. Autres tarifs. Bon cadeau.

Dans ce petit centre à taille humaine, l'hygiène est une priorité, comme votre personnalité, vos envies et vos besoins. Gabriela, qui a suivi une formation en école de réflexologie et sophrologie, s'occupe de vous et pratique la réflexologie des pieds, mais aussi de la tête et du visage dans le but d'obtenir le fameux lâcher-prise. Pour cela, il faut être en confiance et dans de bonnes conditions pour réaliser les soins (lumière tamisée, bougies, etc.). Vous pourrez même entamer un *voyage vers la planète zen*. Cette petite bulle de bien-être peut être privatisée.

KANAHA BEER

143, rue de la Ferronnerie
✆ 05 58 04 64 78
www.kanahabeer.com
Ouvert toute l'année (jours et horaires variables). Boutique en ligne. Visite de la brasserie : 4 €. Atelier brassage.

Pour Alexandra et Laurent, qui ont séjourné aux États-Unis à la découverte de brasseries artisanales, la passion pour ce breuvage s'est imposée au point de créer leur propre brasserie ! Ici, ils vous expliqueront le travail très particulier pour obtenir, à partir de produits sélectionnés avec beaucoup de rigueur, des bières aux saveurs étonnantes allant de la blonde à la brune dans quatorze styles et toujours une série limitée. Oubliez les bières industrielles et découvrez des bières très différentes. Les malts, les céréales et les épices sont bio.

AQUITAINE HYDRAVIONS

✆ 06 07 36 59 33
www.aquitaine-hydravions.fr
Ouvert toute l'année. Baptêmes de l'air (30 min) : 130 €. Autres tarifs en ligne.

Suite à la disparition des gros hydravions Latécoère qui firent la fierté de la génération des Mermoz, Guillaumet et consorts, les avions à flotteurs finirent par déserter nos lacs, rivières et bords de mer, puis les hydrobases et autres hydrosurfaces. Voilà pourquoi, seule l'hydrobase de Biscarrosse peut encore se prévaloir de ce titre aujourd'hui, bien qu'elle soit ouverte à la circulation aérienne générale. Baptême, vol au-dessus des dunes, du Bassin... Faites-vous plaisir et contribuez à soutenir cette équipe de bénévoles dont la passion les anime.

SAVEURS DE BISCA

✆ 07 86 42 97 23
Ouvert du mardi au samedi de 9h30 à 12h30 et de 15h à 19h ; le dimanche de 9h30 à 12h30. Dégustations.

Sirops et marmelades de Patatxou, sauces traditionnelles et artisanales Etxekoa aux piments d'Espelette, caramel liquide à la blanche d'Armagnac, thés et infusions Kodama Paris, malossols de la Maison Marc, saucissons Prince Noir de Biscay, bières Micromégas, conserves en tout genre des Conservistes et de la ferme de Brougnon... On trouve bien des merveilles sur les étagères, ou plutôt dans les caisses en bois des Saveurs de Bisca (réseau Gourmand). Et ce que l'on aime par-dessus tout en venant ici, ce sont les dégustations dès le petit déjeuner.

BISC'AVENTURE

1200, avenue de la Plage
✆ 05 58 82 53 40
www.biscaventure.fr
Qualité Tourisme. Ouvert d'avril à octobre. Parcours accrobranche de 14 à 23 €. Pack Sensations : 24 €. Restauration.

Réalisé par Mr Payan, ni plus ni moins le père fondateur du concept de « parcours dans les arbres », *Bisc'Aventure* est le premier parc du genre en juillet 2000 à ouvrir sur un site côtier. Et c'est aussi l'un des plus grands parcs d'accrobranche d'Europe ! Les plus petits peuvent venir s'y amuser dès 4 ans et parfois jusqu'à 6 mètres de haut. Pour les plus grands : Free Jump ou Catapulte Géante ? L'offre s'étoffe d'année en année. Aujourd'hui, ce sont plus de 180 jeux dans les arbres répartis sur 16 parcours de difficulté croissante vous attendent !

CENTRE NAUTIQUE BISCARROSSE OLYMPIQUE

1427, avenue Pierre-Georges Latécoère
✆ 05 58 78 10 51
www.cnbo.fr

Qualité Tourisme. Ouvert toute l'année. Ecole de voile. Stages d'été (voile, planche à voile, etc.) à partir de 4 ans.

Le Centre Nautique Biscarosse Olympique vous accueille sur ses deux centres : Latécoère sur le lac sud et Navarrosse sur le lac nord en période estivale. Ici, on vous propose de profiter de l'école de voile pour s'initier toute l'année, l'école de sport pour s'essayer à la compétition ou la voile de loisir pour ceux qui savent déjà naviguer. De 3 à 5 jours et sur inscription, les stages d'été sont accessibles pour tous les niveaux en initiation ou en perfectionnement, dès 4 ans.

GOLF DE BISCARROSSE

400, avenue du Golf
✆ 05 58 09 84 93
www.biscarrossegolf.com

Ouvert toute l'année. Green-fees de 16 à 27 €/adulte. Leçon individuelle et stage : 50 € (1h). Restauration. Boutique.

Vous avez le choix entre un parcours 9 trous « le Lac » (Par 32 de 2 172 mètres) et un parcours 18 trous « le Forêt-Océan » (Par 71 de 5 674 m). Le practice comprend vingt-cinq postes dont sept couverts. C'est donc un vrai plaisir pour les amoureux de golf de se retrouver au cœur de la forêt landaise, à proximité du lac de Biscarrosse. Côté hébergement, le Domaine du Golf de Biscarrosse propose des locations saisonnières de villas avec piscine pouvant accueillir de 6 à 12 personnes. Vous pouvez aussi vous attabler au Parcours Gourmand, le restaurant du golf.

H2OKITE

368, chemin des Roseaux ✆ 06 26 91 21 29
www.h2okite.com

Ecole de kite et de voile. Wakeboard, ski nautique, bouée tractée, paddle, kayak, pédalo, bateaux avec ou sans permis...

Au programme : découverte du kitesurf, apprentissage de la planche à voile, sensations en wakeboard, virée tranquille en paddle, en canoë ou en kayak. Et une bonne dose de fun en ski nautique, mais surtout sur la bouée tractée avec toute la famille. Jusqu'à 8 personnes, c'est l'éclate assurée ! Avec ou sans permis, vous pourrez encore louer un bateau à moteur pour une sortie sur le lac d'une heure, aller à la pêche ou passer une journée entière sur l'eau, faire du catamaran... La cabane H20 Kite se trouve sur la plage située devant le camping Mayotte Vacances.

PARENTIS-EN-BORN

Dotée d'un lac de plus de 3 000 ha – le lac de Parentis-Biscarrosse ou lac Sud –, Parentis-en-Born allie tranquillité et plaisirs de la côte. Saveurs gastronomiques, promenades pédestres ou cyclistes, pêche, sports nautiques, baignade... La petite ville a tout d'un lieu de repos. Autre particularité : un forage réalisé en 1954 révélant le plus important champ de pétrole d'Europe occidentale. Encore exploité aujourd'hui, c'est le plus important gisement sublacustre de France métropolitaine. L'été, de nombreuses animations sont organisées comme les Fêtes du lac ou la plus importante Féria du nord des Landes aux arènes de Parentis-en-Born.

BUREAU D'INFORMATION DE PARENTIS-EN-BORN

Place du Général de Gaulle
✆ 05 58 78 20 96
www.biscagrandslacs.com

Qualité Tourisme. Ouvert toute l'année. Jours/horaires d'ouverture variables selon la saison. Label Tourisme & Handicap.

Ici, vous trouverez les circuits de visite libre des sites emblématiques. Les arènes, le château d'eau, l'église Saint-Pierre et Saint-Barthélemy... Surtout, n'hésitez pas à partir à la découverte du patrimoine, et surtout, à demander des conseils à l'équipe en place. Le marché a lieu le jeudi matin sur la place. L'été, de nombreuses animations sont organisées autour du lac, mais aussi à l'intérieur et à l'extérieur des arènes. Demandez le programme !

CAMPING LE PIPIOU**** €€

382, route des Campings
✆ 05 58 78 57 25
www.camping-pipiou.fr

Ouvert de mai à fin septembre. Emplacement de 25 € à 43 €. Locations à partir de 45 €/nuit. Club enfants. Animations.

Profitant d'un accès direct au lac de Biscarosse-Parentis, *Le Pipiou* profite d'une situation privilégiée. Farniente sur la plage surveillée, baignade dans le lac... Vous pourrez encore découvrir de multiples activités nautiques, vous adonner à la pêche ou faire une balade, une virée gourmande... D'ailleurs, sachez qu'il est possible de louer un vélo, un paddle ou un canoë directement auprès de la réception du camping. Le Pipiou est un camping****, mais familial, et qui dispose d'un espace aquatique de 600 m². Le tout à des tarifs très abordables.

LANDES

LES COTTAGES DU LAC*** €€

190, chemin des Cottages
✆ 05 58 82 04 56
www.lescottagesdulac.fr
Ouvert de mars à fin octobre. Cottage (4/6 pers.) à partir de 490 €. Appartement à partir de 280 €. Club enfants.

Les Cottages du Lac se trouvent dans l'environnement calme du lac de Biscarrosse-Parentis, sur un parc de 5 ha au bord de sa plage surveillée. Les locations profitent des espaces verts et de places de parking à proximité. Vous aurez le choix entre un appartement (terrasse ou balcon) ou un cottage plus spacieux type chalet, avec vue sur le lac pour certains. Autre atout : l'espace aquatique avec piscine extérieure et couverte, couloir de nage et bains à remous. Service billetterie à la réception et restaurant le *Why Not* ouvert à tous avec ses soirées musicales.

© LES COTTAGES DU LAC

© LES COTTAGES DU LAC

DOMAINE DE L'ESCUDERIA €€

797, route de Blaise ✆ 05 58 09 35 58
www.lescuderia.com
Chambre d'hôtes de 90 à 130 €/nuit. Gîte (13 pers.) de 80 à 150 €/pers./chambre/nuit. Table d'hôtes. Bain bouillonnant.

Il était une fois un haras du XIXe, un parc de 5 hectares, un chêne 4 fois centenaire… Christian, Cathy, Sasha et Vincent Lafforgue vous proposent de séjourner en chambre d'hôtes ou dans un gîte indépendant pouvant accueillir jusqu'à 13 personnes réparties dans 4 chambres. Au Domaine de l'Escuderia, les animaux, mais surtout les chevaux sont les bienvenus (comptez un supplément de 15 euros/nuit). Proche du lac de Parentis, cet endroit en marge de l'agitation citadine, ouvert toute l'année, fait table d'hôtes le soir (plat de viande, poisson ou végétarien).

AU LAC DE BISCARROSSE***** €€€

Route Théophile Gautier ✆ 05 58 08 06 40
https://camping-lac-de-biscarrosse.com
Qualité Tourisme. Ouvert d'avril à septembre. Emplacement de 126 à 409,50 €/semaine ; mobil-home de 472,50 à 1 675 €.

Près du lac de Parentis-Biscarrosse, ce camping Ciela Village (anciennement Yelloh ! Village) impressionne par sa surface et ses infrastructures. Coup de cœur pour les emplacements en forêt ! Le camping est organisé en quartier, par ambiance et style avec ses mobil-homes et ses tentes meublées Coco Sweet. Du côté de l'espace aquatique, c'est un paradis de 1 200 m² avec des piscines, un bassin couvert et chauffé, des toboggans, une aire de jeux… Nombreux services sur place.

COUSSEAU €€

11, rue Saint-Barthélemy
✆ 05 58 78 42 46
www.hotel-restaurant-cousseau.com
Du lundi au samedi le midi et le soir ; dimanche midi. Menu unique : 30 €. Formules du midi de 12,50 à 14 €. Terrasse.

À l'hôtel-restaurant *Cousseau*, les Landes sont à l'honneur dans les assiettes. Le Chef vous propose alors de goûter à une cuisine régionale qu'il élabore à base des produits du terroir. Du 100 % « fait maison » s'il vous plaît ! En salle ou en terrasse (il y en a deux et elles sont ombragées), c'est Delphine qui se charge du service. Elle saura vous mettre en appétit, soit avec la formule du jour qui est servi le midi en semaine uniquement, la carte ou le menu Côté resto. Sans oublier les incontournables comme la tête de veau ou la crépinette de pieds de porc.

CHEZ FLO €€

9, rue Saint-Barthélémy
✆ 05 58 78 40 21
https://chezfloparentis.fr

Du mardi au samedi le midi et le soir. Réservation recommandée. Menu carte : 32 €. Formule du midi : 17 €. Terrasse.

Ici, « *il n'y a pas d'étoiles, que du soleil* » ! C'est ce qu'affirme le Chef Florent Carle, qui, croyez-nous, en connaît un rayon en maison étoilée. Ce Monsieur a en effet travaillé chez les frères Ibarboure au Pays basque. De ses diverses expériences, il a gardé le goût de l'inventivité, de la cuisine gastronomique à prix doux, des producteurs locaux et du choix de produits frais et de saison. Les suggestions, affichées sur de grandes ardoises, changent quotidiennement et les formules déjeuners rivalisent de créativité. Laissez-vous conseiller pour le vin.

CHEZ FLO

9, rue Saint-Barthélémy
✆ 05 58 78 40 21
https://chezfloparentis.fr

Ouvert du jeudi au lundi de 9h30 à 15h ; le soir à partir de 18h. Boutique en ligne. Bar à tapas.

C'est au 40 de la rue Saint-Barthélémy qu'il faudra vous rendre pour découvrir la Kahut de Chez Flo. Ici, la promesse est simple : « *Du fait maison dans votre maison* ». La Kahut est une épicerie fine où l'on retrouve tous les bons produits des artisans et agriculteurs locaux qui ont croisé la route de Flo. Mais aussi de leur créativité avec des produits faits maison ! Ainsi, la Kahut est une belle adresse pour garnir un panier pique-nique, organiser un brunch, un apéro ou un goûter. Et pour combler toutes les soifs, il y a aussi des vins, bières et spiritueux.

SPA DES 5 SENS

Route de Théophile Gautier
✆ 05 24 27 30 32

Le spa est fermé depuis le 19 septembre, suite à un changement de propriétaire du camping. Label Tourisme & Handicap.

Le spa est fermé depuis le 19 septembre, suite à un changement de propriétaire du camping. L'entrée se fait par la jolie terrasse couverte. Vous pourrez d'abord profiter de l'espace Wellness (30 minutes offertes lors d'une réservation pour un soin visage ou corps) : hammam, sauna, douche expérience, marche sensorielle avec jets hydromassants pour les chevilles et les mollets, fontaine à glace... Les soins sont prodigués avec les produits Omnisens, majoritairement composés d'ingrédients naturels. Un voyage sensoriel et olfactif qui se termine à la tisanerie.

SANGUINET

Sanguinet est la première étape landaise sur le chemin de Saint-Jacques-de-Compostelle par la voie dite de « Soulac » ou « Voie Littorale ». Apprécié des touristes, le lac de Cazaux-Sanguinet (lac Nord) recouvre d'étonnants champs de ruines. Depuis la fin de l'année 1970, les plongeurs y ont en effet découvert les vestiges de Losa, un hameau gallo-romain établi près du pont qui permettait de franchir la Gourgue. Outre son lac de 5 600 ha et sa forêt de pins, Sanguinet offre la promesse de balades et de baignades. Sanguinet est aujourd'hui tournée vers les services et le tourisme. Un marché nocturne se tient en juillet et août à partir de 20h.

MUSÉE DU LAC SANGUINET

112, place de la Mairie
✆ 05 58 78 02 33
www.musee-lac-sanguinet.fr

Adulte : 4,50 € (réduit : 3,50 €) ; enfant : 2,50 € ; famille (2 adultes + 2 enfants) : 11 €. Visite guidée. Boutique.

Fruit de 40 ans de recherches archéologiques subaquatiques, le Musée du Lac Sanguinet vous invite à découvrir l'histoire de la formation des lacs de la côte Aquitaine, mais aussi la vie aquatique du lac et son écosystème. A travers un patrimoine archéologique exceptionnel, vous en apprendrez tout autant sur la vie des hommes à Sanguinet de 1500 av. J.-C. au IVe siècle. Le musée présente une collection rassemblant 450 objets. Le parcours de visite est articulé autour de trois thèmes : l'eau, le sable et l'homme. Visite guidée sur rendez-vous jusqu'en mai 2022.

AU PARADIS DU PAPILLON

1748, route de Bordeaux
✆ 05 58 78 67 42
leparadisdupapillon.free.fr/index.htm

Haute saison ouvert tous les jours de 10h30 à 18h30. Adulte : 6,50 €. Enfant : 5 €.

Dans ce paradis cohabitent des centaines de papillons exotiques venant d'élevages des quatre coins du monde évoluant en liberté autour de vous. Certains dépassent les 20 cm d'envergure. Nombre d'entre eux arborent des couleurs chatoyantes. Les animateurs racontent les œufs, les chenilles, les chrysalides et les cocons composant le cycle naturel du papillon. Vous découvrez des papillons de Tanzanie, du Kenya, d'Inde, de Madagascar, des plantes carnivores, et des insectes. Il y a aussi quelques poissons d'eau de mer, des tortues, des oiseaux colorés et une ruche.

BUREAU D'INFORMATION DE SANGUINET

1, place de la Mairie
✆ 05 58 78 20 96
www.biscagrandslacs.com
Ouvert toute l'année. Jours et horaires d'ouverture variables selon la saison.

Loisirs, manifestations... Venez prendre connaissance des différentes activités proposées dans le secteur ! Sans oublier les solutions d'hébergements, de transports, etc. Et toutes les adresses gourmandes. Notez que le marché a lieu le samedi. En juillet et août, c'est le mercredi et le samedi, mais en nocturne. Avis aux amateurs de randonnées à vélo, la piste cyclable qui suit les berges du lac rejoint Biscarrosse-Plage et Biscarrosse-Ville, puis la Vélodyssée. Bon séjour.

CYCLES VACANCES PLUS

Avenue de Losa
✆ 06 59 23 21 75
www.location-velo-sanguinet.com
Ouvert en saison. Livraison possible. Vélo adulte de 14 € à 17 €/jour ; vélo électrique : 30 €/jour. Autres tarifs.

Location, réparation, vente en fin de saison... Situé en face du Camping Campéole *Le Lac*, *Cycles Vacances Plus* a tout ce qu'il faut pour vos balades de loisirs et vos virées plus sportives. VTC Confort Alu, VTT, tricycle, tandem, triporteur, modèles de 10 à 26 pouces pour les enfants et les ados, vélo suiveur... Toute la famille va pouvoir trouver le vélo idéal. Pour découvrir les Landes en vélo à assistance électrique, le mieux est encore de réserver ! Pour faciliter vos vacances, *Cycles Vacances Plus* a plusieurs points de location et propose même la livraison.

LES ARUMS DE SANGUINET €€

253, chemin de Basile ✆ 09 84 53 95 83
www.lesarumsdesanguinet.fr
Ouvert de février à novembre. 4 chambres. Chambre double de 78 à 110 € ; suite parentale de 130 à 160 €. Prêt de vélos.

Tournée vers le tourisme écoresponsable, la maison est équipée de panneaux photovoltaïques, d'une climatisation réversible, d'ampoules à économie d'énergie, de réducteurs de débit d'eau... Ana et Maurice utilisent le puits pour arroser les extérieurs. Au-delà, vous séjournerez dans un endroit très agréable. Deux chambres sont au rez-de-chaussée et deux à l'étage, dont une suite parentale très spacieuse. Le petit déjeuner est servi dans la pièce à vivre ou sous la terrasse couverte. Vos hôtes mettent à disposition des vélos pour vos virées sur les berges du lac.

CAMPING SANGUINET PLAGE***** €€

1039, avenue de Losa
✆ 05 58 78 61 74
Qualité Tourisme. Ouvert du 8 avril au 25 septembre 2022. Emplacement de 19 à 62 €. Cottage de 34 à 297 €/nuit.

Dans ce camping Sandaya, l'Aqua Caraïbes réserve de bonnes sensations grâce à 500 gallons d'eau qui déferlent à toute vitesse d'une hauteur de 9 mètres et les 50 mètres de toboggan qui feront le bonheur des plus joueurs ! Ici, tout est mis en œuvre pour que les petits et les grands s'amusent. Encadré par des animateurs professionnels, le club enfants propose tout un tas d'animations et de spectacles. Vous êtes plutôt toile de tente, cottage (jusqu'à 10 personnes) ou roulotte ?

LES EAUX QUI RIENT €€

274, avenue Charles Castets
✆ 05 58 09 37 68
www.leseauxquirient.fr
Qualité Tourisme. Ouvert toute l'année. 4 chambres de 70 à 130 €/nuit. Prêt de vélo et canoë.

Ancien hôtel entièrement rénové, la chambre d'hôtes *Les Eaux qui Rient* se trouve au bord de la plage. Les eaux du lac sont comme une toile de fond que l'on admire depuis la pièce de vie au rez-de-chaussée. A l'étage, trois des quatre chambres de style très différent ouvrent sur un balcon au-dessus du lac, tandis que la quatrième est ouverte sur le jardin. Le petit-déjeuner est servi sur la terrasse face à la plage (sans gluten sur demande 48h à l'avance). Ici, on prête vélo, parasol, serviette de plage, glacière, jouets pour les enfants... Un bel endroit !

LES ORÉADES***** €€

602, chemin de Sabas ✆ 05 58 78 60 79
www.domainelesoreades.com
Ouvert d'avril à septembre. Cabanes et Mobil-homes à partir de 437,40 €/semaine ; pagodes à partir de 627,50 €/semaine.

À nouveau récompensé par la mention *Very good camp* pour la saison 2019 par Campings Luxe, le Domaine *Les Oréades* profite d'un bel espace aquatique avec une piscine couverte et un espace balnéo réservé aux adultes. La salle commune pour les soirées d'animation et de détente ainsi que le bâtiment du club enfants sont plutôt récents. À l'entrée, la ferme est toujours très appréciée des enfants. C'est face au lac et dans une végétation luxuriante que vous pourrez louer une cabane, un confortable mobil-home ou une luxueuse pagode (avec ou sans bain bouillonnant privé).

LA TABLE DU DOMAINE €€

602, chemin de Sabas
✆ 05 58 09 94 72
https://domainelesoreades.com
Ouvert toute l'année (tous les jours le midi et le soir en juillet et août). Formules du midi de 14,50 € à 17,50 €.

À l'entrée du village de vacances *Les Oréades*, *La Table du Domaine* est un restaurant de qualité ouvert à tous, toute l'année ! Construit en surplomb d'une belle piscine et d'un mur végétalisé, l'endroit est vraiment superbe. Aux commandes, le chef primé « mérite culinaire 2018 » devrait vous embarquer pour une virée gourmande. Son credo : une cuisine de qualité bien présentée, dictée par les saisons et la générosité. On se laisse bien volontiers conseiller par la sympathique équipe pour faire le bon choix. En juillet et août : service snacking en continu.

LE FANUM

Port de l'Estey
✆ 06 52 10 60 11
www.lefanum.com
Ouvert d'avril à octobre, tous les jours de 10h à 22h. Terrasse. Restauration (tapas de 6 à 16 €).

Au bord du lac de Sanguinet, sur une terrasse en plein air bordant le port de l'Estey, *Le Fanum* est l'endroit parfait pour boire un verre, s'offrir une glace ou une gaufre tapas ou encore, déguster quelques tapas en famille ou entre amis. Brochettes de bœuf marinées aux échalotes, acras de morue, planche de fromages, beignets de calamar... La Maison, dont le nom évoque un petit temple gallo-romain de tradition indigène en référence au passé historique du lac de Sanguinet (à découvrir sur le site internet), favorise les circuits courts.

LÉON

Station verte de près de 2 000 habitants, site inscrit et classé de la Côte Landes Nature, le village de Léon vous offre de belles maisons anciennes à l'architecture typique de la région du Marensin. Le territoire est parsemé de pistes cyclables. Quelles que soient vos envies, de nombreuses balades à pied au cœur de la réserve naturelle ou la descente en barque du courant d'Huchet permettent de profiter d'un environnement naturel exceptionnel. Le lac est un lieu attractif avec baignade, jeux, pédalos, paddle, canoë... En juillet et août, n'utilisez pas votre voiture et pensez à monter à bord de la navette gratuite qui relie le centre-ville à la plage.

LES BATELIERS DU COURANT D'HUCHET

370, rue des Berges du Lac ✆ 05 58 48 75 39
www.bateliers-courant-huchet.fr
Promenades sur réservation d'avril à octobre. Tarifs : 15 à 25 €/adulte ; 9 € à 14 €/enfant. Animaux non admis.

Reliant le lac de Léon à l'océan Atlantique, le courant d'Huchet est un site classé en 1932 (réserve naturelle en 1981). En descendant le courant long de 10 km, à bord d'une barque traditionnelle à fond plat, on admire une flore remarquable sous l'ombrage des saules argentés, des aulnes ou des chênes-lièges noueux. Et aussi : une faune riche de 200 espèces d'oiseaux, loutres, visons, hérons cendrés, cistudes (tortues), poissons... Bienvenue dans « l'Amazonie landaise » !

A L'ARTMONIE DES DEUX CHÊNES

410, avenue du Marensin
✆ 07 77 34 97 08
http://sebastien-gleize.com
Ouvert du 1er juin au 30 septembre, du lundi au samedi de 11h à 19h.

Après l'école Boulle, Sébastien Gleize va délaisser la fabrication de meubles pour se tourner vers la création de sculptures contemporaines en taille directe. Dans l'enseignement professionnel des métiers du bois et de l'habitat, il a passé trois années de sa vie au Mali, source d'inspiration pour des thèmes tels que la fertilité, le corps de la femme et du couple. Les pièces sont réalisées en chêne, en châtaignier et en acajou d'Afrique. A découvrir !

LA RESERVE NATURELLE DU COURANT D'HUCHET ★★

374, rue des Berges du Lac ✆ 05 58 48 73 91
www.reservenaturelle-couranthuchet.org
Maison de la Réserve ouverte toute l'année. Jours et horaires d'ouverture variables. Visites guidées. Animations.

Dotée d'une grande richesse botanique et faunistique, ainsi que d'une grande diversité de milieux, la Réserve naturelle du Courant d'Huchet constitue le dernier ensemble d'étangs et de courant côtiers du littoral aquitain ayant préservé son caractère naturel. Partez à la découverte de ce site remarquable en visite libre (gratuit) sur les itinéraires de promenades qui traversent la partie forestière de la réserve ou en compagnie d'un guide naturaliste pour une visite guidée (1 à 8 km).

© NAVARRO RAPHAEL - SHUTTERSTOCK.COM

La réserve naturelle du Courant d'Huchet.

BUREAU D'INFORMATION DE LÉON

65, place Jean-Baptiste Courtiau
✆ 05 58 48 63 36
www.cotelandesnaturetourisme.com
Qualité Tourisme. Ouvert toute l'année. Jours et horaires d'ouverture variables salon la saison.

L'office de tourisme de Léon vous propose des visites guidées liées au patrimoine local pendant les vacances scolaires et durant la période estivale : visite d'une conserverie de canards, démonstration de gemmage, découverte de la réserve et du courant d'Huchet... Parmi les curiosités à ne pas manquer : le lavoir historique sous le pont du canal du Moulin ou encore la place du marché dominé par l'église Saint-Saturnin-de-Léon, plus connue localement sous le nom de Saint-André.

LA BERGERIE SAINT-MICHEL €€

50, chemin du Plomb
SAINT-MICHEL-ESCALUS
✆ 05 58 48 74 04
Ouvert toute l'année. 3 gîtes (2 à 4 pers.) de 80 € à 199 €/nuit. Bain bouillonnant. Prêt de vélos. CB non acceptée.

En passant devant la pancarte de *La Bergerie Saint-Michel*, prenez le temps d'observer la chapelle et son clocher particuliers. C'est dans cet environnement calme, à l'orée de la forêt, que les trois gîtes/chambres d'hôtes sont installées. L'Airial et l'Atelier (2 à 3 personnes) se trouvent dans une charmante maisonnette ; l'une à l'étage avec un salon de lecture, l'autre avec une terrasse privative. La Bergerie (4 personnes) se trouve dans une maison en bois. Le petit déjeuner est servi dans la maison forestière de 1850, dont la façade est recouverte de bois.

CAMPING LANDES OCEANES**** €€

800, route de Linxe - **SAINT-MICHEL-ESCALUS**
✆ 05 58 49 85 16
www.camping-landes-oceanes.com
Ouvert avril à septembre. Mobil-home (4 pers.) de 265 à 880 €/semaine ; 340 à 990 € (6 pers.) ; 395 à 1070 € (8 pers.).

Ce camping haut de gamme apparaît au détour d'une petite route menant à Saint-Michel Escalus. Au calme sans être isolé, ce camping ou plutôt cette hôtellerie de plein air, dispose de mobil-homes et chalets tout confort. Sur place : piscine couverte chauffée avec pataugeoire, jeux pour enfants, boulodrome, animations pour tous, fitness… Depuis le sauna, le hammam ou le bain bouillonnant, vous profiterez de la vue sur la forêt. La plage de Moliets est à 10 minutes.

DOMAINE DU CAYRE €€

751, route des Chevreuils
SAINT-MICHEL-ESCALUS ✆ 06 30 36 64 28
www.domaineducayre.com
Ouvert d'avril à septembre. Emplacement à partir de 15 €. Gîtes (2/6 pers.) de 290 € à 710 €/semaine (base de 2 pers.).

Le domaine du Cayre fait partie des tout premiers campings du département des Landes. Ravissant des générations de campeurs en quête d'authenticité, cet ancien arial est à lui seul un véritable trésor. Maison familiale, bergerie transformée en sanitaires, chai, grange à foin... Toutes ces constructions sont encore présentes sous les chênes centenaires et les pins. L'accueil abrite une buvette où il est possible de prendre un petit déjeuner. Côté hébergement, il y a des emplacements pour tentes, caravanes et camping-cars, des mini-bungalows et des gîtes.

LE FAIR PLAY €€

27, Grand Rue ✆ 05 58 90 44 94
www.fairplay-leon.com
Ouvert toute l'année. Chambre double/twin de 65 à 96 € ; triple de 80 à 106 €. Demi-pension. Soirée-étape. Restauration.

En plein cœur de Léon, la brasserie et bar à tapas *Le Fair Play* a aussi son hôtel. Après une transformation complète du bâtiment en 2016, dix chambres modernes et confortables sont à votre disposition : climatisation, écran plat... Double, twin ou triple, chacune possède sa propre salle d'eau ou salle de bains. La formule soirée-étape inclut le dîner (hors boisson) et le petit déjeuner. Côté restaurant : menus abordables et formules « sur le pouce ». Les plages landaises sont à 15 minutes. Aux alentours : pistes cyclables, lac, accrobranche, location de canoë...

LE MANOIR DE LÉON €€€

5037, route de Laguens ✆ 06 25 39 71 13
www.lemanoirdeleon.fr
Résidence d'artistes ouverte toute l'année. 9 chambres dont 4 twins (tarifs sur demande). Studio d'enregistrement.

Au cœur de la forêt, Le Manoir de Léon est une résidence d'artistes (Zazie, Indochine, BB Brunes, Kendji Girac, Fréro Delavega, Bon Air...) équipée d'un studio d'enregistrement considéré comme la Rolls des studios dans le milieu de la musique. De 1797, la bâtisse a conservé sa façade initiale. L'intérieur est très bien entretenu et les 9 chambres (22 couchages, 10 en version séminaire) sont grandes et décorées sobrement. Une cuisine permet d'être autonome, mais de nombreux services sont proposés. Sur place : piscine, pétanque, ping-pong, billard, basket, foot...

GÎTE DOUBLE-JE €€

853, avenue du lac
✆ 06 20 06 17 10
https://double-je.jimdofree.com
Ouvert d'avril à septembre. Propriétaires sur place. Pour 2 pers. (1 ch.). Enfants non acceptés. De 310 à 600 €/semaine.

Dans cette avenue menant au lac, ce gîte aux volets bleus, attenant à la maison des propriétaires, est orienté vers la nature à l'écart de la rue passante. Très bien agencé, il bénéficie de tout le confort moderne et tout le nécessaire pour passer un séjour en parfaite autonomie. La véranda est bien agréable avec son petit salon plein sud. A l'extérieur, table et banc en bois massif à l'ombre du néflier. Vous serez à l'abri des regards pour profiter de l'environnement. A votre arrivée au Gîte Double-je, un petit goûter d'accueil vous attend. Enfants non acceptés.

SILVER'LANDES*** €€

1069, avenue de l'Océan
✆ 06 62 13 13 97
www.ecole-surf-camp-landes.com
D'avril à fin octobre. Formule détente Surf camp (6 nuits) de 350 à 490 €/pers. Pension complète : +90 €. Autres tarifs.

Mathieu, moniteur de surf, pisteur secouriste et moniteur de ski, a ouvert avec Ingrid, sa conjointe, une structure complète dans leur maison en lisière de forêt. Celle-ci est divisée en 5 chambres (2 à 4 pers.). Les cours de surf sont dispensés sur la plage de la Lette Blanche (Vielle-Saint-Girons). Au surf camp, vous profiterez d'un bel espace sous les chênes et les pins (piste cyclable à proximité) avec piscine hors sol, trampoline, slackline, bar d'été, barbecue, transats, hamacs, indoboard, skateboards-carver, terrain de volley-ball, table de ping-pong...

HUTTOPIA LANDES SUD*** €€

450, route de Léon - **SAINT-MICHEL-ESCALUS**
✆ 05 58 90 26 30
europe.huttopia.com
Ouvert de mai à mi-septembre. Emplacement de 15 à 45 €/nuit ; tentes, roulottes et chalets de 43 à 180 €. Animations.

Situé à quelques kilomètres de l'océan dans un environnement naturel boisé, vous pourrez monter votre tente, venir avec votre caravane ou votre camping-car sinon déposer vos valises dans l'un des hébergements proposés : tente toilée avec ou sans sanitaires, chalet en bois et roulotte. Sur place, vous profiterez de deux piscines, dont une chauffée, mais aussi une pataugeoire. Les petits vacanciers sont bien pris en charge grâce à de nombreuses animations. L'été, on profite de la navette gratuite ville-plage pour rejoindre l'océan à Saint-Girons-Plage.

LE FAIR PLAY €€

27, Grand Rue ✆ 05 58 90 44 94
www.fairplay-leon.com
Ouvert toute l'année. Tous les jours le midi et le soir en haute saison. Menus de 18 à 26,50 €. Formule du midi : 14 €.

Entièrement rénové en 2016, cet établissement lumineux offre plusieurs espaces : un hôtel de 10 chambres, un bar et un restaurant type brasserie, avec une salle au rez-de-chaussée et une autre à l'étage, et une terrasse. La jeune équipe aux commandes a choisi des matériaux modernes et des couleurs sobres. Le midi en semaine, le menu propose une entrée, un plat et un dessert : cassolette de chipirons, bavette blonde d'Aquitaine, chicken burger, tourtière aux pommes... En plein centre bourg, le Fair Play accueille aussi des groupes (salle de conférence hors saison).

FERME AUBERGE TENOY €€

1736, route de Betoy
✆ 05 58 48 74 66
www.maison-tenoy.com
Ouvert d'avril à mi-octobre, du mardi au dimanche midi en juillet et août. Réservation conseillée. Menus de 19 € à 33 €.

La ferme auberge Tenoy est l'adresse idéale pour déguster le roi des lieux dans tous ses états : le canard. Au menu : tartare de magret, bavette de magret de canard à l'orange, duo d'aiguillettes et foie gras, brochette de cœurs de canard, hachis parmentier, daube… Avec des frites maison, cuites dans la graisse de canard bien sûr. Les vins de la région sont mis à l'honneur. Le Tursan rouge accompagne d'ailleurs l'assiette de Pays. Profitez de votre venue ici pour une visite guidée (avec dégustation) et faire le plein de spécialités à la boutique.

LA MAISON TENOY

Route de Betoy ✆ 05 58 48 74 66
www.maison-tenoy.com
Ouvert toute l'année. Visite et dégustation. Restauration d'avril à mi-octobre (menus de 19 à 33 €). Boutique en ligne.

Conserverie artisanale *La Maison Tenoy* (Mémé Labatut) raconte l'histoire d'une famille perpétuant le savoir-faire d'autrefois autour du canard. Les canards sont élevés et gavés sur place. Lors des visites, on vous expliquera le soin apporté à l'alimentation, puis à la transformation des différents morceaux. Plats cuisinés, foies gras, pâtés et confits de canard sont à retrouver à la boutique. D'avril à mi-octobre, n'hésitez pas à venir déguster les meilleures recettes de canard de Thierry à la ferme auberge. Vous aurez le choix entre la carte et plusieurs menus.

LÉONTINE €€

108, avenue du Marensin
✆ 05 58 49 24 21
Ouvert du mardi au dimanche midi et soir (fermé le dimanche soir en basse saison). Formule du midi : 13,50 €. Terrasse.

Toujours une bonne surprise ! Désormais entre les mains de la famille N'Doumbé, l'accueil est comme avant, donc sympathique et attentionné. Et que dire de l'attrayante formule avec plats et desserts au choix (le midi en semaine) ! À quelques détails près, rien n'a vraiment changé dans ce restaurant à la belle façade en bois. En cuisine, le chef met un point d'honneur à travailler des produits frais de la région pour s'inscrire dans la tradition landaise. Attention les gourmands, *Léontine* ferme ses portes le dimanche soir en basse saison. Réservation recommandée !

CHEZ VINCENT

64, avenue du Marensin ✆ 05 58 48 73 75
www.chezvincent.fr
Poissonnerie ouverte toute l'année. Dégustation. Traiteur. Boutique en ligne. Plateaux de fruits de mer de 50 à 85 €.

Affûté depuis longtemps au rythme des marchés (+ de 10 ans), Vincent vous propose des coquillages et des crustacés toute l'année dans sa poissonnerie de Léon. Aussi, lieu de dégustation ! Au menu : les « grillés » à la plancha (moules, chipirons, etc.), les fritures (anchois, encornets, etc.), les huîtres, le tartare de saumon… Optez pour l'une des assiettes en cas d'hésitation ou choisissez une des formules avec six huîtres et un verre de blanc. Faites aussi confiance à Vincent pour vous préparer un délicieux plateau de fruits de mer (sur commande).

ART ET VIN

24, avenue du Marensin
✆ 07 88 56 46 57
Ouvert du jeudi au dimanche de 10h à 12h et de 15h à 19h. Cave à vin et produits locaux.

Sculptures végétales, peintures, bijoux, photographies, verreries… Et cave à vin et produits locaux ! Art et Vin est ce genre d'endroit atypique destiné à faire découvrir l'art contemporain à travers des œuvres originales. Ici, les artistes sont principalement du coin, mais aussi d'un peu plus loin. Ancienne boutique du sculpteur souffleur de verre Xavier Carrère, que l'on retrouve désormais à Magescq (*Sculptures verres*), cette maison basco-landaise expose toujours quelques-unes de ces œuvres. La terrasse est souvent prise d'assaut à l'occasion de concerts.

ESCAPE LAND

235, route de Linxe
SAINT-MICHEL-ESCALUS
✆ 05 58 72 61 78
www.escape-land.fr
Ouvert toute l'année. De 20 € à 30 €/pers. selon le nombre de joueurs (sur réservation).

Première enseigne de jeux d'évasion dans les Landes (avril 2017), Escape Land vous propose trois aventures : Le Bateau Pirate, La Prohibition et La grange abandonnée (un scénario qui vous emmène en randonnée dans la forêt de Saint-Michel-Escalus). Pris dans une incroyable tempête, vous tombez heureusement sur une vieille grange abandonnée, mais l'est-elle vraiment ? Vous avez 10 énigmes à résoudre et une heure pour le savoir. Espace Land va mettre à l'épreuve vos sens de l'observation, de la réflexion et de la logique dans la bonne humeur. A vous de jouer !

MIMIZAN ★

Au Moyen Âge, des moines de l'abbaye de Saint-Sever s'installent à Mimizan et y fondent un prieuré, qui devient le centre d'une sauveté, c'est-à-dire un lieu d'asile pour la protection des faibles. Inscrites aux Monuments historiques, cinq bornes délimitant son périmètre sont encore visibles. Labellisée « Ville Fleurie 4 fleurs », la commune de Mimizan est aujourd'hui partagée entre Mimizan-Bourg et Mimizan-Plage. Le monument des « Ailes », érigé à l'entrée de la plage du même nom, commémore le souvenir de la première traversée française entre l'Amérique et l'Europe par les aviateurs Assolant, Lotti et Lefèvre qui atterrirent à Mimizan le 16 juin 1929.

MUSÉE D'HISTOIRE, PRIEURÉ ET CLOCHER PORCHE

20, rue de l'Abbaye ✆ 05 58 09 00 61
http://musee.mimizan.com

Ouvert sur réservation de mars à novembre (jours et horaires d'ouverture variables). Adulte : 5 €. Visite guidée.

Le clocher-porche de l'ancienne église Sainte-Marie se trouve à quelques mètres du musée. La visite de l'ensemble permet de découvrir un espace muséographique sur l'histoire du territoire, une présentation virtuelle du prieuré et une visite du clocher-porche. Celui-ci est le dernier vestige d'un important prieuré bénédictin du XIIe siècle. Classé monument historique, il conserve ses polychromies et possède une des plus vieilles représentations françaises de St-Jacques-de-Compostelle.

CONTIS PLAGE

SAINT-JULIEN-EN-BORN

Contis Plage est un parfait exemple du charme landais avec la beauté sauvage des dunes et des forêts de pins. Authentique et familiale, elle se dévoile par la route de Contis, depuis Saint-Julien-en-Born. Les vagues font le bonheur des surfeurs et des baigneurs. L'été, de la mi-juin à la fin-septembre, la plage de Contis est surveillée : l'assurance d'un moment en famille en toute tranquillité. Toilettes, douches et postes de secours viennent compléter l'offre, sans oublier les *tiralos*, ces fauteuils de plage destinés aux personnes à mobilité réduite.

PHARE DE CONTIS

Chemin de la Lanterne - **SAINT-JULIEN-EN-BORN**
✆ 05 58 42 80 08
www.tourismelandes.com

Ouvert d'avril à septembre. Visite guidée. Adulte : 3 €. Enfant (de 3 à 12 ans) : 1 €. Billetterie sur place. Boutique.

Le saviez-vous ? L'unique phare des Landes a été construit en 1862 sur décret de Napoléon III, à près d'un kilomètre de l'océan sur une dune de 12 mètres de hauteur ! Avec sa tour de 38 mètres, il hisse sa lanterne à 50 mètres au-dessus du niveau de la mer. Du haut de ses 183 marches, le phare de Contis offre un panorama exceptionnel. Mis en service pour la première fois en 1863, il était éclairé par une lampe à mercure et aujourd'hui par une lampe halogène. Réservations (hors saison) et informations auprès de la mairie de Saint-Julien-en-Born.

LA MAISON DU PATRIMOINE

39, rue de l'Abbaye
✆ 05 58 09 00 61
www.asem-mimizan.fr

Toute l'année sur réservation. Adulte (+14 ans) : 2 €. CB non acceptée. Aire de pique-nique. Boutique. Animations.

La Maison du Patrimoine vous invite à porter un autre regard sur la forêt et son histoire. Une exposition permanente présente la société rurale traditionnelle landaise à travers deux figures emblématiques : le berger et le résinier. Des collections, des témoignages filmés et des animations apportent une meilleure connaissance des hommes et leurs interactions sur leur forêt. Plusieurs animations sont organisées au cours de l'année : démonstration de gemmage, atelier d'initiation ou perfectionnement de la langue gasconne, etc.

PLAGE DE LESPECIER

Route de Lespecier

A l'ouest du village de Bias et au sud de Mimizan-Plage, la plage de Lespecier à Mimizan est la plage la plus sauvage de la station balnéaire. Mais elle se mérite ! Comptez environ 10 minutes de marche depuis le parking ou la piste cyclable. Bordée par la forêt dominicale et les dunes de sable qui s'étendent à perte de vue, les amoureux de nature devraient se plaire sur cette plage surveillée, aussi équipée de douches et w.c. Les personnes à mobilité réduite pourront accéder à la baignade grâce à un tyralo. Le naturisme est pratiqué sur cette plage.

Promenade fleurie à Mimizan.

UN TROUPEAU POUR LA VIE

Avenue de la Gare
MÉZOS
✆ 07 69 48 36 76

Selon les conditions climatiques : les jours d'alpage en fin d'après-midi. Participation libre. Animations.

L'association *Un troupeau pour la vie* regroupe des bénévoles qui se relaient pour accompagner Elsa, une jeune bergère, dans la conduite d'une trentaine de chèvres et brebis vers les pâturages mis à disposition par la municipalité. Vous aussi, prenez votre bâton de berger et accompagnez le troupeau, visitez la bergerie, assistez à la tonte des moutons lors de la Grande fête de la tonte début juin, apprenez à transformer la laine et pourquoi pas, devenez bénévole, adhérent ou donateur... Et c'est aussi l'occasion de soutenir un beau métier.

OFFICE INTERCOMMUNAL DE TOURISME

38, avenue Maurice Martin
✆ 05 58 09 11 20
www.mimizan-tourisme.com

Qualité Tourisme. Ouvert toute l'année (jours et horaires d'ouverture variables selon la saison).

De la très belle promenade fleurie au bord du lac en passant par des monuments chargés d'Histoire comme celui des Ailes à Mimizan-Plage, cette destination de vacances a bien des choses à vous raconter. Accordez-vous une escapade au Musée du Prieuré pour découvrir un clocher-porche datant du Moyen Age et flânez dans la forêt à la découverte des sentiers connectés. L'équipe de l'Office Intercommunal de Tourisme de Mimizan est à votre disposition toute l'année.

JARDINS SECRETS €

220, Chemin Cabanot
✆ 05 58 09 19 38
padamab6.wixsite.com/jardins-secrets

Ouvert toute l'année. Pour 1 pers : 60 €/nuit ; pour 2 pers : 65 € ; pour 3 pers : 75 €. Petit déjeuner inclus.

Dans cette maison entourée de 3 ha de terrain, le visiteur sera logé dans l'une des quatre jolies chambres. Séjourner aux *Jardins Secrets*, dans un cadre ravissant entre forêt, bourg et océan, c'est prendre un bol d'air et apprécier une faune et une flore typiquement landaises. Chaque matin, le petit déjeuner est servi dans l'ancien four à pain avec une vue agréable sur le jardin. C'est aussi dans le petit chalet du jardin que vous trouverez de la documentation touristique. La plage est à 7 km, le lac d'Aureilhan à 3 km. Pensez à vous faire prêter des vélos.

LOU PITARRAY €

Quartier Medous - **LUE** ✆ 05 58 07 06 23
www.chambredhotesloupitarray.sitew.fr

Ouvert toute l'année. Chambre simple de 48 € à 62 € ; chambre double de 58 € à 69 € ; chambre triple de 69 € à 79 €.

Cette ancienne maison de maître de 1900 est située dans un petit parc au cœur de la forêt landaise. Vous pourrez ainsi vous reposer à l'ombre de la terrasse ou des chênes centenaires pendant que vos enfants profiteront d'une balançoire, d'un toboggan ainsi que d'une table de ping-pong en accès libre. Sans oublier la piscine ! Les deux chambres sont bien équipées. Elles possèdent chacune leur propre salle de bains et offrent de belles vues sur la campagne alentour. De nombreux équipements seront partagés avec vous pour vous détendre ou pour préparer vos repas.

L'ATELIER DES RÉSINIERS €€

120, chemin des Résiniers
PONTENX-LES-FORGES ✆ 06 21 06 08 13
www.latelierdesresiniers.fr

Chambres d'hôtes (2 pers.) de 70 € à 80 € ; (familiale) de 95 € à 130 €. Gîtes (2/3 pers. et 4 pers.) de 350 à 450 €.

Vestiges d'une distillerie de résine de pin datant de la fin du XIXe siècle, l'Atelier des Résiniers s'étend sur un parc de 4 hectares. On y trouve la maison du contremaître, le bureau de paie, le quai de chargement et l'atelier. Les chambres sont spacieuses et confortables et les deux gîtes sont bien équipés. Ici, on prend réellement soin de vous et il est possible de profiter d'une multitude de services et d'activités. D'ailleurs, les artistes sont particulièrement appréciés dans ce lieu où ils peuvent s'offrir une parenthèse pour retrouver l'inspiration.

AU BON COIN DU LAC*** €€

34, avenue du Lac
✆ 05 58 04 82 99
www.hotel-auboncoindulac.com

Ouvert toute l'année. Check-in jusqu'à 20h. Chambre (1 à 4 pers.) à partir de 110 €. Restauration. Massages et soins.

Sur les rives fleuries du très beau lac Aureilhan, l'Hôtel Au bon coin du lac ne risque pas de passer inaperçu depuis l'arrivée des nouveaux propriétaires. Entre hier et aujourd'hui, c'est le jour et la nuit ! Avec sa belle et grande terrasse en L qui coure le long du Courant de Mimizan, l'hôtel profite d'un cadre enchanteur fréquenté, mais calme. A l'intérieur, le charme désuet laisse la place à la douceur de la modernité. Véritable havre de paix, l'hôtel réserve à ses hôtes de grandes chambres très spacieuses et très lumineuses. La piscine est comme une bulle.

CAMPING LE LAC*** €€

108, avenue de Woolsack
✆ 05 58 09 01 21
www.camping-mimizan-lac.com

Ouvert de mai à septembre. Emplacement de 18 € à 37 €/nuit. Location (4 à 5 pers.) de 35 € à 117 €/nuit. Animations.

Que vous soyez campeurs, camping-caristes ou adeptes des locations de style Natur'House, Safari lodge et Coco Sweet, c'est ce camping qu'il vous faut ! Ici, les parcelles sont spacieuses et les hébergements se fondent dans le paysage. Les plus jeunes profiteront des aires de jeux et des animations dédiées. Pour les plus sportifs : ping-pong, beach-volley et pétanque. Et pour tous : l'espace aquatique depuis la saison 2020 ! A l'extérieur du camping, la promenade fleurie est remarquable, car elle permet de prendre toute la dimension des berges du lac.

CLUB MARINA-LANDES**** €€

Plage Sud
✆ 05 58 09 12 66
www.camping-club-marina.com

Qualité Tourisme. Ouvert de mai à septembre. Emplacement de 21,50 € à 66 €. Location (2-8 pers.) de 37 € à 270 €/nuit.

A 500 mètres de la dune, ce camping Airotel bénéficie des atouts apportés par la forêt de pins. Dans ce milieu typique des Landes, de magnifiques équipements ont été mis en place pour créer un véritable club de vacances. Les locations sont confortables et vous aurez le choix entre appartements, lodges, chalets, cottages ou bungalows en bois. L'espace aquatique a tout pour plaire : piscine couverte chauffée, piscine non chauffée, bassin de balnéothérapie, 4 toboggans, 2 pataugeoires avec des jeux d'eau. Sans oublier l'espace Bien-Etre. Et plein d'autres services !

© AIROTEL CAMPING CLUB MARINA LANDES

© AIROTEL CAMPING CLUB MARINA LANDES

LANDES

ENTRE MER ET PINS €€

225, rue des Ecoles - **SAINT-JULIEN-EN-BORN**
✆ 05 58 43 52 29
www.entremeretpins.com
Ouvert toute l'année. Chambre double de 55 € à 70 € ; triple de 70 € à 85 €. Petit déjeuner : 7 €. Gîte. Prêt de vélos.

En 2011, Magali et Fabrice ont investi une jolie bâtisse de 150 ans. Entre *Mer et Pin* se compose de cinq chambres d'hôtes avec salle de bains privative et d'un appartement à l'étage pour 3 personnes. La chambre *Un air de famille* est jumelée afin d'accueillir deux adultes et trois enfants. Magali, Fabrice et leurs enfants sont d'excellents ambassadeurs des Landes et plus largement de la région. N'hésitez pas à emprunter les vélos mis à votre disposition pour rejoindre la piste cyclable à 100 mètres de là. La plage de Contis se trouve à 10 minutes.

L'ESTANQUET €€

9, avenue de la Côte d'Argent - **GASTES**
✆ 06 78 56 81 29
www.estanquet.net
Ouvert toute l'année. Chambres et suites à partir de 62 €. Gîte (8 pers.) de 800 € à 1 600 €/semaine. Animaux acceptés.

Ancien hôtel-restaurant à 200 m du lac de Gastes, *l'Estanquet* est une maison des années 30 avec des chambres d'hôtes pour 2 à 4 personnes. Volets vert d'eau, stores bleus dans la pièce du petit déjeuner, nuance *slipper* satin dans une des chambres, bois blanchi... Tout ramène à l'eau et à la fluidité. La terrasse couverte est idéale pour les soirées d'été et le jardin clos rassure les parents. La maison est le départ de nombreuses promenades à pied ou en vélo (à disposition). Reconvertie en gîte, la grange (jardin privé) permet de recevoir 8 personnes (4 chambres).

LA GRANGE DU COULIN €€

491, chemin du Coulin - **ONESSE-ET-LAHARIE**
✆ 06 82 13 85 84
https://lagrangeducoulin.com
Gîtes de France 3 épis. Ouvert toute l'année. 3 chambres et 1 suite de 85 à 140 €. Sauna. Séjours détox. Prêt de vélos.

Entièrement redécorée, cette demeure contemporaine en bois a été spécialement construite pour recevoir des voyageurs. La nouvelle propriétaire, Françoise Saugnac, a repris les rênes depuis avril 2021, mais en y ajoutant sa touche personnelle. Coach et naturopathe, elle vous proposera des week-ends détox ou des semaines de bien-être. Au programme : yoga, méditation, randonnée... Une mise au vert à base de jus détox et revitalisants. Pour parfaire l'expérience, Françoise a installé un sauna. Les extérieurs engazonnés et fleuris mettent en valeur la belle piscine.

HÔTEL ATLANTIQUE** €€

38, avenue de la Côte d'Argent ✆ 05 58 09 09 42
www.atlantique-mimizan.fr
Ouvert de mai à septembre. Chambre double de 55 à 105 € ; triple de 70 à 110 € ; familiale de 90 à 150 €. Pdj : 9 €.

L'Hôtel l'Atlantique, c'est 31 chambres situées à 30 mètres de la plage, 200 mètres des commerces de la zone piétonne de Mimizan Plage et 200 mètres de la forêt et des pistes cyclables. Equipées pour vous recevoir seul, à deux ou en famille avec terrasse, balcon ou vue mer, les chambres disposent toutes d'un excellent confort. L'hôtel possède le label « Mimiz'O Qualité Famille » signifiant que tout a été mis en œuvre pour faciliter les séjours des parents. Pensez à réserver votre parking dans lequel vous pourrez aussi déposer vos vélos et vos planches de surf.

HÔTEL DE LA PLAGE €€

62, avenue de l'Océan - **CONTIS-PLAGE**
✆ 05 58 42 70 15
www.hotelplagecontis.com
Ouvert d'avril à mi-octobre. Chambre double de 125 à 195 € ; triple de 170 à 215 €. Petit déjeuner : 15 €. Restauration.

Adossé à la dune, *l'Hôtel de la Plage* est un véritable bijou de bois et de charme avec son patio intérieur. A l'entrée, un tableau noir laisse libre cours aux inspirations des hôtes de passage et d'anciennes photos de Contis ornent les murs. Quant aux chambres, chacune possède sa propre couleur. Sur les murs, une petite planche de surf rappelle que le bruissement de l'océan est tout proche. Inspirés par leurs nombreux voyages, Myriam et Laurent Caillet ont fait de cet hôtel un lieu à part ; doux mélange entre évasions, tradition et respect de l'environnement...

MAISON DE MEZOS €€

Place de l'Eglise - **MÉZOS** ✆ 05 58 42 61 38
www.hotel-mezos.com
Fermé janvier/février. Chambres d'hôtes de 105 à 140 € ; formule hôtelière de 90 à 175 € (selon saison). Restauration.

Avec ses cinq chambres d'hôtes, son pavillon de charme et ses deux suites près du lac, cette ravissante maison blanche de 1830 aux volets bordeaux vous ouvre ses portes dans une atmosphère traditionnelle et raffinée. Toile de Jouy, cuisinière de 1920, objets d'un ancien temps, piscine, vieux four à pain... Les livres de famille se trouvent dans le salon ou dans les chambres, témoins silencieux de l'histoire de cette bâtisse. Et aussi deux magnifiques roulottes de type tzigane aménagées en chambre. La carte du restaurant est signée par le Chef Johan Laval.

LA RÉSERVE**** €€

1229, avenue Félix Ducournau - **GASTES**
✆ 05 56 07 90 17
www.camping-la-reserve.fr
Ouvert d'avril à septembre. Mobil-home à partir de 437 €/semaine (2 ch) ; 575 € (3 ch) ; 613 € (4 ch). Animations.

Situé en bord de lac avec sa plage privée, le village du camping *La réserve* a tout pour plaire. Baignade, ski nautique, parachute ascensionnel, canoë, planche à voile, wake-board... Accessibles à pied, les activités de la base nautique sont très nombreuses et pour toute la famille. Sur place, le complexe aquatique surveillé de 500 m² séduit tout autant les petits et les grands. Au programme : transats, lagon et bassin de nage extérieurs, toboggans et pistes de glisse, pataugeoire, jeux d'eau, piscine intérieure chauffée avec spa, cascade d'eau...

LA ROULOTTE DE FLORETTE €€

849, route du Bayle - **SAINT-JULIEN-EN-BORN**
✆ 06 28 65 14 87
https://eekerdoen.wixsite.com/
Gîte de France (3 épis). Ouvert toute l'année. Roulotte pour 2 personnes à partir de 220 € / semaine. Service de ménage.

Cette roulotte flambant neuve a été installée dans la ferme du centre équestre Kerdoën. En fin de journée, les chevaux sont laissés en liberté dans la prairie juste devant la roulotte. Un salon de jardin est installé sur la terrasse privative. L'intérieur est lumineux et très bien agencé pour 2 personnes. La Roulotte de Florette a sa propre salle de bains, mais aussi un réfrigérateur, un micro-ondes et un barbecue. De quoi être autonome durant votre séjour. L'océan est à 8 km et les pistes cyclables sont à proximité pour un véritable séjour bucolique au vert !

SINGLE FIN HOTEL & LODGE** €

16, avenue du Courant - **MIMIZAN-PLAGE**
✆ 06 44 90 98 66
www.singlefinhotel.com/fr/
De mai à septembre. Chambre double de 59 à 129 € ; chambre partagée de 27,50 à 42,50 €/ pers. Petit déjeuner : 7,50 €.

Face au courant de Mimizan, le *Single Fin Hotel & Lodge* comble particulièrement les jeunes, les familles et les surfeurs. Ici, l'ambiance « hippie-bohème » est d'inspiration nordique et surf californien 70's. Arnaud, le propriétaire, propose des cours de surf ou de stand-up paddle en partenariat avec une école locale. Des séances de yoga sont également proposées. Outre un bain bouillonnant dans le petit jardin, l'hôtel dispose d'une vaste terrasse panoramique.

YELLOH ! VILLAGE LOUS SEURROTS***** €€

606, avenue de l'Océan - Contis Plage
SAINT-JULIEN-EN-BORN ✆ 05 58 42 85 82
www.lous-seurrots.com
Ouvert d'avril à mi septembre. Tente lodge/chalet à partir de 63 € en basse saison et à partir de 184 € en haute saison.

Sur les berges du courant de Contis, à 500 mètres de la plage, cottages, chalets et tentes lodges avec différents niveaux de confort se louent à la semaine avec des offres spéciales long séjour, *early booking* ou des forfaits week-ends et ponts. Avec ses hébergements haut de gamme, le quartier Premium a été agrandi. Sur place, de nombreux services et infrastructures vous permettent de vivre sans utiliser votre véhicule. Sans oublier un restaurant ouvert à tous.

MAISON DU LAC €€

164, rue des Bruyères - **GASTES** ✆ 06 42 20 31 11
www.coteouestvacances.com
Pour 7 personnes (3 chambres). De 1 000 € à 1 750 €/semaine. Animaux acceptés (sur demande). Wifi. Salon de jardin.

A 100 mètres d'un grand lac d'eau douce entouré de ses plages de sable, la Maison du lac porte bien son nom. Conçue pour recevoir jusqu'à 7 personnes, elle a été construite en bois (mélèze, pin et cèdre blanc) avec des matériaux locaux durables. Avec sa belle hauteur sous plafond et ses poutres apparentes qui donnent une impression de volume et d'espace, la maison est vraiment très agréable à vivre. Toutes les pièces ont des portes-fenêtres qui ouvrent directement sur la terrasse exposée sud-ouest et le jardin. On profite du barbecue pour les belles soirées d'été.

LES MAISONS DES SŒURS***** €€€

140, rue des Muletiers - **SAINT-JULIEN-EN-BORN**
✆ 06 80 59 14 22
http://lesmaisonsdessoeurs.com
Ouvert toute l'année. Pour 20 personnes (780 m², 9 chambres). Tarifs sur demande. Prestations sur mesure.

Un séjour hors du commun et plein de charme avec des prestations de luxe sur mesure ! Les Maisons des sœurs ont été construites sur un terrain traversé par une petite rivière en plein centre du village, à 7 km de l'océan. La maison mère comprend 4 chambres, dont une suite avec des baies embrassant le parc. La salle à manger avec son bar peut recevoir jusqu'à 22 personnes. Les maisons est et ouest sont identiques, conçues avec les codes des maisons typiques des Landes.

VILLAGE TROPICAL SEN YAN

Avenue de la Gare
MÉZOS
✆ 05 58 42 60 05
www.sen-yan.com
Ouvert d'avril à fin septembre. Espace bien-être.

Bananiers, cocotiers, fleurs exotiques, plage de sable blanc, cases créoles... Vous n'êtes pas à l'autre bout du monde, mais au Village Sen Yan dans Les Landes. Le dépaysement est total avec un maximum de services pour un séjour sans contrainte. Au programme : 3 piscines dont une ouverte et chauffée ainsi qu'une aire de jeux aquatique, 2 toboggans aquatiques à la Indiana Jones, une île aux pirates... Mais aussi : street basket, cours de fitness, aquagym, boutiques et spectacles de la troupe *Imagine*. Sans oublier l'offre de restauration et les animations en saison.

LE MAREEBA €

10, rue de la Poste - **MIMIZAN-PLAGE**
✆ 05 58 78 61 54
https://le-mareeba-mimizan.eatbu.com
Ouvert du vendredi au mardi de 9h à 19h ou 23h selon la saison. Plats de 9,50 à 13 €. Petits déjeuners et brunch.

Lors de la dernière saison estivale, Mélie et Bast ont ouvert Le Mareeba. Restaurant, snack et café, on y vient à toute heure. D'abord, pour un petit déjeuner ou un brunch plus copieux, ensuite pour un petit creux salé ou sucré, puis pour le déjeuner, encore pour un petit creux ou un rafraîchissement, etc. Sur place ou à emporter, en terrasse ou en salle, c'est à la tentation qu'il faudra résister. Au menu : des wraps, des bowls et des tartines de saison. Sans oublier le burger/frites. Les produits sont frais, locaux et essentiellement bio. Alors ?

ALOHA BEACH BURGER €€

2, avenue du courant
✆ 09 83 03 13 14
Ouvert toute l'année (tous les jours le midi et le soir en haute saison). Formules de 8 à 13 €. Terrasse. A emporter.

Envie de manger un bon gros burger avec des frites maison ? Dans ce cas, rendez-vous de l'autre côté du courant chez Aloha Beach Burger. Si les recettes sont plutôt classiques du côté des hot-dog, les burgers mettent véritablement l'eau à la bouche. Version bœuf, on se laisse tenter par le Forza avec sa sauce mayonnaise au pesto maison ou l'Espelette avec son chorizo ibérique. Au poulet, le Sukothai promet de vous faire voyager. Deux burgers végétariens viennent durcir le choix. L'ambiance façon cabane en bois donne envie de rester manger sur place.

LE MIAM MIAM €€

3, rue du Casino
MIMIZAN-PLAGE
✆ 07 60 41 96 81
Ouvert tous les jours de 12h à 14h30 et de 18h à 21h. Sandwich de 5 € à 9,50 € (+ 4 € en formule). Menu enfant : 6,50 €.

Qu'est-ce qu'on miam ? Charcuterie fine de chez Pierre Oteiza (producteur et artisan du Pays Basque), pains d'un artisan boulanger du coin, fromages de choix (comté AOP 12 mois, cantal fermier AOP, brebis des Pyrénées), frites maison, bières locales... La recette du Miam Miam a de quoi faire saliver ! Et maintenant, il ne vous reste plus qu'à choisir entre les sandwichs (toastés ou non), les burgers et les galettes de blé noir en mode wraps bretons. Les goûts sont au rendez-vous, l'humour et la générosité aussi. Voilà qui change du panini trop fade et trop gras.

HEY POULETTE €€

2, rue de la Pibale - **MIMIZAN-PLAGE**
✆ 07 84 26 22 13
www.heypoulette.com
Ouvert en saison (jours et horaires variables à consulter sur la page Facebook). Formules et buckets de 10 à 15 €.

Hey Poulette, c'est un food-truck qui a les roues dans le sable et qui a décidé de s'installer en face du courant de Mimizan pour servir ses spécialités déclinées autour du poulet de la maison Dandieu. Et cuisinées avec des produits en circuits courts grâce aux producteurs et commerçants de la région ! Empanadas, wings, pilons, brochettes... À chaque saison, ses nouvelles recettes. Il y a aussi les boulettes aux légumineuses, la salade du poulailler, les patatas bravas ou le maïs bio grillé en accompagnement, etc. On préfère vous prévenir, c'est copieux !

A NOSTE €€

7, avenue de la Côte d'Argent
✆ 05 58 09 31 34
www.a-noste.fr
Ouvert d'avril à décembre (tous les jours de 9h à 2h en saison). Plats de 12 € à 24 €. Bar. Tapas. Terrasse. Animations.

Kalou et Nathalie ont donné un coup de jeune au restaurant. La salle, désormais chauffée quand l'automne arrive, a été entièrement refaite et le bois, omniprésent, offre une ambiance chaleureuse et cosy. Mais le point fort de l'établissement, c'est sans conteste son immense terrasse avec sa splendide vue panoramique sur l'océan. Assis ou lovés dans les banquettes, les pieds dans le sable, vous pouvez déguster, à la carte ou selon les suggestions, une large gamme de tapas et de bons cocktails. Les desserts, comme le reste, sont faits maison.

BAR À HUÎTRES €€

24, place du Marché - **MIMIZAN-PLAGE**
✆ 05 58 07 36 81
https://le-bar-a-huitres.eatbu.com/
Ouvert toute l'année. Du mardi au dimanche de 10h à 22h. Plateaux de fruits de mer de 58 à 189 €. Terrasse. A emporter.

Avec ses formules de dégustation d'huîtres provenant du bassin d'Arcachon, le Bar à Huîtres attire une foule de gourmands du midi au soir. On se laisse alors bien volontiers tenter par une formule « huîtres, verre de vin, pain, beurre et pâté ». Pour les petites faims ou les personnes seules, les assiettes du Bar à Huîtres sont de véritables alternatives aux plateaux de fruits de mer. Vous pourrez d'ailleurs en choisir la composition ! Pour un événement ou une soirée, n'hésitez pas à commander le Titanic, un bateau de 150 huîtres du plus bel effet.

AU BON COIN DU LAC €€

34, avenue du Lac
✆ 05 58 04 82 99
www.hotel-auboncoindulac.com
Ouvert du jeudi au lundi le midi ; du jeudi au samedi le soir. Plats à partir de 21 €. Formule du midi : 19 €. Terrasse.

Depuis juin 2021, le chef Richard et toute son équipe s'activent dans les cuisines de l'Hôtel Au bon coin du lac***. L'arrivée des nouveaux propriétaires près d'un an auparavant a été l'occasion de tout revoir à commencer par la façade, la décoration, la terrasse... S'il est possible de boire un verre ou manger une glace dans l'après-midi, c'est à l'heure du déjeuner et du dîner qu'il faudra venir pour savourer une cuisine travaillée et généreuse élaborée avec des produits de première fraîcheur en circuit court. La formule déjeuner donne déjà un bel aperçu.

LE CONTISTADOR €€

356, boulevard de la plage - **CONTIS-PLAGE**
✆ 05 58 97 16 83
www.contistador.fr
Ouvert de mi-juin à fin août/septembre ; tous les jours le midi et le soir. Plats de 11 à 23 €. Terrasse. Animations.

A 5 minutes à pied de la plage et en plein cœur de Contis, voilà quelques années déjà que le *Contistador* fait le bonheur des locaux et des vacanciers. Ce restaurant à la déco cosy et originale avec sa grande et belle terrasse propose une cuisine variée. Aussi bien des planches de charcuterie ou de fromages que des plats fusion tendance asiatique ! Parmi nos coups de cœur : le tartare tokyoïte à base de thon taillé dans le cœur de longe, les gambas sauce Black Pepper et le Nasi Goreng royal. L'accueil est chaleureux. Et mention spéciale pour les cocktails !

LE BISTROT DE LA MER €€

8, avenue Maurice Martin
✆ 05 58 09 08 56
www.bistrotdelamermimizan.fr
Ouvert toute l'année, tous les jours le midi et le soir en saison. Menus de 14,50 € à 34 €. Réservation recommandée.

Depuis plus de 20 ans, *Le Bistrot de la mer* est une référence en matière de poissons et crustacés. Ce restaurant bénéficie d'un emplacement de choix et d'une déco très tendance. La carte est variée et fait la part belle aux produits de la mer : couteaux gratinés à l'ail et aux amandes, huîtres Marennes d'Oléron, filet de daurade sauce au miel, turbotin au beurre blanc... La cave, visible de la salle, offre un joli choix. Avant de faire 50 mètres pour voir l'océan et poursuivre un très bon moment, ne vous privez pas d'un dessert !

© LE BISTROT DE LA MER

© LE BISTROT DE LA MER

LANDES

LE GARAGE TOQUÉ €€

1, avenue Maurice Martin
✆ 09 51 80 27 36
Ouvert d'avril à septembre à partir de 10h30 (tous les jours le midi et le soir en saison). Plats : 12 à 30 €. Terrasse.

Face à l'océan et à la place d'un ancien garage de réparation automobile, le *Garage Toqué* domine. Clin d'œil à l'ancienne activité, le chef, Alexandre Dupouy a conservé la pompe à essence, des bidons aux couleurs d'un célèbre pétrolier et des vestiaires. Néanmoins, tout est au goût du jour et on ne sent que les bonnes odeurs des tapas. A la carte, c'est varié. Belle carte des vins, décor épuré, accueil vraiment agréable, grande terrasse pour profiter des longues soirées d'été, que demander de plus ? Service continu en juillet et août (pas de réservation possible).

L'ILE DE MALTE €€

5, rue du Casino
✆ 05 58 82 48 15
www.restaurant-iledemalte.com
Ouvert tous les jours le midi ; le mardi, le mercredi, le vendredi et le samedi le soir. Formule du midi : 18,50 €. Bar.

Avec ses jolies terrasses, l'Ile de Malte est l'endroit idéal où s'installer pour boire un café dès 9h30 ou un rafraîchissement dans l'après-midi. A 100 mètres de la plage, l'établissement occupe l'une des plus anciennes maisons de Mimizan-Plage ! Côté restaurant, le chef et sa brigade vous invitent le midi comme le soir à déguster une cuisine bistronomique déclinée à la carte. Le menu du jour est quant à lui proposé à l'ardoise. Le bar reste ouvert jusqu'à la fermeture du restaurant. L'Ile de Malte ferme ses portes du 15 décembre au 15 février.

CHEZ JEAN-PAUL €€

39, avenue Maurice Martin
MIMIZAN-PLAGE
✆ 05 58 09 09 06
Ouvert du jeudi au mardi le midi et le soir. Pizzas, plats garnis et cocottes de moules à partir de 10,90 €. Terrasse.

A l'entrée de la rue piétonne, laquelle mène droit à la plage de la Garluche, difficile de ne pas remarquer la terrasse de l'hôtel-restaurant *Chez Jean-Paul*. Les tables en retrait de la rue, sont souvent prises d'assaut le midi et le soir. On vient souvent ici à deux ou en famille pour déguster une bonne pizza au feu de bois (pâte et sauce maison), une cocotte de moules, des brochettes de bœuf ou une belle salade landaise avec lardons, gésiers de confit de canard, magret de canard fumé, bloc de foie gras, pignons de pin et asperges. Du choix, vous en aurez !

LOU RESTAURANT €€

606, avenue de l'Océan - **CONTIS-PLAGE**
✆ 05 58 42 85 82
www.lous-seurrots.com
Ouvert d'avril à mi septembre ; tous les jours de 8h a 23h en juillet et août. Chèque Restaurant. Terrasse.

Pour tous, avec une vue imprenable ! A sein du camping Lous Seurrots*****, *Lou Restaurant* bénéficie d'une belle situation avec une grande terrasse surélevée sur les bords du courant de Contis. Délicieux est le paysage, comme l'est le défilé des assiettes. Le Chef propose une carte limitée, mais créative et de qualité, y compris pour les végétariens. La rôtisserie et le kiosque à pizza sont un plus. Petit secret pour les touristes et les locaux de passage, déjeuner ou dîner ici vous permettra de piquer une tête dans la très jolie piscine du Yelloh ! Village.

MAISON DE MEZOS €€

Place de l'Eglise - **MÉZOS**
✆ 05 58 42 61 38
www.hotel-mezos.com
Ouvert du jeudi au lundi le midi et le soir. Menus de 25 à 35 €. Menu du marché de 14,90 à 19,90 € (le midi en semaine).

Il y a du nouveau à La Maison de Mézos, et notamment un restaurant que le chef Johan Laval fait revivre depuis le 12 juin 2021. Son parcours est atypique, à commencer par son diplôme en conception de carrosserie très éloigné des fourneaux. Puis formé à la cuisine, il rejoint Le Logis de la Cadène, la Table du Marensin... A La Maison de Mézos, il vous propose de renouer avec la tradition. Ce jour-là, le service nous a laissés un peu perplexes et c'est bien dommage, car il y a de belles promesses dans les assiettes. L'établissement est fermé en janvier et février.

Ô COURANT €€

2, rue de la Marine
✆ 05 58 09 16 56
www.restaurant-ocourant.com
Maître Restaurateur. Ouvert toute l'année. Réservation conseillée. Menu : 30 €. Formule du midi : 15 €. Terrasse.

Sur les rives du courant de Mimizan, les frères François exploitent leur propre restaurant. Malgré l'affluence, vous êtes rapidement accueilli et placé. Les premiers plats arrivent très vite. Il y a un joli choix de spécialités comme le wok de secreto de porc ibérique, les chipirons aux poivrons et éclats de jambon de pays, riz et portefeuille de piquillos aux asperges vertes... Puis vous succomberez aux desserts à la présentation soignée. Anthony en cuisine et Grégory en salle, en plus de leur talent, ont de l'humour. Vous voilà désormais bien « Ô Courant » !

SINGLE FIN HOTEL & LODGE €

16, avenue du Courant - **MIMIZAN-PLAGE**
✆ 06 44 90 98 66
www.singlefinhotel.com/fr/

Ouvert de mai à septembre. Tous les jours le midi et le soir. Plats de 9 € à 19,90 €. Côte de bœuf maturée 57 €/kg.

Outre un hôtel idéal pour les jeunes, les familles et les surfeurs, le *Single Fin Hotel & Lodge* est aussi un restaurant ouvert à la clientèle extérieure. Dans une ambiance conviviale, vous pouvez choisir de manger en salle près du bar, sous la véranda ou sur la vaste terrasse panoramique. La spécialité de la maison, c'est sans conteste la côte de bœuf de Galice maturée 90 jours, servie au poids et cuite à la plancha. Côté vins, on retrouve des propositions de la France entière. Une cuisine du monde « healthy » et un cadre sympa qui méritent la découverte.

THE SURF HOUSE €€

74, avenue de l'Océan - **CONTIS-PLAGE**
✆ 05 58 91 70 60
www.thesurfhouse.fr

Ouvert tous les jours en saison. Service de 12h à 23h. Bar de 11h à 1h. Sans réservation. A emporter. Animations.

Impossible de ne pas remarquer The Surf House ! Très ouvert sur l'extérieur avec son architecture tout en bois, ses grandes terrasses en toiture et ses jolies guirlandes, l'établissement s'impose comme l'endroit sympa de la rue. Et avec un nom pareil, nul doute que le décor va vous transporter dans un univers bien particulier. Au menu : cuisine d'inspiration nomade, fraîche, savoureuse, saine et originale. Sans oublier, la carte des pizzas ! L'ambiance est chaleureuse. Soirées musicales, yoga en terrasse... C'est un bel endroit où passer l'été.

A NOSTE

7, avenue de la Côte d'Argent
✆ 05 58 09 31 34
www.a-noste.fr

Ouvert d'avril à décembre (tous les jours de 9h à 2h en saison). Terrasse. Restauration.

Profitant d'un accès direct aux plages de la Garluche et des Ailes, la terrasse du *A Noste* fait fureur ! Au moment du coucher de soleil, les places les pieds dans le sable se font rares ! Adresse plutôt gay friendly, vous apprécierez aussi les apéros DJ qui ont surtout lieu l'été. L'endroit accueille aussi le festival *Festidaysgay*. Soirées antillaises, soirées blanches, concerts acoustiques... C'est très animé. Du côté du restaurant, A Noste sert une cuisine traditionnelle à base de produits frais du terroir et de la pêche. Sans oublier les nombreuses tapas !

GLACES MOUSTACHE

12, rue de la Poste
✆ 09 75 35 89 36

Ouvert tous les jours en saison ; le week-end et les vacances scolaires le reste de l'année. Glace 2 boules : 5 €.

Les Glaces Moustache de Gérard Sanchez comptent certainement parmi les meilleures glaces artisanales en France. Le secret ? Du lait entier, de la crème fermière, des fruits de saison... Et près de 130 parfums ! Parmi les plus iconiques : la Vanille Bourbon de Madagascar (élue en 2020 parmi les meilleures glaces de France par Gault & Millau), Un amour de glace (base vanille au lait entier avec inclusion de pépites chocolat bio et d'éclats de nougatine) et La Bretonne (caramel au beurre salé au lait entier, avec inclusion de crumble et coulis de caramel).

GLACIER MILAN

15, avenue Maurice Martin
✆ 06 78 21 74 59

Glace 2 boules 4 €.

Le ciel bleu, l'océan, la sable chaud... Une glace ? Tout près de la plage de la Garluche, Milan vous propose des crèmes glacées et sorbets sans colorant et sans arôme ajouté. Elaborés à la ferme, vous pourrez agrémenter votre pot ou cornet de chocolat maison ou pâte à tartiner bio, de caramel salé maison, de coulis de mangue ou fruits rouges et aussi de chantilly. Comme toujours, le plus difficile sera de choisir. Encore plus si vous hésitez avec les gaufres et les crêpes préparées sous vos yeux. A déguster dans la rue, sur la plage ou sur la terrasse au-dessus.

PÂTISSERIE BOUHEBEN

26, ancienne RN10 - **ESCOURCE**
✆ 06 70 88 89 65
www.pastis-landais-bouheben.com

Ouvert toute l'année (du lundi au vendredi de 7h à 18h ; le samedi de 7h à 15h en juillet et août). Livraison possible.

Dans les Landes, on a coutume de dire qu'il y a autant de recettes de pastis que de communes. Récupérée par les parents de Carol Hofbauer, la recette de la pâtisserie artisanale Bouheben fait courir les habitants d'Escource, des alentours et tous les « bien avertis » depuis près de 25 ans. Aux côtés de Carol, Thibault, son mari, propose des sablés, des gâteaux basques et des Bascarons® ; un biscuit étonnant et sans gluten à base de sucre, poudre d'amandes et blanc d'œuf. Des gourmandises à retrouver chez les bons revendeurs du bassin d'Arcachon et des Landes !

LANDES

BENICO BIO

2376, route des Quartiers
✆ 06 85 41 73 33
Ouvert le lundi, le mercredi et le samedi de 16h à 19h.

Benjamin Alquier et Nicolas Marchal ont réuni leurs connaissances et leurs expériences récoltées de leurs voyages autour du monde pour développer *Benico Bio* (Ben et Nico, vous l'avez ?). Ils exploitent un maraîchage sur 4 hectares tout près de Mimizan. Des *woofers* participent à l'aventure. Très bien achalandée en produits frais de saison, une boutique est ouverte sur place. Vous les retrouverez aussi sur les marchés de producteurs et les marchés d'été ; à Mimizan le vendredi matin, à Saint-Julien-en-Born le samedi matin et à Contis le mercredi et le dimanche.

LOU GOURMAND & CÔTÉ BASQUE

91, route des Lacs
SAINT-JULIEN-EN-BORN
✆ 05 58 42 41 78
Ouvert d'avril à fin décembre. Du lundi au dimanche matin en été.

Deux boutiques en une ! Linge de table Artiga et tissages de Luz, t-shirts Adishatz, draps de plage, espadrilles... Chez Côté Basque, on trouve du linge basque authentique avec des motifs modernes. Pour les gourmands, ça se passe plutôt chez Lou Gourmand. Dans cette épicerie locale et régionale en circuit court, on trouve des foies gras, des confits, des pâtés Chalossais, le fameux pastis Mitchut, du chocolat, du fromage de brebis, mais aussi du vin de sables, des apéritifs, du thé...

MARCHÉ TRADITIONNEL DE MIMIZAN

Le vendredi de 8h à 12h.

Le marché traditionnel est incontournable pour tous ceux qui aiment les bons produits de saison et du terroir. Ici, le marché a lieu tous les vendredis de 8h à 12h à Mimizan Bourg, et plus précisément derrière la mairie. Le marché couvert est ouvert quant à lui du mardi au dimanche (place du marché). Du 15 juin au 15 septembre, le marché saisonnier du jeudi matin attire les badauds autant que les touristes entre l'Office Intercommunal de Tourisme de Mimizan et les arènes.

LES RUCHERS DU BORN

810, avenue de Mimizan - **PONTENX-LES-FORGES**
✆ 05 58 07 40 74
www.ruchersduborn.fr
Qualité Tourisme. Ouvert du lundi au vendredi (9h30 à 12h30). Boutique en ligne. Visite libre de la ferme. Dégustation.

Thomas Mollet et Lénaïc Lecrénais ont décidé de continuer à écrire l'histoire des Ruchers du Born ; une ferme qui produit du miel depuis 1960 ! Accompagnés par Odile et Clémence, ils élèvent 900 à 1000 colonies d'abeilles en favorisant le développement naturel. Pour cela, ils pratiquent une apiculture transhumante en déplaçant les ruches plusieurs fois par an, au rythme des abeilles et des fleurs. Les miels des Landes des *Ruchers du Born* sont vendus sur place ou en ligne. Dégustation, visite libre de la ferme apicole, chasse aux trésors pour les enfants...

SACRÉ SUCRÉ

5, avenue Maurice Martin
MIMIZAN-PLAGE
✆ 06 40 67 67 62
Ouvert de mai à fin septembre. Tous les jours en été de 10h à minuit.

Sacré sucré, c'est le genre d'adresse incontournable avec un goût d'enfance et de vacances. Et avec le sourire ! Depuis 1998, Monsieur Carcenac est devenu monsieur Chichi. Par 12 ou par 20, au sucre ou au Nutella, c'est la petite gourmandise d'avant, d'après ou pendant la plage. Les crêpes maison sont au sucre, au caramel façon Mars ou encore, avec de la noix de coco façon Bounty. Les gaufres sont également maison. Jusque tard dans la soirée, vous pourrez déguster des glaces à l'italienne et succomber à la tentation devant un grand choix de bonbons.

AF KART'LANDES

La Brûle - **ESCOURCE**
✆ 05 58 08 98 77
Ouvert toute l'année. A partir de 7 ans : 14 €/session de 10 min ; GT 270 (+11 ans) : 17 € ; RX 250 (+16 ans) : 36 €.

En bordure de l'A63, l'*AF* Kart'Landes possède le plus grand circuit d'Aquitaine. Les pistes sont homologuées par la Fédération Française de Sport Automobile. Avec ses infrastructures toutes neuves, il n'a rien à envier aux circuits bien connus des amateurs de sensations. Dès 11 ans, des 4 temps GT2 9 CV sont disponibles pour 10 minutes et plus par le biais de jetons. Dès 14 ans, embarquez sur le circuit au volant d'un RX 250 28 CV ! Des essais et des courses sont aussi organisés. Les plus jeunes (dès 7 ans) ont également leurs machines adaptées.

ALL WATER

Avenue du Lac
✆ 06 66 14 98 44
www.allwater.fr
Ouvert tous les jours en juillet et août ; sur réservation en avril, juin, septembre et octobre. Balade de 15 € à 20 €.

Curieux de nature ? Rendez-vous sur les rives du lac d'Aureilhan pour profiter d'une superbe balade guidée en pirogue hawaïenne fabriquée en pin des Landes ! Iris, hibiscus, nénuphars, hérons, gibiers d'eau... Au rythme des pagaies, vous partirez à la découverte de la faune et de la flore de ce site classé Natura 2000. Dès 4 ans à condition de savoir nager, cette activité est également accessible aux personnes porteuses d'un handicap. All Water, c'est aussi du paddle, du kayak, du waveski, des parcours d'orientation, etc. (toutes les informations en ligne).

GOLF MUNICIPAL

Avenue de Woolsack
✆ 05 58 07 71 45
www.golfclubmimizan.fr
Ouvert toute l'année. Parcours 9 trous à partir de 23 €/adulte. Cours à partir de 50 €/heure. Location de matériel.

Sur la route qui mène à Sainte-Eulalie-en-Born, à proximité du château de Woolsack, le golf municipal est ouvert toute l'année. Entre lac et océan, ce golf est avant tout un lieu convivial dans un espace fréquenté par les Mimizanais et les touristes en quête d'un arrêt pique-nique. Au programme : 9 trous, *practice* 25 postes dont 5 couverts avec *putting green*, *chipping green* et *pitching green*. Renseignez-vous pour louer le matériel, car il faut disposer d'une licence et de sa carte verte. Possibilité de cours d'entraînement et de leçons individuelles ou en duo.

NAUTICLUB

1229, avenue Félix Ducournau - **GASTES**
✆ 06 15 91 59 26
https://nautilclub.com
Ecole de wing et croisière ouverte de mai à novembre ; de juin à septembre pour l'école sur la plage de la Réserve.

Le *Nautilclub* est une école de voile et de location de bateaux pour naviguer sur le lac de Biscarosse Parentis. Catamaran, funbord, dériveur, paddle, pédalo, kayak... En famille ou entre amis, partez à la découverte de ce grand lac naturel de 3 500 hectares. L'eau du lac est douce, peu profonde et sablonneuse. Vite tiède, elle facilite notamment l'apprentissage de la planche à voile. Séance d'initiation, session de groupe ou cours particulier, le *Nautilclub* s'adresse à tous ceux qui veulent s'essayer à la glisse. Les tarifs sont abordables, ne vous privez pas !

OJB PARACHUTISME

708, allée Andrée Dupeyron
✆ 05 58 09 27 62
www.ojbpara.com
Saut en tandem : 260 € ; saut d'initiation (+ vidéo) : 400 €. Bon cadeau.

L'*OJB*, Ecole Professionnelle de chute libre affiliée à la Fédération Française de Parachutisme et à la Fédération des Exploitants Professionnels du Parachutisme, propose des baptêmes, des formations au parachutisme et des stages de chute libre. Muni d'un certificat médical de non-contre-indication au parachutisme datant de moins de 3 mois, vous avez rendez-vous à l'aérodrome de Mimizan où des moniteurs certifiés vous prendront en charge. L'école est la seule des Landes classée au top 10 des écoles françaises agréées par le ministère de la Jeunesse et des Sports.

LE STELSIA

Route des Plages Perdues
✆ 05 40 38 50 00
www.lestelsia-casinos.com
Ouvert toute l'année. Restauration. Animations. Concerts. Bar. Séminaires.

Exploité par une filiale du groupe de Philippe Ginestet, fondateur des magasins Gifi et propriétaire du complexe, *Le Stelsia* (hôtel de luxe et restaurant étoilé), nouveau Casino de Mimizan, dispose de 75 machines à sous, des postes de roulette anglaise électronique et deux tables de black jack. Sur place : deux bars (l'un en salle des jeux, l'autre, *Le Palm* sur la terrasse) et le restaurant *Les Palmiers*. Le casino est aussi le théâtre de nombreuses animations : concerts, soirées cabaret, dîners-spectacles... L'établissement est ouvert tous les jours dès 12h.

LIT-ET-MIXE

Avant la Révolution, Lit-et-Mixe se composait de deux communes bien distinctes ; Lit signifiant *rivage*, *littoral*. C'était un village côtier très marécageux. Plus au sud, Mixe était un ancien poste militaire placé sur une des principales routes de l'Empire romain. La commune s'est constituée pour des commodités économiques et administratives. Au Moyen Âge, le village était une étape sur le chemin de Saint-Jacques-de-Compostelle. C'est aujourd'hui un coquet village situé à la lisière d'une immense forêt de pins, bordé par la côte océane sur 11 km. Ne manquez pas une visite au musée des vieilles Landes retraçant la vie entre 1850 et 1950.

Plage de Lit-et-Mixe.

À BICYCLETTE 40

69, avenue du Marensin
✆ 06 30 97 93 99
www.abicyclette40.fr

Ouvert toute l'année. Adulte : 3 €. Chèque Vacances. Visite guidée.

Pendant des années, Pierricq a amassé des vélos, des objets, des affiches et des maillots. De quoi ouvrir un musée ! Les initiés comme les amateurs de la petite reine pourront solliciter leur curiosité ou leur mémoire avec ce vélo ayant participé au premier Tour 1903 ou celui équipé d'un dérailleur autorisé pour la première fois sur la course mythique. Sans oublier les premiers vélos et les premiers constructeurs [Manufrance, Dedion Bouton]. Et le maillot jaune de Miguel Indurain ! L'atelier de location, réparation et vente de vélos se trouve juste à côté.

LANDES D'ANTAN

Rue des Cigalons
✆ 05 58 42 70 14
http://museelitetmixe.free.fr

Ouvert de juin à septembre. Gratuit. Groupe sur rendez-vous. Visite libre ou guidée.

Grâce à une trentaine de bénévoles, ce lieu de mémoire consacré aux Landes d'antan bénéficie désormais de plus d'espace. Né de l'imagination de quelques passionnés et collectionneurs de vieux outils, le musée des traditions landaises va vous faire voyager à travers la découverte d'objets usuels du Marensin des XIXe et XXe siècles. La vie des habitants des alentours de Lit-et-Mixe et de Léon est mise en images dans une vidéo. Vie de la forêt, gemmage, course landaise, maïade, pêche… Sans oublier des expositions de photos, des jeux et des animations !

BUREAU D'INFORMATION DE LIT-ET-MIXE

23, rue de l'Eglise
✆ 05 58 42 72 47
www.cotelandesnaturetourisme.com

Ouvert toute l'année. Jours et horaires d'ouverture variables selon la saison.

Au Bureau d'Information Touristique de Lit-et-Mixe, Sabine [animatrice numérique] et Bénédicte [conseillère en séjour] vous renseignent sur les nombreuses manifestations qui se déroulent sur le territoire tout au long de l'année, et principalement en été. En vente sur place : une carte des sentiers pédestres et cyclables bien pratique ! Un point d'accès internet payant est disponible toute l'année. Demandez également des informations au sujet de la navette gratuite.

À BICYCLETTE 40

69, avenue du Marensin
✆ 06 30 97 93 99
www.abicyclette40.fr

Ouvert toute l'année ; de 9h à 19h de juin à août. Vélo adulte : 8 €/jour ; 31 €/semaine. Vélo électrique : 26 €/jour.

Juste à côté du musée À bicyclette 40, initiative personnelle de Pierricq Vincent, se trouve son atelier-boutique de réparation, vente et location de vélos. VTC, VTT, vélo électrique, tandem, remorque et siège pour les enfants... Possibilité de louer votre monture à l'heure, à la demi-journée, à la journée et même pour 3 semaines. Les tarifs sont dégressifs. Au total, ce sont 130 vélos disponibles en location pour arpenter les nombreuses pistes cyclables du coin. À la vente, vous trouverez une large gamme de vélos et accessoires. Atelier de réparations sur place.

LE SOLEIL DES LANDES €€

Route des Lacs ✆ 05 58 42 83 37
www.camping-litetmixe.com

D'avril à mi-septembre. Mobil-home à partir de 22 €/nuit en basse saison et de 455 €/semaine en haute saison.

Aménagé dans un parc ombragé par des arbres centenaires et bordé de ruisseaux, le camping Le Soleil des Landes [Homair Vacances] est un endroit idéal pour se ressourcer au bord de l'océan et à la fraîcheur de la majestueuse forêt environnante. Espace aquatique avec 4 toboggans, une piscine chauffée et couverte et une pataugeoire, terrain multisport, ping-pong, pétanque, club enfants, dépôt de pain, bar, soirée dansante, marché artisanal... Côté hébergement, vous aurez le choix entre plusieurs catégories de mobil-homes pour 2 à 6 personnes et quatre emplacements.

L'ESTANQUET €€

37, route de Gemie ✆ 05 58 42 83 97

www.estanquetmixe.com

Ouvert de mi-mars à mi-novembre du mardi au dimanche et les jours fériés le midi et le soir. Réservation recommandée.

À l'Estanquet, c'est dans un cadre typiquement traditionnel que vous pourrez vous régaler avec des plats régionaux. Simple, familiale et goûteuse, la cuisine de Marie-Claude et Didier Mesa est aussi très généreuse. Ici, on vous promet un retour aux vraies valeurs ; celles des Landes comme les cuisinaient nos grands-mères. En vedette : la garbure, les chipirons à la basquaise, le magret de canard grillé aux fruits rouges, la Tatin de foie gras poêlé aux pommes ou les anguilles sautées persillades. L'Estanquet profite d'une terrasse. Réservation vivement conseillée.

AU RENDEZ-VOUS €€

31, avenue du Marensin

✆ 05 58 49 17 91

Ouvert toute l'année (tous les jours midi et soir en haute saison). Formule du midi : 14,50 €. Pizza à partir de 11 €.

Séduits par ce village typiquement landais., Morgane et Marco ont ouvert leur restaurant-pizzeria où l'on sert aussi des galettes bretonnes. Au Rendez-Vous, cela ne fait pas de doute, on apprécie le dynamisme et la gentillesse de l'équipe. Le menu du jour est idéal pour un repas rapide, mais néanmoins copieux. Salade de chèvre, aumônière campagnarde, wrap de poulet, wok de gambas, mix grill… C'est plutôt varié et bien adapté aux saisons. Le tout fait maison comme le pain des burgers, les frites ou la sauce tomate des pizzas. Et c'est aussi à emporter !

UZA

Proche de Saint-Julien-en-Born et de la station de Contis, Uza compte aujourd'hui à peine 200 habitants. L'activité ouvrière fut importante à partir du XVIIIe siècle avec le développement des forges utilisant le bois et le minerai (garluche) disponibles sur place. La vie s'articulait autour du lac en bordure duquel on peut voir une construction spécifique. Il est aujourd'hui classé. Tout près de là, les anciens bâtiments des ouvriers ont été transformés en habitations. L'histoire d'Uza se confond avec celle de la famille Lur Saluces qui y possède un château médiéval, de nombreuses fois rebâti, modifié et restauré, ainsi que de vastes terres.

LES CHALETS D'UZA*** €€

1101, rue de Saint-Julien-en-Born

✆ 05 58 41 33 06

www.les-chaletsduza.fr

Ouvert toute l'année. Chalets pour 4 à 5 pers. de 360 € à 995 €/semaine. Jeux pour enfants. Boulodrome. Snack-bar.

Un petit camping où l'on apprécie l'ambiance familiale et où les voitures stationnent à l'extérieur. Pas de premières jeunesses, les chalets en bois qui permettent de loger 4 à 5 personnes, sont toutefois très bien équipés et ont l'avantage de profiter d'une terrasse couverte. Et de beaucoup d'espace ! Boulodrome, trampoline… C'est simple, mais suffisant pour offrir des vacances au calme. L'espace piscine est si bien aménagé que vous oublierez très vite qu'il s'agit d'un grand bassin hors-sol. Le plus ? La livraison de pains et viennoiseries au chalet !

LA TABLE DU MARENSIN €€

115, rue de Castets ✆ 09 70 22 90 21

www.domaineduza.fr

Ouvert toute l'année. Tous les jours le midi et le soir en haute saison. Carte : 40 € environ. Terrasse. Epicerie.

Avec sa belle décoration, ses larges baies vitrées et sa terrasse surplombant le lac, La Table du Marensin a déjà gagné ses galons d'adresse gourmande. Le chef consultant Benjamin Toursel, une étoile au guide Michelin pour son Auberge du Prieuré à Moirax (Lot-et-Garonne), a confié les clés de la cuisine au jeune chef Clément Papillaud, mais c'est un nouveau chef qui devrait reprendre les commandes à la réouverture courant mars/avril 2022. La Table du Marensin est reconnue « restaurant de qualité » par le Collège Culinaire de France. Nous avons hâte d'y retourner.

LA FORGE

36, route du Lac

✆ 05 35 37 14 00

www.domaineduza.fr

Ouvert du mercredi au dimanche de 10h à 18h. Epicerie fine, salon de thé et restaurant (le midi uniquement).

En bord de lac et de prairie avec ses platanes et ses saules pleureurs, la terrasse de la Forge du Domaine d'Uza a été agrandie. A l'intérieur du salon de thé et du restaurant, l'ambiance est chaleureuse. L'hiver, devant la cheminée, on passe un agréable moment de dégustation. Côté épicerie, les produits du terroir sont sélectionnés pour leur provenance et leur qualité. On retrouve aussi les pâtisseries de Christelle Bouchoux. Et en saison, les asperges du Domaine d'Uza certifiées bio ! Le Domaine d'Uza est un lieu de gourmandise, de charme et de bon goût.

SABRES

Situé au cœur du Parc naturel régional des Landes de Gascogne, Sabres bénéficie d'un patrimoine naturel exceptionnel. Il abrite, notamment, l'Ecomusée de la Grande Lande ; un lieu de mémoire du patrimoine culturel landais. Un train vous permet également de vous rendre sur l'airial de Marquèze où est reconstitué l'un des quartiers de la commune dans sa configuration du XIXe siècle. A Sabres, on trouve aussi la pierre celtique de Grimann, dite « pierre levée ». Selon la légende, on y présentait des enfants qui tardaient à marcher afin de leur permettre de faire leurs premiers pas. Sans oublier l'itinéraire de la Forêt d'Art Contemporain.

ÉCOMUSÉE DE MARQUÈZE ★★

Route de la Gare
✆ 05 24 73 37 40
www.marqueze.fr

Ouvert de juin à novembre (jours et horaires d'ouvertures variables). Adulte : 14 €. Enfant : 9,50 €. Autres tarifs.

Evadez-vous sur la planète Marquèze ! Pour cela, embarquez dans un train centenaire afin de vivre une expérience inédite à l'Ecomusée de Marquèze. Mais de quoi s'agit-il ? Marquèze est un authentique hameau landais du XIXe siècle. Au fil de votre journée, vous découvrirez les maisons meublées des anciens habitants, assisterez aux démonstrations et animations quotidiennes, ou encore vous vous imprégnerez de l'atmosphère de l'Estanquet tout en vous initiant aux jeux gascons. Laissez-vous porter par les charmes de ce site unique créé en 1969, labellisé *Musée de France*, au cœur du Parc naturel régional des Landes de Gascogne. Jeux de piste et ateliers sont au programme pour les plus jeunes afin de mieux comprendre la vie quotidienne au XIXe siècle. Prévoyez au moins une demi-journée pour découvrir l'ensemble de l'écomusée ! Le billet comprend le trajet en train (A/R), la découverte libre ou guidée du quartier de Marquèze, l'accès au Pavillon et aux expositions, ainsi que la participation aux animations et jeux proposés dans le quartier. Également des expositions temporaires pour venir compléter la visite. En 2021, c'était **« L'architecture de l'airial landais. Retour aux origines. »** L'exposition a également été complétée par quatre rendez-vous « Les rencontres du Pavillon ».

Et toujours au programme de nombreuses animations : cuisine d'antan, histoire du gemmage, démonstration de filage, le pouvoir des plantes médicinales… Toute la programmation, les actualités et les informations utiles sont en ligne.

GRAINE DE FORÊT ★

15, route de Luglon - **GAREIN**
✆ 06 30 67 60 76
www.grainedeforet.fr

Ouvert au public durant les vacances scolaires et sur réservation. Tarifs de 4,40 à 10 €. Visite guidée. Animations.

Graine de Forêt est le premier centre de découverte ludique et pédagogique dédié à la forêt landaise ; plus grand massif cultivé d'Europe. La nouvelle muséographie se décline autour de 6 thèmes : forêts du monde, forêts de France et la forêt des Landes, sylviculture et métiers de la forêt, transformation du pin maritime et enfin, paysages cachés de la forêt des Landes et sa biodiversité ordinaire et remarquable. Début du parcours dans une maison à colombage du XVIIIe siècle – la Maison de la découverte –, puis on suit le sentier pédagogique à travers la forêt.

BERGERIE DE PINOT €

1108, chemin Pinot
SORE
✆ 06 82 10 57 83

Fermeture temporaire pour travaux.

Démontée à Saint-Geours-de-Maremne pour être remontée à l'identique sur le terrain de la famille Dambon, cette superbe bergerie du XIXe siècle où l'on pouvait séjourner, et ce depuis près de 16 ans, dans l'une des 4 chambres d'hôtes est actuellement fermée. Danielle et son mari sont actuellement en train de faire des travaux pour transformer ce bel endroit au cœur d'un airial de plus de deux hectares, en gîte avec 3 chambres. Les habitués pourront encore trouver, mais occasionnellement, une chambre d'hôtes le temps d'un court séjour. Affaire à suivre…

AIRIAL DE CECILE ET LAURENT €€

VERT ✆ 05 58 51 04 06
www.airial-de-cecile-et-laurent.com

Gîte (4 pers.) : 320 à 770 €/semaine ; gîte (6 pers.) : 370 à 870 €/semaine ; gîte (10 pers.) : 590 à 1 600 €/semaine.

Avant d'arriver, vous aurez eu le temps de vous imprégner de la campagne puisqu'il faut quitter la route principale et rouler sur plusieurs kilomètres. Au premier plan, on voit la ferme, puis les trois écogîtes : *Safranério*, *Vieux Chênes* et *SafraChêne*, qui accueillent respectivement 4 personnes, 6 personnes et 10 personnes. Si l'utilisation de la piscine est commune, chaque gîte dispose d'un espace privé sur la terrasse avec un bain de soleil par personne. Voilà un très bel endroit.

AIRIAL DE MARQUIN €€

Route d'Arengosse
LUGLON
✆ 06 65 06 60 06

Gîtes de France (4 épis). Ouvert toute l'année. Pour 2 personnes (64 m², 1 chambre). A partir de 455 €/semaine.

Posséder un airial traditionnel landais où la plupart des bâtiments sont encore présents (le four à pain, la maison des métayers, la maison du gemmeur et le poulailler) est une chance. Carole et Gérard Simoen sont ravis de vous accueillir dans ce gîte aux volets verts. Leur goût pour les jolies choses et le soin apporté à certains détails sont palpables. Tout est clair, fonctionnel et spacieux. Les propriétaires habitent la maison d'à côté et, tout en respectant votre intimité, ils vous indiqueront les balades intéressantes et les bonnes adresses de restaurants.

BACCARA LODGE €€€

509, route de Villenave - **ARENGOSSE**
✆ 06 22 95 67 35
www.baccaralodge.fr

Chambre double à partir de 95 € ; triple à partir de 105 €. Location du Baccara Lodge (10 pers.) à partir de 435 €/nuit.

A deux pas de la réserve d'Arjuzanx, Audrey, Michaël et Bacchus vous invitent à découvrir un endroit où l'on adopte des gestes simples en faveur de la nature sans sacrifier au confort d'un séjour. Dans cette maison de maître classée, chacune des chambres est équipée d'une literie en latex 100 % naturel. Au petit déjeuner, vous dégusterez des salades de fruits de saison et du pain fabriqué dans un fournil. Le circuit court est également à l'honneur à la table d'hôtes, mais pas que... Ce bel endroit est ouvert en été et les week-ends le reste de l'année.

LES ARBOUSIERS €€

2705, Route du Moulioccq ✆ 05 58 07 52 52
www.chambres-hotes-aquitaine.com

Gîtes de France (3 épis). Chambre double 75 à 85 €. Table d'hôtes : 25 €/adulte et de 5 à 15 €/enfant. Boulodrome.

Les Arbousiers vous proposent cinq chambres confortables avec salle de bains et entrée indépendante. Confortables et colorées, elles se trouvent dans une très belle maison landaise située dans un parc de 1,3 hectare avec piscine au cœur de la forêt. Les hôtes sont toujours prêts à partager avec vous des instants de convivialité en toute amitié, dans le jardin ou autour d'un repas, et vous pourrez profiter du calme de la nature pour vous ressourcer. Des balades à pied et à vélo sont possibles dans les alentours. Les escapades à la mer sont également au programme.

LA TABLE DE MARQUÈZE €

Route de la Gare
✆ 05 58 07 59 44
www.marqueze.fr

Ouvert pendant la saison de l'écomusée de Marquèze. Réservation recommandée. Menu : 18 €. Assiette de Pays : 20 €.

Uniquement accessible en train, *La Table de Marquèze* est l'un des restaurants de l'Ecomusée. C'est l'occasion pour vous de découvrir la cuisine gasconne dans un cadre atypique ! En salle ou en terrasse, vous dégusterez par exemple l'incontournable assiette de Pays revisitée par Pierre Beziat : salade de saison, pickles d'oignons rouges, cuisse de poulet fermier, pommes de terre grenaille et crottins de chèvre frais au miel. Sans oublier le fameux (et très copieux) pastis landais. Buvette de 10h à 12h et de 15h à 18h pour les petites et grandes soifs.

AUBERGE DES PINS*** €€

70, rue de la Piscine ✆ 05 58 08 30 00
www.aubergedespins.fr

Ouvert toute l'année. Chambre double à partir de 75 € ; lits jumeaux à partir de 100 € ; junior suite dès 150 €.

Dans la maison principale ou l'annexe au cœur du superbe parc, vous aurez le choix entre différents styles de décoration. Nadine vous conseillera en fonction de vos goûts et de vos besoins : chambre double, avec porte communicante pour créer une chambre familiale, avec douche ou baignoire, balcon ou terrasse, côté jardin ou parc, etc. Depuis plus de 40 ans, au cœur du Parc régional de Gascogne, l'Auberge des Pins est le pied-à-terre idéal si vous êtes de passage ou en quête d'un séjour plus long. Mais aussi pour une halte gourmande, une réception ou un séminaire.

AUBERGE DES PINS €€

70, rue de la Piscine ✆ 05 58 08 30 00
www.aubergedespins.fr

Ouvert du mardi au samedi le soir ; du mardi au dimanche le midi. Menus de 36 à 75 €. Formule du midi : 25 €. Jardin.

L'Auberge des Pins est une très belle demeure landaise. Depuis plus de 40 ans, dans les cuisines de ce restaurant gastronomique, Michel Lesclauze mijote des trésors de saveurs pour le bonheur des palais gourmets : terrine de foie gras de canard mi-cuit, aumônière de pied de porc, pigeonneau farci et rôti, ravioles de langoustines aux cèpes, demi-homard beurre blanc... La carte des vins est à souligner. L'Auberge des Pins, c'est aussi un Bistrot Gourmand ouvert du mardi au samedi le midi, pour se régaler de plats canailles. Réservation recommandée.

L'AUBERGE DU LAVOIR €€

21, rue de l'Airial - **GARROSSE**

✆ 05 58 08 16 20

Du mardi au dimanche le midi ; du jeudi au samedi le soir (vendredi et samedi le soir en hiver). Menus de 20 € à 25 €.

L'Auberge du Lavoir est typique des maisons landaises anciennes. A l'intérieur, vous serez subjugué par la beauté des poutres et des colombages, par les objets anciens très bien mis en valeur. L'accueil est sympathique. Ici, la clientèle est fidèle. On vient y manger en famille ou entre amis. L'ardoise présente les suggestions du moment. Comme les plats, les desserts sont faits maison et vraiment délicieux. Coup de cœur pour les desserts aux fraises et framboises bio servis en saison. Un excellent rapport qualité-prix. Pensez à réserver (uniquement par téléphone).

LE CAFÉ DE PISSOS €€

42, rue du Pont Battant - **PISSOS**

✆ 05 58 08 90 16 - www.cafe-de-pissos.com

Du dimanche au vendredi le midi. Menu du terroir, assiette de Pays ou formule cassoulet : 26 €. Formule du midi : 15 €.

Dans cet hôtel-restaurant règne une ambiance chaleureuse et familiale. En salle ou sur la terrasse ombragée par de superbes platanes bicentenaires, on déguste, pour le même prix, le menu du terroir (entrée, plat et dessert), l'assiette de Pays accompagnée d'un verre de Tursan « Esprit des Landes » de la cave des vignerons landais à Geaune, ou encore le cassoulet avec son verre de vin rouge et sa petite coupe glacée. Les plus petits profitent d'une carte dédiée avec des portions adaptées. Et encore : une formule déjeuner et un panier du midi à emporter

MEXICO LOISIRS

144, impasse du village vacances

✆ 05 58 07 05 15

www.mexicoloisirs.com

Ouverture de la base de loisirs du 15 mars au 15 novembre. Accueil des groupes. Restauration. Hébergements. Parking.

Envie de vous amuser en famille ou entre amis ? Rendez-vous à la base de loisirs du domaine de Peyricat ! Paintball, tir à l'arc, VTT, course d'orientation... De nombreuses activités sont proposées. Le truc en plus, c'est l'hébergement sur place ! Vous êtes plutôt attiré(s) par une descente en canoë ? Dans ce cas, il faudra vous rendre au Pont de la Pouloye à Trensacq. De là, vous aurez le choix entre un parcours de 7 km jusqu'à Cantegrit ou un parcours de 17 km jusqu'aux Forges. Pensez à bien réserver vos activités à l'avance, sur place ou par téléphone.

ARJUZANX

Au Moyen Âge, Arjuzanx était la capitale du Brassenx. En 1338, le roi Édouard III y publia d'ailleurs ses fors et coutumes. La ville était chef-lieu de canton avant d'être détrônée par Morcenx à la fin du siècle dernier, lors de l'arrivée du chemin de fer. Ne manquez pas l'église Saint-Jean-Baptiste datant du XIIe siècle. Au cœur du plus grand massif forestier européen, la Réserve nationale du site d'Arjuzanx est aussi le plus grand site français d'hivernage des grues cendrées. Sur les rives et les circuits aménagés pour les promeneurs, vous découvrirez de superbes paysages, de nombreuses espèces sauvages et des couchers de soleil inoubliables.

La lac d'Arjuzanx.

GITES MENJUC €€

Lieu-dit Menjuc

✆ 05 58 85 44 44

www.gites-de-france-landes.com

Ouvert toute l'année. Gîtes de France (3 épis) pour 3 à 6 pers. A partir de 355 €/semaine. Service de ménage.

Les gîtes « Menjuc » sont construits en bordure du lac d'Arjuzanx ; lieu d'hivernage des grues cendrées. Trois gîtes mitoyens se trouvent ainsi dans cet environnement exceptionnel et protégé. De 70 à 100 m², ils peuvent accueillir entre 3 et 6 personnes. Quelle que soit la capacité, le confort est identique. L'intérieur est actuel, sobre et clair. Les extérieurs sont réalisés en bois. Sur la terrasse, vous trouverez du mobilier de jardin et un barbecue électrique. Aux alentours, à vous les grandes étendues pour les promenades, la pêche, la baignade !

LA MIGRATION DES GRUES CENDRÉES

www.grueslandesdegascogne.com

Renseignements auprès de la Réserve du site d'Arjuzanx.

Le saviez-vous ? La grue cendrée est l'un des plus grands oiseaux protégés d'Europe. Le phénomène de la migration dans les Landes de Gascogne daterait du XVIIIe siècle, comme l'attestait l'ethnologue et poète landais Félix Arnaudin (1844-1921). D'un port noble et gracieux, avec une envergure de 2 m pour un poids de 4 à 5 kg, les grues cendrées ont une longévité de 40 ans. Elles se reproduisent dans le nord de l'Europe, puis entament leur migration au début de l'automne en passant au-dessus de la France. La plantation systématique des pins sous Napoléon III réduisit les zones humides, limitant ainsi la migration des grues. Certaines poursuivent leur route jusqu'en Espagne. Chaque hiver, selon les conditions météorologiques, entre 30 000 et 60 000 grues centrées séjournent dans les Landes de Gascogne. Les sites majeurs sont la Réserve nationale d'Arjuzanx, – en libre accès, le sentier « Peuple des grues », sur la rive Menjuc du lac d'Arjuzanx promet une belle balade –, et le Camp du Poteau à Captieux. De novembre à mars, vous pouvez suivre les mouvements de ces grands oiseaux grâce à des visites guidées par des ornithologues : observation de l'envol des grues depuis une tour, lever des grues, animation avec une conteuse… Offrez-vous un hébergement sur place pour profiter au mieux de la région et de ses richesses ornithologiques. Le collectif *Grus Gascogna* regroupe les hébergeurs et animateurs qui se sont engagés dans une démarche pour un tourisme responsable.

HÔTEL DU LAC*** €€

1, route d'Arengosse

✆ 06 65 70 87 43

www.hotel-lac-arjuzanx.com

Ouvert toute l'année. Chambres de 65 à 95 €/nuit. Petit déjeuner : 9,50 €. Soirée étape. Bar. Restaurant. Séminaires.

Entièrement rénové, l'hôtel se trouve à moins de 100 m du lac d'Arjuzanx. A l'intérieur, le bois, le bleu nuit et le jaune vif s'accordent à merveille dans un décor plutôt design. Situées aux 1er et 2e étages, les chambres (non accessibles aux personnes à mobilité réduite) peuvent accueillir jusqu'à 4 personnes. Elles sont spacieuses, lumineuses et dotées d'une salle d'eau à l'italienne. La terrasse végétalisée à l'arrière de l'établissement est très agréable. L'Hôtel du Lac, mais aussi le restaurant *Le Bistrot bleu* sont fermés le samedi et le dimanche.

MAISON DE SITE D'ARJUZANX ★★

Route de Choux

✆ 05 58 08 11 52

www.reserve-arjuzanx.fr

Qualité Tourisme. Site en partie en accès libre et ouvert toute l'année. Visite guidée. Petite restauration. Animations.

Le site d'Arjuzanx abrite une avifaune et des végétaux rares ainsi que des espèces animales remarquables. Classé en Réserve nationale de Chasse et de Faune sauvage en 1987, il devient le plus grand site français d'hivernage des grues cendrées. Située au carrefour de tous les itinéraires, la Maison de Site est un centre d'information et d'expositions permanentes et saisonnières, mais aussi un espace didactique pour tous. Au programme : animations, activités pour les enfants, vidéos...

© ARJUZANX

© ARJUZANX

LANDES

LA CANOPÉE DES LANDES**** €€€

Route de Villenave ✆ 06 88 32 57 49
www.canopee-landes.fr
Ouvert toute l'année. Chambres d'hôtes et gîtes de groupe (8 à 30 pers.). Séjours bien-être. Séminaires. Réceptions.

Dans cet airial avec ses chênes centenaires, la *Canopée des Landes* s'impose comme un hébergement hors du commun pour se retrouver jusqu'à 30 personnes. Le domaine peut être loué dans sa totalité ou en chambres d'hôtes. La maison principale possède un salon d'été près de la grande terrasse couverte, un salon d'hiver avec une grande cheminée et de vastes chambres à l'étage. Dans le parc : une piscine chauffée, un couloir de nage, un boulodrome... Le lac d'Arjuzanx est à 5 minutes.

LE BISTROT BLEU €€

1, route d'Arengosse
✆ 06 65 70 87 43
www.hotel-lac-arjuzanx.com
Ouvert du lundi au vendredi le midi et le soir. Plats : 13 €. Terrasse. A emporter.

Au Bistrot Bleu, chacun est libre de composer son repas, que ce soit pour grignoter un petit en-cas ou pour combler une grosse faim à l'heure du déjeuner ou du dîner. Ici, le traditionnel « entrée, plat, dessert » cède la place à une carte plus instinctive. Le Bistrot Bleu fait aussi de la vente à emporter (burger, assiette du monde, piperade...). Sans oublier le panier du lac (ou du bureau) avec un sandwich frais (sur commande uniquement). Contrairement à l'Hôtel du lac, le restaurant et le bar sont parfaitement accessibles aux personnes à mobilité réduite.

MORCENX

Chef-lieu de canton et capitale du Pays morcenais, Morcenx se divise en deux parties : Morcenx-bourg et Morcenx-Ville où, dès 1854, l'arrivée du chemin de fer a permis de développer les industries du bois. Lors d'une balade, ne manquez pas de jeter un coup d'œil au cinéma et au marché, décorés de bas-reliefs Art déco exécutés en 1940 par l'artiste landais Lucien Danglade. Ils représentent les sports favoris des Landais de l'époque : la boxe, le tennis, le rugby, la natation, la pelote basque et la course landaise. A 5 kilomètres de là, la réserve nationale de chasse et de faune sauvage d'Arjuzanx (une des plus grandes d'Europe) est un incontournable.

ARBORETUM DU DOMAINE DE MORÉ

Entrée libre.

Ce ne sont pas les coins de nature qui manquent dans Les Landes, mais ils sont plus rares, ceux qui se trouvent non loin d'une gare. Entre deux trains, et même sans train à prendre, cet arboretum, d'une superficie de 5 hectares, est un bel endroit où se rendre pour découvrir les 126 espèces qui ont été plantées sur le Domaine de Moré. Résineux, feuillus, arbres fruitiers et autres arbustes, hôtels à insectes... Vous trouverez plein d'informations sur les panneaux.

CIRCUIT DES SOURCES

Ça coule de source(s) en Pays Morcenais ! Véritable patrimoine historique du Pays Morcenais, les sources expriment un milieu vivant et humain. Arengosse, Garrosse, Lesperon, Onesse-et-Laharie, Ousse-Suzan, Ygos-Saint-Saturnin... Chacune a sa particularité, sa légende et son vécu. La source Notre-Dame des Sept Douleurs est réputée pour guérir les rhumatismes et les dérangements intestinaux par exemple. Le circuit des sources se fait en voiture, mais aussi très bien en vélo. Les brochures sont disponibles à l'Office du Tourisme à du Pays Morcenais à Morcenx.

MAISON DE LA GEMME

635, route de Bourruguet
LESPERON
✆ 06 30 07 24 81
Visite guidée (le mardi de 10h à 16h en haute saison ; le mardi de 10h à 12h en basse saison. Entrée libre.

Exposition, démonstration de gemmage, sentier du résinier... Une visite à la Maison de la gemme est une belle occasion de découvrir Les Landes à travers le pin. Car la Maison de la gemme est un peu comme un lieu de mémoire qui retrace l'activité économique de Lesperon et de tout le massif aquitain. Pratique du gemmage, histoire et gestion de la forêt, luttes sociales des résiniers, déclin, espoir de renaissance... L'équipe de bénévoles vous accueille autour de son ancienne bergerie, tous les mardis et sur rendez-vous pour les groupes.

LES MARDIS DÉCOUVERTE VTT & VTC

✆ 05 58 04 79 50
https://tourisme.paysmorcenais.fr
Balades à thème guidées VTT/VTC grand public.

Adeptes du vélo ? Alors, ne manquez pas les mardis découverte proposés par l'Office de Tourisme du Pays Morcenais ! Sur inscription bien sûr, car le nombre de places est limité, ces balades à thème guidées sont gratuites. Accessibles aux enfants à partir de 10 ans, c'est une boucle de 15 à 20 km à laquelle il faut s'attendre. Avec des pauses ! Celles et ceux qui n'ont pas de vélos trouveront de quoi en louer à proximité de l'Office de Tourisme. Comptez de 3 à 4h.

HÔTEL-RESTAURANT L'ESCALANDES €€

35, rue Commerce - **LESPERON** ✆ 05 58 89 61 45
www.hotel-restaurant-escalandes.fr
Basse saison : du lundi au vendredi midi et soir. Haute saison : tous les jours midi et soir. Menus de 14 € à 30 €.

Canard et volailles fermières, asperges des Sables, bœuf de Chalosse, armagnac landais... Ici, Marina et Wilfried vous font goûter Les Landes, et plus particulièrement La Chalosse. Sans oublier les vins régionaux ! Les différents menus sont servis le midi et le soir. Nous, on opte bien volontiers pour le menu complet Escalandes. Il arrive que le restaurant soit ouvert le week-end en basse saison, alors n'hésitez pas à téléphoner pour organiser votre venue. Réservation recommandée.

CAMPING LE CLAVÉ*** €

860, route de Rion
✆ 05 58 07 83 11
www.camping-leclave.com
Ouvert d'avril à fin octobre. Emplacement à partir de 22,50 €. Mobil-homes (4 pers.) de 170 à 570 €/semaine. Snack-bar.

Dans ce parc vallonné et bordé par une petite rivière, vous aurez tout le loisir d'observer les belles essences de magnolias, camélias et cèdres centenaires qui entourent la maison de maître datant de 1860. Piscine, pataugeoire, mini-golf, terrain de boules, prêt de bicyclettes, pêche... Les activités ne manquent pas dans ce camping. Sur place, il y a aussi une laverie, un snack-bar et une épicerie. Vous êtes à 5 min du parc naturel régional et tout proche du lac d'Arjuzanx. Pour rejoindre les plages océanes, comptez une trentaine de minutes en voiture.

L'ATELIER DU CRAYON

66, rue de la Gare
LESPERON
✆ 09 67 46 93 96
Visites d'atelier animées (participation libre). Horaires sur le site internet. Groupes sur rdv. Boutique en ligne.

Dis, madame, comment ça pousse un crayon ? Voilà une question à laquelle Nathalie aime particulièrement répondre. Ici, pas de grosse machine ni de produits chimiques, mais de la poésie, du respect, de la patience... La particularité de ces crayons ? C'est qu'ils sont uniques ! En effet, ils sont réalisés à base d'osier sélectionné pour leur diamètre ; un matériau naturel issu de Gironde. Le reliquat est confié aux vanniers qui eux préfèrent les tiges fines. Cet échange fait vraiment partie de l'esprit global de « l'entreprise ». De beaux cadeaux en perspective.

CÔTE OUEST €€

11, rue d'Albret
YGOS-SAINT-SATURNIN
✆ 06 45 89 02 26
Ouvert du mardi au dimanche le midi et le soir. Terrasse. Boutique. Bar.

C'est une boucherie, mais aussi un restaurant ! Du coup, Sébastien Pimenta est à la fois boucher, comme son papa, et restaurateur. Le bar fait office de séparation, mais entre les étals de la boucherie et l'assiette, il n'y a qu'un pas. Aucun doute, la viande est de première fraîcheur. Le chef privilégie également les maraîchers et les producteurs locaux. D'ailleurs, après la pâtisserie Philamande à Morcenx, Le Baccara Lodge à Arengosse, de l'Auberge du lavoir à Garrosse, ce restaurant-bar-boucherie a très vite rejoint le réseau du Tourisme Gourmand des Landes.

SAFRAN'GÒSSA

ARENGOSSE
✆ 06 07 23 30 26
www.safrangossa.com
Points de vente : boutique du lac (Arjuzanx) / Gem'ma boutique (Morcenx) /Atout-Fermier (Saint-Sever). Boutique en ligne.

A Arengosse, Nelly cultive des bulbes à safran avec passion. Un safran landais, donc ! Et pour cela, elle n'utilise pas d'intrant chimique. Comme elle aime le dire, Safran'gòssa est une petite exploitation, mais avec de grands engagements. Du coup, de la plantation à la récolte en passant par le désherbage, puis l'émondage et le séchage, tout se fait manuellement. Un sacré boulot ! Pour les produits qu'elle transforme (fleur de sel, gelée, miel...), elle utilise du bio et/ou du local. Elle porte la même attention aux contenants et emballages.

VIEUX-BOUCAU-LES-BAINS ★

Organisée autour du lac et de son île, la ville est sillonnée par un vaste réseau de pistes cyclables. Plusieurs directions sont accessibles depuis le centre de la station balnéaire : les trois plages de Vieux Boucau, l'étang de Messanges ou de Soustons et la forêt des Landes par la Vélodyssée. Vieux-Boucau attire les amoureux de paysage préservé et d'une nature sauvage. Juste derrière la dune, à quelques mètres du centre, les plages offrent des possibilités de baignade en toute sécurité Ambiance calme et sportive du côté du lac marin de « Port d'Albret ». Au programme de l'été au fronton : spectacles d'échassiers et de pelote basque.

OFFICE DE TOURISME DE VIEUX-BOUCAU

11, mail André Rigal
✆ 05 58 48 13 47
www.tourisme-vieuxboucau.com

Qualité Tourisme. Ouvert toute l'année. Jours et horaires d'ouverture variables selon la saison.

Station balnéaire familiale appréciée pour son paysage de dunes sauvages, ses grandes plages et son lac marin, Vieux-Boucau est aussi une destination dynamique, animée par de nombreux rendez-vous. Place forte du folklore et des traditionnelles courses landaises, n'hésitez pas à vous renseigner auprès de l'Office de Tourisme pour ne rien manquer durant votre séjour. L'accueil est chaleureux. Et bonne nouvelle pour tous les gourmands, le marché saisonnier se tient 6 jours sur 7.

VILLA TIKI €

5, avenue des Dunes
✆ 06 86 52 36 30
www.villa-tiki.com

Ecolabel européen. Ouvert d'avril à novembre. Cabanes 2 à 3 pers. et 3 à 4 pers., dortoir (6 couchages), chambre double.

La Villa Tiki fonctionne comme une chambre d'hôtes à la différence que l'on peut loger dans une chambre double, un dortoir de 6 couchages, une cabane conçue pour accueillir 2 à 3 personnes ou celle pour 4 personnes qui est dotée d'une salle de bains privative. La Villa Tiki se trouve près de la mer, des commerces, des restaurants et des écoles de surf (300 m). Bois labellisé, isolation en fibres de bois, peintures sans solvant, chauffe-eau solaire... Yvan, le propriétaire, a mis l'accent sur l'écologie. Généralement, les surfeurs apprécient de séjourner ici.

LES 4 MONDES €€

1, promenade des Arènes ✆ 06 40 46 63 66
www.les4mondes.fr

Ouvert toute l'année. Pdj inclus. Tarifs de location pour 2 pers. de 95 € à 165 €/nuit ; de 598 € à 1 040 €/semaine.

Derrière le fronton, sur la route qui mène à la plage des Sablières, cette maison contemporaine aux formes cubiques abrite 4 chambres d'hôtes. Grands voyageurs, les propriétaires sont allés jusqu'au bout de leur projet en important la totalité du mobilier, des matériaux et objets de décoration. Ne reste qu'à choisir entre *Tulum*, la chambre aux couleurs du Mexique, *Ubud*, la chambre qui rappelle Bali, *Marrakech*, la chambre qui fait voyager au Maroc et *Osaka*, pour un aller-retour au Japon. Chacune possède un patio avec son salon de jardin et des transats. Fabuleux !

CÔTÉ SABLE €€

51, avenue de la Plage
✆ 05 58 48 17 10
www.cote-sable.fr

D'avril à mi-octobre, tous les jours le midi et le soir en juillet/août (fermé le mercredi et le jeudi en basse saison).

Côté Sable, c'est d'abord un cadre unique ! Installés dans un canapé, un fauteuil ou à une table de la terrasse panoramique, vous profiterez d'une vue exceptionnelle sur la dune et l'océan. Par temps dégagé, on aperçoit même les Pyrénées et la Côte basque. La décoration est fraîche et très estivale. Ce bar-restaurant ouvert du matin au soir, vous propose petit déjeuner (sucré ou salé), déjeuner, pause gourmande l'après-midi (glaces, pancakes, etc.), apéritif, tapas et dîner. On s'y presse pour le coucher du soleil. L'établissement ne prend pas les réservations.

LE BAR DU CENTRE

5, place de la Mairie
✆ 05 58 41 89 31

Ouvert toute l'année, tous les jours en saison jusqu'à 0h. Terrasse. Animations. Petit déjeuner. Tapas.

Petit déjeuner complet le matin, crêpes, glaces et boissons fraîches l'après-midi... Avec ses volets de couleur rouge, le *Bar du Centre* attire pas mal du monde tout au long de la journée. Le soir et jusqu'à minuit, c'est encore un endroit très sympa pour profiter de la douceur des soirées d'été tout en sirotant un cocktail, un verre de vin ou de jus de fruits. Généralement, on succombe à quelques tapas ou assiettes à partager (tortilla, charcuterie, chipirons à la persillade, axoa, foie gras mi-cuit de canard, etc.). Sous les platanes, une bonne petite adresse !

DE LA TERRE, DES TOILES

27, Grande Rue
✆ 06 09 55 29 65
www.delaterredestoiles.fr
Ouvert toute l'année. Jours et horaires d'ouverture variables selon la saison. Boutique en ligne.

Dans cet atelier-boutique, Patricia, céramiste, et sa fille Laureline (formation en arts appliqués), vous expliqueront les différentes étapes du travail de la terre. Certaines pièces interrogent et leurs couleurs ainsi que leurs aspérités semblent découler du hasard, alors qu'il s'agit en réalité de la maîtrise de la matière avant cuisson. Lampes, dont certaines sont agrémentées de bois flotté, vaisselle, objets décoratifs ou usuels vous attendent. Les pièces sont uniques et la production de chaque semaine révèle le talent des deux artistes.

LE PAVILLON DE LA FORÊT

10, rue de la Forêt / 27, rue de Mathiou
Restauration. Animations.

Il y a 100 ans, écrivains et architectes, découvrant la cité de Soorts-Hossegor, s'associaient pour valoriser son patrimoine et développer son aura culturelle. Un siècle plus tard, le collectif d'architecture et d'urbanisme Plan B / Plandho / Modex investit l'ancien Hôtel de la Forêt pour y installer ses bureaux, implanter des entreprises, services, commerces (boucher, primeur, restaurant) et héberger un centre culturel dédié à la création contemporaine. Le Pavillon de la forêt est ce genre hybride où se mêlent plusieurs activités. Mieux, c'est un lieu de vie !

HOSSEGOR ★★

Au début du XVIIe siècle, Hossegor avait pour cœur un lac d'eau douce, occupant l'ancien lit de l'Adour. La ville se développe ainsi autour de ce lac relié à l'océan en 1880. Au début du XXe siècle, des édifices de style néo-basque fleurissent sur ses rives. La ville a accueilli des hôtes prestigieux parmi lesquels des écrivains, des poètes et des musiciens comme Paul Marguerite, Paul Valéry, J.-H. Rosny, André Gide, Paul Claudel ou encore Maurice Ravel. Célébrités, artistes et grands couturiers se croisent encore aujourd'hui. Longeant l'océan, une passerelle d'un kilomètre invite à la promenade en vous permettant de profiter de « l'Élégance Océane ».

Surf à Hossegor.

OFFICE DE TOURISME D'HOSSEGOR

166, avenue de la Gare
✆ 05 58 41 79 00
www.hossegor.fr
Ouvert toute l'année. Jours et horaires d'ouverture variables selon la saison. Boutique.

Sport et nature, idées de séjour, grands événements... Au centre de toutes les animations sur la Côte landaise, la ville d'Hossegor vous promet toute l'année un programme animé. N'hésitez pas à venir ici pour vous procurer de bons conseils et récupérer quelques brochures touristiques. Sur place, une boutique vous propose une belle sélection de produits issue à la fois de créateurs et d'artistes locaux. Et rendez-vous au « marché de pays » le samedi matin au fronton de Soorts.

LES BULLES DE LO REY DU LAC €€

251, route des Lacs
✆ 05 58 43 91 20
www.loreydulac.com
De fin mars à début novembre. Pour 2 personnes. A partir de 185 €/nuit. Petit déjeuner inclus. Bain bouillonnant privé.

Juchées sur une butte sablonneuse, de drôles de structure en partie transparente... Curieuse sensation de quitter le monde végétal et de se retrouver pieds nus sur une moquette rose poudrée. A l'abri des regards, vous pourrez observer la nature : les écureuils virevolter au-dessus de vous, les chevreuils s'aventurer près de la terrasse et le soleil levant enflammer la cime des arbres. A l'intérieur, la salle de bains n'a rien à envier à certaines chambres d'hôtel.

COCO BARN WOOD LODGE €€

Chemin du Moulin de Sis - **ANGRESSE**
✆ 06 58 06 27 59
www.cocobarn.fr
Ouvert d'avril à novembre. Chambre double à partir de 170 €. Petit déjeuner inclus. Réceptions/mariages. Ferme équestre.

A 10 minutes des plages d'Hossegor, mais à l'écart de l'effervescence touristique, ce domaine de 6 hectares est un écrin naturel sauvegardé avec son bois, sa rivière et ses prairies. Né de l'imagination de Corenthine et Antoine, le Coco Barn Wood Lodge est doté de trois chambres d'hôtes indépendantes : la Petite Landaise avec son hamac, la Maisonnette au milieu des bambous et d'un potager fleuri et la Cabane au bord de la rivière avec sa jolie baignoire extérieure... La piscine complète ce tableau idéal. A l'Atelier, vous pourrez découvrir le travail d'Antoine.

HÔTEL 202*** €€

202, avenue du Golf ✆ 05 58 43 22 02
www.hotel202.fr
Fermé de janvier à mi-février. Chambre double de 120 à 260 € ; suite 2/3 pers. de 220 à 430 € ; 4 pers. de 250 à 470 €.

L'hôtel de Sophie et Jérôme Lacroix se trouve à 50 m du golf. Ses baies vitrées, ses ouvertures cintrées dans le style basco-landais et son côté très graphique s'intègrent parfaitement dans l'architecture locale. Design et lumineux, cet établissement de trois étages comprend 25 chambres climatisées avec balcon. Les deux grandes suites (50 m²) sont aménagées dans un style à la fois chic et contemporain. Au-dessus de chaque lit, un cadre coloré évoque le nom de la chambre : La Mer, Hossegor, Hello world... La piscine extérieure chauffée et le sauna sont un plus.

HÔTEL DU PARC*** €€

911, avenue du Touring Club de France
✆ 05 58 35 27 10
https://hotelparc-hossegor.com
Ouvert toute l'année. Chambres (1 à 5 pers.) dès 54 €. Pdj : 14 €. Restauration. Accès direct à la plage du lac. Spa.

En bordure du lac marin, la belle architecture de l'Hôtel du Parc, avec son rouge Madère et son blanc ivoire, s'inscrit indéniablement dans le style basco-landais de la région. L'hôtel est pourvu de deux salons détente et un spa – Les Bains du Lac –, avec sauna, hammam, bains à remous et vue sur le lac. Cette vue, la plupart des chambres en profitent également. Les extérieurs sont à l'image de Soorts-Hossegor, à la fois ensablés et arborés, avec de grandes terrasses. Le petit déjeuner est servi à La Rotonde ; le restaurant gastronomique d'influence Art déco.

HÔTEL LE RELAIS DU LAC*** €€

1675, avenue Touring Club de France
✆ 05 58 43 69 03
www.relaisdulac.com
Ouvert toute l'année. Chambre à partir de 60 € et appartement (4/5 pers.) à partir de 130 €. PDJ buffet. Hammam, sauna.

Depuis les fenêtres de votre chambre ou depuis le balcon de votre appartement (4/5 personnes), vous pourrez admirer les magnifiques couchers de soleil aux teintes dorées et les parcs à huîtres qui se découvrent au rythme des marées. Pour celles et ceux dont les chambres ne profitent pas de la vue, il suffira de profiter de la terrasse pour voir défiler les bateaux et les badauds. À proximité : le green de Seignosse, le centre-ville et les activités nautiques.

JO&JOE €€

458, avenue de Gaujacq ✆ 05 58 35 68 55
www.joandjoe.com/hossegor/fr/
Ouvert toute l'année. Chambres privées (2 à 6 pers.) à partir de 53 € ; dortoirs (jusqu'à 14 pers.) à partir de 18 €.

Jo&Joe, c'est le mélange parfait entre *Tripsters* et *Townters* ! Comprendre : un lieu d'hébergement convivial et abordable entre voyageurs et habitants. Pas un vraiment un hôtel ni une auberge de jeunesse, Jo&Joe s'adresse à tous, même les familles, et notamment les passionnés de surf qui s'y retrouvent. Oubliez les dortoirs classiques, ici le concept est tourné vers l'esthétique avec une déco signée Nilko Withe. Les lits sont munis de prises USB et pour certains, de rétroprojecteurs. Sous la terrasse, le bar et le restaurant offrent un bel espace de détente.

LAC'OTEL*** €€

3058, avenue du Touring-Club-de-France
✆ 05 58 43 93 50
www.lacotel.fr
Logis. Fermé de mi-décembre à mi-janvier. Chambre double de 89 € à 250 €. Petit déjeuner buffet ou en chambre : 14 €.

Face au lac marin, à 5 minutes en voiture du centre-ville, le Lac'Otel est situé en première ligne dans un quartier très prisé. La décoration des 42 chambres, avec terrasse vue sur lac ou piscine, accorde ses couleurs à celles du lac. Hall d'accueil, bar près de la piscine… Tout a été revu. Chambres triples ou familiales avec lits en mezzanine, suite de 50 m², demi-pension, pension complète ou séminaire, le Lac'Otel a toujours une formule pour vous recevoir. Le restaurant semi-gastronomique La Marée Bleue est ouvert tous les jours le midi et le soir.

LES LODGES DE LO REY DU LAC €€

251, route des Lacs ✆ 05 58 43 91 20
www.loreydulac.com

Ouvert toute l'année. Les lodges (4 à 6 pers.) à partir de 250 € le week-end ou 1 155 € la semaine en été.

A quelques pas du lac d'Hossegor, non loin du centre-ville, M. et Mme Bahègne vous proposent plusieurs hébergements insolites pour les couples, des chambres d'hôtes, mais aussi deux lodges toilés permettant d'accueillir les familles. Implantés dans une immense propriété, le petit lodge (4 pers.) et le grand lodge (6 pers.) font le bonheur des amoureux du calme et de la nature. Sans vis-à-vis, les deux structures s'inspirent des tentes que vous pourriez voir dans le Sahara. On adore !

LE MERCEDES*** €€

63, avenue du Tour-du-Lac
✆ 05 58 41 98 00
www.hotel-mercedes-hossegor.com

Ouvert d'avril à fin octobre. Chambres et suites «Appart hôtel» climatisées de 118 € à 325 €. Petit déjeuner : 12 €.

Avec sa façade arrondie, ses balcons et ses terrasses dominant la très belle piscine chauffée, *Le Mercedes* fait face au canal d'Hossegor. A 900 m de l'océan par la voie piétonne, vous profiterez des animations qui ont souvent lieu Place des Landais, en vous y rendant à pied. Autre atout : vous aurez le choix entre des chambres pour 1 à 3 personnes, sinon des suites familiales (4 à 5 pers.) avec deux chambres et une kitchenette. Nouveau : vous pourrez séjourner « Côté Dune » dans l'une des 17 nouvelles chambres spacieuses et communicantes pour certaines.

OSKAR** €€

579, boulevard de la Dune
✆ 05 58 77 88 40
https://oskaralaplage.fr

Ouvert d'avril à novembre. Accueil 24h/24. Chambre double de 78 à 135 € ; triple de 98 à 155 €. Petit déjeuner : 7,90 €.

Juste à côté des petits jets d'eau qui rafraîchissent le parvis, à 100 mètres de l'océan, l'hôtel Oskar vous propose 12 chambres inspirées des couleurs de la dune et l'océan pour un séjour en douceur. Les chambres, dont certaines offrent une vue mer, sont climatisées et bénéficient d'une connexion wifi en haut débit. Le centre-ville et le lac sont accessibles à pied. Du côté du restaurant de l'hôtel, vous trouverez de quoi manger le midi et le soir. A la carte, les tapas se dégustent en terrasse à l'heure de l'apéro après une bonne journée de visite ou de plage !

LA PALOMA** €€

156, avenue de la Côte d'Argent
✆ 05 58 43 46 00
www.hotel-hossegor-lapaloma.com

Ouvert d'avril à fin octobre. Chambre double 80 à 120 € ; triple de 95 à 135 € ; quadruple de 105 à 155 €. Pdj : 12 €.

Entre la plage, le centre-ville et le lac, ce petit hôtel de style basco-landais caché dans la végétation est vraiment fait pour un séjour au calme. La végétation permet en effet de créer des paravents naturels entre la piscine, le solarium ou les terrasses privées des chambres du rez-de-chaussée. A l'étage, les chambres sont claires et modernes. La volonté des propriétaires est de créer une ambiance familiale où les clients peuvent se détendre au bar, en terrasse côté rue ou sur les transats côté piscine. Le petit déjeuner buffet peut être pris en chambre.

LE PAVILLON BLEU*** €€

1053, avenue du Touring-Club-de-France
✆ 05 58 41 99 50
www.pavillonbleu.fr

Ouvert toute l'année. 20 chambres de 80 à 220 €. Petit déjeuner buffet ou en chambre : 15 € (8 €/enfant de -10 ans).

Le long de la plage du lac d'Hossegor, *Le Pavillon Bleu* vous propose des chambres spacieuses et ensoleillées avec des balcons en forme de pont de bateaux. Les couleurs des chambres font penser au sable et à l'océan. Au *Pavillon Bleu* tous les lits Queen Size peuvent être modulés en 2 lits simples (sur demande). Baignoire hydromassante, sèche-cheveux... Vous disposez aussi d'un mini bar et du room service. Sans supplément, le petit déjeuner peut être pris jusqu'à midi dans votre chambre ou dans la salle donnant sur le lac. L'équipe est très attentive.

LA ROULOTTE DE LO REY DU LAC €€

251, route des Lacs ✆ 05 58 43 91 20
www.loreydulac.com

Ouvert toute l'année. Pour 2 personnes. A partir de 150 €/nuit. Bain bouillonnant privé. Petit déjeuner inclus.

Sur cet ancien terrain de camping, à quelques encablures du lac d'Hossegor, on trouve deux tentes lodges, des bulles, une cabane perchée, une géode, un kota et une véritable roulotte de 25 m². Avec tout le confort d'un mobil-home, le charme du bois en plus ! Elle est idéale pour passer un moment de dépaysement au milieu des pins et des chênes. Les commerces et attractions sont accessibles à pied en longeant les berges. Les prestations sont celles d'une chambre d'hôtes de qualité.

LANDES

Façades typiques d'Hossegor.

AUX SOURCES D'HOSSEGOR €€

52, chemin de Loustaou ✆ 06 14 78 65 37
www.auxsourcesdhossegor.fr
Ouvert toute l'année. De 80 € à 170 € selon le type de chambre et la saison (3 nuits min. l'été). Petit déjeuner inclus.

A 5 minutes du golf et des plages, cette grande maison des années 60 a été entièrement rénovée. Tout est prévu pour un séjour agréable et sans contrainte : parking fermé, prêt de vélos... Les chambres sont à l'étage alors que les propriétaires occupent le rez-de-chaussée. Par un jeu d'escaliers, l'indépendance est totale. Les chambres ont leur identité avec de très belles salles de bains. Le choix des matériaux et des couleurs traduit toute l'énergie déployée à la réalisation de ce projet. Le petit déjeuner est préparé par Maryline à l'heure qui vous fait plaisir.

LA VILLA SEREN**** €€

1111, avenue du Touring Club de France
✆ 05 58 58 00 55
www.villa-seren.com
Fermé en janvier. Chambres (1 à 3 pers.) à partir de 145 € ; chambres (1 à 4/5 pers.) à partir de 280 €. Pdj 20 €.

L'hôtel & Spa de la Villa Seren dégage un harmonieux mélange entre le charme de la décoration des années 30 et le confort actuel. Posé sur les berges du lac d'Hossegor, ce superbe hôtel bénéficie d'un emplacement de choix. La piscine (accès spa) et la grande terrasse dont les voiles d'ombrage prolongent les salons du bar à vin vous donneront envie de prolonger votre séjour. Les canapés et sofas face à la cheminée sont une invitation à la détente. Toutes les chambres embrassent les eaux calmes du lac. Les couleurs des tissus font écho à celles du paysage.

LES HORTENSIAS DU LAC**** €€€

1578, avenue du Tour du Lac ✆ 05 58 43 99 00
www.lesdomainesdefontenille.com
Chambre double de 145 à 295 € ; famille de 235 à 450 € ; junior suite de 275 à 495 € ; suite vue lac de 300 à 850 €.

Proche des plages, cette adresse emblématique d'Hossegor a fait peau neuve avant de rouvrir ses portes. Membres de la collection hôtelière Les Domaines de Fontenille, Les Hortensias du Lac proposent 25 superbes chambres, dont 6 suites. La plupart sont dotées de balcons ou terrasses avec vue sur le lac. Dans une déco qui mêle authenticité landaise, héritage Art déco et clins d'œil au surf, les prestations sont à la hauteur : piscine surplombant le lac, spa de 450 m^2, restaurants...

LE KOTA DE LO REY DU LAC €€€

251, route des Lacs ✆ 05 58 43 91 20
www.loreydulac.com
Ouvert toute l'année. Pour 2 personnes. A partir de 175 €/nuit. Petit déjeuner inclus. Bain bouillonnant privé.

Après la bulle Bubulle, un lodge safari, la cabane perchée du Rey, un kota finlandais a été installé à quelques centaines de mètres du lac d'Hossegor, dans le parc de Lo Rey du lac, ancien camping dont l'immense surface ne cesse d'inspirer ses propriétaires. Ce chalet construit en sapin du Nord est une véritable maison de poupées. Vous allez pouvoir vous détendre et profiter du spa extérieur, de la terrasse avec salon de jardin et, bien entendu, de l'environnement naturel de pins et de chênes-lièges. Bref, c'est presque comme un hameau d'hébergements insolites.

GREEN CANTINE €

28, avenue de la Gare
✆ 09 66 93 77 04
www.green-cantine.fr
Ouvert toute l'année. Tous les jours de 8h30 à 19h30. Plats à partir de 4,50 €. Petit déjeuner & brunch. A emporter.

Sur place ou à emporter, le concept de Green Cantine répond aux exigences actuelles concernant la transparence de fabrication et l'attrait pour les produits de qualité aux vertus nutritives intéressantes pour une diététique moderne. Dès 8h30, vous pouvez prendre un petit déjeuner plein de vitamines, puis à l'heure du déjeuner, vous allez pouvoir composer votre menu en choisissant parmi les salades, wraps, croques... En dessert ou pour le goûter, on fait le plein de desserts, jus de fruits et légumes frais... Ouvert jusqu'à minuit les soirs d'apéros.

MADE WITH LOVE €€

Les Halles
✆ 06 11 46 26 07
Ouvert toute l'année, de 8h30 à 14h30 (tous les jours en haute saison). Coffee shop & bar à jus. Formule lunch.

Quand Marion a ouvert sa boutique de cupcakes sur le port de Capbreton, ses gâteaux à étages ou à l'américaine ont beaucoup fait parler d'elle. Sollicitée pour ses wedding cakes et ses gâteaux d'anniversaire, la jeune femme a pris possession d'un corner des halles d'Hossegor. Depuis mars 2018, c'est Dana, sa pâtissière, et son époux Alexandre qui ont repris les rênes du concept. Ils vous proposent toujours de délicieux cupcakes, des jus de fruits vitaminés et une petite offre salée pour la formule déjeuner. Faites confiance à Dana pour vos gâteaux personnalisés !

CAFÉ BLEU €

74, avenue Paul Lahary
✆ 05 58 49 16 33
Ouvert d'avril à octobre et pendant les vacances de Noël tous les jours de 10h à 18h ; jusqu'à 22h en juillet et août.

Le Café Bleu est l'endroit parfait pour se régaler à l'écart de la rue passante. Installé dans une cour spacieuse, il est ouvert pendant toute la période estivale, d'avril à octobre, et pendant les vacances de Noël. Vous pourrez y passer un moment agréable pour déjeuner, mais aussi boire un café, un thé Mariage Frères, de délicieux smoothies, le jus de fruits du jour, une bière au miel bio ou aux fruits rouges. Si vous êtes un adepte des petits déjeuners et des brunchs, vous aurez un large choix. Ceux-ci sont disponibles jusqu'à 13h.

GRANDMA €€

27, rue de Mathiou
✆ 07 88 57 17 51
www.wearefamilygroup.com
Ouvert toute l'année. Jours et horaires variables selon la saison. Brunch le dimanche. Carte : 25 € environ. A emporter.

Vincent, chef cuisinier et gérant de L'Economat, et Mélissa, sommelière et gérante de Grandpa Wine Truck, vous accueillent avec le sourire chez Grandma au Pavillon de la Forêt. Fresque de Steven Burke, jolie terrasse, coussins réalisés par Mamie Jo... On s'invite à la table de Grandma le midi et le soir pour découvrir la cuisine de la maison à base de produits locaux accompagnés de la sélection Grandpa. Le Chef se rend tous les matins au Port de Capbreton pour faire son marché et change la carte tous les 15 jours. Le dimanche, c'est brunch et plat grand-mère !

SLOW €

261, avenue des Rémouleurs ✆ 07 49 31 42 12
http://slow-hossegor.com
Ouvert du mardi au samedi de 9h à 17h. Plat : 12,50 €. Pâtisserie : 5,50 €. Formule du midi : 16 €. A emporter.

À quelques jours de l'ouverture, voici ce que l'on pouvait lire sur le compte Instagram de *Slow* : « *Nos choix de consommation ont des conséquences directes sur la planète et notre santé, agissons à la source* ». Le concept est simple : proposer une alimentation vivante et bienfaisante sans compromis. Accolé au magasin bio L'Eau Vive dans la zone d'activités Pédebert, Slow est une cantine végétale, mais aussi un bar à jus et un café où l'on pratique le zéro déchet. Les recettes sont goûteuses, gourmandes et colorées. On adore les pâtisseries pas trop sucrées.

BASTA €€

773, avenue de la Grande Dune
✆ 05 58 43 87 69
Ouvert du mardi au dimanche le midi et le soir. Pizza de 11 à 18 €. Accueil des groupes. Terrasse. A emporter.

Embarquez pour un voyage gourmand en Italie ! A base de farines italiennes sélectionnées avec soin et de bons produits *made in Italia* (la charcuterie, le parmesan, etc.), les pizzas de Chez Basta, à déguster sur place ou à emporter, ont vraiment du goût. Celui prononcé de la mozzarella fumée, mais aussi le crémeux de la *mozzarella di Bufala* ou le caractère du *spianata piccante*... La liste est longue, avec plusieurs recettes veggies. Les *pasta fresca* – les pâtes fraîches –, et des *pasta al forno* – au four donc –, sont aussi à la carte. Pas de réservation en été.

LANDES

BIDON VILLA €€

51, avenue des Tisserands
✆ 06 60 39 88 43

Ouvert toute l'année. Du lundi au samedi le midi ; le jeudi et le vendredi le soir. Plats de 11,50 à 15 €. A emporter.

Avec sa petite terrasse abritée par des canisses, l'ambiance est décontractée au Bidon Villa. Ici, on peut même partager sa table. Côté service, il est assuré avec gentillesse et attention. Et sur la carte (renouvelée tous les deux mois), on peut trouver : soupe miso, kefta à l'indienne, bo bun, nasi goreng, burger asiatique au poulet, tajine d'agneau… Tout est préparé à la minute. Toujours avec beaucoup de fraîcheur, de couleurs et d'envie ! Les desserts aussi sont maison. Le ballet des habitués venant chercher un plat pour leur pause-déjeuner est un bon signe !

LE BISTRO BALNÉAIRE €€

1830, avenue du Touring-Club de France
✆ 05 58 43 54 95
www.lebistrobalneaire.fr

Ouvert toute l'année. Du mercredi au lundi le midi et le soir. Carte : 39 € environ. Formule du midi : 20 €. A emporter.

A deux pas du centre-ville, avec ses deux grandes terrasses ensoleillées et sa superbe vue sur le lac marin d'Hossegor, le Bistro Balnéaire a belle allure. En cuisine, les équipes sont accompagnées d'un chef sushi qui apporte la touche japonaise à la carte. Voilà pourquoi, le carré de veau, le magret de canard, le filet de merlu ou les moules de bouchot côtoient les makis, les california rolls et les sashimis. Bref, une adresse bien située qui a tous les arguments pour plaire, mais ce jour-là, pas de chance, le service n'était pas franchement très agréable.

HO TEMPO €€

523, avenue du Touring Club
✆ 05 58 48 84 11

Ouvert toute l'année. Tous les jours de 8h à 1h en été. Formule du midi : 15,60 €. Terrasse. Bar. Chèques non acceptés.

Le Ho Tempo est le genre de spot où tout le monde est à l'aise pour un petit déjeuner tonique dès 8h ! Pancakes, crêpes, maxi coupes glacées, jus de fruits pressés, sodas, café et thé gourmands… Il y a vraiment de quoi satisfaire les gourmands. Ho Tempo est aussi un bar à tapas et un restaurant classique avec une formule du jour tout à fait abordable. Dans ce cadre très bord de mer avec son patio bleu lagon, « l'arbre de vie » accroché au mur évoque en quelques mots la vie du surfer : surfer, draguer, bronzer, la vague, la fête, la musique, l'amour...

LES HORTENSIAS DU LAC €€

1578, avenue du Tour du Lac
✆ 05 58 43 99 00
www.lesdomainesdefontenille.com

Relais & Châteaux. Fermé le mercredi et le dimanche soir. Réservation recommandée. Plats de 28 € à 42 €. Terrasse.

Foie gras de canard poché dans un bouillon de crevettes grises fumé aux épines de pin, ravioles de poulpe servies avec concombre, kiwi de l'Adour et tentacule à la braise, retour de pêche de la criée de Capbreton et sa soupe d'arêtes safranée, figue rôtie au jus de piquillos et écume de fromage de brebis... Ne résistez pas plus longtemps à la cuisine de Philippe Moreno, qui officiait auparavant auprès du Chef triplement étoilé Gérald Passédat à Marseille. Entièrement vitré, le restaurant surplombe le lac d'Hossegor. C'est merveilleux !

LA MARÉE BLEUE €€

3058, avenue du Touring Club de France
✆ 05 58 43 93 50
www.lacotel.fr

Maître Restaurateur. Logis. Tous les jours le midi et le soir. Réservation recommandée. Plats de 21 € à 31 €. Bar.

Offrant une vue dégagée sur la piscine du *Lac'Otel*, l'hôtel situé au-dessus, sur le lac et une grande terrasse, *La Marée Bleue* se trouve dans le plus beau quartier du lac d'Hossegor. Dans les cuisines, le chef Marco, à l'ouvrage depuis 1989, est rejoint par Philippe l'ancien chef du *Pavillon Bleu*. Ces deux passionnés sont sur la même longueur d'onde. La carte qu'ils imaginent change au fil des saisons. Réservation conseillée. L'établissement est fermé de mi-décembre à mi-février. Si ce n'est pour déjeuner ou pour dîner, le bar vous accueille de 9h à 22h.

NORI BOY €€

312, avenue des Forgerons
✆ 05 58 41 95 45

Ouvert toute l'année. Du lundi au vendredi le midi. Buffet au poids 2,29 €/100 g. Terrasse. A emporter.

Une adresse originale pour les adeptes de cuisine du monde où l'adition est définie par la pesée de l'assiette ! Sous forme de buffet, le Nori Boy vous propose tout un tas de préparations chaudes et froides, y compris pour les régimes végétariens. Les inspirations viennent de partout : Thaïlande, Angleterre, Mexique, Australie… Tout est maison, y compris le pain, les sauces ou les desserts. Sur place ou à emporter ! Nori Boy assure également un service traiteur pour vos événements jusqu'à 500 personnes. Garantie cuisine du monde anti-déprime !

TANTE JEANNE €€

45, avenue Paul Lahary
✆ 06 49 55 54 29
Jours et horaires d'ouverture variables selon la saison. Sans réservation. Plat de 11 à 22 €. Terrasse. Bar.

Cette « cantine gourmande fraîche en toute saison » se trouve juste à côté du spot de délicieuses glaces artisanales de chez Tante Jeanne. Et aussi, où l'on se presse à l'heure de l'apéro sur la grande terrasse ! Dans une ambiance musicale agréable, on vient grignoter des toasts de tapenade, houmous, pois chiches ou aubergine aux noix, des assiettes de la terre ou du tzatziki. Ici, les plats sont frais et parfumés ; un régal pour les yeux et les papilles ! Et +1 pour l'équipe jeune, active et souriante même « dans le jus ». Fermé en novembre et décembre.

LA TETRADE CÔTÉ LAC €€

1187, avenue du Touring Club de France
✆ 05 58 43 51 48
www.latetrade-cote-lac.com
Maître Restaurateur. Ouvert du mardi au dimanche le midi et le soir. Formule fruits de mer à volonté : 49 €.

Chez ce Maître Restaurateur, Kevin Carlier, les fruits de mer et les poissons représentent 70 % de la carte ! Aux côtés des parilladas, vous allez pouvoir découvrir la spécialité de la maison : la Mariscada ; un assortiment de fruits de mer grillés à la plancha (gambas, langoustines, chipirons, moules de corde et d'Espagne, palourdes...). Et comment ne pas céder aux magnifiques plateaux de fruits de mer et nombreuses variétés d'huîtres ? La dégustation ne serait pas complète sans l'accompagnement indispensable d'un bon verre de vin. Réservation recommandée.

LE TUQUET €€

262, lotissement Le Tuquet - **ANGRESSE**
✆ 05 58 77 03 49
www.restaurant-le-tuquet.fr
Ouvert toute l'année, du mardi au dimanche le midi et le soir en été. Réservation recommandée. Assiette du Pays : 23 €.

Si vous aimez l'ambiance « auberge » et la cuisine du terroir, Le Tuquet est pour vous ! En plus, tout est maison. La soupe de poisson est bien parfumée et le tataki de thon est une escalope marinée en croûte cuite et dorée (le poisson reste cru et savoureux). L'Assiette du Pays est très copieuse (pâtes fraîches, manchons de canard confit, foie frais poêlé, gésiers de canard, jambon de Chalosse, sauce foie gras et forestière, salade verte), avec verre de Tursan, tourtière landaise et boule de glace. Aux beaux jours, profitez des terrasses sous les arbres.

RESTAURANT JEAN DES SABLES €€€

121, boulevard de la Dune ✆ 05 58 72 29 82
www.jeandessables.com
Ouvert du mer. au dim. (midi et soir). Fermé lundi, mer. et ven. midi en été. Menus de 55 € à 80 €. Formule midi : 35 €.

Arrivé en tant que commis, il y a 10 ans, le jeune chef Clément Pichard est aujourd'hui à la tête de l'emblématique table marine du chef doublement étoilé du Relais de la Poste à Magescq, Jean Coussau. Queue de homard fumé en éclade, retour de pêche grillé à la braise... Vous croiserez sans doute le chef à la criée du port de Capbreton où il s'approvisionne quotidiennement. Une adresse gastronomique de référence à Hossegor, récompensée par une assiette Michelin.

BOULANGERIE & PATISSERIE-TRAITEUR LUCAS

529, Avenue Touring Club ✆ 05 58 43 51 20
https://lepalaisdelucas.fr/
Ouvert tous les jours en continu de 7h à 20h ; de 6h à 22h en juillet et août. Service traiteur à emporter.

Les boulangeries et pâtisseries Lucas installées dans les Landes et à Bayonne au Pays basque bénéficient, grâce à la qualité des produits proposés et à l'accueil privilégié de chaque client, d'un succès mérité. Cette boutique, à proximité du lac, est un incontournable. Une trentaine de pains différents, une douzaine de viennoiseries, les tourtières, croustades, gâteaux basques, fondants, pastis, gâteaux russes, Saint-Honoré... Il y a plus de 70 sortes de gâteaux et autres spécialités.

L'ÎLE DU MALT

59, rue des Tisserands
✆ 06 74 00 58 17
www.liledumalt.fr
Ouvert tous les jours. Happy hours. Boutique en ligne. Location. Terrasse. Animations. Concerts.

L'Ile du Malt, c'est quoi ? C'est un endroit totalement dédié à la bière ! Ici, les amateurs de houblon vont pouvoir améliorer leur connaissance et découvrir peut-être de nouvelles bières : blondes, brunes, rousses, mais encore fruitées, blanches ambrées... Il y en a pour tous les goûts à la pression et en bouteille. Les passionnés comprendront que l'Ile du Malt est un lieu à part. D'ailleurs, il serait bien décevant de ne pas trouver l'âme sœur parmi les 70 bières disponibles sur place et les 250 à emporter. Ambiance bon enfant, happy hour, soirées concert...

TANTE JEANNE

45, avenue Paul Lahary
✆ 06 49 55 54 29

Ouvert toute l'année. Jours et horaires variables selon la saison. Fermé en novembre et décembre.

Une glace oui, mais maison ! Les glaces de Tante Jeanne sont élaborées à partir du lait de la ferme landaise des propriétaires (restaurant Little Princess) ! Au total, ce sont 40 parfums de crèmes glacées et sorbets à retrouver dans le stand qui a été agrandi pour faire de la place à la Cantine gourmande. Glaces à l'italienne saveur vanille, chocolat, framboise, pistache, fruits de la passion et une multitude de parfums pour les crèmes glacées : fraise des bois, tiramisu, pomme-raisin, cookies, cerise amarena, glace bleue... Un vrai délice à prix correct.

DOCKS ZANZIBAR

85, avenue de la Gare
✆ 05 58 43 82 48
www.dockszanzibar.com

Ouvert tous les jours de 9h30 à 19h. Boutique en ligne.

Les Docks Zanzibar, c'est une sorte de caverne d'Ali Baba avec pour slogan « Ethique, ethnique et locale si possible ». Une multitude de marques sont représentées à travers différents objets de décoration, meubles, produits de soins pour la peau et parfums. Et chaque objet raconte une histoire d'ici et d'ailleurs : fauteuils en fil de pêche, hamacs de Pondichéry, poufs réalisés dans un atelier d'insertion en France, lampes avec impressions (des vues d'Hossegor ?), mobilier en pin fabriqué à Hagetmau... Vous hésiterez peut-être, mais vous ne résisterez pas.

L'ATELIER DES DAMES

58, place Louis Pasteur ✆ 09 63 56 88 10
www.latelierdesdames.fr

Ouvert du lundi au vendredi de 10h à 13h et de 15h à 19h ; le week-end de 10h à 19h. Livraison possible.

Headbands, sautoirs, boucles d'oreilles, bracelets, manchettes, bagues... Et aussi maroquinerie et foulards 100 % soie. A *L'Atelier des Dames*, il y a du choix et de très belles choses. L'esprit ? Un côté chic et bohème pour que chaque femme crée son propre style ! La marque est à l'initiative de femmes qui souhaitaient mettre en valeur des matières naturelles travaillées au préalable par d'autres femmes au Brésil, au Kenya ou au Pérou. Le montage se fait dans l'atelier attenant et visible ! Si le design voit aussi le jour à l'atelier, la réalisation est en Inde.

L'ESSENTIEL

93, avenue des Tisserands
✆ 05 58 43 53 34
www.lessentiel-hossegor.fr

Ouvert du mardi au samedi de 10h à 12h30 et de 15h à 19h. Boutique en ligne.

L'Essentiel a pour mille et une idées pour vous ravir. Pour cuisiner comme des pros avec des ustensiles de chef, vous trouverez des couteaux japonais, des poêles, casseroles et cocottes, des planches à découper, des moulins et bien d'autres choses pour les crustacés et les poissons. Sans oublier la pâtisserie ! Côté table, il y a de la vaisselle de créateur et tout ce qui se rapporte au vin. Et du linge de maison ! L'Essentiel, ce sont aussi des produits d'épicerie fine sucrée et salée, avec une sélection gourmande du Sud-Ouest (beurre de cacahuètes, miel...).

BARAJAS PRIMEURS

354, avenue des Charpentiers
✆ 05 58 42 79 34
www.barajas.fr

Ouvert du lundi au samedi de 8h à 19h. Service de commande en ligne & retrait en boutique.

Barajas Primeurs se distingue par la qualité de ses produits. Longtemps incarnée par Renée et Patrick Barajas, l'aventure se poursuit avec Sophie et Arnaud Lebrun, tout autant attachés à une agriculture de saison et de proximité. Garantis au meilleur prix, les fruits et légumes arrivent directement des producteurs des Landes et du Lot-et-Garonne. Vous aurez un large choix de produits bio et d'épicerie gourmande ! Profitez également du service de commande en ligne avec retrait de vos paniers en boutique. Et aussi : -10 % le lundi sur tout le magasin.

LES FROMAGES DE FLORE

✆ 06 30 76 55 17

Ouvert toute l'année. Jours et horaires d'ouverture variables selon la saison.

Après une formation auprès d'une grande maison parisienne pour apprendre le métier de fromagère, Aurélie (diplômée dans le domaine de l'agroalimentaire et de la santé) s'est installée ici, dans les halles où elle vous propose ses petites assiettes de dégustation. La jeune femme choisit avec soin les producteurs, notamment au Pays basque et dans le Béarn, pour une production garantie sans OGM ni ensilage. Elle vous expliquera son travail d'affinage et pourra également confectionner le plateau-buffet idéal pour vos réceptions ou un apéritif entre amis.

GIN40

✆ 06 76 39 72 62
www.gin40.com

Visite et dégustation sur rendez-vous. Boutique en ligne.

Un spiritueux français aux influences landaises ! Arsène et Guillaume se rencontrent à Hossegor et partagent le goût pour la culture locale. C'est ainsi que naît l'idée de créer une marque de Gin. Et comme emblème de la région, ils choisissent le pin maritime bien sûr. Mais aussi le surf dans son esprit street art ! Subtil et élégant en bouche, Gin 40 est le fruit d'une macération artisanale essentiellement à base de plantes. A retrouver chez les meilleurs cavistes, dans les épiceries fines et les bars à cocktails dignes de ce nom... dans Les Landes et au-delà !

LES HALLES

50, avenue Jean Roger Sourgen

Ouvert toute l'année, tous les jours de 9h à 13h.

Les Halles d'Hossegor s'affirment comme un lieu de commerces de proximité accueillant, vivant et dynamique. Au menu : primeurs, poissonnerie, boucherie, pâtisserie, crèmerie, mais aussi des spécialités italiennes, orientales, une conserverie, des huîtres et autres produits locaux. Au total, ce sont 17 commerçants pour une offre diversifiée et élargie en qualité de produits ! Les locaux comme les touristes aiment s'y aventurer pour se retrouver et déguster un verre de vin avec quelques fruits de mer ou tapas. Très bonne ambiance !

IN & OUT DECO

169, avenue des Tisserands
✆ 09 52 35 75 15

Ouvert du mardi au samedi de 9h30 à 12h30 et de 15h à 18h.

In & Out Déco, c'est LA boutique où vous trouvez obligatoirement le cadeau que vous cherchez ou l'idée de déco qui fait mouche et qui trouvera forcément une place chez vous ! Même avec un petit budget, vous pourrez acquérir un objet de créateur made in France très design et parfois surprenant. Et pour l'extérieur, vous trouverez du mobilier très sobre dans des matériaux pratiques et résistants. Par exemple, des bancs translucides pour une terrasse ultra tendance, des luminaires mobiles, des chaises et des fauteuils, mais aussi des tables basses... Bon shopping !

L'&TIQUETTE

16, place des Pins Tranquilles
✆ 05 58 72 89 07

Ouvert toute l'année. Jours et horaires d'ouverture variables selon la saison. Cave & dégustation. Restauration le midi.

Cave, comptoir et boutique ! A l'&tiquette, la découverte du vin (accompagnée de produits locaux de qualité) se fait tout naturellement par le jeu des étiquettes, des couleurs et des classements. Initiation visuelle et conseils en 12 signatures uniques pour découvrir des centaines d'étiquettes ! Ce sont aussi différents services : « L'&tiquette sur mesure » pour la privatisation des lieux, « L'&tiquette découverte » pour participer à un cours d'œnologie, « L'&tiquette connectée » pour passer vos commandes en ligne... Et « L'&tiquette le midi » pour déjeuner.

LA MAISON DE L'ESPADRILLE

261, avenue des Rémouleurs
✆ 05 58 35 10 01
www.maisonespadrille.fr

Ouvert toute l'année, du lundi au samedi de 10h à 19h30. Boutique en ligne.

Depuis 1960, les espadrilles sont fabriquées dans les règles de l'art. Considérées comme ringardes, le succès est revenu avec le retour de l'intérêt du fait main et des matières naturelles (semelle en jute, caoutchouc naturel...). Dans la boutique de Soorts-Hossegor, vous trouverez l'espadrille classique en coton, unie, rayée et toute une gamme de chaussures pour femmes, hommes et enfants. Autres boutiques : Hossegor, Capbreton, Soustons, Vieux-Boucau-les-Bains, Bayonne et Pau.

MARCHÉ D'HOSSEGOR

Le dimanche du 4 avril au 31 octobre ; le mercredi du 1er juin au 30 septembre ; le vendredi du 15 juin au 15 septembre.

Le marché traditionnel d'Hossegor se tient dans le centre-ville : les dimanches, mercredis et vendredis de mi-juin à mi-septembre pendant la matinée, mais aussi tous les dimanches. Le plus simple est encore de poser la question à l'Office de tourisme, aux locaux ou à la réception de votre hôtel ou votre camping. On vous renseignera également sur les marchés exceptionnels comme celui de Pâques, du 1er et du 8 mai, de la Pentecôte, etc. Généralement, ces rendez-vous incontournables ont lieu le matin de 9h à 13h30. Le marché de Pays est à Soorts, le samedi matin.

CHEZ VINCENT

50, avenue Jean Roger Sourge ✆ 05 58 73 42 90
www.chezvincent.fr
Ouvert du mercredi au dimanche de 9h à 13h ; tous les jours en saison. Boutique en ligne. Plateaux de fruits de mer.

Mieux qu'une simple poissonnerie, Chez Vincent est une poissonnerie-dégustation. Sous les halles réaménagées avec son patio convivial, en plus des poissons, coquillages et crustacés, vous pouvez déguster des huîtres avec un verre de vin, avec ou sans crépinette grillée à la plancha ! Huîtres d'Arcachon, de Marennes-Oléron, d'Hossegor ou de Normandie, assiettes de bulots, bigorneaux ou crevettes... Sans oublier les succulentes fritures. N'hésitez pas à commander vos plateaux de fruits de mer. Les bancs sont de première fraîcheur, tout risque de vous donner envie.

WOODEE / BUKE BIKES

284, avenue des Charpentiers
✆ 06 77 96 84 47
www.bukebikes.com
Ouvert du mardi au samedi de 9h30 à 12h30 et de 14h à 17h30 ; tous les jours en haute saison. Boutique en ligne.

Buke Bikes, dont le premier Fat Cruiser électrique a été homologué en France en 2014, est l'un des pionniers du genre. Son concepteur en a eu l'idée au retour d'un voyage en Californie. Et qui dit Californie, dit surf, « beach cruiser » et culture de l'esthétique. Buke Bikes décline sa gamme en s'attachant à la fois à la maniabilité du Fat Cruiser et à son look. Le Wood'e Bike possède un « caps » en bois, une véritable signature. Il est décliné dans un modèle femme, le « Wood'e girl », et en « Wood'e Ados » ou Pop Soda. Et la nouvelle génération arrive...

GOLF D'HOSSEGOR

333, avenue du Golf ✆ 05 58 43 56 99
www.golfhossegor.com
Ouvert toute l'année. Green fee 18 trous de 70 à 90 € ; practice 1 seau (30 balles) : 4 €. Restauration. École de golf.

Dessiné par Arnaud Massy, John Morrison et Charles Bouhana en 1927, le Golf d'Hossegor a été créé au milieu d'une forêt de pins et de chêne-lièges, sur un sol sablonneux à l'abri des vents. Avec un tracé typiquement britannique affiné par Cabell Robinson en 2003, Hossegor est listé comme l'un des mille meilleurs golfs du monde par le Rolex Book. Les shorts, débardeurs et jeans troués sont interdits. Par ailleurs, les messieurs sont priés de retirer leur casquette ou chapeau à l'intérieur du club-house. Le restaurant est ouvert tous les midis et le soir en été.

HOSSEGOR LAKE PADDLE

Plage du Rey ✆ 07 84 55 44 79
www.hossegor-lake-paddle.com
Ouvert de mai à octobre ; tous les jours en été. De 15 € à 50 € (1h) en fonction de l'embarcation. Tarifs dégressifs.

Vous avez envie de découvrir le lac d'Hossegor de manière originale et ludique ? Par exemple, en louant une pirogue hawaïenne, un canoë canadien ou un stand-up paddle ? Pour une heure ou plus, entre amis ou en famille, les eaux calmes du lac se prêtent bien à l'exercice, que vous soyez débutants ou initiés. D'une longueur de 2 300 mètres et d'une largeur maximale de 350 mètres, les rives de ce lac ne sont jamais loin. Vous pourrez naviguer jusqu'au premier pont, juste avant d'arriver au chenal donnant sur l'océan. Essayez aussi le Goliath, un paddle géant pour 4.

HOSSEGOR SURF CLUB

22, impasse de la Digue Nord
✆ 05 58 43 80 52
www.hossegor-surfclub.com
Ouvert d'avril à octobre. Stage de surf. Cours collectifs et particuliers (2h). Location de matériel.

L'Hossegor Surf Club est le premier club de France au niveau des résultats. Son objectif : promouvoir le surf chez les jeunes dès 5 ans ! Depuis 1994, sous la direction de moniteurs diplômés, les surfeurs apprennent efficacement les joies de la glisse. Stage, cours particulier ou collectif de 2 heures, location de matériel... L'école vous accompagnera sur les plages de sable de la Sud, idéales à l'initiation, tout en progressant vers le Nord et ses spots magiques : la Centrale, la Nord, la Gravière, les Culs-Nus... Vous pouvez leur faire confiance !

A L'EAU PLONGÉE

2467, avenue du Touring-Club
✆ 06 43 22 72 40
https://alp40.monsite-orange.fr
Explorations lac ou mer. Baptêmes. Formation niveau 1, 2 et 3. Tarifs sur demande.

Créée en 2007, cette association « loi 1901 » affiliée à la Fédération Française d'Études et de Sports Sous-Marins (FFESSM) regroupe des bénévoles passionnés. Explorations lac ou mer, baptêmes... Accessible dès 10 ans, le Club dispose d'un créneau piscine le vendredi soir pour les plongées hivernales. Vous trouverez cette école subaquatique landaise à la plage du Rey, derrière le snack « Le Cabanon », à deux palmes du canal d'Hossegor ; une zone naturelle unique peu profonde. Les plongées profondes au large de Capbreton sont réservées aux initiés.

LANDES

OCEAN INCENTIVE

139, avenue Vamireh
✆ 06 42 78 27 67
www.ocean-incentive.fr

Ouvert toute l'année. Activités aquatiques. Cours & stages enfants/adultes. Tarifs en ligne.

Ocean Incentive regroupe différentes activités aquatiques. Sportive de haut niveau, Emmanuelle, la coach, est championne du monde de sauvetage côtier 2014. Avec cette structure, elle vous propose de suivre différents cours et stages, aussi bien pour les enfants, les adultes, que pour les personnes en situation de handicap. Au programme : aquagym en mer, marche aquatique, circuit aquafitness, entraînements de nage en eau libre ou en mer... Et aussi : natation à domicile, stage d'aquaphobie, apprentissage des réflexes de survie pour prévenir la noyade (dès 3 ans)...

PELOTE BASQUE JAÏ ALAÏ

33, avenue de Gaujacq
✆ 05 58 43 54 12
www.hossegorjaialai.fr

Entrée : 10 € (gratuit pour les -12 ans). Tarifs parties PRO des jeudis : 1/2 finales 15 €, finales 20 €. Initiations.

La pelote basque se pratique dans un lieu adapté, le jaï alaï. A Hossegor, c'est un lieu historique surnommé la cathédrale de la pelote. La pelote basque est une pratique sportive : la balle peut atteindre des vitesses de 200 à 250 km/h. D'où le port d'un casque si vous jouez avec une pelote de cuir. Stages de découverte, d'initiation et de perfectionnement sont organisés pour les enfants et les adultes pour découvrir les jeux de Chistera, Cesta punta, Pala au choix. Les compétitions d'Hossegor voient s'affronter les meilleurs joueurs nationaux et mondiaux.

LE SEREN'ITY

1111, avenue du Touring Club de France
✆ 05 58 58 00 55
www.villa-seren.com

Ouvert tous les jours de 9h à 16h. Accès Spa 1h : 25 €. Rituels soins visage et corps de 25 à 120 €. Forfaits bien-être.

Un espace dédié au bien-être avec piscine chauffée, Spa et soins à la Villa Seren ! Sur les berges du lac, Le Seren'ity vous promet un pur moment de relaxation. Avec l'accès au spa, vous profiterez de la piscine chauffée, du hammam, du sauna, de la fontaine à glace et de la douche sensorielle aux huiles essentielles d'eucalyptus. Le Seren'ity, ce sont aussi des rituels de soins visage et corps Decléor, Phytomer ou 100 % naturels. Les forfaits bien-être sont de vraies bonnes idées cadeaux à offrir ou à s'offrir pour une ou deux personnes. On adore !

SEIGNOSSE ★

Loin de l'effervescence de ses voisines, Hossegor et Capbreton, et à seulement un coup de pédale par la piste cyclable, la station balnéaire de Seignosse est une destination de glisse internationale. Sessions surf, pauses yoga sur la plage, promenades à pied, à vélo ou à cheval, toute la station est tournée vers les activités en lien avec la nature. Engagée dans une démarche de développement durable, Seignosse tire profit de ses longues plages de sable blanc, ses étangs d'eau douce et sa forêt de pins en font un endroit hors du temps. Ne soyez pas surpris d'entendre parler anglais dans les rues de celle qui se divise entre bourg et océan.

ATLANTIC PARK

2, avenue de la Grande Plage
✆ 05 58 43 15 30
www.atlantic-park.com

De mai à mi septembre ; tous les jours de 10h30 à 19h en juillet/août et le mercredi et le week-end en basse saison.

À 200 mètres de l'océan et 3 kilomètres du lac d'Hossegor, Atlantic Park est le plus grand parc aquatique des Landes, avec 2 800 m² de bassins chauffés à 27 °C ! Pataugeoires pour les tout-petits, 23 toboggans aquatiques, sensations fortes, sauts et glissades inoubliables pour les plus grands... À vous les lagons chauffés, les bains à remous, la baignade à contre-courant, les cascades, mais aussi le farniente sous les parasols. Sur place : vestiaires, aires de pique-nique, bar-snack, boutique et location de transats. Pensez-y aussi pour un anniversaire !

LES CHEVREUILS**** €

2338, route de Hossegor à Vieux-Boucau
✆ 05 58 43 32 80
www.chevreuils.com

Ouvert de mai à septembre. Emplacement à partir de 22 €. Bungalows toilés insolites (2 à 6 pers.) à partir de 355 €.

À 1 500 m de la plage, ce camping au cœur d'un site ombragé est sympathique. Animé durant l'été, il plaît aussi bien aux jeunes de passage dans la région qu'aux familles. Différents types d'hébergements à louer pour une ou deux nuits ou à la semaine : emplacement, bungalow chipiron, coco sweet, lodge & spa... Sur place, on trouve un restaurant, un bar, un magasin d'alimentation, une laverie, des plats à emporter, des barbecues collectifs... L'accès aux piscines et au tennis est gratuit. À proximité, vous profiterez également de la piste cyclable de plus de 50 km.

LANDES

LA RESERVE NATURELLE DE L'ETANG NOIR ★

600, avenue du Parc des Sports
✆ 05 58 72 85 76
www.reserves-naturelles.org

Ouvert toute l'année. Gratuit jusqu'à 6 ans. Visite guidée sur réservation. Visite libre gratuite.

Située au sud des Landes, la réserve naturelle de l'Étang Noir est un de ces petits étangs qui s'égrènent, prisonniers des dunes, à l'est du cordon littoral aquitain. L'Étang Noir doit son nom à sa profondeur, ses fonds vaseux et à l'ombrage apporté par les arbres en rive. Ce site admirable offre un paysage caractéristique des Landes humides. Un marécage dense et luxuriant, peuplé d'arbres aux troncs penchés et aux branches entremêlées, parsemé de majestueuses fougères primitives dont les pieds peuvent atteindre 300 ans, de plantes carnivores, de touffes de carex échevelé, d'iris et d'osmondes royales. La densité végétale de ces bois (52 ha) est étonnante. Des animaux y vivent en toute liberté. Plus de 30 espèces d'odonates, 112 espèces d'oiseaux et plus de 200 espèces végétales ont été dénombrées dans la réserve naturelle. Avec patience et discrétion, on observe hérons cendrés, libellules, canards ou cistude d'Europe. En 2016 a été inauguré le nouveau pavillon d'accueil de cette réserve naturelle, la première créée dans le département des Landes (zone classée Natura 2000). Pôle d'attractivité, la réserve reçoit chaque année plus de 37 000 visiteurs, touristes ou scolaires. L'architecte de cet espace a privilégié le bois naturel et a fait appel à une entreprise locale, Api'Up, association de réinsertion sociale via le design, dont la vocation est de valoriser les déchets par la réalisation de mobilier de bureau. Notez que les chiens sont interdits sur le site.

70 HECTARES... & L'OCÉAN €€

901, avenue du Belvédère ✆ 05 58 45 76 16
www.70hectares.com

Ouvert toute l'année. Chambres et suites à partir de 120 € en basse saison et à partir de 220 € en haute saison.

Surplombant les 70 hectares du golf de Seignosse qui s'étend jusqu'à l'Océan, 70 Hectares... & l'Océan porte bien son nom. Entouré de pins et de chênes-liège, ce joli complexe hôtelier accueille les amoureux de nature depuis le 5 juin 2021. Pour 4 nuitées minimum en juillet et août, les 32 chambres et suites offrent tout le confort que l'on est en droit d'attendre. Les chambres sont spacieuses. Les Junior suites peuvent accueillir deux personnes supplémentaires. Pour vos envies de Spa, c'est aux Hortensias du Lac à Hossegor qu'il faudra vous rendre. On adore.

CAMPING LE CLOWN OCÉAN**** €€

Route de Soustons - **TOSSE** ✆ 05 58 43 03 03
www.leclownocean.fr

Ouvert d'avril à septembre. Mobil-homes (4 à 8 pers.) de 245 à 1350 €/semaine ; de 756 à 1785 € (10 pers.). Animations.

A dix minutes des plages ! Les locations de type mobil-home sont adaptées aux familles, y compris les plus nombreuses en proposant jusqu'à 10 couchages. Vous profiterez aussi d'un très bel espace aquatique doté de quatre piscines chauffées dont une couverte, deux pataugeoires chauffées, colorées et ludiques, et une troisième avec son toboggan la Vipère pour les enfants de moins de 6 ans, ainsi qu'un Crazy Cone pour les plus grands ; sorte de grand toboggan qui finit dans un entonnoir.

LES DEUX ÉTANGS**** €€

1379, route de l'Etang blanc
✆ 05 58 41 66 99
www.les2etangs.com

De fin février à début novembre. Appartement (2 à 4 pers.) de 51 à 126 €/nuit ; mobil-home (4 à 6 pers.) de 78 à 193 €.

Dans un cadre exceptionnel et préservé, ce camping village vacances dispose de plusieurs types d'hébergements. Sur 3 hectares, à proximité de l'étang blanc et de la réserve de l'étang noir, vous pourrez profiter à l'année de votre hébergement en tant que propriétaire ou louer un mobil-home, un appartement, un studio ou une cabane lodge. Les prestations sont de qualité. Piscine extérieure, espace de détente avec son institut de beauté, salle de sport, pétanque, bibliothèque... Sans oublier l'épicerie, le restaurant et les animations qui rythment tous les étés.

NATUREO**** €€

Avenue des Tucs
✆ 05 58 43 30 30
www.natureo-seignosse.com

Ouvert toute l'année. Cabane en bois (4 à 6 pers.) à partir de 414 €/semaine en basse saison et à partir de 2 443 €.

Un village vacances à l'initiative d'un Landais de souche et de cœur, Pierre Lasaosa ! Avec son équipe, il vous accueille dans cette pinède de 13 ha située à 600 m du golf de Seignosse, à deux pas de l'océan et à 2 minutes du lac d'Hossegor. Les maîtres mots : nature, sport et bien-être. Vous profiterez de multiples animations, activités et d'une superbe piscine avec pataugeoire et bains à remous. Côté hébergement, vous aurez le choix entre des cabanes 100 % bois, des cottages premium et des mobil-homes. Naturéo, c'est aussi une école de surf.

OCEAN SHELTER €€

196, route de Vieux-Boucau
✆ 07 67 49 15 19
www.oceanshelter.com
Tipi (4 pers.) de 90 à 120 € ; Caravane de 70 à 80 € ; Pavillon d'été (6 pers.) de 200 à 300 € ; Chambres de 80 à 100 €.

Sur cette parcelle de 7 000 m², trois tipis en mode glamping ont été installés. Ces grandes tentes blanches au couchage modulable peuvent accueillir jusqu'à 4 personnes. Il y a également deux caravanes « vintage » de 1973, entièrement rénovées. La vie s'articule autour de la maison d'hôtes qui abrite la salle à manger et la salle de bains, mais aussi autour de la piscine d'eau salée. Un peu à l'écart, deux pavillons en bois permettent d'accueillir 6 personnes. La piste cyclable passe à 100 mètres et la plage est accessible par la forêt en 20 minutes à pied.

L'ORÉE DE LA FORÊT €€

536, impasse des Tonnes ✆ 05 58 49 81 31
www.loreedelaforet.com
Gîtes de France (3 épis). Chambre simple 72 € ; double 86 € ; triple 109 € ; suite familiale (4 pers.) de 144 à 180 €.

Demeure entièrement rénovée avec jardin d'agrément, *L'Orée de la Forêt* est posée au bord d'un plan d'eau. Le grand parc qui entoure la maison offre calme et relaxation. Les cinq chambres sont confortables, garantissant un séjour paisible, proche de l'océan (plage d'Hossegor à 7 km, plage de Seignosse à 5 km). Le petit déjeuner est compris dans les tarifs. Les hôtes, jusqu'à 14 personnes, pourront profiter de la belle piscine, la cuisine d'été, la table de ping-pong et du plan d'eau poissonneux idéal pour la pêche à la carpe. Le golf de Seignosse se trouve à 3 km.

LES OYATS**** €€

Route de la Plage des Casernes ✆ 05 58 73 53 96
www.campinglesoyats.fr
De mai à fin septembre. Emplacement de 25 à 48,50 €/nuit ; Safari lodge (4 pers.) de 50 à 140 €/nuit. Ecole de surf.

Si vous aimez faire du sport et/ou vous amuser en pleine nature, ce camping est fait pour vous ! Au programme : 700 m² de bassins aquatiques et aqualudiques avec toboggan et solarium, mini-golfs, terrain multisports, beach-volley, tennis, boulodrome, salle de sport, aquagym, école de surf, espace bien-être (hammam, sauna et soins)... Vous apprécierez les nombreux services pour vous faciliter la vie et votre location tout confort (chalet, mobil-home, safari lodge) à 500 mètres de la plage. Sans oublier les emplacements pour camper (7 nuits min. en haute saison).

VILLA ETANG BLANC*** €€

2 265, route de l'Etang-Blanc
✆ 05 58 72 80 15
www.villaetangblanc.fr
Ouvert toute l'année. Chambre double de 110 à 160 € ; Suites junior de 150 à 200 € ; Suite Master de 170 à 220 €.

Pour un séjour en toute quiétude ! Dans un écrin de verdure, près du lac de Seignosse, *La Villa de l'étang blanc* est un hôtel de charme au cœur des Landes, avec son restaurant étoilé et son bar à champagne blotti dans un parc arboré. Dans cette superbe maison landaise, le calme règne en maître, également en pleine saison. Magali et David Sulpice ont opté, avec harmonie et douceur, pour des matériaux naturels : bois, liège, granit... Pour l'inspiration de la décoration des chambres, Magalie n'a eu qu'à regarder par les fenêtres pour observer la faune et la flore.

LE HABRE €€

37, les Jardins de la Belette ✆ 06 89 27 97 58
www.lehabre-seignosse.fr
Propriétaire sur place. 2 chambres. Parking inclus. Chèque Vacances. Jeux pour enfants. Animaux acceptés. Wifi gratuit.

Le Habre est une maison bioclimatique qui se trouve en bordure de forêt, à proximité d'une piste cyclable. Jardin de 5 000 m², hamac entre deux chênes, solarium sur le toit... Tout a été imaginé pour accueillir celles et ceux qui sont en quête de calme et de nature. Jusqu'alors ouvert en configuration chambres d'hôtes, les nouveaux propriétaires (2018) souhaitent désormais plutôt proposer les chambres en mode Airbnb, donc sans le petit déjeuner. Rien n'était encore arrêté pour la saison 2022, le mieux est encore de les contacter. L'océan se trouve à 7 km.

OYES RESTAURANT €€

6, place de Castille
✆ 09 75 52 40 10
Ouvert tous les jours le midi et le soir du 15 juin au 15 septembre. Plats de 10 € à 21 €. Formule du midi : 20 €.

Oyes Restaurant est un petit nouveau à Seignosse. Depuis l'été 2020, les nouveaux fidèles n'ont pas manqué à l'appel. Les compliments reviennent à la jeune équipe en place ; le chef Benoît et ceux qui s'activent en salle et en terrasse. Sur fond d'ambiance sonore, on vient ici dès le petit déjeuner pour le brunch. Le midi, la formule déjeuner est prometteuse et donne à coup sûr envie de revenir le soir. Les plats sont plutôt raffinés, inscrits dans la tradition, mais surtout dans l'air du temps. Concerts, cours de yoga... Il s'en passe des choses chez Oyes !

LA PAILLOTE DU LAC €€

1, avenue du Tour du Lac
✆ 05 58 41 04 33
www.la-paillote-du-lac.fr

D'avril à fin octobre ; tous les jours le midi et le soir. Bar de 19h à 2h. Plats de 8 à 20 €. Animations. Terrasse :

Le lac, les montagnes, les cabanes de dégustation d'huîtres... Le décor est posé ! À La Paillote du Lac, on vient à l'heure du déjeuner ou du dîner, pour un repas en toute simplicité ou pour un cocktail accompagné d'une planche à partager. Dans les assiettes : cassolette de couteaux, ceviche de la criée, tartare de truite, filet de poulet fermier, tataki de bœuf mariné... À deux, n'hésitez pas à vous laisser tenter par la côte de bœuf du Pays basque ou le merlu de ligne à l'espagnole. On profite du joli cadre et de la terrasse pour prolonger les soirées d'été.

LES TERRASSES DU GOLF €€

Avenue du Belvédère
✆ 05 58 41 68 40
www.seignosse-golf.com

Ouvert toute l'année. Tous les jours le midi. Club House de 9h à 18h (variable selon la saison). Plats de 16 à 19 €.

Plébiscité par les meilleurs joueurs internationaux, le golf de Seignosse est classé parmi les 50 plus beaux parcours européens. Golfeur ou non, vous prendrez toujours beaucoup de plaisir à venir boire un verre sur la terrasse panoramique des Terrasses du golf. Le Club House est ouvert tous les jours de 9h à 18h (horaires variables selon la saison). Ouvert uniquement pour le déjeuner, le restaurant est lui aussi accessible à tous. Profitant de ce bel environnement naturel, l'établissement peut être privatisé pour l'organisation d'événements particuliers.

LE RAYON VERT €€

18, place de Castille
✆ 05 58 41 64 83

D'avril à octobre, tous les jours le midi et le soir en été. Sans réservation. Plats de 11 à 19 €. Animations. Bar.

Bar, rhumerie et restaurant, le Rayon Vert a tout du QG de l'été ! D'ailleurs, la terrasse ne désemplit pas. Ici, le dernier service est à 22h30. Spot prisé oblige, il y a parfois un peu d'attente pour avoir une table. On passe le temps en consultant la carte des cocktails par exemple. En cuisine, on privilégie les cuissons à la plancha pour conserver les saveurs des produits frais. On hésite bien volontiers entre les burgers ou les moules de la maison, un nasi goreng, un poke bowl ou une salade. Le Rayon Vert propose régulièrement des concerts de qualité.

VILLA ETANG BLANC €€€

2 265, route de l'Etang-Blanc
✆ 05 58 72 80 15
www.villaetangblanc.fr

Menu dégustation : 75 €. Menu du marché : 40 € (le midi uniquement le jeudi et le vendredi). Réservation recommandée.

Un lieu au charme incontestable ! Le soir, quelques orchidées parsemées dans la salle et la flamme des bougies qui vacille au centre des belles tables en bois massif en font un endroit magique. David et Magali Sulpice vous proposent de goûter à une cuisine locale, graphique et raffinée. David Sulpice qui a travaillé pour de grands chefs, tel Coussau à Magesq, a décroché le 21 janvier 2019 sa première étoile. Fermé le midi, le lundi, le mercredi et le vendredi en juillet et août, le restaurant est ouvert le samedi soir et le dimanche midi en décembre et janvier.

LES ROSEAUX €€

Route Louis de Bourmont
✆ 05 58 72 80 30
www.restaurant-seignosse.com

Fermé en novembre et pendant les vacances scolaires de février. Menu Les Roseaux : 28 €. Réservation recommandée.

La famille Lesbats a investi les berges du lac Blanc en 1926 pour ouvrir ce restaurant dont la configuration n'a pas beaucoup changé. Dans les assiettes, Christophe, le petit-fils, et Pascale sa compagne, font honneur aux produits du terroir : saumon « label rouge » fumé par la maison et fromage frais « le Régal des Landes » aux herbes, foie gras de canard mijoté aux raisins, poulpe confit à la graisse de canard, salmis de palombe aux pruneaux, tourtière aux pommes... Sur commande : le porcelet de lait « Cochinillo » cuit au four ou le sandre braisé au champagne.

ROOKYTO

683, avenue de Larrigan
✆ 07 69 03 08 80
www.rookyto.fr

Ouvert du mardi au vendredi de 14h30 à 19h ; le samedi de 9h à 19h.

Rookyto, c'est quoi ? C'est qui ? A l'origine, une rencontre... chocolatée ! Chloé (californienne) et Romain (français) font connaissance au Vietnam dans une fabrique de chocolat. Tiens donc ! Alors, ils ne vont plus se séparer. Ensemble, ils parcourent les tropiques pour en apprendre toujours plus sur la fève de cacao. Puis la Californie, encore les tropiques et l'Inde qu'ils quittent pour la France avec l'arrivée du Covid. Leur nouvelle aventure prend racine à Seignosse, et plus précisément au cœur du village d'artisans : Les Ateliers de Larrigan. On aime !

GOLF DE SEIGNOSSE

Avenue du Belvédère
✆ 05 58 41 68 30
www.seignosse-golf.com

Ouvert toute l'année, tous les jours de 7h30/8h30 à 18h/19h selon la saison. Green fees de 45 à 90 €. Practice dès 5 €.

Réputé pour être l'un des plus beaux de la côte Atlantique, le golf de Seignosse est un véritable bijou de la nature. Situé sur un site très vallonné, au milieu des chênes et des pins centenaires, le parcours est très technique. Ce lieu d'exception vous permettra de découvrir le tracé du golf et son parcours de caractère sinueux, mais abordable par tous. Certains trous vous permettront de dominer le parcours et de profiter d'un panorama d'exception. Des initiations et perfectionnement sont aussi proposés. Le restaurant profite d'une belle terrasse panoramique.

© PHILIPPE DEVANNE - STOCK.ADOBE.COM

Vue sur le lac de Soustons.

LE TUBE - LES BOURDAINES

Avenue des Arènes
✆ 07 49 11 29 79
www.le-tube-bourdaines.com

Ouvert toute l'année. Restauration. Billetterie en ligne. Bar. Vestiaire (2 € par objet). Stationnement à proximité.

Située sur la route des plages, cette salle de spectacles peut accueillir jusqu'à 2 500 personnes ! Au menu : une programmation éclectique (musique, cirque, théâtre, comédie, humour, jeune public, soirées à thèmes, animations événementielles…). Julien Clerc ou encore Yannick Noah y sont attendus en 2022. En juillet et août, profitez tous les soirs des terrasses et de la scène d'été pour des concerts, DJ set… Billetterie en ligne, sur place les soirs de spectacle et points de vente dans les offices de tourisme de Seignosse et Bayonne ou chez les partenaires.

OFFICE DE TOURISME DE SOUSTONS

Avenue de Labouyrie ✆ 05 58 41 52 62
www.soustons.fr

Qualité Tourisme. Accueil vélo. Ouvert toute l'année (jours et horaires variables). Label Tourisme & Handicap.

Relié directement à l'Office de tourisme Landes Atlantique Sud, le bureau de Soustons est en mesure de vous proposer un service de qualité. Des cartes reprenant les nombreux sentiers pédestres et cyclables sont disponibles. Et n'hésitez pas à vous renseigner sur la navette gratuite (juillet et août) de Soustons-plage vers les communes alentour. L'arrêt se trouve d'ailleurs juste devant l'office de tourisme. Le marché se tient le lundi, mais aussi le jeudi en centre-ville pendant l'été.

SOUSTONS ★

Au cœur de la pinède landaise, la perle du Marensin bénéficie d'un environnement exceptionnel qui dissimule un vaste réseau de pistes cyclables et de voies vertes. Des kilomètres d'itinéraires pédestres vous attendent pour la balade. À Soustons-plage, le territoire côtoie l'océan sur 5 kilomètres de plages de sable fin, tout en se situant dans le massif forestier le plus important de France. Beaucoup d'eau et de verdure donc, idéal pour les amoureux de nature ! Surnommée « L'Isle verte », cette station balnéaire profite de 5 lacs d'eau de mer et d'eau douce. Le lac marin de Port d'Albret étire ses plages de sable pour une baignade à l'abri des vagues.

CAMPING LANDES AZUR•••• €€

Rue Henri Goalard - **AZUR**
✆ 05 58 48 22 52
www.camping-landes-azur.com

Ouvert de mi-mai à fin septembre. Emplacement de 13 à 29 €. Mobil-home (4 à 8 pers.) de 37 à 151 €. Navette plage.

Niché dans un écrin de verdure, ce beau camping aux espaces bien délimités se trouve à 10 minutes de l'océan, 3 minutes du lac et 5 minutes des commerces. L'environnement est calme et les services sont nombreux (bar, dépôt de pain, plats à emporter…). Vous pourrez alterner les journées plage/promenade (navette gratuite vers la plage en été) ou rester profiter des aires de jeux, de la piscine lagon et ses plages avec vue sur l'étang ou tout simplement de votre emplacement ou votre location (campétoile, cabane sur pilotis, mobil-home 4 à 8 personnes).

LANDES

DOMAINE DE MILLON €€

682, route de Millon
✆ 05 58 41 58 10
www.domainedemillon.fr
Gîte (4/6 pers.) de 500 € à 1 400 €/semaine ; gîte (5 pers.) de 700 € à 1 100 € ; gîte (2 pers) de 390 € à 750 €.

Sylviculteurs installés à Millon depuis 1800, vos hôtes pourront vous raconter comment ils ont vécu du pin et de sa résine, mais aussi du vin de sable qu'ils produisaient. Depuis, plusieurs gîtes indépendants ont poussé sur le domaine et près de l'étang qui, auparavant, alimentait la distillerie en eau. Les gîtes sont conçus pour accueillir 2 à 5 voyageurs. Tous bien équipés, parfois avec la climatisation et une piscine privée, ils sont labellisés 2,3 ou 4 épis. Pinède, Cabane sous les pins, Le Rucher... Ils portent des noms bien évocateurs. Vous y serez bien !

L'AIRIAL**** €€

61, avenue du Port d'Albret ✆ 05 58 41 12 48
www.camping-airial.com
Ouvert d'avril à début novembre. Emplacement de 18 à 36 €. Mobil-home, safari lodges, chalet à partir de 325 €/semaine.

A 6 km de l'océan, à l'ombre de la pinède et avec la fraîcheur du lac de Soustons, le camping L'Airial met toujours l'accent sur l'accueil des familles, avec un maximum d'activités pour les enfants. Du côté de l'espace aquatique : piscine couverte à 30 °C, sauna, pataugeoire, jets d'eau... Sans oublier le toboggan multipiste avec double descente et descente en spirale ! Pour votre hébergement : emplacements nus pour tente, caravane ou camping-car, mobil-homes jusqu'à 8 couchages, chalets, Safari Lodge ou Safari Tente. Le restaurant est ouvert à tous. Profites-en !

NATURAL SURF LODGE €€

280, chemin de Bathurt ✆ 06 74 16 02 28
www.naturalsurflodge.com
Ouvert d'avril à octobre. Surf camp adulte à partir de 515 € à 755 €/semaine. École de surf. Location de matériel surf.

Stéphane et Claire vous accueillent au Natural Surf Lodge pour une immersion 100 % nature. Enseignants diplômés, ils vous apprendront l'art du surf (cours et stages) dans un camp où débutant et confirmé peuvent loger. Niché au cœur d'un airial de chênes centenaires, l'Eco-lodge est une ferme landaise rénovée dans le respect de la nature grâce à des matériaux naturels et traditionnels. Les hébergements sont répartis en bungalow privé, chambre familiale ou chambres partagées. Autres activités en option. Renseignez-vous pour les surf camps pour les ados.

VILLAGE VACANCES LE LAC MARIN*** €€

2, impasse des Ajoncs ✆ 05 58 48 67 40
www.touristravacances.com
Ecolabel européen. Accueil vélo. 152 chalets mitoyens (4 à 5/6 pers) à partir de 413 €/semaine. Club enfants. Bar.

Calme, fleuri, arboré... Entre océans, lacs et forêt, le village vacances *Le Lac Marin* vous permet de découvrir la nature, la gastronomie et les traditions des Landes et du Pays basque, notamment lors d'excursions. Aquagym, beach-volley et soirées dansantes sont également au programme. Le village dispose aussi d'une grande piscine avec pataugeoire, une aire de jeux pour les enfants, une salle de spectacle, des terrains de tennis... Vous séjournerez dans un chalet avec terrasse privée.

AUBERGE DU SOLEIL €€

64, route du Lac - **AZUR**
✆ 05 58 77 45 39
Du mardi au dimanche le midi et le soir (vendredi et samedi le soir en basse saison). Formules midi de 14,50 à 20 €.

Epaulé par sa femme Juna, Damien, qui a fait ses classes chez Frédéric Anton et Guy Savoy et dirigé les fourneaux d'un restaurant de Las Vegas, propose une cuisine bistronomique où se mêlent avec saveurs landaises et créoles. Le foie gras poêlé aux fruits de saison s'accorde avec un jus de viande et un râpé de fève de Tonka et le colombo de poulet fermier des Landes avec la christophine confite dans son jus et le riz à la noix de coco. Le chef se distingue également avec son bœuf en deux façons : la queue confite comme un Bourguignon et le filet juste poêlé.

AU CHEVAL BLANC €€

42bis, avenue du Général de Gaulle
TOSSE
✆ 05 58 43 01 17
Mercredi au dimanche le midi et le soir (jeudi au samedi le soir en basse saison). Menu : 25 €. Formule midi : 14,50 €.

Le papa, Jean-Luc, est aux commandes, sa fille Amandine en salle et son fils Benjamin, qui a travaillé dans de belles maisons à l'étranger, est en cuisine ! Même Régine, son épouse, professeure de cuisine en lycée hôtelier, donne parfois un coup de main. Vous l'aurez compris, au *Cheval Blanc*, c'est avant tout une histoire de famille. Le pari de reprendre cet établissement en 2017 est d'ores et déjà réussi. La carte change tous les 3 mois, au gré des saisons. Cuisine généreuse et inventive, accueil et service conviviaux, et des soirées à thème de temps en temps.

LE GRILL DU LAC €€

Avenue d'Huningue ✆ 05 58 41 31 32
www.legrilldulac.com

Ouvert toute l'année du mercredi au dimanche (fermé le mardi en haute saison). Menu du Pays : 28 €. Formule midi : 15 €.

Emmanuelle et Fabrice vous accueillent dans un cadre calme et serein, avec une vue panoramique sur le lac de Soustons ! Tous les midis, en semaine, vous aurez le choix entre deux entrées, un plat de viande ou de poisson et deux desserts. Sans oublier les suggestions du Chef ! Filet de bar sauce aux cacahuètes de Soustons, daurade royale en portefeuille à l'espagnole, magret sauce foie gras, tourtière landaise aux pommes... La carte change au fil des saisons. On apprécie la présentation soignée. Une adresse parfaite au bord de l'eau pour un repas de famille.

OSTAGAÏ €€

200, avenue Emile Sescousse - **AZUR**
✆ 05 58 72 61 20
www.ostagai.com

Ouvert toute l'année. Jours et horaires d'ouvertures variables selon la saison. Plats de 19 à 29 €. Formule midi : 17 €.

Cette petite maison typique des Landes abrite un restaurant où la grande cheminée s'impose, l'hiver, comme un élément central. L'autre atout, c'est le jardin avec ses tables en bois qui ajoutent à la convivialité de cet espace clos et où les enfants sont les bienvenus (cabane). Sangria, cocktails maison, cocktail du moment, ardoise de tapas… On commence toujours par l'apéritif ! A la carte, les produits typiques du Sud-Ouest côtoient les produits de la mer. Les groupes sont les bienvenus. Réservation recommandée. En Gascon, Ostagaï signifie « maison de la joie ».

LA PART DES ANGES €€

Place du commerce
✆ 05 58 47 92 98
www.lapartdesangessoustons.fr

Du jeudi au lundi le midi ; samedi soir. Menu carte : 34 € ; menu bistronomique : 25 € ; menu retour du marché : 15 €.

La Part des Anges évoque les effluves d'alcool perdus au fil du vieillissement du vin en fût... Dans ce restaurant réputé de Soustons, le travail du chef Christophe Marécaut (passage chez les frères Ibarboure à Bidart, chez Alain Dutournier au Carré des Feuillants à Paris, ancien élève du chef étoilé Christian Para et cuisinier privé du chanteur Bono) nous enchante ! Que ce soit le menu retour de marché proposé le midi en semaine, le menu bistronomique ou le menu carte, les prix sont toujours très corrects. Que du fait maison ! C'est donc une adresse à découvrir.

LA CAVE EN GASCOGNE

17, rue Emile Nougaro ✆ 05 58 90 27 96
www.cave-gascogne.fr

Ouvert du mardi au samedi de 9h30 à 12h30 et de 15h30 à 19h ; le dimanche de 10h à 12h30. Dégustations. Epicerie.

Saviez-vous que cette adresse a abrité la première Armagnathèque de France, aussi appelée la Cave à Mimie ? Emportant avec elle le nom Armagnathèque qu'elle a déposé, et ses précieux flacons, Myriam a cédé le fonds de commerce à Hubert Moulet. Et voilà comment la Cave en Gascogne est née. Mais soyez rassuré, vous trouverez encore et toujours une belle sélection d'Armagnac, ainsi que des gammes beaucoup plus étendues de vins de la Région, de Tursan (bien sûr !), mais aussi de champagnes et de spiritueux. Des alcools français uniquement ! Dégustations possibles.

DUPERIER & FILS

Place Robert Lassalle ✆ 05 58 41 15 12
www.duperier.fr

Ouvert le lundi et le samedi de 9h à 12h30 ; du mardi au vendredi de 9h à 12h et de 15h à 19h. Boutique en ligne.

L'artisan conservateur Dupérier fournit quelques-uns des chefs renommés que Darroze, Bras... C'est donc ici que vous trouverez le meilleur foie gras des Landes ! Sa belle couleur, gage de qualité, sa finesse et son goût exceptionnel et son assaisonnement équilibré en font un mets d'exception au savoir-faire unique. Issus de canards nourris aux grains, les foies ont une saveur en bouche absolument délicieuse. Entier ou mi-cuit, dans sa plus pure saveur ou agrémenté, ce foie gras est un petit bijou à déguster. D'autres produits autour du canard sont à découvrir.

LA FERME DARRIGADE

36, chemin de Roucheou
✆ 09 77 73 60 56
www.ferme-darrigade.fr

Ouvert du lundi au vendredi de 10h à 12h et de 15h à 18h30 ; le samedi de 10h à 12h. Vente directe. Boutique en ligne.

En direct, vous allez pouvoir acheter les produits transformés de la Ferme Darrigade : pâtés de porc au foie gras, graisserons de canard, gésiers de canard confit, cailles farcies au foie gras... Les connaisseurs viennent aussi pour les asperges, les conserves à base de canard et pour « le Cassouhète » ; le cassoulet aux cacahuètes. La ferme Darrigade produit en effet des arachides. La production d'huile et de pâte à tartiner est réservée aux épiceries fines. L'été, sur inscription auprès de l'Office de Tourisme, des visites gratuites de la ferme sont organisées.

CENTRE NAUTIQUE DE SOUSTONS

Avenue Labouyrie ✆ 06 45 62 81 00
www.centrenautique-soustons.com
Ouvert en saison et pendant les vacances. Accro-branche, kayak, paddle, voile, surf et bodyboard. Tarifs en ligne.

Ici, on vous propose de venir pratiquer non pas une, mais cinq activités Evad'Sport du Centre Sportif de Soustons. Au programme : kayak, paddle, voile, surf et bodyboard. Et sur la terre ferme (enfin presque), vous aurez la possibilité de venir vous amuser en famille sur les parcours dans les arbres accessible dès 3 ans. En canoë ou en paddle, la descente du courant de Soustons en autonomie est toujours une bonne idée. Organisation de séjours sportifs avec hébergement et restauration.

CLUB DE VOILE SOUSTONS MARENSIN

Route d'Azur
✆ 05 58 41 11 95
www.cvsm.org
Cours particulier (1h) : 40 € + coût de la location. Séance découverte. Stages. Autres tarifs.

L'École française de Voile du club de voile Soustons Marensin est ouverte à tous. Locations de matériel, cours particuliers... Les enfants peuvent également s'inscrire à des stages de 3 à 5 jours pendant les vacances et choisir entre optimist et catamaran (niveau débutant à perfectionnement). En famille ou entre amis, vous avez également la possibilité de partir à la découverte de la faune et de la flore du lac de Soustons en caravelle (dériveur), avec un moniteur diplômé.

PÔLE NAUTIQUE SOUSTONS PLAGE

Avenue de la Pètre ✆ 05 58 41 54 00
www.pole-nautique-soustons-plage.com
Ouvert de mars à octobre (tous les jours en juillet/août). Ecole de surf. Ecole de voile. Canoë-kayak. Stand up paddle.

Depuis 1967, le Pôle nautique de Soustons-Plage est une institution dans les Landes pour l'accueil des groupes. Avec service de transport et d'hébergement ! Autrement, on vient pour quelques heures de surf dès 7 ans, pour s'initier à la planche à voile à partir de 5 ans, s'essayer au mini catamaran, louer un canoë, un kayak ou un paddle ou s'inscrire pour une balade de 12 km sur le courant. Comptez 3h pour cette sortie sur l'eau au cœur de la forêt landaise (sans réservation).

POP CORN LABYRINTHE

Lieu dit Lessègues ✆ 07 68 81 89 22
www.popcornlabyrinthe.fr
Ouvert de juillet à septembre à partir de 10h. Gratuit pour les enfants de -1 mètre. Tarifs de 6 à 7 €. Nocturnes (8 €).

Se perdre (ou presque) dans un labyrinthe de maïs, voilà une idée originale pour passer un bon moment en famille, tester ses nerfs, son sens de l'orientation... Déambulation d'1h45, voire plus, ponctuée par des arrêts avec des jeux en bois ! Les points sont notés sur une fiche fournie. Pas de dangers de se perdre et si cela devait arriver, des sorties, ou « passages », sont indiquées pour rejoindre l'étape suivante. Munis de votre lampe torche, les nocturnes ont lieu le mardi et le vendredi. Par grosses chaleurs, pensez à emporter crème solaire et bouteille d'eau.

CAPBRETON ★

Bien avant que le phare de la jetée ne soit érigé en 1948, l'église Saint-Nicolas avec sa haute tour carrée adossée au clocher a servi de repère aux marins. Au Moyen Âge, les Capbretonnais harponnaient la baleine dans le golfe de Gascogne et la poursuivaient jusqu'à Terre-Neuve. On dit qu'un marin de Capbreton, Cabarrus, aurait conduit le premier navire ayant accosté en Amérique bien avant Christophe Colomb et aurait baptisé l'île : Capbreton. Cette île porterait le nom européen le plus ancien de toute la géographie américaine. Henri IV, roi de Navarre, vint plusieurs fois dans la station comme l'atteste une de ses lettres, conservée à la mairie. Quand Napoléon III se rendit compte de la difficulté d'accoster, il créa la jetée. Si de tout temps les Capbretonnais ont eu une vocation de marins, c'est que le site est un port de refuge naturel. À quelques centaines de mètres du rivage, entre l'estacade et la plage Nord d'Hossegor s'ouvre une curiosité géologique : un canyon sous-marin de 270 km de long. Baptisé « Gouf » ou « fosse » de Capbreton, il atteindrait 4 000 mètres de profondeur, rattaché à un important réseau de failles marines de formation tectonique. Le Gouf aurait joué un rôle d'attraction pour les cours d'eau avec pour preuve, l'embouchure de l'Adour à Capbreton. Il a aussi la propriété de diminuer le mouvement des vagues à la surface, expliquant l'apaisement des flots dans cette zone, qui est une aire de repos pour les bateaux en difficulté. La ville est d'ailleurs le seul port des Landes à proposer quelque 1 000 emplacements aux plaisanciers et aux marins pêcheurs.

BUREAU D'INFORMATION DE SAINT-VINCENT-DE-TYROSSE

127, avenue Nationale
SAINT-VINCENT-DE-TYROSSE ✆ 05 58 77 12 00
www.landesatlantiquesud.com
Ouvert toute l'année. Jours et horaires d'ouverture variables selon la saison.

Voilà l'endroit idéal à Saint-Vincent-de-Tyrosse pour glaner toutes les informations et tous les conseils pour organiser votre séjour, trouver un hébergement ou organiser vos activités. Entre les stations côtières et les villages plus traditionnels, Saint-Vincent-de-Tyrosse est à la croisée des chemins. C'est un passage incontournable pour qui veut découvrir la Côte Sud des Landes ! Au cœur de la ville, les arènes témoignent de la place importante de la culture tauromachique.

OFFICE DE TOURISME DE CAPBRETON

Avenue Georges Pompidou
✆ 05 58 72 12 11
www.capbreton-tourisme.com
Qualité Tourisme. Ouvert toute l'année. Jours et horaires d'ouverture variables selon la saison.

Situé près du Boudigau (le « canal » en gascon), l'Office du Tourisme vous propose de découvrir tous les atouts de Capbreton : patrimoine local, art et artisanat, pêche en mer, balade à vélo ou à pied, surf, gastronomie, œnotourisme, Fête de la mer, du chipiron… Côté visites guidées, plusieurs circuits vous mènent du Boudigau au port en passant par l'Estacade, la chapelle de la plage, mais aussi vers la Maison de l'oralité et du patrimoine, l'église Saint-Nicolas ou la Maison du Rey.

OFFICE DE TOURISME DU SEIGNANX

1750, avenue du 11 Novembre 1918 - **ONDRES**
✆ 05 59 45 19 19
www.seignanx-tourisme.com
Qualité Tourisme. Ouvert toute l'année. Jours et horaires d'ouverture variables selon la saison.

Le Pays du Seignanx regroupe 8 communes : Tarnos, Ondres, Saint-Martin de Seignanx, Saint-Laurent de Gosse, Saint-Barthélemy, Saint-André de Seignanx, Biarrotte et Biaudos, dont les paysages vallonnés de l'arrière-pays dessinent déjà le Pays basque. Le Seignanx est un point de départ idéal pour découvrir les richesses de ce terroir mixte. Faites confiance à l'équipe de l'Office de tourisme situé à Ondres et à la plage du Métro à Tarnos en été pour des loisirs à la hauteur de vos envies.

LE P'TIT LOUP

Face Capitainerie
✆ 06 77 87 80 40

Selon la météo, les marées... Embarquez sur le fileyeur Le P'tit Loup ! Ce bateau de 12 mètres sur 5 vous emmènera dès 5h du matin sur l'océan. Retour prévu vers 17h. Vous assisterez à la relève des filets, au démaillage, au tri des poissons, à leur nettoyage et à leur mise en caisse. Au menu : soles, merlus, bars et rougets selon la saison. A l'arrivée au port, le capitaine du bateau vous offrira « la godaille », la partie de la pêche laissée par le patron à ses marins. Inscription impérative 48 heures à l'avance par téléphone.

WOOD'N SEA SURF LODGE €

6, rue de Baye ✆ 06 07 72 14 78
www.woodnsea-lodge.com
Ouvert d'avril à octobre. Dortoir de 26 € à 45 €/nuit ; chambre (2 à 3 pers.) de 56 à 145 €. Petit déjeuner inclus.

C'est en Australie que Sylviane et Antoine ont découvert le principe de la *guest house*. Ces deux sportifs ont eu envie de retrouver cet état d'esprit en remodelant une jolie maison des années 1930. Cuisine fonctionnelle où tout est pensé pour le partage, chambres doubles, triples, quadruples ou dortoirs très bien entretenus, salles de bains modernes (individuelles ou partagées), petit salon, bain bouillonnant et douche dans le jardin pour les retours de plage, activités… Une réussite ! L'accent est mis sur le respect des lieux et des hôtes. Plage à 400 mètres !

BAYA HÔTEL & SPA*** €€

85, avenue Maréchal de Lattre de Tassigny
✆ 05 58 41 80 00
www.baya-hotel-capbreton.com
Ouvert toute l'année. Chambres à partir de 110 €/nuit. Petit déjeuner inclus. Conciergerie. Espace de soins thaïlandais.

Offrant l'une des plus belles vues sur la baie du golfe de Gascogne, le Baya Hôtel puise son inspiration déco dans la nature environnante. Interprété par la décoratrice Elisabeth Milpied, le décor repose sur un subtil mariage de couleurs pepsy ou pastel, de bois, de céramiques veloutées, d'acier ou de laiton pour des luminaires étonnants. Dans l'une des 6 suites panoramiques, le regard vogue à l'infini sur l'océan, la chaîne des Pyrénées en toile de fond, ou l'Estacade ; l'emblématique jetée de la Cité marine. Et saviez-vous qu'il est possible de venir y manger ?

Capbreton.

BLUE OCÉAN**** €€

Avenue de la Plage - **ONDRES**
✆ 05 59 45 31 40
www.espaceblueocean.com

Ecolabel européen. Qualité Tourisme. Ouvert du 2 avril au 6 novembre 2022. Emplacements du 1er juin au 30 septembre.

Blue Océan est un camping familial dirigé par un amoureux de la nature. À l'ombre des pins, des chênes verts, des albizias, les hébergements ont fleuri sans délimitations. Ici, pas de gaspillage : tri des déchets, économie d'eau, récupération des eaux pluviales, utilisation de l'énergie solaire pour chauffer les deux piscines extérieures, vente de fruits et légumes locaux à l'épicerie… Les animations pour enfants sont axées sur la découverte de l'environnement. Par ailleurs, une navette gratuite vous emmènera directement à la plage située à 1 kilomètre.

CAMPING LA POINTE**** €€

Quartier de La Pointe ✆ 05 58 72 14 98
www.camping-lapointe.com

Ouvert d'avril à fin septembre Emplacement de 22 à 44 €. Location (4 à 7 pers.) de 45 à 240 €/nuit. Espace bien-être.

A 800 m de l'océan, en bordure de rivière, le camping La Pointe innove chaque année pour un séjour confortable et tonique ! En haute saison, vous pourrez vous détendre à l'espace bien-être (hammam, sauna, bain bouillonnant et soins). En matière d'hébergement, vous avez le choix entre les Safari lodges avec sanitaires, les Natur'house et les cottages. L'espace aquatique (bassin de nage chauffé, toboggans, pataugeoire et plate-forme ludique pour enfants) ouvre à partir de mi-mai. Activités sportives, location de vélos et surf, restaurant, navette gratuite...

L'ESTACADE €€

93, avenue Georges Pompidou ✆ 05 56 01 73 00
www.nemea.fr

Ouvert toute l'année. T2 (4 pers.) de 200 à 1 360 € ; T2/T3 (6 pers.) de 215 à 1 875 € ; T4 (8 pers). de 300 à 2 190 €.

Eté ou hiver, la résidence Nemea l'Estacade est un lieu emblématique de Capbreton. Le long du chenal, tout près du port, de la plage et des commerces, cet établissement haut de gamme de quatre étages réunit tous les équipements nécessaires pour un séjour sans contraintes. Dans les appartements de 2 pièces (4 personnes) jusqu'aux 4 pièces (8 personnes), vous bénéficierez d'une cuisine bien équipée, d'un coin-repas et d'un séjour avec canapé, mais aussi d'une terrasse ou d'un balcon avec salon de jardin. Ouverte à Pâques selon la météo, la piscine est chauffée.

GREEN RESORT**** €€

Avenue de la Plage - **ONDRES**
✆ 05 59 45 29 40
www.green-resort.com

Ecolabel européen. Cottages (1 à 3 chambres) de 1 987,62 € à 2 711,62 € en haute saison. Club enfants. Animations.

Plage, piscines extérieures (sans chlore), large choix d'activités (club enfants, cours de yoga, massages, écoles de surf, cirque, équitation, etc.) avec la tranquillité et sérénité du bord de mer... Tous les éléments sont réunis pour que vous passiez des vacances réussies au Green Resort. Dans le plus grand respect de la nature, vous aurez le choix entre plusieurs écolodges (2 à 3 chambres) sans vis-à-vis, immergés en forêt : chalets luxueux, bungalows de charme, etc. Le Green Resort offre le confort et les services d'un hôtel en pleine nature.

HÔTEL AQUITAINE*** €€

66, avenue Maréchal de Lattre de Tassigny
✆ 05 58 72 38 11
www.hotelaquitaine-capbreton.com/fr/
L'hôtel est fermé pour la saison (travaux).

A 200 mètres de la plage, cet hôtel profite d'un emplacement idéal pour des balades à vélo, les sports nautiques et la baignade. Nul besoin d'utiliser votre véhicule pendant votre séjour, car toutes les commodités sont à proximité (loisirs, commerces et restaurants). Ne craignez pas pour votre tranquillité, l'établissement est à l'écart des animations nocturnes. En étage, les 16 chambres profitent d'un balcon avec vue piscine ou jardin. Bien que les 3 suites familiales soient au rez-de-chaussée, l'hôtel n'est pas accessible aux personnes à mobilité réduite.

HÔTEL LE LODGE*** €€

1180, avenue du 11 Novembre 1918 - **ONDRES**
✆ 05 59 45 27 02
www.hotel-le-lodge.com
Qualité Tourisme. Accueil vélo. Chambre double de 65 à 200 € ; triple de 90 à 200 €. Petit déjeuner buffet : 13 €.

The Originals City, Hôtel Le Lodge, Bayonne-Nord bénéficie d'une situation et d'une configuration idéales, car situé sur l'axe Bordeaux-Bayonne, la route des plages et de l'Espagne. Dans cet établissement, les chambres sont de plain-pied avec accès au jardin. De mai à septembre, vous pourrez profiter de la piscine chauffée avec ses transats et de la terrasse pour prendre votre petit déjeuner, mais aussi un verre dans l'après-midi ou en début de soirée. L'esprit est plus celui d'une chambre d'hôte que d'un hôtel classique. Et que dire de l'environnement bucolique !

HÔTEL OCÉAN*** €€

85, avenue Georges Pompidou ✆ 05 58 72 10 22
www.hotel-capbreton.com
Chambre (2 à 4 pers.) de 65 à 305 € ; Petit déjeuner de 7 € à 10 €. Studio (5 pers.) de 120 à 370 €. Parking : 15 €.

Ouvert toute l'année, l'Hôtel Océan vous reçoit dans un esprit « cocooning plage ». Tout commence par un verre de bienvenue au bar ; un lieu vraiment agréable. Avant de rejoindre votre chambre, prenez le temps d'admirer la photo aérienne de Capbreton qui indique les points d'intérêt du secteur. Et surtout, n'hésitez pas à investir l'une des chiliennes pour regarder les bateaux passer... Pour bénéficier d'un petit balcon avec vue sur le canal, l'océan et le port, pensez bien à réserver une chambre Océan. Rendez-vous sur le rooftop à l'heure du coucher du soleil !

LE MOULIN DE SAUBRIGUES €€

327, route de la Lanère
SAUBRIGUES
✆ 05 58 91 67 57
Ouvert toute l'année. De 75 à 95 €/nuit (2 nuitées minimum en juillet et août). Petit déjeuner et parking inclus.

Ancienne ferme landaise avec son moulin du XVIIIe siècle, les chambres d'hôtes et l'appartement du Moulin de Saubrigues se trouvent au cœur d'un parc de 2 hectares avec un étang. Dans les anciennes étables rénovées, façade en vieilles briquettes et colombages dans le plus pur esprit landais, les 4 chambres, dont l'une permet d'accueillir jusqu'à trois personnes, sont lumineuses et dotées d'une salle d'eau privative. Actuellement, le Moulin de Saubrigues est en travaux. Réouverture prévue pour l'été 2022, mais autrement c'est ouvert toute l'année.

VILLA ANDRÉE N°4 €€

1, rue Nungesser et Coli ✆ 06 40 20 39 14
www.gites-de-france-landes.com
Gîtes de France. Ouvert toute l'année. Pour 4 personnes (52 m², 2 chambres). A partir de 490 €/semaine.

Cette ancienne maison de pêcheurs sera votre port d'attache. Deux chambres individuelles, une belle cuisine aménagée, un salon très lumineux aménagé sous la véranda, des aménagements de qualité et une décoration soignée caractérisent cette maison labellisée Gîte de France. Avec sa terrasse en bois, le jardin est agréablement paysagé. Idéalement située pour un séjour sans voiture (parking), la Villa Andrée n°4 se trouve à 500 mètres de l'océan, la dune et le centre-ville, tandis que la Vélodyssée passe à seulement 250 mètres. Deux vélos sont à votre disposition.

VILLA MARENSINE €€

10, impasse des Mimosas ✆ 06 40 20 39 14
www.gites-de-france-landes.com
Gîtes de France. Ouvert toute l'année.
Pour 4 personnes (63 m², 2 chambres).
A partir de 490 €/semaine.

A quelques minutes de la plage, des commerces, de la piste cyclable, du lac, du golf... Au cœur d'un quartier résidentiel calme, la Villa Marensine vous accueille pour des vacances à 2 ou à 4. Labellisée Gîtes de France depuis 2013, cette maison mitoyenne contemporaine profite d'un jardin clos de 80 m² avec une grande terrasse en bois (salon de jardin, parasol et plancha électrique). Décorée avec des objets d'art, elle est aménagée sur 2 niveaux. Envie de découvrir les alentours ? Empruntez les vélos mis à disposition gracieusement. Le linge de maison est fourni.

LES ÉCHASSES**** €€€

701, route des Bruyères - **SAUBION**
✆ 06 51 96 55 54
www.ecolodge-lesechasses.com
Ouvert toute l'année. Modge (2 pers.) de 250 à 385 €/nuit ; lodge (6 pers.) de 400 à 550 €/nuit. Restaurant. Spa.

Paradis des golfeurs, Les Echasses, sont avant tout un hôtel-spa tourné vers le développement durable ; un lieu unique au cœur de la forêt des Landes, à quelques minutes seulement des immenses plages de la côte Aquitaine. Comme les Landes, les grands espaces caractérisent bien ce lieu exceptionnel. Sur pilotis, autour d'un plan d'eau réalisé grâce à la nappe phréatique, les 7 *modges* profitent d'une terrasse sur l'eau. Les matériaux, le mobilier jusqu'au tapis dessiné par un designer, font écho à la transparence de l'eau, la lumière et la couleur blonde du bois.

L'AUBERGE D'UGNE €€

2319, route d'Ugne - **SAUBRIGUES**
✆ 05 58 77 94 10
www.auberge-dugne.com
Du mercredi au dimanche le midi ; le vendredi et le samedi le soir. Menus de 20 à 26 €. Formule midi : 14 €. Traiteur.

L'Auberge d'Ugne trône au milieu d'un joli parc très bien entretenu. La vocation de ce lieu de restauration et de réception est toujours la même : accueillir les gourmands, qu'ils soient 2 ou 200. Le chef propose une cuisine régionale. L'Auberge d'Ugne est ouverte tous les jours le midi et le soir sur réservation pour les groupes. C'est aussi le lieu idéal pour organiser vos réceptions et mariages, mais aussi vos séminaires. Tables pimpantes, cuisine simple et gourmande, c'est une adresse dont il faut se souvenir pour les petites et grandes occasions.

LE BALCON €€

Place de l'Hôtel de Ville
✆ 05 58 72 11 76
Ouvert tous les jours (sauf dimanche soir et lundi en basse saison). Restauration le midi ; le ven et sam le soir.

La terrasse du *Balcon* est le rendez-vous incontournable des locaux qui se rejoignent entre amis ou en famille après avoir fait le tour du marché. Au bout de l'allée piétonne, sur la place principale, vous serez séduit par l'ambiance de ce café à l'ancienne. On y partage joyeusement d'excellentes tapas en attendant les plats : cassolette de *rabas* (encornets frits) ou assortiment de charcuteries espagnoles, fromage du Pays... On prolonge le plaisir avec un large choix de galettes ou avec l'arrivage du poisson frais. Soulignons une belle carte des vins.

LE BARRIO €€

Quai de la Pêcherie
✆ 05 58 72 61 71
www.lebarrio-capbreton.fr
Ouvert tous les jours de 12h à 22h. Service continu. Menus de 26,80 € à 29,90 €. Formule du midi : 15 €. Animations.

Dans ce décor ibérique, qu'il fait bon partager tapas et cocktails, confortablement installé sur les banquettes de son espace lounge, avec le coucher de soleil qui s'étire à travers les mâts des voiliers ! Le patron garantit une cuisine maison basco-landaise de saison et quelques spécialités exotiques à l'ardoise. Les assiettes font voyager de l'Espagne au Mexique en passant par les Pays orientaux... Comme le reste, les desserts sont de la maison ! Le Barrio est aussi un vrai lieu d'exposition, de concert et de spectacle. Belle terrasse sur le port de plaisance.

BELHARRA CAFE €€

Boulevard François Mitterrand
✆ 05 58 42 59 22
www.belharracafe.com
Ouvert de février à fin novembre, tous les jours de 9h à 23h. Menu : 29,90 €. Plateaux de fruits de mer de 22 à 47 €.

Savez-vous que la Belharra est une vague géante et mythique pour les surfeurs ? C'est aussi le spot des amateurs de bonnes tables ! Situé sur le front de mer, le *Belharra Café* trône sur cette promenade incontournable de Capbreton, offrant une vue privilégiée sur l'Estacade. Les baies vitrées et la grande terrasse embrassent ce panorama incroyable. Croyez-nous, c'est l'endroit idéal pour profiter des couchers de soleil et des soubresauts de l'océan. Ici, les assiettes sont généreuses, le service est rapide et le personnel est aux petits soins.

BISTRO KANTXA €€

20-22, avenue Nationale
SAINT-VINCENT-DE-TYROSSE ✆ 05 58 77 88 91
https://pelote-passion.fr
Du mardi au dimanche de 9h à 23h (jusqu'à 14h30 le dimanche en hors saison). Formule du midi : 15,50 €. Epicerie fine.

Tout un concept ! Créée en 2002 par le champion du monde de pelote basque, Christophe Dardy, Pelote Passion organise des événements sur le thème du Pays Basque. En 2019, pour satisfaire une très forte demande, Pelote Passion a ouvert le bistro *Kantxa* où l'on retrouve dans les assiettes, les produits de petits producteurs locaux en vente du côté de l'épicerie fine. Sans oublier, une sélection de vins d'ici et d'ailleurs. Au programme : formule déjeuner le midi et pintxos, tapas et assiettes à partager le soir et le week-end. Réservation recommandée.

MA CABANE SUR LE PORT €€

3, rue des Pêcheurs ✆ 05 58 72 13 42

Ouvert toute l'année. Jours d'ouverture variables selon la saison. Carte : 50 € environ. Formules du midi : 23 et 26 €.

Le restaurant Ma Cabane sur le Port est généralement ouvert du mardi au samedi le midi et le soir en juillet et août. Dans ce petit établissement, le chef, breton d'origine, privilégie la cuisson à la plancha pour préserver le goût authentique des produits. Et bien sûr, il utilise du sel de Guérande qu'il dose avec justesse. Les produits sont quant à eux, sélectionnés chez les meilleurs fournisseurs du coin pour les viandes, au port de pêche de Capbreton et sur les marchés alentour. La carte change au gré des saisons. Belle carte des vins. Un conseil, allez-y !

LA CUISINE €€

26, rue du Général de Gaulle

✆ 06 41 75 22 61

www.restaurantlacuisine.fr

Ouvert toute l'année. En haute saison : du mardi au dimanche le soir ; du mer au samedi le midi. Plats de 24 € à 26 €.

La Cuisine pourrait s'appeler La Grande Cuisine ! Secondé par sa compagne Isabelle en salle, le chef Johann vous surprendra avec une cuisine qu'il serait trop facile d'appeler « inventive ». Les produits sont connus, classiques, voire incontournables, mais le propos est de les mettre en valeur de manière inattendue et colorée. La carte change toutes les 4 à 5 semaines. Isabelle est aux petits soins et donne toutes les explications, notamment quand elle sert les mises en bouche. Succès oblige, les réservations sont conseillées. On y mange toute l'année.

BISTRO' BAYA €€

85, avenue Maréchal de Lattre de Tassigny ✆ 05 58 41 80 00

www.baya-hotel-capbreton.com

Maître Restaurateur. Ouvert du lundi au dimanche le midi et le soir. Menu du midi : 26 €. Menu du soir : 36 €.

© BAYA RESTAURANT

Nicolas Mahieu, qui a fait ses premières armes chez les étoilés La Marine et Le Château de Sully en Normandie, mais qui est aussi passé chez Alain Ducasse et Chez Philippe à Biarritz, propose une cuisine changeante, inventive et contemporaine. Gourmande et appétissante ! Ce Normand de cœur sublime les assiettes du Baya Hôtel & Spa. Le midi et le soir, le menu est composé de produits frais, locaux et de saison. Tout est cuisiné sur place. Le chef renouvelle ses cartes toutes les 4 à 6 semaines. Le Bistro'Baya profite d'une belle et grande terrasse sur l'océan.

LANDES

L'EXPRESSION €€

21, route du Cricq - **SAINT-JEAN-DE-MARSACQ**

✆ 05 58 43 67 96

www.restaurantlexpression.com

Ouvert toute l'année. En haute saison : le lundi, mardi et du jeudi au samedi le midi et le soir ; le dimanche soir.

C'est le genre d'établissement qui redynamise un centre bourg ! L'Expression est à la fois un hôtel, un restaurant et un bar. Et bien souvent le restaurant affiche complet ! Au service, il faut dire que Marie sait y faire, et rapidement le midi pour les plus pressés. Du côté de la cuisine, c'est Kévin ; un chef qui a travaillé dans différentes régions de France et du monde. L'hôtel se trouve à l'étage. Il y a trois chambres avec un lit double et une suite familiale composée d'une chambre double et d'une chambre twin. Formule burger à emporter le dimanche soir !

MAISON GOUSTUT €€

Quai de la Pêcherie

✆ 05 58 42 18 38

www.goustut.fr

Ouvert toute l'année. Du lundi au samedi midi et soir en haute saison. Formule du midi : 28 €. Menu Découverte : 54 €.

Un traiteur marin et végétal ! Reconnu pour son inventivité et son travail des produits frais, Patrice Lubet, l'ancien chef du Jean des Sables, a ouvert La Maison Goustut avec Stéphanie Castex. Ici, vous trouverez tout ce qu'il faut pour votre déjeuner ou votre dîner. Poissons du Port de Capbreton, fruits et légumes, pastis Mitchut imaginé à partir de la recette de la maman de Patrice Lubet, épices, graines et légumineuses… Sur place ou à emporter ! La table de la Maison Goustut vous reçoit depuis avril 2019. Et toujours avec la même exigence de qualité !

MAMBO DELIZIE ITALIANE €€

81, avenue du Maréchal de Lattre de Tassigny
✆ 09 73 23 34 13

Ouvert de mars à début décembre ; le midi et le soir (fermé le mercredi). Focaccia de 8 € à 15 €. A emporter. Boutique.

C'est l'histoire d'une famille italienne qui pose ses valises à Capbreton en 2016, portée par l'envie de faire découvrir la cuisine transalpine. Voilà comment on passe de l'océan au Piémont italien en un clin d'œil ! Et quel plaisir de savourer des plats faits maison. La carte étant en italien, Débora et Paolo s'occupent de la traduction. Cependant, n'espérez pas y trouver de pizza, il n'y en a pas ! Ici, c'est la pinsa (focaccia de forme ovale) qui se décline à toutes les sauces avec du jambon cru, de la crème de gorgonzola et même des fraises pour le dessert.

MB RESTAURANT €€

17, avenue Georges Pompidou ✆ 05 58 72 12 02
www.mbrestaurant.fr

Du mercredi au dimanche le midi et le soir. Réservation recommandée. Menus de 35 à 60 €. Formule du midi : 25 €.

Nathalie Mazeaud et Marc Buffet, pour MB donc, vous accueillent dans cette jolie maison blanche située face au chenal. A l'abri des regards, le grand patio s'articule autour d'un magnifique platane au tronc noueux. Marc Buffet, qui a notamment secondé le chef étoilé Guy Martin, se donne carte blanche pour la formule déjeuner qui est renouvelée chaque premier mercredi du mois. Le Chef s'amuse également à imaginer des menus à thème en fonction des saisons : chasse, truffes, homard, abats... C'est une adresse gastronomique incontournable ! Réservation recommandée.

MONSIEUR MOUETTE €€

Avenue Notre-Dame
✆ 05 58 73 62 02
www.monsieurmouette.fr

Ouvert tous les jours de 10h à 1h. Plats de 15 à 21 €. Menu enfant : 10 €. Terrasse. Animations. Bar. Boutique en ligne.

Monsieur Mouette, c'est bien pour un déjeuner et mieux encore pour un apéro entre amis et une bonne soirée. En clair, c'est le genre d'endroit où l'on passe un bon moment sur fond de musique live. Et qu'est-ce qu'on mange ? Beaucoup de fraîcheur ! Par exemple : une tarte fine oignons, boudin noir et bleu, de l'effiloché d'épaule d'agneau, un phô vietnamien, un smashed cheeseburger, des coquillettes truffées façon risotto, une pavlova kiwi, aneth et yaourt.. Le tout avec une vue très agréable sur le port de Capbreton. Il est possible de réserver.

NINA CAFÉ €€

Boulevard François Mitterrand
✆ 05 58 43 79 92
www.ninacafe.fr

Ouvert à partir du mois d'avril, tous les jours de 10h à 1h. Menus de 22,90 € à 26,90 €. Bar.

Le Nina Café fait la part belle aux fruits de mer et aux crustacés. Rien de tel que l'assiette « mer » façon tapas avec ses crevettes, beignets de chipirons, friture d'éperlans, saumon fumé et ses moules à la planchas pour commencer la soirée sur la terrasse face à l'océan. A la carte, vous trouverez autant de plats de poissons que de viandes. Service rapide et professionnel ! Croyez-nous sur parole, Au Nina Café, vous serez aux premières loges pour assister à un superbe coucher de soleil ; une parenthèse propice pour déguster un cocktail avec ou sans alcool !

O' PETITS OIGNONS €€

34, rue du Lac
✆ 05 58 72 21 98

Basse saison : du vendredi au mardi le midi et le soir. Haute saison : tous les jours le soir. Réservation recommandée.

Produits frais, cuisine maison, carte volontairement courte... La recette est simple : risotto crémeux de couteaux et fèves, tourte d'agneau, tiramisu pistache et marron... Et aussi une belle carte des vins. Le midi, on opte pour la formule entrée, plat et dessert, bien sûr. Pensez donc à réserver dans ce sympathique restaurant un peu à l'écart de la foule estivale (petite terrasse couverte) ! Le décor fait penser aux maisons de pêcheurs avec son plafond bas lambrissé. Il est accentué ici et là par du bois flotté et des objets « bord de mer ».

LA PETITE TABLE €€

7, quai de la Pêcherie
✆ 05 58 72 36 72
http://lapetitetablecapbreton.fr

Collège Culinaire de France. Ouvert de mars à fin novembre. Plats de 23 € à 26 €. Terrasse couverte.

De telles assiettes ne peuvent que refléter un parcours riche en rencontres, réflexion et passion ! Quand on sait que le chef David Boulouys est passé dans les brigades d'Alain Ducasse, Bernard Loiseau et Alain Passard (3 étoiles au Michelin), on comprend mieux. Ajoutez à cela des séjours culinaires auprès de ses pairs et des voyages en Arabie saoudite, en Egypte et au Qatar. A La Petite Table, en compagnie de son épouse Virginie, le chef livre le fruit et la richesse de ses périples en mettant à l'honneur les plus beaux produits des terroirs locaux et d'ailleurs.

SAVA CUISINER €€

80, rue de l'Europe - **SAINT-MARTIN-DE-HINX**
✆ 06 88 71 94 11
www.savacuisiner.fr
Restaurant ouvert du lundi au samedi le midi ; du jeudi au samedi le soir. Boucherie/épicerie/ bar. Traiteur.

Sava Cuisiner a débarqué à Saint-Martin-de-Hinx le 29 juillet 2021. Côté restaurant, Virginie et Sylvain Lannegrand s'inscrivent dans la même volonté, à savoir : proposer un menu ouvrier et une carte élaborée avec des produits frais, donc de saison, et faits maison. On se met en appétit sur leur site ! Et s'il y a toujours un service traiteur pour les mariages, baptêmes, anniversaires ou encore les repas d'affaires, Sava Cuisiner a aussi ouvert une boucherie et une épicerie où l'on retrouve des viandes locales et une cave à vin avec une trentaine de références.

LA TETRADE CÔTÉ PORT €€

85, avenue Georges Pompidou
✆ 05 58 72 64 45
www.latetrade-cote-port.fr
Ouvert toute l'année ; tous les jours le midi et le soir en haute saison. Fruits de mer à volonté le samedi soir : 46 €.

A La Tetrade Côté Port, la soupe de poisson est délicieusement parfumée et les poissons cuits à la plancha, les assiettes de la mer et les fameux plateaux de fruits de mer font le succès de l'établissement. Autre spécialité de la maison : la zarzuela ; un plat d'origine espagnole à base de poissons, coquillages flambés à l'armagnac et crustacés, jus de cuisson safrané, pommes de terre et pain de campagne grillé et aillé. A côté, La Tetrade Côté Boutique attire l'œil avec son étalage de poissons et crustacés de première fraîcheur et ses produits d'épicerie fine.

LE HITTAU €€€

1, rue du Nouaou - **SAINT-VINCENT-DE-TYROSSE**
✆ 05 58 77 11 85
www.restaurant-lehittau.fr
Ouvert du mardi au samedi midi et soir. Réservation recommandée. Menus de 72 à 92 €. Formule du midi : 36 €. Terrasse.

Yannick Duc (une étoile Michelin) est un amoureux des mots et des mets. En préambule sur la carte, on peut lire quelques phrases sur son travail qu'il commence dès 6h le matin, puis encore quelques lignes où il nous propose « d'arrêter le temps ». Sous la charpente de cette ancienne bergerie ou sur la terrasse ouverte sur le jardin, on ne demande que cela. Quel bonheur alors de découvrir que, comme en amour, la réussite vient des bonnes associations. Les produits sont travaillés avec justesse. Tout au long du repas, Nathalie se préoccupe de votre confort.

O'TXOKO €€

Quai de la Pêcherie ✆ 05 58 48 16 65
www.otxoko-restaurant-capbreton.com
Ouvert toute l'année. Tous les jours le midi et le soir. Réservation recommandée. Menu à 29 €. Formule du midi : 17 €

© O\\\'TXOKO

A la barre, David Dziura veille à la qualité des fournisseurs (pêcheurs à Capbreton, producteurs de la moule de bouchot de la Baie du Mont Saint-Michel, etc.), donc à la qualité des produits. Chez O'Txoko, le vivier et l'écailler sont gages de fraîcheur ! Voilà pourquoi, il ne fait aucun doute que les goûts sont aussi au rendez-vous. A la carte, les viandes viennent compléter les plats de la mer. Côtes de Gascogne, Tursan Impératrice, Jurançon, Rueda, Chablis, Côtes du Rhône... Les vins blancs sont à l'honneur. Pensez aussi à la carte des cocktails !

LE COSYVINS

Quai de la Pêcherie
✆ 05 58 72 66 34
Ouvert du mardi au samedi de 18h30 à 2h ; tous les jours en juillet/août. Tapas à partir de 6 €. Vin au verre.

Assortie d'une épicerie fine, cette cave est née de l'amitié entre quatre passionnées de vin ; Aïcha, sommelière et propriétaire de vignes en Algérie, Jean et Clément, cavistes de La Cave du Miraïlh à Dax, et Marc, architecte. Une centaine de vins français sont référencés : vins du Languedoc, des Côtes du Rhône, de Bourgogne, de Bordeaux, de Loire et du Sud-Ouest... Sans oublier les vins du monde et une cinquantaine de références de whiskys vendus au verre. Vous pouvez choisir vous-même votre bouteille dans la cave ! Un petit salon est consacré à la dégustation.

LANDES

MONSIEUR MOUETTE

Avenue Notre-Dame
✆ 05 58 73 62 02
www.monsieurmouette.fr

Ouvert tous les jours de 10h à 1h. Terrasse. Restauration. Animations. Boutique en ligne.

Matin, midi, après-midi, soir... C'est à Monsieur Mouette qu'il faut être ! Profitant de la vue sur le port de Capbreton, on se retrouve ici pour partager quelques plats et tapas. Oui, tel est le concept ! Chez Monsieur Mouette, le soir, tout le monde a le droit de piquer dans les assiettes, y compris la pièce de bœuf et le magret de canard tranchés pour plus de commodité. A côté de ça, pour les puristes, on retrouve les traditionnelles planches à partager. L'apéro s'annonce gourmand ! L'ambiance musicale est assurée certains soirs par des groupes en live.

ADISHATZ LA FABRICA

4, rue des Galips
✆ 05 58 72 51 86
www.adishatz.com

Ouvert toute l'année. En juillet et août : de 8h à 13h et de 14h à 19h ; le samedi de 10h à 13h et de 14h à 18h.

Adishatz, qui veut dire « bonjour/au revoir/adieu » est une expression gasconne populaire dans le Sud-Ouest. La boutique d'usine *Adishatz* développe son propre « gasconcept » à travers plusieurs collections. La ligne de tee-shirts est la plus emblématique, déclinant avec humour les thématiques locales (gastronomie, rugby, compétitions de lancers d'espadrilles, férias...). La promotion des produits et des articles conçus, dessinés et fabriqués en majorité dans les Landes et le Sud-Ouest reste une priorité. Sont aussi valorisés les objets d'arts de la table.

L'ANNEXE DE LABALLE

4, rue des Résiniers
✆ 05 58 73 81 57
https://boutique.laballe.fr

Ouvert du lundi au jeudi de 8h30 à 13h et de 14h à 17h ; le vendredi de 8h à 13h. Boutique en ligne.

Depuis huit générations, le château Laballe est exploité par la même famille. En 2007, c'est Cyril qui reprend le domaine avec sa femme Julie. Depuis 2011, l'Annexe de Laballe, située à Capbreton, est un relais entre le château de Parlebosq et la clientèle. Tout en gardant l'esprit « maison », le couple parvient à donner un nouvel élan en travaillant sur l'étiquetage et le flaconnage. L'armagnac se tourne vers un esprit plus initiatique en proposant des petites contenances conditionnées dans des écrins cadeaux et en s'associant avec d'autres saveurs en cocktail.

BARAJAS PRIMEURS

20, boulevard des Cigales ✆ 05 58 72 29 70
www.barajas.fr

Ouvert toute l'année (du lundi au samedi de 8h à 19h ; le dimanche de 8h à 13h en saison). Service click & collect.

Sophie et Arnaud Lebrun continuent d'écrire l'histoire de Barajas Primeurs ; établissement réputé depuis plus de 40 ans. Ils proposent des fruits et des légumes de saison au meilleur prix grâce à la proximité des producteurs. Même chose du côté de l'épicerie gourmande ! Saumon fumé et produits du canard de la Maison Bartouilh, produits de la mer de chez Jean de Luz, des tablettes de chocolat fabriquées à Seignosse par Rookyto, pastis d'Amélie ou Mitchut de Patrice Lubet... Profitez du service de commande en ligne. Et aussi des -10 % le jeudi sur tout le magasin.

LA CAVE DES VIGNERONS DE TURSAN

75, avenue Georges Pompidou ✆ 05 58 97 82 02
www.tursan.fr

Ouvert d'avril à octobre, du mardi au samedi (9h-13h et 16h-19h30). Boutique en ligne. Visites et dégustations à Geaune.

Corinne vous proposera de découvrir et déguster les vins AOP Tursan, IGP Chalosse et IGP Landes. Elle pourra vous expliquer que les raisins sont récoltés à maturité, vendangés et travaillés par une équipe technique, responsable de la qualité des vins que vous retrouverez à la vente. Le fonctionnement est celui d'un grand domaine. Les vins sont mis en bouteille à la propriété à Geaune, là où sont organisées les visites. Les vins de Tursan accompagnent la farandole des mets du Sud-Ouest.

MARCHÉ AUX POISSONS

Quai Pompidou
✆ 05 58 72 21 23

Tous les jours de 9h à 13h (en fonction des conditions météorologiques). Vente à quai.

Capbreton est une des rares villes où le poisson passe directement du pêcheur au consommateur ! Tous les jours, selon les conditions météorologiques, en déambulant le long du quai, vous assisterez au retour des fileyeurs, caseyeurs, ligneurs ou de l'unique chalutier de la flottille. Gavroche, P'tit Loup, Syrius... Au pied de la capitainerie, chacun des 19 bateaux possède sa table de vente, bondée de paillettes de glace. Les pêcheurs déposent, sous vos yeux, la pêche du jour ! Le surplus est collecté par le camion de la criée de Saint-Jean-de-Luz/Ciboure.

mont de marsan AGGLO
MONT DE MARSAN TOURISME
LES LANDES EN CAPITALE :
UNE PARENTHÈSE INATTENDUE
Office de Tourisme du Marsan
SENTIERS DE RANDONNÉES / VOIES CYCLABLES
PARC NATUREL URBAIN / CENTRE DE BIODIVERSITÉ
montdemarsantourisme
MontdeMarsanMaville
visitmontdemarsan.fr
montdemarsan.fr
montdemarsantourisme
montdemarsan_ville
OFFICE DE TOURISME
1 place Charles de Gaulle
40000 Mont de Marsan
Tél. 05 58 05 87 37

VILLA MIRASOL
Mont-de-Marsan
Hôtel****
chambres et suites
Bistrot 1912
cuisine de marché
Mirasol
table gastronomique
•
2bd Ferdinand de Candau
40000 Mont-de-Marsan
Landes
+33 (0)5 58 44 14 14
contact@villamirasol.fr
www.villamirasol.fr

SUR UN LIVRE PERCHÉ

6, rue des Artisans
SAUBION
✆ 05 58 77 41 46
www.sur-un-livre-perche.fr
Ouvert à partir du 1er avril 2022.

Dans cette « cabane bouquiniste » perchée au milieu des arbres, vous aurez tout le loisir de dénicher des livres d'occasion pour enfants et adultes à prix remisés, papoter et vous laisser conseiller par Olga et Michel. Vous pourrez vous installer sur la grande terrasse, à 3 mètres de haut pour observer la nature. Lectures, conférences, expositions, ateliers, stages... La programmation est plutôt riche. Pour la petite histoire, c'est Michel, aidé par une poignée d'amis, qui a construit cet endroit insolite avec des matériaux écologiques. Sans oublier Olga !

ECOLE D'ÉQUITATION DU MÉNUSÉ

148, route de Caplanne
SAINT-JEAN-DE-MARSACQ
✆ 05 58 77 78 21
https://le-menuse.ffe.com/
Ouvert toute l'année. Séance découverte (1h) : 24 €.

Respecter de l'animal, son environnement et sa sécurité sont les règles essentielles pour transmettre de belles valeurs aux enfants dès 4 ans. Accessible à tous, l'école d'équitation du Menusé accueille petits et grands pour la découverte ou le perfectionnement dans de nombreuses disciplines équestres (saut d'obstacles, dressage, équithérapie, tir à l'arc, attelage...). Pendant l'été, des randonnées de deux à trois jours sont proposées dans le Gers ou en Gironde.

HAMMAM KAFANE

4, rue des Résiniers ✆ 05 58 48 14 58
www.hammam-kafane.fr
Ouvert du mardi au jeudi de 10h à 12h et de 13h30 à 19h30 ; vendredi et samedi jusqu'à 20h. Rituels de 35 € à 115 €.

Envie d'être transportée(s) ailleurs dans une douce parenthèse de bien-être ? Dans un décor des mille et une nuits, tout en préservant votre pudeur (maillot de bain obligatoire), une jeune femme vous enduira le corps à différentes reprises de savon noir et d'un masque à base de miel. Elle posera un masque sur votre visage et du karité sur vos cheveux. En alternant les passages dans le hammam (vous choisissez la température) et le gommage, vous activez les bienfaits des produits aux effluves doux et agréables. Différents soins du visage et du corps sont proposés.

QUAD DU GAILLOU

2, boulevard des Cigales ✆ 05 58 72 63 16
www.quaddugaillou.com
Ouvert d'avril à décembre sur réservation. Fermé le dimanche. Randonnée quad (1h30/2h) de 65/79 € à 85/99 €.

Non loin du centre de Capbreton, dans cette base de quads affiliée à la Fédération française de moto, des moniteurs diplômés d'Etat vous initieront à la pratique du quad et du buggy. En solo, en duo ou en groupe, les randonnées guidées se pratiquent dans la pinède (1h30 à 2h) ou dans le Pays de Seignanx. Sans oublier les randonnées « apéro » et œnotouristique (balade à travers l'histoire de la Citée Marine, la vie des pêcheurs/vignerons, etc.). Les randonnées sont réservées aux titulaires du permis auto ou moto, autrement vous embarquerez en tant que passager.

SANTOCHA SURF CLUB

3, rue de la Savane
✆ 06 43 92 98 86
www.santocha.org
Ouvert du mardi au dimanche. Location de matériel. Cours collectifs et particuliers. Boutique.

Capbreton et le Surf, c'est une grande histoire d'amour ! Véritable institution depuis 1975, le Santocha Capbreton Surf & Skate a toujours été tourné vers l'océan et la glisse. L'idée ? Vous permettre d'apprendre et pratiquer le surf avec des moniteurs diplômés d'Etat. Et avec un maximum de plaisir ! Différentes formules sont proposées pour profiter au mieux de votre séjour et des conditions de surf : cours collectifs à la carte, cours particuliers ou sessions « surf guide » (niveau intermédiaire et +). Boutique et location de matériel sur place.

WATER ADDICT

12, impasse des Œillets des Dunes
✆ 07 83 12 57 40
www.water-addict.com
Ouvert toute l'année. Ecole de surf (cours, stages et coaching). Surf camp pour enfants et ados. Location de matériel.

Franck est un ancien champion de surf et coach professionnel pour sportifs de haut niveau. C'est donc tout naturellement que sa propre maison, à quelques centaines de mètres de la plage, est devenue un véritable *surf camp*. Avec son équipe, il prend en charge des adolescents (+ 11 ans) pour une initiation ou un perfectionnement en surf, stand-up paddle ou Bodyboard. Les stages se déroulent de manière intensive (3 cours par jour) et se prolongent par des séances de récupération grâce au bain bouillonnant chauffé à 38 °C et des analyses vidéo. Renseignez-vous !

XCAT'

Avenue Georges Pompidou (ponton B)
✆ 06 34 33 27 74
www.xcat.fr

Ouvert toute l'année. Prestations (balade, pêche en mer, etc.) de 25 € à 65 €/adulte. Privatisation (12 pers.).

Le Xcat' est le catamaran de Franck Vidal, – diplômé de marine marchande et de surf –, sur lequel vous allez pouvoir embarquer pour une balade le long de la Côte d'Argent avec la formule X-plorer Tour ou embarquer pour observer les dauphins avec la formule X-dolphin. Dès 8 ans, la X-fish permet de pratiquer la pêche en mer. Réservée aux adultes, la version X-tuna (8h) est proposée de septembre à mi-octobre. Avec la X-clusive, vous pourrez privatiser le catamaran pour 12 personnes ! Et n'oublions pas la X-Tapas pour admirer le coucher du soleil...

MIRADOUR €€

31, route d'Urt
✆ 06 67 25 04 91
www.miradour.com

Accueil vélo. Gîte de France 3 épis. Ouvert toute l'année. Chambre double de 70 à 85 € ; suite familiale de 100 à 125 €.

Le long de l'Adour, au départ de la piste cyclable s'élève une imposante maison basque. Ce secteur classé Natura 2000 a trouvé grâce aux yeux de Norbert et Carole. Parcelle clôturée, parking délimité, trampoline, potager pour alimenter la table d'hôte le soir, poulailler, bain bouillonnant (payant) dans un local fermé en rez-de-chaussée... Les quatre chambres, dont la suite familiale, ont été pensées pour offrir un confort optimum. Le petit déjeuner est servi dans la véranda, face à la rivière rythmée au passage des avirons, des jet-skis et des pêcheurs.

TARNOS ★

À l'extrême sud du département des Landes, Tarnos est la cinquième ville avec plus de 12 000 habitants ! Limitrophe du département des Pyrénées-Atlantiques, après s'être tournée vers l'agriculture jusqu'en 1880, la commune devient avec son port industriel, le lien entre l'Espagne et la France pour le transit du fer ibérique. L'implantation des « Forges de l'Adour », usine dédiée à l'acier et à la fonte, assure l'essor de la ville et de sa « jumelle », Boucau. Deux églises, Notre-Dame-des-Forges et Saint-Vincent, deux plages, ainsi que ses infrastructures de plus en plus développées pour le tourisme, en font une petite ville fort sympathique.

VILLA ZURE ONDOAN €€

1, allée des Acacias ✆ 05 59 64 14 38
www.vacancessudlandes.fr

Ouvert toute l'année. Chalet (5 pers.) avec spa de 850 à 1360 €/semaine ; studio (2 pers.) de 490 à 840 €/semaine.

Aux portes du Pays basque, à 5 km de la plage de Tarnos et 8 km de la plage d'Anglet, le chalet de la villa *Zure Ondoan* vous ravira par ses couleurs annonçant déjà celles de l'océan. Proche de toutes commodités, ce chalet de 36 m² se compose d'un séjour avec cuisine équipée, chambre parentale, chambre avec 3 lits simples (un en mezzanine et deux lits jumeaux), salle d'eau et WC. Sans oublier sa terrasse couverte de 15 mètres ouverte sur un jardin, face à un spa privatif avec 2 cols-de-cygne. La piscine est partagée avec les occupants du studio (2 pers.).

HÔTEL B&B BAYONNE TARNOS** €

50, boulevard Jacques Duclos
✆ 08 92 70 28 40
www.hotel-bb.com

Ouvert toute l'année. Chambre double à partir de 59 € ; triple dès 69 € ; familiale dès 79 €. Petit déjeuner : 6,85 €.

Ce B&B hôtel vous propose un confort standard actuel : climatisation, literie de qualité et couettes, accueil 24h/24, distributeur de boissons, petit déjeuner buffet à volonté avec pain frais du boulanger, connexion wifi haut débit gratuite et illimitée... Idéalement situé près de la gare SNCF de Bayonne (3 km) et de l'Aéroport de Biarritz-Anglet-Bayonne (16 km), l'établissement se trouve également à proximité des centres commerciaux et des restaurants.

DISC GOLF

1, rue de la grande Baye
✆ 06 66 09 05 22

Location de disque : 3 € l'unité. Initiation : 10 €/adulte ; 8 €/enfant. Tarif de groupe : 7 €/adulte et 5 € /enfant.

Très populaire aux Etats-Unis, le disc-golf est un sport qui se pratique en pleine nature dont le but est de réussir à lancer son frisbee – il faut dire « disque » –, dans une corbeille ressemblant de loin à un panier de basket. Le jeu est aussi d'éviter les branches des arbres alentour, les massifs, etc. Record mondial 260 mètres ! Ce sport mixte convient à tous les âges, dès 8 ans. Le site de La Baye comprend un parcours de 18 trous. Ce parcours est libre d'accès aux particuliers munis de discs, hors dimanche et jours fériés de 9h30 à 12h30.

LABENNE

Station familiale du littoral des Landes, lieu idéal pour les amoureux des sports de glisse, de randonnées, de balades à vélo, de promenades à cheval, vous apprécierez le point de vue sur l'océan, la baie de la Côte basque et les Pyrénées toutes proches du haut de l'esplanade de la plage. Empruntez, les sentiers balisés dans la forêt de pins où vous respirerez un air vivifiant. Labenne propose également plusieurs parcs de loisirs (animaliers, aquatiques, accrobranches) qui feront la joie des petits et des grands, sans oublier la réserve naturelle du marais d'Orx, un véritable territoire ornithologique riche en espèces végétales et animales protégées.

© SERGE TARDIF - FOTOLIA

Plage de Labenne.

AQUATIC LANDES

Route de la Plage
✆ 05 59 45 60 40
www.aquatic-landes.com
Ouvert de mi juin à début septembre (jours et horaires variables). Adulte : 20 €. Enfant (jusqu'à 11 ans) : 17 €.

Qu'on se le dise, *Aquatic Landes* est le plus grand parc aquatique de la côte sud-aquitaine ! Piscine à vagues géantes (eau chauffée et filtrée en permanence), maxi-pataugeoire, jeux d'eau, tube translucide, pentaglisse 6 pistes, *space bowl*, pendulum, rivières rapides à bouées… Nouveau en 2021 : la plage de sable blanc Bora Bora avec sa végétation exotique. Sans oublier : la zone de loisirs entièrement dédiée aux enfants avec une grande structure ! Entrée gratuite pour les enfants le jour de leur anniversaire (jusqu'à 11 ans inclus).

REPTILARIUM ★

16, avenue Charles-de-Gaulle
✆ 05 59 45 67 09
www.reptilarium.fr
Haute saison ouvert tous les jours de 10h à 19h. Adulte : 10 €. Enfant de 3 à 12 ans : 7 €.

La visite s'étend sur 1 600 m² abrités et climatisés, divisés en quatre secteurs. Depuis la serre aux alligators. Les terrariums des boas et des couleuvres, l'anaconda, le python réticulé. Un espace est dédié à la plus grande espèce de lézards, le varan, mais aussi aux plus petites, les geckos, les agames et les iguanes. Les tortues terrestres, semi-aquatiques ou aquatiques. L'Iguane Park permet de traverser le monde des iguanes en semi-liberté. Pendant la visite, la projection d'un film permet de découvrir les coulisses du site. Devenez soigneur d'un jour.

ZOO DE LABENNE

Avenue de l'Océan
✆ 05 59 45 43 93
www.zoo-labenne.com
Haute saison ouvert tous les jours de 10h à 19h. Adulte : 13 €. Enfant de 3 à 11 ans : 9,50 €.

Les 5 hectares de chênes-lièges et de pins maritimes abritent une collection unique dans la région. Des panneaux pédagogiques ponctuent la promenade présentant lémuriens, lamas, singes, guanacos, nandous, lièvres de Patagonie, mouflons, cerfs, daims, dromadaires, marabouts, perroquets, félins, zèbres. Pénétrez dans l'univers des wallabies où une simple corde vous sépare d'eux. Flamants, pélicans, canards et ibis sont en totale liberté autour de vous. Câlinez les animaux de la mini-ferme et donnez-leur du pop-corn. Assistez au nourrissage. Aires de pique-nique.

BUREAU D'INFORMATION DE LABENNE

6, rue des Ecoles
✆ 05 59 45 40 99
www.tourisme-labenne.com
Qualité Tourisme. Ouvert toute l'année. Jours et horaires d'ouverture variables selon la saison.

On vous conseillera de suivre le chemin pédestre de 12 km (*Un Chemin, Une école*) pour découvrir les richesses de la commune ou les parcours d'orientation *Le Cydel* et *Course océane* pour découvrir les richesses et les coins secrets de la forêt labennaise ! On vous renseignera sur les marchés et les manifestations culturelles : Landeus y tapas (village de casetas aux saveurs basco-landaises), les Automnales, Le Printemps des Landes (animations autour de l'eau)… Demandez le programme !

RÉSERVE NATURELLE DU MARAIS D'ORX ★★

1005, route du Marais ✆ 05 59 45 42 46
www.reserve-naturelle-marais-orx.fr
Qualité Tourisme. Ouvert toute l'année (jours et horaires variables). Visite guidée (adulte : 7,50 € ; enfant : 3,50 €).

Au regard de son fort intérêt ornithologique, cette vaste propriété du Conservatoire du Littoral de près de 1 000 ha, est classée en Réserve Naturelle Nationale sur 774 ha en 1995 et intégrée au réseau européen Natura 2000 au titre des Directives Habitats et Oiseaux. Depuis le 27 octobre 2011, le site du Marais d'Orx bénéficie également du label de reconnaissance internationale RAMSAR. De l'époque napoléonienne, la Maison d'accueil (ou Maison Béziers), rénovée en 2015 par les collectivités, marque le point de départ du circuit découverte. L'accès au site se fait par une passerelle en bois permettant l'observation d'espèces, notamment de tortues, de rongeurs comme le ragondin et d'oiseaux divers : grand cormoran, spatule blanche, héron cendré. Cette maison abrite un espace d'information avec écran vidéo et un observatoire à l'étage. À l'aide de tubes de visée fixes, vous pourrez mesurer l'étendue du site. Du côté de la boutique, vous trouverez des livres (historiques, naturalistes, artistiques), des jeux éducatifs... Sur place : location de jumelles et longues-vues, billetterie pour les visites guidées. La brochure d'animations permet de choisir votre centre d'intérêt en fonction des saisons. Les thématiques : la cistude, la découverte de l'histoire du site, la randonnée, les oiseaux, etc. Ne manquez pas les grands rendez-vous comme les Journées mondiales des zones humides, le Printemps des Landes, fréquence Grenouille, la Fête de la nature ou les Journées Aquitaine nature.

© ISRAEL HERVAS BENGOCHEA - SHUTTERSTOCK.COM

BOARD'N BREAKFAST €€

3, allée du Poitou
✆ 06 48 99 24 70
www.boardnbreakfast.com
Ouvert de avril à décembre. Chambre double (sanitaire privé) de 435 € à 555 €/semaine/pers. Villa entière (17-19 pers.)

Après de nombreux voyages pour appréhender les plus belles vagues, Anton et Ine ont posé leurs valises pour aménager ce Board'n Breakfast. Si l'esprit surf vous tente, renseignez-vous : hébergement classique dans des surf houses, petits dortoirs pour 4 personnes avec salon indépendant et petit déjeuner, petite maison dans le jardin pour 2 ou 3 personnes (avec salle de bains), villa pour 6 personnes avec sa cuisine d'été... La vie s'organise autour de la piscine, du solarium et du bar. Des stages de yoga et des soirées à thème viennent rythmer les journées.

CAMPING SUD LANDES**** €€

60, avenue de l'Océan ✆ 05 59 45 42 02
www.camping-sud-landes.com
Ouvert d'avril à mi-septembre. Mobil-homes 4 à 8 personnes de 413 à 1 442 €/semaine ; pour 2 personnes de 217 à 749 €.

Situé aux portes du Pays Basque, le camping Sud Landes (groupe Capfun) est un lieu de vacances privilégié à proximité des plages (1,3 km). Le camping propose la location de mobil-homes et chalets pouvant accueillir de 2 à 8 personnes. Avec deux piscines extérieures, une pataugeoire ludique et toboggan vipère, une piscine couverte et encore des toboggans pour les plus grands, l'espace aquatique plaira à toute la famille. L'ambiance est conviviale. De nombreuses activités sont programmées pendant l'été. Sur place : un bar, un snack, des terrains sportifs, des jeux.

LE DOMAINE DE MILLOX €€

828, route de la Pipette
SAINT-ANDRÉ-DE-SEIGNANX ✆ 06 84 79 64 07
www.domainedemillox.com
Ouvert toute l'année. 3 chambres dont 1 suite parentale de 75 à 135 €/nuit. Séminaires. Table d'hôte et plateaux-repas.

Partager est une deuxième nature chez Véronique. Il y a d'abord sa maison, le *Domaine de Millox* où la grange restaurée dans les règles de l'art abrite trois chambres : Patawa (la suite parentale), Moutouchi et Amarante. Il y a aussi les voyages, dont des trésors ont été ramenés ici et l'intérêt porté à l'environnement. C'est pour avoir répondu à de nombreux critères que Véronique a obtenu la charte du tourisme durable. Grande salle avec billard, piscine, tennis, fronton, salon de jardin sous l'étable, table d'hôte, plateaux-repas... Le site est privatisable.

GÎTE LA FARIO €€

79, route de la Fontaine
SAINT-ANDRÉ-DE-SEIGNANX ✆ 06 83 78 31 04
www.la-fario.e-monsite.com

Ouvert toute l'année. Pour 5 personnes (40 m², 2 chambres). A partir de 450 €/semaine. Salon de jardin. Prêt de vélos.

Transformé en gîte de pêche et de charme, cet ancien presbytère se trouve à 30 min des rivières de première catégorie. Bâtiment classé, *La Fario* est décorée avec goût avec son puits de jour, sa grande fenêtre arrondie, ses tons clairs et ses objets posés çà et là. L'hiver, le poêle à bois réchauffe l'atmosphère pour une soirée télé, lecture ou jeux de société. Transats côté jardin, boules de pétanque, raquettes fournies (trinquet au village)... Le marais d'orx est à quelques kilomètres (jumelles à disposition), la plage à 6 kilomètres, la Côte basque à 30 minutes.

MAISON D'HÔTES LALANDE €€

131, allée du Fronton - **SAINT-ANDRÉ-DE-SEIGNANX**
✆ 06 84 18 26 00
www.lalande-seignanx.com

Ouvert toute l'année. 3 chambres de 85 € à 110 €. Petit déjeuner inclus. Lit supplémentaire : 25 €. Chèque Vacances.

Au fond d'une allée bordée d'hortensias, de palmiers et d'anémones du Japon, cette maison d'hôtes de charme et de caractère est une étape de choix aux portes de Bayonne. Une adresse idéale près de la Côte basque et de la forêt des Landes ! *Lalande* abrite trois chambres doubles. Parc à l'anglaise, jardin exotique, bassin aux nénuphars... Jacqueline et Gilles vous accueillent pour un séjour en pleine nature, dans le plus grand des calmes. Le jardin est ouvert à tous à l'occasion de l'événement « Rendez-vous aux jardins » et sur rendez-vous d'avril à octobre.

MAISON NARBAY €€

814, route de Saint-Barthélemy
SAINT-ANDRÉ-DE-SEIGNANX ✆ 06 95 46 10 82
www.maison-narbay.com

Ecolabel européen. Ouvert toute l'année. Maison avec piscine privative (15 pers.) ; Gîte (6 pers.). Tarif sur demande.

Valérie et Bruno vous accueillent dans cette belle demeure basco-landaise de 1870. Restaurée de façon traditionnelle avec des matériaux nobles, elle est située dans un écrin de verdure, à 10 km des plages et 12 km de Bayonne. La Grande Maison Narbay permet d'accueillir jusqu'à 15 personnes. Les hôtes pourront profiter de la piscine extérieure. Et si vous n'êtes que 6, pensez au Gîte Narbay ! Selon la saison, il est possible d'y séjourner à 2. Les deux hébergements sont particulièrement bien équipés : barbecue, salon de jardin, lave-vaisselle, jeux de société...

BOARD'N BREAKFAST €€

3, allée du Poitou
✆ 06 48 99 24 70
www.boardnbreakfast.com

Ouvert de avril à décembre. Chambre double (sanitaire privé) de 435 € à 555 €/semaine/pers. Villa entière (17-19 pers.)

Après de nombreux voyages pour appréhender les plus belles vagues, Anton et Ine ont posé leurs valises pour aménager ce Board'n Breakfast. Si l'esprit surf vous tente, renseignez-vous : hébergement classique dans des surf houses, petits dortoirs pour 4 personnes avec salon indépendant et petit déjeuner, petite maison dans le jardin pour 2 ou 3 personnes (avec salle de bains), villa pour 6 personnes avec sa cuisine d'été... La vie s'organise autour de la piscine, du solarium et du bar. Des stages de yoga et des soirées à thème viennent rythmer les journées.

LA BUENA VIDA €€

26, avenue de la Plage
✆ 05 59 20 68 83

Ouvert toute l'année (tous les jours le midi et le soir en été). Formule du midi : 13,50 €. Terrasse. Animations.

La recette secrète ? Un bon emplacement, une ambiance bord de mer et de la bonne musique. Sans oublier les planches à partager et les tapas ! Soulignons encore la qualité des burgers à base de haché de canard, de foie gras et de sauce piquillos maison ! D'inspiration ibérique, on trouve encore : merlu à la plancha, morue au chorizo, chipirons à l'encre, dorade royale, pluma de cochon au thym, côte de bœuf maturé, magret de canard, souris d'agneau... En toute décontraction, pour un verre, un plat ou un menu complet, on passe toujours un bon moment à *La Buana Vida*.

IZI RIDER

Route de la Plage
✆ 06 18 45 57 40
www.izirider40.com

Ouvert tous les jours en été, le reste de l'année sur rdv. Initiations (25 €), balades skate & trottinette de 45 à 55 €.

Est-ce que ça vous dirait de découvrir les magnifiques voies vertes et chemins forestiers entre Labenne et Capbreton en skate électrique tout terrain ? Signataire de la charte Tourisme Durable, *Izi Rider* est le seul park de glisse dans le sud des Landes qui propose des balades en e-skate et en e-trott dès l'âge de 6 ans. Au programme : initiations sur circuit, animations personnalisées au cœur d'un site sécurisé sous les pins, encadrement par un moniteur diplômé d'État, balades gustatives... À pratiquer en famille, entre amis ou entre collègues.

PARC ROBINSON

Route de la Plage ✆ 06 30 36 43 25
www.parc-robinson.fr
Ouvert de Pâques à Toussaint. Entrée de 14 à 20 €. Mini parcours (-6 ans) : 12 €. Visiteur : 2 €. Aire de pique-nique.

Avec plus de 130 jeux et 13 parcours de différents niveaux (13 parcours), le Parc Robinson s'impose comme le plus grand parcours d'accrobranche d'Aquitaine. Les plus petits (- de 6 ans) pourront s'amuser sur les parcours « verts » tandis que les plus téméraires pourront affronter les difficultés des parcours *Grand Frisson* et *Commando* jusqu'à 12 mètres de hauteur (dès 16 ans). Côté sécurité, pas de panique, le parc fonctionne avec un système de ligne de vie continue. L'entrée vous donne accès à l'ensemble des parcours pour 4 heures maximum. À vous les tyroliennes !

SPA DUNE & EAU

59, avenue de l'Océan ✆ 05 59 59 05 90
www.duneeteau.fr
Ouvert toute l'année, tous les jours (horaires variables). Aqua Détente. Soins & beauté. Autres prestations. Boutique.

Bassin d'eau douce chauffée à 32 °C, lits et fauteuils hydromassants, jets, bains bouillonnants, hammam, sauna, réflexologie plantaire, lit massant hydrojet (soin sec) ou bain hydromassant avec tous les bienfaits des sels de la mer Morte… Ce centre de balnéothérapie est entièrement dédié au bien-être et à la relaxation. Dépaysement assuré au hammam Tepidarium ou sa version nordique dans un sauna avec vue sur l'extérieur. Sur place : des soins ciblés du corps et du visage et des rituels de modelages orientaux. Aussi : aquagym, aquabike, aquafitness, aquaboxing...

MOLIETS-ET-MAA ★

Moliets-et-Maâ a conservé divers atouts naturels, notamment le courant d'Huchet qui longe la commune au nord. Habilement guidé par les bateliers, on y découvre de superbes galeries formées de façon spectaculaire par les saules, les aulnes et les chênes pédonculés. À quelques centaines de mètres du bourg, il y a aussi divers étangs. Celui de Laprade, classé en 1964, repose dans un site inviolable, aux rives difficilement accessibles. Il se déverse dans le courant de Messanges. À 2,5 km du bourg, la plage de Moliets est grandiose avec ses immenses dunes. Par temps clair, on aperçoit la Rhune et quelque 300 km de Pyrénées françaises et espagnoles.

LE COURANT D'HUCHET

Le courant d'Huchet est ce ruban d'eau qui relie le lac de Léon à l'océan Atlantique, à Moliets. L'embouchure de ce courant est un véritable régal pour les amoureux de nature, qui n'en finissent pas de s'extasier face à des paysages aussi sublimes que changeants, au gré de la météo, des saisons et des marées. De précieux paysages, mais également une faune et une flore préservées et protégées par la classification de ce territoire en réserve naturelle en 1981, dans le but de conserver un site unique d'une grande richesse botanique et d'intérêt patrimonial.

BUREAU D'INFORMATION DE MOLIETS

20, rue Général Caunègre
✆ 05 58 48 56 58
www.moliets.com
Qualité Tourisme. Ouvert toute l'année. Jours et horaires d'ouverture variables selon la saison.

Dépendant de l'Office de Tourisme Landes Atlantique Sud, le bureau d'information de Moliets met à la vente des cartes avec tous les circuits pédestres et cyclables sur la commune et les alentours. Transformée en voie verte, la piste cyclable de 12,6 km est accessible à pied et pour les personnes à mobilité réduite. Des randonnées pédestres sont organisées en été dans la réserve du courant d'Huchet. À découvrir : la forêt, les galeries alluviales et colorées d'hibiscus.

BUREAU D'INFORMATION TOURISTIQUE DE CASTETS

Place Pierre Barrère - **CASTETS**
✆ 05 58 89 44 79
www.cotelandesnaturetourisme.com
Qualité Tourisme. Ouvert toute l'année. Jours et horaires d'ouverture variables selon la saison.

En un clin d'œil, le site internet *Côte Landes Nature Tourisme* vous permet de découvrir les 10 villages côtiers ou forestiers du territoire. Pour Castets par exemple, on vous présente ses commerces et ses services, les activités à y faire et les différentes pistes cyclables à emprunter pour rejoindre le littoral Atlantique et les plages de Vielle Saint-Girons. Sans oublier les solutions d'hébergements (hôtels, chambres d'hôtes, locations, insolites) et les adresses gourmandes !

LES BRUYERES*** €€

190, impasse du Basile - **CASTETS**
✆ 05 58 55 05 30
www.hotel-lesbruyeres.com
Ouvert toute l'année. Accueil 24h/24. Chambre double de 70 € à 113 €. Petit déjeuner buffet : 9,50 €. Parking inclus.

Avec son architecture basco-landaise, *l'Hotel The Originals Dax Nord Les Bruyères* (engagé sécurité sanitaire) est en bordure de l'axe Bordeaux/Espagne (A63 - sortie 12). Ne soyez pas inquiet, vous y trouverez calme et confort grâce à des chambres parfaitement insonorisées et climatisées. Elles arborent de belles moquettes, un éclairage séduisant et un large choix de tissus. Certaines présentent donc l'avantage de pouvoir accueillir des familles. Idéal pour les séminaires, l'établissement dispose de trois salles de réunion ouvertes sur une vaste terrasse privée.

AU CLAIR DES LANDES €€

2150, route de Herm - **CASTETS**
✆ 06 35 20 68 43
www.auclairdeslandes.com
Ouvert de mai à mi-octobre. 2 chambres doubles de 70 à 85 € ; 1 suite familiale de 105 à 120 €. Petit déjeuner inclus.

Rebaptisée *Au Clair des Landes*, cette ancienne maison de métayer de 1930 avait été rénovée pour créer trois chambres d'hôtes indépendantes à l'étage. Côté jardin, une belle piscine et une terrasse abritée se sont invitées au cœur de cet écrin de verdure de 8 000 m² et 82 arbres en bord de forêt. Seuls les oiseaux viendront troubler votre repos, et peut-être bien le chat et le chien qui veillent, comme leurs maîtres, à votre confort. Les plages de Vielle Saint-Girons, le lac de Léon et la réserve naturelle du Courant du Huchet sont à 25 minutes en voiture.

LA ROULOTTE DE LA CASTELLERAIE €€

1004, route de Minjouay - **CASTETS**
✆ 06 61 42 58 83
www.lacastelleraie.com
Ouverture saisonnière. Tarifs : 85 €/nuit (sans petit-déjeuner) ; 390 à 490 €/semaine selon la saison. Cuisine équipée.

Avec ou sans votre cheval ! *Le Domaine de la Castelleraie* est au cœur d'un parc de 6 hectares dédié à l'élevage de chevaux ibériques. On y trouve un relais d'étape équestre dans une roulotte verdine du début du XXe siècle, restaurée et aménagée pour un confort optimum avec salle de bains et cuisine équipée. L'intérieur est superbe, orné de tissus orientaux et de vitraux aux scènes cavalières. A l'extérieur, un salon de jardin vous permettra de profiter des douces soirées d'été.

CAMPING LES CIGALES*** €€

2290, avenue de l'Océan
✆ 05 58 48 51 18
www.camping-les-cigales.fr
Ouvert d'avril à début octobre. Emplacement de 17,68 € à 32,68 €. Location de 290 à 1 180 €/semaine. Restauration.

Au cœur de la forêt landaise, en bordure de l'océan Atlantique avec accès direct à la zone piétonne, le camping *Les Cigales* vous propose de séjourner dans un mobil-home, un chalet ou dans un hébergement atypique tel que le lodge ou la tente randonneur (un parfait intermédiaire avec le confort d'un lit et un coin repas). Côté aménagements : aires de jeux et de fitness, terrain multisport, court de tennis, boulodrome. Situé à 300 m de la plage, le camping permet d'accéder à de nombreuses balades en forêt ou le long du courant d'Huchet.

© CAMPING LES CIGALES

© CAMPING LES CIGALES

LANDES

LA TCHANKA GRILL & BAR €€

190, impasse du Basile - **CASTETS**
✆ 05 58 97 06 06

Ouvert tous les jours le midi et le soir. Menus du dimanche de 18 à 24 €. Formule midi : 15,90 €. Accueil des groupes.

© LA TCHANKA GRILL ET BAR

Adieu restaurant d'avant... Mais bonjour La Tchanka Grill & Bar. Toujours partenaire de l'hôtel Les Bruyères, ce nouveau restaurant un tantinet plus tentant, vous propose une cuisine de type bistronomique à base de produits frais et de saison ! Menus du jour du lundi au vendredi le midi, formule du dimanche autour du poulet rôti d'autrefois, after work côté bar... On vous promet une nouvelle ambiance et un nouveau décor ! Le restaurant se dote également d'une salle privatisable avec écran et vidéoprojecteur. Sans oublier la connexion Wifi pour les mordus du web.

SOUVENIRS D'ENFANCE €€

6, impasse de la Louvine ✆ 05 58 41 65 17
http://souvenirs-denfance.com

Ouvert toute l'année. Cabane (2 pers.) de 75 € à 190 €/nuit. Petit déjeuner inclus. Lit supplémentaire : 25 €.

Dans le quartier de Maa, proche du centre du village de Moliets, Sylvie vous accueille en pleine nature entre océan et forêt dans une de ses cabanes entièrement réalisées en pin des Landes par son mari Thierry. La cabane *A l'Aube* dispose d'un couchage pour 2 personnes en rez-de-chaussée et d'une mezzanine avec 2 à 3 couchages. La cabane *Sans pépins* est conçue pour 2 personnes (couchage en rez-de-chaussée). Sylvie a retranscrit le charme des choses simples. Les cabanes sont équipées d'une salle d'eau séparée, un réfrigérateur et une terrasse avec salon de jardin.

CAFÉ DE LA PLAGE €€

Place de la Balise
✆ 05 58 47 16 15

Ouvert de mars à octobre (tous les jours en saison). Menu à partir de 14 €. Tacos à emporter. Crêpes, gaufres et glaces.

Tout au bout de l'allée piétonne qui mène à l'océan, le *Café de la Plage* est aux commandes de Jean-Philippe Coyola ; un rugbyman bien connu (ex-entraîneur de l'US Dax entre autres). Si ce n'est la décoration qui retiendra votre attention, vous apprécierez de prendre place sur les grandes terrasses où les animations se multiplient en période estivale. On relève une certaine influence ibérique dans les assiettes (cassolette de chipirons, magret, etc.). Tacos à déguster sur place ou à emporter. Côtés tapas : boudin, chipirons, beignets de calamar... Un bon spot.

CLOS 85 €€

85, route de l'Océan - **LINXE** ✆ 05 58 42 92 08
www.clos85-restaurant.fr

Ouvert toute l'année. Du mardi au dimanche le midi et le soir. Carte : 25 € environ. Formule midi : 14 € Terrasse. Bar.

A la fois bar et hôtel, *le Clos 85*, – restaurant de 35 couverts (70 aux beaux jours) – est tenu par un couple de bordelais passionnés par leur métier. D'ailleurs, ils ne servent que des produits frais et de saison. Il n'y a pas de menu, à l'exception de celui du jour qui est servi le midi en semaine uniquement. La carte est renouvelée chaque mois. Dans une maison landaise où vous trouverez 8 chambres bien équipées, vous profiterez d'une superbe vue en déjeunant en terrasse ou dans une ambiance chaleureuse l'hiver près de la cheminée. Tapas et cocktails, côté bar !

LES FORGES €€

128, rue Sainte-Hélène - **CASTETS**
✆ 05 58 43 48 16
www.restaurant-lesforges.com

Ouvert toute l'année. Plats de 17 à 23 €. Formule du midi : 14,80 €. Accueil des groupes. Terrasse. Animations.

Clin d'œil aux ateliers de forges de Castets ! C'est dans cette ambiance semi-industrielle que l'on vous propose chaque jour un menu différent. Pour se mettre en appétit, ça se passe sur Facebook. A la carte : sauté de porc à la moutarde, couscous, aiguillettes de poulet, risotto de boulgour au céleri, osso buco de veau pastis façon pain perdu, macaron au chocolat et glace cacahuète... Et à partager, on peut choisir entre la planche affinée (fromage et charcuterie) ou les tapas selon l'inspiration du chef. L'établissement est ouvert tous les jours le midi.

TI'BOU €€

14, avenue du Général de Gaulle
✆ 05 58 43 12 25
www.tibou-moliets.fr
Ouvert toute l'année (tous les jours le midi et le soir en été). Formule du midi à partir de 12,50 €. A emporter.

Le Ti'Bou, c'est l'histoire atypique de Nathalie Tyack, – skieuse pyrénéenne issue du terroir – et Sophie Troc – malgache d'origine, arrivée tardivement dans le milieu montagnard –, deux amies liées par le sport et la bonne chère. Fortes de leur détermination sportive, elles se lanceront un autre défi en 2004 : créer une restauration rapide et de qualité avec des produits du terroir qui leur ressemble. Dans cette grande maison traditionnelle landaise du XIXe siècle, Nathalie et Sophie vous invitent à déguster une cuisine « bistrot » aux accents métissés.

L'ARMOIRE À CONSERVES

2466, route de Chanchon
CASTETS
✆ 05 58 55 31 49
www.larmoireaconserves.com
Ouvert du lundi au vendredi de 9h à 18h ; le samedi de 9h à 12h30. Boutique en ligne.

Une petite conserverie pour grands gourmets ! Créée en 2009, cette conserverie artisanale est spécialisée dans les produits du Sud-Ouest. Canard des Landes, produits de la mer issus des criées locales, asperges et légumes de terroir, terrines et pâtés... Sans oublier les plats cuisinés à partir de recettes authentiques. A retrouver aussi en coffret ou en lot. Ici, une chose est sûre, il n'y a pas de surgelé, de saumuré, de sec réhydraté, d'exhausteur de goût ni de conservateur ! Les produits sont achetés à des partenaires producteurs dans un rayon de 200 km.

CLUB CANOE KAYAK « LA PALUE »

CASTETS ✆ 06 79 13 38 79
www.canoe-kayak-castets.fr
Ouvert en juillet et août pour la pratique loisirs. Tarifs de base : 14 € pour un kayak ; 28 € pour un canoë.

La Palue est une petite rivière que vous pouvez descendre en canoë avec le club de Castets (affilié à la Fédération française de canoë-kayak). L'été est la période idéale pour la descente de loisir. Au départ de la base (de 10h à 16h30), 8 kilomètres de découverte et de détente en plein cœur de la forêt landaise s'offrent à vous. Bonne nouvelle, les baignades sont autorisées. Le canoë peut accueillir jusqu'à 3 personnes (2 adultes et 1 enfant). Le mieux, c'est encore de réserver !

GOLF DE MOLIETS

Rue Mathieu Desbieys ✆ 05 58 48 54 65
www.golfmoliets.com
Ouvert toute l'année. Green fee (9 trous) à partir de 16 € ; (18 trous) à partir de 33 €. Practice à partir de 3,50 €.

Ancré depuis 1986, au cœur de la forêt de pins des Landes et en bordure de l'Océan, ce magnifique golf 27 trous, signé Robert Trent Jones, s'étend sur 84 hectares. Classé 85e meilleur parcours du monde par le Golf Digest (hors USA), le complexe comprend également : un parcours 18 trous international « forêt et océan », un parcours 9 trous « airial », un practice de 30 postes dont 10 couverts, trois puttings greens et deux bunkers d'entraînement sur le practice du Club-House. Professionnels ou joueurs amateurs se côtoient tous les jours sur ce parcours d'Aquitaine.

SOONLINE SURFSCHOOL

6, impasse de la Dune
✆ 05 58 47 16 11
www.ecoledesurfmoliets.com
Ouvert tous les jours d'avril à novembre de 8h30 à 19h30. École de surf. Surf camp. Location de matériel. Pro shop.

Venez découvrir les joies du surf sur la grande plage de Moliets avec une équipe de passionnés et diplômés d'État ! Avec pédagogie et en toute sécurité, l'école de surf *Soonline* vous propose différentes formules pour découvrir le surf, connaître vos premières sensations et vous perfectionner pour dompter les vagues. L'école de surf est ouverte tous les jours en saison, accessible à tous dès 5 ans. *Soonline*, c'est aussi une école de skate. Rendez-vous à la boutique à côté de la plage, pour louer votre matériel de surf et de skate ! Possibilité de réserver en ligne.

MAGESCQ

Terre de fortes valeurs rurales, Magescq a longtemps été habitée par des cultivateurs, gémiers, ouvriers, muletiers et meuniers. Elle est aujourd'hui réputée pour son église Notre-Dame, un incontournable de la ville et l'une des plus singulières de la région. Ancienne fortification couverte aux dimensions imposantes, elle fut bâtie par les Anglais, bien que l'on ignore la date de construction. Sa partie la plus ancienne, l'abside sur le côté est, date du XIIe siècle. Magescq abrite également la pierre de Tinon, autrefois appelée pierre des Sorcières, qui délimite cinq communes, et qui, de nos jours, est une destination pour de nombreux randonneurs.

RELAIS DE LA POSTE**** €€€

24, avenue de Maremne ✆ 05 58 47 70 25
www.relaisposte.com

Relais & Châteaux. Chambre double à partir de 250 € ; suite & studio/appt. de 300 €. Pdj : 15 à 25 €. Restauration. Spa.

Ancien Relais de Poste du XIXe siècle, c'est aujourd'hui un hôtel de charme et de caractère. Relais & Châteaux depuis 1999, l'établissement conjugue à merveille le luxe et la simplicité dans les espaces de vie. Les chambres et appartements sont situés dans le parc, dans un environnement fleuri et verdoyant. Profitez aussi de la piscine extérieure et du solarium. À l'intérieur : bassin de nage à contre-courant, hammam et sauna. Au Spa (ouvert à tous), plusieurs ambiances s'offrent à vous pour un voyage sensoriel unique.

SCULPTURES

414, rue de la Gare ✆ 06 84 23 45 87
www.xaviercarrere.fr

Fermé en janvier et février. Ouvert le week-end de 14h à 18h30 (+ le vendredi en juillet et août) ou sur RDV.

Depuis plus de 30 ans, Xavier Carrère crée des sculptures de tous matériaux. Conçues pour l'intérieur ou pour s'intégrer à un paysage, les pièces exceptionnelles de ce sculpteur souffleur de verre, dont l'aura a, depuis longtemps, dépassé nos frontières, sont visibles dans son spacieux show room *Scuptures*. Les mises en scène sont époustouflantes, réalisées avec des pièces en verre soufflé, telles que les Ovolites. Ses œuvres sont visibles dans la région, par exemple à l'entrée de Soustons en venant de l'A63 ou devant le restaurant Le Relais de la Poste à Magescq.

AUBERGE CÔTÉ QUILLIER €€

24, avenue de Maremne ✆ 05 58 47 79 50
www.relaisposte.com

Fermé de mi-novembre à mi-décembre et première quinzaine de janvier. Ouvert du mercredi au dimanche le midi et le soir.

Dans le parc du Relais de la Poste, l'auberge Côté Quillier (et son jeu de quilles) a bonne réputation. A la cuisine traditionnelle et mijotée s'ajoutent des créations originales liées à la saisonnalité des produits de la région. Ne passez pas à côté d'un des incontournables : le mi-cuit de dorade sauvage, le contre-filet de bœuf de Chalosse, le boudin noir sauce moutarde et purée de pommes de terre agria, le filet de canard de Barbarie. Un moment de dégustation à prix très corrects (menus de 27 à 37 euros). Un moment unique à savourer ! Réservation recommandée.

RELAIS DE LA POSTE €€

24, avenue de Maremne
✆ 05 58 47 70 25
www.relaisposte.com
Fermé lundi et mardi de septembre à juillet ; lundi, mardi midi et jeudi midi en août. Menus de 70 à 150 €. Jardin.

Bernard Coussau s'est installé au village en 1952 et son fils Jean a repris *Le Relais de la Poste* en 1991. Depuis janvier 2016, sa nièce Clémentine a rejoint *La Maison Coussau* (2 étoiles au Guide Michelin depuis 1972). Jean Coussau lui a transmis sa passion de la culture locale et des produits de proximité (asperge de Magescq, saumon de l'Adour...). Revisitant les classiques de la cuisine landaise, le Chef vous régale, selon les saisons, avec un foie gras de canard chaud aux raisins, le filet de palombe rôti à l'os, le lièvre à la royale, le citron trompe-l'œil...

MAGASIN D'USINE ARTIGA

5, rue Bremontier
✆ 05 58 47 62 34
www.artiga.fr
Ouvert toute l'année. Jours et horaires d'ouverture variables selon la saison. Boutique en ligne.

Artiga est le spécialiste des toiles basques et des accessoires pour la maison ! L'atelier de création/couture de la marque façonne des produits inspirés et colorés, en perpétuant un savoir-faire régional. L'aventure débute en 1999, lorsque Quitterie Delfour rachète une entreprise de couture. A l'heure où tout le monde délocalise, elle choisit de maintenir l'intégralité de la chaîne de production à Magescq. En 2000, elle montre ses créations au salon Maison & Objet Paris. L'année suivante, elle ouvre sa première boutique à Espelette. Ainsi s'écrit l'histoire...

LINXE

Ancré dans l'histoire liée à la forêt et aux traditions landaises, Linxe est un village de 1 500 habitants qui s'étend sur 8 080 hectares. A 15 minutes de l'océan Atlantique et à 10 minutes des berges du lac de Léon côté Vielle, Linxe est une destination de choix pour se ressourcer en pleine nature . Baptisée « Maison du peuple », la salle des fêtes Art déco de la commune, œuvre de l'architecte Georges Fudji, est une curiosité à voir ! Ne manquez pas non plus le Château Belle Epoque. Airials typiquement landais, maisons à colombages, petits châteaux privés, circuits pédestres en forêt... Le marché se tient le mardi et le vendredi le matin à l'année.

CAMPING LILA**** €€

190, route de Mixe ✆ 05 58 43 96 25
www.camping-lila.fr
Ouvert de mai à septembre. Mobil-home (6/8 pers.) de 434 à 1 337 €/semaine ; (10/12 pers.) de 833 à 2 548 €.

Au *Camping Lila* (Capfun), vous aurez le choix entre plusieurs catégories de mobil-homes, du plus classique au plus moderne, parfois avec un abri pour ranger vos vélos, les transats, etc. Les hébergements de la gamme Top presta sont climatisés, équipés d'un téléviseur et d'un lave-vaisselle. Le modèle Tribu permet d'accueillir jusqu'à 10 personnes. Mais le vrai plus de ce camping, c'est son aire de baignade ! Au programme : spacebowl, toboggan et double toboggan, piscine chauffée à remous et lagon naturel bordé de sable blanc, jeux pour enfants et pataugeoire.

CHÂTEAU BELLE ÉPOQUE €€

152, route Belle Epoque
✆ 05 58 58 45 71
www.chateau-belle-epoque.com
Ouvert d'avril à fin octobre. Chambres à partir de 175 € ; suites à partir de 195 €. Séminaires. Réceptions et mariages.

Transformée en château avec ses tours et son toit crénelé, cette maison de maître datant des XVIIe et XVIIIe siècles abrite 5 chambres d'hôtes de charme, dont 2 suites décorées avec soin (3 à 6 personnes). Elles profitent d'une très belle vue sur le parc ou le jardin à la française. Bambouseraie, étang, court de tennis, tennis de table, jeux pour enfants, piscine chauffée partagée... Chaque hiver, les gérants dont des travaux pour améliorer votre confort. Le *Château Belle Epoque* vous propose aussi 11 gîtes indépendants (77 couchages au total). Calme assuré !

CHÂTEAU BELLE ÉPOQUE €€€

152, route Belle Epoque
✆ 05 58 58 45 71
www.chateau-belle-epoque.com
Ouvert d'avril à octobre. 11 gîtes de 3 à 11 personnes à partir de 510 €/semaine. Séminaires. Réceptions et mariages.

Au sud du Château, la tour crénelée rappelle le travail de l'architecte Viollet le Duc et dans le parc, les écuries, dont la structure en fer forgé a été dessinée par Gustave Eiffel, demeurent un ouvrage rare en Nouvelle-Aquitaine. Les 11 gîtes de 70 à 160 m² pour 3 à 11 voyageurs ont été aménagés, pour la plupart, dans les anciennes écuries. Tous les gîtes sont indépendants. Au-delà du plaisir de vivre dans des lieux chargés d'histoire, vous profiterez de la piscine chauffée partagée, du court de tennis, de l'étang de pêche, des jeux pour enfants, etc.

LANDES

CLOS 85 €€

85, route de l'Océan ✆ 05 58 42 92 08
www.clos85-restaurant.fr

Ouvert toute l'année. Du mardi au dimanche le midi et le soir. Carte : 25 € environ. Formule midi : 14 € Terrasse. Bar.

A la fois bar et hôtel, *le Clos 85*, – restaurant de 35 couverts (70 aux beaux jours) – est tenu par un couple de bordelais passionnés par leur métier. D'ailleurs, ils ne servent que des produits frais et de saison. Il n'y a pas de menu, à l'exception de celui du jour qui est servi le midi en semaine uniquement. La carte est renouvelée chaque mois. Dans une maison landaise où vous trouverez 8 chambres bien équipées, vous profiterez d'une superbe vue en déjeunant en terrasse ou dans une ambiance chaleureuse l'hiver près de la cheminée. Tapas et cocktails, côté bar !

MESSANGES

Sur le chemin des Romains : le Camin Romiou est signalé en 1289 à Messanges ; hostellerie de l'ordre de Malte pour les pèlerins de Saint-Jacques-de-Compostelle. Son église Saint-Clément date de 1630. L'étang de Moisan, au sud de Messanges, est le vestige du port actif avant le détournement de l'Adour. Son nom viendrait de celui du navire échoué lors du retrait des eaux lorsque fut établie la nouvelle embouchure de l'Adour. Passant devant deux étangs, le GR8 peut être parcouru à pied, à vélo ou à cheval. Deux circuits pédestres ont été aménagés. Messanges profite de 5 km de plages d'où s'élève sur la plage nord le sémaphore de Marine nationale.

CAMPING DE LA CÔTE**** €€

361, chemin de la Côte
✆ 05 58 48 94 94
www.campinglacote.com

Camping Qualité. La Clef Verte. D'avril à fin septembre. Emplacement : 17,50 à 41 €. Locations : 270 à 1 080 €/semaine.

Sur un site préservé, de beaux emplacements pour camper et différents locatifs (cabanes, cottages ou gîtes) vous attendent. Au *Camping de la Côte*, vous passerez un agréable séjour en profitant du nouvel espace aquatique (pataugeoire, grand bassin chauffé, bain bouillonnant, bain à remous...). Sur place, différents services sont assurés pour vous faciliter la vie : épicerie, pain, plats à emporter... Côté loisirs, pas d'animations, mais un espace fitness extérieur, un terrain de jeux, ping-pong... Océan à 1 km, piste cyclable à 600 m et port d'Albret à 1,5 km.

CAMPING LOU PIGNADA*** €€

Route des Lacs
✆ 05 58 48 22 00
www.loupignada.com

Ouvert d'avril à fin septembre. Emplacement de 20 à 85 €. Cabane sur pilotis dès 285 €/semaine ; chalet dès 345 €. Spa.

Garanti sans voiture pour le calme et la sécurité, le camping *Lou Pignada* propose un large choix d'hébergements : chalets, mobil-homes, bungalows, tentes et cabanes perchées, ainsi que des emplacements pour toiles de tente. Son grand espace aquatique ravira petits et grands (bassins tempérés à 25 °C, bassin couvert et chauffé à 28 °C, pataugeoires, toboggans). La plage se trouve à moins de 2 km (via une navette gratuite). Entre terrains multisports, pêche, surf, promenade à pied, vélo, équitation et les activités du camping, les journées sont bien remplies.

LA MAISON DE LA PRADE*** €€

16, avenue de l'Océan ✆ 05 58 48 38 96
www.lamaisondelaprade.com

Ouvert d'avril à octobre. Double à partir de 105 € ; triple à partir de 150 € ; chambre 4 pers./suite à partir de 180 €.

Loin des cris et du chahut du temps où la bâtisse accueillait des colonies de vacances, *La Maison de La Prade* est une adresse calme et intime avec 14 chambres et 2 suites pour 2 à 4 personnes. Dans une ambiance contemporaine et épurée, elles sont ouvertes sur la piscine chauffée et la pinède. À l'arrière, la terrasse face à la forêt est un endroit agréable pour prendre le petit déjeuner continental. Passer un moment dans le salon d'accueil est un régal, il y a toujours de belles œuvres d'art sur les murs ou de beaux livres à feuilleter. Possibilité de séjour golf.

LE VIEUX PORT***** €€

850, route de la Plage Sud ✆ 05 58 48 22 00
www.levieuxport.com

Ouvert d'avril à mi-octobre. Emplacement à partir de 182 €/semaine ; cabane et cottage à partir de 259 €/semaine.

Profitez du plus grand parc aquatique à thème des campings français. Au menu : 1 400 m² d'eau pour vos baignades et 7 000 m² pour le farniente, avec lagon à vagues, lagon enfants, végétation luxuriante et décor féerique dans une ambiance « bateaux pirates ». Vous disposez également de sept bassins dont une piscine couverte et chauffée, deux spas « bain bouillonnant » dont un chauffé, trois toboggans... Sur place, vous trouverez toutes les prestations de standing. Emplacements de camping et location de mobil-homes, bungalows, cottages... Difficile de faire mieux !

LE MAMASÈ €€

5, avenue de la Côte d'Argent
✆ 05 58 48 92 05 - www.restaurant-mamase.fr

Du mardi au samedi le midi et le soir ; le dimanche le midi. Menu : 33 €. Plats de 11,50 à 22 €. Animations. Bar tapas.

Ne vous fiez pas aux apparences ! Si le restaurant *Mamasè* fait office de bar-tabac, la qualité des mets ne vous décevra pas. L'établissement à la décoration colorée profite d'une belle terrasse couverte et d'une confortable tente berbère. Le *Mamasé* se distingue aussi par ses recettes traditionnelles, mais aussi du Sud-Ouest. Plutôt envie de tapas ? Nous vous conseillons de partager le grand plateau exotique qui illustre parfaitement l'esprit de la maison. Comptez sur le chef Abdoudiou pour vous transporter en Afrique : poulet curry banane, carry de crevettes...

LA HITILLÈRE

9, avenue de l'Océan
✆ 05 58 42 16 17

Ouvert d'avril à fin octobre (tous les jours de 18h à 2h en été). Cocktails & tapas. Restauration. Terrasse. Concerts.

Sans vouloir reprendre le slogan d'un célèbre fast-food, on vous acceptera tel que vous êtes sauf si vous n'êtes pas « cool », comme le précise cette petite phrase inscrite sur les murs, « nous cool », qui donne bien le ton. Ici, on ne badine pas avec « les empêcheurs de prendre le temps de vivre ». Du côté du bar à tapas, le discours de paix d'Haïlé Sélassié, repris par Bob Marley, s'étale sur un pan de mur. Canapés, fauteuils, poufs issus de récup, musique d'ambiance plutôt reggae... Le décor est planté. Belle programmation de concerts en été.

LA BERGERIE DES VIGNERONS DE TURSAN

4, chemin de Camentron
✆ 05 58 97 33 35
www.tursan.fr

Ouvert d'avril à fin septembre, du mardi au samedi de 10h à 13h et de 16h à 19h. Boutique en ligne. Visite à Geaune.

Ici, c'est Léa qui vous proposera de découvrir et déguster les vins AOP Tursan, IGP Landes et le fameux Rosé des sables de l'Océan BIO. Elle pourra vous expliquer que les raisins sont récoltés à maturité, vendangés et travaillés par une équipe technique, responsable de la qualité des vins que vous retrouverez à la vente. Le fonctionnement est celui d'un grand domaine. Les vins sont mis en bouteille à la propriété à Geaune, là où sont organisées les visites.

L'ARROSEUSE

101, chemin de Pey de l'Ancre
✆ 06 50 35 58 57

Ouvert du dimanche au jeudi de 10h à 20h ; le vendredi et le samedi de 10h à 1h. Concerts, animations et ateliers.

La brasserie artisanale *L'Arroseuse* a des airs de saloon. Ici, on brasse et on déguste la bière du même nom (autour d'une planche apéritive à partager). Une activité de maraîchage permet de fournir la brasserie en houblon et le restaurant à Vieux-Boucau en légumes. L'Arroseuse, c'est aussi un lieu de concerts, de spectacles et de création d'événements à la demande. Le mardi et le jeudi, c'est soirée DJ, mais aussi soirées reggae, hip-hop, deep house... Le vendredi, place aux scènes ouvertes ! Renseignez-vous pour participer à un atelier de fabrication.

SPA LE VIEUX PORT

850, route de la Plage Sud ✆ 05 58 47 67 50
www.levieuxport.com

Ouvert d'avril à mi-octobre. Accès à la zone hydro-détente à partir de 18 € ; massages et soins à partir de 35 €.

Dans une jolie structure en bois qui jouxte les piscines du camping Le Vieux Port*****, ce centre dédié au bien-être est ouvert à tous. Au programme : hammam, sauna, bain bouillonnant, douche expérience, fontaine à glace... L'accès au spa est réservé aux plus de 16 ans. Côté soins, profitez des cabines duo pour vous faire masser sans vous quitter des yeux, ou encore des massages à 4 mains ! Des soirées champagne et soins en bord de piscine sont organisées. Les praticiennes vous guideront dans le choix des soins visage et corps (drainant, spécifique ado, etc.).

VIELLE-SAINT-GIRONS

Vielle et Saint-Girons sont distants de 4 kilomètres. Entre 1790 et 1792, les deux paroisses furent réunies pour ne former qu'une seule commune. Une colonne de « sauveté », vestige du Moyen Âge s'élance dans le village, dans le lotissement Les Chênes. Petite station balnéaire au cœur de la forêt landaise, Vielle-Saint-Girons possède de multiples attraits. La nature y est omniprésente avec ses 13 kilomètres de plage, son lac accessible à la baignade et le Courant d'Huchet avec sa réserve naturelle. La plage et le lac offrent tout un éventail d'activités nautiques. On trouve également des sentiers pédestres balisés. Sans oublier la Vélodyssée.

ARNAOUTCHOT €€

5006, route de Pichelèbe ✆ 05 58 49 11 11

www.arna.com

Ouvert d'avril à fin septembre. Location à partir de 336 €/semaine. Spa Les Bassins d'Arna'. Restauration.

Les Landes sont réputées pour accueillir les plus grands centres naturistes français. Le Domaine Arnaoutchot, qui fête d'ailleurs ses 50 ans cette année, est un vrai «petit» village, convivial et accueillant avec son espace aquatique, son centre de bien-être Les Bassins d'Arna', ses loisirs, ses commerces et de nombreux services. Côté hébergement, on trouve des emplacements de camping, des chalets en bois, des cabanes toilées, des cottages et des mobil-homes, mais aussi des roulottes, des nids perchés et des coco sweet qui ressemblent un peu à des igloos.

CAMPING EUROSOL•••• €€

✆ 05 58 47 90 14

www.camping-eurosol.com

Ouvert de mai à septembre. Emplacement de 24 à 44 €. Camp-étoilé dès 196 €/semaine ; mobil-home (4 à 6 pers.) dès 335 €.

A 700 m d'une superbe plage de sable blanc, le camping Eurosol profite d'une belle situation à l'ombre des pins. Ici, les emplacements sont spacieux et il y a de nombreux hébergements locatifs (mobil-home, chalet, lodge, camp-étoilé, etc.). Vous profiterez encore d'infrastructures sportives de qualité avec trois piscines, pataugeoire ludique, court de tennis, terrain multisports, et même un centre équestre à proximité (en haute saison). Sur place : supérette, boulangerie, location de vélos, souvenirs, presse et bar-snack-restaurant. Et des animations !

LE COL VERT•••• €€

1548, route de l'Étang

✆ 05 58 42 94 06

www.sandaya.fr

Ecolabel européen. D'avril à fin septembre. Emplacement à partir de 90 €/sem ; lodge safari 7 pers. à partir de 316 €.

Difficile d'être hébergé plus près du lac ! Ce camping aux diverses facettes n'en finit pas de proposer de nouveaux services : le Spa Adriana Karembeu, le grand chapiteau sur l'esplanade pour les animations en soirée, la navette gratuite en juillet et août pour se rendre à Saint-Girons Plage, le quartier piétonnier et paysager de la Roselière... À disposition : des emplacements nus si vous êtes adeptes de camping ou du camping-car, des mobil-homes avec terrasse, des cottages, des bungalows toilés... La Vélodyssée passe devant le camping.

LES TOURTERELLES••• €€

Route de la Plage ✆ 02 53 81 70 00

www.ms-vacances.com

Ouvert de mi-mai à fin septembre. Emplacement de 24,90 € à 46 €. Cottages de 337 € à 1 981 €/semaine. Animations.

Le camping Les Tourterelles est proche de l'océan et se trouve à quelques kilomètres au nord du grand lac de Léon. Sur place, vous trouverez un terrain multisports, mais aussi de volley et de pétanque, ainsi que des tables de ping-pong, mais aussi l'incontournable espace aquatique avec ses deux piscines extérieures chauffées, son bain à remous, sa pataugeoire, ses jeux d'eau pour enfants, ainsi qu'un espace bien-être. Nouveautés 2022 : une nouvelle aire de jeux enfants, de nouveaux clubs enfants, de nouveaux châteaux gonflables et des cours d'aquabike !

MAX RESPECT

5054, route de la Plage

✆ 05 58 47 91 27

www.max-respect.com

Du 15 juin au 30 septembre (9h30 à 13h30 et 17h à 19h). Séance découverte (2h) de 30 à 35 €. Stages. Location matériels.

À la découverte de l'océan et de la glisse, l'école *Max Respect*, – labellisée « Ecole Française de Surf » depuis 1997 –, vous accueille dans une ambiance conviviale et bienveillante pour vous faire partager la passion du surf. Les moniteurs, diplômés et expérimentés, vous propose un enseignement adapté à tous les niveaux, du débutant au surfeur confirmé. De la séance découverte au mini-stage en passant par le stage intensif, l'école de surf et body board est accessible dès 6 ans. Les enfants pourront ainsi découvrir les joies des premières glisses.

SAINT-GEOURS-DE-MAREMNE

Porte d'entrée du territoire depuis Bordeaux, à la croisée des chemins menant vers Biarritz et Dax, Saint-Geours-de-Maremne est un carrefour géographique stratégique. Bénéficiant d'une situation privilégiée, le village voit converger : l'autoroute Paris-Bordeaux-Espagne, la deux fois deux voies menant à Dax, et à Mont-de-Marsan (préfecture des Landes), la liaison vers l'autoroute Pau-Toulouse et celle permettant de rejoindre les stations côtières landaises. Son nom occitan gascon est *Sent Jorns de Maremne*. Vous y trouverez, par ailleurs, l'entreprise et la boutique Labeyrie (Labeyrie Fine Foods) ; fleuron de la gastronomie, et notamment du foie gras.

LA BOUTIQUE DU NÉGUS

6, route de Dax
✆ 06 50 11 89 14
Ouvert d'octobre à mai. Vendredi de 16h à 19h30 ; samedi de 9h à 12h30 et de 16h à 19h30 ; dimanche de 9h à 12h30.

Une soudaine envie d'huîtres ? N'attendez plus les vacances sur l'île d'Oléron, la *boutique du Négus* vous attend. En direct de Dolus, vous aurez le choix entre différents calibres. À vous de confectionner vos plateaux, ou plus simple, d'opter pour des compositions toutes prêtes ou sur commande. Et simplifiez-vous la vie en proposant à vos invités des assiettes apéro ou des assiettes du pêcheur ! Pour vos soirées plancha, pensez aussi aux moules, encornets, supions, coquillages, crevettes crues, gambas crues et langoustines. Que des produits frais prêts à cuire.

LA FABRIQUE DE TTOTTE

2, rue du Lavoir
✆ 05 58 57 81 56
www.chocolatier-ttotte.fr
Ouvert du mardi au samedi de 9h à 13h et de 14h30 à 19h30. Boutique en ligne.

Grâce à une sélection rigoureuse des fèves de cacao, Ttotte a mis au point un chocolat des origines ; un chocolat unique, noir de caractère ! La boutique de Saint-Geours-de-Maremne est l'occasion de découvrir son arbre du goût. Il s'agit d'un outil pédagogique avec 12 chocolats différents pour aider à trouver le chocolat qui vous correspond. Et parmi les spécialités : les Chouchous (cacahuètes caramélisées et chocolatées), la Tarte gasconne (mélange d'amandes et pignons grillés), le Croq'Maïs (un sablé rustique à la polenta de maïs de tradition ancestrale)...

LA BOUTIQUE LABEYRIE

39, route de Bayonne
✆ 05 58 56 73 21
www.boutiquelabeyrie.fr
Ouvert du lundi au samedi de 9h30 à 12h30 et de 15h à 19h. Boutique en ligne. Ateliers découvertes sur inscription.

Depuis 1946, l'entreprise n'en finit pas de se diversifier. En 2013 par exemple, Labeyrie lance une collection prestigieuse en édition limitée de Foie Gras IGP Sud-Ouest et de saumon fumé NJORD ; authentique saumon norvégien préparé selon la tradition norvégienne. Ici, à l'entrée de l'usine, vous trouverez une collection complète de produits du terroir (truffes, huiles, noix de Saint-Jacques sauvages, terrine de canard, cœur de foie gras fondant et épices, etc.). Sans oublier du foie gras, cru, mi-cuit ou cuit ! Ateliers découvertes sur inscription.

BIO PAYS LANDAIS

293, rue du pays de Gosse ✆ 05 58 77 73 38
www.bio-pays-landais.com
Ouvert du lundi au vendredi de 7h30 à 17h30 ; le samedi de 7h à 13h. Commande en ligne. Livraison & drive.

Créée en 1999, la SICA *Bio Pays Landais* regroupe plus de 60 producteurs de fruits et légumes d'Aquitaine et Midi-Pyrénées certifiés en agriculture biologique. Ouvert en décembre 2016, le Panier Biologique est un drive qui vous permet de récupérer votre commande. Pour cela, il suffit de créer un compte, puis choisir votre panier : « gratin » (patates douces, pommes de terre, chou-fleur...), « bébé », « accompagnements », « familiale », « duo », etc. Les légumes sont facturés à la botte, à l'unité ou au poids. Vous trouverez aussi des produits d'épicerie !

CENTRE AQUATIQUE AYGUEBLUE

300, rue du Gave ✆ 05 58 56 92 34
www.vert-marine.info/aygueblue
Jours et horaires d'ouverture variables. Adulte : 5,20 € ; enfant (de 3 à 14 ans) : 3,60 €. Fitness et bien-être.

L'espace aquatique d'Aygueblue (label Tourisme & Handicap), c'est un bassin sportif de 25 m, un bassin éducatif, un bassin de détente (matelas bouillonnants, rivière à contre-courant, etc.), un bassin de loisirs et une pataugeoire. Avec plus de 6 000 m² de plage végétale, les extérieurs ne manquent pas d'atouts. On retrouve encore plusieurs bassins avec des jets, des installations ludiques ou balnéo-détente et des espaces de jeux pour tous. Et aussi : un espace fitness et bien-être.

LANDES

DAX ★★

Aquae, Acqs, d'Acqs, Dax... Les noms successifs témoignent de la spécificité de cette ville d'eau et de thermalisme avec la fameuse source de La Nèhe à 64 °C. Cette eau thermale mélangée au limon de l'Adour donne « Terdax, le péloïde de Dax », la célèbre boue utilisée dans l'ensemble des établissements thermaux de la ville (16 dont un hôpital thermal). Les Romains baptisèrent cette cité « Aquae Tarbellicae », du nom des Tarbelles qui occupaient les lieux lors de leur arrivée et du fait de la présence des sources chaudes. Cette tribu indigène avait construit une cité lacustre sur le fleuve. Au XIIe siècle, Aliénor d'Aquitaine épouse le futur roi d'Angleterre, Henri II Plantagenêt, la ville passe alors sous domination anglaise et le reste jusqu'à la fin de la guerre de Cent Ans. Au XIXe siècle, afin d'ouvrir la ville et développer l'activité thermale, les Dacquois détruisent les remparts et le château fort médiéval. A la même époque, Dax bénéficie du goût prononcé de Napoléon III et de l'impératrice Eugénie pour les villes d'eaux. En 1894, on construit un premier complexe thermal. Aujourd'hui, plus de 60 000 curistes se rendent chaque année dans la première destination thermale française, dont les vertus thérapeutiques sont reconnues, notamment en matière de rhumatologie et de phlébologie. Située à moins de quarante minutes de l'océan, aux confins de la Chalosse et du Marensin et en bordure de forêt, Dax, par son environnement préservé, cumule les atouts. Ville commerçante et accueillante, sa qualité d'importante cité thermale lui confère une grande capacité d'accueil marquée par de multiples escales gourmandes.

LES ARÈNES ★

2, boulevard Paul Lasaosa ✆ 05 58 90 99 09
www.dax-tourisme.com

Accès libre et gratuit de mars à novembre, du lundi au samedi de 14h à 18h. Visite guidée par l'Office de Tourisme.

Si les arènes furent édifiées en 1913 et agrandies en 1932, l'histoire de la tauromachie a d'abord débuté dans les rues de la ville en 1784, puis sur la place de la Course à partir de 1813, avec les premières arènes en bois. L'édifice actuel, conçu par l'architecte Landais Albert Pomade dans un style hispano-mauresque, constitue une imposante bâtisse aux tuiles et aux persiennes rouges sur fond blanc. Son architecture évoque les *plazas de toros* de Séville, Cordoue et Grenade. Avec une capacité de 8 000 places assises, ce sont les plus grandes arènes des Landes.

CATHEDRALE NOTRE-DAME

Place Roger Ducos

Ouvert tous les jours. Visites guidées les jeudis de mai à octobre.

De style classique « néo-grec », édifiée entre le milieu du XVIIe siècle et la fin du XIXe siècle, la cathédrale Notre-Dame de Dax est ouverte tous les jours. Ce que l'on peut voir à l'intérieur et qui mérite le coup d'œil ? La porte ogivale dite des apôtres, vestige de l'ancienne cathédrale gothique du XIIIe siècle. Vous verrez également de beaux tableaux, notamment celui de *Jésus et ses disciples* de Honthorst et *L'Adoration des Bergers* de Hans Von Aachen. Le mieux est encore d'en faire la visite guidée, car elle est gratuite les jeudis à 16h d'avril à octobre.

Les arènes.

CRYPTE ARCHÉOLOGIQUE ★

24, rue Cazade
✆ 05 58 74 12 91
www.dax-tourisme.com
Fermeture temporaire pour travaux.

La crypte archéologique, qui daterait du Ier ou du IIe siècle de notre ère, est considérée par les archéologues comme une basilique civile, lieu public de réunion qui pouvait abriter de multiples activités comme des affaires bancaires et judiciaires. Elle mesurait 43 m de long pour 27 m de large et était encadrée de deux pièces annexes. Seules les fondations du bâtiment sont bien conservées. L'édifice symbolise la puissance politique et religieuse de Rome. La crypte archéologique est fermée pour travaux. Réouverture prévue en 2023. Affaire à suivre !

LE MOULIN DE BÉNESSE

BÉNESSE-LÈS-DAX
https://lemoulindebenesselesdax.com
Visites guidées. Libre participation. Restauration. Boutique.

L'unique moulin à vent des Landes ! Perché sur une colline de 97 mètres, le moulin de Bénesse a déjà tous les arguments pour séduire les amateurs de beaux paysages. La Chalosse à ses pieds, il se dresse devant la chaîne des Pyrénées, du Pic du midi de Bigorre à la montagne de la Rhune. Le spectacle pourrait se suffire à lui-même, et pourtant, une visite du moulin s'impose, car sous ses ailes, ses pierres et son impressionnante charpente, se cache une histoire d'Hommes, de cœur et de sueur. Et un meunier ! Sur place : un snack et une boutique près du grand parking.

DOM-ART GALERIE

44, rue Neuve
✆ 05 58 58 17 64
www.dom-art.fr
Ouvert toute l'année. Du mercredi au samedi de 15h à 19h. Gratuit. Visite guidée (sur rendez-vous).

Contraction de « Domus Artis », Dom-Art est une galerie consacrée à l'art contemporain. Elle occupe une maison adossée à un rempart du IVe siècle. Superbement restaurée, elle est ouverte à tous (entrée libre), érudits ou profanes, pour apprécier des artistes qui confient leurs œuvres pour quelques jours ou quelques mois. L'occasion d'apprécier en toute tranquillité le travail de peintres, sculpteurs, céramistes ou maîtres verriers comme le Landais Xavier Carrère. L'émotion est la seule référence. On vous accueille avec beaucoup de professionnalisme.

MUSÉE DE BORDA ★

11 bis, rue des Carmes ✆ 05 58 74 12 91
www.dax.fr/musee-de-borda
Ouvert du mardi au samedi et le 1er dimanche du mois de 14h à 18h. Visite commentée de l'exposition. Adulte : 2,70 €.

Le musée ne doit pas son nom au naturaliste et paléontologue Jacques-François Borda d'Oro (précurseur de la Préhistoire), mais à son parent, le navigateur et scientifique, Jean-Charles, chevalier de Borda. Situé dans l'ancienne église du couvent des carmélites datant de 1523, le musée présente chaque année des expositions temporaires (archéologie de la Préhistoire, époque médiévale, arts décoratifs, ethnologie locale et extra-européenne, sciences de la nature, etc.). En ce moment, *Dax Odyssée : 2035 ans d'histoire urbaine* est une belle mise en abyme de la ville.

LA FONTAINE CHAUDE

Place de la Fontaine Chaude

La Fontaine Chaude, aussi appelée source de la Nèhe du nom d'une déesse celte des eaux, est le symbole de la station thermale. Des bienfaits des eaux de Dax est née une légende, celle du légionnaire romain. En garnison à Dax et convaincu que son chien perclus de rhumatismes ne pourrait le suivre au cours de ses missions, il décida de mettre un terme aux souffrances du canidé en le jetant dans l'Adour. À son retour d'Espagne, il retrouva son chien guéri par la boue thermale dans laquelle il avait échoué. C'est ici que commence l'histoire du thermalisme dacquois...

MUSÉE DE L'ALAT ET DE L'HÉLICOPTÈRE ★

58, avenue de l'Aérodrome
✆ 05 58 74 66 19
www.museehelico-alat.com
Ouvert de mars à novembre. Adulte : 6 €. Enfant 12-17 ans : 2,50 €. Visites guidées sans supplément (mardi et vendredi)

Au sud de Dax près de l'aérodrome, le musée de l'ALAT (Aviation Légère de l'Armée de Terre) et de l'Hélicoptère est un organisme militaire situé près de l'école des pilotes d'hélicoptères. Les visites guidées et commentées ont lieu le mardi et le vendredi à partir de 14h30. Comptez 2 heures. Les autres jours, les visites sont libres. Les 30 aéronefs et autres objets vous en apprendront beaucoup sur l'aventure de l'aviation légère et de l'armée de terre.

MUSÉE GEORGETTE DUPOUY

2, place du Présidial
✆ 05 58 56 04 34
http://ass.gdupouy.free.fr
Ouvert du lundi au samedi de 14h à 18h ; le dimanche de 15h à 18h. Gratuit jusqu'à 18 ans. Adulte : 2,50 €.

Ce musée a pour vocation de présenter le parcours international de Georgette Dupouy, peintre française du XXe siècle, née à Paris en 1901. Une soixantaine de toiles, ainsi qu'une reconstitution de son atelier, illustrent l'histoire de cette femme décédée à Dax en 1992. Georgette Dupuy a fait le tour du monde aux côtés des plus grands noms de la peinture : Chagall, Corot, Dali, Miró, Picasso, Renoir, Utrillo... Chaleureusement protégé par des passionnés et une poignée de bénévoles méritants, le musée ouvre aussi sa galerie à d'autres artistes d'ici et d'ailleurs.

OBSERVATOIRE ASTRONOMIQUE

Rue Pascal Lafitte
✆ 05 58 56 14 47
http://obsdax.astrosurf.com
Ouvert au public le vendredi soir à partir de 21h. Adulte : 5 €. Enfant : 3 €.

De 1976, c'est l'un des premiers observatoires amateurs. Il fut le théâtre de la première découverte mondiale d'une comète par un amateur avec une caméra CCD. C'est également ici qu'ont été découverts 5 astéroïdes orbitant entre les planètes Mars et Jupiter. Siège de la Délégation régionale aquitaine de la Société astronomique de France, il possède une section météo, nombreux instruments d'observation, traitement et acquisition d'images et un planétarium à découvrir lors de la visite.

PARC DU SARRAT

Rue du Sel Gemme ✆ 06 99 70 37 32
www.dax.fr
Jardin remarquable. Fermé de décembre à mars et pendant la Feria. Adulte : 4,20 €. Visite guidée (sur réservation).

Avec son jardin à la française enveloppé dans un jardin paysager, le Domaine du Parc du Sarrat est inscrit à l'inventaire supplémentaire des Monuments historiques. Ce parc a été légué à la ville, en 1988 par René Guichemerre, un architecte landais, qui y avait érigé sa résidence principale. On se laisse guider parmi plus de 1 200 arbres de 27 familles différentes et 1 500 arbustes de plusieurs espèces. Le recensement de deux espèces rares, la fougère Ophioglosse des Açores et l'Anémone des jardins, a permis de classer ce site parmi les conservatoires naturels.

VISITE « L'ATRIUM »

1, cours Maréchal Foch
✆ 05 58 56 86 86
www.dax-tourisme.com
Visite guidée (par l'Office de Tourisme). De 4 à 10 €.

Inaugurée en 1928, on doit l'Atrium aux architectes André Granet et Roger Henri Expert, lequel s'illustrera avec la salle Pleyel (Paris) et le paquebot *Normandy*. L'architecture était mal adaptée au climat océanique, des travaux de restauration furent nécessaires. Lors de votre visite, laissez-vous impressionner par les somptueux décors somptueux gravés sur des panneaux de stuc dorés et argentés caractéristiques des Années Folles. Ce nouvel ensemble est inscrit à l'Inventaire supplémentaire des Monuments historiques depuis 1986.

MAIRIE DE DAX

Rue Saint-Pierre
✆ 05 58 56 80 00
www.dax.fr
Ouvert du lundi au vendredi de 8h30 à 12h et de 13h30 à 17h30 ; le samedi de 9h à 12h.

La mairie de Dax est accessible par la rue Saint-Pierre, mais aussi depuis les jardins où se déroulent les rassemblements citoyens et les animations tout au long de l'année. Le square Max Moras accueille le monument aux Morts et des sculptures de Monette Loza. La ville est jumelée avec Logroño, en Espagne, depuis 1963. Pour connaître la programmation culturelle de la Ville de Dax, vous pouvez vous abonner à la newsletter culture. Le coup d'envoi de la Feria est donné sur le parvis de la mairie, lors de la remise des clés de la ville aux jeunes par le Maire.

OFFICE DE TOURISME DU GRAND DAX

11, cours Foch ✆ 05 58 56 86 86
dax-tourisme.com
Accueil vélo. Qualité Tourisme. Ouvert toute l'année. Label Tourisme & Handicap. Visites guidées et excursions.

Ferias, thermalisme, gastronomie landaise, art déco, street art... Voilà autant d'atouts qui devraient vous encourager à rester pour une escapade de plusieurs jours. L'office de tourisme de Dax propose de nombreuses activités et visites thématiques : balades nocturnes guidées, visites de la ville *via* le nom de ses rues, visites architecturales et découverte de la tauromachie... Sur place : un service de billetterie, une centrale de réservation pour votre cure thermale, une boutique...

HOTEL DE JOUVENCE €

18, rue de la Fontaine Chaude ✆ 05 58 90 16 46
www.hoteldejouvence.fr

Ouvert toute l'année. Chambre double à partir de 49 € Autres tarifs. Petit déjeuner : 7,90 €. Forfait curistes.

La rue piétonne de la Fontaine Chaude est le point de départ idéal pour découvrir les remparts, les arènes, les berges de l'Adour, les commerces et les restaurants de la ville. Avec ses chambres spacieuses, l'hôtel de Jouvence est d'un bon rapport qualité-prix pour une étape, un séjour ou dans le cadre d'une cure thermale de 7 à 21 jours en demi-pension ou pension complète. Le petit déjeuner peut être servi en chambre avec un supplément. Parmi les services proposés : blanchisserie, room service avec restaurant extérieur... Parking public à proximité.

LA DEMEURE DU HOURNE*** €€

250, chemin du Hourne - **SAINT-PANDELON**
✆ 06 02 28 96 97
https://lademeureduhourne.fr

Gîtes de France 2 épis. Pour 4 personnes (2 ch.). A partir de 300 € et à partir de 620 €/semaine selon la saison. Spa.

A quelques kilomètres des cités thermales de Dax et Saint-Paul-lès-Dax, le gîte du Hourne est idéal pour conjuguer cure thermale et séjour au calme. Pour des vacances tout confort, le gîte possède beaucoup d'atouts : cuisine entièrement équipée, kit bébé, salle de bains moderne, literie de qualité, petit salon, deux chambres dont une en mezzanine... La piscine (ouverte de mai à septembre) ainsi que le spa sont partagés avec les propriétaires et les personnes séjournant dans les deux chambres d'hôte du Hourne. Pour autant, il fait bon vivre en parfaite harmonie.

LA DEMEURE DU HOURNE €€

250, chemin du Hourne - **SAINT-PANDELON**
✆ 06 02 28 96 97
https://lademeureduhourne.fr

Gîtes de France (3 épis). Ouvert toute l'année. Chambre double de 69 € à 72 € (base 2 pers.). Bain bouillonnant.

Attenantes à la maison principale, les deux chambres doubles (Cocon et Romance) ont été créées de toute pièce. Avec beaucoup de goût, Isabelle les a décorées dans des tons doux et actuels. Climatisation réversible, douche à l'italienne et literie en 160, plateau de courtoisie, peignoirs... Rien n'est laissé au hasard ! Côté jardin, vous profiterez de la piscine et du spa en toute liberté. Et vous apprécierez certainement les terrasses privatives devant chacune des chambres. Au petit déjeuner : jus d'oranges pressées, yaourts et gâteaux maison...

LES CHÊNES**** €€

Allée du Bois de Boulogne
✆ 05 58 90 05 53
www.camping-leschenes-dax.com

De mars à novembre. Emplacement à partir de 21,50 €. Mobil-home à partir de 415 €/semaine. Autres tarifs. Animations.

© LES CHENES

Créé par Pierre Albaladejo, célèbre rugbyman et commentateur sportif, ce camping déploie ses atouts dans une chênaie centenaire aux portes du centre-ville de Dax. À l'orée du Bois de Boulogne, le camping est organisé en quartiers. Cet airial abrite des emplacements nus et des emplacements « confort » (électricité, point d'eau, terrasse...). Nouveau : les touristes qui voyagent sans véhicule profitent d'un tarif privilégié (9 euros/nuit). La plupart des Mobil-homes (1 à 4 personnes) et des pavillons meublés (1 à 3/4 personnes) ont moins de 3 ans. On s'y sent bien !

LE DOMAINE DE L'ESPERON €€

1940, route de Tercis
✆ 05 58 89 81 43
www.domainedelesperon.fr

Fermé en janvier. Chambre double à partir de 60 €/nuit. Petit déjeuner : 10 €. Forfaits curistes. Séminaires. Sauna.

Au centre d'un airial bien ensoleillé, *le Domaine de l'Esperon* est une bonne surprise ! Longtemps cachée par la végétation, nombreux sont ceux qui découvrent cette bâtisse du XIXe siècle, avec sa jolie tour en briquettes. Six des huit chambres sont équipées d'une literie 180x200 et disposent d'un coin cuisine, avec four et réfrigérateur pour un séjour en toute autonomie. Le petit déjeuner est servi dans une annexe attenante à une petite salle de fitness et un sauna. Si vous aimez l'espace, le calme et la discrétion, le *Domaine de l'Esperon* va vous combler.

LANDES

GÎTES DE FRANCE €€

1, avenue Eugène Millies Lacroix
✆ 05 58 85 44 44
www.gites-de-france-landes.com
Du lundi au vendredi 8h30 à 13h et 13h30 à 18h ; le samedi 9h à 12h30 (9h30 à 12h30 et 14h à 18h en haute saison).

Avec celle de Mont-de-Marsan, les Gîtes de France des Landes ont une deuxième agence implantée à Dax. C'est à la fois un lieu où les touristes, les curistes, mais aussi les locaux peuvent se renseigner sur les locations disponibles dans le département et une centrale de réservation ; une conciergerie en ligne avec contact direct. Vous profiterez des offres de séjour. Les Gîtes de France Landes assurent la garantie qualité, la garantie réservation et la garantie des avis clients certifiés. Sur place, des documents et brochures sont à votre disposition.

© GITES DE FRANCE LANDES

© GITES DE FRANCE

DOMAINE DE POUMATAN*** €€

195, route d'Angoumé - **RIVIÈRE-SAAS-ET-GOURBY**
✆ 06 83 05 85 75
www.landes-gites-de-poumatan.com
Gîtes de France. Gîte (3 pers.) de 300 € à 610 €/semaine ; gîte (6 pers.) de 320 € à 720 €/semaine. Tarifs curistes.

A 10 km de Dax, sur la rive droite de l'Adour dans un espace naturel de prairies humides et de forêt, le Domaine de Poumatan est un endroit paisible où séjourner en configuration chambre d'hôtes pour une nuit ou dans l'un des deux gîtes pour vos vacances ou vos cures thermales. Aménagés pour accueillir 3 et 6 personnes, les deux gîtes (85 m² et 100 m²) entièrement rénovés sont de plain-pied avec une terrasse pour l'un et deux terrasses ainsi qu'un jardin clos pour l'autre. Vos animaux de compagnie sont les bienvenus. Parking privatif.

GÎTE HIAS**** €€

55, rue du Château-d'Eau - **ANGOUMÉ**
✆ 05 58 97 50 48
www.gite-hias.com
Gîtes de France (3 épis). Ouvert toute l'année. Pour 4 personnes (65 m²). A partir de 287 €/semaine.

Cette authentique ferme du XIXe siècle vous propose un séjour au calme. D'emblée, la salle d'accueil est particulièrement chaleureuse avec ses photographies en noir et blanc sur les traditions régionales, ses poutres et meubles anciens, sa documentation et son coin cuisine. La propriétaire, Valérie, propose 5 chambres d'hôtes, dont une familiale. Et un gîte indépendant pour 4 personnes ! De plain-pied avec une mezzanine, le gîte *Hias* profite d'une terrasse privative couverte carrelée orientée sud-ouest. Sur demande, il est possible de prévoir un 5e couchage.

IBIS STYLES DAX MIRADOUR*** €€

4, avenue Milliès Lacroix
✆ 05 58 56 77 77
https://all.accor.com
Qualité Tourisme. Ouvert toute l'année. Accueil 24h/24. Chambre double dès 75 €. Petit déjeuner inclus. Restauration.

Promenades aménagées sur les berges, passerelle multicolore donnant sur le quartier du Sablar, terrasses... L'hôtel ibis Styles Dax Miradour se dresse sur les bords de l'Adour. Entièrement rénové en 2013, l'hôtel se trouve à proximité des commerces et des attraits de la ville. Alors que le restaurant vous propose une cuisine traditionnelle et des formules « soirée étape », le bar vous sert des en-cas 24h/24. Les curistes ont accès aux soins depuis l'hôtel.

AU PETIT PÉDEGOUATY*** €€

170, impasse de Pédegouaty - **HEUGAS**
✆ 05 58 98 58 39

Ouvert toute l'année. Chambres d'hôtes de 85 € (2 pers.) à 95 € (3 pers.). Tarifs dégressifs et petits déjeuners inclus.

Josette et Robert vous accueillent dans une ferme landaise de 1850 rénovée, sur une propriété de 8 800 m², entièrement clôturée et arborée avec une piscine et un espace jeux/détente dans le jardin (L'Estanquet). Du côté des hébergements, vous aurez la possibilité de séjourner dans l'une des deux chambres d'hôtes labellisées Tourisme et Handicap. Mais, vous choisirez peut-être la cabane Bivouac qui permet d'accueillir deux voyageurs du 15 juin au 15 septembre. Cette cabane insolite dispose d'un espace couchage toilé au-dessus d'un espace repas.

LA VILL'ADOUR €€

6, boulevard de Poyusan
✆ 06 32 33 59 98
www.chambresdhotes-dax.fr

Gîtes de France. Ouvert toute l'année. 4 chambres doubles à partir de 78 €/nuit. Table d'hôtes.

A 5 minutes des rives de l'Adour, 8 minutes de la Fontaine d'eau chaude et à peine plus des Arènes, la Vill'Adour est vraiment le genre d'endroit à garder précieusement dans son carnet d'adresses. Et sans voiture, vous êtes à 2 km de la gare de Dax ! Inutile de rajouter que vous rejoindrez les plages océanes en moins d'une heure. Le Pays basque est proche lui aussi. Alors voilà, dans cette maison de 1900, les chambres d'hôtes sont conçues pour accueillir deux personnes, voire une troisième avec un lit supplémentaire. Guylaine et Stéphane s'occupent de tout.

LE SPLENDID**** €€€

2, cours de Verdun
✆ 05 58 35 20 10
www.splendid-hotel-spa.com

Ouvert toute l'année. Chambre double à partir de 70 €, 90 €, 100 € et 130 € selon la catégorie. Restauration. Bar.

Emblématique de la ville, ce grand hôtel des années 30 a rouvert ses portes en 2018, après 2 ans de travaux qui ravivent son cachet d'antan. De Sacha Guitry à Hemingway, de grands noms sont passés par là. Aujourd'hui, ce bel hôtel**** offre des chambres aussi spacieuses que raffinées. Si l'hôtel a conservé son style Art déco, il a aussi joué la carte de la modernité avec un spa *Cinq Mondes* entièrement dédié à la détente. On y trouve notamment un flotarium – équipement très rare en Europe –, qui reproduit les conditions de la mer Morte par sa saturation en sel.

BERNIE & VINCENT €€

377, rue du Bourg - **OEYRELUY**
✆ 05 58 72 13 60 - www.bernieetvincent.fr

Maître Restaurateur. Collège Culinaire de France. Du mardi au dimanche le midi ; vendredi et samedi le soir. Traiteur.

© BERNIE ET VINCENT TABLE GOURMANDE

Derrière la jolie façade en pierre de ce restaurant où l'on retrouve Bernie et Vincent Stafrach, on mitonne les produits du Sud-Ouest dans les règles de l'art avec une subtile imagination. Crabes en Txangurro (crémeux pommes vertes, feuilles de bourrache, vinaigrette acidulée), noix de Saint-Jacques rôties (nems de légumes racines aux algues, beurre de ciboulette), pigeonneau Royal (gaufre de potimarron, escalope de foie poêlée, jus cacao épicé)... La patte du Maître Restaurateur est là ! En 7 services, *L'instant dégustation* est proposé le soir et le week-end.

LE PATIO GOURMAND DU BAR DARRIGADE €€

46, cours Galliéni
✆ 05 58 74 06 08

Ouvert tous les jours le midi ; le vendredi et le samedi le soir. Formule du midi : 13,90 €. Service côté bar en hiver.

A l'entrée des rues piétonnes et à quelques mètres de la Cathédrale et des Halles de Dax, Le patio gourmand du bar Darrigade, n'est ni plus ni moins que le restaurant de ce pub irlandais. Et c'est Gisèle et son équipe, qui vous accueillent avec un choix de plats fait maison à déguster en salle ou dans le patio. Ce patio est un véritable atout d'ailleurs, car il est à l'abri de la circulation, donc très agréable et bien décoré en plus. Concerts pop rock de temps en temps.

LANDES

LE BISTROT DES VIGNES €€

40, rue Neuve ✆ 05 58 58 45 39

Ouvert toute l'année. Le jeudi et le vendredi le soir ; le week-end le midi et le soir. Salon de thé à partir de 16h.

© LE BISTROT DES VIGNES

Le Bistrot des Vignes vous accueille du jeudi au dimanche à partir de 16h pour le salon de thé, puis le soir pour dîner, mais aussi pour déjeuner le week-end. Pour vous régaler, la cheffe Stéphanie renouvelle la carte au gré de son imagination, mais aussi en écoutant les envies des clients. Travailler les produits de saison ? Il n'y a rien de plus naturel pour cette Bretonne qui propose des plats gourmands. Brunch, boutique en ligne... On aime aussi la formule des heures heureuses de 18h à 20h avec une planche de charcuterie et une bouteille de vin local.

LE VALMONT €

43, rue des Carmes

✆ 05 58 90 85 92

Ouvert toute l'année. Lundi et mardi de 9h à 15h ; du mercredi au samedi de 9h à 18h. Réservation recommandée.

Situé dans un hôtel particulier du XVIe siècle, Le Valmont, qui était à l'origine un salon de thé, s'impose désormais comme un restaurant incontournable du centre-ville (le midi uniquement). Ouvert jusqu'à 15h ou 18h, il est toujours possible de venir déguster une délicieuse pâtisserie. Aux beaux jours, le patio est très agréable. Autrement, on se laisse tenter par le menu du jour du chef Yannick Gallouin. La spécialité du Valmont est une salade d'encornets, servie tiède. Ici, tout est fait maison. Succès oblige, il est fortement recommandé de réserver.

L'AUBERGE IN €€

1175, route de Dax - **SAINT-PANDELON**

✆ 05 58 98 71 17

www.aubergein-restaurant-landes.fr

Du dimanche au jeudi de 9h à 15h ; le vendredi et le samedi de 9h à 15h et de 18h30 à 21h. Réservation recommandée.

Un restaurant aux multiples facettes ! Ouvert dès 9h pour un café, l'Auberge In propose également une formule complète le midi. Chaque jour, le chef propose des suggestions comme une cassolette de calamars à l'ibérique. Fort de son succès, cette table située à 5 minutes de Dax est très fréquentée, il est donc prudent de réserver et d'arriver tôt, car les spécialités sont très demandées. Croustade aux pommes, profiteroles... On termine en douceur avec les desserts faits maison. On aime profiter de la terrasse et du bar extérieur en été pour les soirées musicales.

CHEZ BABETH €€

2, place Camille Bouvet

✆ 05 58 74 22 15

Ouvert toute l'année. Du mardi au dimanche le midi ; du mardi au samedi le soir. Plat du jour à partir de 10,50 €.

Chez Babeth, il flotte un air de Pays basque, cher à la patronne. Ici, on s'installe autour des tonneaux pour déguster sur le pouce, tapas, pintxos, planches de charcuterie... Parmi les plats incontournables : la sole, le merlu à l'espagnole, l'espadon à la plancha, la morue à la basquaise et la piperade. Toujours dans la bonne humeur, ça se passe dans la petite salle, en terrasse ou dans l'intimité de la cour. Babeth et son équipe servent aussi le Marmitako ; une spécialité basque à base de thon au vin blanc, poivrons et pommes de terre. L'ambiance est à la fête.

LE BISTROTEKA €€

86, avenue Francis Planté

✆ 05 58 74 04 60

www.lavilladacquoise.fr

Ouvert toute l'année. Du mardi au dimanche le midi ; du mercredi au samedi le soir. Formule du midi : 16 €. Tapas.

Certains l'appellent encore La Villa Dacquoise, mais désormais il faudrait dire Le Bistroteka ! Sous les platanes en été, dans la salle lumineuse ou près de la cheminée, pour un repas rapide le midi ou un dîner entre amis, n'hésitez pas à venir au Bistroteka. Car, ici, une grande attention est portée à l'origine des produits. La majorité des fruits et légumes travaillés sont bio (Bio Pays Landais), le magret et le foie gras frais viennent de chez Duperrier à Souprosse, le merlu du port de Capbreton, la brioche et le pain de la Maison Giraudet...

CHEZ SIMONE €€

37, avenue Auguste Duhau - **BÉNESSE-LÈS-DAX**
✆ 05 58 98 70 22
www.restaurant-chezsimone.fr

Ouvert du mardi au dimanche le midi ; le vendredi et le samedi le soir. Menus de 28 € à 36 €. Formule du midi : 14 €.

Dans le coin, tout le monde connaît cette auberge de campagne tenue par Michèle et Bernard Paysan. A dix minutes du centre-ville de Dax, tout près du Moulin de Bénesse, Chez Simone, on déguste une cuisine simple et généreuse, inspirée du terroir du Sud-Ouest. Il y a même des plats qu'il faudra commander la veille comme ce chausson en feuilletage fourré au foie gras et magret de canard, ou jusqu'à 3 jours avant votre venue pour partager une poule au pot farcie. Les groupes sont les bienvenues. Pensez à réserver ! Et aussi aux plats à emporter (sur réservation).

LE CRUNCH €€

17, cours Maréchal Foch
✆ 05 58 98 80 18

Ouvert du mardi au vendredi de 9h à 2h ; le week-end de 8h30 à 2h. Menu carte : 28 €. Formule du midi : 13,50 €. Bar.

De la musique s'échappe des cuisines, mais aussi parfois les éclats de voix du chef qui pousse la chansonnette. Ici, la bonne humeur de l'équipe est communicative. Dans les assiettes, on peut se faire plaisir avec la formule déjeuner (plat et dessert) ou le menu-carte pour les plus grandes faims (entrée, plat et dessert). Une chose est sûre : le Sud-Ouest est au rendez-vous. C'est bon et généreux ! Ce jour-là, on s'est régalé avec le croustillant de canard servi avec une sauce façon velouté de foie gras. Ambiance sportive au rendez-vous, les soirs de matchs.

LA CUISINE – TERRES D'ADOUR €€

2, place de la Course
✆ 05 58 73 77 50
http://dax.terres-d-adour.fr/

Ouvert du mer. au dim. le midi (le soir selon la saison) ; du jeudi au samedi le soir. Formule midi : 16 €. A emporter.

A l'initiative de producteurs locaux ! Les gravures qui ornent les murs rappellent que nous sommes place de la Course, un haut lieu des courses landaises. Le bâtiment s'appuie à la fois sur les remparts et sur une jolie bâtisse dont la cour est entièrement vouée à la gastronomie landaise, avec d'un côté « Le Marché » (le magasin de produits du canard de la ferme familiale de Donzacq) et de l'autre « La Cuisine » où vous dégusterez ces fameux produits.

AU FERLEO €€

51, route de Dax - **HINX**
✆ 05 58 77 60 74 - www.au-ferleo.fr

Ouvert du lundi au samedi le midi ; du vendredi au samedi le soir. Menus de 24,90 à 37 €. Formule du midi : 13 €.

© AU FERLÉO

Contraction des prénoms des arrière-grands-parents du chef Franck Pons qui tenaient le bistrot, Au Ferléo est un lieu chargé d'histoire. Depuis sa cuisine ouverte, le chef travaille les produits de la région et change sa carte tous les trois mois au rythme des saisons. En salle, c'est Aurélie, sa charmante épouse. Si elle vous propose le burger tradition, l'entrecôte grillée à la plancha ou la côte de veau première rôtie, sauce réduite et frites maison, faites-lui confiance, car ce sont les incontournables de la carte. Le menu Découverte est aussi une bonne idée.

FERME-AUBERGE BASTEBIEILLE €€

60, chemin des Bastes - **MIMBASTE**
✆ 05 58 55 30 05
www.fermebastebieille.com

Du 1er août au 20 septembre 2020, midi et soir du mercredi au dimanche midi.

La ferme Bastebieille décroche régulièrement de nombreuses médailles au Concours général agricole. Producteurs conservateurs depuis cinq générations, la famille Lesgourgues élève le canard à foie gras (gavage traditionnel au maïs grain). Ouverte par Thibault, le fils, l'auberge est installée dans de beaux bâtiments rénovés où se mêlent charme de l'ancien et modernité. Vous serez accueilli avec une extrême gentillesse. Vous hésitez ? L'assiette Bastebieille est un très bon choix.

LANDES

LA GRANDE BRASSERIE DE L'ATRIUM €€

1, cours du Maréchal Foch
✆ 05 58 58 62 52
Du lundi au samedi le midi et le soir ; le dimanche midi. Plats de 14 à 26 €. Formule du midi : 13,90 €. Terrasse.

© LA BRASSERIE DE L'ATRIUM

La Grande Brasserie de l'Atrium se distingue par sa belle architecture Art déco. L'entrée, par un escalier sous une casquette, a vu passer toute une génération de danseurs du dimanche. Le chef Claude Labescat continue son travail avec la volonté de proposer une carte brasserie de qualité et des suggestions gastronomiques. Par beau temps, déjeunez dans le patio pour admirer ce bâtiment classé. Des soirées cabaret, jazz, tango, salsa... tous les mois. Réservation recommandée.

FERME AUBERGE LE VIEUX CHÊNE €€

960, route de Dax - **CASTELNAU-CHALOSSE**
✆ 05 58 89 34 57
www.ferme-auberge-levieux-chene.fr
Ouvert de mars à novembre. Ouvert du mardi au dimanche le midi. Réservation recommandée. Menus de 16 à 30 €. Boutique.

Depuis 1999, Le Vieux-Chêne est un producteur de foie gras qui propose de nombreuses spécialités autour du canard et du bœuf Chalosse. L'auberge est ouverte de mars à novembre (en février pour les groupes), du mardi au dimanche le midi, mais aussi le mercredi, jeudi et vendredi soir en août. Vous aurez le choix entre une carte, des menus joliment baptisés et l'assiette du Vieux Chêne servie avec un verre de vin de Chalosse. Ne repartez pas sans avoir fait un tour dans la boutique.

KOIKONBOI €€

5, rue des Carmes
✆ 05 58 98 17 85
Ouvert le lundi, le mardi et du jeudi au samedi le midi et le soir. Menu dégustation : 39 €. Formule du midi : 15 €.

A ce prix-là, la formule déjeuner du *Koikonboi* est imbattable ! D'autant plus qu'elle est vraiment très copieuse. Mais à la carte, les prix s'envolent même si les assiettes restent bien garnies. Qu'à cela ne tienne, le pain perdu de Pastis Landais est un coup de cœur ! Le service est rapide, efficace et souriant. Le *Koikonboi* est aussi un bar à vin où l'on peut accompagner sa dégustation de quelques tapas en tout genre. Aux beaux jours, quelques tables sont installées à l'extérieur. La rue est piétonne. L'établissement est fermé le dimanche.

MAMA CUCINI €€

16, place Thiers
✆ 05 58 98 34 95
www.mamacucini.com
Ouvert du lundi au vendredi de 10h à 22h ; le samedi de 10h à 0h ; le dimanche de 12h à 21h. Pizzas de 11 à 18 €.

Ici, pas d'Italiens, mais des recettes italiennes ! Pourtant, chez Mama Cucini, on sait faire les pizzas et le tiramisu. En cuisine, Florian Benyamina s'adonne également à d'autres spécialités. Cassolette des sous-bois gratinée, Saint-Jacques en croûte de lard, mijoté de magret de canard à la japonaise, panna cotta crepiotela chocolat... Toutes les assiettes donnent envie d'y goûter. Généreuses comme dans Les Landes, elles sont surtout très appétissantes, car colorées et bien dressées. À l'heure du déjeuner, en salle ou en terrasse, la formule est très attractive.

LE PATIO GOURMAND DU BAR DARRIGADE €€

46, cours Galliéni
✆ 05 58 74 06 08
Ouvert tous les jours le midi ; le vendredi et le samedi le soir. Formule du midi : 13,90 €. Service côté bar en hiver.

A l'entrée des rues piétonnes et à quelques mètres de la Cathédrale et des Halles de Dax, Le patio gourmand du bar Darrigade, n'est ni plus ni moins que le restaurant de ce pub irlandais. Et c'est Gisèle et son équipe, qui vous accueillent avec un choix de plats fait maison à déguster en salle ou dans le patio. Ce patio est un véritable atout d'ailleurs, car il est à l'abri de la circulation, donc très agréable et bien décoré en plus. Concerts pop rock de temps en temps.

LANDES

LA SCUDERIA €€

38, cours du Maréchal Foch
✆ 05 58 74 59 87

Ouvert du lundi au samedi le midi ; du mardi au samedi le soir. Réservation conseillée. Pizzas de 10 à 14 €. A emporter.

Dans la plus ancienne pizzeria de Dax, on affiche clairement la passion pour le sport auto-moto italien ! Et sinon, les pizzas sont élaborées à base de produits italiens ou plus locaux pour le foie gras. Le pain des bruschettas provient de la Maison Giraudet. Vous pourrez encore manger des plats classiques, mais incontournables comme la tête de veau, les pieds de cochon ou les chipirons à la plancha. Restaurant italien oblige, les pâtes se déclinent de différentes façons. Les escalopes de veau sont cuisinées à la milanaise, parmiggiana, marsala ou à la crème.

LE SIX €€

6-10, place Thiers
✆ 05 58 74 17 53

Ouvert du mardi au samedi le midi et le soir. Plats de 13 € à 21 €. Formule du midi : 15,90 €. Réservation recommandée.

L'accueillante terrasse mène à une salle à la décoration bien affirmée. L'ambiance, à la fois industrielle et rock avec ses murs colorés façon peinture urbaine et ses guitares électriques, séduira les motards (moto, engrenages, bidons transformés en tabourets...). Au rythme pop-rock – discret – des enceintes, le service est tonique et souriant. Aux fourneaux, Benjamin, ancien chef de La Table de Pascal a cédé sa place à un nouveau chef : Jean-Philippe. Garant de la qualité de ses fournisseurs, il concocte des plats maison simples, mais à la qualité constante.

LE RAMUNTCHO €€

33, avenue Victor Hugo
✆ 05 58 74 15 37

Tous les jours le midi ; du mardi au samedi le soir. Réservation impérative. Formule du midi : 15 €. Animations.

© LE RAMUNTCHO

Menu, carte, formule tapas... A la Table du Ramuntcho, Olivier Ponnou concocte une cuisine simple et gourmande à base de produits frais et du terroir dans une ambiance bodega. Wraps, pintxos de txistorra et ossau-iraty, burritos de bœuf, mini-fougasse... Attendez-vous à un défilé de tapas. Même chose avec les plats : côte de bœuf à la cheminée, suprême de volaille des Landes, magret de canard de Chalosse, ris de veau aux cèpes, dorade royale... Pensez bien à réserver ! Service tardif en fin de semaine. Pour emporter, rendez-vous à la boutique Cho.

LE SPOT €€

Balcon de l'Adour
✆ 07 88 17 26 37
https://lespot-dax.fr

Du 1er juillet au 15 septembre. Tous les jours de 10h à 23h. Restauration le midi et le soir. Snacking. Buvette. Brunch.

Le spot est un club de plage ! Oui, oui à Dax. Sur les berges de l'Adour, au pied de la passerelle piétonne, le Spot s'impose comme l'endroit où il faut être l'été à Dax. Car c'est en fait tout un concept ! Le spot est à la fois un lieu de restauration, mais aussi une base de nautique et de loisirs qui s'animent avec les Berges Ephémères. Côté restauration, on peut faire confiance à Sébastien et son chef Laurent. Salade landaise, plat combiné gascon, magret de canard... Y'a comme le Sud-Ouest dans les assiettes. Les frais produits sont frais et de qualité.

CHOCOLATERIE DE TTOTTE

14, cours de Verdun
✆ 05 58 74 29 72
www.chocolatier-ttotte.fr

Ouvert du mardi au samedi de 9h à 12h30 et de 14h30 à 19h. Boutique en ligne.

Ttotte (prononcer « tiotié », Joseph en basque) et Stéphanie animent cette jolie chocolaterie située sous les arcades du Splendid. Le Maître Artisan Chocolatier, qui a fait ses armes chez la prestigieuse maison Pariès, a même ouvert en 2016 une autre boutique, la « Fabrique de Ttotte » à Saint-Geours-de-Maremne. Parmi les spécialités : tuiles à la cacahuète, orangettes, chouchous chocolat, croq'maïs... Et l'Or de Ttotte, un chocolat noir issu d'un assemblage de fèves de Bolivie, Equateur et Venezuela, associé à la texture du sucre roux d'Amérique du Sud.

LANDES

ATELIER - BOUTIQUE LES SUCRETTES DE KETTY

167, rue Centrale - **HABAS**
✆ 06 44 80 41 86
Ouvert du mardi au vendredi de 9h à 12h et de 15h à 18h ; le samedi de 9h à 12h ; le dimanche de 9h à 13h.

© ATELIER LES SUCRETTES DE KETTY

Cette jolie boutique aux couleurs pastel propose des pâtisseries de longue conservation, des biscuits landais et autres produits locaux. Berlingots aux fruits, sucettes artisanales et bonbons aux mille couleurs... On adore l'original cookie-cheesecake, mais on craque aussi sur le brownie noisette ou le gâteau basque crème vanillée. Il y a aussi l'embarras du choix du côté des sablés. A retrouver aussi à Fantaisies Gasconnes à Saint-Justin. Pensez à la personnalisation des biscuits !

EL TXUPINAZO

30, place de la Fontaine Chaude
✆ 05 58 56 20 52
Ouvert du dimanche au mercredi de 12h à 0h ; du jeudi au samedi de 12h à 2h. Restauration (formule déjeuner 14,50 €).

L'adjectif qui ne convient pas à ce bar à tapas et restaurant, c'est *statique*. La terrasse avait d'ailleurs été agrandie pour accueillir tous les amateurs de cuisine ibérique, notamment des fameux pintxos. Ici, les produits sont frais et la cuisine « maison ». Alex et Vivian concoctent aussi le fameux « plato combinado » avec lomo ou chipirons, œuf au plat, piperade, pommes de terre, salade et fromage de brebis. Dans la formule déjeuner, vous aurez le choix, en entrée, entre une salade ou une soupe en hiver et un gaspacho en été. Des animations sont au programme.

MAISON CASANO

2, rue Neuve
✆ 05 58 97 86 79
Ouvert du mardi au samedi de 7h30 à 19h.

Avec ses pâtisseries situées à Capbreton et à Seignosse, la réputation de la Maison Casano n'est plus à prouver ! D'ailleurs, quand on y pense, on a aussitôt en tête le russe, ce biscuit amandes-noisettes crémeux saupoudré de sucre glace évoquant les plaines enneigées de Russie. Côté macarons, il faudra choisir entre une vingtaine de parfums, des plus classiques aux plus surprenants : coquelicot, violette, fraise-basilic... Antoine, le fils du patron a décroché en 2018 le premier prix de dégustation lors du concours de Meilleur Apprenti de France. Alors ?

MOJO CAFÉ

10, rue de l'Evêché
✆ 05 58 56 98 79
Ouvert toute l'année. Le mardi et le mercredi de 10h à 0h ; du jeudi au samedi de 10h à 2h. Restauration. Concerts.

Une nouvelle page... Il y a 10 ans, Julien Brettes commençait à écrire l'aventure du O'Byron. Aujourd'hui, après 3 ans, il ressort ses guitares et son ukulele pour le Mojo Café où il compte bien retrouver les fidèles, mais aussi accueillir les nouveaux venus. En effet, le duo gagnant du Mojo, Jérémy Lauilhé (mixologue) et Quentin Gracy (chef) cèdent la place. Ils ont eux aussi une nouvelle page à écrire... Julien Brettes rassure les habitués : les bières, cocktails, burgers, le pain perdu et les planches tapas restent à la carte ! Sans oublier les musics live.

CHEZ NOUS

8, cours Gallieni
www.cheznousfrenchpub.com
Ouvert du lundi au mercredi de 14h à 0h ; du jeudi au samedi de 14h à 2h. DJ set & live music.

« À la France et à sa culture du bon goût et de la qualité. À ceux qui veulent manger, boire, écouter, discuter. Chez Nous, c'est avant tout chez vous », Thibaut, Antoine, Johnny et Gaël. Voilà un endroit où l'on se sent bien ! Perché au-dessus d'un magasin de déguisements, *Chez Nous* est un peu comme un *speakeasy*. C'est une bonne adresse qu'il faut connaître. Et il faut croire que le bouche-à-oreille fonctionne bien, car l'endroit est très animé en fin de semaine. Coup de cœur pour la carte des vins et des bières ! DJ set, live music et planches à partager.

LANDES

LE PASTIS D'AMÉLIE

16, rue de la Fontaine Chaude
✆ 05 58 58 45 70
www.lepastisdamelie.com
Producteur Artisan de qualité. Ouvert du mardi au samedi de 8h à 19h (variable selon la saison). Salon de thé.

Pâtisserie, *pastisseria*, *pastis*... Un mot gascon pour dire « pâte ». Le Pastis Landais est en fait un gâteau béarnais. Moelleux et doré, il met généralement tout le monde d'accord. On le retrouve dans les boulangeries, à la table des restaurants au moment du dessert ou encore chez les artisans. À Dax, le Pastis d'Amélie arrive directement de Pau où il est fabriqué par Peio, l'arrière-petit-fils d'Amélie. Après dix années de longues et fastidieuses recherches, Père et fils ont ainsi retrouvé les saveurs d'antan... Et nous ? On s'en délecte sur place ou à emporter.

LA BOUTIQUE CHO

33, avenue Victor Hugo
✆ 05 58 74 94 28
Ouvert du lundi au samedi de 6h à 14h et de 16h à 20h ; le dimanche de 6h à 13h. Formules du jour de 8,50 € à 13 €.

Plats cuisinés, viennoiseries, pâtisseries, snacks... Sous la houlette du chef Olivier Ponnou, le Ramuntcho a ouvert la « Boutique Cho ». Et déjà, cette adresse gourmande tenue par son épouse Pauline, située en face du restaurant, a bonne réputation. Traiteur et boulangerie, la « Boutique Cho » vous propose des pains classiques, mais aussi des pains spéciaux et de délicieuses pâtisseries du coin. Sans oublier, une gamme très alléchante de feuilletés, des tapas et autres pintxos dont l'étal coloré vous fera saliver. Commandez via l'application La Boutique Cho.

CAFÉS NOIRO

52, rue Neuve
✆ 05 58 74 10 74
http://lescafesnoiro.com
Ouvert du mardi au samedi de 9h à 12h et de 14h30 à 19h. Boutique en ligne.

Voilà plus de soixante ans que les cafés Noiro diffusent leur doux parfum... Membre de l'association Torréfacteurs Tradition France, l'enseigne fait figure d'institution. Près de 30 combinaisons sont à retrouver (mélanges maison, cafés équitables ou originaux, du décaféiné au robusta des Indes en passant par l'arabica pur). La boutique est aussi largement fournie en matériels. Sans oublier les nombreux thés, infusions et chocolats ! Des capsules de café torréfié sur place, sans additif et compatibles avec une célèbre marque de machine à café, sont disponibles.

UN BAIN AU CHOCOLAT

4, rue Saint-Vincent ✆ 05 58 74 25 40
www.unbainauchocolat.com
Ouvert du mardi au samedi de 8h à 19h ; le dimanche de 8h à 12h. Boutique en ligne. Master Class.

© UN BAIN AU CHOCOLAT

Impossible de ne pas succomber aux créations de Hugues Gaudet parmi lesquelles : Le P'tit Landais ; un biscuit vanille surmonté d'un praliné à la cacahuète, le tout enrobé de chocolat noir ou au lait. Les bonnes épiceries fines du Sud-Ouest lui réservent une place de choix. Il y a aussi les macarons avec la promesse d'un nouveau parfum à chaque trimestre (pêche de vigne, framboise et champagne, etc.), les nombreux chocolats, les bonbons et les glaces artisanales. Sans oublier les tablettes de chocolat pour les personnes diabétiques.

LE CANARD CHEZ DEGERT

23, rue Saint-Pierre
✆ 05 58 74 65 73
www.canardchezdegert.com
Ouvert du mardi au samedi de 9h à 13h et de 14h à 19h. Boutique et visite à la ferme (Clermont). Livraison possible.

L'exploitation familiale est située en plein cœur de la Chalosse, dans le petit village de Clermont. Depuis 1945, les canards sont élevés dans les règles de l'art et transformés en produits multi-récompensés au Concours Général Agricole à Paris. Foie gras de canard mi-cuit, foie gras entier, magret entier, fourré au foie de canard, aiguillettes, paupiettes de canard... Et aussi, des légumes en bocaux. On vous expliquera comment déguster les spécialités de la Maison avec les vins sélectionnés. Miels et confitures sont des environs. Pensez aux coffrets cadeaux !

LE COMPTOIR A BIÈRE

11, rue d'Aspremont
© 05 58 57 77 37
Ouvert du lundi au samedi de 16h à 23h30. Tapas chaudes et froides.

Avec plus de 300 bières différentes, dont une majorité de bières belges, les amateurs n'ont qu'à bien se tenir ! Les néophytes pourront quant à eux compter sur les connaissances des maîtres des lieux. Vos emplettes faites, vous pourrez déguster votre bière bien fraîche sur place. L'ambiance du Comptoir à bière invite vraiment à s'attarder pour apprécier les bulles et l'amertume. L'établissement dispose d'un grand écran pour les retransmissions sportives. Concerts, dégustation... Cette cave est une vraie bonne adresse pour les amateurs de soirées conviviales.

LE MARCHÉ - TERRES D'ADOUR

2, place de la Course © 05 58 57 72 60
http://dax.terres-d-adour.fr
Ouvert le mardi de 10h à 17h ; du mercredi au samedi de 10h à 18h ; le dimanche de 10h à 12h. Distributeur automatique.

Christian Lanuque, éleveur de canards à foie gras dans la ferme familiale à Pouyartin, est à l'origine du concept « Terres d'Adour ». De ces terres, naît tout ce qui fait la gastronomie du Sud-Ouest. Terres d'Adour est un groupement de producteurs fermiers, soucieux de la qualité de leurs produits et respectueux du savoir-faire familial. Des produits à retrouver dans la boutique de Dax. Le Marché - Terres d'Adour propose ses produits 24h/24 et 7j/7, grâce à un distributeur automatique.

MADELEINES DE DAX

6, rue de la Fontaine Chaude © 05 58 74 26 25
www.madeleinesdax.com
Collège Culinaire de France. Ouvert du lundi au samedi de 8h30 à 12h15 et de 14h à 19h. Boutique en ligne.

Envie de découvrir ou redécouvrir la seule et unique madeleine de Dax ? Pour cela, il faut franchir la porte de la petite boutique de la Maison Cazelle. Avec son charme désuet du début du XXe siècle et son décor rétro, c'est l'une des plus anciennes de la ville. Fondée en 1906, cette maison familiale a établi sa notoriété sur cette fameuse madeleine de Dax, vendue dans de jolies boîtes en carton bleues ou roses. La recette est jalousement gardée depuis cinq générations, et aujourd'hui par Sébastien et Clément. C'est un passage obligé pour tous les gourmands !

LE MARCHÉ FRIAND

2, rue de Borda
© 06 76 36 43 11
www.marchefriand.fr
Ouvert du mardi au dimanche (horaires variables). Sur place ou à emporter.

En plein cœur de Dax, en lieu et place de l'ancien Friand, cet espace ouvert et moderne, travail d'un designer catalan, reprend les codes des marchés espagnols : authentique, convivial et festif. Une douzaine de commerçants, artisans et producteurs sont installés pour vous régaler. Plats préparés à emporter ou à déguster sur place, c'est à votre convenance. Un conseil futé ? Profitez de l'ambiance pour vivre comme les Dacquois ! Vous pourrez même partager quelques tapas avec un verre de vin. Coup de cœur pour les spécialités à la truffe de la Maison Balme.

MAISON LAFITTE FOIE GRAS

Place de la Cathédrale © 05 58 74 19 39
www.lafitte.fr
Ouvert du mardi au jeudi de 8h à 14h ; le vendredi de 8h à 18h ; le samedi de 7h à 18h ; le dimanche de 8h30 à 14h.

Depuis plus de 100 ans, la Maison Lafitte entretient l'excellence et le savoir-faire de la gastronomie landaise. Partenaire exclusif du Club des Chefs cuisiniers des Chefs d'Etat à travers le monde, Lafitte est reconnue pour la qualité supérieure de ses produits. Les canards gras traditionnels sont élevés 102 jours minimum et engraissés au maïs grain entier, selon les cahiers des charges Label Rouge et IGP Landes. Installée dans les nouvelles Halles de Dax, vous trouverez tous les produits gastronomiques landais : du produit traiteur frais au foie gras millésimé !

DAX O'THERMES

1, boulevard Carnot
© 05 58 97 42 16
www.daxothermes.com
Fermé en janvier. Aquagym. Aquabike. Cours de Pilates. Restauration.

Un endroit unique qui regroupe le centre thermal, le Dax Hôtel et son restaurant ! Au bord de l'Adour, Dax O'Thermes vous accueille dans un complexe familial et convivial où vous pourrez faire une cure conventionnée de 18 jours, mais aussi profiter des soins thermaux à la carte et des forfaits « court séjour » de 6 ou 12 jours en traitement préventif de douleurs telles que les maux de dos, stress, troubles du sommeil, jambes lourdes... Et encore : aquagym, aquabike, cours de Pilates, ostéopathie, modelages et soins du corps à l'institut de beauté, endermologie...

DOMAINE THERMAL DE BORDA

30, rue des Lazaristes
✆ 05 58 74 86 13
www.thermes-borda.com
Ouvert de mi-février à mi-décembre. Restauration. Hébergements.

Le Domaine Thermal de Borda met tout en œuvre pour que votre séjour soit le plus confortable possible dans un environnement calme près de l'Adour et de ses promenades ombragées, du bois de Boulogne et du practice de golf. Grand établissement lumineux, installations performantes et cadre luxueux, le complexe thermal offre une capacité d'hébergement importante (400 studios directement reliés aux thermes). Côté spa : 2 piscines, bains bouillonnants et cascades, cols de cygne et geyser, rampe de massage, nage à contre-courant, banquettes bouillonnantes, aquabike...

FERME ÉQUESTRE DE BERTRON

350, Bertron - **CASTELNAU-CHALOSSE**
✆ 0685261086 - www.fe-de-bertron.ffe.com
Ouvert toute l'année (sauf du 15 au 30 août). Forfait découverte : 65 €. Equi Handi Club. Centre de Tourisme Equestre.

C'est au cœur de la Chalosse, réputée pour ses vallons très typiques qui s'opposent au légendaire caractère très plat du reste des Landes, que cette ferme équestre, à la fois poney-club et Centre de Tourisme Equestre, a vu le jour en 2008 grâce à Karine Lavigne. Différentes formules s'offrent à vous pour découvrir les joies de l'équitation. Initiation, stages pendant les vacances scolaires, balades, randonnées, attelage, équitation pour les personnes handicapées, mariage en calèche...

PRACTICE DE GOLF DE DAX

Allée du Bois de Boulogne ✆ 05 58 98 29 53
https://omnisport.usdax.fr/golf/
Ouvert toute l'année. Jours et horaires d'ouverture variables selon la saison. Cours individuels ou collectifs.

Centre d'entraînement et d'initiation au golf, le practice de Dax se situe dans le bois de Boulogne (secteur du centre équestre et des promenades). L'accès est gratuit et ouvert à tous, dès 6 ans. Vous pouvez donc vous entraîner en achetant les seaux de balles, via une carte magnétique. Putting-green, pitching-green, 20 postes de practice dont 10 couverts... Les cours, individuels ou collectifs, sont dispensés par des professeurs diplômés. La carte d'adhérent donne la possibilité de jouer sur les parcours d'Hossegor, Soustons, Moliets et Salies-de-Béarn.

SPA LE SPLENDID

2, cours de Verdun
✆ 05 58 35 20 14
Parcours Aqua-Sensoriel de 10h à 13h30 et de 14h30 à 19h45. Accès à la demi-journée de 25 € (1 pers.) à 45 € (2 pers.).

Bienvenue au Spa Le Splendid By Cinq Mondes, un lieu d'inspiration Art déco mêlant les mosaïques des années 30 et les voûtes de l'ancien château fort. En un moment, c'est superbe ! Accessible à tous dès 15 ans, le parcours Aqua-Sensoriel est une bulle de bien-être : grand bassin avec jets massants, sauna, hammam, bassin d'eau thermale, parcours Kneipp, douches expériences, fontaine à glace (pour les moins courageux)... Sans oublier le bassin de flottaison ! Il mériterait (presque) à lui seul, que l'on s'offre (ou offre) cette parenthèse de détente hors du temps.

LE SPOT

Balcon de l'Adour
✆ 07 88 17 26 37
https://lespot-dax.fr
Du 1er juillet au 15 septembre. Base nautique à partir de 5 €. Base de loisirs à partir de 4 €. Restauration.

Envie de faire du vélo sur l'eau ou du paddle entre les deux ponts ? Un des cinq parcours de descente en kayak sur l'Adour ? Eh bien, sachez que tout est possible au SPOT « club de plage » à Dax ! Cette base nautique et de loisirs saisonnière, ouverte de 10h à 12h et de 15h à 19h, fait le bonheur des petits et des grands. Au programme les pieds dans l'herbe (ou sur l'eau pour les activités nautiques bien sûr) : un Crazy Fun Park (structure gonflable, bac à sable, trampoline...) et de la location de jeux... Le tout, encadré par des moniteurs diplômés.

LES THERMES

28, cours de Verdun
✆ 05 58 58 71 11
www.lesthermesdax.fr
*Ouvert de mars à mi-décembre. Espace esthétique Acquadax. Restauration. Résidence thermale***.*

Bien que le site fut récemment et entièrement modernisé pour accueillir les curistes dans un espace moderne et confortable, Les Thermes se distingue toujours et encore par son architecture remarquable signée Jean Nouvel. Les installations actuelles apportent une hygiène irréprochable où la sécurité n'a pas été oubliée. Les 90 studios avec cuisine équipée ont fait l'objet d'une rénovation complète. Rhumatologie et fibromyalgie sont les orientations thérapeutiques traitées ici, en plein centre-ville, sur les rives de l'Adour. Profitez aussi de l'espace esthétique.

LES BERGES EPHÉMÈRES

www.dax.fr

De 10h à 20h. Informations et réservations : ✆ 05 24 62 70 57 / bergesephemeres@dax.fr. Restauration.

Un été sur les berges... Le rendez-vous immanquable des Dacquois, des touristes et des curistes ! Les Berges Ephémères reviennent chaque année dans la cité romaine. C'est pour celles et ceux qui ne partent pas en vacances, mais aussi pour tous les autres qui cherchent un coin de fraîcheur à l'ombre des platanes, de détente et d'animations le long du fleuve. Et le programme est bien chargé, tant les partenaires sont nombreux. Gym tonique, pêche à l'aimant, expositions, zumba, yoga en famille, conférences, théâtre, astrologie... Il faut le voir pour le croire !

CASINO DE DAX

8, avenue Milliès Lacroix

✆ 05 58 58 77 77

www.casino-dax.net

Ouvert toute l'année. Du dimanche au vendredi de 10h à 2h ; le samedi de 10h à 3h. Restauration. Animations et concerts.

Lieu de divertissement par excellence, le Casino de Dax dispose de 75 machines à sous, mais aussi 6 postes de roulette électronique et 7 postes de black-jack électronique. L'établissement accueille également un grand nombre de manifestations : concerts, spectacles, dîners... Outre une carte de « snacking » disponible aux heures d'ouverture du casino, la brasserie du Casino, avec sa terrasse sur l'Adour, est ouverte du mercredi au dimanche le midi et le soir. Vous profiterez aussi du bar où l'on sert des cocktails. Le Casino de Dax dispose d'un parking privé.

LE VAL FLEURI €€

20, chemin de Masson

✆ 05 58 57 20 75

www.restaurant-le-val-fleuri.com

Le mardi et du jeudi au samedi le midi et le soir ; le mercredi et le dimanche le midi. Plats de 16 à 22 €.

Situé sur l'axe entre Dax et Tartas, Le Val Fleuri a su, depuis 1977, et malgré son éloignement du village, se faire une solide réputation ! Repris en 2012 par les deux fils Pozuelo, la cuisine est toujours aussi fiable que du temps de José. Ici, les habitués ont vu grandir David (en cuisine) et Bruno (en salle). Le foie gras et le confit sont maison, les poissons arrivent entiers. La formule déjeuner (entrée, plat et dessert) est très abordable. La carte des vins fait la part belle aux vins du Sud-Ouest, Tursan, Madiran, Saint-Mont.

MAISON LARTIGUE & FILS

295, chemin de l'Herté

✆ 05 58 55 55 77

www.lartigue.fr

Ouvert du lundi au vendredi de 9h à 13h et de 14h à 17h. Boutique en ligne.

Tout commence avec une petite charcuterie familiale à Dax en 1947. De père en fils, on se passe la recette et le savoir-faire autour du foie gras mi-cuit. Ainsi, Lartigue se transforme en une véritable petite entreprise artisanale. *Lartigue & Fils* fonde sa réputation sur la qualité de ses produits. Qu'il s'agisse de charcuterie, saumon fumé ou foie gras, tout est préparé à base de produits de première qualité, suivant des processus respectueux de l'environnement. Les produits ont été 16 fois médaillés au Salon de l'agriculture et déclarés 3 fois Saveur de l'année.

PONTONX-SUR-L'ADOUR

Le nom de Pontonx vient probablement du latin *pontones* ; un pont de bateau établi sur l'Adour qui servait à passer le fleuve. En outre, il existait autrefois à Pontonx-sur-l'Adour un port batelier qui assurait le trafic fluvial vers Bayonne. C'est également à Pontonx que se trouvait l'un des cinq premiers aérodromes créés en France au début de l'ère de l'aviation. Les futurs pilotes devaient faire l'aller-retour depuis Pau en se posant à Pontonx pour obtenir leur brevet. A observer : les deux églises, Sainte-Eugénie et Saint-Caprais. De style néo-mauresque en forme de fer à cheval, les arènes ont près de 110 ans. Elles servent de salle de spectacle.

AIRE-SUR-L'ADOUR ★

Une des plus anciennes villes des Landes ! Son origine est ancienne comme le suggère son nom celte *Atura*. En -56 elle fut le siège d'une bataille entre Crassus et Pompée avant d'être rebaptisée *Vicus-Julli* puis ravagée par les Vandales, Alains et Suèves. Au Ve s., les Wisigoths fondèrent leur royaume et la ville en tira profit. Si les conflits au fil des siècles lui portèrent préjudice, elle s'en releva... Elle se compose de deux quartiers principaux : ville basse le long du fleuve et quartier du Mas offrant un superbe panorama. Aire conserve un riche patrimoine : préhistorique, antique et médiéval. C'est aussi la capitale landaise du foie gras !

Aire-sur-l'Adour.

CATHÉDRALE SAINT-JEAN-BAPTISTE

Ouvert toute l'année. Visites libres et guidées (uniquement sur rdv auprès de l'Office de Tourisme). Gratuit.

Aire-sur-l'Adour a été le siège de l'évêché durant 15 siècles, d'où la présence d'une cathédrale dans la ville. Les parties les plus anciennes de l'édifice datent du XIIe siècle. Du XIVe au XVIIIe siècle, victime des guerres de Religion, elle fut profondément remaniée. Le chœur est surmonté d'un imposant dôme en ardoise. L'intérieur est décoré de splendides fresques du XIXe. Classée Monument historique, elle est une étape sur le chemin de pèlerinage de Saint-Jacques-de-Compostelle.

COLLÉGIALE DE PIMBO ★

Au Bourg
PIMBO
✆ 05 58 44 49 18
www.pimbo.fr

Visite guidée (à l'occasion des Journées du patrimoine ou sur demande à la mairie). Boutique.

La légende attribue à Charlemagne la fondation d'une collégiale. Là, au XIIe siècle, sur le chemin qui mène à Saint-Jacques-de-Compostelle, est édifiée la bastide-rue de Pimbo ; la plus ancienne des Landes. Elle est inscrite à l'Inventaire supplémentaire des Monuments historiques. A l'arrière de l'édifice, dans le petit jardin du curé, on profite d'un beau point de vue sur les Pyrénées. La visite guidée passe par un jardin botanique. Un sentier de découverte sur le site du Coteau du Moulin de Pumbo permet de découvrir la richesse et la diversité du patrimoine.

LA CAVE DES VIGNERONS DE TURSAN

30, rue Saint Jean
GEAUNE
✆ 05 58 44 51 25
www.tursan.fr

Ouvert du lundi au samedi de 9h à 12h et de 14h à 17h30 (14h30 à 18h30 en juillet et août). Boutique en ligne. Visite.

Les vins de Tursan accompagnent la farandole des mets du Sud-Ouest ! Ce terroir historique qui s'étire entre les courbes de l'Adour et les premiers contreforts des Pyrénées se réinvente depuis plusieurs décennies afin de proposer des blancs, rosés et rouges intenses, gorgés d'arômes et de caractère. A Geaune, vous pourrez compter sur Cécile, Mélanie et Killian pour vous faire découvrir les vins de terroirs landais. Et c'est aussi à Geaune que l'on peut faire les visites de la cave.

LANDES

EGLISE SAINTE-QUITTERIE ✝ ★

Rue du Mas
✆ 05 58 71 47 00

Ouvert toute l'année. Visites guidées gratuites de l'église et de sa crypte restaurée (sur réservation).

Classée au Patrimoine mondial de l'Humanité par l'Unesco, l'église de Sainte-Quitterie se situe au sud-ouest de la ville. Selon la légende, le martyre de Sainte Quitterie, princesse wisigothe qui refusait d'abjurer la foi chrétienne, aurait eu lieu à Aire vers 477. Elle est à l'origine d'un culte profond et du passage dans la ville des pèlerins vers Saint-Jacques-de-Compostelle. On dit qu'elle fut décapitée par son fiancé éconduit, la belle ayant voué sa virginité à Dieu. Elle aurait ensuite porté sa tête jusqu'à la colline du Mas où se dresse l'église.

LAC ET RÉSERVE ORNITHOLOGIQUE DU BROUSSAU

Route de Geaune
✆ 05 58 71 64 70

Visites libres et guidées. Tables de pique-nique. Parking.

Cette réserve naturelle de 37 hectares, en accès libre et gratuit toute l'année, ravira les promeneurs et les pêcheurs. Un parcours de 3 km accessible à tous a été aménagé pour faciliter les balades tout en respectant cet environnement constitué de chênes, peupliers et pins. L'endroit est idéal pour observer les colverts, les hérons, les poules d'eau, les cormorans et les balbuzards fluviatiles. Des tables de pique-nique, un parking et un belvédère sont à votre disposition.

TURS'ÂNE

325, rue du Village
CASTELNAU-TURSAN
✆ 05 58 44 56 78
www.tursane.fr

Bienvenue à la Ferme. Fermé de novembre à mars. Ouvert le jeudi à partir de 17h. Sur réservation.

Angèle et Jean-Pierre vous diront tout sur les ânesses. Psychologie, particularités, déroulement de la vie d'une mère et de son ânon. Vous pourrez assister à la traite, à la tétée, et déguster du lait juste prélevé. Les enfants pourront brosser et câliner des ânes. Se balader le temps d'une heure ou deux avec un âne dans le village. Découvrir le travail de Jean-Pierre, maréchal-ferrant, de la préparation d'un fer à la pose. Angèle fabrique des savons et autres cosmétiques au lait d'ânesse, que vous trouverez à la boutique. Possibilité de goûter sur place.

TOURISME AIRE EUGÉNIE

Place du 19 Mars 1962
✆ 05 58 71 64 70
www.tourisme-aire-eugenie.fr

Qualité Tourisme. Ouvert toute l'année. Jours et horaires d'ouverture variables selon la saison.

Visite guidée de la ville pour découvrir la richesse de l'histoire de la cité aturine grâce à ses monuments, visite des arènes au cœur de la ville et ses traditions, visite à la lueur des flambeaux, parcours botanique de 3 km du bois d'Aire, réserve ornithologique du Brousseau... Revivez encore l'histoire du fleuve Adour, en parcourant l'espace naturel de 15 hectares. Sans oublier la cathédrale Saint-Jean-Baptiste et l'église Sainte-Quitterie avec sa crypte des IVe-VIe siècles. Rendez-vous à l'Office de Tourisme Aire Eugénie pour faire le plein d'idées.

LES BASTIDES D'EUGÉNIE €€

3, rue du Village Neuf - **GEAUNE**
✆ 05 58 52 59 16
www.lesbastides-eugenie.fr

Gîtes (2 pers.) à partir de 295 €/semaine. Gîte (6 pers.) à partir de 450 €/semaine. Tarifs curiste ou long séjour.

Situées au cœur du village Bastide de Geaune, Les Bastides d'Eugénie sont en fait trois gîtes*** déclinés selon les couleurs des vins. D'abord, il y a Esprit Tursan ; un gîte de 35 m² pour 1 à 2 personnes. Il y a aussi Expression (28 m² pour 1 à 2 personnes). Le gîte Impératrice est bien plus grand (100 m²) puisqu'il permet d'accueillir jusqu'à 6 personnes. Chacun des gîtes peut aussi être loué pour deux nuits en formule escapade ou en formule soirée étape à la nuitée. Et bien sûr, les curistes peuvent y séjourner pour au moins 20 nuitées consécutives.

LA CHAPELLE DES URSULINES €€

40, rue Félix Despagnet ✆ 09 79 27 09 01
www.chapelledesursulines.com

Ouvert d'avril à octobre. Nuitée demi-pension : 34 € (+10 € en chambre individuelle). Paniers pique-nique. Excursions.

Ancienne chapelle de la congrégation des Ursulines, bâtie vers 1875, le site est devenu petit séminaire avant d'être vendu à un particulier. Livrée aux pigeons et aux pillards durant des décennies, elle est acquise en 2012 par un couple, puis reprise par Fabienne et Didier Jouaret. La chapelle est constituée d'un chœur et une nef où sont servis dîners et petits déjeuners. Les lieux permettent d'accueillir une quinzaine de pèlerins dans deux dortoirs. Il y a aussi des chambres doubles.

LANDES

CÔTÉ JARDIN €€

11, route du Pont des Nasses - **HONTANX**
✆ 06 74 57 77 09

Ouvert en été, pendant les vacances scolaires et les week-ends. Chambre double de 85 à 130 €. Petit déjeuner inclus.

En façade, le magnifique portail en fer forgé donne le ton. Cette pimpante maison se trouve près du beffroi. Le jardin est entretenu par un passionné et cela se voit. Fleurs et plantes s'épanouissent dans cette oasis où il fait bon vivre. Piscine, salon de jardin, véranda où se prennent les petits déjeuners, le décor est posé ! Amoureux des objets en général et de l'Art nouveau en particulier, les propriétaires vous permettront d'évoluer dans un environnement voué à l'esthétique. La table d'hôte est proposée sur réservation. Bon accueil et convivialité assurés.

DOMAINE DE LASSAUBATJU €€

4, rue du Métier - **HONTANX** ✆ 05 58 03 23 01
www.armagnac-lassaubatju.com

Ouvert toute l'année. 3 chambres de 78 € à 84 €. Petit déjeuner inclus. Table d'hôtes. Bain bouillonnant. Prêt de vélos.

A 10 minutes de l'échangeur de l'A65, cette élégante demeure familiale du XIXe siècle vous attend au cœur du village d'Hontanx. A gauche, le chai et la boutique de Véronique et Frédéric Blondeau, propriétaires du domaine de Lassaubatju, certifié en agriculture biologique en Armagnac pour ses spiritueux, armagnacs et apéritifs. A l'arrière, le parc, sa magnifique piscine et le spa. Deux des chambres d'hôtes, l'Ortolan et la Part des Anges, se trouvent à l'étage. Une 4e chambre est attendue pour 2022. Le mobilier est d'époque et au mur, des photos évoquent la vigne.

LA FERME DE MARSAN €€

Quartier Bestit - **MIRAMONT-SENSACQ**
✆ 05 58 79 94 93
www.lafermedemarsan.com

Ouvert toute l'année. Gîte d'étape : 15,50 €. Chambre d'hôtes : 42 € (base 2 pers.). Petit déjeuner : 3,50 €.

Sur le bord du chemin, à moins de 300 m (suivre simplement les indications pour y accéder), voici une ferme en activité où l'on prépare de délicieux foies gras, des confits et autre cassoulet au canard et où l'on profite d'être hébergé en chambres d'hôtes ou en gîte d'étape. Trois gîtes sont proposés. Ils sont tous très bien équipés, avec cuisines indépendantes, salons et une ou plusieurs chambres. On profite aussi de la piscine pour se rafraîchir et des confitures maison pour le petit déjeuner. N'hésitez pas à acheter les produits de la ferme pour votre dîner.

AU GRÉ DE L'ADOUR €€

24, route de Duhort ✆ 05 58 52 39 79
www.chemindecompostelle.com

Ouvert toute l'année. Pour 5 personnes (3 chambres). Tarif pèlerin : 23 € (petit déjeuner inclus) ; demi-pension : 35 €.

Christine a aménagé cet appartement dont l'entrée indépendante donne sur la façade de sa maison pour accueillir les pèlerins de la route de Saint-Jacques-de-Compostelle (voie du Puy-en-Velay ou Via Podiensis). Machine à laver, sèche-linge, cuisine équipée, salle de bains, balcon... Les deux chambres de deux lits simples et la chambre d'un lit simple également, très propres, donnent sur le joli jardin bordé par la rivière. Vous pouvez aussi louer en famille pour une semaine à prix modique en toute indépendance. Christine propose des paniers de pique-nique.

HOTEL N'ATURA** €€

28, avenue du 4 Septembre
✆ 05 58 71 66 17
www.naturahotel.fr

Ouvert toute l'année. Chambre double à partir de 68 € ; triple à partir de 79 €. Petit déjeuner : 8 €. Soirée étape.

A l'Hôtel N'Atura, la terrasse, la piscine et la salle des petits déjeuners donnent sur l'Adour. Un cadre privilégié ! Les chambres possèdent une vue soit sur la rivière, soit en façade en retrait de la rue, ce qui garantit le silence. Single, double, twin, familiale, PMR... Toutes les chambres sont en mode couette. Très fonctionnelles, elles ont été revues dans des tons actuels. Les parkings (extérieur et souterrain) sont parfaits pour accueillir les motards. Le circuit de Nogaro se trouve à 20 minutes. Petits déjeuners et paniers pique-nique à emporter.

HÔTEL-RESTAURANT LES PLATANES €€

2/4, place de la Liberté
✆ 05 58 45 87 27
www.lesplatanes-aire.com

Ouvert du lundi au samedi soir. Chambre de 42 à 77 €. Pdj : 8,50 €. Halte gastronomique (2 pers.) : 130 €. Restauration.

Sébastien Gozzer et Maxime Pfister sont au four et au moulin, ou plutôt au restaurant, au bistrot et à l'hôtel ! Que vous soyez en voyage d'affaires, de passage dans la région ou sur le chemin de Saint-Jacques, l'hôtel-restaurant Les Platanes se prête bien volontiers à une halte d'une nuit, ou plus. Entièrement restauré, l'établissement vous propose de séjourner dans l'une des 5 catégories de chambres, de la junior à la double supérieure en passant par la twin.

HÔTEL-RESTAURANT LES PLATANES €€

2/4, place de la Liberté
✆ 05 58 45 87 27
www.lesplatanes-aire.com

Du mardi au samedi le soir ; le dimanche midi. Bistrot des Platanes : du mardi au vendredi le midi (formule : 20 €).

Si le restaurant est ouvert du mardi au samedi le soir et le dimanche le midi, le Bistrot des Platanes vous reçoit du mardi au vendredi le midi dans une ambiance élégante. Au service, c'est Maxime. Au restaurant comme au bistrot, le chef Sébastien met un point d'honneur à faire (re) découvrir les classiques de la région et les meilleurs produits du terroir en y apportant sa touche personnelle. L'hôtel-restaurant s'est récemment doté d'une jolie terrasse ombragée et végétalisée.

© LES PLATANES

© LES PLATANES

LA MAISON DU BOS €€

378, chemin Dubos - **MIRAMONT-SENSACQ**
✆ 05 58 79 93 18
https://maisondubos.com

Chambre double de 70 € à 115 €. Petit déjeuner inclus. Lit supplémentaire : 20 €. Gîte à partir de 680 €/semaine.

Cette maison de maître de 1772 a gardé tout son charme. Vieilles pierres, enduits à la chaux, volets bleus, Corinne et Fabrice l'ont fait restaurer de façon très respectueuse. Pèlerins ou touristes apprécieront de profiter du parc de 9 hectares, de la terrasse, du barbecue et de la piscine. Les chambres sont simples et raffinées, elles invitent au repos et à la détente dans ce lieu sublime. Vous pourrez profiter de la kitchenette et de ses équipements, mais vous pourrez aussi choisir l'option du gîte pour être encore plus indépendants.

LE MAS €€

17, rue du Château
✆ 06 15 44 36 82
www.le-mas.net

Ouvert toute l'année. Chambre double de 78 à 100 € ; triple de 115 à 135 € ; quadruple de 135 à 172 €. Table d'hôtes.

Pascale et Louis vous accueillent dans cette vaste demeure dans laquelle aucune pièce n'est interdite. Les chambres et les suites sont ensoleillées, les détails soignés, le choix des couleurs pensé pour créer une atmosphère à la fois gaie et reposante. Autour de la piscine, on se retrouve pour se baigner bien sûr, mais aussi pour discuter, penser à la marche de demain. Ne manquez surtout pas en séjournant ici la table d'hôtes, car les recettes proposées sont réellement délicieuses : produits frais, cervelas, filet mignon en croûte, souris d'agneau confites, etc.

GÎTE MACHAXJU €€€

4, rue du Métier - **HONTANX**
✆ 05 58 03 23 01
www.armagnac-lassaubatju.com

Gîtes de France (4 épis). Ouvert toute l'année. Pour 2 personnes. De 400 € à 525 €/semaine ; de 200 € à 245 €/week-end.

Ce pigeonnier datant du XIXe siècle a été transformé en gîte par Véronique et Frédéric Blondeau, viticulteurs et propriétaires du Domaine de Lassaubatju. Aménagé pour un couple, les matériaux utilisés et certains critères en font un gîte Bacchus. Tout ici évoque la vigne, son travail et l'art d'apprécier le breuvage inimitable qu'est l'armagnac. L'accès à la chambre située en mezzanine se fait par une échelle de meunier. Vous aimerez profiter du confort moderne au milieu des pierres et des poutres apparentes. Autres points forts, la magnifique piscine et le spa.

LANDES

L'ANTRE II

64, avenue du 4 septembre
✆ 05 58 46 10 36
www.lantre2-aire.com
Ouvert toute l'année. Du mardi au samedi de 11h à 1h. Terrasse. Restauration. Animations. Concerts.

L'Antre II a gagné ses galons de lieu où il fait bon s'amuser et se régaler à Aire-sur-l'Adour. Véritable bar à ambiance grâce à ses animations (afterwork, concerts et DJ, soirées dansantes, cours de danse, karaoké, etc.), c'est aussi un bar à dégustation avec un choix entre plus de 80 vins et champagnes, et autant de bières artisanales ! Côté restauration, l'Antre II vous régale avec sa formule déjeuner, ses tapas, bruschettas et planches mixtes. La carte change avec la saison. L'établissement se fournit à la maison Bop et à la boulangerie-pâtisserie Larrieu.

PÂTISSERIE DAUGÉ

1, place de la Cathédrale
✆ 05 58 71 60 75
www.patisserie-dauge.fr
Ouvert du mardi au samedi de 8h à 12h30 et de 14h30 à 19h ; le dimanche de 8h à 12h45.

Qualité et savoir-faire constituent le secret de la longévité de l'entreprise familiale. Depuis 1886, la pâtisserie Daugé régale des générations de gourmands en perpétuant des recettes incontournables et originales : le gâteau russe (« chez Daugé »), Saint-Honoré, mille-feuilles, Paris-Brest, gâteaux aux fruits, tartes et gâteaux au chocolat... Il y en a pour tous les goûts ! Et aussi les spécialités aux pignons et à la pâte d'amande. La rigueur dans le choix des matières premières est aussi dans les chocolats. Le praliné est d'ailleurs un classique de la Maison.

L'AIRE DES SAVEURS

22, rue Pascal Duprat
✆ 05 58 52 44 45
Ouvert du mardi au samedi de 9h à 12h et de 14h30 à 19h.

Ne sentez-vous pas cette douce odeur de café torréfié ? Aurélie, torréfacteur, vous propose une bonne douzaine de crus : Colombie, Guatemala, Brésil, Moka… La fraîcheur de la mouture a une grande importance sur le développement des arômes, d'où l'intérêt de faire ses provisions régulièrement comme on achète du pain frais. Les amateurs de thés ont aussi leur rayon avec 150 variétés au choix dans la gamme Dammann Frères. Et de grands pots emplis de fleurs pour les infusions. Pour les petites faims, succombez aux gaufres, crêpes, coupes glacées, smoothies...

DOMAINE DE LASSAUBATJU

4, rue du Métier - **HONTANX** ✆ 05 58 03 23 01
www.armagnac-lassaubatju.com
Ouvert tous les jours de 14h à 18h et sur RDV. Boutique en ligne. Livraison possible. Gîte et chambres d'hôtes dès 84 €.

En plein cœur du Bas-Armagnac, ce chai au sol en terre battue est le chai du Domaine depuis son origine au XIXe. Lors de la visite, on vous expliquera le travail de la vigne et de la distillation. La grande pièce où trônent les différentes bouteilles renfermant l'armagnac et les apéritifs à base d'armagnac jouxte la cave où sont entreposés les tonneaux contenant des millésimes anciens. Les Bas-Armagnac du Domaine de Lassaubatju, à la fois puissants et légers, parfumés et fruités. A consommer bien sûr avec modération. Une quatrième chambre d'hôtes devrait ouvrir.

LES FRAMBOISES DU TURSAN

BAHUS-SOUBIRAN ✆ 06 10 94 06 53
www.framboises-landes.fr
Bienvenue à la ferme.

Le père de Philippe Sebi a planté les premiers pieds de framboisiers en 1965, à côté des vignes de Tursan. Ses framboises sont produites sous des serres non chauffées, en système hors-sol et le substrat est d'origine naturelle. En 2010, des panneaux photovoltaïques ont été posés. L'exploitation devient autonome en électricité. Philippe Sebi fournit marchés et grands chefs du Sud-Ouest, notamment Michel Guérard (Les Prés d'Eugénie). En 2016, Les Framboises du Tursan ont été reconnues comme « Producteur artisan de qualité » par le Collège culinaire de France.

MAISON BOP

1, rue du Treize Juin ✆ 05 58 71 61 96
www.la-maison-bop.fr
Ouvert du mardi au vendredi de 7h à 12h30 et de 15h à 19h ; le samedi de 7h à 12h30 et de 15h30 à 19h. Traiteur.

La 3e génération a pris la relève de l'entreprise familiale. Son leitmotiv, depuis 1949 : servir au mieux ses clients et les régaler avec des viandes soigneusement sélectionnées chez les meilleurs éleveurs. C'est donc Arnaud Bop, chef au riche parcours qui est aux manettes. Cette boucherie-charcuterie est connue pour ses viandes de bœuf, d'agneau des Pyrénées, de porc, mais aussi ses salaisons, ses conserves et ses plats cuisinés, comme l'œuf de caille crémeux truffe noire biscuit roquette serrano. Service traiteur de qualité en version bouchées gastronomiques.

LES GREENS D'EUGÉNIE

685, route d'Eugénie - **BAHUS-SOUBIRAN**
✆ 05 58 51 11 63
www.golf-eugenie.fr
Ouvert toute l'année. Green-fees de 25 à 40 €. Cartes et abonnements. Cours individuels ou collectifs. Restauration.

Portés par l'envie de dynamiser ce 12-trous (Par 35) créé en 1996 et d'en perpétuer l'esprit simple et chaleureux, Eric et Patricia Lebigre ont repris le Golf du Tursan en 2017. Ancien green-keeper, Eric veille à proposer un accueil personnalisé et bichonne ce superbe parcours long de 2 809 mètres qui s'étire dans les bois et entre les vignes. Un practice de 12 postes, dont 6 couverts et un putting-green sont également à disposition. Location de matériels, cours, stages... Le midi, Patricia propose des assiettes simples à base de produits locaux.

DUHORT-BACHEN

À l'origine, vers 1224, un camp romain était érigé en bastide. Quelques vestiges ainsi que la fontaine miraculeuse de Saint-Leu sont d'ailleurs encore visibles. Le château Saint-Jean-de-la-Castelle, ancienne abbaye bénédictine du VIe siècle, est sur un site privé. Sur d'anciens remparts du XIVe siècle est édifié le château de Lau, classé Monument historique. Antoine de Castelnau, grand chambellan de Louis XI, s'est inspiré de son voyage dans les environs de Bruxelles pour en faire un château d'influence flamande. À proximité, l'impressionnant barrage du Lourden, avec 5 millions de m^3 d'eau, permet de réalimenter l'Adour en période d'étiage.

LES ARCADES €€

232, place de la Mairie
✆ 09 70 35 14 87
www.restaurant-arcades.fr
Du mercredi au dimanche le midi et le soir. Assiette du terroir : 24 €. Formule du midi : 14 €. Réservation impérative.

Patrick et sa compagne Layoma orchestrent ce restaurant en plein cœur du village avec sa grande terrasse couverte où il fait bon déjeuner en été. Ici, l'assiette du terroir se compose de jambon de Pays, toast de foie gras maison, magret séché, magret grillé, asperges, pâté de pommes de terre au foie gras, pêche ou poire pochée au vin rouge et verre de Tursan. En hiver, la garbure remplace le buffet d'entrées dans le menu en semaine. Découvrez aussi les spécialités tahitiennes (uniquement sur commande, à partir de 10 personnes).

EUGÉNIE-LES-BAINS ★★

En ordonnant le captage de l'eau de la source Las Aigas de Saint-Loubouer, le roi Henri IV donnait le coup d'envoi d'une vocation jamais démentie : celle du bien-vivre et du bon vivre. En 1860, l'impératrice Eugénie de Montijo, épouse de Napoléon III, est nommée marraine de la commune baptisée en son hommage. Elle favorise la reconnaissance des vertus des eaux de source. Aujourd'hui, on vient à Eugénie-les-Bains pour soigner des affections rhumatismales, urinaires et digestives, pour traiter le prédiabète et l'hypercholestérolémie. Eugénie-les-Bains est un village santé et nature avec des infrastructures modernes et un village gourmand !

LES PRÉS D'EUGÉNIE ***** €€

✆ 05 58 05 06 07
www.lespresdeugenie.com
Relais & Châteaux. Ouvert de février à novembre. Chambres Classiques & Supérieures à partir de 270 € ; Suites dès 650 €.

Un petit monde merveilleux à la campagne, vous l'auriez imaginé ? Un endroit où laisser vagabonder son esprit et déguster des mets savoureux et équilibrés. Ce palace bucolique est un havre de paix romantique où l'on peut aussi apaiser ses sens et prendre soin de son corps à la Ferme Thermale® ; une ancienne ferme landaise du XVIIIe siècle qui abrite un superbe spa thermal. Les chambres, les suites et les appartements de prestige sont répartis dans un hameau de belles demeures pastorales où sont nichés œuvres d'art, meubles d'antiquité et peintures rares.

LA FERME AUX GRIVES €€

✆ 05 58 05 06 07
www.lespresdeugenie.com
Ouvert toute l'année. Jours et horaires d'ouverture variables selon la saison. Menu-Carte : 52 €.

La Ferme aux Grives se trouve dans le parc en plein cœur du village. Au milieu des murs de pierre et de galets ou sur la terrasse bucolique, le chef étoilé Michel Guérard vous convie à une promenade gourmande à travers les Landes où il met en avant les produits d'un terroir qu'il chérit. La lecture des plats est tout un poème... Vous aurez même le plaisir de voir les gros poulets landais et les cochons de lait rôtir dans l'âtre géant, tandis que la daurade braise doucement dans le four de boulanger. Un moment de plaisir unique, une véritable institution !

LE RELAIS DES CHAMPS €€

339, route Nicolas ✆ 05 58 51 18 00
www.hotel-relaisdeschamps.com
Ouvert tous les jours le midi et le soir. Menus de 13,80 à 28 €. Menu Santé Nature : 15,90 €. Réservation recommandée.

Cette grande bâtisse blanche se trouve à quelques centaines de mètres du centre d'Eugénie et des thermes. Vous la trouverez pimpante dans son environnement bucolique. Le restaurant de l'hôtel Le Relais des Champs propose, grâce au travail en commun de ses 3 cuisiniers et d'une diététicienne des Thermes, une cuisine minceur variée pour prolonger les bienfaits de la cure et une cuisine plus traditionnelle très savoureuse. Prolongez votre venue par un séjour à l'hôtel***, dans l'une des 26 chambres et 4 suites, et autour de la piscine chauffée (de mai à octobre).

LES PRÉS D'EUGÉNIE €€€

✆ 05 58 05 06 07
www.lespresdeugenie.com
Ouvert toute l'année. Jours et horaires d'ouverture variables selon la saison. Menus de 265 € à 295 €.

Dans le cadre magnifique des Prés d'Eugénie, la cuisine de Michel Guérard est couronnée de 3 étoiles. La nature, les arbres, les fleurs, les plantes... Un univers inépuisable qui inspire ce chef pétri d'une culture du partage et de l'innovation. Un travail partagé avec son épouse jusqu'à son décès en 2017. La cuisine naturaliste, véritable marque de fabrique de la Maison, permet de profiter de produits comme le foie gras de canard ou d'oie, cuit au coin de l'âtre. Dans ces cuisines nées sous le Premier Empire, la cheminée accueille les pièces de viande. Magistral.

LE CAFÉ « MÈRE POULE »

262, rue René Vielle ✆ 05 58 05 06 07
www.lespresdeugenie.com
Ouvert du mercredi au dimanche de 12h à 18h. Formules « Goûter » à partir de 8 €, « Marché » à partir de 14 €. Boutique.

Au Café « Mère Poule », deux belles salles avec cheminée et une terrasse ensoleillée distillent une ambiance cosy de bois ciré, samovar étincelant et cuivres polis. Petits déjeuners, goûters... Ici, comme on aime à la dire, on se régale de « casse-fringale » salés, de gâteaux de grand-mère ou de pâtisseries minceur que l'on fait glisser avec un bon verre de vin de la propriété ou une boisson chaude maison. Avant de partir, faites un tour par la boutique de curiosités imaginée au départ par Christine Guérard. On y trouve de la jolie vaisselle, du linge de maison...

PEYREHORADE

Bourg d'environ 3 700 habitants, au carrefour de la Chalosse, du Pays basque, du Béarn et à moins d'une heure de l'Espagne, Peyrehorade domine la rive droite des Gaves réunis, d'Oloron et de Pau. Peyrehorade est le pays du saumon, du kiwi et des bons produits du terroir. Depuis 1358, le marché traditionnel et hebdomadaire du mercredi matin est un grand rendez-vous. Le patrimoine historique de la cité se dévoile lors d'un parcours de découverte pédestre d'une heure environ, il est proposé par l'office de tourisme avec d'autres circuits dans le Pays d'Orthe. Ne manquez pas de jeter un coup d'œil au château d'Orthe où siège la mairie de Peyrerohade.

GNÀC É PAUSE €€

284, route de Peyrehorade
SAINT-LON-LES-MINES ✆ 05 58 77 20 77
www.gnac-e-pause.fr
Ouvert du mardi au dimanche le midi ; du mardi au samedi le soir. Plats de 17 à 25 €. Formule du midi : 14 €. Terrasse.

Denis et Isabelle se sont entourés de Grégory, un chef voyageur qui peut travailler des plats traditionnels comme la tarte de saumon gravlax et Saint-Jacques (crème de ciboulette, pickles de kiwi et de betterave), le médaillon de veau, le filet de daurade (risotto vénéré au parmesan et coulis de piquillos) ou plus exotiques comme le colombo de porc au curry et le mi-cuit de thon. Le Pays basque est aussi à l'honneur. Le service est souriant et attentif. Le bar du Gnàc é Pause est ouvert dès 7h30 pour le petit déjeuner. Et aussi : hôtel**, salle de séminaire...

HÔTEL-RESTAURANT LE CENTRAL €€

Place Aristide Briand
✆ 05 58 73 01 44
www.hotel-le-central.com
Ouvert du mardi au dimanche le midi ; du mardi au jeudi et le samedi le soir. Tous les jours le midi et le soir en été.

Dans cet ancien relais de poste du XVIIIe siècle, le restaurant gastronomique le Central privilégie la qualité des produits locaux : viandes des fermiers ou éleveurs de la région, légumes frais du marché de Peyrehorade, saumons et magrets fumés dans le fumoir de l'établissement, terrine de foie gras maison... Du côté de l'hôtel, il y a 13 chambres et une suite avec sa terrasse privée (demi-pension possible). L'accueil est aussi charmant que le cadre est raffiné.

LANDES

LES CHEMINS DU PAIN

50, chemin de la Briqueterie - **CAUNEILLE**
✆ 05 58 49 24 16
Ouvert du mardi au vendredi de 7h30 à 14h et de 17h à 19h30 ; le samedi de 7h30 à 14h. Gluten-free friendly.

Ici, Anne-Cécile vous conseille et vous fait partager la vie de son fournil. D'ailleurs, tout est fabriqué sous vos yeux. Baguettes, pains sans gluten, au petit épeautre, pains moulés aux graines... Le pain est à base de farines bio issues de moulins situés à proximité comme à Saint-Pé-de-Léren. Selon l'humeur de la boulangère, des petites pâtisseries voient le jour. On pense aux délicieux amarettos au cœur tendre aux amandes amères. Retrouvez tous ces produits au marché de Dax, le samedi matin (place des Trois-Pigeons) et à l'occasion de nombreux événements.

BRASSERIE AGUIANA

640, chemin de Larègle
CAUNEILLE
✆ 06 28 08 72 36
Ouvert du mardi au samedi de 15h à 20h. Visite de groupe sur réservation.

Après un diplôme dans l'agroalimentaire, Vaal a travaillé chez plusieurs brasseurs ; un domaine qui faisait déjà partie de sa vie puisqu'en Alsace, sa région natale, les grands-mères brassaient à la maison. Pendant la dégustation, il vous expliquera le travail du brasseur, les subtilités de la fermentation, les différents goûts et ses créations (bière au kiwi des Landes, bière au safran, etc.). Comme Vaal et son épouse Aurore sont sensibles à l'écologie, ils ont planté un verger qui produit les fruits servant à aromatiser leurs prochains breuvages. A découvrir !

LES 4 SAISONS

488, place Aristide-Briand
✆ 05 58 97 22 79
www.les4saisonspeyrehorade.fr
Ouvert du mardi au samedi de 8h30 à 12h30 et de 15h30 à 19h. Livraison possible.

Sur une idée d'Aldiana, *Les 4 saisons* est une épicerie familiale qui vous permet de trouver le meilleur du terroir. En clair : « consommer plus simplement ». Fruits, légumes, viande, fromage... L'épicerie *Les 4 saisons* est directement approvisionnée par des producteurs locaux dans un rayon de 50 km (Port-de-Lanne, Tartas, Saint-Lons-les-Mines, Biarrotte, etc.). En collaboration avec des producteurs des Landes et du Pays basque, vous aurez accès toute l'année à des produits de saison issus de l'agriculture raisonnée et biologique. Rien ne manque !

DOMAINE API-MELLI

270, chemin de Menautat - **SAINT-LON-LES-MINES**
✆ 06 70 06 09 17
www.mielapimelli.com
Bienvenue à la Ferme. Vente à la ferme le vendredi de 16h à 19h (+ le mercredi de septembre à février). Visite sur rdv.

Api-Melli est une exploitation apicole. Apiculteur depuis 2008, Thierry Francke vous expliquera l'entretien d'une ruche (il en a 300 en production et 200 pour la fécondation), le nourrissement des abeilles l'hiver, les problématiques dues au climat, l'extraction, etc. Vous pourrez déguster différents miels, du liquide au plus crémeux. Bruyère, châtaignier, tournesol, acacias... A chacun sa particularité gustative. Miels, pollen, gelée royale, pain d'épices, nougat et autres bonbons sont à retrouver dans la boutique et chez des revendeurs à Dax et Hastingues.

Le village de Peyrehorade.

MAISON BARTHOUIL

378, route de Hastingues
✆ 05 58 73 75 72
www.barthouil.fr

Jours et horaires d'ouverture variables selon la saison. Livraison possible. Boutique en ligne.

Issue d'une famille de boucher-charcutier, la Maison Barthouil s'est d'abord créée autour de la culture du canard gras. Et c'est à la fin des années 30 que Gaston Barthouil eut l'idée de fumer les premiers saumons de l'Adour dans le respect de la tradition danoise. Cycle de vie du saumon sauvage, les différentes pêches, le fumage à l'ancienne... La Maison du Saumon se visite gratuitement de mi-février à fin octobre. Caviar, saumon, foie gras... D'ici là, n'hésitez pas à faire le plein de produits d'exception de la Maison Barthouil, à la boutique ou en livraison.

MARCHÉ DE PEYREHORADE

Le mercredi matin.

Depuis 1358, le marché traditionnel de Peyrehohade se tient le mercredi matin. C'est le plus ancien marché des Landes ! Plus d'une centaine de producteurs locaux, commerçants, artisans et autres camelots posent leurs étals de la place du Sablot à la place Aristide Briand. On termine (ou on commence) par une dégustation de pieds de cochon dans l'un des restaurants ouverts très tôt ce jour-là. Un petit marché alimentaire se tient sous les halles le samedi matin et un marché au gras d'octobre à mars le mercredi matin. Marché d'autrefois en juillet et marché de Noël.

HASTINGUES

Située sur un éperon dominant les Gaves réunis, la bastide d'Hastingues fut fondée en 1289 par John de Hastings, sénéchal de Gascogne représentant Edouard Ier, roi d'Angleterre et duc d'Aquitaine. Le site est un ancien oppidum romain. Hastingues fut bâtie pour défendre le port de Bayonne, regrouper une population livrée à l'insécurité et renforcer la puissance et l'autorité du roi anglais. Hastingues resta d'ailleurs anglaise jusqu'en 1451. Elle a gardé une porte fortifiée du XIVe siècle et d'adorables maisons. En pleine nature, l'abbaye d'Arthous, construite au XIIe siècle, abrite le Musée départemental d'Archéologie des objets de fouilles landaises.

ABBAYE D'ARTHOUS ★

785, route de l'Abbaye
✆ 05 58 73 03 89
www.landes.fr/abbaye-arthous

Ouvert d'avril à mi-novembre, du mardi au dimanche (horaires variables). Tarif plein : 5 € ; tarif réduit : 3,50 €.

Aujourd'hui transformée en site départemental dédié au patrimoine, l'ancienne Abbaye d'Arthous abrite un musée d'Histoire et d'Archéologie. Lieu d'accueil et de partage des savoirs, elle organise des résidences artistiques et scientifiques, propose des expositions temporaires et une programmation culturelle tout au long de l'année. Cet édifice classé Monument historique a été fondé au XIIe siècle sur le chemin de Saint-Jacques-de-Compostelle et appartient à l'ordre des Prémontrés. Labellisé Musée de France, le musée vous fera découvrir le Pays d'Orthe.

LES TAOULERES €

783, route des Bordes-de-Haut
✆ 06 07 12 17 87
http://lestaouleresvacances.jimdo.com

Gîtes de France (3 épis). 3 chambres (2 à 3 pers.) à partir de 67 €. Location à partir de 3 nuitées en juillet et août.

Guy et Gisèle vous accueilleront chaleureusement dans leur maison contemporaine. A l'orée des bois, entièrement rénovées, deux chambres confortables vous permettront de profiter de la campagne. La *chambre du jardin* offre une vue sur les arbres et l'autre sur le jardin. Elle est équipée d'un lit double et d'une alcôve avec un lit simple. Exposée plein sud, la *chambre des Pyrénées* profite d'une porte-fenêtre qui ouvre sur une terrasse en bois privative, où il est agréable de se détendre. La *chambre du bois* dispose d'un lit enfant, salle de bains et w.c. privatifs.

CHATEAU D'ESTRAC €€

43, place du Général Monsabert
✆ 05 58 73 12 20
www.lechateau-destrac.fr

Ouvert d'avril à octobre. Appartements meublés à partir de 165 €/nuit et chambres d'hôtes à partir de 75 €/nuit.

Avec son parc arboré et fleuri, le château d'Estrac vous ouvre ses portes pour un séjour dans un autre temps. Passionnés d'histoire, d'architecture, de patrimoine et de jardins, Eric et Rémi consacrent tout leur temps à la rénovation de ce château du XVIIIe siècle. Les travaux se font toujours dans les règles de l'art. Belle enfilade typique du XVIIIe, œuvres d'art, collections de tableaux, gravures, objets… Vous séjournerez dans l'un des appartements meublés ou dans une chambre d'hôtes. Vous profiterez du salon, de la bibliothèque et de la piscine.

ORTHEVIELLE

Bordé au sud par les Gaves Réunis, le village d'Orthevielle est situé au cœur du Pays d'Orthe. *Aortae villae*, c'est là que s'implanta pour la première fois la maison d'Orthe au IXe siècle. On peut y visiter l'église Saint-Pierre, édifiée sur un éperon rocheux et qui abrite un autel en marbre des frères Mazetti, découvrir la fontaine de Pampara, qui débite sans trêve une eau non potable et des lavoirs. À Orthevielle, il existe encore plusieurs Caveries, dont celle de « Montgaillard », « Peyroux », « Gestède » et « Lasalle ». Ces demeures anciennes appartenaient autrefois aux nobles chevaliers assurant eux-mêmes leur défense en s'entourant de fossés.

MAISON BASTA €€

335, chemin de Basta © 05 58 42 16 40
www.maison-basta.fr

Ouvert toute l'année. 5 chambres (2 à 4 pers.) à partir de 75 €. Petit déjeuner inclus. Table d'hôtes. Espace fitness.

Cette belle demeure du XVIIIe siècle est implantée dans un parc avec piscine. Les cinq chambres, spacieuses et uniques dans la composition des couleurs et des décors, sont équipées de salles d'eau privatives. Les chambres *Persanne* et *Saharienne* peuvent accueillir jusqu'à 3 voyageurs, alors que la chambre *Tchanqué* est conçue pour 4. L'ambiance est chaleureuse et authentique. La table d'hôtes peut accueillir 15 convives autour de plats régionaux ou plus exotiques (fermée le samedi). Pour garder la forme : piscine, vélos, ping-pong, pétanque, espace fitness...

LA FERME D'ORTHE €€

9, rue de la Fontaine © 05 58 73 01 03
www.lafermedorthe.fr

Maître Restaurateur. Du mardi au samedi midi ; du mercredi au samedi soir. Menu-carte : 35 €. Formule du midi : 13 €.

Ici, Michel Labastie fait ses foies gras et ses confits lui-même. L'assiette d'été avec le saumon Barthouil et le melon du secteur entre autres, est remplacée par celle d'automne quand les cèpes font leur apparition. Et quand demoiselle palombe veut bien se montrer, un menu lui est consacré le temps de son passage. Coup de chapeau également aux plats combinés. Le soir et le week-end, le chef propose une carte plus travaillée que le midi en semaine. Mylène, son épouse, choisit les vins en fonction de ses coups de cœur. Fermé le mercredi soir de septembre à juin.

LAIT GOURMAND

241, route des Lavoirs
© 05 58 73 12 75
www.laitgourmand.fr

Ouvert le vendredi de 17h à 20h. Marché de Peyrehorade le mercredi et le samedi matin. Service click & collect.

La Ferme de Saraillot a toujours connu la culture du maïs, du tournesol et l'élevage des vaches. Sans oublier les vergers de kiwis ! Lorsque Rémi a rejoint l'aventure, il a lancé un défi à toute sa famille : produire et commercialiser des produits laitiers. Après quatre mois dans les Alpes où il a appris la transformation du lait en glace, mozzarella, yaourt, fromage blanc et crème, il a lancé Lait Gourmand. Retrouvez-le à Peyrehorade le mercredi et le samedi matin, et à la ferme le vendredi à partir de 17h. Du producteur au consommateur, tout simplement !

PORT-DE-LANNE

Port-de-Lanne a longtemps été un port de pêcheurs professionnels et de bateliers. En 1903, 320 000 tonnes de marchandises transitaient par le village. Jusqu'à l'arrivée de la voie ferrée, le port fut prospère. Berceau du recrutement des professionnels gabariens (inscrits maritimes au service du roi) imaginé par Colbert, Port-de-Lanne était considéré comme la capitale spirituelle de l'Adour. Une des plus belles églises gothiques du XIIIe siècle veille s'y trouve encore ; inscrite à l'inventaire supplémentaire des Monuments historiques. Ne manquez pas la « fête des brocs » qui rassemble plus de 400 brocanteurs, antiquaires et bouquinistes professionnels.

GÎTE DU BOUT DU BEC €€

200, allée du Gave
© 06 14 69 27 74

Pour 4 personnes (1 chambre) : 750 €/semaine. Accès direct à la rivière. Prêt de vélos et d'une barque à moteur.

Situé à l'écart du village, ce gîte est dans le prolongement de l'habitation en bois des propriétaires. Hollandais d'origine, Marie-Hélène et Narcisse vouent une passion pour ce superbe endroit en bord de Gave. Avec une jolie chambre blanche et une cuisine rouge basque, vous vivrez de manière bucolique. Vous pourrez profiter de la piscine commune et d'un salon de jardin pour déjeuner en admirant les Gaves Réunis avec en toile de fond les Pyrénées et les champs de kiwis. Enfourchez les vélos mis à votre disposition et partez à la découverte des villages alentour.

POUILLON

À 17 kilomètres de Dax, la station verte de Pouillon est un charmant village fleuri. Il est construit le long de la voie romaine, sur l'axe Bordeaux-Pampelune. Comme dans beaucoup de villages landais, une source aux vertus médicinales fut exploitée au début du XXe siècle. Son église, fortifiée pendant l'occupation anglaise, date du XIe siècle. Les arènes attestent quant à elles de la force des traditions tauromachiques toujours présentes et bien ancrées. La fête du lac de Luc se déroule le 14 juillet. Et tout ceci dans un environnement bucolique ! Ne manquez pas le marché du vendredi après-midi de mai à octobre et les marchés nocturnes d'été.

LA PETITE FERME DE POUILLON

665, chemin de Camparadé
✆ 06 45 61 14 35
www.lapetitefermedepouillon.com
Haute saison tous les jours de 10h30 à 19h. Adulte : 6 €. Enfant de 2 à 14 ans : 5 €.

Venez vous détendre en famille, le temps d'une journée dans un environnement naturel où vivent en parfaite harmonie des poneys shetlands, ânes, lamas, brebis, chevaux, écureuils, perruches, faisans et paons. Les enfants pourront entrer dans le poulailler et dans l'enclos de chèvres naines. Ils pourront aussi donner les biberons aux petites chèvres, moutons et cochons. Promenades à poney. Profitez de produits bio et cueillez vous-même des légumes. Aires de jeux et de pique-nique.

BIG LOUIS €€

Boulevard des sports
✆ 06 14 48 62 10 - www.biglouisbus.fr
Ouvert du mercredi au dimanche le soir ; du mercredi au samedi le midi. Du mardi au dimanche le midi et le soir en été.

© BIG LOUIS

Jusqu'en juillet 2019, ce bus à impériale transportait encore des passagers quelque part en Angleterre... Sous le soleil landais, Big Louis a été transformé en camion à pizza. Quand la météo le permet, des tables sont installées à l'ombre des pins. Le cadre étant plutôt atypique, il n'est pas rare que les gourmands dégustent leur pizza sur place. L'hiver, ou quand le temps est mauvais, les plus chanceux pourront prendre place à l'étage du Big Bus où quelques tables ont remplacé les rangées de sièges. Au choix : des pizzas et/ou des planches apéritives.

L'AUBERGE DU PAS DE VENT €€

281, avenue du Pas de Vent ✆ 05 58 98 34 65
www.auberge-dupasdevent.com
Du jeudi au mardi le midi ; du jeudi au samedi le soir. Formule du midi : 14 €. Menu : 28 €. Carte : 47 € environ.

Dans cette auberge traditionnelle chargée d'histoire, le chef Aurélien Bellocq sublime les produits locaux. Ses passages chez des chefs étoilés, Jean Coussau à Magescq et Gérard Passedat à Marseille, ne sont sans doute pas étrangers à son engagement de restituer la cuisine chalossaise et landaise dans son expression la plus proche de la tradition. Le menu « Tiap a nouste » en est la preuve. Et aussi à la carte ! En dehors des repas de famille et évènements, faites une halte en semaine sous la tonnelle avec ses tables aux nappes fleuries. Réservation conseillée.

LA CAVE DES VIGNERONS DE TURSAN

367, boulevard des Sports
✆ 05 58 98 20 68
www.tursan.fr
Ouvert toute l'année, du mardi au samedi de 9h à 12h et de 14h à 17h30 (de 14h30 à 18h30 en juillet et août). Boutique.

Ici, c'est Christophe, un enfant du pays, qui vous proposera de découvrir et déguster des vins AOP Tursan, IGP Chalosse et IGP Landes. Il pourra vous expliquer que les raisins sont récoltés à maturité, vendangés et travaillés par une équipe technique, responsable de la qualité des vins que vous retrouverez à la vente. Le fonctionnement est celui d'un grand domaine. Les vins sont mis en bouteille à la propriété à Geaune, là où sont organisées les visites.

SORDE-L'ABBAYE

Village pittoresque, Sorde s'étire au pied d'un coteau, sur la rive droite du gave d'Oloron. Au pied d'une falaise, plusieurs gisements préhistoriques, en particulier l'abri Duruthy, ont pu attester de la très ancienne présence de l'homme dans la région. De très nombreuses et remarquables pièces magdaléniennes y ont été mises au jour. Ces dernières sont maintenant présentées au centre départemental du patrimoine, à l'abbaye d'Arthous à Hastingues. La cité s'est développée autour d'une abbaye bénédictine édifiée sur l'emplacement d'une villa gallo-romaine, qui disposait de thermes et d'un bel ensemble de mosaïques du IVe siècle. À visiter !

ABBAYE DE SORDE ✝ ★

232, place de l'Église ✆ 05 58 73 09 62
www.abbaye-sorde.fr

Qualité Tourisme. Fermé de décembre à février. Gratuit jusqu'à 18 ans. Adulte 4 €. Visites libres et guidées. Boutique.

Site classé au Patrimoine mondial de l'Humanité par l'UNESCO au titre des chemins de Saint-Jacques, ce monastère du XVIIe siècle est une étape des pèlerins cheminant vers Saint-Jacques-de-Compostelle. L'ensemble abbatial s'organise autour d'un cloître et d'une cour, et donne sur une terrasse surplombant le gave d'Oloron. À ne pas manquer, notamment pour sa grange batelière, le cryptoportique unique en France et l'exposition d'art contemporain numérique : *Ondes & Lumières*. Deux livrets-jeux sont proposés à partir de 4 ans. Le site est en cours de restauration.

CANOË KAYAK 2X AVENTURES

Impasse du Poun
✆ 06 10 61 79 02
www.2xaventures.com

Ouvert de juin à fin septembre. Balade en eau calme (7 km) de 9 € à 15 €. Canoë en eau-vive (9 km) de 15 € à 20 €.

Envie de découvrir la Petite Amazonie lors d'une balade en canoë ? Aline et Arnauld assurent la location de canoës en privilégiant les relations humaines et les relations à la nature. Dès 7 ans, différents parcours, de 7 à 26 kilomètres, à la demi-journée ou à la journée, vous permettront d'observer un paysage parsemé de vestiges historiques, tout en profitant de la fraîcheur du Gave d'Oloron pour une baignade entre quelques coups de pagaie. La descente en eau vive n'est pas spécialement réservée aux plus sportifs. Toutes les activités peuvent être encadrées.

SAINT-PAUL-LÈS-DAX ★

Située sur la rive droite de l'Adour, Saint-Paul-lès-Dax naît véritablement avec la Révolution française. Sous la IIIe République, la petite ville devient un centre économique important. Le début du XIXe siècle annonce une période difficile avec le déclin de l'activité métallurgique, mais après la Seconde Guerre mondiale, la commune connaît un nouvel essor. Tournée vers le thermalisme et le tourisme, Saint-Paul-lès-Dax compte aujourd'hui, plusieurs établissements thermaux et un des centres de remise en forme les plus modernes et performants d'Europe. La ville se distingue au palmarès des villes les plus accessibles pour les handicapés dans les Landes.

ÉGLISE DE SAINT-PAUL-LÈS-DAX ✝ ★

Rue de l'Abbé Bordes

Visite libre tous les jours de 9h30 à 18h (hors offices).

Sur le chemin de Saint-Jacques-de-Compostelle, la très belle église de Saint-Paul-lès-Dax possède un chœur roman orné de magnifiques bas-reliefs historiés. Posée sur un promontoire arboré, cette église aurait été élevée dès le XIe siècle et remplacée au XIIe siècle. Classée Monument historique, elle semble faire un clin d'œil à la cathédrale de Dax. Les bas-reliefs, composés de onze plaques de marbre blanc finement sculptées, présentent notamment plusieurs étapes de la vie du Christ.

LES TOURBIÈRES DE L'ESTANQUE

307, route de l'Estanque
MÉES

Caractérisée par la présence de sphaignes, la tourbière est un milieu très particulier constitué de végétaux gorgés d'eau et dont les résidus s'accumulent pour former la tourbe. C'est aussi l'habitat de plusieurs espèces protégées, ainsi que de plantes carnivores. A Mées, les tourbières de l'Estanque (zone natura 2000) promettent une belle balade accessible à tous grâce à un sentier sur pilotis. N'hésitez pas à découvrir le site en faisant la chasse aux trésors *via* Terra Aventura.

LA GAMARDAISE €

133, chemin de Coume - **GAMARDE-LES-BAINS**
✆ 05 58 98 62 79
www.chambreslandes.com

Ouvert de mai à octobre. Chambres de 45 à 78 € (3 pers.). Petit déjeuner inclus. Table d'hôtes. Cours de yoga. Massages.

Romuald, ancien chef de cuisine du Club Méditerranée, et sa famille vous accueilleront dans une ambiance chaleureuse. Dans cette ferme landaise rénovée entourée de champs de maïs, trois chambres d'hôtes équipées de salles de bains et de toilettes privatives sont à disposition. Chacune est décorée selon un thème : chambre africaine, chambre asiatique et chambre romantique. La décoration peut s'avérer douteuse, mais le confort est de mise, avec à l'extérieur une belle piscine commune. N'hésitez pas à profiter de la table d'hôtes. Enfants à partir de 10 ans.

LES ACACIAS €€

155, allée du Plumet
✆ 05 58 91 97 50
www.hotel-studios-les-acacias.com

Ouvert toute l'année. Tarifs curistes (20 nuits) de 700 à 815 € pour 2 personnes. Tarifs à la nuitée de 55 € à 100 €.

L'emplacement de cet hôtel, tenu par Annie et Denis, est un atout. Juste la rue à traverser et vous êtes au lac de Christus ; le poumon vert de la commune ! De l'autre côté de la berge : salle d'exposition et de spectacle, casino, restaurants, thermes (navette), remise en forme... La résidence a bénéficié de récents aménagements et les kitchenettes sont neuves. Dix studios se trouvent en rez-de-jardin et disposent d'une terrasse, les dix autres sont à l'étage avec un petit balcon. Le jardin est fleuri, l'environnement aéré et bien exposé en léger surplomb.

LES JARDINS DU LAC*** €€

728, allée de Christus
✆ 05 58 90 09 89
www.cerise-hotels-residences.com

Ouvert toute l'année. 50 appartements meublés (2 à 4 pers.). Tarifs en ligne. Service petit déjeuner. Paniers repas.

A proximité du lac et de la forêt, l'hôtel-résidence *Les jardins du Lac* est idéalement situé pour une nuit, un week-end, une semaine ou le temps d'une cure thermale. Les 50 appartements meublés disposent d'un grand espace avec un coin cuisine, canapé et chambre séparée. Les terrasses, avec mobilier de jardin, donnent sur les équipements sportifs de la commune ou sur la piscine. Au rez-de-chaussée, un bar-salon vous permettra de prolonger la soirée. Si vous ne préparez pas vous-même votre petit déjeuner, il vous sera servi en salle près de la piscine.

LES PINS DU SOLEIL**** €€

Route des Minières
✆ 05 58 91 37 91
www.pinsoleil.com

D'avril à octobre. Emplacement de 22 à 27 €/jour. Locations de 370 à 834 €/semaine. Club enfants. Animations.

Aux portes de Dax, le camping *Les Pins du Soleil* vous accueille dans un parc (6 ha) calme et ombragé. Plusieurs types de locatifs climatisés (mobil-homes, chalets et bungalows toilés accessibles aux personnes à mobilité réduite) sont disponibles, en plus des emplacements pour tentes, caravanes ou camping-cars. De mai à septembre, vous profiterez de la piscine chauffée et de la pataugeoire. En juillet et août, des animateurs encadrent les enfants. Soirées dansantes en saison, tournois de pétanque... On se régale toute la journée au bar et au restaurant.

Abbaye de Sorde.

LES SABLES €€

168, route de Herm
GOURBERA
✆ 05 58 91 31 31
https://lessables40.wixsite.com/hotes
3 chambres de 77 € à 87 €/nuit. Petit déjeuner inclus. Lit supplémentaire : 17 €. Wifi gratuit.

Une grande maison blanche et ses colombages apparents, un parc arboré, fleuri et clos de 6 800 m², c'est dans une belle demeure de tradition landaise que vous séjournerez. Michel et Erzana vous accueilleront chaleureusement. Trois chambres confortables sont situées à l'étage, accessibles par un escalier privatif. Ici, tout est fait pour que vous vous sentiez bien depuis le petit déjeuner avec ses produits frais et maison. Dans le parc, une aire de jeux pour enfants, une piscine sécurisée, une volière et plusieurs petits coins bien pensés invitent à la détente.

LE BRASERO €€

507, route de la Bernadère
✆ 05 58 89 28 67
www.restaurant-grill-brasero.com
Du lundi au jeudi (9h à 15h) ; le vendredi et le samedi (9h à 15h et 19h à 22h). Menu : 27 €. Formule midi : 14,50 € ;

Le Brasero est un des rares restaurants des Landes à proposer une cuisson à la pierre de lave. Cette pierre volcanique garde la chaleur et la restitue tout en absorbant les graisses et jus de cuisson. Les grillades à la pierre de lave se déclinent aussi en plats du jour. Et pour une grillade de qualité, Le Brasero veille aussi à la provenance de sa viande. Le bœuf est exclusivement d'origine française. En juillet 2021, Isabelle et Jean-Louis ont repris l'établissement créé par Cédric Bouillon en 2013. Les plats combinés ont toujours la cote !

LE CHO €

804, avenue de Saint-Vincent-de-Paul
Ouvert du lundi au vendredi de 7h à 21h.

Le Ramuntcho est un restaurant qui rencontre un beau succès à Dax. C'est donc pour en faire profiter un maximum de monde que l'enseigne dispose désormais d'une adresse à Saint-Paul-lès-Dax ; un food truck et terrasse tout de bois vêtus et où l'on peut s'arrêter à n'importe quel moment de la journée pour déguster un burger, un panini, un Cho Dog ou bien une généreuse barquette de viande charolaise et de frites maison. Si vous préférez, vous pouvez aussi passer un coup de fil pour commander et venir chercher votre plat chaud sur place !

LA CÔTE À L'OS €€

1, rue Victor Hugo
✆ 05 58 58 08 72
www.la-cote-a-los-restaurant-dax.com
Du mercredi au samedi le midi et le soir ; le dimanche midi. Menu : 29 €. Formule du midi : 14 € (plat + dessert).

Le royaume des amateurs de viande ! Bavette d'Aloyau Blonde d'Aquitaine, tartare de bœuf de Chalosse au couteau, côte de veau fermière pluma ibérica de Pata Negra... Sans oublier les ris de veau en sauce et les burgers. Le tout avec des garnitures maison : frites, gratin dauphinois, ratatouille, purée de carottes au cumin... Une dégustation à précéder de l'os à moelle rôti au four ou la trilogie de foie gras maison. L'établissement privilégie les circuits courts et les commerces de proximité. On profite du marché du jeudi par exemple pour venir déjeuner.

LE 355 €€

355, rue du Centre Aéré ✆ 05 58 90 66 00
www.thermes-dax.com/hotels/sourceo/
Ouvert tous les jours le midi et le soir. Sans réservation (sauf pour les groupes). Formule du midi : 20,50 €. Terrasse.

Tout près du lac de Christus, intégré à l'espace de remise en forme Sourcéo, *Le 355* profite d'une terrasse ombragée. Le service est à la fois professionnel, décontracté et fort sympathique. Ouvert tous les jours et à tous, le restaurant propose une formule déjeuner laissant le choix entre deux entrées et deux plats. Vous trouverez encore une carte gourmande, une offre snacking et des en-cas pour les sportifs et les clients qui se rendent à l'espace aquatique. Du lundi au vendredi de 12h à 14h, la formule snacking Sourcéo vous donne 1h d'accès à l'espace aquatique.

LA MAISON DU LAC €€

132, allée du Plumet
✆ 05 58 91 79 91
www.restaurant-lamaisondulac.fr
Ouvert toute l'année. Du mardi au dimanche le midi ; le mardi et du jeudi au samedi le soir. Réservation recommandée.

La Maison du lac serait-elle en passe de renouer avec ses lettres de noblesse ? C'est en tout cas le souhaite d'Estelle et son mari qui ont repris l'établissement en pleine crise sanitaire. Mais ils ont la force d'y croire. Et puis, il faudrait être fou pour ne pas vouloir se hisser à la hauteur de la vue exceptionnelle sur le lac de Christus. Alors bien sûr, tout a changé : l'équipe en salle et en cuisine, la décoration, le mobilier... La carte et les vins avec une belle cave Sud-Ouest. Le café gourmand s'impose comme le dessert signature de la Maison. Allez-y !

LA PERGOLA €€

48, rue Pierre Dupont
✆ 05 58 91 05 52
www.restaurant-pergola.com

Ouvert du lundi au samedi le midi et le soir. Menu : 26 €. Formules rapides de 14,30 à 14,60 €. Terrasse. A emporter.

La Pergola vous propose des spécialités italiennes. Antipasti, salades pizzas, gratinés… Goûtez aussi à l'assiette italienne avec son assortiment de charcuterie (bresaola, coppa, jambon de parme, salami), pâtes, salade, tomates séchées et copeaux de grana padano. En dessert : panna cotta et son coulis de fruits rouges. Typique de la cuisine transalpine, les bruschettas sont aussi à la carte, réalisées à partir de pain grillé frotté à l'ail. Avec sa belle pergola, cette adresse en face de l'Office de tourisme est une belle surprise. Pensez aux plats à emporter.

LE RELAIS DES PLAGES €€

158, avenue de l'Océan
✆ 05 58 91 78 86

Du mercredi au dimanche le midi et le soir. Réservation recommandée. Menus de 42 € à 57 €. Formule du midi : 22 €.

Après Versailles et Cannes, l'arrivée de Philippe Treffot au Relais des Plages en 2017 apparaît comme un pari réussi ! Et heureuse surprise, le menu « saveurs » (du lundi au vendredi le midi uniquement) annonce une volonté d'échapper à la monotonie. Les produits de la région en filière courte sont privilégiés. De son côté, la carte évolue tous les quinze jours. Si vous optez pour le menu dégustation, c'est le chef qui choisira les deux entrées, le poisson, la viande, le fromage et le dessert. Ce menu unique est servi à l'ensemble des convives. Belle terrasse.

LES SALES GOSSES €€

328, avenue de la Résistance
✆ 05 58 89 36 86
www.lessalesgosses-restaurant.fr

Du mardi au samedi de 8h30 à 14h et de 17h30/18h à 21h/21h30 ; Formule du midi : 16 €. Animations. Bar à vins et tapas.

Lustre façon tuyauterie, lampes de chevet à l'envers, interrupteurs posés de guingois… Le décor est posé ! Ici, on débute la journée par un petit déjeuner en terrasse. Comme de bons élèves, Aurélie et Julien vous proposent chaque midi, le menu du jour avec boisson. Dès 17h30, l'ambiance est celle d'un bar à vins, avec tapas à partager ou non. Ne boudez pas les cocktails de la maison ! Et quand vient l'heure de s'attabler, vous allez pouvoir jeter votre dévolu sur la carte et faire votre choix entre les recettes de burgers (pain artisanal), bowls…

DOMAINE EQUESTRE EL CAMPO

1011, route de Constantine - **MÉES**
✆ 06 87 94 66 84 - https://domaine-elcampo.fr

Ouvert toute l'année. Spectacles et animations. Salle de réception (mariages, séminaires, repas de groupe).

El Campo est un domaine équestre où vaches et taureaux sont élevés dans la plus pure tradition espagnole ; un site exceptionnel avec son architecture d'inspiration mauresque et des écuries couleur ocre. Et des azulejos. Ici, l'équitation est à l'honneur. Le domaine est ouvert aux cavaliers pour des cours d'initiation ou de perfectionnement en compagnie d'un moniteur diplômé d'Etat. Des balades à cheval, en poney (à partir de 3 ans et demi), mais aussi en calèche, sont organisées.

SOURCÉO

355, rue du Centre Aéré ✆ 05 58 90 66 66
www.thermes-dax.com/sourceo

Espace aquatique ouvert tous les jours de 10h à 20h30 ; spa by Decléor de 10h à 19h sur réservation. Tarifs en ligne.

Imaginez… Trois bassins intérieurs et deux bassins extérieurs qui forment un espace aquatique de 4 000 m² où la température de l'eau thermale est de 33 °C. L'ensemble du centre a récemment bénéficié d'une rénovation complète en marbre de Carrare et pierre naturelle des Pyrénées. Rivière rapide, lits et bains bouillonnants, geysers, cascades, hydrojets, cols de cygne, sauna, hammam… Du bien-être. L'accès à la salle de cardio-training et les cours d'aquagym sont compris dans tous les forfaits. Le spa Decléor propose des soins, des modelages et des épilations.

JOA CÉSAR PALACE

Lac de Christus
✆ 05 58 91 52 72
www.joa.fr/casinos/st-paul-les-dax

Du dimanche au jeudi et les jours fériés de 10h à 2h30 ; le vendredi et le samedi de 10h à 3h30. Restauration. Bar.

Loin de Las Vegas et du désert du Nevada, le casino Joa César Palace de Saint-Paul-lès-Dax est pourtant idéalement situé sur les rives du lac de Christus. À l'occasion de son 30e anniversaire, l'établissement a fait peau neuve en 2019 ! Au programme : 100 machines à sous, 200 m² dédiés aux jeux de table traditionnels et électroniques, une zone de jeu dans un patio extérieur avec vue sur le lac, un nouveau concept de bar, un nouveau restaurant, un bowling, une salle de billard et un escape game sur le thème de la prohibition des années 20 aux USA. Et un hôtel***.

LANDES

MONTFORT-EN-CHALOSSE ★

Bastide du XIIIe siècle, Montfort-en-Chalosse détient le label Station Verte de vacances. À 110 mètres d'altitude, le bourg domine les coteaux environnants, que l'on découvre notamment du point de vue panoramique, le belvédère. L'enfant du pays, Marcel Saint-Martin, artiste peintre et poète reconnu, en parle en ces termes : « *Montfort-en-Chalosse est une perle sur la gorge du ciel, une rose de Chalosse vue d'en haut par les nuages et les oiseaux* ». Tout proche du belvédère, ne manquez pas le Jardin de Payot ; un jardin de métayer où poussent légumes, arbres traditionnels et plantes médicinales. Superbe panorama sur les Pyrénées depuis l'église romane !

MUSÉE DE LA CHALOSSE ★

480, chemin du Sala
✆ 05 58 98 69 27
www.museedelachalosse.fr

Ouvert du mardi au dimanche de 10h à 18h. Adulte : 8 €. Enfant (6 à 18 ans) : 3 €. Visite guidée (sur rdv). Animations.

Une vaste maison de maître du XVIIe siècle et ses dépendances, la maison du métayage et son jardin... Au domaine de Carcher, le visiteur retrouve l'âme d'un lieu habité et se penche sur le mode de vie rural des XIXe et XXe siècles. Un véritable conservatoire de l'identité chalossaise ! Dans ce musée ethnographique destiné à toute la famille, vous trouverez une reconstitution minutieuse des pièces meublées et garnies de multiples détails de la vie quotidienne. Expositions temporaires, boutique, livret de visite, livret-jeu pour les 7/12 ans...

OFFICE DE TOURISME TERRES DE CHALOSSE

55, place Foch
✆ 05 58 98 58 50
www.chalosse.fr

Qualité Tourisme. Ouvert toute l'année. Jours et horaires variables selon la saison.

L'office de tourisme délivre un programme riche et varié : manifestations autour du Printemps des Landes, Nuit des Musées, des Moments Musicaux en Chalosse en juillet, festival des duos éclectiques 40 en Paires à Mugron, Festival de Blues à Hinx, Fête des Vendanges, marché de l'avent à Poyanne... Sur place : vente directe de produits locaux. En 2022 : retrouvez l'office de tourisme de Montfort-en-Chalosse dans les locaux de la Mairie de Louer. Et regardez du côté de Terra Aventura !

CABANE PAPYJOTTE €€

150, chemin de Navarri
✆ 06 30 83 38 85

Gîte de France 3 épis. Ouvert toute l'année. Pour 2 à 3 pers. de 100 € à 140 €. Petit déjeuner inclus. Chèque Vacances.

Accessible par un escalier en bois très praticable, cette cabane a demandé beaucoup d'astuces lors de sa réalisation pour allier esthétique et confort. Construite autour d'un magnifique chêne par Joël, propriétaire et charpentier, pas moins de 10 essences de bois différentes ont été utilisées. La terrasse ombragée de 20 m² est idéale pour prendre le petit déjeuner préparé par Brigitte, à partir de produits locaux et faits maison. Fonctionnelle, la Papyjotte n'a rien à envier aux chambres d'hôtes classiques. Original, le lavabo est soutenu par un jeu de rondins !

LES ÉCURIES DU CHÂTEAU TAUZIET••••• €€

1102, route Raphaël Lonné ✆ 06 07 34 62 55
www.chateau-tauziet.com

Ouvert toute l'année. Gîte (2 chambres) de 1 150 € à 1 800 €/semaine ; courts séjours à partir de 550 € les 2 nuits.

Situé sur une belle propriété seigneuriale, le Château Tauziet (fin XVIIIe) a été entièrement détruit après la Révolte des Métayers. La bâtisse est restaurée par des Compagnons, qui la reconstruisent à l'ancienne, avec des matériaux d'époque. Lorsque Jean-Philippe et Marie-Thérèse de Valleuil en font l'acquisition, ils transforment les écuries en gîte indépendant (deux chambres). Les visiteurs peuvent aussi être hébergés dans l'une des quatre chambres de la maison de maître. Superbe !

AUX TAUZINS €€€

547, rue Raphaël Lonné
✆ 05 58 98 60 22
www.auxtauzins.com

Ouvert toute l'année. Jours et horaires d'ouverture variables selon saison. Réservation recommandée. Menus de 26 à 46 €.

Une table gastronomique incontournable ! Dans cette maison familiale de quatrième génération, la Chalosse prend toute sa dimension dans l'assiette. On y déguste la salade de gésiers d'oie, l'omelette aux cèpes, les incontournables produits du canard, le civet de gibier, le tournedos de bœuf sauce aux cèpes... Dans la salle de restaurant ou sur la terrasse dominant les coteaux pittoresques de la Chalosse, le festin s'accompagne de vins de Chalosse ou du Béarn. En saison, le restaurant est ouvert tous les jours (sauf le lundi midi). Réservation conseillée.

COOPERATIVE FOIE GRAS DE CHALOSSE

602, avenue Jean Jaurès
✆ 05 58 55 39 45
www.foie-gras-sud-ouest.fr
Ouvert le lundi de 14h à 18h ; du mardi au vendredi de 9h à 12h et de 14h à 18h ; le samedi de 9h à 12h.

Cette coopérative est née en 1982 à l'initiative de producteurs de canards souhaitant mettre en commun leur savoir-faire. En 1999, ce travail de valorisation de la qualité des produits a payé avec l'obtention du Label Rouge. Aujourd'hui, ce sont quelque 80 éleveurs et gaveurs de canards qui approvisionnent chaque semaine la coopérative en produits frais. Des produits et coffrets à retrouver du côté du magasin, mais aussi sur la boutique en ligne. Pensez au click & collect.

SAINT-SEVER

Saint-Sever doit son nom à Severus, envoyé par le pape pour évangéliser la Novempopulanie, une des provinces d'Aquitaine. Sur son tombeau furent édifiés un martyrium, puis une première église à la fin du Xe siècle, agrandie au XIe siècle avec sept absides échelonnées. L'âge d'or de la ville se situe aux XIe et XIIe siècles, époque de la reconstruction de l'abbatiale. Dans le scriptorium de l'abbaye bénédictine a été rédigé un *Beatus* – rare manuscrit illustré du XIe siècle – qui est le commentaire sur l'*Apocalypse* de saint Jean retraçant la fin des temps avant le jugement dernier. Saint-Sever est l'une des plus anciennes villes taurines de France.

EGLISE ABBATIALE SAINT-SEVER ★

Place du Tour du Sol
www.landes-chalosse.com
Visite guidée avec l'Office de tourisme. Visite libre du lundi au samedi de 9h à 18h/19h ; le dimanche de 12h à 18h/19h.

Inscrite au Patrimoine mondial de l'Humanité au titre des chemins de Saint-Jacques-de-Compostelle, l'abbaye de Saint-Sever rayonne sur toute la région tel un joyau du patrimoine. La légende veut qu'une église martyriale fût construite après la mort au Ve siècle de Severus et que des moines s'y installèrent précocement. Ouvert librement à la visite, l'abbaye actuelle fut fondée en 988. Au Moyen Âge, elle dominait la région, mais après un incendie au XIe siècle, l'église-abbatiale fut reconstruite dans des dimensions impressionnantes selon un plan bénédictin original à sept absides échelonnées. Avec son chœur pavé de mosaïques romanes, l'abbatiale abrite un ensemble exceptionnel de 150 chapiteaux sculptés, dont la moitié de l'époque romane, des décors polychromes ou encore un orgue romantique Cavaillé-Coll du XIXe siècle parmi les plus réputés au monde et qui résonne lors des offices et des concerts. De nombreuses destructions et reconstructions ont fait évoluer l'église dont l'intérieur est entièrement rénové comme au XIXe siècle. Le cloître et la salle capitulaire, devenue salle du trésor, se visitent aussi librement. Grimper jusqu'au clocher pour admirer la vue sur le centre ancien de la cité, ou goûter la paisible atmosphère du cloître attenant. En dehors des visites guidées estivales, rendez-vous à l'Office de tourisme pour louer une tablette afin de suivre *Le Voyage de Guilhem* qui vous contera la riche et incroyable histoire de Saint-Sever et de son abbaye.

LANDES

GANADERIA DE MAYNUS

Augreilh ✆ 06 07 94 64 18
www.ganaderia-maynus.fr
Ouvert d'avril à octobre. Spectacles taurins. Gîtes jusqu'à 6 personnes. Restauration. Location de salles.

Cécile et Chrystel poursuivent l'œuvre de leur père, Christian Brettes, en élevant un troupeau d'une centaine de bêtes de souche espagnole *(Perez Tabernero, Torrestrella, Domecq, Sepulveda)* ou camarguaise *(Fernay, François André)*. La Ganaderia de Maynus propose des spectacles taurins à la carte comme les traditionnelles courses landaises – sur place ou dans les villages –, mais aussi des *capeas* à l'espagnole. Vous pourrez également visiter l'élevage. Restaurant, salle de location pour réception ou séminaire... Il y a aussi un gîte pour 6 personnes (deux chambres).

LA MAISON DU DOCTEUR SENTEX

9, place de Verdun ✆ 05 58 76 34 64
www.landes-chalosse.com
Adulte : 5 €. Enfant (de 10 à 18 ans) : 4 €. Visite guidée (réservation auprès de l'Office de tourisme Landes Chalosse).

La maison du docteur Sentex se trouve dans le centre historique de Saint-Sever. Les belles mosaïques que vous aurez l'honneur de fouler dès l'entrée proviennent d'une villa gallo-romaine du IVe siècle. Au moment de leur découverte en 1870, Léopold Capdeville se charge de leur extraction et fait reconstituer ce sol chez lui. Elles recouvrent un long couloir et plusieurs pièces. On est frappé par la richesse des couleurs, la diversité des tesselles et des dessins ou représentations.

MUSÉE D'ART ET D'HISTOIRE DU CAP DE GASCOGNE

Rue du général Lamarque ✆ 05 58 76 34 64
www.mahcapdegascogne.fr
Ouvert de juillet à septembre du mardi au dimanche de 14h30 à 18h30. Gratuit jusqu'à 10 ans. De 3 à 4 €.

Le Musée d'art et d'histoire du Cap de Gascogne vous propose de mêler plaisir et érudition. En déambulant dans l'ancien couvent des Jacobins, plongez dans l'Antiquité avec la villa gallo-romaine du Gleyzia et découvrez la richesse de l'abbaye de Saint-Sever, une des plus puissantes d'Aquitaine durant le Moyen Âge. Vous pourrez admirer le *Beatus*, célèbre manuscrit de l'Apocalypse, réalisé à Saint-Sever au XIe siècle et ayant inspiré de grands artistes de l'Art moderne comme Picasso.

LE VOYAGE DE GUILHEM

✆ 05 58 76 34 64
www.landes-chalosse.com
Visite guidée sur tablette numérique (location de tablettes à l'Office de Tourisme : 5 €)

Le voyage de Guilhem vous fait partager l'aventure d'un jeune moine novice du XIe siècle ayant ouvert malencontreusement le Beatus de Saint-Sever (manuscrit enluminé datant du milieu du XIe siècle contenant notamment un commentaire de l'Apocalypse par Beatus de Liébana). En sillonnant les rues de la ville, ce personnage fictif vous fera découvrir plusieurs sites phares : église abbatiale, chapiteau d'Hérode, chapiteau Daniel, couvent des Jacobins, maison Sentex, villa gallo-romaine du Gleyzia d'Augreilh, le belvédère et les arènes de Morlanne... Comptez 1h30 à 2h.

CHAMBRE D'HÔTES LARREY €€

1047, route du Château-d'Eau - **AUDIGNON**
✆ 05 58 06 23 68
https://larrey40.jimdofree.com
Ouvert toute l'année. Tarif 1 pers. à 70 € ; 2 pers. à 75 € ; 3 pers. à 90 € ; 4 pers. à 115 €. Petit déjeuner inclus.

Stéphane et Muriel vous accueillent dans une ancienne maison du XVIIIe siècle. Spacieuses, les trois chambres donnent sur la campagne et sont bien équipées, notamment avec des douches hydromassantes. Les petits déjeuners se prennent dans l'ancienne souillarde avec ses tomettes au sol et sa grande cheminée ouverte. Un petit coin salon télé et bibliothèque avec wifi gratuit invitent à la détente. Vous pourrez également profiter du parc (8 000 m²) et de la piscine aménagée pour les enfants, ainsi que des produits fermiers produits sur place à goûter absolument.

LE CHÂTEAU DE FRAMBOISE €€

265, route des Châteaux - **DUMES**
✆ 06 33 42 62 65
Chambres d'hôtes (2-3 pers.), tipis et gîte (4 pers.), roulotte et (2 pers.) à partir de 50 €/pers./nuit. Réceptions.

Entièrement rénovée avec une lichette de romantisme dans un cadre délicieusement champêtre, la bâtisse XVIIIe du Château de Framboise s'apprête à ouvrir ses portes aux futurs mariés, leurs invités et tous les amoureux de nature et d'insolite. Mais surtout, et ce toute l'année, vous pouvez séjourner dans le parc, dans une magnifique roulotte très bien équipée et fabriquée par un ébéniste, ou dans l'un des deux tipis géants (modulables à souhait) avec vue sur les Pyrénées. Et aussi, dans l'une des deux belles chambres d'hôtes ou dans le gîte d'un l'ancien pressoir.

DOMAINE DE SENGRESSE €€

544, route de Gouts - **SOUPROSSE**
✆ 05 58 97 78 34
www.sengresse.com
Gîtes de France (5 épis). Chambres d'hôtes à partir de 135 €. Petit déjeuner inclus. Gîte de 750 € à 1 200 €/semaine.

Croyez-nous, ce n'est pas un hasard si le Domaine de Sengresse a récolté 5 épis. Dès l'entrée, vos hôtes pourront vous conter l'histoire de la bâtisse. Les murs sont couverts d'œuvres d'art et de multiples objets décorent les chambres. De très beaux tissus (répliques de tissus anciens) et des meubles de famille donnent un ton délibérément britannique. Le gîte est conçu pour accueillir jusqu'à 4 personnes. Entrée avec piano, salon donnant sur le jardin, bibliothèque, grande cuisine, jardin d'hiver... Le tout, à proximité de la piscine et du potager. Bel endroit !

DOMAINE DE VIGNE VIEILLE*** €€

122, chemin de Vigne Vieille - **SARRAZIET**
✆ 06 52 26 63 12
Gîte (2 pers.) et gîte (5 pers.) à partir de 120 €/nuit ; gîte (12 pers.) à partir de 400 €/nuit. Autres tarifs.

Le domaine de Vigne Vieille abrite 3 gîtes classés 3 étoiles avec piscine chauffée partagée. Pour vous recevoir, ce sont Victorine et Guillaume, mais aussi Nathan, Léo et Zoé, leurs enfants. Que vous soyez 2 ou plus, cette charmante famille a forcément un toit à mettre sur vos têtes. Voyez un peu : le gîte *Petit Balazin* est conçu pour 2, *Lou Pitchoun* peut recevoir jusqu'à 5 personnes et le *Grand Balazin* est parfait si vous êtes 12. Avec vue sur les Pyrénées s'il vous plaît !

© OT LANDES CHALOSSE

© OT LANDES CHALOSSE

© OT LANDES CHALOSSE

LANDES CHALOSSE TOURISME

Place du Tour du Sol ✆ 05 58 76 34 64
www.landes-chalosse.com

Qualité Tourisme. Ouvert toute l'année, du lundi au samedi ; le dimanche et jours fériés de juillet à août. Boutique.

L'Office de Tourisme Landes Chalosse est installé dans une belle bâtisse en cœur de ville. C'est un passage incontournable pour tout savoir sur la cité historique de Saint-Sever ainsi que ses environs. Pour découvrir les sites touristiques, des visites guidées sont proposées en saison et toute l'année. Un circuit patrimoine, une chasse au trésor (pour les enfants) et une visite sur tablette numérique sont à votre disposition. La boutique vous donnera également un bel aperçu de ce territoire tant par sa gastronomie que par ses traditions ou son histoire.

© OT LANDES CHALOSSE

© OT LANDES CHALOSSE

LE TOURON RESTAURANT GASCON €€

12, rue du Docteur Louis Fournier
✆ 05 58 76 03 04
Ouvert du jeudi au mardi le midi ; vendredi et samedi le soir. Assiettes de Pays de 20 à 27 €. Formule midi : 14,90 €.

© LE TOURON

Ici, on se régale avec les assiettes de Pays préparées par le chef Kipfer. Par exemple : la Mont'Adour avec son toast de foie gras maison à la fleur de sel, tournedos de magret de canard déglacé à la fraise, manchon de canard grillé, mini-cocotte de ris de veau sauce madère et champignons, rosace de pomme de terre, mini-brochette de légumes, fromage de brebis et tourtière aux pommes et armagnac. Le chef propose également une assiette de trio de foie gras. Miam !

LA ROSERAIE €€€

3, rue du Bellocq
✆ 06 84 21 23 67
Gîtes de France (3 épis). Ouvert toute l'année. Pour 5 personnes (2 chambres). De 350 € à 700 € la semaine selon saison.

Cette maison de maître du XVIIIe siècle s'entoure d'un parc classé. Si vous aimez les hauts plafonds, les petits salons, les boiseries et les beaux escaliers, vous allez être séduits. Situées au premier et au deuxième étage, les chambres et les suites sont climatisées et très bien décorées. Charme que l'on doit aux tons des tentures et des objets choisis. Dominique a chiné et recherché des matériaux pour des effets subtils. Exemple avec ce *tadlack* lie de vin (« caresser » en berbère) au mur d'une salle de bains avec sa baignoire ancienne assortie. Bel endroit.

L'ART DES METS €€

1, chemin du Prouyan
✆ 05 47 87 90 41
www.lartdesmetsaintsever.com
Ouvert toute l'année. Tous les jours le midi ; le vendredi et le samedi le soir. Menu : 32 €. Formule du midi : 14 €.

L'Art des Mets a pris possession de l'ancien chai des écuries du Général Lamarque (armée de la Révolution et de l'Empire). En cuisine, Nicolas Fort harmonise des assiettes originales qui naissent d'un détail, d'un ingrédient dans l'air du temps ou repéré au marché. Selon la saison : foie gras d'oie de la ferme Gardelly en ravioli de betterave et chutney d'oignons, nuggets de ris de veau, sauce tartare à l'ail noir de Biscarrosse, paleron de veau braisé, jus réduit et polenta artisanale croustillante, millefeuille de potimarron et caramel infusé à la verveine…

LE PAVILLON €€

1, avenue de l'Armagnac
✆ 05 58 46 45 81
www.lepavillonsaintsever.com
Du mardi au dimanche le midi ; le samedi soir. Menus de 21 à 35 € (week-ends et jours fériés). Formule midi : 16,50 €.

Au Pavillon, on fait le marché, on épluche, on découpe, on taille, on désosse, on écaille, on marine, on fume, on cuit, on grille… Le Chef travaille autant que possible avec des fournisseurs du coin. Selon la saison : garbure au foie gras et mayo de chou vert, gaspacho de cèpes jaune, œuf confit, chips de jambon et sorbet de cèpes, filet de merlu en croûte d'herbes, poitrine de veau farcie aux légumes verts, crêpe soufflée à l'orange… La carte des vins laisse une large place aux crus de la région. Profitez également de la formule du midi le samedi.

DAVID LEMÉE

115, chemin d'Arretutet
SERRES-GASTON
✆ 06 10 58 66 77
www.davidlemee.com

Sans compter son apprentissage dans la pâtisserie familiale, David Lemée a près de 20 ans d'expérience. Après Granville, Rennes, Valence et Saint-Sever, il a monté son laboratoire à Serres-Gaston en Chalosse. Il y travaille le chocolat Valrhona et en particulier les grands crus. Et il n'est pas passé inaperçu… Pour le chef Michel Guérard, David a élaboré un chocolat armagnac, verveine et citron vert. Ballotins, tablettes, pâtes à tartiner et glaces sont à retrouver sur les principaux marchés, marchés de producteurs, de Noël et dans différents points de vente.

L'ATOUT FERMIER

Zone d'Activités Escalès
✆ 05 58 06 35 37
www.latoutfermier.fr

Ouvert du mardi au samedi de 9h30 à 12h30 et de 16h à 19h. Service click & collect.

Ce magasin d'agriculteurs et d'éleveurs est là pour répondre à l'engouement pour les productions locales. Trois producteurs locaux se sont réunis pour vendre en magasin leur production paysanne et locale de fruits, légumes, fruits, viandes... Sans oublier les produits d'épicerie, la crèmerie, jusqu'aux petits pots de légumes pour bébés ! Depuis, nos trois pionniers ont été rejoints par plus de 60 producteurs. Pour gagner du temps, vous pouvez aussi passer vos commandes par le site cagette.net et venir récupérer votre panier à l'Atout Fermier.

LE COCHON A PLUMES

31, rue Lafayette
✆ 06 20 26 93 21
www.charcuterie-extra.fr

Ouvert du mardi au vendredi de 8h à 12h et de 13h30 à 17h.

Conjuguant parfaitement tradition et modernité, la Charcuterie Extra baigne dans l'atmosphère agréable des anciennes charcuteries de village, mais avec des touches de déco au goût du jour. Côté produits, on y trouve de la charcuterie fraîche qui reflète la passion de Thomas Mercusot pour la gastronomie landaise : hure de porc, saucisse sèche, chorizo, ventrèche, andouillette, pâté en croûte... Le meilleur du terroir ! A ne pas manquer pour les amoureux de produits de la mer, le saumon, fumé selon les méthodes ancestrales. L'accueil est chaleureux.

LA DÉESSE DES GOURMETS

65, route de Bordes - **CASSEN**
✆ 05 58 98 92 87
www.deessedesgourmets.com

Bienvenue à la Ferme. Boutique. Gîte rural pour 5 pers. (3 épis) et chambre d'hôtes. Ferme-auberge (sur réservation).

En plus de la culture du blé et du maïs, Didier et Sophie Gaugeacq élèvent le canard Mulard ; le fameux canard réputé pour donner le meilleur foie gras. Réceptionné dès ses premiers jours, le caneton est d'abord protégé en intérieur puis élevé en liberté selon une charte bien précise. Il sera ensuite gavé au maïs entier pendant 14 jours, avant d'être transformé en différents produits que vous pourrez déguster à la ferme-auberge La Déesse des Gourmets ou retrouver dans la boutique en conserves. Les produits peuvent être commandés directement sur internet.

LES DÉLICES DE SAINT-ORENS

500, route de Le Leuy
CAUNA
✆ 05 58 71 12 21
www.delices-saint-orens.com

Trois points de vente au détail : Cauna (40 500), Saint-Jean-de-Luz (64 500) et Gradignan (33 170).

Tout a commencé par une dégustation à la Villa Mirasol... Un foie gras de la Ferme JeanSarthe ! Ni une ni deux, nous avons bravé la campagne landaise afin d'aller à la conserverie, dans un village blotti dans les courbes de l'Adour entre Dax et Mont-de-Marsan. Dans cette ferme d'élevage traditionnel, Bruno Castaing et Guy Dehez produisent tout un tas de spécialités de canard sous la marque Les Délices de Saint-Orens. A retrouver aussi au Pays basque, en Gironde et par correspondance.

LA FERME BACOTTE

Chemin de Soustras
✆ 06 87 44 90 36

Boutique à l'Atout-Fermier ouverte du mardi au samedi de 9h30 à 12h30 et de 15h à 19h.

Fils et petit-fils de métayer, Clément Baillet a eu l'idée, il y a 10 ans, de débroussailler un lopin de terre familial grâce à huit biquettes afin de devenir chevrier et vivre d'une production fromagère. Le pari est-il réussi ? Oui ! Rejoint par Marie en 2016, les deux associés n'hésitent pas à parler d'eux comme des paysans effrontés. Aujourd'hui, ils élèvent un troupeau de 150 chèvres des Pyrénées pour la production de lait et de chevreaux, ainsi que des porcs gascons. On les retrouve en haute saison pour la vente de fromages sur le marché de Saint-Sever.

LES FERMIERS LANDAIS

26 bis, rue de Papin
✆ 05 58 76 42 22
www.fermierslandais.fr

Reconnaissable à son cou dépourvu de plumes, le poulet jaune a su conquérir les marchés nationaux et internationaux de l'alimentaire. Depuis plus de 40 ans, Les fermiers landais prônent l'élevage en liberté, sous la pinède grâce aux fameuses petites cabanes transportables. En 1965, ils ont obtenu le premier Label Rouge de l'histoire et en 2005, le poulet fermier a été élu produit de l'année. Poulets, chapons, canards à foie gras, oies grasses... Tout est travaillé avec les impératifs d'hygiène et de traçabilité propres pour garantir une sécurité totale.

LANDES

Ô PÊCHEUR DE LUNE

35, rue du Bellocq
✆ 06 11 76 55 59
www.galerieopecheurdelune.com
Ouvert toute l'année. Jours et horaires d'ouverture variables selon la saison.

Dans cette impressionnante galerie d'art, arts décoratifs, mobilier du XXe siècle et art contemporain se côtoient. Son créateur, Vincent Tourrès, a parcouru la France allant de salon en salon, y compris les puces du design et celles de Saint-Ouen. Spécialistes des arts décoratifs du XXe siècle, ils sont largement représentés. On trouve des pièces des années 1950 aux années 1990, ainsi que du mobilier vintage et design. *Ô Pêcheur de Lune* est un lieu d'expositions où se mêlent les œuvres d'artistes d'hier à celles de contemporains.

PYRENEX

Avenue de l'Adour
✆ 05 47 31 90 00
www.pyrenex.com
Différents points de vente.

Créée en 1858, Pyrenex collecte les plumes et duvets des canards et des oies de la région pour les transformer en sacs de couchage, vestes pour enfants et adultes, doudounes, couettes, traversins, oreillers légers et chauds… Le magasin d'usine à Saint-Sever est ouvert trois fois par semaine et une braderie est organisée en février et en novembre. Vous pouvez aussi acheter en ligne. Présente dans une cinquantaine de pays, cette entreprise familiale fait partie, avec la filière avicole, de la vitrine de Saint-Sever. Nombreux points de vente en France.

SENTIERS DE L'ADOUR (AUGREILH À PÉRÉ SAINT-SEVER)

Le Sentier de l'Adour est un itinéraire de randonnée pour les déplacements doux, qui chemine le long du fleuve sur 130 km. L'itinéraire traverse ainsi 28 communes, alternant rive gauche et rive droite. Différents tronçons s'offrent à vous : Dax et Saint-Vincent-de-Paul, Candresse et Hinx, Préchacq-les-Bains et Gousse… Le sentier de l'Adour permet de rejoindre Saint-Sever depuis Toulouzette, puis Augreilh à Péré pour Montgaillard. De jolies balades en perspectives.

AU TROT'MANT

MANT ✆ 06 15 26 23 43
https://autrotmant.com
Balades en calèche de 1h30 à 3h (sur réservation) de 15 € à 25 €/adulte ; de 3 € à 15 €/enfant. Autres tarifs en ligne.

Valérie Blanchard commence à monter à cheval à l'âge de 7 ans. Randonnées, concours de sauts d'obstacles… Tout y passe, jusqu'au jour où il a fallu s'orienter vers d'autres disciplines équestres afin de continuer à vivre de sa passion. Et voilà comment elle a obtenu son diplôme de tourisme équestre (entre autres). Ainsi meneuse d'attelage, elle vous propose des balades en calèches de 1h30 à 3h, mais aussi des randonnées de 4h avec votre pique-nique ou incluant un repas dans une auberge landaise. Séjour ou week-end avec hébergement et repas sur demande.

VOIE VERTE DE CHALOSSE

www.landes-chalosse.com

Ancienne voie ferrée, la *Voie verte de Chalosse* relie les communes de Saint-Sever à Dax en passant par Hinx, où la piste rejoint la route, mais aussi Mugron et Montfort-en-Chalosse. Longue de 34 km, elle alterne zones de gravillons et zones de revêtement, la rendant praticable pour les VTT et VTC, ainsi que pour la marche à pied. Le départ se fait dans le quartier d'Aulgreilh, à 3 km du centre-ville de Saint-Sever. De là, vous pouvez par exemple utiliser la Voie verte sur 10 km pour rejoindre la commune de Montaut. Vous trouverez des aires de pique-nique.

HAGETMAU

Traversée par le Louts, petit affluent de l'Adour, « la Perle de la Chalosse » s'est développée autour de son industrie de la chaise et du fauteuil, ainsi qu'autour du tombeau de saint Girons situé dans la crypte qui porte son nom. Lors de la Deuxième Guerre mondiale, Hagetmau devient une zone de parachutage de matériel destiné au maquis landais. Un épisode historique que l'on peut retrouver dans le roman *Un sac de billes* de Joseph Joffo. En 2012, la ville a été élue « Ville la plus sportive de France » par le journal *L'Équipe*. Hagetmau a été labellisée *Terre de Jeux 2024* par le Comité d'Organisation des Jeux olympiques et paralympiques.

LANDES

CRYPTE DE SAINT-GIRONS ✝ ★

875, avenue Corisande
✆ 05 58 79 38 26
www.landes-chalosse.com

Ouvert de juillet à septembre du mardi au dimanche de 14h30 à 18h30. De 3 à 4 € (gratuit -10 ans).

De l'abbaye du XIe siècle élevée à la gloire de saint Girons, seule la crypte est encore aujourd'hui visible sur les hauteurs de la ville. La crypte de Saint-Girons, classée à l'inventaire des Monuments historiques, abritait le tombeau de saint Girons, un saint chrétien du Ve siècle. Sur le chemin de Saint-Jacques-de-Compostelle, c'est un objet de culte et de vénération pour les pèlerins. Au centre, quatre colonnes de marbre encadrent l'espace légèrement surélevé, où reposait le sarcophage sacré contenant les reliques insignes de saint Girons.

OFFICE DE TOURISME LANDES CHALOSSE

70, place de la République ✆ 05 58 79 38 26
www.landes-chalosse.com

Qualité Tourisme. Ouvert toute l'année. Jours et horaires d'ouverture variables selon la saison. Boutique. Wifi gratuit.

Toute l'équipe vous accueille, en cœur de ville, pour vous aider dans votre séjour. Vous en apprendrez plus sur La « Cité Verte » ; un site unique aux infrastructures sportives de qualité. Si vous êtes férus de patrimoine, vous serez orientés vers la Crypte de St-Girons et ses remarquables chapiteaux MH, sur les chemins de Compostelle. Pour les plus sportifs, des topo-guides vous présenteront les circuits de randonnée, autour des lacs d'Agès et d'Halco, et le long de la rivière Louts.

RELAIS DE SAINT-JACQUES €

434, rue de Saint-Girons
✆ 05 58 79 79 79

Ouvert d'avril à octobre. Hébergement de pèlerins (7 lits). Tarif : 8,40 €/nuit. CB non acceptée. Cuisine partagée.

Historiquement, les pèlerins venant du nord de la France empruntaient le chemin qui débutait au sanctuaire de la Madeleine à Vézelay. En se dirigeant vers la route de Saint-Jacques-de-Compostelle, ils passaient à Hagetmau pour se rendre à l'abbaye de Saint-Girons (détruite en 1569). Ce refuge municipal construit dans l'ancienne caserne des pompiers peut accueillir jusqu'à 7 pèlerins. Il y a une cuisine aménagée, une salle à manger, deux chambres (3 et 4 lits), et une salle. Pour y loger, rendez-vous à l'accueil de la Cité verte, où un code d'accès vous sera remis.

LES LACS D'HALCO**** €€

Route de Cazalis
✆ 05 58 79 30 79
www.hotel-des-lacs-dhalco.fr

Logis. 15 chambres de 119 à 140 € et 4 suites de 220 à 250 €. Demi-pension +55 €. Petit déjeuner de 10 à 16 €. Parking.

Un hôtel 4 étoiles, Logis d'exception et Hôtel de Charme & Caractère ! Véritable havre de paix situé dans un parc boisé au bord d'un lac, la situation est enchanteresse. Signée Eric Raffy, l'architecture est originale et donne l'impression que le bâtiment est posé sur l'eau. Les chambres et les suites (4 personnes) ont une vue privilégiée sur le lac ou le parc. La piscine intérieure forme une demi-lune de 50 m², avec nage à contre-courant. Des séjours thématiques sont proposés. Le restaurant gastronomique jouit d'une solide réputation. Une belle adresse.

LANDES

© GILLES ARROYO

La crypte de Saint-Girons.

LA PETITE COURONNE*** €€

Route d'Amou - **SAINT-CRICQ-CHALOSSE**
✆ 05 58 79 38 37
www.hotel-lapetitecouronne.com

Ouvert toute l'année. Chambre double à partir de 94 €. Lodge à partir de 125 €. Petit déjeuner inclus. Bain chaud.

Néerlandais, Nancy et Iwan sont tombés amoureux de ce petit coin de Chalosse. C'était il y a 10 ans... Ils imaginent alors un hôtel lodge tourné vers le bien-vivre des voyageurs et le respect de l'environnement. Desservies par une coursive, les grandes chambres profitent de balcons ou terrasses orientés vers la campagne vallonnée. Le petit déjeuner est servi sur la grande terrasse du pool house où l'on trouve aussi transats et hamacs. Pour répondre au besoin d'indépendance des amoureux ou des familles, le lodge de *La cabane des canards* se trouve un peu en retrait.

LE JAMBON €€

245, rue Carnot
✆ 05 58 79 32 02
www.hotel-restaurant-lejambon.com

Fermé en janvier. Ouvert du mardi au dimanche le midi ; du mardi au samedi le soir. Menu gourmand : 30 €. Soirée étape.

Cuisinier de troisième génération, Philippe Labadie a naturellement été initié par son père avant de faire son apprentissage chez Cousseau au ***Relais de la poste*** à Majescq, et décrocher le titre national de meilleur apprenti en 1974. Le chef travaille avec subtilité les produits rigoureusement sélectionnés chez des producteurs locaux. Sa cassolette de ris de veau aux cèpes, son foie de canard mi-cuit confit de pétales de roses et pain d'épices toasté, son filet de dorade royale et son inimitable soufflé chaud au Grand Marnier sont des classiques.

AUBERGE DU CONTE €

406, rue Carnot
✆ 05 58 79 33 79

Ouvert toute l'année. Du lundi au vendredi le midi. Réservation recommandée. Formule du midi : 13 €. Traiteur. Bar.

Signée Christophe Bellocq, la cuisine de ce restaurant traditionnel landais est toujours maison et à base de produits frais. Tous les midis, un buffet d'entrées est proposé. La bouteille de vin est posée sur la table et le café est compris dans ce menu unique et bon marché. Durant la période de chasse, il ne faut surtout pas manquer la palombe à la broche, flambée au lard de jambon et à l'armagnac ! Les portions sont généreuses. Les marcheurs de Saint-Jacques-de-Compostelle s'y arrêtent souvent. L'équipe au service est très sympathique.

LES LACS D'HALCO €€

Route de Cazalis ✆ 05 58 79 30 79
www.hotel-des-lacs-dhalco.fr

Maître Restaurateur. Tous les jours le midi ; du lundi au samedi le soir. Menus de 34 € à 66 €. Formule du midi : 24 €.

L'hôtel-restaurant des Lacs d'Halco se fond dans le paysage de la Chalosse. La nuit, c'est encore plus beau, car la salle à manger est comme posée sur l'eau. Les convives dégustent la cuisine gastronomique d'Annie Demen, qui rend hommage aux produits landais, frais, labellisés, sélectionnés chez des producteurs locaux passionnés. Pour les produits de la mer, elle fait appel à des pêcheurs et mareyeurs bretons. La cheffe propose un menu du jardin 100 % végétal. Des amuse-bouche aux mignardises en passant par le pain, tout est fait maison. Réservation recommandée.

L'AUBERGE DU LAURIER €€

1459, route d'Amou - **SAINT-CRICQ-CHALOSSE**
✆ 05 58 75 08 05 - www.aubergedulaurier.fr

Ouvert toute l'année. Du mercredi au lundi le midi et le soir. Réservation recommandée. Menus de 34 à 43 €. A emporter.

A 5 minutes en voiture du PréhistoSite de Brassempouy, l'Auberge du Laurier est nichée dans une bâtisse de plus d'un siècle dont la vocation était de recevoir les voyageurs. Le jardin, avec son immense chêne et son laurier, est une scène naturelle pour déjeuner ou dîner avec vue sur les Pyrénées. A l'intérieur, le charme se conjugue avec la modernité. Rigueur et originalité se retrouvent dans les assiettes signées Pascal Sauton aux commandes des cuisines depuis 2014. Des associations surprenantes au service du (bon) goût. Une adresse de référence où l'on est bien.

OH ! MON GÂTEAU

81, rue du Docteur Larquier ✆ 05 58 79 46 21
www.ohmongateau40.fr

Ouvert du mardi au samedi de 7h à 12h45 et de 14h à 19h ; le dimanche de 7h à 12h45. Boutique en ligne.

Ici, le XL 40 (ganache chocolat associée à l'Armagnac du Domaine d'Ognoas) voisine avec Le Cahuète d'Aquitaine (praliné à 60 % de cacahuètes de Soustons-Landes) et les autres spécialités comme Le Dudu, une douceur au praliné biscuit madeleine mangue et croustillant au praliné glaçage chocolat, à déguster au bout d'un bâtonnet. L'escarpin en chocolat de Delphine Carrère, la chocolatière, est désormais un classique. Delphine réalise aussi vos inspirations à partir des meilleurs chocolats (Mexique, Venezuela, île Trinité, Saint-Domingue, Madagascar, Papouasie…).

MAISON DANDIEU

380, chemin de Melet
✆ 05 58 79 28 08
https://maisondandieu.fr
Ouvert du mardi au vendredi de 8h30 à 12h15 et de 14h à 18h ; le samedi de 8h30 à 12h30. Boutique en ligne.

Succédant à ses parents, Olivier Dandieu est à la tête de cette volaillerie née à Brassempouy il y a plus de 50 ans. Le site regroupe l'abattoir, l'atelier de coupe, l'unité de fabrication de produits élaborés et de conserves, et la boutique. On travaille des volailles élevées en plein air dans les Landes ou les départements limitrophes : poulardes, pintades, canards... Sans oublier la star : le poulet. Parmi les gourmandes spécialités de la Maison, on retrouve le pâté chalossais (30 % de foie gras), la guitteline (magret fourré au foie gras) et l'axoa de canard.

LA CITÉ VERTE

Pace de Tordesillas ✆ 05 58 79 79 79
www.complexe-sportif-hagetmau.fr
Ouvert toute l'année. Horaires et tarifs variables selon les infrastructures. Restauration. Hébergement. Séminaire.

Au cœur des 30 hectares du Complexe d'Entraînement Sportif International de Hagetmau, vous trouverez une piscine olympique couverte, un espace ludique (bain à remous et banquettes hydromassantes), et un grand toboggan. Les nageurs peuvent réserver leur ligne d'eau sur le site internet. Autres activités proposées : remise en forme, cours d'aquagym, leçons de natation, ateliers pour aquaphobes... À la Cité verte, il est possible de pratiquer de nombreux sports comme le rugby, le football, le handball, le basket, la gymnastique, l'athlétisme, le tennis, le golf...

AMOU

La découverte de poteries du bronze final et du premier âge du fer atteste de l'ancienneté de l'habitat du village. Sur les rives du Luy de Béarn, Amou est classé station verte de vacances et site fleuri. Amou ouvre ses cours et jardins sur les ruelles d'autrefois et sur les places ombragées de platanes plus que centenaires. D'origine romaine, l'église Saint-Pierre des Luys se compose d'éléments hétéroclites d'époques différentes. Les arènes Jean Lafittau ont été construites en 1954. Elles sont le lieu de spectacles taurins qui égayent les fêtes locales, notamment l'été. Rendez-vous au Bureau d'Information Touristique pour organiser votre séjour.

LE CHÂTEAU D'AMOU ★

170, chemin de Ronde
✆ 06 61 41 32 84
www.chateauamou.com
Ouvert pour les groupes sur rendez-vous de mai à octobre. Visite guidée. Tarif : 5 €.

Classé Monument historique, le château d'Amou regroupe deux ensembles : le château, construit sur les plans de Jules Hardouin Mansart, architecte du Roi-Soleil à Versailles, et les dépendances de style régional. Inchangé au fil des siècles, son agencement intérieur offre un témoignage vivant de l'art de vivre de son époque. À voir : une mosaïque gallo-romaine du IVe siècle. La salle de réception a conservé son plafond et ses murs d'époque. Le château peut devenir la scène de vos réceptions (jusqu'à 300 personnes). Consultez les prestations sur le site Internet.

OFFICE DE TOURISME LANDES CHALOSSE

28, rue Saint-Pierre
✆ 05 58 89 02 25
www.landes-chalosse.com
Qualité Tourisme. Ouvert toute l'année. Jours et horaires d'ouverture variables selon la saison.

En bordure de rivière, l'Office de Tourisme Landes Chalosse à Amou vous accueille dans ses jolis locaux. L'équipe se fera un plaisir de vous conseiller et vous aider à organiser votre séjour. Un large panel d'activités est proposé : visites guidées, geocaching, spectacles... Vente de billets pour les sites touristiques et événements sur place ! Vous pourrez également en profiter pour vous connecter gratuitement au wifi et découvrir la boutique de cadeaux souvenirs.

ARÈNES DE LA « MECQUE DE LA COURSE LANDAISE »

18, rue du Baron - **POMAREZ**
✆ 06 71 27 12 50
https://pomarez.fr/
Visite guidée (sur réservation). Gratuit jusqu'à 12 ans. A partir de 5 €/adulte.

Honorée dès le début du XXe siècle du surnom de La Mecque de la Course landaise pour sa grande tradition tauromachique, Pomarez a toujours su offrir les meilleurs spectacles taurins. Si les arènes à Pomarez sont documentées depuis le 24 juin 1841, c'est à Albert Pomade, déjà brillant auteur des arènes de Dax, à qui l'on doit le plan de type espagnol réalisé en 1931. Entrez dans l'arène, voyez les torils et découvrez ce « Haut lieu de la tauromachie » à l'occasion d'une visite guidée.

AU FEU DE BOIS** €€

20, avenue des Pyrénées
✆ 05 58 89 06 76
www.hotel-aufeudebois.fr

Ouvert toute l'année. Chambre double de 60 à 85 €. Petit déjeuner 7 €. Demi-pension. Pension. Soirée VRP. Restauration.

Récemment rénové, l'Hôtel Au Feu de Bois dispose d'une grande terrasse, une piscine et un parc avec un espace de jeux pour les enfants. Dans cet hôtel familial, les 11 chambres sont décorées dans les tons jaunes et rouges. L'hôtel est référencé « Tourisme et Handicap » et la responsable pratique également l'accueil en langage des signes. Un petit déjeuner buffet vous sera servi de 7h30 jusqu'à 10h30 en semaine et de 9h30 à 11h le week-end. Du côté du restaurant, le chef travaille les produits frais et locaux. Pension et demi-pension possibles.

CHEZ DARRACQ €€

2, place de la Poste ✆ 05 58 89 02 28
www.hotel-commerce-darracq.com

Fermé le dimanche soir, le lundi et le mardi en hiver. Menus de 30 à 49 €. Assiette Pays : 29 €. Formule du midi : 18 €.

Une institution ! Sur les rives verdoyantes du Luy de Béarn, l'imposante bâtisse de l'Hôtel du Commerce accueille le gourmet de passage depuis cinq générations. En été, on profite de la terrasse alors qu'en hiver, on se réfugie près de la cheminée pour déguster une cuisine simple, authentique et généreuse. Au menu : de belles spécialités régionales comme le confit de canard maison, les asperges blanches des Landes, le magret Rossini, les ris de veau sauce forestière, le foie gras chaud aux pommes, la sole aux cèpes, tournedos de Bœuf de Chalosse, la croustade...

API' SENS

961, route de Chalosse
✆ 05 58 49 35 56
apisens.com

Ouvert du lundi au vendredi de 9h à 17h. Autres points de vente. Boutique en ligne.

La passion d'un agriculteur formé à l'apiculture, David Lamarque, et le travail de Maryline Reuschlé, diplômée en chimie, bien-être et cosmétologie, sont à l'origine de la marque *Api' Sens*. Gérante et fondatrice de la marque, cette biologiste a créé toute une gamme de produits de soins bio certifiés Ecocert, en utilisant des matières premières issues de la région. La « miellée gommante protectrice », à 99 % composée d'ingrédients d'origine naturelle et à 70 % d'ingrédients issus de l'agriculture biologique, a décroché le trophée Meilleur Produit bio en 2018.

GAUJACQ

Édifié sur un site gallo-romain, le village a conservé des vestiges de sa citadelle féodale. Datant de la fin du XVIIe siècle, le château témoigne des splendeurs de son passé. Situé sur les hauteurs de Gaujacq, c'est une demeure seigneuriale érigée par François de Sourdis, lieutenant général des armées du roi Louis XIV. Son architecture de plain-pied est originale et insolite. Ne manquez pas non plus le jardin botanique de l'association Pépinière Botanique et Plantarium où vous allez pouvoir apprécier plus de 3 000 espèces et variétés. Et découvrez le métier de musiniériste ! Les fêtes locales se tiennent la deuxième quinzaine d'août.

LE CHÂTEAU DE GAUJACQ ★

2, route de Brassempouy
✆ 05 58 89 01 01
http://chateau.de.gaujacq.free.fr

Ouvert d'avril à septembre ; toute l'année pour les groupes. Visite guidée. Gratuit jusqu'à 12 ans. Tarif plein : 7 €.

Un château unique en Europe construit à l'image d'un palais italien ! François de Sourdis fit bâtir le château au XVIIe siècle sur un site gallo-romain et médiéval. Quatre corps de logis en rez-de-chaussée ouvrent sur un jardin intérieur, dit « des délices », entouré par une galerie à l'italienne. A l'intérieur, de splendides appartements décorés des XVIIe et XVIIIe siècles sont habités et meublés. Des visites nocturnes aux chandelles sont organisées tous les lundis en juillet et août (sur réservation par téléphone). Dans le coin, c'est un incontournable !

PÉPINIÈRE BOTANIQUE ET PLANTARIUM

125, route de Bastennes ✆ 05 58 89 06 62
www.pepiniere-botanique.com

Visites libres de 5 € à 10 € ou guidées (tarif variable selon le nombre de personne et la durée de la visite). Boutique.

Créé en 1985, le Plantarium® de Jean et Frédérique Thoby est un jardin botanique privé paysagé, planté à l'anglaise, dont la vocation est la conservation végétale, l'expérimentation et l'hybridation. La pergola abrite plusieurs collections nationales de glycines et d'hortensias et la collection de camélias est particulièrement réputée. Le Plantarium® est la vitrine de la pépinière où vous trouverez de quoi satisfaire vos appétits de jardinier. N'hésitez pas à prévenir de votre venue.

PRÉHISTOSITE DE BRASSEMPOUY

404, rue du Musée - **BRASSEMPOUY**
✆ 05 58 89 21 73
www.prehistoire-brassempouy.fr
Fermé en décembre et janvier. Adulte : 9 € ; enfant (6 à 11 ans) : 6 €. Musée. Animations. Escape Game. Boutique.

Perché sur les coteaux de Chalosse, Brassempouy est un petit village entièrement dédié à l'archéologie. La Maison de la Dame est un espace consacré aux fouilles menées à la Grotte du Pape depuis plus d'un siècle. Entrez en contact avec l'homme de Cro-Magnon, ses outils et les animaux qui l'entouraient au Paléolithique supérieur ! Ici, l'art préhistorique est à l'honneur, avec des gravures sur os, des parures et la plus importante collection de statuettes féminines, dont la célèbre Dame à la capuche. L'ArchéoParc du PréhistoSite présente des reconstitutions d'animaux à taille réelle comme le majestueux cerf mégacéros, les mammouths ou encore la hyène des cavernes. Initiez-vous également à la chasse préhistorique, découvrez les techniques de taille de silex et d'allumage du feu tous les jours d'ouverture. C'est une manière originale et concrète de vivre la Préhistoire ! Une application numérique gratuite complète la visite. Vous cherchez des activités originales pour occuper vos vacances ? Petits et grands sont invités à participer à des ateliers (sur réservation) pour apprendre à sculpter la Dame à la capuche, peindre comme nos ancêtres ou encore fabriquer des bijoux. Et un escape game, ça vous tente ? Pour le PréhistoSite, Funroom a imaginé un scénario pour 2 à 6 joueurs. Votre mission consiste à retrouver la Dame de Brassempouy dérobée par une bande de pilleurs. Expositions, conférences, spectacles… Pour ne rien louper, rendez-vous sur le site internet !

LE BISTROQUET DE LA DAME €€

388, rue du Musée - **BRASSEMPOUY**
✆ 07 85 30 55 55
Du mercredi au dimanche midi ; du jeudi au samedi soir. Formules midi de 13,80 à 19 € ; Menu soir et week-end : 28 €.

Sur le parvis de la Maison de la Dame de Brassempouy, le Bistroquet de la Dame vous accueille aussi le mardi et entre les deux services pendant les vacances scolaires, pour un verre en terrasse. En cuisine, le chef David Jourdain s'exprime à travers une cuisine locale et de saison. Cet amoureux du poisson - celui de la criée de Capbreton - pense toujours à glisser une suggestion de la mer dans un des menus. Cet été, les couteaux gratinés à la persillade étaient dans les assiettes. Le midi, y compris le samedi, on se régale avec le menu Bistroquet (19 euros).

MONTAUT

Le bourg de Montaut est d'origine médiévale. Pour autant, on sait, d'après les silex retrouvés, divers objets et des vestiges d'habitat, qu'il était occupé dès la préhistoire. Édifié sur les hauteurs, comme son nom l'indique (*Mons Altus, colline élevée*), Montaut était sans doute destiné à contrôler la route de crête qui domine le cours du Gabas. Au XVIe siècle, Montaut était une place forte importante. À ne pas manquer : la porte du Bourg qui donne un cachet pittoresque au village et l'église Saint-Catherine datant du XIVe siècle. Destinées aux courses landaises, les arènes de Montaut sont de jolies arènes ovales de type espagnol en béton.

© SASHA64F - SHUTTERSTOCK.COM

Le Château de Gaujacq.

MAISON ARRIU €€

170, rue Henri II
✆ 09 82 59 79 71
www.maisonarriu.com
Ouvert toute l'année. Chambre double de 68 € à 129 € ; suite de 95 € à 155 €. Petit déjeuner inclus. Table d'hôtes.

L'Arriu signifie rivière. Comme l'eau transporte, cette maison dont l'origine de la construction remonte à 1680, semble porter en elle tout ce que Éléonore et Mathieu rêvent de lui attribuer : la création, la réflexion et le bien-être. Trois chambres d'hôtes, dont une suite, vous attendent pour un séjour à votre mesure. Il sera ludique avec des ateliers de cuisine, gourmand avec une table d'hôtes de qualité et un petit déjeuner copieux, créatif en résidence d'artistes, studieux en coworking... Plus qu'une maison « positive », un lieu de partage enrichissant.

FERME TAUZIA

Route de Lannebère
✆ 05 58 76 14 24
www.fermedetauzia.com
Vente sur les marchés et boutique en ligne.

La Ferme animalière Tauzia est une ferme landaise authentique qui s'inscrit dans la plus pure tradition chalossaise. Depuis plus de 40 ans, Cathy et Serge Dupouy s'occupent d'un élevage de canards et d'oies. Bien sûr, ils fabriquent et vendent leur production. Au menu : foie gras de canard entier, garbure landaise, axoa de canard, magret fourré au foie gras, cou de canard farci, cuisses de canard, gésiers… Vous avez envie de vous faire plaisir ? Dans ce cas, vous pouvez opter pour le « Canard gras complet » avec son assortiment de 5 produits de la ferme.

MAISON LAFITTE FOIE GRAS

455, route du Béarn ✆ 05 58 76 40 48
www.lafitte.fr
Ouvert du lundi au vendredi de 8h à 12h30 et de 13h30 à 17h. Boutique en ligne.

Depuis plus de 100 ans, la Maison Lafitte entretient l'excellence et le savoir-faire de la gastronomie landaise. Partenaire exclusif du Club des Chefs cuisiniers des Chefs d'Etat à travers le monde, Lafitte est reconnue pour la qualité supérieure de ses produits. Venez découvrir l'univers gastronomique du foie gras, confit et magret des Landes... toute une gamme de produits autour du canard. Boutique du site de la conserverie, la Maison Lafitte est également présente à Dax, Mont-de-Marsan, Bayonne, Bordeaux et Paris.

MUGRON

Mugron fut longtemps un port important. Par l'Adour, transitaient en gabarres les vins de Chalosse à destination de la Hollande et de la Grande-Bretagne. Appelé le belvédère de la Chalosse, Mugron offre par temps clair un point de vue incomparable sur la plaine de l'Adour et la forêt. Il est agréable de profiter de Mugron pour son tourisme de pleine nature. Au programme, notamment pendant l'été : baignade, pêche, randonnée pédestre sur la voie verte de Chalosse. Et découverte de savoir-vivre de la commune avec ses produits gastronomiques locaux de qualité. Ne manquez pas les marchés de producteurs régionaux qui se tiennent en saison estivale.

BASE DE LOISIRS DE LA SAUCILLE

96, rue du Vieux Port
✆ 05 58 97 98 50
Ouvert de fin juin à mi-septembre, tous les jours de 10h à 20h. Location de matériel. Aire de pique-nique. Restauration.

La base de loisirs de la Saucille offre un éventail d'activités aquatiques dans un milieu naturel exceptionnel : le lac de Mugron, alimenté par une source souterraine, qui donne à l'eau une couleur bleue des îles. Ses aménagements sont complets : Récréa'Park couvert avec toboggan aquatique et jeux pour enfants, terrain de volley, de pétanque et aire de pique-nique. Une plage de sable est surveillée par deux maîtres-nageurs pour une baignade en toute sécurité.

OFFICE DE TOURISME TERRES DE CHALOSSE

8, rue Vincent Depaul
✆ 05 58 98 58 50
www.chalosse.fr
Ouvert toute l'année. Jours et horaires d'ouverture variables selon la saison.

Arènes, église, anciens chais, atelier de maréchal-ferrant... Partez à la découverte du village, mais aussi de son histoire à travers le parcours du Patrimoine. Au programme : 20 points d'intérêt pour une promenade détente et culturelle d'environ 2 heures. Pour les enfants, le parcours est disponible à l'Office de Tourisme sous forme ludique. Jusqu'au 1er avril 2022, l'office de tourisme se trouve à la Mairie de Louer. Nouveau sur le territoire : un escape game (Chalost Time).

LA TERRASSE DE LA GRAND'RUE €€

4, rue Frédéric Bastiat ✆ 05 58 97 66 27
www.terrasse-grand-rue.com

Gîtes de France (3 épis). 3 chambres à partir de 65 €/nuit (base 2 pers). Table d'hôtes sur réservation.

Au cœur de son village natal, Marie-Hélène vous accueille dans une belle maison de caractère du XVIIIe siècle avec sa grande terrasse et sa remarquable glycine, sa pergola et son olivier. La Terrasse de la Grand'Rue possède de beaux volumes aux plafonds moulurés avec planchers d'origine, escalier en fer forgé et cheminées. La chambre Coquelicot permet de recevoir jusqu'à 4 voyageurs. La chambre Bruyère est de style romantique alors que la chambre Fougère est plus contemporaine.

LA CAVE DES VIGNERONS DE TURSAN

Avenue René Bats
✆ 05 58 97 70 75
www.tursan.fr

Ouvert toute l'année, du mardi au samedi de 9h à 12h et de 14h à 17h30 (de 14h30 à 18h30 en juillet et août). Boutique.

Ici, c'est Cyril, un enfant du pays, qui vous proposera de découvrir et déguster des vins AOP Tursan, IGP Chalosse et IGP Landes. Il pourra vous expliquer que les raisins sont récoltés à maturité, vendangés et travaillés par une équipe technique, responsable de la qualité des vins que vous retrouverez à la vente. Le fonctionnement est celui d'un grand Domaine. Les vins sont mis en bouteille à la propriété à Geaune, là où sont organisées les visites.

FERME-AUBERGE MARQUINE €€

Route d'Hagetmau
✆ 05 58 97 74 23
http://ferme-auberge-marquine.fr

Bienvenue à la Ferme. Ouvert toute l'année. Menu à partir de 14 €. Repas de groupe à partir de 17 €/personne. Boutique.

A la ferme auberge Marquine, on élève et on gave les canards gras avec les céréales produites sur l'exploitation. Vous pourrez ainsi faire le plein de produits dérivés du canard. Et dans cette ferme traditionnelle de Chalosse, vous pourrez également déguster une cuisine régionale typique, à base de produits frais : le foie frais aux pommes et aux raisins, la garbure, les rillettes de canard, la salade landaise, le magret grillé au charbon de bois, la tourtière... Mais aussi la poule au pot ou l'entrecôte (sur commande uniquement). N'oubliez pas de réserver !

ROUGE GARANCE

11, rue Jean Darcet
✆ 05 58 97 92 15
www.rouge-garance.net

Ouvert toute l'année. Jours et horaires d'ouverture variables selon la saison. Boutique en ligne.

Chai du XVIIe siècle sous l'une des plus importantes charpentes de France, Rouge Garance est un lieu unique à la fois boutique de décoration et galerie d'art. Au rez-de-chaussée, Florence et René Hutt ont mis en scène de nombreux objets : petit mobilier, poteries, céramiques, verres, linge de table, tapis, coussins, parfums d'intérieur… Sans oublier les produits d'épicerie fine d'ici et d'ailleurs. La salle d'exposition se trouve à l'étage. Dans ce lieu préservé et chargé d'histoire, les œuvres prennent toute leur dimension. Un « concept store » à découvrir.

LANDES

TARTAS

À mi-chemin entre le Parc naturel régional des Landes de Gascogne et le terroir de la Chalosse, Tartas est traversé par la Midouze, affluent de l'Adour. Depuis Mugron, n'hésitez pas à vous arrêter sur la route chez le producteur de kiwis des bords d'Adour à Souprosse. À Tartas, le séjour se décline autour des loisirs d'extérieur : profitez du charme de la campagne et des anciens chemins de halage longeant les rivières de l'Adour et de la Midouze. Autrefois empruntés par les gabares de Mont-de-Marsan à Bayonne, ces itinéraires sont aménagés en circuits de randonnées pédestres et VTT. Laissez-vous couler au fil de l'eau avec des canoës.

OFFICE DE TOURISME DU PAYS TARUSATE

151, place Gambetta
✆ 05 58 73 39 98
www.lecoeurdeslandes.com
Ouvert toute l'année. Jours et horaires d'ouverture variables selon la saison.

L'office de tourisme du Pays Tarusate vous propose une immersion au cœur d'un territoire à la riche gastronomie et au patrimoine religieux d'exception. Vous pourrez aussi consulter toutes les informations touristiques grâce à une tablette connectée, acheter des guides de randonnée ou de boucles cyclotouristiques, louer un VTT ou un VTC, réserver des sorties en canoë, vous procurer votre carte de pêche... Renseignez-vous également au sujet de la Scandibérique !

ADVENTURE LANDES PARAMOTEUR

Route de Mariterre ✆ 06 85 59 70 92
www.paramoteurlandes.fr
Ouvert toute l'année du lever au coucher du soleil sur RDV. Baptêmes dès 50 € (10 min.). Autres prestations et tarifs.

Vous avez toujours rêvé de voler ? Mission accomplie avec Adventure Landes Paramoteur. Thierry, votre pilote, vous emmène depuis la base ULM de Tartas en chariot biplace admirer les paysages enchanteurs des forêts landaises. Inoubliables et magiques sensations de liberté, que du bonheur ! Si ensuite vous souhaitez voler en toute autonomie, il assure votre formation théorique et pratique, validée par l'obtention du brevet. Présent également au Pays Basque à Saint-Pée-sur-Nivelle.

SAMADET

Il existe, au sud du bourg de Samadet, au cœur du vignoble de Tursan, un camp préhistorique et les vestiges d'une villa gallo-romaine. C'est là que fut construite la chapelle romane Saint-Jean. Elle était jusqu'en 1826, église paroissiale. Des mosaïques ont été mises au jour. Aujourd'hui, l'édifice sert de grange. Le village de Samadet, fort de ses quelque 1 100 âmes, est édifié sur un coteau. Son histoire est étroitement liée à la faïencerie. Fondée en 1732 par l'abbé Roquépine, baron de Samadet et de seigneuries voisines, la faïencerie fonctionna jusqu'à la moitié du XIXe siècle. Cette activité renaît aujourd'hui à travers un artisanat de qualité.

MAISON DE LA CERAMIQUE ★

Place de la Faïencerie ✆ 05 58 79 65 45
www.chalossetursan.fr
Entrée libre de juin à septembre, du mardi au dimanche de 14h30 à 19h (jours fériés inclus). Animations.

Sur la place de l'ancienne manufacture royale de faïence, la *Maison de la céramique* propose une collection permanente de plus de 130 pièces contemporaines. Vases, trompe-l'œil, grès, porcelaines, faïences... Teintées de réalisme, de poésie ou de grains de folie, elles donnent à voir toute la vitalité et les techniques de la création actuelle dans un écrin à l'architecture résolument contemporaine. Chaque été, des céramistes reconnus en France ou à l'étranger viennent également y exposer leurs œuvres. Les enfants peuvent s'adonner à la décoration d'assiettes.

MUSÉE DE LA FAÏENCE ET DES ARTS DE LA TABLE ★

2378, route d'Hagetmau ✆ 05 58 79 13 00
www.landes.fr/musee-faience-samadet
Ouvert de juin à mi-novembre. Gratuit jusqu'à 18 ans. Adulte : 4,50 €. Atelier et animation gourmande : + 3 €. Boutique.

Samadet a imprimé son nom dans la terre du Tursan, devenant célèbre grâce à sa « *Manufacture royale de fayances* », créée en 1732 et qui a produit pendant près de 100 ans des pièces aux décors riches et caractéristiques qui ont fait sa réputation. C'est l'histoire de la faïence de Samadet et celle des arts de la table que le musée départemental raconte à travers trois salles d'exposition permanente à découvrir. Des ateliers parents-enfants sont organisés pendant les vacances.

LANDES

MONT-DE-MARSAN ★

Située entre l'océan Atlantique et la chaîne des Pyrénées, Mont-de-Marsan est un havre de paix. Les gourmands se régaleront au Marché Saint-Roch, classé dans les cents plus beaux de France, où les spécialités landaises sont mises à l'honneur. Les amateurs d'art moderne et contemporain seront conquis par le musée Despiau-Wlérick, consacré à la sculpture figurative du XXe siècle. Quant aux amoureux de la nature, ils tomberont sous le charme du parc Jean-Rameau, un écrin de verdure de six hectares. Mont-de-Marsan s'anime durant les fêtes de la Madeleine, avec ses manifestations musicales, ses courses landaises, ses cavalcades et sa fête foraine.

Histoire

C'est vers 1133 que Pierre de Lobanner, vicomte de Marsan, fonda le castelnau de Mont-de-Marsan – castelnau, du mot occitan « castèlnòu », désigne un bourg, ville ou village à proximité d'un château. La région du Marsan a été rattachée par mariages à la maison de Foix-Béarn. Gaston Fébus (1331-1391) proclame sa neutralité dans le conflit franco-anglais de la guerre de Cent Ans (1337-1453). Au XIIIe siècle, Mont-de-Marsan devient une plaque tournante du commerce aquitain avec les blés de Gascogne, les seigles et produits résineux des Petites Landes, les vins de Tursan et les armagnacs. Remplies de ces marchandises, les gabarres voguaient sur la Midouze vers Bayonne où elles les échangeaient contre du sel, de la morue, des sardines, des laines d'Espagne, des draps et des fromages de Hollande. Ce trafic prend de l'importance au XVIe siècle, un véritable port naît, entouré de sa propre enceinte fortifiée.

Dans la première moitié du XIXe siècle, Mont-de-Marsan affirme sa vocation administrative et tertiaire grâce à Napoléon Ier : siège de la préfecture, du palais de justice, de la gendarmerie et de la prison. L'architecte Panay dessine plusieurs de ces édifices officiels dans le style néoclassique de l'époque : la préfecture, la gendarmerie ou la Rotonde. Dans la seconde moitié du siècle, la ville reste à l'écart de la révolution industrielle, mais profite de « l'arbre d'or », le pin. La base aérienne 118 de Mont-de-Marsan, l'une des plus grandes de l'Armée de l'air française et maillon essentiel de la défense aérienne du pays, a été créée à l'issue de la Deuxième Guerre mondiale, même si la tradition aérienne montoise remonte au début du XXe siècle.

LES ARENES DU PLUMAÇON

3, place des Arènes
✆ 05 58 05 87 37

Construites en 1889, consolidées et considérablement agrandies en 1933 par l'architecte Franck Bonnefous, les arènes de Plumaçon évoquent les arènes andalouses. En 1960, elles accueillent des têtes d'affiche à faire rêver : Paco Camino, Antonio Ordoñez, Jaime Ortoz. Un peu plus tard, c'est la présentation dans le Sud-Ouest du Mozart du toreo, le jeune Emilio Muñoz. Les arènes, qui contiennent 7 129 places, ont obtenu le label « Patrimoine du XXe siècle ». Elles vibrent aussi pendant les Fêtes de la Madeleine en juillet. A découvrir !

BASE DE LOISIRS DU MARSAN

Base de loisirs du Marsan
✆ 05 58 05 87 37
www.basedeloisirsdumarsan.fr
Ouvert tous les jours de 7h à 23h.

Au cœur d'un espace boisé de 120 ha, la base de loisirs de Saint-Pierre-du-Mont est le lieu idéal pour se détendre. L'accès à la plage de sable fin et au plan d'eau aménagé est gratuit, et la baignade est surveillée de mi-juin à début septembre. Le site dispose d'un lac de 2 ha pour la pêche en eau douce, de 5 circuits pédestres, de 3 circuits VTT balisés et d'une aire de jeu pour enfants à partir de 4 ans. Vous pouvez même vous restaurer sur place !

CENTRE ART CONTEMPORAIN RAYMOND FARBOS ★

1 bis, rue Saint-Vincent-de-Paul
✆ 05 58 75 55 84
www.cacraymondfarbos.fr
Ouvert toute l'année. Du mercredi au vendredi de 14h à 18h ; le samedi de 10h à 13h et de 14h à 18h. Adulte : 2 €.

Située en plein centre de Mont-de-Marsan, près de la place Saint-Roch, dans l'ancien entrepôt à grain, cette galerie consacre son étage à des expositions permanentes et son rez-de-chaussée à quatre à cinq expositions temporaires gratuites chaque année. Ce centre d'art contemporain a déjà accueilli plus de 150 expositions collectives ou monographiques (Miro, Braque, Chilida...). En 2022, le musée ouvrira une fenêtre sur l'Arménie avec l'exposition Menk.

RENCONTRE AVEC LES GREETERS

Profitez de moments de partage avec les Greeters de Mont-de-Marsan, qui appartiennent au réseau « Greeters 40, ambassadeurs des Landes ». Vous rencontrerez des bénévoles tous passionnés, amoureux de leur environnement, de leurs traditions, de leur culture et souhaitant faire connaître et partager leur terroir, leurs savoir-faire et leurs anecdotes. Une balade gratuite (1h30 à 2h) et sur rendez-vous à l'office de tourisme de Mont-de-Marsan. L'occasion de découvrir le territoire à travers le regard des habitants et surtout une belle façon de valoriser le patrimoine matériel et immatériel local (renseignements au 05 58 05 87 37 ou sur le site www.greeters-landes.com).

CHAPELLE NOTRE-DAME DU RUGBY ★

LARRIVIÈRE-SAINT-SAVIN

✆ 05 58 45 45 98

Ouvert du lundi au vendredi de 9h à 17h ; le week-end de 9h à 18h. Pèlerinage annuel le lundi de Pentecôte.

Près de 15 000 visiteurs passent chaque année par cette chapelle où sont honorés les regrettés représentants de l'ovalie. Construite en 1861 sur l'emplacement d'un ancien oratoire romain, elle fut partiellement détruite. L'abbé Devert, enfant du pays, a porté le projet de restauration de cette chapelle à la suite du décès de trois jeunes rugbymen. Quatre vitraux atypiques éclairent la chapelle : la Vierge à la touche, au joueur blessé, la Vierge aux pèlerins et la Vierge à la mêlée.

CENTRE DE BIODIVERSITÉ JEAN ROSTAND

882, Route de Sainte-Foy

POUYDESSEAUX

✆ 05 58 79 85 11

Ouvert de juin à octobre. Horaires selon les mois. Adulte : 8 €. Enfant (de 5 à 18 ans) : 4 €.

Implanté sur un site naturel de 30 hectares, ce centre de biodiversité se démarque par son écosystème d'une grande diversité biologique. Plusieurs balades y sont proposées avec des installations pensées de manière écoresponsable pour rendre compte de l'impact environnemental de l'homme sur la planète. Une véritable promenade ludique et pédagogique pour se reconnecter avec la nature ! De nombreuses zones de pique-nique sont également à disposition pour parcourir le site à son aise.

CHÂTEAU DE CASTANDET

40, place de l'Église

CASTANDET

✆ 05 58 44 00 53

www.armagnac-castandet.com

Plus d'informations sur le site internet.

Ce château a été construit aux environs de 1870 par l'arrière-grand-père de l'actuel propriétaire, Emmanuel de Coutard. En 1975, la bâtisse a été modifiée, ressemblant aujourd'hui à une belle demeure à l'italienne recouverte de vigne vierge. La production de très Vieil Armagnac issu du plan du baco s'y fait dans le respect d'une tradition familiale ancestrale axée sur la qualité. Les armagnacs sont conservés dans des fûts en chêne réalisés de façon artisanale par un des derniers tonneliers landais. Le plus ancien millésime date de 1974 !

LANDES

Point de vue sur les 3 rivières à Mont-de-Marsan.

LE DONJON LACATAYE

Place Marguerite de Navarre
✆ 05 58 75 00 45
Ouvert du mercredi au dimanche de 10h à 12h et de 14h à 18h. Renseignements auprès de l'office de tourisme.

Symbole de la ville, il fut construit au XIIIe siècle pour protéger le côté sud-est. C'était une maison forte, un poste d'observation sur le Midou, l'une des deux rivières de Mont-de-Marsan. Le donjon Lacataye est une tour crénelée monumentale, édifiée en pierre coquillière. En 1860, le maire de Mont-de-Marsan, Antoine Lacaze, le restaura et en fit don à la ville pour y installer une garnison. Depuis 1962, il abrite le musée Despiau-Wlérick, en travaux jusqu'à fin 2024, et consacré à des collections de la sculpture figurative de la première moitié du XXe siècle.

ÉGLISE DE LA MADELEINE

Rue Victor Hugo
Accessible toute l'année.

L'église de la Madeleine se situe près du vieux château. L'origine de sa construction remonte au XIVe siècle. Elle est formée d'un grand clocher carré et massif, d'un clocheton grêle et d'un cloître. En 1821, l'architecte Arthaud la fait reconstruire à la suite de l'effondrement de certaines de ses voûtes. À partir de 1822, l'église de la Madeleine appartient au style néoclassique. Une fresque représentant la vie de sainte Marie-Madeleine est l'œuvre de Mme Grimard-Baudet. Consacrée en 1829, l'église a été inscrite à l'Inventaire des Monuments historiques en 1975.

LES FÊTES DE LA MADELEINE

Du 20 au 24 juillet 2022.

Les fêtes de la Madeleine réunissent chaque année des milliers d'habitants et de touristes venus profiter des différentes animations organisées dans les rues de la ville : concerts, défilés, repas, spectacles... Au programme, cinq jours et cinq nuits de festivités et de réjouissances. Le lancement des fêtes de la Madeleine est officialisé par la procession, qui conduit la statue de sainte Marie Madeleine de l'église de la Madeleine vers la chapelle des arènes du Plumaçon.

MUSÉE DES FORGES DE BROCAS ★

Route de Garein - **BROCAS** ✆ 05 58 51 44 56
https://musee-forges-brocas.fr
Ouvert toute l'année. Uniquement sur rendez-vous pour les groupes. Visites individuelles de mi-juin à mi-septembre.

Installé dans la minoterie désaffectée du village, le musée fait renaître les anciennes forges en ouvrant à la visite son haut-fourneau, son atelier, la grange charretière et même les appartements des ouvriers. L'histoire des forges est retracée à travers divers objets rassemblés avec passion par les membres de l'association : moules, outils de mouleurs, plaques de cheminées et pièces uniques. Le musée est un vibrant témoignage du dur travail de nos anciens forgerons du XIXe siècle.

MUSÉE DU 34E RÉGIMENT D'INFANTERIE ★

495, avenue du Maréchal Foch
✆ 05 58 75 80 07
Ouvert le mercredi, le vendredi et le samedi de 14h à 17h. En été, le mercredi et le samedi de 15h à 18h.

Régiment des Landes depuis 1876, le 34e Régiment d'Infanterie est l'héritier du régiment de Plessis-Joigny, créé en 1625. Il s'est illustré sur les champs de bataille de la Révolution, des deux empires, ainsi que dans les deux Guerres mondiales. Le musée. conserve et honore la mémoire du régiment le plus populaire des Landes. Durant la visite, vous découvrirez des documents d'époque et des photos de jeunes soldats en exercice et d'autres souriant en 1914 au moment de partir au front.

A VÉLO SUR LA SCANDIBÉRIQUE

Le territoire de Mont-de-Marsan Agglomération accueille depuis l'été 2018 l'Eurovéloroute n° 3, connue aussi sous le nom de Scandibérique ou « Route des Pèlerins ». Au départ de Trondheim au Danemark jusqu'à Saint-Jacques-de-Compostelle en Espagne, la route cyclable traverse 7 pays européens sur plus de 5 000 km. Cette immense balade à vélo est reconnaissable grâce à son panneau bleu avec les étoiles de l'Union européenne et le numéro de la Véloroute (3) au centre. Dans les Landes – déjà traversées par la Vélodyssée –, la Scandibérique compte environ 194 km à parcourir et traverse Labastide-d'Armagnac, Villeneuve-de-Marsan, Mont-de-Marsan, Tartas, Dax, et Saubusse.

LANDES

MUSEE DESPIAU-WLÉRICK

6, Place Marguerite de Navarre
✆ 05 58 75 00 45
www.montdemarsan.fr

En travaux. Ouvert du mercredi au dimanche de 10h à 12h et de 14h à 18h. Salles d'expositions permanentes inaccessibles.

Le musée Despiau-Wlérick est actuellement en travaux. Les salles d'expositions des collections permanentes sont désormais inaccessibles. Le musée se prépare à des travaux de rénovation jusqu'à fin 2024. Les expositions temporaires et le jardin des sculptures restent ouverts au public.

Situé au cœur du centre historique de Mont-de-Marsan, dans le remarquable cadre médiéval du donjon Lacataye, le musée Despiau-Wlérick réunit une collection atypique et inégalée de sculptures figuratives françaises du XXe siècle. Il était destiné à l'origine à abriter les œuvres des sculpteurs Charles Despiau (1874-1946) et Robert Wlérick (1882-1944), tous deux originaires de Mont-de-Marsan. La figure féminine était pour eux une inépuisable source d'inspiration et de création. Dans cette belle institution, on peut donc admirer des sculptures de bronze, marbre, plâtre, bois ou terre cuite. Parmi les trois cents pièces exposées dans le musée, on peut également profiter de celles de sculpteurs indépendants, classiques ou modernistes, à l'image de Drivier, Fath ou encore Joffre, mais aussi découvrir des œuvres inédites de l'Exposition internationale de 1937. Depuis quelques années, la collection s'est également ouverte sur la production des artistes figuratifs de la seconde moitié du XXe siècle, accueillant notamment le fonds d'atelier du sculpteur Léopold Kretz. Après la visite, profitez de la vue : le toit-terrasse du donjon Lacataye offre, quant à lui, un joli panorama sur la ville de Mont-de-Marsan et ses environs, tandis que les jardins aménagés invitent à la flânerie. Des animations et des expositions autour de la sculpture sont régulièrement organisées dans la galerie d'exposition temporaire, qui borde le jardin de sculptures, et le bas de la rivière est un lieu de détente prisé. Une visite incontournable lors de votre séjour ! Depuis 2021, une nouveauté est proposée aux touristes : la promenade sculptée. Vous l'avez compris, la sculpture tient une place importante dans le paysage urbain de la ville de Mont-de-Marsan. D'ailleurs, peut-être les avez-vous déjà aperçues pendant votre balade. En tout, une quarantaine d'œuvres sont observables dans le centre-ville ; en autonomie, le temps d'une balade connectée, découvrez leur histoire. Pour partir à l'aventure en toute indépendance, il faut se munir du plan indiquant le chemin à suivre et de votre smartphone. Une promenade a aussi été créée pour les enfants ! Les livrets avec plans sont disponibles au musée ou à l'Office de tourisme. Une façon insolite de visiter la ville !

PARC ANIMALIER DE NAHUQUES

Avenue de Villeneuve
✆ 05 58 75 65 41

Ouvert du lundi au vendredi de 9h à 12h et de 14h à 18h, week-end de 14h à 18h. Gratuit. Promenade à poney : 5 €.

Déployé sur 4 hectares, ce sympathique parc abrite une faune variée en semi-liberté. Au fil de la balade vous verrez des ânes, chèvres naines, moutons, mouflons de Corse, lamas, daims, wallabies, cygnes noirs, lièvres de Patagonie et même des émeus et de nombreuses autres espèces d'oiseaux. Des promenades à poney y sont proposées les après-midi durant les vacances, le mercredi et les week-ends. Vous trouverez à l'entrée du parc, boissons fraîches et sodas, glaces, crêpes et gaufres.

PARC JEAN RAMEAU

Place Francis Planté
✆ 05 58 05 87 37

Ouvert toute l'année. Tous les jours. Gratuit.

Ce parc, nommé ainsi en hommage au grand poète et romancier landais Jean Rameau, était autrefois appelé La Pépinière. Situé place Francis Planté, du nom d'un poète et romancier landais du début du siècle dernier, il a été créé en 1793 pour permettre la culture du pin des Landes. Il devient jardin public en 1947. A découvrir, de remarquables végétaux et des collections : notamment toutes les variétés de hêtres, mais aussi deux sculptures, L'homme et la mort de Léon-Alexandre Delhomme et La chute des feuilles de Julien Lorieux. Le grand massif est le lieu où le service municipal des espaces verts rassemble l'ensemble des plantes de printemps et d'été utilisées pour le fleurissement de la ville. Chaque plante identifiée permet de découvrir de nouvelles variétés pour les jardins ! Un espace jeux pour enfants, plus loin, un kiosque, un théâtre de verdure, un jardin japonais créé à l'occasion de l'Année du Japon en 1997. Depuis 2012, une nouvelle œuvre a pris place dans ce jardin, celle de Roland Cognet, Paysage et loup, une réalisation dans le cadre du parcours « La forêt d'Art Contemporain » (voir la commune de Sabres). En 2013, à l'occasion de Mont-de-Marsan Sculptures, le kiosque a été rénové et accueille désormais une œuvre monumentale unique : la statue équestre du Maréchal Foch (dont plusieurs plâtres se trouvent au musée Despiau-Wlérick et l'œuvre définitive en bronze, à Paris), par Robert Wlérick et Raymond Martin. Des visites guidées se font l'été avec le guide de l'Office de Tourisme (sur rendez-vous pour les groupes).

© CONSEIL GÉNÉRAL DES LANDES

© CONSEIL GÉNÉRAL DES LANCES

© CONSEIL GÉNÉRAL DES LANDES

FESTIVAL ARTE FLAMENCO

✆ 05 58 46 54 55

Du 27 juin au 2 juillet 2022.

Tous les étés depuis plus de trente ans, Mont-de-Marsan se pare des couleurs andalouses pour accueillir le plus grand festival de Flamenco en France. Créé en 1989, le Festival international Arte Flamenco est le rendez-vous incontournable pour tous les amoureux de culture flamenca. Chaque édition témoigne de la qualité de cet événement, auquel participent artistes de renom et jeunes talents. Mais l'esprit même d'Arte Flamenco au-delà de la tradition, c'est son incomparable programme réunissant danse, musique, arts visuels, chant et littérature.

© CONSEIL GÉNÉRAL DES LANDES

© CONSEIL GÉNÉRAL DES LANDES

PARC NATUREL URBAIN DU MARSAN

www.parcnatureldumarsan.fr

Ouvert toute l'année.

La création du Parc Naturel Urbain du Marsan découle d'une volonté de l'Agglomération de mettre en valeur le patrimoine naturel, architectural et historique du territoire et de favoriser sa préservation. Il se décompose en plusieurs sites. Le site des Neuf Fontaines, à Bostens, propose un parcours autour de trois étangs, pour découvrir la faune et la flore, avec aire de pique-nique, visite d'une grange-chèvrerie sur la commune de Bostens. A Bougue, le site historique et paysager de Castets permet de redécouvrir des mottes castrales médiévales le long de différents sentiers de découverte. Sur le site de l'étang de Massy, à Gaillères, diverses activités sont possibles : la pêche, qui permet aux amateurs de taquiner brochets, tanches et autres gardons, des balades sur plusieurs sentiers de randonnée, un parcours d'orientation, une aire de jeux, des aires de pique-nique au bord de l'étang... A Laglorieuse, la zone humide de Limac, qui abrite un lavoir et la fontaine Saint-Guirons, lieu de pèlerinage à l'Ascension, a été inaugurée au printemps 2019. Elle bénéficie de plusieurs aménagements : implantation d'essences fruitières, mise en place d'une signalétique depuis le centre-bourg, de panneaux de présentation de la flore et de tables de pique-nique le long d'un parcours pédestre. A Mont-de-Marsan, le projet « Rivières dans la ville » a permis de valoriser un patrimoine qui conjugue la nature et l'urbain à travers la mise en valeur des berges.

MAIRIE DE MONT-DE-MARSAN

2, place du Général Leclerc ✆ 05 58 05 87 87

www.montdemarsan.fr

Ouvert du lundi au jeudi de 8h à 12h et de 13h30 à 17h30, vendredi de 8h à 12h et de 13h30 à 16h30, samedi de 9h à 12h.

Mont-de-Marsan, ou Moun en gascon, est le chef-lieu et la préfecture des Landes depuis 1790. Les clés sur son blason pourraient être celles de Saint-Pierre, patron de la paroisse sur laquelle la ville fut construite, ou celles de Pierre de Lobanner, le fondateur de la cité. Elles pourraient aussi faire référence aux deux rivières, la Douze et le Midou. Restez informé de l'actualité de Mont-de-Marsan et de son agglomération grâce au magazine trimestriel *m2m.ag*. Il est distribué dans les boîtes aux lettres ou par mail.

COMITÉ DÉPARTEMENTAL DU TOURISME DES LANDES

✆ 05 58 06 89 89

www.tourismelandes.com

Ouvert du lundi au jeudi de 8h30 à 12h15 et de 13h30 à 17h ; le vendredi de 8h30 à 12h15.

Sur le site internet du CDT des Landes, vous trouverez toutes les informations utiles, notamment en termes d'hébergement et de restauration, ainsi que les activités à pratiquer dans le département : la découverte du riche patrimoine landais, le surf – le littoral landais jouit d'une réputation mondiale –, le thermalisme (premier département thermal de France), le cyclotourisme, mais aussi les fêtes traditionnelles de villes et villages et bien sûr la gastronomie landaise.

OFFICE DE TOURISME DE MONT-DE-MARSAN AGGLOMÉRATION

1, place Charles de Gaulle ✆ 05 58 05 87 37

www.montdemarsan-tourisme.fr

Qualité Tourisme. Haute saison : ouvert du lundi au samedi de 9h30 à 18h, le dimanche de 10h à 14h.

Situé au bord de la Midouze, avec la statue de « La plongeuse » en véritable figure de proue, l'Office de Tourisme est reconnaissable à ses fenêtres multicolores. Pendant les heures de fermeture, une borne d'infos permet de consulter 24h/24 les hébergements disponibles et l'adresse des restaurants par exemple. La boutique propose des produits locaux mais aussi de la papeterie, des livres, des idées cadeaux. Des visites guidées sont proposées tout l'été sur différentes thématiques.

TRANSPORTS MARSAN AGGLOMÉRATION

227, boulevard Antoine Lacaze

✆ 05 58 45 04 26

www.bustma.com

Ouvert du lundi au vendredi de 9h à 12h30 et de 14h à 17h30 ; le samedi de 9h à 12h30.

Les 6 lignes urbaines fonctionnent du lundi au samedi (hors jours fériés, hors Fêtes de la Madeleine) de 6h35 à 19h48 (variable selon les lignes), sans oublier une navette gratuite dans le centre-ville du lundi au samedi de 7h30 à 19h (toutes les 20 minutes). Un service de transport à la demande adapté pour les personnes à mobilité réduite est proposé. Les plans et horaires sont disponibles à l'agence Tma, sur le site internet, à l'office de tourisme et sur l'appli mobile MyBus.

HÔTEL PREMIÈRE CLASSE** €

71, allée Mamoura
✆ 05 58 44 43 91

Pictos : moteur ; mobilité réduite.Ouvert toute l'année. Accueil 24h/24. 70 chambres.

Agréables prestations pour cet hôtel simple et fonctionnel : jolies couettes, écrans plats, salles de bains confortables. Les chambres bénéficient d'une bonne insonorisation. Dans un secteur calme en bord de zone d'activités en développement, à la croisée des chemins entre le nord du département et la côte Landaise, cet hôtel est idéal pour une étape ou un séjour à prix doux. Le petit déjeuner à volonté est servi de 6h30 à 10h en semaine et de 7h à 10h le week-end et les jours fériés. Consultez le site internet pour connaître les promotions.

HÔTEL-RESTAURANT LES PYRÉNÉES*** €

20, avenue du 34e Régiment d'Infanterie
✆ 05 58 46 49 49
www.hotel-restaurant-pyrenees.fr

Chambre double de 79 € à 99 €. Pension complète 109 €. Chambre familiale 4 personnes à 109 €. Petit déjeuner : 8 €.

Les Pyrénées dispose de 24 chambres flambant neuves, toutes équipées d'une nouvelle et confortable literie. Trois d'entre elles, véritables « suites » familiales de 26 m², sont chacune dotées d'une baignoire et d'une douche à l'italienne et de vasques montées sur des établis en bois rénovés. Le copieux petit déjeuner, à déguster en salle ou sur la confortable terrasse, est proposé en mode buffet. L'établissement se situe à quelques pas du centre-ville et à deux minutes de la gare.

HÔTEL RICHELIEU*** €

3, rue Robert Wlérick
✆ 05 58 06 10 20
www.hotel-richelieu-montdemarsan.com

Ouvert toute l'année. 20 chambres. Chambre double à partir de 67 €. Petit déjeuner : 10,50 €.

Au cœur de Mont-de-Marsan, à deux pas des principaux sites de la ville, dans un cadre charmant et classieux, cet hôtel-restaurant est un endroit agréable avec ses grands volumes, ses rampes en fer forgé et sa luminosité. L'hôtel propose 20 chambres spacieuses (dont 4 suites) et des espaces confortables pour accueillir événements privés et professionnels. Porté par le chef Thierry Pantel, le restaurant sert des produits frais, des spécialités traditionnelles et des saveurs du terroir. Une cuisine fine et excellente et un service impeccable.

CHAMBRES D'HÔTES LA GUIROSSE €€

1305, route de la Guirosse
SAINTE-EULALIE-EN-BORN ✆ 06 45 99 82 00
www.laguirosse.com

Gîtes de France (3 épis). Ouvert toute l'année. 3 chambres. Chambre double de 80 € à 98 €. Petit déjeuner inclus.

Dans leur maison d'hôte La Guirosse, Laurence et Didier vous proposent trois chambres d'hôtes tout confort. Dans cette maison d'architecture traditionnelle, le bois et la briquette sont les matériaux rois. Le petit déjeuner est servi dans la grande pièce de vie ou sur la terrasse. Pour se détendre, on profite de la piscine extérieure, installée dans un cadre naturel privilégié. Autour, profitez des pistes cyclables, des golfs et de l'océan pour se baigner !

LE DOMAINE DE LUGAZAUT €€

VIELLE-SOUBIRAN
✆ 06 33 07 76 05
www.ledomainedelugazaut.com

Chambre double de 70 € à 85 €. Tarif week-end pour 2 à 220 € (2 nuits + petits déjeuners + table d'hôtes).

C'est dans cette forêt landaise du nord-est du département aux sources et fontaines miraculeuses que Mélanie s'est installée. La beauté de la maison est déjà un atout : hauts plafonds, corniches, grand vestibule, bel escalier, chambres spacieuses, vue dégagée. Les hôtes ont la possibilité de déjeuner dans la grande pièce très lumineuse ou sur le toit-terrasse. Mélanie propose également des séjours à thème : cuisine, équitation, chasse... Le domaine est tellement grand que des vélos (prêtés) vous seront nécessaires pour vous rendre aux étangs pour la baignade.

GÎTE DU DOMAINE DE CAP'BAT €€

290, avenue de la Chalosse - **SAINT-PERDON**
✆ 06 69 98 95 76
www.gite-reception-landes.com

Ouvert d'octobre à avril. Nuitée à 195 €. Semaine à 1 350 €.

Dans un cadre verdoyant de 1,5 hectare, ce gîte d'une superficie de 20 m² dispose de six chambres, d'un jardin, d'une terrasse et d'un barbecue pour profiter des beaux jours. Datant de 1829, il combine à la perfection charme d'antan et confort moderne. Authenticité, convivialité et tranquillité sont au rendez-vous pour vous assurer des moments de bien-être et de détente. A noter que le linge de lit et les serviettes peuvent être fournis moyennant des frais supplémentaires.

GITES DE FRANCE €€

1610, avenue de Villeneuve de Marsan
✆ 05 58 85 44 44
www.gites-de-france-landes.com
Ouvert de 8h30 à 12h30 et de 13h30 à 17h30 du lundi au vendredi. Fermeture à 18h le samedi.

L'agence des Gîtes de France des Landes est à la fois un lieu où on peut se renseigner sur les locations possibles dans le département et une centrale de réservation. Il s'agit d'une véritable conciergerie en ligne avec contact direct. Vous profiterez des offres de séjour et pourrez offrir des chèques cadeaux. Les gîtes de France Landes assurent la garantie qualité, la garantie réservation et la garantie des avis clients certifiés. Sur place, des documents et brochures sont à votre disposition. Plage, campagne ou forêt : un millier de références y sont proposées.

© GITES DE FRANCE

© GITES DE FRANCE LANDES

LE LOGIS D'AUGUSTIN €€

55, rue Augustin Lesbazeilles
✆ 06 83 85 81 31
Ouvert toute l'année. 5 chambres. Chambre double de 90 € à 115 € ; chambre triple de 95 € à 120 €.

Un havre de paix en plein cœur du centre historique de Mont-de-Marsan. Une fois franchi la massive porte en bois, on découvre une superbe bâtisse du XVIIe siècle. Ses nombreuses fenêtres, associées au calme de ce lieu atypique, lui donnent un faux air de monastère... Vous profiterez d'une salle de gym équipée et d'une piscine intérieure chauffée, avec son solarium naturel attenant. Autre joyau du Logis d'Augustin, sa cour intérieure végétalisée aux pierres apparentes de 350 m², dans laquelle vous savourerez un copieux petit déjeuner en toute tranquillité !

VILLA AQUITAINE €€

Rue du Curé
BRETAGNE-DE-MARSAN
✆ 05 58 05 96 02
www.villa-aquitaine.fr
Ouvert toute l'année. Chambre double de 85 € à 110 €. Petit déjeuner inclus.

Dans cette superbe demeure, vous trouverez tout ce qu'il faut pour passer un agréable séjour, des équipements à l'accueil. Ici, les chambres sont claires, les salles de bains modernes décorées dans des tons sobres. Un grand salon permet de regarder la télévision ou de boire l'apéritif ; le petit déjeuner se prend généralement à l'extérieur sur la terrasse agrémentée de voiles d'ombrage. Autour de la piscine au sel, transats, hamacs, petits guéridons, parasols et bande de sable marin, jouxtent la cuisine d'été ou vous pourrez librement vous servir des boissons.

VILLA MIRASOL**** €€€

2, boulevard Ferdinand de Candau
✆ 05 58 44 14 14 - www.villamirasol.fr
Ouvert toute l'année. 5 chambres de 115 à 160 € ; 2 suites de 150 à 215 €. Lit sup' : 25 €. Petit déjeuner : 15 €.

L'hôtel de la Villa Mirasol dispose d'une situation exceptionnelle au confluent des trois rivières, sur les berges de la Midouze. Hauts plafonds sculptés, œuvres d'art originales (peintures, dessins et céramiques), boiseries... Tous les ingrédients sont réunis pour en faire un hôtel enchanteur. Chaque chambre a son identité propre. Confort et bien-être sont au rendez-vous grâce à une literie haut de gamme. Les 2 suites sont de véritables petits appartements à l'abri des regards, de véritables havres de paix. D'ailleurs, l'accès se fait par des portes discrètes.

BONNE HUMEUR €

6, rue André Bergeron
✆ 05 58 71 74 18
Ouvert du mardi au samedi de 10h à 18h.

Voilà un lieu atypique et charmant, à l'image des deux jeunes femmes qui vous accueillent. Bertille et Charlotte sont les créatrices de Bonne Humeur, une boutique au concept original. C'est tout d'abord un restaurant où les bons petits plats, qui portent des prénoms anciens, sont composés autour de tartines et/ou de salades selon les produits frais de saison. S'ajoute à cela un salon de thé avec une sélection des meilleures références Dammann Frères issues de la toute proche Brûlerie Montoise. Sur deux étages, Bonne Humeur vend également de la belle décoration.

LE BISTROT DE MARCEL €

1, rue du Pont du Commerce
✆ 05 58 75 09 71
www.lebistrotdemarcel.fr
Ouvert du lundi au vendredi midi et soir, samedi soir. Formule du midi 12,90 € (plat à 9 €). Menu du Sud-Ouest 34 €.

Le Bistrot de Marcel est un lieu que les Montois aiment fréquenter, grâce à son ambiance chaleureuse et son cadre, qui allie pierres, poutres et mobilier moderne. La cuisine moderne et traditionnelle met en avant les produits locaux. La carte, qui change tous les 3 mois, affiche tout de même quelques classiques de la région : confit de canard, burger Rossini au foie gras poêlé... On craque pour la potée landaise avec ses légumes d'automne, confit, magret et champignons. En dessert, poire pochée au vin doux épicé, crème brûlée à la vanille, macarons au chocolat...

HÔTEL-RESTAURANT LES PYRÉNÉES €

20, avenue du 34e Régiment d'Infanterie
✆ 05 58 46 49 49
www.hotel-restaurant-pyrenees.fr
Ouvert du lundi au vendredi de 12h à 14h15 et 19h30 à 21h30 (vendredi jusqu'à 2h), samedi de 19h30 à 2h, dimanche midi.

Véritable institution et haut lieu des Fêtes de la Madeleine, Les Pyrénées a vu défiler plusieurs générations de dirigeants et joueurs du Stade montois. Dirigé depuis 2018 par l'ancien rugbyman Marc Giraud, cet établissement propose une cuisine traditionnelle qui change au rythme des saisons. En salle, dans un décor moderne et cosy, au bar à l'atmosphère « so british » ou bien sur la terrasse ombragée qui plonge sur la verdure, vous êtes certain d'y passer un moment convivial !

LA PARENTHESE DU MOUN €

36, rue Frédéric Bastiat ✆ 05 58 75 11 80
Ouvert toute l'année. Du lundi au samedi le midi ; le vendredi et le samedi le soir. Réservation recommandée.

© LA PARENTHESE DU MOUN

La Parenthèse du Moun offre un joli patio végétalisé et ombragé qui garantit la fraîcheur l'été. A sa tête, Kevin Govaerts, distingué par le titre de maître restaurateur, prône la simplicité avec une carte resserrée autour de produits frais. On notera la rapidité du service, les prix abordables et la belle décoration refaite entièrement. La carte du soir est particulièrement alléchante avec notamment des chipirons marinés en persillade et un pavé de turbot crème basilic... En dessert, goûtez à la pomme pochée au vin et à la cannelle. Le tout fait maison !

AUX TOQUÉS DU BOCAL €

82, rue Léon Gambetta
✆ 05 58 51 03 63
www.auxtoquesdubocal.fr
Ouvert le lundi de 9h à 17h ; du mardi au vendredi de 9h à 19h ; le samedi de 10h à 18h.

Plus qu'une épicerie fine, Aux Toqués du Bocal est un restaurant où le fait maison est roi ! Morgane et Alexandre, un jeune couple passionné par la cuisine, ont eu la bonne idée de conditionner des bons petits plats en bocal. Un procédé écolo – les bocaux sont consignés et donc réutilisables à l'infini – avec la garantie d'un goût authentique (pas de conservateurs). A l'étage, la petite salle vous permet de déjeuner sur place. Morgane et Alexandre proposent un menu unique chaque jour différent, élaboré à base de produits de saison grâce à des producteurs locaux.

LANDES

TRATTORIA PEPPE €

10, rue du Maréchal Bosquet
✆ 05 58 51 74 25
www.trattoriapeppe.fr
Ouvert du mardi au vendredi le midi et le soir, le lundi et le samedi le soir uniquement.

Déjà à la tête du Bistrot de Marcel et du pub O'Green Oak à Mont-de-Marsan, Mohammed Chohra a ouvert la Trattoria Peppe en 2019. L'établissement paré de pierres et de poutres apparentes sur ses deux étages respire le confort chaleureux et l'élégance. Un cadre bucolique pour savourer la cuisine de Vanessa Cruz, formée par le chef milanais Gualtiero Ferrari. Ses antipasti, piatti, pizze et dolci changent toutes les saisons. On craque pour le risotto au butternut et burrata de chèvre ! Tous les produits sont importés d'Italie, y compris la farine pour les pizzas.

BELLA STORIA €€

17, rue Lacataye
✆ 05 58 46 56 98
Ouvert du mardi au samedi de 11h45 à 14h ; du jeudi au samedi de 19h à 22h30. Pizza à partir de 10 €.

Anciennement Little Italie, cet établissement au cœur de Mont-de-Marsan a été repris à l'été 2021 par trois anciens rugbymen du Stade Montois. A la tête de cette Bella Storia, Simon Michaux, Rudolph Bérek et David Goletto offrent une carte qui sent bon l'Italie ! Au menu des pizzas gourmandes, réalisées par Paulo, le maître pizzaiolo, ainsi que quelques spécialités : ravioli ricotta épinard, cappelocci à la viande braisée, risotto aux gambas, osso buco au chianti... Pour l'apéritif, optez pour un verre de prosecco et une délicieuse focazza aux tomates confites.

AUBERGE DU GRAND MEGNOS €€

1155, route de Laglorieuse - **BOUGUE**
✆ 05 58 52 98 68
www.aubergegrandmegnos.com
Ouvert du jeudi au mardi le midi. Menus de 23 € à 29 €. Menu enfant 10 €. Formule du midi 15 € (plat du jour 9,50 €).

Cette vieille bâtisse restaurée du XIXe siècle, autrefois ferme landaise puis ferme-auberge, est aujourd'hui un joli restaurant au cadre campagnard qui surplombe l'étang du Grand Megnos. Vous serez charmé par cette belle demeure à colombages, avec sa cheminée à l'ancienne où les viandes grillent l'hiver. Garbure landaise, tête de veau sauce gribiche, ris de jeunes bovins aux champignons, gigot d'agneau confit cuit pendant 7h... Vous serez conquis par la cuisine du chef Fabrice, traditionnelle et copieuse. La carte des vins est à la hauteur !

LE DIVAN €€

5 bis, place Charles de Gaulle
✆ 05 58 75 00 87
www.restaurant-le-divan.fr
Ouvert du lundi au jeudi de 8h30 à 15h ; vendredi de 8h30 à 0h. Menu à 36 €. Magret de canard à partager à 49 €.

Prenez place au Divan, dont la baie vitrée offre une jolie vue sur la Midouze et ses berges. Ce bar-restaurant est un lieu de détente et de rencontre entre amis. On y sert une cuisine bistronomique à base de produits frais et de plats faits maison. A la carte, croque-monsieur truffé, salade de croquetas de brie, pavé de truite des Landes ou risotto d'épeautre au butternut. La spécialité du lieu est le magret de canard des Landes de 800 g, de la ferme Jean Sarthe, cuit sur l'os, avec sa sauce aux cèpes et ses pommes de terre sarladaises, à partager.

HÔTEL-RESTAURANT LE RENAISSANCE €€

225, avenue de Villeneuve ✆ 05 58 51 51 51
www.le-renaissance.com
Ouvert du lundi au vendredi le midi et le soir. Formule du midi 23,90 €. Menu étape du lundi au vendredi soir 19,50 €.

Le Renaissance constitue un havre de paix à deux pas du centre-ville de Mont-de-Marsan. Le chef Christophe Belmonte change sa carte au gré des saisons et défend une cuisine du Sud-Ouest authentique et raffinée grâce aux produits de fournisseurs locaux : poisson du jour, salade basque au jambon duroc, mousse au chocolat de Diogo Vaz... Le tout accompagné des crus d'exception issus de vignobles de la région. Le personnel est attentif, bienveillant, et le service rapide.

MAMÉTA BISTRO €€

40, boulevard de la République
✆ 05 58 79 00 31
www.mameta-bistro.com
Ouvert le lundi de 11h45 à 14h, mardi au samedi de 11h45 à 15h et de 19h à 22h30. Formule du midi : 17,50 €.

Difficile de faire plus moderne en termes d'agencement et de décoration : grandes baies donnant sur le boulevard, tables organisées façon bistrot, grandes ardoises au mur où se déclinent les suggestions du chef, des burgers aux pâtes du moment. On y croise une clientèle d'actifs à « l'after work », des amis en quête d'une planche de charcuterie et d'un verre de vin, et ceux qui viennent pour déguster des huîtres « de retour du marché »... Avec sa terrasse à l'abri des regards, la Maméta (« mamie » en gascon) ne manque pas de charme !

VILLA MIRASOL €€

2, boulevard Ferdinand de Candau
✆ 05 58 44 14 14
www.villamirasol.fr

Maître Restaurateur. Ouvert toute l'année. Menus de 35 € à 90 €. Menu du marché : 25 € (le midi en semaine). Terrasse.

Cette maison Belle Epoque, longtemps privée, abrite un bar à vins, deux restaurants et un hôtel 4 étoiles. Le charme est partout : à l'intérieur avec ses œuvres d'art, à l'extérieur avec son jardin botanique et sa terrasse couverte, qui offre une vue plongeante sur les trois rivières et la cascade. La cuisine, raffinée et innovante, est élaborée sur base de produits locaux. Depuis le mois d'octobre 2021, le chef Philippe Lagraula que l'on peut voir en cuisine vous reçoit également à sa table gastronomique. Le service et l'accueil sont impeccables. Bel endroit.

LES CLEFS D'ARGENT €€€

333, avenue des Martyrs de la Résistance
✆ 05 58 06 16 45
www.clefs-dargent.com

Ouvert du mardi au samedi le midi et le soir. Formule du midi Retour du Marché à 25 €. Menus de 66 € à 88 €.

Récemment rénové avec goût et élégance, l'établissement Les Clefs d'Argent est un incontournable de la région. Christophe Dupouy, une étoile au Michelin depuis 2009, est un chef ouvert au monde. Le cacao rapporté de Sao Tomé-et-Principe – dont il est l'ambassadeur – et le goyavier de La Réunion, en assaisonnement ou en condiment, viennent par exemple sublimer les produits du terroir et du marché. Le résultat est à la hauteur du prestige des Clefs d'Argent, où les menus, renouvelés chaque mois, se déclinent en nombre de services et d'accords mets & vins.

LA TABLE GASTRONOMIQUE DE LA VILLA MIRASOL €€€

2, boulevard Ferdinand de Candau
✆ 05 58 44 14 14
www.villamirasol.fr

Ouvert du jeudi au samedi le soir ; le samedi midi. Menu Découverte : 68 €. Menu Dégustation : 90 €.

Une dégustation en 4, 5 ou 6 temps au rythme des surprises du chef... Nichée dans une jolie salle à manger de la Villa Mirasol, la Table Gastronomique joue la carte de l'intime. Goûter à la cuisine du chef Philippe Lagraula pourrait bien se mériter. Après un passage éclair chez Alain Ducasse, l'enfant du Pays a l'art et la manière pour marier les saveurs de son terroir à celles de son imaginaire. Sa seule limite ? L'équilibre des goûts et l'harmonie des textures.

L'ATELIER À T

4, rue Saint-François
✆ 05 58 75 93 89

Ouvert le lundi et le mardi de 10h à 18h ; du mercredi au samedi de 10h à 19h. Terrasse.

Cette ancienne limonaderie offre une architecture originale : installés dans la mezzanine, vous avez une vue plongeante sur le comptoir et ses alléchantes pâtisseries. Sur plus de 200 m², ce restaurant-salon de thé atypique est tenu par Thierry Baconnais, maître d'hôtel et sommelier. L'ouverture se prolonge jusqu'à 19h et permet de déguster de nombreuses douceurs : crêpes, pâtisseries, cannelés, tartes au citron, sablés bretons… Le tout accompagné d'un des 25 thés proposés. Des desserts à découvrir également à la fin de votre repas. Une adresse à retenir.

DIOGO VAZ CHOCOLATE

1, Rue Léon des Landes
✆ 05 58 93 90 14
www.diogovazchocolate.com
Ouvert le mardi et le samedi de 8h à 19h ; du mercredi au vendredi de 9h à 19h.

La première boutique Diogo Vaz en France, dont le nom fait écho à la plantation de fèves de cacao à Sao Tomé dans le golfe de Guinée où le chocolat est directement produit, propose de déguster cet excellent cru sous plusieurs formes et saveurs. Plaques à casser, noisettes, tablettes de chocolat noir, grué de cacao, cacao à croquer… autant de produits qui vous feront fondre. On y vient aussi pour goûter les pâtisseries réalisées à partir du chocolat Diogo Vaz et les glaces artisanales, à consommer sur place, en salle ou en terrasse.

O'GREEN OAK

39, place Joseph Pancaut
✆ 05 33 09 30 00
www.ogreenoak.fr
Du lundi au mercredi de 17h à 0h ; du jeudi au dimanche de 11h30 à 2h. Fermeture à minuit le dimanche.

Dès l'entrée, l'architecture spécifique des bars irlandais s'impose avec du bois et une décoration soignée. Salle de restaurant, salon de thé, puis terrasse surplombant le jardin en contrebas en bordure de rivière sont en enfilade. Pour le confort, chiliennes et poufs dans l'herbe, et tables hautes sous la pergola protégée. Dehors vous attendent un boulodrome, une scène pour les concerts, DJ, théâtre et stand-up. A la carte, vous trouverez une jolie sélection de bières françaises, belges, danoises, américaines, anglaises, et irlandaises.

THE POTCHEEN PUB

3, place Pitrac
✆ 05 58 45 06 82
Ouvert toute l'année. Haute saison : du mardi au samedi de 11h à 2h. Terrasse. Animations. Concerts.

Avec The Potcheen, plongez dans l'univers des pubs où l'on partage une bière ou un whisky en regardant un match de foot ou de rugby sur grand écran, où l'on s'affronte pendant un tournoi de fléchettes ou un karaoké et où l'on se concentre sur un quiz musical ! Au menu, une quarantaine de bières et une dizaine de whiskies différents, des becs à pression et une carte de grignotages. De nombreux concerts rock, folk, house sont organisés dans cet espace à la déco typique. Tous les ingrédients sont réunis au Potcheen pour se croire dans l'ambiance festive d'Irlande !

AUX ÂMES SUCRÉES

1, place Saint-Roch
✆ 06 89 70 84 60
Ouvert le samedi de 9h à 12h30 et de 15h à 18h ; le dimanche de 9h à 12h.

Reine des gâteaux, Caroline Tahon vous accueille dans sa charmante pâtisserie pour vous proposer des entremets qui font rêver et donnent l'eau à la bouche. Trianon, opéra, forêt noire, russe ou encore des tartes magnifiques comme la tarte au citron meringuée, la Bourdaloue, les tartes chocolat noir et caramel moelleux, chocolat praliné chantilly... De quoi satisfaire tous les goûts. Des gâteaux traditionnels français, mais aussi du monde entier, puisque Caroline puise son inspiration et savoir-faire de ses différents voyages à travers le globe.

L'ATELIER DE LA TRUITE

11, rue Cazaillas
✆ 06 24 62 43 31
Ouvert le mardi, le mercredi, le vendredi et le samedi de 9h à 13h.

Olivier Truchetet décline la truite sous toutes ses formes dans cette charmante boutique, récemment implantée au cœur de Mont-de-Marsan. Fumée à chaud ou à froid, en filet, en saucisses, en tournedos, en brandade, en marinade... La truite y est tout simplement divine. Olivier Truchetet met également à l'honneur une multitude des produits locaux et artisanaux, un éventail de saveurs qui ne vous laissera pas en reste. Des produits que vous pourrez retrouver sur le marché montois du samedi matin ou à la pisciculture de Geloux ouverte tous les vendredis après-midi.

LA BRÛLERIE MONTOISE

1, rue du 4 Septembre
✆ 05 58 75 02 63
www.lescafesnoiro.com
Ouvert du mardi au samedi de 9h à 12h30 et de 14h à 19h. Fermé la deuxième quinzaine de juillet.

Dans ce magasin montois, l'un des plus anciens de la ville, le café est torréfié chaque jour et ça se sent ! Jean-Philippe, torréfacteur, vous guidera dans vos choix. Vous pourrez également opter pour de nombreux thés, Ceylan, Inde, Chine noirs, Japon vert au jasmin, blancs aromatisés, rooibos, etc., sans oublier les diverses tisanes et infusions. La Brûlerie montoise compte quelque 200 références ! Vous y trouverez aussi des galettes, madeleines, chocolats ainsi que des jus de fruits biologiques et équitables. Une vraie épicerie fine.

LA CERVOISERIE MONT-DE-MARSAN

287, avenue du Maréchal Juin
✆ 07 86 60 16 69
www.lacervoiserie.com
Ouvert du lundi au samedi de 10h à 14h et de 16h à 21h.

Les amoureux de la bière seront conquis par cette cave comprenant plus de 500 références de bières et spiritueux. Pour accompagner votre boisson, l'établissement propose des encas à grignoter (saucissons, fromages, terrines). L'accueil y est chaleureux et vous pouvez faire confiance à l'équipe, toujours disponible, pour des conseils avisés selon vos goûts. Des soirées spéciales, à thème, et autres animations y sont régulièrement organisées pour favoriser les rencontres !

LIBRAIRIE CARACTÈRES

17, rue du Maréchal Bosquet
✆ 05 58 06 44 12
Ouvert le lundi de 14h à 19h ; du mardi au samedi de 9h30 à 19h. Accessible aux PMR.

Sur près de 600 m², au milieu des étagères en pin des Landes, l'ancien éditeur Anthony Clément, et son équipe accueillent, orientent et conseillent les amoureux de littérature, qui peuvent profiter de 15 000 titres. Plus qu'une librairie, vous voici dans un « café social club », du nom de l'association qui regroupe quelque 350 adhérents autour d'un projet culturel global. Des rencontres littéraires, des dédicaces avec les auteurs, des concerts, des pièces de théâtre, des performances d'artistes, des conférences et ciné-débats y sont régulièrement organisés.

LE COCHON À PLUMES

3, place Saint-Roch
✆ 05 58 06 85 09
www.charcuterie-extra.fr
Ouvert du mardi au samedi de 9h à 19h.

Une nouvelle charcuterie a ouvert ses portes en décembre 2021 sur la place Saint-Roch. Derrière ce curieux nom se trouve Thomas Mercusot, passionné de gastronomie landaise. A la tête de l'atelier de fabrication Charcuterie Extra, cet artisan-charcutier ouvre ainsi sa seconde boutique, la première étant installée à Saint-Sever. Admirez les étals, entre charcuterie fraîche et plats traiteurs : fritons de canards, ris de veau, salade de Saint-Jacques, pâtés en croûte… Sans oublier des recettes gasconnes et des spécialités de fumaison.

MAISON LAFITTE FOIE GRAS

62, rue Léon Gambetta
✆ 05 58 06 06 91
www.lafitte.fr
Ouvert du mardi au samedi de 8h30 à 12h30 et de 14h30 à 19h. Boutique en ligne.

Depuis plus de 100 ans, la Maison Lafitte entretient l'excellence et le savoir-faire de la gastronomie landaise. Partenaire exclusif du Club des Chefs cuisiniers des Chefs d'Etat à travers le monde, Lafitte est reconnue pour la qualité supérieure de ses produits. Les canards gras traditionnels sont élevés 102 jours minimum et engraissés au maïs grain entier, selon les cahiers des charges Label Rouge et IGP Landes (Indication Géographique Protégée). Figurant parmi les produits d'excellence, le foie gras Millésimé est à retrouver chaque année en édition limitée.

LE GOÛT DES SAISONS

889, avenue du Maréchal Foch
✆ 05 58 79 35 71
www.le-gout-des-saisons.placestars.com
Ouvert du mardi au jeudi de 9h30 à 12h30 et de 14h à 18h ; le vendredi et le samedi de 9h à 18h.

N'espérez pas trouver des tomates en février au Goût des Saisons ! Comme son nom l'indique, ce magasin d'agriculteurs ne commercialise que des fruits et légumes de saison. Il a été créé par 3 associés qui exerçaient déjà la vente directe sous le « tunnel du rond-point de Villeneuve » à la sortie de Mont-de-Marsan, où les habitués venaient acheter les légumes de saison et les produits laitiers. Désormais, ce sont quelque 130 exploitations des Landes et du Lot-et-Garonne qui approvisionnent ce magasin, à des prix très attractifs.

MARCHÉ DE MONT-DE-MARSAN

Marché alimentaire tous les mardis et samedis matin, marché couvert Saint-Roch. Marché vestimentaire tous les mardis.

Lors de votre séjour à Mont-de-Marsan, une visite au marché alimentaire Saint-Roch s'impose. Il est classé parmi « les 100 plus beaux marchés de France » ! Ici, tous les mardis et samedis matin, bat le cœur montois et celui de la gastronomie landaise, représentée par de nombreux producteurs locaux. Une ode aux produits du terroir ! Une belle occasion de flâner et d'aller à la rencontre des producteurs locaux qui vous feront un plaisir de partager leur passion.C'est également le mardi que s'installe place des Arènes le marché aux vêtements et aux chaussures.

NATURALLE

93, boulevard du Chemin-Creux

✆ 05 58 51 11 37

Ouvert du lundi au samedi de 9h à 13h et de 15h à 19h.

Ce magasin, ouvert à l'initiative d'un agriculteur de Perquie, propose des produits bio, des produits fermiers et des produits conventionnels. Deux paramètres importants sont respectés : la qualité et la proximité de production. Asperges de Souprosse et Arengosse (40), tomates, pommes et fraises du Lot-et-Garonne, radis, épinards, boeuf de Chalosse, volailles et fromages. Côté cave, les vins landais sont à l'honneur. Chaque saison ayant son produit phare incontournable, vous trouverez parfois, sur une courte durée, la pomme de terre de Noirmoutier !

LE PALAIS DU CAFÉ

13, avenue Sadi Carnot

✆ 05 58 46 58 04

Ouvert du mardi au samedi de 9h à 19h. Terrasse.

Une boutique spécialisée dans la torréfaction autant qu'un salon de thé où l'ambiance est conviviale et propice au cocooning. Se partagent la vedette une dizaine de cafés sélectionnés dans le monde entier (Colombie, Brésil, Burundi, Papouasie, Mexique – bio –, Costa Rica, mélange italien…) et une soixantaine de thés (des Indes, du Japon, de Ceylan, vert ou blanc de Chine, rouge – rooibos – de Noël). Face à un tel choix, les conseils de Barbara se révèlent précieux ! On peut même y déjeuner tous les midis grâce aux en-cas concoctés par la maîtresse des lieux.

VINYL KAFÉ L'EDEN ROCK

20, rue Dominique de Gourgues

✆ 05 24 28 60 83

Ouvert du lundi au samedi de 10h à 19h.

Dans cette petite boutique du centre-ville dont l'univers est entièrement consacré aux vinyles, Philippe Vernay cultive sa passion pour l'ancêtre du CD et des lecteurs multimédias. Pour être encore plus à l'aise, on peut boire un café ou une boisson tout en partageant ses impressions sur la genèse de tel ou tel album dit « mythique ». Ce qui en fait un véritable lieu d'échanges ! Quels que soient vos goûts, Philippe vous accompagne dans vos recherches, dans vos ventes ou vos achats de vinyles neufs ou d'occasion. Quelque 12 000 références vous attendent !

GOLF DE MONT-DE-MARSAN

1419, route de Pessourdat - **SAINT-AVIT**

✆ 05 58 75 63 05 - www.golfmontdemarsan.com

Ouverture du club-house tous les jours de 8h à 19h du 1er avril au 31 octobre (8h à 18h du 1er novembre au 31 mars).

Ce 18-trous au milieu d'une forêt de pins, renferme une authentique ferme landaise, située dans un airial parfaitement conservé. Entouré de chênes centenaires, le Golf de Mont-de-Marsan possède également un club-house et un restaurant. Le dessin du parcours est très varié, passant de la forêt à la prairie, vallonné et traversé par un charmant ruisseau, Le Roumat. Côté pratique, le golf met à votre disposition 25 postes sur tapis dont 9 couverts ainsi qu'une zone d'entraînement sur herbe, et une zone comportant un green et des bunkers pour perfectionner votre jeu.

MEDIATHÈQUE DU MARSAN

Place du 6e RPIMA
✆ 05 58 46 09 43
www.lamediathequedumarsan.fr
Ouvert le mardi, le jeudi et le vendredi de 12h à 18h ; le mercredi de 10h à 18h ; le samedi de 10h à 17h.

La Médiathèque du Marsan a été construite dans un secteur emblématique de la ville de Mont-de-Marsan, celui de la Caserne Bosquet et du 6e Régiment Parachutiste d'Infanterie de Marine. Expositions, conférences, ateliers pour petits et grands se déroulent dans ce concept architectural absolument remarquable. La médiathèque, la 3e d'Aquitaine après Bordeaux et Pau, regroupe tout de même quelque 100 000 livres, 12 000 CD musicaux, 6 000 DVD et 32 postes informatiques. Son auditorium propose 120 places. Un lieu à découvrir en famille.

STADE MONTOIS CANOË-KAYAK

9, place Francis Planté
✆ 06 89 02 35 86
www.stade-montois.fr/canoe-kayak
Renseignements et réservation à l'Office de Tourisme de Mont-de-Marsan.

Le Stade Montois canoë-kayak organise des descentes en canoë sur la Midouze, en autonomie. Les parcours sont proposés à la demi-journée ou à la journée sur une rivière calme et ombragée, accessible aux pagayeurs de tous niveaux. Le départ en plein centre-ville de Mont-de-Marsan, au pied de l'office de tourisme. Des départs depuis l'Office de tourisme de Tartas sont également proposés.Une activité de plein air inoubliable sur un cours d'eau accessible à tous et toutes.

STREET PARK

Avenue de Villeneuve
✆ 05 58 05 87 87
www.montdemarsan.fr
Ouvert toute l'année. Gratuit.

Situé sur le plateau intermédiaire à deux pas du parc animalier de Nahuques, le Street Park de Mont-de-Marsan est divisé en deux parties : une aire de skate en béton de 1 000 m² adaptée aux skateboards, rollers, vélos, trottinettes et BMX, ainsi qu'une piste de BMX en terre, adaptée à tous les niveaux. Le site est accessible pour tous les âges et permet ainsi à un vaste public de se divertir. On peut profiter également d'une aire de pique-nique sur place pour pouvoir y passer toute la journée. Les amateurs de glisse ne seront pas en reste !

PAINTBALL LA SABLIÈRE

CAMPET-ET-LAMOLÈRE
✆ 06 50 23 49 51
Ouvert toute l'année du mercredi au dimanche. Partie de 20 minutes : 8 € / personne, 1 heure : 17 € / personne.

A deux minutes de Mont-de-Marsan, venez vous défouler sur cette aire de jeu de trois hectares qui dispose de quatre terrains à thème. En plus des activités de paintball, l'établissement propose de s'essayer au laser tag à l'extérieur, un nouveau mode de jeu laser qui vous permet de profiter des infrastructures extérieures dès 7 ans, sans projectile et sans protection particulière. Que vous soyez novice ou expérimenté en jeu de tir, cette aire de jeu vous promet d'intenses parties et des moments inoubliables en famille ou entre amis.

ROYAL KIDS LANDES

79, avenue de Sabres
✆ 05 58 52 97 92
www.royalkids.fr/parcs/mont_de_marsan
Le mercredi de 10h à 12h30 et de 14h à 18h ; le week-end de 10h à 18h. Entrée : 10 € (1 enfant + 1 adulte).

Paradis pour les bambins, le parc de loisirs Royal Kids Landes a choisi Léon le dragon et son béret pour mascotte. C'est lui qui accompagne les enfants pendant les journées à thème ou pour l'organisation des anniversaires. Ce parc d'attractions situé à la sortie de Mont-de-Marsan est le plus grand d'Aquitaine. Toute l'année, dès 4 ans et jusqu'à 12 ans, accompagnés d'un adulte, les enfants peuvent venir se défouler dans les nombreuses attractions : power tower, motos électriques, 3 toboggans, tyrolienne, piscine à balles, espace Lego géant...

THÉÂTRE DE GASCOGNE

✆ 05 58 76 18 74
www.theatredegascogne.fr
Billetterie sur le site internet ou sur place 1h avant le spectacle.

La Ville de Mont-de-Marsan et son agglomération rassemblent sous une même dénomination, Théâtre de Gascogne, les trois lieux de diffusion de spectacles du territoire : le Pôle à Saint-Pierre-du-Mont, Le Molière et le Péglé à Mont-de-Marsan. Ce regroupement a pour vocation de diffuser des spectacles avec des artistes locaux, des compagnies régionales, mais aussi des spectacles diffusés au niveau national et international. Il met à la disposition des artistes des salles de création, des studios de danse et d'enregistrement et un théâtre de verdure !

GRENADE-SUR-L'ADOUR ★

Son nom en latin, « Terra Granata », signifie « terre riche en grains», autrement dit fertile en céréales. La bastide de Grenade-sur-l'Adour a été fondée en 1322 par les Anglais. Cœur du pays de l'opulence gasconne, Grenade-sur-l'Adour évoque la gastronomie. Du pont de l'Adour, on découvre le charme des vieilles maisons aux balcons de bois. De ses origines, la cité conserve sa place quadrangulaire encore pourvue de cornières au sud et à l'est. La rue des Capucins est bordée d'anciennes maisons dont les galeries donnent à l'arrière sur le fleuve. Ses petites rues pittoresques où il fait bon flâner soulignent l'existence d'anciennes fortifications.

PAVILLON DE LA RÉSISTANCE ET DE LA DÉPORTATION ★

2 bis, rue de Verdun

✆ 06 86 80 17 68

Ouvert toute l'année sur réservation du mardi au vendredi de 14h à 18h.

Grenade-sur-l'Adour est devenue une ville martyre le 13 juin 1944 quand des maquisards interceptèrent un convoi allemand, entraînant des représailles. La population, rassemblée sur la place publique, sous la menace des mitrailleuses, dut assister à l'incendie des principaux édifices de la ville. Cinquante personnes furent prises en otage et bon nombre d'elles déportées. Le Pavillon de la Résistance et de la Déportation rassemble les nombreux témoignages de cette sombre période.

OFFICE DE TOURISME DU PAYS GRENADOIS

14, place des Tilleuls

✆ 05 58 45 45 98

http://tourisme-paysgrenadois.fr

Ouvert du lundi au vendredi de 9h à 12h30 et de 14h à 17h ; le samedi de 9h à 12h.

Si vous appréciez la nature, la détente, les loisirs, la gastronomie traditionnelle, le Pays Grenadois vous propose ses sentiers de randonnées, ses tables raffinées, ses produits fermiers et artisanaux, et ses musées. Découvrez, entre autres, la bastide de Grenade-sur-l'Adour, la chapelle Notre-Dame du Rugby et sa salle d'exposition à Larrivière-Saint-Savin. Des guides « Côté culture » et « Côté nature » sont disponibles à l'office de tourisme (topoguides en vente).

LABASTIDE-D'ARMAGNAC

Labastide-d'Armagnac (687 âmes), qui conserve son charme médiéval, est certainement l'un des villages les plus attachants des Landes. A la suite du mariage d'Aliénor d'Aquitaine avec Henri Plantagenêt, la Gascogne devint anglaise et c'est en 1291 que le comte Bernard VI, comte d'Armagnac, obtint l'autorisation du roi d'Angleterre Edouard Ier Plantagenêt de fonder La Bastide. Labastide d'Armagnac témoigne parfaitement de l'organisation urbaine des villes nouvelles du Moyen-âge : elle a conservé sa structure originelle jusque dans les moindres détails architecturaux et paysagers (passages, jardins, couverts, ...). L'église forteresse, un lavoir, un moulin du XIVème siècle et le château du Prada, achevé en 1764 avec son vaste parc, complètent la découverte de ce site landais. Son incontournable place royale est entourée de pittoresques maisons à couverts avec arcades ou colonnes et des halles médiévales sous la mairie et d'antiques maisons à colombages. La place Royale est également magnifiée par son imposant clocher fortifié. Ici, petite et grande histoire se mêlent. Un exemple au 9 rue Bataille, où Colette, 87 ans, vous reçoit encore dans le plus vieux café de France, le Tortoré, ouverte en 1885 par sa grand-mère. Juste à côté, rue du Portail, vécurent Gérard Vulliamy (1909-2005, mouvement Abstraction-Création) et son épouse Odette Dupeyron, modèle du célèbre sculpteur Charles Despiau. Henri IV se serait inspiré de la place centrale du village pour créer la place des Vosges à Paris. Après avoir pris le temps de flâner sous les arcades, aventurez-vous sur les sentiers du patrimoine Armagnacais à la découverte de domaines et châteaux, pour y goûter l'eau-de-vie, l'armagnac. Eau-de-vie dont le taux d'alcool est supérieur ou égal à 40 %. Issu de la distillation de vins blancs secs vinifiés à partir de quatre principaux cépages, cet alcool, l'or gascon, est de renommée mondiale et fait la richesse de ce territoire. Pour découvrir les chais d'Armagnac, une carte « Destination vignobles » est à disposition dans les offices de tourisme des Landes d'Armagnac. Chaque année, le dernier week-end d'octobre, l'armagnac en fête est le rendez-vous du bon goût : dégustation d'armagnac et de produits des terroirs. Pour sa qualité et son art de vivre, Labastide d'Armagnac bénéficie du label Cittaslow, qui promeut un rythme au vie au ralenti, loin de la frénésie urbaine. Un label qui concerne 262 villes de 30 pays des 5 continents !

CHAPELLE DE LUGAUT

D224

RETJONS

✆ 05 58 93 36 42

Parking, aire de pique-nique, toilettes.

A Retjons, étape vers Compostelle, les randonneurs et touristes devront emprunter un chemin forestier pour découvrir la précieuse chapelle romane. Il s'agit du plus bel ensemble pictural du XIIIe siècle conservé dans la région Aquitaine. Vous y apercevrez des scènes inspirées de l'Evangile, Annonciation, Visitation, Nativité, Visite au tombeau, Descente aux enfers, mais aussi des scènes à motifs symboliques. Le site est librement accessible en extérieur toute l'année. Un lieu très reposant à découvrir pendant les beaux jours.

CHÂTEAU DE CAUMALE

ESCALANS

✆ 05 58 75 47 87

www.chateaudecaumale.fr

Visite sur rendez-vous du 1 juillet au 20 septembre. Adulte : 5 €. Gratuit jusqu'à 12 ans.

Geneviève Fabre et son mari vont vous faire passer un moment extraordinaire ! Vous pénétrez dans un château où les hôtes vivent parmi des œuvres d'art, de la vaisselle, du linge, des meubles signés, des objets usuels, des vêtements, un véritable trésor retraçant la vie des occupants de cette demeure datant du XIIe siècle. C'est un château aux quatre « C » pour le cacao, le café, la canne à sucre et le coton. Vous pourrez y observer entre autres une collection remarquable de chocolatières des XVIIIe et XIXe siècles. Un parfum d'exotisme assuré.

AUX TROIS PETITS COCHONS €€

6, place des Tilleuls

✆ 05 58 45 19 02

www.auxtroispetitscochons.fr

Ouvert tous les jours le midi ; le vendredi et le samedi le soir. Formule du midi : 14,90 € (plat du jour à 9,90 €).

© AUX TROIS PETITS COCHONS

C'est au cœur de la bastide de Grenade-sur-l'Adour, sur la magnifique place du village que se tient la très belle terrasse des Trois Petits Cochons. Les propriétaires, Thierry et Frédéric, nous font partager leur cuisine, basée sur le travail des produits locaux. A la carte, deux menus au choix, renouvelés tous les jours : un menu « campagne » avec des plats plus rustiques (bouillon de poule à la landaise, poulette fermière...) et un menu « ville » plus élaboré (œufs mollets sauce meurette, filet de merlu à la plancha...). Une adresse incontournable !

© VOUVRAYSAN - STOCK.ADOBE.COM

Labastide-d'Armagnac.

LE CHATEAU DE RAVIGNAN ★

Domaine de Ravignan
PERQUIE
✆ 05 58 45 33 07
www.armagnac-ravignan.com
Fermé de novembre à mars. Du 14 juillet au 25 août inclus, ouvert tous les jours de 14h à 20h.

A la fin du XIIIe siècle, Perquie était le centre d'une baylie. La seigneurie au début du XVIe siècle appartenait à une branche de la famille Mesmes. Le nouveau château fut reconstruit en 1663, après les Guerres de Religion par Alcibiade de Mesmes à côté d'un vieux bâtiment. La famille Lacroix, de Bayonne, entreprit l'achèvement du château. Elle démolit le vieux château et construisit un second corps de logis. En 1902, le parc fut dessiné par le paysagiste Buller. La partie centrale et la partie est datent donc du XVIIe siècle et la partie ouest du XIXe siècle. Le pavillon central à travée unique est encadré de part et d'autre par les deux travées des corps de logis et les deux travées des pavillons des extrémités. On retrouve presque la même articulation architecturale à Poyanne. La porte centrale sculptée est datée de 1663. Dans un superbe parc à la française, ce château présente une ordonnance classique de style Louis XIII est habitée par la famille Ravignan qui perpétue les méthodes d'élaboration de l'Armagnac dans le plus grand respect des traditions du terroir. Les visites guidées présentent cette histoire familiale au travers de mobiliers, tableaux et objets de qualité, comme l'intéressante collection de 500 gravures évoquant Henri IV, ou une garde-robe complète de costumes masculins du XVIIIe siècle. Vous visiterez également des chais d'armagnac, dont la production est attestée depuis bientôt trois siècles. La famille est particulièrement réputée pour ses délicieuses framboises à l'armagnac.

L'EGLISE FORTERESSE

✆ 05 58 44 67 56
Ouvert tous les jours de 10h à 19h. Visite guidée sur rendez-vous.

Récemment rénovée, l'église Notre-Dame présente un donjon crénelé transformé en clocher au XVe siècle. A l'intérieur, divers mobiliers classés ont été restaurés et réinstallés en 2019 : l'autel inscrit au titre des Monuments historiques, la peinture en trompe-l'œil réalisée par Cerroni en 1831 qui recouvre la totalité du chevet, le retable en bois sculpté et doré à l'or fin datant du XVIIe, la balustre et l'escalier du XVIIe, piéta en bois de tilleul polychrome réalisée au XVIe. Des visites guidées sont organisées toute l'année sur rendez-vous.

TEMPLE DES BASTIDES

Rue du Portail
✆ 05 58 44 57 05
Entrée libre.

A deux pas de la place Royale, le Temple des Bastides est un ancien temple protestant. Edifié en 1607, après les guerres de Religion qui ont beaucoup abîmé les lieux de culte locaux, ce temple fera de Labastide d'Armagnac un des hauts lieux du protestantisme. Aujourd'hui, le bâtiment est devenu un lieu d'expositions temporaires, principalement axées sur les sculptures et la peinture. Des visites guidées vous permettront une meilleure connaissance des lieux et des œuvres présentées. Il est également possible de se restaurer sur place.

LA GANADERIA DE BUROS

D 656 - **ESCALANS** ✆ 05 58 44 36 57
www.ganaderiadeburos.fr
Tous les jeudis de juillet à septembre : visites commentées à 17h30 (9 €) et soirée gasconne à 19h (30 €).

Personnalité landaise emblématique, ancien écarteur, conteur intarissable, Jean Barrère fait partager sa passion d'éleveur pour la course landaise. La Ganaderia de Buros est le lieu où l'on peut observer les animaux en toute sécurité dans la nature. Tous les étés, il organise des visites commentées de la Ganadéria et de la palombière. Le jeudi, ne manquez pas la soirée gasconne. Au programme, initiation aux quilles de 6 et aux échasses, apéritif et repas animé avec charcuteries landaises, magret à la plancha et vin rouge. Au cœur de la tradition gasconne !

CHAMBRES D'HÔTES DE LA FERME DE MONSEIGNON €€

230, route de Plante-Monseignon
SAINT-JULIEN-D'ARMAGNAC
✆ 05 58 44 82 34
www.ferme-de-monseignon.com
De 99 € à 120 € la nuit pour 2 personnes, petit déjeuner compris. Lit supplémentaire : 25 €.

Contrairement aux fermes classiques, ici il fait bon l'hiver et frais l'été ! Le petit déjeuner se prend dans une partie vitrée amovible ou en terrasse face à la piscine. L'impression d'être dehors tout en étant à l'abri est très agréable. Les deux chambres situées dans la maison principale sont à l'écart de toute nuisance sonore et l'une d'elle bénéficie d'une terrasse et d'un jardin privatif. Tout est décoré avec soin et l'accueil y est chaleureux.

CHÂTEAU GARREAU-ECOMUSÉE DE L'ARMAGNAC ★

3800, route d'Estang ✆ 05 58 44 84 35
www.chateau-garreau.fr

Bienvenue à la Ferme. Vignobles et Découvertes. Ouvert toute l'année sauf entre Noël et le Jour de l'An. Boutique.

L'Écomusée de l'Armagnac est une association loi 1901 reconnue d'intérêt général œuvrant pour la promotion du terroir d'Armagnac. À découvrir, le musée du Vigneron, la vie du paysan vigneron, ses outils, situés dans une grange du XVIIe siècle, et le musée des Alambics et son nouveau diaporama. L'armagnac du domaine est vieilli dans un chai souterrain centenaire unique en son genre. L'auditorium accueille des expositions temporaires où vous pouvez participer au jeu des arômes.

DOMAINE DE PAGUY €€

BETBEZER-D'ARMAGNAC

✆ 05 58 44 81 57

www.domaine-de-paguy.com

Chambre double de 75 € à 95 € ; chambre triple de 90 € à 110 €, petit déjeuner inclus.

Sur 77 hectares, dont 13 de vignes, ce domaine a tout pour plaire ! Il abrite un chai, deux gîtes ruraux et cinq chambres d'hôtes labellisés Gîtes de France. A l'intérieur de la magnifique demeure du XVe siècle, les chambres spacieuses offrent tout le confort avec des salles de bains modernes reprenant les codes couleurs en harmonie avec celles d'origine. Le domaine dispose d'une belle piscine extérieure en accès libre, d'une grande terrasse et d'un jardin fleuri. Vous pouvez également visiter le chai du domaine et participer à une dégustation !

HOTEL LE CHÂTEAU DE BUROS*** €€

D 656 - **ESCALANS** ✆ 05 58 44 34 30

www.chateaudeburos.com

Chambre simple à partir de 89 €, double de 115 € à 120 €, suite à partir de 190 €. Petit déjeuner buffet : 11 €.

Dans un cadre idyllique et verdoyant qui vous assure calme et convivialité, cet établissement est situé à la frontière du Gers et des Landes. Parmi les vingt chambres dont l'hôtel dispose, les suites comprennent un sauna et un bain à remous pour de vrais moments de détente. Sur place, vous profiterez de la piscine, terrain de tennis, pétanque, golf de 4 trous, salle de billard et lounge. Différentes formules de séjour y sont proposées : accrobranche, randonnée, dégustation d'armagnac.

LE POUTIC €€

RD51 - **CRÉON-D'ARMAGNAC**

✆ 05 58 44 66 97

www.chambre-hotes.fr

Chambre double de 65 € à 85 €. Petit déjeuner inclus. Lit supplémentaire : 20 €. Repas gourmand : 25 €.

Dans une authentique ferme landaise datant du XVIIIe siècle, Thierry et Natalia reçoivent les hôtes amateurs de patrimoine et de gastronomie. Les quatre chambres très cosy disposent toutes d'une entrée indépendante, d'une salle de bains et de w.c. séparés. Dans l'une des dépendances, vous trouverez un superbe gîte tout équipé pour un séjour familial, jusqu'à 4 personnes. Le petit déjeuner est servi sous le chêne, en terrasse ou au salon. Le dîner est pris avec les hôtes et fait la part belle aux produits du terroir, dont le canard.

LE SAINT-VINCENT*** €€

76, rue Laubaner

ROQUEFORT

✆ 07 80 93 84 30

www.lestvincent.com

Ouvert toute l'année. 7 chambres. Chambre double de 70 € à 150 €. Petit déjeuner : 10 €.

En 2021, Aude et Guillaume se sont installés dans cette belle demeure du XIXe siècle, au cœur de la commune de Roquefort. A l'image de la bâtisse, les sept chambres sont très spacieuses, en témoigne la charmante chambre Compostellane de 30 m^2, avec son lit king size et sa salle d'eau privative, très romantique. Le petit déjeuner, continental et complet, se prend en salle, à moins que vous ne préfériez être servi au lit ou sur le balcon. Le restaurant est ouvert tous les jours, midi ou soir, et propose une cuisine gourmande de saison.

LA VILLA DES REMPARTS €€

Rue de la Chaussée

✆ 05 58 52 33 67

Gîtes de France (4 épis). Ouvert toute l'année. 4 chambres. Chambre double de 69 € à 89 €. Petit déjeuner inclus.

Sur le haut des remparts de Labastide-d'Armagnac datant du XIIIe siècle, cette bâtisse des années 1920 aux volets bleus n'attendait que Bertrand et Gregory. L'art est partout, et dès l'entrée, vous êtes happé par les œuvres exposées qui finalement semblent faire partie du lieu. Les quatre chambres sont extrêmement claires et décorées avec raffinement. Le petit déjeuner est servi dans une jolie cuisine ou en terrasse. Citons également le joli parc de 1 500 m^2 avec bain finlandais et spa d'été, et les soirées apéro en présence d'artistes organisées régulièrement.

LOSSE A MOELLE €€

6, route de Lussole

LOSSE

✆ 05 58 93 64 58

Ouvert du dimanche au vendredi et les jours fériés le midi. Accueil des groupes (le soir uniquement sur réservation).

Le jeu de mots, qui donne son nom à ce restaurant tenu par Doumé et Mimi, couple venu du sud-est de la France, reflète bien l'ambiance dans laquelle se déroulent les repas. De la bonhomie, de la convivialité et de l'humour ! Ici, le potage est « obligatoire » dans les menus, et si vous avez hésité un instant, sachez que, le goûter, c'est y revenir. Les plats sont aussi généreux que les propriétaires. Très bonne surprise pour cette halte au milieu de la forêt après avoir traversé plusieurs villages minuscules dans cette région des sources.

RESTAURANT AU BASTIGNAC €€

29, place Royale
✆ 05 58 75 11 24
Basse saison : du lundi au samedi midi. Haute saison : du vendredi au mercredi midi ; le vendredi et le samedi soir.

Le restaurant Au Bastignac a rouvert ses portes avec succès en 2017. Déjà bien appréciés par les gourmands qui les avaient suivis dans leurs différents établissements dans les Landes et dans le Gers, Maryse et Alain Baillou ont fait leur retour avec leur fille Aurélie. Sur la terrasse à l'ombre des arcades ou dans la jolie salle aux pierres apparentes, ils nous font vivre de bons moments avec des assiettes savoureuses et généreuses. Vous pouvez prolonger le plaisir en achetant des produits régionaux dans la boutique de l'établissement. Accueil chaleureux garanti.

RESTAURANT LES TILLEULS €€

Le Bourg - **ESCALANS**
✆ 05 58 44 31 10
www.restaurantlestilleuls-escalans.fr
Ouvert du dimanche au vendredi le midi. Formule du midi : 13,80 €.

Aux confins des Landes, à 800 m du château de Caumale, sur l'airial de l'église Saint-Jean-Baptiste, le restaurant Les Tilleuls nous replonge dans une époque où l'on prenait le temps. Quelle que soit la météo, vous serez séduit par le calme et la sérénité du lieu, et par les grands tilleuls de la terrasse. Vous savourerez une cuisine à la fois du terroir et de la mer, agrémentée de quelques recettes créoles inspirées de l'expérience du chef à la Martinique. Poule au pot tous les lundis et rougail saucisse tous les mercredis !

LE SAINT-VINCENT €€

76, rue Laubaner - **ROQUEFORT** ✆ 05 58 45 75 36
www.lestvincent.com
Ouvert du vendredi au lundi le midi ; du lundi au samedi le soir. Menus de 24 € à 35 €. Menu enfant : 15 €.

En entrant dans cette bâtisse du XIXe siècle, à l'exceptionnel escalier de pierres, on découvre une petite pièce pouvant accueillir une vingtaine de couverts et surplombant un jardin, face à la cuisine à l'ancienne. C'est ici qu'Aude et Guillaume vous accueillent et proposent des recettes gourmandes de saison. La carte met en valeur les produits du terroir, issus en majorité de la production locale. Au menu, velouté de panais au gorgonzola, cassolette de truite fumée et riz pilaf aux champignons, carpaccio de clémentines aux épices... Une belle adresse à tester !

CHATEAU DE BRIAT - PICHON LONGUEVILLE

560, avenue de Briat
MAUVEZIN-D'ARMAGNAC
✆ 05 58 44 81 37
armagnacs-pichon-longueville.com
Ouvert du lundi au vendredi de 9h à 12h et de 14h à 18h.

Avant de devenir propriété du baron Raoul de Pichon-Longueville en 1864, le domaine passa par les mains de diverses familles. Stéphane de Luze est l'un des descendants de celui qui sut si merveilleusement enrichir le savoir-faire traditionnel de l'armagnac. La sélection se porte sur le bas-armagnac la Blanche de Briat, 100 % folle blanche, exprimant pleinement la finesse aromatique du cépage ainsi que son parfait équilibre olfactif gustatif. Très belle étiquette.

CHATEAU DE LACQUY

404, route de l'Armagnac
LACQUY
✆ 05 58 03 88 22
www.chateaudelacquy.com
Visite du chai sur rendez-vous.

Magnifique demeure, de génération en génération, l'armagnac a toujours été au cœur de cette superbe bâtisse. Gilles de Boisséson, l'actuel propriétaire du château, est le représentant de la dixième génération. Le domaine s'étend sur 400 hectares, avec 22 hectares de vignes et 200 hectares de bois. Ce château est à ce jour la plus ancienne propriété familiale de l'appellation armagnac. L'eau-de-vie produite est immédiatement mise en fûts de bois de chêne, placés pour son vieillissement dans un chai en pierre et terre battue datant de 1876.

CLAIRE DE MONTESQUIOU

320, chemin d'Espérance
MAUVEZIN-D'ARMAGNAC ✆ 05 58 44 85 93
www.armagnac-esperance.com
Ouvert lundi et du mercredi au vendredi de 8h à 12h. Haute saison : du lundi au vendredi de 8h à 12h et de 14h à 18h.

Le bas Armagnac landais est hautement reconnu pour la qualité de sa production viticole. Le Domaine d'Espérance ne déroge pas à la règle et l'excellence est de mise dans cette exploitation. Avec une grande gentillesse, Jean-Louis et Claire de Montesquiou vous feront visiter le chai à vin et le chai d'armagnac avant de vous inviter à une dégustation d'un de leurs vins de pays : blanc « cuvée d'Or », rouge « Cuvée Rouge », rosé « Cuvée Rosée », ou de leur apéritif, floc de Gascogne blanc et rosé... Au milieu des vignes, les propriétaires ont aménagé un gîte Bacchus.

DOMAINE DE LABALLE

Château de Laballe - **PARLEBOSCQ**
✆ 06 82 90 29 43
boutique.laballe.fr
Vente et dégustation à L'Annexe de Laballe, ZA des Deux Pins à Capbreton : 05 58 73 81 57. Vente en ligne.

Cette adresse fait partie de nos coups de cœur. Attachante et attachée aux traditions armagnacaises depuis 8 générations, la famille Laudet-Bastié distille et élève chaque année la précieuse eau-de-vie de bas-armagnac du Château Laballe. A découvrir : un blanc sec, issu d'un assemblage de colombard (60 %) sauvignon (25 %) et de gros manseng (15 %), un vin minéral aux arômes de fruits exotiques qui se conjuguera parfaitement avec de la viande blanche ou du poisson. Retrouvez cette production dans le magasin situé à Capbreton au 4, rue des Résiniers.

EL CARPINTERO

Rue des Fossés
✆ 06 04 01 53 49
www.elcarpintero.fr
Ouvert de février à décembre de 14h à 18h. Appeler avant de vous y rendre. Tarif en fonction du modèle (pièces uniques).

Cet artisan, artiste, créateur, est toujours en quête du ressort ou de l'inspiration apportés par de nouveaux matériaux. C'est ici qu'il se fera le plaisir de vous raconter l'histoire de ses couteaux. Chaque modèle est unique. Il se procure les parties métalliques à Thiers (capitale de la coutellerie) et procède à l'assemblage avant de passer à la partie peut-être la plus esthétique, celle du manche. Pour gaucher, pour personne ayant un handicap aux mains par exemple, ce coutelier est capable de réaliser LE couteau qui fera plaisir !

GROUPE AQUALANDE

505, rue de la Grande Lande
ROQUEFORT
✆ 05 58 05 61 00
www.groupeaqualande.com

Aqualande est le premier éleveur-transformateur de truites d'eau douce en Europe. Le groupe est aussi leader européen en matière de sélection de poissons d'aquaculture et leader mondial sur la sélection de truites. Sa gamme Ovive est certifiée Origine France Garantie. C'est en mai 1981 que la SCA (Société coopérative agricole) des Aquaculteurs landais est créée. La même année, la première unité de conditionnement de truites fraîches est installée. Aujourd'hui, on déguste truite fumée, pavé de truite, œufs de truite, œufs de saumon, filet de bar...

ESCAPE GAME AU CHÂTEAU GARREAU

Domaine de Gayrosse
✆ 05 58 44 84 35
www.chateau-garreau.fr/fr
Sur réservation uniquement. A partir de 13 € par personne.

Ce jeu d'énigmes est la nouvelle animation permanente du château Garreau élaborée par les professionnels de Fun Room Escape Game Mont-de-Marsan. Vous êtes invités à vivre une expérience insolite et à mettre à profit vos talents d'enquêteurs ! Vous aurez une heure pour retrouver la pièce perdue de l'alambic qui permettra au Château Garreau de démarrer la distillation de son Armagnac. Pas d'inquiétude, le jeu ne nécessite aucune connaissance préalable pour venir à bout des énigmes.

ARTHEZ-D'ARMAGNAC

Cette petite commune compte environ une centaine d'habitants, les Arthéziens. Elle est située dans la partie est du département des Landes, tout proche du département du Gers. On y trouve la bastide d'Arthez qui a été fondée par acte de paréage entre Jeanne d'Artois, veuve de Gaston de Foix, et Arnaud d'Ognoas en 1320. Le domaine départemental d'Ognoas distille chaque année quelque cinq cents hectolitres d'armagnac. La visite de sa bâtisse, datant de 1260, est conseillée. D'autres petites curiosités jalonnent la commune comme son moulin du XIXe siècle ou encore les vestiges du manoir des Templiers de Tampouy qui lui, date du XIVe siècle.

DOMAINE D'OGNOAS

1043, route d'Ognoas
✆ 05 58 45 22 11
www.domaine-ognoas.com
Boutique ouverte de 10h à 12h et 14h à 17h30 pour la vente de leurs produits. Visite guidée et dégustation : 2 €.

Vitrine du terroir landais, le Domaine d'Ognoas et ses 565 hectares en Bas-Armagnac produit l'armagnac AOC depuis 1905 et le floc depuis 1990. Visites guidées et boutique vous feront découvrir le précieux breuvage disponible dans des millésimes plus ou moins vieux. Découvrez par exemple une eau-de-vie Moon Night dans sa bouteille « Little Pasha » ou un coffret-jeu « Dégustation mystère ». Des produits surprenants comme les chocolats permettent de faire connaissance avec l'armagnac. Le domaine possède le plus vieil alambic de Gascogne..

DOMAINE DE MAOUHUM

2495, route de Villeneuve
LE FRÈCHE
✆ 06 71 76 79 30
www.domainedemaouhumbyelle.fr
Ouvert du lundi au vendredi de 9h à 19h.

Dans la commune du Frèche près de Mont-de-Marsan, partez à la rencontre d'une productrice d'armagnacs et de vins Côte de Gascogne blancs et rosés. C'est dans un lieu typique, situé sur le terroir du Bas Armagnac Landais que Christelle Lasseignou exploite huit hectares de vignes. Dans son Domaine de Maouhum, elle propose des dégustations sur rendez-vous. Le produit phare ? Son apéritif AOP Floc de Gascogne, mélange d'un jus de raisin frais et d'un jeune armagnac. L'occasion de repartir avec quelques bouteilles en souvenir de votre séjour landais !

SAINT-JUSTIN

Du haut d'un promontoire, la bastide de la commune de Saint-Justin domine la rivière Douze et tous les alentours. En 1280, la vicomtesse Constance de Marsan signe avec les Chevaliers Hospitaliers de Saint-Jean-de-Jérusalem (futur Ordre de Malte) l'acte de partage fondant la bastide de Saint-Justin sans l'autorisation de leur suzerain duc d'Aquitaine et roi d'Angleterre. Les trois tours octogonales, le chemin de ronde longeant les remparts et la curieuse prison témoignent de ce passé guerrier. Un destin batailleur qu'elle partage avec sa voisine et longtemps rivale Labastide-d'Armagnac. Aujourd'hui, les fleurs ont remplacé les canons !

Histoire

Saint-Justin conserve son histoire de ville majeure pour le commerce et les échanges. En témoignent la Foire du 1er mai qui réunit chaque année de nombreux commerçants, ou encore le passage attendu en septembre de la Route de la Transhumance sur la place de la bastide. Saint-Justin témoigne du charme hérité de siècles d'histoire : place à arcades, maisons à pans de bois sculptés, demeures à fenêtres à meneaux, manoir romantique. Sa visite comprend une antique côte pavée, unique dans les Landes, des quartiers qui offrent leurs propres curiosités : églises classées, château de Fondat avec son parc planté d'essences rares. Il y règne un sentiment d'éternité et un léger parfum de nostalgie. La douceur de Saint-Justin en fait un petit paradis où il fait bon vivre.

LE CHATEAU DE FONDAT ★★★

Route de Créon d'Armagnac
✆ 05 58 44 86 06
Adulte : 6 € (visite guidée par le propriétaire). Visite libre du parc : 2 €. Visite guidée.

Au cœur des Landes se tient cet édifice romantique d'exception entouré par un parc de 4 hectares et inscrit au titre des Monuments historiques depuis 1999. Pendant votre séjour, faites une halte dans ce fameux Château de Fondat, qui se distingue par son style néo-Renaissance. Situé à seulement deux kilomètres de la commune de Saint-Justin, en direction de Gabarret, le domaine de Fondat domine un petit vallon caché dans les bois. Construit au XVIIe siècle, ce château féodal est passé entre les mains de nombreuses familles à travers les siècles. Il est à l'origine habité par une famille noble originaire de Marsan. Il a connu nombre de remaniements, puisque le château a été détruit à deux reprises. Une première reconstruction date du milieu du XVIIe siècle, puis un remaniement s'est effectué deux siècles plus tard dans le style néo-Renaissance que nous connaissons aujourd'hui. Lors de votre balade, ne manquez pas d'observer certains éléments d'exception, notamment dans le parc du château : une fontaine Médicis, un vivier datant du XVIIe siècle et qui sert de réserve de poissons, un colombier du XVIIe siècle, un chai à armagnac construit à la même époque, un miroir d'eau et un beau colombier. Le grand Pavillon style Médicis vaut également le détour ! N'oublions pas de citer l'exceptionnelle collection d'arbres bicentenaires aux essences exotiques, dont un gigantesque zelkova, orme de 400 ans, venant de Sibérie et distingué par le label arbre remarquable en 2013. Une très belle balade hors du temps.

VISITE DE LA BASTIDE ★

23, place des Tilleuls
✆ 05 58 44 86 06
Ouvert toute l'année. Visites de groupes sur réservation, à partir de 10 personnes. Visite guidée.

La bastide de Saint-Justin, fondée en 1280, a été une ville frontière chahutée. De son passé guerrier, elle conserve trois tours octogonales, le chemin de ronde généreusement fleuri longeant d'anciens remparts et une curieuse chambre d'arrêt. Le jour, Elise vous présente la bastide de A à Z, un drôle d'alphabet pour tout savoir sur ce phénomène de villes nouvelles au Moyen Age. À la nuit tombée, avec la complicité du conteur Pierre Molinier, la visite est pleine d'humour et des surprises rythment cette découverte insolite de la cité à la lueur des lampions.

LANDES

INTERVIEW

PASTIS D'ARMAGNAC

RENCONTRE AVEC CORALIE GAUVRIT ET ANTOINE LATRY

Incontournable de la gastronomie landaise, le pastis – qui signifie « gâteau » en gascon, se déguste toute l'année. À Saint-Justin, Pastis D'armagnac en propose une délicieuse version revisitée...

Qui êtes-vous, Coralie et Antoine ?

Coralie : Mon parcours dans la restauration m'a permis de toucher à tout, mais c'est la pâtisserie que j'ai choisi. J'ai rejoint les Landes pour travailler au *Relais de la Poste*, et c'est dans ce restaurant doublement étoilé que j'ai rencontré Antoine. *Antoine* : Quant à moi, j'ai rapidement intégré ce célèbre établissement landais. Après un passage en Espagne, j'y suis retourné en tant que chef et Coralie était là. Très vite, nous avons voulu créer notre projet : c'est ainsi que Pastis d'Armagnac est né !

Parlons peu, parlons pastis...

Vous vous en doutez, nous adorons cette gourmandise traditionnelle, entre la brioche et le cake, généralement parfumée au rhum, à la vanille, ou à la fleur d'oranger.

Comment reconnaître un bon Pastis ?

Il est ferme mais pas trop sec, très parfumé et bien levé à la cuisson, et doit avoir une jolie forme avec une belle croute croustillante. Mais certains l'aiment très moelleux quand d'autres le préfèrent plus sec...

Et qu'est-ce qui rend le goût du votre unique ?

Nous avons repris la recette de la grand-mère d'Antoine, Lala, en remplaçant le rhum par de l'armagnac. Notre pastis est une pure création du terroir, confectionné avec de vrais produits des Landes !

Des conseils de dégustation à nous partager ?

Ici, nous l'aimons avec une crème anglaise maison. Mais nous l'apprécions aussi en fin de repas avec le café, ou cuisiné en pain perdu : un délice !

PASTIS D'ARMAGNAC

40240 Saint-Justin ✆ 06 70 52 28 92
https://www.facebook.com/Pastis-Darmagnac-100415378943622
https://www.instagram.com/pastis darmagnac/ - pastisdarmagnac@hotmail.com

OFFICE DE TOURISME

23, place des Tilleuls
✆ 05 58 44 86 06
www.tourisme-landesdarmagnac.fr
Ouvert du lundi au samedi de 10h à 13h et de 15h à 18h.

A Labastide d'Armagnac ou à Saint-Justin, découvrez les bastides du Sud-Ouest, mais aussi des lieux plus insolites comme la chapelle des Cyclistes, la ferme solaire du Gabardan ou le château de Ravignan à Perquie. Explorez le cœur de la vieille cité seul en suivant le parcours du patrimoine jalonné de panneaux explicatifs ou accompagné lors des visites guidées en saison et des nocturnes aux flambeaux. Des plans de visite de Saint-Justin sont à retirer à l'office de tourisme. Visites guidées pour les groupes toute l'année, à partir de 10 personnes.

LE CADET DE GASCOGNE*** €€

6, allée Gaston Phoebus
✆ 05 58 51 84 59
www.lecadetdegascogne.fr
Chambres double 69 €, familiale 4 personnes 137 €, suite 109 €. Soirée étape de 90 à 110 €. Petit déjeuner 12 €.

L'accueil est d'emblée chaleureux dans cet établissement récemment repris par la dynamique Brigitte, aussi à l'aise à la gestion de l'hôtel qu'au service dans le restaurant, et Jean-Luc, le talentueux chef cuisinier. Dans un décor de pierres et de briquettes, les couloirs mènent à neuf chambres lumineuses et idéalement agencées. Le petit déjeuner servi dans la salle en retrait ou sur la terrasse à l'ombre des érables est copieux et fait la part belle aux produits locaux. A deux pas des vignobles d'Armagnac, une halte charmante et typique sur la route de l'océan.

LE CADET DE GASCOGNE €€

6, Allée Gaston Phoebus
✆ 05 58 51 84 59
www.le-cadet-de-gascogne.fr
Ouvert le lundi soir ; le mardi et du jeudi au samedi le midi et le soir ; le dimanche midi. Formule du midi : 17 €.

Sur la route de l'océan, Le Cadet de Gascogne constitue une étape idéale ! Il est recommandé de réserver, notamment si vous souhaitez profiter aux beaux jours de la jolie terrasse à l'ombre des érables. Aux fourneaux, le chef Jean-Luc concocte une cuisine traditionnelle et généreuse, dans laquelle on retrouve les « classiques » landais autour du canard de la maison Lafitte. De plus, le service proposé par Brigitte est à la hauteur de la qualité des mets ! L'hôtel 3 étoiles propose neuf chambres rénovées et un copieux petit déjeuner.

PASTIS D'ARMAGNAC

✆ 06 70 52 28 92
À la commande.

Installés à Saint-Justin, Coralie Gauvry et Antoine Latry revisitent le fameux pastis landais, ce délicieux gâteau parfumé à la vanille et à l'Armagnac. Ces deux passionnés de pâtisserie ont repris la recette de grand-mère pour en faire une version moderne, réalisée avec des produits simples et de qualité, dont la vanille importée directement de Madagascar. Disponibles à la commande, les pastis se déclinent également en portions individuelles que vous trouverez dans de nombreuses boutiques du département, notamment chez Fantaisies Gasconnes. À tester !

LANDES

Place des Tilleuls à Saint-Justin.

FANTAISIES GASCONNES

2, place du Chêne Rond
✆ 05 58 03 24 72
Ouvert le lundi de 15h à 19h ; le mardi et du jeudi au samedi de 9h à 13h et de 15h à 19h ; le dimanche de 9h à 13h.

© FANTAISIES GASCONNES

Une halte gourmande (mais pas que !) sur la route des vacances ! Avec ses produits de terroir comme le Floc de Gascogne, ses délices salés en bocaux, ses gourmandises sucrées, ses paniers bien garnis et ses idées de cadeaux 100 % gascons, la boutique de Dominique Dejean porte bien son nom : *Fantaisies Gasconnes*. L'adresse promet d'être un passage obligé pour prolonger le souvenir d'un séjour, mais aussi pour faire découvrir les Landes d'Armagnac à la famille et aux amis. Dominique saura mieux que personne vous conseiller et vous parler de la région. Profitez-en !

MARCHÉ TRADITIONNEL

Toute l'année tous les mercredis de 7h à 12h.

Installé sur les places du 19 mars 1962, des Etats du Marsan et sous le marché couvert, ce marché traditionnel propose fruits, légumes et vêtements toute l'année. Entre les mois d'octobre et d'avril, il ouvre ses portes à un marché au gras de qualité. Lorsqu'il est temps d'acheter ses victuailles de Noël, c'est là la belle saison des chapons et canards gras. Le lieu idéal pour acheter à un petit producteur local son foie gras à poêler ou à préparer en conserve pour ses invités. On y vient également pour acheter des plantes et ses fleurs !

Ô CHAMPS

1120, avenue des Pyrénées
✆ 05 58 79 67 61
Ouvert du mercredi au samedi de 9h30 à 12h30 et de 16h à 19h. Bienvenue à la ferme.

Ce magasin est le fruit du travail de producteurs de Bostens, Banos, Saint-Pierre-du-Mont, Vielle-Tursan et Vignau, communes autour de Villeneuve-de-Marsan. Afin de consommer « responsable », vous sont proposés des fruits et des légumes de qualité et de saison cultivés selon des pratiques dites « vertes ». Vous pouvez même y trouver des produits en provenance du Pays basque comme des biscuits salés artisanaux (fromage de brebis tomates oignons, brebis piment d'Espelette...). Des journées dégustation sont organisées pour découvrir tous ces produits locaux !

VILLENEUVE-DE-MARSAN

Au cœur de l'Armagnac, Villeneuve-de-Marsan, capitale du terroir landais qui produit la plus réputée des eaux de vie, a su conserver ses traditions, en particulier ses fêtes patronales début août. À la saison, elle est animée par les courses de vaches landaises et les novilladas. Elle compte des arènes de style mauresque et une église édifiée au début du XIVe siècle. Aujourd'hui, la ville conserve encore quelques vestiges de son passé comme la Tour crénelée, les arènes construites en 1911, le marché couvert. Un parcours en partant de l'église vous permet de partir à la découverte du théâtre de verdure, du lavoir construit en 1820 et d'une fontaine.

PAYS BASQUE

La terre basque, *Euskal Herria*, affiche un bel éclectisme. Un littoral aux couleurs californiennes, un arrière-pays de plaines mais aussi de montagnes, avec la forêt d'Iraty et ses pistes de raquettes et ski de fond. Un relief morcelé, avec le fleuve Adour au nord, frontière naturelle avec le territoire des Landes, le pic d'Anie à l'est, l'Ebre au sud et l'océan Atlantique à l'ouest, paradis des surfeurs ! De nombreux parcs et réserves naturelles et animalières viennent enrichir ce terroir haut en couleur et au cœur généreux. Terre d'histoire où l'origine des Basques remonte à la Préhistoire il y a quelque 80 000 ans, où naissent les premières peintures rupestres (grottes d'Isturitz). Une forte empreinte romaine (durant six siècles), un Moyen Age parsemé d'invasions, et de la Renaissance à nos jours, malgré ses turpitudes, la naissance d'un département à l'économie florissante avec un patrimoine culturel, gastronomique et sportif.

Pays Basque
Labenne-Océan
TARNOS
Boucau
BAYONNE
BIARRITZ
Lahonc
ANGLET
BIDART
GUÉTHARY
CIBOURE
SAINT-JEAN-DE-LUZ
Ustaritz
HENDAYE
URRUGNE
SAINT-PÉE-SUR-NIVELLE
ASCAIN
CAMBO-L
ESPELETTE
ITXASSO
SARE
AINHOA
BIDARRA
SAINT-ÉTIENNE-DE-BAÏG
ESPAGNE
ALDUDES
10 KM

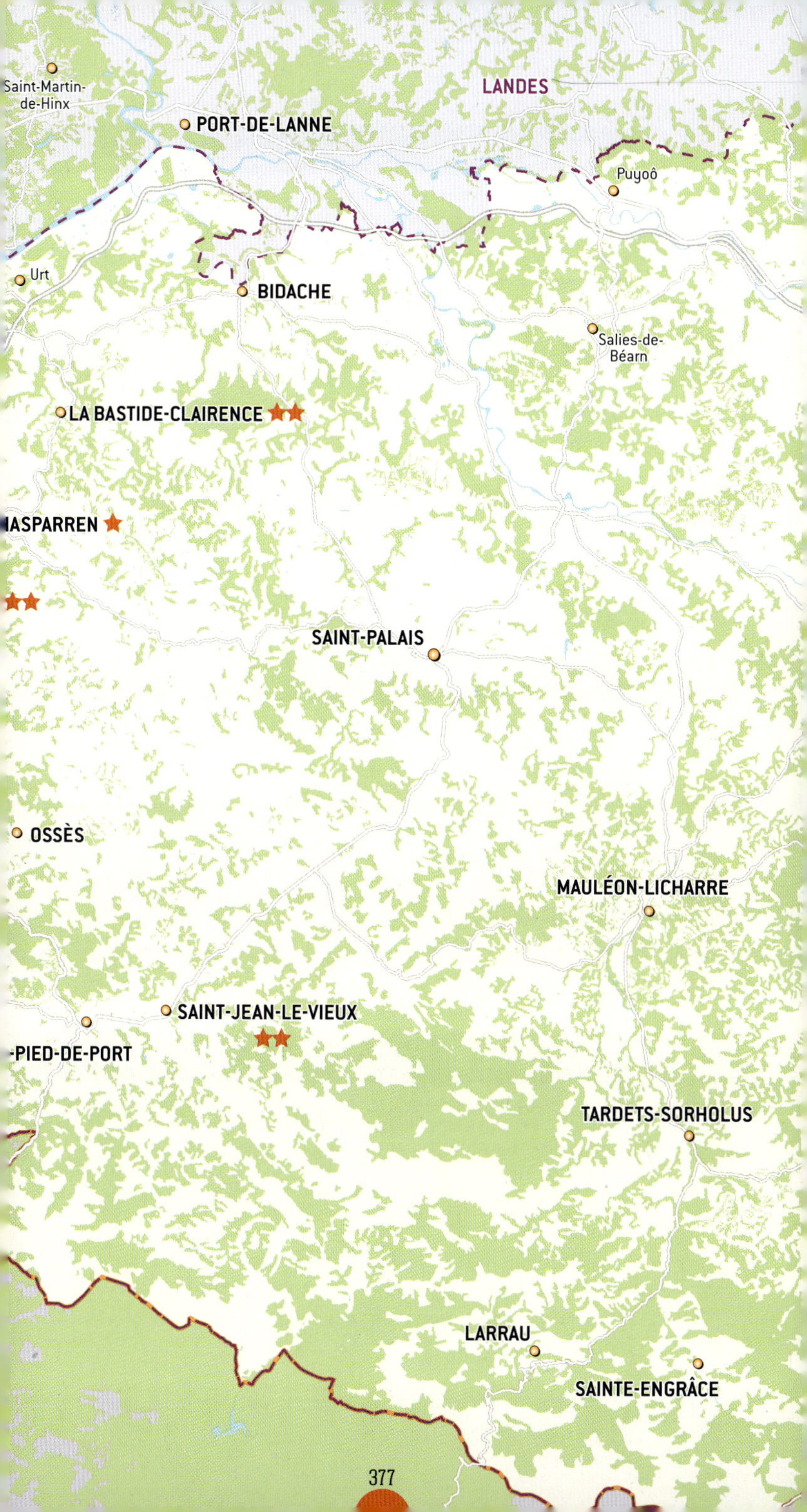
Saint-Martin-de-Hinx
LANDES
PORT-DE-LANNE
Puyoô
Urt
BIDACHE
Salies-de-Béarn
LA BASTIDE-CLAIRENCE
HASPARREN
SAINT-PALAIS
OSSÈS
MAULÉON-LICHARRE
SAINT-JEAN-LE-VIEUX
-PIED-DE-PORT
TARDETS-SORHOLUS
LARRAU
SAINTE-ENGRÂCE

PAGES

LE LABOURD

Le Pays Basque français, situé au sud-ouest de la France, est, comme le Pays basque espagnol, divisé en provinces historiques : le Labourd (858 km²), la Soule et la Basse Navarre qui s'étendent au total sur 3 000 km². Le Labourd (Lapurdi en basque) est un ancien fief féodal rattaché d'abord à la Navarre puis à la Gascogne sous le nom de vicomté de Labourd et enfin à l'Aquitaine. C'est un climat océanique doux avec la présence de l'océan atlantique. Son relief est fait de collines dont l'altitude augmente avec les contreforts de la chaine des Pyrénées.

BASSE NAVARRE

La Basse-Navarre est l'un des sept territoires historiques, dont 3 sur la partie française du Pays Basque avec la Soule et le Labourd. Ce territoire comprend 72 communes, dont Saint-Jean-Pied-de-Port qui en est la capitale. La grande diversité architecturale est due à une histoire tumultueuse. Avec des paysages vierges, des vallées calmes, des pâturages, forêts, la Basse-Navarre est le fief de bergers et des éleveurs, mais aussi un terrain de jeu idéal pour les passionnés de randonnée et de balades bucoliques.

LA SOULE

La Soule est le plus petit des sept territoires historiques du Pays Basque. Sa capitale est Mauléon-Licharre, située à la limite du Pays Basque et du Béarn. Territoire de référence en matière de développement rural, la Soule a réussi sa reconversion industrielle à la suite de la crise de la chaussure dans les années 1970. Une économie diversifiée qui repose sur l'agriculture durable (élevage laitier notamment avec les fromages de brebis), des petites industries artisanales -avec toujours les indémodables espadrilles- et un tourisme rural de montagne.

ANGLET / ANGELU ★

La troisième ville du département se développe d'année en année. Nichée entre ses 4,5 km de plages et sa forêt de pins (Chiberta), la ville côtière est une pépinière d'entreprises, d'activités culturelles et de zones artisanales en pleine expansion. Anglet est au carrefour de la nouveauté, de la modernité. La culture angloye va « bon train » avec de nombreux projets innovants. Confort de vie et bien-être habitent la cité océane. Son port de plaisance, sa thalassothérapie, son aéroport, sa promenade le long du littoral, ses aménagements cyclables... font d'Anglet une ville où il fait bon vivre. Entre autres atouts, le Pays basque étant précurseur en matière de thalassothérapie, la ville dispose du complexe Atlanthal qui face à l'océan, propose des cures, des espaces forme ouverts à tous. Et aussi de 2 parcours de golfs praticables toute l'année situés entre océan et forêt. Les golfs de Chiberta et ses 18 trous et l'Impératrice avec ses 9 trous. N'oublions pas la *surf culture* qui donne à Anglet son air branché et décontracté avec ses 11 spots de surf, dont les Cavaliers et Marinella reconnus dans le monde entier et ses nombreuses écoles de surf focalisées sur les meilleurs spots. À Anglet, on sait prendre le temps de vivre... On fait son marché, on choisit de bons produits locaux avec le plus célèbre de la région, le marché de Quintaou (tous les jeudis et dimanches de l'année) et aussi le marché du couvent des Bernadines, caché dans la forêt de Chiberta et plus récemment, les Halles des 5 Cantons.

ANGLET SURF AVENUE

Promenade des Sables d'Or

Accès libre toute l'année.

Les « spots » des plages d'Anglet reconnus par l'élite mondiale du surf ont, grâce à cette reconnaissance, l'équivalent de la Walk of Fame (promenade de la célébrité) à Los Angeles avec les stars du cinéma, l'Anglet Surf Avenue. Tels de grands acteurs et réalisateurs, des surfeurs historiques viennent marquer de leurs empreintes le ciment orné d'une plaque de bronze imaginée par l'artiste plasticien Fabien Cayeré dont la thématique surf reste dominante dans son travail. Pas moins de 17 légendes distinguées : Kelly Slater, Pauline Ado, Kai Lenny, Michel Bourez...

LA CHAMBRE D'AMOUR ★

Accès libre et gratuit.

Grâce à sa célèbre légende et à la nouvelle mode des bains de mer qui arrive vers 1828, la Chambre d'Amour et tout à côté la Petite Chambre d'Amour ont subi par deux fois un lifting de taille, mettant désormais en avant leurs atouts majeurs : l'océan, la plage, la promenade et la restauration ! L'innovation est sans nul doute la création de cet exceptionnel espace piétonnier devant la pléiade de restaurants des Sables d'Or. Enfin, la nuit, le site est mis en valeur par des effets de lumière depuis le sol et des spots dirigés vers l'océan.

EMBOUCHURE DE L'ADOUR : LA BARRE

Accessible à tous et toute l'année. Gratuit.

C'est un lieu de rendez-vous traditionnel pour les promeneurs et les pêcheurs, car ici, l'océan frondeur à ses heures, sait se donner en spectacle d'autant que ce qui donne de la personnalité à cet écrin naturel, c'est la diversité de ses paysages puisqu'il est situé entre l'estuaire de l'Adour, deux lacs, l'un d'eau douce et l'autre d'eau salée, une dune, le massif forestier du Pignada, la plage et l'océan. Ce gigantesque espace offre de nombreux aménagements, mettant en valeur, le site, et aussi la patinoire et les restaurants du secteur. La Ville d'Anglet, devant ce potentiel eut envie de combiner la protection de ce milieu exceptionnel et son ouverture au public pour différents usages, le loisir au sens large du terme, la glisse, la détente, le bien-être et aussi la culture et la découverte. A cet effet a donc été imaginée une aire polyvalente de glisse, dédiée aux disciplines de roule, skate, BMX, roller... avec une voie d'accès qui dessert l'ensemble des équipements et des pistes cyclables qui pénètrent dans le site pour se raccorder au deck, large esplanade de l'Adour. Enfin, le parc écologique Izadia et son centre d'interprétation, en cours de reconstruction après l'incendie de la forêt de Chiberta en 2020, offrent découverte et animations sur l'écologie et la nature. L'ensemble est doté d'un immense parking. Véritable pôle attractif qui est devenu incontournable dans la région. C'est aussi une esplanade pour des animations ludiques et des restaurants.

LA FORÊT DE 300 HECTARES ★

Accès libre toute l'année. Visite gratuite.

La forêt communale de Chiberta (au bord des plages), du Pignada (la plus étendue) et la forêt départementale du Lazaret (petite), au total 300 ha, font d'Anglet une station verte ! Elle comprend un petit lac et un beau golf de réputation internationale. Le 30 juillet 2020, 90 ha ont été touchés par un incendie, 40 ha d'arbres se trouvant en zone brûlée laissent maintenant place aux jeunes pousses. Plus de 1 100 arbres de la zone sont conservés et seront surveillés de près. C'est un renouveau de la Pignada avec une forêt plus résistante au réchauffement climatique.

PLAGES D'ANGLET ★★

Accès libre et gratuit. Sous surveillance délimitée en saison estivale.

Anglet ou « La Petite Californie » : 11 plages sur 4,5 km de sable fin. Vue sur le phare pour la Plage de la Chambre d'Amour. Petite plage encaissée pour celle du Club. Plage urbaine aux Sables d'or. Plus cosmopolite, la plage de Marinella est tournée vers les jeunes. Les plus branchés se retrouvent sur les plages de La Madrague et La Petite Madrague. La plage de l'océan est plus sauvage. La plage des Dunes est bordée par le golf de Chiberta. La plage des Cavaliers est un spot connu des surfeurs du monde entier. La plage de La Barre fait le bonheur des enfants.

IZADIA PARC ECOLOGIQUE

297, avenue de l'Adour ✆ 05 59 57 17 48
https://izadia.anglet.fr/

Ouverture du 02/02 au 06/03 et du 01/04 au 06/11 2022. Mardi au dimanche : 10h-12h30 /14h-18h.

Bienvenue au parc écologique qui vous invite à découvrir la biodiversité des zones humides littorales sur 15 ha, à l'embouchure du fleuve Adour. Un sentier de découverte ponctué de 10 stations, permet de comprendre l'équilibre et les relations entre les écosystèmes. Vous observerez une faune et une flore riches et diversifiées, avec une succession d'habitats typiques des milieux littoraux et arrière-dunaires. Le site est classé Espace Naturel Sensible et Natura 2000 l'Adour. Avec un guide, un dépliant ou encore une tablette numérique pour approfondir votre visite.

PROMENADE LITTORALE D'ANGLET

Accès libre et gratuit.

Promenade pédestre de 4,5 km en front de mer, longe les 11 plages d'Anglet, de la Chambre d'Amour à La Barre avec ce côté « californien ». Un site exceptionnel : d'un côté l'océan, de l'autre les espaces verts protégés, le golf de Chiberta, le complexe thalasso Atlanthal. Vers le sud, par temps dégagé, vue sur la chaîne des Pyrénées. On s'y balade, on y fait son jogging. En saison, les cabanons bars-restos rouvrent pour le café du matin, le déjeuner, l'apéritif au coucher du soleil.

PAYS BASQUE

Anglet.

VILLA BEATRIX ENEA

2, rue Albert-le-Barillier
✆ 05 59 58 35 60
www.anglet.fr
Ouvert toute l'année. Accès libre et gratuit.

Depuis plus de 20 ans la Villa Beatrix Enea contribue à la promotion de la scène locale et nationale de l'art contemporain. Rénové en 2017, ce bâtiment apporte une touche néo-gothique. Cette bâtisse du patrimoine d'Anglet dispose d'espaces d'exposition pour les artistes et le public. Expositions et ateliers. La ville d'Anglet est dotée depuis une trentaine d'années d'une collection d'œuvres d'art contemporain pour accorder une attention soutenue aux artistes de notre temps et laisser aux générations futures les témoignages de la vie artistique locale et nationale.

ANGLET TOURISME

1, avenue de la Chambre d'Amour
✆ 05 59 03 77 01
www.anglet-tourisme.com
Horaires haute/basse saison consultables sur le site. Accueil vélo. Qualité Tourisme. Boutique créateurs locaux.

L'équipe d'Anglet Tourisme vous apporte son savoir-faire, sa connaissance du territoire et de ses prestataires et vous propose le produit adapté à vos envies, vos goûts et à votre budget. Le service de réservations (05 59 03 07 76) est aussi disponible en ligne, pour les locations de vacances – meublés de tourisme classés – hôtels, résidences, villages de vacances ou pour des séjours à thème (gastronomie, golf, thalasso, surf...). Séjours individuels ou en groupe. Bel espace boutique dédié à Anglet Côte Basque. 2de adresse : Chambre d'Amour, av. des Dauphins.

NAVETTES OCÉANE ET VÉLOS

✆ 05 59 52 59 52
www.anglet-tourisme.com
7j/7 en juillet/août, de 7h à 22h avec une fréquence de 20 min. Gratuit.

Pendant l'été, une navette de bus gratuite est mise à disposition vers les plages depuis 4 parkings relais avec 18 arrêts. Cela permet en cette période très fréquentée de rejoindre les plages ou se balader à Anglet sans risque de ne pas pouvoir stationner. Autre mode de transport qui connaît de plus en plus de succès, les vélos grâce aux différentes lignes cyclables disponibles. 135 vélos mis à disposition en juillet/août, et pour la location, rien de plus simple : il suffit de se rendre au point de retrait : Quai Edmond-Foy (au niveau du pont Grenet) à Bayonne.

CAMPING BELA BASQUE**** €€

2, allée Etchécopar ✆ 05 59 23 03 00
www.camping-belabasque.com
Ouvert du 9/04 au 1/10. Locatifs 343 à 1239 €/sem. Empl 23 à 66 €/nuit. Club enfants. Complexe aquatique chauffé.

Situation exceptionnelle au cœur d'une nature intacte, non loin des plages. A la disposition des vacanciers, des emplacements, mobil-homes tout confort, dont les Grand Family, structures dernière génération jusqu'à 6 personnes. Egalement des chalets en bois à l'esprit montagnard et des locations insolites comme ces Tithomes mêlant le confort d'un véritable mobil-home à l'esprit du camping traditionnel. Le complexe aquatique vous tend les bras avec ses piscines, sa pataugeoire chauffée et son toboggan. Tout le confort et tous les services pour des vacances idéales.

HÔTELS ATLANTHAL ET LES TERRASSES D'ATLANTHAL**** €€

153, boulevard des Plages ✆ 05 59 52 75 85
www.atlanthal.com
2 hôtels. 147 chambres et suites de 116 à 350 €. Accès plage et espaces remise en forme. Restaurants. Forfaits Thalasso.

Le complexe Atlanthal, c'est deux hôtels 4 et 3 étoiles ainsi qu'un centre de thalassothérapie intégré et ses restaurants dans un environnement exceptionnel, entouré de verdure, entre océan et forêt, face au golf de Chiberta. Avec un accès direct depuis le complexe à la promenade du littoral et à la plage, profitez des infrastructures dans un site où la mer, le soleil et la nature prennent soin de vous. Le complexe Atlanthal comprend 3 restaurants et une terrasse bordant la piscine.

NOVOTEL RESORT & SPA ANGLET-BIARRITZ**** €€

68, avenue Espagne ✆ 05 59 58 50 50
www.hotels-cotebasque.com
104 chambres dès 86 €. Parking. Animaux acceptés (14 €/jr). Restaurant. Bar à vin. Piscine. Spa. Navette aéroport.

Aux portes de Biarritz, à quelques minutes de l'aéroport et des plages, la nouvelle version du Novotel Resort & Spa est une invitation à la sérénité, chic et cosy. Totalement relooké avec sa décoration design et son inspiration résolument contemporaine et la création d'O'SPA, un bel espace sauna et soins ouvert toute l'année aux clients de l'hôtel. Ouvert à tous, un restaurant savoureux avec sa terrasse et une piscine ombragée avec bar et comptoir extérieur, à l'orée d'un bois privé.

CHIBERTA & GOLF-HÔTEL & RESORT**** €€€

104, boulevard des Plages ✆ 05 59 58 48 48
www.hmc-hotels.com
Chambres de 83 à 345 € (suite). Piscines. Bain bouillonnant, sauna. Tennis. Golf. Institut de beauté. Restaurant.

Le golf n'est pas loin, la nature est omniprésente dans ce superbe hôtel proche de Biarritz. Des salons de belle facture pour des moments de détente affichent élégance et confort. Un patio hispanisant au sol de tomettes, à la plante géante, proche du salon bibliothèque avec sa spectaculaire cheminée. Également un restaurant et un espace de remise en forme avec soins à la carte, spa, piscine intérieure et extérieure. Les chambres haut de gamme arborent une décoration contemporaine.

VILLA CLARA RÉSIDENCE**** €€€

149, boulevard des Plages ✆ 05 59 52 01 52
www.villa-clara.fr
2 pièces dès 390 €/sem. Villa 10 pers, appt 9 pers, dès 150 €/nuit, semaine dès 945 €. Piscine. Bain bouillonnant.

Cette magnifique propriété, lovée au fond d'un vaste jardin planté entre l'océan et les greens du golf est un véritable cocon cosy. Lignes modernes, espace immaculé de blanc ; un lieu de vie zen. 23 appartements de luxe décorés avec des matériaux nobles et des services sur mesure. Parfaitement située, la Villa offre une vue exceptionnelle sur la lagune et l'océan. Avec une piscine, bain bouillonnant, accès direct au golf de Chiberta et au centre de thalassothérapie. Une adresse rare !

VILLA ETCHEBRI €€€

9, avenue de la Forêt ✆ 06 73 53 36 48
www.chambredhotesanglet.com
3 chambres 135-220 € la nuit, 1 suite 240-370 €, avec petit déjeuner. Table d'hôtes sur réservation le soir. Piscine.

La Villa Etchebri est une très belle adresse ; idéalement située à seulement 5 minutes à pied de l'océan et des golfs de Chiberta. Brigitte vous accueille chaleureusement dans sa maison contemporaine aux volets bleus, avec sa piscine chauffée dans un jardin arboré et ses espaces détente. Les chambres et la suite familiale sont lumineuses, parfaitement équipées, décorées avec goût et élégance dans un style moderne. Brigitte vous conseille pour vos activités, et elle s'occupe de tout : école de surf, golfs, coach sportif ; soins détente sur place. Du sur-mesure...

LL-BOUCHER-CHARCUTIER-TRAITEUR

96, avenue de l'Adour ✆ 05 59 03 13 67
https://boucherie-lambert.fr/
Ouvert du mardi au samedi, de 9h à 12h30 et de 15h30 à 19h. Livraison possible. Réalisation de plateaux dînatoires.

Un établissement qui devrait être reconnu d'utilité publique ! Tant les savoir-faire sont ici concentrés pour le meilleur du goût avec de vrais artisans que nous mettons à l'honneur. Loïc et sa brigade travaillent essentiellement avec des éleveurs locaux : bœuf race à viande, porc, veau, agneau... ainsi que les volailles fermières du terroir. Le « maison » est la signature du lieu entre les brochettes, saucisses et chistora et les plats cuisinés qui vous feront oublier le mot... régime.

L'AMOUR À LA PLAGE €€

4, esplanade des Gascons
✆ 05 59 03 79 50
Avril à octobre, ouvert 7j/7 10h-minuit, novembre à fin mars, 7j/7 10h-18h. Carte : env 35 €. Formules midi : 22 €.

Avec sa vue panoramique sur l'océan, L'Amour à la Plage, vous invite à passer un excellent moment sur sa grande terrasse ou à l'intérieur dans un cadre moderne et chaleureux, que ce soit pour un café dès le matin, un déjeuner ou dîner, ou encore pour déguster un cocktail. Côté assiette, la carte vous invite à déguster des mets de saison et locaux (magret, chipirons, salades...), mais aussi des plateaux de fruits de mer. Idéal aussi pour un *after* plage et ses planches à partager jusque tard dans la nuit ! Sans oublier des animations musicales.

LA BEACH HOUSE €€

26, avenue des Dauphins
✆ 05 59 15 27 17
www.beachhouseanglet.com
Restaurant ouvert du mercredi au dimanche midi, 7j/7 juillet/août. Carte 30/45 €. Petit déjeuner, Pool bar, après-plage.

Au cœur des plus belles plages d'Europe, à proximité de Biarritz, la Beach House est un vrai lieu de vie. Les nouveaux aménagements intérieurs et extérieurs invitent à partager de jolis moments gourmands, du petit déjeuner à l'after plage, à l'ombre des palmiers et des bananiers ou au bord de la piscine. Et le soir, une ambiance cosy ou exotique. Une cuisine aux accents d'Asie préparée par la cheffe Eva Kopping. Lobster roll, poulpe de Galice grillé, tacos « fait-maison », tataki de bonite, tartare de bœuf charolais wakamé... Une réelle invitation au voyage !

PAYS BASQUE

LE CAFÉ BLEU €€

7, esplanade des Gascons

✆ 05 59 03 62 68

www.cafe-bleu-anglet.com

Maître Restaurateur. En saison, ouvert 7/7 midi & soir. Carte 40 € env. Formule midi semaine 18,50 €. Pensez à réserver.

Face à l'océan, on déguste des produits axés sur la mer et le terroir. Poissons et coquillages d'une grande fraîcheur venant de producteurs locaux, viandes cuites avec justesse, les connaissances et le savoir-faire du chef, Franck Oteiza, planent sur cette table. Les plats sont une ode à la cuisine raffinée : terrine de joue de bœuf snackée, sucettes de gambas sauvages au sésame, truite de Baïgorry en gravlax... Côté jardin avec la salade Café Bleu : foie gras poêlé-jambon Serrano sans oublier les tartes Tatin et babas au rhum « maison ». Réservation conseillée !

LE COMPTOIR IODÉ €€

7, place des docteurs Gentilhe

✆ 05 59 50 25 98

Tous les jours sauf mardi, midi et soir. Carte : 30 à 35 €. Formules midi : 15 €, 20 € (lundi au vendredi). Terrasse.

Un établissement où l'on trouve une décoration de style « bistronomique » avec ses banquettes, ses tables hautes de comptoir et une cuisine océanique du moment, servie généreusement. Isabelle et Franck, déjà restaurateurs à Ainhoa ont confié le destin du Comptoir Iodé à leur fils Mario et à une jeune équipe de professionnels. De belles présentations dans l'assiette où le produit frais (la pêche du jour) et d'autres plats sont ici magnifiés. N'oublions pas les huîtres de nos ostréiculteurs d'Hossegor. Des desserts travaillés et un accueil tout aussi chaleureux.

LA CONCHA €€

299, avenue de l'Adour

✆ 05 59 63 49 52

https://laconcha.fr

Ouvert du mercredi au dimanche soir hors congés scolaires. Penser à réserver. Huîtres dès 13 €/6. Carte 35 € env.

La Concha : une institution incontournable à Anglet avec un panorama à 180°, à proximité de la plage et de la célèbre patinoire d'Hormadi. Entre l'écailler, le grill et la plancha ouverts sur la salle, les produits sont à l'honneur. La part belle est laissée aux papilles avec des produits sélectionnés pour leur qualité et leur fraîcheur : assiette de l'écailler, plateaux de fruits de mer, poissons sauvages grillés, truite de Banca, cuisses de grenouilles, anguilles fraîches... Sans oublier les fameux desserts « maison ». Belle sélection de vins d'ici et d'ailleurs.

L'ÉTOILE DE MER €€

36, avenue des Dauphins

✆ 05 59 03 70 06

Ouvert à l'année. Du vendredi au mardi midi et soir. Réservation recommandée. Carte 35 € env. Terrasse. Concerts Jazz.

Aller à l'Étoile de Mer, c'est faire un joli voyage et une belle découverte, autant humaine que culinaire tant l'accueil est chaleureux, familial et les produits délicieux. Dans une ambiance jazzy de Nouvelle-Orléans – un conseil, mieux vaut réserver votre table pour les soirées concerts jazz organisées une fois par mois –, vous pourrez déguster d'excellents produits de la mer que ce soit les huîtres, tourteaux, crevettes, langoustines, des moules à la bayonnaise ou tout simplement l'exceptionnel plateau de fruits de mer format XXL qui réunit tous les crustacés.

LEKUA - LA CABANE À MANGER €€

299, avenue de l'Adour

✆ 06 62 93 17 24

Ouvert tous les jours de 9h à 0h15. Fermé les jours de mauvais temps et de novembre à mars. Carte : 20 € env. Terrasse.

A 100 m de la plage, rendez-vous chez Lekua. Non seulement l'endroit profite d'un cadre assez exceptionnel mais vos papilles vous remercieront. Vous pourrez y prendre votre petit-déjeuner. Pour déjeuner, c'est l'endroit idéal pour une pause ou entre deux bains dans l'océan. Testez le burger XXL fait maison, tomate fraîche, ventrèche, avec une sauce maison exceptionnelle. Et quoi de mieux que de finir sa journée par un apéritif en bord de mer avec vue sur le coucher de soleil !

LE LIEU €€

5, place de Docteurs Gentilhe

✆ 05 59 45 42 18

www.lelieuanglet.fr

En saison, ouvert 7/7. Carte : 45 € environ. Plat du jour : 14 €. Suggestions. Terrasse. Rooftop ouvert en été.

Situation exceptionnelle avec l'océan et la plage à proximité, la promenade de la « Chambre d'Amour » pour cet établissement à la fois restaurant et lieu de vie. « Le Lieu » propose 3 ambiances : la terrasse abritée face à l'océan, la salle à la décoration tendance et le Roof-top et sa vue à 360°. Jérôme Thion – ancien deuxième ligne du XV de France et du Biarritz Olympique – et Sylvain Layrisse, fils, petit-fils... d'une longue lignée de pêcheurs et déjà aux commandes d'un célèbre restaurant à Biarritz sont les maîtres des lieux. Avec une carte couleur océan.

MÔMES-BANDE DE GOURMETS €€

11 bis, place du Général Leclerc ✆ 05 59 59 39 82

Lundi à mercredi 7h30-18h, jeudi à dimanche jusqu'à 22h30. Formules midi 14/20 €. Menu 32 €. Soir, menu «secret» 38 €.

3 copains dans la vie, 3 experts en saveurs derrière leur piano et qui maîtrisent la partition au gré des inspirations du moment avec des plats assez traditionnels, revisités à partir de produits directement puisés chez les producteurs locaux. En terrasse ou à l'intérieur, tout est bleu même les nappes à carreaux et ne cherchez pas ici la carte « à rallonge ». Tartare de daurade, carpaccio d'échine de cochon, filet de cabillaud confit au miso ou encore le poulpe grillé... Chaque assiette mérite pour l'harmonie de sa composition comme pour la justesse des cuissons.

LES PLATANES €€

7, boulevard de la Mer

✆ 05 59 03 75 59

www.lesplatanes-anglet.com

Ouvert tous les midis (sauf lundi) et vendredi et samedi soir. Été 7/7 midi et soir. Carte 28 € env. Formule midi 14 €.

Accueil et service toujours aussi chaleureux dans ce petit coin cosy où la convivialité est de rigueur ! Installez-vous confortablement sur les banquettes, appréciez la grande terrasse. Si vous êtes amateur de soleil, vous serez ravis, si vous préférez l'ombre, demandez une table sous les platanes. A l'intérieur, des nappes à carreaux, aux murs des photos d'époque. Un lieu de vie où vous pourrez savourer une cuisine bistro-traditionnelle élaborée à base de produits frais. Découvrez l'ardoise et les nouveautés comme les bricks croustillantes au thon et épices.

LE POISSON A VOILE €€

118, avenue de l'Adour

✆ 05 59 29 63 39

A partir d'avril, ouvert tous les jours. Hiver, se renseigner. Formule midi semaine. Suggestions. Carte : 30 € environ.

Le Poisson à Voile met à l'honneur les joyaux de la mer et quelques pépites de la terre dans un cadre atypique aux bords de l'Adour. Une adresse un peu « cachée », loin de la foule et du fourmillement du bord de mer. Le cadre, qui n'en a pas moins les pieds dans l'eau vaut le détour. On déguste avec la formule tapas les pintxos de foie gras poêlé aux figues, la friture de chipirons aïoli – à ne pas manquer –... Testez aussi le carpaccio de thon, la morue biscayenne, le merlu de ligne à l'Espagnole, le cochon de lait cuit à basse température. Fraîcheur au rdv.

BAMAS-PÂTISSIER-CHOCOLATIER-GLACIER

3, rue Charles-Kraemer ✆ 05 59 59 01 74

www.bamas.fr

Ouvert 7j/7 de 10h à 13h et de 15h à 19h, cours de pâtisserie, MOF Pâtissier, champion du monde de desserts glacés.

Chez Thierry Bamas, pâtissier multi-titres, dont celui de Meilleur ouvrier de France et champion du monde des desserts glacés, la pâtisserie s'élève au rang des arts de la gourmandise. On y déniche parmi les signatures sucrées : mille-feuille, paris-brest, gâteaux basques, cakes ou encore tarte au citron meringuée qui sont des perfections de goût. Adresse gourmande avec des créations tout au long de l'année ! C'est aussi une école des desserts où l'on transmet les meilleures techniques.

VENT D'OUEST CAFÉ

5, place des Docteurs-Gentilhe ✆ 05 59 03 89 88

www.vo-cafe.com

Ouvert tous les jours de 9h à 2h. Brunch à 25 €, ardoises à partir de 6 €. Terrasse. Restauration. Concerts.

Le site est exceptionnel, l'océan est omniprésent avec une terrasse au rez-de-chaussée et une pergola à l'étage et son bar panoramique. Pour un simple verre, un cocktail voire une pause gourmande ou un dîner en plein air. De nombreuses soirées et événements à thème tout au long de l'année. Tous les dimanches de la saison estivale, c'est formule brunch. Sur le principe des ardoises à partager : jambon Serrano, fromage de Brebis, ardoise ibérique, ou encore l'entrecôte à la plancha coupée en dés. Une idée de soirée avec le coucher de soleil sans supplément !

ANGLET COTE BASQUE-LA BOUTIQUE

1, avenue de la Chambre d'Amour

✆ 05 59 03 77 01

www.anglet-tourisme.com

Horaires saison/hors saison à consulter sur le site. Concept Sore : librairie-papeterie, décoration, articles enfants...

En plus des services habituels d'information et de réservation, l'Office est, avec sa boutique, LA vitrine des savoir-faire locaux en 2022 ! Avec pour fil conducteur, LA destination Anglet et son art de vivre, ses sports, la nature et le... surf. Chaque objet a été pensé en relation avec un ou plusieurs éléments marquants d'Anglet. Sur les accessoires et la décoration, articles pour enfants, gourmandises... Vous retrouverez les « pépites » locales avec des idées cadeaux toute l'année.

LA CAVE D'HÔTES

14, avenue Eugène Bernain
✆ 05 59 56 80 08
www.cave-hotes.com

Ouvert mardi, mercredi 10h-20h, jeudi au samedi 10-21h, dimanche 10h-14h. Vins à emporter et à déguster sur place.

Ce n'est pas seulement le vin qui est autrement ici, c'est aussi la cave, son accueil, le conseil ou simplement le professionnalisme de notre sommelier Hervé, capé chez les étoilés. Convivialité, diversité et saisonnalité sont la signature du lieu qui donne goût au bon goût ! Convivialité avec ses fauteuils, l'immense table familiale et le comptoir où l'on déguste les accords. Diversité avec plus de 350 vins de toutes régions. Saisonnalité pour le renouvellement des vins toute l'année. Bières du Pays basque, alcools et un côté fine épicerie. Un moment de partage.

L'EAU À LA BOUCHE

12, place du Général Leclerc
✆ 05 59 03 36 76
www.leaualabouche.wixsite.com

Ouvert du lundi au samedi de 9h30 à 19h30. Fermé le mardi. Ouvert le dimanche de 9h30 à 13h.

C'est toujours avec plaisir que nous franchissons le seuil de ce bel établissement, magnifiquement placé et à proximité de son alter ego Thierry Bamas, pâtissier et meilleur ouvrier de France. Grégory est un cuisinier-traiteur hors norme, avec cette diversité et cette richesse dans les plats cuisinés proposés. C'est l'imagination au comptoir ! Et aussi un service traiteur avec les cocktails tapas, pains surprise, navettes briochées, et autant de mises en bouche salées-sucrées. Et dans sa boutique, des vins du Sud-Ouest à l'honneur. Un accueil toujours « top ».

COUTEAU BASQUE

1, avenue de l'Adour
✆ 06 08 28 50 83
www.couteau-basque.com

Atelier-boutique ouvert du lundi au vendredi 9h-12h/14h-18h. Des expositions ont aussi lieu à l'atelier. Accès PMR.

Il existe une coutellerie traditionnelle basque ; elle prend corps dans l'atelier-boutique de Christophe et Séverine Lauduique. Compagnon de Thiers, ce vrai coutelier donne vie à des modèles oubliés. Christophe forge et martèle les aciers et le damas. Artisans passionnés, ils travaillent à l'ancienne le bois et la corne, respectant les gestes ancestraux avec une réelle éthique coutelière. A contrario des réalisations en séries, chaque pièce créée est unique et pour tous les budgets. Chez Couteau Basque, place au savoir-faire, vous êtes dans une vraie coutellerie !

FABRIQUE DE CHISTERAS GONZALES

6, allée des Liserons
✆ 05 59 03 85 04
http://chisteras-gonzalez.com

Ouvert toute l'année. Du lundi au samedi de 14h à 18h30. Visites sur réservation. Groupes sur rendez-vous.

Tout savoir sur la fabrication des chisteras grâce au savoir-faire de Pierre Gonzalez qui a repris l'entreprise familiale tenue par son père, Jean-Louis Gonzalez, depuis 1887. 5 générations ! Il est le dernier fabricant de chisteras en France. La chistera, c'est un long gant d'osier au fond duquel le pelotari peut recueillir la pelote à 300 km/h lors des matchs de cesta punta auquel il participe. Des centaines de chisteras se fabriquent à la main par an. Un travail d'orfèvre.

LE CRAFT- BAR & CAVE

96, avenue de l'Adour
✆ 09 54 99 41 08
www.lecraft.fr

Ouvert du lundi au samedi 10h-13h/15h-22h. Soirées/concerts (jeudi/vendredi), bar ouvert jusqu'à 2h du matin. Terrasse.

Un établissement chaleureux, où Jean-Laurent, brasseur de formation et de passion, vous accueille et vous conseille avec son équipier. Vous voyagerez dans le monde de la bière que lui seul sait dénicher. Bières blanches, brunes, blondes, triples, India Pale Ale, trappistes, etc., et le label, 8' TIZZ-brasseurs créé avec un ami. On peut y partager aussi une planche de charcuterie et autres grignotages ; sans oublier les planches de flammekueche « maison ». À déguster entre amis devant une partie de fléchettes ou avec l'indispensable baby-foot. Mention très bien....

LES HALLES DES 5 CANTONS

11, rue Paul-Courbin
✆ 05 59 29 97 43
https://biltoki.com/halles5cantons

Marché du mardi au samedi 8h-14h + vendredi 16h-20h. Côté Cuisine, du mardi au samedi 11h-14h/18h-22h, dimanche 11h-17h.

Les Halles vous invitent à découvrir quelques-uns des meilleurs producteurs locaux. Forts d'un véritable succès, une trentaine de commerçants locaux vous y attendent pour montrer leur savoir-faire. Dans ce marché moderne et contemporain, vous trouvez des traiteurs, bouchers, charcutiers, rôtisseurs, poissonniers, fromagers, primeurs, cave à vins ou encore des spécialités sucrées ; des produits frais de grande qualité. Et côté cuisine pour vous restaurer sur place et apprécier quelques échantillons de leurs spécialités. Un véritable lieu de vie et de convivialité.

RAINBOW SURF SHOP

21, avenue de la Chambre d'Amour
✆ 05 59 03 54 67
www.akewatu.fr/profile/rnbw
Ouvert toute l'année, 7j/7 de 10h30 à 12h30 et de 14h30 à 19h. Journée continue en saison. E-shop.

Rainbow Surf Shop est une référence dans l'univers du surf et depuis plus de 30 ans avec une gamme boards d'exception et un shop d'inspiration californienne. Conseil, accompagnement sont autant de marques de professionnalisme. Occasion ou neuves, elles sont ici disponibles ainsi que sur le site en ligne. Atelier de réparation ou de rénovation, conception et réalisation sur mesure aussi. Rainbow est l'Adresse incontournable de la côte. C'est tout l'univers du surf qui est ici présenté dans un agencement unique. Quiksilver, Billabong, Roxy, Bing, Campbell...

GLISS'EXPERIENCE

Plage des Cavaliers
✆ 06 21 20 12 70
Savoir nager est obligatoire. Surf initiation/1h30 : 40 €, journée avec 2 cours de surf + repas : 75 €. Sur réservation.

C'est sur la célèbre plage des Cavaliers à Anglet que Mathieu organise, conseille et initie, avec son équipe, des moniteurs diplômés et avec près de 20 ans d'expérience, le surf à tous les âges. Gage de sérieux, l'école est labellisée par la Fédération française de surf. Les cours sont fixés en fonction des marées. Par gros temps et mer impraticable, l'école de surf vous amène sur des spots plus adaptés. Cours et stage, école, hébergement la semaine également. L'école de surf dispense une pédagogie professionnelle et attractive prônant des valeurs de partage.

LA TORREF'

133, avenue de l'Adour ✆ 09 86 70 01 76
www.latorref.com
Ouvert toute l'année, du mardi au dimanche, de 8h30 à 18h30, le dimanche de 9h à 13h30. Sur place ou à emporter.

La Torréf' est une histoire de café, sous toutes ses formes et pour tous les goûts et qui s'écrit dans un atelier artisanal à Anglet. Ici, on torréfie quotidiennement des grains verts venus du monde pour un résultat de qualité unique. Amateurs ou professionnels, chacun peut y trouver son café. A la boutique, les artisans de La Torréf' proposent un moment de découverte autour des spécialités, ainsi qu'une restauration légère, artisanale, locale et gourmande. Marquez une pause gourmande et venez apprécier un cappuccino et une déclinaison de douceurs « maison ».

GOLF DE CHIBERTA

104, boulevard des Plages
✆ 05 59 52 51 10
www.golfchiberta.com
Ouvert toute l'année. Le restaurant est ouvert de 11h30 à 16h tous les jours. Restauration à toute heure, boutique.

L'un des plus beaux golfs du Pays basque... depuis 1927, le golf de Chiberta propose deux parcours. Le premier, de 18 trous, le second parcours, celui de l'Impératrice, fait 9 trous et se trouve sur le lac. Parallèlement un practice couvert et sur herbe est disponible pour tous les golfeurs en herbe. Son autre avantage ? Son emplacement dans la forêt qui a inspiré bien des poètes et sa proximité avec l'hôtel et la résidence et les plages d'Anglet. Grâce à son magnifique club-house avec coin salon, salon TV et bridge et sa grande salle de restaurant.

CENTRE DE THALASSOTHERAPIE & SPA ATLANTHAL

153, boulevard des Plages ✆ 05 59 52 75 85
www.atlanthal.com
Ouvert tous les jours. Entrée : 22 €. Tous les tarifs, programmes et réservations sont sur le site. Boutique.

Entièrement rénové, Atlanthal se compose d'un centre de thalassothérapie avec des soins d'hydrothérapie, soins visage et corps tout comme manucures et épilations. Le Spa privé est fait pour vous détendre en toute intimité, 3 espaces de remise en forme avec Aqua'Sport dans un bassin d'eau de mer chauffée, sauna et hammam, d'un bassin intérieur extérieur d'eau de mer chauffée, jets, nage à contre-courant, sièges et lits à bulles, bain bouillonnant, sauna et hammam. Bien-être garanti.

LES ROUES DE LILOU

114, avenue de l'Adour, Promenade de la Barre
✆ 05 59 55 34 51
www.lesrouesdelilou.com
Tous les tarifs et horaires disponibles sur le site. Chèques Vacances. Sorties groupes, séminaires etc., se renseigner.

Spécialisées dans les visites guidées du Pays Basque, les Roues de Lilou vous proposent plusieurs façons de découvrir la région toute l'année. Vous pouvez notamment tester le gyropode Segway, la trottinette électrique ou le VAE cargos pour partir à la découverte des plages de Biarritz, d'Anglet en famille. Pour aller plus loin, des visites à vélo assisté ou non vous invitent à découvrir en une demi-journée les différents points d'intérêt. Les plus sportifs pourront explorer la montagne sacrée basque avec une randonnée de 4h jusqu'au sommet de la Rhune.

PAYS BASQUE

TÈRRA AVENTURA

Chambre d'Amour, avenue des Dauphins
✆ 05 59 03 77 01
www.terra-aventura.fr
Ouvert toute l'année. Gratuit. Smarphone obligatoire avec téléchargement (gratuit) de l'application mobile pour jouer.

La chasse aux trésors qui s'adresse à tous avec Tèrra Aventura, inspirée d'un jeu mondial nommé Géocaching et qui se pratique sur plus de 300 parcours, 365 jours par an, « grandeur nature » en Nouvelle-Aquitaine et à Anglet avec le parcours « Cap sur la chambre d'Amour ». Sur quelques kilomètres, des indices à relever, des énigmes à résoudre, un trésor à chercher... et trouver le Graal : les Poï'z. Munis de l'application smartphone 100 % gratuite avec également une version anglaise, vous êtes prêts, en famille ou entre amis et à tout âge à l'aventure.

ESCAPE YOU

96, avenue de l'Adour ✆ 07 87 78 03 24
www.escapeyou.fr
Ouvert toute l'année. Tous les jours sauf le mardi de 9h30 à 21h30, 7j/7 durant les vacances scolaires. Durée : 1h/1h30.

Le temple maudit ; *le casse du siècle* ; *escape the lost pyramid*... 3 scénarios avec énigmes pour 3 salles aménagées et décorées par le studio Kreadiv. Partagez une expérience captivante entre amis, en famille ou collègues dans des décors saisissants... Vous avez 60 minutes pour résoudre des énigmes, déjouer les pièges et sortir à temps ! Une activité idéale, toute l'année et intergénérationnelle (à partir de 8 ans, accompagné) lorsque le soleil n'est pas au rendez-vous. Réservez sur le site et découvrez les mystères du temple maya d'où l'on ne sort pas toujours...

BIARRITZ / MIARRITZE ★★★★

Elégante et raffinée, Biarritz a belle allure avec ce côté « principauté intemporelle ». La cité balnéaire est devenue au fil des décennies incontournable grâce à un développement touristique maîtrisé. Paradis des surfeurs, la ville exhale la douceur de vivre avec ce côté « charme discret » et aussi ses nombreux atouts ; gastronomie, patrimoine, culture, sport, etc. Un moteur économique essentiel pour l'attrait de cette région (à 2h de Paris et des principales métropoles européennes) et une offre hôtelière exceptionnelle : de l'hôtel de charme au palace ! Destination phare marquée à jamais par le passage de l'impératrice Eugénie, Biarritz a toujours été une ville accueillante, ouverte sur le monde tout en préservant son patrimoine et son environnement. D'abord petit port de pêche, elle est devenue une station balnéaire renommée accueillant les premiers bains de mer. Plus tard, c'est sur les vagues de la Côte des Basques, que le surf est apparu en Europe. Autant de lieux qui font l'histoire avec un point commun : ce lien étroit avec l'océan. Aujourd'hui, c'est vers les technologies liées à l'économie bleue que Biarritz a choisi de continuer à innover et se développer. Comme terre basque, elle entretient une tradition d'accueil riche et vivante, ouverte au monde en recevant à longueur d'année, de nombreux événements et manifestations de premier plan à caractère économique, culturel ou politique de dimension nationale et internationale. En 2019, la ville a accueilli le sommet du G7.

AQUARIUM DE BIARRITZ ★★

Esplanade du Rocher de la Vierge
✆ 05 59 22 75 40
www.aquariumbiarritz.com
Ouvert 7/7 : 9h30-19h. Adulte 15 €. 13/17a : 13 €. 4/12a : 11 €. Combiné Aquarium/Cité de l'Océan 24 €. Enfant 16 €.

Face au Rocher de la Vierge, l'Aquarium, au bâtiment Art déco des années 30, vous invite à découvrir une cinquantaine d'aquariums. Il fut l'un des 1ers instituts océanographiques en France, puisque c'est le visionnaire Marquis Léopold de Folin qui en eut l'idée à la fin du XIXe. Ouvert au public en 1933, puis ayant connu de nombreuses vagues de rénovation avec une extension grandiose de 3 500 m² à 7 000 m² en 2011, il propose une visite originale des fonds marins. Chaque année, plus de 300 000 visiteurs viennent s'émerveiller de la beauté des océans et de ses habitants. La visite débute devant les bassins du golfe de Gascogne : méduses, poulpe, hippocampes... pour découvrir les espèces qui peuplent la côte atlantique. Après un plongeon dans la galerie des cétacés et l'histoire de la pêche au Pays Basque, vous pénétrez dans la grotte des tortues pour un face-à-face surprenant avec plusieurs spécimens, dont Alice la tortue caouanne... Arrêtez-vous devant le bassin des phoques, les chouchous de l'Aquarium ! Le repas des phoques est un moment fort de la visite où petits et grands se régalent à les voir jouer et engloutir des kilos de maquereaux, tous les jours à 10h30 et 17h. Retrouvez ensuite la mangrove et un récif corallien de 11 m de long ! Des poissons aux couleurs originales et aux formes improbables virevoltent sous vos yeux. Et admirez tous les pensionnaires de l'aquarium géant de 1,5 million de litres d'eau où évoluent 7 espèces de requins, barracudas, raies, et le poisson Napoléon. Un spectacle à couper le souffle !

Passerelle entre le rocher de la Vierge et le musée de la Mer.

CHAPELLE IMPÉRIALE ✝ ★

Rue Pellot
✆ 05 59 22 37 10
Horaires et réservation directement sur le site de l'Office du Tourisme de Biarritz. Paiement en ligne. Visite guidée.

C'est à l'architecte Bernard Voinchet sous l'égide des Bâtiments de France que l'on doit la remise en état de cette chapelle, notamment en ce qui concerne son étanchéité mise à mal par les embruns et la salinité de l'eau, selon la technique de biominéralisation, de la réfection des peintures… Bâtie en 1865 dans un style hispano-mauresque et romano-bysantin, elle a servi de lieu de culte à Napoléon III et à l'impératrice Eugénie. Dédiée à la Vierge noire mexicaine Notre-Dame de Guadalupe, la Chapelle Impériale a été classée Monument historique en 1981.

ÉGLISE SAINTE-EUGÉNIE ✝

Place Sainte-Eugénie
✆ 05 59 24 07 43
Messe le dimanche à 11h. Gratuit.

L'église Sainte-Eugénie a été construite entre 1898 et 1903. À la base, elle n'était qu'une petite chapelle de style romano-byzantin. Les murs à l'intérieur sont en pierre bleue d'Arudy et en pierre d'Angoulême à l'extérieur. La crypte abrite la tombe du curé Gaston Larre, premier curé de la paroisse en 1884. Plus de 100 ans pour ce monument dont la crypte est le cadre de nombreuses manifestations notamment à Noël. La situation de l'église est exceptionnelle puisqu'elle domine le port des pêcheurs et les criques de Biarritz. Un site qui devient magique la nuit.

CITÉ DE L'OCÉAN 📷 ★

Avenue de la Plage - La Milady ✆ 05 59 22 75 40
www.citedelocean.com
Juillet/août : 10h-20h. Adulte 13€, réduit 11€, 6/12a 9€. Combiné Aquarium/Cité Océan : adulte 24€, réduit 20€, 6/12 16€

La Cité de l'Océan vous fait découvrir l'océan de manière ludique et sensationnelle en s'appuyant sur des technologies modernes pour vous faire vivre des expériences inédites et interactives. Grâce à Virtual Surf, surfez le tube parfait et tentez de prendre la tête du podium ! Embarquez pour un voyage mouvementé à bord du Bathyscaphe, cinéma 4D dynamique. Debout sur une planche de surf dynamique et équipé d'un masque de réalité virtuelle vous vous retrouvez dans la peau d'un surfeur grâce à Surf Sensation 5D. Virtual Trip 360° : une plongée étonnante grâce à un masque de réalité virtuelle ! Partez pour une plongée immersive à 360° au cœur d'une meute de 700 requins en Polynésie française, avec l'animation « 700 requins dans la nuit », documentaire en réalité virtuelle qui suit l'expédition menée par Laurent Ballesta, qui aide à comprendre les techniques de chasse de l'un des plus grands prédateurs marins. Vous serez aussi émerveillés devant la beauté du film 3D de 40 min. Oserez-vous repousser vos limites et défier les lois de la gravité en montant sur Seaborg ? Equipé d'un masque de réalité virtuelle, partez pour un voyage immersif et mouvementé sur la beauté de nos côtes aquitaines. *Animations en réalité virtuelle âge min. 6 ans. Animation « Seaborg », taille min. 142 cm.* Expériences inédites et surprenantes !

Nouveau : troquez le masque et le tuba par un masque de réalité virtuelle et plongez au plus profond du grand bleu. Film à 360° de 12 minutes, qui vous immerge pour une plongée au plus près d'espèces fascinantes !

ÉGLISE ORTHODOXE RUSSE ✝ ★

8, avenue de l'Impératrice
✆ 05 59 24 16 74
www.eglise-orthodoxe-biarritz.com
Ouverte tous les jours du mardi au vendredi 16h-18h30, samedis 15h30-18h, dimanches 16h-18h30. Gratuit.

C'est en 1892 que fut construite dans le style byzantin, l'église orthodoxe, parallèlement à l'année de l'alliance entre la France et la Russie. Cette construction est justifiée par la très large fréquentation des visiteurs russes, dont l'impératrice Maria Feodorovna, épouse du Tsar. La station balnéaire déjà très à la mode est devenue « ville impériale » au cours du XIXe siècle. L'église est alors ornée d'icônes arrivant tout droit de Saint-Pétersbourg. Inaugurée en septembre 1892, en présence de membres de la famille impériale russe, cette église a pu voir le jour grâce à l'intervention du Tsar Alexandre III et au dévouement du Père Hérodion. Elle est dédiée à la protection de la mère de Dieu et saint Alexandre de la Neva. Elle attire nombre de touristes, mais la proximité de l'océan a créé certaines difficultés et dégradations. L'église a été restaurée en 1984 grâce à des souscriptions et aux dons venus du monde entier, dont la contribution d'Alexandre Soliejnitsine. Ces 20 dernières années, la paroisse s'est élargie avec les descendants des immigrés russes blancs, ukrainiens, biélorusses, géorgiens, moldaves, installés dans le Pays Basque ainsi que les orthodoxes francophones. Depuis 2015, l'église orthodoxe est classée Monument historique et est réservée, depuis l'origine, exclusivement au culte orthodoxe gréco-russe des églises chrétiennes d'Orient, Patriarcat de Constantinople. Les fêtes religieuses, les agapes, le catéchisme… tout cela est une part de la manifestation de la foi. Site incontournable de Biarritz.

HÔTEL DU PALAIS 📷

1, avenue de l'Impératrice
✆ 05 59 41 12 34
www.hoteldupalaisbiarritz.com
L'Hôtel du Palais rouvre après travaux d'embellissement en juin 2022.

L'Hôtel du Palais est en effet incontournable à Biarritz. Immanquable au sens propre d'abord, parce qu'il est impossible de manquer sa silhouette imposante majestueusement avancée sur la Grande Plage ; parce que de jour, comme de nuit où il est éclairé, sa façade rouge accroche le regard et raconte les grandeurs passées. Mais aussi parce que c'est une page d'histoire, et pas la moindre, la plus glorieuse de la ville ! « La Villa Eugénie », c'est surtout un symbole, celui du passage de Napoléon III et Eugénie, qui firent en leurs temps impériaux la renommée de Biarritz devenue alors « plage des rois » et cité balnéaire fréquentée par les grands de ce monde. Il reste aujourd'hui l'emblème du luxe et du raffinement depuis 1854 et la preuve que la ville a su sublimer sa longue tradition de l'art de recevoir. Il a reçu en 2011 la distinction de palace, le seul de la côte Atlantique et fier de son Label Entreprise du Patrimoine vivant, une manière d'incarner « l'excellence à la française » dont seulement 31 établissements en France peuvent se targuer. Ne manquez pas d'y faire un tour, ne serait-ce que pour un verre, le temps d'admirer ce décor somptueux du sol au plafond, et de profiter de la terrasse où la vue est magique. Vivez un séjour inoubliable ! Et histoire de marcher un peu dans les pas de ceux qui l'ont fréquenté : Churchill, Edouard VII, Sissi, Léopold II, Charlie Chaplin, Carnot, Sinatra et le G7 en 2019. La 3e phase de travaux de rénovation a débuté en octobre 2021. La prochaine réouverture est prévue en juin 2022.

LAC MARION 📷

Rue de Larreguy
Ouvert toute l'année. Horaires variables suivant les saisons. Entrée gratuite.

Véritable lieu de rencontres pour les Biarrots, ce lac d'une superficie de 5 hectares à 2 km de l'océan, deuxième site de promenade de la ville après le bord de mer, accueille plus de 100 000 visites par an. Sur ses berges, plus de 250 espèces de végétaux, une flore aquatique et une grande diversité forestière avec 36 variétés d'arbres s'offrent à vous. Si vous souhaitez faire le tour du lac, il vous faudra entre 10 et 20 minutes de marche pour effectuer le 1,2 kilomètre sur un parc de 20 hectares. Un joli parcours pour les joggeurs avec quelques pentes douces.

PLACE BELLEVUE 📷

Place Bellevue
Site accessible à tous, toute l'année.

Comme son nom l'indique, c'est l'un des plus beaux points de vue de la ville, tel un belvédère sur l'océan, elle surplombe la Grande Plage et offre un admirable panorama avec le phare en ligne de mire. Totalement piétonne, elle s'est vue dotée d'une sculpture géométrique monumentale de l'artiste Jorge Oteiza, Euzkal Baseria, intitulée « La ferme basque ». Les promeneurs nombreux ne peuvent pas ignorer cette œuvre qui s'impose aux regards et interpelle ! Sur la place, boutiques, pâtissiers, cafés ou restaurants avec de nombreuses terrasses sont à tester.

MUSÉE D'ART ORIENTAL-ASIATICA ★

1, rue Guy-Petit
✆ 05 59 22 78 78
www.musee-asiatica.com
Ouvert du mardi au vendredi 10h-17h. Adulte : 10 €. 8-12 ans, 2 €. 13-25 ans 8 €. Visite guidée sur demande. Boutique.

A Biarritz, le Musée Asiatica est l'occasion de découvrir l'art asiatique dans une ambiance envoûtante où règne un parfum doux d'Orient. Dans la pénombre, les œuvres exposées retracent 4 000 ans d'Histoire selon les régions géographiques et sont organisées de manière à ce que le visiteur puisse découvrir les différentes cultures de ces régions. Grâce à des fiches et des ouvrages présents le long du parcours, le visiteur peut prendre le temps de s'enrichir pour mieux comprendre et remettre en contexte les œuvres avec les cultures de ces périodes. De l'Inde à la Chine, en passant par le Tibet et le Népal, les collections rassemblent de manière pédagogique les richesses de l'Asie. Les grands musées du monde (Louvre, British Museum, Metropolitan Museum, Norton Simon, etc.) montrent des œuvres admirables de Grèce, Italie, Egypte, Inde, etc., mais hors de leur contexte. Au Musée Asiatica au contraire, les œuvres d'art asiatique forment des sections, au fait des cultures avec des centaines d'objets groupés dans des sections munies de tables avec des fiches d'explication ou des ouvrages relatifs à la culture concernée. Le Musée Asiatica est un lieu de connaissance tout à fait unique, un site empreint de sérénité. Il est intéressant d'opter pour un casque audio (français, anglais, espagnol) afin de mieux comprendre l'étendue de cet art très riche. A noter également que la billetterie en ligne est présente sur le site internet du musée. Une visite tout à fait captivante.

MUSÉE HISTORIQUE DE BIARRITZ ★

Rue Broquedis ✆ 05 59 24 86 28
www.musee-historique-biarritz.fr
Mar-sam 10h30-12h30/14h-18h30, juillet-août 10h30-13h/14h30-18h30. Adulte 6 €, étudiant 4 €, gratuit -12a. Audioguide.

Ce musée est né dans l'enceinte de l'église Saint-Andrew's. La 1re pierre a été posée par la reine Frederika de Hanovre. Inauguré en 1986 par l'Association des amis du Musée Historique de Biarritz, il vous plonge dans l'histoire riche de la ville et plus particulièrement des 3 principales époques de la cité : Moyen Age, XIXe siècle, marqué par la famille impériale, 1re Guerre mondiale, Années folles aux réceptions somptueuses données par des familles anglaises, russes et espagnoles, 2de Guerre mondiale, thermalisme... L'association continue ses investigations dans un seul but : la recherche, la conservation, l'exposition de tout bien concernant l'histoire locale, ancienne et récente afin de faire connaître le passé et soutenir ou entreprendre toute action de sauvegarde des biens mobiliers et immobiliers.

Le musée rénové et restauré. Pour le plus grand bonheur des Biarrots, des Basques et des touristes, après 2 ans de travaux, le musée a retrouvé toute sa splendeur en 2019. Des Ilots thématiques, un parcours plus lisible, beaucoup de clarté et de luminosité qui rendent ce lieu incontournable.

Le musée organise chaque année l'été des expositions en partenariat avec les Affaires culturelles de la ville de Biarritz.

De nombreuses animations, conférences et concerts sont également proposés toute l'année ainsi qu'une visite guidée d'un quartier de Biarritz organisée chaque mois.

Ce musée est un véritable concentré de l'âme et de l'histoire de Biarritz..

PLAGES ★★

Avenue de la Plage
Accessible toute l'année.

Du phare de Biarritz à Bidart, de belles étendues de sable fin et de nombreux spots bénis pour les surfeurs sont facilement accessibles. Car les plages se succèdent, chacune avec son histoire et son charme. La plus connue et la plus prestigieuse reste la Grande Plage, longtemps appelée plage de l'Impératrice. De celle du Miramar, vous verrez le rocher de la Frégate et ses goélands. La plus sauvage reste la plage de la Côte des Basques. Les plages de Marbella et de la Milady suivent. Toutes les plages de Biarritz sont non-fumeurs depuis 2019.

PORT DES PÊCHEURS ★

Allée Port des Pêcheurs
Accessible toute l'année.

Impossible de séjourner à Biarritz sans aller faire un tour dans ce magnifique lieu, proche du centre-ville et donc accessible à pied. A quelques mètres de l'église Sainte-Eugénie, il a été créé après l'abandon, en 1870, des travaux du port du Refuge et grâce au reliquat de la donation impériale. Il reçoit pêcheurs et plaisanciers mais aussi des écoles de plongée sous-marine. Lieu pittoresque et coloré, véritable carte postale, plusieurs bars et restaurants typiques vous y attendent pour déguster des produits de la mer en terrasse et jusque tard dans la nuit.

PHARE DE BIARRITZ ★★

Esplanade Elisabeth II
✆ 05 59 22 37 10
https://tourisme.biarritz.fr
Horaires variables consultables sur le site. Visite guidée. Délais d'accès 30 min avant fermeture.

© INDIGO - FOTOLIA

Erigé en 1834, haut de 73 mètres au-dessus du niveau de la mer et fier de ses 248 marches, le phare domine le cap Hainsart ainsi dénommé en raison des chênes qui l'entouraient et qui ont été remplacés par des tamaris. Ce cap marque la limite séparant la côte sablonneuse des Landes de la côte rocheuse du Pays basque. Il est équipé d'une lanterne dioptrique et de lentilles Fresnel d'époque. Vous pourrez visiter l'édifice avec toutes les explications concernant sa construction et la vue à 360° qu'offre le phare de Biarritz sur la cité est assez exceptionnelle.

ROCHER DE LA VIERGE ★★

Esplanade du Rocher de la Vierge
Accessible toute l'année hormis les périodes de tempêtes.

Le rocher de la Vierge est un des emblèmes de la ville de Biarritz. C'est sur l'initiative de Napoléon III qu'a été percé ce rocher qui devait servir de point d'ancrage à une digue protégeant un port-refuge. Il doit son nom actuel à la statue de la Vierge édifiée sur son sommet en 1865. Elle devait accueillir les marins retournant au port. L'ancienne passerelle en bois, qui le relie au rivage, a disparu, pour laisser place à une passerelle en acier construite par Eiffel, résistant mieux aux assauts répétés des vagues. Il ne reste donc aujourd'hui que ce rocher.

BIARRITZ TOURISME

Square Ixelles
✆ 05 59 22 44 66
www.tourisme.biarritz.fr/es
Ouvert toute l'année. Horaires, tarifs, centrale réservation en ligne. Office de tourisme classé.

Dans une ville remplie de sites incontournables, Biarritz Tourisme est avec le hall d'accueil et ses îlots de consultations digitales interactifs et ses hôtesses, un véritable centre de renseignements ! Vous y trouverez, en plus d'un accueil chaleureux, une documentation complète et mise à jour sur les principaux lieux remarquables de la cité comme le rocher de la Vierge, le phare ou l'aquarium, mais aussi de précieux conseils pour votre hébergement, les activités disponibles, les spectacles et les nombreux restaurants qui valent le coup.

LE PETIT TRAIN DE BIARRITZ-TXU-TXU

✆ 06 07 97 16 35
http://petit-train-biarritz.fr
Tarifs groupes et horaires consultables sur site. Départ toutes les 30 min. De 30 à 45 min de parcours. Visite guidée.

Le circuit du petit train de Biarritz, réplique du chemin de fer des années 1850, vous permet de visiter les principaux sites touristiques de la ville : le Port Vieux, la grande plage, le rocher de la Vierge, le phare, le casino municipal, etc. 1er départ depuis « la grande plage » [esplanade du casino], second départ devant le rocher de la Vierge, en face du musée de la mer. Un façon originale et familiale de visiter cette côte exceptionnelle au rythme presque d'un piéton.

TXIKI COMBI

22, Avenue Lahouze ✆ 06 21 77 73 80
https://txiki-combi.com/
Ouvert toute l'année. Uniquement sur RDV. Se déplace sur le lieu de villégiature. 1/2 journée à partir de 40 €.

Le Pays basque nature, insolite, sportif et gourmand à bord d'un authentique et singulier combi VW d'origine et entièrement rénové ; cela grâce à *Txiki Combi* avec un binôme de choc : Aurélie, mi-surfeuse, mi-randonneuse et Clémence, « épi-curieuse » à l'œil affûté ! Woody, le fameux combi tout droit venu de Californie vous fait découvrir en famille, entre amis, et à grand renfort d'anecdotes de nos guides durant chaque tour, le littoral basque et ses légendes, ses « spots »... Surf spirit, Côte basque tour, œnotour and co, etc. sont quelques thématiques proposées.

PAYS BASQUE

SOBILO - LOCATION 2 ROUES

24, rue Peyroloubilh
✆ 05 59 24 94 47
www.locationvelobiarritz.com

Horaires, réservation et tarifs sur le site, Livraison sur lieu de résidence de vacances, camping, hôtel...

A la vente et à la location et cela depuis 1985 à Biarritz, Sobilo, n°1 de la location, est spécialiste des vélos mécaniques (avec pneus anti-crevaison), électriques (VAE), de scooters (300 cc), de motos (600 cc), et d'accessoires tels que les paniers, casques, etc. Avec un accompagnateur diplômé, 4 destinations au départ des Offices de tourisme sont proposées : Biarritz, Bayonne, Anglet, Saint-Jean-de-Luz (et Bidart - Guéthary), littoral et patrimoine et aussi insolites.

AMA HÔTEL*** €€

8, rue de la Maison Suisse ✆ 05 59 22 64 60
www.amahotel.fr

15 chambres (de 90 à 250 €). Petit déjeuner : 13 €. Parking (12 €/jr). Animaux acceptés. Climatisation. Ascenseur. Wifi.

L'hôtel Ama rime avec douceur, confort et raffinement tant l'esprit rétro-chic, l'ambiance « charme discret » sont prégnants. Dans une bâtisse classée entièrement rénovée, à proximité des plages et de l'effervescence environnante, 15 chambres ou plutôt 15 écrins à l'abri avec une équipe aux petits soins. Chambres spacieuses et lumineuses (16 à 24 m²), idéales pour une parenthèse détente et relaxante. Services « cousu-main » entre le petit déjeuner « maison », le room service, le salon lounge où l'écrivain Ernest Hemingway aurait sûrement trouvé l'inspiration.

BEST WESTERN KEMARIS*** €€

34, avenue du Maréchal-Joffre ✆ 05 59 23 19 19
www.kemaris.fr

48 chambres de 75 à 340 €/saison. Petit déjeuner 7 €/14 €. Parking 13 €/j (réserver). Navette gratuite devant l'hôtel.

A proximité de l'élégante Côte des Basques, l'hôtel Best Western Kemaris rénové, est à la hauteur de l'harmonie du cadre. Les chambres sont réparties dans 2 bâtiments. Parfaitement équipés de confort de qualité supérieure répondant aux normes internationales Best Western, ces nids douillets baignent dans la lumière du jour et dans une ambiance naturelle. Certaines chambres disposent d'une terrasse, idéal pour un moment de relaxation ! Établissement très bien tenu ; c'est un véritable havre de paix au cœur de Biarritz, à quelques minutes à pied du centre.

BEST WESTERN PLUS HÔTEL LITTÉRAIRE JULES VERNE**** €€

2, rue Guy-Petit ✆ 05 59 22 20 20

Accueil 24/24. 77 chambres : 100 à 300 €. Petit déjeuner 18 €. Piscine extérieure chauffée. Jardin. Salle Fitness. Clim.

En plein centre-ville, l'hôtel littéraire Jules Verne, ouvert en 2021, propose une expérience hôtelière inédite, en rendant hommage au célèbre écrivain des Voyages Extraordinaires. Décoration sur mesure dédiée à l'auteur, salon de lecture, accueil personnalisé. Avec un excellent petit déjeuner buffet, un grand jardin avec piscine extérieure chauffée, espace fitness, et salle de séminaire disponible pour vos événements professionnels. Très belles prestations avec une équipe dynamique.

BIARRITZ CAMPING**** €€

28, rue d'Harcet ✆ 05 59 23 00 12
www.biarritz-camping.fr

Ouvert du 8/04 au 30/10. Emplacement 20 à 50 €/jr. Locatifs 350 à 1 290 €/sem. Piscine. Espace bien-être. Restaurant.

Ce camping 4 étoiles (le seul camping de Biarritz !) vous accueille dans une ambiance familiale. Un environnement typiquement basque, arboré et semi-ombragé. Avec tout le confort nécessaire : hébergements parfaitement équipés, piscine couverte chauffée, avec bains bouillonnants, jets massants, bar-restaurant, aires de jeu, espace bien-être avec soins détente. Autre atout : le wifi gratuit dans tout le camping. Une situation privilégiée à 700 m des plages et pied-à-terre idéal pour visiter le Pays Basque. Equipe professionnelle et chaleureuse à votre disposition.

CASAVIEL-MAISON D'HÔTES BIARROTE €€

15, rue d'Harcet ✆ 06 73 42 12 13
www.casaviel.fr

Ouvert toute l'année. 5 chambres de 70 € à 140 €. Studio 2 pers. de 560 à 980 €/sem. Animaux non admis. Cuisine d'été.

Casaviel, ou « le bon vivre à Biarritz » ! Ici, c'est la campagne à la mer. Cette maison, une des plus anciennes fermes de la Côte basque (XVIIe siècle), a été réaménagée et décorée avec un goût très sur et de beaux matériaux par vos hôtes, Diane et Lucas. Une maison qui affiche confort et sobriété avec une terrasse face à la forêt… et la plage à peine à 10 minutes. Que vous optiez pour une formule en chambre d'hôtes ou studio pour plus d'autonomie, vous y trouverez tout le confort.

GAMARITZ HÔTEL*** €€

5, rue Perspective de la Côte-des-Basques
✆ 05 59 24 00 23
http://hotel-biarritz-gamaritz.com/
12 chambres (dont 1 PMR et 2 suites). Chambres 75 à 175 €/catégorie/saison. Suite 125 à 235 €. Clim. Terrasse. Patio.

Nouvelle identité design et cosy pour cet hôtel de charme rénové cette année. Il bénéficie d'une exposition privilégiée, entre la plage du Port-vieux et le cœur de ville. En couple, en famille ou pour un séminaire, il est parfait pour le shopping et la découverte les splendeurs de Biarritz. Des chambres modernes, tout confort, climatisées, lumineuses, le petit déjeuner riche de produits régionaux, la pause détente sur la terrasse « patio ». Et l'accueil de vos hôtes pour vous étudier des formules « sur mesure » et faire de votre séjour une parenthèse enchantée !

LE GARAGE BIARRITZ**** €€

50, avenue de l'Impératrice ✆ 05 86 98 02 20
https://www.hotel-garage-biarritz.fr/
27 chambres et suites à part. de 155 €. Parking privé. Restaurant-bar ouvert à tous 7/7 midi et soir. Piscine chauffée.

Situé en face de l'hôtel Régina, le Garage, haut lieu historique de mécanique et d'aéronautique et après 30 ans de sommeil, ressuscite en se métamorphosant en hôtel**** avec 27 chambres et suites au confort absolu, de belles terrasses avec vue imprenable sur l'océan. Sa piscine chauffée entourée de verdure et son restaurant-bar ouvert à tous viennent compléter le décor solaire de l'hôtel. Mêlant des matériaux d'un garage d'époque à des matières chaleureuses et raffinées, ce nouveau lieu est un joyeux mélange de couleurs, dans une ambiance chic, mais décontractée.

HÔTEL BRIT MARBELLA*** €€

11, rue Port Vieux ✆ 05 59 24 04 06
www.hotel-marbella.fr
Qualité Tourisme. 27 chambres dès 72 €. Petit déjeuner : 12 €. Soirée étape : 92 €. 2 parkings payants à proximité.

Charme au rendez-vous pour cet hôtel situé à 50 mètres de la plage et du Port Vieux ! Entièrement rénové pour un séjour tout confort ; un cadre contemporain à la décoration marquée par l'*urban style*. Chambres impeccables, modernes, lumineuses avec plateau d'accueil, mini bar, coffre-fort. Les salles de bains aux vasques contemporaines et aux douches italiennes poursuivent ce raffinement ! Accueil attentionné loin des chaînes standard et il flotte ici une ambiance familiale très *friendly*. L'équipe ne manque pas de vous informer sur les bons plans des environs.

HÔTEL COSMOPOLITAIN*** €€

1, rue Gambetta
✆ 05 59 24 04 89
https://hotelcosmopolitain.com
25 chambres (de 79 à 189 €). Petit déjeuner : 13 €. Animaux acceptés. Wifi gratuit. Climatisation. Bar. Espace enfants.

Au cœur de Biarritz, l'établissement est idéalement situé à 200 mètres de la plage, 700 mètres du Rocher de la Vierge et à proximité des Halles. Un style rétro-chic Art déco ; 25 chambres : les « Belles », les « Elégantes » et les « Extravagantes », toutes à la décoration personnalisée, baignées par la lumière naturelle. Lors d'un séjour, avec son bar lounge cosy, vous pourrez savourer un petit-déjeuner de produits locaux, le brunch (grandiose...), faire une pause au salon de thé, et déguster cocktails et vins sur la terrasse. Bien-être et détente assurés !

HÔTEL PALMITO*** €€

7, rue du Port-Vieux ✆ 05 59 24 16 56
https://www.palmito-biarritz.com/fr
Chambres dès 70 €, 110 €, dortoir 160 €, suite 230 €. Clim. Boutique. Location vélos, planches surf, soins détente...

4 générations de savoir-faire reconnu par tous et désormais Nina et Aurélien perpétuent l'esprit famille et la convivialité dans cet hôtel idéalement situé, à 2 tongs de la plage du port Vieux, au cœur du Biarritz authentique. Solo, duo, tribu... pour des chambres privées, partagées (dortoir), familiales ou suite en rooftop avec une déco écoresponsable, cosy, inspirée par le voyage. L'endroit est chaleureux dans un esprit auberge et avec un excellent rapport qualité-prix. Vos hôtes attentionnés vous prodigueront astuces et bons plans de visites au Pays Basque !

HÔTEL VAL FLORÈS LOGIS** €€

48, avenue de la Marne
✆ 05 59 24 07 94
www.hotel-valflores.com
Logis. Qualité Tourisme. 20 chambres 60 à 290 €, suite Junior 137 à 380 €. Petit déjeuner 9,90 €. Terrasse ombragée.

Décontraction à la basquaise. Au cœur de Biarritz, à 8 minutes de la plage et du centre, proche du golf du phare, du stade Aguilera et de l'hippodrome, cet hôtel s'accorde parfaitement à un séjour détente sans stress. L'ancienne villa rénovée offre des chambres claires, sobres, à la décoration personnalisée réussie. Une belle adresse familiale et conviviale appréciée des férus de vieilles maisons. Avec un petit jardin privé avec terrasse à l'ombre du magnolia ; espace qui dégage une alchimie particulière, idéal pour une pause repos ou lecture ! Cosy et intime.

IPARRA-CHAMBRES D'HÔTES €€

26, rue Alotzbehere - **ARCANGUES / ARRANGOITZE**
✆ 06 86 91 38 28
www.iparra.fr

4 chambres de 110 à 165 €, petit déjeuner inclus. Jardin. Soins bien-être sur réservation. Animaux non admis. Parking.

Dans un cadre verdoyant et calme, à quelques km de l'océan, cette grande maison propose 4 chambres d'hôtes que la maîtresse de maison, Sandrine, passionnée de décoration, a parfaitement mis en valeur, avec en avant, quelques points forts du Pays Basque : la pelote, sport roi du Pays Basque, les vagues, le surf, la montagne, les fêtes… Les chambres sont superbes ; spacieuses, élégantes, pourvues de lits king size, de beaux tissus, des salles de bains contemporaines et une grande terrasse sur la nature. Et, un vrai plus, la possibilité de s'offrir des soins détente.

HÔTEL CAFÉ DE PARIS**** €€€

5, Place Bellevue ✆ 05 59 24 19 53

19 chambres, 150 à 600 €. Coffre-fort, minibar, plateau de courtoisie. Petit déjeuner 19 €. Restaurant. Plage proche.

Dominant la Grande Plage et le phare, l'hôtel Café de Paris est superbement situé, sur la place Bellevue au cœur de Biarritz. Face à l'océan, ses 19 chambres et suites rénovées sont une véritable invitation au voyage. Ici, le premier luxe c'est la mer, mais le design Art déco du site rivalise avec elle ! c'est un festival de caractères uniques et d'équipements haut de gamme. Ajoutez un bar, une superbe terrasse et un restaurant qui propose une cuisine raffinée aux parfums de la mer et du terroir. Un très bel endroit au confort cosy et à l'ambiance feutrée.

LA MAISON DU LIERRE*** €€

3, avenue du Jardin-Public
✆ 05 59 24 06 00
www.maisondulierre.com

20 chambres de 90 à 325 €/cat/saison. Espace bien-être : sauna, massages thaï dès 60 €. Jardin. Parking 15 €/jr.

Dans le quartier « Triangle d'or », cette belle maison de famille dispose d'un emplacement idéal à 200 mètres des 3 plages principales de Biarritz. Affichant un décor et une atmosphère cosy, des chambres chaleureuses entièrement relookées, l'établissement s'est résolument tourné vers le bien-être, la forme et la santé de ses hôtes. Profitez de son sauna et offrez-vous des massages thaïs aux huiles essentielles. Autre privilège, allez déguster votre petit déjeuner de produits locaux dans le jardin luxuriant. Idéal pour passer un séjour « relax » sur la Côte basque.

HÔTEL DE SILHOUETTE**** €€€

30, rue Gambetta
✆ 05 59 24 93 82
www.hotel-silhouette-biarritz.com

Ouvert toute l'année. 21 chambres (de 200 € à 425 €). Petit déjeuner : 19 €. Parking privé. Restaurant estival.

Au beau milieu du « quartier », à quelques pas de l'océan, l'hôtel de Silhouette**** séduit par une toute nouvelle décoration ! Un havre de paix au cœur du bouillant Biarritz. En vous installant dans le jardin, vous apprécierez d'autant plus le petit déjeuner de cet hôtel intimiste comprenant 21 chambres et suites. Cette ancienne demeure du XVIIe siècle a conservé tout son charme. Dans le grand salon de l'hôtel, tout vous invite au voyage : Orient, Amérique du Sud ou encore Toscane mais aussi des influences Art déco… Accueil chaleureux d'un personnel attentif.

MAISON GARNIER*** €€

29, rue Gambetta
✆ 05 59 01 60 70
www.hotel-biarritz.com

Ouvert toute l'année. 7 chambres à partir de 95 €/cat./saison. Petit déjeuner : 8,50/12,50 €. Animaux acceptés. Wifi.

Hôtel de charme par excellence avec cette inexorable ambiance cosy que Delphine, professionnelle dans l'hôtellerie, sait faire vivre et perdurer un confort et un accueil privilégiés. En plein centre-ville, à proximité des plages et du quartier animé des Halles de Biarritz, 7 chambres occupent l'espace, la première au rez-de-chaussée, les autres dans les étages, toutes différentes et toutes aussi agréables. On notera la n° 3 toute avec sa cheminée et une grande salle de bains avec un lavabo rétro, un coin salon. Partout, même esprit et même bien-être.

ETXOLA BIBI €

square Jean-Baptiste Lassalle
✆ 06 09 63 15 98

Ouvert du 1er avril au 31 octobre. 7j/7 en continu, de 8h à 23h. Tapas à partir de 2,50 € à emporter. Jardin, terrasse.

Sur un site exceptionnel, au-dessus de la Côte des Basques à 180°, du petit déjeuner à 8h jusqu'au coucher du soleil et after jusqu'à 23h avec apéritif, grignotage et concert (le dimanche soir), la guinguette au sens noble et authentique du terme propose le spectacle de l'océan et de ses surfeurs, les tapas, salades, et l'ambiance décontractée d'un Biarritz festif. Pour un apéritif prolongé en famille ou entre amis, l'endroit ne manque pas de saveur. Sans oublier l'incontournable terrain de pétanque ou l'on organise concours et challenges. Convivialité incluse !

PAVILLON DU PHARE €

60 B, Esplanade Elisabeth 2
✆ 05 59 54 56 97

Ouvert de Pâques à Toussaint, de 9h au coucher de soleil, 7/7 sauf lundi hors juillet/août. Carte 20 € env. Terrasse.

Pour un grignotage Terre & Mer, un apéro *sunset* ou encore un petit déjeuner et brunch face à l'océan et à la grande plage de Biarritz, avec son bar à ciel ouvert et sa terrasse de 110 m² au pied du phare, le Pavillon du Phare est le café-lounge-foods & drinks dans un cadre « iodé » idéal. Sans oublier l'accueil de l'équipe, « familial » sous l'œil bienveillant et maternel de Valérie. Multiples salades fraîches à la demande, tartare de crevettes, tataki de thon, douceurs sucrées généreusement servis. DJ en soirée en fonction de la météo, (se renseigner sur FB).

LE CAFÉ BASQUE €€

5, Place Bellevue ✆ 05 59 24 19 53
www.cafe-basque.fr

Ouvert 7j/7 midi et soir. Menu déjeuner du lundi au vendredi : 24 €. A la carte : comptez 45 à 60 €. Terrasse. Vue mer.

Le Café de Paris, avec son restaurant le Café Basque est une adresse gourmande pour tous les épicuriens. Tout a changé sauf la situation exceptionnelle avec sa vue magique sur l'océan au cœur de Biarritz : atmosphère chaleureuse et cosy imaginée par la maison Sarah Lavoine ; côté « piano », tout le talent de notre chef étoilé Cédric Béchade, déjà « toqué » avec l'Auberge Basque à Saint-Pée-sur-Nivelle, haut lieu gastronomique de la région. Du petit déjeuner maison aux afters dînatoires à partager au soleil couchant avec une carte renouvelée et des produits locaux.

LE B2- BISTROT DE BIARRITZ €€

5, rue du Centre ✆ 05 59 24 34 66
https://restaurantb2.wixsite.com/leb2

Maître Restaurateur. Ouvert midi et soir sauf mercredi, jeudi. Formule midi : 1, 2 ou 3 plats. Le soir, menu à 35 € env.

Situé dans le très dynamique quartier des Halles de Biarritz, le B2-Bistrot de Biarritz propose une cuisine savoureuse, élaborée à partir de produits frais. Mettez le cap sur une cuisine généreuse, inventive avec des produits de saison : foie gras poêlé, ceviche de maquereau, œuf croustillant et chantilly de tartare, morue pil pil, l'incontournable tartare de bœuf du B2 coupé au couteau et frites... et ronde de desserts « maison ». Le tout avec un service convivial et professionnel.

CASA JUAN PEDRO €€

Port des Pêcheurs ✆ 05 59 24 00 86
www.casajuanpedro.com

Ouvert 1er avril à fin octobre. Saison estivale, 7/7 midi et soir. Sans réservation. Carte : 15/30 €. Grande terrasse.

Dans la petite anse du Port des Pêcheurs, de belles terrasses directement sur le port et ses bateaux pour ce restaurant convivial qui ne désemplit pas, tenu par les jumeaux Fauthoux. Amateurs de cuisson à la plancha « devant vous », vous ne serez pas déçus, c'est leur signature depuis toujours. Un œil sur l'océan et l'autre dans l'assiette, un excellent moment autour de plats simples et réussis : assiette de Serrano, pimientos farcis à la morue, calamars, sardines grillés, thon piperade, chipirons, merlu à l'espagnole, gâteau basque.... Sympathique et décontracté.

BOUCHON BIARROT €€

2, avenue de la Reine Victoria ✆ 05 59 51 14 90
https://www.lebouchonbiarrot.com/fr/

Maître Restaurateur. Midi du mar au ven, soir du lun au sam, dim selon saison. Midi 24/28 €, soir 39/45 €.

Face à l'hôtel du Palais, à 100 m de la Grande Plage, le Bouchon Biarrot affiche un décor intimiste et cosy avec ses 3 salles voûtées aux murs de pierre. Une cuisine pour les épicuriens : produits issus des élevages locaux, frais et de saison. Côte de bœuf de Galice maturée, chipirons farcis au boudin noir, truite de Banka, thon rouge, agneau des Pyrénées, Bellota (porc nourri au gland)... Les poissons et viandes sont cuits à basse température pour garder une texture tendre et toutes les saveurs des aliments. Et une carte des vins particulièrement intéressante.

CHISTERA ET COQUILLAGES €€

13, rue des Halles
✆ 05 59 41 89 45
www.chisterabiarritz.fr

Ouvert 7/7 l'été midi et soir sauf hors saison (fermé mercredi). Carte : 40 € environ. Terrasse. Privatisation possible.

Dans le quartier animé des Halles, Chistera et Coquillages est l'adresse où la convivialité en est la signature avec sa terrasse et ou à l'intérieur dans un décor typique, Thibault et sa brigade vous reçoivent. 3 salles, 3 ambiances avec en terrasse, des pintxos alléchants et planches à partager, coquillages à la plancha, fruits de mer de l'écailler parillada ou encore l'entrecôte Chistera et la côte de bœuf, sans oublier les desserts « maison ». On prend vite ses habitudes dans cet établissement pour un petit café dès 9h, un verre de vin après le marché.

CHEZ COCO €€

5, rue Gardères ✆ 05 59 26 28 10
www.chez-coco-biarritz.fr

Ouvert tous les jours sauf mercredi, midi et soir. Pizzas de 10 à 19 €. Carte : 25 € env. Terrasse. Vente à emporter.

En plein centre de Biarritz, face au Casino et à proximité de la place Clemenceau, cet écrin au tempérament latin, est une bonne surprise gastronomique. Le restaurant-pizzeria « Chez Coco » vous accueille dans un lieu atypique avec sa décoration loft brocanteur. Un service efficace et professionnel dans une ambiance décontractée ; qualité et fraîcheur des plats confectionnés, sont les signatures de cet établissement qui a son double à Bidart. Bel éventail de pizzas, pâtes et salades, des plats originaux et pour conclure, les desserts du moment, « maison ».

LE CORSAIRE €€

15, allée Port des Pêcheurs ✆ 05 59 24 63 72
www.lecorsaire-biarritz.fr

Ouvert toute l'année. En saison, 7j/7 midi et soir. A la carte : 25 à 30 €. Menu du jour : 25 €. Grande terrasse.

Une adresse à ne pas manquer au Port des Pêcheurs. Du poisson frais et local, rigoureusement sélectionné chaque matin par Sylvain et Paul. Les poissons arrivent de la criée de Saint-Jean-de-Luz et vous pourrez même choisir le vôtre. Ce soin apporté à « la matière première » se retrouve en bouche : un délice. Sole, chipirons, turbot, daurade, merlu, maigre, thon rouge, rouget barbet, etc. sont les plats signatures de cet établissement, qui avec son cadre relooké et tendance est toujours un lieu si typique. Rapport qualité-prix intéressant et qualité au rendez-vous.

LA GOULUE €€

3, rue Etienne-Ardoin
✆ 05 59 24 90 90
www.lagouluebiarritz.com

Fermé lundi, mardi midi, samedi midi. Juillet/août, ouvert aussi lundi soir. Formule midi 13,90 €. Menu carte 28 €.

Un cadre très années 1900 dans ce restaurant du cœur de Biarritz.. A l'image de son nom, « La Goulue » (« Reine du cancan » au Moulin Rouge), l'établissement affiche une certaine élégance : décor feutré avec photos noir et blanc, vieilles cartes postales, salles intimes arborant des banquettes cosy. En cuisine, Frédéric Daunes travaille des produits bruts et de saison élaborés sur place : pavé de chèvre frais aux herbes, tournedos de faux-filet sauce au vin d'Irouleguy, filet de bar sauvage poêlé au pistou, russe maison... et, petit plus, la Cave du patron...

LÉONIE €€

7, avenue La Rochefoucauld
✆ 05 59 41 01 26
www.restaurant-biarritz-leonie.com

Ouvert TLJ sauf mardi soir et mercredi. Réservation recommandée. Carte 38 € env. Plat du jour 14 €. A emporter.

La jeunesse talentueuse est ici aux commandes du fourneau et du service de cette maison historique. Bistrot convivial et restaurant à la fois, les produits sont ici sélectionnés en respectant les critères de proximité, de qualité, de fraîcheur et de saison. L'œuf mollet, le velouté de champignons et sa crème montée, les noix de Saint-Jacques, paleron de veau braisé... Desserts autant travaillés, le tout accompagné d'un choix heureux de vins du cru. Le chef Maxime propose également ses talents à domicile pour transcender vos événements. Une cuisine inventive !

LA PETITE PLAGE BIARRITZ €€

Plage du Port-Vieux ✆ 05 59 24 88 98

Ouvert avril à fin octobre 7/7 12h-minuit. WE+juillet/août jusqu'à 2h du matin. Suggestion midi dès 17 €, carte 45-60 €.

LA PETITE PLAGE prend ses quartiers sur la plage du Port Vieux. Les pieds dans le sable, dans un nouveau décor authentique aux notes chaudes et naturelles alliant la noblesse du bois à la finesse de l'osier, l'esprit se veut chic et cosy, idéal pour un moment convivial. Côté cuisine, la carte, signée par le grand chef étoilé et meilleur ouvrier de France Eric Frechon, propose une cuisine d'été, fraîche et moderne faisant la part belle aux produits locaux et de saison. Son bar à cocktails unique vous régalera toute la journée, puis, place à l'ambiance musicale !

LE PIM'PI BISTROT €€

14, avenue de Verdun ✆ 05 59 24 12 62
www.lepimpi-bistrot.com

Ouvert du mar au sam midi & soir. Formule midi semaine 15-20 €. Menu Carte 39 €, Dégustation 50 €. Pensez à réserver.

Une nouvelle fois, Fanny et Manu, passionnés de gastronomie, expriment tout leur talent et créativité avec une carte inspirée, où l'on découvre des produits du terroir et de saison mis à l'honneur dans leur bistrot cosy et moderne. Petit aperçu : fraîcheur de melon, tomates et feta, croustillants de gambas et basilic ; dos de merlu, mousseline de patates douces, falafels et yaourt au cumin ; poêlée de cèpes (en saison)... sublime. Côté desserts, le gros chou craquelin, crémeux de praliné. Une belle adresse pour se régaler à Biarritz, dans une ambiance conviviale.

LE ROYALTY €€

11, place Georges Clemenceau ✆ 05 59 24 01 34
https://leroyalty.com/

Ouvert tous les jours midi et soir. Carte 35 € env. Bar de 8h à 2h du matin. Cocktails. Accueil des groupes. Terrasse.

Le Royalty, institution depuis 1929, a vu des générations d'artistes, de sportifs et autres personnalités, et ses fidèles anonymes qui font de chaque journée une nouvelle histoire. Au cœur de Biarritz, l'adresse est incontournable avec sa grande terrasse et ses nappes blanches. Pascal Ondarts, célèbre international de rugby qui est aujourd'hui le capitaine de ce prestigieux établissement, marque et transforme indéniablement l'esprit du lieu. On retrouve dans sa carte cette même générosité, carte qui propose une cuisine bistrotière aux accents du Sud-Ouest, 7j/7.

LA TIREUSE €€

29, rue Mazagran
✆ 05 59 24 26 18
www.latireuse-biarritz.fr

Hors saison, ouvert mercredi à dimanche. Été 7/7 non-stop 12h-23h. Bar à bières. Menus 15 à 26,50 € + carte. Terrasse.

La Tireuse, célèbre bar à bières à Biarritz, est tout autant apprécié pour sa cuisine maison de qualité : produits frais de saison, excellent rapport qualité-prix et service non-stop, idéal en période de vacances ou de week-end. Tartare de bœuf au couteau, fish and chips, ribs, rillettes de thon maison, acras de morue, plats cuisinés à la bière, cheese-cake vanille citron... Un bon moment dans une ambiance décontractée et conviviale. Au Manneken, le snack de La Tireuse juste à côté, goûtez les gaufres de Liège, paninis et sandwichs américains. *The Place to beer !*

CHEZ ALBERT €€€

Port des Pêcheurs
✆ 05 59 24 43 84
https://chezalbert64.fr/

Ouvert février à novembre + fin d'année 7/7 (sf mercredi hors juillet/aout). Carte 40/65 €. Terrasse. Pensez à réserver.

Une institution à Biarritz ! Situé au petit port des pêcheurs, c'est d'abord ici les fruits de mer et leur fraîcheur irréprochable. On aime ce cadre authentique où les murs pourraient raconter tellement d'anecdotes ! Aux fourneaux, le chef joue la cuisine de l'instant, du marché et des saisons. Les incontournables huîtres Gillardeau, le tourteau, les langoustines ou le homard breton. Chez Albert, vous pourrez aussi déguster des poissons à la plancha – dorade, sole, merlu... et l'excellent turbot, sans oublier les desserts maison qui sont de la même facture.

ATELIER A. BOUSQUET €€€

52, rue Alan Seeger ✆ 05 59 41 10 11
latelier-alexandrebousquet.com

Ouvert du mardi au samedi, midi et soir. 1 étoile Michelin. Menus de 42 à 150 €. Réservation impérative. Terrasse.

Haut lieu épicurien, l'Atelier d'Alexandre Bousquet est niché dans une authentique ferme basque avec terrasse et parc, face aux montagnes pyrénéennes, aux portes de Biarritz. Maître restaurateur et cuisinier, étoilé Michelin, Alexandre a depuis toujours cette volonté de magnifier les produits locaux et de saison. Amuse-bouches exceptionnels, langouste royale, ris de veau poivrons doux-prune, soufflé citron-sorbet verveine… quelques « œuvres » parmi tant d'autres que l'on retrouve dans une carte constamment renouvelée suivant l'inspiration. Très belle adresse.

MARLOE BIARRITZ €€€

45, Av. du Président J F Kennedy
✆ 05 59 22 34 98
https://marloe-biarritz.fr

Du lundi au vendredi midi & soir. Menu du Marché (midi) 29 €, menu Dégustation (soir) 65 €. Carte 45/50 €. Boutique.

Le Marloe, nouveau restaurant bistronomique, voire gastronomique, est l'une des belles surprises de l'année ! Porté par des professionnels bien connus, Johanna et Eric Martins, qui ont rayonné dans de célèbres Maisons étoilées et par le chef Anthony Ruffet, c'est une cuisine créative, de saison et de région qui est proposée ici ; et tous les produits sont rigoureusement sélectionnés, une vraie démarche écoresponsable. Confortablement Installés dans des espaces cosy à l'intérieur ou dans le patio, l'accueil, les plats, le service… tout n'est qu'excellence.

LES ROSIERS €€€

32, avenue Beau-Soleil ✆ 05 59 23 13 68
www.restaurant-lesrosiers.fr

1 étoile Michelin. Ouvert du mercredi au dimanche midi & soir. Menu 89 €. Carte env. 90 €. Formule midi semaine 40 €.

Le couple Rosier confirme à chaque saison son talent et sa belle notoriété méritée. Selon une trilogie gagnante, simplicité, convivialité et créativité se mariant joliment, tant dans le cadre que dans la cuisine où ils jouent de « l'alliance de leurs racines basques et des exigences de la plus haute gastronomie ». Ils cuisinent à 4 mains : Stéphane se consacre aux entrées et aux desserts et Andrée, 1re femme « MOF », aux plats principaux. Et leur cuisine d'auteur suit évidemment les saisons. Une étoile Michelin confirmée une nouvelle fois et largement justifiée.

CHEZ SCOTT €€€

6, rue Jean Bart
✆ 05 59 22 85 98
www.chezscott-biarritz.fr
Jeudi au samedi, ouvert midi & soir, mercredi et dimanche le midi. Comptez 25 € le midi, 60 € le soir. Vente à emporter.

Cet établissement est aujourd'hui devenu une table incontournable pour les gourmets. Le chef propose une cuisine « bistronomique », gustative, délicate et inventive, savoureuse et originale, conçue pratiquement devant vous avec le chef au comptoir qui finalise l'assiette. Avec Scott Serrato, au CV riche, c'est une carte qui change au gré de l'inspiration et des saisons. Une cuisine subtile à apprécier dans une atmosphère cosy. Le produit local est ici travaillé aux couleurs des îles et plus classiquement aux saveurs basques. Une cuisine d'auteur inspiré !

BAR DE LA CÔTE

Plage de la Côte des Basques
✆ 05 59 22 30 67
www.bardelacotedesbasques.com
Ouvert toute l'année 7j/7 de 11h à 21h30. Terrasse panoramique. WiFi.

Le Bar de la Côte, c'est un restaurant certes, mais c'est aussi l'une des plus belles vues de Biarritz. A toute heure, vous pourrez y faire un tour pour boire un verre, prendre un café après une balade, admirer le coucher du soleil, vous offrir un apéritif, face à l'océan et même, assister à un concert sur l'impressionnante terrasse à l'étage, à la belle saison. Une ou deux fois par mois l'été, des soirées animées avec DJ ont lieu. Côté carte, plats frais et vins d'exception sans oublier les cocktails du monde, les classiques et les tendances actuelles.

BAR LE CAFÉ DE PARIS

5, place Bellevue
✆ 05 59 24 19 53
www.cafe-basque.fr
Ouvert tous les jours. Petit-déjeuner 8h-11h. Carte après-midi, le «4-heures». Terrasse vue mer.

Une légende « revisitée » depuis peu et pour notre plus grand bonheur, LE Café de Paris ; une institution face à l'océan au cœur de Biarritz ! Un cadre exceptionnel, un lifting confié à la Maison Sarah Lavoine, une cuisine gastronomique avec la bénédiction de Cédric Béchade, chef étoilé de l'Auberge Basque à Saint-Pée-sur-Nivelle et à toute heure de la journée, « open bar ». Petits déjeuners raffinés, goûters gourmands qui vous feront fondre de plaisir... A partir de 19h, cocktails, planches à partager avec de belles réalisations et soleil couchant pour tous !

BOULANGERIE FERNANDEZ

12, avenue de la Gare
✆ 05 59 85 49 92
Ouvert du mercredi au lundi toute l'année, de 6h30 à 19h, le dimanche jusqu'à 13h. Meilleure baguette 2018.

La meilleure baguette (2018) est à Biarritz chez notre artisan boulanger Arnaud Fernandez ! Ici, vous ne trouverez pas multitude de pains spéciaux déclinés à toutes les sauces... Ici, on va à l'essentiel du goût et de la saveur du pain fabriqué de manière artisanale, traditionnelle et labellisée essentiellement. Les restaurateurs et hôtels de la région ne s'y trompent pas en venant le matin récupérer leur commande. Le pain, mais aussi la viennoiserie, qui à l'image du reste, demeure de grande et belle qualité. Croissants, chocolatines, pains aux raisins, etc.

MAISON ADAM

3 et 27, place Georges-Clemenceau
✆ 05 59 26 03 54
www.maisonadam.fr
2 boutiques ouvertes tous les jours de 9h à 19h (jusqu'à 20h en été). Macarons à l'unité et en boîtes. Vente en ligne.

Au cœur de Biarritz, avec ses deux boutiques, la Maison Adam, grand nom du Macaron, fondée en 1660 sous le règne de Louis XIV, attire les gourmands venus déguster ses créations. Selon une recette familiale inchangée, les macarons sont l'une des fiertés de la pâtisserie locale et se dégustent sans modération. Un succès fait de tradition et de modernité avec tout un panel de pépites : gâteaux basques, chocolats, moelleux... Et chaque année, de nouvelles créations. Aujourd'hui, la jeune génération pérennise la célèbre signature que l'on retrouve à Saint-Jean-de-Luz.

MAISON DARANATZ

12, avenue du Maréchal Foch
✆ 05 59 24 21 91
www.daranatz.com
Ouvert toute l'année ; du mardi au samedi de 10h à 13h et de 14h à 19h. Vente en ligne.

Cette Institution gourmande bayonnaise est aussi installée à Biarritz depuis 1930 dans un véritable écrin au style art déco, meubles et diplôme sont le témoin d'une époque. Ici, on aime les grands crus avec toujours la même signature chocolatière : puissance, longueur en bouche, finesse des mariages aromatiques. Les pâtes d'amandes sont « fraîches », une rareté. Dans le même esprit, les macarons, peu sucrés, ont un parfum remarquable d'amandes. Entrez dans cet univers de spécialités, tablette gourmande, bonbon de chocolat, touron... Un paradis pour les gourmets !

MAISON DEZAMY

11, rue des Halles ✆ 05 59 26 52 67
www.maison-dezamy.fr
Ouvert du mercredi au vendredi 9h-13h/15h-19h. Samedi 9h-19h/20h30-22h30. Dimanche 9h-19h. Sur place/à emporter.

Ce véritable artisan glacier biarrot, unique détenteur au Pays Basque du label Glaces artisanales de France et vainqueur du concours des Talents gourmands 2017, offre de belles douceurs rafraîchissantes aux saveurs tout aussi classiques que singulières. Fabriquées avec une charte de qualité exigeante, lait de chez Bastidarra, sorbets réalisés avec 45 % de fruits, parfums adaptés selon les saisons (des incontournables bien sûr comme chocolat noir sorbet, crémino, citron meringué, framboise…). C'est ici l'adresse incontournable pour les amateurs de tous âges !

MAISON PARIÈS

1, place Bellevue ✆ 05 59 22 07 52
www.paries.fr
Hiver : ouvert 7j/7, 9h-13h/14h30-19h. Été, 7j/7, 9h-19h30. Labels EPV, EFC (Entreprises Familiales Centenaires).

La célèbre maison aux boîtes orange vous accueille dans sa jolie boutique, toute proche de l'océan ! La maison Pariès, créée en 1895 est une dynastie de maîtres chocolatier-pâtissier-confiseur qui, depuis cinq générations, se transmettent un savoir-faire ancestral. Les célèbres Kanougas®, la signature de la maison, les étonnantes et craquantes Espelines®, le Mouchou® (bisou en basque), les incontournables gâteaux basques...Sans oublier les glaces et sorbets récompensés en 2019 par le Gault & Millau. Les pâtisseries de la Maison sont disponibles sur commande.

LA PETITE PLAGE BIARRITZ

Plage du Port-Vieux
✆ 05 59 24 88 98
Restaurant-bar. Ouvert d'avril à fin octobre 7/7 12h-minuit et 2h du matin le we + juillet/août. Terrasse panoramique.

Surplombant la petite plage du Port-Vieux, évasion à coup sûr dans ce bar lounge-restaurant, avec son nouveau décor authentique aux notes chaudes et naturelles. Esprit chic et cosy, idéal pour un moment convivial. Tout au long de la journée et jusqu'au crépuscule, son bar à cocktails unique vous régalera de saveurs sucrées, subtiles et désaltérantes, pour des instants complices en terrasse. A la nuit tombée, l'ambiance musicale chaleureuse aux airs de vacances vous fera vivre l'expérience des chaudes nuits du Pays Basque. Un lieu magique de jour comme de nuit !

LE ROYALTY

11, place Georges Clemenceau
✆ 05 59 24 01 34
https://leroyalty.com/
Ouvert toute l'année. Ouvert 7j/7, en continu 8h/2h du matin. Cocktails. Service restaurant midi et soir. Terrasse.

Le bar-restaurant Le Royalty est une institution qui a vu tant de célébrités en plus d'un siècle, et qui a su préserver sa simplicité et surtout sa convivialité grâce à son propriétaire Pascal Ondarts ; un grand parmi les grands internationaux de rugby des années 80, aux multiples sélections. Dans ce QG biarrot, vous découvrirez une large gamme de cocktails « maison », sa grande table d'amis où l'on partage des assiettes terre/mer, sa terrasse ombragée qui illumine tard dans la soirée la place Clemenceau, les salles à l'étage avec des espaces plus intimistes.

LA TIREUSE

29, rue Mazagran ✆ 05 59 24 26 18
www.latireuse-biarritz.fr
Basse saison, ouvert du mercredi au dimanche de 11h à 2h. Haute saison 7j/7 11h-2h. Restauration. Bières à emporter.

Institution à Biarritz et haut lieu de dégustation de bières artisanales d'exception : plus de 100 variétés dont une vingtaine à la pression qui changent très régulièrement au gré des découvertes, ce qui permet de déguster plus de 200 bières pression sur une année ! A accompagner de bonnes planches de charcuteries maison, burgers, *fish & chips*... En plus des multiples bières brassées au Pays Basque, goûtez des bières d'ailleurs, sous les conseils très avisés de l'équipe et dans une ambiance chaleureuse, et même emporter votre bière de 1 l fraîchement embouteillée.

L'ACCORD PARFAIT-ÉPICERIE FINE

5, avenue Jaulerry
✆ 07 86 36 99 43
Ouvert du mardi au samedi de 9h à 19h et dimanche de 9h à 12h30. Carte de fidélité. Soirées thématiques toute l'année.

Voici une bien sympathique épicerie fine où l'on retrouve de belles signatures de produits basques, mais pas que... D'autres régions de France, mais aussi d'Italie, de Pologne et d'ailleurs sont à l'honneur. Entre les plateaux de charcuterie artisanale, de fromages faits sur mesure et selon vos envies, les confitures, chocolats, bières, thés, etc. Marta, donne ici tout son talent et son énergie pour rendre ce lieu, convivial, attirant et goûteux avec toute sa sélection gourmande.

ARTIGA MAISON

23, rue Gambetta ✆ 05 47 64 49 23
www.artiga.fr
Ouvert du mardi au samedi, 10h-13h/15h-19h pendant l'année. Horaires modifiables en saison estivale. Boutique en ligne.

Quand la tradition et la modernité réinventent la toile basque... Artiga, créateur de linges, tissus et toiles basques a fait un art de vivre avec la confection de produits textiles sur mesure. Dans leur jolie boutique biarrote, vous découvrirez les toiles basques et accessoires fabriqués à Magescq (40). Pour des ambiances contemporaines empreintes de personnalité, l'univers à la fois classique, sobre, coloré ou rayé ira parfaitement. Neuf boutiques aujourd'hui entre Bordeaux, Pau, Arcachon, Dax et dans le Pays basque sans oublier le magasin d'usine à Magesq.

BIJOUX RODON

1, rue Mazagran ✆ 05 59 24 74 30
www.bijoux-basques-rodon.com
Ouvert du mardi au samedi de 10h à 12h30 et de 15h à 19h. En saison, ouvert tous les jours. Vente en ligne.

La spécialité de la maison est évidemment le bijou basque : croix basque, pala, chistera... En argent ou en or, dans une gamme complète (pendentifs, bagues, bracelets, colliers, boucles d'oreille, médailles...), vous y trouverez forcément votre bonheur. Enseigne familiale depuis trois générations (1940), elle perpétue le style qui a fait sa notoriété, les créations s'émancipent et Fred peut créer avec brio tout modèle personnalisé en or et pierres précieuses. Tous les bijoux sont réalisés en or 18 carats et en argent 925/000 et sont officiellement poinçonnés.

BLOOM

Les Halles - Place Sobradiel
✆ 07 49 21 24 71
Ouvert toute l'année 7j/7 de 8h30 à 14h. Nocturne en saison estivale. Livraison possible.

Maria, Flore et Mathieu, passionnés de gastronomie durable sont le trio de choc en coaching goût et saveurs du monde au cœur des halles de Biarritz, vitrine incontournable des produits du terroir et d'ailleurs. Évadez-vous avec les épices sans frontières éthiquement sélectionnées, les antipasti, condiments, miel, confitures, soupes... Avec aussi les fruits confits, les produits « maison » comme les cookies, granola... Durable avec de belles signatures de producteurs bio principalement. Nos professionnels sont aussi aux halles de Dax pour notre plus grand plaisir.

BOUTIQUE PIERRE OTEIZA

22, avenue Foch ✆ 05 59 24 28 86
www.pierreoteiza.com
Ouvert toute l'année, du mardi au samedi, de 10h à 13h30 et de 15h à 19h. Ouvert tous les jours en été. Vente en ligne.

Les produits Pierre Oteiza sont une institution qui « respire » le Pays basque. Une signature qui multiplie ses implantations en France avec 10 boutiques dont 2 à Paris et 1 à Bordeaux, toujours avec le même enthousiasme et le même brio. A Biarritz comme dans les autres boutiques, à proximité de la Gare du midi, on trouve toute la gamme de ses produits, bien sûr à partir du fameux porc basque des Aldudes. Véritable fleuron des produits de salaison dans la région. Ne partez pas sans goûter le dernier né de la maison, le jambon blanc cuit entier sans nitrite ajouté.

LA CRIÉE DES DOCKS

5 bis, rue Luis Mariano ✆ 05 59 24 59 72
www.lacrieedesdocks.fr
Ouvert du mardi au samedi 9h-13h/16h-19h et dimanche matin et fériés 9h-12h30. Plateaux de fruits de mer sur commande.

L'une des meilleures poissonneries de Biarritz. Qualité des produits fins et frais sur l'étalage. Pour Laurent Péan, le choix du poisson est particulièrement crucial ; il se fournit uniquement auprès d'adresses de confiance, ce qui lui permet de proposer une large gamme de poissons et de coquillages d'une fraîcheur et qualité exemplaires : thon rouge, merlu, cabillaud, saumon, sole, huîtres – Fines de claire, Spéciales Impératrices, Gillardeau... –, plateaux de fruits de mer... Et des plats cuisinés « maison » : paella, brandade de morue... Très belle adresse gourmande.

LES DOCKS DE BIARRITZ

rue Luis-Mariano
Une cinquantaine de commerces. Brocante le dernier dimanche du mois. Marché nocturne en juillet/août. parking gratuit.

Les Docks de Biarritz sont un concentré d'artisans et de savoir-faire dans la région. De la poissonnerie à la boucherie en passant par le charcutier, le boulanger-pâtissier, le marchand de légumes, le fleuriste, etc. C'est une cinquantaine de commerces toutes activités confondues, au service du goût et de la qualité. Avec un accès facile et gratuit à l'immense parking. Et si l'on a envie de se poser, un café ou un verre pourront être pris, et au cœur même de cet ensemble, des restaurants vous invitent aussi à vous installer. Avec aussi des animations en saison.

ESPACE COMMERCIAL DES HALLES

11, rue des Halles ✆ 06 07 64 05 40
www.halles-biarritz.fr

Les halles sont ouvertes 7j/7 de 7h30 à 14h et de 18h à 21h en saison. Livraison possible (selon les commerçants).

Véritable institution de la vie locale et lieu d'échange, les Halles de Biarritz existent depuis 1885. Dans ce temple des produits du terroir, avec une quarantaine de commerçants présents toute l'année (certains depuis plusieurs générations), on respire ici l'âme du Pays Basque. Jambon de Bayonne, piments doux, gâteaux basques côtoient fromage de brebis et autres gourmandises. Dès le matin, les habitués s'y retrouvent pour boire un café et faire le plein d'emplettes.

ESPADRILLES CHISTERA

18, rue Mazagran
✆ 05 24 33 76 63

En été, ouvert tous les jours de 10h à 20h. A partir du 15 septembre, ouvert du lundi au samedi 10h-13h et 14h-19h.

Vous trouverez forcément chaussures, non… espadrilles à vos pieds dans ce temple du dress code made in Pays basque pour un grand nombre de produits. Des classiques unies, rayées, des compensées… des signatures de renom telles Castaner ou les élégantes sandales Minorquines. Des modèles chics et confortables, cousus main. C'est ici une belle vitrine avec le savoir-faire ancestral de nos artisans basques et espagnols. Petits et grands ne résisteront pas à la tentation de ramener dans leur valise quelques échantillons qui respirent l'authenticité et la solidité.

LA FOLIE VERTE

19, allée du Moura
✆ 05 59 22 86 54

Ouvert du mardi au samedi : 9h-12h/14h-19h. Déplacement et livraison à domicile. Location, vente, réparation de VAE.

Si vous aimez la balade urbaine, à la campagne ou encore à la montagne, à vélo et sans trop se fatiguer, « La folie Verte » qui porte bien son nom correspond à vos attentes ! À la location dès la 1re demi-journée ou à la vente, ce sont des VAE haut de gamme, tendances pour tous. C'est aussi une gamme de trottinettes, skates électriques et accessoires, un atelier de réparation et très utile, un service de gardiennage durant vos absences. Arrivez à pied, repartez au guidon de vélos adaptés à votre taille et à l'usage que vous souhaitez avec une gamme exceptionnelle.

GUSTO DI PUGLIA

7, avenue Foch
✆ 05 59 23 45 86
https://www.traiteurgustodipuglia.com/

Ouvert tous les jours de 10h à 20h. Traiteur et épicerie fine italienne. Formule midi à emporter : 10,50 €.

Les amateurs de plats italiens seront comblés avec le traiteur Gusto di Puglia (le goût des Pouilles), région au sud de l'Italie. Un concentré culinaire aux couleurs vert-blanc-rouge, où l'on fait sur place des lasagnes, raviolis… dans les règles de l'art et où l'on peut emporter quelques trésors comme le jambon noir, la « Rolls » des jambons de Parme. Les salades aussi à emporter, le coin épicerie fine avec fromages et vins de là-bas, les paniers gourmands à offrir ou à garder jalousement. Et les desserts ? Rien à envier aux célèbres signatures avoisinantes.

LARTIGUE 1910

8, avenue Edouard-VII
✆ 05 59 23 83 02
www.lartigue1910.com

Horaires variables à consulter sur le site. En saison, ouvert 7j/7. Labels E.P.V. et IG Linge Basque. Vente en ligne.

Le célèbre tisserand oloronais implanté au Pays basque à Ascain a également une très belle boutique à Biarritz. Depuis quatre générations, la famille Lartigue perpétue un savoir-faire d'exception. A travers leurs produits, on peut découvrir l'ensemble des collections de toiles. Et chaque modèle se décline dans de très nombreux articles comme les nappes, sets de table, articles de cuisine (tabliers, torchons, gants…), articles de décoration (coussins, rideaux), serviettes de bain… L'ensemble des créations dévoile les multiples facettes d'une toile authentique.

MAISON GASTELLOU

26, rue Gambetta
✆ 05 59 23 69 48

Ouvert toute l'année et 7j/7 en haute saison. Basse saison, fermé le lundi. Commandes possibles en ligne.

Belle vitrine du savoir-faire de la maison Gastellou dans le Pays Basque et ce, installée depuis plusieurs générations à Saint-Jean-le-Vieux pour sa production. Inutile de faire d'autres éloges que celle de l'authenticité du goût, des traditions dans l'élevage et la transformation ! Des produits d'autant plus savoureux comme les jambons secs de Bayonne et de Garazi, chorizo, rillettes, terrines et autres pâtés, plats cuisinés et… gâteaux basques. Désormais 5 boutiques dont la toute dernière située devant le « labo » à Saint-Jean-le-Vieux, diffusent l'excellence.

MDVINS CAVE ET DÉGUSTATION

3, boulevard de Cascais ✆ 05 59 85 14 22
https://mdvins.com/
Ouvert du mardi au samedi de 9h à 13h et de 16h à 19h30. 22h les jeudis et vendredis. Terrasse. Boutique en ligne.

Cette nouvelle cave et dégustation a fière allure sur le parvis de ce quartier résidentiel. Une belle exposition et surtout une belle cave avec les conseils avisés et professionnels de François, épicurien comme il se doit ! Des vins d'ici, d'ailleurs et surtout une collection surprenante et rare dans le Pays Basque de vins du Portugal. Une spécialité de la cave que l'on découvre entre autres autour de planches de charcuteries locales préparées à la demande certains soirs de la semaine.

TISSAGE DE LUZ

19, rue Gambetta
✆ 05 59 23 31 12
https://www.tissagedeluz.com/fr/
Ouvert du mardi au samedi 10h-13h et 14h30-19h. Label Origine France garantie. E-Shop.

Au fil de 5 générations de tisserands et de savoir-faire, Tissage de Luz est la référence française, 100 % artisanale dans l'univers de la table, de l'habillement de vos intérieurs et extérieurs. Avec des créations toute l'année qui mettent en couleur du motif classique, tendance, voire multivitaminé – coussins, nappes, rideaux, toiles, transats, plaids Mérinos de grande qualité. Reconnu pour la solidité et la créativité de ses produits, Tissage de Luz ne cesse de réinventer les motifs. La boutique de Biarritz est l'une des 4 vitrines de cette marque de prestige.

VENITZ

5, avenue de Verdun ✆ 06 68 72 71 91
https://venitz.fr/
Ouvert du mardi au samedi de 10h30 à 19h30. En été, 7j/7. Boutique en ligne. Mode femme et cosmétiques naturels.

14 ans comme couturière chez Chanel, cela laisse forcément une influence et un style unique ! De plus, associez notre couturière à un spécialiste en développement dans la mode écoresponsable et vous avez « Venitz », une maison de mode bienveillante. Au-delà des créations aux inspirations californiennes, c'est dans l'atelier de Biarritz que sont revalorisés à la main avec « Upcycling-couture », les chutes de tissus de maisons de couture avec le savoir-faire issu de la haute couture. Des accessoires également qui s'inscrivent dans cette même démarche, bijoux, etc.

ÉCOLE DE SURF BIARRITZ SURF JO MORAIZ

Place de la Côte des Basques ✆ 05 59 41 22 09
www.jomoraiz.com
Ouvert d'avril à novembre. Séance découverte à partir de 40 €, cours particuliers, stage initiation/perfectionnement.

Jo Moraiz fut un précurseur en la matière et l'on peut considérer que c'est lui qui a amené le surf à Biarritz dans les années soixante. A l'époque, il crée le premier surf shop avant de mettre sur pied la première école de surf, en 1966, aujourd'hui encore de renommée mondiale. On lui reconnaît la paternité de la première et unique méthode d'enseignement adoptée par la suite par la Fédération comme base de formation pour les brevets fédéraux et d'Etat. Une école exceptionnelle !

ECOLE DE SURF LAGOONDY

Boulevard du Prince de Galle ✆ 06 09 74 25 19
www.lagoondy.com
Ouvert d'avril à novembre, tous les jours à marée basse et de 9h à 18h. Tous les tarifs et réservations sur le site.

Thomas n'a, depuis sa tendre enfance, jamais cessé de regarder l'horizon et les vagues de l'océan Atlantique et de bien d'autres avec, toujours en mémoire, les légendaires « tontons surfeurs » de la Côte basque... Un parcours universitaire bien loin de l'univers du surf et pourtant, c'est la passion sur la raison depuis 1987 qui l'a emporté. Mais c'est aujourd'hui une école de surf incontournable que Thomas dirige, reconnu de tous pour son professionnalisme et expérience, son accompagnement bienveillant (jusque dans les vagues), sa pédagogie pour tous les âges.

GOLF D'ARCANGUES

Chemin Jaureguiborda
ARCANGUES / ARRANGOITZE ✆ 05 59 43 10 56
www.golfdarcangues.com
Ouvert 7/7 avril à octobre, fermé lundi de novembre à mars. Individuel 18 trous. Restaurant. Boutique.

Vous découvrirez au golf d'Arcangues un parcours d'exception, lieu de prédilection des golfeurs professionnels, créé dans les années 1990 par les frères Guy et Jean d'Arcangues sur la propriété de famille qui entoure le village et le château. Sur un domaine de 70 hectares, le golf, dessiné par l'architecte américain Ronald Fream, fait partie de la deuxième génération des parcours de la Côte basque. Ce magnifique parcours de golf dispose d'une vingtaine de trous parsemés dans un décor sauvage. Théâtre de nombreuses compétitions durant l'année et ouvertes à tous.

LE GOLF DU PHARE

2, avenue Edith-Cavell
© 05 59 03 71 80
www.golfbiarritz.com

Janvier-février-novembre-décembre : 8h-19h. 1er mars-30 juin et septembre-octobre : 8h-19h30. Juillet-août : 7h30 -20h.

Parcours mythique, ce golf qui s'étend sur 34 hectares est un par 69 avec une longueur de 5 402 m. Au fil des années (il date de 1888), il a accueilli plus de dix opens européens, sans oublier la fameuse Biarritz Cup, en juillet. Le Golf de Biarritz a vu éclore les talents des glorieux Arnaud Massy, Jean Gassiat, Eugène Laffite... Tous ces Basques, pionniers du golf professionnel français ont appris le jeu en portant le sac des joueurs britanniques. En 2022, ce sera la 123e édition du genre. Quelque 500 compétiteurs et 5 000 spectateurs s'y pressent tous les ans.

LE MIRAMAR THALASSA SEA & SPA

13, rue Louison-Bobet
© 05 59 41 35 00

Réseau N°1 de Thalasso. Tous les tarifs de soins sont disponibles sur le site. Restauration. Boutique.

C'est le luxe à l'état pur qui vous attend dans cette structure thermale. Exceptionnelle par son cadre raffiné et sa situation, les pieds dans l'eau. La qualité des soins et leur organisation avec le concept unique de parsemer quatre pavillons indépendants de 300 m², offrent une vision plus intimiste d'une cure. Un petit paradis où luxe et confort se marient avec brio. Partout variation de lumière et de musique, douche à l'eau de mer, rampe chauffante... vous feront vous sentir bien.

TAKAMAKA SPORTS-NATURE

13, avenue de la Marne
© 05 59 24 11 84
www.takamaka.fr

Ouvert toute l'année de 9h à 12h et de 14h à 18h, 7j/7. Tous les tarifs sont consultables sur le site.

Producteur de sensations depuis 1994, Takamaka est l'une des plus importantes vitrines des sports nature du Pays basque. C'est 40 activités terre/mer à l'année, mais aussi un bel éventail d'animations pour des séminaires d'entreprises « clef en main ». Activités outdoor hautes en couleur, de la terre à la mer, en passant par l'air. Ce sont des professionnels diplômés d'Etat qui accompagnent et guident pour chacune des activités. Pour des courts et moyens séjours, balades à vélo électrique, rafting, jet-ski, paddle, des initiations à la pelote, au golf, etc.

USB PLONGÉE

Allée Port des Pêcheurs © 06 23 41 12 95
www.usbplongee.com

Ouvert toute l'année, 8h-18h. Baptême : 45 €. Vestiaire, douches et prêt du matériel pour les débutants.

Admirer les fonds marins, nager parmi les poissons et respirer sous l'eau : c'est possible avec USB Plongée. L'USB Section Plongée, club associatif loi 1901 affilié FFESSM, a vu le jour en 1961. La Section, présente à Biarritz au port des pêcheurs, compte à ce jour 70 licenciés. Les activités consistent à proposer des baptêmes de plongée aux néophytes et des formations de niveaux 1 à 4 et E1, E2, E3. Dès le mois de mai, leur bateau est remis à l'eau pour des plongées du lundi au dimanche sur réservation. Les plongées se font sur les hauts fonds jusqu'à 50 mètres.

CASINO BARRIÈRE

1, avenue Edouard VII © 05 59 22 77 77
www.casino-biarritz.com

Ouvert toute l'année. Restaurant. Bar. Wifi. Parking. Réservé aux personnes majeures et non interdites de jeu.

Face à l'océan, entre flots bleus et salles de jeux, appréciez l'ensemble des jeux du casino se répartissant sur 1 500 m² éclairés par un impressionnant lustre central. Une immense allée distribue les secteurs, avec des coins plus intimes : la salle des machines à sous, puis le poker, les jeux de tables (2 tables de Texas Hold'em, 2 tables de roulette anglaise, 3 tables de blackjack), 18 postes de roulette anglaise électronique ainsi que 7 postes de blackjack électronique. Avec une restauration de qualité, le Casino Barrière est classé 1er casino de la Côte !

HIPPODROME DES FLEURS

3, avenue du Lac-Marion © 05 59 41 27 34
www.hippodrome-biarritz.com

Entrée 6 € (réduit et pour les lecteurs Petit Futé 3 €). Gratuit -17 ans. Restaurant bord de piste, bar soirs de course.

Courses de trot attelé et monté tout le mois de juillet à partir de 20h, sur une piste rénovée de 803 m en sable avec corde à droite. Ce meeting, composé de 13 soirées avec en point d'orgue le Grand Prix de la Ville de Biarritz, est organisé par la Société des Courses au Trot de Biarritz présidée par C. Hassenforder-Chabriac. Chaque soir, les courses s'échelonnent entre 20h10 et 23h30, ouverture de l'hippodrome prévue à 19h, celle des guichets du pari mutuel à 19h45. Dates 2022 en nocturne : 2/5/7/9/11/13/15/19/21/23/26/28 et 29 juillet (Grand Prix de la Ville).

PAYS BASQUE

LE PETIT BIJOU

5, avenue de la Marne
✆ 06 81 95 45 90
www.petitbijou-cafetheatre.com
Billetterie/Bar gourmand ouverts du mercredi au dimanche 10h-12h/14h-19h. Tarifs spectacles : adulte 14/22€, enfant 10€.

Proche de la grande-plage de Biarritz, le café-théâtre Le Petit Bijou restitue l'esprit de ces lieux parisiens où l'on propose des spectacles d'humour pour les grands et les petits et dans un cadre chaleureux, sous l'impulsion de Mehdi et Virginie. Des spectacles d'humour toute l'année avec un public toujours plus enthousiaste et qui peut, avant ou après le spectacle, profiter du bar gourmand et de ses planches apéritives. Saluons cette belle initiative qui manquait au Pays Basque et qui va enchanter vos soirées, avec plus de 60 spectacles à l'année à l'affiche !

BIDART / BIDARTE ★

Idéalement située entre Biarritz et Saint-Jean-de-Luz, Bidart est un village basque typique surplombant l'océan Atlantique et qui a su préserver sa douceur, à l'opposé de stations balnéaires bétonnées. Ici, le littoral est bordé de maisons traditionnelles aux colombages rouges et verts. Sur la place du village entièrement rénovée cette année, les marchés des produits locaux et les parties de pelote basque rythment les week-ends. Avec ses 6 plages étendues sur 5 km, Bidart EST le paradis des surfeurs du monde avec sa célèbre vague Parlementia. Bidart est aussi un grand terrain de jeu dans un espace naturel et préservé, labellisée « ville de Surf 2 ».

© MARC AUGER - ICONOTEC

Fronton basque.

CHAPELLE DE LA MADELEINE ★

La tradition de la chasse à la baleine et malheureusement les pertes d'hommes qu'elle a engendrées, expliquent les nombreuses chapelles édifiées sur la paroisse. Celle-ci, bien fléchée, au terme d'un adorable sentier de corniche, semble scruter l'horizon : l'océan à perte de vue et les trois couronnes du Guipuzcoa. Elle aurait été reconstruite en 1820, suite à un ouragan dévastateur. D'autres prétendent que sont enterrés autour les marins retrouvés noyés en bas dans les rochers. De la table d'orientation, vous avez une vue plongeante sur l'océan et les falaises.

CHATEAU D'ILBARRITZ ★

Avenue du Château
Visite uniquement des jardins extérieurs (sur rendez-vous). Château privé.

Dans le quartier du golf d'Ilbarritz, une immense maison de maître surplombe l'océan. Elle appartenait à un personnage solitaire et mystérieux, le baron Albert de l'Espée qui le fit construire entre 1895 et 1897. Il s'agissait d'une bâtisse de cinq étages atteignant 40 m de hauteur, abritant un somptueux escalier en bois, finement sculpté, de très nombreuses pièces. Une superbe salle abritait le plus grand orgue construit pour un particulier. Durant la Première Guerre mondiale, le château fut transformé en hôpital. Il est aujourd'hui, en cours de rénovation.

LES FRONTONS

Place Sauveur-Atchoarena

Le fronton de la place est le plus ancien (1869) et le plus petit. On le réserve à la main nue ou à la pala ancha, à 18h le samedi, pelote à main nue et 11h le dimanche, en saison uniquement. Le grand fronton que l'on remarque depuis la nationale de 1958 est destiné au grand chistera et la Fédération le choisit souvent pour disputer les finales de championnats. Il se joue trois contre trois, en 45 points, à 20h30 ou 21h. Grand Chistera le mardi et le vendredi. Un troisième fronton couvert mur à gauche Kirolak se situe rue de la Gare, construit en 1982.

LE MOULIN DE BASSILOUR

Route d'Arbonne ✆ 05 59 41 94 49
www.moulindebassilour.com
Ouvert toute l'année. Basse saison : du mercredi au lundi. Haute saison : 7j/7 de 8h à 13h et de 14h30 à 19h.

Vous apprécierez de découvrir ce coin de fraîcheur où tournent le vieux moulin à eau à roue horizontale et ses meules en pierre qui préservent les plus belles traditions basques. Vous êtes invité à entrer dans ce vénérable monument historique : sculpté dans la pierre, sa date de naissance apparaît : 1741. En parfait état de fonctionnement, la farine sert à confectionner des pains, des sablés, des galettes et un exceptionnel gâteau basque. Rendez-vous dans la boutique pour découvrir toutes ces gourmandises et apprécier ce lieu à l'abri des tumultes côtiers.

PLAGE DE PARLEMENTIA

Plage de Parlementia
La plage est équipée de sanitaires et douches, ainsi que d'un restaurant. Elle est surveillée en juillet et août.

La plage de Parlementia est la plage la plus au sud de Bidart, à la limite avec le village de Guéthary. Très prisée par les surfeurs, c'est une plage de sable fin et de rochers escarpés. Tout en cherchant dans ses rochers, crabes et autres crustacés, vous pourrez admirer la vue sur le célèbre spot de surf de Parlementia, réservé aux initiés. Depuis le restaurant qui surplombe la plage, vous apprécierez un panorama à 180°. L'origine de son nom vient de la colline au-dessus de la plage où se réunissaient les hommes il y a bien longtemps pour... parlementer.

OFFICE DE TOURISME

Rue d'Erretegia ✆ 05 59 54 93 85
www.bidarttourisme.com
*Ville de surf**. Été, ouvert lundi à samedi 9h-19h, dimanche 9h-13h. Basse saison du lundi au vendredi et samedi matin.*

Bidart, c'est la contraction de « Bide » (chemin) et Artean (au carrefour). A la croisée des chemins, entre Biarritz et Saint-Jean-de-Luz, le charmant village de Bidart surplombe l'océan avec sa place typique des villages labourdins, ses six plages, son golf, ses points de vue sont autant d'atouts pour vous promettre un séjour de qualité. Bidart est animé au rythme des saisons tout au long de l'année. L'Office de Tourisme, labellisé, détient la marque Qualité Tourisme et offre aux visiteurs toutes les informations pour pouvoir profiter pleinement des activités.

AUBERGE KOSKENIA** €€

Place de la mairie
✆ 05 59 52 70 25
https://aubergekoskenia.com/
Chambres doubles de 69 à 110 €, chambres dortoir de 26/35 € le lit. Restaurant. Bar. Épicerie. Vue mer et montagne.

Cette ancienne poste surplombant fièrement la place de la Mairie est devenue après une rénovation réussie l'Auberge Koskenia. Une auberge « autrement » avec son concept moderne et multiple qui allie authenticité, originalité et qualité de l'offre. Un bar, une épicerie, un restaurant et une offre d'hébergement unique avec 5 chambres partagées en dortoirs et 3 chambres privatives et classiques tout confort. Idéale pour les visiteurs, randonneurs en quête d'un lieu éclectique, hors standard entre terre et mer et située au cœur du village, véritable centre de vie.

CAMPING UR-ONEA*** €€

489, rue de la Chapelle ✆ 05 59 26 53 61
www.uronea.com
Ouvert du 09/04 au 24/09. Empl. de 19 à 49,50 €. Locatifs de 280 à 1 140 €/sem. Espace aquatique, balnéo, aires de jeux.

Ur-Onea (Camping Qualité), vous héberge à Bidart entre plage et centre-ville, idéal pour profiter des joies de la mer tout en restant proche de tous les services et commerces. Vous pourrez rester sur le camping qui vous offre le luxe de multiples équipements, ou partir à la découverte du Pays Basque. Tout est réuni ici : très bel espace aquatique, beaux emplacements, accueil chaleureux, ambiance conviviale, concours sportifs, propreté et sécurité au rendez-vous chaque été ! Multiples animations : balades à poney, mini-club et atelier enfants, aquagym, soirées...

ETXEA & CO €€

7, rue Ibai Eder
✆ 05 33 74 00 83
https://etxea-and-co.com/fr/
Gîtes de France. 5 chambres de 95 à 180 €/saison. Petit déj. inclus (option brunch 10 €/pers). Clim. Piscine chauffée.

5 chambres doubles, 5 ambiances différentes qui s'ouvrent sur la terrasse et la piscine, entourées d'une verdure généreuse, à l'abri d'un grand pin parasol. Un univers composé de bois et minéral, proche des plages mais éloigné des trépidations du littoral, avec vue imprenable sur les collines basques. Sandrine vous souhaite la bienvenue dans ce cocon subtilement décoré à sa façon et où l'écocitoyenneté est une réalité, plus qu'une philosophie ! Produits « maison », locavores, labellisés bio, choix d'artisans d'ici... Zen attitude est la signature de cette maison.

HÔTEL DU FRONTON*** €€

Place Sauveur-Atchoarena ✆ 05 59 54 72 76
www.hoteldufronton.com

8 chambres de 110 à 190 €/saison/catégorie. Petit déjeuner 10 €. Restaurant-bar. Situation idéale et accès plage à pied.

Sur la place du village, une façade rouge flamboyant et blanche pour cet hôtel rénové. De style basque à l'extérieur et d'un très élégant contemporain à l'intérieur, métissé cependant de couleur locale, ses huit chambres offrent une belle dualité, donnant côté fronton, côté village, côté Rhune ou côté océan. Avec un thème par chambre. Le mobilier est en wengué, les murs sont d'un gris perle immaculé, animés par des pans de mur de couleurs vives. Une belle réussite et au-dessous, par une entrée différente, le bar-restaurant avec une immense terrasse sur la place.

HÔTEL GOXOKI*** €€

5, rue Caricartenea ✆ 05 59 26 59 55
www.hotel-goxoki.com/fr

Ouvert : 1/04-15/11. Chambres : 75 à 240 €. Studios/Apparts : 429 à 1 960 €/sem. Petit déjeuner 10 €. Piscine chauffée.

Océan, montagne, piscine chauffée ! Combinaison rêvée pour profiter de vacances ou d'un week-end prolongé. Que ce soit en chambre ou en appartement, cet hôtel bidartar veille à proposer une offre de qualité. Confortables, climatisés et bien agencés, ses hébergements disposent de toutes les commodités ; salles de bains entièrement rénovées, bureau, grands lits confortables et une terrasse pour les appartements. La salle du petit déjeuner arbore une ambiance plage et boisée. Mention spéciale pour le parc verdoyant et fleuri. Situation idéale pour un séjour parfait !

HÔTEL LAMINAK*** €€

3, route de Saint-Pée - **ARBONNE / ARBONA**
✆ 05 59 41 95 40
www.hotel-laminak.com

The Originals Hotels. 12 chambres de 75 à 180 €. Petit déjeuner : 12 €. Piscine chauffée. Jardin. Sauna. Fermé janvier.

A 4 km de Biarritz et de l'océan, avec un panorama exceptionnel sur les Pyrénées, cet hôtel dispose d'un atout naturel incontestable. Cette ancienne ferme du XVIIIe siècle nichée au creux des terres basques, offre un véritable havre de paix. Des chambres rénovées et décorées avec goût ; coin salon ou terrasse privée pour certaines donnant sur le jardin. Se poser sur un transat au bord de la piscine chauffée... et profiter ! Vos hôtes ont pensé à tout : sauna, salon très cosy, précieux conseils de visites incontournables. Une belle pépite aux portes de Biarritz.

MAISON BISTA EDER €€

3, rue Mar Y Montes
✆ 06 75 17 32 29
https://www.bistaeder.fr/

Ouvert de Pâques à Toussaint. 3 chambres de 110 à 240 € ; 2 studios de 430 à 950 €/sem/saison. Piscine. Jardin. Vue mer.

Cette authentique maison basque offre un cadre tout simplement exceptionnel : accès direct à la mer, situation idéale sur la côte Basque, jardin verdoyant et paisible, terrasse... Une chambre d'hôtes qui porte très bien son nom, puisque Bista Eder signifie, en basque, « jolie vue ». Difficile de trouver mieux en termes de situation idyllique et de confort avec aussi, pour chacune des chambres et studios, de petites attentions de la part de la propriétaire. Moment unique où l'on savoure le délicieux petit déjeuner « maison » sous une véranda qui surplombe l'océan !

CAMPING LE PAVILLON ROYAL***** €€€

avenue du Prince-de-Galles ✆ 05 59 23 00 54
www.pavillon-royal.com

Ouvert 13/05-30/09. Emplacements de 31 à 71 €/nuit. Studios/apparts de 400 à 1 400 €/sem. Piscine. Espace bien-être.

Il a emprunté le nom de sa voisine, la propriété de la reine Nathalie de Serbie, et il le mérite. Au cœur d'une pinède de 32 ha, face à l'océan, ce camping haut de gamme dispose d'emplacements, appartements, mini-studio et chalets. L'océan est tout près avec un accès direct à la plage surveillée l'été, le fameux sentier piétonnier du littoral de 25 km à proximité... Une situation exceptionnelle pour des vacances en famille royales et détente avec piscine, espace bien-être, fitness, etc.

CAMPING LE RUISSEAU***** €€€

900, rue Burruntz ✆ 05 59 41 94 50
www.camping-le-ruisseau.fr

Ouvert : 9/04 au 24/09. Emplacement dès 22 €, locatifs dès 46 €/nuit. Espace aquatique. Balnéo. Multisports.

Superbe camping – 18 hectares – avec des infrastructures modernes et confortables. Logements classiques, premium, insolites équipés dernier cri avec pour la plupart une terrasse et un bain bouillonnant pour le plus haut de gamme. Les puristes de camping ne seront pas déçus : espaces naturels verdoyants et forestiers avec 2 lacs aménagés pour la pêche. On peut même y apercevoir des lapins, poneys, canards... Coté activités et baignade, immense parc aquatique de 1 100 m², 4 toboggans avec Space bowl, espace balnéo, terrains multisports, accrobranche... Un lieu magique.

DOMAINE DE BASSILOUR - LA FERME*** €€€

1562, rue Bassilour ✆ 05 59 41 90 85
www.domainedebassilour.com

Ecolabel européen. 8 chambres et 2 suites de 99 à 185 €. Petit déjeuner 13 €. Animaux acceptés. Réceptions, séminaires.

Un domaine de 16 ha en pleine nature et à 5 min des plages de Bidart abrite cette authentique demeure du XVIe siècle, où vous serez reçus comme à la maison. Des chambres et suites de grand confort et au charme indéniable. « Luxe, sérénité, charme, discrétion, le tout labellisé écologie » pour cet établissement haut de gamme bien loin des classiques « standards ». Des pièces emplies d'authenticité, des meubles d'époque, une décoration personnalisée. Une poésie qui opère à coup sûr !

OUTSITE BIDART €€

1562, rue Bassilour
✆ 06 35 66 19 53

Coliving et coworking. 7 chambres de 55 à 140 €. Piscine intérieure. Jardin. Tennis. Vélos. Wifi gratuit et imprimante.

Le concept international Outsite est désormais au Pays Basque et pas n'importe où ! Sur un des plus beaux sites de la Côte basque, au Domaine de Bassilour, près du village typique de Bidart, pays du surf. Dans une magnifique maison de campagne (1870) avec piscine intérieure, tennis… Combinez la vie, le travail avec un réseau fiable et solide, un workspace, des chambres confortables entièrement meublées, une cuisine équipée, la sécurisation du lieu et un soutien h24, 7j/7. Coliving et coworking dans une relation privilégiée avec les autres membres de la communauté.

CHEZ ZELI €

Zone Zirlinga
✆ 05 59 47 04 69
www.instagram.com/chezzeli

Ouvert 6j/7 (sauf mardi) midi et soir. Réservation recommandée. Menus de 14 à 17 €. Carte 20 € env. Vente à emporter.

Ce bistrot aux influences asiatiques où Zili, notre talentueuse cheffe, vous propose une cuisine de saison, fraîche, imprégnée des recettes de son enfance et de son expérience dans les établissements gastronomiques de la région où elle a acquis une belle maîtrise. À la mode basque ou dans la pure tradition chinoise, sa créativité est surprenante et mérite éloges ! C'est chaque semaine, au gré des saisons et de l'inspiration, une carte et un menu renouvelés avec une belle place aux plats végétariens. Cours de cuisine également avec initiation aux sushis.

MAHAINA €€

3, rue de la Madeleine
✆ 05 59 26 89 55

Ouvert midi et soir sauf mercredi. Formule midi semaine 18 €. Menu 32 €. Carte : compter env. 45 €. Menu enfant : 14 €.

Ce petit restaurant, au centre du typique village de Bidart, au cadre sobre et élégant, est une nouvelle fois recommandé. A sa tête, le talentueux chef Stéphan Caupert. Sa signature : une alliance de produits frais, locaux, de saison et principalement bio, sur une carte réduite où la créativité s'exprime encore mieux : foie gras poêlé, pommes fruits caramélisées ; escalopée de ris de veau aux morilles ; dos de cabillaud rôti, riz noir et tuile aux amandes… Pour les gourmands de douceurs sucrées : feuillantine poire-chocolat et caramel de lait. Belle découverte.

LA PLANCHA D'ILBARRITZ €€

Avenue du Lac - Plage d'Ilbarritz
✆ 05 59 23 44 95

Ouvert 7j/7 de février à fin novembre midi et soir. Sans réservation. Carte : 30/35 € environ. Terrasse vue mer.

360 degrés de plages à Bidart avec l'océan Atlantique pour vue et fond, le restaurant La Plancha est une adresse bien connue dans le Pays basque. Inutile de réserver, c'est une véritable ruche tant l'activité y est intense et conviviale, en moyenne 2, voire 3 services midi et soir. En salle, en terrasse (la plage…) et avec son kiosque, le bar extérieur, à l'ombre des parasols, plancha oblige, on dégustera les calamars, moules, merlus, louvines, dorades à l'espagnole, côtes de bœuf, etc., et les desserts « maison ». Venez à l'avance car très vite complet.

RESTAURANT MOULIN DE BASSILOUR €€

Quartier Bassilour – Route d'Arbonne
✆ 05 59 41 94 01
www.auboisdumoulin.fr

Ouvert du 1/03 au 31/10 le midi + vendredi/samedi soir. En saison 7/7 midi/soir. Carte 22 à 32 €. Formule midi 14,50 €.

Ce restaurant au pied du Moulin, propose une échappée bucolique avec son esprit guinguette traditionnelle qui a fait sa renommée. Terrasse en pierres, arbres centenaires, tables en bois… une véritable ambiance végétale ! A la carte, produits du Sud-Ouest où le chef fait la part belle aux recettes traditionnelles. Une institution rénovée sans renier son prestigieux passé. A l'écart avec une structure en forme de chapiteau, « le petit Trianon en pleine nature », destiné à des groupes.

LA TANTINA DE LA PLAYA €€

Plage du Centre
✆ 05 59 26 53 56
www.tantinadelaplaya.com

Fermeture annuelle mi-novembre/mi-décembre. Ouvert 7j/7 midi et soir. Carte de 30 à 50 €. Vue mer. Pensez à réserver.

Un cadre de rêve ici, dans ce restaurant idéalement placé sur la plage. L'océan à portée de main et dans la salle avec sa décoration. A l'entrée, vous longez l'étal des fruits de mer et poissons qui seront servis en suivant. Cela met dans l'ambiance... Et juste derrière, la brigade qui s'active avec la plancha et les parfums qui s'en dégagent. Les ardoises présentées mettent en valeur un bel éventail d'entrées. Pour la suite, la cuisson plancha des poissons et des viandes est exceptionnelle, sans doute l'une des meilleures de la côte ! Réserver est impératif...

BLUE CARGO €€€

Plage d'Ilbarritz - Avenue du lac ✆ 05 59 23 54 87
www.bluecargo.fr

Ouvert début mai à fin septembre midi et soir. Réservation recommandée. Carte midi et soir de 40 à 55 €. Tapas 18h-22h.

Le Blue Cargo est un incontournable de la Côte Basque. Panoramique à 180°, océan, plage et le château surplombant le site. Multiples facettes, de jour comme de nuit et irrésistible pour son ambiance et sa gastronomie inspirée des recettes et produits locaux, terre/mer. Vous aurez le choix entre version restaurant ou version « after-beach », installés sur des banquettes méridiennes ou autour d'une table pour déguster des cocktails ; bar à tapas le soir avec chanteurs et musiciens pour vous accompagner et dancefloor dès la nuit tombée. Un lieu magique et festif !

LES FRÈRES IBARBOURE €€€

Chemin Ttalienea
✆ 05 59 47 58 30
www.freresibarboure.com

1 Etoile Michelin. MOF. Réservation recommandée. Menus : 86, 120 €. Menu déjeuner 52 € (hors dimanche) Jardin. Terrasse.

Entre créativité et technicité, Xabi et Patrice (les fils) Ibarboure conçoivent une cuisine d'une générosité féerique et vous éblouissent avec des menus qui hissent haut les richesses de la mer et des terres basques. La magie opère du début à la fin et même après le repas qui ressemble plus à une symphonie culinaire qu'à un simple moment entre gourmets. Le cadre relooké pour une mise en scène tout au long de votre dégustation, l'accueil, la cuisine d'auteurs, tout est ici réuni pour garder en mémoire cet épisode gustatif rare. On l'a rêvé, ils l'ont réalisé !

BLUE CARGO

Plage d'Ilbarritz - Avenue du lac
✆ 05 59 23 54 87
www.bluecargo.fr

Ouvert début mai à fin septembre 7/7, midi-2h du matin. DJ et groupes de musique le we, tous les soirs en juillet/août.

Cet endroit magique tenu par la famille Famose conserve son image de bar Lounge avec des soirées animées jusque tard dans la soirée. Cadre de rêve pour danser les pieds dans le sable et la tête dans les étoiles en plein air. Le Blue Cargo change de visage au fil de la soirée. Au dîner, atmosphère sereine avec tous les atouts du sable sous les pieds et de l'océan en toile de fond. Un peu plus tard, rapide réorganisation, la musique de fond évolue, la piste de danse s'ouvre à vous et l'on se prend à rêver au bord de l'eau, avant de regagner son quotidien. Unique !

LE MOUSS'-CAVE À BIÈRE

5, rue Bazter Bidea ✆ 05 59 51 83 72
https://lemouss64.com/

Ouvert du mardi au samedi de 15h à 21h, jusqu'à 23h les jeudis, vendredis, samedis. Happy hours. concerts. Terrasse.

Egun on Mouss'aillons ! Embarquez sur le Mouss', Cave à bière et bien plus, dans la bonne humeur. Dans cette zone artisanale récente, coincée entre des entrepôts et des ateliers, cette cave à bières et cidres est un vrai rayon de soleil et un concentré de convivialité. Entre la boutique (à emporter), le salon, le comptoir majestueux, l'intérieur à la déco vintage et la grande terrasse, sans oublier l'incontournable TV grand écran pour les matchs, nous avons ici, tous les ingrédients pour passer un très bon moment et apprécier une bière ou autres breuvages....

RESTAURANT-BAR DU FRONTON

2, place Sauveur Atchoarena ✆ 05 59 54 72 76
http://restaurantdufronton.com/

Ouvert 7/7 en saison dès le petit déjeuner. Carte snack l'été. Apéro tapas et carte cocktails le soir. Terrasse.

Vraiment superbe ce bar, entièrement indépendant de l'hôtel du même nom, et qui s'ouvre par des baies vitrées sur la place et son immense terrasse. Le bar tout de bois blond, s'éclaire de mille feux. Un bel échantillonnage de bouteilles de vins, d'alcools, de champagne. Sur fond de mur qui s'offre une enfilade d'ardoises aux propositions diverses. Et pendant que vous passez un bon moment en terrasse, vos enfants peuvent s'exercer à la pala et autres jeux face au fronton à proximité.

L'ATELIER AMA LURRA

7, avenue de la Grande Plage
✆ 06 19 42 52 71
www.rollande.com/la-marque

Ouvert tous les jours et les fériés de 10h à 19h. Livraison possible, boutique en ligne.

Cette boutique de créateurs locaux manquait au paysage de Bidart et ses alentours, entre Biarritz et Saint-Jean-de-Luz. Chose faite avec l'Atelier-boutique, vitrine des savoir-faire « Made in Pays Basque », où Lucie et Virginie rayonnent avec la passion et la créativité de cette jeunesse enthousiaste. Ici, matières et émotions avec des tissus chinés dans des petits commerces, des peaux durement négociées dans les tanneries traditionnelles marocaines. L'atelier, visible depuis la boutique est un renouvellement continu de looks locaux et au-delà du territoire.

CARLIER TRAITEUR

Avenue du Plateau
✆ 05 59 47 76 76
www.traiteur-carlier-biarritz.com

Ouvert du mardi au samedi, 8h30-14h/16h30-19h30, dimanche 8h30-14h. Meilleur ouvrier de France.

La célèbre maison Carlier, charcutier traiteur et meilleur ouvrier de France, à Biarritz face aux Halles est aussi à l'entrée de la commune de Bidart. On retrouve le savoir-faire, la qualité et la diversité des plats cuisinés salés et sucrés et autres salaisons, principalement issus de la production locale. De la paella géante aux tomates farcies, dos de saumon et autre choucroute, du vrai gâteau de riz, crème caramel à la tarte fine aux pommes, mousse au chocolat... Côté traiteur, canapés et toastines... du tout fait « maison » dans ce temple de la gourmandise.

LA CAVE-DARMENDARITZ ERIC

530, avenue de Bayonne
✆ 05 59 47 74 40
https://www.la-cave-bidart.fr/

Ouvert du mardi au samedi de 9h30 à 13h et 15h à 19h30. De juin à septembre, ouvert du lundi au samedi. Parking.

Cette cave tenue par Eric Darmendaritz a plus d'un atout : la présentation de certains vins, bouteille par bouteille, allongés sur des présentoirs de bois blond avec une belle lisibilité. On y trouve un très beau panel de vins du Sud-Ouest, des bio et d'autres régions viticoles ainsi que des vins du monde, des whiskies écossais, hollandais, japonais... et une gamme d'armagnacs, de gins ainsi qu'une grande sélection de bières et de champagnes. Et avec toujours des conseils avisés !

ATYPIK'SPORT - RANDONNÉE VTT/TRAIL

11, Rue Maurice Pierre ✆ 07 82 53 45 33
www.atypiksport.com

Tarifs sur mesure, à la 1/2 et journée ou plusieurs jours. Organisation et encadrement pour les événements familiaux.

Éducatrice et coach sportif, Mylène vous accompagne en fonction de votre condition sportive et de vos envies. Elle vous aidera à progresser en toute confiance et à aller vers une plus grande autonomie. A pied, en courant ou à vélo, ses lieux favoris sont l'immense terrain de jeux qu'est le Pays Basque. Réveil musculaire, technique de positionnement, gestion d'endurance, étirement, accompagnement en randonnées. Des animations riches et variées où l'adrénaline est au rendez-vous.

ONA PILOTA

597, rue Berrua ✆ 06 26 76 66 88
www.onapilota.com

Visites et cours de pelote sur rendez-vous toute l'année. Visite de l'atelier de fabrication, Cours de pelote...

A Bidart, venez essayer le sport de balle le plus rapide du monde avec deux champions du monde de Cesta Punta, Patxi et Jon Tambourindeguy. Nos deux frères vous font partager leur passion et vous proposent des initiations et cours de pelote basque sur les plus beaux frontons. Reconvertis en *cestero* (vannier) et *pelotero* (fabricant de balles), ils vous invitent dans leur atelier de Bidart pour découvrir l'art de fabriquer, réparer les chisteras et vous apprendront les techniques de jeu. Apprendre avec deux champions du monde reste une expérience hors du commun.

PAYS BASQUE EXPERIENCE

7, Impasse des Saules, ZA de Bassilour
✆ 06 46 76 13 11
www.pays-basque-experience.com

Ouvert toute l'année. Randonnées 4X4 sur réservation. 1/2 journée, journée entière Pays Basque, Groupes, séminaires...

Immersion totale : du Pays Basque intérieur jusqu'au désert des Bardenas (en Navarre) avec la découverte de paysages sauvages, de couchers de soleil avec apéritif dînatoire dans la montagne, etc. Passager ou conducteur de vrais 4 x 4 haut de gamme, par toute condition météo, seul, en famille, en groupe... Réveillez l'aventurier qui sommeille en vous avec des moniteurs diplômés qui vous encadrent durant toutes les excursions. Moniteurs bilingues qui sont guides et natifs du pays, ils vous conteront en fonction des randonnées, l'histoire du Pays Basque.

LA SOCKET-GOLF ILBARRITZ

Avenue du Château ✆ 05 59 43 79 07
www.socket-restaurant.com

Ouvert toute l'année. 7j/7 de 8h à 18h30. Le centre d'entraînement est ouvert tous les jours sauf le lundi de 8h à 18h.

On ne peut rêver site plus grandiose pour jouer au golf. Directement sur l'océan, il domine baie et vient de peaufiner son environnement, avec un ensemble ultramoderne et un restaurant panoramique. Une salle pour accueillir les golfeurs de plus en plus nombreux est aujourd'hui opérationnelle. Quant au golf lui-même, il se prête tant à l'apprentissage qu'au perfectionnement puisqu'il possède un centre international d'entraînement, immense practice de verdure unique en Europe, bordé d'un parcours élu plus beau 9-trous de France, et 5 écoles de golf sur le même site.

LA COLLINE DE CENITZ

Accès libre toute l'année.

Réserve naturelle et propriété du Conservatoire du Littoral offrant une vue magnifique sur l'océan. Une zone protégée pour y observer des espèces animales communes (écureuils, lapins, bécasses…), un papillon inscrit sur la liste du réseau Natura 2000 (la laineuse du prunellier). Des espèces végétales remarquables aussi : marguerite à feuilles charnues, grémil prostré, vigne sauvage… La commune de Guéthary a été la 1re commune de France récompensée en 2010 par la distinction « Quality Coast Award », qualité environnementale côtière pour un tourisme durable.

GUÉTHARY / GETARIA ★★

Le village de Guéthary est l'un de ces joyaux basques avec vue grandiose sur le golfe de Biscaye. Venant du latin « Cetaria » qui signifie « endroit de salaison », Guéthary est un ancien village de pêcheurs au charme unique. Son port était dans un premier temps baleinier, mais aussi thonier et sardinier, aujourd'hui c'est une station balnéaire très convoitée. Sa plage et ses spots de surf rendent la ville très attrayante. Dans une ambiance décontractée, on sillonne dans un village ou tradition et modernité fusionnent avant d'être happé par des paysages de cartes postales. Guéthary qui a inspiré tant d'écrivains et d'artistes, reste intemporel.

ÉGLISE SAINT-NICOLAS

Accessible toute l'année. Gratuit.

L'église Saint-Nicolas, patron des marins, des pèlerins et ami des enfants, a été édifiée au XVIe siècle, agrandie en 1859 puis rénovée en 1970. Située sur le point culminant du village et visible de loin sur la côte, elle est typique des églises basques avec un extérieur sobre et massif, un intérieur qui impressionne par ses galeries sur trois étages entourant la nef unique et un orgue datant de 1955. Au plafond, un ex-voto en forme de navire. L'édifice a été inscrit en 2001 à l'inventaire supplémentaire des monuments historiques.

PAYS BASQUE

Le port de Guéthary.

MUSÉE DE GUÉTHARY-VILLA SARALEGUINEA ★

117, avenue du Général-de-Gaulle
Parc André-Narbaïts ✆ 05 59 54 86 37
www.musee-de-guethary.fr

Ouvert : mai, juin, sept, oct 14h-18h. Juillet-août tlj sauf mar 10h30-12h30/15h-19h, dim 15h-19h. 2 €, gratuit -26 ans.

Créé dans les années 1950, le Musée de Guéthary permet aussi de découvrir l'architecture basque grâce à la villa qui l'accueille et qui a été édifiée au début du XXe siècle : la villa Saraleguinea. Découvrez les sculptures, les céramiques et de nombreux dessins de la donation du sculpteur Georges Clément de Swiecinski. Depuis 1985, le musée de Guéthary organise des expositions d'art contemporain, peinture, photographie, etc. Après votre visite, partez en vadrouille dans les jardins.

LE PORT

Accessible toute l'année.

Ancien port de pêche connu pour la chasse à la baleine puis au thon et enfin sardinier comme beaucoup de ports basques, le port de Guéthary, entre Biarritz, Saint-Jean-de-Luz et Bidart, est aujourd'hui un port de pêche de loisir abritant une vingtaine d'embarcations colorées en cale sèche (hors de l'eau). Avec un très joli point de vue à ne pas manquer et entouré de belles et sympathiques pépites gastronomiques à proximité. Toujours une visite très appréciée aujourd'hui des nombreux Espagnols (la frontière est à 15 min), mais aussi de beaucoup d'Européens.

BALEA HÔTEL*** €€

106, rue Adrien-Lahourcade ✆ 05 59 26 08 39
www.hotel-balea-guethary.com

28 chambres de 75 à 199 €/cat/saison. Restauration sur demande, «Bocaux repas». Parking. Animaux acceptés. Jardin.

Concept original : l'ancienne école de Guéthary est devenue un hôtel et Le Balea (la baleine en basque) vous accueille pour un séjour aux parfums d'enfance. Dans l'enceinte de l'établissement, un ensemble de repères écoliers : pots à crayons, les numéros de chambres sont des calculs... Les 28 chambres, anciennes salles de classe, ont conservé toute leur luminosité et leurs larges espaces ; avec une décoration contemporaine très réussie. Dans la cour de récréation, un jardin a fleuri, mais le mur a gardé cette fresque faite par les enfants. Une adresse à savourer !

HÔTEL LE MADRID €€

563, avenue du Général-de-Gaulle
✆ 05 59 26 52 12
www.lemadrid.com

Fermé janvier/février. 5 chambres (70-125 € hors saison ; 100-175 € juillet/août). Petit déjeuner : 9/12 €. Restaurant.

Ce bel établissement tenu par Carole et Stéphane Allard est situé au cœur du vivant village de Guéthary et à 5 minutes à pied du port et des plages. 5 chambres spacieuses, lumineuses, entièrement réactualisées, dont 2 avec vue mer. Salles de bains contemporaines, grands lits, belle literie latex, mobilier ancien, portes et planchers anciens, poutres dans un parfait métissage d'ancien et de contemporain. Tous les atouts d'un hôtel de charme, avec un plus – et il est le seul –, sa vue exceptionnelle sur l'océan. Et un restaurant de qualité pour un séjour parfait !

LE BAR BASQUE €€

Bourg de Guéthary
✆ 05 59 26 55 00

En pleine saison, ouvert 7j/7 midi et soir. Hors saison, fermé le mercredi. Plats du jour. Carte : comptez 25 à 35 €.

Installez-vous, prenez place à l'une des charmantes tables du Bar Basque. Ici, on vous propose une cuisine moderne agrémentée d'une vraie part de créativité et de raffinement. La qualité des produits, leurs origines et saveurs sont les points essentiels de leur cuisine. À l'extérieur, une grande terrasse aménagée dans un esprit intime. En salle, une trentaine de couverts, orchestrés autour d'un bar de bois ancien. À table, les stars défilent dans votre assiette. Couteaux à la plancha, chips de jambon serrano, moules farcies. Soirées concert et tapas en saison.

GETARIA €€

360, avenue du Général de Gaulle
✆ 05 59 51 24 11
https://getaria.fr

Ouvert 7/7 en saison, sinon, fermé mardi-mercredi. Carte : comptez 40 € env. Menu midi (hors we et fériés) : 19 €, 24 €.

Dans ce restaurant gastronomique référencé de longue date, Claude Calvet et son équipe subliment les produits de la région avec une cuisine de saison, à la fois chaleureuse, moderne et créative. Inspirations du moment et surtout inventivité avec les poissons de la pêche locale, les produits fermiers et maraîchers de la région et ses incontournables spécialités de la maison qui font sa signature. Avec un choix harmonieux de vins pour accompagner les plats. Getaria est une adresse discrète où, quand la météo s'y prête, déjeuner ou dîner dans le patio est un régal.

L'HÉTÉROCLITO €€

Chemin de la Plage
✆ 05 59 54 98 92
www.heteroclito.fr

Ouvert de mars à novembre, 7j/7 de juin à septembre en service continu de 12h à 1h. Comptez 30/35 €. Terrasse vue mer.

Ici, c'est la Californie au Pays basque ! Avec sa vue unique et imprenable sur l'océan et son intérieur hétéroclite, ce « comptoir » propose une cuisine de la mer, à la plancha, en ration, en plateau apéro, avec une ardoise « criée du jour », selon les arrivages. Rations froides : saumon noir en sashimi, ceviche au lait de coco, tarama Maison. Plancha : chipirons, couteaux, moules, gros poissons à partager (thon rouge, poulpe, merlu, dorade), fruits de mer, petites fritures et plats végétariens et végans. Côté sucré, c'est du 100 % maison. Service professionnel.

LE TXAMARA €€

195, chemin du Port
✆ 09 81 77 79 97

Bodega : ouvert 9h-23h. Restaurant midi & soir du mardi au dimanche. Carte 35 € env (entrée, plat, dessert). Terrasse.

C'est la toute dernière pépite que nous avons découverte, nichée au pied de l'océan dans le prolongement du petit port si typique de Guéthary, véritable carte postale du littoral basque. Porté par des professionnels passionnés et une brigade aguerrie, le Txamara (la « vareuse » portée par les marins) propose 2 ambiances, 2 styles : au rez-de-chaussée, une bodega avec terrasse qui propose une cuisine bistronomique, des pintxos (tapas) et planches à partager. À l'étage, ambiance stylée avec vue panoramique et dans l'assiette, des saveurs subtiles et originales.

LE MADRID €€€

563, avenue du Général-de-Gaulle
✆ 05 59 26 52 12
www.lemadrid.com

Ouvert 7j/7 de Pâques à Toussaint. Fermé lundi/mardi hors saison. Carte 24 à 45 €. Terrasse. Hôtel. Parking à proximité.

Emplacement de rêve avec sa grande terrasse dominant l'océan et une salle très agréable. C'est simple et sans chichis comme la cuisine du chef, Stéphane. Des plats qui varient au fil des saisons ; cette cuisine familiale de bistrot s'apprécie en famille ou entre amis. Assiettes à partager – planche saumon, ibérique... –, chipirons farcis au boudin basque, tataki de thon, poisson du marché, Saint-Jacques émulsion safran, boudin basque planché aux 2 pommes...Service décontracté, efficace, avec de bons conseils pour les vins pour le plus grand plaisir des papilles.

LA MAISON DU FRONTON

29, avenue Harispe ✆ 09 81 75 00 37
www.lamaisondufronton.com

Ouvert 7/7 de 10h à 20h en haute saison et de 10h à 13h et de 16h à 19h en basse saison. Plats cuisinés à emporter.

Au cœur de l'adorable typique village de Guéthary, entre Saint-Jean-de-Luz et Biarritz, La Maison du Fronton est une épicerie-boutique dédiée exclusivement aux produits basques. De la vaisselle, du linge, de la gastronomie, Caroline et Nicole, nos 2 fondatrices et amies vous accueillent et vous confectionnent aussi de délicieuses salades, de succulents sandwichs « maison » et à la demande, de non moins goûteuses tartes et quiches, le tout préparé avec amour et des produits frais uniquement. Vous retrouvez les fromages AOP Ossau-Iraty, les jambons Bellota, etc.

GUÉTHARY SURF SCHOOL

582, avenue du Général-de-Gaulle
✆ 07 69 16 08 49
www.ecole-de-surf-guethary-bidart.com

Label Fédération française de surf. Cours Découverte 1h30 : 42 €, matériel compris. Cours particuliers. Stage enfants.

Dans chacun des bureaux, vous pourrez louer le matériel nécessaire à la pratique du surf (combinaisons, planches de surf, body-board, palmes). Il vous sera aussi possible d'acheter des accessoires (Lycra, body-board, palmes...) et un véhicule vous accompagnera sur les spots où se déroulent les cours. L'un des points forts est l'hébergement en pension complète. Et au quotidien, vous ferez de l'initiation et du perfectionnement au surf, du bodyboard, du stand-up et paddle board. Des activités de remplacement sont aussi prévues. Un savoir-faire reconnu depuis 1996.

VELEKTRIX

191, avenue de Getaria
✆ 05 59 43 78 76
www.velektrix.fr

Ouvert toute l'année. De 9h30 à 12h30 et 13h30 à 18h. Location/vente vélos neufs et d'occasion, véhicules électriques.

Explorez les reliefs du Pays Basque sans effort. Ce moyen de déplacement est mis à disposition dans les boutiques Velektrix au Pays basque, spécialiste de la location et de la vente de véhicules électriques. A Guéthary, à Saint-Pée-sur-Nivelle, à Saint-Jean-de-Luz et à Biarritz, ces quatre boutiques vous permettent d'enfourcher un de ces engins pour rouler en toute sérénité. Vente, réparation, excursions et accompagnement sont possibles. Nouveau : la location de « mini smoke », inspiré du mini moke, véhicule électrique 4 places, entièrement décapotable.

CIBOURE / ZIBURU ★★

La ville de Ciboure possède un territoire très authentique avec à la fois ce centre-ville aux maisons traditionnelles et aux rues escarpées, sa colline de Bordagain avec vue sur le large et son grand port de pêche très actif. Ziburu (en basque) renferme de nombreux trésors notamment la Villa Leihorra, un bijou architectural des années Art déco ou encore la maison Maurice Ravel où naquit le célèbre compositeur. La place centrale de Ciboure regroupe le célèbre café O Garra et autres bars empreints d'authenticité. Plus loin, le marché de la criée se trouve face à la ville. On découvre des quartiers au-delà de la carte postale habituelle du Pays basque.

BUREAU D'ACCUEIL TOURISTIQUE

5, place Camille-Jullian ✆ 05 59 47 64 56
https://www.saint-jean-de-luz.com/
Ouvert toute l'année, horaires selon saison consultables sur le site. Centrale réservation hébergement, billetterie...

Le Bureau d'accueil vous propose des activités et loisirs à découvrir dans la cité et alentours. L'histoire de Ciboure est riche et se lit au détour de nombreux édifices : la Maison où naquit le célèbre compositeur Maurice Ravel, la Villa Leihorra, splendide demeure Art déco, le trinquet Ttiki, temple de la pelote basque, la Tour de Bordagain… La visite commentée vous permet de lever le voile sur le patrimoine cibourien. Avec son port, un des plus grands ports de pêche du Pays Basque.

COUVENT ET CLOÎTRE DES RECOLLETS

1, place des Récollets
✆ 05 59 47 64 56
Visite libre de l'extérieur uniquement et toute l'année.

Ils ont été édifiés au XVIIe siècle sur l'îlot qui sépare Saint-Jean-de-Luz et Ciboure, afin de mettre fin aux bisbilles permanentes qui déchiraient les deux villes. Le cardinal de Mazarin a légué une importante somme d'argent pour la construction d'un puits qui se trouve au centre du parvis du couvent, dédié, lui, à Notre-Dame-de-la-Paix. Cet ancien couvent fait l'objet d'une importante restauration pour abriter le futur centre d'interprétation du patrimoine du Pays basque.

ÉGLISE SAINT-VINCENT ✝ ★

Rue Pocalette
Ouvert toute l'année.

Construite en 1555, agrandie au XVIIe, c'est un merveilleux exemple d'église basque avec un magnifique parvis fermé, garni d'une croix monolithique du XVIIIe. A noter l'originalité de son clocher octogonal, unique dans la région qui abrite trois cloches et est surmonté d'une triple toiture à huit pans. Après le parvis, empruntez le petit escalier offrant une vue splendide sur la baie de Saint-Jean-de-Luz et Ciboure. Au-dessus des fonds baptismaux, sous l'orgue, une plaque rappelle, un événement majeur : « Ici, le 13 mars 1875, fut baptisé Maurice Ravel. »

LE FORT DE SOCOA ★

✆ 05 59 47 64 56
Ouvert toute l'année. Accès piétonnier du 15 juin au 30 août.

© LAMAX - SHUTTERSTOCK.COM

Le Fort de Socoa est un édifice important dans l'histoire de la cité. L'histoire du Fort commence sous Henri IV. Soucieux de protéger Saint-Jean-de-Luz de l'ennemi espagnol, il envisage de construire une forteresse. Des divergences entre les différentes communes feront échouer le projet. Le Fort de Socoa ne verra le jour que sous le règne de Louis XIII. En 1636, les Espagnols prennent le Fort et nomment la citadelle – Fort de Castille-. Quelques années plus tard, la souveraineté française est rétablie, l'ouvrage est alors achevé et prend le nom de Fort de Socoa.

PAYS BASQUE

LA MAIRIE

Place Camille-Jullian
✆ 05 59 47 26 06
www.mairie-ciboure.com
Ouvert du lundi au vendredi de 8h15 à 12h et de 13h15 à 17h.

Construit au début du XVIIIe siècle (1720), l'Hôtel de ville a conservé la cour intérieure pavée et les balcons extérieurs aux balustrades en fer forgé. Ce bel édifice public sert aussi de galerie de peinture. Des artistes locaux sont mis à l'honneur toute l'année dans la salle d'attente du premier étage. Ciboure partage avec Saint-Jean-de-Luz la baie de Socoa, sur le golfe de Gascogne, les deux villes formant la même agglomération. Retrouvez sur le site toutes les animations culturelles et commerciales de l'année : marchés, brocantes, visites...

LA MAISON RAVEL ★

Ouvert toute l'année du lundi au samedi de 9h30 à 12h30 et de 14h à 18h, le samedi de 9h à 12h30.

La maison natale du compositeur Maurice Ravel né le 7 mars 1875 où il ne vécut que 3 ou 4 mois, de style hollandais, est située en face du port qui est l'un des plus grands de pêche de la Côte basque et de son fronton qui est unique dans la région. Elle fut construite par un riche armateur cibourien et rendu célèbre lors du mariage de Louis XIV et de l'Infante d'Espagne puisqu'elle hébergea pendant les festivités le cardinal Mazarin. Aujourd'hui, elle abrite le Bureau d'accueil touristique et l'Académie Internationale Maurice Ravel, l'enfant du pays.

LE PHARE DE SOCOA

Le phare ne se visite pas.

Le phare de Socoa est une maison-phare. Construit en 1844, sa tour carrée est à 12 mètres de hauteur, sa position sur la falaise lui permet de se situer à 36 mètres au-dessus du niveau de la mer et il surplombe la baie de Saint-Jean-de-Luz. Il fut érigé à la demande des marins pêcheurs de Ciboure qui souhaitaient construire un phare à proximité du Fort de Socoa. Il a été automatisé en 1970. Il se situe à proximité du sémaphore de Socoa, appartenant à la Marine nationale française, et sur le chemin du littoral de la Côte basque reliant Hendaye à Bidart.

LA VILLA LEIHORRA ★

1, impasse Muskoa
✆ 06 87 68 32 10
www.villa-leihorra.com
Pour les groupes d'un minimum de 15 personnes uniquement sur réservation possible par téléphone. Adulte : 8 €.

La demeure, ensemble unique Art déco dont le bâtiment et les jardins sont classés aux monuments historiques depuis 1995 a été construite entre 1926 et 1929. Son emplacement est exceptionnel : la villa, sur le flanc de la colline de Bordagain, embrasse la baie d'un coup d'œil. L'architecte Joseph Hiriart, gendre de Madame Signoret, maître d'ouvrage de la villa, a eu carte blanche pour bâtir, l'une des plus belles villas de la Côte. Véritable « refuge sur la terre ferme », traduction du mot basque Leïhorra, elle est un véritable dialogue entre le ciel et la mer.

BASK AUTOS RETRO

10, Allée florentino Goicoechea
✆ 07 87 18 71 49
Ouvert toute l'année 7/7, de 9h à 18h. Véhicules déposés devant le lieu de villégiature ou à un point de ralliement.

Jacques a 4 passions : l'histoire, le Pays Basque, les balades et... les véhicules vintage. Ce service « cousu mains » où depuis Ciboure, il vous fait découvrir le Pays Basque au rythme de véhicules d'époque. Balades terre et côtière avec différentes excursions, la visite des villages typiques, visite des cidreries, *ventas* à la frontière espagnole toute proche, etc. Une façon originale de découvrir cette magnifique région hors des sentiers battus avec les commentaires de notre guide-pilote sans oublier nos « pimpantes deudeuches » décapotables, voyez-vous ça !

HÔTEL LA CARAVELLE*** €€

1, boulevard Pierre-Benoît
✆ 05 59 47 18 05
www.hotellacaravelle-stjeandeluz.com/
Ouvert toute l'année. 17 chambres de 55 à 175 €. Petit déjeuner : 10 €. Animaux admis. Soins détente. Parking proche.

A Ciboure, à l'entrée du port de pêche, l'hôtel La Caravelle affiche trois étoiles bien méritées. Il fait face à l'horizon bleu et les fameuses digues érigées par Vauban sur le port de Saint-Jean-de-Luz. Sur les hauteurs du quai Ziburtar, le petit hôtel à la façade azur et blanc inspire au premier coup d'œil un climat cosy et original. Un ressenti confirmé dès que vous poussez la porte d'entrée. L'atmosphère y est originale avec son cadre naval fait de parquet, de bois bruts et de mobilier contemporain. L'agencement et la décoration des chambres vous séduiront.

VILLA ERRESINOLETTEAN €€

4, rue de la Tour ✆ 05 59 47 87 88
www.chardiet.com

3 chambres de 80 à 150 € et 2 appartements de 500 à 1 000 €/sem. Animaux non admis. Jardin. Piscine. Plancha, barbecue.

A Ciboure, sur la colline de Bordagain, à 800 m des plages et dominant Saint-Jean-de-Luz, ce « spot » reste exceptionnel avec sa vue 360° sur la baie, la côte et la montagne, sa piscine, sa terrasse et son parc à l'exubérance végétale digne des tropiques. Henri, votre hôte, protecteur de cette belle villa de style basque, vous propose 3 vastes chambres et 2 appartements avec décoration et mobilier anciens et authentiques qui offrent tout le confort moderne et un équipement hi-tech (TV grand écran, wifi...). Mention spéciale pour les grandes salles de bains.

MAÏTENIA €

8, place du Fronton
✆ 05 40 39 26 03
www.maitenia.com

Lundi-samedi et fériés de 8h à 0h en continu. Carte : 30 € environ. Formule midi : 18 à 22 €. Terrasse.

C'est ici une cuisine *slow food* et locavore faite « maison » avec 100 % de produits de saison, bio et naturels, issus des petits producteurs et pêcheurs locaux. Légumes, herbes et fruits, produits laitiers des fermes, sans oublier le pain de l'artisan boulanger Etxe Goxoan. Des plats significatifs d'une cuisine bien faite de bistrot de quartier avec son accueil convivial. Des poireaux-faisselle et croûtons, un canard-shitaké, un crabe frit et son aïoli, une bonite-pois chiches et betterave, sans oublier le lait caillé-miel, le yaourt-crumble et fruits rouges, etc.

ALAÏA RESTAURANT-BAR €€

2, allée André-Hiriart ✆ 05 59 47 43 79
www.restaurantalaia.com

Ouvert 7j/7 d'avril à fin septembre et vacances scolaires. Carte : 40 € environ. Formule midi : 20 €. Terrasse.

Un établissement comme on les aime, les « pieds dans le sable » avec un cadre d'exception ; avec, à sa tête Fabrice Naacke, ancien propriétaire du Basilic à Paris. La plage de Socoa avec sa vue imprenable sur le fort de Socoa et sur la grande plage de Saint-Jean-de-Luz, une cuisine raffinée orchestrée par Maeva Lezaud qui met à l'honneur les produits frais, locaux et de saison avec une carte qui change régulièrement. Grande sélection de vins bio et nature intéressante pour accompagner vos plats. Un établissement convivial et ludique avec son bar, véritable QG.

CHEZ MATTIN €€

63, Rue Evariste Baignol
✆ 05 59 47 19 52
www.chezmattin.fr

Fermé dimanche et lundi hors saison et jours fériés. Réservation recommandée. Carte de 30 à 50 €. Accueil des groupes.

Pour le plaisir des gourmets, ce restaurant propose des plats chantant le Pays basque, au travers de recettes classiques et parfaitement maîtrisées par le chef. Dès votre entrée chez Mattin, vous trouverez un cadre d'une rare authenticité qui sait mettre en valeur les richesses de la région, dans une salle rustique à loisir, aux murs inondés de cuivres, de tableaux de peintres de la région. Ainsi selon la saison, trouverez-vous peut-être à la carte de jolies tagliatelles de chipirons planchés, une fricassée de ris de veau aux girolles ou le fameux Ttoro maison.

EKAITZA €€€

15, Quai Maurice Ravel
✆ 05 59 51 29 51
https://www.restaurant-ekaitza.fr

Ouvert du mardi au samedi midi & soir. Réservation recommandée. Menus 32 € (le midi du mardi au vendredi), 58 €, 69 €.

L'ancien chef étoilé du restaurant luzien Le brouillarta, Guillaume Roget, persiste et signe une nouvelle fois le cap de l'excellence avec son nouvel établissement Ekaitza, face au petit port et dans ce quartier animé de Ciboure. C'est avec le même équipage, que notre talentueux capitaine propose dans un cadre soft, une cuisine mettant en valeur le meilleur de la mer et de la terre avec des notes florales et végétales. Les pâtisseries sont là aussi des exemples de maîtrises dues au chef pâtissier Maxime Badeuil. La carte des vins est dans la même signature !

ETXE GOXOAN

51, avenue Jean-Jaurès
✆ 05 59 47 18 38

Ouvert toute l'année, du mardi au samedi de 6h30 à 13h et de 17h à 20h, le dimanche matin. Collège Culinaire de France.

L'une des meilleures boulangeries-pâtisseries du littoral basque à Ciboure ! Un pain au levain, fabriqué artisanalement ainsi qu'une multitude de déclinaisons sont ici les signatures de Bertrand et Emilie avec un levain à l'ancienne, fait à partir de bière et où on laisse le temps à sa fermentation (30 h). C'est la brasserie Akerbeltz d'Ascain qui fournit la bière et qui nourrit son levain. Bertrand, pâtissier-chocolatier-confiseur, s'est aguerri dans de grandes maisons parisiennes et lors de périples en Asie. Un pain que l'on retrouve sur les meilleures tables.

CÔTÉ BASQUE-ÉPICERIE FINE

4, avenue Jean Poulou
✆ 05 59 24 66 75
https://epicerie-cotebasque.com/
Ouvert du mardi au samedi 9h30-13h et 15h30-19h. Haute saison, 7j/7, 10h-13h et 15h30-19h30. Vente en ligne.

Le petit port de pêche de Ciboure s'étoffe d'un véritable shopping gourmand made in Pays Basque ! Dans cette épicerie fine, la région et ses producteurs sont mis à l'honneur avec une gamme non exhaustive de produits phares. Entre les plats cuisinés et conserves, les terrines, bières, jus, spiritueux et confitures, miels, chocolats ou encore les célèbres épices d'Espelette, vous n'aurez que l'embarras du choix pour garnir votre panier. N'oubliez pas non plus le linge et la vaisselle...

SARDINE, L'ÉPICERIE CIBOURIENNE

19, Quai Ravel
✆ 09 87 79 30 42
www.facebook.com/sardineepicerie
Ouvert 7j/7j 9h30-13h30 et 15h30-19h30.

Les amateurs de produits locaux et authentiques ont leur adresse, sous l'impulsion de nos passionnés du goût, Véronique et Romain, à citer en exemple pour la rigueur dans leurs choix. Plus de huit cents références ! Produits régionaux, de Navarre ; du salé au sucré, du primeur et végétal aux liquides (bières, vins..), charcuteries, fromages du « cru », conserves de légumes, de poissons, des sauces... Côté douceurs : miels, confitures, chocolats... On ne résiste pas à la tentation.

EGIATEGIA, VINIFICATION SOUS-MARINE

5 bis, chemin des Blocs ✆ 05 59 54 92 27
www.egiategia.fr
Chai et boutique ouverts toute l'année, sur réservation. Visite guidée aux chais, 1ère immersion avec dégustation.

Emmanuel Poirmeur, ingénieur agronome et œnologue rêvait depuis longtemps de planter des vignes sur la Côte basque. Ce rêve est devenu réalité en 2009 avec l'exploitation d'une parcelle face à l'océan Atlantique, sur la commune d'Urrugne. Il expérimente depuis 2008 des fermentations en cuves immergées à 15 m de profondeur au milieu de la baie de Saint-Jean-de-Luz. Il se sert de l'océan comme ressource énergétique naturelle, qui lui donne la température, l'inertie thermique...

EVI NAUTIKA - ÉCOLE DE VOILE INTERNATIONALE

Parking de Socoa ✆ 05 59 47 06 32
www.evi-nautika.com
Ouvert tous les jours de 9h à 19h, de février à fin novembre. Stage voile légère, location de planche, paddle...

Créée en 1972, la base nautique Evi Nautika de Ciboure, qui est l'une des plus anciennes écoles de la baie de Socoa, propose des stages, des cours, tout en vous louant du matériel nautique toute l'année, 9 voiliers figaro, idéal pour l'apprentissage, de bateaux à moteur, de paddle. L'école de voile est affiliée à la fédération française de voile. En dehors des cours, il est possible de louer des planches, un catamaran ou encore faire de la glisse tractée. Avec des moniteurs (DE).

PAYS BASQUE

Le village de Ciboure.

PARAL'AILE

Avenue du Commandant-Passicot
✆ 06 70 45 03 38
www.paral-aile.fr

Ouvert d'avril à octobre. Tous les tarifs actualisés sont sur le site. Réservation conseillée. Bons cadeaux.

Située à Socoa, cette petite base nautique a quasiment les pieds dans l'eau et regorge d'activités. La rando en Jet-Ski le long des côtes basques, vous découvrirez les magnifiques paysages, formés de criques et de rochers, d'Hendaye jusqu'aux Landes. Votre moniteur diplômé vous guidera lors de ces randonnées adaptées à tous. Si vous avez le permis côtier, il est possible de louer un Jet-Ski pour une sortie en solo ou en duo. Autre activité proposée, le Flyboard avec lequel vous pourrez voler au-dessus de l'eau grâce un puissant jet d'eau et grâce à la pression.

HENDAYE / HENDAIA ★★

Elle forme avec ses voisines ibériques Irún et Fontarrabie de l'autre côté de la Bidassoa un trio particulier où les cultures et gastronomies se confondent. Aujourd'hui encore près d'un tiers des habitants sont espagnols. Hendaye, ville métissée de deux peuples qui se parlent en trois langues, français, espagnol et basque. Avec ses 3 km, Hendaye déroule la plus grande plage de sable fin. Des points d'intérêts qui ne manquent pas entre le château Observatoire Abbadia érigé à la fin du XIXe siècle par Eugène Viollet-le-Duc, avec un panorama exceptionnel, la maison de la Corniche, ancienne ferme basque devenue propriété du Conservatoire du littoral.

ASPOROTSTTIPI MAISON DE LA CORNICHE BASQUE

route de la Corniche ✆ 05 59 74 16 18
www.cpie-littoral-basque.eu

Ouvert du 1er juin au 30 septembre tous les jours sans exception, le reste de l'année, horaires sur le site. Gratuit.

Située sur le sentier du littoral et à l'une des entrées du Domaine d'Abbadia, site naturel protégé par le Conservatoire du littoral, cette ancienne ferme est un centre d'interprétation des richesses naturelles et environnementales. Elle propose à tous un espace permanent d'interprétation du Domaine et de la Corniche basque (géologie, faune, flore), et un petit espace boutique nature. C'est enfin le lieu ou le point de départ des très nombreuses animations liant nature et culture.

ABBADIA - LE CHÂTEAU-OBSERVATOIRE ★★

Route de la Corniche ✆ 05 59 20 04 51
www.chateau-abbadia.fr

Tous les horaires et tarifs consultables sur le site internet. Réservation conseillée en période de vacances scolaires.

▸ **Propriété du Conservatoire du Littoral**, ce site naturel de 66 hectares permet, au sein des paysages variés, de remonter le temps jusqu'à 80 millions d'années, époque durant laquelle la mer occupait encore l'emplacement actuel de la chaîne des Pyrénées. Le site se caractérise par d'abruptes falaises, des criques et 2 célèbres rochers « les Jumeaux » témoins du recul de la côte.

▸ **Classé par les Monuments historiques en 1984**, le château est propriété de l'Académie des sciences par donation depuis 1901. De fait, Antoine d'Abbadie, lui-même membre de l'Académie, légua son château en contrepartie d'une clause particulière ; l'Académie des sciences devant s'engager à poursuivre les travaux astronomiques qu'il avait commencés. Jusqu'en 1975, les observatoires continuent d'arpenter le ciel nocturne de la corniche, puis les instruments sont abandonnés dans une cave jusqu'en 2000, date à laquelle l'Académie demande de faire un inventaire du patrimoine astronomique. 80 objets en sont ressortis. Cette instrumentation vieille et exceptionnelle fait aujourd'hui d'Abbadia le 1er et unique observatoire décimal en France. Sa visite est éloquente, du vestibule avec son escalier monumental, son étonnant vitrail, à la chambre d'honneur au lourd baldaquin, en passant par les pièces de réception, ou la chapelle à l'exceptionnelle charpente. Partout une citation interpelle : la devise d'Antoine d'Abbadie « Plus être que paraître », « Ne jette point de pierre dans le puits dont tu bois l'eau », etc. Le Château Abbadia lève le voile sur le génie d'Antoine d'Abbadie avec le Pavillon Accueil.

▸ **La restauration du parc** : les travaux de réaménagement du parc ont été achevés, l'interprétation de Eugène Bülher (architecte paysager qui a conçu le parc), à partir des éléments historiques. Réaménagement fait dans une logique de préservation et de valorisation pour favoriser la contemplation et la compréhension des différentes scènes paysagères. Il retrouve toute sa splendeur d'antan. La composition paysagère et les plantations exotiques évoquent les nombreux voyages d'Antoine d'Abbadie. Un parc paysager à l'anglaise qui intègre les éléments naturels (montagne, océan, arbres...). Une invitation à découvrir les points d'interprétation, l'histoire du site, les expériences scientifiques du propriétaire des lieux, les essences plantées et la maison Arragorry où Virginie jouait du piano...

▸ **Véritable réserve biologique**, les vélos, chiens, pique-niques et prélèvements sont interdits.

PAYS BASQUE

LA CORNICHE

Accès libre piéton toute l'année. Une partie du circuit est désormais interdit à la circulation.

De Socoa à l'entrée d'Hendaye, la route de la Cornique offre le plus beau panorama de la côte atlantique, sauvage et authentique et de plus à pied, ce sont des kilomètres de randonnée côtière de Bidart à Hendaye, jalonnée de panneaux de direction et de stations d'interprétation qui s'offrent à vous. A parcourir dans les deux sens sur 6 km. L'accès n'est réservé désormais qu'aux piétons et aux cyclistes sur une partie du circuit suite à des éboulements dus à l'érosion. On peut admirer suivant la saison, la fameuse vague Belharra ; unique vague géante d'Europe !

LA GRANDE PLAGE D'HENDAYE

Front de mer

Accessible toute l'année. Gratuit et non fumeur. Label Handiplage. Restauration. Animations.

Avec ses 3 km, Hendaye déroule la plus grande plage de sable fin de la Côte basque. Elle est labellisée « Handiplage », pour les personnes à mobilité réduite et offre un spot idéal pour s'initier au surf avant d'attaquer les grosses vagues de Bidart, Biarritz ou encore celles d'Anglet. Terrain de jeu également et en toute sécurité pour les familles avec une qualité de l'eau reconnue Pavillon Bleu depuis 2021. Et classée 4e plus belle plage de France depuis 2019, par les internautes.

LA CROIX D'HENDAYE

Se visite toute l'année, accès libre.

La Croix d'Hendaye qui fait beaucoup parler d'elle est installée à côté de l'église, aux pieds des Pyrénées sur la frontière entre la France et l'Espagne. Il a fallu l'arrivée d'un livre au XIXe siècle, *Le Mystère des cathédrales*, d'un certain Fulcanelli, pour la mettre sous les feux de la rampe. Cet alchimiste français a découvert un « S » à la fin de la 1re ligne, à la forme irrégulière, qui aurait une symbolique, celle d'un dragon crachant du feu, dont on retrouve une autre référence sur le socle. N'hésitez pas à aller découvrir cela sur Internet.

EXPLORE OCÉAN

Port de plaisance d'Hendaye ✆ 06 84 41 90 57
www.exploreocean.fr

Ouvert d'avril à septembre inclus, 7/7j. Validation des plannings de sorties en mer 48h avant le départ sur internet.

Bienvenue à bord du catamaran d'expédition Atalaya avec son équipe d'experts, à la découverte des cétacés et du patrimoine naturel de ce réservoir naturel du Pays basque au large des côtes, dans le confort et la sécurité. Une belle expérience. Long de 17 m et 7 m de large, le catamaran dispose d'espaces aménagés, abrités ou non, pour observer les cétacés et profiter du paysage en toute sécurité avec une équipe de biologistes. Grâce à leurs connaissances du milieu et au matériel scientifique embarqué, la probabilité d'observation des mammifères est d'environ 95 %.

OFFICE DE TOURISME

67, boulevard de la Mer
✆ 05 59 2000 34
www.hendaye-tourisme.fr

Juillet/août, ouvert du lundi au samedi 9h-19h, dimanche/fériés 10h-13h/15h-18h. Hors saison, horaires sur le site web.

L'office de Tourisme d'Hendaye vous propose ses nombreux services : centrale de réservation pour trouver un hébergement à prix avantageux, billetterie à tarif préferentiel pour musées, concerts, excursions en bus, idées séjours à partir de 40 €, espace dédié aux enfants. Avec plusieurs options : visite commentée d'Hendaye, propositions d'excursions en bus à destination de Bilbao et de son musée Guggenheim, Espelette, Saint-Jean-Pied-de-Port, Pampelune, San Sebastian ; reliée à Hendaye par l'Eusko Tren-Topo (5,50 € A/R, seulement 35 min de trajet !). L'objectif étant la mise en avant de la culture par le dialogue et favoriser l'innovation dans le secteur culturel, découvrez sans plus attendre toutes les animations proposées toute l'année.

Quelques idées de circuits : Outre Bidasoa : la Concha de San Sebastian, les vagues de Zarautz, les remparts de Hondarribia... en Gipuzkoa...

Hendaye, destination famille, « les petites canailles en vacances à Hendaye » : on vous donne une liste des baby-sitters et les informations sur les 17 hébergements de la ville proposant un « kit bébé ». Informations sur la chasse aux trésors, « sur les traces du renard basque » et des animations diverses pendant les vacances scolaires. Partez à la Chasse aux Trésors TERRA AVENTURA : munis de l'application smartphone 100 % gratuite « Terra Aventura », vous serez prêts pour l'aventure en famille ! Sans cesse en renouvellement, l'équipe de l'Office développe ses services : chaque été, yoga, Zumba, longe côte, concours de châteaux de sable...

PAYS BASQUE

PORT DE PLAISANCE-PORT DE PÊCHE

www.port-hendaye.fr

Ouvert 24h/24. Eau, électricité, sanitaires, laverie, wifi gratuit. A partir de 15 € la journée en saison.

Port de plaisance mais aussi port de pêche dont la zone se développe sur la partie nord de la baie de Txingudy, Hendaye tire de ses activités son épingle du jeu. Elle gère le contrôle des débarquements et la mise en vente du poisson au travers d'une association de gestion de la criée des ports de Saint-Jean-de-Luz, Ciboure et Hendaye. Côté plaisance, le port, harmonieusement inséré au quartier de Sokoburu qui est un refuge en cas de tempête a été inauguré en 1993.

NAVETTE HENDAYE-HONDARRIBIA

Port de Plaisance

✆ 06 07 02 55 09

Toutes les 30 minutes, puis toutes les 15 minutes l'été. 1er départ : 10h. Tarif : 2 €/personne/traversée.

Une idée extraordinaire que cette navette qui relie Hendaye à la ville espagnole de Hondarribia, en quelques minutes, en saison tous les quarts d'heure de 10h à 1h, le reste de l'année toutes les 30 min jusqu'à 19h. Dépaysement assuré de l'autre côté où l'on arrive dans un autre monde. Place aux tapas dans une animation propre aux Espagnols qui sortent dès 18h, entre hommes souvent… pour discuter autour de tapas alors que les mamans et leurs enfants se promènent.

LE SENTIER DU LITTORAL

Accès libre toute l'année. Gratuit pour tous.

Hendaye est le point de départ du Sentier du littoral, sur les bords de la Bidassoa, côté port de plaisance jusqu'à Bidart sur 25 km. Une balade à pied ou à vélo (pour les plus sportifs) à la découverte de la faune, de la flore et du milieu végétal, ponctuée de plusieurs stations d'interprétation sur le thème de la pêche, de l'histoire maritime, de la géologie, du paysage, etc. De belles randonnées en perspective en famille et à son rythme, qui longent l'océan et qui sont sans danger. N'oubliez pas le panier à pique-nique pour encore mieux profiter du site.

HÔTEL BELLEVUE** €€

36, boulevard du Général Leclerc

✆ 05 59 20 00 26

www.hotelbellevue-hendaye.fr

16 chambres de 62 à 139 €/saison/cat. Petit déjeuner 8 €. Animaux non admis. Wifi gratuit. Parking. location de vélos.

Vos hôtes, des voyageurs au long cours, ont posé leurs bagages et repris cet hôtel il y a quelques années. La maison bâtie en 1900 par l'architecte M. Martinet qui a créé Hendaye Plage est superbe. Une montée par un vieil escalier vous mène aux chambres dont chacune a sa personnalité. L'une d'entre elles en sous-pente, avec poutres apparentes. Certaines ont une vue splendide sur la baie et le Jaizkibel. Une situation idéale, entre océan et montagne, à 350 m de la plage, proche de la frontière espagnole et au départ d'une multitude d'excursions et de randonnées.

HENDAYE TOURISME POUR EUSKO TREN - TOPO

Gare d'Hendaye

✆ 05 59 20 00 34

Tous les jours de la semaine, départ toutes les 3' et 33' de chaque heure (7h03 - 7h33... jusqu'à 22h33).

L'entreprise ferroviaire espagnole du Pays basque du sud, Eusko Tren, a mis en place une navette qui relie Hendaye et San Sebastian, qui ne se trouve qu'à 19 kilomètres. Ainsi, tous les jours de la semaine, plusieurs allers et retours sont prévus entre ces deux villes au patrimoine culturel des plus intéressants. L'Espagne vous ouvre ainsi sa plage, son port de plaisance, ses randonnées... Le trajet se fait en seulement 35 minutes et le prix reste très abordable.

HÔTEL UHAÏNAK*** €€

3, boulevard de la Mer ✆ 05 59 20 33 63

www.hotel-uhainak.com

14 chambres (dont 9 face à l'océan), de 80 à 180 €. Petit déjeuner 9 €. Animaux non admis. Parking gratuit. Terrasse.

Voici un établissement de charme et familial à Hendaye que l'on apprécie toujours, idéalement situé, face à l'océan qui vous tend les bras ! Il possède 14 chambres tout confort dont 1 chambre familiale et 9 entièrement rénovées dans un style contemporain. Parties communes en style basque. Un même dénominateur commun, de grands couloirs aux portes retravaillées, des chambres spacieuses et lumineuses, du double vitrage, des balcons pour certaines. Cet hôtel face à la Grande plage séduit tant par sa diversité que par sa proximité avec l'Espagne, la Thalasso...

HÔTEL VALENCIA-RÉSIDENCE*** €€

29, boulevard de la Mer ✆ 05 59 20 01 62
www.hotel-valencia-hendaye.com
20 chambres : 70 à 168 €. Petit déj 12 €. Clim. Location appartements à côté de l'hôtel. Wifi. Parking. Garage vélos.

Face à la grande plage, les deux Jumeaux d'un côté, la pointe de Fontarrabie de l'autre... Difficile d'être mieux placé ! Vous êtes quasiment les pieds dans l'eau, idéal pour profiter de votre séjour. L'hôtel présente un intérieur entièrement rénové dans un style contemporain et raffiné. Chambres élégantes équipées de lits 160 ou 180, de salle de bains avec douche à l'italienne et une avec espace balnéo. Les baies vitrées offrent un des plus beaux panoramas d'Hendaye. Accueil charmant.

LES JARDINS DE BAKEA**** €€

1134, rue Herri Alde - **BIRIATOU / BIRIATU**
✆ 05 59 20 02 01
www.bakea.fr
Les Collectionneurs. 21 chambres : 74 à 170 €/cat/saison. Petit déjeuner 15 €. 1/2 pension possible. Restaurant. Jardin.

Les Jardins de Bakea à Biriatou, charmant village proche d'Hendaye et des plages, ce sont 20 chambres et une junior suite dans un site aux exceptionnels espaces lumineux dès l'entrée. Une réactualisation très réussie avec des chambres aux thèmes « Jardin », « Campagne chic » et « Mer » : toutes superbes de luminosité, avec une décoration élégante, raffinée et personnalisée ; lits king size, dressing, salle de bains contemporaine ; la plupart avec balcon donnant sur la vallée et le jardin. Une belle adresse pour se ressourcer. Et avec un restaurant de qualité.

CAMPING ESKUALDUNA**** €€€

route de la Corniche ✆ 05 59 20 04 64
www.camping-eskualduna.fr
Ouvert du 3/04 au 30/09. Locatifs de 275 à 1 795 €/sem. Empl 2p/véh./élec 26 à 46 €. Parc aquatique. Club enfants.

Face à un espace naturel protégé, ce camping tout proche de la plage, possède un superbe parc aquatique : piscine exotique, toboggans, espace de nage à contre-courant, lagon, solarium, hydromassage, aquagym... Des mobil-homes nouvelle génération, spacieux, élégants, avec terrasse et salon de jardin, des chalets 100 % écotourisme et des emplacements. Les animations sont diverses : sportives pour petits et grands, soirées... et possibilité d'accéder à des activités nautiques. Point de départ idéal pour découvrir la région et s'assurer des vacances en mode « détente » !

L'APOSTROPHE €€

11, rue de l'Église
✆ 05 95 67 790
www.apostrophe-hendaye.com
Ouvert le midi (sf mercredi) et soirs : lundi, jeudi, vendredi, samedi. Midi semaine : 15,50 à 26 €. Menu carte 34 €.

Belle surprise dans cet ancien bar de la poste revisité, mais toujours dans l'esprit d'avant avec mobilier de bistrot, comptoir d'époque et grande terrasse pour apéro dînatoire convivial. Une cuisine féminine avec Emilie qui réalise suivant l'inspiration, des plats légers à partir des produits de marché ; gaspacho de petits pois et crumble au thym, œuf parfait et sa crème de champignons, échine de porc ibérique cuite basse température qui fond dans la bouche ! Le sucré est aussi bien travaillé. Côté comptoir, William vous conseille avec la maîtrise des accords.

BATTELA ELO & SEB €€

5, rue Irun
✆ 05 59 20 15 70
Tous les horaires consultables sur le site. Réservation recommandée. 40 € environ. Formule midi : 21 €. Terrasse.

A 50 m de la plage d'Hendaye, Elorri et Sébastien vous accueillent dans leur auberge au caractère intimiste et authentique. Le bouche-à-oreille a en effet prouvé une nouvelle fois son efficacité. Nouvelles décoration et terrasse couverte pour mieux profiter de moments de détente gourmande. Véritable cuisine de chef, le talent et la maîtrise des produits frais et de saison s'expriment tout au long du parcours gustatif avec une carte renouvelée au gré des saisons et de son inspiration. Avec une large et intéressante sélection de vins pour accompagner vos plats.

LE CHANTIER €€

7, avenue des Orangers
✆ 05 59 20 44 87
www.restaurantlechantier.com
Du lundi au dimanche le midi, vendredi et samedi soir. 7j/7 midi/soir en été. Comptez 35 à 50 €. Formule midi 17,90 €.

Une terrasse chauffée l'hiver... sur la Marina du port d'Hendaye, quoi de mieux ? Une première image dans un cadre marin : murs de lattes de bois, quelques tableaux illustrant l'océan, cordages, hublots, des tables de bois originalement animées aux 4 coins de cordages... Les plats que vous propose le capitaine sont mer-terre avec, après les tapas et un cocktail « maison », le tartare de thon, les langoustines émincées, un pressé de poulpe de roche. Côté mer, les pâtes aux palourdes et terre, les ris de veau rôtis et pour les douceurs, une tarte au citron Yuzu.

RESTAURANT DU CASINO D'HENDAYE €€

121, boulevard de la Mer ✆ 05 59 48 02 48
https://www.casino-hendaye.com/

Ouvert du mercredi au dimanche midi. Réservation recommandée. Menus à 17, 23, 30 € + carte. Clim. Terrasse bord de mer.

Situé face à l'océan, le casino d'Hendaye vous accueille dans un cadre rénové plus convivial encore ! Le nouveau bar-restaurant a lui aussi bénéficié de cette rénovation pour notre plus grand plaisir. Plus cosy, la salle du restaurant avec un mobilier et une décoration hi-tech lui donne un caractère plus raffiné. Et cela se confirme dans l'assiette et avec les plats et menus : une cuisine de terroir local, de fraîcheur et de saveur juste, autant pour les poissons que pour les viandes.

WALTER GLACIER

95, boulevard Leclerc
✆ 09 51 58 57 98

Ouvert 7/7 de Pâques à Toussaint. Crèmes glacées et sorbets fabriqués à la ferme avec de vrais fruits. Grande terrasse.

Walter Glacier, spécialiste du sans-gluten, bio et végan est une halte idéale pour une pause gourmande et rafraîchissante avec ses glaces artisanales réalisées dans les règles de l'art ; crèmes glacées fabriquées à base de lait de ferme, sorbets avec de vrais fruits. Un très grand choix de cornets (sans gluten, gaufrettes haut de gamme fabriquées à la main). Entre parfums classiques et compositions plus originales – litchi-framboise, mojito basque, cactus... – pas moins de 50 parfums à déguster ! Et des gaufres, crêpes, boissons chaudes et jus de fruits maison.

EGUIAZABAL - CAVE GOURMANDE 1923

3, route de Behobie ✆ 05 59 48 20 10
www.eguiazabal.com

Ouvert du mardi au vendredi de 10h à 19h30 en continu, le lundi et le samedi, de 10h à 13h30 et de 15h30 à 19h30.

La boutique affiche un impressionnant luxe d'étiquettes prestigieuses dans tous les domaines, le vin avec quelque 500 crus, une vitrine entière d'armagnacs et de cognacs, un mur impressionnant de whisky, un autre de champagnes avec toujours les plus grandes marques dont Krug ou Dom Pérignon (seul une vingtaine de cavistes en Europe ont ce privilège) ou encore Mumm dans des emballages d'une rare originalité, sans oublier les coffrets avec des verres, des accessoires et même du caviar.

GASNETXE

12, avenue des allées
✆ 06 43 43 71 04

Ouvert toute l'année, du mardi au samedi, de 9h à 13h et de 15h à 19h. Réalisation de plateaux à partir de 20 €.

Mélody, formée par Cathy de la crèmerie de Cambo-les-Bains propose depuis sa boutique Gasnetxe (maison du fromage en basque), une belle sélection de fromages fermiers du terroir français, des yaourts artisanaux, desserts gourmands et une épicerie fine n'ayant rien à envier aux célèbres institutions du Pays Basque. À chaque saison, vous découvrirez des fromages différents tels le Gaperon, spécialité auvergnate, le tourteau du Poitou... mais aussi les fromages corses comme le Basterga, le Moliterno qui est un fromage de brebis veiné de truffe noire de Sardaigne.

© OT HENDAYE - P. LAPLACE

Château Abbadia.

ÉCOLE FRANCAISE DE SURF HENDAIA

2, boulevard de la Mer © 06 73 37 53 81
www.ecoledesurf-hendaye.com
Ouvert avril à octobre 10h-18h, juillet/août 8h-20h. Différentes formules à partir de 32 €. Surf camps enfants/adultes.

Ici, c'est la règle des 3 S : Sensation, Sécurité et Sourires ! Créée en 2003, l'école propose des cours et stages de surf en individuels, en groupes et scolaires à partir de 6 ans. Elle dispose de la classification Confort attribuée par la FFS, grâce à un local spacieux de 80 m², face à la zone de surf, avec l'engagement du respect de la Charte de Qualité des Écoles Françaises de Surf. Elle propose des Surf camps avec hébergement. Des cours de stand-up paddle, packs surf et rafting.

HAIZEA SPI EN TÊTE

Quai Sud devant Décathlon
© 06 86 47 47 06
https://www.spientete.com/
Ouvert à l'année. Baptême et découverte voile (65 €/1/2j), stages formation et croisière découverte, sorties groupe.

Monter à bord d'un voilier, prendre le large et s'initier à la voile avec l'école de voile Haizea Spi en Tête qui vous propose des sorties au large des côtes basques. Des excursions à l'iode qui valent le détour, d'Hendaye à Hossegor, ou plus au sud à San Sebastian, de Getaria jusqu'à Getxo. Des croisières aussi pour goûter à tous les plaisirs de la navigation. Embarquez et profitez des différentes formules proposées. Et si vous souhaitez apprendre à naviguer, des skippers professionnels vous apprendront à régler une voile, tracer une route, tenir un cap !

PLANETOCEAN

Port Floride © 06 62 63 66 27
www.planetocean.fr
Ouvert du 1/03 au 31/12. Centre 5 étoiles PADI. Initiation randonnée palmée dès 32€, plongée 35/60 €. Formation.

L'équipe de professionnels de PlanetOcean à Hendaye vous propose toute l'année des séances de plongée individuelle ou en groupe, à partir du *Betiko*. Que vous soyez débutants ou confirmés, des formations de divers niveaux sont organisées. Pour les débutants, le baptême de plongée avec l'expérience DSD (une plongée piscine et une plongée mer), ainsi que des sorties randonnées palmées (le snorkeling) sont idéals. PlanetOcean développe également le Freediving (la plongée en apnée) : du débutant au confirmé, avec passage de niveaux. Alors, prêts pour l'aventure ?

RELAIS THALASSO HENDAYE

125, boulevard de la Mer © 05 59 51 35 35
www.relaisthalasso-hendaye.com
Ouvert tous les jours 9h-20h30. Toutes les formules et tarifs thalasso sur le site. Hôtel. Restaurant. Boutique.

Le Complexe Serge Blanco devient désormais le Relais Thalasso Henddaye avec toujours un potentiel riche. On découvre l'Espace Thalasso composé de 32 cabines de soins et un joli bassin en accès libre. Dans un cadre raffiné, l'offre variée est entièrement dédiée au bien-être et à la santé : cabines de pressothérapie, d'ostéopathie, de kinésithérapeutes, cabines avec lits à hydrojet, sauna, hammam. On y trouve aussi une salle de musculation, une salle de cours de Pilates... En 2022, le centre doit bénéficier de travaux de rénovation et d'embellissement majeurs.

TXIMISTA-BALADE CÔTIÈRE

10, rue des Orangers
© 06 68 53 83 80
Ouvert à l'année, sur réservation uniquement et suivant les conditions de navigation. Jusqu'à 12 pers. Privatisation.

Embarquez en famille, entre amis (à partir de 4 pers.) sur le Tximista avec Gilles, son capitaine pour une balade apéritive et dînatoire avec coucher de soleil inclus depuis la baie de Txingudi à Hendaye. Vous découvrirez de manière conviviale, privilégiée avec les commentaires affûtés de notre pilote, différents trajets pour une durée de 2h30 en moyenne. La baie de Saint-Jean-de-Luz, la corniche basque, le splendide château d'Abbadia, les « 2 jumeaux » de la baie d'Hendaye... Et tout en appréciant un repas composé de produits basques. Convivialité garantie !

CASINO D'HENDAYE

121, boulevard de la Mer © 05 59 48 02 48
www.casino-hendaye.com
Ouvert 7j/7 toute l'année, à partir de 10h jusqu'à 1h du matin (2h le we). Restaurant. Bar. Clim. Terrasse bord de mer.

Face à l'océan, le Casino d'Hendaye vous accueille dans un tout nouveau cadre, encore plus convivial et chaleureux. Avec plus de machines à sous (55), de jeux électroniques, de jeux de tables dont la roulette anglaise (en été uniquement), etc. Profitez également du bar et du restaurant rénovés avec la terrasse, face à la baie. Vous y dégusterez l'œuf cocotte façon au plat, le saumon gravlax à la scandinave, la cassolette de ris de veau… Passez un moment privilégié en vivant toutes les émotions du jeu dans un cadre raffiné avec un personnel discret et efficace.

SAINT-JEAN-DE-LUZ / DONIBANELOHIZUNE ★★★★

Saint-Jean-de-Luz est une cité balnéaire au passé historique. Le mariage de Louis XIV avec l'Infante Marie-Thérèse d'Autriche fut en 1660 l'un des événements de la ville. Avec son emplacement maritime idéal, celle-ci a fait de la pêche son activité phare : son port renommé date du XIIe siècle ! Elle affiche un présent plein de dynamisme sans occulter son vivier gastronomique. La danse, les chants ou encore la gastronomie basque sont bien présents dans la cité des Corsaires. N'oublions pas les nombreuses activités sportives , accessibles facilement : surf, pirogue hawaïenne, accrobranche, chistera, randonnée, paramoteur... À vous de choisir !

BLEU LA GALERIE

3, rue de l'Infante
✆ 05 59 85 96 21
www.bleu-lagalerie.fr

Entrée libre et gratuite. Horaires d'ouverture variables selon saisons, à consulter sur le site. Expositions mensuelles.

La galerie d'Anne-Hélène et Boris Solin exprime toute leur passion pour la mer. Elle consacre ainsi peintures, sculptures, photographies, mosaïques à dominante maritime dans l'écrin de Saint-Jean-de-Luz, à deux pas du port. A noter : plusieurs peintres officiels de la Marine y sont exposés avec des artistes locaux ou de partout en France. Elle propose des œuvres originales à l'achat ou à la location pour faciliter une acquisition au long cours et édite des petits livres d'art. Boris se qualifie comme un « vendeur d'émotion » avec des expositions toute l'année.

LA BAIE DE SAINT-JEAN-DE-LUZ ★★★

Accès à tous toute l'année, zone non fumeur sur toute la baie.

Bien protégée par les imposantes falaises de Socoa et Sainte-Barbe, la ville de Saint-Jean-de-Luz est au XVIIe siècle une ville prospère grâce à son activité maritime. Mais au fil du temps, la mer, la pluie et le vent sapent les protections naturelles, livrant la ville aux attaques de la mer. On retrouve ainsi des quartiers dévastés, comme celui de la « Barre », et comme l'important couvent des Ursulines, avec le port régulièrement ensablé… Au milieu du XVIIe siècle, après deux siècles de lutte incessante, la ville se retrouve au bord de la ruine. En effet, un quart de la ville est balayé par les flots et on constate surtout un recul de la côte de un mètre à trois mètres par an ! C'est Napoléon III, en 1854, qui autorisera les travaux de fermeture de la baie avec la création de trois grandes digues qui auront pour but de recréer les défenses naturelles, un chantier indispensable pour préserver la baie et éviter sa disparition. Cet ouvrage sera ainsi achevé douze ans plus tard. Mais il aura fallu trente ans et 8 000 blocs de 50 tonnes supplémentaires pour la construction de la digue de l'Artha, dix ans encore pour la digue de Sainte-Barbe, des éléments qui ont permis, dès 1895, de sauvegarder la Grande Plage sur cette baie de 240 ha. Avec 4 autres plages, la plage d'Erromardie, celle de Lafitenia, de Mayarko et Cenitz, la baie de Saint-Jean-de-Luz, qui aura résisté aux affres de la nature, est devenue l'un des sites les plus visités d'Europe.

Saint-Jean-de-Luz, au sud de la côte basque.

BUREAU D'ACCUEIL TOURISTIQUE

20, boulevard Victor-Hugo
✆ 05 59 26 03 16
www.saint-jean-de-luz.com
Ouvert toute l'année, horaires variables selon saison. Centrale de réservation : hébergement, billetterie, activités.

L'office de tourisme de la ville de Saint-Jean-de-Luz regroupe toutes les informations liées à l'ensemble du Pays Basque. Superbement installé au cœur de ce quartier vivant des halles, vous y trouverez un accueil personnalisé ainsi que la présentation de toutes les animations qui rythment l'année. Seul, vous pourrez avoir une première approche en suivant les 20 plaques qui concrétisent un circuit dans la cité, commentaires à l'appui. D'autres possibilités de visite en toute liberté sont possibles, avec l'audio guide à louer, ou encore des visites guidées et commentées, autour de la baie, de l'histoire, de l'architecture de la cité qui vous permettront de découvrir toute la richesse luzienne. Les villes de Saint-Jean-de-Luz et Ciboure ont été labellisées « Villes et Pays d'Art et d'Histoire » : cette reconnaissance engage les deux communes à valoriser leur patrimoine, à sensibiliser le public mais aussi à mettre en œuvre des actions d'animation, avec notamment un recrutement de guides-conférenciers. Un beau programme culturel ! Toute l'année, de nombreux événements font de la ville longtemps appelée « la belle endormie » une cité dynamique : du Festival International de cinéma en octobre, en passant par des opérations comme « Hiver et printemps au restaurant » pour découvrir des tables gastronomiques à prix attractifs et accessibles, Saint-Jean-de-Luz est une destination de choix pour tous et incontournable lors de votre séjour en Pays Basque !

ÉGLISE SAINT-JEAN-BAPTISTE ★★

Rue Gambetta
✆ 05 59 26 08 81
Accès libre et gratuit toute l'année en fonction des offices.

Dans cet édifice de style labourdin qui a été brûlé en 1419, a été célébré le mariage royal. Classée aux Monuments historiques depuis 1931, la partie la plus ancienne de l'église date du XVe siècle. L'intérieur spectaculaire se compose d'une nef unique animée de trois étages de superbes galeries. Depuis qu'elle fait office de salle de concerts, la belle dame n'a de cesse de faire état de son orgue de trois claviers et quarante-huit registres, un des principaux instruments de la région.

JARDIN BOTANIQUE PAUL JOVET

31, avenue Gaétan-Bernoville
✆ 05 59 26 34 59
Le jardin est ouvert de mars à octobre. Gratuit jusqu'à 12 ans. Adulte : 4 €. Enfant (12/16 ans) : 2 €. Famille : 10 €.

Le Jardin botanique littoral de Saint-Jean-de-Luz a pour vocation de préserver et présenter la flore typique du littoral basco-landais, sur 2,5 hectares, des façades maritimes, des landes côtières dans leur milieu naturel. Végétaux des cinq continents et sélections horticoles complètent ce tableau, longé par le Sentier littoral et posé sur la falaise d'Archilua, avec vue panoramique exceptionnelle sur l'océan et les montagnes. La Maison Jean Bost, abrite expositions et conférences.

MAISON ADAM

4-6, place Louis XIV
✆ 05 59 26 03 54
Boutique-Atelier ouvert 7/7, de 9h à 19h30, l'été, de 9h à 20h. Visite de la boutique ouverte au public. Vente en ligne.

Les origines du macaron basque remontent au XVII^{e}s avec le roi Louis XIV qui les aurait appréciés lors de son mariage. Recette transmise depuis de génération en génération avec aujourd'hui Andoni et Miguel Telleria-Adam, gardiens de la tradition, tout en innovant. Ces délicieux macarons moelleux et fondants, les seuls véritables « Pare Gabea », sont élaborés chaque jour à la main avec le savoir-faire familial, ainsi que les gâteaux basques, tourons, moelleux, chocolats... Et la confection du praliné à découvrir au 4 pl. Louis XIV ! L'excellence basque depuis 1660.

LA MAISON DE L'INFANTE ★★

1, rue de l'Infante
✆ 05 59 26 79 63
www.saint-jean-de-luz.com
La Maison se visite du 15 juin au 15 octobre du mardi au samedi de 11h à 12h30. Animaux non acceptés. Accès gratuit.

Proche de la place Louis XIV et face au port, cette demeure Joanoenia a reçu l'infante Marie-Thérèse d'Espagne lors de son mariage avec le roi en 1660. L'histoire dit qu'elle n'y a passé que deux nuits. Sa façade rosée en brique et en pierre rappelle les charmants palais italiens. Elle a été construite grâce à l'apport d'un armateur fortuné, Johannot de Haraneder qui pouvait surveiller le mouvement de ses navires de commerce et de chasse à la baleine. Ses armes sont gravées au-dessus de la porte d'entrée. La demeure est inscrite aux Monuments historiques.

LA MAISON LOUIS XIV ★★

Place Louis-XIV
✆ 05 59 26 01 56
www.maison-louis-xiv.fr
Ouvert : début avril au 1er novembre. Visite guidée. Gratuit jusqu'à 12 ans. Adulte 6,50 €. Enfant (12/18 ans) 4 €.

La maison Louis XIV, Lohobiague-enea, garnie de tourelles en encorbellement, inscrite à l'Inventaire des Monuments historiques depuis 2003, a été construite en 1643 pour un riche armateur. Cette époque voit alors les grandes familles se faire construire de belles demeures. Elle présente une façade en pierre parée de balcons aux balustrades en fer forgé. Elle a abrité Louis XIV lors de son mariage en 1660. A l'intérieur, un magnifique escalier de bois mène au premier étage, dans un salon orné de portraits de famille et dans une salle à manger aux boiseries peintes.

LA PERGOLA

Accès libre et toute l'année.

La promenade luzienne des Anglais ! Depuis 1912, la Pergola était la promenade chic pendant l'entre-deux-guerres puis son lustre se ternit, les embruns de l'océan achevant de l'altérer sans oublier les affres de la guerre. Aujourd'hui, une seconde vie a été proposée à la galerie commerçante : de nouvelles balustrades pour se pencher sur la plage comme on le ferait d'un paquebot de croisière. Boutiques de souvenirs, restaurants et terrasses ont retrouvé le sourire ! Le jardin, transformé, cède la place à un hôtel, un Centre de Thalassothérapie et à un casino.

ESCAPADES EN TERRE BASQUE

22, rue Courtade ✆ 06 86 97 55 84
www.escapades-terre-basque.fr
Ouvert toute l'année sur rdv. 7J/7 8h-17h. A partir de 100 € la 1/2journée 2 pers., 150 € la journée. Visite guidée.

Dans un véhicule tout confort, Jean-Jacques, Luzien de naissance vous guide depuis votre lieu de villégiature à la découverte du Pays basque et déguster les nombreuses spécialités. Découvrir Saint-Sébastien et ses pintxos de l'autre côté de la frontière, les villages typiques pour terminer, le littoral des plages d'Hendaye avec la corniche jusqu'aux incontournables plages de Biarritz avec ses surfeurs. C'est aussi une escapade pour découvrir le Pays basque intérieur et son patrimoine.

LE PORT ★★★

www.port-saintjeandeluz-ciboure.com
Accès libre toute l'année. Visite gratuite.

Un lieu pittoresque avec ses bateaux de pêche en bois, tous peints de couleurs vives à découvrir quand vous êtes à Saint-Jean-de-Luz. Il n'a été édifié qu'au XIIe siècle, lorsque l'ensablement du fleuve l'Adour a réduit considérablement les activités du port de Bayonne. La vie à Saint-Jean-de-Luz et Ciboure a pendant des siècles été rythmée par l'activité du port, de la pêche et de la transformation du poisson. Cela a permis aux deux communes de se développer et de conserver toujours en activité ce joli port enclavé. C'est dès le Moyen Âge que la pêche à la baleine se développe dans le golfe de Gascogne et des tours de guet nommées « Atalaye » ponctuent les côtes afin de surveiller et alerter sur le passage des cétacés. Avec la raréfaction des baleines, les marins basques se déplaceront en Galice et dans les mers du Nord. Aujourd'hui, les bateaux colorés partent encore tous les jours quand la météo le permet, mais pour d'autres poissons. À leur retour, ils déchargent sur les quais leur pêche pour la criée de Ciboure et alimentent ainsi les meilleures tables gastronomiques et les poissonneries de tout le Pays basque. Bien protégée des débordements des vagues par ses digues, édifiées par Vauban, la ville offre un panorama exceptionnel sur l'océan et les Pyrénées. Les maisons qui longent ses quais sont de style labourdin. Vous pourrez aussi voir les bateaux revenir de la pêche et acheter directement le fruit de leur récolte qui est « on ne peut plus frais » ! Site typique depuis lequel vous pouvez embarquer pour des excursions le long du littoral. Les balades en mer ne manquent pas depuis la cité des Corsaires. Embarquez à bord pour une sortie tout confort et en sécurité et découvrez des endroits secrets de la côte Basque avec en arrière plan, les contreforts des Pyrénées. Vous serez émerveillé par ce décor de rêve, les eaux transparentes du Cap du Figuier, vous longerez le long de la Corniche basque jusqu'au port de Fontarrabie (Espagne). Les falaises de Flysh, la baie de Loya, de domaine et le château d'Abbadia, les rochers des deux Jumeaux, la plage d'Hendaye et l'embouchure du fleuve Bidassoa, frontière naturelle entre la France et l'Espagne... et Biarritz vu de la mer ! Vous longerez le petit port typique de Guéthary, ancien port baleinier, station très fréquentée, vous vous dirigerez alors vers Bidart et ses nombreuses plages, admirerez le château d'Ilbarritz et son superbe golf. Enfin devant Biarritz avec son célèbre Rocher de la Vierge, la Grande plage et l'hôtel du Palais, le phare, la plage de la Côte des Basques...

PAYS BASQUE

LUZ TUK TUK

Halte routière ✆ 06 81 95 74 98
www.luztuktuk.com

Ouvert toute l'année sur RDV, du lundi au samedi 9h-19h30, dimanche et fériés sur demande. A partir de 35 €/1h/2 pers.

Saint-Jean-de-Luz et Ciboure ont désormais leur « Mr. Vélo » comme à Bayonne et reconnaissable avec son tuk-tuk 100 % électrique flambant neuf. Nicolas propose plusieurs services *intra-muros* et aux alentours : visites touristiques en tuk-tuk – jusqu'à 4 personnes –, vélo-taxi avec 2 personnes et balades touristiques, privatisation également possible pour vos événements familiaux, capitaine de soirée pour les raccompagnements de soirée devant chez vous et livraison et coursier avec son triporteur ou à vélo. Un excellent moyen de transport pour circuler en ville.

NAVETTE MARITIME - LE PASSEUR

Quai de l'Infante
✆ 06 11 69 56 93

Ouvert d'avril à la fin des vacances de Toussaint. Gratuit jusqu'à 3 ans. Adulte : 5,50 €. 10 passages pour 25 €.

Le départ est face au port de Socoa à Saint-Jean-de-Luz et au port de plaisance à Ciboure. Il faut savoir que les marées engendrent des interruptions de navigation, de l'utilité de se renseigner auprès du tableau d'affichage des embarcations. C'est l'occasion unique d'avoir une autre image de ce secteur riche entre Saint-Jean-de-Luz et Ciboure-Socoa, mixant les plaisirs d'une promenade sur l'eau à une perception de la richesse du patrimoine et des paysages marins et terrestres.

LE PETIT TRAIN DONIBANE

✆ 05 59 41 96 94
www.petit-train-saint-jean-de-luz.com

7j/7 d'avril à octobre 10h30-19h30. 3 € jusqu'à 12 ans, 7 €/adulte. Visite en français, anglais, espagnol, allemand.

Ce petit train permet, depuis 1995, à son rythme, et en prenant des photos, de découvrir, les richesses de la cité luzienne, sa plage et sa promenade, ses belles maisons de caractère et sur le trajet, l'église Saint-Jean-Baptiste, la thalasso et le casino, la maison de l'Infante, la place Louis-XIV… Un parcours riche qui mêle à loisir, typicité et pittoresque, loin des soucis des embouteillages et des problèmes de parking. Un moyen idéal et convivial de visiter en toute sécurité la ville de Saint-Jean-de-Luz. Trente minutes de détente assurée dans la bonne humeur.

SIDE TOURS 64

Place Louis XIV ✆ 06 84 75 34 97
www.sidetours64.com

Ouvert le WE de septembre à juin et 7j/7 en juillet/août de 9h à 20h. Capacité 2 passagers. Circuits à partir de 35 €.

Johann, motard émérite, vous invite à sillonner avec son side-car rouge les chemins de traverse du Pays basque dans le plus grand confort. Ajoutez son look vintage, son équipement : gilets chauffants, gants homologués… et le doux ronronnement du moteur de l'engin sans oublier l'indispensable panier pique-nique et vous avez là, tous les ingrédients pour réussir une mini-expédition hors des sentiers battus. A votre rythme, c'est « open découverte » du patrimoine, du littoral californien et du Pays basque intérieur avec sa gastronomie réputée. Embarquez donc !

L'ATELIER BIZIKLETA

12, boulevard Thiers
✆ 06 63 14 24 40
www.atelier-bizikleta.com

Ouvert du mardi au samedi de 10h à 12h et de 14h à 18h, 7j/7 en juillet/août. De 9 €/heure à 150 €/semaine pour un VAE.

Nicolas a changé de « braquet » puisqu'il est passé d'un atelier de 38 m² à un show-room XXL m² avec atelier et à l'ouvrage, un mécanicien professionnel (Philippe), un espace location de VAE et vélos traditionnels pour les familles et les sportifs, un espace pièces détachées où l'on peut composer sa bicyclette grâce au choix des pièces et aux conseils de nos deux pros, et un espace détente où l'on peut paisiblement patienter et boire un café ou un soda. De belles machines qui font rêver. Et avec des conseils pour des randonnées dans tout le Pays Basque.

SCOOTER LOISIRS

Gare de Saint-Jean-de-Luz
✆ 05 59 47 79 24
www.scooter-loisirs.com

Location scooters, motos, vélos, VAE. Réservations et tarifs sur le site, scooter dès 40 €. Livraison Pays Basque.

Le Pays Basque à deux roues avec de nombreux itinéraires depuis Saint-Jean-de-Luz et profiter pleinement de la nature verdoyante de la région. Scooter Loisirs vous propose des services de location de scooters, VTT, VTC VAE, vélos enfants, motos, et assure la réparation de votre vélo. Quand on circule sur les routes basques, les deux-roues sont une véritable option de transport très appréciable, surtout l'été et plus écologique. Avec un parc renouvelé tous les ans. Le matériel est ici en parfait état et toujours très bien entretenu par des professionnels.

BRIT HÔTEL DE PARIS** €€

1, boulevard du Commandant-Passicot
✆ 05 59 85 20 20

28 chambres : 56 à 155 €/cat/saison. Petit déjeuner : 9 €. Animaux admis (5 €/j). Ascenseur. Parking public à proximité.

Une entrée aux couleurs de l'océan et un thème porteur, le voyage, caractérisent ce charmant hôtel luzien. On pénètre alors dans la salle de petit déjeuner avec sur un mur entier, une gare, un petit clin d'œil au thème choisi, animée de tables et chaises aux sièges bleu ou rouge. Au rez-de-chaussée une chambre pour personne à mobilité réduite et dans les étages, 28 chambres de catégories différentes, single, double, twin, triple et quadruple... certaines ont des balcons, et toutes décorées aux couleurs de l'océan. Une belle diversité au cœur de la cité.

CAMPING ATLANTICA-CIELA VILLAGE**** €€

15, chemin de Miquelenia ✆ 05 59 47 72 44
www.atlantica.cielavillage.fr

Ouvert 9/04-24/09. Emplacement 23 à 45 €. MH 290 à 1 705 €/s, tente toilée 235 à 760 €/s. Piscine. Accès direct plage.

Quasi les pieds dans l'eau lors de votre séjour dans ce camping à l'ambiance conviviale et calme, dans un écrin de verdure fleuri. Avec piscine chauffée, terrain multisports, ping-pong, pétanque, mini golf, espace aquatique spacieux, cours d'aquagym, animations, repas à thème, tournois sportifs... Pour vous loger, une belle diversité d'hébergements ; emplacements classiques tente, caravane ; mobil-homes de 27 m² à 40 m², tout confort avec terrasse et bungalows toilés. Rien ne manque !

CAMPING ITSAS MENDI**** €€

115, chemin Duhartia, quartier Acotz
✆ 05 59 26 56 50
www.itsas-mendi.com

Ouvert du 7/04 au 8/11. Emplacement 14 à 51 €. Mobil-homes 51 à 138 €/nuit. 2 espaces aquatiques. Tennis. Restaurant...

A 400 m des plages, au cœur de 9 ha d'une nature intacte, ce camping offre un certain standing avec ses emplacements et mobil-homes tout confort. Sur le site, supérette, restaurant, 2 espaces aquatiques très appréciés, fronton de pelote basque, terrain multisport, possibilité de pratiquer la plongée, le surf... Animations adultes en juillet/août (fitness, aquagym, water-polo), projections de films dans la discothèque, clubs enfants/ados, salle de jeux... De quoi détendre et divertir petits et grands ! Il ne vous reste plus qu'à réserver pour des vacances de rêve.

LES GOELANDS*** €€

4 et 6, avenue Etcheverry
✆ 05 59 26 10 05
www.hotel-lesgoelands.com

La Clef Verte. Ouvert mars à mi-novembre. 30 chambres de 70 à 230 €, petit déjeuner 9,80 €. Vélos électriques 15 €/j.

Dans ce quartier calme surplombant la baie de Saint-Jean-de-Luz, de mère en fils, les générations se sont succédé, avec toujours ce souci de l'hospitalité et ce respect de la clientèle. L'hôtel est hébergé dans deux belles demeures de style basque. A l'intérieur, on retrouve un décor soigné, classique, alliant le confort cosy des hôtels traditionnels et la modernité des équipements. Avec sa position privilégiée, l'hôtel offre des chambres lumineuses, aérées, certaines ont une vue sur l'océan et les montagnes. Autre privilège des Goélands : sa table généreuse.

HÔTEL TXOKO*** €€

20, rue de la République ✆ 05 59 85 10 45
www.hotel-txoko.com

9 chambres de 75 à 240 €. Petit déjeuner 12 €. Parking proche. Wifi. Prêt de serviettes de plage, nattes, parasols.

Difficile de faire plus central à Saint-Jean-de-Luz ! Idéalement situé à moins de 5 minutes à pied de la plage et du port, cet hôtel a été construit dans une belle maison, sur 3 niveaux. Entièrement rénové et sans aucune faute de goût, les propriétaires ont su préserver l'authenticité du lieu tout en garantissant un grand confort. Toutes les chambres disposent d'une salle de bain avec douche à l'italienne, d'une TV murale écran plat et d'un élégant plateau de courtoisie avec bouilloire et machine à expresso. Une adresse coquette qui respire l'âme luzienne.

MOSAIK HÔTEL** €€

56, boulevard Victor-Hugo ✆ 05 59 26 11 90
http://mosaikhotel.com

18 chambres de 60 à 175 €. 1 studio et 3 appts de 100 à 200 €/nuit/saison. Petit déjeuner 10 €. Clim. Terrasse. Parking.

La cité des corsaires où s'est marié Louis XIV possède des pépites hôtelières, notamment ce véritable écrin doré et de charme à 150 m du centre historique et 5 min de la plage. Chaque chambre et appartement a sa décoration personnalisée aux couleurs et styles variés, d'où l'origine du nom Mosaik. Des services « sur mesure » pour mieux apprécier votre séjour et découvrir ce généreux Pays Basque. Un espace lumineux, des petits déjeuners proposés sur la terrasse fleurie. Tout est réuni ici pour rendre votre séjour agréable grâce au professionnalisme de vos hôtes.

LA RÉSERVE**** €€€

1, avenue Gaëtan-Bernoville
© 05 59 51 32 00
www.hotel-lareserve.com

Ouvert de mars à novembre. 41 chambres (dont 4 suites) de 125 à 555 €. Piscine chauffée. Tennis. Jardin. Restaurant.

Une vue magique sur la nature et l'océan entre mer et montagne pour cet hôtel-résidence, si haut perché sur la Pointe Sainte-Barbe qui plonge sur l'océan, par un chemin sauvage, arboré, sur 3 hectares, entre dune de sable et espaces verts, avec une vue à 360° sur l'océan. Au rez-de-chaussée, la grande salle à manger, le bar, le piano... 41 chambres dont 6 suites avec vue imprenable sur l'océan ou sur le parc, un ensemble réactualisé, dans un esprit « basque » avec la splendide piscine extérieure et ses 2 bassins et le restaurant gastronomique Ilura.

MEZZE ONA - RESTAURANT-TRAITEUR LIBANAIS €

52, Boulevard Victor Hugo © 06 14 50 22 82
www.mezzeona.com

Ouvert toute l'année. Du mardi au jeudi 10h30-14h30/16h30-19h. Du vendredi au samedi 10h30-14h30/16h30-20h.

Un excellent restaurant-traiteur libanais qui vous fera voyager au pays des cèdres ! Mezze Ona propose des saveurs et épices orientales dans une cuisine généreuse et haute en couleur. Remarquables Taboulés, Baba ghanouj, Labné, Hommos, Sfihas, Chawarmas bœuf/poulet, Kafta, Chik Taouk... accompagnés de vins libanais profonds et veloutés. Egalement des lunch box, plateaux repas et buffets pour vos séminaires. Et vous les retrouverez aussi en traiteur aux Halles de Biarritz centre-ville.

LE BALDA FOOD BUS €

Plage de Cenitz
© 07 62 88 39 92

Basse saison : du jeudi au dimanche 10h/24h. Haute saison : 7j/7. Assiettes tapas dès 6,50 €. Carte : 15 € env.

Un petit air de City-plage-Cenitz au bord du sentier du littoral. *Of course*, avec le Balda Food bus. 2 vrais bus anglais (à étage avec pour chacun, une terrasse panoramique) en parfait état de marche fouettés par les embruns de l'océan Atlantique, mais protégés par une haie en terrasse soigneusement aménagée avec ses tables en bois (de récupération) très habilement revisitées. Le lieu est convivial et qualitatif. Assiette de Tapas « maison », faites à partir de produits frais et locaux. Un bon moment à partager à l'écart et bien connu des surfeurs. « So british ».

BELLINI €€

31, rue Martin de Sopite
© 05 59 26 30 10
www.restaurantbellini.weebly.com

Ouvert midi et soir sauf mercredi et jeudi. Carte de 15 à 30 €. Terrasse. Sur place et à emporter. Épicerie fine.

Dans une des rues étroites de Saint-Jean-de-Luz, le Bellini offre une belle version de la gastronomie italienne. On y trouve bien sûr des pizzas et des pâtes savoureuses et généreuses, mais aussi d'autres plats typiques de la péninsule méditerranéenne. Pour le grand bonheur de nos papilles ! Antipastis, escalope milanaise, carpaccio, risotto, etc. sont affichés à la carte. Tout y est, la fraîcheur des produits, le savoir-faire, le « peps » des saveurs avec un service souriant. On passe à coup sûr un agréable moment. Rapport qualité-prix qui a conquis les locaux.

L'HIRONDELLE €

3, rue du 17 Pluviose
© 05 35 39 73 52

Été, ouvert du mardi au samedi 12h-18h en continu. Réservation recommandée. Comptez 20/25 €. Terrasse. Vente à emporter.

Aventurez-vous hors des rues les plus commerçantes et allez passer un bon moment à L'Hirondelle, très prisé des locaux. Julie élabore des plats maison, sains, frais, avec des produits bio et locaux. Une carte renouvelée chaque semaine, selon les saisons et arrivages ; 3 choix maximum pour les entrées, plats, desserts ; un gage de qualité. Œuf cocotte, nems jambon Serrano, poissons issus de la pêche locale, tartelettes aux fruits et autres desserts maison. Très bon rapport qualité-prix. Pensez à réserver, les places sont limitées ! Service et accueil charmants.

L'ÉPICERIE LUZ DEL SUR €€

58, rue Saint-Jacques
© 05 59 24 78 58

Ouvert 7/7 durant les vacances scolaires, sinon fermé lundi, mardi. Carte 25 €. Formule midi 14,50 €. Plats à emporter.

Dans une ambiance de restaurant à tapas, vous trouverez à l'Epicerie Luz Del Sur des produits de qualité et raffinés. Des artichauts et gaspachos faits maison, à découvrir le surprenant et exclusif « Pain cristal » accompagné de son « Joselito » pur bellota, élu meilleur jambon du monde (un délice !), en passant par la côte de veau, le cochon de lait désossé, pressé et croquant, le merlu koskera, ponctuellement car fonction de la pêche, la sole aux cèpes... Desserts aussi avec le gâteau basque et la tarte aux citrons revisités ou le tiramisu « fait maison ».

KAKO ETXEA BISTROT BASQUE €€

18, rue Harispe ✆ 05 59 85 10 70
www.restaurant-kako-saintjeandeluz.com
Ouvert 7/7 midi et soir, sauf dim/lun (octobre-fin mars). Carte 35 € env. Menu Cidrerie 41 €. Formule midi dès 14,50 €.

Chez Kako : une halte au bar superbe, tout d'étain animé. Incontournable à l'heure de l'apéritif avec des habitués qui savent apprécier, autour d'un verre, les rations qui valent le détour. Dans un décor d'une rare beauté – enfilade de tableaux d'exception, reflet du Pays Basque, quelques affiches sur le sport roi de la région, la pelote. Une atmosphère, un cadre, une cuisine locale typée. Une pause gourmande à l'image des brasseries parisiennes dans une ambiance festive et conviviale.

XAYA LA CAVE GOURMANDE €€

5, rue Saint-Jean ✆ 05 59 47 75 48
www.restaurant-saint-jean-de-luz.com
Du lundi au dimanche midi et soir, sauf jeudi hors saison. Formule midi (hors fériés) dès 15 €. Le soir 35 € env.

Le Xaya (le « chai »), établissement prisé des Luziens à deux pas de la place Louis XIV et du port est devenu avec Frédéric Grobost, cuisinier amateur passionné, une des plus belles adresses de la cité des Corsaires. Pari réussi incontestable côté fourneaux avec une équipe talentueuse et engagée de « capés », travaillant les produits des éleveurs et maraîchers locaux, respectant l'agriculture du vivant. En salle, accueil et service irréprochables dans un cadre à l'atmosphère feutrée et cosy, où sont exposées les peintures originales et poétiques d'Erika Sellier.

LE KOMPTOIR DES AMIS €€

7, boulevard du Commandant Passicot
✆ 05 24 33 61 04
www.lekomptoirdesamis.com
Ouvert du mardi au dimanche. Réservation recommandée. Carte 35 € env. Plat du jour 13 €. Collège culinaire de France.

Les producteurs locaux sont ici au tableau d'honneur avec leurs noms affichés tels des trophées ! On vient apprécier la fraîcheur d'un gaspacho tomates et concombres, déguster un fish & chips comme là-bas, mais avec un merlu de ligne et sa mayo piquillos et finir, s'il vous reste de la place avec l'excellent crumble abricot. Et tous les jours, c'est un nouveau film dans l'assiette, avec des produits du marché... Tout est frais, du moment, de la région avec un accueil chaleureux et bienveillant et dans un décor cosy. Le soir, c'est plus « gastro » et élaboré.

LE KAIKU €€€

17, rue de la République
✆ 05 59 26 13 20
www.kaiku.fr
*1 * Michelin. Ouvert midi et soir (fermé jeudi juillet/août). Menu à 85 €. Carte 100 € env. Formule midi semaine 45 €.*

Dans « la » rue des restaurants de Saint-Jean-de-Luz, une belle maison discrète et classée ; vous êtes dans l'antre de Nicolas Borombo, ce chef étoilé Michelin depuis plusieurs années. Ici, vous embarquez pour un voyage gastronomique autour des produits du terroir, mais aussi d'ailleurs qu'il a ramené de son parcours hors norme, au George V, au Japon avec Robuchon, au Crillon, au Grand Hôtel. La surprise est à chaque plat, à chaque bouchée par la précision dans les cuissons, l'inventivité sur les légumes et ces petites touches inconnues et tellement subtiles...

PIL PIL ENEA €€

3, rue Salagoity
✆ 05 59 51 20 80
http://pilpilenea.fr
Juillet/août : fermé mercredi, dimanche midi. Réservation recommandée. Menu : 29,50 €, Carte 35 € env. Plats à emporter.

Vous aimez le vrai merlu Koskera – un délice –, à l'espagnole, les parilladas à partager, les chipirons et autres magrets, vous serez servis avec nos deux compères, Yvan aux fourneaux et Nicolas au service. Ici, c'est poisson avant tout (le grand-père était pêcheur) à la sauce basque, le tout « maison » avec le port à proximité. Tombé dedans quand il était petit, Yvan après un périple en Europe et dans de grandes maisons françaises, revient aux sources pour notre plaisir gustatif, dans ce quartier des Halles, rendez-vous des gastronomes luziens et d'ailleurs.

LE GARAGE

4, boulevard Victor Hugo ✆ 06 09 86 61 87
www.legaragedb.com
Ouvert de mai à octobre du jeudi au dimanche de 18h à 2h. En juillet/août, ouvert 7/7. Restauration, concerts, bar.

L'un des plus grands concept-stores bistronomiques du Pays basque à deux pas du port de Saint-Jean-de-Luz et dans un ancien garage automobile, bien connu des Luziens. Taches d'huile au sol, panneaux publicitaires et outils vintage qui prouvent sur ses 700 m² l'authenticité du lieu. Désormais cocktails, bar à vins, à gin, îlots bistronomiques salés/sucrés remplacent les révisions mécaniques. Léonard et Arthur, 2 amis d'enfance ressuscitent le lieu au cœur de Saint-Jean-de-Luz avec ses bars, fooding ! Concerts et animations éclectiques tout l'été pour tous les âges.

PAYS BASQUE

GLACES BARGETON

23, rue Garat ✆ 06 35 42 27 52
www.glaces-bargeton.fr
Ouvert 7j/7 de 13h30 à 23h30 en saison, hors saison 14h-19h, fermé le lundi, sacré N°1 des glaces à la vanille en 2019.

Classé numéro un des meilleures glaces à la vanille en 2019 par un célèbre guide gastronomique, la rédaction confirme ce classement. Mathieu Bargeton réalise ses crèmes glacées, sorbets et pâtisseries glacées de haute qualité dans le respect des traditions depuis son laboratoire de production sur place. Ici, ce n'est pas la quantité, mais la qualité qui est la marque de fabrique. Crèmes glacées au lait de vache, à l'amande marcona, à la banane marbrée au chocolat, façons Pim's ou melba... N'oublions pas ses savoureuses gaufres de Bruxelles et crêpes « maison ».

LES ARBRES

rue Renau d'Elissagaray
✆ 06 47 72 49 81
https://www.boutiquelesarbres.com/
Ouvert toute l'année, du mardi au samedi de 10h à 13h30 et de 14h30 à 18h. Boutique en ligne.

Une jolie boutique au cœur de Saint-Jean-de-Luz où Virginie excelle dans la présentation des différents univers, véritable mise en scène équilibrée et raffinée. Les Arbres est une rencontre entre la nature et la décoration, où la signature sera un peu folk et bohème... Une sélection coup de cœur et tendance dans les objets de décoration, mobiliers d'intérieur en matériaux naturels, bois, céramique et fleurs séchées. Un univers textile également avec une gamme de boutis et de sets de table. Virginie rénove aussi des meubles oubliés dans son atelier de menuisier.

MAISON PARIÈS

9, rue Gambetta
✆ 05 59 26 01 46
www.paries.fr
Hiver, ouvert 7j/7, 8h30-19h30. Été, 7j/7, 8h30-23h. Labels EPV et EFC. Visite des ateliers à Socoa/Urrugne sur RDV.

Proche de la place Louis XIV, la boutique de la Maison Pariès est emblématique, car elle est la toute première à avoir ouvert ses portes en 1914. 7 autres boutiques ont été créées depuis. Des chocolatiers depuis 5 générations qui perpétuent une tradition unique. Les irrésistibles Kanougas®, petits caramels déclinés en 6 parfums, le Mouchou® (bisou en basque) aux 5 parfums, les Tourons, le gâteau basque avec ses déclinaisons sans oublier les pâtisseries, glaces et sorbets dont le parfum vanille, célébré par Gault et Millau et la dernière création, les Espelines®.

BOUTIQUE PIERRE OTEIZA

10, rue de la République
✆ 05 59 51 94 55
www.pierreoteiza.com
Ouvert de février à décembre, 7j/7 de 10h à 13h et de 14h à 19h. Boutique en ligne. Livraison France.

La boutique recèle de trésors ! Jambons de la vallée des Aldudes, Kintoa AOP, saucisson des Aldudes, saucisse sèche en cornet « On Egin », chorizo, boudins et andouilles sans oublier le secret de Pierre, l'oreille farcie, les foies gras bien sûr et des plats cuisinés : potée de truites de la vallée, navarin d'agneau de lait des Pyrénées, tripes basquaises, porc basque en pot-au-feu, garbure basque, piperade, chipirons, l'Ilar Gorria. Du 100 % basque alliant savoir-faire et savoir-vivre. Et dernier-né de la maison, le jambon blanc cuit entier sans nitrite ajouté.

PÂTISSERIE ARTIGARRÈDE

94, rue Gambetta
✆ 05 59 26 38 02
Ouvert du mardi au vendredi 10h-12h15 et 15h30-19h. Le samedi 10h-13h et 15h30-19h, le dimanche, 10h-13h.

La pâtisserie « Artigarrède », bien connue en Béarn pour son fameux Russe d'Oloron, propose aussi ses joyaux gourmands au Pays basque. A la base, c'est le Russe qui a investi les lieux, accompagné des chocolats de la maison, notamment les fameuses Muscadines, les Rosquilles, les confitures artisanales, parfois originales comme celle aux figues, agrumes, noix et pain d'épices... Le « Russe » passe pour être l'un des gâteaux les plus fins et les plus délicieux, créé par Adrien Artigarrède en 1923, qui ouvrit sa première pâtisserie à Oloron-Sainte-Marie.

CAVE À VINS « NOTRE SÉLECTION »

23, boulevard Victo Hugo
✆ 09 86 47 56 87
Ouvert toute l'année 7j/7 - 9h-13h et 15h-19h30. Fermeture le lundi hors vacances scolaires. Ouvert le dimanche matin.

Quand on réunit la compétence, l'expertise et l'enthousiasme de la jeunesse, on s'appelle Sébastien Juanicotena. Cet amoureux du quartier des halles est un tempérament, une personnalité incontournable qui vous conseille dans la sélection d'un vin, champagne ou spiritueux. Plus de 500 références, dont 300 issues de vignobles situés de l'autre côté de la Bidassoa, et de belles signatures françaises, avec pour certains une viticulture biodynamique. Une adresse hautement recommandée !

DAM É DRÔLES

22, boulevard Victor Hugo
✆ 06 31 43 18 51
https://damedroles.com/
Été, ouvert lundi au samedi 10h-18h30 ; hiver lundi au vendredi 10h-17h. Vente sur les marchés du Pays Basque. E-shop.

L'espadrille est l'un des emblèmes mythiques du Pays Basque qui, au-delà d'être un accessoire, est aussi un style de vie. Intemporelles (depuis 8 siècles...), elles sont aujourd'hui, avec nos 3 amies basques, revisitées tout en restant traditionnelles dans leur fabrication. Cousues main avec semelle doublée, elles se distinguent par la finition, la conception et le confort. Plus de 70 modèles surfant sur les tendances, les couleurs, les matières et l'originalité, à retrouver ici à St-Jean-de-Luz, sur les marchés et dans les boutiques basques (Arraya à Sare...).

ESPADRILLE NICOLE PARIÈS

52, rue Gambetta ✆ 05 59 26 15 94
https://www.espadrille-paries.fr/
Ouvert 7/7. Mars à septembre 10h-19h, octobre à février 10h-13h/14h30-19h. Modèles Femme, homme, enfant. Vente en ligne.

Une belle histoire de famille qui perdure ! Qualité et créativité grâce au savoir-faire artisanal. Qualité avec des matières nobles, naturelles et du « cousu-main » fabriqué au Pays Basque français et espagnol, qui rendent l'espadrille robuste, confortable et chic ; créativité avec un renouvellement des collections et couleurs toujours plus tendance chaque année. Des traditionnelles et intemporelles aux plus originales, chacun trouvera espadrilles, escarpins, sandales, ballerines, baskets, compensées à son pied ! Des produits que l'on peut aussi acheter en ligne.

GOICOECHEA POTIER-CERAMISTE

Place Louis XIV ✆ 05 59 43 17 20
www.poterie-goicoechea.com
Label E.P.V. Ouvert toute l'année. Horaires selon les saisons sur le site. Catalogue en ligne et livraison en Europe.

Vitrine d'une entreprise artisanale ô combien florissante, dans le quartier historique de Saint-Jean-de-Luz ! Une explosion de couleurs dans cette salle autour de poteries d'exceptions, dans des couleurs superbes, rouge, orange, bleu. De la plus petite à la plus grande. A ces poteries, s'ajoutent dans le même esprit, des objets de décoration et d'arts de la table. Un conseil : direction la manufacture à Ossès pour une visite incontournable ; endroit tellement évocateur de cette maison.

HALLES CENTRALES

Boulevard Victor-Hugo ✆ 05 59 26 66 70
www.saint-jean-de-luz.com
Ouvert tous les jours et les fériés de 6h à 13h. Ouvert le dimanche. Marché extérieur les mardis et vendredis matin.

Les halles de Saint-Jean-de-Luz sont le poumon de la ville. La véritable ruche gastronomique, c'est à l'aube, ou un ballet de livreurs, maraîchers, poissonniers, bouchers, crémiers, cavistes, boulangers et autres s'agitent pour présenter le meilleur. Ce mini « Rungis » est une institution depuis 1884 et qui a traversé les modes avec une adaptation aux normes réussie, car elle a conservé l'authenticité du lieu. Ici, c'est un foisonnement de produits frais : légumes, fruits, fruits de mer, jambons, viandes d'éleveurs de proximité, fromages de pays, gâteaux basques.

KAÏSSA - ÉPICES DU MONDE

28, rue de la République
✆ 06 49 30 24 94
Ouvert toute l'année, 7j/7 de 9h30 à 19h. Vente au détail (en vrac) d'épices haut de gamme.

Vous serez happés par les senteurs depuis la rue et vous ne résisterez pas à franchir le pas de cette boutique d'épices du monde ! Tout nouveau au cœur de Saint-Jean-de-Luz, face au restaurant étoilé le Kaïku, Frédéric, ex-chef en cuisine et reconverti « chasseur » d'épices vous invite à voyager dans son vaste univers. D'Inde, du Sri Lanka, de Madagascar, etc. et... d'Espelette, c'est une sélection raffinée de plus de 100 épices, sans colorants ni pesticides. Toutes plus savoureuses et qui transcenderont un poisson, une viande, des légumes ou encore un dessert.

LARTIGUE 1910

7, rue Gambetta
✆ 05 59 41 20 43
www.lartigue1910.com
Horaires variables selon saison. En saison, ouvert 7j/7 en continu. Vente en ligne. Labels E.P.V. et IG Linge Basque.

Le célèbre tisserand d'Oloron est implanté au Pays Basque à Ascain, Espelette, Biarritz et St-Jean-de-Luz. Depuis 4 générations, la famille Lartigue perpétue un savoir-faire d'exception qui se dévoile sous vos yeux dans ce magasin haut en couleur et en nouvelles collections chaque année, dévoilant ainsi les multiples facettes d'une toile authentique. A travers leurs produits, on peut découvrir l'ensemble des collections de toile : nappes, sets de table, articles de cuisine et de décoration, serviettes de bain, sacs... Une boutique qui magnifie tous ses articles !

PAYS BASQUE

MAISON DEUZA

18, rue Garat
✆ 05 59 26 04 36
www.maison-deuza.com
Ouvert du lundi au samedi 9h-12h30/14h30-19h. Label Collège Culinaire de France. Certification Ecocert. Vente en ligne.

Depuis 1920, cette institution luzienne est un concentré de savoir-faire artisanal. Le café a ici un fort caractère... basque depuis 5 générations. Guatemala, Éthiopie, Honduras, Mexique... sont entre autres ces grands crus d'origine. Une douzaine de cafés de tous horizons ; des bio ainsi que des capsules artisanales compatibles avec les machines Nespresso. Vous trouverez également environ160 références de thés et infusions et une collection unique de créations, réalisées par le « Nez » Marion Costero. Entrez les yeux fermés et les papilles grandes ouvertes !

MAISON GASTELLOU

37, rue Gambetta
✆ 05 59 23 40 73
Ouvert toute l'année 7j/7. Boutique en ligne. Boutiques à Biarritz, Espelette, St-Jean-Pied de Port, St-Jean le vieux.

Concentré de salaisons, viandes, fromages et autres fameux gâteaux basques dans cette boutique. Depuis plusieurs générations, la famille Gastellou, située à Saint-Jean-le-Vieux, exploite la ferme agricole « Poutzia ». Les vaches de race Blonde d'Aquitaine et les porcs sont élevés en plein air, ce qui rend les saveurs d'autant plus appréciables et authentiques. Dans les 5 boutiques, nous retrouvons toujours cette même qualité. Jambons de Bayonne et de Garazi, saucissons, saucisses, pâtés, rillettes, chorizo, piperade au jambon et autres délicieux plats cuisinés.

MAISON LAFFARGUE

25, rue Gambetta
✆ 05 59 26 11 38
www.maisonlaffargue.fr
Ouvert du mardi au samedi, 10h-13h/14h30-19h. De mi-juillet à fin août, ouverture également le lundi. Boutique en ligne.

Depuis 1890 la Maison Laffargue inscrit dans la tradition ses articles de maroquinerie de grande qualité, caractéristiques de l'histoire et de l'âme du Pays basque. Depuis, cette institution continue à travailler de manière artisanale le cuir en respectant le subtil équilibre de ses variétés, dans son atelier mitoyen à la boutique. La qualité des cuirs, l'exigence et le soin du travail font de leurs sacs à main, ceintures, etc. des compagnons de toute une vie. Des créations toute l'année dans cette maison qui détient le label « Entreprise Familiale Centenaire ».

LE PANIER BASQUE-EUSKAL SASKIA

2, avenue Andenia
✆ 05 59 51 19 20
https://www.lepanierbasque.com/
Ouvert du mardi au samedi 7h30-13h/16h-19h30, dimanche 9h-13h. Livraison à domicile à 15 km. Parking. Vente en ligne.

Promouvoir le savoir-faire de nos producteurs locaux et artisans du Pays Basque, c'est la volonté du Panier Basque. Militant pour une économie locale, durable et solidaire, vous y trouverez une pléiade de produits, de quoi constituer le panier idéal. Pâtés, confit, foie gras, fromage de brebis, légumes en conserve, épicerie salée et sucrée, bières locales, vins bio, miel, sel minéral... sans oublier les poulets fermiers rôtis le dimanche. Paniers à offrir ou pour se faire plaisir.

TISSAGE DE LUZ

83, rue Gambetta
✆ 05 59 26 96 96
https://www.tissagedeluz.com/fr/
Ouvert du lundi au samedi de 10h à 12h30 et de 14h30 à 19h. E-Shop. Label Origine France Garantie.

Voici l'un des fleurons de l'artisanat basque, 100 % de fabrication française, un concentré de savoir-faire depuis 5 générations dédié au tissage des toiles en coton bio ou coton lin et à la conception de motifs à rayures, classiques, tendance, voire multivitaminés ! La boutique historique de Saint-Jean-de-Luz reflète l'éventail des talents de la maison, avec la déclinaison de ses créations dans l'univers de la table, dans l'habillement intérieur et extérieur – nappes, coussins, transats, toiles enduites, rideaux... Tissage de Luz réinvente sans cesse les motifs.

CENTRE DE PLONGÉE GUREKIN

10, place Port Nivelle ✆ 06 22 12 01 21
www.gurekin-plongee.com
A partir de 8 ans. Ouvert à l'année, 7j/7-8h/18h. Baptême de plongée et exploration, randonnée palmée, initiation...

Pour les passionnés de plongée et de découvertes sous-marines, le centre Gurekin, proche du centre, offre un accès privilégié aux plus beaux sites de plongée du Pays basque. Baptême formule simple ou complète, formation pour futur plongeur, exploration des fonds marins, en autonomie ou guidée, randonnées palmées en combinaison, matériel complet. Voilà une sortie en famille ou entre amis. Le tout encadré par des moniteurs professionnels agréés et par Carlos, le « Poséidon » du centre.

ÉCOLE DE SURF H20

78, rue Gambetta ✆ 06 49 98 77 26
www.ecoledesurf-h2o.com
Initiation tout public. Stage découverte, perfectionnement. Dès 40 € la séance. Cours particulier : dès 100 €.

Avec l'école H20, venez-vous initier, dans une ambiance détendue à l'un des sports les plus en vogue au Pays basque : le surf. Fred et Jean-Christophe, les 2 moniteurs aux manettes depuis 1996, vous feront découvrir les plaisirs de glisser sur les vagues, l'environnement naturel lié au surf, ainsi que ses magnifiques paysages marins notamment lors des balades en Stand Up Paddle. Encadrés par des moniteurs pros, les cours sont donnés sur les plages de Bidart sur des vagues pas trop puissantes, mais assez pour apprendre, ce qui permet un apprentissage sans risque.

GOLF MINIATURE MAYARCO

661, route des Plages ✆ 05 59 54 70 34
https://minigolfmayarco.weebly.com
En saison ouvert 10h30-23h, hors saison 10h30-21h WE et 10h30-19h sem. Entrée adulte 6 €, enfant 5 €. Bar, restaurant.

Le Golf miniature Mayarco est situé sur un site exceptionnel surplombant la plage de Mayarco et l'océan, entre Saint-Jean-de-Luz et Guéthary. Au bord du sentier du littoral, un parcours ludique de 18 trous, accessible à tous et parfaitement entretenu. Avec un restaurant et un bar très sympathique ouverts à tous pour déguster cocktails, tapas... Idéal pour combiner une journée plage-activités-détente, passer une soirée, ou pour un anniversaire... Avec ses terrasses, sa vue de rêve sur l'océan, son ambiance conviviale, c'est la recette de plus de 30 ans de succès !

THALAZUR THALASSOTHÉRAPIE & SPA

place Maurice Ravel ✆ 05 59 51 51 30
https://www.thalazur.fr
Ouvert toute l'année 7/7. Spa à la carte, parcours marin. Nombreux soins. Hébergement possible, restauration, boutique.

Posé sur le sable, cet institut de thalassothérapie est idéalement situé face à l'océan. Il possède tous les équipements, un parcours marin, avec un bassin d'eau de mer de 300 m², chauffée à 33 °C donnant par un jeu spectaculaire de vitres sur la plage (jets sous-marins, cols de cygne, couloirs de nage, cascades écossaises, etc.) ; également un sauna, un hammam et un espace fitness avec cours d'aquagym, de gymnastique, yoga et Pilates. Avec des salles de repos, face à l'océan.

CASINO JOA DE SAINT-JEAN-DE-LUZ

Place Maurice Ravel
✆ 05 59 51 58 50
Ouvert toute l'année 7j/7 de 10h à 3/4h du matin. Restaurant sur le site et indépendant du casino et accessible à tous.

Bienvenue au casino JOA de Saint-Jean-de-Luz. Jouer, oser et s'amuser. Autant de promesses qui symbolisent l'esprit joueur d'un casino du groupe JOA. La salle des machines à sous et la salle de jeux de table ne font plus qu'une : poker, ultimate poker, blackjack, roulettes cohabitent dans une salle très attractive. Avec, en exclusivité européenne, la plus grande machine du monde : plus de 3,10 m ! À l'étage, profitez du restaurant ouvert à tous avec une vue imprenable sur la baie.

BAYONNE / BAIONA ★★★

La devise de Bayonne : *Nunquam Polluta*, qui signifie « jamais souillée », rappelle le rôle des fortifications dans la défense de la ville et montre, plus que jamais, que la capitale du Pays basque à l'exceptionnel patrimoine, reste authentique par ses traditions et ouverte sur l'avenir. Située à proximité de l'océan Atlantique et de ses influences maritimes, aux confins nord du Pays basque et sud de la Gascogne, frontalière avec le département des Landes, au pied des premiers contreforts pyrénéens avec la frontière espagnole à une trentaine de kilomètres, Bayonne a été romaine, sous domination anglaise avec Henri II Plantagenêt, roi d'Angleterre, et française, au terme de la guerre de Cent Ans en 1451. Bayonne est aussi la capitale économique du Pays basque avec son activité terre/mer, son ouverture sur l'océan qui classe son port au neuvième rang des ports français. Bayonne se caractérise aussi par son dynamisme, sa qualité de vie, son patrimoine architectural unique – Bayonne a été labellisée « Ville d'Art et d'Histoire » en 2011 –, ses commerces de proximité, tant rive droite de la Nive avec le Petit Bayonne, que rive gauche avec ses halles, son artisanat. Sans oublier sa gastronomie de grande qualité qui fait honneur aux producteurs de la région, son offre et diversité hôtelière. On n'omettra pas le sport, avec bien évidemment l'incontournable Aviron Bayonnais, promu au top 14 pour la saison 2019/2020, qui plus qu'un club est une religion pour beaucoup de passionnés de rugby et qui porte haut et fort les couleurs de Bayonne, et tant d'autres activités...

ARÈNES MUNICIPALES

Avenue des Fleurs
✆ 09 70 82 46 64
www.bayonne.fr
Ouvert toute l'année. 10 000 places-1ère catégorie. Visites gratuites du lundi au vendredi : 9h-12h/14h-17h.

Bayonne est la plus ancienne ville taurine de France. L'un des tous premiers éléments retrouvés dans les archives municipales datent de 1289, il s'agit d'un arrêté des échevins bayonnais qui réglementait la course des bœufs, vaches et toros dans les rues de la ville. C'est le plus vieil écrit taurin du monde, et il fait déjà état d'une tradition ! Plus tard, des arènes éphémères voient le jour dans différents quartiers : St Esprit, Allées Marines, Allées Paulmy, avant la construction en 1893 de la plaza Marcel Dangou. De style néo-mauresque avec son inspiration mudéjar sachant qu'on peut dire aujourd'hui que la Plaza de Toros de Bayonne est la plus grande du Sud-Ouest, avec 10 000 places. Des rendez vous historiques ont marqué les époques, avec les plus grands visiteurs qui se sont donnés rendez-vous à Bayonne autour de la Fête Taurine. Une tradition qui perdure puisque chaque été, les Arènes s'animent lors de 3 férias prestigieuses autour des aficionados et des peñas qui animent ces périodes. Tous les ans, à midi, tous les matins de corrida, s'effectue le tirage au sort et la séparation des toros, en direct sur écran avec commentaires, sous les gradins de la porte A. Des animations diverses sont proposées par les clubs taurins de la ville et des expositions d'art taurin sont organisées sous les coursives des arènes. Artistes taurins de tous bords, très connus ou encore ignorés du grand public sont ici réunis. Grâce à son acoustique, des concerts et spectacles ont aussi lieu dans les Arènes régulièrement.

LES BORDS DE NIVE ★

Accès libre toute l'année.

Une balade sur les bords de Nive est un enchantement à toute heure, mais aussi et surtout au coucher du soleil lorsque les superbes maisons basques, aux façades colorées, toutes restaurées depuis quelques années se reflètent dans la rivière... Une carte postale que vous avez tous eu l'occasion de voir, sans nul doute ! Et pour vous imprégner de l'atmosphère, arpentez-les à pied... et vous découvrirez aussi, les quais Chaho, Galuperie, des Corsaires, Jauréguiberry... où foisonnent de bons petits restaurants typiques, non loin du... Musée Basque.

LE CLOÎTRE ✝ ★

Place Pasteur
✆ 05 59 46 11 43
www.lecloitre.org
Ouvert tous les jours sauf 25 décembre et 1er janvier. Gratuit et visite libre.

Panorama sur la ville de Bayonne. Accolé au flanc sud de la cathédrale, ce cloître est l'un des plus spacieux de France et presque tout y rappelle le gothique rayonnant du XIIIe siècle. Lieu de vie communale et religieuse, on y trouve de nombreux enfeus et pierres tombales, dont le tombeau de Léopoldine de Lorraine, dame d'honneur de la reine d'Espagne, dans la galerie ouest. Parallèlement depuis plus de 30 ans, le GAAPA (Groupement d'Artisans d'Art des Pyrénées-Atlantiques) organise l'exposition des métiers d'art du cloître de Bayonne. Une visite qui s'impose.

Les fêtes traditionnelles de Bayonne.

LA CATHÉDRALE SAINTE-MARIE ✞ ★★

Place Monseigneur-Vansteenberg
✆ 05 59 59 17 82
Ouvert du lundi au samedi de 8h à 19h. Les dimanches et jours fériés de 8h à 20h. Pas de visites durant les offices.

Édifiée sur la butte du Grand Bayonne, à l'emplacement d'une cathédrale romane incendiée, ce fleuron du patrimoine architectural, œuvre maîtresse de l'art gothique français est inscrite au Patrimoine mondial de l'Unesco au titre des chemins de Saint-Jacques. Les travaux ont débuté en 1258 et se sont achevés à la fin de la guerre de Cent Ans. On peut contempler le chevet de la cathédrale, les superbes vitraux des hautes fenêtres bien restaurés, en particulier dans la chapelle Saint-Jérôme, sans doute le plus beau de la cathédrale (1531) : le Christ y chasse le démon du corps de la Cananéenne (il s'en échappe sous la forme d'une chauve-souris). Célèbre aussi pour ses deux flèches ajoutées au XIXe siècle. Sans oublier les devenues célèbres cloches de la cathédrale. Il y avait la cloche baptisée Sainte-Marie de 2 tonnes, fondue en 1819 qui donne le *do*, la cloche Saint-Léon, 900 kg, fondue en 1955 sonnant le *mi*, Christ-Roi de 500 kg fondue en 1955, donnant le *sol*, Sainte-Jeanne-d'Arc, de 350 kg, à la même époque et sonnant le *la*. Enfin, la dernière arrivée en 2003, premier bourdon fondu en Europe pour ce millénaire s'appelle Saint-Jacques, elle pèse 3 640 kg et complète cet ensemble. « Les cloches, devait-on rappeler, sont l'instrument de l'appel qui unit les hommes. » Le sacré rejoignant le profane, elles sont aussi le signal du déroulement de la vie quotidienne. La dernière-née, fabriquée dans une fonderie normande et décorée par Marc-Antoine Orellana, affiche une parfaite maîtrise du son que l'on doit au fondeur, Luigi Bergamo qui a respecté la fondue à l'ancienne en bronze composée de 78 % de cuivre et 22 % d'étain et s'est entouré d'un accordeur en spectre électronique, etc. Quelques années plus tard, au cours d'une tempête, une clef de voûte latérale s'est effondrée en creusant un trou impressionnant sur la dalle de la cathédrale. Elle a été remise en place après de longs mois de travaux - 80 cm de longueur pour un poids de 900 kg, réinstallée à 17 m de hauteur. La ville de Bayonne et la DRAC Aquitaine, partenaires dans la valorisation des monuments historiques, expliquèrent les mois qui ont occupé ce chantier de consolidation et de remontage. Depuis 2015, trois grandes opérations financées par l'État, ont été lancées afin d'entretenir la superbe de l'édifice bayonnais ; travaux de restauration de la façade, de la nef, de réparation du clocher de la tour sud endommagé par l'humidité, et de nettoyage des peintures des chapelles et déambulatoires.

ÉGLISE NOTRE-DAME-DE-L'ASSOMPTION ✞

URT / AHURTI
Accès libre et ouvert toute l'année selon les horaires des offices religieux.

L'église de l'Assomption de la Bienheureuse-Vierge-Marie, plus communément dite « Notre-Dame-de-l'Assomption », construite au XIe siècle ou XIIe a été reconstruite en 1675, dans le style Vauban (arche cintrée) et restaurée en 1970 : charpente apparente, galeries aux balustres de bois tourné, vitraux récents de Charles Carrère, maître verrier à Anglet et enfin, navire suspendu dans la nef, offert au XVIIIe siècle par la société mutualiste Saint-Nicolas. Un patrimoine préservé.

LE JARDIN BOTANIQUE

Allée de Tarride ✆ 05 59 46 60 93
www.bayonne-tourisme.com
Ouvert toute l'année. Les horaires d'ouverture et les services proposées peuvent varier suivant la saison. Gratuit.

Un véritable havre de paix en milieu urbain (au cœur de Bayonne), et une balade reposante vous attendent au jardin botanique. Un secret bien gardé… Entre la cathédrale Sainte-Marie et les remparts de Bayonne, il est aménagé sur une ancienne bâtisse qui servait d'abri pour les vaches paissant dans les douves, tel un jardin suspendu séparé de la cité par des remparts de 7 m de haut. Il est dessiné sur un style japonisant avec pièces d'eau, pont et cascade. Les plantes que l'on peut admirer sont essentiellement des vivaces. Un jardinier botaniste est présent.

LES REMPARTS

Accès libre et gratuit.

Construits au temps de Vauban pour protéger la ville, ces remparts réunissent 3 systèmes de fortification édifiés au cours des siècles : la Citadelle, le Château Vieux et le Château Neuf. Dans la ville, on note une grande et double ceinture de vieilles pierres, la porte d'Espagne, un mur romain puis médiéval avec ses tours, des Deux Sœurs, du Bourreau, un mur du XVIe siècle dit de François Ier et dans la ville basse, la porte de Mousserolles avec son pont-levis. Aujourd'hui, ils ont été aménagés en une belle promenade avec théâtre de la nature et aire de jeux.

MUSÉE BASQUE ET DE L'HISTOIRE DE BAYONNE ★★

37, quai des Corsaires ✆ 05 59 59 08 98
www.musee-basque.com
Musée de France. Ouvert du mardi au dimanche 10h-18h. Gratuit -26 ans. Adulte 8 €. Durée visite 1h30. Visite guidée/rdv.

« Hemen sartzen dena, bere etxean da ! » (Celui qui entre ici est chez lui...)

Bienvenue dans ce *Musée de France* qui rassemble la plus riche collection consacrée à la vie en société en Pays Basque Nord *(Iparralde)*. La Maison Dagourette, rare et belle demeure portuaire du XVIIe siècle, classée Monument historique, accueille le Musée Basque depuis son ouverture en 1924. A la faveur d'une grande rénovation en 2001, des espaces contemporains vastes et lumineux ont été adossés à l'ancienne bâtisse, offrant confort et fluidité au parcours de visite. Autour d'un grand puits de lumière *(Argialde)*, une vingtaine de salles thématiques s'articulent sur trois niveaux dévoilant les multiples aspects de la culture basque : les origines et langue, les rites funéraires, la vie rurale et l'architecture, la vie domestique et l'artisanat, les activités maritimes et fluviales, les fêtes et jeux, l'histoire régionale. La section consacrée à l'histoire de Bayonne évoque les sociétés basques et gasconnes à la confluence des rivières Nive et Adour et l'ouverture sur l'océan Atlantique. Chaque année, une exposition temporaire met en lumière une thématique, un artiste, un aspect de l'art et de la société au Pays Basque. À deux pas du musée, sur les hauteurs de la place Paul Bert, l'aile nord du Château-Neuf, (forteresse classée du XVe siècle), abrite la Bibliothèque - Centre de documentation du musée, l'une des structures les plus riches dans le domaine basque avec ses 30 000 documents anciens et contemporains, manuscrits, livres, journaux, revues...

Accueil des publics : la réservation en ligne est obligatoire. Les informations pratiques sont à consulter sur le site : www.musee-basque.com

Visites : visites libres et guidées : réservation en ligne. Application de visite audioguidée gratuite : *Musée Basque* guide disponible en français, basque, espagnol et anglais sur App Store et Google Play à télécharger avant la venue au musée.

Activités : consulter l'agenda sur musee-basque.com (parcours famille et jeune public ; jeudi au musée, 18h, entrée libre sur réservation : ✆ 05 59 59 08 98, visites-conférences, conférences, conférences musicales et dansées, projections de films, etc ; activités adultes et jeune public ; activités scolaires : contacter le service médiation au ✆ 06 25 24 34 24 ; bibliothèque-centre de documentation : sur RDV de 9h30 à 12h et 14h à 17h. ✆ 05 59 59 57 50 - 05 59 59 57 54.

Boutique : librairie et créations exclusives.

OFFICE DE TOURISME DE BAYONNE

25, place des Basques ✆ 05 59 46 09 00
www.visitbayonne.com
Haute saison, ouvert du lundi au samedi de 9h à 19h, dimanche 10h à 13h. Hors saison, horaires à consulter sur le site.

Situé au cœur de la ville, l'Office de tourisme de Bayonne met à votre disposition toutes les informations nécessaires afin de passer d'agréables vacances dans cette ville classée ville d'Art et d'Histoire depuis 2011. Dans le nouvel édifice contemporain, toutes les informations pratiques vous sont renseignées : monuments à visiter, restaurants à tester, bars, hébergements… On peut également y profiter du wifi. Bayonne, destination reconnue pour son patrimoine culturel, ses fortes traditions, ses « Fêtes », son plaisir de vivre... est une étape à ne pas manquer lors de son séjour au Pays Basque. Entre art et histoire, découvrez la cathédrale gothique Notre-Dame de Bayonne, les nombreux artisans d'art très présents dans la ville. Partez à la rencontre des Bayonnais lors de la Foire au Jambon, de « Bayonne fête son chocolat » pour un bain de convivialité... et de gourmandises ! Vous y trouverez également une boutique de souvenirs (Collection Fêtes de Bayonne et Roi Léon en exclusivité, produits locaux, vaisselle, livres, culturels...), ainsi qu'un service de billetterie (concerts, spectacles, billets de match de rugby, sites, activités, hébergements…).

Plusieurs visites guidées sont proposées par l'Office de tourisme, selon un calendrier trimestriel, sur des thèmes qui varient, avec quelques grands classiques :

La cathédrale et ses merveilles : visite du cloître, de la cathédrale, de ses trésors cachés : crypte et portail sud du XIIIe siècle. Visites toute l'année.

Chocolat gourmand à Bayonne : autour d'un chocolat, pour découvrir les lieux qui ont marqué l'histoire chocolatière de la ville, du XVIIe siècle à nos jours.

« Bayonne en 60 minutes » : faire connaissance avec la ville au cours d'une balade au cœur du centre ancien, depuis les quais jusqu'aux fortifications en passant par le quartier de la cathédrale.

« Derrière les façades » : le guide vous ouvrira les coulisses de l'habitat bayonnais en centre ancien, l'un des plus denses de France. Découvrez des hôtels particuliers, des cours intérieures et des cages d'escaliers récemment réhabilitées… Vous mesurerez les enjeux d'un Site patrimonial remarquable, nouvelle dénomination du Secteur Sauvegardé.

Rendez-vous thématiques : visite de 1h : 6 €/pers, visite de 1h30 à 2h : 8 €/personne, gratuit moins dc 12 ans.

Visites gourmandes : 10 €/personne et 5 € moins de 12 ans. Lieux de rendez-vous différents selon les thèmes (lieux précisés sur le fascicule « Rendez-vous »).

TRINQUET SAINT-ANDRÉ

4, rue du Jeu de Paume
http://snbayonne.fr
Parties de pelote à main nue tous les jeudis à 16h, du mois de janvier au dernier jeudi de juin.

Cette ancienne salle de jeu de Paume, située dans le si typique quartier du « Petit Bayonne », est attestée dès le début du XVIIe siècle. Elle devient un trinquet à la fin XIXe, lorsque l'aire de jeu est légèrement modifiée pour permettre la pratique de la pelote basque, le sport roi du Pays Basque. Ce trinquet, qui a vu évoluer les plus grands joueurs sur trois siècles d'existence, compte parmi les plus anciens de France, et accueille des parties de pelote à main nue tous les jeudis à 16h, du mois de janvier au dernier jeudi de juin.

ADOUR LOISIRS

Embarcadère du port de Urt - **URT / AHURTI**
✆ 05 59 25 68 89
http://adour.loisirs.free.fr
Du port de Urt. Promenades (1 à 3h) : 15,40 à 23 €/adulte ; 13 à 19,10 €/enfant. Départs journée. Billetterie sur place.

Laissez-vous glisser sur l'Adour et ses affluents, avec des excursions fluviales au départ du port de Urt. Vous embarquerez à bord du bateau panoramique *Le Coursic* pour des itinéraires culturels ou des croisières thématiques. Plusieurs promenades sont possibles ! Vous trouverez le détail des différentes excursions sur le site. Que ce soit pour une balade de quelques heures ou pour une promenade avec restauration, la croisière fluviale a un aspect ludique et culturel qui plaira à tous. Les paysages s'offrent à vous de manière panoramique et totalement différent.

GÎTES DE FRANCE 64 €€

4, rue Notre Dame ✆ 05 59 11 20 64
www.gites64.com
Ouvert du lundi au vendredi 9h-12h30 et 13h30-18h. Réservations et paiements sécurisés sur le site www.gites64.com

Depuis 65 ans, Gîtes de France est LE label d'hébergement touristique chez l'habitant en France, avec plus de 50 000 gîtes et 20 000 chambres d'hôtes. Gîtes à la campagne, à la montagne, locations en ville, chambres d'hôtes, insolites, gîtes de groupe ou locations de chalets et emplacements, sont classés selon les normes de confort de 1 à 5 épis dans le respect d'une charte nationale pour des vacances sereines. Au Pays Basque, plus de mille propriétaires vous ouvrent leurs portes toute l'année : sur la côte, dans les terres, pour tous les goûts et tous budgets.

HÔTEL-RESTAURANT LOREAK*** €€

Chemin de Hayet ✆ 05 59 55 04 04
www.hotel-loreak-bayonne.com
49 chambres de 60 à 160 €. Parking privé gratuit sécurisé. Restaurant ouvert midi et soir. Menus : 15/19,50€ + carte.

Cet hôtel au décor contemporain est tenu par Pascal Ondarts, icône du rugby international. Face au bar, une enfilade de photos en noir et blanc, représentant... des rugbymen « les Gueules cassées », Pascal Ondarts s'étant illustré en la matière. Sur 3 étages, 49 chambres spacieuses et élégantes offrent tout le confort et équipement. Au restaurant, une cuisine classique avec des plats généreux (de rugbyman...). L'établissement propose aussi l'organisation d'événements professionnels.

HÔTEL DES ARCEAUX** €€

26, rue Port-Neuf
✆ 05 59 59 15 53
16 chambres : 50 à 110 € (hors Fêtes de Bayonne). Petit déjeuner 8 €. Wifi. Animaux non admis. Bâtiment sans ascenseur.

Voici un hôtel au cœur de la cité pour les amoureux d'authenticité, si joliment aménagé par vos hôtes. Décoration raffinée, mobilier ancien, cage d'escalier classée qui vous mène d'abord dans le salon et la salle de petit déjeuner. Grimpez quelques marches et vous arrivez dans les chambres ; vous retrouverez le même esprit, plinthes de latte de bois, toile de Jouy ; la n° 3, étonnante, avec son impressionnant baldaquin sur un lit de 2 m/2, la n° 6 avec ses plinthes en coco, ses vieilles poutres, sa salle de bain contemporaine. Un endroit rempli d'un charme fou.

HÔTEL-RESTAURANT DES BASSES PYRÉNÉES**** €€

12, rue Tour-de-Sault ✆ 05 59 25 70 88
www.hotel-bassespyrenees-bayonne.com
Accueil 24h/24. Chambre double dès 95 €, familiale dès 150 €. Restaurant. Salon-bar. Animaux non admis.

Dominant Bayonne, du haut de sa silhouette médiévale et situé sur les remparts de Vauban, à 2 min de la cathédrale et du cloître, ce charmant hôtel a offert une remarquable rénovation à un édifice historique de la ville. Des chambres et suites haut de gamme témoignent de l'architecture ancienne avec une vue magnifique sur les remparts. Modernes et élégantes, les 27 chambres révèlent un intérieur délicat et préservé dont l'atmosphère unique vous emplit de bien-être où rien n'est oublié.

HÔTEL VILLA KOEGUI BAYONNE**** €€

7, rue Frédéric Bastiat ✆ 05 59 85 85 98
https://hotel-villakoegui-bayonne.fr

Ouvert toute l'année. 43 chambres de 120 à 300 €. Restaurant avec menus de 20 à 24 € à midi. Bar. Animaux non admis.

Bayonne avec cet établissement hôtelier 4 étoiles, savant mélange de charme et de modernité, à proximité des lieux attractifs de la ville, des musées et des incontournables chocolatiers, charcutiers, propose 43 chambres et suites de 23 à 41 m², réparties sur 5 niveaux, toutes décorées avec raffinement et élégance, et disposant chacune de reproduction de tableaux du Musée Bonnat Helleu. L'innovation fait partie intégrante de la Villa Koegui dans sa conception et dans son développement.

VILLA LA RENAISSANCE**** €€€

12, chemin de Jacquette
✆ 09 79 99 88 42

Ouvert à l'année. 14 chambres de 130 à 275 €/cat./saison. Petit déjeuner 17 €. Parking fermé. Clim. Piscine. Jardin.

La RENAISSANCE en lettres majuscules pour cette villa du début XXe. Entièrement rénovée et avec talent, nous sommes ici au comble du raffinement avec 9 chambres à la décoration personnalisée, et à 5 chambres « dépendances » dans un esprit « bohème-chic » et détail important, face à la piscine... Dominant Bayonne (10 min à pied) et niché au milieu d'une nature généreuse, cet hôtel, par son ambiance et son charme discret, est plus dans l'esprit d'une maison d'hôtes, mais avec le service d'un 4-étoiles ! Une belle prestation, idéale pour votre séjour en terre basque.

DUPLESSIS - FUMAGE ARTISANAL €

4, rue des Gouverneurs ✆ 05 40 07 36 21
www.duplessis-bayonne.fr

Ouvert 6j/7, 9h30/14h30-16h30/19h. Juillet/août, lundi au samedi non stop. Formule midi de 8 à 12 € Produits locaux.

La petite rue des Gouverneurs, à proximité de la cathédrale Sainte-Marie de Bayonne, est parfumée aux senteurs de bois fumés, plus précisément des copeaux de bois platane dont on fait les palas (raquettes de jeu basque). C'est de ce bois dont se sert Cédric pour fumer artisanalement le saumon d'Écosse Label Rouge, la truite de Baïgorry, la bonite ou le haddock. Dans son atelier-boutique il prépare également les gravelax de saumon. La tradition et le savoir-faire sont ici à l'honneur !

SUA BONTÁ €

22, Port Neuf
✆ 09 81 73 46 19
www.suabonta.fr

Ouvert toute l'année, du lundi au dimanche, 13h à 19h. Accueil des groupes. Terrasse. Vente à emporter et livraison.

Au cœur du Bayonne historique et festif, Sua Bontá (sa bonté en italien...) est une pépite gustative tant sucrée que salée ! Gianluca, notre maître glacier a posé ses valises au Pays Basque avec des recettes typiques. De vraies glaces italiennes, produites selon la tradition, des pâtes fraîches sous différents formats, réalisées chaque jour, des soupes du moment, salades également, et désormais des pizzas dont la pâte est une vraie « pinsa romana » aussi généreuses que notre chef, à l'enthousiasme rayonnant, dans cette petite rue piétonne.

LE BON GROIN

Quai du Commandant Roquebert
✆ 06 50 79 49 05

Ouvert toute l'année, 7j/7 de 7h à 13h30 en semaine, le week-end jusqu'à 14h30. Dégustation sur place et à emporter.

Dénicheur de jambons... et quels jambons ! De Bayonne, de Bigorre, de Savoie, d'Espagne, des jambons entiers ou à la coupe, saucissons, chorizos, mais aussi tant d'autres pépites charcutières. On peut faire confiance à Frédéric, amoureux de charcuterie d'exception et qui transmet le « goût du goût » avec des produits de qualité supérieure, artisanaux. Ici, vous dégustez sur place avant d'acheter, on vous prépare aussi des plateaux gourmands à déguster entre amis et en famille. Des tapas et autres toasts du jour également que l'on commande. Un lieu incontournable.

BOUILLON ARMAND €

6, rue Bourgneuf
✆ 09 85 00 90 20
https://bouillonarmand.com/

Ouvert du mardi au samedi midi et soir. Réservation recommandée. Carte (E/P/D) : 15 €/25 €. Terrasse. Vente à emporter.

Les premiers restaurants Bouillon sont apparus autour des Halles dans les années 1900. Une cuisine française, fraîche et populaire qui prête à la convivialité. Deux frères du Pays Basque vous proposent de partager avec eux le bonheur de cette cuisine simple tout en s'attachant à travailler et mettre en avant les produits locaux de qualité. Dans une atmosphère bistrot avec le comptoir, la nappe en tissu... et une carte ayant pour éthique, le rapport qualité-prix, nous confirmons la prestation ! Œuf mimosa qui déborde de l'assiette, bœuf bourguignon, tartare, etc.

CUCINA

22, rue Poissonnerie
✆ 05 59 63 77 39
www.cucina-epicerie.fr
Ouvert 7j/7 de 9h à 13h et de 16h à 19h. Le dimanche, de 10h à 13h. Vente à emporter. Livraison possible.

Gusto d'Italia ! Plus qu'un concept, une réalité avec Cucina (cuisine), la nouvelle épicerie fine italienne et traiteur où l'on retrouve 99 % de produits d'artisans italiens et aussi des produits de l'Adriatique... Pâtes fraîches réalisées à la demande, ravioles de la maison Irina à Arbonne, gorgonzola doux et persillé à souhait, arrivé tout droit de Lombardie, gressin de la région du Piémont, idéal pour l'apéritif, bières de Toscane produites par Mathieu Ferré, desserts gourmands avec les Cannolis fourrés au Gianduja... Une nouvelle pépite gustative à Bayonne !

EKLAT-SALON GOURMAND SUCRÉ-SALÉ €

2, rue Marengo ✆ 05 59 42 64 95
www.rezto.net/restaurants/239-eklat
Ouvert toute l'année. Du jeudi au lundi inclus, de 10h à 18h30, fermeture les mardis et mercredis. Terrasse. A emporter.

Mathieu Hilde, jeune chef pâtissier au CV plus qu'honorable confirme, dans ce lieu à l'ambiance « cosy » d'un salon de thé, situé dans le petit Bayonne, au bord de la Nive, tout son talent dans l'élaboration de desserts « haut de gamme ». Goûtez les excellents financiers choco, le petit écolier (bayonnais) revisité, les tartes moelleuses au chocolat, la tarte citron, mais aussi côté salé, les tartes aux légumes du moment, les salades gourmandes et sandwichs... Réalisations sur place.

GARDE MANGER - CUISINE ARTISANALE €

6, rue Port de Castets ✆ 05 59 59 43 57
www.gardemangerbayonne.com
Ouvert du mardi au samedi 9h-17h30. Samedi/dimanche (juillet/août/décembre), brunch le midi. Carte 20 € env. A emporter.

Garde Manger, c'est une belle histoire grâce à de belles rencontres au Québec et une amitié née depuis plus de 13 ans au pays des caribous. C'est un lieu de vie chaleureux où l'on vient à n'importe quelle heure de la journée. Des formules petit déjeuner, des goûters et au déjeuner en terrasse ou à l'intérieur dans une atmosphère épicerie-restaurant, des entrées-plats-desserts cuisinés également « maison ». C'est aussi une boutique avec des produits sélectionnés par Nicolas et Denis.

UNE PÊCHE D'ENFER

Halles centrales
✆ 05 59 59 05 30
Primeur et épicerie fine. Ouvert 7j/7 de 7h à 13h30 toute l'année.

Une belle histoire de famille où l'on se transmet le savoir-faire pour la sélection des fruits et légumes issus de l'agriculture raisonnée et pour une sélection rigoureuse d'articles en épicerie. Au cœur du dynamique Bayonne historique, le marché couvert concentre le meilleur des produits du Pays Basque et d'au-delà des frontières. Une Pêche d'Enfer, où rayonne Jean Crampette, de père en fils, est un îlot de fraîcheur, de qualité et le tout, dans la joie, la bonne humeur et le... professionnalisme. On vous propose également des paniers personnalisés à emporter.

BRASSERIE BASA €€

74, rue d'Espagne, place Pasteur
✆ 05 59 70 38 06
https://www.brasserie-basa.com/
7/7 en continu (sf dimanche soir). Menu midi hors we 23 €. Carte (E/P/D) 35 à 50 €. Brunch dimanche midi. Terrasse.

Fabien Feldmann, chef étoilé de l'Impertinent à Biarritz depuis plusieurs années nous fait découvrir son tout nouveau restaurant-bar aux allures bistronomiques au cœur de Bayonne (au pied de la cathédrale Sainte-Marie). Cet ancien tribunal, entièrement revisité dans une belle alchimie de matériaux, offre des espaces cosy tant en terrasse, cernée de bâtisses à l'architecture typique qu'à l'intérieur avec vue sur la brigade et avec ses salons privatisables. Le talent du chef est là, de l'entrée au dessert ! Cuisine inventive chaque semaine avec des produits d'ici.

LE CARRÉ €€

9, rue Frédéric Bastiat ✆ 05 59 85 85 99
https://lecarre.fr
Ouvert 7/7 à partir de 7h. Petit déjeuner, déjeuner, brunch, salon de thé, bar. Menus 20 à 24 €. Pintxos/tapas 2 à 8 €.

Au cœur du typique « Petit Bayonne » dans le quartier du musée Bonnat-Helleu, le Carré est un lieu de vie, tendance et branché au rez-de-chaussée de l'Hôtel **** Villa Koegui. Un lieu propice aux partages dans un cadre cosy, avec un mobilier raffiné, son majestueux et lumineux comptoir, ses bibliothèques aux livres principalement consacrés au riche patrimoine du Pays basque et une terrasse ouverte sur l'extérieur. Vous apprécierez une cuisine locale de l'instant et renouvelée chaque jour. Tous les soirs, tapas, Pintxos et Partekas (pintxo champion du monde 2019).

PAYS BASQUE

LE CHAHO €€

4, rue des Cordeliers ✆ 05 59 52 15 04
https://le-chaho.business.site
Ouvert du lundi au jeudi à midi, vendredi/samedi, midi et soir. Carte 30 € env. Plat du jour 12 €. Menu du soir 30 €.

Le restaurant Chaho doit son nom au célèbre poète bayonnais du XIXe siècle Augustin Chaho. Véritable institution depuis plus de 50 ans, c'est un lieu festif incontournable dans le petit Bayonne. Le restaurant avec sa grande terrasse ombragée et son intérieur vintage (1950), dont ce fameux comptoir, propose une cuisine bistronomique et généreuse de tous les jours et en fonction de la saison. Les produits sont principalement locaux, poisson d'Anglet, bœuf maturé de Galice, etc. Une adresse où il fait bon déjeuner, dîner ou encore profiter du soleil en terrasse.

CIDRERIE TTIPIA €€

27, rue des Cordeliers ✆ 05 59 46 13 31
www.cidrerie-ttipia.fr
Ouvert 7/7 sf dimanche soir, lundi midi. Juillet/août soir uniquement. Menus jour : 11,50/14/33 €.

Au cœur du petit Bayonne la cidrerie Ttipia est typiquement l'archétype des cidreries. Rien ne manque et surtout pas l'accueil et la convivialité. Murs qui chantent encore les bandas et autres chants basques, immenses tonneaux encastrés qui regorgent de Sagarno (cidre local), que l'on sert avec la gestuelle, ballet de serveurs (ses) sympathiques et attentifs, grandes tables collectives. Et l'assiette copieuse est à la hauteur. Omelette à la morue, merlu à l'espagnole, côte de bœuf d'1kg minimum !, fromage du pays et sa pâte de coin aux noix... Régime s'abstenir.

CÔTES & MER €€

1, rue Harry Owen Roé
✆ 05 59 58 27 27
Ouvert toute l'année, 7j/7, midi et soir. Menu 36 € + Carte. Menu enfant 11 €. Terrasse. Pensez à réserver.

Le restaurant-brasserie-bar à huîtres « Côtes & Mer », déjà bien connu des Béarnais (présent à Pau) manquait au paysage basque, plus précisément à Bayonne. Situé à la place de la brasserie de l'aviron, le restaurant est résolument festif entre sa grande salle feutrée et sa vaste terrasse couverte avec vue sur la Nive. Les plateaux de fruits de mer, préparés à la demande, défilent en continu comme les plats de poissons. Tout est frais, savoureux et à la cuisson juste. Dans un espace lumineux et savamment aménagé, le « ballet » des serveurs est discret et attentif.

LA GRANGE €€

26, quai Galuperie
✆ 05 59 46 17 84
https://www.lagrange-bayonne.fr/
Ouvert du mardi au samedi midi et soir. Formules midi semaine : 16 €, 22 €. Menu La Grange 29,50 € + carte. Terrasse.

Essai confirmé encore une fois avec cet établissement haut en couleur et saveurs. Le produit est frais, le plat est travaillé, graphique dans l'assiette et surtout raffiné ! Prenez une raviole de homard, un œuf parfait, le ris de veau doré ou encore le maigre et son siphon céleri et huile de truffe... Et côté sucré, le baba au rhum, la figue en cru et rôtie, l'ensemble accompagné d'une sélection de vins à prix justes. Une auberge dont on ne se lasse pas, avec pour fond, les rives de la Nive, paisible affluent de l'Adour qui sépare les 2 rives de Bayonne-centre.

L'INATTENDU €€

23, rue des Cordeliers ✆ 05 59 59 83 44
www.linattendubayonne.com
Fermé dimanche, mardi, mercredi midi. Service midi et soir. Carte 40 € env. Plat du jour 16 € (menu du marché 26 €).

Découvert en 2018, nous avions prédit un bel avenir à cet établissement situé au cœur du petit Bayonne. Dans une salle entièrement rénovée, Manon vous accueille avec sourire et notre talentueux chef Mathieu est en solo, une véritable brigade à lui tout seul ! Chaque plat est bien présenté, sans arabesques pompeuses et exprime des saveurs parfois d'influence asiatique pour magnifier le produit. Vous apprécierez le travail sur le mariné de dorade, le poisson de la criée, la canette de Souraïde. Les desserts et fromages sont de la même signature. « Success story » !

PATXAMAMA €€

7, rue Port de Castets
✆ 05 59 59 11 88
Ouvert le midi du mardi au samedi & les soirs du jeudi au samedi. Menus midi 15/20 €, carte le soir 30/35 €. Terrasse.

Patxamama, référence à la Pachamama (Terre-Mère), propose, au cœur de Bayonne, un bien agréable voyage culinaire aux influences d'Amérique latine, et aussi grâce à l'expérience de Nicolas dans des restaurants étoilés de la capitale. La cuisine est de saison, bio et inspirée par notre chef créatif, avec des produits sélectionnés rigoureusement. Œuf parfait, cappuccino de champignons et cake maison ; médaillon de veau Axuria, céleri et châtaignes ; tarte Tatin fouettée à la vanille... Vins de régions et d'Espagne. Avec Lise au service, tonique et professionnelle.

RELIEF €€

11, rue Sainte-Catherine
✆ 05 59 93 42 38

Ouvert du mardi au samedi midi et soir. Carte : compter environ 30/35 €. Bar à vins et boutique Traiteur juste en face.

Une belle et nouvelle adresse bistronomique dans ce quartier Saint-Esprit de Bayonne qui se transcende sous l'impulsion de la municipalité et de cette jeune génération très talentueuse de chefs, de traiteurs... Le restaurant Relief, avec à sa tête le jeune chef Thibault Deverre au très beau CV, dévoile tous les ingrédients d'une cuisine de marché et de saison, où goût et créativité combinent avec fraîcheur et présentation des plats. La joue de bœuf mijotée (cuisson 6h), braisée au vin rouge est l'un des exemples de plats savoureux. Notons un service réactif !

RESTAURANT LE PAVÉ €€

8, rue des Gouverneurs
✆ 05 59 59 51 74
www.restaurant-bayonne-lepave.fr

Réservation recommandée. Fermé dimanche soir, mardi soir, mercredi. Formule midi 18,50 €. Menu du marché 26 €. Terrasse.

Ce restaurant niché dans les remparts de Bayonne, avec sa voûte de pierre, propose une cuisine généreuse, savoureuse. Selon la saison, car la carte change très régulièrement, peut-être aurez-vous le plaisir de déguster les Saint-Jacques poêlées, des tagliatelles à l'encre, chipirons et encornets ; le filet de merlu, risotto épinards ; la pastilla d'agneau aux fruits secs. Desserts de la même « trempe » avec la soupe de fraises, sorbet citron basilic, le fondant au chocolat... et l'assiette de fromages. Attention, le Pavé est un petit espace, pensez à réserver !

AUBERGE DU CHEVAL BLANC €€€

68, rue Bourgneuf ✆ 05 59 59 01 33
www.cheval-blanc-bayonne.com

Fermeture hebdomadaire samedi midi, dimanche soir, lundi. Formule marché : 25 € (hors we et fériés). Menus : 45 €, 74 €.

Véritable institution bayonnaise et plus largement d'Aquitaine, orchestrée par le chef, Jean-Claude Tellechea, également ambassadeur du jambon de Bayonne, ce restaurant reste le temple du bon goût et des saveurs subtilement élaborées dans le Pays Basque. Dans des espaces feutrés, il vous concocte des plats justement parfaits avec cette petite touche qui affiche sa personnalité. Difficile de conseiller un plat plus qu'un autre, tant l'excellence est omniprésente. Lors de votre séjour à Bayonne ou dans les environs, le passage à l'Auberge est obligatoire !

GOXOKI €€€

24, rue Marengo
✆ 05 59 59 49 89

Ouvert toute l'année. Maître restaurateur. Réservation recommandée. Menus de 25 à 79 €. Carte : 80 € env.

Niché dans un ancien couvent, le restaurant Goxoki, sous la baguette du chef Franck Hourcastagnou, ancien chef de la maison Coussau (2 étoiles Michelin) à Magescq, élabore une cuisine gastronomique maîtrisée. Le menu du marché et de saison en semaine, propose un crémeux d'automne, un civet de cerf. Le menu Goxoki, les ris de veau œuf cocotte et foie gras, la palombe en deux cuissons et cèpes, le menu gourmand avec des langoustines poêlées... Une belle sélection de fromages de caractère et une diversité de desserts « maison ». Une adresse toujours aussi gourmande !

BOULANGERIE-PÂTISSERIE MAURIAC

2, rue Port de Suzèye
✆ 05 59 59 23 83

Ouvert mardi au dimanche 7h30-13h/15h-19h, samedi dès 6h30 et le dimanche 8h-13h. Gâteau des Rois à partir de 4,90 €.

Depuis quatre générations (depuis 1934), cette institution que connaissent bien les Bayonnais, enchante petits et grands. Avec plus de vingt sortes de pains maison, galettes et gâteaux des rois en passant par les croissants, le « Russe », les incontournables gâteaux basques à la crème et cerises ou myrtilles, sans oublier l'exceptionnelle couronne des Rois, disponible début décembre. Et la galette fourrée du 1er janvier. Service souriant avec à chaque fois, un petit mot gentil...

CHOCOLAT PASCAL

32, quai Galuperie et 17, rue de la Salie
✆ 05 59 52 96 49
www.chocolat-pascal.fr

Ouvert du mardi au samedi de 10h à 19h. En été, ouvert aussi le lundi après-midi. Livraison possible.

Pascal Moustirats, d'abord apprenti pâtissier à la maison Heynard part ensuite à Paris pour effectuer l'apprentissage du métier de chocolatier à La Maison du Chocolat de Robert Linxe. Chez Hermé, il secondera Jacques Genin, dans la réalisation des chocolats, puis 3 ans chez Ladurée avant un retour au Pays. Bonbons de chocolats, ganaches, pralines et de nombreux chocolats à croquer ou la gamme Noir de Pascal. Aussi des tablettes, de différents pourcentages et différentes origines. A découvrir dans ses 2 boutiques, dont l'une située en plein centre de Bayonne.

KILLARNEY PUB

33, rue des Cordeliers
✆ 05 59 25 75 51
Ouvert du lundi au samedi de 19h à 1h. Terrasse. Retransmissions sportives. Planches à partager. Vente à emporter.

Voilà bien un endroit qui séduit d'emblée dans l'esprit des pubs irlandais. Le cadre n'y est pas pour rien bien sûr avec son bar sculpté, ses présentoirs de bière surplombés de superbes suspensions, ses canapés de cuir au fond, ses murs de pierre et de bois. L'originalité du lieu réside dans le panel de bières proposées : 10 bières pression qu'on ne trouve nulle part ailleurs. Un cidre anglais affiche aussi ses différences tout comme la bière Kwak. L'occasion de découvrir encore, une étonnante collection de verres correspondant à des bières très précises !

ARTIGA MAISON

18, rue de l'Argenterie
✆ 05 59 59 89 86
www.artiga.fr
Ouvert du lundi au samedi : 10h-19h (l'été). Du mardi au samedi : 10h-12h30/14h30-19h (à l'année). Boutique en ligne.

Quand la tradition et la modernité réinventent le linge basque. De son artisanat Artiga a fait un art de vivre. Dans sa boutique de Bayonne, on y découvre les toiles basques et les accessoires entièrement fabriqués à Magescq. Un choix audacieux qui élève le savoir-faire de la maison, de grande qualité, tout en affirmant sa créativité. Pour des ambiances contemporaines empreintes de personnalité, l'univers à la fois classique, coloré ou rayé, l'art de vivre Artiga, peut être décliné pour vos pièces intérieures et extérieures. C'est 7 boutiques dans la région.

MAISON DARANATZ

15, rue du Port-Neuf
✆ 05 59 59 03 55
www.daranatz.com
Ouvert toute l'année ; le lundi de 10h à 19h et du mardi au samedi de 9h15 à 19h. Vente en ligne.

Institution gourmande créée en 1890, ce magasin cosy aux présentoirs à l'ancienne, cuivres rutilants et lustres en cristal est une invitation à découvrir un large choix de spécialités : tablette gourmande, bonbon de chocolat, touron et macaron de Bayonne ! Ici, on aime les grands crus avec toujours la même signature chocolatière : puissance, longueur en bouche, finesse des mariages aromatiques. Les pâtes d'amandes sont « fraîches », une rareté. Dans le même esprit, les macarons peu sucrés ont un parfum remarquable d'amande. Présent aussi à Biarritz depuis 1930.

BILTONG BASQUE

✆ 07 87 47 79 41
https://www.biltong-basque.com/
Présent sur le Marché de Bayonne le samedi matin. E-Shop France, Europe et U.K. Biltong nature en tranches, 7 €/100 g.

On connaissait la passion des Sud-Africains pour le rugby, mais on en savait un peu moins sur le *biltong*, viande de bœuf séchée et marinée subtilement aux épices (d'Espelette). C'est aussi au Pays Basque, à Bayonne, que l'on découvre et apprécie cette préparation qui donne au morceau de bœuf, une saveur particulière. Ses qualités nutritionnelles (viande maigre, digeste...) en font un aliment sain à déguster à l'apéritif, en salade ou omelette, mais aussi en complément énergétique pour la pratique sportive. On connaît enfin le secret de leur réussite rugbystique.

MAISON PARIÈS

14, rue Port-Neuf
✆ 05 59 59 06 29
www.paries.fr
Hiver, ouvert du lundi au samedi 9h/19h et dimanche 9h/13h. Été, 7j/7, 9h/19h30. Labels EPV et EFC. Vente en ligne.

Depuis 5 générations les maîtres chocolatiers de la maison Pariès à Bayonne conjuguent savoir-faire, tradition et excellence dans la fabrication de chocolats, friandises, pâtisseries, glaces et sorbets. Bayonne est le berceau de la dynastie qui a vu naître les premiers Kanougas® et autres gourmandises basques. C'est à l'atelier (qui se visite) de Socoa que nos artistes réalisent avec les mêmes méthodes artisanales les spécialités, dont les gâteaux basques, le touron, le Mouchou®, les pâtisseries, glaces et sorbets, le Kanouga® et le dernier né, les Espelines®.

BOUTIQUE PIERRE IBAÏALDE

41, rue des Cordeliers ✆ 05 59 25 65 30
www.pierre-ibaialde.com
Visite guidée 5 €/pers (8/14 ans 2,50 €) avec dégustation. Ouvert lundi au samedi 9h-12h30/14h-18h ; été, 7/7 10h-18h30.

▶ **Visite** : partez en immersion dans l'univers du jambon selon Pierre Ibaïalde : choix des cochons, élevage, préparation en saloir et séchoir, affinage, conservation. Tous les secrets de fabrication ! Pour terminer, une dégustation des produits, tous faits maison.

▶ **Plus de 30 ans que l'Atelier Ibaïalde existe**. La vente se fait sur place ou sur la boutique en ligne. Côté cochon, le jambon s'affiche dans tous ses états : entier, en morceaux désossés à la main, ventrèche, pâtés... et le « Cochisson » à découvrir. Côté canard, magret séché, foie gras, rillettes... Unique !

CHARCUTERIE AUBARD

43, boulevard Alsace-Lorraine
© 05 59 55 02 27
www.charcuterie-aubard.fr
Ouvert du mardi au samedi de 8h à 12h et de 15h à 19h. Vente en ligne.

Toujours sous le charme de cette belle Maison où on ne sait plus où regarder tant le plafond, les murs… chantent le Pays Basque. Elle fabrique des jambons depuis 1946 ; le fameux jambon de Bayonne IGP, et le jambon d'exception du Kintoa AOP, affiné 20 mois et plus. Egalement les classiques bœuf bourguignon, confits, axoa, poulet basquaise, merlu koskera, rillettes maison... Cédric Bergez prône la qualité des produits frais qui sont travaillés avec une grande rigueur, en mettant en avant « la tradition du goût ». Nombreuses récompenses au Concours Général Agricole.

CHRISTOPHE FROMAGER

13, rue Argenterie
© 05 40 39 91 13
www.christophefromager.com
Ouvert du lundi au samedi 10h-19h. Collège Culinaire de France. Dégustations sur réservation. Plateaux sur commande.

Vice-Champion du Monde des Fromagers en 2017, Christophe Gonzalez a ouvert au pied de la cathédrale sa fromagerie. Il a appris le métier de Crémier Fromager Affineur dans les maisons les plus prestigieuses. Tokyo, Londres, Paris avant de s'établir en bord de Nive, dans sa ville natale. Sa philosophie ? Privilégier les circuits courts, les produits fermiers locaux, le fait-maison, apporter de la nouveauté et de la créativité dans la mise en scène du fromage. Il vous guidera selon vos goûts et vos envies, car il est un passionné et un professionnel. Incontournable.

LES COCOTTES

50, rue d'Espagne
© 06 11 07 13 42
Ouvert toute l'année du mardi au samedi de 10h à 19h, juillet/août 7j/7. Prêt-à-porter, bijoux, accessoires.

La boutique « Les Cocottes » à Bayonne est une excellente adresse pour les « rebelles ». Ici, on n'aime pas... on adore le vintage, le côté décalé, tout en couleurs, mais attention, si le choix est vaste, le nombre de pièces est limité. Ce qui est beau est rare dit-on. Vous ne pourrez rester insensible devant la vitrine et à l'intérieur de cet écrin cosy avec ces pépites, et où Emmanuelle, un peu thérapeute, un peu « coach-trend », réveille vos envies de look « grain de folie » et vous conseille. Les Cocottes en vadrouille : un remède contre la morosité !

LE COMPTOIR DE LA BIÈRE

24, rue de la Salie © 06 48 29 46 34
www.lecomptoirdelabiere.fr
Ouvert du mardi au samedi de 11h à 19h. En saison, ouvert également le lundi. Soirée privative. Location de tireuse.

Le Comptoir de la Bière s'est fait une belle place au cœur de Bayonne. Dans ce quartier typique commerçant du centre historique, vous découvrez dans cet antre du malt, où se dégage une atmosphère chaleureuse propre aux ateliers de brasseur, une grande quantité de bières amoureusement sélectionnées avec des références importées de Belgique, d'Irlande, d'Écosse, etc., mais aussi de France et plus particulièrement du Pays Basque. Venez déguster au comptoir artisanal l'une de ces petites perles dont Grégory a le secret car il est aussi chasseur de saveurs inédites.

GRAIN DE SOLEIL

34, rue Arnaud Detroyat © 05 59 42 10 83
www.graindesoleil.fr
Alimentation bio, cosmétiques, esthétique, coiffure, diététique, naturopathie... Ouvert du lundi au samedi 9h-19h30.

Un magasin bio « pas comme les autres » ! On y trouve une impressionnante gamme de produits d'alimentation bio et naturels, vrac, cosmétiques, compléments alimentaires bien-être et santé, aromathérapie ainsi qu'un espace de consultations de diététique et naturopathie, un salon de coiffure et un institut de beauté bio proposant des soins utilisant des produits naturels. Vous serez parfaitement accompagnés et conseillés par une équipe de spécialistes passionnés qui sélectionne les meilleurs produits certifiés d'origine biologique, pour le respect de notre bien-être.

LES HALLES DE BAYONNE

27, quai du Commandant Roquebert
© 05 59 59 78 03
www.bayonneshopping.com
Ouvert toute l'année du lundi au dimanche, de 7h à 13h30, les vendredis, samedis et dimanches jusqu'à 14h30.

Les Halles centrales de Bayonne existent depuis plus de 150 ans. Situées au cœur de la ville et au bord de la Nive, avec une architecture soigneusement rénovée avec son carreau, qui en est l'extension plein air certains jours de la semaine pour le marché des producteurs locaux ainsi que pour quantité d'animations tout au long de l'année, les halles, véritable « poumon », regroupent une vingtaine de commerces artisanaux de bouche qui sont la vitrine du savoir-faire local. « Faire » les Halles de Bayonne, c'est faire un parcours initiatique dans la gastronomie.

LOREA - LE BIJOU BASQUE

11, rue Jacques Laffitte
✆ 05 59 74 09 45
www.lorea.fr

En saison, ouvert lundi au samedi 10h30-12h30 et 13h30-19h ; hors saison, fermé le lundi (sauf en période de Noël).

Les bijouteries Loréa (fleur en basque) sont les vitrines des créations de Catherine Ithurbide. Petite fille de joaillier qui est tombée amoureuse du Pays basque et qui a créé sa 1re boutique/atelier dans la cité médiévale de Saint-Jean-Pied-de-Port. C'est ici qu'elle crée, les bijoux en or, et en argent, un foisonnement ! Passionnée par la culture basque, elle imagine une nouvelle façon de porter la croix basque. Sa ligne de bijoux est chic et tendance. Il y en a ici pour tous les âges, également une ligne homme ainsi qu'une collection pour les pèlerins.

LOREZTIA BOUTIK' EXPO

58, rue d'Espagne
✆ 05 59 59 55 37
https://loreztia.fr/

Juillet/août ouvert du lundi au samedi, 10h/19h. Hors saison, du mardi au samedi 10h-13h/14h30-18h30. Vente en ligne.

A deux pas de la cathédrale, on doit l'ouverture de cette boutique-musée à Jacques Salles, passionné par les abeilles et apiculteur depuis 1988. Loreztia signifie « douceurs de fleurs » en basque. Un lieu d'échange où l'on peut découvrir à la fois un espace ethnographique libre sur le thème « l'homme et l'abeille au Pays basque, au fil des siècles », déguster des produits de la maison, acheter ceux qui vous plaisent à prix « direct atelier » et participer aussi à des visites commentées gratuites. Un véritable lieu de découvertes pour les petits et les grands.

MAISON LAFITTE-FOIE GRAS

2, rue Lormand ✆ 05 59 25 62 62
www.lafitte.fr/bayonne

Ouvert du mardi au samedi de 9h30 à 13h et de 14h à 19h. Boutique en ligne avec commande des produits et livraison.

Depuis plus de 100 ans, la Maison Lafitte entretient l'excellence et le savoir-faire de la gastronomie landaise. Partenaire exclusif du Club des Chefs cuisiniers des Chefs d'Etat à travers le monde, elle est reconnue pour la qualité supérieure de ses produits. Les canards gras traditionnels sont élevés 102 jours minimum et engraissés au maïs grain entier, selon les cahiers des charges Label Rouge et IGP Landes (Indication Géographique Protégée). Découvrez l'univers gastronomique du foie gras, confit, magret des Landes, toute une gamme de produits autour du canard.

LE SANG DES VIGNES

11, avenue Capitaine Resplandy
✆ 09 83 45 05 90

Ouvert du mardi au samedi 10h30-13h et 15h-19h. Soirées à thème chaque mois avec dégustation/tapas : 28 €.

Cet ancien chai du XVIIe n'est pas seulement une cave à vin. Derrière sa vitrine se cache un lieu que l'on qualifierait aujourd'hui de vintage, authentique et atypique. Incomparable avec son mobilier, Kevin, épicurien de naissance, développe une boutique dans l'entrepôt. Un large espace de dégustation de vins, enrichi d'une épicerie fine. Le Sang des Vignes abrite plus de 500 références de vins français et espagnols naturels, avec notre ambassadeur du Sud-Ouest qui connaît chacun des vignobles et viticulteurs directement. Une cave à vin à découvrir et à aimer !

SÉBASTIEN ZOZAYA - BAR À CHARCUTERIE

17, rue Poissonnerie ✆ 05 59 55 67 64
www.sebastienzozaya.fr

Meilleur Ouvrier de France. Ouvert toute l'année, du mardi au dimanche. À emporter ou à consommer sur place. Traiteur.

Le bar à charcuterie de Sébastien, meilleur ouvrier de France en 2019, au CV éloquent, témoigne d'un vrai talent que l'on retrouve aussi aux Halles des Cinq Cantons à Anglet et à Biarritz. Une boutique imprégnée de convivialité et de partage où l'on vous propose de déguster sur place, au comptoir ou à table les spécialités charcutières salées/sucrées de la maison. C'est aussi une cuisine ouverte avec de vrais cuisiniers qui élaborent devant vous des plats du moment.

TISSAGE DE LUZ

3, rue Port de Castets ✆ 05 59 59 09 64
https://www.tissagedeluz.com/fr/

Ouvert du lundi au samedi de 10h à 13h et de 14h30 à 19h. Label Origine France Garantie. E-Shop.

Depuis 5 générations, Tissage de Luz habille autant l'univers intérieur qu'extérieur d'un appartement ou d'une maison ! De fabrication 100 % française, le tissage des motifs, classiques, tendance sur toiles en coton lin et bio, se décline avec les nappes, rideaux, coussins, sets de table, toiles enduites, transats, etc, et plus récemment avec les plaids Mérinos de grande qualité. De l'atelier de tissage, sortent chaque année, 6 à 8 nouvelles collections que l'on retrouve dans cette jolie boutique au cœur du Bayonne historique. Donnez de la couleur à votre table...

LA TOPAZE

17, rue des Pontots ✆ 05 59 29 85 81
https://la-topaze.com/

Ouvert du lundi au samedi 10h-12h30/13h30-18h. Minéraux, bijoux, bols chantants, instruments de musique intuitifs.

Une pépite où l'on passerait des heures... Des minéraux, pierres, bijoux semi-précieux aux qualités énergétiques et vibratoires. Spécialement conçues pour la lithothérapie, les pierres ont différents bienfaits et propriétés : anti-stress, apaisement, énergie – cependant, aucune pierre ne remplace une consultation médicale – bien-être... et des conseils personnalisés qui permettront d'obtenir à chacun ce dont il a besoin. Aussi livres, bols chantants tibétains, instruments de musiques intuitifs axés aussi sur le bien-être et la relaxation. De belles idées cadeaux.

UNE MAISON EN VILLE

15, rue de Luc
✆ 05 59 50 17 98

Ouvert le lundi 14h-19h et du mardi au samedi 10h-13h/14h-19h. Décoration, petit mobilier, vaisselle, luminaires...

Idées cadeaux, idées déco... C'est dans cette jolie boutique du Grand Bayonne que vous aimerez flâner et glaner, au milieu d'un mélange de créations pour l'intérieur de votre maison et de votre jardin. Luminaires, petit mobilier, coussins, vaisselle, vases... Les objets ont ici une âme avec des marques « signature » comme Pomax, Athezza et tant d'autres, et votre choix est souvent orienté grâce aux conseils avisés de Dominique, passionnée. Il faut régulièrement passer et chiner dans cette boutique atypique et cosy où le stock se renouvelle régulièrement.

AIRFLY 64

CC Ametzondo Shopping
SAINT-PIERRE-D'IRUBE / HIRIBURU
✆ 07 82 25 36 07 - www.airfly64.fr

Ouvert de mars à décembre tous les WE l'après-midi. Juillet/août : 7/7. A partir de 29 €/pers., débutants et pros.

Vivez les sensations d'une chute libre depuis le « plancher des vaches » de 5 à 89 ans. Unique en Aquitaine, comme un saut en parachute avec un vent, c'est une expérience unique de voler en toute réalité avec les mêmes effets. Après le briefing et l'habillage avec une combinaison de vol, un casque et une paire de lunettes, vous vous positionnez dans un tube de verre transparent haut de 5 mètres où 2 moteurs propulsent l'air entre 100 et 270 km/h. Effets garantis avec ce simulateur qui sert aussi d'entraînement pour les professionnels. Une expérience inoubliable !

AVIRON BAYONNAIS - RUGBY PRO

38, Avenue Docteur Léon Moynac
✆ 05 59 42 72 10 - www.abrugby.fr

Billetterie en ligne. Toutes les informations, (tarifs, programme des rencontres, etc...) sur le site.

La section rugby de l'Aviron Bayonnais est apparue en 1906. Trois titres de champion de France sont remportés par le club (1913, 1934 et 1943). Après un long passage en Top 14 (2004-2015), l'Aviron est descendu en Pro D2 avant de réintégrer l'élite l'année suivante. Mais une saison très compliquée a eu raison de l'enthousiasme bayonnais et les Bleus et Blancs ont retrouvé la Pro D2 en 2017. Après la saison 2020 en Top 14, l'Aviron a retrouvé la Pro D2 en 2021...

AINHOA / AINHOA ★★

Situé dans le Pays de Saint-Jean-de-Luz, entre les provinces basques de la Navarre et du Labourd, ce village bastide, à 3 kilomètres de la frontière espagnole, peut s'enorgueillir de bénéficier du label des Plus Beaux Villages de France, croqué par de nombreux artistes peintres : Ramiro Arrué, l'aquarelliste Dominique Bruyan. Amoureux de l'authentique, prenez le temps de vous arrêter à Ainhoa, d'y découvrir quelques belles tables et de flâner chez les artisans. Les maisons labourdines, reconstruites aux XVIIe et XVIIIe siècles, suite aux incendies causés par les envahisseurs espagnols, affichent des toits à deux pentes égales, des façades à colombages.

CHAPELLE NOTRE-DAME-D'ARANTZAZU ✝ ★

Accès libre et gratuit.

A 389 m d'altitude, elle embrasse du regard le village. Ce petit sanctuaire aurait fait suite à l'apparition de la Vierge à un jeune berger dans un buisson d'aubépine : légende ou réalité ? De là, un panorama unique sur Ainhoa, Sare, la Rhune, le cirque de Xareta et la vallée de la Nivelle ; à faire à pied, par le GR10, il faut escalader une côte avec 13 croix blanches et on atteint l'oratoire en une heure, aller et retour jusqu'au village. La marche est adaptée pour les enfants.

L'ÉGLISE ✝ ★

Bourg d'Ainhoa

Inscrite en 1996 sur la liste des Monuments historiques.

Robuste et élégante, elle domine le village. Transformée au cours des siècles, elle offre aux regards de belles pierres de taille dorées et à l'intérieur, une nef unique, sans pilier, couverte d'une charpente et d'un plafond en boiseries et deux étages de tribunes appelées galeries, caractéristiques des églises labourdines. Au cimetière, voir les sépultures traditionnelles aux stèles discoïdales ou tabulaires. Et, on raconte que c'est au pied de cette église que Pierre Loti trouva l'inspiration pour le héros de son célèbre roman basque *Ramuntcho.*

BUREAU D'ACCUEIL TOURISTIQUE

Karrika ✆ 05 59 29 93 99

www.en-pays-basque.fr

Ouvert toute l'année, horaires selon saison consultables sur le site. Centrale de réservation hébergement, billetterie.

Des visites guidées sont organisées sur place. Pour ceux qui préfèrent aller seul à la découverte du village, il est facile de s'y retrouver, car un circuit pédagogique est bien indiqué avec des panneaux installés tout le long de la rue principale, abordant différents thèmes sur l'histoire du village notamment. Randonnées : 5 sentiers balisés, tournant en boucle autour d'Ainhoa. Et aussi le sentier des Contrebandiers, balisé par un Pottok bleu entre Ainhoa, Sare, Urdax et Zugarramundi.

ARGI EDER**** €€€

Route de la Chapelle ✆ 05 59 93 72 00

www.argi-eder.fr

Ouvert du 1er avril au 31 octobre. 26 chambres de 105 à 190 €. Petit déjeuner 14 €. Piscine extérieure. Jardin. Tennis.

Vous rêvez d'un séjour authentique ? Cette maison traditionnelle vous séduira dès le premier regard. Chaque détail de la décoration des chambres, des lieux de vie, ou des espaces extérieurs a été choisi avec passion. Chacune des chambres offre une ambiance unique où charme et tradition côtoient confort moderne et équipements luxueux. Profitez du parc ombragé, du tennis, de la piscine ou partez en randonnée sur les chemins aux abords du village. Le restaurant de la maison propose une cuisine gastronomique faite de produits frais et locaux. Un séjour inoubliable.

ITHURRIA**** €€€

Place du Fronton ✆ 05 59 29 92 11

www.ithurria.com

Les Collectionneurs. Ouvert du 8/04 au 1/11. 26 chambres (130 à 165 €). Piscine. Sauna. 2 Restaurants dont 1 étoilé.

Cette imposante demeure labourdine est depuis longtemps une belle référence tant en matière de gastronomie (étoilée Michelin) que d'hébergement. Ithurria conjugue parfaitement modernité avec mobilier ancien et cadre de charme. La décoration joue sur les contrastes, habillant un décor traditionnel avec charpentes, grandes fenêtres et volumes généreux. Et c'est magnifique. 26 chambres toutes uniques, conjuguant orange, rose, noir. Cet établissement chargé d'histoire est fréquenté par des habitués de toujours et par les plus fins gourmets. Une pépite incontournable !

LA MAISON OPPOCA €€

Le Bourg ✆ 05 59 29 90 72

www.oppoca.com

Du mercredi au dimanche midi & soir. Bar, 7/7 dès 9h. Menu midi (semaine) 23 €, menu Carte le soir 30 €. Terrasse.

Un vent de nouveauté souffle sur la maison Oppoca, Hôtel-restaurant inscrit dans la mémoire de l'un des plus beaux villages de France. Outre l'hôtel revisité, nous nous sommes intéressés à cette nouvelle brigade de passionnés qui nous font partager les pépites culinaires du Pays Basque. Un cadre raffiné et chaleureux dans ce restaurant traditionnel avec son bar à tapas (Espagne à 3 km), une terrasse côté montagne pour apprécier une cuisine « maison » avec des produits d'ici, un menu qui varie chaque semaine au gré des inspirations et de la saison... Allez-y !

UR HEGIAN €€

Quartier Dancharia

✆ 05 59 29 91 16

www.hotel-ur-hegian.com

Réservation recommandée. Ouvert de mardi à dimanche le midi & samedi soir. Menus 26 €, 36 €. Formule midi semaine 14 €.

Vous êtes ici à 100 m de la frontière espagnole et c'est un tandem père et fils investi au fourneau, Jean-Michel et Pierre Ithurbide pour vous proposer des plats de toujours, parfaitement travaillés. Selon la saison vous dégusterez la garbure, le croustillant de boudin aux pommes, la morue en brandade crème au chorizo, la tête de veau sauce gribiche, les excellents ris de veau et LA spécialité de la maison, la paella fruits de mer servie avec de la viande. Authenticité, simplicité et qualité riment dans ce restaurant, autour d'une brigade sympathique et efficace.

ARGI EDER €€€

Route de la Chapelle

✆ 05 59 93 72 00

www.argi-eder.fr

Maître Restaurateur. Ouvert du 01/04 au 31/10. Réservation recommandée. Menus : 32 €, 42 €, 58 €, 70 €. Terrasse.

Toujours magique cette belle maison basque. Superbe salon et mobilier ancien, collections de whiskies, armagnac...Puis les choses sérieuses dans l'assiette, avec les frères Dottax, l'un en cuisine et l'autre en salle. Des plats favorisant une cuisine du cru, parfaitement préparée, avec ce petit plus qui fait la différence, dans les accords, la précision des saveurs, les présentations ; truite rose de Banka marinée, foie gras de canard poêlé, cabillaud confit à l'huile d'olive, texture tout chocolat... Service attentionné. Terrasse superbe... moment hors du temps !

ITHURRIA €€€

Place du Fronton

✆ 05 59 29 92 11

www.ithurria.com

1 étoile Michelin. Ouvert du 8/04 au 1/11. Fermé mercredi, jeudi midi sauf de mi-juillet à fin août. Menus 49/74/94 €.

Elégance, raffinement, 1 étoile Michelin...Une cuisine orchestrée par Xavier Isabal qui a mis de sa personnalité dans des plats de toujours revisités avec art, à partir d'excellents produits du terroir et des légumes du jardin, aux cuissons et assemblages parfaits. Quelques exemples, la carte évoluant selon la saison : foie gras de canard mi-cuit pomme du jardin, maigre de ligne snacké, le fameux béret basque... Très belle carte de vins et d'armagnacs. Sous l'œil du maître de cérémonie, Stéphane Isabal qui gère la salle avec brio. Une maison où l'on se sent bien.

LES PAINS D'ÉPICES D'AINHOA

Le bourg ✆ 05 59 29 34 17

www.pain-epice.net

Ouvert du mardi au samedi 10h-13h/14h-18h, le dimanche 10h-13h/14h-17h. Fermé en janvier. Boutique en ligne.

Qui n'a pas en mémoire le goût et la saveur du pain d'épices de son enfance ? C'est dans l'un des plus beaux villages de France que l'on retrouve cette « madeleine de Proust »... Précisément dans la boutique d'Ainhoa où l'on peut déguster et emporter les fameuses barquettes : les classiques à l'orange, au piment d'Espelette, aux figues séchées, à la farine de châtaigne et de riz ou encore aux pruneaux-noix-armagnac-gingembre-miel ! Des recettes artisanales qui varient toute l'année.

ARTISANAT ESKUZ HOLAKATUA ET LITHOS

Derrière Atelier 7, dans l'impasse

✆ 06 81 69 20 46

eskuzholakatua.france-artisanat.fr/

Ouvert toute l'année. L'été, tous les jours 10h-18h30. Monnaie locale Eusko acceptée. Visite privative de groupe.

Dans une ruelle presque secrète, rencontrez Brigitte, sculptrice sur bois, et Iban, sculpteur sur pierre, qui ont regroupé leurs talents et installé leur atelier-boutique. Des pièces uniques faites main. Brigitte crée des jeux, objets décoratifs, casse-têtes, horloges, décorations pour chambres d'enfant etc. Elle se fera un plaisir de sculpter votre prénom en direct sur bois et à main levée ! Iban, réalise des objets insolites : cendriers, vide-poches, éviers massifs dans le granit...

Ainhoa.
© VINCENT FORMICA

ATELIER 7

Rue principale
✆ 05 59 29 95 74

Ouvert d'avril à octobre de 10h à 13h et de 15h à 19h. Maison d'artistes. Visite libre.

Une boutique animée par un artiste, Olivier Roussel-Maserati ; artisan d'art, qui offre aux regards, deux facettes de son travail ; d'un côté le bijou fantaisie travaillé à partir de matériaux nobles et de pierres – corail, nacre, bois précieux… – qu'il va chercher en Amérique du Sud, Himalaya, Asie... avec une vision vers les ethnies du monde entier, et de l'autre, d'extraordinaires sculptures en bronze patiné, aux côtés de chefs-d'œuvre constitués à partir de matériel culinaire, médical, etc. Poussez la porte de cet atelier d'exposition lumineux et inspiré.

ATELIER DE L'ARTIS'ÂNE-AINHOE

Rue Principale ✆ 05 59 29 23 48
www.parfums-cosmetique.fr

Ouvert de mi-mars à fin octobre, 7/7 10h-13h/14h-19h. En saison (juillet/août), en continu 10h-19h30. Vente en ligne.

Corinne a créé les soins au lait d'ânesse Ainhoë, des « petipo de patapo », un exfoliant, des laits corporels, gels douche, crèmes visage, ainsi qu'une gamme à l'huile d'argan et à la figue de barbarie. Avec son éthique éco-responsable, elle porte une attention particulière au choix des matières premières, issues de l'agriculture biologique. Également parfums d'ambiance, bougies parfumées marque L'Atelier de L'artis' Ane, Bicolore « toi et moi », des brumes parfumées naturelles etc.

FERME SEGIDA

RD 20 - Route de Dancharia ✆ 05 59 08 32 09
www.gaec-segida.fr

Bienvenue à la Ferme. Boutique. Visite/dégustation des produits sur réservation. Formule « Assiette fermière » 13,50 €.

Segida : producteur de piment d'Espelette depuis 1998, éleveur de porcs charcutiers et maraîcher en conversion bio. De la plantation à la transformation en poudre, à la corde, en piment entier ou encore en purée, gelée et de manière artisanale. Primé de nombreuses fois au Salon de l'Agriculture, le piment de la ferme Segida est proposé dans tous ses états à la boutique. À la boutique, on peut également profiter d'un espace « petite restauration » avec une formule déjeuner, et des goûters sucré/salé (avec gâteau basque maison). Dégustations sur place ou à emporter.

SÉRÉNITE BASQUE

Ukutea Quartier Xara ✆ 07 85 79 64 35
www.serenitebasque.com

SPA ouvert du mardi au samedi 9h-20h. Sur réservation. 1h : 28 €. Soins du corps sur réservation à part. de 43 €/pers.

Sur les hauteurs du village d'Ainhoa, au cœur du Pays Basque et loin de la foule, voici un lieu qui mérite amplement son nom : calme, vue panoramique sur les Pyrénées… et bien-être, dans un ancien corps de ferme entièrement restauré. Réservez votre moment détente Spa en duo, en famille, entre amis. Bain à remous, sauna, bain avec cascade, Tea Room sont à votre disposition, et soin du corps pour une relaxation complète. Au retour d'une randonnée ou d'une journée intense, c'est un vrai petit coin de paradis et vous bénéficierez de l'accueil professionnel de Mélanie.

ASCAIN / AZKAINE ★★

Ascain est un autre exemple de joli village typiquement labourdin et basque. L'eau et la montagne constituent le double attrait de ce bourg de 4 213 habitants, traversé par la Nivelle et dominé par trois sommets : le Bizkarzun, l'Esnaur et Larrun dit la Rhune (905 mètres). Vous embrassez le bourg d'un coup d'œil depuis la place du fronton : l'église ravissante bien assise sur son clocher-donjon (1626), les rues bordées d'hôtels-restaurants et la Rhune au fond. On vous dira que Pierre loti a écrit Ramuntcho depuis la place de ce fronton (à l'hôtel de la Rhune ?) inspiré par un pelotari d'Ascain et que Churchill y a peint une aquarelle.

ÉGLISE NOTRE-DAME-DE-L'ASSOMPTION

Accessible toute l'année. Entrée gratuite.

L'église Notre-Dame-de-l'Assomption édifiée au XVIIe siècle est inscrite aux Monuments historiques depuis 1988. Vous y découvrirez une très belle tribune à trois niveaux et un magnifique orgue construit par la maison paloise Pesce en 1987. Le retable de style baroque est remarquable ! On y trouve une statue de la Vierge en son assomption, entourée de saint Joseph et saint Jean-l'Evangéliste. L'intérieur de l'église offre, comme les églises basques, de belles galeries en bois.

LARTIGUE 1910-LINGE BASQUE

Zone Larre Lore
✆ 05 59 26 81 81
www.lartigue1910.com
Horaires boutique et visite atelier variables, à consulter sur le site. Labels E.P.V et IG Linge Basque. Vente en ligne.

Pourquoi 1910 ? C'est tout simplement un morceau de l'histoire du tissage qui débute avec Calixte et Anastasie qui créent les Tissages Lartigue à Oloron-Sainte-Marie. De 1910 à aujourd'hui, c'est une longue et belle histoire qui se poursuit avec Philippe Lartigue, aux rênes de l'entreprise. Dans cette impressionnante boutique de 250 m², vous pouvez visiter l'atelier de tissage sur place. On vous retrace le parcours de la toile en partant de sa création avec l'ourdissage, le bobinage, le tissage et la confection... Au final, une collection revisitée bien sûr avec de chaleureuses couleurs autour des traditionnelles rayures basques et bayadères. Des présentations séduisantes et un espace convivial qui chante la région. Egalement des toiles au mètre au fond. Elles s'appellent Adela, Pantxika, Intza, Txomin... et une collection enfant, du linge de toilette, draps de bain, peignoirs, du linge de table, nappes, chemins de table, serviettes, plateaux, du linge d'office, tabliers, torchons, maniques, des accessoires, draps de plage, espadrilles, transats... et des rideaux qui sont proposés sur mesure. Des idées cadeaux pour les naissances, carnets de santé, sacs à langer, des listes de mariage, etc. Une belle réussite avec désormais 5 boutiques : Ascain, Bidos, Biarritz, Espelette et Saint-Jean-de-Luz, et l'obtention en 2020 du Label IG « Linge Basque » attribué aux entreprises qui ont un savoir-faire particulier et garantissant l'origine du linge produit dans ses ateliers.

SIMON ET SIMON MANUFACTURE DE PERLES

ZA Larre Lore ✆ 05 59 58 16 70
www.simonetsimon.com
Boutique ouverte mardi au vendredi 9h30-12h30/14h30-18h30, samedi 11h-13h/14h-18h30. Visites de groupe/RDV. E Shop.

La Maison Simon et Simon, fondée en 1865, est la dernière héritière d'un savoir-faire né en France au XVIIe siècle : la fabrication de perles nacrées. Cette famille d'inventeurs a su développer des procédés pour créer des perles artisanales. Vous serez surpris par les parures perlées – fruits de la collaboration avec les maisons de haute couture. Vous pourriez bien succomber à une des créations de boucles d'oreilles, bagues, pendentifs ou colliers aux formes et couleurs surprenantes.

BUREAU D'ACCUEIL TOURISTIQUE

23, rue Oletako Bidea ✆ 05 59 54 00 84
www.en-pays-basque.fr
Horaires selon saison consultables sur le site. Visites commentées. Centrale de réservation hébergement, billetterie..

Au pied des montagnes, Ascain, bâti autour de son église et de son fronton, vit dans une atmosphère conviviale. Son histoire et sa situation géographique ont façonné l'esprit des habitants, les Askaindars, qui ont toujours des histoires à raconter avec une âme particulière, une véritable richesse intérieure. Point de départ de nombreuses randonnées, Ascain s'ouvre sur un magnifique patrimoine naturel à découvrir. La pelote basque y est reine, de nombreux champions y ont grandi.

HABIA SURF HOUSE €€

736, route de Monségur ✆ 07 54 32 21 27
https://habia-surfhouse.com
Ouvert de Pâques à Toussaint. 5 chambres de 55 à 110 €. Animaux acceptés. Piscine. Jardin. Parking fermé. Cours de surf.

Julien, moniteur de surf, et après avoir parcouru le monde à la recherche des plus belles vagues, a ouvert sa maison l'année dernière pour le grand bonheur des surfeurs et autres passionnés de randonnées, de yoga, de golf ou encore d'équitation. La demeure propose dans un cadre exceptionnel, perchée sur la colline à l'entrée du typique village d'Ascain 5 chambres subtilement aménagées où la lumière naturelle prédomine. Pour un séjour régénérant, sportif (ou non), loin de l'effervescence côtière dans une bâtisse chargée d'histoire, Habia Surf House est un cocon.

HÔTEL DE LA RHUNE*** €€

Place Pierre Loti ✆ 05 59 54 00 04
www.hoteldelarhune.com
Ouvert mars à mi-novembre + fin décembre. 27 chambres : 75 à 145 €. Animaux acceptés. Petit déjeuner 11 €. Salon de thé.

En arrivant à Ascain, la route qui monte jusqu'à la place du Fronton vous plonge dans l'ambiance authentique du village. Sur cette grande esplanade, entre le fronton et l'église du XVe siècle, l'Hôtel de la Rhune se fond aux maisons typiques. Un cadre pittoresque qui fait de cet hôtel un repaire pour profiter en toute sérénité de la douceur de vivre. Les chambres mêlant ancien et contemporain offrent une déco simple et élégante. Au pied de la Rhune, vous trouverez ici un maximum de dépaysement en un minimum de temps, un tableau de rêve conjugué à toutes saisons.

WOODY VAN €€

314, rue Larre Lore ✆ 06 13 81 55 60
www.woody-van.com
Location vans 4 pers. «Authentique» 119 à 149 €/jr, «Atypique» 149 à 199 €/jr selon saison. Road Books personnalisés.

Woody pour le côté « cosy » et écolo, en bois massif avec un aménagement optimisé, van pour le style autonome et itinérant. Baroudeur pro, notre concepteur « éco-responsable » a pensé au moindre détail avec ce van hi-tech. Recyclage, énergie... Sillonnez, découvrez, en logement insolite ! Pour se sentir partout avec son « chez soi » : devant un coucher de soleil face à l'océan, en montagne, en pleine nature, c'est embarquement avec sa petite famille en toute sécurité, en mode balade fun, entre amis. Et, vous bénéficiez des meilleurs conseils pour votre escapade.

CHEZ GILDAS €

Place du Fronton
✆ 06 59 58 29 23
Ouvert tous les jours midi et soir sauf mardi et mercredi. Menus de 15,90 à 29 €. Formule midi 14 €. Terrasse. Fronton.

Gildas, c'est à côté du fronton sur la place du village. C'est authentique et généreux. Cuisine de marché, traditionnelle et régionale, produits locaux composant la carte où il sera difficile de faire un choix. En saison de chasse (d'octobre à février), la région étant pourvue de gibier, le chef cuisine le perdreau, la caille ou le col-vert au chou en cocotte, le râble de lièvre farci, le pavé de biche Rossini ou en burger, l'ardoise du retour de chasse... Pour les solides appétits et amateurs de plats à base de gibier, une adresse gourmande au cœur d'Ascain.

LARRALDE €€

55, rue Oletako Bidea
✆ 05 59 54 00 10
www.restaurant-larralde.fr
Réservation recommandée. Menus 18/26 €. Carte : 30/35 € env. Accueil des groupes. Jardin. Terrasse. Plats à emporter.

Coup de cœur pour cet établissement (4 générations) rénové avec goût et dirigé par Nathalie et Gilles Salha. A deux, c'est mieux : adage une nouvelle fois confirmé, car nous avons là une belle coordination dans la fluidité du service sans attente, et dans les plats aux saveurs subtiles et maîtrisées. Une cassolette de ris d'agneau, l'escalope de foie de canard poêlée, les chipirons à l'ail... Ici encore, on mange pour deux. Beaux espaces, extérieurs et intérieurs à souligner et notamment cette petite salle VIP avec une cheminée décorée de belles faïences bleues.

RESTAURANT DES CHASSEURS €€

45, route de Saint-Ignace ✆ 05 59 54 00 31
www.restaurantdeschasseurs.com
Ouvert midi et soir, sauf mercredi (et mardi hors saison). Réservation recommandée. Carte 35 € env. Menu du Marché 26 €.

Essai et confirmation réussis grâce à cette jeune et dynamique équipe qui vous propose une cuisine locale, « terre et mer » à base de produits frais et une carte qui évolue au rythme des saisons et de l'inspiration du chef. Ravioles de canard, croustillant de pieds de cochon, chipirons à la plancha et son risotto à l'encre de seiche (très apprécié...), ris de veau rôtis, palombe rôtie en saison, fromage de brebis AOP, soufflé au chocolat, parfait glacé et autres douceurs. Choix généreux pour les vins. Et une terrasse ombragée particulièrement agréable.

MAIDER ET ALAIN

168, Zone Artisanale Larre Lore
✆ 05 59 26 56 44
www.maideretalain.com
Ouvert du lundi au vendredi 7h30-19h, samedi 8h30-12h30/14h30-18h30. Produits du terroir, pain, gâteaux basques...

Maider et Alain, artisans-commerçants depuis de nombreuses années proposent ici les « fleurons » de la production locale. Piment d'Espelette, cidres et bières basques, vins d'Irouléguy et Egiategia, confitures, foie gras, confits, salaisons, terrines de bonite, fromages de brebis et autres spécialités. Ils fabriquent sur place gâteaux basques, sablés, macarons et leur spécialité, « la Boïna » (béret en basque), savoureux biscuit meringué à la noisette et crème praliné/noisette, sans OGM. Côté snacking, des pauses gourmandes petit déjeuner, déjeuner ou goûter.

AKERBELTZ - FABRIQUE DE BIÈRES

ZA Larre Lore ✆ 05 59 23 84 21
www.akerbeltz.fr
Fermé en janvier. Boutique et espace bar ouvertes de février à décembre, bar ouvert jusqu'à 21h avec dégustation à 7 €.

Dès l'entrée, les cuves de brassage en cuivre interpellent et annoncent le site de fabrication, du brassage à l'étiquetage, un site que l'on peut découvrir au travers de visites guidées. La blonde Horaila, la blanche Xuria (médaille d'or en 2015), l'ambrée Gorrasta, la brune Iluna, une gamme spéciale : la triple blonde Iepa... Les bières Akerbeltz sauront ravir celles et ceux qui les dégusteront. Une belle diversité car vous trouvez un bar où déguster les bières et un coin boutique.

CIDRERIE TXOPINONDO SAGARNOTEGIA

Chemin de la Cidrerie, ZA Lan Zelai

✆ 05 59 54 62 34 - www.txopinondo.com

Visite et dégustation. Avril à octobre, lundi/samedi 10h30-12h et 15h-19h. Novembre à mars, mardi/vendredi 15h-19h.

Txopinondo cet espace muséographique dégustation a vu le jour en 1998 à Urrugne avant de s'installer à Ascain. Le chai de 100 000 litres conservés dans des Kupelas en châtaignier ou chêne, de 3 000 litres à 10 000 litres à 12°. Sagardoa (vin de pommes), un plaisir basque, vous explique Dominique Lagadec qui propose la dégustation et l'achat de cidre. Le restaurant cidrerie se trouve non loin des Kupelas où vous serez convié au rite du Txotx lors d'un repas dans une ambiance conviviale.

LE CONFIT D'ASCAIN

677, route de Saint-Jean-de Luz

✆ 05 59 54 08 67

www.leconfitdascain.fr

Janvier à septembre, ouvert mardi au samedi 8h30-18h30. Octobre à décembre lundi au samedi 8h30-18h30. Vente en ligne.

Le canard est ici le roi des marmites et la star, c'est le foie gras : entier, en semi-conserve, en conserve, ainsi que confits, magrets, saucisses, cous farcis, cèpes à l'huile, pâté d'Ascain, chou farci, chipirons à l'encre, garbure, axoa de veau, poulet basquaise, piperade, boudin en boîte… aussi des best-sellers. Tout est élaboré dans le laboratoire ; des préparations sans additifs, ni colorants, ni conservateur chimique, ni sels nitrités. Sylvie et Cédric proposent aussi des vins, alcools, confitures, piment d'Espelette. Des produits locaux de haute qualité.

ESPRIT VÉLO PAYS BASQUE

ZA Larre Lore

✆ 05 59 24 54 23

Location-vente-réparation de vélos toutes marques-mécaniques et électriques. Ouvert du lundi au samedi 9h-12h/14h-19h.

A 5 min de Saint-Jean-de-Luz, les cycles Lalanne Pères et Fils depuis 1935, ont installé une superbe boutique. Pierre et son épouse, accompagnés d'Alexandre, sont des passionnés de vélos ; ils vous conseillent tant sur le choix de la machine que sur les innombrables randonnées à faire. L'équipe prépare les vélos destinés à la location et à la vente et accessoirement, répare les engins de nos cyclos de passage. Des formules de location également pour VAE VTC, VTT, route pour tous âges ainsi que tous les accessoires possibles. De vrais professionnels !

CAMBO-LES-BAINS / KANBO ★★

Cambo-les-Bains, ville thermale, véritable balcon sur la Nive et sur fond de montagne avec son nouveau centre-ville, la réactualisation de la place du Trinquet, la rue des Tilleuls… « Un centre-ville dynamisé, dans le cadre d'une complémentarité entre les espaces réservés aux piétons et aux voitures ». Et pour s'immiscer au cœur de la ville, on vous indique 4 propositions de découvertes incontournables : « Cambo, une ville d'eaux », « Cambo, une ville basque », « Cambo, une ville jardin » et bien sûr la visite de la Villa Arnaga, la demeure d'Edmond Rostand. Enfin, on vous conseille de faire une cure aux thermes, escale bien-être du Pays basque !

CHOCOLATERIE-MUSÉE PUYODEBAT

Avenue de Navarre ✆ 05 59 59 48 42

www.chocolats-puyodebat.com

Musée ouvert d'avril à fin octobre, 14h/17h. Visite libre gratuite. Boutique : du lundi au samedi 9h30-12h30/14h-19h.

Découvrez l'origine du chocolat aux grands crus en Pays Basque, les « savoir-faire », le traitement de la fève de cacao, l'évolution marketing ainsi que des collections d'objets insolites. Au début de la visite sont présentées une série de machines à broyer la fève de cacao mécaniques, hydrauliques, des pierres à chocolat et outils servant à travailler les ganaches. Des documents et photos des chocolateries Fagalde et Noblia retracent l'essor économique de cette activité pendant 2 siècles sur la commune de Cambo. Une infographie et un cacaoyer reconstitué permettent de comprendre la transformation et la fabrication des bonbons prêt-à-déguster. Des collections de boîtes, slogans et objets publicitaires sont révélateurs de l'évolution des mœurs et des modes de consommation. Découvrez une fabuleuse collection de tasses « trembleuses », tasses « à moustaches », des chocolatières de porcelaine, cuivre, étain, miniatures… Terminez le voyage au cœur du chocolat par la dégustation de grands crus tels de grands vins et des créations de la chocolaterie et découvrez le mur/cascade de chocolat. À la boutique, vous trouverez toutes les créations incontournables : mendiants, rocailles, chocolats grand cru, tablettes, craquinettes, etc. Et désormais, dégustation en terrasse de glaces. Créé en 2009, ce musée suscite toujours autant d'attrait auprès des gourmets. Nouveau concept aussi avec la création à Bayonne du salon du chocolat au 1er étage de la boutique et plus récemment à Biarritz..

ÉGLISE SAINT-LAURENT

Haut Cambo

Ouverte toute l'année. Visite gratuite.

Classée aux Monuments historiques, l'église Saint-Laurent date du XVIIe siècle et est l'une des plus typiques dans le style des églises basques du Labourd avec sa nef unique. Plutôt banale à l'extérieur, elle réserve de magnifiques surprises. Vous découvrirez son autel surélevé, son retable classé Monument historique et ses galeries superposées en bois sculpté ainsi que, tout autour, les stèles discoïdales et tabulaires. Remaniée de nombreuses fois, elle voit notamment son ancien clocher triangulaire remplacé à la fin de XIXe siècle par l'actuel clocher.

LE PARC D'ARNAGA

route du Docteur Camino

✆ 05 59 29 83 92

www.arnaga.com

Monument historique. Labels Maison des Illustres et Jardin Remarquable. Ouvert 7j/7 du 1/04 au 6/11. Tarifs sur le site.

Un des plus beaux sites du Pays Basque. Les Jardins d'Arnaga ont plus de 110 ans. On doit cette magnifique réalisation à un coup de cœur d'Edmond Rostand, l'auteur de Cyrano de Bergerac pour cet endroit dans lequel il a fait construire, dans cet écrin la maison de ses rêves et autour un jardin à la française, « versaillais » avec parterres fleuris, pergolas et pièces d'eau, dessinés par Rostand lui-même et installés dans une impressionnante symétrie et entourés de buis taillés, à travers des allées d'hortensias et un parc. Le bruit court que les paons, canards, poules et dindons qui s'ébattent gaiement dans le parc ont servi l'inspiration du poète pour la pièce Chantecler, écrite en 1910. D'ailleurs, derrière un petit portillon se cache un jardin à l'anglaise. De grands travaux achevés en 2014 redonnent tout leur lustre à ces jardins, déformés au cours des siècles, à partir de documents d'époque : retour aux lignes et décors d'origine, coin des poètes reconstruit, kilomètres de gaines dissimulées, retour aussi aux topiaires d'origine... Ainsi, découvrirez-vous dans ce site exceptionnel plusieurs jardins à thème – à l'entrée un jardin alpin, avec ses mises en scène d'éboulis de rochers, un bois d'agrément, qui s'étend sur les pentes du domaine, un grand jardin à la française qui occupe tout le plateau et un jardin à l'anglaise en bout d'éperon qui fait partie du conservatoire des Jardins et Paysages, association fondée en 1985, sans oublier le miroir d'eau pour refléter la maison, spectaculaire ! A découvrir.

LA VILLA ARNAGA ★★

route Docteur Camino ✆ 05 59 29 83 92

www.arnaga.com

Monuments historiques. Jardin remarquable et Maison des illustres. 1/04 au 6/11. Adulte 8,50 €. Enfant (7/11a) 2,50 €.

Cambo-les-Bains a eu l'avantage d'être découverte, non pas par des financiers et des promoteurs, mais par l'écrivain-poète Edmond Rostand. Plongez dans son univers au cœur de ce coin privilégié du Pays Basque où il s'est toujours senti chez lui : il s'y est installé, a écrit et a construit sans défigurer, bien au contraire. Le parc d'Arnaga traduit bien le balancement du cœur et de l'âme de son créateur, partagé entre d'un côté son penchant pour la solitude et le recueillement que matérialise le jardin anglais, de l'autre son inclination pour les honneurs et le luxe comme le montre son jardin à la française. Le célèbre auteur de Cyrano de Bergerac a su donner à Cambo une image aussi poétique que ses vers. Sa superbe Villa Arnaga, édifiée par le célèbre architecte parisien Joseph-Albert Tournaire, a été construite en 1903. Grâce à sa personnalité éclairée, Edmond Rostand a su donner une élégance particulière à l'imposante demeure de style basque. Nichée au cœur de 15 hectares de jardins à la française et à l'anglaise, le résultat est un chef-d'œuvre raffiné : les murs comme le mobilier furent commandés à des artistes de renom. Transformée en musée depuis 1960, la Villa ouvre les portes de l'intime où sont exposés des documents, des peintures évoquant la vie de l'écrivain. On y découvre l'univers étonnant dans lequel Edmond Rostand a trouvé l'inspiration. Notez que c'est à Cambo que Edmond Rostand écrivit Chantecler en 1910 ! Pour compléter la visite de la villa, des fiches de salles en 4 langues sont à disposition.

© JEPIC-FOTOLIA

© BRAD PICT - STOCK.ADOBE.COM

Jardin à la française de la Villa Arnaga.

OFFICE DE TOURISME

3, avenue de la Mairie
✆ 05 59 29 70 25
www.cambolesbains.com
Qualité Tourisme. Tous les horaires (variables selon saison) sur www.cambolesbains.com. Espace wifi. Billetterie.

L'office de tourisme de Cambo-les-Bains a fière allure dans cette belle bâtisse et toute l'équipe saura vous guider et vous conseiller que ce soit pour la préparation de votre séjour en matière d'hébergements, de transports, d'adresses utiles. Une fois sur place, elle vous fournira les adresses de restaurants, lieux de visites, excursions, randonnées et découvertes de Cambo-les-Bains et alentour. Agenda de toutes les manifestations commerciales, culturelles, sportives tout au long de l'année : fête du gâteau basque, découverte aux thermes de Cambo, etc.

CAMPING BIXTA EDER*** €€

52, avenue d'Espagne ✆ 05 59 29 94 23
www.camping-bixtaeder.fr
Ouvert 14/03 au 30/10. Emplacements 16,50 à 24,50 €. Mobil-homes & chalets 270 à 695 €/sem. Animaux acceptés. Snack-bar.

Un camping comme on les aime ! Convivial, familial et à dimension humaine, loin des super structures touristiques du littoral. C'est là la grande différence avec ce 3-étoiles où rien ne manque, niché au cœur du Pays Basque authentique, entre montagnes et océan, véritable rampe de lancement pour une multitude d'activités sportives et culturelles. Mobil-homes tout neufs, chalets, emplacements caravanes, tentes, camping-cars se partagent les espaces ombragés avec le snack-bar (et ses spécialités) et les barbecues collectifs dans une atmosphère de détente idéale.

HOSTELLERIE DU PARC** €€

Avenue de la Mairie ✆ 05 59 93 54 54
www.hotel-parc-cambo.com
Fermé janvier-février. 11 chambres : 56 à 105 €. Petit déjeuner 9,50 €. 1/2 pension possible. Location VAE.

Marie-Hélène et Jean-Michel vous accueillent dans leur hôtel de charme, restructuré dans l'esprit de chambres d'hôtes. Situation idéale pour visiter Cambo à pied, et à 20 km des plages. 11 chambres avec de beaux espaces, à la décoration moderne, élégante, avec vue sur les montagnes ou sur Cambo. Le soir, pour les clients, Jean-Michel, qui a travaillé dans de grandes maisons étoilées, concocte une cuisine familiale de saison à partir de produits bio et locaux. Un établissement chaleureux comme on les aime où l'on se verrait bien poser nos valises quelques temps...

HÔTEL DU TRINQUET*** €€

rue Chiquito ✆ 05 59 29 73 38
www.hotel-cambo-les-bains.fr
Ouvert du 13 janvier au 25 novembre 2022. 12 chambres de 63 à 150 €. 1 chambre PMR. Animaux acceptés. Wifi. Bar.

Depuis 1910, quatre générations d'une même famille se transmettent le « flambeau », pour exceller dans cette magnifique bâtisse située au centre de Cambo-les-Bains. L'hôtel du Trinquet, entièrement rénové par les architectes Alaman et Mac-Donald, nous séduit instantanément par son subtil mariage entre l'ancien et le moderne. Chaque espace témoigne et rappelle, au travers d'objets anciens, de l'histoire familiale. Composé de 12 vastes chambres, studios et appartements, parfaitement insonorisés et climatisés avec terrasses fleuries donnant sur la rue piétonne.

HÔTEL URSULA*** €€

37, route du Bas Cambo
✆ 05 59 29 88 88
www.hotel-ursula.fr

15 chambres de 69 à 99 €. Petit déjeuner 10 €. Location vélos, soins détente (réserver). Clim. Parking. Animaux (5 €/j).

Ce petit hôtel de charme, si typique et authentique, bien loin des « standards », est l'endroit où l'on se sent bien dès les premiers instants. Situé au Bas Cambo, non loin du fronton où l'on peut s'initier à la pelote et autre pala, vous découvrez une bâtisse datant du XVIe siècle. Partout, la climatisation, le double vitrage, du mobilier lasuré, le wifi… Des chambres modernes affichant une décoration personnalisée, avec vue sur le jardin arboré ou sur les Pyrénées et avec une terrasse plein sud pour certaines. Et vos hôtes vous réservent un accueil chaleureux.

SALON CYRANO €

17, boulevard des terrasses ✆ 05 59 52 32 07
https://salon-cyrano.business.site/

Du 1/05 au 1/09, ouvert 7/7, 10h30-19h, puis, fermé le samedi. Carte 20 € env. Brunch le dimanche 10h-14h. 2 terrasses.

Partagez un moment paisible autour d'un thé ou d'un déjeuner au Salon Cyrano, au cœur de Cambo. Dédié aux bonnes et belles choses : un thé sur la terrasse ensoleillée, un déjeuner avec des produits essentiellement locaux. Le « fait maison » est ici de rigueur. Côté salon de thé, une sélection de très grands thés, cafés du monde, et… de savoureux gâteaux – tarte citron, cheesecake… – en accompagnement. Côté déjeuner : salades, tartes, planches à partager et plat du jour. Boutique « à emporter » aussi. Un cadre chic et un accueil chaleureux dans cet ancien hôtel.

LE BELLEVUE €€

Allée Edmond-Rostand
✆ 05 59 93 75 75
www.hotel-bellevue64.fr

Ouvert de mi-février à fin décembre sauf dimanche soir, lundi, jeudi soir. Carte de 35 à 50 €. Menu jour : 15 €.

Un duo toujours aussi efficace avec le chef Gilles Fontanille, en cuisine, et sa sœur à l'accueil et en salle autour d'une brigade sympathique et efficace. On ne change pas une équipe qui gagne. D'aucuns sauront apprécier une cuisine de qualité, de grands classiques parfaitement travaillés. Selon la saison, vous goûterez le foie gras de canard au naturel crumble de pain d'épices, au saumon gravlax thaï sésames herbes fraîches, aux pieds de porc désossés, aux tripes de bœuf xamango chorizo, au soufflé chaud à l'eau-de-vie de poire « Brana » ou à la crêpe fourrée.

MENDI BERDEA €€

12, place de l'Eglise
✆ 05 59 29 86 30

Ouvert le midi (sf mercredi), le soir les vendredis & samedis. Formule midi semaine 15,50€. Carte env. 30€. Suggestions.

Mendi Berdea (la montagne verte) est la nouvelle auberge située face à l'église si typique de Cambo-les-Bains. Sandra et Damien ont succombé au charme et à la douceur de vivre de la capitale du thermalisme basque. Dans leurs cartons et avec leur expérience confirmée dans la restauration, ils apportent, hormis les plats traditionnels du terroir et de saison, des notes fruitées aux saveurs plus exotiques. Aperçu : foie gras et sa compotée thaïe, chair de tourteau aux agrumes et voile de soja, gigot d'agneau aux notes orangées… Le tout dans une maîtrise parfaite !

CHEZ NELLY ET DAVID

Place de l'Église
✆ 05 59 29 70 07

Ouvert 6j/7 (fermeture mercredi), de 6h30 à 13h et de 15h30 à 19h. Fermeture vacances de la Toussaint et de février.

Après avoir travaillé en Australie et en Polynésie, Nelly et David sont tombés sous le charme de Cambo-les-Bains. Pâtissier de métier, David s'est entouré d'une brigade talentueuse de jeunes boulangers qui s'activent pour la plus grande satisfaction des habitants et nombreux curistes de la station. Vous y trouverez une quinzaine de pains différents, des gâteaux basques et autres… tous réalisés sur place et garantis fraîcheur. Satisfecit pour la spécialité « maison » – le marbré au chocolat. Et aussi pour le distributeur automatique de pains à Ainhoa !

BANAKA

3, allée Edmond Rostand
✆ 05 59 15 20 52
www.banaka.fr

Ouvert toute l'année, du mardi au dimanche et certains jours fériés de 10h à 12h30 et de 14h30 à 19h. Vente en ligne.

De la fusion à la création. Au cœur de Cambo, venez découvrir Banaka (« un par un » en basque), atelier de fabrication de perles en verre au chalumeau avec son espace réservé également à l'exposition de ses créations. Nathalie Gonzalez, perlière d'art depuis dix ans, vous fera la démonstration de l'élaboration (en live) de perles en verre à partir de baguettes de verre de Murano issues de l'usine Effetre. Chauffé au chalumeau à 1 200 °C, le verre fond et s'enroule autour d'un mandrin en métal. L'une des difficultés est d'obtenir une perle ronde, ovale ou plate.

BIPIA CONSERVERIE ARTISANALE

Quartier Errepira - **LARRESSORE / LARRESORO**
✆ 05 59 93 21 86 - www.bipia.com
Ouvert du lundi au vendredi 9h-12h/14h-18h. L'été, du lundi au samedi 9h-18h30, visite gratuite des ateliers. E-shop.

La conserverie Bipia magnifie le piment au travers de recettes classiques, mais aussi d'inventions étonnantes et goûteuses comme la gelée de piment d'Espelette, les chutneys basques et toute une gamme de produits bio. Le tout réalisé sans colorant ni conservateur. Et chaque nouvelle recette possède ce cahier des charges. Testez aussi la sauce cocktail *Gorritu,* l'huile d'olive au piment, la piperade, le gaspacho, les tartinables. En immersion avec une visite des ateliers et dégustation.

CHAI LUDO

33, boulevard des Terrasses
✆ 05 59 93 40 29
www.chai-ludo.fr
Ouvert du mardi au samedi 9h30-12h30/15-19h, vendredi et samedi 19h30. Caviste. Épicerie fine. Produits régionaux.

Ludo et Arnaud vous conseillent sur le choix et la combinaison subtile des vins et des plats. Ils privilégient les authentiques producteurs issus de la région et de bien au-delà. De véritables pépites à prix raisonnés ; avec également des vins issus de la culture en biodynamie, résultant du principe d'intensification des échanges entre la plante et son environnement, pour obtenir le meilleur vin à partir des meilleurs raisins. Avec un rayon épicerie fine : rillettes de canard foie gras, terrines de foie de volaille, caviar d'Aquitaine... Difficile de résister !

TRAITEUR LAVIGNAC

4, avenue de la Mairie
✆ 05 59 29 25 65
www.lavignac.com
Janvier à mars, ouvert lundi 8h30-13h, du mardi au samedi 8h-18h. Avril à fin décembre, ouvert 7j/7, dimanche 8h-13h.

Artisans-traiteurs depuis plus de 20 ans, nos « meilleurs charcutiers de France » sélectionnés par le « *Guide de la Charcuterie* » font le bonheur des gourmets avec des recettes traditionnelles et gastronomiques, de l'épicerie fine et du service traiteur. Tout ou en partie est d'origine locale : agneau, veau, porc, volailles élevés dans les règles et le respect et qui sont découpés et préparés pour donner le meilleur. Avec des plats cuisinés maison, tous plus alléchants les uns que les autres ! Mais comment résister aux plateaux de tapas, aux langoustes de Noël...

LE VÉRITABLE MAKHILA

LARRESSORE / LARRESORO
✆ 05 59 93 03 05
www.makhila.com
E.P.V. Ouvert lundi au vendredi 9h-12h/14h-18h, samedi 9h-12h, mai à déc 14h-17h. Visite gratuite. Makhila 290 à 660 €.

Dans le village de Larressore, la famille Ainciart-Bergara fabrique des makhilas depuis plus de 7 générations. La technique pour créer un makhila de l'Atelier est ancestrale ; il est réalisé à partir du bois de néflier que l'on va chercher en forêt. Chacun est unique par la manière de le personnaliser. L'atelier a été distingué pour sa valeur patrimoniale exceptionnelle, avec une inscription à l'inventaire des métiers d'art rares, au titre de la Convention de l'Unesco et labellisé EPV, Entreprise du Patrimoine Vivant, par le ministère chargé de l'Économie.

BASKO VÉLOS

quartier Haurtzain ✆ 07 67 31 42 41
www.baskovelos.com
Location VTC électriques pour tous, dès 20 €. Livraison gratuite à domicile. Sorties groupes, séminaires... Réparation.

Basko Vélos à Cambo-les-Bains livre votre ou vos vélos devant votre lieu de villégiature. En mode tourisme ou professionnel, petite, moyenne ou longue durée, c'est aussi possible avec une large gamme de vélos électriques de marque française. Inutile d'être un champion de cyclisme pour attaquer cols, collines et autres montagnes basques. Accessoires aussi tels siège enfant, sacoches doubles, GPS et parcours planifiés, barre remorque, vélo suiveur pour les enfants et les novices, remorque (2 enfants maximum), etc. Un professionnel reconnu par les amateurs de vélos.

RANDONNÉE AU COUCHER DU SOLEIL

Le jeudi soir de 18h30 à 22h30. Se renseigner auprès de l'Office de Tourisme pour les tarifs et détails.

Baladez-vous avec Patxi et accompagnez le pour admirer un coucher de soleil dans la montagne basque. Profitez d'une pause gourmande conviviale et avec l'obscurité, à la frontale, laissez s'éveiller vos sens, votre marche devient féline sur les pistes des contrebandiers ! Distance : 6 km. Dénivelé : +200 m. Durée : 4h. Départ minimum 7 pers et max 15 pers. Sur réservation à l'Office de Tourisme de Cambo au plus tard la veille de la randonnée. Rendez-vous devant l'Office de Tourisme.

THERMES DE CAMBO-LES-BAINS

Groupe Chaîne Thermale du Soleil
✆ 05 59 29 39 39 - www.chainethermale.fr

Ouvert du 21/02 au 10/12/2022 du lundi au samedi de 9h à 18h. Fermé le dimanche. Formules spa à la carte dès 45 €.

Situé entre terre et mer, l'établissement est l'unique station thermale du Pays Basque. La richesse de ses sources et leurs propriétés thérapeutiques traitent avec efficacité depuis l'Antiquité aussi bien les douleurs articulaires que les troubles respiratoires. En plus des soins, la station propose des ateliers pédagogiques, éducatifs pour mieux connaître sa maladie et mieux vivre avec elle. Post-cancer, acouphènes, sevrage tabagique... Et une résidence de tourisme de 153 logements.

LE CHÂTEAU DES BARONS D'EZPELETA ★

Ouvert du lundi au vendredi 8h30-12h30 et 14h-18h ; le samedi 9h30-12h30. Le samedi après-midi en juillet/août.

Le château d'Ezpeleta, monument emblématique de la commune, fut bâti vers l'an mil par les barons du même nom et légué aux habitants d'Espelette en 1694 par la baronne Juliana Henriquez. En 1997, des investigations archéologiques révélèrent les vestiges d'une forteresse de la fin du Moyen Age. Inscrit aux Monuments historiques, il abrite aujourd'hui 3 expositions permanentes : Agnès Souret, 1re Miss France, le père Armand David découvreur du panda en Chine et Le piment dans le monde.

ESPELETTE / EZPELETA ★★

Un village haut en couleur et en saveurs, avec de superbes façades, croulant de cordes de piments rouges. A deux pas de l'océan et proche de la Navarre, Ezpeleta (en basque : lieu planté de buis), hier forteresse et seigneurie rattachée au royaume de Navarre, aujourd'hui bourg du Labourd de plus de 2 100 habitants est un coquet village dont le tourisme a modifié ces dernières décennies l'économie, agricole à l'origine. En effet, il a acquis une réputation mondiale pour ses fameux piments rouges séchant sur les façades des maisons. Et Espelette sait aussi séduire par un environnement charmeur : un habitat typique et une nature intacte.

ETXEA CENTRE D'INTERPRETATION PIMENT

25, place du marché
✆ 05 59 93 88 86
www.pimentdespelette.com/etxea-2/

Horaires haute et basse saison variables, consultables sur le site. Entrée libre et gratuite. Visite guidée.

C'est la vitrine de l'AOP piment d'Espelette : dans le cadre de son activité de promotion de l'AOP, le syndicat des producteurs de piment d'Espelette a créé un centre d'interprétation dédié à la valorisation du piment. Cet espace a pour objectif de valoriser le travail des hommes et des femmes, le terroir, les caractéristiques organoleptiques. Ce lieu présente notre épice en produit d'exception. Vous trouverez le piment d'Espelette sous ses 3 formes (en poudre, en corde, en frais).

PAYS BASQUE

© SASHA64F - STOCK.ADOBE.COM

Balade dans le charmant village d'Espelette.

BUREAU D'ACCUEIL TOURISTIQUE

Château des Barons-d'Ezpeleta ✆ 05 59 93 95 02
www.en-pays-basque.fr

Ouvert toute l'année. Horaires selon saison consultables sur le site. Centrale de réservation hébergement, billetterie.

Entre les crêtes pyrénéennes et l'océan Atlantique, le village d'Espelette est une étape incontournable lors de votre séjour au Pays Basque. Pour mieux découvrir ce petit village marqué par sa gastronomie et notamment son piment, le Bureau d'accueil touristique vous suggère de nombreuses adresses gourmandes, hébergements, ainsi qu'un panel d'activités et d'événements. La conviviale Fête du Piment (fin octobre), rituel qui fait la part belle à l'épice rouge est un moment à partager.

FERME AKELARREA

Matxinbordako Bidea

Ouvert mercredi et samedi 16h30-18h30. Boutique. Visite de la bergerie. Ateliers enfants avec nourrissage des animaux.

12 hectares de prairie où pâturent une cinquantaine de chèvres, lamas, lapins, pottoks et volailles sous la bienveillance de Panxika, notre jeune fermière. 2 races de chèvres se distinguent dans cette exploitation : la Pyrénéenne, et la Rove, pour leur qualité de lait. Soignées par les plantes, les chèvres donnent un lait qui, grâce à ses vertus, permet de produire avec le procédé de saponification à froid, une gamme de savons et cosmétiques pour tout type de peau et que l'on peut tester et acheter directement à la boutique de la ferme. Ateliers découvertes.

CAMPING BIPER GORRI**** €€

Chemin Irazabaleko Bidea ✆ 05 59 93 96 88
www.camping-biper-gorri.com

Ouvert 4/04-4/11. Emplacement 19 à 34€/nuit. Locatifs de 379 à 1899€/sem. Espace aquatique. Balnéo. Fitness. Restaurant.

Un site de rêve au cœur du Pays Basque et en pleine nature, avec un magnifique espace aquatique et balnéo : piscine couverte chauffée, bain bouillonnant, col de cygne, structure gonflable... Tout est possible ici ou presque ! Emplacements classiques, aire camping-cars, chalets, mobil-homes tout confort, bungalows toilés. Et rien ne manque pour les sportifs et les loisirs détente : salle de fitness, sauna, hammam, soins détente, terrain multisports, boulodrome, fronton... Nombreuses animations proposées ainsi qu'en extérieur (randonnées...). Un séjour parfait.

HÔTEL-RESTAURANT BERGARA** €€

17, rue Principale ✆ 05 59 93 90 58
www.hotel-bergara.com

24 chambres et studios : 67 à 180 €/nuit, 350 à 850 €/sem. Petit déjeuner 9 €. Restaurant. Piscine intérieure. Sauna.

A 2 km d'Espelette et proche de la frontière espagnole, le village de Souraïde est idéalement situé pour découvrir la région. Cet établissement tenu par la famille Massonde depuis 5 générations n'a pas pris une ride, et s'est toujours adapté aux exigences modernes sans perdre son âme authentique. Atouts majeurs : un espace spa, une piscine intérieure avec jets massant et un sauna ! Appréciez le confort des chambres et studios au décor sobre et au mobilier fonctionnel, avec balcon.

HÔTEL-RESTAURANT EUZKADI*** €€

285, Karrika-Nagusia ✆ 05 59 93 91 88
www.hotel-restaurant-euzkadi.com

27 chambres de 70 à 150 €/cat/saison (dont 2 PMR). Petit déjeuner 10 €. Restaurant. Animaux non admis. Piscine chauffée.

Au cœur du village, cet hôtel de charme construit dans une vieille auberge basque est l'endroit idéal pour profiter de l'art de vivre local, et est une étape incontournable de votre circuit gastronomique. Dans un mélange d'architecture traditionnelle et de design contemporain, les chambres, rénovées, sont intimes et invitent à la relaxation. Le restaurant propose une cuisine régionale, dans une ambiance conviviale. Et aux beaux jours, vous profiterez de la superbe piscine chauffée !

LE MOULIN DE PASCALE €€

20, Zubiburuko Karrika ✆ 05 59 93 96 51
www.gueslot.fr

5 chambres de 60 à 160 €. Petit déjeuner inclus. Animaux acceptés. Le soir sur réservation, Table d'hôtes. Jardin.

Pascale vous accueille dans un ancien moulin de 1650, un peu à l'écart de la foule du centre. Moulin entièrement restauré avec beaucoup de goût et ce petit supplément d'âme qui la caractérise fort bien. Ses talents de créatrice, ses inspirations ramenées de ses voyages et de nombreux objets chinés se retrouvent partout. Chaque chambre est personnalisée jusqu'au moindre détail. Un petit tour dans le jardin dans une nature préservée vous réserve aussi de belles surprises. Pascale vous conseillera en matière de visites, de randos et de bonnes adresses gastronomiques.

MAISON IRAZABALA €€

155 Mendiko Bidea ✆ 06 19 45 86 59
www.irazabala.com

Gîtes de France. Ouvert avril à mi-novembre. 5 chambres de 90 à 140 €, 3 nuits mini hte saison. Salle fitness. Jardin.

Irazabala, la maison qui conjugue nature, authenticité et confort, est nichée sur les hauteurs d'Espelette, village typique du Pays Basque et avec un panorama à 360° ! Les 5 chambres à la déco personnalisée ont toutes un point commun : l'espace, les aménagements et... la vue sur une « carte postale en 3D ». La maison propose aussi aux sportifs tout l'équipement nécessaire et même des séances de coaching personnalisé sur place. N'oublions pas avant d'entamer une randonnée, le petit déjeuner copieux où vous savourerez les produits locaux dans un cadre magnifique.

CHILHAR HÔTEL-RESTAURANT €€

25, Xilarreneko Karrika ✆ 05 59 42 89 01

Ouvert d'avril à début novembre. Réservation recommandée. Menu à 24 €. Carte, comptez env. 35 €. Jardin. 3 terrasses.

Le charmant hôtel Chilhar, repris par Marie et Fabien Munarriz qui vous accueillent avec simplicité, abrite aussi un restaurant typique. La cuisine, entre le bistrot et l'authenticité basque, se décline au travers d'une carte terre-mer, renouvelée au fil des saisons et concoctée par le Chef Fabien, qui met à l'honneur les producteurs et fournisseurs locaux : cochon Kintoa des Aldudes, truite de Banka, volailles de Souraide, poissons de la criée de St-Jean-de-Luz... En résumé, une excellente adresse qui coche toutes les cases dans l'attractif village aux piments !

LE FARNIENTE €€

65, Plazako Karrika
✆ 05 40 07 47 47

Été, ouvert tous les jours sauf samedi. Formule midi 22 €. Carte 25/32 € env. Vente à emporter. Pensez à réserver.

Le Farniente est solidement ancré dans la rue montante et escarpée d'Espelette. Pas de hasard dans la pérennité du lieu qui nous surprend à chaque visite. Toujours cette cuisine du monde à connotation asiatique très réussie : velouté de butternut lait de coco, coriandre ; ceviche de poisson en saison ; foie gras grillé au cajun et son magret fumé ; cuisse de poulet pochée au bouillon thaï...La carte est inventive, les produits locaux, et Stéphane, notre globe-trotteur gastronome ravit les gourmands au gré de ses inspirations. Cadre cosy et ambiance décontractée.

HÔTEL-RESTAURANT EUZKADI €€

285, Karrika-Nagusia ✆ 05 59 93 91 88
www.hotel-restaurant-euzkadi.com

Ouvert du mercredi au dimanche + mardi en été. Menus 21 € (midi semaine), 25,50 €-30 €. Carte 26-49 €. Terrasse. Jardin.

La famille Darraïdou a su conserver cette superbe salle depuis 5 générations, révélatrice d'une époque et d'une région. Les piments sont présents partout, ainsi qu'une impressionnante cave à vin... En cuisine, Auxtin et son équipe mettent en scène, dans une carte représentative de la gastronomie locale, les producteurs locaux. Les plats varient au rythme des saisons : foie gras maison, truite de Banka, axoa, morue biscayenne, boudin aux pommes, ris d'agneau, magret, txuleta de porc Ibaïama de chez Ospital, flan maison (le Koka), etc. Une véritable ode au terroir !

POTTOKA €€

5, Place du Jeu-de-Paume
✆ 05 59 93 90 92
www.restaurant-pottoka.com

Maître Restaurateur. Juillet/août ouvert 7/7. Hiver fermé le soir sf sam. Formules jour semaine 18/24 €. Carte 35/45 €.

Sabine, troisième génération de cuisiniers de cette institution, Maître Restaurateur, s'inspire des produits du marché et de saison. Au cœur du village, dans une salle animée ou en terrasse ombragée, vous apprécierez, selon le moment, l'œuf fermier pané frit et son velouté de châtaigne, la sole brune de Capbreton aux cèpes, le bœuf Ostatuko sauce Bourguignonne et pour finir, après le fromage de brebis et sa confiture, un baba au rhum « maison » avec sa crème montée de Tonka et glace vanille. Adresse généreuse et bienveillante à l'image de notre cheffe.

CHOKO ONA €€€

155, rue Xerrendako bidea ✆ 05 59 15 71 65
www.choko-ona.fr

1 étoile Michelin. Ouvert : mardi au samedi midi & soir. Menus 52/72 €. Formule midi (sf samedi) 26 €. Jardin. Terrasse.

Jeune étoilé Michelin, c'est le petit dernier d'une longue liste de restaurants et auberges étoilés au Pays Basque. Abrités dans une bâtisse du XVIIIe siècle rénovée et dans un bel espace alliant minéral et végétal, nos jeunes cuisiniers, Flora et Clément déjà largement capés, proposent une cuisine inventive, locavore avec le pain du village, la viande des producteurs locaux, le poisson de la criée, etc., renouvelée régulièrement au gré des saisons. Foie gras rôti, chevreau petits pois et saveurs orientales, bœuf Herriko, fromages de chez Beñat, fraises au sureau.

ANTTON CHOCOLATIER

Place du marché ✆ 05 59 93 80 58
www.chocolats-antton.com
Ouvert 7j/7 de 9h30 à 19h30 sauf certains lundis en basse saison. En saison, visite gratuite guidée. Vente en ligne.

La maison Antton : renommée pour son travail de qualité, l'utilisation de matières nobles – chocolat pur beurre de cacao, colorants d'origine naturelle – dans le respect de la tradition chocolatière du Pays Basque. Cet artisan chocolatier transmet les saveurs du terroir basque au travers de ses superbes créations chocolatées qui portent des noms basques et se marient avec le piment d'Espelette, l'Izarra, le sel de Salies-de-Béarn... Découvrez également les chocolats plus traditionnels et tout aussi gourmands : orangettes, mendiants, tablettes... Une visite s'impose !

BOULANGERIE-PATISSERIE BERTERREIX

10, Merkatu Plaza
✆ 05 59 93 91 67
Ouvert : mardi au samedi 7h-13h et 15h30-19h30 (19h de novembre à fin mars) et dimanche matin. Juillet/août : 7j/7.

La Maison Berterreix a reçu en 2017 le prix de la meilleure galette du département Pyrénées-Atlantiques. 3e génération de boulanger-pâtissier, Bruno ne se contente pas de produire « maison » cette fameuse galette en janvier. Il réalise avec tout son talent les pâtisseries, viennoiseries, macarons, sablés Arinak, plaques de chocolat variées, de fameux gâteaux basques, des glaces maison (14 parfums) : chocolat piment d'Espelette, caramel beurre salé, cerise... Dégustation obligatoire !

MAISON PARIÈS

35, Plazako Karrika ✆ 05 64 11 56 32
www.paries.fr
Ouvert du lundi au dimanche 9h-19h30 et le mardi jusqu'à 22h l'été. Labels EPV, EFC, Collège Culinaire de France.

L'une des plus remarquables signatures de gourmandises aux célèbres boîtes orange. La Maison Pariès est aussi installée à Espelette. Réputée pour son savoir-faire depuis sa création en 1895, c'est une dynastie avec cinq générations de maîtres chocolatiers-pâtissiers-confiseurs qui régalent les amateurs éclairés de tous horizons. Dans cette boutique, on retrouve ses incontournables. La Maison privilégie également les filières locales ainsi que sa propre production de noisettes à Urrugne. C'est un passage obligé lors de votre visite dans ce village si typique.

BIPER ITHURRIA PRODUCTEUR DE PIMENT D'ESPELETTE

47, place du jeu de Paume ✆ 06 04 53 90 91
www.biper-ithurria.fr
Ouvert d'avril jusqu'au 11 novembre, 7/7, 14h-19h. Été 10h30-19h. Visite de la production/dégustation sur RDV. E-shop.

Producteur de piment depuis 20 ans à Saint-Pée-sur-Nivelle, proche d'Espelette, Patrick a créé sa boutique où l'on découvre et déguste le piment en purée, poudre, vinaigre, moutarde, confitures, etc. C'est ici une sélection de sa production qui est proposée avec les informations sur l'origine, l'histoire ainsi que sur toutes les étapes dans la production. Étant cuisinier de métier, Patrick élabore également des pâtés de porc au piment, boudin basque et autre « biperitif » et cordes.

BIPERTEGIA PIMENT

Place du Jeu-de-Paume ✆ 05 59 93 83 76
www.bipertegia.com
Boutique ouverte 7j/7 en été 9h45-19h, moyenne saison 10h-12h30/14h-18h. Réseau Bienvenue à la Ferme. Vente en ligne.

Le Piment d'Espelette est cultivé en plein champ au rythme du bioclimat de notre région. La Maison Bipertegia soigne et traite naturellement ses plants, du semis à la maturation. Ils sont ensuite cueillis à la main et rigoureusement triés 1 à 1 à chaque étape, de la récolte à la transformation. Notre producteur revendique « la passion du bon goût, car nous en sommes les 1ers consommateurs et nous sommes fiers de proposer ce que nous aimons manger «. Arrêt obligatoire dans leur boutique à Espelette, capitale de l'or rouge. Tout y est fait avec cœur et générosité !

BOUTIQUE TTIPIA

130, Merkatu Plaza
✆ 05 59 93 97 82
www.ttipia.fr
Ouvert de début mars à fin décembre. Visite gratuite du champ de piments et dégustation offerte. Vente en ligne.

Entrez dans cette belle boutique pour visiter et revisiter le terroir basque. Une large sélection de produits locaux (aux tarifs producteurs) est proposée, comme Bipia et sa gamme de conserves à partir du piment d'Espelette, Arnabar et le canard, la cave d'Irouléguy et ses plus belles bouteilles, des miels, confitures. En frais, des jambons, saucissons... Également du linge basque de très belle qualité ; large gamme de nappes, tabliers, torchons, linge de toilette, des cosmétiques, savons artisanaux... Avec toujours un accueil chaleureux et l'envie d'y revenir !

BRASSERIE ARTISANALE ARROBIO

180, plazako Bidea ✆ 06 16 90 07 22
www.arrobio.com

Ouvert 8h-18h du lundi au vendredi. Juillet/août, + samedi et dimanche 10h-19h. Dégustation sur place ou à emporter.

Concours International de Lyon – médailles or/argent 2021 –, Concours général agricole de Paris – argent 2019 – ; aperçu des récompenses obtenues pour la qualité de la production des bières bio de la brasserie. Une dizaine de variétés : ambrée, blonde, brune, blanche, triple, IPA... produites devant nous, issues de l'agriculture biologique et élaborées avec des orges bio locales et européennes. Non filtrées, non pasteurisées, à fermentation haute ; idéales pour vos apéritifs et repas.

EZPELETAKO IZARRA

375, Karrika Nagusia
✆ 05 59 44 86 65
https://maison-curutchet.com/

Ouvert de fin mars à fin juin et octobre/novembre, 7j/7 10h/18h30, de juillet à septembre 9h30/19h30. Vente en ligne.

L'authenticité, les saveurs... Virginie en est l'étoile ! Un accueil à l'image de sa passion pour le piment et ses déclinaisons. Elle vous explique avec simplicité et légitimité (elle est productrice et connaît le sujet) toute la chaîne de production, de la plantation à la récolte, du séchage et broyage jusqu'à l'obtention de la poudre de piment d'Espelette. Un éventail impressionnant de produits purs et dérivés, dont des bio. Également des productions locales : miel au piment de Cambo, biscuits basques, foie gras, vins d'Irouléguy... Une belle maison à découvrir.

FERME ERREKA

Route d'Itxassou, RD 249
✆ 05 59 93 80 29

Boutique ouverte mardi au dimanche 9h-12h/14h-18h, 7/7 en été. Repas à la Ferme, menus : 14 €, 22 €. Terrasse. Parking.

A quelques min. du centre du village découvrez la Ferme Erreka et partez à la rencontre de la famille Jauregui qui élève des brebis et des porcs en liberté depuis plus de 30 ans. Elle vend sa production directement à la ferme : charcuterie, salaisons, conserves, fromage de brebis. Et une belle évolution et diversification avec un restaurant, où des repas sont proposés dans la grande salle jouxtant la boutique ou en terrasse, dans une ambiance conviviale. L'endroit est très prisé des locaux, pensez à réserver. Un accueil privilégié et sympathique comme on les aime.

LARTIGUE 1910

360, rue Karrika Nagusia
✆ 05 59 45 05 61
www.lartigue1910.com

Ouvert toute l'année. En saison ouvert tous les jours en continu. Vente en ligne. Label E.P.V. et IG Linge Basque.

Implantée à Ascain au Pays Basque et depuis...1910 dans le Béarn à Oloron-Sainte-Marie avec l'atelier fondateur de tissage, la maison Lartigue se devait d'être présente à Espelette, capitale du piment. Quand le talent et le savoir-faire sont au rendez-vous, il faut l'exposer. Cette vitrine met en évidence l'ensemble des signatures de la maison : nappes, chemins de table, torchons, gants et tabliers de cuisine, serviettes de bain, coussins...Une collection qui allie élégance, créativité, originalité, aux rayures traditionnelles basques ou bayadères sur mesure.

MAISON GASTELLOU

376, Karrika Nagusia
✆ 05 59 74 04 27

Ouvert 7j/7 (fermé en janvier). Autres boutiques : Biarritz, St-Jean-de-luz, St-Jean-Pied-de-Port, St-Jean-le-Vieux.

Au centre d'Espelette, la boutique est un concentré de savoir-faire en salaison, plats cuisinés, gâteaux basques. Une recette simple et efficace : la ferme Poutzia (tenue depuis plusieurs générations par la famille Gastellou) avec l'élevage en plein air, dans la forêt de Saint-Jean-le-Vieux, une conserverie et salaison, des héritiers du savoir-faire dans la charcuterie : nous avons là tous les ingrédients. Jambons de Bayonne, saucisses, saucissons, chorizos, pâtés...et plats cuisinés : garbure, axoa, piperade jambon et... gâteau basque maison, fromages, miels...

PASCAL MASSONDE CHARCUTIER-CONSERVEUR

350, karrika nagusia
✆ 05 54 03 03 30
https://www.pascal-massonde.com

Ouvert toute l'année, tous les jours de 10h à 19h. Vente en ligne.

Savoir-faire artisanal et excellence des produits caractérisent cette belle Maison depuis 4 générations, pour le plus grand plaisir de nos papilles. Dans sa nouvelle boutique au centre d'Espelette, vous retrouverez toutes ses spécialités : boudin au piment... d'Espelette, tripotx, pâtés basques, chichons, axoa, piperade et autres délices fabriqués dans son atelier à Souraide, dans le respect des recettes traditionnelles. Fournisseur officiel de qualité et de tradition gastronomique !

PATCHAMAMA LES ÉPICES DU MONDE

375, Karrika Nagusia ✆ 05 59 44 86 65
https://maison-curutchet.com/

Fin mars à fin juin et octobre à décembre, ouvert 10h-18h30. Juillet à septembre 9h30-19h30 7j/7. Vente en ligne.

Gastronomes de tous âges, il y a forcément une épice qui viendra transcender une viande, un poisson ou encore une assiette de riz, de pâtes, voire un dessert... dans ce temple des parfums avec plus de 170 références d'épices, aromates, poivres, sucres et autres mélanges maison qui nous invitent aux voyages dans les saveurs. Produit séculaire (depuis le Moyen Âge), il est ici, terre du piment d'Espelette, mis en valeur grâce à la passion de Virginie et à son partenariat avec Thierry.

RENÉ MASSONDE-BOUCHERIE-CHARCUTERIE-CONSERVES

335 Karrika Nagusia ✆ 05 59 29 93 34
www.rene-massonde.com

Janvier à juin, septembre à décembre, ouvert lundi au samedi 7h30-13h/15h30-19h30. Été, en continu et dimanche matin.

René Massonde est un grand nom de la boucherie-charcuterie basque. Installée à Espelette depuis plus de 40 ans, la petite entreprise s'est agrandie au fil du temps, et la qualité et le savoir-faire restent inchangés. Soucieux de préserver la production artisanale, Nicolas Massonde continue de travailler, la passion au cœur. Conserves, pâtés, charcuteries et salaisons sont fabriqués avec rigueur avec une large gamme de produits gourmands et généreux. À vos assiettes et Opinel !

TISSAGE DE LUZ

105, Kaminoko Patarra
✆ 05 59 93 85 77
https://www.tissagedeluz.com/fr/

Ouvert du lundi au samedi 10h-12h30/14h30-18h30. Label Origine France garantie. Sur-mesure possible. E-shop. Parking.

Parmi les nombreuses pépites artisanales du Pays Basque, on peut citer sans hésitation « Tissage de Luz », un concentré de savoir-faire et de solidité depuis 5 générations ! De la confection au tissage, l'atelier, spécialisé dans l'univers de la table, de l'habillement intérieur et extérieur, réinvente sans cesse des motifs intemporels qui font le succès de la marque. De fabrication 100 % française, ce sont rideaux, coussins, toiles, transats, nappes et la dernière nouveauté, le plaid... Des créations toute l'année, du motif classique, tendance, au multivitaminé !

GOLF EPHERRA

SOURAIDE / ZURAIDE
✆ 05 59 93 84 06
www.golf-basque.com

Ouvert toute l'année. 7j/7 et les jours fériés de 9h à 19h. Restauration. Cours de golf et location de voiturettes.

Beau parcours de 4 700 m, par 67, en deux fois 9 trous sur 35 ha. Les spécialistes vous diront que les neuf premiers, avec leur vallonnement, exigent technique et précision. Les neuf derniers se situent au pied des montagnes, mais avec de nombreux obstacles d'eau. Les enfants de Louis Génin, à l'initiative de ce golf depuis 1992 sur la propriété familiale l'ont conçu en tenant compte du relief naturel : d'où le terme de rustique. Un golf avec un practice de huit postes d'entraînement pour vous échauffer avant de vous rendre sur les différents trous du parcours.

TTIKI LEKU-PARC DE JEUX

Chemin d'Otsantza - **SOURAIDE / ZURAIDE**
✆ 05 59 59 27 49
www.parc-jeux-paysbasque.com

Ouvert Pâques à Toussaint. Horaires consultables en ligne. Gratuit -3 ans, 8,50 € 3 à 60 ans, 7 € à partir de 60 ans.

Ttiki Leku est un parc de loisirs pour enfants affichant une belle diversité, à tout âge ou presque : classiques tyroliennes, minigolf 9 trous, minipelles électriques, mini-accrobranches, village de cabanes, jeux gonflables, jeux d'eau... et des structures plus originales : kart à pédales, jets d'eau, le Parcabout, unique au Pays Basque : filets installés dans les arbres pour tester son équilibre et son potentiel émotionnel. 2,5 ha de bonheur dans un site parfaitement aménagé avec tables, bancs, hamacs en pleine nature, sous les arbres, idéal pour pique-niquer !

HASPARREN / HAZPARNE ★

Véritable ville de mémoire, Hasparren, avec plus de 6 700 habitants dévoile des maisons cossues et un passé riche. Mais on pourrait aussi évoquer la Cité des Chênes pour évoquer le territoire d'Hasparren, en faisant allusion à l'époque où une vaste forêt alimentait une légende qui disait joliment qu'un écureuil partant d'Hasparren pouvait rejoindre Bayonne en sautant de branche en branche sans jamais toucher le sol ! Dans un autre registre, il faut savoir que cette ville a connu une ère féconde grâce à l'industrie textile puis de la chaussure : les moulins sur les nombreux cours d'eau ont favorisé les installations de tisserands, tanneurs, cordonniers.

EIHARTZEA MAISON DE FRANCIS JAMMES

81, rue Francis James
✆ 05 59 29 43 36

Centre culturel inter-associatif ouvert toute l'année.

Le poète hérita de cette maison d'une riche veuve, Madame Gilles, sur les conseils d'un ami bénédictin le père Caillava. Le parc de la propriété riche en arbres centenaires est un havre où l'on peut vagabonder librement. La maison du poète est un centre culturel inter-associatif pour la promotion de la langue et la culture basque en partenariat avec une douzaine d'associations. Francis Jammes repose au cimetière de la cité des chênes (à l'entrée, il avait lui-même choisi l'endroit).

LA PIERRE ROMAINE, UN MYSTERE

On peut voir cette pierre, encastrée dans une niche sur le mur sud à l'extérieur de l'église. Elle a été découverte en 1665 lors de travaux de rénovation, et elle appartiendrait à un autel païen scellé dans le maître-autel de l'église. Après traduction du texte gravé (donnée en français), elle daterait du Ier ou du IIe siècle : c'est un témoignage du peuplement du lieu à l'époque romaine. La pierre est classée par les Monuments historiques, le 4 juillet 1903.

BUREAU D'ACCUEIL TOURISTIQUE

2, place Saint-Jean ✆ 05 59 29 62 02
www.en-pays-basque.fr

Ouvert toute l'année. Horaires selon saison consultables sur le site. Centrale de réservation hébergement, billetterie.

A 30 minutes de l'océan, les terres d'Hasparren ne manquent pas d'atouts : randonnées, sites, monuments et villages typiques. On trouve un Pays Basque plus mystérieux, authentique, qui contribue à intensifier la beauté de ce territoire. Avec ses 11 villages, le « Pays d'Hasparren » vous séduira par l'étendue de ses balades ; les sommets des monts Baigura et Ursuya offrent des points de vue exceptionnels. Une pléiade d'activités culturelles, sportives et gastronomiques s'offre à vous !

HÔTEL LE BERRIA**** €€

68, rue Francis Jammes ✆ 05 59 29 11 10
www.hotel-restaurant-berria.fr

Ouvert toute l'année. 20 chambres de 104 à 204 €. Animaux acceptés. Clim. Restaurant. Trinquet adjacent à l'hôtel.

Un établissement ressuscité qui préserve patrimoine et plaisir de la table avec son restaurant traditionnel basque de qualité, et détente avec le légendaire trinquet d'Hasparren. Conçu pour répondre aux critères exigeants d'un 4****, le Berria propose 20 chambres spacieuses, à la décoration personnalisée et offrant tout le confort. Dédié au tourisme individuel, d'affaires, en famille et adapté pour des séminaires, ce lieu de vie, 90 ans après sa construction et grâce à Jean-Marc et Maïdo Charriton, a retrouvé toute sa splendeur. La garantie d'un séjour mémorable.

LES TERRASSES DE XAPITALIA*** €€

Route de Cambo ✆ 05 59 55 02 15
www.camping-au-pays-basque.fr

Ouvert juin-fin sept. pour les emplacements Gd Confort : de 14 à 24 €/j. Piscine chauffée. Jeux enfants. Snack.

Voici un havre de paix pour les campeurs avides de quiétude et de confort : des emplacements grand confort dont la grande majorité offre des espaces ombragés. Coté services et activités : piscine chauffée, spa, aires de jeux, snack... sanitaires impeccables avec une salle d'eau chauffée accessible aux personnes à mobilité réduite. Un camping convivial pour tous : randonneurs, plagistes, curistes. Entre terre et mer – plages à 30 min –, idéalement situé pour découvrir le Pays Basque.

ARGIA HÔTEL-RESTAURANT €€

32, rue Jean-Lissar
✆ 05 59 29 60 24
www.hotel-argia.com

Maître Restaurateur. En saison 7/7, midi/soir. A la carte 30/35 €. Menu midi semaine 14 €. Assiettes combinées 13/15 €.

Cette table incontournable de la région rayonne toujours autant à Hasparren et cela depuis 3 générations. Maître Restaurateur, c'est la maîtrise qui est au rendez-vous de chaque menu et plat. Jugez plutôt : chipirons sautés au jambon et piquillos, ris de veau façon financière, nems de pied de cochon, omelette aux cèpes, filet de canette rôti, sauce au miel. Au dessert, panna cotta caramel au beurre salé, brioche façon pain perdu... Sans oublier les assiettes combinées et salades composées, le tout dans un espace sobre, cosy et aux éclairages design.

PAYS BASQUE

FERME AUBERGE KOMEITEKO BORDA €€

Quartier Urcuray
✆ 05 59 20 00 01
Bienvenue à la Ferme. Juillet/août, ouvert midi et soir (sauf dimanche soir, lundi). Réservation impérative. Menu 26 €.

Avec sa superbe vue sur la Rhune, la Ferme auberge Komeiteko Borda vous plonge dans une atmosphère d'altitude. Entourée à 180° de montagnes, elle offre des produits du terroir – agneau de lait, desserts au lait de brebis… et des spécialités issues de sa production. « De la fourche à la fourchette » ! La ferme élève des brebis laitières de race manech, des canards gras et des porcs en plein air. Envie d'authenticité ? Ne manquez pas ce passage dans ce restaurant à l'accueil chaleureux.

LA MAISON DE PIERRE €€

quartier Urcuray
✆ 05 59 93 40 49
www.lamaisondepierre.fr
Ouvert toute l'année du jeudi au lundi. Réservation recommandée. Menus de 45 à 68 €. Formule midi 22 €. Terrasse.

Le restaurant La Maison de Pierre fait partie des bonnes tables gastronomiques du Pays Basque. Le chef est inspiré par les produits frais du marché et sélectionnés par des producteurs locaux ; et il vous propose ses créations « maison ». Il y a là deux concepts à tester : midi et soir, au comptoir, un bel éventail de pintxos salés/sucrés, et en salle, une cuisine innovante et subtilement travaillée. Carpaccio de langoustines et caviar de Neuvic, truite de Banka et velours d'épinards, fromages de Beñat, le miel de Cambo et son caillé de brebis et pamplemousse...

RESTAURANT LE BERRIA €€

68, rue Francis Jammes
✆ 05 59 29 11 10
https://berria.fr/
Maître restaurateur. Fermé dimanche soir et lundi. Menus : 33/43 € + carte. Formule midi semaine 22 €. Terrasse.

C'est dans ce bel établissement, avec son hôtel et son trinquet historique que vous apprécierez une cuisine « terre/mer », orchestrée par Peio Donapetry, qui a fait ses classes chez Alain Dutournier et Jean Cousseau. Ici, on fait l'éloge d'un terroir, grâce à la richesse et à la diversité des produits locaux ultra frais, avec un strict respect des saisons. Terrine de foie gras mi-cuit, confit de poire ; pavé de maigre rôti, caviar d'aubergine ; tartelette, crémeux passion, framboises fraîches et en gelées pour ne citer que quelques exemples de cette belle table.

OGI BIHIA-MAISON BIDART

1, lotissement Iarraidy
✆ 05 35 39 02 11
Ouvert du lundi au samedi de 7h30 à 19h et le dimanche de 7h30 à 13h. Boulangerie-Pâtisseries-Casse-croûte. Parking.

Les amateurs de bon pain, de viennoiseries « maison », de pâtisseries (avec une vraie cheffe pâtissière) trouveront ici leur bonheur ! La maison Bidart à Hasparren est une histoire familiale où le savoir-faire se transmet comme un ballon de rugby de génération en génération depuis 1932. Dans ce nouvel espace avec son labo, on peut apprécier l'accueil et consommer sur place les produits, dégustez un casse-croûte gourmand, les tartes salées/sucrées, l'incontournable gâteau basque et la grande diversité de pains spéciaux sans oublier des créations plus audacieuses.

ANNE ROZÈS-CONSERVES FINES

route d'Hasparren - **BRISCOUS / BESKOITZE**
✆ 05 59 31 56 09
www.anne-rozes.com
Ouvert toute l'année, du lundi au vendredi 9h à 12h30 et 14h à 18h. Parking. Vente en ligne sur : www.anne-rozes.com

Cette conserverie de Briscous vous invite dans son espace de fabrication et de vente en pleine nature. Ici, c'est une équipe essentiellement féminine qui officie, rappelant que l'initiatrice de ce projet fut Anne Rozès, ce qui explique que l'on ait conservé son nom à la conserverie qui au départ ne travaillait que le canard et des légumes cuisinés avec la graisse de canard, à l'ancienne. Puis, la maison est passée aux plats cuisinés de produits du terroir puis à la charcuterie.

ATELIER ARANO

66, rue de l'Ursuya
✆ 06 74 71 85 62
www.creation-atelier-cuir.com
Atelier ouvert lundi, mardi, jeudi, vendredi 9h-12h/14h30-18h, mercredi 9h-12h sur rdv. Commandes possibles en ligne.

Une visite qui mérite le détour et à inscrire dans votre agenda lors de votre passage à Hasparren. Poussez la porte de cet atelier-boutique et entrez dans l'univers de la maroquinerie et des créations uniques et colorées de Stéphanie. Elle confectionne des sacs à main et accessoires (ceintures, porte-monnaie, pochettes, bracelets...) avec du cuir et des peaux de très grande qualité provenant du Pays Basque – tanneries Carriat et Garat. Elle vous propose également de réaliser votre sac sur-mesure et de le personnaliser, fonction de vos envies, goûts et budget.

EUSK'HALLES

1, Lotissement Larraidy
✆ 05 35 45 98 27
https://commandes-euskhalles.fr/
Ouvert du lun au sam 8h30-19h30, dim 9h-12h30. Drive. Livraison possible 10 km. Terrasse afterworks 16h30-19h30.

Vous aimez la fraîcheur, la qualité, le circuit court et local ? Eusk'halles aussi ! Ici, pas de marques et autres enseignes nationales. Au cœur du village d'Hasparren, voici une vitrine représentative des saveurs et produits locaux et de saison. Produits laitiers, fruits et légumes, vins, bières, jus, épicerie, épices, fromages, viandes... et poissons de la criée. Eusk'halles c'est avant tout le poisson frais que l'on retrouve aussi sur les marchés locaux. N'oublions pas les plats cuisinés « maison » du jour à emporter et la pause-café, voire les dégustations.

FERME LARRAMENDY

Fromagerie Irigoinia - Quartier Bas Labiry
✆ 05 59 29 49 30
www.ferme-larramendy.com
Bienvenue à la Ferme. Ouvert toute l'année. Vente directe à la ferme et sur le marché d'Hasparren. Boutique en ligne.

Véritable fleuron du Pays Basque, le fromage de brebis label AOC Ossau-Iraty a ici ses lettres de noblesse. À la Ferme Larramendy à Hasparren, au cœur du Pays Basque et au calme, Julie et Michel mettent en avant la qualité, l'authenticité et le respect afin de goûter (sur place) à l'excellence. Le cahier des charges impose 240 jours de pâtures, sans OGM ni croûtes et avec un minimum de 3 mois d'affinage avant d'être vendu. La boutique propose un bel éventail de leur savoir-faire et pour joindre à l'utile, la Ferme dispose de 2 beaux gîtes ruraux tout équipés.

ZABAL'OIL

Espace entreprises Aldatu ✆ 06 38 53 94 63
www.zabaloil.com
Ouvert du lundi au vendredi de 10h à 18h30. Huiles d'olive naturelles et bio, vinaigres bio, conserves fines. E-shop.

Piment d'Espelette, jambon, macarons... et huiles d'olive avec Zabal'oil, entreprise familiale qui depuis 4 générations (1850), les produit artisanalement, 100 % naturelles et certaines bio, à Tolède en Espagne à partir d'ingrédients aux qualités exceptionnelles. Ce nectar vient célébrer une salade, un poisson, une viande. Ses bienfaits ne sont plus à démontrer depuis toujours et preuve en est que les restaurateurs et épiceries de qualité font confiance à cette signature « haut de gamme ». Déclinaisons parfaites avec des conserves, vinaigres bio, olives marinées.

FERME ÉQUESTRE URKODEA

Quartier Celhay ✆ 05 59 29 15 76
www.urkodea.com
École Française d'Équitation. Poney Club. Balades 1h/22 €, 2h/36 €, journée/75 € sur réservation. Location de gîte.

C'est au cœur du Pays Basque, au pied des montagnes du pays d'Hasparren, qu'est situé Urkodea, cette majestueuse ferme équestre et basque labourdine datant du XVIIe siècle. D'une capacité d'accueil de 15 personnes, ce gîte confortable (avec accès indépendant, cuisine aménagée, etc.) dédié au « royaume cheval » est aussi pour les amoureux de nature, une parenthèse bucolique. Ouvert toute l'année, il offre balades à cheval pour les débutants et des randonnées pour les confirmés avec pension et prépare aux différents concours car il est avant tout un centre équestre.

LE MONT URSUYA

Randonnée pédestre. Accès libre.

Le mont Ursuya domine tout le Pays d'Hasparren : on le voit au-dessus des 10 villages couchés à ses pieds. N'importe quel amateur de marche peut y accéder (678 m). Partez du fronton du quartier Celhay et Urcuray et renseignez-vous car les deux randonnées proposées sont de difficulté et de durée différentes. Sur le trajet, pierres explicatives, éléments d'informations sur les richesses propres à l'Ursuya et à l'activité pastorale de ces lieux. Vous saurez tout sur les vestiges protohistoriques, chemins anciens, pottoks, bergers. Là-haut, un panorama exceptionnel.

ITXASSOU / ITSASU ★

Dans le cœur de la province du Labourd et de ses beautés naturelles, le village d'Itxassou mérite qu'on s'intéresse à lui ! Grâce à sa situation géographique, il dispose d'un environnement exceptionnel créé par la rivière qui le traverse (la Nive) et par le collier de montagnes ou prémontagnes qui le parent : l'Artzamendi (926 mètres) et le Baigura (897 mètres). Lorsqu'on arrive en Pays basque, Itxassou est un des premiers noms que l'on retient, l'assimilant à la confiture de cerises noires que l'on vous fait goûter sur la tranche de brebis. Non, Itxassou n'a pas que des cerisiers célèbres, elle a aussi une légende populaire cachée dans une roche...

ATEKA

Place du Fronton
✆ 05 59 29 75 36
Ouvert lundi, mardi, jeudi, vendredi : 7h30-13h et 15h30-19h30 ; samedi et dimanche : 7h30-13h. Gratuit. Restauration.

Un projet qui est devenu réalité en devenant un centre d'évocation du village, initié à l'origine par une volonté municipale que cette réhabilitation de cet hôtel pour créer là un endroit qui soit le reflet de la mémoire vivante du village d'Itxassou, son histoire, celle de la culture des fameuses cerises qui ont fait sa réputation, son architecture, l'histoire magique du Pas de Roland... Explorer également en 3D est possible grâce à une maquette en relief pilotée par un écran tactile. Et cerise sur le gâteau, la présence d'une pâtisserie traditionnelle…

COL DES VEAUX

Accessible toute l'année.

A la frontière franco-espagnole et à 567 m d'altitude. Accessible à pied par le GR10 (vient d'Ainhoa) ou par la route à 12 km (20 min) d'Itxassou (Pas de Roland). Entre les deux Pays Basque avec tout le charme des *ventas*, des spécialités culinaires de la montagne (palombes, charcuterie, fromages), pour un bol d'air et évasion. Là-haut : vue imprenable à 360°, randos, VTT, pêche à la truite, falaise aux vautours et balade en quad. Véritable immersion hors du temps dans une montagne chargée d'histoire et de légendes avec ses pèlerins, contrebandiers et sorcières !

SOMMET D'ARTZAMENDI

Accessible toute l'année.

Il culmine à 926 m. Une route conduit au sommet par le col de Mehatze en suivant le fond de la vallée du Laxia. Le col est le point de rencontre de trois provinces basques : depuis l'esplanade, on aperçoit le sud-est Navarrais, l'est vers Bidarray et le nord-est Labourdin. La vue au sommet est splendide et étendue (jusqu'à l'Ursuya et la Rhune). A cette altitude, le sol est recouvert d'herbe rase et des petits cours d'eau jaillissent çà et là. Les pottoks vivent ici en toute liberté, on y rencontre également des bergers et parfois des enclos de pierres sèches.

LE PAS DE ROLAND ★★

Laxia
Accessible toute l'année. Gratuit.

On prête une image légendaire à ce passage étroit taillé dans la roche dans le goulet du Laxia. Roland est le neveu de Charlemagne. En août 778, il fait partie de l'arrière-garde de son armée en guerre contre les Sarrasins (en réalité les Basques) et se dirige à cheval vers le col qui lui permettra de les repousser en Espagne. A hauteur d'Itxassou, il longe le Gave fougueusement et se heurte à un rocher infranchissable. C'est alors qu'il saisit son épée qui ne le quitte jamais, la brandit et taille un passage pour les soldats. Durandal les a sauvés, ils peuvent poursuivre. Roland laisse l'empreinte de son pied sur le rocher. Malheureusement, bravant le danger avec courage et sans escorte, il trouva la mort au col dit col de Roncevaux, le 12 août 778, (on retrouve le héros légendaire dans la chanson de geste, *La chanson de Roland*). En tout cas, le superbe paysage vaut que l'on parte à la découverte de cette montée escarpée, étroit défilé au cours de laquelle parfois ne peut passer qu'une voiture… Alors, pourquoi ne pas décider de le faire à pied au départ d'Itxassou ou à vélo avec de préférence une assistance électrique ! Promenade incontournable de près 3 km. Un peu plus loin, en vingt minutes environ en voiture, on atteint le col des Veaux (une venta) en frontière avec l'Espagne. A la fois bucolique, instructive et idéale pour se régénérer dans cette nature si généreuse et authentique, c'est là un petit coin de paradis accessible à tous, proche des villages d'Itxassou, Bidarray, Cambo-les-Bains si typiques.

PAYS BASQUE

CAMPING HIRIBERRIA*** €€

route de Saint-Jean-Pied-de-Port
✆ 05 59 29 98 09 - www.hiriberria.com
Ouvert du 20/02 au 30/10.
Emplacement+véhicule+élec : 21,75 à 29 €/j. Aire camping-cars. Piscine chauffée. Jeux enfants.

Entre mer – plages à 30 min – et montagne, ce charmant camping est l'un des seuls du Pays Basque à proposer uniquement des emplacements nus, dans un cadre naturel de toute beauté. Sa devise : « Ici, on cultive l'esprit camping » ; emplacements semi-ombragés délimités par des haies, pour y installer toiles de tente, caravanes et camping-cars. Equipement moderne et architecture basque pour les bâtiments de service : cabines de douches chauffées et confortables, espace nursery chauffé, laverie, cuisine en libre-service... Et une superbe piscine couverte et chauffée !

LES CHALETS D'HIRIBERRIA*** €€

chemin Hiriberria ✆ 06 25 48 36 99
www.chaletshiriberria.com
Ouvert du 1/03 au 30/11. Chalets : 330 à 750 €/sem, lodge : 260 à 800 €. Animaux acceptés. Piscine. Animations en été.

Les Chalets d'Hirriberria sont nichés au sein du camping du même nom. Idéal pour un séjour à l'abri de l'effervescence côtière, pour des randonnées au Pas de Roland, du rafting ou du canoë sur la Nive proche, et profiter des nombreuses infrastructures du camping : piscine couverte chauffée, aire de jeux, boulodrome et festivités locales dans les villages avoisinants. Rien ne manque dans ces adorables « maisonnettes » en bois, terrasse privative, table de jardin, barbecue, etc.

ETXE GOXOAN €€

156, bidarteko bidea
✆ 06 61 70 85 78
https://etxegoxoan.jimdofree.com/
Gîtes de France. Ouvert : février à mi-novembre. 3 chambres de 72 à 92 € avec petit déj. Jardin. Spa. Cuisine d'été.

Ici, le temps s'arrête durant votre week-end ou pour un séjour durable ! Tout y est comme le concentré d'un Pays Basque authentique entre le minéral et le végétal luxuriant qui entourent le domaine. La vue sur les collines est comprise dans le forfait ainsi que le spa, les chambres cosy où rien n'a été oublié, ni même la cuisine d'été pour les déjeuners romantiques et les apéros dînatoires sans modération. Oubliez vos smartphones et autres, l'écran ici, c'est 360° de nature en couleur... Situation aussi qui sert de tremplin pour la découverte de tant d'activités.

MAISON BONNET HÔTEL-RESTAURANT DU FRONTON** €€

Place du Fronton ✆ 05 59 29 75 10
www.maison-bonnet.com
Logis. 31 chambres de 80 à 120 €. Petit déjeuner 9 €. Piscine, sauna, Spa. Animaux acceptés. Restaurant. Séminaires...

Cet établissement propose hébergement et cuisine traditionnelle qui mettent à l'honneur l'art de vivre basque. Tenu par la famille Bonnet depuis 4 générations, il est une véritable institution au Pays Basque. Les chambres offrent tout le confort moderne, certaines offrent une superbe vue sur les montagnes. La gastronomie constitue un de ses atouts majeurs ; une cuisine savoureuse à base de produits du terroir. Idéal pour faire de somptueuses balades ou se mettre en mode piscine et Spa.

MAISON CHALBONIA €€

Centre bourg - **LOUHOSSOA / LUHUSO**
✆ 06 30 89 60 66
Gîtes de France 3 épis. 3 chambres de 80 à 95 €/nuit. Petit déjeuner inclus. Animaux non admis. Wifi. Parking.

Idéal si vous recherchez le confort cosy dans une bâtisse du XVIIIe siècle rénovée avec talent, pour les amateurs de randonnées et de gastronomie locale. Vous apprécierez l'accueil chaleureux de la maîtresse des lieux, sans oublier les vrais propriétaires, les 3 chats et le petit chien. Maison d'hôtes située à 25 min du littoral basque et de Bayonne, 10 min de Cambo, Espelette, c'est là une excellente manière de combiner farniente, randonnées et découverte du prodigieux patrimoine qu'offre la région. 3 chambres meublées avec goût et raffinement. Belle adresse.

AUBERGE ETCHEPARE €€

Place du Fronton
✆ 05 59 29 75 14
www.kukuxoak.fr
Ouvert du 1er avril au 30 novembre, le midi uniquement du lundi au vendredi. Formule à 13,50 €. Vente à emporter.

Jean-Michel vous reçoit dans sa maison labourdine et propose une cuisine de bistrot familiale de qualité aux accents d'ici. Vous pouvez y savourer des plats de saison, préparés avec des produits frais des producteurs locaux. Il vous concocte par exemple, parmi d'autres plats, un œuf cocotte au foie gras ou au chorizo en entrée, une daube de canard, un pot-au-feu de queue de bœuf pour suivre et en dessert une soupe de fruits. Célèbre cerise d'Itxassou oblige, Jean-Michel fabrique également une excellente liqueur de cerise Beltza et des cerises à l'eau-de-vie.

HARANEKO BORDA €€

3, Gerastoko Bidea
✆ 05 59 15 09 68
www.haranekoborda.com

Ouvert du jeudi au lundi, midi et soir, dimanche le midi. Hiver, le midi. Réservation impérative. Carte : 40 à 45 €.

Cet ancien poulailler rénové, bénéficie d'une vue panoramique avec sa terrasse surplombant la vallée et le village d'Itxassou face au Mondarrain. La jeune équipe, Alexis au piano et Elodie en salle, est à la hauteur du lieu et de son cadre. Cuisine de jardin (cueillette dans le jardin du restaurant), de marché et de saison avec les producteurs alentour, poissons de Ciboure... Merlu de ligne mi-cuit, tête de veau servie tiède, truite de Banka fumée, sans oublier la glace fleurs d'acacia. Un délice tant pour l'œil que pour les saveurs. Belle adresse à conserver.

HÔTEL- RESTAURANT LE TXISTULARI €€

route du Pas-de-Roland ✆ 05 59 29 75 09
www.txistulari.fr

Ouvert midi et soir sauf samedi. Formule midi semaine : 13,80 €. Menus : 20 €, 31 €. Accueil des groupes. Terrasse.

Une entrée novatrice avec son coin salon sur fond de grand écran et une salle rustique et spacieuse. Avec des plats typiques et une carte qui évolue selon les saisons. Un bon moment autour des maîtres de maison, Anne-Marie et Jean-Jacques Usandisaga qui proposent des suggestions du jour, une formule du soir intéressante, notamment pour ceux qui dorment sur place. On allait oublier la terrasse sous son toit de poutres, aussi agréable la journée que le soir lorsqu'elle est éclairée.

MAISON BONNET HÔTEL-RESTAURANT DU FRONTON €€

Place du Fronton ✆ 05 59 29 75 10
www.maison-bonnet.com

1 Assiette Michelin. Fermé mardi, mercredi. Réservation recommandée. Menus : 25 €, 35 € + carte. Terrasse. Jardin.

Dans ce restaurant très prisé des locaux, c'est Beñat qui officie, avec sa jeunesse, son implication dans le sport (ancien champion de France de pelote), sa formation auprès de grands chefs et son envie de faire bouger les lignes. Une carte alléchante, qui évolue au fil des saisons : gravlax de truite de Baigorry, filet de canette de Souraïde... soufflé à la poire Brana, excellent. Une dégustation dans une atmosphère familiale et conviviale ; service professionnel autour de Sandrine.

VENTA BURKAITZ €€

Col des Veaux
✆ 05 59 29 82 55

Fermé le mercredi et au mois de janvier. Réservation recommandée. Menu à partir de 23 €. Carte de 25 à 35 €. Terrasse.

Niché dans les montagnes basques au cœur de la vallée d'Itxassou, non loin du célèbre Pas de Roland, aux portes de l'Espagne, la venta est l'image même d'une auberge (espagnole) : conviviale, familiale ! « *Gargantua y a toute sa place.* » Grandes tables pour les tribus, vous trouverez aussi votre place pour un tête-à-tête romantique. Cartes et plats de saison avec produits du cru servis tels que des portions pour bûcherons. Vins français et espagnols à l'honneur sur la carte. Pour se donner bonne conscience, il y a toujours des parcours de randonnée aux alentours.

LA BISCUITERIE BASQUE

LOUHOSSOA / LUHUSO
✆ 05 59 70 50 63
www.labiscuiteriebasque.com

Du 1/04 au 30/09, ouvert 7j/7 de 9h à 19h, du 1/10 au 31/03, du lundi au samedi de 9h30 à 18h30. Vente en ligne.

Recommandée année sur année, cette biscuiterie mérite vraiment le détour. Un savoir-faire artisanal grâce à Jacques, chef pâtissier, Florence et leur équipe qui ont su apporter un peu de leur personnalité dans la création de leurs douceurs. C'est ici le cœur de la tradition biscuitière avec les fameux macarons « pur amande », les délicieux sablés maïs au beurre, les croustillants croquants aux amandes, les galettes basques inimitables... et le célèbre gâteau basque de la maison à la croix basque ! Entrez...rien que pour le plaisir des effluves de rhum, d'amande...

L'APICULTEUR D'ITXASSOU

219, Piarreseneko Bidea
✆ 05 59 93 32 91
www.apiculteur-itxassou.com

Du 15/07 au 31/08, ouvert du lundi au vendredi 10h-13h/14h-18h, hors saison 9h30-12h30/14h-17h30 (+ fermé mercredi).

Apiculteurs professionnels, Jean-Claude et Corine Salles perpétuent un art de tradition en transhumant leurs ruches des montagnes basques aux coteaux du Béarn, récoltant ainsi de véritables « crus de la nature » représentant toute la diversité florale de notre région. A leur miellerie, ils extraient, sélectionnent et affinent des miels de bouquets différents allant des plus doux – l'acacia – au plus typé – le châtaignier. Ils confectionnent aussi des pains d'épices au miel de bruyère et des confitures artisanales inspirées des recettes d'Amatxi, riches en fruits.

OCÉAN & RIVIÈRES

Route du Pas-de-Roland ✆ 06 73 94 93 46
www.nckd64.com
Ouvert toute l'année. 7j/7 uniquement sur rendez-vous. Formule découverte (2h30) : 25/30 €. Autres tarifs sur le site.

Le Pays Basque au rythme de la pagaie ! Voilà une manière originale et sportive de découvrir l'océan et les montagnes, son littoral et ses rivières basques. Côté terre, depuis Saint-Jean-Pied-de-Port jusqu'à Bayonne avec des parcours personnalisés : aqua-rando, airyak, rafting et canoraft. Côté mer, depuis Saint-Jean-de-Luz et jusqu'à San Sebastian ou Bayonne : kayak Esquimo, rando coucher de soleil. Jakes (diplômé d'Etat) vous fait découvrir avec passion des circuits variés et adaptés sur les plus beaux sites. Réveillez l'aventurier qui sommeille en vous !

SAINT-PÉE-SUR-NIVELLE / SENPERE ★

Elle s'appelle aussi Senpere, compte plus de 7 000 habitants, se loge au centre de la province du Labourd et s'étend sur 6 500 ha. Proche de l'océan, tout près d'un lac, dans une vallée traversée par la rivière de la Nivelle, bordée de collines et entourée des montagnes de la Rhune, du Mondarrain et du mont Axuria, la commune a également sa forêt. Outre le centre-bourg, ses principaux quartiers, qui sont plutôt de petites localités distinctes, englobent celui du lac, Amotz, Elbarron et Ibarron, le plus ancien, dont l'architecture peut remonter jusqu'au XIIIe siècle. Une offre généreuse, qualitative et reconnue pour ses diversités gastronomiques !

Au petit jour, campagne près de Saint-Pée-sur-Nivelle.

BUREAU D'ACCUEIL TOURISTIQUE

Place du Fronton, rue Karrika
✆ 05 59 54 11 69
www.en-pays-basque.fr
Ouvert toute l'année. Horaires selon saison consultables sur le site. Centrale de réservation hébergement, billetterie.

Saint-Pée-sur-Nivelle bénéficie d'une situation géographique exceptionnelle. Idéalement située entre l'océan Atlantique et les Pyrénées, elle offre une complémentarité mer-montagne idéale pour vos vacances au Pays Basque. En pleine expansion, la commune de 6 395 habitants propose de nombreux hébergements – hôtels, campings, chambres d'hôtes, gîtes… – sur un territoire vaste et varié. Au cœur du village, vous découvrirez de vieilles et typiques maisons basques, les vestiges d'un château des XIIIe et XIVe siècles, surnommé « château des sorcières », car il fut le siège d'un procès de sorcellerie en 1609. Le quartier Amotz et sa chapelle dédiée à Marie Madeleine témoignent aussi de la richesse du passé de Saint-Pée. Le fronton de la ville, haut lieu de chistera depuis 1857, vous fera vibrer avec ses parties de pelote basque. Et ce n'est pas tout ; le lac de Saint-Pée-sur-Nivelle est le paradis de la détente et des loisirs, où l'on peut pratiquer entre autres accrobranche, randonnées, VTT, pêche, baignade et autres activités aquatiques… Tout un éventail d'activités et de loisirs qui raviront petits et grands. Au mois de mai, autour du lac, le festival Herri Urrats offre un soutien à la langue basque et aux ikastolas (écoles basques). La ville propose également un vaste choix de restaurants où les gourmets pourront apprécier et découvrir la gastronomie locale. Tous les conseils et informations sont disponibles au Bureau d'accueil touristique.

LE CHÂTEAU

Place du Château
Il ne se visite pas.

Dit « des Sorcières ». Et ce, depuis un drame du XVIIe, mais la forteresse est plus ancienne, érigée au Moyen Age, le village se construisit alors autour et devint le centre administratif du Labourd. Ses Seigneurs furent baillis de la province à partir du XVe et jusqu'au siècle fatidique lors duquel un conseiller au Parlement de Bordeaux ordonna maintes exécutions au sein du château, victime d'une terrible histoire de sorcellerie. Le temps n'a cependant pas eu raison des tours qui aujourd'hui encore, se dressent de manière imperturbable et intemporelle.

PAYS BASQUE

ÉCOMUSÉE DE LA PELOTE ET DU XISTERA PILOTARI ★

Chemin Karrika
✆ 05 59 54 11 69
Ouvert à l'année. Horaires selon saison, à consulter sur le site. Durée visite : 45 min. Adulte 5 €, 5-12 ans 2,50 €.

La pelote basque regroupe plusieurs jeux de balle issus du jeu de paume. La pelote est un jeu universel que les Basques ont su adapter et transformer. Elle se joue face à face ou contre un mur, en intérieur ou extérieur, à main nue ou en utilisant divers instruments. Les novices apprendront l'histoire de la pala, les autochtones feront un retour sur le passé grâce à Jakes Cazaubon et Pierre Sabalo et du grenier de Pello Fagoaga. Ainsi, 4 salles se font ici l'écho de cette pratique.

ÉGLISE SAINT-PIERRE ★

Ouverte toute l'année. Visite libre. Classée aux Monuments historiques.

Une tour carrée et son porche haut… Son intérieur n'en est pas moins impressionnant avec ses dalles funéraires (l'une date de 1507), son retable du XVIIIe dédié à saint Pierre, ses voûtes, ses trois galeries. Classée aux Monuments historiques, elle mesure 30 mètres de long sur 15 de large et de haut. Le plafond de la nef est en bois. Moyennant un euro, un minuteur situé à l'entrée de la nef au-dessus du bénitier vous offre le guidage en son et lumière du monument. Cela vient compléter votre envie de découvrir ce site qui témoigne d'un grand savoir-faire.

LA FERME AUX PIMENTS

Chemin de Laputzagaraya - RD 4, direction Dancharia ✆ 06 16 46 28 88
https://www.bienvenue-a-la-ferme.com
Ouvert de Pâques à fin octobre ; juillet/août, du lundi au vendredi 10h-12h/14h30-18h. Visite/dégustation. Boutique.

Histoire : venez découvrir le terroir, la culture, les goûts et les saveurs du piment d'Espelette AOP, épice et patrimoine du Pays Basque. C'est avec plaisir que Pierre et sa famille vous accueillent. Vous pouvez visiter la ferme aux Piments, dans un site exceptionnel en plein cœur du Pays Basque, à 5 km d'Ainhoa, classé parmi les plus beaux villages de France. Espelette est à 9 km, Sare à 6 km et la frontière avec l'Espagne à 2,5 km. L'occasion de vous pencher sur ce piment précieux pour la cuisine basque (et même hexagonale) que l'on enfile traditionnellement sur des cordes pour les suspendre en guirlandes sous les avant-toits des fermes basques afin qu'il sèche bien avant d'être réduit en poudre.

Produits : le piment d'Espelette assaisonne la piperade et est utilisé lors de l'affinage du jambon de Bayonne. Il relève aussi une omelette, la ratatouille, le veau, le lapin, l'agneau en pot-au-feu, un poisson grillé, une salade de tomates et d'oignons à l'espagnole. Gustativement, le piment d'Espelette qui est utilisé chez les grands chefs du monde entier, est 2 fois moins fort que le piment de Cayenne et remplace le poivre. Faites-en provision pour l'année et ne ratez pas la fête du piment au village d'Espelette le dernier week-end d'octobre.

Restauration : pour des événements et réceptions, La Ferme aux Piments propose différents espaces de 140 à 300 personnes. Pour des cocktails et séminaires, c'est un cadre exceptionnel avec une terrasse vue sur la Rhune et son espace jardin. Espace pour les traiteurs.

LE FRONTON

Quartier Ibarron
✆ 05 59 54 10 12
www.saint-pee-sur-nivelle.com
Accessible toute l'année.

La pelote basque est une tradition très ancrée au Pays Basque. Le fronton actuel, où se disputent les parties a été construit en 1884. Depuis cette date, de nombreux pelotaris, toutes générations confondues, originaires de la région sont entrés dans la légende. Au fronton, au trinquet Gatxiki, aux murs à gauche, on pratique assidûment la pelote, le chistera, le rebot pasaka, le joko-garbi et la main nue. Une activité sportive qui fait partie intégrante de la culture basque et que l'on retrouve aux États-Unis, en Amérique du Sud et en Angleterre.

CAMPING ANTTON*** €€

Quartier Amotz ✆ 05 59 54 13 13
www.camping-antton.com
Ouvert du 16/04 au 5/11. Mobil-home 4/6 places 240 à 860 €/sem. Piscine chauffée. Jeux enfants. Animaux non admis. Wifi.

Sur près de 2 hectares verdoyants, ce camping calme et familial propose des mobil-homes tout confort dans un environnement boisé et agréable. Avec une piscine extérieure couverte et chauffée à 28° entourée de plages antidérapantes, et une pataugeoire pour les plus petits. Également un boulodrome, une aire de jeux, des animations enfants et pêche dans le secteur. Restaurant à 100 mètres du camping. Une très bonne situation pour partir à la découverte du Pays Basque : lac de Saint-Pée-sur-Nivelle, Espelette, Petit train de la Rhune et les plages de la Côte basque.

CAMPING D'IBARRON*** €€

Quartier Ibarron - Lizardia ✆ 05 59 54 10 43
www.camping-ibarron.com
Ouvert du 08/05 au 2/10. Emplacement de 14 à 30 €. Mobil-home de 260 à 715 €/sem. Piscine chauffée. Jeux enfants. Wifi.

Près de Saint-Jean-de-Luz, dans un écrin de verdure, découvrez dans ce camping les plaisirs du calme et de la tranquillité pour des vacances en famille, en toile de tente, caravane, camping-car ou mobil-home. Le point de départ idéal pour découvrir le Pays Basque et ses magnifiques villages – Espelette, Sare, Ascain, Ainhoa.... Passionnés de randonnées ? Vous apprécierez les chemins balisés à proximité. Autres atouts : une piscine chauffée, une aire de jeux enfants, plusieurs commerces à proximité et une ligne de bus régulière qui s'arrête juste devant le camping.

FERME ELHORGA €€€

Chemin d'Elhorga ✆ 05 59 85 18 35
www.elhorga.com
Ouvert à l'année. 5 chambres 90 à 250 €/nuit ; 2 gîtes 580 à 1 880 €/sem. Piscine chauffée. Bain bouillonnant. Jardin.

Une maison d'hôtes d'exception au Pays Basque. Avec sa conception mi-moderne, mi-habitat rural, cette ferme du XVIIe siècle adopte une décoration mêlant poutres, pierres anciennes et mobilier design. Les propriétaires ont su respecter l'authenticité de la maison avec tout le confort nécessaire : 5 chambres et 2 gîtes, piscine chauffée, bain à remous. Idéal pour profiter d'un moment *cosy* avec vue sur les montagnes. Au cœur d'un environnement verdoyant, proche de la Côte basque, c'est une adresse privilégiée. A proximité de golfs, randonnées ou activités nautiques.

KINKA RESTAURANT €€

684, rue Errota Berria ✆ 05 59 23 67 67
www.kinka.eus
Ouvert 6j/7 8h30-22h sf dimanche soir, lundi. Formules midi (hors we) : 14/16 €. Carte 25/30 €. Terrasse panoramique.

Ce tout nouveau complexe multisport Kinka dispose d'un restaurant panoramique avec grandes terrasses et vue sur les montagnes et sur les salles de sport. Après l'effort ou simplement en mode gourmandise, installez-vous dans les fauteuils confortables et laissez-vous tenter par des plats sains, équilibrés et de saison. Le chef déjà bien connu fait ici des merveilles tant salées – plats terre/mer – que des douceurs sucrées. Côté bar, bières du cru, cocktails « maison » et carte des vins généreuse à l'image de l'établissement. Faites-vous plaisir sans culpabiliser !

LA NIVELLE-HÔTEL-BISTRO-RESTAURANT €€

Place de l'Eglise, chemin Karrika
✆ 05 59 54 10 27
www.lanivelle.fr
Logis. Fermé dimanche soir, lundi (sauf en saison). Carte 35/40 €. Menu gourmand 39 €. Formule jour 16 €. Terrasse.

Vous découvrirez dans ce restaurant une cuisine de famille qui sait ne pas oublier les valeurs sûres du Pays Basque. Côté bistrot, c'est l'esprit bodega avec ses pintxos. Côté restaurant, c'est la cuisine traditionnelle du terroir avec l'ardoise de truite fumée de Banka, citron confit et crème wasabi, la lotte rôtie, tombée d'épinard et asperges vertes, l'agneau de lait rôti aux petits légumes, le crumble de fruits frais exotiques ou le baba au rhum ananas, le tout fait maison.

L'AUBERGE BASQUE €€€

745, Vieille route de Saint-Pée
✆ 05 59 51 70 00
https://www.aubergebasque.com/
1 étoile Michelin. Ouvert mardi soir au dimanche soir. Réservation impérative. Déjeuner dès 60 €, dîner dès 92 €.

Tout ici respire le raffinement du lieu : parc bucolique et confidentiel, situation exceptionnelle au cœur du Pays Basque ; une auberge atypique où l'excellence règne, étoile oblige, mais pas seulement ! Car ici, on transcende le produit avec le talent du chef Cédric Béchade et de sa brigade. Pour un dîner romantique, un déjeuner « sur l'herbe », face aux collines et au bord de la piscine, c'est l'endroit idéal pour apprécier une cuisine goûteuse et gourmande. Mer/terre et nature sont à l'honneur sans oublier les instants sucrés. L'auberge est aussi un hôtel 4*.

BOULANGERIE DARRIGUES

Rue Karrika
✆ 05 59 54 52 37
Classée dans les 100 meilleures boulangeries. Lundi au vendredi (sauf mercredi) : 6h-19h, samedi et dimanche : 7h-13h.

Il y a des artistes dans cet établissement qui, chaque jour de l'année et cela depuis 1977, pétrissent, façonnent, élaborent toutes sortes de pains de tradition française, du grain de blé à l'incontournable baguette Herriko. Il y a ces viennoiseries maison, mais la plus réputé reste le sablé et la brioche de Saint-Pée. Cette dernière est née du fruit de l'imagination de Cédric Béchade (patron de l'Auberge Basque) et de Beñat Darrigues (patron de la boulangerie), avec une alliance de pâte briochée, de noix et de membrillo, la pâte de coing, pour devenir un gâteau !

EUSKAL VRAK - L'ÉPICERIE DU LAK

2, lotissement Alain Cami ✆ 05 59 43 66 37
www.euskalvrak.com

Ouvert lundi au samedi 8h-13h/16h-19h. Dépôt de pain. Journaux. Relais colis. Parking. Terrasse. Monnaie Eusko. Drive.

Euskal Vrak promeut le concept depuis 6 ans déjà avec l'enthousiasme, l'énergie et la pédagogie de Christelle et Isabelle. Ne jetons plus nos contenants, ils servent à conditionner riz, pâtes, céréales, légumes, fruits, confitures, biscuits, épices, huile, produits d'entretien, cosmétiques... Si vous n'avez pas porté vos contenants, elles vous les proposent. Une épicerie bio qui met les producteurs locaux à l'honneur et privilégie le bon geste pour l'environnement. Belle initiative !

LA NOISETTE BASQUE

Impasse Yalaria - Z.A. Lizardia
✆ 09 81 12 95 68
www.noisettebasque.fr

Ouvert toute l'année, du lundi au samedi, de 15h à 19h, et en saison de 9h à 19h. Visites guidées avec dégustation.

Vincent cultive, produit et transforme la noisette haut de gamme en produits gastronomiques d'exception, nature, sucrée, salée, huile... Depuis quatre ans, sur 3 ha, c'est 1 200 noisetiers bio environ qui ont été plantés au bord de la Nivelle. Une installation unique dans un cadre dédié au traitement de la récolte et de leur transformation dans un verger expérimental. Vincent propose des thématiques avec dégustation et une halte à la boutique, où l'on retrouve une gamme en vente directe avec des recettes, et une terrasse panoramique qui surplombe la plantation.

ADVENTURE CÔTE BASQUE PARAMOTEUR

Chemin de Maxalenia ✆ 06 85 59 70 92
www.cotebasqueparamoteur.fr

Baptêmes, formation, vente de matériel. Ouvert 7/7 sur RDV (suivant météo). Baptêmes dès 50 €. Infos sur le site.

Prenez de la hauteur avec Thierry, votre pilote émérite, qui vous embarque depuis sa base ULM de Saint-Pée en chariot biplace admirer les paysages du Pays Basque, vus du ciel ! Baie de Saint-Jean-de-Luz, sommet de la Rhune, Espelette, Ainhoa... Inoubliables et magiques sensations de liberté, que du bonheur ! Si ensuite vous souhaitez voler en toute autonomie, votre pilote assure votre formation théorique et pratique, validée par l'obtention du brevet. Présent aussi dans les Landes.

AQUAZONE AQUATIC PARK

Lac de Saint-Pée-sur-Nivelle ✆ 06 21 63 03 20
www.aquazone64.com

Ouvert 7j/7 en juillet-août. 11h/13h : 8€/1h, 12€/2h, 13h/19h : 9€/1h, 16€/2h, journée : 25€. + de 6 ans sachant nager.

L'AquaZone est un immense parc aquatique gonflable et flottant de 3 000 m² accessible à tous. Amusez-vous avec ses nombreux jeux flottants : toboggans, trapèze, trampolines, planète géante, escalades, parcours d'obstacles... Testez le plus haut toboggan gonflable aquatique du monde (11 m) ! Une activité ludique, sportive, conviviale qui séduit toutes les générations, il suffit juste de savoir nager. Elle se pratique en toute sécurité : gilet obligatoire, sauveteurs diplômés, etc. Écologique aussi, pas d'émission de CO^2. Incontournable et dans un site exceptionnel.

KINKA SPORT

ZA Lizardia 684 ✆ 05 59 56 93 93
https://www.kinka.eus

Ouvert 7/7 8h30-22h. Aquagym, fitness, musculation, cross training, yoga, foot five, kids, anniversaires..Restauration.

Ce tout nouveau et magnifique complexe multisport *indoor* de 3 500 m² est un vrai lieu de plaisir et de détente. Jeune, adulte, senior, débutant, confirmé, vous trouverez votre activité dans des espaces parfaitement adaptés, en toute sécurité, encadré par des coachs diplômés et avec du matériel de 1er choix. Fitness/muscu, aquabike, padel tennis (mélange de tennis/pelote basque), frontball, foot five, yoga, etc. sont quelques-unes des principales disciplines. Kinka, c'est aussi un restaurant panoramique avec vue sur les montagnes basques et un espace privatisable.

NOA ADVENTURE

6023, chemin Ibarbidea ✆ 06 64 11 52 08
www.noaadventure.com

Ouvert toute l'année 7j/7 de 9h à 20h. Rando de 59 à 99 €/pers. avec E.VTT et trottinette TT. Réservation en ligne.

Venez faire le « plein de Pays Basque » hors des sentiers battus, seul, en duo, entre amis et famille depuis la base/atelier de Saint-Pée-sur-Nivelle au guidon de VTT électriques haut de gamme et révisés, ou encore de trottinettes électriques E.TROTRX. Mickaël, votre coach-moniteur, déjà bien connu dans le milieu sportif, vous propose de partir à l'aventure et en toute sécurité sur les chemins escarpés du Labourd (lors de différentes randonnées exploration, évasion ou aventure) avec l'équipement de protection (gant, casque...). Une activité 100 % nature !

RANDO QUAD PAYS BASQUE

Maison Iturriartia
© 06 10 44 14 97
www.quad-paysbasque.com
Ouvert toute l'année 7/7. Raid 1h-1h30 découverte dès 55 €/pers, raid apéro-sunset (125 €/2 pers) avec quad biplace.

Entre mer et montagne, 365 jours d'aventure en plein air et tout terrain ! Entre amis ou en famille, découvrez en quad les randonnées inoubliables sur les communes de Saint-Pée-sur-Nivelle, Sare, Ascain, Ainhoa et Espelette au guidon d'un quad Yamaha 350 cc. Paysages somptueux, chemins de crêtes des contrebandiers, portions techniques et bien d'autres surprises... Pour un anniversaire, enterrement de vie de garçon (ou jeune fille) ou encore un raid apéro-sunset avec le coucher de soleil sans supplément. Et aussi le paintball au lac de Saint-Pée-sur-Nivelle !

SARE / SARAKOHERRIA ★★

Sare est une enclave française qui s'enfonce dans la Navarre espagnole. Ainsi est naturellement né le Pays de Xareta, entre Sare, Urdax et Zugarramurdi en Espagne. Commune transfrontalière, donc, elle vécut de par sa situation des heures difficiles et elle doit son surnom Garrazko-Larra qui signifie travail de la nuit, à l'importante contrebande sur le secteur. Avec l'Europe, l'activité cessa. Sare fait partie des plus beaux villages de France avec le premier prix des villages fleuris, un village océanique, distant seulement de 8 km de l'Atlantique, posé dans un nid de verdure au pied de la Rhune et de l'Axuria qui n'a pas volé son label Station verte.

COL DE LIZARRIETA ★

Ouvert toute l'année.

Montez vers ce col (situé à 441 m d'altitude), en passant près du Musée du gâteau basque. La route monte en lacets sur une dizaine de kilomètres dans une forêt. Autrefois lieu de prédilection de la contrebande, il sert désormais de station de comptage des palombes en octobre. Notez la Venta située sur le plateau et, en descendant la route sinueuse, vous arriverez en Espagne dans le superbe village basque d'Etxalar. Vous rentrerez en France par la Bidassoa et Ibardin, à moins que vous ne rouliez jusqu'à Irun. Un tracé sinueux et facilement accessible.

ÉGLISE SAINT-MARTIN ★

Ouverte toute l'année. Gratuit.

L'église a été reconstruite au XVIIe siècle, suite à des dégradations pour faits de guerre. Mais de quand date-t-elle ? Nul ne saurait répondre ! Murs de galets et de cailloux pour cet édifice, un clocher carré à cinq étages avec une devise sur le cadran en langue basque : toutes les heures blessent l'homme, la dernière l'envoie au tombeau. A l'intérieur, de sobres bancs de bois occupent une nef claire, le chœur, entièrement refait au XIXe, a été remodelé. Surélevé comme à Saint-Jean-de-Luz avec un maître-autel en pierre de Beaumont léchée sur un retable.

PAYS BASQUE

© ELODIE SCHUCK

Petit train descendant du sommet de la Rhune.

GROTTES DE SARE ★★

✆ 05 59 54 21 88 - www.grottesdesare.fr

Tous les horaires, infos et tarifs disponibles sur : www.grottesdesare.fr. Réservation en ligne fortement recommandée.

Troisième site le plus visité du Pays Basque, les Grottes de Sare vous proposent une visite guidée de 1h en son et lumières, composée de plusieurs thématiques : une géologie fascinante et atypique, l'occupation temporaire de la cavité par l'homme, sans oublier un pan de notre histoire à travers la mythologie, mais aussi une approche des origines du peuple basque, de ses traditions et de ses paysages. Cette visite a été conçue selon les travaux et écrits de J.-M. de Barandiaran, l'un des plus grands anthropologues de son temps.

Le guide vous apportera des compléments d'information, tout le long d'un parcours entièrement aménagé et sécurisé. Au rythme de la « txalaparta », vous admirerez l'extraordinaire travail de l'eau depuis des millions d'années. Vous observerez l'un des plus grands porches du Pays Basque et déambulerez dans les galeries pour découvrir méandres, tubulures, gours et autres concrétions, sans oublier le site d'habitat préhistorique où l'homme y séjourna temporairement il y a plus de 20 000 ans. Une visite adaptée pour petits et grands !

Un espace protégé : en collaboration avec le CEN Nouvelle-Aquitaine (Conservatoire d'Espaces Naturels) et le GCA (Groupe Chiroptères Aquitaine), la commune de Sare et les grottes de Sare ont signé un partenariat avec ces institutions afin de mieux connaître et conserver le patrimoine naturel des Grottes de Sare et de ses alentours. Les Grottes de Sare font aujourd'hui partie de Natura 2000, espace protégé pour sa faune et sa flore dont certaines espèces sont endémiques. A l'intérieur de la cavité, la chauve-souris, seul mammifère volant, nous observe ! Plusieurs espèces font l'objet de suivis réguliers (comptages), car certaines sont fortement menacées. Les grottes de Sare sont considérées comme un lieu d'intérêt international pour leur protection.

Parc Mégalithique et Musée de site : avant ou après la visite des grottes, 2 visites libres sont proposées, celle du Parc Mégalithique construit par le Dr Blot, véritable reconstitution des différents monuments érigés par l'homme durant la période protohistoire (2 800 ans av. J.-C.) et le musée qui présente l'occupation de la grotte par l'homme de la préhistoire à nos jours. Les enfants trouveront un espace consacré aux chauves-souris.

Compte tenu du nombre de personnes limité par visite, la réservation est obligatoire, soit par internet, soit auprès de l'un des 19 bureaux d'Offices de tourisme du Pays Basque. Conditions de visite et accès au site publiés sur www.grottesdesare.fr en fonction de l'évolution de l'épidémie de la COVID-19.

LA MAISON ORTILLOPITZ ★

Col de Saint-Ignace

✆ 05 59 85 91 92

https://www.ortillopitz.fr/

Ouvert du 10/04 au 29/10 du dimanche au vendredi 10h/16h30. Visite libre 6 €, visite guidée 10 €. Billetterie en ligne.

Ortillopitz, la maison basque de Sare, a été bâtie en 1660 dans le vallon, à proximité du petit train de la Rhune. C'est un lieu historique, la mémoire basque, restaurée grâce à une initiative privée, celle de Jean-Elie Tapia, le petit-fils de la dernière résidente. Une façade typique labourdine à colombages et encorbellements et est environnée de 3 hectares de vergers, de vigne ainsi que d'un champ de lin. Un endroit qui permet d'évoquer une époque avec son mode de vie sous l'Ancien Régime et d'avoir une vision objective du Pays Basque et de ses valeurs.

MUSÉE DU GÂTEAU BASQUE ★

Dép. 406, maison Haranea
quartier de Lehenbiscay

✆ 05 59 54 22 09

www.legateaubasque.com

Ouvert du 13/04 au 5/11 ; toute l'année sur rdv (groupes). Visites à heures fixes : 11h, 14h30, 16h. Tarifs sur le site.

Véritable sanctuaire de la culture et tradition basques, le Musée du Gâteau Basque transmet les finesses et savoir-faire authentiques de cette pâtisserie incontournable. S'il s'agissait à l'origine d'un gâteau sec, fait à base de céréales pour les pêcheurs, la recette quasi inchangée depuis tout ce temps a tout de même gagné en onctuosité. Alliance de crème pâtissière (ou de confiture de cerises), d'un biscuit moelleux à l'amande, l'équilibre parfait des textures et des saveurs l'a rendu célèbre dans toute la France et au-delà des frontières. Pendant une heure, le pâtissier/conférencier vous fait saliver en expliquant les origines et les secrets du gâteau basque. Au Musée de Sare, on découvre le grand classique basque qui séduit petits et grands depuis des siècles. A travers des visites gourmandes ou des ateliers ludiques, les visiteurs de tous âges deviennent acteurs de circuits gastronomiques ! De l'apprentissage à réalisation de la garniture, en passant par le délicat montage du gâteau, le musée prodigue astuces et conseils pour cuisiner comme un professionnel. Puis chacun peut déguster sa création ou celle des autres... pour les moins cuisiniers. Vente sur place à la boutique de gâteaux basques, sablés, tourons, chocolat, confitures... Le lieu se présente comme un petit hameau avec plusieurs bâtiments : le Musée, la Bodega « Tinka », la Maison Haranea avec ses terrasses qui permet d'accueillir 50 personnes pour déjeuner et le grand parc bordé d'un ruisseau. Ici, la bonne humeur des pâtissiers est communicative.

LA RHUNE ★★

Col de Saint-Ignace

Accessible toute l'année. Parcours d'une durée de 2 à 4h suivant la condition physique et la météo. Dénivelé de 800 m.

Au départ du col de Saint-Ignace, vous pouvez prendre le Petit Train pour découvrir la Rhune. Le Petit Train, mais aussi pour les marcheurs une montée à pied. Car escalader la Rhune est une mémorable randonnée : elle mêle légende, nature, histoire, culture. L'impératrice Eugénie y entraîna sa cour dans une pittoresque ascension en 1859 ! Il faut savoir que la Rhune domine de ses 905 m la Côte basque, offrant de superbes panoramas. Monter la Rhune demande 3 bonnes heures (800 m de dénivelé). Il faut prendre le temps de contempler la faune et la flore.

LES RUES

Accessible toute l'année.

A parcourir à pied absolument. Elles vous entraînent dans des quartiers remarquables pour leurs maisons. Vers le col de Lizuniaga, le quartier Lehenbiskai : voyez les oratoires, la maison Haranburua avec ses tourelles et chapelle. Le quartier Ihalar, maison du XVIe à belle façade et chapelle Sainte-Catherine. Le quartier Istilarte, de la colline, un des plus beaux panoramas. Oratoires, sanctuaires, chapelles, Sare est le plus riche en édifices religieux : les quatorze oratoires sont dédiés à tous les saints du paradis, l'un d'eux aurait une fontaine miraculeuse.

BUREAU D'ACCUEIL TOURISTIQUE

Herriko Etxea, le Bourg © 05 59 54 20 14

www.en-pays-basque.fr

Ouvert toute l'année. Horaires selon saison consultables sur le site. Centrale de réservation hébergement, billetterie.

Passer au Bureau d'accueil touristique du charmant village de Sare, c'est se renseigner sur cette belle région, c'est profiter de l'exposition qui a pour mission de raconter la vie de la petite pelote avec pala, chistera, gant en cuir, raquette... et c'est encore, profiter d'une visite accompagnée à la découverte de la cité. Vous serez informés de toutes les activités sportives et découvertes des patrimoines locaux, événements, animations...Vous saurez où déguster les recettes locales.

TRAIN DE LA RHUNE ★

Col de Saint-Ignace

https://www.rhune.com/fr/

Du 14/04 au 4/09. Départs ttes les 40 min. A/R adulte 20 €, 4/12ans 13 €. Réservation conseillée, billetterie en ligne.

Le Train de la Rhune, devenu célèbre, ne cesse de gravir vaillamment les pentes du massif jusqu'à 905 m. d'altitude. La Rhune domine la côte basque, offrant l'un des plus beaux panoramas à 360°, de la mer à la montagne. Pendant l'ascension, vous découvrirez la faune et la flore de la montagne basque. Ce massif est peuplé de pottoks, poneys en totale liberté, de brebis manech et de vautours. On peut faire l'aller/retour en train mais pour les courageux, un sentier qui relie le sommet à la gare de départ peut être emprunté, dans un dénivelé de 730 m.

Le Train de la Rhune, une belle histoire ! Une belle histoire que cette installation du Train de la Rhune... On se souvient qu'au XIXe siècle les pentes de la Rhune étaient couvertes de 90 sentiers, semble-t-il, empruntés par les chasseurs du néolithique, les bergers transhumants et en 1859 par l'impératrice Eugénie qui en fit l'ascension à dos de mulet. Il était donc temps de s'organiser et de trouver des solutions pour séduire des visiteurs de plus en plus nombreux. En 1909 naît donc l'idée de la réalisation d'un train à crémaillère reliant le col de Saint-Ignace au sommet de la Rhune, projet accepté. Et c'est le 24 juin 1912 que le département des Basses-Pyrénées (aujourd'hui Pyrénées-Atlantiques) autorise la construction et l'exploitation du chemin de fer. Création l'année suivante de la Société anonyme des chemins de fer basques et début des travaux interrompus de 1914 à 1919, pour cause de guerre. A la fin de la guerre, la construction reprend pour s'achever en 1924.

A presque 100 ans, le Train est en pleine forme ! Il a toujours su rivaliser, au fil des années, avec ses homologues à travers le monde : le premier train à crémaillère du monde construit en 1869 aux Etats-Unis, le mont Rigi en Suisse en 1871 et Pilatus Bahnen en 1899, la même année que les français, Jungfraubahn donc en 1912, etc. Et tout le matériel utilisé aujourd'hui est d'époque. Ces voitures en bois, comme toutes celles du parc ont été entièrement restaurées à l'identique par des entreprises locales. En tout plus de 1000 heures de travail, avec les mêmes essences d'arbres qu'en 1924, la toiture en sapin des Pyrénées, le plancher en pin des Landes, le lambris en châtaigner de l'Ariège, la plate-forme en iroco, bois exotique imputrescible d'Afrique. Les voitures ainsi livrées sont testées pendant plusieurs semaines, puis soumises à des essais de frein draconiens pour être déclarées bonnes pour le service... Un train qui a de beaux jours devant lui lorsqu'on sait que tous les ans il accueille plus de 350 000 visiteurs.

HÔTEL-RESTAURANT BARATXARTEA** €€

Quartier Ihalar ✆ 05 59 54 20 48
www.hotel-baratxartea.com

Logis de France. Ouvert mi-mars à mi-novembre. 20 chambres de 68 à 90 €. Petit déjeuner : 9,50 €. Restauration le soir.

A quelques pas du charmant village de Sare, l'hôtel Baratxartea se fond dans un paysage typique du Pays Basque. Vous ne serez pas dérangés par le bruit des voitures et par l'agitation de la vie moderne ! Chambres sobres et classiques tout confort avec pour certaines un petit balcon, vue sur la Rhune. L'hôtel a su préserver son charme d'antan, et vous y recevrez toujours un accueil convivial digne d'un hébergement chez l'habitant. Un lieu privilégié pour son intimité et sa quiétude.

ARRAYA**** €€€

Bourg ✆ 05 59 54 20 46
www.arraya.com

Les Collectionneurs. Ouvert : 8/04 au 10/12. 15 chambres de 106 à 225 €. Piscine chauffée. Jardin. Restaurant. Boutique.

Cet hôtel haut de gamme, – maison basque du XVIe –, ancien relais de Compostelle, cultive l'esprit basque avec un savant mélange de traditionnel et de modernité. Une aura chaleureuse et douillette présente partout. Les chambres offrent une ambiance très raffinée et cosy ; certaines ont vue sur les montagnes, d'autres sur le village. Au sein de cet élégant cocon, vous profiterez de la nouvelle piscine avec son couloir de nage chauffé, et de son restaurant gastronomique qui fait honneur aux produits du terroir. Et toujours un grand sens de l'accueil et du service.

AKOKA €

Maison Iparragerria
✆ 05 54 66 94 14

Ouvert du 1er avril à la Toussaint le midi. Plat du jour : 12 €. Salades dès 11 € + carte. Salon de thé. Terrasse.

Lorentxa et Sébastien proposent une restauration de qualité, faite maison avec des produits locaux. On y mange bien et il y en a pour tous les appétits : gravlax truite de Banka, chipirons, assiettes gourmandes, salades, taloa garnie… Ambiance détendue et chaleureuse en salle ou en terrasse pour apprécier la cuisine basque : axoa, cordon basque, assiettes combinées, planches de charcuterie de la Maison Ospital, savoureux gâteaux basques (vendus à l'hôtel Arraya), pain d'épices, glaces et sorbets maison. Et, salon de thé l'après-midi pour une pause gourmande.

SARE & THÉ €

✆ 05 24 33 46 10

Ouvert 10h/18h30. Juillet/août, fermé samedi. Septembre à juin, fermé mercredi et jeudi. Comptez 15 à 20 €. Terrasse.

Laurence et Alain, originaires de Picardie et tombés sous le charme du Pays basque, ont créé ce restaurant-salon de thé à Sare. Loin des tumultes, l'ambiance y est zen et cosy. A l'intérieur ou en terrasse, le temps s'interrompt quelques instants pour mieux apprécier ces plats élaborés par nos deux amis. Ne cherchez pas ici la côte de bœuf ou autre magret, nous sommes dans l'univers de la cuisine bio, végétarienne, végan ou sans gluten. Et c'est excellent ! Pour accompagner, thés et infusions, smoothies, jus de fruits, vins biodynamiques et bières artisanales.

ARRAYA €€

Bourg ✆ 05 59 54 20 46
www.arraya.com

Ouvert du 8/04 à fin novembre. Réservation recommandée. Menu soir et dimanche, dès 35 €. Menu midi semaine dès 20 €.

L'hôtel-restaurant Arraya siège dans une ancienne demeure du XVIe siècle. Tenue par la famille Fagoaga, cette magnifique maison a conservé toute son authenticité tout en y mêlant confort et modernité. Goût et raffinement se poursuivent jusque dans le restaurant où tout est fait maison. Ici, le mot d'ordre est simple : faire du bon avec du vrai ! A l'ombre des platanes, ou à l'intérieur, on apprécie cette cuisine traditionnelle, gourmande, généreuse et inventive. Plats de saison et signatures : la Saint-Jacques, le pigeon rôti, le cèpe, le lièvre à la Royale…

OLHABIDEA-RESTAURANT-CHAMBRES D'HÔTES €€€

Quartier de la chapelle Sainte-Catherine
✆ 05 59 54 21 85 - www.olhabidea.fr

Ouvert du 10 février au 30 novembre. Menu dès 48 €. 5 Chambres d'hôtes : 85 €/2 avec petit déjeuner. Jardin. Terrasse.

Toujours aussi merveilleuse cette grande maison typiquement basque, et toujours aussi merveilleuse est la cuisine du chef… C'est intime, cosy et on est un peu comme chez soi… dans une atmosphère conviviale autour des deux frères Fagoaga, l'un en cuisine et l'autre en salle. Ils vous concoctent, selon le moment et les coups de cœur du marché, des plats parfaitement travaillés… Un beau programme ! Une évolution qui tient sans nul doute à la notoriété de cet endroit hors du temps.

PAYS BASQUE

BOUTIQUE ARRAYA

Hôtel Arraya - place du Village
✆ 05 40 07 58 55
Ouvert du 1er avril à la Toussaint 7j/7 en haute saison 8h30-19h ; basse saison, du mercredi au dimanche 10h30-18h.

Entrez dans la boutique de l'hôtel Arraya et vous ne ressortirez sans doute pas les mains vides ! D'excellents produits locaux confectionnés par Lorentxa et Sébastien Fagoaga : gâteaux basques, confitures maison, conserves, plats cuisinés. Également des vins et apéritifs régionaux, du piment d'Espelette, de belles espadrilles de fabrication locale – Dam é Drôles –, la maroquinerie de la réputée Maison Laffargue de St-Jean-de-Luz, de la poterie Goicoechea, des savons artisanaux, et bien d'autres surprises. Un vrai concentré du savoir-faire de nos artisans locaux.

URRUGNE / URRUÑA ★

A mi-chemin entre Saint-Jean-de-Luz et l'Espagne, Urruña est bordé par une corniche sauvage qui domine merveilleusement l'océan sur 6 kilomètres, et par les Pyrénées, offrant la proximité de la Rhune – 900 mètres – et du col d'Ibardin et 170 km de sentiers balisés, prêts pour la randonnée, pédestre ou en VTT. Ancienne capitale du Labourd, sa situation stratégique entre Paris et Madrid lui a valu de supporter guerres et invasions ; sur son blason, le lys est d'ailleurs juxtaposé au lion, en référence à l'annexion de Charles VII en 1451, au côté de l'emblème des maîtres d'Urtubie. N'oubliez pas la visite du château et son parc, magnifiquement conservé !

© VINCENT FORMICA

Le fronton d'Urrugne.

LE CHÂTEAU D'URTUBIE ★

rue Bernard-de-Coral
✆ 05 59 54 31 15
www.chateaudurtubie.net
Ouvert 7j/7 du 01/04 au 31/10 + vacances. Visite guidée. Adulte : 8 €, enfant : 4 €. Gratuit - de 5 ans. Escape Game.

Au cœur d'un parc classé, à 3 km de Saint-Jean-de-Luz, le château d'Urtubie classé à l'Inventaire des Monuments historiques, ancienne maison forte d'Urtubie impose ses 6 siècles d'histoire au paysage labourdin. Le Moyen Age, la Renaissance, Louis XIV, la Révolution, Napoléon 1er et Napoléon III et les années folles. Avec ses deux tours aux dômes en forme de casque à pointe, sa toiture d'ardoises taillées en forme d'écailles de poissons, l'architecture du château porte le sceau de ses maîtres, de 1341 à nos jours. L'histoire d'une famille depuis les Tartas d'Urtubie jusqu'aux comtes de Coral, les actuels propriétaires, vous saurez tout. Une visite éloquente tant les pièces de prestige affichent du caractère, hauts plafonds, moulures, murs de bois travaillés, mobilier d'exception d'époque... On n'oublie pas l'orangerie du XVIIIe siècle ainsi qu'une belle vitrine réservée aux plantes du Pays basque et le tout dans le parc de 6 ha qui peut être utilisé pour des séminaires. Et *in situ* un hôtel avec des chambres rénovées et entièrement meublées et décorées avec des tableaux et des meubles des XVIIIe et XIXe siècles. Dans ce cadre exceptionnel et pour les passionnés d'énigmes, dans une pièce réservée, un escape game, un jeu original d'évasion grandeur nature où vous vous retrouverez enfermé dans une pièce du château avec votre équipe et vous aurez 60 minutes pour vous échapper... Réalisme et émotions garantis avec ce jeu d'évasion grandeur nature, l'un des tout premiers escape games développés en France.

CAMPING LARROULETA*** €€

210, route de Socoa ✆ 05 59 47 37 84
www.larrouleta.com
Ouvert à l'année. Emplacement Standard 2 pers 19,50 à 33 €, Gd Confort 28 à 42,50 €. Piscine. Lac avec jeux aquatiques.

Un cadre de verdure pour ce camping à 3 km des plages, qui propose à l'année des emplacements tente et camping-cars (pas de locatifs). Sur place, les activités ne manquent pas, notamment pour les sportifs : terrain de foot, boulodrome, tennis, piscine, pêche (lac privé de 2,5 ha), bateaux à pédales, plage de sable sur le camping, bar-restaurant. Le camping est doté d'un sanitaire chauffé et d'une piscine couverte et chauffée l'hiver ou en cas de mauvais temps. Et l'Aquazone, grand édifice aquatique pour les enfants et ados. Navette de bus à 200 m toute l'année.

PAYS BASQUE

MAISON PARIÈS

Zone de Poutillenea ✆ 05 59 26 29 75
www.paries.fr

Hiver, ouvert du lundi au samedi 9h-13h/14h30-19h, dimanche 9h-13h. Été, 7j/7 9h-19h30. Labels EPV et EFC.

La dynastie de chocolatiers depuis 1895 ou la fabuleuse histoire de 5 générations d'artisans qui perpétuent un héritage gustatif unique au Pays Basque. Chocolats, Kanougas®, Mouchou®, gâteaux basques, tourons, pâtisseries et glacier, reconnu Gault et Millau. Une institution que l'on retrouve en dehors des frontières du Pays Basque – St-Jean-de-Luz, Biarritz, Bayonne, Socoa-Urrugne, Espelette –, à Saint-Sébastien, Paris et Bordeaux, qui régale toutes les générations de gourmets. Des recettes ancestrales incontournables, mais aussi des nouvelles avec les meilleures matières premières sélectionnées tels les grands crus de cacao et vanille de Madagascar, Venezuela, Equateur... les amandes de Catalogne. Belle maison qui privilégie aussi les filières locales et qui s'est lancée dans la culture de ses propres noisettes à Urrugne. Quelques exemples de ses spécialités :

Les Espelines® – Friandises aux amandes d'Espagne, torréfiées, caramélisées avec une pointe de piment d'Espelette ; les Kanougas® – la signature historique ! Petit caramel aux 6 parfums ; le Mouchou® – macaron composé de 2 parties rondes accolées, au cœur moelleux et riche en amandes douces ; les Tourons – en plaques ou en petits fours, déclinés en plusieurs parfums ; les gâteaux basques – riches en tradition, ils marient croustillant de la pâte dorée à l'onctuosité de la crème d'amande, à la finesse de la confiture de cerises noires, à la rondeur de son chocolat, des noisettes ou à la fraîcheur des agrumes. Les pâtisseries et glaces – 25 parfums de glaces-sorbets.

CAMPING MENDI AZPIAN*** €€

Route du Col d'Ibardin ✆ 05 59 54 33 46
www.camping-mendi-azpian.com

Ouvert du 1/04 au 15/11. Empl. + véh./2 pers 14-27 €. Mobil-home 258-960 €/sem. POD : 29-48 €/nuit. Piscine chauffée.

Un environnement préservé pour ce camping familial et agréable à vivre, un cadre reposant, calme, avec des emplacements traditionnels, mobil-homes, POD – tentes bois pour 2 personnes avec terrasse. A quelques km des plages, profitez ici des plaisirs de la mer en toute sérénité. Autre avantage : une piscine chauffée, un espace aquatique pour se prélasser ou faire quelques longueurs sans frissonner ! Et découvrez d'autres horizons basques : au départ du camping, une randonnée vers le lac d'Ibardin. A 2 km, à Olhette, départ de randonnées pour le sommet de la Rhune.

CAMPING DE LA CORNICHE**** €€€

Chemin Antziola ✆ 05 59 20 06 87
www.camping-corniche.com

Ouvert 1/04-1/11. Emplacement 2 pers./1 véh. 19 à 39 €. MH/Chalets 41 à 220 €/nuit. Piscine chauffée. Bar-restaurant...

Domaine de 7 ha à 150 m de l'océan, au cœur de la nature avec de multiples activités : espace aquatique – piscine chauffée couverte, couloir de nage, balnéo... –, terrain multisports, club enfants... Emplacements tentes, caravanes, et nouveaux emplacements Premium avec salle de bains privée, locations de mobil-homes/chalets, bungalows toilés, parfaitement équipés. En juillet/août, une navette pour la plage vous permettra de vivre au rythme des marées. Séjournez dans un cadre exaltant !

FERME ILHARREGUI BAITA €€

70, chemin de Apezerreka ✆ 05 59 54 73 39
https://www.ferme-ilharregui-baita.fr/

Ouvert du mercredi au samedi midi & soir + dimanche midi. Réservation recommandée. Carte 32/45 €. Traiteur/événementiel.

Le jeune chef Xabi Eizmendi, élève et disciple de Philippe Etchebest (restaurant étoilé au Quatrième mur à Bordeaux) est revenu dans sa région natale pour le plus grand plaisir des gourmets et gourmands ! C'est dans cette splendide ferme, entièrement rénovée avec talent, que l'on trouve une cuisine non moins talentueuse. Jugez plutôt avec un jeune poireau au barbecue, moules et couteaux, des encornets farcis aux tripotx d'ici, les noix de Saint-Jacques justes saisies et leur émulsion de beurre noisette et pour le sucré, le cheesecake mirabelles version basque...

FERME LIZARRAGA €€

550, chemin de Lissarraga ✆ 05 59 47 03 76
www.saint-jean-de-luz-restaurant.com

Ouvert du mercredi au dimanche midi et soir. Réservation recommandée. Formules midi semaine : 23/27 €. Menus 45 €, 58 €.

N'hésitez pas à quitter la route pour emprunter un chemin sinueux qui débouche sur cette splendide ferme du XVIIe siècle aux poutres ancestrales, à l'ombre du célèbre château fortifié d'Urtubie. Un rendez-vous immanquable pour l'ambiance avec la cheminée qui crépite et la créativité. Vous apprécierez le foie gras de canard, les noix de Saint-Jacques marinées, l'œuf bio mollet et truffe noire, le fameux pigeon de Souraïde, la poire Rocha et son tube de meringue ou encore le finger craquant choco-passion. Une excellente table autour du chef et de sa brigade.

ZOKOAK €€

Rue de Poutillenea (à coté de la Maison Pariès)
✆ 05 59 41 59 10
www.restaurant-zokoak.com

Ouvert 7/7 sf dimanche soir, lundi. Menu midi semaine : E/P 15 €, menus 23 à 31 €. Vente à emporter. Terrasse. Parking.

C'est toujours avec un plaisir gourmand et gourmet que nous retournons dans ce « antre » de la cuisine traditionnelle et moderne et où l'on doit cette maîtrise des saveurs et des produits du jour au talent du chef et de sa brigade ! Atmosphère et cadre cosy avec une carte respectant le rapport qualité/prix/fraîcheur... Après quelques tapas « maison », vous apprécierez une lotte aux asperges, des ravioles de gambas à l'infusion de cèpes, un pluma de cochon, des ris de veau aux morilles. Un coin écailler aussi et côté desserts, même signature. À vos fourchettes !

ANTTON CHOCOLATIER

Centre commercial Leclerc-RD 810
✆ 05 59 85 01 40
https://www.chocolats-antton.com/

Ouvert du lundi au samedi de 9h30 à 19h30. Commande et livraison depuis le site en ligne.

C'est la petite dernière de la Maison Antton, artisan chocolatier basé à Espelette. Le chocolat est travaillé de manière artisanale, associé aux arômes du terroir du Sud-Ouest. Pour le plus grand bonheur de vos papilles, vous trouverez une belle palette de ganaches, pralinés, tablettes, et une jolie sélection de biscuits. Venez vite découvrir les chocolats qui chantent le Sud-Ouest ; au piment d'Espelette, à l'Izarra, au sel de Salies-de-Béarn... Un large choix de boîtes et de coffrets cadeaux, et de paniers gourmands à composer. Tout simplement... irrésistible !

GOXOAN

2350, route de Biriatou
✆ 06 21 69 34 75

Ouvert toute l'année de 15h à 18h. Fermé les dimanches et jours fériés. Visite de la bergerie sur RDV. Vente sur place.

Cinq générations de savoir-faire dans la production fromagère et autres. Sur la route du fromage AOP Ossau-Iraty, venez rencontrer Marie, Tote et Pantxika qui vous ouvrent leurs portes pour une dégustation, une visite de l'atelier (bergerie, saloir d'affinage). Fromages de chèvre et brebis sont ici encensés, Tomme (façon reblochon), Gapelu (pâte molle de chèvre), crottin et tout cela, grâce à 250 brebis Manech et 70 chèvres évoluant sur 24 hectares. Nos passionnés approvisionnent aussi les meilleures tables des alentours. Également une boutique de produits locaux.

LA TOUR DES VINS

210, RD 810
✆ 05 59 26 30 24
www.latourdesvins.com

Ouvert du lundi au samedi de 9h à 19h30 et le dimanche matin en juillet/août et décembre. Parking gratuit.

La Tour des Vins à Urrugne est une cave à vin simplement et modestement exceptionnelle ! Exceptionnelle par l'accueil et le conseil de Sébastien qui a eu la révélation à l'âge de 16 ans... Gardien de ce trésor, il est un véritable guide expert dans le goût et la savante alchimie entre mets et vins, champagnes et spiritueux. Exceptionnelle aussi par sa connaissance des produits, issus directement et sans intermédiaire des producteurs locaux et nationaux, le tout ordonné de façon quasi militaire pour faciliter le choix. Un vrai paradis pour les amateurs.

OIHANA PARC D'AVENTURES ET PAINTBALL

Route de la Glacière
✆ 06 03 40 52 31
www.oihana-64.com

Vacances scolaires, ouvert 7j/7 10h30-18h30, sinon mercredi et we. Adulte 24 €, Famille 18 €, Ttiki park 15 €. Snack.

Amateurs de sensations et d'émotions fortes, partez à la découverte de la nature au Parc d'aventures Oihana, avec toujours de nouveaux ateliers, sur les parcours adulte, famille et le paintball qui nécessite une grande stratégie à mi-chemin entre le ballon prisonnier et une partie d'échecs. Une activité dès 12 ans. Au cœur de la forêt, vous sauterez de perchoir en perchoir et jouer les Tarzans ! Ludovic vous accueille chaleureusement et rassure les plus craintifs. Du débutant au plus sportif, il y en a pour tous les goûts. Les opérateurs vous apporteront les bases pour utiliser le matériel et évoluer en toute sécurité dans les arbres. Les parcours enfants, adultes et familles situés de 3 à près de 20 mètres de hauteur sont classés par couleur en fonction de leurs difficultés. Pour les plus petits, le Ttiki park aborde cette pratique sous forme ludique avec mini-pont et mur d'escalade. Comptez en moyenne 2h30. d'activité afin de réaliser l'intégralité du parcours aventure adulte. Quel que soit le parcours, vous en prendrez plein la vue, vous découvrirez la forêt comme vous ne l'avez jamais vue, avec en toile de fond, la pointe de Fontarrabie. En été, des sorties nocturnes sont organisées, une excellente manière d'avoir la tête dans les étoiles. Le snack est ouvert même à ceux qui ne grimpent pas. Vous profitez d'un cadre sympathique pour apprécier une petite restauration simple et saine. Burgers, salades, assiettes combinées réalisés avec des produits frais et locaux.

LA BASTIDE-CLAIRENCE / BASTIDA ★★

Fondée en 1314 par Louis Ier roi de Navarre, « Bastida de Clarenza » est restée marquée par son architecture. Les traditionnelles maisons basques à colombages et fenêtres à meneaux et linteaux cohabitent avec les maisons navarraises à toit à quatre pentes et entrées principales cintrées. La grande place centrale du village est un lieu de vie abritant cafés et restaurants. Il est devenu en quelques années le fief des artisans qui trouvent ici l'inspiration. Au cœur du Pays basque, La Bastide-Clairence est le point de départ idéal pour découvrir le territoire. Classée parmi les Plus Beaux Villages de France, elle est l'un des joyaux du Pays Basque.

LE CIMETIÈRE ISRAÉLITE

Classé «Plus Beaux Monuments de France». Ouvert toute l'année.

Au début du XVIIe siècle, des juifs séfarades fuyant l'Inquisition d'Espagne et du Portugal, sont accueillis à La Bastide-Clairence à partir de la communauté mère de Bayonne. Ils jouissaient d'un statut relativement autonome et s'engageaient à fournir un médecin et un apothicaire au village. De leur présence, il reste donc ce cimetière israélite, face au cimetière actuel qui marque une page de leur histoire. Seuls vestiges, de grandes pierres tombales qui furent déchiffrées par le professeur Gérard Nahon. La plus ancienne des 62 tombes remonte à l'an 1620.

ÉGLISE NOTRE-DAME-DE-L'ASSOMPTION

Visite uniquement durant les offices.

Son architecture est très spéciale et d'une facture très différente des autres églises du Pays Basque, notamment par la forme massive de son clocher et l'allée couverte qui entoure l'édifice. A l'intérieur, trois étages de galeries avec des colonnades en bois et à l'extérieur, de curieux cloîtres latéraux à gauche : serait-ce le cimetière primitif ? Les villageois s'y retrouvaient pour discuter des affaires courantes. Quant au porche monumental, c'est du pur art roman du XIVe siècle.

FERME AGERRIA

Quartier Kolorotz - **SAINT-MARTIN-D'ARBÉROUE / DONAMARTIRI** ✆ 05 59 29 45 39
www.agerria.fr

Ouvert toute l'année. Visite et dégustation gratuites du lundi au samedi. Boutique. Aire de pique-nique et camping-cars.

Vivez la ferme de plus près. Bernadette et Jean-Claude vous proposent la visite de la ferme avec l'élevage de porcs basques Kintoa AOP en plein air, l'élevage de brebis manech tête rousse, la transformation du lait et l'affinage du fromage en AOP Ossau-Iraty. Terminez votre visite par une dégustation de fromage, de salaisons, et de jambon Kintoa. Visite et dégustation gratuites toute l'année du lundi au samedi, même par temps pluvieux. Boutique de ferme. Accueil de camping-cars avec possibilité de vidanger, de faire l'appoint d'eau et les branchements électriques.

MUSÉE BASQUE DU PASTORALISME ET DU FROMAGE ★

Agour Fromages du Pays basque - **HÉLETTE / HELETA** ✆ 05 59 37 63 86 - www.agour.com

Gratuit. Juillet/août, visites d'1h, de 10h à 17h et de septembre à juin, 2 visites par jour à 10h30 et à 15h30.

Dans ce temple du fromage au lait de brebis, on découvre toute la finesse de l'or blanc basque, cette spécialité de la fromagerie Agour, élu 2 fois meilleur fromage du monde… Une vidéo de dix minutes qui présente brièvement les particularités du Pays Basque, la vitalité de l'économie… le cayolar du berger, son principe architectural, le rôle de la famille, l'importance de l'etxe – la ferme basque, du lieu de vie, de la bergerie avec le savoir-faire au cours des siècles. Plus loin deux autres salles dont celle qui présente la ferme du XXIe siècle. Imaginez-vous franchir la porte d'un lieu de vie, vous y découvrez de l'enfant à la grand-mère puis la bergerie avec les objets anciens et même la brebis dans la paille… puis, vous pénétrez dans le XXIe siècle, dans une pièce qui donne de chaque côté sur la cave avec son étonnant alignement des fromages, bordant une salle tout en longueur. Passage obligé à la boutique qui propose une dégustation de ces fromages AOP ossau iraty, affinés en cave quatre à dix-sept mois, avec un croûtage naturel, certains étant juste frottés au piment d'Espelette, et qui propose les produits Arnabar, Bipia, Massonde, les vins d'Irouléguy, les liqueurs de chez Brana sans oublier les cidres et bières du terroir. Vous y trouverez également les glaces artisanales au lait de brebis 100 % naturelles, sans conservateur, sans colorant, fabriquées par la Maison Agour, ainsi que les gammes de biscuits, pâtisseries maison et les salaisons.

GROTTES D'ISTURITZ ET D'OXOCELHAYA ★★

Saint-Martin-d'Arbéroue

SAINT-MARTIN-D'ARBÉROUE / DONAMARTIRI

✆ 05 59 29 64 72

www.grottes-isturitz.com

Ouvert du 15/03 au 15/11/2022, 7j/7. Durée visite 1h. Réservation recommandée et billetterie en ligne. Tarifs en ligne.

Ce site est classé au titre des Monuments historiques et est membre actif de plusieurs réseaux nationaux et internationaux : ISCA, Routes Culturelles Européennes CARP, ANECAT, Sites et Musées en Pays Basque.

Les grottes-préhistoire et géologie : la Colline de Gaztelu, une seule visite pour ces deux grottes superposées, deux grandes périodes de l'humanité paléolithique moyen et supérieur. Un palais minéral protégé au cœur de la terre... Le XXe siècle vient juste de commencer, quand, lors de l'exploitation du guano en place, les ouvriers se rendent compte qu'il y a des ossements ne correspondant pas à la faune des alentours. Ils préviennent alors André Darricau, propriétaire des lieux qui fait venir un préhistorien connu, E. Passemard, qui atteste que ce sont des ossements de mammouth, loup, ours... C'est l'époque où d'autres grottes en France sont découvertes. A. Darricau fait arrêter alors l'exploitation et lance les recherches. Démarre alors une aventure vertigineuse pour les archéologues, qui s'y intéressent de très près. On comprend vite être en présence d'un gisement préhistorique de grande importance dans le sud de l'Europe. 80 000 ans de présence humaine y sont attestés. Les fouilles et recherches avec la participation des archéologues les plus éminents : Passemard, Saint-Perrier, Laplace, Barandiaran ont fourni 45 000 pièces : matériel lithique, objets d'Art mobilier (les collections d'Isturitz sont conservées, exposées, étudiées par les doctorants au Musée des Antiquités Nationales de Saint-Germain-en-Laye : MAN).

Les grottes aujourd'hui : après un siècle de fouilles, il reste encore un patrimoine extraordinaire en place. Les recherches se poursuivent sur la transition Neandertal-Homo Sapiens, l'art pariétal, l'occupation de la grotte par les grands animaux, la conservation du patrimoine artistique et naturel. Les archéologues d'aujourd'hui dirigent des équipes pluridisciplinaires : C. Normand, D. Garate, N.Vanara, JM Pétillon, A. Villaluenga. Tous les ans, des manifestations et animations d'envergure ont lieu. **Et 2022** ne dérogera pas à la règle. Une thématique principale : « Les parures au temps de la préhistoire ». Depuis quelques années, l'origine de la parure a été reconnue comme l'un des événements fondamentaux dans l'évolution de l'humanité. Par sa richesse, son originalité et son contexte sûr, la parure aurignacienne de la grotte d'Isturitz commence à prendre une place proéminente dans les débats concernant l'origine de l'Homme moderne et de la transition du Paléolithique moyen au Paléolithique supérieur. Sur une échelle plus modeste, mais pas moins importante, la parure d'Isturitz commence à nous livrer de précieux détails concernant la variabilité, chronologique, géographique et même spatiale à l'intérieur de l'Aurignacien en Aquitaine. Ces hommes avaient un sens poussé de l'esthétique. Ils ornaient leurs vêtements de perles, coquillages, ils portaient des pendentifs, avaient une grande connaissance des matières semi-précieuses : lignite, stéatite, talc, ivoire, ambre. De nombreuses pendeloques, coquillages, perles en ivoire ou os, dents percées de cheval, renard, hyène, loup, crache de cerf, enrichissent les collections d'Isturitz devenues une référence internationale....

Explorez les grottes d'Isturitz et d'Oxocelhaya autrement !

Visite sonore « Résonances » : création artistique de Pierre Estève : évocation sonore de la Préhistoire et de la géologie. Laissez-vous emporter par l'émotion sonore ! « Résonances » est une installation sensorielle qui permet à chaque visiteur de créer ses propres images mentales. Un voyage dans le temps, au centre de la Terre ; l'objectif étant de présenter les grottes sous un angle différent, les faire ressentir de manière sensorielle. Tous les dimanches à 17h ou 18h suivant saison, sur réservation.

Visite « Cro-Mignons » : jeune public (4-8 ans), juillet/août les lundis-mercredis-vendredis à 10h30 ; vacances scolaires lundi et mercredi à 16h sur réservation.

Visites à thème ; 2h env. sur réservation : grottes-isturitz.com, places limitées, renseignements 05 59 29 64 72

*-**Visite-conférence Préhistoire et Art des Grottes*** à 10h30, accompagnée par un préhistorien. Groupe 15 pers. maximum (à partir de 15 ans).

-Visite spéciale Découverte géologique : ce que nous enseignent les grottes avec un Ingénieur géologue. Géologie, Karstologie, changement climatique...

-Visite spéciale Paléontologie, avec un préhistorien paléontologue. Les animaux disparus au temps de la Préhistoire (Places limitées).

*-Découvrez les **galeries ornées inaccessibles d'Oxocelhaya*** avec un guide préhistorien. Projection virtuelle commentée. Prestation sur mesure pour les groupes.

-Visite spéciale photos : mars à novembre de 9h30 à 11h30, juillet-août le mercredi 9h/11h.

***-Visite sensitive et sonore pour public non-voyant** sur Rdv.*

-Nouveauté : visite privée « PREMIUM » : contact@grottes-isturitz.com

Et, le programme création d'un Espace culturel « Arts et Sciences » : Association Isturitz et Oxocelhaya, patrimoines, cultures et préhistoire.

ASINERIE DE PIERRETOUN

Hameau de Pessarou
✆ 06 37 85 02 50
www.pierretoun.fr
Juil/août : lundi au samedi 9h-19h. Sept à juin mercredi 15h-18h et we sur rdv. Boutique. Balades à dos d'âne : 15 €/h.

Frédéric vous ouvre les portes de sa Ferme pour une visite pédagogique et ludique. Découvrez le quotidien d'un éleveur d'ânes des Pyrénées. Race rare caractérisée par sa robe noire et ses contours des yeux blancs, l'espèce locale en voie de disparition est ici bichonnée. Visite accompagnée d'une démonstration de traite, dégustation du vertueux lait d'ânesse, randonnées avec un âne, de 2h à la journée. Terminez par le magasin avec ses produits au lait d'ânesse ou par le coin restauration avec des produits locaux ou une bonne bière artisanale brassée non loin de là.

MAISON SORHABURU €€

Quartier Sorhaburu - **SAINT-ESTEBEN / DONOSTIRI**
✆ 05 59 70 46 45
www.chateau-basque.com
Ouvert toute l'année. Chambres de 80 à 125 €. Table d'hôtes 35 €. Stages et ateliers de «Design humain», se renseigner.

A 10 minutes d'Hasparren, « l'ovni » Sorhaburu est une adresse atypique qui mérite le détour. Tenue par une famille, qui s'est surnommée les Fous du Village, l'immense maison de pierres offre un cadre de caractère parfaitement réactualisé. Mais surtout, cette adresse se différencie par son état d'esprit qui s'imprime à travers un bien-être spirituel. Des stages chamaniques, de méditation ou encore de temazcal sont organisées toute l'année. Vous ressentirez ici une certaine « tonalité de vie » avec notamment une attention apportée aux repas de la table d'hôtes.

MAISON MAXANA €€€

rue Notre-Dame ✆ 05 59 70 10 10
www.maison-maxana.com
Gîtes de France. Ouvert du 1/03 au 31/10. 3 chambres 90-110 €, 2 suites 150-210 €. Petit déjeuner 10 €. Piscine. Jardin.

Evadez vous à 2h de Paris, 1h30 de Bordeaux dans l'une des plus belles régions de France… et se retrouver chez Maxana, maison d'hôtes (4 épis !) au cœur de La Bastide Clairence, village classé « Plus beau village de France », qui ne manque pas de typicité avec ses artisans… Romantisme et charme discret garantis dans ce lieu hors du temps, avec des espaces de vie et de nuit personnalisés. Magnifiques chambres et suites cosy qui invitent à la déconnexion avec la piscine. Ne ratez pas les petits déjeuners maison et locaux avant d'entamer votre journée découverte !

RESTAURANT LES ARCEAUX €€

Place des Arceaux
✆ 05 59 29 66 70
En saison, 7/7, sinon le midi (soir sur réservation). Carte 23 € env. Formule midi semaine 15 €. Terrasse. Accès PMR.

Un restaurant que l'on aime ; autour du bar et ses azulejos, non loin du coin presse où les habitués prennent un verre, dans cette ambiance conviviale de la maison, autour du plat ou du menu du jour ou des Assiettes de pays, particulièrement bien étudiées comme la Bastidote… Une autre salle agréable vous attend pour profiter d'une vraie pause gastronomique. Un cadre élégant animé de tables bistrot et chaises en wengé. Vous apercevez le chef, aux fourneaux, il vous concocte des plats gourmands, avec des produits frais et de saison présentés sur ardoise.

ATELIER DES SOUFFLANTS

maison Sabalette, place des Arceaux
✆ 06 07 33 70 94
www.atelierdessoufflants.com
Ouvert du lundi au vendredi uniquement sur RDV. Livraison possible. Service de locations d'instruments à partir de 25 €.

Au cœur du village, l'Atelier des Soufflants est spécialisé dans la restauration, la location et la vente d'instruments à vent. Simon, notre artiste/artisan et expert « ès-instruments à vent » conjugue patience et savoir-faire dans la renaissance de vos saxophones, trombones, clarinettes et autres instruments. Dans son atelier, il ressuscite cuivres et bois et révise, nettoie, répare, etc. Ses clients, débutants, professionnels et conservatoires, académies, fanfares, bandas et autres professeurs de musique connaissent bien cette adresse « made in bastida » !

ELIANE MONNIN - SCULPTEUR - CÉRAMISTE

Grange Darrieux ✆ 06 10 31 69 17
elianemonnin.ultra-book.com
Toute l'année. Sur RDV et vente à la boutique-atelier. Expositions également à Paris, Strasbourg, Lausanne, Bruxelles…

Eliane Monnin vous invite au travers de son nouvel atelier/boutique dans un univers fait de céramiques ; des œuvres uniques, où l'on conjugue la forme et la minéralité avec une résonance mathématique. Des mises en scène où la poésie et l'humour sont omniprésents. Avec notamment l'expression vivante, voire animale des objets. L'irrégularité des formes masque quelque part la parfaite répétition des motifs avec des influences archéologiques, biologiques et minérales des fonds marins.

FERME BACQUET

Quartier les Barthes - **ORÈGUE / ORAGARRE**
✆ 06 10 04 38 43
https://www.lafermebacquet-64.fr/
Boutique à la Ferme ouverte toute l'année de 16h à 19h. Visite guidée de la ferme sur rdv. Accueil campings car.

Sur la route de l'Ossau-Iraty, vous marquerez une pause gourmande à la ferme d'Isabelle et Jean-Louis. Située à Orègue en Basse-Navarre, l'exploitation repose sur 35 ha, dont 25 réservés au pâturage des animaux et volailles et cela toute l'année. Brebis Manex à tête rousse pour le fromage, le lait, le caillé, les yaourts... porcs élevés en plein air pour les salaisons et jambons car ici, tout est transformé à la ferme qui se visite aussi. Et en plus, une aire entièrement équipée pour nos amis camping-caristes qui sauront aussi profiter des produits « maison ».

JACQUES PINEAU ARTISTE VERRIER

Place des Arceaux ✆ 33 0 6 85 04 19 11
www.pineau-artverrier.com
Ouvert tous les jours de 11h à 13h et de 15h à 19h, de mai à octobre. Hors saison sur rendez-vous.

Visite incontournable chez Jacques Pineau, verrier d'art (formé d'abord à la technique des émaux sur métaux) qui est un créateur hors pair de pièces rares, de petit calibre – bijoux, lampes, plats, coupes, tableaux de toute taille animant son atelier. Elles sont créées selon son imagination et aussi selon une technique précise – feuilletage de plaques de verre, d'émaux avec des inclusions de paillons métalliques, aluminium, argent, cuivre et or – et d'exceptionnelles pièces uniques.

USAINA PARFUMS-SENTEURS

place des Arceaux ✆ 05 59 56 14 26
www.usaina.com/web
Horaires variables selon saison. Ouvert du mardi au samedi hors saison. Vente en ligne. Livraison France métropolitaine.

L'adorable boutique d'Anne-Marie vous invite à découvrir la gamme des fragrances originales du créateur maître parfumeur Christian Louis. Elle propose aussi d'autres gammes avec des signatures et des produits essentiellement locaux : savons à la coupe, bougies naturelles à la cire végétale, encens, thés et tisanes bio – dont la gamme Euskaren –, produits Autour du Bain, bouquets parfumés Haize Usaina, des produits solides : déos, shampoings... des huiles essentielles naturelles bio Pranarom. Avec toujours des mises en situation raffinées et de précieux conseils.

BIDACHE / BIDAXUNE

Ici, la culture se décline au pluriel (basque, gasconne, béarnaise) ! Du paysage verdoyant et tout en rondeur aux grandeurs d'un patrimoine naturel, culturel et historique préservé, en passant par des festivités empreintes de tradition, ici tout est propice à la découverte avec par exemple, le château de Gramont à Bidache. Classé Monument historique, consolidé et embelli, où vous voyagez à travers 6 siècles d'histoire. Ou encore l'Abbaye d'Arthous située à quelques km de Bidache qui propose aussi un parcours patrimonial avec les villages de Sorde l'Abbaye et d'Hastingues. De nombreuses activités sportives avec notamment la base nautique.

CHÂTEAU DE GRAMONT

✆ 05 59 56 03 49
Horaires de visite variables selon période. Adulte 5 €. 13/18 ans 2,50 €. Groupes 3 €. Visite guidée possible. Boutique.

Classé Monument historique, ce château des XVe et XVIIe siècles a traversé l'histoire. Du donjon de ce château fort, une vue magnifique sur la vallée de la Bidouze et les Pyrénées s'offre à vous. Ses écuries voûtées, ses façades et toitures rappellent le goût des grands hommes du XVIIe siècle. Chaque été, il prête son décor ancestral à des spectacles et représentations historiques. Et avec des animations estivales, nocturnes aux flambeaux, spectacles historiques, le feu d'artifice musical lors des fêtes du village. Consultez le site web pour plus d'informations.

DOMAINE DES LAMINAK €€

200, Chemin de Martinon ✆ 09 75 98 03 59
https://www.domainedeslaminak.com/
5 logements insolites : 120 à 140 €/nuit/cat. Petit déj 8,50 €. Plateaux gourmands sur cde. Piscine. Barbecue. Vélos.

Insolite est bien l'adjectif correspondant au concept du Domaine des Laminak (petits êtres mi-lutins de la mythologie basque) entre une cabane perchée (avec sauna), une hutte, la bulle, la tente Safari comme dans la savane sans les girafes, mais avec chats, chiens, ânes et autres poules ou la roulotte nichée au milieu de la prairie ! Avec un point commun pour tous ces hébergements, le confort simple, mais le confort authentique. À l'abri des turpitudes côtières, c'est, avec la piscine, les vélos, barbecues, la garantie d'un séjour… insolite au cœur de la nature.

MAISON SLOW TOKI €€

730, chemin de Sarrot
✆ 09 75 20 73 91
www.slowtoki.com

3 chambres de 80 à 120 €. 1 gîte de 550 à 950 €/sem. Animaux non admis. Piscine. Studio yoga, séminaires, fêtes privées.

La maison Slow Life, un lieu magique conçu pour vous (ré) apprendre à prendre le temps et à le savourer ! Slow Toki, « le lieu où l'on prend le temps » ; une maison que Lionel et Manu, vos hôtes, ont voulue atypique, paisible, authentique pour vivre une expérience différente, mais surtout heureuse. Grande ferme basque du XVIIIe rénovée en 2020, nichée au milieu des collines verdoyantes du Pays Basque, avec grand jardin, piscine, potager en permaculture, vaste espace qui vous est entièrement dédié : salle à manger, salon tropical, boudoir créativité et studio yoga.

LA POUCHOULANNE €€

2589, avenue des Pyrénées - **CAME / AKAMARRE**
✆ 06 40 39 68 48
www.lapouchoulanne.fr

Gîtes de France. 4 chambres doubles de 70 à 95 € et 1 pour 4/6 pers de 120 à 150 €. Piscine chauffée. Paniers gourmands.

4 épis aux Gîtes de France... Nous ne sommes pas surpris quand nous découvrons cette véritable pépite ! Dans une ferme du XVIIe siècle, rénovée avec talent, où le contemporain et l'ancien, le minéral et le végétal se marient harmonieusement et où chacune des chambres propose un thème différent, influence de leur pérégrination dans des contrées lointaines. L'ensemble est niché dans un parc ombragé avec pour la satisfaction de tous, une piscine chauffée. Ne ratez pas le petit-déjeuner et les paniers gourmands que vous concocte Noëlla avec des produits du terroir.

SAINT-PALAIS / DONAPALEU ★

Saint-Palais, en basse Navarre, entre Labourd et Soule, entre Joyeuse et Bidouze, loin géographiquement des centres d'activité de la Côte basque a su afficher ses différences et développer sa forte identité culturelle et sociale, avec un tissu commercial dynamique dans lequel le tourisme trouve toute sa place, le label éloquent, celui des Stations vertes de vacances, confortant cette position. Autour de Saint-Palais, c'est le Pays de Mixe. Parmi les villages satellites, l'un d'eux retiendra notre attention, celui d'Ostabat, lié au chemin de Compostelle que l'on découvrira par l'intérieur des terres, par un col perdu, mais si beau, le col d'Ipharlatzé.

LA CHAPELLE SAINT-NICOLAS-D'HARAMBELTZ ✝

Ostabat

Ouvert toute l'année. Visite commentée pour les groupes sur rdv. Libre participation. Classé aux Monuments historiques.

A la croisée des deux grandes voies de pèlerinage vers Saint-Jacques-de-Compostelle, cette chapelle, vieille de 10 siècles a été restaurée, en apportant un témoignage précieux de l'histoire jacquaire en Basse Navarre. Du prieuré-hôpital construit en 984, il ne reste que la chapelle. Classé aux Monuments historiques en 2001, ce petit bijou chargé d'histoire doit sa restauration à l'association des Amis d'Harambeltz et aux pouvoirs publics, permettant de ressusciter des pièces uniques.

ESPACE CHEMINS BIDEAK

1, route de Gibraltar ✆ 05 59 65 56 80
www.chemins-bideak.com

Ouvert du 1er mars au 31 octobre. Horaires et programmes sur site. Visite de groupe toute l'année, sur réservation.

Au cœur de la Basse-Navarre, cet ancien couvent franciscain est une halte de paix, d'art et de connaissance, au carrefour européen des chemins de Compostelle. Ce lieu enchanteur vous surprendra par son côté novateur : du jardin paysager en passant par le cloître et ses salles d'exposition, c'est une balade artistique à travers l'histoire de la Basse-Navarre et du peuple basque. Complétez votre escapade par une petite randonnée sur le chemin de Xibaltare, tronçon du GR65, et laissez-vous surprendre par les statues de Christian Lapie sur fond de chaîne pyrénéenne...

LE FRONTON

18, avenue du Bois de la Ville

Accès libre.

Construit en 1923, situé sur la place du foirail, cet ancien mur de Jeu de Paume, il est assurément l'un des plus beaux du Pays Basque, aux formes arrondies sur sa partie supérieure. C'est un fronton place libre (terrain non couvert composé d'un seul mur) où l'on peut pratiquer cesta punta, mains nues, pala, chistera, paleta, xare, frontenis, pala corta sur une surface d'évolution de 1 800 m² avec 800 places en tribune. Un véritable lieu de vie au milieu du village et un terrain de sport qui accueille les nombreuses festivités et animations de Saint-Palais.

LA MAISON DES TÊTES ★

Accessible toute l'année. Gratuit.

Des maisons nobles à Saint-Palais au Pays Basque ! Dans les murs et façades, sont gravées à tout jamais les têtes des derniers rois de Navarre. On reconnaît Henri II, Jeanne d'Albret, Henri III, le futur Henri IV de France. Les deux dernières têtes datent des travaux d'agrandissement au XVIIe siècle : une femme (sans doute la propriétaire de la maison) et un diable. Dans cette même rue, vous découvrirez d'autres maisons remarquables du XIIIe siècle. Ce qui surprend ici est que ce sont les maisons elles-mêmes qui pouvaient être anoblies !

TRINQUET LE BOUCHON BASQUE €€

31, rue du Jeu-de-Paume ✆ 05 59 65 73 13
www.lebouchonbasque.com

Maître Restaurateur. Formule midi semaine : dès 14 €. Carte : 30 à 35 €. Cave à vin. Terrasse. Parking public.

A la fois restaurant, bar et cave à vin, cet établissement met à l'honneur des produits locaux d'une grande qualité et des vins français et espagnols sélectionnés à des tarifs intéressants : Bourgogne, Côtes du Rhône, Bordeaux, Loire, Rioja... A table, suggestions, assiettes à partager, tapas. A la saison des palombes, en octobre, honneur au pigeon ramier : une dégustation issue de la chasse locale à ne pas manquer ! Poussez la porte, vous ne serez pas déçu du voyage. Belle adresse.

HÔTEL-RESTAURANT DE LA PAIX*** €€

33, rue du Jeu-de-Paume ✆ 05 59 65 73 15
www.hotellapaix.com

27 chambres dès 73 €. 1/2 pension dès 69,90 €/jr/pers., Formule Pèlerins à partir de 69 €. Restaurant.

Cette magnifique demeure basque, pleine de charme, offre aux amateurs d'authenticité une escapade gastronomique et un lieu de repos très confortable, loin de la foule du littoral. Cet établissement familial situé au cœur de la Basse-Navarre est une halte incontournable, été comme hiver si vous souhaitez vous adonner aux plaisirs des sports d'hiver (1h d'Iraty et de la Pierre-Saint-Martin), de la randonnée, visiter la région, ou vous reposer. Avec des chambres rénovées tout confort.

FRANCK MENDIVÉ-PÂTISSIER-CHOCOLATIER

14, rue Thiers ✆ 05 59 65 74 50
www.chocolats-mendive.com

Ouvert du mardi au samedi de 8h à 12h30 et de 15h à 19h30 ; le dimanche de 7h30 à 12h30. Service traiteur salé/sucré.

Ce maître pâtissier chocolatier a installé dans sa boutique, un espace élégant qui met en situation ses produits, son métier et sa personnalité. Franck Mendivé est un passionné, qui avoue « tout intellectualiser, s'amuser en travaillant jusqu'au délire gourmand... parfois ». De nombreuses gourmandises sortent de son laboratoire, divers chocolats, tubes de gourmandise, amandes chocolatées, tablettes, bouchées, touron, etc.. C'est aussi un traiteur de renom tant côté salé que sucré.

HÔTEL-RESTAURANT DE LA PAIX €€

33, rue du Jeu-de-Paume ✆ 05 59 65 73 15
www.hotellapaix.com

Fermeture samedi et dimanche soir du 1/10 au 20/07. Horaires sur site. Menus de 17 à 31 €. Carte dès 17 €.

Idéalement situé sur cette superbe place, ce restaurant d'hôtel ouvert à tous, s'offre un cadre agréable dans une immense salle toute de poutres animée, scandée de quelques colonnes autour desquelles des tables nappées, sur fond de murs de pierres, occupent l'espace. Dégustez une cuisine de terroir de saison avec des produits de producteurs du cru. Foie gras, omelette aux cèpes, poissons, canette aux poires, sans oublier une déclinaison d'agneau de lait des Pyrénées...Une bonne table.

ETXE MIA !

29, rue Thiers
✆ 05 59 69 18 16
http://etxemia.com/

Ouvert du mardi au samedi 9h30-12h15/14h30-19h. Déco. Accessoires. Bijoux. Thés. Conseils déco à domicile. E-shop.

Une boutique à découvrir absolument ! La vitrine d'Etxe Mia est à elle seule une invitation à y entrer. Avec un accueil dans la bonne humeur et la passion pour la déco. Faites-vous plaisir et faites plaisir : une très belle gamme d'objets déco, accessoires, bijoux – issus du commerce équitable en partie –, luminaires, vaisselle, tapis, coussins, fauteuils, tables basses... sélectionnés avec soin. Sans oublier les 50 variétés de thés Théodor. Ici, on surfe avec brio sur les tendances, le design, les couleurs, la mise en scène et vous serez très bien conseillés.

LA FERME SOULETINE

17, rue Thiers ✆ 05 59 67 03 74
www.ferme-souletine.com
Ouvert du mardi au samedi 9h15-12h30/15h-19h. Fermé 3 semaines en janvier. Réseau Bienvenue à la ferme. Vente en ligne.

La famille Sagaspe élève des canards depuis 36 ans sur son exploitation près de Mauléon, des veaux et poulets fermiers. Une très belle boutique avec plus de 45 produits dérivés du canard : foie gras, confits, magrets, pâtés au foie gras – sublime – etc., plats cuisinés. Tout est garanti sans conservateurs, ni colorants ni additifs. Faites aussi le plein de confitures, vins, cidre et autres spécialités. Présents aussi sur les marchés de Mauléon, Tardets, Navarrenx. Du savoir-faire 100 % basque, autour de Sylvie et Céline qui vous réservent un accueil chaleureux !

SAINT-JEAN-LE-VIEUX / DONAZAHARRE

Saint-Jean-le-Vieux occupe une position stratégique à l'entrée de la plaine de Cize. Les Romains s'y fixent dès 15 av. J.-C. pour installer une station routière. Les fouilles sur le site de Saint-Jean-le-Vieux, découvert en 1965 par M. Tobie et classé Monument historique en 1984, ont permis de mettre au jour des thermes ainsi que divers objets (amphores, monnaies, verre, céramiques...) exposés dans le musée visitable construit à proximité. Un pôle d'animations archéologiques initié par le Gapo propose différentes activités allant de la simulation de fouilles à la taille du silex. La mairie vous confiera le dépliant relatant le patrimoine du village.

CAMP ROMAIN ET MUSÉE SAINT-JEAN-LE-VIEUX ★

✆ 05 59 37 09 10
Ouvert de juillet à septembre. 1h30 de visite commentée du lundi au vendredi. Toute l'année, visites et animations.

Au cœur de la montagne basque, à 3 km de Saint-Jean-Pied-de-Port, découvrez le camp romain et son musée. Situé sur la voie romaine de Bordeaux et Astorga en Espagne, il présente un ensemble thermal, classé aux Monuments historiques. Le petit musée présente les résultats des fouilles, qui n'ont pas cessé, rassemblant pièces, céramiques sigillées, amphores... Des visites guidées vous permettront d'avoir des détails sur ce site historique : quand, comment, par qui a été découvert le site.

HÔTEL- RESTAURANT MENDY** €€

route d'Iraty ✆ 05 59 37 11 81
www.hotel-mendy.com
Accueil vélo. Ouvert début avril à fin déc. 16 chambres de 62 à 155 €. Restaurant (menus 19/33 €). Animaux acceptés.

A 3 km de Saint-Jean-Pied-de-Port, on trouve ici une belle maison blanche typiquement basque. Depuis trois générations, elle est tenue par la même famille qui l'a transformée au fil des ans en un hôtel et restaurant chaleureux avec 16 chambres. Dans chaque chambre, la salle de bain est contemporaine. Au rez-de-chaussée, dans une parfaite harmonie, le petit salon et la salle à manger sont des havres de paix pour goûter la cuisine du chef. Dans l'assiette, de grands classiques.

CHOKO ONA €€

Route d'Iraty
✆ 05 59 37 13 67
Maître Restaurateur. Fermé mercredi soir et jeudi, sauf juillet/août, ouvert 7/7. Carte 35 € env. Formule jour 15,50 €.

Ce restaurant propose une belle cuisine. Vous êtes dans l'antre de Jean-Michel Lalanne, le maître des cuisines, et de Sylvie, son épouse, la spécialiste des vins. Ils sont à l'œuvre depuis 30 ans dans ce petit village basque, à quelques kilomètres de Saint-Jean-Pied-de-Port. Simplicité et inventivité sont les maîtres mots du chef qui s'est fait un honneur d'utiliser des techniques différentes pour travailler le même produit, de mixer avec originalité « goûts, saveurs, textures, couleurs... ». A déguster avec des vins que Madame, vous commentera avec brio.

RESTAURANT DU COL DE GAMIA €€

Quai Sarrasquet - **BUSSUNARITS-SARRASQUETTE / DUZUNARITZE-SARASKETA** ✆ 05 59 37 13 48
www.restaurant-gamia.fr
Fermé en janvier et merc hors saison, ouvert 7/7 en saison. Menus 23 à 33 €. Carte 30/35 €. Formule midi semaine 12 €.

Il faut grimper tout là-haut, à quelques kilomètres de Saint-Jean-pied-de-Port, dans ce site de semi-montagne pour trouver ce restaurant installé au cœur d'une nature intacte. Une immense salle de restaurant donnant sur une non moins grande terrasse panoramique. Dans l'assiette, le chef fait vivre le Pays Basque et ses produits dans une mise en situation parfaite. Vous goûterez aux truitelles d'Iraty, à la poêlée de chipirons déglacés, au croustillant de pieds de porc aux 4 épices...

BOUCHERIE-CHARCUTERIE MAYTE

Le Bourg
✆ 05 59 37 10 02
www.charcuterie-mayte.com
Ouvert du lundi au samedi de 9 h à 18h. Coffrets gourmands. Boutique en ligne.

Cette charcuterie familiale existe depuis 1884. Avec une production en circuit très court avec un réseau de 26 fermes des environs. Et de la rue, la boutique cache une entreprise mature, un laboratoire de belle facture, aux normes CE et de spectaculaires séchoirs naturels. Ils vous proposent une visite des séchoirs à jambon, mais auparavant vous aurez découvert ce cadre d'une rare authenticité. En boutique, s'exposent à la vente de petites merveilles, les jambons, mais pas seulement...

DOMAINE BORDATTO - CIDRE BASQUE ET VIN D'IROULÉGUY

JAXU / JATSUGARAZI
✆ 05 59 49 18 22
www.domainebordatto.com
Visite/dégustation gratuites. Ouvert les après-midi du lundi au vendredi d'avril à octobre, sur rdv le reste de l'année.

Un domaine de vignerons et cidriers qui a su se diversifier en proposant à un public demandeur un bistrot paysan où l'on peut faire de simples dégustations, tous les mercredis soir de juillet et août, accompagnées de bons produits du cru, bio, Iduki de producteurs du coin, charcuteries et fromages AOC Ossau Iraty... Du pommier à la bouteille, c'est un travail long et précis Quant aux vins, citons Lurumea, « le petit de la terre » en rouge, ou Joko, « le jeu », un vin doux nature.

MAISON GASTELLOU

Quartier La Madeleine
✆ 05 59 37 27 00
Ouvert tous les jours sauf dimanche ap midi. Boutiques à Biarritz, Espelette, St-Jean-Pied de Port, St-Jean de Luz.

C'est à Saint-Jean-le-Vieux, qu'est installée depuis plusieurs générations, la famille Gastellou à la ferme « Poutzia ». De l'élevage des vaches à viande, des porcs (en plein air), à la conserverie et salaison des jambons. Au pied de l'Arradoy, sur une vingtaine d'hectares de forêts, les bêtes évoluent bien loin des cadences industrielles : des produits artisanaux d'autant plus goûteux et savoureux. Jambons secs de Bayonne et de Garazi, saucissons, chorizos, ventrèches, rillettes, pâtés..., plats cuisinés en bocaux et gâteaux basques maison ! Un beau savoir-faire.

VIVAL

Place de la Mairie
✆ 05 59 37 36 93
Ouvert du mardi au samedi 8h-13h/16h-19h30, dimanche, fériés (sauf 25/12 et 1/01) 8h-13h. Snacking en saison. Parking.

Belle initiative que cette épicerie de proximité à taille humaine avec son accueil privilégié. Véritable miroir des savoir-faire, avec des produits ultra-locaux : œufs frais de ferme, fromages de la vallée des Aldudes, confitures de Haute-Soule, piment d'Espelette, sauces basques, charcuteries artisanales, gâteaux basques... Côté boissons, bières des brasseurs du cru, cidres, jus de pomme des vergers alentour, vin d'Irouléguy. Des légumes frais bio, un rayon « vrac », et... les poulets fermiers et rôtis du dimanche ! Une vraie pépite aux antipodes des standards.

SAINT-JEAN-PIED-DE-PORT ★★

Le village de Saint-Jean-Pied-de-Port est le centre vital de la Basse Navarre. Des millénaires d'histoire l'ont façonné, lui ayant donné une force pour se maintenir et rester authentique. Édifié au XIIe s., il devient la capitale de l'une des cinq divisions du Royaume de Navarre. C'est en grande partie la présence de ce chemin qui a édifié le patrimoine religieux de la région, l'architecture et l'art chrétien se confondant à loisir. Art roman avec le portail de l'ancienne église Sainte-Eulalie – aujourd'hui maison de retraite – ainsi qu'à l'église de Saint-Jean-le-Vieux, art gothique à l'église Notre-Dame-de-Saint-Jean-Pied-de-Port.

LA CITADELLE DE SAINT-JEAN-PIED-DE-PORT ★

Chemin de la Citadelle
✆ 05 59 37 00 92
Visites guidées et commentées en juillet/août (1 heure) le lundi et mercredi à 14h30. Classée Monument historique.

Construite à l'emplacement de l'ancien château fort des rois de Navarre, elle domine de sa superbe la ville protégée par des murailles. Édifiée au XVIIe à l'époque des guerres de religion et des conflits franco-espagnols, elle est alors remaniée par Vauban qui en améliore le système défensif et la fortification de l'ensemble de la ville. On retrouve aujourd'hui, la rampe pavée, l'arc monumental, le pont-levis... Un panorama grandiose et un parcours de santé parachèvent le déplacement.

MAISON DITE MANSART ★

13, place Charles-de Gaulle

Ne se visite que sur RDV et pendant les heures d'ouverture de la mairie.

Hors de l'enceinte fortifiée, la maison dite Mansart se dresse sur la place du marché. Construite au début du XVIIIe siècle, elle était la bâtisse d'un négociant en laine, David de Fourré. Ce très bel hôtel particulier de style Louis XIV, à l'harmonieuse façade en grès rose de l'Arradoy, lui confère un charme particulier. Les mansardes couronnant le grand toit d'ardoises lui ont donné cette appellation. En 1935, la municipalité de Saint-Jean-Pied-de-Port devient propriétaire et y installe l'hôtel de ville dans les années 1950. Inscrite aux Monuments historiques.

LA PRISON DES ÉVÊQUES ★

41, rue de la Citadelle

✆ 05 59 37 00 92

Monument historique. Ouvert d'avril au 1er novembre tous les jours sauf le mardi. 11h-12h30/14h30-18h30. Adulte : 3 €.

Confondue avec la maison des Évêques. Entre 1383 et 1417, la ville fut la résidence épiscopale à trois reprises (grand schisme d'Occident). Ce bâtiment a bien servi de prison municipale à la fin du XVIIIe siècle et aux soldats de la garnison de la citadelle au XIXe (noms gravés dans les portes). Dans les années du S.T.O., après 1940, les nazis y enfermaient les fuyards. Aujourd'hui, visitez les cellules disciplinaires et l'impressionnante salle voûtée souterraine, en ogive (14 m de long par 9 m de large) révélant d'émouvantes traces des conditions de détention.

LE PONT SUR LA NIVE ★

Accessible toute l'année.

Le point de vue depuis ce pont est un cliché dont se lassent les habitués, mais il se montre intéressant pour qui le découvre : les anciennes maisons, les pieds dans la Nive et les balcons de bois se reflétant dans l'eau, le vieux pont dans la tour, le clocher et la colline en toile de fond. Le Pont Notre-Dame ou Sainte-Marie est l'un des monuments les plus connus de la commune. Il permet d'enjamber la Nive de Béhérobie séparant la ville. Sa création remonte à l'époque médiévale. Image de carte postale, mais aussi témoignage d'un riche patrimoine local intemporel.

RUE D'ESPAGNE ★

Très commerçante la rue d'Espagne d'une porte à une autre. Voir la maison des États de Navarre (1610). La plupart des maisons datent du XVIIIe siècle. Avec des vieilles pierres et inscriptions sculptées sur les linteaux ou claveaux des maisons bordant la rue pavée. Également le long de la rue, des symboles religieux, des monogrammes chrétiens, des croix latines ou encore rosaces et symboles solaires. Témoignage d'un patrimoine basque riche au cœur de la citadelle ou la majorité des maisons furent construites ou reconstruites en matériaux durables au XVIIe siècle.

PORTE SAINT-JACQUES ★

Accessible toute l'année.

La rue s'achève avec la porte Saint-Jacques, inscrite au Patrimoine mondial, départ de l'ancienne pérégrination. On débouche sur la rue de la Citadelle et, au n° 55, on note un refuge, proposé par l'Association des Amis de Saint-Jacques, au n° 27. Au bas de la rue, l'église Notre-Dame-de-la-rue-du-Bout-du-Pont, puis le pont et la Nive. Un paysage et un dernier répit avant le col d'Ibaneta en Espagne par une route harassante, vers les montagnes redoutées des Jacquets. Là, l'un des chemins les plus difficiles du circuit commence avec 13 km à monter et à descendre.

BUREAU D'ACCUEIL TOURISTIQUE

14, place Charles-de-Gaulle ✆ 05 59 37 03 57

www.en-pays-basque.fr

Ouvert toute l'année, horaires selon saison consultables sur le site. Centrale de réservation hébergement, billetterie.

Situé aux pieds de la cité fortifiée de Saint-Jean-Pied-de-Port, l'un des plus beaux villages de France et étape majeure sur les chemins de Saint-Jacques-de-Compostelle, le bureau d'accueil touristique vous propose des conseils et suggestions de visites, espace randonnée, boutique, restaurants... Vente de fiches et carnet rando. Egalement des visites guidées sur réservation pour les groupes et en juillet/août et vacances scolaires, des visites guidées pour les individuels et familles.

Saint-Jean-Pied-de-Port.

LE PETIT TRAIN

13, Place Charles de Gaulle
✆ 05 59 37 00 92
Ouvert de Pâques à Toussaint. Adulte 5,50 €, enfant 7-12 ans 2,50 €. Visite commentée (40 min). Départ devant la Mairie.

L'excursion en petit train est un incontournable de Saint-Jean-Pied-de-Port. Vous découvrirez les charmes de cette ville magnifique du Pays Basque. De la maison dite « Mansart », la Nive, les murailles, le pont dit « romain » en passant par les rues en pente du centre ancien et les habitations navarraises, Garazi (Saint-Jean-Pied-de-Port en basque) n'aura plus de secret pour vous. De la Citadelle, vous découvrirez un panorama sur Saint-Jean-Pied-de-Port, les vignes d'Irouléguy, les villages alentour et les Pyrénées absolument époustouflant.

HÔTEL- RESTAURANT DU COL D'OSQUICH** €

route du Col d'Osquich - **SAINT-JUST-IBARRE / DONAIXTI-IBARRE** ✆ 05 59 37 81 23
www.hotel-osquich-paysbasque.com
Ouvert début mars à mi-décembre. 20 chambres de 57 à 150 €. 1/2 pension : 50 à 69 €/pers. Petit déjeuner : 7 €. Piscine.

Au cœur du Pays Basque, cet hôtel offre une vue panoramique sur la montagne. Depuis 1950, de génération en génération, l'établissement dirigé aujourd'hui par Pantxoa et son équipe est l'endroit idéal pour un séjour touristique, sportif ou pour la découverte de la Soule. 20 chambres rénovées tout confort et une piscine couverte chauffée vous tendent les bras, ainsi qu'un fronton pour la pratique de la pelote basque. Et le restaurant avec sa cuisine élaborée avec des produits du terroir.

HÔTEL-RESTAURANT RAMUNTCHO** €€

1, rue de France ✆ 05 59 37 03 91
www.hotel-ramuntcho.com
Fermeture annuelle fin novembre à début janvier. 16 chambres de 74 à 116 €/saison. Petit déjeuner 10 €. Animaux admis.

Au cœur de la vieille ville, au pied des remparts, est situé ce charmant hôtel, depuis 1895, avec ses 16 chambres tout confort. C'est 4 générations dans la famille et représentées désormais par Alice et Patrick qui vous accueillent en toute convivialité et dans une ambiance familiale ; vous découvrirez un établissement rénové. Les chambres, avec ou sans balcon, sont exposées vers les montagnes, les remparts de la citadelle ou côté jardin. Assurément la garantie d'un séjour réussi.

MAISON DONAMARIA €€

1, chemin d'Olhonce
✆ 05 59 37 75 11
https://maisondonamaria.fr
5 chambres : 65 €/1 pers, 90 €/2 pers, 140 €/4 pers avec petit déjeuner. Jardin. Piscine. Animaux non acceptés. Wifi.

Maison basque du XVIIIe siècle, Donamaria se niche, secrète et bucolique, entre le pont romain et la cascade. En longeant cinq minutes à pied les berges verdoyantes de la Nive, on accède au cœur de la vieille ville. Marie-Hélène accueille ses hôtes avec une simplicité chaleureuse. Avec ses boiseries et ses pierres, Donamaria – du nom d'une dame qui l'a habitée – paraît intemporelle, mais ne dédaigne pas quelques pointes de fantaisie. Quatre chambres doubles et une suite familiale, confortables, semblent refléter la lumière du jardin et son attirante fraîcheur.

HÔTEL LES PYRÉNÉES**** €€€

19, place Général-de-Gaulle
✆ 05 59 37 01 01
www.hotel-les-pyrenees.com
Fermeture annuelle janvier et mi-novembre à début décembre. Chambres de 105 à 260 €. Piscine. Restaurant gastronomique.

De la rue on découvre le restaurant qui annonce l'hôtel, mais on n'imagine pas sa configuration puisqu'il tourne le dos à la rue pour donner à l'arrière, sur une nature intacte et la piscine. Une belle découverte mêlant meubles anciens et vitrines faisant parler le Pays Basque, sa gastronomie, son folklore... Les chambres affichent un confort avec un mobilier ancien ou plus contemporain... Avec un restaurant gastronomique depuis plusieurs décennies qui ne vous laissera pas indifférent ; vous serez séduits par la cuisine raffinée du Chef, Philippe Arrambide.

CRÈMERIE DE GARAZI

44, rue d'Espagne
✆ 06 21 58 74 26
Ouvert 7j/7 de 9h à 12h30 et de 15h à 19h. Fermé le dimanche après-midi. Plateau de fromages à emporter. Carte cadeau.

Pantxika adore le fromage et cela se voit et se ressent dans sa petite crèmerie où la devise est « Ici, la patronne est une crème et n'est pas là que pour faire son beurre ». Venez découvrir sa sélection de fromages, quasi exclusivement fermiers au lait cru ; brie à la truffe, brillat-savarin, roquefort, bleu basque, mont d'or, reblochon, etc. Que des noms évocateurs de goûts et de savoir-faire de terroirs de France, d'Italie et d'Espagne. Pantxika vous conseille également sur des accords en fonction de vos préférences et confectionne des plateaux dînatoires.

CAFÉ TTIPIA €€

2, place Floquet
✆ 05 59 37 11 96
http://cafettipia.com

Ouvert 7/7 en haute saison, sinon fermé mardi et mercredi. Carte de 20 à 40 €. Menu jour le midi : 17 à 20 €. Terrasse.

On pénètre dans l'antre de Michel Ibargaray, le chef et propriétaire de ce restaurant. Enfant du pays, il est revenu à Saint-Jean-Pied-de-Port après un parcours professionnel dans de grandes maisons. Ici, vous serez dans un cadre convivial. Un café, un petit déjeuner, un apéritif au bar… A table et dans l'assiette, une cuisine simple et goûteuse ; des salades, la garbure maison ou le foie gras mi-cuit. En plats, une morue à l'espagnole, l'axoa de veau, une côte de bœuf ou encore les saucisses confites « maison ». Pour finir, riz au lait et sa confiture de lait.

HÔTEL-RESTAURANT XOKO GOXOA €€

Le Bourg ✆ 05 59 37 06 34
www.hotel-xoko-goxoa.com

Logis. Restaurant le soir (réserver) et dimanche midi. 10 ch. 65-105 €. Menu : 23 € et carte 20-30 €. Terrasse, jardin.

Etablissement niché dans une ancienne pension de famille devenue hôtel. Les chambres spacieuses, de style classique et avec balcon, offrent une très jolie vue. Côté table, on retrouve une cuisine du terroir et locale (truitelles, garbure, confit de canard, axoa, piperade, gâteau basque…). Nous recommandons les suggestions de saison (légumes bio du potager). Que ce soit en famille ou entre amis, vous pourrez apprécier l'ambiance détendue et sans chichi. Idéal repos et randonnées !

RELAIS DE LA NIVE €€

4, Place Charles de Gaulle
✆ 05 59 37 04 22

Menu du jour midi en semaine : 16 €. Menu carte : 35 €. Terrasse surplombant la Nive.

Certainement l'une des plus belles vues à St-Jean-Pied-de-Port pour déjeuner ou dîner. Avec une équipe que la rédaction du *Petit Futé* connaît bien depuis leur ancien restaurant Ipar-la à Bidarray… Une cuisine traditionnelle toujours aussi raffinée et généreuse, des plats au juste goût et à la cuisson maîtrisée, le tout dans un décor agréable et lumineux. Surplombant la Nive, à proximité de la citadelle, vous apprécierez un foie gras de canard mi-cuit au Jurançon, un filet de canette, un gravlax de truite d'Iraty, une fraîcheur d'agrumes, crème légère citron…

BOUTIQUE ET DOMAINE BRANA

6, rue de l'Eglise ✆ 05 59 37 25 97
www.brana.fr

Ouvert 7/7 juillet/août 10h-13h/14h30-18h30. Septembre à juin, fermé mardi-mercredi. Distillerie à Ossès et dégustation.

Depuis plus d'un siècle, 4 générations se sont succédé dans le commerce du vin. En 1974, Etienne et Adrien créent la distillerie, menée aujourd'hui par leur fille Martine, et son frère Jean dirige le domaine viticole de 16 hectares, aménagé en terrasses étroites. Le Domaine Brana, certifié HVE (Haute Valeur Environnementale) niveau 3 est en conversion bio depuis 2020. Un vignoble écologique offrant une très riche diversité. Une Maison réputée aussi pour ses eaux-de-vie prestigieuses.

BOUTIQUE PIERRE OTEIZA

13, rue d'Espagne ✆ 05 59 37 23 26
www.pierreoteiza.com

Ouvert de mars à décembre, du mercredi au dimanche, 10h-12h30/14h-18h30, tous les jours en été. Boutique en ligne.

Située dans la rue historique, au cœur de la rue d'Espagne, la boutique vous accueille chaleureusement. Dans cet antre au parfum des salaisons et jambons pendus au plafond de Maître Oteiza, Mathieu vous fera déguster le célèbre jambon du Kintoa AOP, issu du porc basque élevé aux Aldudes. Vous pourrez profiter de leurs conseils, mais aussi déguster certains produits sur place afin de vous décider pour vos achats : saucissons, chorizos au piment d'Espelette, conserves, axoa, mais aussi des fromages fermiers locaux ou du jambon, dont le jambon blanc cuit entier.

CIDRE BASQUE EZTIGAR

Route d'Arlankondo
SAINT-JUST-IBARRE / DONAIXTI-IBARRE
✆ 05 59 37 87 12 - www.cidre-eztigar.com

Ouverture boutique et visites gratuites guidées du lundi au vendredi de 10h à 17h. AB : Agriculture Biologique.

Un cidre 100 % pur jus et élaboré exclusivement à partir de pommes à cidre d'Ipparalde, tel était le défi de Eztigar au début du projet en 1996. La plantation de pommes à cidre variées (Anisa, Xamula, Peatxa, Eztika…) permet d'apprécier toute la diversité et le savoir-faire traditionnel de ces producteurs de cidre basque. 5 vergers sont actuellement sous le label AB et d'autres sont en cours de conversion. Vous pourrez découvrir Eztigar à travers ses méthodes de fabrication, du pressurage à l'étiquetage en passant par la fermentation, le cuvage… dans l'atelier.

PAYS BASQUE

LA FABRIQUE DE MACARONS

25, rue de la Citadelle ✆ 05 59 37 19 95
www.lafabriquedemacarons.fr
Ouvert tous les jours de 10h à 13h et de 14h à 19h. Boutique en ligne. À partir de 6 € le sachet de 80 g.

Comme à La Bastide-Clairence, la Fabrique de Macarons possède ici une deuxième boutique au cadre charmeur, mettant en scène Eugénie. Celle qui donna l'envie à son créateur de se lancer dans l'aventure. Le plaisir des yeux est là tout comme le plaisir du palais tant l'endroit regorge de délicieux produits. Fabriqués in situ, n'hésitez pas à goûter les différents parfums : amande, amande-chocolat et piment d'Espelette, noisette, coco-chocolat, coco-citron bio, curcuma... Ils sont aussi vendus dans des boîtes avec toujours la grand-mère en habit de parade...

GURMANTIA'K

29, rue d'Espagne
Ouvert toute l'année de 10h à 12h30 et de 14h30 à 19h. Produits régionaux, basques (nord et sud), épicerie fine.

Cette bâtisse familiale depuis 1749 abrite aujourd'hui une épicerie fine où l'on retrouve une belle gamme de produits basques (nord et sud), d'autres terroirs de France et aussi d'Italie et d'Espagne. Isabelle sélectionne pour vous les miels d'Isturitz et de… Grèce, les douceurs de la maison Pariès, les liqueurs Egiazki, les pétillants Lizarnoa de la ferme Luxiaenia, la sangria Lolea, l'huile d'olive infusée à la sauge by Kalios, les biscuits Makila, etc. Des produits signatures et aussi des petits objets de décoration et de la vaisselle, mugs, tasses, assiettes…

FERME DIRIART

Ferme Diriart - **SUHESCUN** ✆ 05 59 37 69 61
www.producteurviandepaysbasque.com
Bienvenue à la Ferme. Ouvert lundi au vendredi 8h-12h/14h-18h. Visite sur RDV. 10 kg bœuf/veau fermier dès 13,50 €/kg.

La ferme Diriart Etxemendybeheria, (la « maison en bas de la colline ») est un exemple d'authenticité, avec le respect des traditions dans l'élevage des animaux. Respect des normes d'hygiène, de la qualité, de l'environnement et du client. C'est dans cette exploitation ancestrale que l'on transmet le goût du savoir-faire, avec des animaux qui naissent, vivent et passent l'été dans les estives et qui sont au chaud en hiver. Maïder et Dominique revendiquent le titre de paysans ! Il faut venir goûter et emporter les daubes de bœuf, blanquettes, et autres délices.

MAISON GASTELLOU

9, rue d'Espagne
✆ 05 59 49 10 49
Ouvert toute l'année 7j/7. Boutique en ligne. Autres boutiques : Biarritz, Espelette, St-Jean-de-Luz, St-Jean-le Vieux.

Agriculteurs, éleveurs depuis plusieurs générations à la ferme Poutzia à Saint-Jean-le-Vieux, la famille Gastellou élève, prépare, cuisine et conditionne sa production dans les règles de l'art, en respectant la tradition. Les veaux, vaches, porcs évoluent dans plusieurs hectares de forêts, bien loin des élevages industriels ! On retrouve dans la boucherie-charcuterie, Blonde d'Aquitaine, jambons secs de Bayonne et de Garazi, saucissons, chorizos, rillettes, pâtés, boudins basques, plats cuisinés, fromages Ossau-Iraty et les gâteaux basques maison, exceptionnels.

FROMAGERIE ISTARA

Au bourg - **LARCEVEAU-ARROS-CIBITS / LARZABALE-ARROZE-ZIBITZE** ✆ 05 59 37 96 79
Ouvert du lundi au vendredi 9h30-12h30/14h30-18h30. En saison, aussi le samedi 10h-12h30/14h-18h30. Vente-dégustation.

Le Pays Basque offre l'un des plus beaux terroirs fromagers de France ! Un savoir-faire unique qui se transmet de génération en génération. Ossau-Iraty est l'un des plus emblématiques fromages (AOP) qui symbolisent cette richesse. Et c'est dans le petit village de Larceveau que la fromagerie Istara cultive depuis plus d'un demi-siècle cette tradition pastorale avec notamment le célèbre « P'tit Basque ». La boutique de la fromagerie vous invite à déguster et emporter ces « pépites » gustatives considérées parmi les meilleurs fromages au monde. Étape incontournable.

LES RÉCOLTES DU MONDE

2, rue de l'Eglise
www.lesrecoltesdumonde.com
Fermeture annuelle en janvier. Ouvert tous les jours de 10h à 13h et de 14h à 18h30. vente en ligne.

Cette boutique d'épices et de plantes aromatiques, sélectionnées avec sérieux par un laboratoire d'herboristerie et mélangées par les soins de votre hôtesse, propose plus de 150 épices. Vous trouverez un mélange pour chacun des plats que vous souhaiterez tester. Sarriette, poivre, sel, paprika, ail, échalote, piment doux, massalé, gingembre... vous chatouillent le nez. Vous serez attiré par les poteries et serez conseillé avec bienveillance et vous trouverez aussi une belle gamme de thés, Dammann Frères, de cafés pure origine, bio du Pérou, décaféiné du Mexique...

SAINT-ETIENNE-DE-BAÏGORRY / BAIGORRI ★★

Cette vallée de Baïgorri, et notamment celle des Aldudes, aurait été humanisée dès la période de la préhistoire puisque l'on a retrouvé dolmens et cromlechs, près des pistes de transhumance laissant présager une population pastorale. Plus tard, à la période romaine, une activité importante devait s'y développer, les mines romaines de Banca et d'Urepel, tout comme le camp ou la voie romaine semblent l'attester. Saint-Etienne-de-Baïgorry a conservé son authenticité avec le château d'Etxauz, l'église avec ses 3 étages de galerie et son orgue baroque, les vieilles pierres du pont romain. Attisez vos papilles avec les spécialités régionales !

EGLISE DE SAINT-ÉTIENNE DE BAÏGORRY ✝ ★

Se visite toute l'année suivant les offices religieux.

Cette église de style roman, conserve un très beau retable classé baroque de la fin du XVIIe siècle, trois étages de galeries ainsi qu'un orgue de facture allemande Rémy Mahler. Par la volonté de l'association Orgue en Baïgorry, avec les dons de plus de 450 paroissiens, fut créé cet orgue par l'Alsacien Rémy Mahler, un orgue exceptionnel de deux claviers de 56 notes, un pédalier de 30 notes et 28 registres, d'inspiration du XVIIIe siècle au sud de l'Allemagne.

ESCAPADES EN PAYS BASQUE

Maison Chalbainia - **IROULÉGUY / IRULEGI**
✆ 06 86 81 87 23

Escapade libre et toute l'année.

La découverte de l'environnement rural ou montagnard, c'est ici une réalité, dans des conditions agréables. A pied, ou avec des ânes, car vos hôtes, professionnels avertis vous font des propositions diverses. Vous pouvez apprendre à utiliser un âne avec « l'apprentissage du contact et de la conduite de l'âne de bât », louer un âne pour une balade seul ou profiter de randonnées accompagnées... des opportunités pour partir à la rencontre des bergers du Pays basque... Des sorties, à thème, encadrées par les professionnels : à but pédagogique (pour le bien-être de tous).

ARCE-RESTAURANT €€

Route du Col-d'Ispeguy
✆ 05 59 37 40 14
www.hotel-arce.com

Ouvert de mai à Toussaint. Menus 38 €. Carte 45/50 € env. Menu enfant 15 €. Jardin. Terrasse. Réservation recommandée.

La rivière, le fronton, la terrasse superbe au bord de l'eau sous ces platanes centenaires, c'est la première image que l'on a lorsqu'on pénètre dans ce restaurant qui a su très vite afficher ses différences. Un moment dans l'adorable salon avec ses moutons grandeur nature ou pour prendre l'apéritif avant de passer à table. Vous vous installerez pour découvrir les plats du chef. Une cuisine raffinée et un service stylé autour d'un personnel souriant et efficace. Une évolution que l'on doit au couple Arcé qui a su au fil des ans, afficher une belle dynamique.

HÔTEL-RESTAURANT MANEXENEA €€

Quartier Urdos ✆ 05 59 37 41 68
www.manexenea.com

Hôtel ouvert de mars au 11 nov. 8 chambres climatisées de 62 à 80 €. Restaurant : menus de 17 à 32 €, carte 35 € env.

Un hôtel et une auberge comme on les aime, au cœur du Pays basque, où authenticité rime avec convivialité. Dans l'assiette, on retrouve les bons petits plats d'Arño Incargarat et son équipe, qui vous concoctent une cuisine de terroir typique et goûteuse. Ainsi, les produits du cru, travaillés dans leur plus simple appareil. Côté hôtel, 8 chambres contemporaines et modernes, lumineuses et confortables avec une vue agréable sur le jardin. L'établissement vous garantit un séjour au calme.

CHOCOLATERIE LAIA

Rue de l'Eglise
✆ 05 59 37 51 43
www.laia.fr

Ouvert du mardi au samedi de 9h à 12h30 et de 14h à 19h. Ouvert tous les jours en juillet, août et septembre.

C'est une des dernières chocolateries artisanales dans la région. Elle travaille la fève de cacao pour maîtriser toutes les étapes de sa transformation en chocolat de la torréfaction au conchage en passant par le broyage. La fabrication certes, et à la sortie des tablettes de chocolat, des ballotins, des bouchées. Olivier, au cœur du Pays basque depuis 2009 a créé son laboratoire et sa boutique. Des chocolats d'exception sans addition d'huile et une évolution de la gamme. On est attiré par les parfums, avec dès l'entrée, le grand torréfacteur qui fonctionne.

ZURA LAGUN ARTISAN

18-36, D948
✆ 06 10 36 42 02
www.zura-lagun.fr
Atelier-boutique ouvert toute l'année du lundi au samedi de 9h à 19h. Le dimanche de 10h à 19h. Visite de l'atelier.

Rien ne se perd, tout se recycle ! C'est bien la devise de Guillaume, ébéniste de son état à Saint-Étienne-de-Baïgorry qui depuis son atelier et showroom, conçoit à partir de chutes de bois, toutes sortes d'objets... Cela va du jouet comme un petit train pour enfant, original et unique aux jeux de société, aux petits meubles, voire plus massifs comme des buffets et bibliothèques sur mesure, etc. Notre « touche à tout » et créateur réalise aussi des présentoirs et autres agencements pour les professionnels, personnifie des motifs au laser tout objet en bois.

LA CAVE D'IROULEGUY

Route de Saint-Jean-Pied-de-Port
✆ 05 59 37 41 33
www.cave-irouleguy.com
Ouvert 7/7 + fériés 9h30-18h30 d'avril à fin septembre. Hors été, mardi au samedi 9h30-12h30/14h30-18h. Visite 15/30 €.

A flanc de montagnes, les vignerons de La Cave d'Irouleguy récoltent à la main leurs raisins sur près de 145 hectares. Ici, le vin d'Irouleguy, produit emblématique du Pays Basque, a acquis toutes ses lettres de noblesse au fil du temps. La Cave d'Irouleguy vous accueille dans sa boutique dédiée au savoir-faire de ses vignerons. Les curieux peuvent vivre une expérience sensorielle totale et partager un moment authentique autour d'une dégustation de vin offerte. Des visites guidées sont également proposées toute l'année. Plongez dans l'univers du vin d'Irouleguy !

DOMAINE GUTIZIA

Quartier Leispars ✆ 05659375284
www.gutizia.fr
Ouvert toute l'année. Dégustation et visite du domaine uniquement sur rdv. Appellation Irouléguy Contrôlée Pays basque.

Découvrir un domaine viticole, partager la passion du vigneron et déguster sur place dans de bonnes conditions est un réel privilège dont on ne peut se priver. Le Domaine Gutuzia, fièrement représenté par Cécile et Sébastien, est situé sur les hauteurs de Saint-Étienne-de-Baïgorry. Appellation Irouléguy contrôlée (AOC), il produit un rosé élaboré à base de Tannat, un blanc à base de Gros et petit manseng et des rouges tanniques à base de Tannat vinifiés en Dolia (amphores). Nous vous conseillons avant la dégustation, une visite pédagogique d'une parcelle de vigne.

ETXEAN EGINA

Maison Burugorrienia ✆ 05 59 37 93 42
www.etxeanegina.com
Ouvert toute l'année, 15 juin/15 septembre, lundi/samedi : 9h-12h30/14h-19h. Hors saison, mardi/samedi 9h-12h30/14h-19h.

Ne manquez pas de faire une halte à la savonnerie artisanale Etxean Egina qui vous propose sa gamme de savons et cosmétiques fabriqués sur place. Des savons faits à la main avec la technique de saponification à froid : il s'agit d'une méthode ancestrale qui permet la conservation de la glycérine, votre peau n'en sera que plus douce. Trois types de savons-soins sont fabriqués dont la spécialité de la maison au lait de brebis, mais aussi aux huiles essentielles et au miel et à la cire d'abeille. Egalement fabriquée, une gamme de cosmétiques aux huiles végétales bio.

FERME ETCHARTIA

Lieu-dit Oronos Etchartia
✆ 05 59 37 40 60
www.chambres-d-hotes-pays-basque.com
Ouvert toute l'année, le dimanche (sur rdv). Livraison possible (localement). Chambre 2 pers. à partir de 50 €.

Cette bâtisse érigée dans d'autres temps (aux alentours du XVIe siècle) est située dans un environnement exceptionnel à deux pas du cœur de Saint-Etienne-de-Baïgorry. Il ne manque rien hormis l'océan qui reste à portée. Collines, prairies, pâturages, et fermes ancestrales avoisinantes : une vraie carte postale avec en plus l'accueil et la convivialité de Peio et Sandrine et de leurs adorables petites filles. Et le savoir-faire dans l'élaboration des fromages de brebis, boudins, pâtés basques. Une belle synthèse de produits locaux à l'intérieur même de la ferme.

MAISON PETRICORENA

Route de Saint-Jean-Pied-de-Port
✆ 05 59 37 41 36
www.petricorena.com
Ouvert toute l'année, du lundi au samedi (7j/7 en saison), de 9h à 13h et de 14h à 18h30. Blog de recettes sur le site.

Depuis quatre générations, la Maison Petricorena élabore des recettes dans la tradition basque. Elle sélectionne des porcs fermiers du Sud-Ouest et des porcs Manex du Pays Basque. Produit phare : le jambon, de celui de Bayonne au jambon de porc Manex. Ce dernier est le seul jambon supérieur au Pays Basque et en Aquitaine à avoir obtenu une médaille d'or et argent au Concours général agricole du Salon de l'agriculture. Autres produits, les fameuses sauces basques Sakari. Une pluie de médailles pour la confiture de cerises noires, le saucisson, le jambon de Manex...

ALDUDES / ALDUDE

Au pied de la montagne, les Aldudes, une commune de 350 habitants qui croit en son potentiel économique, artisanal et agricole : ferme familiale, élevage des vaches (à viande), brebis (laitières) qui, à l'estive, fréquentent les riches pâturages de cette région et, depuis peu, des porcs basques, une renaissance que l'on doit à un charcutier éleveur de porcs basques et une poignée de complices, mais aussi les Truites de Banka. Une figure des Aldudes, le curé de la paroisse, l'abbé Etcheverry ! Si on a la chance de le rencontrer, il faut lui demander de voir le chapelet de Maximilien : cet empereur serait passé par là au terme d'aventures épiques.

HÔTEL SAINT SYLVESTRE** €

Quartier Esnazu ✆ 05 59 37 58 13
www.stsylvestre-paysbasque.com

Logis. 10 chambres de 62 à 94 €. Petit déjeuner 9,50 €. 1/2 pension possible. Animaux non admis. Restaurant. Parking.

Dans cet hôtel de famille (3e génération), une atmosphère cosy et empreinte d'authenticité voulue par Cédric et Ana qui affichent un beau dynamisme après avoir repris le flambeau. Authenticité et convivialité que l'on retrouve au restaurant mais aussi dans les chambres refaites entièrement à neuf, à l'équipement moderne et pratique. Dans toutes les chambres, vous apprécierez des salles de bains contemporaines elles aussi avec soit douche soit baignoire, des placards, des TV écran plat. De beaux espaces avec des belles vues sur la forêt et les montagnes basques.

HÔTEL-RESTAURANT ERREGUINA** €€

Le Bourg de Banca ✆ 05 59 37 40 37
www.auberge-pays-basque.fr

Logis. Ouvert de mars à mi-novembre. 16 chambres de 59 à 117 €. Restaurant : carte 20/30 €. Animaux admis. Parking.

Cet hôtel-restaurant poursuit sa route dans le XXIe siècle avec une belle réactualisation. On est ici un peu comme chez soi, tant au restaurant que dans les chambres. Une configuration différente, avec un mélange d'ancien et de contemporain, des salles de bains avec douches à l'italienne... La partie plus ancienne a son charme aussi avec un mobilier plus rustique. A table : ici, on parle et mange basque, à savoir de bons produits du cru. Un établissement toujours aussi attachant !

FERME AUBERGE AUZKIA €

Maison Auzkia ✆ 05 59 37 55 65
www.ferme-auzkia.com

Réservation recommandée. Menus de 13 à 19 €. Visite sur RDV avec dégustation. Terrasse. Vente à emporter. Boutique.

C'est dans cette magnifique vallée des Aldudes, au cœur du Pays Basque, à une portée de piment de Saint-Etienne-de-Baïgorry que Nelia et Peio vous accueillent dans leur ferme et vous font découvrir une cuisine traditionnelle issue des produits de la ferme. Eleveurs depuis 4 générations, c'est une authentique exploitation avec un bétail élevé en liberté. La particularité de cette cuisine est le savoureux mariage, dû aux origines mexicaines de Nelia et des recettes basques. Depuis la terrasse ombragée ou à l'intérieur, c'est une convivialité de chaque moment.

HÔTEL-RESTAURANT C'VALL €

Bourg Urepel, RD 948 - **UREPEL / UREPELE**
✆ 05 59 49 06 70
www.cvall.fr

Ouvert de mars à décembre. Hors saison, fermeture annuelle dimanche soir et lundi. A la carte : 25 à 30 €. Terrasse.

Niché à 420 m d'altitude, au fond de la vallée des Aldudes, le village d'Urepel est une commune frontalière qui jouxte le pays Kintoa, avec des pâturages exploités par les éleveurs et les bergers de la commune de la vallée de Baïgorry, à une petite cinquantaine de kilomètres de Bayonne. L'auberge et désormais également l'hôtel, a été repris par Valérie et Christian qui ont redonné vie au lieu. Déjeuner ou dîner dans un cadre exceptionnel, en terrasse avec vue sur les montagnes ou à l'intérieur, et où l'on respecte la tradition culinaire avec des produits locaux.

BOUTIQUE PIERRE OTEIZA

route d'Urepel, Vallée des Aldudes
✆ 05 59 37 56 11 - www.pierreoteiza.com

Ouvert toute l'année sauf le 25 décembre et le 1er janvier, du lundi au dimanche, de 10h à 18h. Boutique en ligne.

Un petit paradis dans cette belle maison et sa boutique, une aubade au Pays Basque lancée par un pur basque au béret vissé sur la tête qui conjugue le goût du respect : respect de la nature, de la tradition, des produits, des saisons – un seul secret, donner du temps au temps... Ambassadeur des salaisons basques, il réalise des produits toujours récompensés ; le jambon et la viande du Kintoa AOP, et depuis des années de nombreuses médailles, notamment au Concours général agricole pour les saucissons. Une belle gamme à découvrir ici et dans ses autres boutiques.

FERME FERANYO-GARAYA

Ferme Feranyo-Garaya ✆ 05 59 37 55 98
www.fromage-brebis-feranyo.com
Ouvert toute l'année, visite sur RDV. Vente directe à la ferme et livraison. Fromage de brebis au lait cru Label AOP.

La ferme Feranyo développe de père en fils un élevage de brebis destiné à la fabrication de fromage fermier. Dominant la superbe vallée des Aldudes, entourée d'immenses prairies naturelles, l'exploitation produit l'un des meilleurs fromages de brebis AOC Ossau Iraty. Avec un pré-affinage de 20 à 30 jours à 13 °C puis un affinage principal de 90 à 120 jours suivant la taille des tommes, les fromages de brebis sont prêts à être dégustés. La ferme dispose également d'un élevage de porcs en plein air et propose aussi en vente directe des conserves et autres pâtés.

LA TRUITE DE BANKA

Route des Aldudes ✆ 05 59 37 45 97
www.truitedebanka.com
Ouvert du lundi au samedi 8h30-12h30/14h-18h. Du 15/07 au 15/08, ouvert jusqu'à 18h30. Visites guidées. Vente en ligne.

Michel Goicoechea s'est inscrit dans le cadre d'une route gourmande qui passe bien sûr par cette exceptionnelle vallée des Aldudes. Une halte à la pisciculture dans ce site sauvage est incontournable. Nourrie d'aliments à base de farines de poissons, la truite a une croissance harmonieuse. De la truitelle à la portion ou la grande truite, les belles sont dites arc-en-ciel. Visite et vente dans la superbe boutique agrandie et réaménagée avec quelques spécialités à succès. Une balade éloquente, en salle avec les explications avant une promenade le long du ruisseau.

OSSÈS / ORTZAIZE

Petit village typique situé sur la route de Saint-Jean-Pied-de-Port où l'on remarque ses belles maisons basques traditionnelles aux influences labourdines et navarraises, l'église Saint-Julien du XVIe siècle qui a remplacé une chapelle du XIIe, la maison Sastriarena, à la sortie du village en direction d'Irissary, qui autrefois, était la résidence secondaire des Evêques de Bayonne. De nombreuses randonnées avec notamment les cascades du Laka et les monts Baigura. A voir aussi le village des artisans à la sortie du village avec le meilleur de l'artisanat basque. La distillerie Brana, Arnabar, les poteries Goicoechea, les espadrilles Don Quichosse...

CENTRE D'EDUCATION AU PATRIMOINE OSPITALEA

Le Bourg - **IRISSARRY / IRISARRI**
✆ 05 59 37 97 20 - https://le64.fr/ospitalea
Ouvert du lundi au vendredi 10h-12h30/13h30-17h30 et samedi (mai à octobre). Visite libre, gratuite, guidée sur rdv 3 €.

Ancienne commanderie du XVIIe siècle, inscrite aux Monuments historiques et magistralement restaurée, Ospitalea, dans le village d'Irissarry, est un exemple monumental des fermes bas-navarraises traditionnelles.

▶ Le centre propose toute l'année des expositions, visites, ateliers, jeux, spectacles, contes, sorties patrimoine... pour vous faire découvrir les facettes du patrimoine basque : bâti, culture, nature, langue, pratiques et savoir-faire traditionnels. Visite à retenir !

ÉGLISE SAINT-JULIEN-D'ANTIOCHE

Accessible toute l'année. Entrée gratuite.

L'église Saint-Julien d'Antioche à Ossès est mentionnée des 1168. Fortaner, évêque de Bayonne, achète alors des terres autour de l'édifice qui date de 1668 (date gravée au-dessus du portail). À l'intérieur, une partie du mobilier correspond également à cette époque : retable et chaire du XVIIe siècle, le buffet d'orgue et les tribunes en bois sculpté sont aussi d'époque moderne (XVIIe ou XVIIIe siècle). En 1870, l'église est dite « délabrée » et sa restauration se concrétise en 1876.

AIRE BERRIA €€

Route d'Iholdy - **IRISSARRY / IRISARRI**
✆ 06 89 75 04 06
www.aireberria.com
Gîtes de France (3 épis). Ouvert toute l'année. 5 chambres de 65 à 100 € avec petit déjeuner. Repas sur réservation.

Château du XIXe siècle animé d'un très beau mobilier ancien d'origine et notamment un salon aux superbes canapés, une collection d'assiettes sur un bahut, un vieil escalier et de grands couloirs aux boiseries murales mènent aux chambres, toutes agréables, spacieuses et bien aménagées. Un beau panel qui peut être complété à l'étage au-dessus, par 3 autres chambres, dans un autre esprit et idéales pour une famille. Table d'hôtes sur réservation. La vie de château où nature et confort ne font qu'un au rythme de la salsa et où l'accueil y est charismatique.

DOMAINE LARLAPEAN*** €€

Chemin Gaineko Bidea
SAINT-MARTIN-D'ARROSSA / ARROSA
✆ 06 86 44 84 35 - www.larlapean.com
Ouvert fin mars à début janvier. Chalets : 260 à 1 300 €/sem/saison. Piscine couverte chauffée. Jeux enfants. Snack-bar.

Au plus près des montagnes basques, le Domaine Larlapean est niché à St-Martin-d'Arrossa, petit village, situé au confluent des 2 Nives et au pied des pics du Larla et du Jara et qui offre un cadre rural et végétal. Dans cet environnement d'exception, la conception du domaine est aboutie : chalets contemporains de différentes tailles, dont un adapté pour les personnes à mobilité réduite, piscine couverte et chauffée, espace bar-restauration, aire de jeux pour enfants, laverie. Tout dans son intégralité a été pensé pour que votre séjour soit douillet et convivial.

ESKUALDUNA CHEZ KATINA** €€

Route de la Gare, Saint-Martin d'Arrossa
✆ 05 59 37 71 72 - https://chezkatina.fr/
Charm Hôtel. 36 chambres de 67 à 141€/saison/cat, avec petit déjeuner. 1/2 pension. Piscine. Fitness. Sauna. Restaurant.

Un hôtel de charme comprenant 22 chambres dans la maison et 14 à l'annexe. Des chambres élégantes : mobilier ancien, tête de lit en bois ancienne, bureau dans le même esprit, salles de bains lumineuses... Et l'annexe est aménagée avec des chambres confortables aux tonalités contemporaines. Un superbe ensemble dans cette grande bâtisse fondée en 1745 à la veille de la Révolution française et qui ne passe pas inaperçue depuis la route. Avec piscine couverte, sauna, salle de fitness... Idéal pour un séjour détente et découverte des richesses du Pays Basque intérieur.

LA FERME GOURMANDE €€

Maison Landaburla
✆ 05 59 37 77 32
www.lafermegourmande.fr
Ouvert lundi, vendredi, samedi, dimanche. Réservation impérative. Menus carte : 29, 34 et 46 €. Jardin. Terrasse.

Lætitia et Nicolas, nos 2 jeunes passionnés, ont déjà une solide expérience en gastronomie. C'est aujourd'hui une cuisine locavore et de saison où chaque produit est annoncé de son origine locale. En terrasse ou à l'intérieur, on est dans cet esprit « champêtre » où la cuisine s'élabore avec la fraîcheur pour signature. La truite de Banka en tartare, les pieds de cochons avec leur réduction de basquaise à l'estragon, le merlu de nos côtes, etc. Coté desserts, préparez-vous avec un baba « maison » version XXL (testé !) ou une belle sélection de fromages de Beñat.

RESTAURANT ART'ZAIN €€

Le Bourg - **IRISSARRY / IRISARRI**
✆ 05 59 37 23 83
www.restaurant-art-zain.fr
Étoile verte Michelin. Ouvert du mercredi au dimanche. Réservation recommandée. Menus : 34 €, 40 € + carte. Terrasse.

Dans un corps de bâtiment traditionnel au cœur du village basque, le restaurant Art'Zain propose un cadre exceptionnel pour votre repas. Le local y est essentiel, des meubles de chez Alki à la nourriture, de saison, dans votre assiette. Non seulement la carte propose des mets typiquement basques, mais les producteurs qui fournissent le restaurant sont d'ici. Dégustez un velouté d'épinards, breuil de chez Kati, le pressé de patate douce et son beurre de truffes... Le restaurant s'est vu décerner en 2021 l'étoile verte du guide Michelin pour sa gastronomie durable.

BOUTIQUE ET DISTILLERIE BRANA

route de Saint-Jean-Pied-de-Port
✆ 05 59 49 23 98 - www.brana.fr
Ouvert du lundi au samedi de 10h à 13h et de 14h30 à 18h30. Dégustation. Projection vidéo. Parking. Vente en ligne.

Plus de 200 m² dédiés à la découverte des eaux-de-vie, liqueurs et vins du Domaine Brana. Et plus de 1 500 m² consacrés à la distillerie avec ses alambics en cuivre. Martine Brana et son frère Jean, ont imaginé ce nouvel espace de vente, de dégustation et de mise en valeur avec des réalisations aux fruits, les incontournables et renommées eaux-de-vie de poire, de prune, de framboise, la production de Gin au piment d'Espelette, la clémentine bio ou encore les eaux-de-vie de Cédrat.

BOUTIQUE-EXPO DON QUICHOSSE

Zone Artisanale Ordokia, face à la distillerie BRANA
✆ 09 52 25 57 58 - www.donquichosse.com
E.P.V. Ouvert mai à septembre du mar au sam (+ lun juillet/août) 10h-12h30/14h-18h45 ; les après-midi dès le 15/09.

Un espace exposition vous conte l'histoire de l'espadrille du XVIIIe siècle à nos jours et une boutique pour vos achats d'espadrilles, de la plus classique à la plus tendance ; en coton, cuir, semelles en jute tissé et caoutchouc, et les nouvelles créations de l'année. Une belle réussite pour cette entreprise artisanale performante au savoir-faire exceptionnel. Des gammes en constante évolution, car l'espadrille, très prisée aujourd'hui, traverse les époques sans perdre de son attrait.

FERME ARNABAR

route de Saint-Jean-Pied-de-Port
✆ 05 59 37 62 93
www.arnabar-foie-gras.com
Ouvert lundi au samedi 9h-12h30/14h-18h30. Bienvenue à la Ferme. Élevage Label Rouge. Visite gratuite. Vente en ligne.

Éleveur de canards depuis 3 générations, le domaine Arnabar cultive un savoir-faire qui conjugue élevage traditionnel et recettes originales. Les canards sont issus de la ferme d'Irissarry et les produits sont transformés dans son atelier à Ossès. Ces produits sont disponibles à la vente dans la boutique d'Ossès, de Saint-Jean-de-Luz et aux halles d'Anglet ainsi que sur les marchés. Dans cette superbe boutique, vous découvrez un grand bar en bois où se cachent sous cloche, les produits frais de la maison. La boutique est aussi la vitrine des produits artisanaux.

GOICOECHEA POTIER-CERAMISTE

RD 918 ✆ 05 59 37 71 30
www.poterie-goicoechea.com
Label E.P.V. Ouvert du lundi au samedi et certains fériés. Horaires variables à consulter sur le site. Vente en ligne.

Goicoechea, une mémoire de gestes répétés depuis près de 60 ans consacrés à la céramique pour en faire des créations artistiques uniques. Dans le village d'artisans d'Ossès, on trouve leur atelier où les vases classiques côtoient des pièces contemporaines, colorées, de toutes les tailles, aux finitions variées (cordé, martelé, granité). Ne manquez pas de visiter ce lieu féerique et découvrez la technique du tournage à la corde (unique !) et le magasin sur 400 m² avec vue sur l'atelier.

BIDARRAY / BIDARRAI

On entre presque en Basse Navarre quand on arrive sur Bidarray après avoir descendu la Nive depuis Cambo et Itxassou. La Nive qui la traverse donne toute son importance à ce village au visage déjà montagnard, situé dans un cirque constitué du Baigura, de l'Artzamendi et des crêtes de l'Iparla. L'histoire de Bidarray commence au XIIe lorsqu'est érigée une commanderie (les pèlerins de Saint-Jacques passaient par ce village). Il faut monter pour atteindre l'église de grès rose. Découvrez en haut du village, la place centrale, son fronton et le superbe pont romain Noblia qui enjambe la Nive, terrain de jeu pour les amateurs de rafting et de canoë !

LES CRÊTES D'IPARLA

Accès libre toute l'année.

La randonnée des crêtes d'Iparla (départ depuis le village de Bidarray) vous mène jusqu'au pic d'Iparla, en empruntant le GR 10, qui culmine à 1 044 m et offre des panoramas grandioses sur l'océan, les côtes basques et landaises. Vous y observerez des pottoks et de nombreuses espèces d'oiseaux (vautours, milans...), le site étant situé en zone Natura 2000. Durée de la randonnée : environ 4h30 de marche sur 11 km, avec un dénivelé de 930 m et un niveau de difficulté moyen. Conseil : se munir de bonnes chaussures de marche et du ravitaillement !

ÉGLISE DE BIDARRAY ★

L'église se visite durant les offices.

Connue pour ses murs en grès rouge, de style roman, cette église (XIIe siècle), classée aux Monuments historiques avec son cimetière (prenez le temps de le parcourir) a subi des transformations au fil des siècles avec une reconstruction partielle en 1625 et n'a plus l'apparence de la chapelle médiévale construite à cet emplacement (les vestiges sont en partie basse) : clocher-mur en façade qui ressemble étrangement à un fronton, parvis pavé aux armes de Roncevaux et chœur qui a bénéficié d'une surélévation. Son intérieur est typique des églises basques à étage.

LE PONT NOBLIA ★

Route de Saint-Jean-Pied-de-Port
Accès libre toute l'année.

Autre trace du passé, le vieux Pont Noblia (XIVe siècle) rose, lui aussi, à trois arches qui enjambe la Nive, affluent du fleuve Adour et qui se jette dans l'océan. Il s'agit d'un des ponts les plus anciens du Pays Basque avec sa construction qui remonte au XIVe siècle. La construction du pont fut conditionnée par la nécessité de sécuriser le passage des pèlerins de plus en plus nombreux se rendant à Compostelle sur cette ancienne voie. Classé aux Monuments historiques dans sa totalité, il mesure 55 m de longueur pour moins de 4 m de large.

RANDONNÉES NATURES ET DÉCOUVERTES

Place de l'Eglise
✆ 06 70 00 63 55
Libre d'accès toute l'année sur RDV.

Voilà 25 ans qu'Isabelle vous accompagne dans des randonnées naturalistes et vous guide dans des circuits tout à fait insolites. Plusieurs thématiques sont proposées : découverte des plantes comestibles et médicinales, des rapaces au Pays basque, des villes et villages fortifiés et du patrimoine local. Journée familiale également chez un berger passionné comme elle, qui nous fera découvrir son activité pastorale. Et cette randonnée semi-nocturne en montagne, comme les contrebandiers...

GÎTE ARTZAMENDI MAISON ATETENEA €

Quartier Ohatarri ✆ 06 60 10 18 74
www.lespyrenees.net/hebergements
Ouvert à l'année. Accueil jusqu'à 19h. De 350 € à 580 €/sem. 180 € le WE. Label «accueil paysan». Animaux admis.

Au cœur du Pays basque, dans une ferme en activité du village de Bidarray entouré de montagnes, venez vous ressourcer au grand air et profitez d'une vue imprenable depuis la terrasse couverte de l'appartement sur le verger de la ferme et sur les montagnes basques... Emplacement idéal pour les amoureux de la nature, au calme et pour les passionnés de balades pédestres. La ferme est labellisée « Accueil Paysan » où vous pourrez déguster et emporter confitures maison, axoa de veau...

HÔTEL-RESTAURANT BARBERA €€

Place de l'Eglise ✆ 05 59 37 74 86
https://hotel-bidarray.com/
Ouvert de mai à octobre. Réservation recommandée. Menu : 26 €. Carte : 30/35 €. Jardin. Terrasse. 9 chambres : 50/75 €.

A l'abri du temps, au cœur du Pays Basque, à 30 min de Biarritz, la famille Elissetche perpétue, dans un cadre authentique, la tradition familiale. Ainsi, dans l'hôtel, on découvre 9 chambres de belle facture, pour la plupart récemment refaites, avec d'anciens meubles, des cheminées, des salles de bains carrelées pour certaines de bleu dur et plein de petits détails de la maîtresse de maison. Un havre de paix doté d'un restaurant et un lieu de vacances idéal pour un séjour en famille.

LORE TTIPIA - RESTAURANT DE L'AUBERGE OSTAPE €€€

Domaine de Chahatoa ✆ 05 59 37 91 91
www.ostape.com
Ouvert de mars à novembre, les soirs ; vendredis et we le midi. Été, 7/7 midi et soir. Menus 49 €, 79 € + carte. Jardin.

Confort, service, luxe et sérénité caractérisent cet établissement haut de gamme qui allie tradition et modernité au cœur d'un Pays basque authentique, sur 45 ha de nature intacte. C'est dans cette maison de maître du XVIIe siècle que se situe le restaurant Lore Ttipia avec sa terrasse panoramique et son écran géant naturel. La cuisine est à l'image du cadre et des prestations hôtelières avec une haute gastronomie locale sous la direction de la cheffe Manon Grasset. Un moment précieux.

LE FUMOIR DE LA VALLÉE

RD 918 ✆ 06 64 80 84 40
www.fumoirdelavallee.com
Ouvert de début avril à fin octobre + décembre du lundi au vendredi. Horaires variables selon saison, voir le site web.

Avis aux carnassiers ! Quand vous passerez devant le Fumoir de la vallée ou, encore mieux, en poussant la porte de celui-ci, l'odeur de cheminée et de salaisons vous donnera envie de déguster « un bon morceau de lard fumé, une tranche de jambon fumé avec des pommes de terre... » dixit le guide du lieu. Ici, les viandes et poissons sont fumés « naturellement et artisanalement ». Vous y trouverez un beau panel de produits fumés : magrets de canard fumés, saumons fumés, foies gras fumés... A découvrir aussi les fameuses terrines d'huîtres, de saumon, truite fumée...

UHINA RAFTING-CANYONING

D 918 ✆ 06 15 38 79 38
https://uhina-rafting-pays-basque.fr
Ouvert 1er mars au 30 nov. Rafting : enfant 6/10 ans 1/2 j : 25 €. Ados/adultes 1/2 journée : 39 €. Matériel fourni.

A proximité de Bidarray, tout au bord de la Nive, Uhina propose une activité nautique (rafting, mini-raft et canyoning) passionnante avec une équipe de professionnels (diplômés et spécialisés en eaux vives) dans un cadre exceptionnel. En famille, entre amis ou en séminaire, vous accédez directement en bord de rivière au parcours de raft adapté à tous, même aux débutants. Descentes en rafting et canyoning (à partir de 6/8 ans), sans corde et sans rappel avec sauts de rochers. Prévoyez 2h30 d'activité, entre le briefing de bienvenue, l'équipement, la navette, etc.

MAULÉON-LICHARRE / MAULE-LEXTARRE ★

Ancienne capitale de la Soule, Mauléon présente le visage du Pays Basque intérieur. Son château datant du Moyen Age surplombe le petit village de maisons aux toits d'ardoises. La Haute-Ville fut un carrefour de rencontres, foires et échanges. Aujourd'hui, le marché s'y tient tous les mardis. Mauléon est considérée comme la capitale de l'espadrille. On raconte qu'au début du XIIe siècle, les fantassins du roi d'Aragon étaient chaussés d'espadrilles, mais à ce jour, personne ne peut précisément déterminer la naissance de cet artisanat. Dès le XVIIIe siècle, l'espadrille est fabriquée au Pays Basque par des artisans du chanvre et du lin. Mais c'est au XIXe siècle que la chaussure connaît un vif succès lorsqu'une famille souletine se lance dans la vente d'espadrilles en grande quantité. Après la guerre 1914-18, une nouvelle sandale à semelle de gomme est lancée par le Mauléonnais Joseph Bidegain pour lui apporter plus de résistance, les espadrilles se vendent alors comme des petits pains. Dans les années 1980, un coup dur freine la production souletine avec l'apparition d'espadrilles chinoises. Les Artisans et Industriels Mauléonais, ont dû faire preuve d'imagination et l'espadrille classique d'autrefois a pris des couleurs et est devenue essentiellement une chaussure de détente et de loisir. Aujourd'hui, l'espadrille est un véritable accessoire de mode, et si Mauléon demeure toujours la capitale de l'espadrille, l'effectif industriel y a sérieusement régressé... mais la qualité est restée intacte.

ARMAÏTÉ ESPADRILLES

Zone artisanale

IDAUX-MENDY / IDAUZE-MENDI

✆ 05 59 28 33 61

www.espadrilles-armaite.com

Ouvert lundi au vendredi 8h-12h/14h-18h, vendredi (hors été) 8h-11h. Visite guidée + 1 paire espadrilles (sur rdv) 10 €.

Mauléon, en Soule, est la capitale mondiale de l'espadrille artisanale. Pourquoi l'espadrille à Mauléon (et alentours) ? Elle a été conçue et fabriquée au Pays Basque à partir du XVIIIe siècle par des artisans du chanvre et du lin, et son émergence en tant que phénomène économique et social se situe vers 1850. Armaïté tient son nom de ses 2 fondateurs, Armand et Maïté depuis 1979. Titre de Maître artisan obtenu grâce à leur savoir-faire, ils ont transmis la passion et la méthode à Pascale (3e génération). Unique dans sa réalisation avec le jute pour fabriquer les semelles, gage de qualité et de durabilité, la toile 100 % coton et teintée selon les normes et la créativité pour les formes et motifs. L'atelier vous ouvre ses portes pour une visite passionnante de la fabrication artisanale ; découvrir le métier de fabricant d'espadrilles et toutes les étapes de la création d'une paire d'espadrilles : cousues machine selon le savoir-faire spécifique mauléonais et les modèles compensés sont cousus à la main. Dans le magasin d'usine, vous trouverez les traditionnelles espadrilles (+ de 50 coloris disponibles), une collection hiver – la 1re espadrille en laine « Euspattak », chaude en hiver et fraîche en été, confectionnée en partenariat avec l'atelier Iletegia qui valorise la laine de la tonte des brebis du Pays Basque – et une gamme d'accessoires : sacs, porte-monnaie...fruits de leur imagination et créativité. Une belle adresse à sélectionner et à découvrir lors de votre séjour au Pays Basque et en Soule.

ATELIER-BOUTIQUE DON QUICHOSSE

Rue Jeanne d'Arc - ZI ✆ 05 59 28 28 18

www.donquichosse.com

Label EPV. Été, ouvert lundi au samedi 9h30-12h30/14h-18h30, samedi 18h. Hors saison lundi au vendredi 9h-12h/14h-18h.

Timothée Cangrand, véritable passionné, reste l'un des rares artisans en exercice à Mauléon, ville pionnière de l'espadrille. Chaque chaussure est conçue de manière 100 % naturelle ; coton pour la toile, jute pour la semelle, hévéa pour la composition du caoutchouc. Une visite guidée explique toutes les étapes de fabrication, et il vous est même proposé de réaliser votre propre paire ! Classiques unies, rayées, compensées... impossible de ne pas trouvez espadrille tendance à votre pied.

CHÂTEAU D'ANDURAIN DE MAYTIE ★

1, rue du Jeu-de-Paume

✆ 05 59 28 04 18

Ouvert du 1/07 au 15/09. Adulte : 6 € ; 5/15 ans : 2,50 €. Visite guidée sur RDV. Groupes toute l'année sur réservation.

Située à Mauléon, cette belle demeure, classée aux Monuments historiques, met en avant l'architecture du début du XVIIe siècle. Propriété privée toujours occupée par la même descendance, le château Renaissance d'Andurain remonte au XVIIe siècle : rare charpente classée en triple carène de navire renversée, mobilier d'origine, commodes, cheminées, tables et guéridons – XVIIe et XVIIIe siècles – ainsi qu'une bibliothèque qui vous permettra de voir des livres des XVIe et XVIIe siècles.

CHÂTEAU FORT DE MAULÉON ★

rue du Fort ✆ 05 59 28 02 37

Ouvert d'avril à octobre, 10h-13h/15h-18h (19h en juillet/août). Gratuit -6 ans. Adulte : 3 €, enfant (6/13 ans) : 2 €.

Château médiéval du XIIe à la position stratégique et dominante sur la vallée. Modifié aux XIVe et XVe, il reçoit un pont-levis, une prison souterraine, un puits… Dans l'enceinte, on retrace son histoire et les péripéties vécues lors des multiples conflits qui émaillèrent les siècles : domination anglaise, reconquête par G. de Foix au cours de laquelle il sera saccagé et incendié, guerres de Religion... Et Louis XIII exigeât son démantèlement en 1642. Partiellement reconstruit en 1648, son rôle est alors réduit. Au XIXe, il sert de garnison militaire et de prison.

L'ÉGLISE DE L'HÔPITAL-SAINT-BLAISE ✝ ★★

L'HÔPITAL-SAINT-BLAISE / OSPITALEPEA

✆ 05 59 66 07 21

www.hopital-saint-blaise.fr

Ouvert de novembre à fin mars, du lundi au vendredi de 9h à 17h et d'avril à fin octobre, tous les jours de 10h à 19h.

Classée au Patrimoine mondial de l'Unesco, l'église du XIIe siècle, de conception romane par sa forme trapue, ses murs épais et ses petites ouvertures, possède des éléments d'architecture hispano-mauresque qui lui confèrent toute son originalité. Ce monument dépouillé, aux dimensions modestes, présente un plan centré axé sur la coupole. C'est un édifice espagnol en terre française, vestige d'une fondation hospitalière médiévale accueillant les pèlerins de Saint-Jacques. Bâtie dans le schiste local aux tons fauves, avec des éléments de grès jaune ou ocré pour la sculpture ancienne, elle possède une coupole octogonale qui couvre la croisée du transept de sa stellaire géométrie, ses huit pans étant soutenus par des arcs entrecroisés formant une étoile à huit branches. Bel exemple de l'architecture musulmane de Cordoue ou de Tolède, tout comme ses fenêtres à grille de pierre, percées dans les murs épais. Autre élément remarquable : les corniches en chêne de son chevet sculptées de billettes et de motifs hispano-mudejars, datent du XIIe siècle (exemple unique !). Originale, cette église l'est à plus d'un titre, et pour faciliter sa découverte, une visite audio-guidée est disponible en six langues. De juin à septembre, les mardi, jeudi et vendredi à 18h30, un spectacle son et lumière rythmé de chants basques et d'images animées projetées sur les parois de l'édifice sublime l'église de l'intérieur et entraîne ses visiteurs dans un voyage à travers le temps, sur les pas des pèlerins.

LE MOULIN

L'HÔPITAL-SAINT-BLAISE / OSPITALEPEA

Restauration en cours par la commune.

Ce moulin à eau, propriété de la commune, tire probablement ses origines de l'époque médiévale. Il a subi de nombreuses et importantes restaurations au point d'avoir été presque intégralement reconstruit ! Aujourd'hui encore, la commune s'efforce de le rendre accessible au public. En fonctionnement jusqu'à la Seconde Guerre mondiale, il est devenu obsolète avec l'émergence de l'industrie. Ce moulin a vu des générations d'agriculteurs faire moudre leurs céréales. Après la guerre de 40, le propriétaire de l'époque l'a transformé en scierie jusqu'aux années 70.

BUREAU D'ACCUEIL TOURISTIQUE-MAISON DU PATRIMOINE

10, rue Jean-Baptiste-Heugas ✆ 05 59 28 02 37

www.en-pays-basque.fr

Ouvert toute l'année, horaires selon saison consultables sur le site. Centrale de réservation hébergement, billetterie.

Le Bureau de Mauléon met à disposition toutes les informations pratiques pour découvrir ce territoire incontournable du Pays Basque. Installé dans l'ancienne mairie aux côtés de la Maison du Patrimoine, vous y découvrirez une exposition permanente sur la province de Soule ainsi que des expositions temporaires au 1er étage. Des chasses au trésor pour les enfants sont aussi organisées. Informations en anglais, espagnol et basque. Il assure ainsi la promotion touristique du territoire.

CAMPING UHAITZA LE SAISON*** €€

Route de Libarrenx ✆ 05 59 28 18 79

www.camping-uhaitza.com

Ouvert fin mars à début novembre. Emplacements de 17,90 à 28,80€. Chalets/mobil-homes de 375 à 762€/sem. Piscine. Snack.

Avec sa belle rivière sauvage, le Saison est le paradis des pêcheurs à la truite. Les propriétaires de ce camping vous réservent un accueil chaleureux et convivial et proposent des emplacements vastes pour camping-cars, caravanes, tentes, des chalets et mobil-homes. Une mini-plage avec plongeoir naturel sur la rivière Uhaitza est disponible pour tous ainsi qu'une piscine chauffée. Idéal pour des vacances familiales et pour partir à la découverte des sites remarquables de la Soule.

DOMAINE AGERRIA HÔTEL-RESTAURANT*** €€

3, rue du Frère-Alban ✆ 05 59 19 19 19
www.domaine-agerria.com
Ouvert à l'année. 25 chambres à partir de 78 €. Parking inclus. Soirée étape du lundi au vendredi à partir de 92 €.

Le domaine hôtelier vous accueille dans un cadre enchanteur de 97 hectares de forêts et prairies. Le bâtiment principal est un ancien monastère articulé autour d'un jardin intérieur et de sa fontaine, érigé en 1840 avec notamment une chapelle toujours présente. 25 chambres et suites, toutes très bien équipées vous invitent à passer un séjour en harmonie avec la nature et le calme. Le restaurant attenant avec sa magnifique terrasse offre une cuisine de saison et du terroir.

ETXOLA €€

30, boulevard Gambetta ✆ 05 59 28 27 96
https://etxola.fr/fr
Ouvert du mardi au dimanche midi et soir. Réservation recommandée. Carte : 25 € environ. Formule midi : 15 €. Terrasse.

Voilà une brigade de pros avec qui on se sent bien et en famille. Riche d'une longue expérience dans un établissement parisien réputé, place de la Concorde à Paris, le propriétaire, du pays, n'avait qu'une idée : revenir et travailler avec son fils à Mauléon, son village natal. Doté d'une terrasse, d'un comptoir majestueux, le restaurant propose une cuisine de brasserie parisienne version basque, avec les anguilles et truites de Licq, les entrecôtes, le carré ou l'épaule d'agneau, les burgers basques et les fameux desserts de bistrot. Ici, c'est Paris à Mauléon !

EUSKALDUNA €

4, rue Pasteur
✆ 05 59 28 23 35
www.restauranteuskalduna.eatbu.com
Réservation recommandée. Menu carte 25 €. Formule midi semaine 14 €. Menu dégustation 48 €. Tapas/ardoises soir et we.

Situé au cœur de Mauléon depuis plus de 3 ans, le restaurant Euskalduna respecte l'esprit « brasserie » avec le comptoir du bar sur lequel on peut déjeuner et dîner et ses tables hautes dans une décoration raffinée. Aux fourneaux, de vrais cuisiniers (Lucas, le Chef a notamment travaillé au Kaiku, étoilé Michelin à Saint-Jean-de-Luz) et un service efficace. Complet dès midi, c'est un gage de qualité. Il est donc conseillé de réserver. Du fait maison et du bon ! Également une carte des vins faisant l'éloge des productions locales et espagnoles (à proximité).

LE SAINT-BLAISE €€

Le Bourg - **L'HÔPITAL-SAINT-BLAISE / OSPITALEPEA**
✆ 05 59 66 53 04
www.restaurantlesaintblaise.wifeo.com
Restaurant-chambres d'hôtes. Menus : 17, 24, 33 € ou à la carte. Chambres d'hôtes dès 30 €/nuit/pers. Terrasse.

Avec sa vue magnifique sur la campagne et l'église de L'Hôpital-Saint-Blaise – Patrimoine mondial de l'Unesco –, Le Saint-Blaise demeure une table incontournable ! Ici, riment tradition et raffinement aux fourneaux. Des produits locaux et de saison soigneusement mis en valeur grâce à des cuissons parfaites et des saveurs authentiques. On savoure la garbure paysanne, le pavé de merlu, les ris d'agneau, les chipirons, le boudin béarnais, le foie gras fermier maison... Desserts maison : Piñolet, crème brûlée, baba, tiramisu. Terrasse sous les platanes centenaires.

RESTAURANT XOKOTTUA €

Route de Tardets - **GOTEIN-LIBARRENX / GOTAINE-IRABARNE** ✆ 05 59 28 25 75
Ouvert 7/7 midi & soir sauf mercredi. Lundi/mardi, uniquement le midi. Menus 13 à 27,50 €. Carte : 20 € env. Terrasse.

Entre Tardets et Mauléon, au cœur de la vallée de la Soule, limitrophe avec le Béarn et l'Espagne, le petit village de Gotein dispose d'une étape gourmande avec l'auberge Xokottua. Une auberge comme on les aime ou dès midi, l'affluence des habitants et vacanciers est déjà intense. Des formules copieuses et des plats généreusement servis tel ris d'agneau, confit de canard et Saint-Jacques, desserts maison. Sans oublier la traditionnelle soupe qui déjà annonce le niveau. Le tout dans un cadre chaleureux et d'un autre temps. Et sans oublier l'accueil de nos hôtes.

CHILO HÔTEL-RESTAURANT €€€

Le Bourg - **BARCUS / BARKOXE**
✆ 05 59 28 90 79
www.hotel-chilo.com
Maître Restaurateur. Réservation recommandée. Menu 36 €. Carte comptez 40/50 €. Formule midi 15 € hors we. Terrasse.

De la rue, vous n'imaginez pas le cadre rempli de nature de ce restaurant gastronomique tenu par un chef connu, Pierre Chilo. Un endroit serein pour découvrir ses plats parfaitement travaillés, métissés, de qualité et inventifs avec une petite pointe d'originalité. On connaît les grands classiques qui changent bien sûr, au gré des saisons comme son trio de foie gras, les chipirons, le duo sole-agneau, les ris d'agneau... Côté sucré, une crêpe roulée à la crème vanille orange ou encore le soufflé au Grand Marnier... Même le pain est ici fait maison.

GOXOKIA

35, boulevard des Pyrénées
✆ 05 59 19 14 23
www.goxokia.fr

Pâtisserie. Salon de thé. Ouvert du mardi au vendredi 7h30-19h15, samedi 7h30-2h30/14h30-19h15 et dimanche 7h30-13h.

Jean-Pierre Larramendy, créateur de saveurs, vous invite à découvrir ses spécialités dans son espace salon de thé. Et dans sa pâtisserie, des tablettes de chocolat grand cru, des chocolats maison, le Gxokia, un praliné amande enrobé de chocolat noir roulé dans de la feuilletine, le parfait framboise et autres douceurs auxquelles il est difficile de résister. Sans oublier le délicieux gâteau basque cerclé dans une bande fine en peuplier qui sublime la présentation. Côté traiteur, laissez-vous tenter par la formule du midi salade avec tarte salée, dessert et café.

LA FERME ARROKAIN

Quartier Ehusania - **MUSCULDY / MUSKILDI**
✆ 06 89 24 90 70
https://ferme-arrokain.eus/

Bienvenue à la Ferme. Visite de la ferme et vente sur Rdv. Marché de Mauléon le samedi matin). Présent en boutiques.

Le bien-être animal, les excellentes conditions d'élevage et la passion de toute une famille ne peuvent donner qu'une très bonne viande ! Bienvenue à la ferme Arrokain, terre d'excellence au cœur des montagnes souletines, à Musculdy, près de Mauléon, pour son porc Kintoa AOP et sans OGM, pour ses brebis Manech à tête rousse qui donnent un si bon lait et un... si bon fromage Ossau-Iraty et aussi pour la vache Blonde d'Aquitaine. Le goût de l'authenticité est ici préservé grâce au savoir-faire ancestral. La ferme confectionne également des produits cosmétiques.

LA FERME SOULETINE

4, chemin Vicinal
VIODOS-ABENSE-DE-BAS / BILDOZE-ONIZEPEA
✆ 05 59 28 09 46 - www.ferme-souletine.com

Réseau Bienvenue à la Ferme. Ouvert du mardi au vendredi : 9h-12h/14h-18h30, samedi 9h-12h. Vente en ligne.

La famille Sagaspe élève des canards depuis 36 ans. Peu à peu, ils ont diversifié l'activité avec le poulet fermier, les vaches mères et le veau. A la boutique de l'exploitation, pas moins de 45 produits « maison » : le canard dans tous ses états (foie gras, confit, magret, pâté au foie gras, rillettes foie gras, plats cuisinés). Tout est garanti sans conservateurs, ni colorants ni additifs. Vous les retrouvez aussi dans leur boutique de Saint-Palais et sur les marchés de Mauléon, Tardets, Navarrenx. On recommande ici le savoir-faire et le bon goût des produits.

FERME UHARTIA

Chemin Uhart - **BARCUS / BARKOXE**
✆ 05 59 28 92 09
www.ferme-uhartia.com

Bienvenue à la ferme. Lundi 15h-17h, du mardi au vendredi 9h30-12h30/15h-18h (19h du 15/07 au 15/09). Visite sur rdv.

La ferme Uhartia accueille les amateurs de foie gras et de produits à base de canard qui font la réputation du Sud-Ouest. Patricia et Cathy vous ouvrent les portes de leur exploitation traditionnelle : foies gras entiers en conserve ou mi-cuit, magret fumé, confit, rillettes... Et ils vous feront partager leur savoir-faire et expérience dans ce travail de spécialistes. Les canards, élevés en plein air, nourris aux céréales de la ferme, sont transformés suivant le savoir-faire familial et les recettes sont élaborées sans colorants ni additifs ni conservateurs.

FROMAGERIE ARTISANALE AZKORRIA

route de St jean pied de port
MUSCULDY / MUSKILDI
✆ 05 59 28 17 16 - www.azkorria.com

Ouvert tous les matins 10h-12h30 sauf dimanche. Visite guidée (sur RDV) de l'atelier de fabrication. AOP Ossau Iraty.

Entre Saint-Jean-Pied-de-Port et Mauléon, cette fromagerie artisanale transforme et affine le lait de brebis issu de la production de 17 bergers. Le respect du cahier des charges garantit un lait de qualité exceptionnelle (brebis nourries au foin et céréales non-OGM) et un fromage artisanal de qualité supérieure à croûte naturelle. Une pâte de couleur blanc crémeux, parsemée de petites ouvertures et le goût du fromage s'épanouit pour révéler la complexité et la plénitude de ses arômes.

OKINA-BISCUITERIE ARTISANALE

Zone artisanale - **IDAUX-MENDY / IDAUZE-MENDI**
✆ 05 59 28 25 79 - www.biscuits-okina.fr

Magasin ouvert toute l'année du lundi au vendredi, de 8h à 17h. Visite de l'atelier de production sur RDV.

La biscuiterie Okina régale le Pays Basque et au-delà. Les pâtisseries, boutiques et petites surfaces de proximité, de Saint-Jean-de-Luz à Bayonne, Hendaye, Espelette...proposent leurs produits sans additifs. Des biscuits salés fromage de brebis/piment d'Espelette, tomates/oignons, fromage de chèvre, et sucrés avec les biscuits secs, chocolat, noisette. Confection artisanale avec des matières premières rigoureusement sélectionnées parmi les producteurs locaux pour garantir la qualité.

PRODISO ESPADRILLES DE MAULÉON

28 rue des Arbailles-Zone Artisanale
✆ 05 59 28 28 48 - www.espadrilles-mauleon.fr
Ouvert toute l'année du lundi au vendredi 8h-12h/14h-18h. Juillet-août aussi le samedi 10h-12h/15h-18h. Vente en ligne.

Un savoir-faire unique depuis 1977 ! Sandrine Lasserre (fille du créateur) et son fils, proposent dans leur atelier-boutique une gamme d'espadrilles cousues main, stylées, confortables, confectionnées à partir de produits naturels, écologiques, biodégradables. Des modèles tendance pour tous les goûts, tous les styles : unis, rayés, fleuris, talon compensé… L'entreprise se réinvente sans cesse et travaille avec des stylistes de tous horizons qui créent chaque année de nouveaux modèles.

VINAIGRERIE SAINT-JACQUES

6, rue Ramuntcho
✆ 06 16 54 22 83
https://vinaigrerie-saint-jacques.fr/
Ouvert toute l'année du lundi au samedi 9h-19h. Visite gratuite. Boutique. Accueil des groupes. Parking. Vente en ligne.

Né il y a 5 000 ans av. J.-C. de la rencontre entre alcool et l'air du temps, le vinaigre est le résultat d'une formidable alchimie naturelle qui pique le vin et le fait virer à l'aigre (vin-aigre). Véritable artisan du goût, J Philippe élabore dans son atelier une quinzaine de vinaigres différents – des classiques et des plus surprenants – fermentés en fûts de chêne, avec des produits frais et locaux sans additifs, ni colorants, ni sucres. Passage obligé lors de votre séjour en Soule.

ZÉTOILES

Quartier Saihestoki - **CHÉRAUTE / SOHÜTA**
✆ 07 81 97 99 54
https://espadrilles-zetoiles.fr/
Atelier-Boutique ouvert toute l'année du lundi au vendredi de 8h à 18h. Visite de l'atelier possible. Vente en ligne.

Dessine-moi une espadrille, pour paraphraser l'écrivain-aventurier-pilote Saint-Exupéry ! Et cela depuis 1947 près de Mauléon, dans la manufacture de famille qui se visite aussi. De père en… petit-fils, le savoir-faire et les secrets de fabrication se perpétuent avec cette volonté d'unir tradition et modernité. À la fois classiques et modernes, labellisées « Mauléon », les espadrilles Zétoiles sont entièrement fabriquées à partir de produits naturels et cousues main au Pays basque. Elles sont unies, à motifs, en cuir, en toile, plates, compensées, pour tous (tes).

TARDETS-SORHOLUS / ATHARRATZE-SORHOLÜZE

Fondée en 1280, Tardets au centre de la Haute Soule, fut unie à Sorholus en 1859. Bâtie sur les rives du Saison, la ville présente la configuration d'une bastide qui a conservé sa structure initiale avec sa place carrée à arcades. De Tardets, des balades, à la découverte de la chapelle de la Madeleine par une route splendide, mais périlleuse par le col de Sustary jusqu'au sommet avec un panorama grandiose. A Trois-Ville, vous pourrez visiter le château Elizabea qui revint au Comte de Tréville, capitaine des Mousquetaires qui inspira Alexandre Dumas. Tardets est aussi un grand centre folklorique de la Soule. Un village riche de son patrimoine.

BUREAU D'ACCUEIL TOURISTIQUE

Place Centrale ✆ 05 59 28 51 28
www.en-pays-basque.fr
Ouvert toute l'année, horaires selon saison consultables sur le site. Centrale de réservation hébergement, billetterie.

Toutes les animations du coin et informations utiles pour visiter la Soule avec une équipe chaleureuse pour vous renseigner sur les visites, manifestations à ne pas manquer, bonnes tables… Le 2nd étage laisse place à un espace scénographique d'interprétation de la mythologie basque « Herrauskoriste », réalisé par les jeunes créateurs de la société locale « Kakots », et un spécialiste local reconnu de la mythologie basque et pyrénéenne. Une belle manière de présenter le pays souletin.

LA CHAPELLE DE LA MADELEINE DE TARDETS

L'édifice religieux ne se visite que de l'extérieur.

La chapelle de la Madeleine est située au sommet d'une colline du même nom de 795 m d'altitude dans la commune. Au sommet, vous apercevrez le pic d'Ossau, le pic du Midi de Bigorre et les collines de la Haute-Soule, un panorama exceptionnel que l'on peut découvrir aussi, pour les plus sportifs, à vélo ! L'implantation de ce lieu de culte serait liée au passage des pèlerins de Compostelle au Moyen Age. La chapelle est de construction simple avec à l'intérieur, une tribune en bois.

AUBERGE DE L'ÉTABLE-HÔTEL-RESTAURANT** €€

Le Bourg - **MONTORY / MONTORI** ✆ 05 59 28 69 69
www.auberge-etable.com

Logis. Chambres de 48 €/1 à 88 €/4. Petit déj 8 €. Restaurant. Piscine. Jardin. Animaux acceptés. Groupes, séminaires.

C'est un véritable hôtel de charme qui vous attend dans cette belle demeure menée de main de maître par Michel Turon-Barrère et son épouse. Le charme, il est dans la salle de restaurant, dans le coin salon, dans les chambres, dans l'esprit maison et son mobilier ancien. Le restaurant rend hommage à la cuisine de campagne avec sa grande cheminée pour des grillades... En cuisine, le chef travaille les produits du terroir. N'hésitez pas non plus à aller faire un plongeon dans la piscine.

CAMPING DU PONT D'ABENSE** €€

Quartier Abense de Haut ✆ 05 59 28 58 76
www.chaletsdupontdabense.fr

Ouvert à l'année. Empl. 22,50 €/j. Chalets 60-76 €/nuit. Mobil-home 4 pers 68 €/nuit. Camping-cars 18,50-20,50 €/jr.

En Haute-Soule, à 500 m de Tardets qui offre tous les services, restaurants (à 200 m) et animations culturelles basques, voici le camping parfait pour des vacances en pleine nature, avec l'accueil chaleureux du couple Lamarque. Idéalement situé pour les amoureux de randonnées, sports aquatiques et pêche à la truite, dans une zone classée Natura 2000. Dans un rayon de 20 km, vous n'aurez que l'embarras du choix pour des randonnées prestigieuses et vous en prendrez plein les yeux !

ETCHE ARGUINIA €€

Quartier Haut de La Côte, route d'Oloron
MONTORY / MONTORI ✆ 06 62 01 35 33

4 chambres de 75 à 100 €, 1 gîte (4/6 p) de 75 à 120 €/nuit. Table d'hôtes 25 €/pers. Soins détente. Piscine chauffée.

À l'abri du tumulte côtier, c'est ici un véritable havre de paix où le temps est suspendu au rythme des saisons et de la nature ! Nichée entre prairie et forêt, surplombant la vallée, Etche Arguinia vous propose 4 chambres d'hôtes – dont 2 avec terrasse – et un gîte indépendant. Vous profiterez des journées farniente au bord de sa grande piscine chauffée et des couchers de soleil ! Pratique aussi la cuisine à disposition. N'oublions pas non plus les solides petits déjeuners et pour plus de convivialité, la table d'hôtes une fois par semaine. Belles prestations.

HÔTEL DE LA POSTE - CAFÉ DE VILLAGE** €€

Le Bourg ✆ 05 59 28 51 30
www.hotel-poste-tardets.com

8 chambres dès 55 €/1, 60 €/2, 80 €/4. Pension complète 35 €. 1/2 pension 20 €. Animaux admis. Wifi. Restaurant.

Belle découverte que cet hôtel réactualisé, au cœur de ce petit village basque. Tant au rez-de-chaussée, au restaurant qui s'offre une belle luminosité et un parfait métissage d'ancien et de contemporain que dans les 8 chambres. Elles ont toutes des noms faisant référence au Pays Basque et possèdent d'impressionnantes têtes de lit en lattes de bois laissant place à des espaces sobres... Sur place, le café du pays et le restaurant Baratzegi qui propose de belles surprises culinaires.

CHEZ BOUCHET HÔTEL-RESTAURANT €€

D26 - **LICQ-ATHÉREY / LIGI-ATHEREI**
✆ 05 59 28 61 01
www.chez-bouchet.fr

Ouvert avril à novembre. Menus : 16, 22, 32 € et carte. 12 chambres de 60 à 80 €. Piscine. Aire naturelle de camping.

Vous êtes ici chez la famille Bouchet, qui vous fera découvrir ses passions. La pêche ? C'est sur place au bord du Saison. La chasse ? C'est un peu plus haut, dans la montagne. Le 4x4 ? Ils vous donneront tous les renseignements sur le sujet. A table, une cuisine de produits locaux et de qualité, assiettes combinées et gourmandes, truitelles, ris d'agneau, bœuf de Soule... Avec 12 chambres réactualisées ; de grandes terrasses, des vues magiques sur la nature alentour et une piscine.

HÔTEL-RESTAURANT DU PONT D'ABENSE €€

Le Bourg Abense de Haut - **ALOS-SIBAS-ABENSE / ALOZE-ZIBOZE-ONIZEGAINE** ✆ 05 59 28 54 60
www.hotelrestaurant-pontabense.com

Maître Restaurateur. Ouvert 6/7 sf dimanche soir/ lundi. Formule midi sem 13 €. Menu 26 € + carte. 6 chambres 60-70 €.

Cet établissement a su conserver un côté rustique qui sied naturellement à cette demeure ancienne tout en y insufflant un peu de modernité, avec des chambres toutes différentes... Avec pour atout un beau jardin arboré et une terrasse qui croule sous les glycines. En cuisine, c'est le chef, Olivier, qui mitonne des plats de saison et du terroir, et son épouse Maylis assure l'accueil et le service, avec gentillesse et professionnalisme. Un ensemble qui vaut le détour pour sa quiétude.

RESTAURANT-BAR DE L'HÔTEL PIELLENIA €€

Place Centrale ✆ 05 59 28 53 49
www.hotel-piellenia.fr
Juillet à mi-septembre, ouvert 7/7 midi et soir. Hiver, ouvert le midi. Menus 16,50/24/30 €. Formule midi semaine 14 €.

Très couleur locale, l'établissement Piellenia est un incontournable de Tardets. Ici, vous êtes accueillis chaleureusement pour déguster des mets traditionnels dans un décor fait d'azulejos, d'anciennes tables de bistrot, ou encore d'une superbe cheminée. Vous vous imprégnez d'une ambiance authentique. Dans l'assiette, la cuisine de terroir simple et familiale complète cette toile de fond basque. Des spécialités à ne pas manquer. Un rendez-vous qui séduit par son goût de l'authentique.

RESTAURANT LES PYRÉNÉES €€

Place Centrale
✆ 05 59 28 50 63
www.restaurant-les-pyrenees.fr
Maître Restaurateur. Haute saison, 7/7. Basse saison, ouvert uniquement le midi (sauf mardi). Menu 23 €. Carte 30 € env.

Bienvenue au restaurant Les Pyrénées. Sur la place animée de Tardets et sous les arcades, venez vous attabler en terrasse ou dans l'une des trois salles au charme certain, à la configuration originale. Dans l'assiette c'est un festival de plats subtilement élaborés par le chef, Patrick Abadie (Maître Restaurateur), que vous apercevrez concentré et perfectionniste, dans sa cuisine, jusqu'à la mise en place dans les assiettes. A partir de produits nobles du cru, il a apporté ce petit plus qui fait la différence sur des recettes classiques et plus inventives.

LES CONFITURES DE HAUTE SOULE

ALOS-SIBAS-ABENSE / ALOZE-ZIBOZE-ONIZEGAINE
✆ 05 59 28 59 83
www.confiture-basque.com
Magasin d'usine ouvert du lundi au vendredi 9h/15h30. Boutique en ligne avec commande, paiement, livraison.

L'histoire des « Confitures de Haute Soule » commence à Biarritz à la pâtisserie des Docks. Gilles et Sophie ont l'idée de transformer les fruits destinés à la pâtisserie en confiture. Succès immédiat. En s'installant en Haute Soule, ils développent leur savoir-faire dans la fabrication artisanale avec une cuisson à l'ancienne. 30 parfums de fruits différents sont déclinés en confitures. Fruits du verger et de la forêt et les incontournables : fraise, cerises noires, abricots...

FRED & CO

Rue Principale
✆ 05 59 28 09 65
Juillet/août, ouvert du lundi au samedi 9h-12h/14h-18h30, dimanche 9h-12h, septembre à juin, fermé mardi et mercredi am.

Frédéric propose dans sa jolie boutique de nombreux produits locaux, aux mêmes prix qu'à la ferme : pâtés, foies gras, miel, confitures, plats cuisinés, fromages, biscuits, sucreries diverses, chocolats Laia, tisanes, etc. Et quelques délices d'ailleurs, de Bretagne, Italie... Dans un autre registre, du linge basque Artiga, des faïences Gatu de Guéthary, les véritables bâtons de marche des bergers fabriqués à Troisville, un rayon cadeaux et arts de la table. Possibilité de grignoter sur place les produits présentés en boutique. Une belle vitrine de notre terroir !

PYRÉNÉES AVENTURES NOUVELLES

Base nautique - **LICQ-ATHÉREY / LIGI-ATHEREI**
✆ 06 47 82 29 85
www.pyrenees-aventures-nouvelles.com
Moniteurs diplômés d'État, canyon, spéléo, escalade. Ouvert toute l'année. Sur RDV. 1/2 journée canyon à partir de 40 €.

Depuis plus de 35 ans, Pyrénées Aventures Nouvelles propose des sorties dédiées au canyoning, combinés à la spéléologie et à l'escalade dans les canyons de la Soule, depuis la base nautique du village. Samuel et Olivier, moniteurs diplômés et aguerris, vous font découvrir des activités ludiques et sportives dans un univers alliant le minéral au végétal. C'est une expérience unique et ludique pour découvrir les entrailles et les sources, et partager la passion de nos encadrants.

SAINTE-ENGRACE / URDATX-SANTA-GRAZI

Le grand sud de la Soule ! Une impression de bout du monde ! Perché à 630 m d'altitude, dans un décor grandiose et sauvage, le village de Sainte-Engrâce – 254 habitants – demeure l'un des plus pittoresques – et plus légendaires – du Pays Basque, à quelques encablures du Baretous béarnais voisin ! Il possède une ravissante chapelle romane du XVIIe, avec un cimetière peuplé de stèles discoïdales dans un amphithéâtre de verdure, entouré de montagnes qui se dressent devant l'horizon. Les points d'intérêt ne manquent pas aux alentours avec les gorges de Kakuetta, la grotte de la Verna, le col de la Pierre Saint-Martin et de très nombreuses randonnées.

ÉGLISE DE SANTA GRAZI ✝

www.sainte-engrace.com

Libre accès toute l'année. Seulement durant les offices religieux.

Fondée par l'abbaye navarraise de Leire avec un hôpital pour pèlerins, l'abbaye est devenue une étape importante sur les chemins de Saint-Jacques-de-Compostelle. Datant du XIe siècle, ce bâtiment solidement accroché à la falaise, deux fois brûlée par les Anglais à la Révolution, est aujourd'hui un joyau de l'art roman avec trois nefs en berceau, des piliers pyramidaux, absides et magnifiques chapiteaux et dans le cimetière, des stèles discoïdales. Il s'agit à coup sûr de l'un des plus vieux monuments religieux du Pays Basque. Une vaste toiture la caractérise.

GROTTE DE LA VERNA ★★

D113

✆ +33 6 37 88 29 05

www.laverna.fr

Ouvert toute l'année. Sur réservation. Tous les tarifs et visites sur le site. Adultes dès 17 €, enfants 11 €.

C'est la plus grande salle souterraine d'Europe, classée parmi les 10 1res du monde et la 1re aménagée pour accueillir le grand public. Dimensions hors norme : 250 m de diamètre et 190 m de haut sur une superficie de 5 ha et un volume de 3,6 millions de m^3. Pour la petite histoire, des élèves de Polytechnique y ont réalisé un vol en montgolfière... c'est dire ! Dans ce gouffre, 3 terrains s'y opposent, schistes et calcaires de l'ère primaire (350 millions d'années) et calcaires de l'ère secondaire (80 millions d'années). Au milieu de cet univers minéral, une faune remarquable s'est installée, de petits invertébrés, tous aveugles et dépigmentés, l'*Aphaenops loubensi* et l'*Aphaenops cabidochei*, qui ont besoin pour vivre d'une atmosphère saturée en humidité. « Découvreurs, explorateurs ou aventuriers... à chacun sa visite » ! Vous démarrez au Centre d'accueil avec au choix 2 accès : pédestre par un chemin balisé de 8 km aller-retour vers le GR10 et le ravin d'Arpidia (2h aller-1h30 retour) ou en navette pour 30 minutes. Selon vos désirs et vos capacités physiques sont proposées : 1h de découverte pour les débutants, 1h30 pour l'exploration rivière qui permet d'accéder au déversoir de la cascade dans la salle, 2h pour une exploration sportive avec un guide spéléo. Plutôt aventurier ? C'est « la Verna Aventure » ; une visite sportive avec initiation à la spéléologie de 3h à une journée entière. Température de 6 °C, même en été, prévoir des vêtements chauds, pantalon et chaussures de marche. Un site exceptionnel et incontournable.

LES GORGES DE KAKUETTA ★★

www.sainte-engrace.com

Date de réouverture inconnue. Nombreuses randonnées à faire aux alentours. Infos sur http://www.sainte-engrace.com/

En attendant sa réouverture, voici son histoire.

Dans les entrailles du Pays Basque intérieur, au petit village souletin de Sainte-Engrâce, les gorges de Kakuetta sont un véritable trésor délivré par la nature ; un des sites les plus prestigieux d'Europe. Explorées la 1re fois en 1906 par Edouard-Alfred Martel, spécialiste des expéditions scientifiques, elles sont aujourd'hui protégées. Autrefois, les fermiers descendaient le blé depuis les hautes falaises, jusqu'au moulin à eau installé à l'entrée des Gorges, puis ils remontaient par le même chemin les lourds sacs de farine.

Durant la 2de Guerre mondiale, ce passage montagneux entre la France et l'Espagne devint synonyme de liberté pour de nombreuses personnes souhaitant fuir la zone occupée. Les bergers basques, qui connaissaient parfaitement les escarpements rocheux, se transformaient alors en passeurs, bravant les patrouilles allemandes au péril de leur vie. Un lieu sauvage et spectaculaire : « nous sommes ici dans l'Amazonie des latitudes tempérées pourtant au cœur de la montagne basque », entend-on dire des professionnels. Une nature luxuriante, d'une beauté farouche qui garde le secret de ces gorges que seuls, des sportifs entraînés et équipés pourraient tenter de grimper. Une longueur de 2 000 m, une profondeur entre 30 et 350 m et un passage particulièrement étroit appelé « Grand Etroit ». Le village de Sainte-Engrâce est également célèbre pour son église romane du XIe siècle, la Grotte de La Verna pour une exploration sous terre, ses nombreux sentiers de randonnée.

© ALBERTO LOYO - SHUTTERSTOCK.COM

CAMPING IBARRA** €€

Quartier Caserne ✆ 05 59 28 73 59
www.ibarra-chantina.com

De Pâques à Toussaint. Emplacements : forfait 15 €/j. 1 gîte : 340 à 380 €/sem. Aire camping-cars. Bar, épicerie, pain.

En Soule, au cœur d'une nature intacte, en bordure de rivière et au pied des montagnes, dans la partie profonde et authentique du Pays Basque, ce camping est la preuve qu'il y a encore des pépites consacrées aux séjours pastoraux, et où les points d'intérêts foisonnent. Le paradis pour les randonnées, dans des espaces restés sauvages. Découvrez la vallée, le site exceptionnel de la Grotte de la Verna, le canyoning, VTT, pêche... Vous serez comblés par les emplacements ombragés, les équipements et autres services pour votre séjour dans cette « Amazonie » basque.

GÎTE FERME ESPONDABURU €€

Maison Espondaburu
✆ 05 59 28 55 89
http://espondaburu.chez.com/

Bienvenue à la Ferme. Gîte rural 205 €/2 nuits à 390 €/sem. A la ferme 31,50/42,50 €/nuit. Séjour accompagné Découverte.

Pour les inconditionnels du pastoralisme et de l'authenticité, la ferme Espondaburu est un lieu qui s'y prête. Rusticité, simplicité dans ce gîte rural de 4 à 6 places à 600 mètres d'altitude sur les hauteurs de la Haute-Soule au Pays Basque et à coté du Béarn. Adeptes des balades et autres randonnées et amoureux de la nature, vous serez comblés. Ne cherchez ni le wifi, ni l'air conditionné dans cette ancienne bergerie. L'essentiel y est, pour une déconnexion garantie. Et les activités ne manquent pas : sportives, culturelles, gastronomiques, etc..

AUBERGE BERRIEX €

Route Pierre-Saint-Martin
✆ 05 59 28 60 54

Ouvert toute l'année. Service continu du lundi au dimanche 11h-16h. Menus de 10 à 15 €. Formule midi 13,50 €. Terrasse.

L'auberge Berriex de Maddy et Mireille à 3 ou 4 minutes de la Grotte de La Verna, avec 85 couverts, son agréable terrasse-jardin aux sympathiques tables rondes, la salle rustique avec son bar de bois où l'on se plaît à faire une cuisine familiale – un peu comme chez soi – simple et goûteuse, est connue pour ses omelettes au fromage, aux lardons ou aux cèpes (plus de cèpes que d'œufs...) et qui n'ont rien à envier à la Mère Poulard du Mont-Saint-Michel. Il y a même des sandwichs, des croque-faim avec salade. Quant aux desserts maison, ils valent aussi le détour.

RANDONNÉES AU DÉPART DE SAINTE-ENGRÂCE

www.sainte-engrace.com

Informations et précisions sur le site : www.sainte-engrace.com/index.php/fr/randos-fr

Parcours de randonnées autour de Sainte-Engrâce pour tous niveaux : panoramas et paysages à couper le souffle. **Merkatubidea** : départ Camping Ibarra. 6 km, 3h ; **Ukhumurrutia** : départ Camping Ibarra. 6 km, 3h ; **Gorges d'Ehujarre** : départ de l'église. 12 km, 7h30 ; **Murrutchegagné** : départ de l'église. 4 km, 2h30 ; **Espildoy** : départ de l'Auberge Berrieix. 6 km, 4h30 ; **Tour du Pont d'Enfer** : départ du parking des Gorges. 2 km, 50 min ; **La Verna** : au départ du Centre d'accueil. 8 km, 3h30.

LARRAU / LARRAINE ★

Petit village de montagne, en Soule, niché au pied du pic d'Orhy, Larrau est une des communes les plus étendues du Pays Basque. Elle se découvre depuis la route en lacets descendant du col d'Iraty et de sa fameuse forêt pour pêcheurs, chasseurs, randonneurs... Un point culminant du Pays Basque. Larrau vient de *larraun*, lande à pâturage et ses cayolars offrirent la première activité économique. Ses toits d'ardoises sont là pour rappeler que les villages souletins sont proches de ceux du Béarn. Avec une église placée sur le passage des pèlerins de Saint-Jacques-de-Compostelle dont on peut admirer l'abside d'époque romaine et une Vierge en polychrome.

ÉGLISE SAINT JEAN-BAPTISTE ✝ ★

Visite seulement pendant les offices religieux.

Cette église édifiée à partir de 1193, faisait office d'hôpital sur cette voie secondaire des chemins de Saint-Jacques. L'autel-tabernacle, la croix processionnelle et la statue de la Vierge à l'Enfant du XVe siècle sont inscrits à l'Inventaire des monuments historiques. Les dégâts subis pendant les guerres de religion entraînèrent des réparations dès 1655. Aujourd'hui, entièrement restaurée et inaugurée en octobre 2009, elle fait partie des joyaux de la Soule que l'on doit visiter.

LA FÔRET D'IRATY ET LE COL

Possibilité de visites individuelles de 45 minutes. Se renseigner auprès de l'accueil des Chalets d'Iraty.

De Larrau, une impressionnante route monte vers le site d'Iraty : une nature presque désertique et pas de population, car longtemps inaccessible. 20 km en lacets vous mène au sommet, au col d'Iraty. De part et d'autre de la frontière sur 17 194 ha, la forêt d'Iraty serait la plus grande hêtraie d'Europe occidentale. La forêt de hêtres s'étage de 900 m à 1 500 m d'altitude en forme de large cirque. En automne, les vues sont magnifiques Au chalet de Cize, les expositions se succèdent. C'est dans ce cadre privilégié et d'exception, propice à la découverte d'un site préservé du tourisme de masse, que vous parcourez en saison estivale, l'une des nombreuses pistes balisées, et en hiver, les mêmes pistes versus ski de fond, en famille ou entre amis. Ce paradis, tant apprécié des marcheurs et amoureux des sites sauvages, donne à chaque saison, un paysage et des couleurs hors du commun ! Au printemps, une période idéale pour observer la floraison dans les alpages, admirer les troupeaux qui montent à l'estive, pratiquer la pêche ou le VTT pour les plus affûtés. En été, profitez de cette terre d'estive et pratiquez en famille de nombreuses activités de plein air. En automne, c'est le moment de découvrir le brame du cerf, d'observer la migration des oiseaux, de cueillir quelques champignons. Et en hiver, sortez luges, raquettes, skis nordiques et randonnez à partir du village sur l'une des pistes balisées. On vient à Iraty pour se ressourcer, loin des tumultes urbains !

CAMPING IXTILA** €€

Le bourg ✆ 05 59 28 63 09
https://campingixtilalarrau.com/

Ouvert du 7/02 à Toussaint. Emplacement/véh/2p : 14/19€. Mobil-home 450 à 600€/sem, chalet 380 à 690€/sem. Snack. Bar.

C'est au pied du Pic-d'Orhy, à 650 m d'altitude que se situe ce camping, très bien entretenu, très fleuri et convivial avec une vue panoramique imprenable sur la vallée. Il offre le plus grand confort aux randonneurs, amateurs de nature, pêcheurs et vacanciers en quête de repos. A proximité du charmant village de Larrau et de la Vallée de Sainte- Engrâce, c'est un excellent point de départ pour la découverte de la montagne basque et de la Soule. Vos vacances seront assurément un séjour sportif (ou non), et contemplatif, loin de l'effervescence de la Côte.

RANDOS ET BALADES À IRATY

https://chalets-iraty.com/

Accessible pour tous toute l'année. Gratuit. Avant toute randonnée, s'informer des conditions météorologiques.

Bienvenue pour une randonnée au cœur de la nature ! Site unique avec son panorama sublime et sa terre de caractère, ses forêts et montagnes vivantes, on vient à Iraty pour se ressourcer, s'apaiser loin du bruit et de l'agitation des villes, pour s'oxygéner, mais aussi pour découvrir un territoire vivant, riche d'un patrimoine culturel et naturel inestimable. Suivant la saison, c'est de multiples manières que vous découvrirez les montagnes d'Iraty ; à pied, à vélo (VTT et VAE), à cheval ou en poney, en ski ou en raquettes. Voici quelques suggestions de randonnées pour tous, pistes balisées en jaune.

Escalier Arthanolatze : véritables belvédères, le pic des escaliers et celui d'Arthanolatze dominent la Soule et la Basse Navarre. À voir absolument par beau temps. *Parcours moyen de 7 km, durée de 3 h, dénivelé de 520 m.*

Crête d'Orgambidexka-Lapatine : véritable festival de crêtes, cette boucle permet de flirter avec des paysages de haute montagne, d'admirer les estives de Soule et d'observer le ballet des vautours. *Parcours moyen de 5,3 km, durée de 3h, dénivelé de 255 m.*

Crête d'Orgamidexka : balade qui permet de gagner la crête d'Orgambidexka et son pic. Du haut de la crête, le panorama sur la vallée de Larrau et sur le pic d'Orhy mérite un petit effort... *Parcours facile de 2,4 km, durée de 1h30, dénivelé de 115 m.*

Zihigolatze : itinéraire sympathique suivant les pistes permettant d'avoir une idée d'Iraty avec quelques ingrédients de celle-ci : vastes crêtes, forêt, fougeraie, rivière, cayolar de Zihigolatze... *Parcours moyen de 8,5 km, durée de 3h, dénivelé de 385 m.*

Iratzabaleta : Promenade sur piste à l'ombre des arbres dans des endroits très tranquilles puis la visite du col d'Irazabeleta. *Parcours facile de 4,6 km, durée de 1h30, dénivelé de 180 m.*

Le pic d'Orhy : belle randonnée tout le long des crêtes, à n'entreprendre que par beau temps. Sentier non balisé. *Parcours plus difficile, durée de 7 h, dénivelé de 700 m.*

Escalier Mendibel - lac de Cize : véritable festival de crêtes et de sommets, cette boucle offre des panoramas grandioses sur le Pays Basque et la montagne pyrénéenne. *Parcours facile, durée de 7h, dénivelé de 1020 m.*

Prévention : avant de partir, renseignez-vous sur la météo et sur l'état des sentiers – équipez-vous correctement de chaussures (ni tong, ni baskets, ni espadrilles...), vêtements chauds et imperméables, téléphone portable, eau et boissons sucrées – suivez les sentiers balisés, évitez les raccourcis – respectez la nature.

LES CHALETS D'IRATY €€

Iraty
✆ 05 59 28 51 29
www.chalets-iraty.com

Ouvert à l'année. De 340 €/2 pers. à 1 560 €/sem (chalet 29 pers.) selon saison. De 95 à 510 € /2 nuits. Restaurant.

Iraty : 35 chalets vous accueillent dans un site montagnard entre 1 300 et 1 500 m d'altitude, à l'orée de la plus grande forêt de feuillus d'Europe occidentale, au calme d'une nature intacte ! Pour les amateurs de randonnée ou de raquettes l'hiver ; l'été, des randonnées, des sorties pêche, des sessions d'équitation, de VTT sont organisées... Egalement en été, au Plateau des lacs, camping et bungalows, à 2 km du col d'Hégui Zouri, avec deux petits lacs pour la pêche. Et le restaurant montagnard d'Iraty pour se restaurer d'une cuisine gourmande et traditionnelle.

LE RESTAURANT D'IRATY €

Col d' Iraty
✆ 05 59 28 39 73

Ouvert ts les jours en période de vacances scolaires, sinon, se renseigner. Carte, comptez 16/30 €. Terrasse. Parking.

Tout seul au cœur de cette immense forêt de feuillus d'Europe Centrale (la plus grande d'Europe), au milieu de la montagne Souletine, à 1 300 m d'altitude, se niche ce restaurant. Une carapace originale, tant de l'extérieur que de l'intérieur où les poutres peuvent prendre des formes arrondies à l'image d'une coque de bateau renversée. A toute heure ou presque, les assiettes combinées sauront rassasier les plus gourmands... Une cuisine revigorante après une marche ou quelques heures de ski de fond dans un cadre montagnard avec en terrasse, un panorama à 360°.

HÔTEL- RESTAURANT ETCHEMAÏTE €€

Le Bourg ✆ 05 59 28 61 45
www.hotel-etchemaite.fr

Maître Restaurateur. Réservation recommandée. Menus de 25 à 36 €. Carte 45 € env. Formule semaine à 20 €. Jardin. Hôtel.

Une salle de restaurant, spacieuse et lumineuse avec ses deux murs de vitre donnant sur une nature superbe. Un cadre sobre et agréable, non loin de la cheminée l'hiver pour goûter aux plats du chef qui se joue avec brio de grands classiques auxquels il apporte de sa personnalité. Si l'endroit vous séduit, arrêtez-vous quelques heures ou quelques jours ? Vous avez sur place des chambres très confortables, dont certaines donnent sur la nature et allient élégance et raffinement.

LES GORGES D'HOLZARTE

✆ 05 59 28 62 80

Ouvert toute l'année. 1 heure de marche en sous-bois. De bonnes chaussures sont indispensables.

Une balade formidable depuis Larrau en bordure du GR sur l'un des sites les plus spectaculaires et les plus fréquentés des Pyrénées occidentales. Les torrents ont creusé le sol, formant des crevasses spectaculaires et longues, le témoin, ces gorges d'Holzarte ! Par le sentier balisé qui longe le rebord de la crevasse, on arrive au carrefour des crevasses d'Olhado et d'Olhadybia, à 590 mètres d'altitude. Là le point d'orgue de la promenade commence à l'approche de la passerelle, véritable pont suspendu au-dessus d'un torrent bouillonnant 160 mètres en dessous !

LE PIC D'ORHY

Pic d'Orhy

Accès libre.

Le Pic d'Orhy domine le village de Larrau. C'est le plus haut sommet (2 017 mètres d'altitude) du Pays Basque, à l'ouest des Pyrénées, à la frontière franco-espagnole et comme beaucoup, il vit de ses légendes, contées par le souletin, Oyenhart, au temps où les oiseaux... parlaient. Un territoire de haute montagne à entreprendre uniquement par beau temps pour profiter pleinement du panorama au sommet. Des randonnées pour petits et grands, sans grande difficulté hormis une petite barre rocheuse à franchir. Incontournable lors de votre séjour en Soule.

RAQUETTES ET SKI DE FOND

Pass : raquettes 5€/jr-25€/sem, -8a offert ; ski 7€/jr-35€/sem., 6/15a 5€/jr-25€/sem. + location matériel. Luge 9€/jour.

A été aménagé pour les amateurs de grands espaces, dans la forêt d'Iraty, tout un réseau de pistes de ski nordique. Celles-ci sont damées et tracées dès que les conditions météorologiques le permettent. Le balisage tient compte de la difficulté technique et de la distance. Vous profiterez de 4 pistes de ski de fond de 3 à 15 km pour un total de 25 km et 4 itinéraires balisés de 3,5 à 8 km pour pratiquer les raquettes. Avec aussi une piste de luge face à l'espace accueil. Pour des vacances uniques avec grand bol d'air et dépaysement garanti !

ORGANISER SON SÉJOUR

Grâce à la douceur de son climat océanique, ses longues plages (Californiennes dit-on...), son terroir authentique composé des 3 provinces basques françaises : le Labourd, la Basse-Navarre et la Soule, entre collines des premiers contreforts pyrénéens, ses torrents tumultueux et ses rivières poissonneuses, ses patrimoines historiques, gastronomiques, c'est cette multitude d'atouts qui attire chaque année de nombreux touristes, mais avec un tourisme raisonné et non de masse ! Cet immense parc de loisirs naturel attire les amateurs de plongées, de rafting, de pêche, de surf et de nombreux cyclotouristes qui sillonnent tout au long de l'année les nombreuses petites routes escarpées et sinueuses du Pays basque. Des offres hôtelières en toute saison et pour tout budget, les séjours en campings, « chez l'habitant », gîtes et maisons d'hôtes sans oublier les nombreux offices de tourisme qui regorgent d'info, vous aurez l'embarras du choix !

S'Y RENDRE

La Côte Aquitaine est facilement accessible, notamment avec un réseau qui ne cesse de se développer. Avec ses deux aéroports tout d'abord, Biarritz Pays Basque et celui de Bordeaux, qui permettent de voyager à 1h30 en moyenne des grandes villes françaises et des capitales européennes. En train ensuite, avec la gare Saint-Jean qui relie Bordeaux et la capitale en 2h, sans oublier la gare de Biarritz et celle de Mont-de-Marsan via les TER. Les compagnies low cost (Ouibus, Blablabus, Flixbus, Megabus...) permettent elles aussi de relier en car les principales villes : Paris, Lyon, Marseille, Toulouse avec des voyages, même de nuit, dans le plus grand confort. Pour rejoindre Bordeaux, Mont-de-Marsan ou Biarritz en voiture, les plus téméraires viendront via l'A10 en partance de La Rochelle ou Paris (comptez tout de même 6 à 8h de trajet pour cette dernière !), via l'A64 en partance de Toulouse et Pau, ou l'A89 en partance de Lyon.

AÉROPORT BIARRITZ-PAYS BASQUE

7, esplanade de l'Europe - **BIARRITZ / MIARRITZE**
✆ 05 59 43 83 83
www.biarritz.aeroport.fr
Ouvert du lundi au vendredi 5h30-23h, le samedi 6h-21h, le dimanche 7h30-22h45. 6 parkings accessibles 24h/24, 7j/7.

Avec plus d'un million de voyageurs, cet aéroport offre de nombreux services : 6 parkings, une gare routière, un centre d'affaires (location de salles) et 13 destinations directes desservies par 7 compagnies aériennes (Easyjet : Lyon, Mulhouse, Nice, Paris CDG, Londres, Bristol ; Volotea : Marseille, Lille, Strasbourg ; Ryanair : Dublin, Londres, Bruxelles ; Air France : Paris CDG, Lyon, Nice, Strasbourg, Genève ; Transavia : Paris Orly ; Luxair : Luxembourg ; Swiss : Genève). Etc.

AÉROPORT DE BORDEAUX

MÉRIGNAC
✆ 05 56 34 50 50
www.bordeaux.aeroport.fr
Commerces et services. Parkings.

Avec près de 8 millions de passagers par an, l'aéroport de Bordeaux s'impose comme le 5e aéroport régional de France. Plus de 110 destinations directes, parmi lesquelles, Barcelone, Faro ou encore Amsterdam, sont desservies par 34 compagnies aériennes. L'aéroport comporte trois terminaux : le Hall A, le Hall B et billi pour les vols low cost. Des boutiques, un espace services (voiturier, bureau de change, distributeur de billets, etc.) et des espaces de restauration sont à la disposition des passagers. Prenez le bus 1 pour rejoindre directement le centre-ville.

GARE SAINT-JEAN

Rue Charles Domercq - **BORDEAUX**
✆ 3635
Du lundi au jeudi de 4h45 à 0h30 ; à 1h le vendredi ; à 0h le samedi ; le dimanche et les jours fériés de 6h à 1h.

A 2h04 de Paris-Montparnasse, la gare Saint-Jean est desservie par des TGV, TGV inOUI, Ouigo, Intercités et TER en provenance de nombreuses villes de France, parmi lesquelles Toulouse, Hendaye, Tarbes, Arcachon, Lille, Tourcoing ou encore Marseille. Sans oublier un Thalys qui effectue un aller-retour direct jusqu'à la gare de Bruxelles-Midi ! Au fil des rénovations, notamment de son emblématique et immense verrière métallique surplombant les voies, la gare a su garder son cachet d'antan, tout en se modernisant avec des commerces et des équipements publics.

SNCF TER NOUVELLE-AQUITAINE

✆ 0800 87 28 72
www.ter.sncf.com/nouvelle-aquitaine
Accueil téléphonique ouvert du lundi au samedi de 6h30 à 19h30, et le dimanche de 14h à 19h.

TER Nouvelle-Aquitaine permet d'adapter sa façon de voyager à son budget grâce à des abonnements à la semaine, au mois ou à l'année à tarifs préférentiels. La carte MODALIS (TER, tram et bus du réseau TBC) offre jusqu'à 75 % de réduction sur un trajet déterminé et des voyages illimités. Le Pass Jeune TER permet de bénéficier pendant un an de 50 % de réduction sur les billets TER les week-ends, les vacances scolaires et les jours fériés. Accueil téléphonique 7j/7.

SÉJOURS ET CIRCUITS

Bénéficiant d'une position géographique exceptionnelle, entre terre et mer, la Côte Aquitaine reste un formidable terrain de jeux pour tous, en famille et entre amis ! La diversité qu'offrent les trois départements permet d'en découvrir toutes les richesses au gré de différentes thématiques : nombreuses sont les idées de séjours et circuits que l'on soit à pied, à vélo, en side-car, en van ou en camping-car ! Pour un séjour ou une escapade nautique, sportive, gastronomique et culturelle, partez à la découverte du Bassin d'Arcachon ou du Médoc, du littoral Landais, de ses forêts et ses grands lacs, sans oublier le patrimoine de la Soule, de la Basse-Navarre et du Labourd dans le Pays Basque. Quelques bons plans vous attendent ici pour préparer au mieux votre séjour.

AQUI'TOURS

61-69, rue Camille-Pelletan - **CENON**
✆ 05 56 77 03 06
www.aquitours.com
Ouvert du lundi au vendredi de 9h à 13h et de 14h à 18h. Accueil possible en dehors de ces horaires sur rendez-vous.

Des incontournables du Bordelais (Bordeaux, Saint-Emilion, Bassin d'Arcachon, Entre-deux-Mers...), aux repas et croisières sur la Garonne en s'éloignant de la Côte Aquitaine pour découvrir les trésors périgourdins à la découverte du Diamant noir, randonnée dans Les Asturies (parc naturel de Redes, parc national des pics d'Europe, etc.), via ferrata, canoë, kayak et escalade en Aragon… *Aqui'Tours* est le spécialiste du voyage de groupe en Nouvelle-Aquitaine et dans le Nord de l'Espagne. Patrimoine, gastronomie et traditions du Sud-Ouest sont au programme !

AQUITAINE TOURISME

3, rue du Moulinat (bât. B)
ARTIGUES-PRÈS-BORDEAUX
✆ 06 03 18 83 83
www.aquitainetourisme.net
Ouvert du lundi au vendredi de 9h30 à 12h30 et de 14h à 17h.

Agence réceptive enregistrée à l'Office de Tourisme de Bordeaux, *Aquitaine Tourisme* vous propose des séjours et excursions clés en main dans la Région et au-delà ! Parcs de loisirs, week-end à la neige, thalasso, voyages culinaires... Le choix est large. Nouveau : les croisières fluviales de 2 à 5 jours sur la Garonne, le Rhin, le Rhône ou la Seine. Très en vogue, les week-ends nature sont aussi à l'honneur. Pour une occasion ou pour recharger les batteries, laissez-vous conseiller par Graziella ! Pour les séminaires et congrès, faites confiance à Aude-Marie.

BERNARD MAGREZ LUXURY WINE TOURISM

216, avenue du Dr Nancel Pénard - **PESSAC**
✆ 05 57 26 38 38
www.luxurywineexperience.com/fr
Expériences d'exception au cœur des Grands Crus Classés Bordelais.

Bernard Magrez Luxury Wine Tourism vous propose des séjours de rêve dans de belles demeures chargées d'histoire dont une escapade romantique au château Pape Clément en suite prestige. Tournés vers l'œnotourisme, quatre séjours d'exception d'une nuit sont proposés. Laissez-vous tenter : visites-dégustations, organisation d'événements, location de magnifiques salles, création de séjours prestigieux avec repas, hébergement, et visites incluses… Ici, tout est possible !

ESPRIT BASQUE

23, avenue du Lac Marion - **BIARRITZ / MIARRITZE**
✆ 05 59 26 01 86
www.espritbasque.com
Ouvert toute l'année. Du lundi au vendredi de 9h à 18h. Agence de voyages réceptive et événementielle.

Agence spécialisée dans le tourisme d'affaires, les séjours sportifs mais aussi les séjours sur mesure depuis 7 ans. Esprit Basque organise vos voyages de groupes, vos séminaires, vos colloques... Si l'agence est évidemment spécialisée dans le Pays basque, elle peut néanmoins vous proposer, selon vos envies, des séjours partout dans le monde. Que vous souhaitiez effectuer un séjour sportif, culturel, porté sur la gastronomie et l'œnologie ou encore bien-être, vous serez conseillé à la perfection. N'hésitez plus à leur confier vos différentes envies.

EVAZIO

58, rue Ferrère - **BORDEAUX**
✆ 05 56 79 25 05
www.evazio.com
Ouvert du lundi au vendredi de 9h à 12h30 et de 13h30 à 18h.

Cette agence de voyages originale propose des séjours localisés principalement dans le Sud-Ouest, de la Charente au Pays Basque et des Landes au Périgord. A pied, à vélo, à thème... *Evazio* organise l'ensemble de ses séjours à partir d'activités itinérantes tous niveaux, encadrées par des professionnels diplômés d'Etat. En Gironde, la découverte du Bassin d'Arcachon peut ainsi se faire en famille et à vélo en 4/5 jours sur le tracé de la célèbre « Vélodyssée ». On peut aussi découvrir les vignobles à pied, au plus près des producteurs du Médoc ou de Saint-Emilion.

QUOTATRIP

www.quotatrip.com
Voyages sur mesure.

QuotaTrip est une nouvelle plateforme de réservation de voyage en ligne qui met en relation des voyageurs à la recherche d'expériences authentiques et uniques et des agences de voyages locales sélectionnées pour leurs compétences et leur sérieux. Le réseau de QuotaTrip couvre près de 200 destinations dans le monde entier. Le but de ce rapprochement est simple : proposer un séjour entièrement personnalisé aux utilisateurs. QuotaTrip promet ainsi l'assurance d'un voyage serein, sur mesure, sans intermédiaires et sans frais supplémentaires.

KEYWEEK LUXUARY HOLIDAYS HOME

42, rue Gambetta - **BIARRITZ / MIARRITZE**
✆ 07 50 94 63 70 - www.keyweek.com
Ouvert toute l'année. Location villas et appartements haut de gamme. Service de conciergerie exclusif.

Spécialisée en location haut de gamme à Biarritz, l'agence Keyweek vous propose des villas et appartements uniques et rares pour un séjour sur la Côte basque. Les locations sont proposées à Biarritz, Anglet, Bayonne, Bidart et Ascain. Une prestation sur mesure « cousue main » par l'agence à qui vous pouvez confier vos rêves les yeux fermés. Spécialiste en la matière, Keyweek offre un panel de propriétés à couper le souffle. Appartements en front de mer, maisons d'architecte, lofts...

VOYAGES SARRO

3, place Charles de Gaulle - **BAYONNE / BAIONA**
✆ 05 59 59 19 33
www.voyages-sarro.com
Choix d'excursions thématiques : carnaval de Menton et Fête des Citrons, carnaval de Tarragone...4 agences en Aquitaine.

Voyages Sarro est un autocariste qui représente un effectif de 70 personnes et une flotte d'une cinquantaine de véhicules de transport collectif à Bayonne, Peyrehorade et Mont-de-Marsan. Fort d'une expérience de plus de cinquante ans, il s'affirme aujourd'hui comme un prestataire de services complet en matière de transport de voyageurs : séjours, circuits, voyages à la place ou voyages organisés dans le plus grand confort. Salon de l'agriculture, festival de danse de Tossa, carnaval de Venise, de Tarragone, de Lloret de Mar ou de Nice, grand tour de Corse, etc...

OLIBONDO ESCAPADE

ANGLET / ANGELU
✆ 07 81 01 38 14
www.olibondo-escapade.fr
Ouvert de mars à début novembre. Réservation obligatoire. 1/2j : à part. 58 €/pers, journée : dès 68 €/pers.

Une façon ludique de découvrir le Pays Basque français et espagnol... en minibus. Guidés par Olivier qui connaît tous les coins et recoins des provinces du Pays Basque. Le concept est simple : choisissez l'un des 8 circuits, précisez votre lieu de villégiature et Olivier viendra vous « cueillir » directement devant chez vous. Ces escapades durent entre une 1/2 et une grosse journée (11h). Il vous initiera, en plus de toutes ses anecdotes et autres épopées, à la langue basque et vous remettra un lexique en fin de parcours. Safari gastronomique également !

WOODY VAN €€

314, rue Larre Lore - **ASCAIN / AZKAINE**
✆ 06 13 81 55 60 - www.woody-van.com
Location vans 4 pers. «Authentique» 119 à 149 €/jr, «Atypique» 149 à 199 €/jr selon saison. Road Books personnalisés.

Woody pour le côté « cosy » et écolo, en bois massif avec un aménagement optimisé, van pour le style autonome et itinérant. Baroudeur pro, notre concepteur « éco-responsable » a pensé au moindre détail avec ce van hi-tech. Recyclage, énergie... Sillonnez, découvrez, en logement insolite ! Pour se sentir partout avec son « chez soi » : devant un coucher de soleil face à l'océan, en montagne, en pleine nature, c'est embarquement avec sa petite famille en toute sécurité, en mode balade fun, entre amis. Et, vous bénéficiez des meilleurs conseils pour votre escapade.

SE DÉPLACER

Se déplacer sur la Côte Aquitaine n'aura jamais été aussi facile, avec un réseau de transports qui ne cesse de se développer. Les cars Régionaux Nouvelle-Aquitaine en sont le parfait exemple avec de nombreuses lignes qui relient notamment Bordeaux, Mont-de-Marsan et Biarritz, entre autres, et permettent, outre la Côte Aquitaine, de circuler dans l'ensemble de la super région. Economiques et bien implantés dans chaque territoire, des réseaux urbains permettent également de se déplacer plus facilement dans les communes de la Gironde, des Landes, et du Pays Basque.

TRANSPORTS EN NOUVELLE AQUITAINE

6, avenue Barthélémy Thimonnier - **LONS**
✆ 05 59 72 07 07 - www.citrampyrenees.fr
Voyages tous les jours et toute l'année. 2,30 € le voyage ; 18,40 € les 10 voyages.
Les lignes régulières des Pyrénées Atlantiques est un réseau constitué de 13 lignes quotidiennes d'autocars gérées par la Région Nouvelle-Aquitaine et de 8 lignes d'autocars gérées par le Syndicat des Mobilités Pays Basque-Adour. Ces lignes assurent les liaisons entre les principaux points du département et les correspondances avec les trains et les réseaux de transports urbains. Un service de transport à la demande complète le dispositif. Découvrez aussi leurs offres Skibus sur leur site internet.

COBAS RÉSEAU URBAIN BAÏA

17, rue François Legallais - **LA TESTE-DE-BUCH**
✆ 08 00 10 08 37
https://www.bus-baia.fr/
1 € le Pass, 8 € le Pass de 10, 24 € le Pass mensuel. Du lundi au vendredi ou samedi en fonction des vacances scolaires.
Baïa est composé de 8 lignes principales qui desservent la dune du Pilat, la mairie du Pyla, le Pôle Santé, Arcachon Médiathèque, Gujan-Mestras, la Teste-de-Buch, Biganos, la Teste Miquelots et de 8 navettes de centre-ville faciles d'utilisation. Il suffit de se placer sur le trottoir, de faire signe au conducteur et le bus s'arrête. Il vous dépose où vous le souhaitez sur son itinéraire. La COBAS propose un service de transport à la demande. Plans et horaires disponibles sur le site web et sur l'appli Mobile MyBus avec la possibilité d'acheter vos tickets

TRANSPORTS CAR RÉGIONAUX NOUVELLE AQUITAINE

BORDEAUX
✆ 09 70 87 08 70
Par téléphone du lundi au samedi de 8h à 19h. Plein tarif : 2 €. Aller-retour effectué dans la journée : 3,60 €.
En Gironde, le réseau est constitué de 48 lignes de cars interurbaines desservant 270 communes, et de 5 lignes touristiques s'organisant en intermodalité avec les réseaux urbains de transport TBM (Bordeaux Métropole), Calibus (Libournais), Baïa (Bassin d'Arcachon) et le réseau TER Nouvelle-Aquitaine. Les voyageurs bénéficient de véhicules confortables et climatisés, d'un service d'information en temps réel, et d'une tarification unique quels que soient le trajet ou la distance.

TRANSPORTS MARSAN AGGLOMÉRATION

227, boulevard Antoine Lacaze
MONT-DE-MARSAN ✆ 05 58 45 04 26
www.bustma.com
Ouvert du lundi au vendredi de 9h à 12h30 et de 14h à 17h30 ; le samedi de 9h à 12h30.
Les 6 lignes urbaines fonctionnent du lundi au samedi (hors jours fériés, hors Fêtes de la Madeleine) de 6h35 à 19h48 (variable selon les lignes), sans oublier une navette gratuite dans le centre-ville du lundi au samedi de 7h30 à 19h (toutes les 20 minutes). Un service de transport à la demande adapté pour les personnes à mobilité réduite est proposé. Les plans et horaires sont disponibles à l'agence Tma, sur le site internet, à l'office de tourisme et sur l'appli mobile MyBus.

Cet été, des visites CARrément cool dans les Pyrénées-Atlantiques !

Des idées de sorties et de visites desservis par les lignes de cars régionaux pour vos loisirs à prix mini.

4€10 l'aller retour

Achetez vos titres sur l'application TICKET MODALIS

RÉGION Nouvelle-Aquitaine

La Région vous transporte

Retrouvez Les Estivales sur
transports.nouvelle-aquitaine.fr

La ville de Bordeaux.

AVIS LOCATION

SAINT-JEAN-DE-LUZ / DONIBANELOHIZUNE
✆ 05 59 26 76 66
https://www.avis.fr/
Ouvert du lundi au vendredi de 9h à 12h30 et de 14h à 17h30. Grand choix de véhicules, électriques et à moteur.

Parmi les très nombreuses agences de location de véhicules, celle de Saint-Jean-de-Luz, située face à la gare, dispose d'une gamme de véhicules avec des offres promotionnelles toute l'année. De la citadine électrique à la compacte séduisante, d'une berline élégante, voire cabriolet ou décapotable pour découvrir les routes sinueuses du Pays basque, ou encore un monospace spacieux pour emmener votre petite tribu, l'agence adaptera la meilleure offre à votre demande, car on est ici chez Avis, une enseigne internationalement reconnue.

SIXT

137, rue des Terres de Borde
BORDEAUX
✆ 05 56 92 08 35
Ouvert du lundi au jeudi de 8h à 21h, vendredi de 8h à 22h, samedi de 8h à 18h, dimanche de 9h à 20h. Retour 24h/24.

Situés juste à la sortie du tunnel menant au parking Belcier (de l'autre côté de la gare), les locaux de l'agence Sixt permettent aux particuliers et aux professionnels de trouver un véhicule à leur descente du train, en plein centre-ville. Une solution confortable adaptée à toutes les bourses et toutes les envies. L'expertise de Sixt est notamment due à sa large implantation mondiale, qui en fait le numéro 1 de la location, dans plusieurs pays européens. Autre avantage, l'enseigne est partenaire de nombreuses compagnies aériennes et de chaînes hôtelières.

RENAULT RENT

59, allées Marines - **BAYONNE / BAIONA**
✆ 05 59 58 59 38
www.renault-rent.com/agences/bayonne
Ouvert de 8h à 12h et de 14h à 18h du lundi au vendredi. Plusieurs formules de location : proximité, 100 kilomètres...

Envie de liberté pour vos vacances ? Louez une voiture ! Des petits coins secrets à découvrir en amoureux, des plages plus tranquilles, des *road trips* à travers le Pays basque… Il faut avoir minimum 21 ans et deux ans de permis B pour pouvoir louer un véhicule. Pour une raison ou une autre, une demi-journée ou une journée complète, un besoin ponctuel de moins de 100 kilomètres ou un projet de trajet touristique, il suffit de réserver : c'est simple et rapide ! Citadines, compactes, monospaces, routières ou utilitaires, il y en pour tous les goûts et les budgets.

À BICYCLETTE 40

69, avenue du Marensin - **LIT-ET-MIXE**
✆ 06 30 97 93 99
www.abicyclette40.fr
Ouvert toute l'année ; de 9h à 19h de juin à août. Vélo adulte : 8 €/jour ; 31 €/semaine. Vélo électrique : 26 €/jour.

Juste à côté du musée À bicyclette 40, initiative personnelle de Pierricq Vincent, se trouve son atelier-boutique de réparation, vente et location de vélos. VTC, VTT, vélo électrique, tandem, remorque et siège pour les enfants... Possibilité de louer votre monture à l'heure, à la demi-journée, à la journée et même pour 3 semaines. Les tarifs sont dégressifs. Au total, ce sont 130 vélos disponibles en location pour arpenter les nombreuses pistes cyclables du coin. À la vente, vous trouverez une large gamme de vélos et accessoires. Atelier de réparations sur place.

RETROEXPERIENCE 64

5, allée Berraute - **ANGLET / ANGELU**
✆ 06 31 69 50 02
www.retroexperience64.com
Ouvert du lundi au samedi 9h30-19h30. De 80 € (2cv) à 250 €/j (DS Pallas). Van VW équipé. Livraison possible.

Le temps d'une journée, d'un week-end et plus si affinités pour le Pays Basque en DS (Citroën) pallas de 1973, en coupé 504 (Peugeot) v6 turbo, 2cv, MG cabriolet qui toutes, fonctionnent comme des horloges, entièrement révisées et rutilantes. Et dans un autre style, un van VW T3 entièrement équipé. Que des véhicules vintages qui vous projettent 40 ans en arrière. Bastien, leur ange gardien, vous livre le véhicule devant votre lieu de villégiature et vous donne les meilleurs conseils de balades à la découverte du patrimoine gastronomique, culturel, historique.

L'ATELIER BIZIKLETA

12, boulevard Thiers - **SAINT-JEAN-DE-LUZ / DONIBANELOHIZUNE** ✆ 06 63 14 24 40
www.atelier-bizikleta.com
Ouvert du mardi au samedi de 10h à 12h et de 14h à 18h, 7j/7 en juillet/août. De 9 €/heure à 150 €/semaine pour un VAE.

Nicolas a changé de « braquet » puisqu'il est passé d'un atelier de 38 m² à un show-room XXL m² avec atelier et à l'ouvrage, un mécanicien professionnel (Philippe), un espace location de VAE et vélos traditionnels pour les familles et les sportifs, un espace pièces détachées où l'on peut composer sa bicyclette grâce au choix des pièces et aux conseils de nos deux pros, et un espace détente où l'on peut paisiblement patienter et boire un café ou un soda. De belles machines qui font rêver. Et avec des conseils pour des randonnées dans tout le Pays Basque.

BORDEAUX SCOOTERS

47, rue de Tauzia - **BORDEAUX**
✆ 05 57 59 10 18
www.bordeauxscooters.com

Ouvert du lundi au samedi de 9h à 12h et de 14h à 18h. Locations de vélos, scooters, maxi scooters et motos. Réparation.

A deux pas de la gare Saint-Jean, vous pouvez louer très facilement un vélo, un scooter/maxi scooter ou une moto pour la journée, un week-end ou une semaine. Chez *Bordeaux Scooters*, les enfants pourront également pédaler sur des vélos adaptés. L'équipe propose même de vous livrer pour vous éviter le déplacement. La bonne initiative : *Bordeaux Scooters* propose encore la location de scooter électrique médical. Voilà une solution idéale pour tous vos déplacements ! Faites aussi appel à eux pour la réparation et la révision de votre vélo (toutes marques).

ETCHEVERLEPO

34, chemin de Salbace - **BAYONNE / BAIONA**
✆ 05 59 52 16 17 - www.etcheverlepo.fr

Ouvert du mardi au samedi 8h30-12h/14h-19h. Location scooters/motos, tarifs, réservation et paiement en ligne.

Découvrir le Pays Basque, de Mauléon à Cambo, d'Hendaye à Bayonne, sur les chemins de traverse, le long du littoral et en toute liberté, sur un scooter ou une moto très récents, sans contrainte d'entretien ; pour un jour, un week-end, une semaine ! Etcheverlepo, concessionnaire depuis 1973, aujourd'hui Yamaha, propose à la location une gamme de scooters/motos pour tous les goûts. Partez l'esprit serein au guidon d'un 2-roues adapté à vos envies. C'est aussi un superbe showroom et univers Yamaha de 500 m² avec motos, scooters neufs/occasion, équipement et atelier.

LOISIRS BOULEVARD

543, boulevard d'Arcachon - **BISCARROSSE**
✆ 05 58 78 33 63
www.location-velos-biscarrosse.com

Ouvert tous les jours d'avril à fin octobre de 10h à 13h et de 14h à 19h (hors période sur rdv). Tarifs en ligne.

Chez ce spécialiste du vélo, vous n'aurez que l'embarras du choix : VTC, VTT, e-bike, cruiser californien, tandem, vélo pour enfant, remorque et siège... *Loisirs Boulevard* assure aussi la vente et la réparation de vos deux-roues. Autres points de location : camping Campéole *Le Vivier* (Biscarosse-Plage), camping *Le Bimbo* (Biscarosse-Lac), Port Navarrosse (Biscarosse-Lac) et hôtel Saint-Hubert (Biscarrosse-Ville). A vous les pistes cyclables ! Réservation en ligne et possibilité de livraison de votre matériel sur votre lieu de séjour (voir conditions en magasin).

SCOOTER LOISIRS

Gare de Saint-Jean-de-Luz - **SAINT-JEAN-DE-LUZ / DONIBANELOHIZUNE** ✆ 05 59 47 79 24
www.scooter-loisirs.com

Location scooters, motos, vélos, VAE. Réservations et tarifs sur le site, scooter dès 40 €. Livraison Pays Basque.

Le Pays Basque à deux roues avec de nombreux itinéraires depuis Saint-Jean-de-Luz et profiter pleinement de la nature verdoyante de la région. Scooter Loisirs vous propose des services de location de scooters, VTT, VTC VAE, vélos enfants, motos, et assure la réparation de votre vélo. Quand on circule sur les routes basques, les deux-roues sont une véritable option de transport très appréciable, surtout l'été et plus écologique. Avec un parc renouvelé tous les ans. Le matériel est ici en parfait état et toujours très bien entretenu par des professionnels.

SOBILO - LOCATION 2 ROUES

24, rue Peyroloubilh
BIARRITZ / MIARRITZE
✆ 05 59 24 94 47
www.locationvelobiarritz.com

Horaires, réservation et tarifs sur le site, Livraison sur lieu de résidence de vacances, camping, hôtel...

A la vente et à la location et cela depuis 1985 à Biarritz, Sobilo, n°1 de la location, est spécialiste des vélos mécaniques (avec pneus anti-crevaison), électriques (VAE), de scooters (300 cc), de motos (600 cc), et d'accessoires tels que les paniers, casques, etc. Avec un accompagnateur diplômé, 4 destinations au départ des Offices de tourisme sont proposées : Biarritz, Bayonne, Anglet, Saint-Jean-de-Luz (et Bidart - Guéthary), littoral et patrimoine et aussi insolites.

YEGO MOBILITY

www.rideyego.com/bordeaux

Prix : 0,23 €/min pour les trottinettes et les vélos, 0,29 €/min pour les scooters. Pack prépayé à partir de 10 €.

Circuler en voiture et se garer dans Bordeaux, ce n'est pas si simple ! Grâce à *Yego Mobility*, tout change ! Leur crédo : « *un scooter quand vous en avez besoin* ». Ils ont mis en location des scooters, des trottinettes et des vélos en libre-service. Chaque scooter est à votre disposition avec deux casques. Couleur vert d'eau, ils sont faciles à repérer et vous les avez sans doute déjà aperçus à Bordeaux. Pour enfourcher un Yego, il vous suffit de télécharger l'application sur votre mobile et suivre les instructions en quelques clics. Il n'y a ni bornes ni clés !

S'INFORMER

Outre les quotidiens et les hebdomadaires traditionnels de la presse régionale, des médias plus spécifiques à chaque département vous permettront d'en connaître davantage sur l'actualité locale. De la presse girondine, basque et landaise, passant par la télévision et la radio : France 3 du réseau national France Télévision, TVPI, France Bleu Pays Basque, Gironde et Gascogne, RFM, etc. témoignent de la grande diversité d'informations locales. Les relais et correspondants locaux œuvrent sur ces trois territoires afin que rien ne soit laissé de côté. S'informer, c'est aussi les nombreux offices de tourisme, mairies qui chaque jour vous donnent les moindres détails des évènements, agendas, activités, manifestations des communes. Sans compter non plus sur les très nombreux ouvrages, guides touristiques se référant à ce généreux territoire. Le Petit Futé est l'un des plus exhaustifs avec une mise à jour constante sur le site www.petitfute.com

106 SUD RADIO

BORDEAUX © 08 26 30 03 00
www.sudradio.fr
Libourne 106 FM ; Médoc 103.2 FM ; Bassin d'Arcachon 100.4 FM.

Sud Radio est une radio généraliste qui diffuse à Bordeaux. Elle propose des programmes musicaux, des talk-shows, du sport et de l'information locale tout au long de la journée. En matinale, vous entendrez Benjamin Glaise et Judith Beller décrypter les actualités avec de nombreux invités et chroniqueurs. Toute la journée, Vincent Ferniot, Jacques Pessis, Brigitte Lahais et bien d'autres animateurs divertissent les auditeurs. Le rugby y a une place importante avec la retransmission de tous les matchs de la pro D2 du Top 14 et de l'équipe de France.

CARNETS DE VOYAGE

36, Boulevard de la Bastille
PARIS (12e)
phoenix-publications.com
Trimestriel consacré à des destinations de voyage avec des focus dédiés à la découverte des régions.

Trimestriel consacré à des destinations de voyage avec des focus dédiés à la découverte des régions, *Carnets de Voyage*, le magazine des voyages réussis. Tous les 3 mois, la revue vous invite à découvrir à travers ses reportages le meilleur des destinations. Grande ou petite escapade à la découverte d'une ville, d'une région, en France, en Europe ou dans le monde à travers des reportages photo uniques complétés de conseils pratiques et de bonnes adresses pour nous faciliter le voyage avec enfin, un agenda des rendez-vous à ne pas manquer.

CLUB DE LA PRESSE DE BORDEAUX NOUVELLE-AQUITAINE

9, rue des Capérans - **BORDEAUX**
© 05 56 44 03 65
www.club-presse-bordeaux.fr
Ouvert du lundi au vendredi de 9h à 17h.

© SOPHIET

Le Club de la Presse de Bordeaux est une association loi 1901 qui regroupe des journalistes de Bordeaux et de sa région, des professionnels de l'information et de la communication, des entreprises et des collectivités territoriales, et des étudiants en journalisme et en communication. Il organise des réunions entre professionnels de la région, propose des rendez-vous de formation, des moments de réflexion, des conférences, des rencontres conviviales, des offres d'emploi, etc.

DMAX RADIO

ANGOULÊME
www.dmaxradio.fr
Webradio née à Angoulême (Charente), DMAX Radio se veut avant tout musicale avec des tubes allant des 70's à nos jours.
Créée en 2017 à Angoulême (Charente) la webradio DMAX radio.fr a très rapidement su séduire un public local et régional. Majoritairement féminine (65 %) son audience couvre un large public allant de 35 à 55 ans. Disponible sur la majeure partie des supports de diffusion numérique (ordinateur, tablette, radios numériques, smartphone, etc.), mais aussi via les opérateurs Orange TV et Freebox TV sans oublier www.dmaxradio.fr ! Diffusant majoritairement des tubes des 70's à nos jours, la radio est aussi présente sur les réseaux sociaux.

DESTINATION FRANCE

3, rue Chateaubriand
CHAMALIÈRES
La France fait rêver les voyageurs du monde entier. Découvrez Destination France, le magazine de voyage 100 % France…
Il y a Paris, bien sûr, la Provence et la Côte d'Azur, les châteaux de la Loire, les massifs montagneux en été comme en hiver, mais aussi des destinations moins connues, et pourtant tout aussi magiques... Notre patrimoine, nos paysages, notre gastronomie, nos vins, notre art de vivre attirent toujours autant de visiteurs étrangers. Quant à nos régions, elles constituent la principale destination touristique de nos compatriotes. En ce sens, *Destination France* s'adresse aussi bien aux lecteurs français qu'aux touristes étrangers.

COURRIER DE GIRONDE

Rue du Docteur Jean Vincent
BORDEAUX
✆ 05 24 07 39 67
www.courrierdegironde.fr
1,50 €.
Déjà plus de 70 ans que le *Courrier de Gironde*, hebdomadaire départemental, informe les Bordelais et les Girondins. Le journal regroupe toutes les thématiques actuelles : santé, culture, politique… en faisant la part belle aux actualités locales : le Bordelais, le Médoc, le Bassin d'Arcachon, le Sud Gironde ou encore l'Entre-deux-Mers. Les points de vente sont nombreux, notamment dans les bars-tabacs presse et les supermarchés. Bon à savoir : l'abonnement numérique est disponible et les anciens numéros du magazine *Courrier de Gironde* sont consultables en ligne.

DETOURS EN FRANCE

22, rue Letellier - **PARIS** (15e)
✆ 01 43 23 45 72
www.detoursenfrance.fr
Magazine dédié au tourisme en France qui propose de faire découvrir à chaque numéro, une région de France.
Depuis 1991, *Détours en France* est au nombre des rares magazines (bi-média) tourisme et évasion consacrés aux régions de France. Titre de référence en son secteur, *Détours en France* invite ses lecteurs, à chacun de ses numéros, de partir à la découverte ou redécouverte d'un petit bout de France à travers son patrimoine culturel avec des idées de balades, des itinéraires ainsi qu'une sélection de bonnes adresses (hôtels, restaurants, artisanat, produits locaux, etc.) sans oublier des pages shopping, livres, etc. à consommer sans modération.

FÉDÉRATION FRANÇAISE DE CYCLOTOURISME

12, rue Louis-Bertrand
IVRY-SUR-SEINE
✆ 01 56 20 88 88
www.ffvelo.fr
Active depuis très longtemps, la fédération française de cyclotourisme est désormais fortement sollicitée, compte tenu de la recrudescence actuelle de l'engouement autour du vélo. Via son portail internet ou directement dans ses locaux, les informations ne manquent pas : des idées de promenades en passant par les diverses formations, toutes les actualités sont prodiguées avec efficacité et professionnalisme. Notez que la fédération est très active en Normandie !

FRANCE 3 NOUVELLE-AQUITAINE

136, rue Ernest Renan
BORDEAUX
✆ 05 56 01 38 38
France 3 Nouvelle-Aquitaine vous permet de rester connecté à l'actualité de votre ville ! Elle est l'une des 24 antennes de *France TV*. Depuis sa création en 1962, elle émet depuis Bordeaux, mais couvre aussi la région Nouvelle-Aquitaine, soit plus de 6 millions d'habitants ! Plusieurs éditions locales sont diffusées selon votre lieu d'habitation : Bordeaux, Périgueux ou encore Bayonne. Certains événements sportifs locaux sont parfois diffusés, à l'instar de certains matchs de L1.

FRANCE BLEU GASCOGNE

✆ 05 58 46 50 50
www.francebleu.fr/gascogne
Mont-de-Marsan : 98.8 / Mimizan : 103.4 / Bayonne : 100.5. 7j/7.

Le décrochage régional de *France Bleu* dans les Landes, qui a fêté ses 35 ans en 2018, se nomme *France Bleu Gascogne*. En plus des programmes nationaux de *France Bleu*, vous pourrez écouter des émissions, des informations et des chroniques locales, comme « La vie en bleu, on cuisine ensemble », pour connaître les bons produits landais « 100% Club en Gascogne » pour ne rien rater de l'actualité sportive, ou encore « L'écho des Talenquères », « Callejon »... L'accent est mis sur les langues régionales avec les chroniques « Les Gascounéjades de Lou Jan de Buros ».

HAPPINEZ

168B-170, rue Raymond Losserand - **PARIS** (14e)
✆ 01 44 78 93 00 - www.happinez.fr
Avec une ligne éditoriale novatrice Happinez efface la frontière entre beauté intérieure et extérieure.

Avec une ligne éditoriale mindstyle™ novatrice, qui allie profondeur, sagesse et art de vivre, Happinez efface la frontière entre beauté intérieure et extérieure. S'appuyant sur la curiosité, il se positionne comme un guide sur le chemin du bien-être explorant toutes les voies possibles pour inspirer chacun dans sa quête vers l'épanouissement.

Ouvert à toutes les philosophies, traditions, religions, réflexions, Happinez propose une grande variété de regards et de chemins susceptibles d'inspirer votre trajectoire, tout en gardant les pieds sur terre.

RMC INFO (103.1)

PARIS (15e)
www.rmcinfo.fr

Talk-shows et interactivité permanente, *RMC Info* fait reposer une bonne partie de sa grille sur ces deux piliers. Outre l'actualité, la station propose une grille de programme variée allant de la vie pratique (maison, auto, internet...) au monde du poker en passant par les rendez-vous bien connus comme la matinale de Jean-Jacques Bourdin, qui passe chaque jour une personnalité politique sous le feu de questions. *RMC Info*, c'est aussi la radio n° 1 sur le sport avec des dizaines d'heures d'antenne chaque semaine, avec créneaux animés par d'anciens sportifs.

FRANCE BLEU GIRONDE

91, rue Nuyens - **BORDEAUX**
✆ 05 57 81 20 20
www.francebleu.fr
Arcachon : 101.8 - Bazas : 101.6 - Belin-Béliet : 101.5 - La Réole : 90.4 - Lacanau : 101.4 - Lesparre-Médoc : 101.6

Depuis quarante ans, *France Bleu Gironde* vit au rythme des Girondins. 10h de programmes locaux de 6h à 20h avec une nouveauté : la matinale diffusée sur France 3 Nouvelle-Aquitaine de 7h à 9h. *France Bleu Gironde* c'est un cocktail d'actualités locales et nationales, de musique, de trafic routier, météo, sports, de jeux et de services. *France Bleu Gironde* se veut toujours plus proche de ses auditeurs ! Ici, ils ont la parole dans toutes les émissions... Depuis 2020, Wandy Bouchard, Willy Rovelli, Sidonie Bonnec et Bixente Lizarazu sont venus compléter l'équipe.

TVPI

route de Bayonne, rue Contresta
BIDART / BIDARTE ✆ 05 59 31 28 15
www.tvpi.fr
Chaîne de télévision locale privée française depuis 2000 diffusant à Bayonne et en Sud-Aquitaine. Siège à Bidart.

Chaîne de télévision locale permanente, diffusée sur la TNT en immersion dans le Pays Basque et dans les Landes, *TVPI* est également sur le web. La vie de la région, ses traditions, ses passions, ses spécificités, présentées dans des formats reportages ou magazines. Ainsi, vous pourrez assister aux compétitions de pelote basque, aux principaux événements de tauromachie, aux Fêtes de Bayonne, aux recettes traditionnelles, ou encore aux championnats de surf. La chaîne est désormais en association avec le groupe de presse quotidienne Sud Ouest (GSO).

INDEX

© LUCENTIUS - ISTOCKPHOTO.COM

Saint-Émilion.

EDITION

Directeurs de collection et auteurs : Dominique AUZIAS et Jean-Paul LABOURDETTE

Avec la collaboration de Emma ESPIET DILIGENT, Sophie TARDIEU, Frédérique MOREAU

Auteurs : Laurène DELION, Frédéric CARRE, Joanne BERTHIER, Claire DELBOS, Camille KOESSLER, Eugénie MALINJOD, Frédérique MOREAU, Hervé KERROS, Céline NAULIBOIS, Frédéric FILALI, Anne PINSOLLE, Catherine VALES, Krystell BONNET, Elsa LOUPIAC, Thomas GIOVANNETTI, Oihana IGOS, Hermance HITTE, Jean-Paul LABOURDETTE, Dominique AUZIAS et alter

Directeur Editorial : Stéphan SZEREMETA

Rédaction France : Briséis CREAC'H-MENUT, Mélanie COTTARD, Audrey VEDOVOTTO, Nicolas WODARCZAK

Rédaction Monde : Laure CHATAIGNON, Morgane VESLIN, Pierre-Yves SOUCHET, Natalia COLLIER

FABRICATION

Maquette et Montage : Romain AUDREN, Julie BORDES, Delphine PAGANO

Iconographie et Cartographie : Anne DIOT, Julien DOUCET

WEB ET NUMERIQUE

Directeur Web : Louis GENEAU DE LAMARLIERE

Développeurs : Guillaume BARBET, Adeline CAUX et Roland SPOUTIL

Intégrateur Web : Mickael LATTES, Antoine DION

Webdesigner : Caroline LAFFAITEUR

Community Traffic Manager : Alice BARBIER, Mariana BURLAMAQUI et Noémie LE SAUX

DIRECTION COMMERCIALE

Directeur commercial : Guillaume VORBURGER

Coordinatrice des Régies commerciales : Manon GUERIN assistée de Jonas HESOL

Account Manager Marketplace : Leila ROUGEOT assistée de Lola FAVRE-MOT

Responsable Régies locales : Michel GRANSEIGNE

Responsables Développement régie inter : Jean-Marc FARAGUET et Guillaume LABOUREUR et Camille ESMIEU

Chefs de Publicité Régie nationale : Caroline AUBRY, François BRIANCON-MARJOLLET, Perrine DE CARNE MARCEIN, Jonathan TOUTOUX et Amélie NOEL

DIFFUSION ET PROMOTION

Directrice des Ventes : Bénédicte MOULET assistée d'Aissatou DIOP

Responsable des ventes : Jean-Pierre GHEZ assisté de Nelly BRION

Relations Presse-Partenariats : Jean-Mary MARCHAL

ADMINISTRATION

Président : Jean-Paul LABOURDETTE

Directrice des Ressources Humaines : Dina BOURDEAU assistée de Sandra DOS REIS et Eva BAELEN

Directrice Administrative et Financière : Valérie DECOTTIGNIES

Comptabilité : Guillaume PETIT, Aminata BAGAYOKO, Jeannine DEMIRDJIAN

Recouvrement : Fabien BONNAN assisté de Sandra BRIJLAL

Responsable informatique : Elie NZUZI-LEBA

PETIT FUTÉ CÔTE AQUITAINE

LES NOUVELLES EDITIONS DE L'UNIVERSITE
18, rue des Volontaires - 75015 Paris.
✆ 01 53 69 70 00 - Fax 01 42 73 15 24
Internet : www.petitfute.com
SAS au capital de 1 000 000 € - RC PARIS B 309 769 966
Couverture : Vue de la célèbre Dune du Pilat, la plus haute dune d'Europe, depuis le Cap Ferret © Brasil2 - iStockPhoto.com
Impression : IMPRIMERIE CHIRAT - 42540 Saint-Just-la-Pendue
Achevé d'imprimer : mars 2022
Dépôt légal : 24/04/2022
ISBN : 9782305074511

Pour nous contacter par email, indiquez le nom de famille en minuscule suivi de @petitfute.com
Pour le courrier des lecteurs : info@petitfute.com

IMPRIMÉ EN FRANCE

P

R

S

T

U

V